마하반야바라밀다경 14
摩訶般若波羅蜜多經 14

마하반야바라밀다경 14
摩訶般若波羅蜜多經 14

三藏法師 玄奘 漢譯 | 釋 普雲 國譯

혜안

역자의 말
보운

　문자라는 매우 편리한 도구는 세간에서 지식의 공유를 위한 편리한 수단의 하나일지라도 그 문자를 문장에 적용하여 사상을 완성하는 과정에서 오류가 발생하거나, 고의로 비법(非法)인 언어의 유희를 범한다면, 희론을 넘어서는 사상의 왜곡을 불러일으킨다. 특히 종교의 성전(聖典)을 번역하는 과정에서 일어날 개연성(蓋然性)이 큰 문제이다. 사문의 한 존재로서 세존의 가르침인 다르마(dharma)를 번역하는 과정에서 빈번하게 마주치는 번민은 삼장(三藏)의 한 글자·한 글자가 가리키고 있는 근원적인 종지(宗旨)를 벗어나지 않았는가의 관점이다. 이러한 번민이 삼장을 역경(譯經)하였던 시간이 12년을 넘겼으므로 이러한 중압감은 어느 정도는 수용할 수 있다고 스스로를 위안할지라도, 여러 번역에 오류를 범하였다고 가슴으로 압박받는 관념은 큰 바윗돌이 되었고 어깨에 내려앉아 있어서 짐꾸러미를 짊어진 하루의 시간은 더디게 흘러가고 있다.
　인생은 이곳으로 흘러가고 저곳으로 나아가면서 여러 아쉬움을 남기고, 나아가 후회로 전개되므로 누구에게나 참회는 필요한 이유라고 생각되는데, 지금 흘러내리는 참회의 눈물은 세간을 향한 나의 순수한 삶의 한 단면이리라! 지나온 나날을 얼핏 돌이켜보건대, 사문의 먹물 옷을 바라보면 마냥 즐거웠던 20대를 철부지로 지냈고, 불교학을 탐구하고자 노력하였던 30대에는 세간의 사회현상과 일정한 거리를 유지하였으며, 불교사상의 토대를 구축하고 수행과 학문의 조화를 추구하던 시점에 죽음의 강을 불·보살님들의 가피로 건넜던 40대를 지냈고, 50대에 이르러 여러 스스로의 수행을 종합하고자 정진하였던 시간을 넘겼으며, 지금은 60년의 세월을 눈앞에 마주하고 있는 삶이니, 지금까지 나의 생명과 사문의 행을 돌봐주신 5백 나한님들의 공덕이었으리라. 옛 은사께서 가리키셨던 수행의 그 길은 아직도 저기에 멀리서 손짓하는데, 나의 발걸음은 속도가 빨라지지 않으니, 아직도 수행의 잘걸음을 재촉해야 하는 시절인 것 같다.

『마하반야바라밀다경』(대품반야경)의 초분인 400권의 번역을 마치고서 지나왔던 사문으로서의 수행을 뒤돌아보니, 수행의 방법에서 오류와 미숙함이 매우 크게 느껴지고 있다. 내가 만약 『대품반야경』에서 가리키는 법을 수학(修學)하지 않았다면, 반야의 빈 껍질을 붙잡고서 많은 불교의 교학을 성취하였다고 스스로를 경계하면서 수행의 끝자락으로 향하고 있었으리라. 390품에서 간직하고 있는 깊고 깊은 반야의 세계가 연화장세계에서는 하품(下品)에 속하는데도 불자들은 많은 시간에 소홀하게 인식하고 있지는 않았던가? 『마하반야바라밀다경』에서는 '성불(成佛)', '작불(作佛)', '화불(化佛)' 등의 무상정등각(無上正等覺)을 성취하신 세존들의 구체적인 모습을 설하고 있는데, 내가 이러한 관점과 논리를 다른 경전에서는 찾아볼 수 없었던 문제는 내가 갖추었던 학식의 부족함인가? 이 경전을 결집한 부처님들의 위대한 방편의 하나이었던가?

역경의 과정에서는 장애(障礙)와 지체(遲滯)의 때가 가끔은 일어날 수 있는데, 초분의 마지막과 2분의 시작에서는 밀려드는 번민과, 현실에서의 장애가 중복되어 역경의 시간이 많이 늦추어져서 계획하였던 과정에 여러 변화가 일어났다. 이것도 또한 전생에 내가 지었던 악업의 일부이고, 이것을 넘었을 때는 『마하반야바라밀다경』에서 설하는 '환희(歡喜)하면서 용약(踊躍)한다.'는 구절의 의미도 깊게 이해하게 되었고, 『대방광불화엄경』에서 '하나의 게송을 듣기 위하여 목숨을 버리겠다.'는 선재동자의 구법의 여정에 대한 깊은 이해를 성취하였으니, 오히려 이것은 수행의 증장으로 이어진 것이리라!

세간의 이치로는 인생의 도리를 돌아볼 시간으로 바쁜 일정이 이어지는 지금의 때에, 스스로는 역경에 파묻혀서 세간의 번잡하고 복잡한 규범의 흐름을 바라보면서 시방(十方)의 불·보살들님과 나한님들의 무한한 가피

(加被)를 되새겨본다. 시선을 넘어선 나지막한 산등성이는 녹음(綠陰)의 빛깔이 야산을 물들이고 있으니, 오백 존자들의 자애로운 눈빛이고 죽림불교연구원을 향하여 쏟아지고 있는 관심과 가피이며, 세간이 나에게 선사한 찬란한 아름다움이리라!

『마하반야바라밀다경』의 역경불사에는 많은 신심과 원력이 담겨있으나, 번역과 출판을 위하여 동참하신 사부대중들은 현세에서 스스로가 소원하는 소원에서 무한한 이익을 얻고, 세간에서 생겨나는 삼재팔난의 장애에서 벗어나기를 발원드리며, 이미 생(生)의 인연을 마치신 영가들께서는 아미타불의 극락정토에 왕생하시기를 발원드린다. 현재까지의 역경과 출판을 위하여 항상 후원과 격려를 보내주시는 은사이신 세영 스님과 죽림불교문화연구원의 사부대중들께 감사드리면서, 이 불사에 동참하신 분들께 불보살들의 가호(加護)가 항상 가득하기를 발원하면서 인사의 글을 마친다.

불기 2569년(2025) 5월 중분의 장야(長夜)에
서봉산 자락의 죽림불교문화연구원에서
사문 보운이 삼가 적다.

출판에 도움을 주신 분들

강석호家族　채두석家族　이수빈家族　홍순학家族　권태임家族　정영우家族
이창우家族　강　운家族　함용재家族　김봉수家族　하명춘家族　조선행家族
남장규家族　박창립家族　김혜진家族　이영자家族　김성도家族　이종규家族
이정호家族　김광운家族　김　용家族　임춘웅家族　김테건家族　징　구家族

차 례

역자의 말 5
출판에 도움을 주신 분들 8
일러두기 14

해제(解題) 17

1. 성립과 한역 17
2. 설처(說處)와 결집(結集) 20
3. 각 품(品)의 권수와 구성 22

초분 初分

마하반야바라밀다경 제391권 33
71. 성숙유정품(成熟有情品)(2) 33

마하반야바라밀다경 제392권 54
71. 성숙유정품(成熟有情品)(3) 54

마하반야바라밀다경 제393권 74
71. 성숙유정품(成熟有情品)(4) 74

72. 엄정불토품(嚴淨佛土品)(1)　77

마하반야바라밀다경 제394권　99
72. 엄정불토품(嚴淨佛土品)(2)　99
73. 정토방편품(淨土方便品)(1)　108

마하반야바라밀다경 제395권　125
73. 정토방편품(淨土方便品)(2)　125
74. 무성자성품(無性自性品)(1)　132

마하반야바라밀다경 제396권　150
74. 무성자성품(無性自性品)(2)　150
75. 승의유가품(勝義瑜伽品)(1)　159

마하반야바라밀다경 제397권　176
75. 승의유가품(勝義瑜伽品)(2)　176
76. 무동법성품(無動法性品)　192

마하반야바라밀다경 제398권　199
77. 상제보살품(常啼菩薩品)(1)　199

마하반야바라밀다경 제399권　222
77. 상제보살품(常啼菩薩品)(2)　222
78. 법용보살품(法涌菩薩品)(1)　239

마하반야바라밀다경 제400권　245
78. 법용보살품(法涌菩薩品)(2)　245
79. 결권품(結勸品)　265

제2분 第二分

마하반야바라밀다경 제2회 서문　271

마하반야바라밀다경 제401권　274
　1. 연기품(緣起品)　274

마하반야바라밀다경 제402권　303
　2. 환희품(歡喜品)　303
　3. 관조품(觀照品)(1)　325

마하반야바라밀다경 제403권　330
　3. 관조품(觀照品)(2)　330

마하반야바라밀다경 제404권　352
　3. 관조품(觀照品)(3)　352

마하반야바라밀다경 제405권　376
　3. 관조품(觀照品)(4)　376
　4. 무등등품(無等等品)　390
　5. 설근상품(舌根相品)　394

마하반야바라밀다경 제406권　398
　6. 선현품(善現品)(1)　398

마하반야바라밀다경 제407권　425
　6. 선현품(善現品)(2)　425

마하반야바라밀다경 제408권　461
　　6. 선현품(善現品)(3)　461
　　7. 입이생품(入離生品)　474
　　8. 승군품(勝軍品)(1)　485

마하반야바라밀다경 제409권　490
　　8. 승군품(勝軍品)(2)　490
　　9. 행상품(行相品)(1)　504

마하반야바라밀다경 제410권　513
　　9. 행상품(行相品)(2)　513
　　10. 환유품(幻喩品)　520

마하반야바라밀다경 제411권　538
　　11. 비유품(譬喩品)　538
　　12. 단제견품(斷諸見品)　555
　　13. 육도피안품(六到彼岸品)(1)　560

마하반야바라밀다경 제412권　564
　　13. 육도피안품(六到彼岸品)(2)　564
　　14. 승대승품(乘大乘品)　581

마하반야바라밀다경 제413권　585
　　15. 무박해품(無縛解品)　585
　　16. 삼마지품(三摩地品)(1)　604

마하반야바라밀다경 제414권　611
　　16. 삼마지품(三摩地品)(2)　611
　　17. 염주등품(念住等品)(1)　627

마하반야바라밀다경 제415권　636
　　17. 염주등품(念住等品)(2)　636
　　18. 수치지품(修治地品)(1)　650

마하반야바라밀다경 제416권　664
　　18. 수치지품(修治地品)(2)　664
　　19. 출주품(出住品)(1)　681

마하반야바라밀다경 제417권　690
　　19. 출주품(出住品)(2)　690
　　20. 초승품(超勝品)(1)　704

마하반야바라밀다경 제418권　715
　　20. 초승품(超勝品)(2)　715
　　21. 무소유품(無所有品)(1)　719

마하반야바라밀다경 제419권　738
　　21. 무소유품(無所有品)(2)　738

마하반야바라밀다경 제420권　761
　　21. 무소유품(無所有品)(3)　761
　　22. 수순품(隨順品)　771
　　23. 무변제품(無邊際品)(1)　774

일러두기

1. 이 책의 저본(底本)은 고려대장경(高麗大藏經) 1권부터 결집된 『마하반야바라밀다경(大般若波羅蜜多經)』이다.
2. 원문은 600권으로 구성되어 있으나 이 책에서는 각 권수를 표시하되 30권을 한 권의 책으로 편집하여 번역하였다.
3. 번역의 정밀함을 기하기 위해 여러 시대와 왕조에서 각각 결집된 여러 한역대장경을 대조하고 비교하며 번역하였다.
4. 원문은 현장 삼장의 번역을 충실하게 따랐으나, 반복되는 용어를 생략하였던 용어에서는 번역자가 생략 이전의 본래의 용어로 통일하여 번역하였다.
5. 원문에 나오는 '필추(苾芻)', '필추니(苾芻尼)' 등의 용어는 음사(音寫)이므로 현재에 사용하는 '비구(比丘)', '비구니(比丘尼)'라고 번역하였다.
6. 원문에서의 이전의 번역과는 다른 용어가 사용되고 있으므로 원문을 존중하여 저본의 용어로 번역하였다.
   예) 보시·지계·인욕·정진·선정·지혜바라밀다 → 보시(布施)·정계(淨戒)·안인(安忍)·정진(精進)·정려(靜慮)·반야바라밀다(般若波羅蜜多), 축생 → 방생(傍生), 아귀→ 귀계(鬼界)
7. 원문에서 사용되고 있으나, 현재의 용어와 많이 다른 경우는 현재 용어로 번역하였고, 생략되거나, 어휘가 변화된 용어도 현재의 용어를 사용하여 번역하였다.
   예) 루(漏) → 번뇌, 악취(惡趣) → 악한 세계, 여래(如來)·응(應)·정등각(正等覺) → 여래·응공·정등각, 수량(壽量) → 수명, 성판(成辦) → 성취

8. 원문에서 사용한 용어 중에 현재와 음가(音價)가 다르게 변형된 사례가 많이 발견된다. 원문의 뜻을 최대한 살려 번역하였으나 현저하게 의미가 달라진 용어의 경우 현재 사용하는 용어로 바꾸어 번역하였다.
   예) 우파색가(鄔波索迦)→ 우바색가, 나유다(那庾多)→ 나유타(那庾多)
9. 앞에서와 같이 동일한 문장이 계속하여 반복되는 경우에는 원문에서 내지(乃至)라는 용어가 사용되고 있는데, 현재의 의미로 해석하여 '…… 나아가 ……' 또는 '나아가'의 형태로 바꾸어 번역하였다.

해제(解題)

1. 성립과 한역

이 경전의 범명(梵名)은 Mahāprajñāpāramitā Sūtra이다. 모두 600권으로 결집되었고, 여러 반야부의 경전들을 집대성하고 있다. 선행연구에서 대략 AD.1~200년경에 성립되었다고 연구되고 있으며, 인도의 쿠샨 왕조 시대에 남인도에서 널리 사용되었다고 추정되고, 뒤에 북인도에서 대중화되었으며, 산스크리트어로 많은 부분이 남아있다.

본 번역의 저본은 고려대장경에 수록된『대반야바라밀다경(大般若波羅蜜多經)』으로 당(唐)의 현장(玄奘)이 방주(方州)의 옥화궁사(玉華宮寺)에서 659년 또는 660년에 번역을 시작하여 663년에 번역한 경전이고, 당시까지 번역된 경전과 현장이 새롭게 번역한 경전들을 모두 함께 수록하고 있다.

중국에서 반야경의 유통은 동한(東漢)의 지루가참(支婁迦讖)이 역출(譯出)한『도행반야경(道行般若經)』10권을 번역하였던 것이 확인할 수 있는 최초의 사례이다. 이후에 삼국시대의 오(吳)나라 지겸(支謙)은『대명도무극경(大明度無極經)』6권으로 중역(重譯)하여 완성하였으며, 축법호(竺法護)는『광찬반야바라밀경(光贊般若波羅蜜經)』10권을 번역하였고, 조위(曹魏)의 사문 주사행(朱士行)이 감로(甘露) 5년(260)에 우전국(于闐國)에서 이만송대품반야범본(二萬頌大品般若梵本)을 구하여 무라차(無羅叉)와 함께『방광반야바라밀경(放光般若波羅蜜經)』20권으로 번역하였으며, 요진(姚秦)의 구마라집(鳩摩羅什)은 홍시(弘始) 6년(404)에 대품이만송(大品二萬頌)의 『마하반야바라밀경(摩訶般若波羅蜜經)』을 중역하였고, 홍시(弘始) 10년(408)에 『마하반야바라밀경(摩訶般若波羅蜜經)』과 『금강반야경(金剛般若經)』 등을 역출(譯出)하였으며, 북위(北魏) 영평(永平) 2년(509)에 보리유지(菩提流支)는 『금강반야경(金剛般若經)』 1권을 역출하였다.

용수보살이 주석한 대지도론에서는 "또 삼장(三藏)에는 올바른 30만의 게송(偈)이 있고, 아울러 960만의 설(言)이 있으나, 마하연은 너무 많아서 무량하고 무한하다. 이와 같아서 「반야바라밀품(般若波羅密品)」에는 2만2천의 게송이 있고, 「대반야품(大般若品)」에는 10만의 게송이 있다."라고 전하고 있고, 세친(世親)이 저술하고 보리유지가 번역한 『금강선론(金剛仙論)』에서는 "8부(八部)의 반야가 있는데, 분별한다면 『대반야경초(大般若經初)』는 10만의 게송이고, 『대품반야경(大品般若經)』은 2만 5천의 게송이며, 『대반야경제삼회(大般若經第三會)』는 1만 8천의 게송이고, 『소품반야경(小品般若經)』은 8천의 게송이며, 『대반야경제오회(大般若經第五會)』는 4천의 게송이고, 『승천왕반야경(勝天王般若經)』은 2천 5백의 게송이며, 『문수반야경(文殊般若經)』은 6백의 게송이고, 『금강경(金剛經)』은 3백의 게송이다."라고 주석하고 있다.

본 경전의 다른 명칭으로는 『대반야경(大般若經)』, 『대품반야경(大品般若經)』, 또는 6백부반야(六百部般若)라고 불린다. 6백권의 390품이고 약 4백6십만의 한자로 결집되어 있으므로 현재 전하는 경장과 율장 및 논장의 가운데에서 가장 방대한 분량이다.

반야경의 한역본을 살펴보면 중복되는 명칭이 경전을 제외하더라도 여러 소경(小經)의 형태로 번역되었던 것을 살펴볼 수 있다. 그 사례를 살펴보면 『방광반야경(放光般若經)』(20卷), 『광찬경(光贊經)』(10卷), 『마하반야바라밀경(摩訶般若波羅蜜經)』(27卷), 『도행반야경(道行般若經)』(10卷), 『대명도경(大明度經)』(6卷), 『마하반야초경(摩訶般若鈔經)』(5卷), 『소품반야바라밀경(小品般若波羅蜜經)』(10卷), 『불설불모출생삼법장반야바라밀다경(佛說佛母出生三法藏般若波羅蜜多經)』(25卷), 『불설불모보덕장반야바라밀경(佛說佛母寶德藏般若波羅蜜經)』(3卷), 『성팔천송반야바라밀다일백팔명진실원의다라니경(聖八千頌般若波羅蜜多一百八名眞實圓義陀羅尼經)』, 『승천왕반야바라밀경(勝天王般若波羅蜜經)』(7卷), 『문수사리소설마하반야바라밀경(文殊師利所說摩訶般若波羅蜜經)』(2卷), 『문수사리소설반야바라밀경(文殊師利所說般若波羅蜜經)』, 『불설유수보살무상청정분위경(佛說濡首菩薩無上淸淨分衛經)』(2卷), 『금강반야바라밀경(金剛般若波羅密經)』, 『금강능단반야바라밀경(金剛能斷般若波羅蜜經)』, 『불설능단금강반야바라밀다경(佛說能斷金剛般若波羅蜜多經)』, 『실상반야바라밀경(實相般若波羅蜜經)』, 『금강정유가이취반야경(金剛頂瑜伽理趣般若經)』, 『불설변조반야바라밀경(佛說遍照般若波羅蜜經)』, 『대락금강불공진실삼마야경(大樂金剛不空眞實三麽耶經)』, 『불설최상근본대락금강불공삼매대교왕경(佛說最上根本大樂金剛不空三昧大教王經)』(7卷), 『불설인왕반야바라밀경(佛說仁王般若波羅蜜經)』(2卷), 『인왕호국반야바라밀다경(仁王護國般若波羅蜜多經)』(2卷), 『불설요의반야바라밀다경(佛說了義般若波羅蜜多經)』, 『불설오십송성반야바라밀경(佛說五十頌聖般若波羅蜜經)』, 『불설제석반야바라밀다심경(佛說帝釋般若波羅蜜多心經)』, 『마하반야바라밀대명주경(摩訶般若波羅蜜大明呪經)』, 『반야바라밀다심경(般若波羅蜜多心經)』, 『보편지장반야바라밀다심경(普遍智藏般若波羅蜜多心經)』, 『당범번대자음반야바라밀다심경(唐梵飜對字音般若波羅蜜多心經)』, 『불설성불모반야바라밀다경(佛說聖佛母般若波羅蜜多經)』, 『불설성불모소자반야바라밀다경(佛說聖佛母小字般若波羅蜜多經)』, 『불설관상불모반야바라밀다보살경(佛說觀想佛母般若波羅蜜多菩薩經)』, 『불설개각자성반야바라밀다경(佛說開覺自性般若波羅蜜多經)』(4卷), 『대승이취육바라밀다경(大乘理趣六波羅蜜多經)』(10卷) 등의 독립된 경전으로 다양하게 번역되었다.

2. 설처(說處)와 결집(結集)

마하반야바라밀다경의 결집은 4처(處) 16회(會)로 구성되어 있는데, 제1회에서 제6회까지와 제15회는 왕사성의 영취산에서, 제7회에서 제9회까지와 제11회에서 제14회까지는 사위성의 기원정사에서, 제10회는 타화자재천 왕궁에서, 제16회는 왕사성의 죽림정사에서 이루어졌으며, 표로 구성한다면 아래와 같다.

九部般若	四處	『大般若經』의 卷數	특기사항(別稱)
上品般若	鷲峰山	初會79品(1-400卷)	十萬頌般若
中品般若		第二會85品(401~478卷)	二萬五千頌般若, 大品般若經
		第三會31品(479~537卷)	一萬八千頌般若
下品般若		第四會29品(538~555卷)	八千頌般若, 小品般若經
		第五會24品(556~565卷)	四千頌般若
天王般若		第六會17品(566~573卷)	勝天般若經
文殊般若	給孤獨園	第七會(574~575卷, 曼殊室利分)	七百頌般若, 文殊說般若經
那伽室利般若		第八會(576卷, 那伽室利分)	濡首菩薩經
金剛般若		第九會(577卷, 能斷金剛分)	三百頌般若, 金剛經
理趣般若	他化自在天	第十會(578卷, 般若理趣分)	理趣百五十頌, 理趣般若經
六分般若	給孤獨園	第十一會(579卷~583卷, 布施波羅蜜多分)	五波羅蜜多經
		第十二會(584卷~588卷, 戒波羅蜜多分)	
		第十三會(589卷, 安忍波羅蜜多分)	
		第十四會(590卷, 精進波羅蜜多分)	
	鷲峰山	第十五會(591~592卷, 靜慮波羅蜜多分)	
	竹林精舍	第十六會(593~600卷, 般若波羅蜜多分)	善勇猛般若經

제1회는 범어로는 Śatasāhasrikāprajñāpāramitāsūtra이고, 제1권~제400권의 10만송으로 결집되고 있으며, 79품으로 이루어져 있고, 전체의

3분의 2에 해당하는 분량이다. 현장에 의해 처음으로 번역되었으므로 이역본이 없다.

제2회는 범어로는 Pañcaviṃśatisāhasrikāprajñāpāramitā sūtra이고, 제401권~제478권의 2만5천송(大品般若)으로 결집되고 있으며, 85품으로 이루어져 있고, 제1회와 비교하여「상제보살품(常啼菩薩品)」과「법용보살품(法涌菩薩品)」의 두 품이 생략되어 있다. 이역본으로『방광반야바라밀경(放光般若波羅蜜經)』,『마하반야바라밀경(摩訶般若波羅蜜經)』,『광찬경(光讚經)』등이 있다.

제3회는 범어로는 Aṣṭādaśasāhasrikāprajñāpāramitā sūtra이고, 제479권~제537권의 1만8천송으로 결집되고 있으며, 31품으로 이루어져 있고, 제2회와 같이「상제보살품」과「법용보살품」이 생략되어 있다.

제4회는 범어로 Aṣṭasāhasrikāsūtra이고, 제538권~제555권의 8천송(小品般若)으로 결집되고 있으며, 29품으로 이루어져 있다.

제5회는 범어로 Aṣṭasāhasrikāprajñāpāramitā sūtra이고, 제556권~제565권의 8천송(小品般若)으로 결집되고 있으며, 24품으로 이루어져 있다. 반야경은 큰 위력이 있어서 그 자체가 신비한 주문이라고 설하면서 수지하고 독송하는 것을 강조하였다. 이역본으로는『마하반야초경(摩訶般若鈔經)』,『도행반야경(道行般若經)』,『대명도경(大明度經)』,『마하반야바라밀경(小品般若經)』, 시호 역의『불모출생삼장반야바라밀다경』, 법현 역의『불모보덕반야바라밀다경』, 시호 역의『성팔천송반야바라밀다일백팔명진실원의다라니경』등이 있다.

제6회는 범어로 Devarājapravaraprajñāpāramitā sūtra이고, 제566권~제573권으로 결집되고 있으며, 17품으로 이루어져 있다. 이역본으로『승천왕반야바라밀경(勝天王般若波羅蜜經)』이 있다.

제7회는 범어로는 Saptaśatikāprajñāpāramitā sūtra이고, 제574~제575권으로 결집되고 있으며, 7백송이다. 만수실리분(曼殊室利分)이라고도 부르는데, 만수실리는 문수사리를 가리킨다. 이역본으로『문수사리소설마하반야바라밀경(文殊師利所說摩訶般若波羅蜜經)』,『문수사리소설반야바라밀경(文殊師利所說般若波羅蜜經)』이 있다.

제8회는 범어로는 Nāgaśrīparipṛcchā sūtra이고, 제576권으로 결집되고 있으며, 5백송이다. 이역본으로『불설유수보살무상청정분위경(佛說濡首菩薩無上淸淨分衛經)』이 있다.

제9회는 범어로 Vajracchedikāprajñāpāramitā sūtra이고, 제577권으로 결집되고 있으며, 능단금강분(能斷金剛分)이라 한다. 이역본으로 구마라집·보리유지·진제가 각각 번역한『금강반야바라밀경』과 현장이 번역한『능단금강반야바라밀다경』, 의정(義淨)이 번역한『불설능단금강반야바라밀다경』이 있다.

제10회는 1백50송이며, 범어로는 Adhyardhaśatikāprajñāpāramitā sūtra이고, 제578권으로 결집되고 있으며, 1백50송이고, 반야이취분(般若理趣分)이라고 부른다. 이역본으로『실상반야바라밀경(實相般若波羅蜜經)』,『금강정유가이취반야경(金剛頂瑜伽理趣般若經)』,『변조반야바라밀경(遍照般若波羅蜜經)』,『최상근본금강불공삼매대교왕경(最上根本金剛不空三昧大教王經)』등이 있다.

제11회부터 제15회까지는 범어로는 Pañcapāramitānirdeśa이고 1천8백송이다. 제16회는 범어로 Suvikrāntavikramiparipṛcchāprajñāpāramitā sūtra이고, 2천1백송이다. 구체적으로 살펴보면, 제11회는 제579권~제583권의 보시바라밀다분이고, 제12회는 제584권~제588권의 정계바라밀다분이며, 제13회는 제589권의 안인바라밀다분이고, 제14회는 제590권의 정진바라밀다분이며, 제15회는 제591권~제592권의 정려바라밀다분이고, 제16회는 제593권~제600권의 반야바라밀다분으로 결집되어 있다.

3. 각 품(品)의 권수와 구성

『마하반야바라밀다경』의 결집은 4처(處) 16회(會)로 구성되어 있으나,

설법(說法)에 따른 분량에서 매우 많은 차이를 보여주고 있다. 이러한 차이는 각 법문의 내용과 대상에 따른 차이를 반영하고 있는데, 표를 통하여 600권에 수록된 각각의 품(品)과 분(分)을 살펴보면 다음과 같다.

법회(法會)	구분(區分)	설법의 분류	수록권수(收錄卷數)	특기사항
初會	緣起品	第1-1~2	1~2권	서문 수록
	學觀品	第2-1~2	3~4권	
	相應品	第3-1~4	4~7권	
	轉生品	第4-1~3	7~9권	
	贊勝德品	第5	10권	
	現舌相品	第6	10권	
	教誡教授品	第7-1~26	11~36권	
	勸學品	第8	36권	
	無住品	第9-1~2	36~37권	
	般若行相品	第10-1~4	38~41권	
	譬喻品	第11-1~4	42~45권	
	菩薩品	第12-1~2	45~46권	
	摩訶薩品	第13-1~3	47~49권	
	大乘鎧品	第14-1~3	49~51권	
	辨大乘品	第15-1~6	51~56권	
	贊大乘品	第16-1~6	56~61권	
	隨順品	第17	61권	
	無所得品	第18-1~10	61~70권	
	觀行品	第19-1~5	70~74권	
	無生品	第20-1~2	74~75권	
	淨道品	第21-1~2	75~76권	
	天帝品	第22-1~5	77~81권	
	諸天子品	第23-1~2	81~82권	
	受教品	第24-1~3	82~83권	
	散花品	第25	84권	
	學般若品	第26-1~5	85~89권	
	求般若品	第27-1~10	89~98권	
	嘆衆德品	第28-1~2	98~99권	
	攝受品	第29-1~5	99~103권	
	校量功德品	第30-1~66	103~169권	
	隨喜迴向品	第31-1~5	169~172권	
	贊般若品	第32-1~10	172~181권	
	謗般若品	第33	181권	

	難信解品	第34-1~103	182~284권	
	贊清淨品	第35-1~3	285~287권	
	着不着相品	第36-1~6	287~292권	
	說般若相品	第37-1~5	292~296권	
	波羅蜜多品	第38-1~2	296~297권	
	難聞功德品	第39-1~6	297~304권	
	魔事品	第40-1~2	304~305권	
	佛母品	第41-1~4	305~308권	
	不思議等品	第42-1~3	308~310권	
	辦事品	第43-1~2	310~311권	
	衆喩品	第44-1~3	311~313권	
	眞善友品	第45-1~4	313~316권	
	趣智品	第46-1~3	316~318권	
	眞如品	第47-1~7	318~324권	
	菩薩住品	第48-1~2	324~325권	
	不退轉品	第49-1~3	326~328권	
	巧方便品	第50-1~3	328~330권	
	願行品	第51-1~2	330~331권	
	殑伽天品	第52	331권	
	善學品	第53-1~5	331~335권	
	斷分別品	第54-1~2	335~336권	
	巧便學品	第55-1~5	337~341권	
	願喩品	第56-1~2	341~342권	
	堅等贊品	第57-1~5	342~346권	
	囑累品	第58-1~2	346~347권	
	無盡品	第59-1~2	347~348권	
	相引攝品	第60-1~2	349~350권	
	多問不二品	第61-1~13	350~363권	
	實說品	第62-1~3	363~365권	
	巧便行品	第63-1~2	365~366권	
	遍學道品	第64-1~7	366~372권	
	三漸次品	第65-1~2	372~373권	
	無相無得品	第66-1~6	373~378권	
	無雜法義品	第67-1~2	378~379권	
	諸功德相品	第68-1~5	379~383권	
	諸法平等品	第69-1~4	383~386권	
	不可動品	第70-1~5	386~390권	
	成熟有情品	第71-1~4	390~393권	
	嚴淨佛土品	第72-1~2	393~394권	
	淨土方便品	第73-1~2	394~395권	

	無性自性品	第74-1~2	395~396권	
	勝義瑜伽品	第75-1~2	396~397권	
	無動法性品	第76	397권	
	常啼菩薩品	第77-1~2	398~399권	
	法湧菩薩品	第78-1~2	399~400권	
	結勸品	第79	400권	
第二會	緣起品	第1	401권	서문 수록
	歡喜品	第2	402권	
	觀照品	第3-1~4	402~405권	
	無等等品	第4	405권	
	舌根相品	第5	405권	
	善現品	第6-1~3	406~408권	
	入離生品	第7	408권	
	勝軍品	第8-1~2	408~409권	
	行相品	第9-1~2	409~410권	
	幻喩品	第10	410권	
	譬喩品	第11	411권	
	斷諸見品	第12	411권	
	六到彼岸品	第13-1~2	411~412권	
	乘大乘品	第14	412권	
	無縛解品	第15	413권	
	三摩地品	第16-1~2	413~414권	
	念住等品	第17-1~2	414~415권	
	修治地品	第18-1~2	415~416권	
	出住品	第19-1~2	416~417권	
	超勝品	第20-1~2	417~418권	
	無所有品	第21-1~3	418~420권	
	隨順品	第22	420권	
	無邊際品	第23-1~4	420~423권	
	遠離品	第24-1~2	423~424권	
	帝釋品	第25-1~2	425~426권	
	信受品	第26	426권	
	散花品	第27-1~2	426~427권	
	授記品	第28	427권	
	攝受品	第29-1~2	427~428권	
	窣堵波品	第30	428권	
	福生品	第31	429권	
	功德品	第32	429권	
	外道品	第33	429권	
	天來品	第34-1~2	429~430권	

設利羅品	第35	430권	
經文品	第36-1~2	431~432권	
隨喜迴向品	第37-1~2	432~433권	
大師品	第38	434권	
地獄品	第39-1~2	434~435권	
清淨品	第40	436권	
無標幟品	第41-1~2	436~437권	
不可得品	第42	437권	
東北方品	第43-1~3	438~440권	
魔事品	第44	440권	
不和合品	第45-1~2	440~441권	
佛母品	第46-1~2	441~442권	
示相品	第47-1~2	442~443권	
成辦品	第48	444권	
船等喩品	第49-1~2	444~445권	
初業品	第50-1~2	445~446권	
調伏貪等品	第51	446권	
眞如品	第52-1~3	446~448권	
不退轉品	第53	448권	
轉不退轉品	第54	449권	
甚深義品	第55-1~2	449~450권	
夢行品	第56	451권	
願行品	第57	451권	
殑伽天品	第58	451권	
習近品	第59	452권	
增上慢品	第60-1~3	452~454권	
同學品	第61-1~2	454~455권	
同性品	第62-1~2	455~456권	
無分別品	第63	456권	
堅非堅品	第64-1~2	456~457권	
實語品	第65-1~2	457~458권	
無盡品	第66	458권	
相攝品	第67	459권	
巧便品	第68-1~4	459~463권	
樹喩品	第69	463권	
菩薩行品	第70	464권	
親近品	第71	464권	
遍學品	第72-1~2	464~465권	
漸次品	第73-1~2	465~466권	
無相品	第74-1~2	466~467권	

	無雜品	第75-1~2	467~468권	
	衆德相品	第76-1~4	468~471권	
	善達品	第77-1~3	471~473권	
	實際品	第78-1~2	473~474권	
	無闕品	第79-1~2	474~475권	
	道土品	第80	476권	
	正定品	第81	477권	
	佛法品	第82	477권	
	無事品	第83	478권	
	實說品	第84	478권	
	空性品	第85	478권	
第三會	緣起品	第1	479권	서문 수록
	舍利子品	第2-1~4	479~482권	
	善現品	第3-1~17	482~498권	
	天帝品	第4-1~3	498~500권	
	現窣堵波品	第5-1~3	500~502권	
	稱揚功德品	第6-1~2	502~503권	
	佛設利羅品	第7	503권	
	福聚品	第8-1~2	503~504권	
	隨喜迴向品	第9-1~2	504~505권	
	地獄品	第10-1~2	505~506권	
	嘆淨品	第11-1~2	506~507권	
	贊德品	第12	507권	
	陀羅尼品	第13-1~2	508~509권	
	魔事品	第14	509권	
	現世間品	第15	510권	
	不思議等品	第16	511권	
	譬喩品	第17	511권	
	善友品	第18	512권	
	眞如品	第19-1~2	513~514권	
	不退相品	第20-1~2	514~515권	
	空相品	第21-1~3	515~517권	
	殑伽天品	第22	517권	
	巧便品	第23-1~4	517~520권	
	學時品	第24	520권	
	見不動品	第25-1~2	521~522권	
	方便善巧品	第26-1~4	523~526권	
	慧到彼岸品	第27	527권	
	妙相品	第28-1~5	528~532권	

	施等品	第29-1~4	532~535권	
	佛國品	第30-1~2	535~536권	
	宣化品	第31-1~2	536~537권	
第四會	妙行品	第1-1~2	538~539권	서문 수록
	帝釋品	第2	539권	
	供養窣堵波品	第3-1~3	539~541권	
	稱揚功德品	第4	541권	
	福門品	第5-1~2	541~542권	
	隨喜迴向品	第6-1~2	543~544권	
	地獄品	第7	544권	
	淸淨品	第8	545권	
	讚歎品	第9	545권	
	總持品	第10-1~2	545~546권	
	魔事品	第11-1~2	546~547권	
	現世間品	第12	547권	
	不思議等品	第13	547권	
	譬喩品	第14	548권	
	天贊品	第15	548권	
	眞如品	第16-1~2	548~549권	
	不退相品	第17	549권	
	空相品	第18-1~2	549~550권	
	深功德品	第19	550권	
	殑伽天品	第20	550권	
	覺魔事品	第21-1~2	551권	
	善友品	第22-1~2	551~552권	
	天主品	第23	552권	
	無雜無異品	第24	552권	
	迅速品	第25-1~2	552~553권	
	幻喩品	第26	553권	
	堅固品	第27-1~2	553~554권	
	散花品	第28	554권	
	隨順品	第29	555권	
第五會	善現品	第1	556권	서문 수록
	天帝品	第2	556권	
	窣堵波品	第3	557권	
	神呪品	第4	557권	
	設利羅品	第5	558권	
	經典品	第6	558권	
	迴向品	第7	558권	
	地獄品	第8	559권	

	清淨品	第9	559권	
	不思議品	第10-1~2	559~560권	
	魔事品	第11	560권	
	眞如品	第12	560권	
	甚深相品	第13	560~561권	
	船等喩品	第14	561권	
	如來品	第15-1~2	561~562권	
	不退品	第16	562권	
	貪行品	第17-1~2	562~563권	
	姊妹品	第18	563권	
	夢行品	第19	563권	
	勝意樂品	第20	564권	
	修學品	第21	564권	
	根栽品	第22-1~2	564~565권	
	付囑品	第23	565권	
	見不動佛品	第24	565권	
第六會	緣起品	第1	566권	서문 수록
	通達品	第2	566권	
	顯相品	第3	567권	
	法界品	第4-1~2	567~568권	
	念住品	第5	568권	
	法性品	第6	569권	
	平等品	第7	570권	
	現相品	第8	570권	
	無所得品	第9	571권	
	證勸品	第10	571권	
	顯德品	第11	572권	
	現化品	第12	572권	
	陀羅尼品	第13	572권	
	勸誡品	第14-1~2	572~573권	
	二行品	第15	573권	
	讚歎品	第16	573권	
	付囑品	第17	573권	
第七會	曼殊室利分	第1~2	574~575권	서문 수록
第八會	那伽室利分	第1	576권	서문 수록
第九會	能斷金剛分	第1	577권	서문 수록
第十會	般若理趣分	第1	578권	서문 수록
第十一會	施波羅蜜多分	第1~5	579~583권	서문 수록
第十二會	淨戒波羅蜜多分	第1~5	584~588권	서문 수록
第十三會	忍波羅蜜多分	第1	589권	서문 수록

第十四會	精進波羅蜜多分	第1	590권	서문 수록
第十五會	靜慮波羅蜜多分	第1~2	591~592권	서문 수록
第十六會	般若波羅蜜多分	第1~8	593~600권	서문 수록

따라서 마하반야바라밀다경은 설법의 내용을 따라서 각각 다른 결집의 형태를 보여주고 있으며, 매우 방대하였던 까닭으로 반야계통의 경전인 『소품반야경』, 『금강반야경』, 『반야심경』 등에 비교하여 많이 연구되지 않고 있다. 그러나 『고려대장경』의 처음에 『마하반야바라밀다경』을 배치하고 있는 것은 한국불교에서는 『마하반야바라밀다경』의 사상적인 위치가 매우 중요하였다고 추정할 수 있다.

초분
初分

마하반야바라밀다경 제391권

71. 성숙유정품(成熟有情品)(2)

 "선현이여. 만약 보살마하살이 반야바라밀다를 수행하여 방편선교(方便善巧)로 고성제를 수행하는 때라도 고성제를 얻을 수 없고, 능히 고성제에 안주하는 자를 얻을 수 없으며, 안주하는 것도 얻을 수 없고, 안주하려는 것도 얻을 수 없으나, 역시 이와 같은 제법을 멀리 벗어나지 않고 고성제를 수행한다면, 이 보살마하살은 곧 능히 보살도를 원만하게 수행하는 것이니라.
 선현이여. 만약 보살마하살이 반야바라밀다를 수행하여 방편선교로 집·멸·도성제를 수행하는 때라도 집·멸·도성제를 얻을 수 없고, 집·멸·도성제에 능히 고성제에 안주하는 자도 얻을 수 없으며, 안주하는 것도 얻을 수 없고, 안주하려는@@ 것도 얻을 수 없으나, 역시 이와 같은 제법을 멀리 벗어나지 않고 정계·안인·정진·정려·반야바라밀다를 수행한다면 이 보살마하살은 곧 능히 보살도를 원만하게 수행할 것이니라. 이와 같이 선현이여. 제 보살마하살이 반야바라밀다를 수행하면서 방편선교로 보살도를 수행하여 원만함을 얻는다면, 능히 무상정등보리를 증득하느니라.
 선현이여. 만약 보살마하살이 반야바라밀다를 수행하여 방편선교로 4정려를 수행하는 때라도 4정려를 얻을 수 없고, 능히 수행하는 자도 얻을 수 없으며, 수행하였던 것도 얻을 수 없고, 수행하려는 것도 얻을 수 없으나, 역시 이와 같은 제법을 멀리 벗어나지 않고 4정려를 수행한다면 이 보살마하살은 곧 능히 보살도를 원만하게 수행할 것이니라.

선현이여. 만약 보살마하살이 반야바라밀다를 수행하여 방편선교로 4무량·4무색정을 수행하는 때라도 4무량·4무색정을 얻을 수 없고, 능히 수행하는 자도 얻을 수 없으며, 수행하였던 것도 얻을 수 없고, 수행하려는 것도 얻을 수 없으나, 역시 이와 같은 제법을 멀리 벗어나지 않고 4무량·4무색정을 수행한다면 이 보살마하살은 곧 능히 보살도를 원만하게 수행할 것이니라. 이와 같이 선현이여. 제 보살마하살이 반야바라밀다를 수행하면서 방편선교로 보살도를 수행하여 원만함을 얻는다면, 능히 무상정등보리를 증득하느니라.

선현이여. 만약 보살마하살이 반야바라밀다를 수행하여 방편선교로 8해탈을 수행하는 때라도 8해탈을 얻을 수 없고, 능히 수행하는 자도 얻을 수 없으며, 수행하였던 것도 얻을 수 없고, 수행하려는 것도 얻을 수 없으나, 역시 이와 같은 제법을 멀리 벗어나지 않고 8해탈을 수행한다면 이 보살마하살은 곧 능히 보살도를 원만하게 수행할 것이니라.

선현이여. 만약 보살마하살이 반야바라밀다를 수행하여 방편선교로 8승처·9차제정·10변처를 수행하는 때라도 8승처·9차제정·10변처를 얻을 수 없고, 능히 수행하는 자도 얻을 수 없으며, 수행하였던 것도 얻을 수 없고, 수행하려는 것도 얻을 수 없으나, 역시 이와 같은 제법을 멀리 벗어나지 않고 8승처·9차제정·10변처를 수행한다면 이 보살마하살은 곧 능히 보살도를 원만하게 수행할 것이니라. 이와 같이 선현이여. 제 보살마하살이 반야바라밀다를 수행하면서 방편선교로 보살도를 수행하여 원만함을 얻는다면, 능히 무상정등보리를 증득하느니라.

선현이여. 만약 보살마하살이 반야바라밀다를 수행하여 방편선교로 일체의 다라니문을 수행하는 때라도 일체의 다라니문을 얻을 수 없고, 수행하는 자도 얻을 수 없으며, 수행하였던 것도 얻을 수 없고, 수행하려는 것도 얻을 수 없으나, 역시 이와 같은 제법을 멀리 벗어나지 않고 일체의 다라니문을 수행한다면 이 보살마하살은 곧 능히 보살도를 원만하게 수행할 것이니라.

선현이여. 만약 보살마하살이 반야바라밀다를 수행하여 방편선교로 일체의 삼마지문을 수행하는 때라도 일체의 삼마지문을 얻을 수 없고, 능히 수행하는 자도 얻을 수 없으며, 수행하였던 것도 얻을 수 없고, 수행하려는 것도 얻을 수 없으나, 역시 이와 같은 제법을 멀리 벗어나지 않고 일체의 삼마지문을 수행한다면 이 보살마하살은 곧 능히 보살도를 원만하게 수행할 것이니라. 이와 같이 선현이여. 제 보살마하살이 반야바라밀다를 수행하면서 방편선교로 보살도를 수행하여 원만함을 얻는다면, 능히 무상정등보리를 증득하느니라.

선현이여. 만약 보살마하살이 반야바라밀다를 수행하여 방편선교로 공해탈문을 수행하는 때라도 공해탈문을 얻을 수 없고, 수행하는 자도 얻을 수 없으며, 수행하였던 것도 얻을 수 없고, 수행하려는 것도 얻을 수 없으나, 역시 이와 같은 제법을 멀리 벗어나지 않고 공해탈문을 수행한다면 이 보살마하살은 곧 능히 보살도를 원만하게 수행할 것이니라.

선현이여. 만약 보살마하살이 반야바라밀다를 수행하여 방편선교로 무상·무원해탈문을 수행하는 때라도 무상·무원해탈문을 얻을 수 없고, 능히 수행하는 자도 얻을 수 없으며, 수행하였던 것도 얻을 수 없고, 수행하려는 것도 얻을 수 없으나, 역시 이와 같은 제법을 멀리 벗어나지 않고 무상·무원해탈문을 수행한다면 이 보살마하살은 곧 능히 보살도를 원만하게 수행할 것이니라. 이와 같이 선현이여. 제 보살마하살이 반야바라밀다를 수행하면서 방편선교로 보살도를 수행하여 원만함을 얻는다면, 능히 무상정등보리를 증득하느니라.

선현이여. 만약 보살마하살이 반야바라밀다를 수행하여 방편선교로 극희지를 수행하는 때라도 극희지를 얻을 수 없고, 능히 수행하는 자도 얻을 수 없으며, 수행하였던 것도 얻을 수 없고, 수행하려는 것도 얻을 수 없으나, 역시 이와 같은 제법을 멀리 벗어나지 않고 극희지를 수행한다면 이 보살마하살은 곧 능히 보살도를 원만하게 수행할 것이니라.

선현이여. 만약 보살마하살이 반야바라밀다를 수행하여 방편선교로 이구지·발광지·염혜지·극난승지·원행지·부동지·선혜지·법운지를 수행하는 때라도 이구지, 나아가 법운지를 얻을 수 없고, 능히 수행하는 자도 얻을 수 없으며, 수행하였던 것도 얻을 수 없고, 수행하려는 것도 얻을 수 없으나, 역시 이와 같은 제법을 멀리 벗어나지 않고 이구지, 나아가 법운지를 수행한다면 이 보살마하살은 곧 능히 보살도를 원만하게 수행할 것이니라. 이와 같이 선현이여. 제 보살마하살이 반야바라밀다를 수행하면서 방편선교로 보살도를 수행하여 원만함을 얻는다면, 능히 무상정등보리를 증득하느니라.

　선현이여. 만약 보살마하살이 반야바라밀다를 수행하여 방편선교로 5안을 수행하는 때라도 5안을 얻을 수 없고, 능히 수행하는 자도 얻을 수 없으며, 수행하였던 것도 얻을 수 없고, 수행하려는 것도 얻을 수 없으나, 역시 이와 같은 제법을 멀리 벗어나지 않고 5안을 수행한다면 이 보살마하살은 곧 능히 보살도를 원만하게 수행할 것이니라.

　선현이여. 만약 보살마하살이 반야바라밀다를 수행하여 방편선교로 6신통을 수행하는 때라도 6신통을 얻을 수 없고, 능히 수행하는 자도 얻을 수 없으며, 수행하였던 것도 얻을 수 없고, 수행하려는 것도 얻을 수 없으나, 역시 이와 같은 제법을 멀리 벗어나지 않고 6신통을 수행한다면 이 보살마하살은 곧 능히 보살도를 원만하게 수행할 것이니라. 이와 같이 선현이여. 제 보살마하살이 반야바라밀다를 수행하면서 방편선교로 보살도를 수행하여 원만함을 얻는다면, 능히 무상정등보리를 증득하느니라.

　선현이여. 만약 보살마하살이 반야바라밀다를 수행하여 방편선교로 여래의 10력을 수행하는 때라도 여래의 10력을 얻을 수 없고, 능히 수행하는 자도 얻을 수 없으며, 수행하였던 것도 얻을 수 없고, 수행하려는 것도 얻을 수 없으나, 역시 이와 같은 제법을 멀리 벗어나지 않고 여래의 10력을 수행한다면 이 보살마하살은 곧 능히 보살도를 원만하게 수행할 것이니라.

　선현이여. 만약 보살마하살이 반야바라밀다를 수행하여 방편선교로 4무소외·4무애해·대자·대비·대희·대사·18불불공법을 수행하는 때라도 4무소외, 나아가 18불불공법을 얻을 수 없고, 능히 수행하는 자도 얻을 수 없으며, 수행하였던 것도 얻을 수 없고, 수행하려는 것도 얻을 수 없으나, 역시 이와 같은 제법을 멀리 벗어나지 않고 4무소외, 나아가 18불불공법을 수행한다면 이 보살마하살은 곧 능히 보살도를 원만하게 수행할 것이니라. 이와 같이 선현이여. 제 보살마하살이 반야바라밀다를 수행하면서 방편선교로 보살도를 수행하여 원만함을 얻는다면, 능히 무상정등보리를 증득하느니라.

선현이여. 만약 보살마하살이 반야바라밀다를 수행하여 방편선교로 32대사상을 수행하는 때라도 32대사상을 얻을 수 없고, 수행하는 자도 얻을 수 없으며, 수행하였던 것도 얻을 수 없고, 수행하려는 것도 얻을 수 없으나, 역시 이와 같은 제법을 멀리 벗어나지 않고 32대사상을 수행한다면 이 보살마하살은 곧 능히 보살도를 원만하게 수행할 것이니라.

선현이여. 만약 보살마하살이 반야바라밀다를 수행하여 방편선교로 80수호를 수행하는 때라도 80수호를 얻을 수 없고, 능히 수행하는 자도 얻을 수 없으며, 수행하였던 것도 얻을 수 없고, 수행하려는 것도 얻을 수 없으나, 역시 이와 같은 제법을 멀리 벗어나지 않고 80수호를 수행한다면 이 보살마하살은 곧 능히 보살도를 원만하게 수행할 것이니라. 이와 같이 선현이여. 제 보살마하살이 반야바라밀다를 수행하면서 방편선교로 보살도를 수행하여 원만함을 얻는다면, 능히 무상정등보리를 증득하느니라.

선현이여. 만약 보살마하살이 반야바라밀다를 수행하여 방편선교로 무망실법을 수행하는 때라도 무망실법을 얻을 수 없고, 수행하는 자도 얻을 수 없으며, 수행하였던 것도 얻을 수 없고, 수행하려는 것도 얻을 수 없으나, 역시 이와 같은 제법을 멀리 벗어나지 않고 무망실법을 수행한다면 이 보살마하살은 곧 능히 보살도를 원만하게 수행할 것이니라.

선현이여. 만약 보살마하살이 반야바라밀다를 수행하여 방편선교로 항주사성을 수행하는 때라도 항주사성을 얻을 수 없고, 능히 수행하는 자도 얻을 수 없으며, 수행하였던 것도 얻을 수 없고, 없고, 수행하려는 것도 얻을 수 없으나, 역시 이와 같은 제법을 멀리 벗어나지 않고 항주사성을 수행한다면 이 보살마하살은 곧 능히 보살도를 원만하게 수행할 것이니

라. 이와 같이 선현이여. 제 보살마하살이 반야바라밀다를 수행하면서 방편선교로 보살도를 수행하여 원만함을 얻는다면, 능히 무상정등보리를 증득하느니라.

선현이여. 만약 보살마하살이 반야바라밀다를 수행하여 방편선교로 일체지를 수행하는 때라도 일체지를 얻을 수 없고, 능히 수행하는 자도 얻을 수 없으며, 수행하였던 것도 얻을 수 없고, 수행하려는 것도 얻을 수 없으나, 역시 이와 같은 제법을 멀리 벗어나지 않고 일체지를 수행한다면 이 보살마하살은 곧 능히 보살도를 원만하게 수행할 것이니라.

선현이여. 만약 보살마하살이 반야바라밀다를 수행하여 방편선교로 도상지·일체상지를 수행하는 때라도 도상지·일체상지를 얻을 수 없고, 능히 수행하는 자도 얻을 수 없으며, 수행하였던 것도 얻을 수 없고, 수행하려는 것도 얻을 수 없으나, 역시 이와 같은 제법을 멀리 벗어나지 않고 도상지·일체상지를 수행한다면 이 보살마하살은 곧 능히 보살도를 원만하게 수행할 것이니라. 이와 같이 선현이여. 제 보살마하살이 반야바라밀다를 수행하면서 방편선교로 보살도를 수행하여 원만함을 얻는다면, 능히 무상정등보리를 증득하느니라.

선현이여. 만약 보살마하살이 반야바라밀다를 수행하여 방편선교로 일체의 보살마하살들의 행을 수행하는 때라도 일체의 보살마하살들의 행을 얻을 수 없고, 수행하는 자도 얻을 수 없으며, 수행하였던 것도 얻을 수 없고, 수행하려는 것도 얻을 수 없으나, 역시 이와 같은 제법을 멀리 벗어나지 않고 일체의 보살마하살들의 행을 수행한다면 이 보살마하살은 곧 능히 보살도를 원만하게 수행할 것이니라.

선현이여. 만약 보살마하살이 반야바라밀다를 수행하여 방편선교로 제불의 무상정등보리를 수행하는 때라도 제불의 무상정등보리를 얻을 수 없고, 능히 수행하는 자도 얻을 수 없으며, 수행하였던 것도 얻을 수 없고, 수행려는 것도 얻을 수 없으나, 역시 이와 같은 제법을 멀리 벗어나지 않고제불의 무상정등보리를 수행한다면 이 보살마하살은 곧 능히 보살도를 원만하게 수행할 것이니라. 이와 같이 선현이여. 제 보살마하살이 반야바라밀다를 수행하면서 방편선교로 보살도를 수행하여 원만함을 얻는다면, 능히 무상정등보리를 증득하느니라."

그때 구수 사리자(舍利子)가 세존께 아뢰어 말하였다.
"세존이시여. 어찌하여 보살마하살은 반야바라밀다를 수행하는 때에, 용맹(勇猛)하고 바르게 정근하면서 보리도(菩提道)를 수행합니까?"
세존께서 말씀하셨다.
"사리자여. 보살마하살이 반야바라밀다를 수행하는 때에, 방편선교(方便善巧)로 색(色)과 화합하지 않고 색을 벗어나지도 않으며, 수(受)·상(想)·행(行)·식(識)과 화합하지 않고 수·상·행·식을 벗어나지도 않느니라. 왜 그러한가? 이와 같은 제법은 모두가 화합하거나 벗어날 자성이 없는 까닭이니라. 사리자여. 보살마하살이 반야바라밀다를 수행하는 때에, 방편선교로 안처(眼處)와 화합하지 않고 안처를 벗어나지도 않으며, 이(耳)·비(鼻)·설(舌)·신(身)·의처(意處)와 화합하지 않고 이·비·설·신·의처를 벗어나지도 않느니라. 왜 그러한가? 이와 같은 제법은 모두가 화합하거나 벗어날 자성이 없는 까닭이니라.

사리자여. 보살마하살이 반야바라밀다를 수행하는 때에, 방편선교로 색처(色處)와 화합하지 않고 색처를 벗어나지도 않으며, 성(聲)·향(香)·미(味)·촉(觸)·법처(法處)와 화합하지 않고 성·향·미·촉·법처를 벗어나지도 않느니라. 왜 그러한가? 이와 같은 제법은 모두가 화합하거나 벗어날 자성이 없는 까닭이니라. 사리자여. 보살마하살이 반야바라밀다를 수행하는 때에, 방편선교로 안계(眼界)와 화합하지 않고 안계를 벗어나지도 않으며, 이(耳)·비(鼻)·설(舌)·신(身)·의계(意界)와 화합하지 않고 이·비·설·신·의계를 벗어나지도 않느니라. 왜 그러한가? 이와 같은 제법은 모두가 화합하거나 벗어날 자성이 없는 까닭이니라.

사리자여. 보살마하살이 반야바라밀다를 수행하는 때에, 방편선교로 색계(色界)와 화합하지 않고 색계를 벗어나지도 않으며, 성(聲)·향(香)·미(味)·촉(觸)·법계(法界)와 화합하지 않고 성·향·미·촉·법계를 벗어나지도 않느니라. 왜 그러한가? 이와 같은 제법은 모두가 화합하거나 벗어날 자성이 없는 까닭이니라. 사리자여, 보살마하살이 반야바라밀다를 수행하는 때에, 방편선교로 안식계(眼識界)와 화합하지 않고 안식계를 벗어나지도 않으며, 이(耳)·비(鼻)·설(舌)·신(身)·의식계(意識界)와 화합하지 않고 이·비·설·신·의식계를 벗어나지도 않느니라. 왜 그러한가? 이와 같은 제법은 모두가 화합하거나 벗어날 자성이 없는 까닭이니라.

 사리자여, 보살마하살이 반야바라밀다를 수행하는 때에, 방편선교로 안촉(眼觸)과 화합하지 않고 안촉을 벗어나지도 않으며, 이(耳)·비(鼻)·설(舌)·신(身)·의촉(意觸)과 화합하지 않고 이·비·설·신·의촉을 벗어나지도 않느니라. 왜 그러한가? 이와 같은 제법은 모두가 화합하거나 벗어날 자성이 없는 까닭이니리. 사리자여, 보살마하살이 반야바라밀다를 수행하는 때에, 방편선교로 안촉(眼觸)을 인연으로 생겨난 여러 수(受)와 화합하지 않고 안촉을 벗어나지도 않으며, 이(耳)·비(鼻)·설(舌)·신(身)·의촉(意觸)을 인연으로 생겨난 여러 수와 화합하지 않고 이·비·설·신·의촉을 벗어나지도 않느니라. 왜 그러한가? 이와 같은 제법은 모두가 화합하거나 벗어날 자성이 없는 까닭이니라.

 사리자여, 보살마하살이 반야바라밀다를 수행하는 때에, 방편선교로 지계(地界)와 화합하지 않고 지계를 벗어나지도 않으며, 수(水)·화(火)·풍(風)·공(空)·식계(識界)와 화합하지 않고 수·화·풍·공·식계를 벗어나지도 않느니라. 왜 그러한가? 이와 같은 제법은 모두가 화합하거나 벗어날 자성이 없는 까닭이니라. 사리자여, 보살마하살이 반야바라밀다를 수행하는 때에, 방편선교로 인연(因緣)과 화합하지 않고 인연을 벗어나지도 않으며, 등무간연(等無間緣)·소연연(所緣緣)·증상연(增上緣)과 화합하지 않고 등무간연·소연연·증상연을 벗어나지도 않느니라. 왜 그러한가? 이와 같은 제법은 모두가 화합하거나 벗어날 자성이 없는 까닭이니라.

 사리자여, 보살마하살이 반야바라밀다를 수행하는 때에, 방편선교로 인연을 쫓아서 생겨난 제법(諸法)과 화합하지 않고 인연을 쫓아서 생겨난 제법을 벗어나지도 않느니라. 왜 그러한가? 이와 같은 제법은 모두가 화합하거나 벗어날 자성이 없는 까닭이니라. 사리자여. 보살마하살이 반야바라밀다를 수행하는 때에, 방편선교로 무명(無明)과 화합하지 않고 무명을 벗어나지도 않으며, 행(行)·식(識)·명색(名色)·육처(六處)·촉(觸)·수(受)·애(愛)·취(取)·유(有)·생(生)·노사(老死)의 수탄고우뇌(愁歎苦憂惱)와 화합하지 않고 행, 나아가 노사의 수탄고우뇌를 벗어나지도 않느니라. 왜 그러한가? 이와 같은 제법은 모두가 화합하거나 벗어날 자성이 없는 까닭이니라.

사리자여. 보살마하살이 반야바라밀다를 수행하는 때에, 방편선교로 보시바라밀다(布施波羅蜜多)와 화합하지 않고 보시바라밀다를 벗어나지도 않으며, 정계(淨戒)·안인(安忍)·정진(精進)·정려(靜慮)·반야바라밀다(般若波羅蜜多)와 화합하지 않고 정계·안인·정진·정려·반야바라밀다를 벗어나지도 않느니라. 왜 그러한가? 이와 같은 제법은 모두가 화합하거나 벗어날 자성이 없는 까닭이니라.

사리자여. 보살마하살이 반야바라밀다를 수행하는 때에, 방편선교로 내공(內空)과 화합하지 않고 내공을 벗어나지도 않으며, 외공(外空)·내외공(內外空)·공공(空空)·대공(大空)·승의공(勝義空)·유위공(有爲空)·무위공(無爲空)·필경공(畢竟空)·무제공(無際空)·산공(散空)·무변이공(無變異空)·본성공(本性空)·자상공(自相空)·공상공(共相空)·일체법공(一切法空)·불가득공(不可得空)·무성공(無性空)·자성공(自性空)·무성자성공(無性自性空)과 화합하지 않고 외공, 나아가 무성자성공을 벗어나지도 않느니라. 왜 그러한가? 이와 같은 제법은 모두가 화합하거나 벗어날 자성이 없는 까닭이니라.

사리자여. 보살마하살이 반야바라밀다를 수행하는 때에, 방편선교로 4념주(四念住)와 화합하지 않고 4념주를 벗어나지도 않으며, 4정단(四正斷)·4신족(四神足)·5근(五根)·5력(五力)·7등각지(七等覺支)·8성도지(八聖道支)와 화합하지 않고 4정단, 나아가 8성도지를 벗어나지도 않느니라. 왜 그러한가? 이와 같은 제법은 모두가 화합하거나 벗어날 자성이 없는 까닭이니라. 사리자여. 보살마하살이 반야바라밀다를 수행하는 때에,

방편선교로 고성제(苦聖諦)와 화합하지 않고 고성제를 벗어나지도 않으며, 집(集)·멸(滅)·도성제(道聖諦)와 화합하지 않고 집·멸·도성제를 벗어나지도 않느니라. 왜 그러한가? 이와 같은 제법은 모두가 화합하거나 벗어날 자성이 없는 까닭이니라.

사리자여. 보살마하살이 반야바라밀다를 수행하는 때에, 방편선교로 4정려(四靜慮)와 화합하지 않고 4정려를 벗어나지도 않으며, 4무량(四無量)·4무색정(四無色定)과 화합하지 않고 4무량·4무색정을 벗어나지도 않느니라. 왜 그러한가? 이와 같은 제법은 모두가 화합하거나 벗어날 자성이 없는 까닭이니라. 사리자여. 보살마하살이 반야바라밀다를 수행하는 때에, 방편선교로 8해탈(八解脫)과 화합하지 않고 8해탈을 벗어나지도 않으며, 8승처(八勝處)·9차제정(九次第定)·10변처(十遍處)와 화합하지 않고 8승처·9차제정·10변처를 벗어나지도 않느니라. 왜 그러한가? 이와 같은 제법은 모두가 화합하거나 벗어날 자성이 없는 까닭이니라.

사리자여. 보살마하살이 반야바라밀다를 수행하는 때에, 방편선교로 다라니문(陀羅尼門)과 화합하지 않고 다라니문을 벗어나지도 않으며, 삼마지문(三摩地門)과 화합하지 않고 삼마지문을 벗어나지도 않느니라. 왜 그러한가? 이와 같은 제법은 모두가 화합하거나 벗어날 자성이 없는 까닭이니라. 사리자여. 보살마하살이 반야바라밀다를 수행하는 때에, 방편선교로 공해탈문(空解脫門)과 화합하지 않고 공해탈문을 벗어나지도 않으며, 무상(無相)·무원해탈문(無願解脫門)과 화합하지 않고 무상·무원해탈문을 벗어나지도 않느니라. 왜 그러한가? 이와 같은 제법은 모두가 화합하거나 벗어날 자성이 없는 까닭이니라.

사리자여. 보살마하살이 반야바라밀다를 수행하는 때에, 방편선교로 극희지(極喜地)와 화합하지 않고 극희지를 벗어나지도 않으며, 이구지(離垢地)·발광지(發光地)·염혜지(焰慧地)·극난승지(極難勝地)·현전지(現前地)·원행지(遠行地)·부동지(不動地)·선혜지(善慧地)·법운지(法雲地)와 화합하지 않고 이구지, 나아가 법운지를 벗어나지도 않느니라. 왜 그러한가? 이와 같은 제법은 모두가 화합하거나 벗어날 자성이 없는 까닭이니라.

사리자여. 보살마하살이 반야바라밀다를 수행하는 때에, 방편선교로 5안(五眼)과 화합하지 않고 5안을 벗어나지도 않으며, 6신통(六神通)과 화합하지 않고 6신통을 벗어나지도 않느니라. 왜 그러한가? 이와 같은 제법은 모두가 화합하거나 벗어날 자성이 없는 까닭이니라.

사리자여. 보살마하살이 반야바라밀다를 수행하는 때에, 방편선교로 여래(佛)의 10력(十力)과 화합하지 않고 여래의 10력을 벗어나지도 않으며, 4무소외(四無所畏)·4무애해(四無礙解)·대자(大慈)·대비(大悲)·대희(大喜)·대사(大捨)·18불불공법(十八佛不共法)과 화합하지 않고 4무소외, 나아가 18불불공법을 벗어나지도 않느니라. 왜 그러한가? 이와 같은 제법은 모두가 화합하거나 벗어날 자성이 없는 까닭이니라. 사리자여. 보살마하살이 반야바라밀다를 수행하는 때에, 방편선교로 32대사상(三十二大士相)과 화합하지 않고 32대사상을 벗어나지도 않으며, 80수호(修好)와 화합하지 않고 80수호를 벗어나지도 않느니라. 왜 그러한가? 이와 같은 제법은 모두가 화합하거나 벗어날 자성이 없는 까닭이니라.

사리자여. 보살마하살이 반야바라밀다를 수행하는 때에, 방편선교로 무망실법(無忘失法)과 화합하지 않고 무망실법을 벗어나지도 않으며, 항주사성(恒住捨性)과 화합하지 않고 항주사성을 벗어나지도 않느니라. 왜 그러한가? 이와 같은 제법은 모두가 화합하거나 벗어날 자성이 없는 까닭이니라. 사리자여. 보살마하살이 반야바라밀다를 수행하는 때에, 방편선교로 일체지(一切智)와 화합하지 않고 일체지를 벗어나지도 않으며, 도상지(道相智)·일체상지(一切相智)와 화합하지 않고 도상지·일체상지를 벗어나지도 않느니라. 왜 그러한가? 이와 같은 제법은 모두가 화합하거나 벗어날 자성이 없는 까닭이니라.

사리자여. 보살마하살이 반야바라밀다를 수행하는 때에, 방편선교로 예류과(預流果)와 화합하지 않고 예류과를 벗어나지도 않으며, 일래(一來)·불환(不還)·아라한과(阿羅漢果)·독각(獨覺)의 보리(菩提)와 화합하지 않고 일래·불환·아라한과·독각의 보리를 벗어나지도 않느니라. 왜 그러한가? 이와 같은 제법은 모두가 화합하거나 벗어날 자성이 없는 까닭이니라.

사리자여. 보살마하살이 반야바라밀다를 수행하는 때에, 방편선교로 일체의 보살마하살(菩薩摩訶薩)의 행(行)과 화합하지 않고 일체의 보살마하살의 행을 벗어나지도 않으며, 제불(諸佛)의 무상정등보리(無上正等菩提)와 화합하지 않고 제불의 무상정등보리를 벗어나지도 않느니라. 왜 그러한가? 이와 같은 제법은 모두가 화합하거나 벗어날 자성이 없는 까닭이니라. 이와 같이 사리자여. 보살마하살은 반야바라밀다를 수행하면서 용맹하고 바르게 정근하면서 보리도를 수행하느니라."

그때 구수 사리자(舍利子)가 세존께 아뢰어 말하였다.
"세존이시여. 만약 일체법에 모두가 화합하거나 벗어나는 자성이 없다면 어찌 보살마하살이 반야바라밀다를 이끌어서 일으키고, 제보살마하살들이 그 가운데서 수학(修學)하겠습니까? 세존이시여. 만약 보살마하살이 반야바라밀다를 수학하지 않는다면 결국 구하였던 무상정등보리를 능히 증득하지 못할 것입니다."

세존께서 사리자에게 알리셨다.
"그와 같으니라. 그와 같으니라. 그대가 말한 것과 같으니라. 만약 보살마하살이 반야바라밀다를 수학하지 않는다면 결국 구하였던 무상정등보리를 능히 증득하지 못하느니라. 사리자여. 제보살마하살들은 반드시 반야바라밀다를 수학해야 비로소 구하였던 무상정등보리라는 것을 능히 증득하느니라. 사리자여. 제보살마하살들은 이 무상정등보리를 구하였다면 반드시 방편선교가 있어야 비로소 능히 증득할 수 있고, 방편선교가 없다면 증득하지 못하느니라.

사리자여. 보살마하살들이 반야바라밀다를 수행하는 때에 만약 자성을 얻을 수 있는 법이 있다고 본다면 곧 상응하여 취할 수 있겠으나, 자성을 얻을 수 있는 법이 있다고 보지 않는데, 마땅히 무엇을 취하겠는가? 이를테면, '이것은 반야바라밀다이고 이것은 정려바라밀다이며 이것은 정진바라밀다이고 이것은 안인바라밀다이며 이것은 정계바라밀다이고 이것은 보시바라밀다이며, 이것은 색이고 이것은 수·상·행·식이며, 이것

은 안처이고 이것은 이·비·설·신·의처이며, 이것은 색처이고 이것은 성·향·미·촉·법처이며,

이것은 안계이고 이것은 이·비·설·신·의계이며, 이것은 색계이고 이것은 성·향·미·촉·법계이며, 이것은 안식계이고 이것은 이·비·설·신·의식계이며, 이것은 안촉이고 이것은 이·비·설·신·의촉이며, 이것은 안촉을 인연으로 생겨난 여러 수이고 이것은 이·비·설·신·의촉을 인연으로 생겨난 여러 수이며, 이것은 지계이고 이것은 수·화·풍·공·식계이며, 이것은 인연이고 이것은 등무간연·소연연·증상연이며, 이것은 인연을 쫓아서 생겨난 제법이며, 이것은 무명이고 이것은 행·식·명색·육처·촉·수·애·취·유·생·노사의 수탄고우뇌이며,

이것은 내공이고 이것은 외공·내외공·공공·대공·승의공·유위공·무위공·필경공·무제공·산공·무변이공·본성공·자상공·공상공·일체법공·불가득공·무성공·자성공·무성자성공이며, 이것은 4념주이고 이것은 4정단·4신족·5근·5력·7등각지·8성도지이며, 이것은 고성제이고 이것은 집·멸·도성제이며, 이것은 4정려이고 이것은 4무량·4무색정이며, 이것은 8해탈이고 이것은 8승처·9차제정·10변처이며, 이것은 다라니문이고 이것은 삼마지문이며, 이것은 공해탈문이고 이것은 무상·무원해탈문이며, 이것은 극희지이고 이것은 이구지·발광지·염혜지·극난승지·현전지·원행지·부동지·선혜지·법운지이며,

이것은 5안이고 이것은 6신통이며, 이것은 여래의 10력이고 이것은 4무소외·4무애해·대자·대비·대희·대사·18불불공법이며, 이것은 32대사상이고 이것은 80수호이며, 이것은 무망실법이고 이것은 항주사성이며, 이것은 일체지고 이것은 도상지·일체상지이며, 이것은 예류과이고 이것은 일래·불환·아라한·독각의 보리이며, 이것은 일체의 보살마하살들의 행이고 이것은 제불의 무상정등보리이며, 이것은 이생(異生)이고 이것은 성문(聲聞)이며, 이것은 독각(獨覺)이고 이것은 보살(菩薩)이며, 이것은 여래(如來)이다.'라는 것을 취하지 않느니라.

사리자여. 보살마하살은 반야바라밀다를 수행한다면 일체의 법성(法

性)은 모두 취할 수 없다고 여실(如實)하고 명료하게 아는데 이를테면, 반야바라밀다를 취할 수 없고 정려바라밀다를 취할 수 없으며 정진바라밀다를 취할 수 없고 안인바라밀다를 취할 수 없으며 정계바라밀다를 취할 수 없고 보시바라밀다를 취할 수 없으며, 색을 취할 수 없고 수·상·행·식을 취할 수 없으며, 안처를 취할 수 없고 이·비·설·신·의처를 취할 수 없으며, 색처를 취할 수 없고 성·향·미·촉·법처를 취할 수 없으며,

안계를 취할 수 없고 이·비·설·신·의계를 취할 수 없으며, 색계를 취할 수 없고 성·향·미·촉·법계를 취할 수 없으며, 안식계를 취할 수 없고 이·비·설·신·의식계를 취할 수 없으며, 안촉을 취할 수 없고 이·비·설·신·의촉을 취할 수 없으며, 안촉을 인연으로 생겨난 여러 수를 취할 수 없고 이·비·설·신·의촉을 인연으로 생겨난 여러 수를 취할 수 없으며, 지계를 취할 수 없고 수·화·풍·공·식계를 취할 수 없으며, 인연을 취할 수 없고, 등무간연·소연연·증상연을 취할 수 없으며, 인연을 쫓아서 생겨난 제법을 취할 수 없으며,

무명을 취할 수 없고 행·식·명색·육처·촉·수·애·취·유·생·노사의 수탄고우뇌를 취할 수 없으며, 내공을 취할 수 없고 외공·내외공·공공·대공·승의공·유위공·무위공·필경공·무제공·산공·무변이공·본성공·자상공·공상공·일체법공·불가득공·무성공·자성공·무성자성공을 취할 수 없으며, 4념주를 취할 수 없고 4정단·4신족·5근·5력·7등각지·8성도지를 취할 수 없으며, 고성제를 취할 수 없고 집·멸·도성제를 취할 수 없으며, 4정려를 취할 수 없고 4무량·4무색정을 취할 수 없으며, 8해탈을 취할 수 없고 8승처·9차제정·10변처를 취할 수 없으며, 다라니문을 취할 수 없고 삼마지문을 취할 수 없으며,

공해탈문을 취할 수 없고 무상·무원해탈문을 취할 수 없으며, 극희지를 취할 수 없고 이구지·발광지·염혜지·극난승지·현전지·원행지·부동지·선혜지·법운지를 취할 수 없으며, 5안을 취할 수 없고, 6신통을 취할 수 없으며, 여래의 10력을 취할 수 없고 4무소외·4무애해·대자·대비·대희·대사·18불불공법을 취할 수 없으며, 32대사상을 취할 수 없고 80수호를

취할 수 없으며, 무망실법을 취할 수 없고 항주사성을 취할 수 없으며, 일체지를 취할 수 없고 도상지·일체상지를 취할 수 없으며, 예류과를 취할 수 없고 일래·불환·아라한과·독각의 보리를 취할 수 없으며, 일체의 보살마하살들의 행을 취할 수 없느니라.'

사리자여. 이러한 취할 수 없는 바라밀다는 곧 이것이 장애가 없는 바라밀다이고, 이와 같은 장애가 없는 바라밀다는 곧 반야바라밀다이므로, 제보살마하살들은 상응하여 그 가운데에서 수학해야 하느니라. 사리자여. 제보살마하살들이 그 가운데에서 수학하는 때에도 오히려 수학을 얻을 수 없는데, 하물며 무상정등보리(無上正等菩提)를 증득하겠는가? 하물며 반야바라밀다(般若波羅蜜多)를 증득하겠는가? 하물며 보살법(菩薩法)을 증득하겠는가? 하물며 제불법(諸佛法)을 증득하겠는가? 하물며 독각법(獨覺法)을 증득하겠는가? 하물며 성문법(聲聞法)을 증득하겠는가? 하물며 이생법(異生法)을 증득하겠는가?

왜 그러한가? 사리자여. 적은 법이라도 자성(自性)은 있지 않느니라. 이와 같이 무성(無性)으로 자성의 법을 삼는 가운데에서 무엇 등이 이생법이겠는가? 무엇 등이 예류법(預流法)이겠는가? 무엇 등이 일래법(一來法)이겠는가? 무엇 등이 불환법(不還法)이겠는가? 무엇 등이 아라한법(阿羅漢法)이겠는가? 무엇 등이 독각법이겠는가? 무엇 등이 보살법이겠는가? 무엇 등이 여래법이겠는가?

사리자여. 이와 같은 제법을 이미 얻을 수 없는데, 무엇 등의 법에 의지하여 보특가라(補特伽羅)가 있다고 시설(施設)하겠는가? 이미 보특가라를 이미 얻을 수 없는데, 어찌 '이것은 이생이고, 이것은 예류이며, 이것은 일래이고, 이것은 불환이며, 이것은 아라한이고, 이것은 독각이며, 이것은 보살마하살이며, 이것은 여래·응공·정등각이다.'라고 설할 수 있겠는가?"

그때 구수 사리자가 세존께 아뢰어 말하였다.
"세존이시여. 만약 일체법이 모두 자성이 없고, 모두 실유(實有)가 아니라면 무엇 등의 일에 의지하여 '이것은 이생이고 이것은 이생법이며, 이것은 예류이고 이것은 예류법이며, 이것은 일래이고 이것은 일래법이며, 이것은 불환이고 이것은 불환법이며, 이것은 아라한이고 이것은 아라한법이며, 이것은 독각이고 이것은 독각법이며, 이것은 보살마하살이고 이것은 보살마하살법이며, 이것은 여래·응공·정등각이고 이것은 여래·응공·정등각법이다.'라고 명료하게 알 수 있습니까?"

세존께서 사리자에게 알리셨다.

"사리자여. 그대의 생각은 어떠한가? 여러 어리석은 범부인 이생들이 집착하는 것과 같이, 색이 실유가 되고, 수·상·행·식도 실유가 되겠는가?"

사리자가 말하였다.

"아닙니다. 세존이시여. 아닙니다. 선서시여. 다만 오히려 전도되었으므로 여러 어리석은 범부인 이생들은 이와 같은 집착이 있습니다."

"사리자여. 그대의 생각은 어떠한가? 여러 어리석은 범부인 이생들이 집착하는 것과 같이, 안처가 실유가 되고, 이·비·설·신·의처도 실유가 되겠는가?"

"아닙니다. 세존이시여. 아닙니다. 선서시여. 다만 오히려 전도되었으므로 여러 어리석은 범부인 이생들은 이와 같은 집착이 있습니다."

"사리자여. 그대의 생각은 어떠한가? 여러 어리석은 범부인 이생들이 집착하는 것과 같이, 색처가 실유가 되고, 성·향·미·촉·법처도 실유가 되겠는가?"

"아닙니다. 세존이시여. 아닙니다. 선서시여. 다만 오히려 전도되었으므로 여러 어리석은 범부인 이생들은 이와 같은 집착이 있습니다."

"사리자여. 그대의 생각은 어떠한가? 여러 어리석은 범부인 이생들이 집착하는 것과 같이, 안계가 실유가 되고, 이·비·설·신·의계도 실유가 되겠는가?"

"아닙니다. 세존이시여. 아닙니다. 선서시여. 다만 오히려 전도되었으므로 여러 어리석은 범부인 이생들은 이와 같은 집착이 있습니다."

"사리자여. 그대의 생각은 어떠한가? 여러 어리석은 범부인 이생들이 집착하는 것과 같이, 색계가 실유가 되고, 성·향·미·촉·법계도 실유가 되겠는가?"

"아닙니다. 세존이시여. 아닙니다. 선서시여. 다만 오히려 전도되었으므로 여러 어리석은 범부인 이생들은 이와 같은 집착이 있습니다."

"사리자여. 그대의 생각은 어떠한가? 여러 어리석은 범부인 이생들이 집착하는 것과 같이, 안식계가 실유가 되고, 이·비·설·신·의식계도 실유가 되겠는가?"

"아닙니다. 세존이시여. 아닙니다. 선서시여. 다만 오히려 전도되었으므로 여러 어리석은 범부인 이생들은 이와 같은 집착이 있습니다."

"사리자여. 그대의 생각은 어떠한가? 여러 어리석은 범부인 이생들이 집착하는 것과 같이, 안촉이 실유가 되고, 이·비·설·신·의촉도 실유가 되겠는가?"

"아닙니다. 세존이시여. 아닙니다. 선서시여. 다만 오히려 전도되었으므로 여러 어리석은 범부인 이생들은 이와 같은 집착이 있습니다."

"사리자여. 그대의 생각은 어떠한가? 여러 어리석은 범부인 이생들이 집착하는 것과 같이, 안촉을 인연으로 생겨난 여러 수가 실유가 되고, 이·비·설·신·의촉을 인연으로 생겨난 여러 수도 실유가 되겠는가?"

"아닙니다. 세존이시여. 아닙니다. 선서시여. 다만 오히려 전도되었으므로 여러 어리석은 범부인 이생들은 이와 같은 집착이 있습니다."

"사리자여. 그대의 생각은 어떠한가? 여러 어리석은 범부인 이생들이 집착하는 것과 같이, 지계가 실유가 되고, 수·화·풍·공·식계도 실유가 되겠는가?"

"아닙니다. 세존이시여. 아닙니다. 선서시여. 다만 오히려 전도되었으므로 여러 어리석은 범부인 이생들은 이와 같은 집착이 있습니다."

"사리자여. 그대의 생각은 어떠한가? 여러 어리석은 범부인 이생들이 집착하는 것과 같이, 인연이 실유가 되고, 등무간연·소연연·증상연도 실유가 되겠는가?"

"아닙니다. 세존이시여. 아닙니다. 선서시여. 다만 오히려 전도되었으므로 여러 어리석은 범부인 이생들은 이와 같은 집착이 있습니다."
"사리자여. 그대의 생각은 어떠한가? 여러 어리석은 범부인 이생들이 집착하는 것과 같이, 인연을 쫓아서 생겨나는 제법이 실유가 되겠는가?"
"아닙니다. 세존이시여. 아닙니다. 선서시여. 다만 오히려 전도되었으므로 여러 어리석은 범부인 이생들은 이와 같은 집착이 있습니다."
"사리자여. 그대의 생각은 어떠한가? 여러 어리석은 범부인 이생들이 집착하는 것과 같이, 무명이 실유가 되고, 행·식·명색·육처·촉·수·애·취·유·생·노사의 수탄고우뇌도 실유가 되겠는가?"
"아닙니다. 세존이시여. 아닙니다. 선서시여. 다만 오히려 전도되었으므로 여러 어리석은 범부인 이생들은 이와 같은 집착이 있습니다."
"사리자여. 그대의 생각은 어떠한가? 여러 어리석은 범부인 이생들이 집착하는 것과 같이, 보시바라밀다가 실유가 되고, 정계·안인·정진·정려·반야바라밀다도 실유가 되겠는가?"
"아닙니다. 세존이시여. 아닙니다. 선서시여. 다만 오히려 전도되었으므로 여러 어리석은 범부인 이생들은 이와 같은 집착이 있습니다."
"사리자여. 그대의 생각은 어떠한가? 여러 어리석은 범부인 이생들이 집착하는 것과 같이, 내공이 실유가 되고, 외공·내외공·공공·대공·승의공·유위공·무위공·필경공·무제공·산공·무변이공·본성공·자상공·공상공·일체법공·불가득공·무성공·자성공·무성자성공도 실유가 되겠는가?"
"아닙니다. 세존이시여. 아닙니다. 선서시여. 다만 오히려 전도되었으므로 여러 어리석은 범부인 이생들은 이와 같은 집착이 있습니다."
"사리자여. 그대의 생각은 어떠한가? 여러 어리석은 범부인 이생들이 집착하는 것과 같이, 4념주가 실유가 되고, 4정단·4신족·5근·5력·7등각지·8성도지도 실유가 되겠는가?"
"아닙니다. 세존이시여. 아닙니다. 선서시여. 다만 오히려 전도되었으므로 여러 어리석은 범부인 이생들은 이와 같은 집착이 있습니다."
"사리자여. 그대의 생각은 어떠한가? 여러 어리석은 범부인 이생들이 집착하는 것과 같이, 고성제가 실유가 되고, 집·멸·도성제도 실유가 되겠는가?"

"아닙니다. 세존이시여. 아닙니다. 선서시여. 다만 오히려 전도되었으므로 여러 어리석은 범부인 이생들은 이와 같은 집착이 있습니다."

"사리자여. 그대의 생각은 어떠한가? 여러 어리석은 범부인 이생들이 집착하는 것과 같이, 4정려가 실유가 되고, 4무량·4무색정도 실유가 되겠는가?"

"아닙니다. 세존이시여. 아닙니다. 선서시여. 다만 오히려 전도되었으므로 여러 어리석은 범부인 이생들은 이와 같은 집착이 있습니다."

"사리자여. 그대의 생각은 어떠한가? 여러 어리석은 범부인 이생들이 집착하는 것과 같이, 8해탈이 실유가 되고, 8승처·9차제정·10변처도 실유가 되겠는가?"

"아닙니다. 세존이시여. 아닙니다. 선서시여. 다만 오히려 전도되었으므로 여러 어리석은 범부인 이생들은 이와 같은 집착이 있습니다."

"사리자여. 그대의 생각은 어떠한가? 여러 어리석은 범부인 이생들이 집착하는 것과 같이, 다라니문이 실유가 되고, 삼마지문도 실유가 되겠는가?"

"아닙니다. 세존이시여. 아닙니다. 선서시여. 다만 오히려 전도되었으므로 여러 어리석은 범부인 이생들은 이와 같은 집착이 있습니다."

"사리자여. 그대의 생각은 어떠한가? 여러 어리석은 범부인 이생들이 집착하는 것과 같이, 공해탈문이 실유가 되고, 무상·무원해탈문도 실유가 되겠는가?"

"아닙니다. 세존이시여. 아닙니다. 선서시여. 다만 오히려 전도되었으므로 여러 어리석은 범부인 이생들은 이와 같은 집착이 있습니다."

"사리자여. 그대의 생각은 어떠한가? 여러 어리석은 범부인 이생들이 집착하는 것과 같이, 극희지가 실유가 되고, 이구지·발광지·염혜지·극난승지·현전지·원행지·부동지·선혜지·법운지도 실유가 되겠는가?"

"아닙니다. 세존이시여. 아닙니다. 선서시여. 다만 오히려 전도되었으므로 여러 어리석은 범부인 이생들은 이와 같은 집착이 있습니다."
 "사리자여. 그대의 생각은 어떠한가? 여러 어리석은 범부인 이생들이 집착하는 것과 같이, 5안이 실유가 되고, 6신통도 실유가 되겠는가?"
 "아닙니다. 세존이시여. 아닙니다. 선서시여. 다만 오히려 전도되었으므로 여러 어리석은 범부인 이생들은 이와 같은 집착이 있습니다."
 "사리자여. 그대의 생각은 어떠한가? 여러 어리석은 범부인 이생들이 집착하는 것과 같이, 여래의 10력이 실유가 되고, 4무소외·4무애해·대자·대비·대희·대사·18불불공법도 실유가 되겠는가?"
 "아닙니다. 세존이시여. 아닙니다. 선서시여. 다만 오히려 전도되었으므로 여러 어리석은 범부인 이생들은 이와 같은 집착이 있습니다."
 "사리자여. 그대의 생각은 어떠한가? 여러 어리석은 범부인 이생들이 집착하는 것과 같이, 32대사상이 실유가 되고, 80수호도 실유가 되겠는가?"
 "아닙니다. 세존이시여. 아닙니다. 선서시여. 다만 오히려 전도되었으므로 여러 어리석은 범부인 이생들은 이와 같은 집착이 있습니다."
 "사리자여. 그대의 생각은 어떠한가? 여러 어리석은 범부인 이생들이 집착하는 것과 같이, 무망실법이 실유가 되고, 항주사성도 실유가 되겠는가?"
 "아닙니다. 세존이시여. 아닙니다. 선서시여. 다만 오히려 전도되었으므로 여러 어리석은 범부인 이생들은 이와 같은 집착이 있습니다."
 "사리자여. 그대의 생각은 어떠한가? 여러 어리석은 범부인 이생들이 집착하는 것과 같이, 일체지가 실유가 되고, 도상지·일체상지도 실유가 되겠는가?"
 "아닙니다. 세존이시여. 아닙니다. 선서시여. 다만 오히려 전도되었으므로 여러 어리석은 범부인 이생들은 이와 같은 집착이 있습니다."
 "사리자여. 그대의 생각은 어떠한가? 여러 어리석은 범부인 이생들이 집착하는 것과 같이, 예류과가 실유가 되고, 일래·불환·아라한과·독각의 보리도 실유가 되겠는가?"

"아닙니다. 세존이시여. 아닙니다. 선서시여. 다만 오히려 전도되었으므로 여러 어리석은 범부인 이생들은 이와 같은 집착이 있습니다."

"사리자여. 그대의 생각은 어떠한가? 여러 어리석은 범부인 이생들이 집착하는 것과 같이, 일체의 보살마하살의 행이 실유가 되고, 제불의 무상정등보리도 실유가 되겠는가?"

"아닙니다. 세존이시여. 아닙니다. 선서시여. 다만 오히려 전도되었으므로 여러 어리석은 범부인 이생들은 이와 같은 집착이 있습니다."

"사리자여. 그대의 생각은 어떠한가? 여러 어리석은 범부인 이생들이 집착하는 것과 같이, 이생이 실유가 되고, 예류·일래·불환·아라한·독각·보살마하살과 여래·응공·정등각도 실유가 되겠는가?"

"아닙니다. 세존이시여. 아닙니다. 선서시여. 다만 오히려 전도되었으므로 여러 어리석은 범부인 이생들은 이와 같은 집착이 있습니다."

세존께서 말씀하셨다.

"사리자여. 제보살마하살들이 반야바라밀다의 방편선교를 수행하였고, 비록 제법이 모두 자성이 없고 모두가 실유가 아니라고 관찰하였더라도, 세속에 의지하여 무상정등보리를 일으켜서 나아가면서 제유정(諸有情)들을 위하여 여러 종류로 널리 설하고, 바른 신해를 얻게 하며, 전도(顚倒)를 멀리 벗어나게 하느니라."

마하반야바라밀다경 제392권

71. 성숙유정품(成熟有情品)(3)

구수 사리자가 세존께 아뢰어 말하였다.
"세존이시여. 무엇이 보살마하살이 반야바라밀다를 수행하는 때의 방편선교이고, 오히려 이러한 방편선교의 힘을 까닭으로 비록 제법이 모두 자성(自性)이 없고 모두 실유(實有)가 아니라고 관찰하였더라도, 세속에 의지하여 무상정등보리를 일으키고 나아가면서 제유정들을 위하여 여러 종류로 널리 설하고, 바른 신해를 얻게 하며, 전도를 멀리 벗어나게 합니까?"

세존께서 사리자에게 알리셨다.
"보살마하살들이 반야바라밀다를 수행하는 때의 방편선교라는 것은 이를테면, 그 가운데에 머무르면서 모두 적은 진실한 법이 있다고 보지 않는 것이니라. 오히려 그 가운데에서 머무르면서 장애(罣礙)가 있었고, 오히려 장애가 있었던 까닭으로 퇴전하는 떨어짐(退沒)이 있었으며, 오히려 퇴전하는 떨어짐이 있었던 까닭으로 마음이 곧 열등하고 유약(劣弱)해 졌고, 오히려 마음이 열등하고 유약해진 까닭으로 곧 해태(懈怠)가 생겨나느니라.

사리자여. 일체법으로써 모두가 진실한 일(事)이 없고 아(我)·아소(我所)가 없으며, 모두가 무성(無性)으로써 자성(自性)을 삼으므로 본성(本性)이 공하고 적정(空寂)하며, 자상(自相)이 공(空)하고 적정하더라도, 오직 일체의 어리석은 범부인 이생들은 미혹(迷謬)되고 전도(顚倒)되어서 색온

(色蘊)에 집착하고 수(受)·상(想)·행(行)·식온(識蘊)에 집착하며, 안처에 집착하고 이·비·설·신·의처에 집착하며, 색처에 집착하고 성·향·미·촉·법처에 집착하며, 안계에 집착하고 이·비·설·신·의계에 집착하며,

색계에 집착하고 성·향·미·촉·법계에 집착하며, 안식계에 집착하고 이·비·설·신·의식계에 집착하며, 안촉에 집착하고 이·비·설·신·의촉에 집착하며, 안촉을 인연으로 생겨난 여러 수에 집착하고 이·비·설·신·의촉을 인연으로 생겨난 여러 수에 집착하며, 지계에 집착하고 수·화·풍·공·식계에 집착하며, 인연에 집착하고 등무간연·소연연·증상연에 집착하며, 인연을 쫓아서 생겨난 제법에 집착하며, 무명에 집착하고 행·식·명색·육처·촉·수·애·취·유·생·노사의 수탄고우뇌에 집착하며, 보시바라밀다에 집착하고 정계·안인·정진·정려·반야바라밀다에 집착하며,

내공에 집착하고 외공·내외공·공공·대공·승의공·유위공·무위공·필경공·무제공·산공·무변이공·본성공·자상공·공상공·일체법공·불가득공·무성공·자성공·무성자성공에 집착하며, 4념주에 집착하고 4정단·4신족·5근·5력·7등각지·8성도지에 집착하며, 고성제에 집착하고 집·멸·도성제에 집착하며, 4정려에 집착하고 4무량·4무색정에 집착하며, 8해탈에 집착하고 8승처·9차제정·10변처에 집착하며, 다라니문에 집착하고 삼마지문에 집착하며, 공해탈문에 집착하고 무상·무원해탈문에 집착하며,

극희지에 집착하고 이구지·발광지·염혜지·극난승지·원행지·부동지·선혜지·법운지에 집착하며, 5안에 집착하고 6신통에 집착하며, 여래의 10력에 집착하고 4무소외·4무애해·대자·대비·대희·대사·18불불공법에 집착하며, 32대사상에 집착하고 80수호에 집착하며, 무망실법에 집착하고 항주사성에 집착하며, 일체지에 집착하고 도상지·일체상지에 집착하며, 예류과에 집착하고 일래·불환·아라한과·독각의 보리에 집착하며, 일체의 보살의 행에 집착하고 제불의 무상정등보리에 집착하느니라.

사리자여. 오히려 이러한 인연으로 제보살마하살들은 일체법으로써 모두가 진실한 일이 없고 아·아소가 없으며, 모두가 무성으로써 자성을 삼으므로 본성이 공하고 적정하며, 자상이 공하고 적정하다고 관찰하였다

면, 반야바라밀다를 수행하여 스스로가 안립(安立)시키고, 마술사(幻師)와 같이 유정들을 위하여 설법하는데 이를테면, 간탐(慳貪)하는 자라면 보시(布施)를 설하여서 보시바라밀다를 수행하게 하고, 만약 파계(破戒)한 자라면 정계(淨戒)를 설하여서 정계바라밀다를 수행하게 하며, 만약 성내고 원망하는 자라면 안인(安忍)을 설하여서 안인바라밀다를 수행하게 하고, 만약 해태(懈怠)한 자라면 정진을 설하여서 정진바라밀다를 수행하게 하며, 만약 산란(散亂)한 자라면 정려(靜慮)를 설하여서 정려바라밀다를 수행하게 하고, 만약 우치(愚癡)한 자라면 반야(般若)를 설하여서 반야바라밀다를 수행하게 하느니라.

사리자여. 이 보살마하살은 유정을 안립(安立)시켜서 보시·정계·안인·정진·정려·빈야바라밀나에 안수하게 하고, 다시 생사(生死)를 능히 출리(出離)하는 수승하고 성스러운 법을 선설(宣說)하나니, 제유정들이 그것을 의지하여 수학한다면, 혹은 예류과를 증득하거나, 혹은 일래과를 증득하거나, 혹은 불환과를 증득하거나, 혹은 아라한과를 증득하거나, 혹은 독각의 보리를 증득하거나, 혹은 보살마하살의 지위에 들어가거나, 혹은 무상정등보리를 증득하느니라."

그때 사리자가 세존께 아뢰어 말하였다.

"세존이시여. 제보살마하살들이 반야바라밀다를 수행하는 때라면, 어찌 얻을 것이 있다고 이름하지 않겠습니까? 이를테면, 제유정들은 진실로 무소유(無所有)일지라도, 보시·정계·안인·정진·정려·반야바라밀다에 안주하게 하고, 다시 생사를 능히 출리(出離)하는 수승하고 성스러운 법을 널리 설하였으므로, 제유정들이 그것을 의지하여 수학한다면, 혹은 예류과를 증득하게 되고, 혹은 일래과를 증득하게 되며, 혹은 불환과를 증득하게 되고, 혹은 아라한과를 증득하게 되며, 혹은 독각의 보리를 증득하게 되고, 혹은 보살마하살의 지위에 들어가게 하며, 혹은 무상정등보리를 증득하게 합니다."

세존께서 사리자에게 알리셨다.

"보살마하살들이 반야바라밀다를 수행하는 때라면 유정들에게서 얻을 것이 있지 않느니라. 왜 그러한가? 사리자여. 이 보살마하살이 반야바라밀다를 수행하는 때에, 유정들은 조금도 진실로 얻을 수 있다고 보지 않았더라도, 오직 세속에 있었다면 가립(假立)하여 유정에게 설하느니라. 사리자여. 이 보살마하살이 반야바라밀다를 수행하는 때라면 두 가지의 진리(二諦)에 안주하여 제유정들을 위하여 정법을 널리 설하느니라. 무엇을 두 가지의 진리라고 말하는가? 이를테면, 세속제(世俗諦)와 승의제(勝義諦)이니라.

사리자여. 비록 두 가지의 진리 가운데에서 유정을 얻을 수 없고, 유정의 시설(施設)도 역시 얻을 수 없더라도, 그러나 제보살마하살은 반야바라밀다의 방편선교를 수행하고 유정들을 위하여 법요(法要)를 널리 설하느니라. 제유정의 부류들은 이러한 법을 들었더라도 현법(現法)의 가운데에서 오히려 나(我)를 얻을 수 없는데, 어찌 하물며 마땅히 구하였던 과위(果)를 증득하겠는가? 사리자여. 이와 같이 보살마하살은 반야바라밀다의 방편선교를 수행하고 비록 유정들을 위하여 법요를 널리 설하고, 바른 행을 수행하여 증과를 증득하게 할지라도, 그 마음에서는 모두 얻을 것이 없느니라."

사리자가 세존께 아뢰어 말하였다.
"세존이시여. 이 제보살마하살들이 진실한 보살마하살이라면, 비록 제법에서라도 하나의 성품(一性)도 얻을 수 없고, 다른 성품(異性)도 얻을 수 없으며, 모두인 성품(總性)도 얻을 수 없고, 별도인 성품(別性)도 얻을 수 없더라도, 그렇지만 이와 같은 큰 공덕의 갑옷(大功德鎧)을 입었으므로, 욕계(欲界)에 나타나지 않고, 색계(色界)에 나타나지 않으며, 무색계(無色界)에 나타나지 않고, 유위계(有爲界)에 나타나지 않고, 무위계(無爲界)에도 나타나지 않습니다.

비록 유정을 교화하여 삼계(三界)에서 해탈시키더라도, 그렇지만 유정을 모두 얻을 수 없고 역시 유정의 시설도 얻을 수 없으며, 유정의 시설을 얻을 수 없는 까닭으로 계박이 없고 해탈이 없으며, 계박이 없고 해탈이 없는 까닭으로 염오가 없고 청정함이 없으며, 염오가 없고 청정함이 없는 까닭으로 여러 세계(趣)의 차별을 명료하게 알 수 없으며, 여러 세계의 차별을 명료하게 알 수 없는 까닭으로 업이 없고 번뇌가 없으며, 업과 번뇌가 없는 까닭으로 이숙과(異熟果)가 없고, 이미 이숙과가 없다면, 어찌 나(我)와 유정(有情)이 있어서 여러 세계를 유전(流傳)하면서 삼계에서 여러 종류의 차별로 나타내겠습니까?"

세존께서 사리자에게 알리셨다.

"그와 같으니라. 그와 같으니라. 그대가 말한 것과 같으니라. 사리자여. 만약 유정의 부류들이 이전에 있었으나 뒤에 없다면, 보살과 여래는 상응하게 과실(過失)이 있고, 만약 여러 세계에 생사가 이전에 있었으나 뒤에 없다면, 곧 보살과 여래는 상응하게 과실이 있으며, 이전에 없었으나 뒤에 있다는 이치는 역시 그와 같지 않으니라. 이러한 까닭으로 사리자여. 여래가 세상에 출현하시거나 만약 세상에 출현하시지 않더라도, 법상(法相)은 항상 머무르면서 결국 바뀌거나 전전함이 없느니라.

일체법으로써 법성(法性)·법계(法界)·법주(法住)·법정(法定)·진여(眞如)·실제(實際)·불허망성(不虛妄性)·불변이성(不變異性)은 오히려 허공과 같아서, 이 가운데에서는 오히려 내(我)가 없고, 유정(有情)도 없으며 명자(命者)도 없고 생자(生者)도 없으며 양자(養者)도 없고 사부(士夫)도 없으며 보특가라(補特伽羅)도 없고 의생(意生)도 없으며 유동(儒童)도 없고 작자(作者)도 없고 사작자(使作者)도 없으며 기자(起者)도 없고 사기자(使起者)도 없으며 수자(受者)도 없고 사수자(使受者)도 없으며 지자(知者)도 없고 사지자(使知者)도 없으며 견자(見者)도 없고 사견자(使見者)도 없는데, 하물며 마땅히 색이 있겠고 수·상·행·식이 있겠으며, 안처가 있겠고 이·비·설·신·의처가 있겠으며, 색처가 있겠고 성·향·미·촉·법처가 있겠으며, 안계가 있겠고 이·비·설·신·의계가 있겠으며, 색계가 있겠고 성·향·미·촉·법계가 있겠으며, 안식계가 있겠고 이·비·설·신·의식계가 있겠으며, 안촉이 있겠고 이·비·설·신·의촉이 있겠으며, 안촉을 인연으로 생겨난 여러 수가 있겠고 이·비·설·신·의촉을 인연으로 생겨난 여러 수가 있겠으며, 지계가 있겠고 수·화·풍·공·식계가 있겠으며, 여러 연기(緣起)가 있겠고 연기에서 생겨나는 법이 있겠으며, 연기의 갈래(緣起支)가 있겠는가?

이와 같이 설하였던 제법이 이미 없는데, 어찌 여러 세계에 생사가 있겠으며, 여러 세계에 생사를 이미 얻을 수 없는데, 어찌 마땅히 유정을 성숙시키고 유정들을 그것에서 해탈시키겠는가? 오직 세속에 의지하여 가립으로 유위(有爲)라고 설하느니라.

사리자여. 이와 같이 법의 자성이 모두가 공한 까닭으로, 보살마하살들이 과거불(過去佛)을 쫓아서 여실하게 들었으므로 유정들이 전도된 집착을 해탈시키기 위하여 무상정등보리를 일으켜서 나아가더라도, 일으키는 때에 '나는 이 법에서 이미 증득하였고 마땅히 증득할 것이다. 그 유정들이 집착하는 것인 생사의 여러 고통에서 이미 제도하였고, 마땅히 제도할 것이다.'라고 이렇게 생각을 짓지 않느니라.

사리자여. 이 보살마하살은 유정들의 전도된 집착을 해탈시키기 위하여 공덕의 갑옷을 입고, 큰 서원을 장엄하며, 용맹하게 정근하면서 뒤돌아보거나 아끼는 것이 없고, 무상정등보리에서 퇴전하지 않으며, 항상 보리에서 '내가 마땅히 증득하겠는가? 마땅히 증득하지 못하겠는가?'라는 머뭇거림을 일으키지 않고, 항상 '나는 반드시 마땅하게 구하였던 무상정등보리라는 것을 증득하고서 제유정들에게 진실한 요익이 짓겠는데 이를테면, 미혹(迷謬)되고 전도(轉倒)되어 여러 세계를 왕래하면서 받는 생사의 고통에서 해탈시키겠다.'라고 이렇게 생각을 짓느니라. 사리자여. 이 보살마하살이 비록 제유정들이 미혹되고 전도되어 여러 세계를 왕래하면서 받는 생사의 고통에서 해탈시키더라도 얻는 것은 없으며, 다만 세속에 의지하는 이러한 일이 있다고 설하느니라.

사리자여. 교묘한 마술사나, 혹은 그의 제자들이 천제석(天帝釋)의 그물의 기술을 수용하여 무량한 백천 구지(俱胝)의 제유정의 부류들을 변화시켜서 지었고, 다시 여러 종류의 상묘한 음식을 변화시켜서 지었으며, 변화시켜서 지었던 유정들에게 주어서 모두가 배부르게 하였고, 이러한 일을 짓고 환희하면서 '나는 이미 광대한 복취(福聚)를 획득하였다.'라고 외쳐서 말하였던 것과 같으니라. 사리자여. 그대의 뜻은 어떠한가? 이와 같은 마술사와 혹은 그의 제자들이 진실로 유정들에게 배부름을 얻게 하였는가?"

사리자가 말하였다.

"아닙니다. 세존이시여. 아닙니다. 선서시여."

세존께서 사리자에게 알리셨다.

"보살마하살도 역시 이와 같이 초발심부터 유정들을 헤아려서 해탈시키려는 까닭으로 보시바라밀다를 수행하였고 정계·안인·정진·정려·반야바라밀다를 수행하였으며, 내공에 안주하였고 외공·내외공·공공·대공·승의공·유위공·무위공·필경공·무제공·산공·무변이공·본성공·자상공·공상공·일체법공·불가득공·무성공·자성공·무성자성공에 안주하였으며, 4념주를 수행하였고 4정단·4신족·5근·5력·7등각지·8성도지를 수행하였으며, 고성제에 안주하였고 집·멸·도성제에 안주하였으며, 4정려를 수행하였고 4무량·4무색정을 수행하였으며,

8해탈을 수행하였고 8승처·9차제정·10변처(遍處)를 수행하였으며, 다라니문을 수행하였고 삼마지문을 수행하였으며, 공해탈문을 수행하였고 무상·무원해탈문을 수행하였으며, 극희지를 수행하였고 이구지·발광지·염혜지·극난승지·현전지·원행지·부동지·선혜지·법운지를 수행하였으며, 5안을 수행하였고 6신통을 수행하였으며, 여래의 10력을 수행하였고 4무소외·4무애해·대자·대비·대희·대사·18불불공법을 수행하였으며, 32대사상을 수행하였고 80수호를 수행하였으며,

무망실법을 수행하였고 항주사성을 수행하였으며, 일체지를 수행하였고 도상지·일체상지를 수행하였으며, 보살마하살의 대보리도(大菩提道)를 원만하게 하였고, 유정을 성숙시켰고, 불국토를 청정하게 장엄하였다면, 사리자여. 제보살마하살들이 비록 이러한 일을 지었더라도, 유정과 일체법에서 모두 얻을 수 없으므로, '내가 이 법으로써 이와 같은 제유정의

부류들을 조복하였다.'라고 이렇게 생각을 짓지 않느니라."

그때 구수 선현(善現)이 세존께 아뢰어 말하였다.
"세존이시여. 무엇을 보살마하살의 대보리도(大菩提道)라고 말합니까? 제보살마하살들이 이러한 도를 수행하여 방편선교로 유정을 성숙시키고, 불국토를 청정하게 장엄합니까?"

세존께서 선현에게 알리셨다.
"제보살마하살들이 초발심부터 수행하였던 보시바라밀다와 수행한 정계·안인·정진·정려·반야바라밀다와, 수행하였던 내공과 수행한 외공·내외공·공공·대공·승의공·유위공·무위공·필경공·무제공·산공·무변이공·본성공·자상공·공상공·일체법공·불가득공·무성공·자성공·무성자성공과, 수행하였던 4념주와 수행하였던 4정단·4신족·5근·5력·7등각지·8성도지와, 수행하였던 고성제와 수행하였던 집·멸·도성제와, 수행하였던 4정려와 수행하였던 4무량·4무색정과, 수행하였던 8해탈과 수행하였던 8승처·9차제정·10변처와, 수행하였던 다라니문과 수행하였던 삼마지문과,

수행하였던 공해탈문과 수행하였던 무상·무원해탈문과, 수행하였던 극희지와 수행하였던 이구지·발광지·염혜지·극난승지·현전지·원행지·부동지·선혜지·법운지와, 수행하였던 5안과 수행하였던 6신통과, 수행하였던 여래의 10력과 수행하였던 4무소외·4무애해·대자·대비·대희·대사·18불불공법과, 수행하였던 무망실법과 수행하였던 항주사성과, 수행하였던 일체지와 수행하였던 도상지·일체상지와, 나머지의 무량(無量)하고 무변(無邊)한 불법(佛法)의 모두가 이것이 보살마하살의 대보리도이며, 제보살마하살들은 이러한 도를 수행하고서 방편선교로 유정을 성숙시키고, 불국토를 청정하게 장엄하였더라도, 유정이라는 생각이 없고 불국토라는 생각이 없느니라."

구수 선현이 세존께 아뢰어 말하였다.

"세존이시여. 어찌하여 보살마하살이 보시바라밀다를 수행하고서 방편선교로 유정을 성숙시킵니까?"

세존께서 선현에게 알리셨다.

"보살마하살이 있어서 보시바라밀다를 수행하는 때에 방편선교로 스스로가 보시를 행하고, 역시 다른 사람에게도 보시를 행하라고 권유하면서 은근(慇懃)하게 교수(敎授)하고 교계(敎誡)하면서 '여러 선남자들이여. 보시에 집착하지 마십시오. 만약 보시에 집착한다면 마땅히 다시 몸을 받을 것이고, 만약 다시 몸을 받는다면 오히려 이것으로 전전하면서 마땅히 무량하고 맹렬하며 날카로운 큰 고통을 받을 것입니다. 여러 선남자들이여. 승의제(勝義諦)의 가운데에서는 모두 보시가 없고, 역시 보시하는 자도 없으며, 역시 보시받는 자도 없고, 역시 보시하는 물건도 없으며, 역시는 보시하는 과보도 없습니다. 이와 같이 제법은 모두가 본성이 공하고, 본성이 공한 가운데에서는 취할 수 있는 법이 없으며, 제법의 공한 성품도 역시 취할 수 없습니다.'라고 그에게 말하느니라.

이와 같이 선현이여. 제보살마하살들이 보시바라밀다를 수행하는 때에 비록 유정에게 스스로가 보시를 행하고, 역시 다른 사람에게도 보시를 권유하더라도 보시·보시하는 자·보시받는 자·보시하는 물건·보시하는 과보에서 모두 얻는 것이 없는데, 이와 같은 보시바라밀다를 얻는 것이 없는 바라밀다라고 이름하느니라. 이 보살마하살이 이러한 제법에서 얻는 것이 없는 때에 방편선교로 능히 유정들을 교화하여 예류과를 증득하게 하거나, 혹은 일래과를 증득하게 하거나, 혹은 불환과를 증득하게 하거나, 혹은 아라한과를 증득하게 하거나, 혹은 독각의 보리를 증득하게 하거나, 혹은 무상정등보리에 나아가게 하느니라. 이와 같이 선현이여. 제보살마하살들이 보시바라밀다를 수행하는 때에 보시법에 의지하여 유정을 성숙시켜서 이익과 안락을 얻게 하느니라.

선현이여. 이 보살마하살은 스스로가 보시를 행하고, 역시 다른 사람에게도 보시를 행하게 권유하며, 전도가 없이 보시바라밀다를 행하는 법을 칭찬(稱揚)하고 보시바라밀다를 행하는 자를 환희하면서 찬탄하느니라.

선현이여. 이 보살마하살이 이와 같이 큰 보시를 수행하고서 혹은 찰제리(刹帝利)의 대종족들의 동분(同分)에 태어나거나, 혹은 바라문(婆羅門)의 대종족들의 동분에 태어나거나, 혹은 장자(長者)의 대종족들의 동분에 태어나거나, 혹은 거사(居士)의 대종족들의 동분에 태어나거나, 혹은 작은 왕이 되어 작은 나라에서 부귀(富貴)하고 자재(自在)하거나, 혹은 큰 왕이 되어서 큰 나라에서 부귀하고 자재하거나, 혹은 전륜왕(轉輪王)이 되어서 사대주(四洲界)에서 부귀(富貴)하고 자재하느니라.

선현이여. 이 보살마하살이 이와 같은 등의 여러 존귀한 처소에 태어나고서 4섭사(四攝事)로써 제유정들을 섭수하느니라. 무엇 등이 네 가지인가? 첫째는 보시(布施)이고, 둘째는 애어(愛語)이며, 셋째는 이행(利行)이고, 넷째는 동사(同事)이니라. 이 보살마하살이 4섭사로써 유정을 섭수하는 때에 먼저 유정들을 교계하여 보시에 안주(安住)하게 하는데, 오히려 이것으로 점차 정계·안인·정진·정려·반야에 안주하게 하며, 다시 4정려·4무량·4무색정에 안주하게 하고, 4념주·4정단·4신족·5근·5력·7등각지·8성도지에 안주하게 하며, 다시 공삼마지와 무상·무원삼마지에 안주하게 하느니라. 이 보살마하살이 제유정들에게 이 같은 등의 선법에 안주하게 하였다면, 혹은 나아가서 정성이생(正性離生)에 들어가며 예류과를 증득하게 하거나, 일래과를 증득하게 하거나, 불환과를 증득하게 하거나, 아라한과를 증득하게 하거나, 혹은 나아가서 정성이생에 들어가서 점차 독각의 보리를 증득하게 하거나, 혹은 정성이생에 들어가서 점차 보살마하살들의 지위를 수학(修學)하여 빠르게 무상정등보리를 나아가게 하느니라.

다시 그들에게 '여러 선남자들이여. 마땅히 대원(大願)을 일으키고 빠르게 무상정등보리를 나아가서 제유정들에게 이익과 안락을 지으십시오. 제유정의 부류들이 집착하는 제법은 모두 자성이 없으니, 다만 오히려 전도(顚倒)되고 허망하게 분별하여 있다고 말하는 것입니다. 이러한 까닭으로 그대 등은 항상 마땅히 정근하면서 수행하고 스스로가 전도를 단절하며, 역시 상응하여 다른 사람을 교계하여 전도를 단절하게 해야 하며,

스스로가 생사를 해탈하고, 역시 상응하여 다른 사람을 교계하여 생사를 해탈하게 해야 하며, 스스로가 큰 이익을 획득하고, 역시 상응하여 다른 사람을 교계하여 큰 이익을 획득하게 하십시오.'라고 알려서 말하느니라.

선현이여. 제보살마하살들은 항상 상응하여 이와 같이 보시바라밀다를 수행하는데, 오히려 이러한 보시바라밀다로 초발심부터 구경(究竟)에 이르기까지 악취(惡趣)에 떨어지지 않고, 제유정들을 요익하게 하려는 까닭으로 많은 생(生)을 인간(人趣)에 태어나서 전륜왕이 되느니라. 그 까닭은 무엇인가? 종자(種子)의 세력을 따라서 이와 같은 결과를 획득하는 데 이를테면, 그 보살이 전륜왕이 되었던 때에 구걸하는 자가 오는 것을 보았다면 '나는 무슨 일을 위하여 생사를 유전하며 전륜왕이 되었는데, 어찌 나는 생사의 가운데에 머무르는 유정들을 이익되고 안락하게 하려고 이러한 수승한 과보를 받게 하지 않았겠는가? 오히려 다른 일은 아니었다.'라고 곧 이렇게 생각을 짓느니라.

이렇게 생각을 지었다면 구걸하는 자에게 '그대가 필요한 것을 따라서 마땅히 베풀어 주겠나니, 그대가 물건을 취하는 때에 그대의 물건과 같이 취하고, 다른 생각은 짓지 말라. 그 까닭은 무엇인가? 나는 그대 등을 이익되고 안락하게 하기 위한 까닭으로 이 몸을 받았고 재물을 집적(集積)하였느니라. 그러므로 이 재물들의 이것은 그대 등의 소유이니라. 그대들을 따라서 스스로가 취하고, 만약 스스로가 수용(受用)하거나, 만약 전전하게 다른 사람에게 베풀면서 의심과 난처함이 없게 하라.'라고 알려 말하느니라.

이 보살마하살이 이와 같이 제유정들에게 연민하는 때에 인연이 없는 대비심(大悲心)이 빠르게 원만함을 얻을 것이고, 오히려 이러한 대비심이 빠르게 원만해지는 까닭으로 비록 항상 이익과 안락이 유정들에게 무량할지라도 유정들에게서 모두 얻는 것이 없고, 역시 다시 수승한 과보를 얻는 것이 없느니라. 다만 오히려 가립(假立)하였던 생각과 세속의 언설(言說)로 제유정들에게 이익되고 안락한 일을 시설(施設)하였다고 능히 여실하게 알고, 또한 시설하였던 일이 모두 메아리와 같아서 비록 있는 것과 같이 보일지라도 진실함이 없다고 여실하게 아나니, 오히려 이러한 법에서 모두 취하는 것이 없느니라.
 선현이여. 보살마하살들은 항상 상응하여 이와 같이 보시바라밀다를 수행하는데 이를테면, 유정에게 모두 아끼는 것이 없고, 나아가 능히 스스로가 몸·뼈·살까지도 보시하나니, 하물며 여러 외부의 자구(資具)를 능히 버리지 못하겠는가? 이를테면, 여러 자구들은 유정들을 섭수(攝受)하여 생(生)·노(老)·병(病)·사(死)에서 빠르게 해탈하게 하느니라."

 그때 구수 선현이 세존께 아뢰어 말하였다.
 "세존이시여. 무엇 등의 자구로 섭수한다면 생·노·병·사에서 빠르게 해탈시킵니까?"
 세존께서 선현에게 알리셨다.
 "이를테면, 보시바라밀다의 자구이고 정계·안인·정진·정려·반야바라밀다의 자구이며, 내공의 자구이고 외공·내외공·공공·대공·승의공·유위공·무위공·필경공·무제공·산공·무변이공·본성공·자상공·공상공·일체법공·불가득공·무성공·자성공·무성자성공의 자구이며, 4념주의 자구이고 4정단·4신족·5근·5력·7등각지·8성도지의 자구이며, 고성제의 자구이고 집·멸·도성제의 자구이며, 4정려의 자구이고 4무량·4무색정의 자구이며, 8해탈의 자구이고, 8승처·9차제정·10변처(遍處)의 자구이며, 다라니문의 자구이고 삼마지문의 자구이며, 공해탈문의 자구이고 무상·무원해탈문의 자구이며,
 극희지의 자구이고 이구지·발광지·염혜지·극난승지·현전지·원행지·부동지·선혜지·법운지의 자구이며, 5안의 자구이고 6신통의 자구이며, 여래의 10력의 자구이고, 4무소외·4무애해·대자·대비·대희·대사·18불불공법의 자구이며, 무망실법의 자구이고 항주사성의 자구이며, 일체지의 자구이고 도상지·일체상지의 자구이며, 예류과의 자구이고 일래과·불환과·아라한과·독각의 보리의 자구이며, 일체의 보살마하살들의 행의 자구이고, 제불의 무상정등보리의 자구이니라.

선현이여. 이와 같은 자구로써 제유정들을 섭수하여 생·노·병·사에서 빠르게 해탈시키느니라. 제보살마하살들은 항상 이와 같은 여러 종류의 자구로써 제유정들을 섭수하여 생·노·병·사에서 빠르게 해탈시키고 큰 이익을 획득하게 하느니라.

다시 다음으로 선현이여. 보살마하살들은 보시바라밀다에 안주하여 스스로가 보시를 수행하고 제유정들에게 보시를 수행하게 권유하며, 유정들이 정계(淨戒)를 훼손하고 범하는 것을 보았다면 깊은 연민이 생겨나서 그들에게 '그대들은 모두가 상응하여 정계를 수지(受持)하십시오. 내가 마땅히 그대들에게 필요한 것인 음식·의복·와구(臥具)·사택(舍宅)·수레·마니(末尼)·진주(眞珠)·폐유리보(吠琉璃寶)·파지가보(頗胝迦寶)·제청(帝靑)·대청(大靑)·금·은·벽옥(璧玉)·소라(螺貝)·산호(珊瑚) 등과 더불어 나머지의 많은 가치의 진귀한 보배·향·꽃·번기·일산·질병을 인연한 의약품, 나아가 여러 종류의 나머지의 여러 자생구(資生具)의 모두를 서로에게 공급하여 보시하고 부족함이 없게 하겠습니다. 그대들은 오히려 여러 자생구가 부족하여 정계를 훼손하고 범하면서 여러 악업을 지었으나, 내가 마땅히 그대들을 따라서 부족한 자구와 음식, 나아가 질병을 인연한 의약품, 더불어 나머지의 부족한 것들을 모두 공급하여 보시하겠습니다. 그대들이 율의계(律儀戒)에 안주한다면 점차 마땅히 고통의 변제(邊際)를 짓고, 혹은 성문승(聲聞乘)에 의지하여 출리를 얻거나, 혹은 독각승(獨覺乘)에 의지하여 출리를 얻거나, 혹은 무상승(無上乘)에 의지하여 출리를 얻을 것입니다.'라고 알려 말하느니라.

선현이여. 이 보살마하살은 보시바라밀다에 안주하여 스스로가 정계를 수지하고, 역시 다른 사람에게 정계를 수지하게 권유하며, 전도가 없는 정계법(淨戒法)을 수지하는 것을 칭찬하고, 정계를 수지하는 자를 환희하면서 찬탄하느니라. 이와 같이 선현이여. 보살마하살들은 보시바라밀다를 수행하면서 제유정들에게 정계에 안주하게 권유하고, 생사에서 해탈하여 수승한 이익과 안락을 얻게 하느니라.

다시 다음으로 선현이여. 보살마하살들은 보시바라밀다에 제유정들이 다시 서로에게 성내고 원망(瞋忿)하는 것을 보았다면 깊은 연민이 생겨나서 그들에게 '그대 등은 무슨 인연으로 서로가 분노하고 성내는 마음을 일으키는가? 그대 등이 만약 부족한 것이 있으므로 전전하면서 서로의 연기(緣起)로 이러한 죄악을 일으키는 것이라면, 상응하게 나를 쫓아서 구하십시오. 내가 마땅히 그대들을 구제하겠습니다. 따라서 그대들이 필요한 것인 음식·의복·와구·사택·수레·어린 노비(僮僕)·진귀한 보배·꽃·향·질병의 의약품·기악(伎樂)·번기·일산·영락·등불(燈明) 등과 나머지의 여러 종류의 필요한 자구(資具)를 모두 마땅히 그대들에게 보시하여 부족함이 없게 하겠습니다. 그대 등은 상응하여 서로에게 성내고 분노하지 않을 것이고, 상응하게 안인(安忍)을 수행하면서 함께 자비로운 마음(慈心)을 일으키십시오.'라고 알려 말하느니라.

선현이여. 이 보살마하살은 보시바라밀다에 안주하여 제유정들에게 안인을 수행하게 권유하고 견고하게 하고자 하여 '성내고 분노하는 인연은 모두가 허망한 분별을 쫓아서 생겨난 것이므로 모두 결정적으로 진실함이 없는데, 일체법으로써 본성은 공한 까닭입니다. 그대들은 무슨 인연으로 진실로 없는 일에서 망년되게 분노하고 성내는 마음을 일으켜서 서로서로 헐뜯고 욕하며, 칼과 몽둥이 등을 잡고서 서로에게 가해(加害)하는가? 그대들은 허망하게 분별하였던 인연으로 제멋대로 진에와 분노를 일으키고 여러 악업을 짓지 마십시오. 마땅히 지옥·방생·귀계와 더불어 나머지의 악한 처소에 떨어져서 여러 극심한 고통을 받는데, 그 고통은 매우 지독하며, 굳세고 강하며, 사납고 날카롭게 몸과 마음을 핍박하므로 인욕이 매우 어려울 것입니다.

그대 등은 진실로 있지 않는 일에 집착하여 망령되게 분노하는 마음을 일으키지 마십시오. 이러한 죄업(罪業)의 인연이라면 하열(下劣)한 사람의 몸도 오히려 얻기 어려운데, 하물며 여래의 세상에 태어남이겠는가? 그대 등은 사람의 몸을 얻기 어렵고, 여래의 세상을 만나기 어려우며, 신심이 생겨남도 역시 어렵다고 마땅히 아십시오. 그대 등은 지금 이미 이러한 일들을 갖추었으므로, 오히려 분노로 좋은 시절을 잃지 마십시오. 만약 이 시절을 잃는다면 곧 구제(救療)받기 어렵습니다. 이러한 까닭으로 그대들은 유정들에게 분노(忿恚)하는 마음을 일으키지 말고, 안인(安忍)을 수행해야 한다.'라고 다시 알려 말하느니라.

 선현이여. 이 보살마하살은 보시바라밀다에 안주하여 스스로가 안인을 수행하고, 역시 다른 사람에게 안인을 수행하게 권유하며, 전도가 없는 안인법을 칭찬하고, 안인을 수행하는 자를 환희하며 찬탄하느니라. 이와 같이 선현이여. 제보살마하살들이 보시바라밀다에 안주하여 제유정들에게 안인을 수행하게 권유하고, 제유정의 부류들은 오히려 이것을 전전하면서 점차로 3승(三乘)에 의지하여 해탈을 증득하게 하는데 이를테면, 혹은 성문승(聲聞乘)에 의지하여 해탈을 얻게 하거나, 혹은 독각승(獨覺乘)에 의지하여 해탈을 얻게 하거나, 혹은 대승(大乘)에 의지하여 해탈을 얻게 하느니라.

 다시 다음으로 선현이여. 보살마하살들은 보시바라밀다에 안주하여 제유정들의 몸과 마음이 해태(懈怠)한 것을 보았다면 깊은 연민이 생겨나서 그들에게 '그대 등은 무슨 인연으로 정근하면서 정진하여 여러 선법(善法)을 수행하지 않고서 해태가 생겨났는가?'라고 알려 말하였고, 그들은 '우리들은 자구가 부족한 까닭으로 선한 일에서 오로지 수행하지 못하였습니다.'라고 이렇게 말을 지었으며, 보살이 '내가 그대들에게 부족한 자구를 능히 보시하겠으니, 그대 등은 상응하여 보시·정계·안인 등의 법을 오직 수행하십시오.'라고 알려 말하였으며, 이때 제유정들은 이 보살이 보시하였던 자구로 부족함이 없어졌다면, 곧 능히 몸과 마음으로 정진을 일으키고 여러 선법을 수행하여 빠르게 원만함을 얻을 것이고, 오히려 여러 선법이 원만함을 얻은 까닭으로 점차 여러 무루법(無漏法)을 이끌어 출생시킬 것이며, 오히려 무루법으로 혹은 예류·일래·불환·아라한과를 증득할 것이고, 혹은 독각의 보리를 증득하거나, 혹은 여러 보살지로 나아가서 들어가며, 점차로 무상정등보리를 증득하느니라.

 선현이여. 이 보살마하살은 보시바라밀다에 안주하여 스스로가 정진을 수행하고, 다른 사람에게 정진을 수행하게 권유하며, 전도가 없는 정진법을 칭찬하고, 정진하는 자를 환희하고 찬탄하느니라. 이와 같이 선현이여. 제보살마하살들은 보시바라밀다에 안주하여 제유정들에게 해태함을 멀리 벗어나게 하고, 여러 선법을 정근하면서 수행하여 빠르게 해탈을 얻게 하느니라.

다시 다음으로 선현이여. 보살마하살들은 보시바라밀다에 안주하여 제유정들의 마음이 산란(散亂)하여 생각(念)을 잃은 것을 보았다면, 깊은 연민이 생겨나서 '그대들은 무슨 인연으로 정려를 수행하지 않고 산란하여 생각을 잃고 생사에 빠져서 가라앉았는가?'라고 알려 말하였고, 그들은 '우리들은 자구가 부족한 까닭으로 정려에서 능히 수습(修習)하지 못하였습니다.'라고 이렇게 말을 지었으며, 보살이 '내가 그대들에게 부족한 자구를 능히 보시하겠으니, 그대 등은 지금부터 상응하여 허망한 심사(尋伺)를 일으켜서 내외(內外)를 반연(攀緣)하여 스스로의 마음을 요란(擾亂)시키지 마십시오.'라고 알려 말하느니라.

이때 제유정들은 이 보살이 보시하였던 자구로 부족함이 없어졌다면, 곧 능히 허망한 심사를 조복하고 단절하여 초정려(初靜慮)에 들어가고, 점차로 다시 제2·제3·제4정려에 들어가며, 여러 정려에 의지하여 자(慈)·비(悲)·희(喜)·사(捨)의 네 가지의 범행을 안주하고, 정려(靜慮)와 무량(無量)으로써 의지할 것을 삼아서 다시 능히 점차로 4무색정(四無色定)에 들어가며, 정려·무량·무색정으로 마음을 조복하여 유연(柔軟)하게 하고서 4념주(四念住)·4정단(四正斷)·4신족(四神足)·5근(五根)·5력(五力)·7등각지(七等覺支)·8성도지(八聖道支)와 공(空)·무상(無相)·무원해탈문(無願解脫門) 등의 여러 종류의 선법을 수행하고서 그것을 따라서 상응하는 3승과(三乘果)를 얻는데 이를테면, 혹은 성문의 열반을 증득하거나, 혹은 독각의 열반을 증득하거나, 혹은 무상정등보리를 증득하느니라.

선현이여. 이 보살마하살은 보시바라밀다에 안주하여 스스로가 정려를 수행하고, 다른 사람에게 정려를 수행하게 권유하며, 전도가 없는 정려법을 칭찬하고, 정려하는 자를 환희하고 찬탄하느니라. 이와 같이 선현이여.

제보살마하살들은 보시바라밀다에 안주하여 제유정들에게 산란함을 멀리 벗어나게 하고, 여러 정려를 수행하면서 큰 요익을 짓느니라.

다시 다음으로 선현이여. 보살마하살들은 보시바라밀다에 안주하여 제유정들이 우치(愚癡)하고 전도된 것을 보았다면, 깊은 연민이 생겨나서 '그대들은 무슨 인연으로 반야(般若)를 수행하지 않고 우치하고 전도되어 생사의 윤회가 생겨났는가?'라고 알려 말하였고, 그들은 '우리들은 자구가 부족한 까닭으로 수승한 지혜(智慧)에서 능히 수습하지 못하였습니다.'라고 이렇게 말을 지었으며, 보살이 '내가 그대들에게 부족한 자구를 능히 보시하겠으니, 그대 등은 그것을 수용하고서, 먼저 보시·정계·안인·정진·정려를 수행하여 원만함을 얻었다면, 제법의 실상(實相)을 상응하여 자세하게 관찰하여 반야바라밀다를 수행해야 하느니라.

이를테면, 그때 작은 법이라도 얻을 수 있는가를 상응하여 자세하게 관찰하여 반야바라밀다를 수행해야 하는데, 이를테면, 만약 아(我)이거나, 만약 유정(有情)·명자(命者)·생자(生者)·양자(養者)·사부(士夫)·보특가라(補特伽羅)·의생(意生)·유동(孺童)·작자(作者)·사작자(使作者)·기자(起者)·사기자(使起者)·수자(受者)·사수자(使受者)·지자(知者)·사지자(使知者)·견자(見者)·사견자(使見者) 등을 얻을 수 있는가?

만약 색이거나, 만약 수·상·행·식을 얻을 수 있는가? 만약 안처이거나, 만약 이·비·설·신·의처를 얻을 수 있는가? 만약 색처이거나, 만약 성·향·미·촉·법처를 얻을 수 있는가? 만약 안계이거나, 만약 이·비·설·신·의계를 얻을 수 있는가? 만약 색계이거나, 만약 성·향·미·촉·법계를 얻을 수 있는가? 만약 안식계이거나, 만약 이·비·설·신·의식계를 얻을 수 있는가? 만약 안촉이거나, 만약 이·비·설·신·의촉을 얻을 수 있는가? 만약 안촉을 인연으로 생겨난 여러 수이거나, 만약 이·비·설·신·의촉을 인연으로 생겨난 여러 수를 얻을 수 있는가?

만약 지계이거나, 만약 수·화·풍·공·식계를 얻을 수 있는가? 만약 인연이거나, 만약 등무간연·소연연·증상연을 얻을 수 있는가? 만약 인연을 쫓아서 생겨난 제법을 얻을 수 있는가? 만약 무명이거나, 만약 행·식·명색·육처·촉·수·애·취·유·생·노사의 수탄고우뇌를 얻을 수 있는가? 만약 욕계이거나, 만약 색계·무색계를 얻을 수 있는가? 만약 보시바라밀다이거나, 만약 정계·안인·정진·정려·반야바라밀다를 얻을 수 있는가?

만약 내공이거나, 만약 외공·내외공·공공·대공·승의공·유위공·무위공·필경공·무제공·산공·무변이공·본성공·자상공·공상공·일체법공·불가득공·무성공·자성공·무성자성공을 얻을 수 있는가? 만약 4념주이거나, 만약 4정단·4신족·5근·5력·7등각지·8성도지를 얻을 수 있는가? 만약 고성제이거나, 만약 집·멸·도성제를 얻을 수 있는가? 만약 4정려이거나, 만약 4무량·4무색정을 얻을 수 있는가? 만약 8해탈이거나, 만약 8승처·9차제정·10변처를 얻을 수 있는가? 만약 다라니문이거나, 만약 삼마지문을 얻을 수 있는가? 만약 공해탈문이거나, 만약 무상·무원 해탈문을 얻을 수 있는가?

만약 극희지이거나, 만약 이구지·발광지·염혜지·극난승지·현전지·원행지·부동지·선혜지·법운지를 얻을 수 있는가? 만약 5안이거나 만약 6신통을 얻을 수 있는가? 만약 여래의 10력이거나, 만약 4무소외·4무애해·대자·대비·대희·대사·18불불공법을 얻을 수 있는가? 만약 무망실법이거나, 만약 항주사성을 얻을 수 있는가? 만약 일체지이거나, 만약 도상지·일체상지를 얻을 수 있는가? 만약 예류과이거나, 만약 일래·불환·아라한과·독각의 보리를 얻을 수 있는가? 만약 일체의 보살마하살들의 행이거나, 만약 제불의 무상정등보리를 얻을 수 있는가?'라는 것이니라.

그 제유정들은 이미 얻었던 자구로 부족함이 없어졌다면, 보살의 말에 의지하여 먼저 보시·정계·안인·정진·정려를 수행하여 원만함을 얻고서, 다시 제법의 실상을 자세하게 관찰하여 반야바라밀다를 수행하느니라. 자세하게 관찰하는 때에 이전에 설한 것과 같이 제법의 진실한 성품은 모두 얻을 수 없나니, 얻을 수 없는 까닭으로 집착하는 것이 없고, 집착하지 않는 까닭으로 작은 법이라도 생겨나거나, 소멸하거나, 염오이거나, 청정함이 있다고 보지 않느니라.

그들은 제법에서 얻을 것이 없는 때에 일체의 처소에서 분별을 일으키지 않는데 이를테면, '이것은 지옥(地獄)이고, 이것은 방생(傍生)이며, 이것은 귀계(鬼界)이고, 이것은 아소락(阿素洛)이며, 이것은 인간이고, 이것은 천상이며, 이것은 지계(持戒)이고, 이것은 범계(犯戒)이며, 이것은 이생(異生)이고, 이것은 성자(聖者)이며, 이것은 예류(預流)이고, 이것은 일래(一來)이며, 이것은 불환(不還)이고, 이것은 아라한(阿羅漢)이며, 이것은 독각(獨覺)이고, 이것은 보살이며, 이것은 여래이고, 이것은 유위법(有爲法)이며, 이것은 무위법(無爲法)이다.'라고 분별하지 않느니라. 그들은 오히려 이와 같은 분별이 없어진 까닭으로 그것을 따라서 점차로 3승의 열반을 증득하는데 이를테면, 성문승(聲聞乘)이거나, 혹은 독각승(獨覺乘)이거나, 혹은 무상승(無上乘)이니라.

선현이여. 이 보살마하살은 보시바라밀다에 안주하여 스스로가 반야를 수행하고, 다른 사람에게 반야를 수행하게 권유하며, 전도가 없는 반야법(般若法)을 칭찬하고, 반야를 수행하는 자를 환희하고 찬탄하느니라. 이와 같이 선현이여. 제보살마하살들은 보시바라밀다에 안주하여 제유정들에게 반야를 수행하게 권유하고, 여러 반야를 수행하면서 큰 요익을 짓느니라.

다시 다음으로 선현이여. 보살마하살들은 보시바라밀다에 안주하여 스스로가 보시·정계·안인·정진·정려·반야바라밀다를 수행하고, 역시 다른 사람에게 보시·정계·안인·정진·정려·반야바라밀다를 수행하게 권유하고서, 다시 유정들이 여러 세계를 윤회하면서 무량한 고통을 받고 해탈하지 못하는 것을 보았다면, 그들을 생사의 고통에서 해탈시키고자 먼저 여러 종류의 자구로써 요익하게 하고서 뒤에 세간을 벗어나는 무루법(無漏法)의 방편선교로써 그들을 섭수하느니라.

그 제유정들은 이미 얻었던 자구로 부족함이 없어졌다면, 몸과 마음으로 용맹하게 결단(決斷)하여 내공·외공·내외공·공공·대공·승의공·유위공·무위공·필경공·무제공·산공·무변이공·본성공·자상공·공상공·일체법공·불가득공·무성공·자성공·무성자성공에 능히 안주하게 하고, 역시 4념주·4정단·4신족·5근·5력·7등각지·8성도지를 능히 수행하게 하며, 역시 고성제와 집·멸·도성제에 능히 안주하게 하고, 역시 4정려·4무량·4

무색정을 능히 수행하게 하며, 역시 8해탈·8승처·9차제정·10변처를 능히 수행하게 하고, 역시 다라니문과 삼마지문을 능히 수행하게 하며,
 역시 공해탈문과 무상·무원해탈문을 능히 수행하게 하고, 역시 극희지·이구지·발광지·염혜지·극난승지·현전지·원행지·부동지·선혜지·법운지를 능히 수행하게 하며, 역시 5안과 6신통을 능히 수행하게 하고, 역시 여래의 10력·4무소외·4무애해·대자·대비·대희·대사·18불불공법을 능히 수행하게 하며, 역시 무망실법과 항주사성을 능히 수행하게 하고, 역시 일체지·도상지·일체상지를 능히 수행하게 하는데, 그 제유정들은 오히려 무루법에 섭수되었던 까닭으로 생사에서 해탈하느니라.
 선현이여. 이 보살마하살은 보시바라밀다에 안주하여 스스로가 수승한 무루법을 수행하고, 다른 사람에게 수승한 무루법을 수행하게 권유하며, 전도가 없는 수승한 무루법을 칭찬하고, 수승한 무루법을 수행하는 자를 환희하고 찬탄하느니라. 이와 같이 선현이여. 제보살마하살들은 보시바라밀다에 안주하여 제유정들에게 생사를 멀리 벗어나게 하고, 여러 반야를 수행하면서 큰 요익을 짓느니라."

마하반야바라밀다경 제393권

71. 성숙유정품(成熟有情品)(4)

"다시 다음으로 선현이여. 보살마하살들은 보시바라밀다에 안주하고서 재유징들이 의시할 것이 없어서 여러 고뇌(苦惱)와 많은 자구가 부족한 것을 보았다면, 깊은 연민이 생겨나서 '내가 능히 그대 등을 위하여 의지할 것을 지어주고서, 그대 등이 여러 고통을 받는 일에서 해탈시키겠습니다. 그대 등이 필요한 것이 만약 음식이거나, 만약 마실 것이거나, 만약 의복이거나, 만약 와구(臥具)이거나, 만약 수레이거나, 만약 주택이거나, 만약 향이거나, 만약 꽃이거나, 만약 어린 노비이거나, 만약 보배이거나, 만약 기악이거나, 만약 등불이거나, 만약 장엄구이거나, 만약 의약품이거나, 만약 나머지의 필요한 자구들을 모두가 뜻을 따라서 구하더라도 어떠한 의심이거나 난처함을 없게 하십시오. 내가 마땅히 그대 등이 구하는 것을 따라서 모두 보시하여 그대들이 장야(長夜)에 이익되고 안락하게 하겠습니다. 그대 등은 내가 보시하는 물건을 받는 때에 스스로의 물건과 같이 취하고 다른 생각은 짓지 마십시오.

그 까닭은 무엇인가? 나는 다만 그대 등이 이익과 안락을 얻게 하려는 까닭으로 장야에 재물을 집적(集積)하였습니다. 그대 등은 지금 난처함이 없는 마음으로써 이러한 재물을 뜻에 따라서 취하여 수용하고, 수용하였다면 먼저 상응하게 스스로가 바르게 수용하면서 여러 선법(善法)을 수행하고, 뒤에 이러한 물건으로써 다른 유정들에게 보시하여 역시 선법을 수행하게 해야 하는데 이를테면, 보시·정계·안인·정진·정려·반야바라밀다를 수행하게 하고, 역시 내공·외공·내외공·공공·대공·승의공·유위공·무위공·필경공·무제공·산공·무변이공·본성공·자상공·공상공·일체법공·불가득공·무성공·자성공·무성자성공에 안주하게 하며, 역시 4념주·4정단·4신족·5근·5력·7등각지·8성도지를 수행하게 하고,

역시 고성제와 집·멸·도성제에 능히 안주하게 하며, 역시 4정려·4무량·4무색정을 수행하게 하고, 역시 8해탈·8승처·9차제정·10변처를 수행하게 하며, 역시 다라니문과 삼마지문을 수행하게 하고, 역시 공해탈문과 무상·무원해탈문을 수행하게 하며, 역시 극희지·이구지·발광지·염혜지·극난승지·현전지·원행지·부동지·선혜지·법운지를 수행하게 하고, 역시 5안과 6신통을 수행하게 하며, 역시 여래의 10력·4무소외·4무애해·대자·대비·대희·대사·18불공법을 수행하게 하고, 역시 무망실법과 항주사성을 수행하게 하며, 역시 일체지·도상지·일체상지를 수행하게 하십시오.'라고 안위(安慰)하며 말하느니라.

선현이여. 이 보살마하살이 이와 같이 유정들을 교계하고 인도하고서, 그것을 따라서 상응하여 다시 여러 무루법을 수습하게 시켜서 혹은 예류·일래·불환·아라한과를 증득하게 하거나, 혹은 독각의 보리를 증득하게 하거나, 혹은 여러 보살지로 나아가서 들어가게 하거나, 혹은 구하였던 무상정등보리를 증득하게 하느니라.

선현이여. 이것을 '보살마하살이 보시바라밀다를 수행하여 방편선교로 유정들을 성숙시키고, 그들을 악취(惡趣)의 생사에서 해탈하게 하였다면, 3승의 열반을 증득하게 하는 것과 같다.'라고 말하느니라."

구수 선현이 다시 세존께 아뢰어 말하였다.

"세존이시여. 어찌하여 보살마하살이 정계바라밀다(淨戒波羅蜜多)를 수행하고, 더불어 나머지의 다른 보살마하살들이 대보리도(大菩提道)를 수행하여 방편선교로 유정들을 성숙시킵니까?"

세존께서 선현에게 알리셨다.

"보살마하살이 있어서 정계바라밀다를 수행하는 때에, 방편선교로

유정들이 자구가 부족하므로 번뇌가 치성(熾盛)하여 선업(善業)을 능히 수행하지 못하는 것을 보았다면 연민하면서 '그대 등이 만약 자구가 부족한 인연으로 선업을 능히 수행하지 못한다면, 내가 마땅히 그대 등에게 음식·의복·와구 등의 여러 자구들을 보시하는 인연으로 그대 등은 번뇌의 악업을 일으키지 말고, 보시 등의 선업을 상응하여 바르게 수습하십시오.'라고 알려 말하느니라.

선현이여. 이 보살마하살은 정계바라밀다에 안주하여 제유정의 부류들을 상응하여 섭수하는 것과 같이, 여러 간탐(慳貪)하는 자들은 보시(布施)를 수행하게 하여서 몸·목숨·재물에서 매우 인색한 것을 없게 하고, 여러 파계(破戒)한 자들은 정계(淨戒)를 수행하게 하여서 10선업도(十善業道)를 능히 바르게 수지하고 행하며 율의계(律儀戒)에 머무르면서 파괴하지 않고 훼손하지 않으며 더럽히지 않고 잡스럽지 않으며 역시 집착을 없게 하느니라.

여러 성내고 분노하는 자들은 안인(安忍)을 수행하게 하여서 훼자하고 욕하며 가해(加害)할지라도 마음에 변역(變易)을 없게 하고, 여러 해태한 자들은 정진(精進)을 수행하게 하여서 여러 선법을 수행하면서 머리의 불을 끄는 것과 같게 하며, 여러 산란한 자들은 정려(靜慮)를 수행하게 하고, 여러 우치한 자들은 지혜를 수행하게 하며, 제법에 집착하는 자들은 법공(法空)을 관찰하게 하고, 37보리분법(菩提分法)이 없는 자들은 보리분법을 구족하고서 수행하게 하며,

4성제(四聖諦)에서 능히 관찰하지 못한 자들은 바른 관찰을 수행하게 하고, 정려(靜慮)·무량(無量)·무색정(無色定)이 없는 자들은 구족하고서 수행하게 하며, 해탈(解脫)·승처(勝處)·등지(等至)·변처(遍處)가 없는 자들은 구족하고서 수행하게 하고, 아직 다라니문(陀羅尼門)·삼마지문(三摩地門)을 얻지 못한 자들은 빠르게 증득하게 하며, 공(空)·무상(無相)·무원해탈문(無願解脫門)을 얻지 못한 자들은 그것을 수행하여 증득하게 하고, 보살지(菩薩地)에 들어가지 못한 자들은 그곳에 나아가서 들어가고 능히 빠르게 원만하게 하며,

5안과 6신통을 얻지 못한 자들은 점차로 수행하여 증득하게 하고, 여래의 10력·4무소외·4무애해·대자·대비·대희·대사·18불불공법을 증득하지 못한 자들은 점차로 수행하여 증득하게 하며, 무망실법과 항주사성을 얻지 못한 자들은 점차로 수행하여 증득하게 하고, 아직 일체지·도상지·일체상지를 얻지 못한 자들은 점차로 수행하여 증득하게 하느니라.

선현이여. 이 보살마하살은 정계바라밀다에 안주하여 방편선교로 유정들을 성숙시키고 혹은 여러 악취의 고통에서 해탈시키며, 혹은 예류·일래·불환·아라한과를 증득하게 하며, 혹은 독각의 보리를 증득하게 하고, 혹은 구하였던 무상정등보리를 증득하게 하느니라. 선현이여. 이것을 '보살마하살이 정계바라밀다를 수행하여 방편선교로 유정들을 성숙시키고, 그들을 악취의 생사에서 해탈하게 하였다면, 3승의 열반을 증득하게 하는 것과 같다.'라고 말하느니라.

선현이여. 보살마하살이 있어서 나머지의 4바라밀다와 더불어 나머지의 보살마하살의 대보리도를 수행한다면, 하나·하나가 모두 방편선교이므로 일체의 선법으로써 유정들을 성숙시키고, 그들을 악취의 생사에서 해탈하게 하였거나, 혹은 성문의 보리를 증득하고서 적멸(寂滅)하고 안락(安樂)하게 하였거나, 혹은 독각의 보리를 증득하고서 적멸하고 안락하게 하였거나, 구하였던 무상정등보리를 증득하게 하면서 능히 미래가 끝나도록 항상 끊임없이 제유정의 부류들을 이익되고 안락하게 한다고 마땅히 알아야 하느니라."

72. 엄정불토품(嚴淨佛土品)(1)

그때 구수 선현은 이렇게 생각을 지으면서 말하였다.
'무슨 법을 보살마하살의 도(道)[1]라고 이름하고 제보살마하살들은 이

러한 법에 안주하여 능히 여러 종류인 큰 공덕의 갑옷을 입고서 일체의 유정들을 이익되고 안락하게 하는가?'

세존께서는 그의 생각을 아시고서 선현에게 알려 말씀하셨다.

"선현이여. 보시바라밀다의 이것이 제보살마하살들의 도(道)이고 정계·안인·정진·정려·반야바라밀다의 이것이 제보살마하살들의 도이며, 4념주의 이것이 제보살마하살들의 도이고 4정단·4신족·5근·5력·7등각지·8성도지의 이것이 제보살마하살들의 도이며, 내공의 이것이 제보살마하살들의 도이고 외공·내외공·공공·대공·승의공·유위공·무위공·필경공·무제공·산공·무변이공·본성공·자상공·공상공·일체법공·불가득공·무성공·자성공·무성자성공의 이것이 제보살마하살들의 도이며, 고성제의 이것이 제보실마하살늘의 도이고 집·멸·도성제의 이것이 제보살마하살들의 도이며,

4정려의 이것이 제보살마하살들의 도이고 4무량·4무색정의 이것이 제보살마하살들의 도이며, 8해탈의 이것이 제보살마하살들의 도이고 8승처·9차제정·10변처의 이것이 제보살마하살들의 도이며, 일체의 다라니문·일체의 삼마지문의 이것이 제보살마하살들의 도이고, 공해탈문의 이것이 제보살마하살들의 도이고, 무상·무원해탈문의 이것이 제보살마하살들의 도이며, 극희지의 이것이 제보살마하살들의 도이고 이구지·발광지·염혜지·극난승지·현전지·원행지·부동지·선혜지·법운지의 이것이 제보살마하살들의 도이며, 5안·6신통의 이것이 제보살마하살들의 도이며, 여래의 10력의 이것이 제보살마하살들의 도이고 4무소외·4무애해·대자·대비·대희·대사·18불불공법의 이것이 보살마하살들의 도이며, 무망실법과 항주사성의 이것이 제보살마하살들의 도이고 일체지의 이것이 제보살마하살들의 도이며, 도상지·일체상지의 이것이 제보살마하살들의 법이라고 마땅히 알아야 하느니라.

다시 다음으로 선현이여. 총괄적으로 일체법이 모두 보살마하살의

---

1) 구역(舊譯)에서는 다르마(dharma)를 도(道)로 번역하는 사례를 찾아볼 수 있으므로 법(法)을 뜻한다.

법이니라. 선현이여. 그대의 생각은 어떠한가? 대체로 제보살마하살의 처소에서 상응하여 수학하지 않을 도가 있겠는가? 제보살마하살이 이러한 법을 수학하지 않았더라도 무상정등보리를 증득하겠는가?"

선현이 대답하여 말하였다.

"아닙니다. 세존이시여. 아닙니다. 선서시여."

세존께서 말씀하셨다.

"선현이여. 그와 같으니라. 그와 같으니라. 그대가 말한 것과 같으니라. 선현이여. 결정적으로 제보살마하살들이 상응하여 수학하지 않을 도가 있지 않느니라. 제보살마하살들이 이러한 도를 수학하지 않는다면 반드시 구하였던 것인 무상정등보리를 증득할 수 없느니라. 왜 그러한가? 선현이여. 만약 보살마하살이 일체법을 수학하지 않는다면 결국 능히 일체지지(一切智智)를 증득할 수 없느니라."

구수 선현이 다시 세존께 아뢰어 말하였다.

"세존이시여. 만약 일체법의 자성(自性)이 모두 공(空)하다면, 어찌 보살마하살들이 일체법을 수학하겠습니까? 세존께서는 희론(戱論)이 없는 법에서 희론을 지으셨는데 이를테면, '제법이 있다면 이것은 이것이고, 이것은 저것이다. 오히려 이것은 이것이 된다. 이것은 세간법(世間法)이고, 이것은 출세간법(出世間法)이다. 이것은 유루법(有漏法)이고, 이것은 무루법(無漏法)이다. 이것은 유위법(有爲法)이고, 이것은 무위법(無爲法)이다. 이것은 이생법(異生法)이고, 이것은 예류법(預流法)이며, 이것은 일래법(一來法)이고, 이것은 불환법(不還法)이며, 이것은 아라한법(阿羅漢法)이고, 이것은 독각법(獨覺法)이며, 이것은 보살법(菩薩法)이고, 이것은 여래법(如來法)이다.'라고 설하는 것이 장차 없겠습니까?"

세존께서 선현에게 알리셨다.

"선현이여. 그와 같으니라. 그와 같으니라. 그대가 말한 것과 같으니라. 여러 소유한 법(所有法)은 모두 자성이 공하느니라. 선현이여. 만약 일체법의 자성이 공하지 않는다면, 곧 제보살마하살들은 상응하여 무상정등보리를 증득하지 못하느니라. 선현이여. 일체법으로써 자성이 모두 공하고, 이러한 까닭으로 제보살마하살들은 능히 무상정등보리를 증득하느니라.

선현이여. 그대가 '만약 일체법의 자성이 모두 공하다면, 어찌 보살마하살들이 일체법을 수학하겠습니까? 세존께서는 희론이 없는 법에서 희론을 지으셨는데 이를테면, 〈제법이 있다면 이것은 이것이고, 이것은 저것이다. 오히려 이것은 이것이 된다. 이것은 세간법이고, 이것은 출세간법이다. …… 나아가 …… 이것은 보살법이고, 이것은 여래법이다.'라고 설하는 것이 장차 없겠습니까?〉'라고 말한 것과 같이 선현이여. 만약 제유정들이 일체법은 모두 자성이 공하다고 알았다면, 곧 제보살마하살들은 일체법을 상응하여 수학하여 무상정등보리를 증득하고서 제유정들을 위하여 널리 설하면서 안립시키지 않느니라. 선현이여. 제유정으로써 제법은 모두 자성이 공하다고 알지 못하는 까닭으로 제보살마하살들은 일체법을 수학하며 무상정등보리를 증득하고서 제유정들을 위하여 널리 설하면서 안립시키느니라.

선현이여. 제보살마하살들은 보살도(菩薩道)를 처음으로 수학하는 때에, '제법의 자성은 모두 얻을 수 없으나, 오직 화합과 집착으로 짓는 것이 있나니, 나는 마땅히 제법의 자성이 모두 필경공(畢竟空)이라고 관찰하여 그 가운데에서 상응하여 집착하는 것이 있지 않겠는데 이를테면, 색에 집착하지 않고 수·상·행·식에 집착하지 않으며, 안처에 집착하지 않고 이·비·설·신·의처에 집착하지 않으며, 색처에 집착하지 않고 성·향·미·촉·법처에 집착하지 않으며, 안계에 집착하지 않고 이·비·설·신·의계에 집착하지 않으며, 색계에 집착하지 않고 성·향·미·촉·법계에 집착하지 않으며, 안식계에 집착하지 않고 이·비·설·신·의식계에 집착하지 않으며, 안촉에 집착하지 않고 이·비·설·신·의촉에 집착하지 않으며, 안촉을 인연으로 생겨난 여러 수에 집착하지 않고 이·비·설·신·의촉을 인연으로 생겨난 여러 수에 집착하지 않으며, 지계에 집착하지 않고 수·화·풍·공·식계에 집착하지 않으며, 인연에 집착하지 않고 등무간연·소연연·증상연에 집착하지 않으며, 인연을 쫓아서 생겨난 제법에 집착하지 않으며, 무명에 집착하지 않고 행·식·명색·육처·촉·수·애·취·유·생·노사의 수탄고우뇌에 집착하지 않으며, 보시바라밀다에 집착하지 않고 정계·안인·정진·정려·반야바라밀다에 집착하지 않으며,

내공에 집착하지 않고 외공·내외공·공공·대공·승의공·유위공·무위공·필경공·무제공·산공·무변이공·본성공·자상공·공상공·일체법공·불가득공·무성공·자성공·무성자성공에 집착하지 않으며, 4념주에 집착하지 않고 4정단·4신족·5근·5력·7등각지·8성도지에 집착하지 않으며, 고성제에 집착하지 않고 집·멸·도성제에 집착하지 않으며, 4정려에 집착하지 않고 4무량·4무색정에 집착하지 않으며, 8해탈에 집착하지 않고 8승처·9차제정·10변처에 집착하지 않으며, 다라니문에 집착하지 않고 삼마지문에 집착하지 않으며, 공해탈문에 집착하지 않고 무상·무원해탈문에 집착하지 않으며,

극희지에 집착하지 않고 이구지·발광지·염혜지·극난승지·원행지·부동지·선혜지·법운지에 집착하지 않으며, 5안에 집착하지 않고 6신통에 집착하지 않으며, 여래의 10력에 집착하지 않고 4무소외·4무애해·대자·대비·대희·대사·18불불공법에 집착하지 않으며, 무망실법에 집착하지 않고 항주사성에 집착하지 않으며, 일체지에 집착하지 않고 도상지·일체상지에 집착하지 않으며, 예류과에 집착하지 않고 일래·불환·아라한과·독각의 보리에 집착하지 않으며, 일체의 보살의 행에 집착하지 않고 제불의 무상정등보리에 집착하지 않는다.'라고 상응하여 자세하게 관찰하느니라.

왜 그러한가? 제법은 자성이 모두 공하고, 공성(空性)은 공성에 상응하여 집착하지 않느니라. 공의 가운데에서 공성을 오히려 얻을 수 없는데 하물며 공성이 능히 공에 집착이 있겠는가? 선현이여. 보살마하살들이 이와 같이 일체법을 관찰하는 때에 제법의 성품에서 비록 집착하지 않더라도 제법을 항상 수학하면서 게으름이 없느니라.

선현이여. 이 보살마하살은 이렇게 수학하는 가운데에 안주하여 유정들의 심행(心行)[2]을 차별하여 관찰하나니 이를테면, 이러한 제유정들의

심행이 어느 처소인가를 자세하게 관찰하는 것이다. 이미 관찰하였다면 그 마음이 다만 허망하게 집착한 것을 행한다고 여실하게 명료하게 아느니라. 그때 보살은 '그 마음은 이미 허망하게 집착한 것을 행하고 있으나, 내가 해탈시키는 것이 반드시 어려운 것은 아니다.'라고 곧 이렇게 생각을 짓느니라.

선현이여, 이 보살마하살은 이렇게 생각을 짓고서 반야바라밀다에 안주하여 방편선교로 제유정들을 교수하고 교계하면서 '그대들은 지금부터 모두 허망하게 집착한 것을 상응하여 멀리 벗어나고 정법으로 나아가고 들어가서 여러 선행을 수행하십시오.'라고 말하고, 다시 '그대들은 지금부터 상응하여 보시바라밀다를 행하고 마땅히 자구를 얻어서 부족함이 없이 하십시오. 그렇지만 이것을 믿고 교만함과 방일함이 생겨나지 않게 하십시오. 왜 그러한가? 이 가운데에는 모두 견고하고 진실(堅實)한 일이 없는 까닭입니다. 그대들은 지금부터 정계·안인·정진·정려·반야바라밀다를 상응하게 행하면서, 이것을 믿고 교만함과 방일함이 생겨나지 않게 하십시오. 왜 그러한가? 이 가운데에는 모두 견고하고 진실한 일이 없는 까닭입니다.

그대들은 지금부터 내공을 상응하여 행하면서, 이것을 믿고 교만함과 방일함이 생겨나지 않게 하십시오. 왜 그러한가? 이 가운데에는 모두 견실한 일이 없는 까닭입니다. 그대들은 지금부터 외공·내외공·공공·대공·승의공·유위공·무위공·필경공·무제공·산공·무변이공·본성공·자상공·공상공·일체법공·불가득공·무성공·자성공·무성자성공을 상응하게 행하면서, 이것을 믿고 교만함과 방일함이 생겨나지 않게 하십시오. 왜 그러한가? 이 가운데에는 모두 견고하고 진실한 일이 없는 까닭입니다.

그대들은 지금부터 4념주를 상응하여 행하면서, 이것을 믿고 교만함과 방일함이 생겨나지 않게 하십시오. 왜 그러한가? 이 가운데에는 모두 견실한 일이 없는 까닭입니다. 그대들은 지금부터 4정단·4신족·5근·5력·

---

2) 마음을 형성하는 작용이거나, 마음으로 행하는 것을 뜻한다.

7등각지·8성도지를 상응하게 행하면서, 이것을 믿고 교만함과 방일함이 생겨나지 않게 하십시오. 왜 그러한가? 이 가운데에는 모두 견고하고 진실한 일이 없는 까닭입니다.

그대들은 지금부터 고성제를 상응하여 행하면서, 이것을 믿고 교만함과 방일함이 생겨나지 않게 하십시오. 왜 그러한가? 이 가운데에는 모두 견실한 일이 없는 까닭입니다. 그대들은 지금부터 집·멸·도성제를 상응하게 행하면서, 이것을 믿고 교만함과 방일함이 생겨나지 않게 하십시오. 왜 그러한가? 이 가운데에는 모두 견고하고 진실한 일이 없는 까닭입니다.

그대들은 지금부터 4정려를 상응하여 행하면서, 이것을 믿고 교만함과 방일함이 생겨나지 않게 하십시오. 왜 그러한가? 이 가운데에는 모두 견실한 일이 없는 까닭입니다. 그대들은 지금부터 4무량·4무색정을 상응하게 행하면서, 이것을 믿고 교만함과 방일함이 생겨나지 않게 하십시오. 왜 그러한가? 이 가운데에는 모두 견고하고 진실한 일이 없는 까닭입니다.

그대들은 지금부터 8해탈을 상응하여 행하면서, 이것을 믿고 교만함과 방일함이 생겨나지 않게 하십시오. 왜 그러한가? 이 가운데에는 모두 견실한 일이 없는 까닭입니다. 그대들은 지금부터 8승처·9차제정·10변처를 상응하게 행하면서, 이것을 믿고 교만함과 방일함이 생겨나지 않게 하십시오. 왜 그러한가? 이 가운데에는 모두 견고하고 진실한 일이 없는 까닭입니다.

그대들은 지금부터 다라니문을 상응하여 행하면서, 이것을 믿고 교만함과 방일함이 생겨나지 않게 하십시오. 왜 그러한가? 이 가운데에는 모두 견실한 일이 없는 까닭입니다. 그대들은 지금부터 삼마지문을 상응하게 행하면서, 이것을 믿고 교만함과 방일함이 생겨나지 않게 하십시오. 왜 그러한가? 이 가운데에는 모두 견고하고 진실한 일이 없는 까닭입니다.

그대들은 지금부터 공해탈문을 상응하여 행하면서, 이것을 믿고 교만함과 방일함이 생겨나지 않게 하십시오. 왜 그러한가? 이 가운데에는 모두 견실한 일이 없는 까닭입니다. 그대들은 지금부터 무상·무원해탈문을 상응하게 행하면서, 이것을 믿고 교만함과 방일함이 생겨나지 않게 하십시오. 왜 그러한가? 이 가운데에는 모두 견고하고 진실한 일이 없는 까닭입니다.

그대들은 지금부터 극희지를 상응하여 행하면서, 이것을 믿고 교만함과 방일함이 생겨나지 않게 하십시오. 왜 그러한가? 이 가운데에는 모두 견실한 일이 없는 까닭입니다. 그대들은 지금부터 이구지·발광지·염혜지·극난승지·현전지·원행지·부동지·선혜지·법운지를 상응하게 행하면서, 이것을 믿고 교만함과 방일함이 생겨나지 않게 하십시오. 왜 그러한가? 이 가운데에는 모두 견고하고 진실한 일이 없는 까닭입니다.

그대들은 지금부터 5안을 상응하여 행하면서, 이것을 믿고 교만함과 방일함이 생겨나지 않게 하십시오. 왜 그러한가? 이 가운데에는 모두 견실한 일이 없는 까닭입니다. 그대들은 지금부터 6신통을 상응하게 행하면서, 이것을 믿고 교만함과 방일함이 생겨나지 않게 하십시오. 왜 그러한가? 이 가운데에는 모두 견고하고 진실한 일이 없는 까닭입니다.

그대들은 지금부터 여래의 10력을 상응하여 행하면서, 이것을 믿고 교만함과 방일함이 생겨나지 않게 하십시오. 왜 그러한가? 이 가운데에는 모두 견실한 일이 없는 까닭입니다. 그대들은 지금부터 4무소외·4무애해·대자·대비·대희·대사·18불불공법을 상응하게 행하면서, 이것을 믿고 교만함과 방일함이 생겨나지 않게 하십시오. 왜 그러한가? 이 가운데에는 모두 견고하고 진실한 일이 없는 까닭입니다.

그대들은 지금부터 무망실법을 상응하여 행하면서, 이것을 믿고 교만함과 방일함이 생겨나지 않게 하십시오. 왜 그러한가? 이 가운데에는 모두 견실한 일이 없는 까닭입니다. 그대들은 지금부터 항주사성을 상응하게 행하면서, 이것을 믿고 교만함과 방일함이 생겨나지 않게 하십시오. 왜 그러한가? 이 가운데에는 모두 견고하고 진실한 일이 없는 까닭입니다.

그대들은 지금부터 일체지를 상응하여 행하면서, 이것을 믿고 교만함과 방일함이 생겨나지 않게 하십시오. 왜 그러한가? 이 가운데에는 모두 견실한 일이 없는 까닭입니다. 그대들은 지금부터 도상지·일체상지를 상응하게 행하면서, 이것을 믿고 교만함과 방일함이 생겨나지 않게 하십시오. 왜 그러한가? 이 가운데에는 모두 견고하고 진실한 일이 없는 까닭입니다.

그대들은 지금부터 예류과를 상응하여 행하면서, 이것을 믿고 교만함과 방일함이 생겨나지 않게 하십시오. 왜 그러한가? 이 가운데에는 모두 견실한 일이 없는 까닭입니다. 그대들은 지금부터 일래·불환·아라한과· 독각의 보리를 상응하게 행하면서, 이것을 믿고 교만함과 방일함이 생겨나지 않게 하십시오. 왜 그러한가? 이 가운데에는 모두 견고하고 진실한 일이 없는 까닭입니다.

그대들은 지금부터 일체의 보살마하살들의 행을 상응하여 행하면서, 이것을 믿고 교만함과 방일함이 생겨나지 않게 하십시오. 왜 그러한가? 이 가운데에는 모두 견실한 일이 없는 까닭입니다. 그대들은 지금부터 제불의 무상정등보리를 상응하게 행하면서, 이것을 믿고 교만함과 방일함이 생겨나지 않게 하십시오. 왜 그러한가? 이 가운데에는 모두 견고하고 진실한 일이 없는 까닭입니다.'라고 이렇게 말을 짓느니라.

선현이여. 이 보살마하살은 반야바라밀다에 안주하여 방편선교로 제유정들을 교수하고 교계하는 때에 보리도를 수행하더라도 집착하는 것이 없느니라. 왜 그러한가? 일체의 법성(法性)은 상응하여 집착하지 않나니, 만약 능히 집착하거나, 만약 집착되는 것이 모두 자성(自性)이 없고 일체법으로써 자성은 공한 까닭이니라.

선현이여. 이 보살마하살은 이와 같이 보살도를 수행하는 때에 일체법에서 모두 안주하는 것이 없고, 안주하는 것이 없음으로써 방편을 삼는 까닭으로, 비록 보시바라밀다를 수행하더라도 그 가운데에서 모두 안주하는 것이 없고, 정계·안인·정진·정려·반야바라밀다를 수행하더라도 그 가운데에서 모두 안주하는 것이 없느니라. 왜 그러한가? 이와 같은 자성(自性)·행하는 자(行者)·행상(行相)의 일체가 공한 까닭이니라.

비록 내공을 수행하더라도 그 가운데에서 모두 안주하는 것이 없고,

외공·내외공·공공·대공·승의공·유위공·무위공·필경공·무제공·산공·무변이공·본성공·자상공·공상공·일체법공·불가득공·무성공·자성공·무성자성공을 수행하더라도 그 가운데에서 모두 안주하는 것이 없느니라. 왜 그러한가? 이와 같은 자성·행하는 자·행상의 일체가 공한 까닭이니라.

비록 4념주를 수행하더라도 그 가운데에서 모두 안주하는 것이 없고, 4정단·4신족·5근·5력·7등각지·8성도지를 수행하더라도 그 가운데에서 모두 머무르는 것이 없느니라. 왜 그러한가? 이와 같은 자성·행하는 자·행상의 일체가 공한 까닭이니라. 비록 고성제를 수행하더라도 그 가운데에서 모두 안주하는 것이 없고, 집·멸·도성제를 수행하더라도 그 가운데에서 모두 안주하는 것이 없느니라. 왜 그러한가? 이와 같은 자성·행하는 자·행상의 일체가 공한 까닭이니라.

비록 4정려를 수행하더라도 그 가운데에서 모두 안주하는 것이 없고, 4무량·4무색정을 수행하더라도 그 가운데에서 모두 안주하는 것이 없느니라. 왜 그러한가? 이와 같은 자성·행하는 자·행상의 일체가 공한 까닭이니라. 비록 8해탈을 수행하더라도 그 가운데에서 모두 안주하는 것이 없고, 8승처·9차제정·10변처를 수행하더라도 그 가운데에서 모두 안주하는 것이 없느니라. 왜 그러한가? 이와 같은 자성·행하는 자·행상의 일체가 공한 까닭이니라.

비록 다라니문을 수행하더라도 그 가운데에서 모두 안주하는 것이 없고, 삼마지문을 수행하더라도 그 가운데에서 모두 안주하는 것이 없느니라. 왜 그러한가? 이와 같은 자성·행하는 자·행상의 일체가 공한 까닭이니라. 비록 공해탈문을 수행하더라도 그 가운데에서 모두 안주하는 것이 없고, 무상·무원해탈문을 수행하더라도 그 가운데에서 모두 안주하는 것이 없느니라. 왜 그러한가? 이와 같은 자성·행하는 자·행상의 일체가 공한 까닭이니라.

비록 극희지를 수행하더라도 그 가운데에서 모두 안주하는 것이 없고, 이구지·발광지·염혜지·극난승지·현전지·원행지·부동지·선혜지·법운지를 수행하더라도 그 가운데에서 모두 안주하는 것이 없느니라. 왜 그러한가? 이와 같은 자성·행하는 자·행상의 일체가 공한 까닭이니라. 비록 5안을 수행하더라도 그 가운데에서 모두 안주하는 것이 없고, 6신통을 수행하더라도 그 가운데에서 모두 안주하는 것이 없느니라. 왜 그러한가? 이와 같은 자성·행하는 자·행상의 일체가 공한 까닭이니라.

비록 여래의 10력을 수행하더라도 그 가운데에서 모두 안주하는 것이 없고, 4무소외·4무애해·대자·대비·대희·대사·18불불공법을 수행하더라도 그 가운데에서 모두 안주하는 것이 없느니라. 왜 그러한가? 이와 같은 자성·행하는 자·행상의 일체가 공한 까닭이니라. 비록 무망실법을 수행하더라도 그 가운데에서 모두 안주하는 것이 없고, 항주사성을 수행하더라도 그 가운데에서 모두 안주하는 것이 없느니라. 왜 그러한가? 이와 같은 자성·행하는 자·행상의 일체가 공한 까닭이니라.

비록 일체지를 수행하더라도 그 가운데에서 모두 안주하는 것이 없고, 도상지·일체상지를 수행하더라도 그 가운데에서 모두 안주하는 것이 없느니라. 왜 그러한가? 이와 같은 자성·행하는 자·행상의 일체가 공한 까닭이니라. 비록 예류과를 수행하더라도 그 가운데에서 모두 안주하는 것이 없고, 일래·불환·아라한과·독각의 보리를 수행하더라도 그 가운데에서 모두 안주하는 것이 없느니라. 왜 그러한가? 이와 같은 자성·행하는 자·행상의 일체가 공한 까닭이니라.

비록 일체의 보살마하살들의 행을 수행하더라도 그 가운데에서 모두 안주하는 것이 없고, 제불의 무상정등보리를 수행하더라도 그 가운데에서 모두 안주하는 것이 없느니라. 왜 그러한가? 이와 같은 자성·행하는 자·행상의 일체가 공한 까닭이니라. 선현이여. 이 보살마하살은 비록 예류과를 증득하였더라도 그 가운데에서 모두 안주하지 않고, 비록 일래과·불환·아라한과·독각의 보리를 증득하였더라도 그 가운데에서 모두 안주하지 않느니라."

그때 구수 선현이 세존께 아뢰어 말하였다.

"세존이시여. 무슨 인연을 까닭으로 이 보살마하살들은 비록 예류과를 증득하였더라도 그 가운데에서 모두 안주하지 않고, 비록 일래과·불환과·아라한과·독각의 보리를 증득하였더라도 그 가운데에서 모두 안주하지 않습니까?"

세존께서 선현에게 말씀하셨다.

"이 보살마하살은 두 가지의 인연이 있다면 예류과를 증득하였더라도 그 가운데에서 모두 안주하지 않고, 비록 일래과·불환과·아라한과·독각의 보리를 증득하였더라도 그 가운데에서 모두 안주하지 않느니라. 무엇 등이 두 가지인가? 첫째는 그 과위에 모두 자성이 없고 안주하는 자가 없으며 안주하는 것을 모두 얻을 수 없고, 둘째는 그것에 환희와 만족이 생겨나지 않는다면, 이러한 까닭으로 안주하지 않는데 이를테면, 그 보살들은 항상 '나는 결정적으로 예류과를 상응하게 증득하였고, 상응하여 증득하지 못하지는 않을지라도, 그렇지만 그 가운데에 상응하여 머무르지 않겠다. 나는 결정적으로 일래·불환·아라한과·독각의 보리를 상응하게 증득하였고, 상응하여 증득하지 못하지는 않을지라도, 그렇지만 그 가운데에 상응하여 머무르지 않겠다.

그 까닭은 무엇인가? 나는 스스로가 처음으로 무상정등보리의 마음을 일으켰던 이래로 일체의 때에 나머지의 생각이 없었고, 오직 무상정등보리를 구하였다. 그러므로 나는 결정적으로 마땅히 무상정등보리를 구해야 하는데, 어찌 그 중간의 다른 과위에 안주하겠는가?'라고 이렇게 생각을 짓느니라.

선현이여. 이 보살마하살은 초발심부터 보살의 정성이생(正性離生)에 나아가서 들어가기까지 일찍이 다른 생각이 없었고, 다만 무상정등보리를 구하였느니라. 선현이여. 이 보살마하살은 초지(初地)를 증득하는 때부터 제10지(十地)를 증득하는 때까지 일찍이 다른 생각이 없었고, 다만 무상정등보리를 구하였느니라. 선현이여. 이 보살마하살은 오로지 일찍이 다른 생각이 없었고, 다만 무상정등보리를 구하면서 일체의 때에 마음이 산란(散亂)하지 않나니, 여러 신·구·의업을 일으켰던 것이 있더라도, 모두가 보리심(菩提心)과 함께 하지 않았던 것이 없었느니라. 선현이여. 이 보살마하살은 보리심에 안주하면서 보리도(菩提道)를 일으키므로 나머지의 경계에 그 마음이 요란(擾亂)되지 않느니라."

그때 구수 선현이 세존께 아뢰어 말하였다.
"세존이시여. 만약 일체법이 모두 생겨나지 않는 것이라면, 어찌 보살마하살은 보리도를 일으킵니까?"
세존께서 선현에게 말씀하셨다.
"선현이여. 그와 같으니라. 그와 같으니라. 일체법은 모두 생겨나지 않느니라. 이것은 다시 어찌하여 여러 짓는 것이 없고, 나아가는(趣) 것도 없는가? 일체법이 모두 생겨나지 않는다고 아는 까닭이니라."
구수 선현이 다시 세존께 아뢰어 말하였다.
"세존이시여. 어찌 여래께서 만약 세상에 출현하시거나, 만약 세상에 출현하시지 않더라도 제법(諸法)과 법계(法界)의 법은 그렇게 항상 머무르지 않겠습니까?"
"선현이여. 그와 같으니라. 그와 같으니라. 만약 세상에 출현하시거나, 만약 세상에 출현하시지 않더라도 제법과 법계의 법은 그렇게 항상 머무느니라. 그렇지만 제유정들은 능히 제법과 법계의 법은 그렇게 항상 머무른다고 명료하게 이해하지 못하므로, 제보살마하살들이 그들을 요익하게 하기 위한 까닭으로 보리도를 일으키고, 오히려 보리도로 유정들을 발제(拔濟)하여 생사의 고통에서 영원히 해탈하게 하느니라."
그때 구수 선현이 세존께 아뢰어 말하였다.
"세존이시여. 제보살마하살들은 생겨나는 도(生道)3)를 수용하여 보리를 증득합니까?"
세존께서 말씀하셨다.
"아니니라."

---

3) 각주 1번을 참조하라.

"세존이시여. 생겨나지 않는 도를 수용하여 보리를 증득합니까?"
세존께서 말씀하셨다.
"아니니라."
"세존이시여. 생겨나기도 하고 생겨나지도 않는 도를 수용하여 보리를 증득합니까?"
세존께서 말씀하셨다.
"아니니라."
"세존이시여. 생겨나기도 하고 생겨나지도 않는 도를 수용하여 보리를 증득합니까?"
세존께서 말씀하셨다.
"아니니라."
그때 구수 선현이 세존께 아뢰어 말하였다.
"세존이시여. 어떻게 보살마하살이 마땅히 보리를 증득합니까?"
세존께서 선현에게 말씀하셨다.
"법을 수용하여 보리를 증득하는 것이 아니고, 역시 도가 아닌 것을 수용하여 보리를 증득하는 것도 아니니라. 왜 그러한가? 선현이여. 보리는 곧 이것이 도이고, 도는 곧 이것이 보리인 까닭이니라."
구수 선현이 세존께 아뢰어 말하였다.
"세존이시여. 만약 보리가 곧 이것이 도이고, 도가 곧 이것이 보리인 것이라면, 어찌 보살마하살들이 이미 보리도를 증득하였고, 상응하게 이미 보리를 증득하였던 것이 아니겠습니까? 만약 그와 같다면 어찌하여 여래·응공·정등각께서는 다시 그들을 위하여 32대사상(三十二大士相)·80수호(八十隨好)와 여래의 10력·4무소외·4무애해·대자·대비·대희·대사·18불불공법 등의 무량한 불법(佛法)을 설하시어 그들에게 수행하여 증득하게 하십니까?"
세존께서 선현에게 알리셨다.
"그대의 뜻은 어떠한가? 그대는 어찌 여래(佛)께서 보리를 증득하였다고 알렸(謂)겠는가?"

선현이 대답하여 말하였다.

"아닙니다. 세존이시여. 아닙니다. 선서시여. 왜 그러한가? 세존이시여. 여래는 곧 이것이 보리이고, 보리는 곧 이것이 여래인 까닭이므로 상응하여 여래께서 보리를 증득하셨다고 알려서는 아니됩니다."

세존께서 말씀하셨다.

"선현이여. 그와 같으니라. 그와 같으니라. 그렇지만 그대가 물었던 것인 '보살마하살들이 이미 보리도를 증득하였다면 상응하게 이미 보리를 증득하였던 것이 아니겠습니까?'라는 것은 선현이여. 제보살마하살들이 보리도를 수행하면서 아직 원만함을 얻지 못하였다면 어떻게 이미 보리를 증득하였다고 설할 수 있겠는가? 선현이여. 제보살마하살들이 만약 보시·정계·안인·정진·정려·반야바라밀다를 이미 원만하게 하였거나, 만약 내공·외공·내외공·공공·대공·승의공·유위공·무위공·필경공·무제공·산공·무변이공·본성공·자상공·공상공·일체법공·불가득공·무성공·자성공·무성자성공을 이미 원만하게 하였거나, 만약 4념주·4정단·4신족·5근·5력·7등각지·8성도지를 이미 원만하게 하였거나,

만약 고성제와 집·멸·도성제를 이미 원만하게 하였거나, 만약 4정려·4무량·4무색정을 이미 원만하게 하였거나, 만약 8해탈·8승처·9차제정·10변처를 이미 원만하게 하였거나, 만약 다라니문과 삼마지문을 이미 원만하게 하였거나, 만약 공해탈문과 무상·무원해탈문을 이미 원만하게 하였거나, 만약 극희지와 이구지·발광지·염혜지·극난승지·현전지·원행지·부동지·선혜지·법운지를 이미 원만하게 하였거나, 5안과 6신통을 이미 원만하게 하였거나, 만약 여래의 10력·4무소외·4무애해·대자·대비·대희·대사·18불불공법을 이미 원만하게 하였거나, 만약 32대사상과 80수호를 이미 원만하게 하였거나,

만약 무망실법과 항주사성을 이미 원만하게 하였거나, 만약 일체지·도상지·일체상지를 이미 원만하게 하였거나, 만약 일체의 보살마하살들의 행을 이미 원만하게 하였거나, 만약 12연기(十二緣起)를 수순(隨順)과 역순(逆順)으로 관찰하면서 이미 원만하게 하였거나, 만약 일체의 보살들

의 자재한 신통을 이미 원만하게 하였거나, 만약 수승한 사마타(奢摩他)와 비발사나(毘鉢舍那)를 이미 원만하게 하였거나, 만약 일체의 복덕과 지혜의 자량(資糧)을 이미 원만하게 하였거나, 만약 유정들을 성숙시키고 불국토를 청정하게 장엄하는 일을 이미 원만하게 하였거나, 만약 무량하고 무변하며 불가사의한 제불(諸佛)의 미묘한 법을 이미 원만하게 하였고,
  이것을 쫓아서 끊임없이 한 찰나(刹那)의 금강유정(金剛喩定)에 상응하는 미묘한 지혜로써 일체의 번뇌장(煩惱障)과 소지장(所知障)의 두 가지의 장애의 추중(麤重)⁴⁾인 습기(習氣)의 상속(相續)을 영원히 단절하였으며, 무상정등보리를 증득하였다면, 비로소 여래·응공·정등각이라고 이름하고, 일체법에서 큰 자재를 얻고서 미래의 세상을 끝나도록 일체의 유정들을 이익되고 안락하게 하느니라."

  그때 구수 선현이 세존께 아뢰어 말하였다.
  "세존이시여. 어떻게 보살마하살이 불국토를 청정하게 장엄합니까?"
  세존께서 선현에게 알리셨다.
  "만약 보살마하살이 초발심부터 구경(究竟)에 이르기까지 항상 스스로가 몸의 추중(身麤重)·말의 추중(口麤重)·뜻의 추중(意麤重)을 청정하게 하고, 역시 다른 사람의 몸의 추중·말의 추중·뜻의 추중을 청정하게 하는 것이니라. 이러한 보살마하살은 스스로와 다른 사람의 세 가지의 추중을 청정하게 하는 까닭으로, 곧 구하였던 것인 불국토를 청정하게 장엄하느니라."
  구수 선현이 다시 세존께 아뢰어 말하였다.
  "세존이시여. 무엇을 보살마하살의 몸·말·뜻의 추중이라고 말합니까?"
  세존께서 선현에게 알리셨다.
  "만약 생명을 해치거나, 만약 주지 않았는데 취하거나, 만약 삿된 음욕을 행하였다면, 이와 같은 선하지 않은 여러 몸의 악행(惡行)들인 이것을

---

4) 산스크리트어 dauṣṭhulya의 번역이고, 수습위의 번뇌를 가리킨다.

보살마하살의 몸의 추중이라고 이름하고, 만약 헛되게 거짓말을 하거나, 만약 이간하는 말을 하거나, 만약 추악(麤惡)한 말을 하거나, 만약 잡스럽고 지저분한 말을 하였다면, 이와 같은 선하지 않은 여러 입의 악행들인 이것을 보살마하살의 말의 추중이라고 이름하며, 만약 탐욕(貪欲)이거나 만약 진에(瞋恚)이거나 만약 삿된 견해라면, 이와 같은 선하지 않은 여러 뜻의 악행들인 이것을 보살마하살의 말의 추중이라고 이름하느니라.

다시 다음으로 선현이여. 만약 보살마하살이 계온(戒蘊)·정온(定蘊)·혜온(慧蘊)·해탈온(解脫蘊)·해탈지견온(解脫知見蘊)이 모두 청정하지 않았다면, 역시 추중이라고 이름하느니라. 다시 다음으로 선현이여. 만약 보살마하살이 간탐(慳貪)하는 마음·파계(破戒)하는 마음·분노하고 성내(忿恚)는 마음·해태(懈怠)한 마음·산란(散亂)한 마음·악한 지혜(惡慧)의 마음이라면, 역시 추중이라고 이름하느니라. 다시 다음으로 선현이여. 만약 보살마하살이 4념주·4정단·4신족·5근·5력·7등각지·8성도지와 멀리 벗어났다면, 역시 추중이라고 이름하느니라. 다시 다음으로 선현이여. 만약 보살마하살이 내공·외공·내외공·공공·대공·승의공·유위공·무위공·필경공·무제공·산공·무변이공·본성공·자상공·공상공·일체법공·불가득공·무성공·자성공·무성자성공과 멀리 벗어났다면, 역시 추중이라고 이름하느니라.

다시 다음으로 선현이여. 만약 보살마하살이 고·집·멸·도성제와 멀리 벗어났다면, 역시 추중이라고 이름하느니라. 다시 다음으로 선현이여. 만약 보살마하살이 4정려·4무량·4무색정과 멀리 벗어났다면, 역시 추중이라고 이름하느니라. 다시 다음으로 선현이여. 만약 보살마하살이 8해탈·8승처·9차제정·10변처와 멀리 벗어났다면, 역시 추중이라고 이름하느니라. 다시 다음으로 선현이여. 만약 보살마하살이 다라니문·삼마지문과 멀리 벗어났다면, 역시 추중이라고 이름하느니라. 다시 다음으로 선현이여. 만약 보살마하살이 공·무상·무원해탈문과 멀리 벗어났다면, 역시 추중이라고 이름하느니라.

다시 다음으로 선현이여. 만약 보살마하살이 보살마하살의 지위와 멀리 벗어났다면, 역시 추중이라고 이름하느니라. 다시 다음으로 선현이여. 만약 보살마하살이 5안·6신통과 멀리 벗어났다면, 역시 추중이라고 이름하느니라. 다시 다음으로 선현이여. 만약 보살마하살이 부처님의 10력·4무소외·4무애해·대자·대비·대희·대사와 멀리 벗어났다면, 역시 추중이라고 이름하느니라. 다시 다음으로 선현이여. 만약 보살마하살이 무망실법·항주사성과 멀리 벗어났다면, 역시 추중이라고 이름하느니라. 다시 다음으로 선현이여. 만약 보살마하살이 일체의 보살마하살들의 행·제불의 무상정등보리와 멀리 벗어났다면, 역시 추중이라고 이름하느니라.

다시 다음으로 선현이여. 만약 보살마하살이 예류과의 보리이거나, 혹은 일래과의 보리이거나, 혹은 불환과의 보리이거나, 혹은 아라한과의 보리이거나, 혹은 독각의 보리에 탐착(貪著)하였다면, 역시 추중이라고 이름하느니라. 다시 다음으로 선현이여. 보살마하살이 색이라는 생각을 일으켰거나, 수·상·행·식이라는 생각을 일으켰더라도, 역시 추중이라고 이름하느니라. 안처라는 생각을 일으켰거나, 이·비·설·신·의처라는 생각을 일으켰더라도 역시 추중이라고 이름하느니라. 색처라는 생각을 일으켰거나, 성·향·미·촉·법처라는 생각을 일으켰더라도, 역시 추중이라고 이름하느니라. 안계라는 생각을 일으켰거나, 이·비·설·신·의계라는 생각을 일으켰더라도, 역시 추중이라고 이름하느니라.

색계라는 생각을 일으켰거나, 성·향·미·촉·법계라는 생각을 일으켰더라도, 역시 추중이라고 이름하느니라. 안식계라는 생각을 일으켰거나, 이·비·설·신·의식계라는 생각을 일으켰더라도, 역시 추중이라고 이름하느니라. 안촉이라는 생각을 일으켰거나, 이·비·설·신·의촉이라는 생각을 일으켰더라도, 역시 추중이라고 이름하느니라. 안촉을 인연으로 생겨난 여러 수라는 생각을 일으켰거나, 이·비·설·신·의촉을 인연으로 생겨난 여러 수라는 생각을 일으켰더라도, 역시 추중이라고 이름하느니라. 지계라는 생각을 일으켰거나, 수·화·풍·공·식계라는 생각을 일으켰더라도,

역시 추중이라고 이름하느니라.
　인연이라는 생각을 일으켰거나, 등무간연·소연연·증상연이라는 생각을 일으켰더라도, 역시 추중이라고 이름하느니라. 인연을 쫓아서 생겨나는 제법이라는 생각을 일으켰더라도, 역시 추중이라고 이름하느니라. 무명이라는 생각을 일으켰거나, 행·식·명색·육처·촉·수·애·취·유·생·노사의 수탄고우뇌라는 생각을 일으켰더라도, 역시 추중이라고 이름하느니라. 보시바라밀다라는 생각을 일으켰거나, 정계·안인·정진·정려·반야바라밀다라는 생각을 일으켰더라도, 역시 추중이라고 이름하느니라. 내공이라는 생각을 일으켰거나, 외공·내외공·공공·대공·승의공·유위공·무위공·필경공·무제공·산공·무변이공·본성공·자상공·공상공·일체법공·불가득공·무성공·자성공·무성자성공이라는 생각을 일으켰더라도, 역시 추중이라고 이름하느니라.
　4념주라는 생각을 일으켰거나, 4정단·4신족·5근·5력·7등각지·8성도지라는 생각을 일으켰더라도, 역시 추중이라고 이름하느니라. 고성제라는 생각을 일으켰거나, 집·멸·도성제라는 생각을 일으켰더라도, 역시 추중이라고 이름하느니라. 4정려라는 생각을 일으켰거나, 4무량·4무색정이라는 생각을 일으켰더라도, 역시 추중이라고 이름하느니라. 8해탈이라는 생각을 일으켰거나, 8승처·9차제정·10변처라는 생각을 일으켰더라도 역시 추중이라고 이름하느니라. 다라니문이라는 생각을 일으켰거나, 삼마지문이라는 생각을 일으켰더라도, 역시 추중이라고 이름하느니라. 공해탈문이라는 생각을 일으켰거나, 무상·무원해탈문이라는 생각을 일으켰더라도, 역시 추중이라고 이름하느니라.
　극희지라는 생각을 일으켰거나, 이구지·발광지·염혜지·극난승지·현전지·원행지·부동지·선혜지·법운지라는 생각을 일으켰더라도, 역시 추중이라고 이름하느니라. 5안이라는 생각을 일으켰거나, 6신통이라는 생각을 일으켰더라도, 역시 추중이라고 이름하느니라. 여래의 10력이라는 생각을 일으켰거나, 4무소외·4무애해·대자·대비·대희·대사·18불불공법이라는 생각을 일으켰더라도, 역시 추중이라고 이름하느니라. 32대사상이라는 생각을 일으켰거나, 80수호라는 생각을 일으켰더라도, 역시 추중이라고 이름하느니라. 무망실법이라는 생각을 일으켰거나, 항주사성이라는 생각을 일으켰더라도, 역시 추중이라고 이름하느니라.

일체지라는 생각을 일으켰거나, 도상지·일체상지라는 생각을 일으켰더라도, 역시 추중이라고 이름하느니라. 예류과라는 생각을 일으켰거나, 일래·불환·아라한과·독각의 보리라는 생각을 일으켰더라도, 역시 추중이라고 이름하느니라. 일체의 보살마하살의 행이라는 생각을 일으켰거나, 제불의 무상정등보리라는 생각을 일으켰더라도, 역시 추중이라고 이름하느니라. 이생(異生)이라는 생각을 일으켰거나, 성문이라는 생각을 일으켰더라도, 역시 추중이라고 이름하느니라. 일체지라는 생각을 일으켰거니, 도상지·일제상지라는 생각을 일으켰더라도, 역시 추중이라고 이름하느니라.

예류과라는 생각을 일으켰거나, 일래·불환·아라한과·독각의 보리라는 생각을 일으켰더라도, 역시 추중이라고 이름하느니라. 일체의 보살마하살의 행이라는 생각을 일으켰거나, 제불의 무상정등보리라는 생각을 일으켰더라도, 역시 추중이라고 이름하느니라. 이생(異生)이라는 생각을 일으켰거나, 성문이라는 생각·독각이라는 생각·보살이라는 생각·여래라는 생각을 일으켰더라도, 역시 추중이라고 이름하느니라. 지옥이라는 생각을 일으켰거나, 방생이라는 생각·귀계라는 생각·천상이라는 생각·인간이라는 생각·남자라는 생각·여자라는 생각을 일으켰더라도, 역시 추중이라고 이름하느니라.

욕계라는 생각을 일으켰거나, 색계라는 생각·무색계라는 생각을 일으키거나, 선하다는 생각·선하지 않다는 생각·무기(無記)라는 생각을 일으키거나, 세간이라는 생각·출세간이라는 생각을 일으키거나, 유루라는 생각·무루라는 생각을 일으키거나, 유위라는 생각·무위라는 생각을 일으켰더라도, 역시 추중이라고 이름하느니라.,

선현이여. 여러 이와 같이 무량하고 무변한 제법에 집착하는 보특가라(補特伽羅)들의 허망한 분별과 더불어 신·구·의업을 일으켰던 것 등과 아울러 그 종류들을 감당하지 못하고 머무르는 성품을 모두 추중이라고 이름하느니라.

　선현이여. 이 보살마하살은 이와 같이 설하였던 것의 추중들을 멀리 벗어나서 스스로가 보시바라밀다를 수행하고 역시 다른 사람에게도 보시바라밀다를 행하라고 교수하면서, 만약 제유정들이 음식이 필요하면 음식을 주고, 마실 것이 필요하면 마실 것을 주며, 의복이 필요하면 의복을 주고, 수레가 필요하면 수레를 주며, 주택이 필요하면 주택을 주고, 어린 노비가 필요하면 어린 노비를 주며, 시위(侍衛)가 필요하면 시위를 주고, 향과 꽃이 필요하면 향과 꽃을 주며, 장엄구가 필요하면 장엄구를 주고, 당기(幢)가 필요하면 당기를 주며, 일산(蓋)이 필요하면 일산을 주고, 기악(伎樂)이 필요하면 기악을 주며, 와구가 필요하면 와구를 주고, 등불이 필요하면 등불을 주며, 평상과 의자가 필요하면 평상과 의자를 주고, 여러 필요하였던 것인 여러 종류의 자구를 때에 따르고 처소를 따르면서 모두 함께 보시하여 주면서, 스스로 행한 것과 같이 다른 사람에게도 역시 그렇게 교수하느니라.
　이와 같이 보시하였다면 이 선근(善根)을 가지고 제유정들과 함께 평등하게 공유(共有)하고서 구하였던 것인 불국토를 청정하게 장엄하고 회향하면서, 유정들이 이익되고 안락하도록 빠르게 원만하게 하느니라.
　선현이여. 이 보살마하살은 스스로가 정계바라밀다를 수행하고 역시 다른 사람에게도 정계바라밀다를 수행하게 교수하며, 스스로가 안인바라밀다를 수행하고 역시 다른 사람에게도 안인바라밀다를 수행하게 교수하며, 스스로가 정진바라밀다를 수행하고 역시 다른 사람에게도 정진바라밀다를 수행하게 교수하며, 스스로가 정려바라밀다를 수행하고 역시 다른 사람에게도 정려바라밀다를 수행하게 교수하며, 스스로가 반야바라밀다를 수행하고 역시 다른 사람에게도 반야바라밀다를 수행하게 교수하느니라. 이 보살마하살이 이러한 일을 짓고서 이러한 선근을 가지고 제유정들과 함께 평등하게 공유하고서 구하였던 것인 불국토를 청정하게 장엄하고 회향하면서, 유정들이 이익되고 안락하도록 빠르게 원만하게 하느니라."

마하반야바라밀다경 제394권

72. 엄정불토품(嚴淨佛土品)(2)

"다시 다음으로 선현이여. 보살마하살이 있어서 신통과 원력으로써 삼천대천세계(三千大天世界)를 상묘(上妙)한 7보(七寶)로 가득 채워서 불(佛)·법(法)·승(僧)에게 보시하겠고, 보시하였다면 환희하면서 '나는 이와 같이 선근(善根)을 심었던 것을 지니고 제유정들과 함께 평등하게 공유하겠으며, 구하였던 것인 불국토를 청정하게 장엄하고서 회향(迴向)하겠고, 마땅히 나의 국토를 7보로 장엄하면서 일체의 유정들이 뜻을 따라서 여러 종류의 진귀한 보배를 수용(受用)하면서 염착(染著)이 없게 하겠다.'라고 큰 서원을 일으키느니라.

다시 다음으로 선현이여. 보살마하살이 있어서 신통과 원력으로써 무량한 천상과 인간의 가운데에서 여러 미묘한 음악을 연주하면서 3보(三寶)와 여래의 제다(提多)[1]에 공양하겠고, 공양하였다면 환희하면서 '나는 이와 같이 선근을 심었던 것을 가지고 제유정들과 함께 평등하게 공유하겠으며, 구하였던 것인 불국토를 청정하게 장엄하고서 회향하겠고, 마땅히 나의 국토를 항상 이와 같이 상묘한 음악을 연주하게 하겠으며, 유정들이 그것을 들으면서 몸과 마음으로 기뻐하면서 즐기더라도, 염착이 없게 하겠다.'라고 큰 서원을 일으키느니라.

다시 다음으로 선현이여. 보살마하살이 있어서 신통과 원력으로써

---

1) 산스크리트어 caitya의 음사이고, 탑(塔)을 가리킨다.

삼천대천세계의 인간과 천상에서 여러 미묘한 향(香)과 꽃으로 가득 채워서 3보와 여래의 제다에 공양하겠고, 공양하였다면 환희하면서 '나는 이와 같이 선근을 심었던 것을 가지고 제유정들과 함께 평등하게 공유하겠으며, 구하였던 것인 불국토를 청정하게 장엄하고서 회향하겠고, 마땅히 나의 국토를 항상 이와 같이 온갖 미묘한 향과 꽃들이 있게 하겠으며, 유정들이 그것을 지니면서 몸과 마음으로 기뻐하면서 즐기더라도, 염착이 없게 하겠다.'라고 큰 서원을 일으키느니라.

다시 다음으로 선현이여. 보살마하살이 있어서 신통과 원력으로써 백 가지의 맛있는 상묘한 음식을 준비하여 제불·독각·성문과 더불어 제보살마하살의 대중들에게 공양하겠고, 공양하였다면 환희하면서 '나는 이와 같이 선근을 심었던 것을 가지고 제유정들과 함께 평등하게 공유하겠으며, 구하였던 것인 불국토를 청정하게 장엄하고서 회향하겠고, 마땅히 무상정등보리를 증득하는 때라면 나의 국토의 제유정의 부류들이 모두 항상 이와 같은 백 가지의 맛있는 상묘한 음식을 먹게 하여 몸과 마음으로 기뻐하면서 즐기더라도, 염착이 없게 하겠다.'라고 큰 서원을 일으키느니라.

다시 다음으로 선현이여. 보살마하살이 있어서 신통과 원력으로써 여러 종류의 천상과 인간의 가운데에서 상묘(上妙)한 바르는 향(塗香)과 세밀하고 부드러운 의복을 준비하여 제불·독각·성문과 더불어 제보살마하살의 대중들에게 받들어 보시하거나, 혹은 다시 법과 아울러 여래의 제다에 보시하겠고, 보시하였다면 환희하면서 '나는 이와 같이 선근을 심었던 것을 가지고 제유정들과 함께 평등하게 공유하겠으며, 구하였던 것인 불국토를 청정하게 장엄하고서 회향하겠고, 마땅히 무상정등보리를 증득하는 때라면 나의 국토의 가운데에서 제유정의 부류들이 모두 항상 이와 같은 의복과 바르는 향을 뜻에 따라서 수용하더라도, 염착이 없게 하겠다.'라고 큰 서원을 일으키느니라.

다시 다음으로 선현이여. 보살마하살이 있어서 신통과 원력으로써 인간과 천상의 가운데에서 뜻을 따라서 생겨나는 상묘한 색(色)·성(聲)·향(香)·미(味)·촉(觸)의 경계를 엄숙하게 준비하여 제불·여래의 제다·독각·

성문과 아울러 제보살마하살의 대중들에게 공양하고 나머지의 중생의 부류들에게 공양하고서, 환희하고 용약하면서 '나는 이와 같이 선근을 심었던 것을 가지고 제유정들과 함께 평등하게 공유하겠으며, 구하였던 것인 불국토를 청정하게 장엄하고서 회향하겠고, 마땅히 무상정등보리를 증득하는 때라면 나의 국토의 가운데에서 제유정의 부류들이 마음을 따라서 즐겁게 상묘한 색·성·향·미·촉의 경계를 상응하여 생각하고 이르렀던 것을 환희하면서 수용하더라도, 염착이 없게 하겠다.'라고 큰 서원을 일으키느니라.

다시 다음으로 선현이여. 보살마하살이 있어서 반야바라밀다를 수행하면서 큰 서원을 일으키고 용맹스럽게 정근(精勤)하여 스스로가 내공에 안주하였고 역시 다른 사람에게도 내공에 안주하게 권유하였으며, 스스로가 외공·내외공·공공·대공·승의공·유위공·무위공·필경공·무제공·산공·무변이공·본성공·자상공·공상공·일체법공·불가득공·무성공·자성공·무성자성공에 안주하였고 역시 다른 사람에게도 외공, 나아가 무성자성공에 안주하게 권유하였으며, 이렇게 일을 지었다면 다시 '마땅히 무상정등보리를 증득하는 때라면 나의 국토에 있는 제유정의 부류들은 모두가 내공, 나아가 무성자성공에서 멀리 벗어나지 않게 하십시오.'라고 발원하며 말하느니라.

다시 다음으로 선현이여. 보살마하살이 있어서 반야바라밀다를 수행하면서 큰 서원을 일으키고 용맹스럽게 정근하면서 스스로가 4념주를 수행하였고 역시 다른 사람에게도 4념주를 수행하게 권유하였으며, 스스로가 4정단·4신족·5근·5력·7등각지·8성도지를 수행하였고 역시 다른 사람에게도 4정단, 나아가 8성도지를 수행하게 권유하였으며, 이렇게 일을 지었다면 다시 '마땅히 무상정등보리를 증득하는 때라면 나의 국토에 있는 제유정의 부류들은 모두가 4념주, 나아가 8성도지에서 멀리 벗어나지 않게 하십시오.'라고 발원하며 말하느니라.

다시 다음으로 선현이여. 보살마하살이 있어서 반야바라밀다를 수행하면서 큰 서원을 일으키고 용맹스럽게 정근하면서 스스로가 고성제에 안주하였고, 역시 다른 사람에게도 고성제에 안주하게 권유하였으며, 스스로가 집·멸·도성제에 안주하였고 역시 다른 사람에게도 집·멸·도성제에 안주하게 권유하였으며, 이렇게 일을 지었다면 다시 '마땅히 무상정등보리를 증득하는 때라면 나의 국토에 있는 제유정의 부류들은 모두가 고성제, 나아가 도성제에서 멀리 벗어나지 않게 하십시오.'라고 발원하며 말하느니라.

다시 다음으로 선현이여. 보살마하살이 있어서 반야바라밀다를 수행하면서 큰 서원을 일으키고 용맹스럽게 정근하면서 스스로가 4정려를 수행하였고 역시 다른 사람에게도 4정려를 수행하게 권유하였으며, 스스로가 4무량·4무색정을 수행하였고 역시 다른 사람에게도 4무량·4무색정을 수행하게 권유하였으며, 이렇게 일을 지었다면 다시 '마땅히 무상정등보리를 증득하는 때라면 나의 국토에 있는 제유정의 부류들은 모두가 4정려, 나아가 4무색정에서 멀리 벗어나지 않게 하십시오.'라고 발원하며 말하느니라.

다시 다음으로 선현이여. 보살마하살이 있어서 반야바라밀다를 수행하면서 큰 서원을 일으키고 용맹스럽게 정근하면서 스스로가 8해탈을 수행하였고 역시 다른 사람에게도 8해탈을 수행하게 권유하였으며, 스스로가 8승처·9차제정·10변처를 수행하였고 역시 다른 사람에게도 8승처·9차제정·10변처를 수행하게 권유하였으며, 이렇게 일을 지었다면 다시 '마땅히 무상정등보리를 증득하는 때라면 나의 국토에 있는 제유정의 부류들은 모두가 8해탈, 나아가 10변처에서 멀리 벗어나지 않게 하십시오.'라고 발원하며 말하느니라.

다시 다음으로 선현이여. 보살마하살이 있어서 반야바라밀다를 수행하면서 큰 서원을 일으키고 용맹스럽게 정근하면서 스스로가 다라니문을 수행하였고 역시 다른 사람에게도 다라니문을 수행하게 권유하였으며, 스스로가 삼마지문을 수행하였고 역시 다른 사람에게도 삼마지문을 수행하게 권유하였으며, 이렇게 일을 지었다면 다시 '마땅히 무상정등보리를 증득하는 때라면 나의 국토에 있는 제유정의 부류들은 모두가 다라니문·

삼마지문에서 멀리 벗어나지 않게 하십시오.'라고 발원하며 말하느니라.
 다시 다음으로 선현이여. 보살마하살이 있어서 반야바라밀다를 수행하면서 큰 서원을 일으키고 용맹스럽게 정근하면서 스스로가 공해탈문을 수행하였고 역시 다른 사람에게도 공해탈문을 수행하게 권유하였으며, 스스로가 무상·무원해탈문을 수행하였고 역시 다른 사람에게도 무상·무원해탈문을 수행하게 권유하였으며, 이렇게 일을 지었다면 다시 '마땅히 무상정등보리를 증득하는 때라면 나의 국토에 있는 제유정의 부류들은 모두가 공해탈문과 무상·무원해탈문에서 멀리 벗어나지 않게 하십시오.'라고 발원하며 말하느니라.
 다시 다음으로 선현이여. 보살마하살이 있어서 반야바라밀다를 수행하면서 큰 서원을 일으키고 용맹스럽게 정근하면서 스스로가 극희지를 수행하였고 역시 다른 사람에게도 극희지를 수행하게 권유하였으며, 스스로가 이구지·발광지·염혜지·극난승지·현전지·원행지·부동지·선혜지·법운지를 수행하였고 역시 다른 사람에게도 이구지, 나아가 법운지를 수행하게 권유하였으며, 이렇게 일을 지었다면 다시 '마땅히 무상정등보리를 증득하는 때라면 나의 국토에 있는 제유정의 부류들은 모두가 극희지, 나아가 법운지에서 멀리 벗어나지 않게 하십시오.'라고 발원하며 말하느니라.
 다시 다음으로 선현이여. 보살마하살이 있어서 반야바라밀다를 수행하면서 큰 서원을 일으키고 용맹스럽게 정근하면서 스스로가 5안을 수행하였고 역시 다른 사람에게도 5안을 수행하게 권유하였으며, 스스로가 6신통을 수행하였고 역시 다른 사람에게도 6신통을 수행하게 권유하였으며, 이렇게 일을 지었다면 다시 '마땅히 무상정등보리를 증득하는 때라면 나의 국토에 있는 제유정의 부류들은 모두가 5안·6신통에서 멀리 벗어나지 않게 하십시오.'라고 발원하며 말하느니라.
 다시 다음으로 선현이여. 보살마하살이 있어서 반야바라밀다를 수행하면서 큰 서원을 일으키고 용맹스럽게 정근하면서 스스로가 여래의 10력을 수행하였고 역시 다른 사람에게도 여래의 10력을 수행하게 권유하였으며,

스스로가 4무소외·4무애해·대자·대비·대희·대사·18불불공법을 수행하였고 역시 다른 사람에게도 4무소외, 나아가 18불불공법을 수행하게 권유하였으며, 이렇게 일을 지었다면 다시 '마땅히 무상정등보리를 증득하는 때라면 나의 국토에 있는 제유정의 부류들은 모두가 여래의 10력, 나아가 18불불공법에서 멀리 벗어나지 않게 하십시오.'라고 발원하며 말하느니라.

다시 다음으로 선현이여. 보살마하살이 있어서 반야바라밀다를 수행하면서 큰 서원을 일으키고 용맹스럽게 정근하면서 스스로가 32대사상을 수행하였고 역시 다른 사람에게도 32대사상을 수행하게 권유하였으며, 스스로가 80수호를 수행하였고 역시 다른 사람에게도 80수호를 수행하게 권유하였으며, 이렇게 일을 지었다면 다시 '마땅히 무상정등보리를 증득하는 때라면 나의 국토에 있는 제유정의 부류들은 모두가 32대사상·80수호에서 멀리 벗어나지 않게 하십시오.'라고 발원하며 말하느니라.

다시 다음으로 선현이여. 보살마하살이 있어서 반야바라밀다를 수행하면서 큰 서원을 일으키고 용맹스럽게 정근하면서 스스로가 무망실법을 수행하였고 역시 다른 사람에게도 무망실법을 수행하게 권유하였으며, 스스로가 항주사성을 수행하였고 역시 다른 사람에게도 항주사성을 수행하게 권유하였으며, 이렇게 일을 지었다면 다시 '마땅히 무상정등보리를 증득하는 때라면 나의 국토에 있는 제유정의 부류들은 모두가 무망실법·항주사성에서 멀리 벗어나지 않게 하십시오.'라고 발원하며 말하느니라.

다시 다음으로 선현이여. 보살마하살이 있어서 반야바라밀다를 수행하면서 큰 서원을 일으키고 용맹스럽게 정근하면서 스스로가 일체지를 수행하였고 역시 다른 사람에게도 일체지를 수행하게 권유하였으며, 스스로가 도상지·일체상지를 수행하였고 역시 다른 사람에게도 도상지·일체상지를 수행하게 권유하였으며, 이렇게 일을 지었다면 다시 '마땅히 무상정등보리를 증득하는 때라면 나의 국토에 있는 제유정의 부류들은 모두가 일체지와 도상지·일체상지에서 멀리 벗어나지 않게 하십시오.'라고 발원하며 말하느니라.

다시 다음으로 선현이여. 보살마하살이 있어서 반야바라밀다를 수행하면서 큰 서원을 일으키고 용맹스럽게 정근하면서 스스로가 일체의 보살마하살의 행을 수행하였고 역시 다른 사람에게도 일체의 보살마하살의 행을 수행하게 권유하였으며, 스스로가 제불의 무상정등보리를 수행하였고 역시 다른 사람에게도 제불의 무상정등보리를 수행하게 권유하였으며, 이렇게 일을 지었다면 다시 '마땅히 무상정등보리를 증득하는 때라면 나의 국토에 있는 제유정의 부류들은 모두가 일체의 보살마하살의 행·제불의 무상정등보리에서 멀리 벗어나지 않게 하십시오.'라고 발원하며 말하느니라. 선현이여. 이 보살마하살들이 반야바라밀다를 수행하는 때에, 오히려 이러한 수행과 원력으로써 곧 구하였던 것인 불국토를 청정하게 장엄하느니라.

선현이여. 이 보살마하살들은 그것의 때를 따라서 보리도를 수행하고 상응하여 일으켰던 수행과 원력의 원만함을 얻었다면, 곧 그것의 때에 정근하면서 수학하나니, 오히려 이러한 인연으로 스스로가 능히 일체의 선법(善法)들을 성취하고서 역시 다른 사람에게도 일체의 선법들을 능히 점차로 성취하게 하며, 스스로가 수행하여 수승한 상호(相好)로 장엄된 몸을 얻고서 역시 다른 사람에게도 수행하여 수승한 상호로 장엄된 몸을 점차로 얻게 하는데, 오히려 광대한 복덕으로 섭수되는 까닭이니라. 선현이여. 이 보살마하살들이 각자 구하였던 불국토를 청정하게 장엄하였던 것에서 무상정등보리를 증득하는 때라면, 교화되었던 유정들도 역시 그 국토에 태어나서 함께 청정한 국토에서 대승(大乘)의 법락(法樂)을 받느니라.

선현이여. 이 보살마하살들은 상응하여 이와 같이 수행하면서 불국토를 청정하게 장엄하는데 이를테면, 그 국토에서는 항상 세 종류의 악한 세계(惡趣)가 있다고 듣지 않고, 역시 악한 견해들이 있다고 듣지 않으며, 탐(貪)·진(瞋)·치(癡)의 독(毒)이 있다고 듣지 않고, 남녀(男女)의 형상이 있다고 듣지 않으며, 성문·독각이 있다고 듣지 않고, 고통(苦)·무상(無常) 등이 있다고 듣지 않으며, 역시 자구의 섭수(攝受)가 있다고 듣지 않고,

아(我)·아소(我所)라는 집착이 있다고 듣지 않으며, 수면(睡眠)과 전결(纏結)[2]이 있다고 듣지 않고, 역시 전도(顚倒)와 집착(執著)이 있다고 듣지 않으며, 역시 여러 과보와 분위(分位)[3]의 차별이 있다고 듣지 않고, 다만 공(空)·무상(無相)·무원(無願)·무생(無生)·무멸(無滅)·무성(無性) 등의 소리를 설하는 것을 듣느니라.

　이를테면, 유정들이 즐거워하는 것의 차별을 따르는데, 나무와 숲 등의 안과 밖의 물건의 가운데에서 항상 부드러운 바람이 불어서 서로가 부딪치며 여러 종류의 미묘한 음성이 일으키고, 그 음성의 가운데에서, '일체법은 모두가 무자성(無自性)이고, 무자성인 까닭으로 공(空)하며, 공한 까닭으로 무상(無相)이고, 무상인 까닭으로 무원(無願)이며, 무원인 까닭으로 무생(無生)이고, 무생인 까닭으로 무멸(無滅)이니라. 이러한 까닭으로 제법은 본래(本來)가 적정(寂靜)하고 자성(自性)은 열반(涅槃)이니라. 만약 세존께서 세상에 출현하셨거나, 만약 세상에 출현하시지 않았더라도 법상(法相)은 항상 그와 같으니라.'라고 설한다면, 그 불국토에 있는 제유정의 부류들은 만약 낮이거나, 만약 밤이거나, 만약 걷거나, 만약 서 있거나, 만약 앉거나, 만약 누웠더라도 항상 이와 같은 설법의 소리를 듣느니라.

　선현이여. 이 보살마하살들이 각자 청정하게 장엄된 불국토에 안주하는 것에서 무상정등보리를 증득하는 때라면, 시방세계의 여래·응공·정등각께서 모두 함께 그 처소의 그 여래의 명호를 칭찬하는데, 만약 제유정들이 이와 같이 칭찬하는 것인 여래의 명호를 듣는다면 결정적으로 무상정등보리에서 불퇴전(不退轉)을 얻느니라. 선현이여. 이 보살마하살들이 각자 청정하게 장엄된 불국토에 안주하는 것에서 무상정등보리를 증득하는 때라면, 제유정들을 위하여 정법을 선설하는데, 유정들이 듣고서 '이를테면, 이것은 법이 되는가? 이것은 비법(非法)이 되는가?'라고 반드시 의심이

---

　2) 전(纏)은 산스크리트어 paryavasthāna의 번역이고, 번뇌의 여러 이름의 가운데 하나이므로, '번뇌에 얽혀 있다.'는 뜻이다.
　3) 다양한 형태의 차별성과 상대적인 계위를 가리킨다.

생겨나지 않을 것이다. 왜 그러한가? 그 유정의 부류들은 제법의 모두가 곧 진여(眞如)·법계(法界)·법성(法性)·불허망성(不虛妄性)·불변이성(不變異性)이고 일체가 이것은 법이고, 비법이 없는 것이라고 명료하게 통달하였느니라. 선현이여. 이 보살마하살들은 모두가 능히 이와 같이 불국토를 청정하게 장엄하느니라.

다시 다음으로 선현이여. 이 보살마하살들에게 교화시킬 중생이 있었는데, 선근(善根)을 갖추지 않아서 제불·보살·독각과 성문들께 여러 선근을 심지 않았고, 여러 악한 벗(惡友)에게 섭수되었던 까닭으로, 선한 벗(善友)을 벗어났던 까닭으로, 정법(正法)을 듣지 못하였고 항상 여러 아(我)와 유정(有情)이라는 견해와 집장(執藏)[4]되었던 여러 견해에 나아가서 단견(斷見)[5]과 상견(常見)[6]의 두 가지의 치우친 집착에 떨어져 있느니라.
이 유정들은 스스로가 삿된 집착을 일으키고, 역시 항상 다른 사람에게도 삿된 집착을 일으키게 하며, 여래(佛)께 여래가 아니라는 생각을 일으키고 여래가 아닌 것에서 여래라는 생각을 일으키며, 법에서 비법(非法)이라는 생각을 일으키고 비법에서 법이라는 생각을 일으키며, 승가에서 승가가 아니라는 생각을 일으키고 승가가 아닌 것에서 승가라는 생각을 일으키나니, 오히려 이러한 인연으로 정법을 비방하고 훼자하며 정법을 비방한 까닭으로 몸이 무너지고 목숨을 끝마친다면 여러 악취(惡趣)에 떨어지는데, 지옥의 가운데에 태어나서 여러 극심한 고통을 받느니라.
이 보살마하살들은 각자 스스로의 국토에서 무상정등보리를 증득하고서 그 유정들이 생사에 빠지고 가라앉아서 무량한 고통을 받는 것을 본다면, 신통력의 방편으로써 교화하여 악한 견해를 버리고 정견(正見)의

---

[4] 유식에서 제7식인 말나식이 제8인 아뢰야식을 '나'라고 집착하는 것이다.
[5] 산스크리트어 uccheda-drsti의 번역이고, 세간(世間)과 자아(自我)는 사후(死後)에 완전히 소멸된다는 견해로써, 업(業)의 상속 또는 심상속(心相續)을 부정하는 견해이다.
[6] 산스크리트어 śāśvata-drsti의 번역이고, 세간(世間)과 자아(自我)는 사후(死後)에도 없어지지 않는다는 견해이다.

가운데에 머무르게 하고, 지옥으로부터 나와서 인취(人趣)에 태어나게
하며, 인취에 태어났다면 다시 여러 종류의 신통력인 방편으로써 교화하
여 정정취(正定聚)의 가운데에 머무르게 하는데, 오히려 이것으로 반드시
결국에는 악취에 떨어지지 않게 하느니라. 다시 수승한 행원(行願)[7]을
수습(修習)하여 목숨을 끝마친다면 청정하게 장엄된 불국토에 태어나게
하고, 청정한 국토에서 대승의 법락을 받게 하느니라.

선현이여. 이 보살마하살들은 모두가 능히 이와 같이 불국토를 청정하
게 장엄하므로, 오히려 기거하는 국토가 매우 청정한 까닭으로 그곳에
태어나는 유정들은 일체법에서 허망한 머뭇거림과 분별을 일으키지 않는
데 이를테면, '이것은 세간법(世間法)이고, 이것은 출세간법(出世間法)이
며, 이것은 유루법(有漏法)이고, 이것은 무루법(無漏法)이다.'라는 이와
같은 여러 종류의 머뭇거림과 분별을 반드시 결국에는 일으키지 않으며,
오히려 이러한 인연으로 그 유정의 부류들은 결정적으로 무상정등보리를
증득하느니라. 선현이여. 이와 같이 보살마하살은 불국토를 청정하게
장엄하느니라."

73. 정토방편품(淨土方便品)(1)

그때 구수 선현이 세존께 아뢰어 말하였다.
"세존이시여. 이 보살마하살들은 정성정취(正性定聚)[8]에 안주합니까?
부정취(不定趣)[9]에 안주합니까?"

---

7) 몸으로 하는 수행(修行)과 마음으로 행하는 소원(所願)을 가리킨다.
8) 산스크리트어 samyaktva-niyata-rāśi의 번역이고, 정법(正法)을 성취하여 바로
   깨달을 수 있음이 정해진 부류이다.
9) 산스크리트어 aniyata-rāśi의 번역이고, 인연이 있으면 성불할 수 있고 인연이

세존께서 말씀하셨다.
"선현이여. 이 보살마하살들은 모두가 부정취가 아닌 정성정취에 안주하느니라."
구수 선현이 다시 세존께 아뢰어 말하였다.
"세존이시여. 이 보살마하살들은 무엇 등의 정성정취에 안주합니까? 성문승(聲聞乘)입니까? 독각승(獨覺乘)입니까? 불승(佛乘)입니까?"
세존께서 말씀하셨다.
"선현이여. 이 보살마하살들은 모두가 불승의 정성정취에 안주하고, 2승의 정성정취에는 안주하지 않느니라."
구수 선현이 다시 세존께 아뢰어 말하였다.
"세존이시여. 이 보살마하살들은 어느 때에 정성정취에 안주합니까? 초발심입니까? 불퇴위(不退位)입니까? 최후신(最後身)입니까?"
세존께서 말씀하셨다.
"선현이여. 이 보살마하살은 만약 초발심이거나, 만약 불퇴위이거나, 만약 최후신이더라도 모두가 보살의 정성정취에 안주하느니라."
구수 선현이 다시 세존께 아뢰어 말하였다.
"세존이시여. 정성정취에 안주하는 보살마하살들도 다시 여러 악취에 떨어집니까?"
세존께서 말씀하셨다.
"선현이여. 정성정취에 안주하는 보살마하살들은 결정적으로 다시 악취에 떨어지지 않느니라."
다시 선현에게 알리셨다.
"그대의 뜻은 어떠한가? 여러 제8지인 자(者)가 만약 예류(預流)이거나, 만약 일래(一來)이거나, 만약 불환(不還)이거나, 만약 아라한이거나, 만약 독각들이 다시 악취에 떨어지는 자가 있겠는가?"
선현이 대답하여 말하였다.

없으면 성불할 수 없는 부류이다.

"없습니다. 세존이시여. 없습니다. 선서시여."
세존께서 말씀하셨다.
"선현이여. 정성정취에 안주하는 보살마하살들은 역시 다시 이와 같아서 결정적으로 다시 여러 악취에 떨어지지 않느니라. 왜 그러한가? 선현이여. 이 보살마하살들은 초발심부터 보시바라밀다를 수행하였고 정계·안인·정진·정려·반야바라밀다를 수행하였으며, 내공에 안주하였고 외공·내외공·공공·대공·승의공·유위공·무위공·필경공·무제공·산공·무변이공·본성공·자상공·공상공·일체법공·불가득공·무성공·자성공·무성자성공에 안주하였으며, 4념주를 수행하였고 4정단·4신족·5근·5력·7등각지·8성도지를 수행하였으며, 고성제에 안주하였고, 집·멸·도성제에 안주하였으며, 4정려를 수행하였고 4무량·4무색정을 수행하였으며, 8해탈을 수행하였고 8승처·9차제정·10변처를 수행하였으며,

다라니문을 수행하였고 삼마지문을 수행하였으며, 공해탈문을 수행하였고 무상·무원해탈문을 수행하였으며, 극희지를 수행하였고 이구지·발광지·염혜지·극난승지·현전지·원행지·부동지·선혜지·법운지를 수행하였으며, 5안을 수행하였고 6신통을 수행하였으며, 여래의 10력을 수행하였고 4무소외·4무애해·대자·대비·대희·대사·18불불공법을 수행하였으며, 무망실법을 수행하였고 항주사성을 수행하였으며, 일체지를 수행하였고 도상지·일체상지를 수행하였으며, 일체의 보살마하살들의 행을 수행하였고 제불의 무상정등보리를 수행하였다면, 일체의 악한 불선법(不善法)을 절복(折伏)하고 단절(斷絶)하였느니라.

선현이여. 오히려 이러한 인연으로 이 보살마하살들은 다시 악취에 떨어지는 이러한 처소는 없느니라. 이 보살마하살들이 만약 장수천(長壽天)[10]에 태어나는 역시 이러한 처소도 없는데 이를테면, 그 처소에서는 여러 수승한 선법(善法)을 현행(現行)할 수 없느니라. 이 보살마하살들이 만약 변방의 지역에 태어나거나 혹은 달서(達絮)에 태어나거나, 혹은

---

10) 색계 제4선의 무상천(無想天)을 가리킨다. 이곳의 천인들은 5백 대겁(大劫)의 수명을 지녔다고 알려져 있다.

멸려차(蔑戾車)에 태어나는 역시 이러한 처소도 없는데 이를테면, 그 처소에서는 여러 수승한 선법(善法)을 현행할 수 없으므로, 인과(因果)를 믿지 않는 악한 견해들을 많이 일으키고, 항상 여러 지저분하고 악한 업을 즐겁게 수습하며 행하므로, 여래의 명호(佛名)·법의 명호(法名)·승가의 명자(僧名)도 들을 수 없고, 역시 비구(苾芻)·비구니(苾芻尼)·근사남(近事男)[11]·근사녀(近事女)[12] 등의 4부대중도 없느니라.

이 보살마하살들이 만약 삿된 견해를 가진 가문에 태어나는 역시 이러한 처소도 없는데 이를테면, 그러한 가문에 태어난다면 여러 악한 견해로 나아가면서 미묘한 행과 악한 행이 미치는 과보도 다스릴 수 없다고 집착하면서 여러 선을 수행하지 않고 즐겁게 여러 악을 짓느니라. 선현이여. 처음부터 무상정등각(無上正等覺)의 마음을 일으켰던 제보살마하살들이 무상정등보리를 구하고 나아가면서 수승한 의요(意樂)로써 10불선업도(十不善業道)를 받아서 행하는 이러한 처소는 없느니라."

그때 구수 선현이 세존께 아뢰어 말하였다.

"세존이시여. 만약 보살마하살들이 초발심부터 이와 같은 선근(善根)의 공덕을 성취하여 여러 악한 처소에서 다시 태어나지 않는다면, 무슨 까닭으로 세존께서는 매번 대중들을 위하여 본생(本生)의 일에, 만약 백 번이거나, 만약 천 번이더라도 여러 악한 처소의 가운데에 태어나셨다고 스스로가 설하셨습니까? 그때 선근은 어느 처소에 있었습니까?"

세존께서 선현에게 알리셨다.

"보살마하살이 오히려 부정한 업으로 악취의 몸을 받는 것이 아니고, 다만 제유정들을 이익되고 안락하게 하기 위한 것이며, 오히려 옛날부터 생각하였던 발원으로 그러한 몸을 받는 것이니라. 선현이여. 제아라한과

---

11) 산스크리트어 upāsaka의 번역이고, 청신사(淸信士)라고 한역한다. 출가하지 않고 재가(在家)에서 세존의 가르침에 따르는 남성을 가리킨다.
12) 산스크리트어 upāsikā의 번역이고, 청신녀(淸信女)라고 한역한다. 출가하지 않고 재가에서 세존의 가르침에 따르는 여성을 가리킨다.

독각들에게 어찌 보살마하살과 같은 방편선교가 있겠는가? 이와 같은 방편선교를 성취하고서 방생(傍生)의 몸을 받았는데, 사냥꾼이 있었고 와서 해치려고 하였다면 곧 무상(無上)의 안인(安忍)과 자비(慈悲)를 일으키므로, 그 사람에게 이익과 안락을 얻게 하려고 스스로가 목숨을 버릴지라도 그를 해치지 않느니라. 선현이여. 오히려 이러한 인연으로 보살마하살은 제유정들을 요익하게 하기 위한 까닭으로, 대자비를 빠르고 원만하게 하기 위한 까닭으로, 비록 여러 종류인 방생의 몸을 받는 것을 나타내더라도 방생의 과실(過失)에 염오되지 않느니라."

그때 구수 선현이 세존께 아뢰어 말하였다.

"세존이시여. 제보살마하살들이 무슨 선법에 안주하고, 제유정들의 이익과 안락을 위한 까닭으로 이와 같은 몸을 받습니까?"

세존께서 선현에게 알리셨다.

"제보살마하살들이 무슨 선법이라도 원만하게 하지 않은 것이 있겠는가? 선현이여. 제보살마하살은 무상정등보리를 증득하기 위하여 일체의 선법을 모두 원만하게 하느니라. 선현이여. 보살마하살들은 초발심부터 미묘한 보리좌(菩提座)에 앉을 때까지 그 중간에서 선법이 상응하여 원만하지 않은 것이 없어야 하는데, 요컨대 일체의 선법을 구족하고서 원만하다면 비로소 무상정등보리를 증득하느니라. 만약 하나의 선법이라도 능히 원만하지 못하다면 무상정등보리를 증득하는 이러한 처소는 없느니라.

이러한 까닭으로 선현이여. 보살마하살들은 초발심부터 미묘한 보리좌(菩提座)에 앉을 때까지 그 중간에서 항상 일체의 선법을 수학하여 원만하게 해야 하고, 수학하였다면 마땅히 일체상지(一切相智)를 증득하고서 일체의 습기(習氣)의 상속(相續)을 영원히 단절하고서 무상정등보리를 증득해야 하느니라."

그때 구수 선현이 세존께 아뢰어 말하였다.

"세존이시여. 어찌 보살마하살은 이와 같은 일체의 백법(白法)13)이고

---

13) 청정한 업을 가리킨다.

청정한 무루법(無漏法)을 성취하였는데, 악취에 태어나서 방생의 몸을 받습니까?"

세존께서 말씀하셨다.

"선현이여. 그대의 뜻은 어떠한가? 여래께서는 일체의 백법이고 청정한 무루법을 성취하셨는가?"

선현이 대답하여 말하였다.

"그와 같습니다. 세존이시여. 그와 같습니다. 선서시여. 여래께서는 일체의 백법이고 청정한 무루법을 성취하셨습니다."

세존께서 말씀하셨다.

"선현이여. 그대의 뜻은 어떠한가? 여래께서는 방생으로 나아가는 변화시켜 지었던 몸으로 유정들이 요익하도록 불사(佛事)를 지으셨는가?"

선현이 대답하여 말하였다.

"그와 같습니다. 세존이시여. 그와 같습니다. 선서시여. 여래께서는 방생으로 나아가는 변화시켜 지었던 몸으로 유정들이 요익하게 불사를 지으셨습니다."

세존께서 말씀하셨다.

"선현이여. 그대의 뜻은 어떠한가? 여래께서 방생의 몸으로 변화시켜 지으셨던 때에 이것이 진실로 방생이었고, 그러한 고통을 받으셨는가?"

선현이 대답하여 말하였다.

"아닙니다. 세존이시여. 아닙니다. 선서시여. 여래께서는 방생의 몸으로 변화시켜 지으셨던 때에 이것은 진실로 방생이 아니었고, 그러한 고통을 받지 않았습니다."

세존께서 선현에게 알리셨다.

"제보살마하살들도 역시 이와 같아서 비록 일체의 백법이고 청정한 무루법을 성취하였더라도 제유정들을 성숙시키기 위한 까닭으로 방편선교로 방생의 몸을 받았는데, 오히려 그러한 몸을 받은 까닭으로 상응하여 제유정들을 성숙시키는 것과 같으니라. 다시 다음으로 선현이여. 선현이여. 그대의 뜻은 어떠한가? 아라한이 있어서 여러 번뇌(漏)를 영원히 끝마치고서 능히 변화시켜 지었던 몸으로 여러 사업(事業)을 일으켰다면, 오히려 그 사업이 다른 사람에게 환희(歡喜)가 생겨나게 하겠는가?"

선현이 대답하여 말하였다.

"그와 같습니다. 세존이시여. 그와 같습니다. 선서시여. 아라한이 있어서 여러 번뇌를 영원히 끝마치고서 능히 변화시켜 지었던 몸으로 여러 사업을 일으켰다면, 오히려 그 사업이 다른 사람에게 환희를 생겨나게 할 수 있습니다."

세존께서 선현에게 알리셨다.

"제보살마하살들도 역시 이와 같아서 비록 일체의 백법이고 청정한 무루법을 성취하였더라도 제유정들의 이익과 안락을 위한 까닭으로 방편선교로 악취의 몸을 받았는데, 비록 그러한 몸을 그들이 받는 여러 고뇌(苦惱)를 받지 않으며, 역시 다시 그들 세계의 잡염에 나아가는 과실이 없느니라. 다시 다음으로 선현이여. 그대의 뜻은 어떠한가? 재주가 있는 마술사이거나, 혹은 그의 제자가 있어서 환영으로 여러 종류의 코끼리와 말 등의 일을 지었고, 사람들이 보고 환희하고 용약(踊躍)하였다면, 그곳에 진실로 코끼리와 말 등이 있겠는가?"

선현이 대답하여 말하였다.

"아닙니다. 세존이시여. 아닙니다. 선서시여. 그곳에 진실로 코끼리와 말 등은 없습니다."

세존께서 선현에게 알리셨다.

"제보살마하살들도 역시 이와 같아서 비록 일체의 백법이고 청정한 무루법을 성취하였더라도 제유정들의 요익을 위한 까닭으로 여러 종류의 방생 등의 몸을 나타냈고, 비록 그러한 몸을 받았어도 진실로 그것이 아니며, 역시 그들에게 염오(染汚)되는 과실(過失)이 없느니라."

그때 구수 선현이 세존께 아뢰어 말하였다.

"세존이시여. 제보살마하살들의 방편선교는 이와 같이 광대하므로, 비록 백법이고 청정하며 무루의 성스러운 지혜를 성취하였더라도 유정들을 위한 까닭으로 여러 종류의 몸을 받고 그것을 따라서 마땅히 요익을 짓고서 나타냅니다. 세존이시여. 제보살마하살들은 무엇 등의 백법이고 청정하며 수승한 법에 안주하고, 능히 이와 같은 방편선교를 지으며, 비록 여러 종류의 방생인 몸을 받을지라도 그 세계의 과실에 염오되지 않습니까?"

세존께서 선현에게 알리셨다.

"제보살마하살들은 반야바라밀다에 안주하고, 능히 이와 같은 방편선교를 지으므로, 비록 시방(十方)의 무량한 긍가사(殑伽沙) 등의 세계로 가서 여러 종류의 몸을 나타내어 그 유정들의 부류들을 이익되고 안락하게 할지라도 그 가운데에서 염착(念著)이 생겨나지 않느니라. 왜 그러한가? 선현이여. 이 보살마하살은 일체법에서 모두 얻을 수 없는데, 이를테면, 모두인 능히 염오시키는 것을 얻을 수 없고 능히 염오되는 것을 얻을 수 없으며 염오시키는 인연을 얻을 수 없느니라. 왜 그러한가? 일체법으로써 자성은 공한 까닭이니라.

선현이여. 공(空)은 능히 공을 염착(念著)시키지 못하고, 공도 역시 능히 나머지의 법을 염착시키지 못하며, 역시 나머지의 법도 공을 염착시키지 못하느니라. 그 까닭은 무엇인가? 공의 가운데에서 공성(空性)을 오히려 얻을 수 없는데, 하물며 나머지 법을 얻을 것이 있겠는가? 선현이여. 이와 같다면 불가득공(不可得空)이라고 이름하는데, 제보살마하살들은 이 가운데에 안주하여 무상정등보리를 증득하느니라."

그때 구수 선현이 세존께 아뢰어 말하였다.

"세존이시여. 제보살마하살들은 다만 이와 같은 반야바라밀다에 안주하고, 능히 이와 같은 방편선교를 짓습니까? 역시 나머지의 법에도 안주합니까?"

세존께서 선현에게 알리셨다.

"어찌하여 반야바라밀다에 들어가지 않는 나머지의 법이 있겠고, 어찌하여 다시 나머지의 법에도 안주한다고 의심하겠는가?"

"세존이시여. 이와 같이 반야바라밀다가 만약 자성이 공하다면, 어찌

반야바라밀다가 일체법을 섭수합니까? 세존이시여. 공의 가운데에서는 섭수하는 법이 있거나, 섭수하지 않는 법이 있다고 설할 수 없습니다."

"선현이여. 어찌 제법의 자성이 모두 공하지 않겠는가?"

"그와 같습니다. 세존이시여. 그와 같습니다. 선서시여."

"선현이여. 만약 일체법의 자성이 모두 공하다면, 어찌 공한 가운데에서 일체법을 섭수하지 않겠는가?"

그때 구수 선현이 세존께 아뢰어 말하였다.

"세존이시여. 무엇이 보살마하살이 반야바라밀다를 수행하는 때에, 일체법의 자성이 공한 가운데에 안주하여 신통바라밀다(神通波羅蜜多)를 이끌어서 일으키게 하고, 제보살마하살들은 이 신통바라밀다에 안주하며, 능히 시방의 무량한 궁기사 등의 세계로 가서 제불께 공양하고 정법을 듣고 수지하면서, 제불의 처소에서 여러 선근(善根)을 심게 합니까?"

세존께서 선현에게 알리셨다.

"만약 보살마하살이 반야바라밀다를 수행하는 때에, 시방의 무량한 궁가사 등의 세계와 제불의 대중들과, 아울러 설하셨던 법이라는 것이 모두 자성이 공하므로, 오직 세속에 가립(假立)으로 설하였던 명자(名字)가 있고, 이와 같이 세속에 가립으로 설하였던 명자도 역시 자성이 공(空)하다고 두루 관찰하느니라. 선현이여. 만약 시방세계와 제불의 대중들과, 아울러 설하셨던 법과 가립으로 설하였던 명자의 자성이 공하지 않는다면, 곧 설하였던 공이라는 것이 상응하여 주위에 두루하지 않겠으나, 설하였던 것의 공으로서 두루하지 않은 것이 없는 까닭으로 일체법의 자성이 모두 공하느니라.

선현이여. 이 보살마하살이 반야바라밀다를 수행하는 때에는 오히려 공의 방편선교로 두루 관찰하는 까닭으로 곧 능히 수승한 신통바라밀다를 이끌어서 일으키고, 이러한 신통바라밀다에 안주하여 다시 능히 천안통(天眼通)·천이통(天耳通)·신경통(神境通)·타심통(他心通)·숙주수념통(宿住隨念通)·누진통(漏盡通)의 수승하고 신통한 지혜를 이끌어서 일으키느니라. 선현이여. 제보살마하살들이 신통바라밀다를 벗어났다면 능히 자재하게 유정들을 성숙시킬 수 있고 불국토를 청정하게 장엄하며 무상정등보리를 증득하지 못하느니라.

선현이여. 이러한 까닭으로 신통바라밀다는 이것이 보리도(菩提道)이고, 보살마하살들은 모두 이러한 도에 의지하여 무상정등보리를 구하면서 나아가며, 구하면서 나아가는 때에 능히 스스로가 일체의 선법을 원만하게 하고서 역시 능히 다른 사람에게도 여러 선법을 수행하게 하는데, 비록 이러한 일을 지었더라도 선법에서 집착이 생겨나지 않느니라. 그 까닭은 무엇인가? 이 보살마하살은 여러 선법의 자성이 모두 공하고, 자성이 공한 가운데에서는 집착할 것이 없다고 알았느니라. 만약 집착이 있다면 곧 어리석음(愛昧)이 있겠으나, 오히려 집착이 없으므로 역시 어리석음이 없는데, 자성이 공한 가운데에서는 어리석음도 없는 까닭이니라.

선현이여. 이 보살마하살이 반야바라밀다를 수행하는 때에 수승한 신통바라밀다에 안주하고서, 청정함이 인간을 초월하는 천안(天眼)을 이끌어서 일으키고, 이 천안을 수용하여 일체법이 모두 자성이 공하다고 관찰하느니라. 선현이여. 이 보살마하살은 일체법의 자성이 공하다고 보았던 까닭으로 법상(法相)을 의지하지 않고 여러 업을 조작(造作)하며, 비록 유정들을 위하여 이와 같은 법을 설하더라도 여러 유정상(有情相)과 그러한 시설을 얻지 못하느니라. 선현이여. 이 보살마하살은 얻을 수 없는 것으로써 방편을 삼아 신통바라밀다를 이끌어서 일으키고 이 신통바라밀다를 수용하여 능히 자비와 원력의 신통으로 지어야 할 일을 짓느니라.

선현이여. 이 보살마하살은 인간을 초월하는 지극하게 청정한 천안을 수용하여 능히 시방의 무량한 긍가사 등의 세계를 보는데, 보았다면 신경지통(神境智通)을 이끌어서 일으키고 그곳으로 가서 제유정들을 요익하게 하며, 혹은 보시바라밀다로써 요익하게 하고, 혹은 정계·안인·정진·정려·반야바라밀다로써 요익하게 하며, 혹은 4념주로써 요익하게 하고, 혹은 4정단·4신족·5근·5력·7등각지·8성도지로써 요익하게 하며, 혹은 4정려로써 요익하게 하고, 혹은 4무량·4무색정으로써 요익하게 하며, 혹은 8해탈로써 요익하게 하고, 혹은 8승처·9차제정·10변처로써 요익하게 하며, 혹은 성문법(聲聞法)으로써 요익하게 하고, 혹은 독각법(獨覺法)으로써 요익하게 하며, 혹은 보살법(菩薩法)으로써 요익하게 하고, 혹은 제불법(諸佛法)으로써 요익하게 하느니라.

선현이여. 이 보살마하살은 시방세계에서 유정들이 간탐(慳貪)이 많은 자를 보았다면 깊은 연민이 생겨나서 '그대들 유정들은 마땅히 보시를 행하십시오. 여러 간탐하는 자들은 빈궁한 고통을 받을 것이고, 오히려 빈궁한 까닭으로 위덕(威德)이 없어 오히려 자신도 요익하지 못하는데 하물며 다른 사람을 능히 요익하게 하겠는가? 이러한 까닭으로 그대들은 마땅히 정근하면서 보시를 행하십시오. 이미 스스로가 안락하다면 역시 다른 사람도 안락할 것이니, 빈궁(貧窮)함으로써 서로서로 먹고 먹히며 함께 여러 악취의 고통에서 해탈하지 못하게 하지 마십시오.'라고 이와 같이 설법하느니라.

선현이여. 이 보살마하살은 시방세계에서 만약 유정들이 정계(淨戒)를 훼손하는 것을 보았다면 깊은 연민이 생겨나서 '그대들 유정들은 마땅히 정계를 수지하십시오. 여러 파계(破戒)하는 자는 악취의 고통을 받을 것이고, 파계하는 자는 위덕이 없어 오히려 스스로를 요익하게 하지 못하는데 하물며 능히 다른 사람을 요익하게 하겠는가? 파계한 인연으로 혹은 지옥에 태어나서 고통스러운 이숙(異熟)을 받거나, 혹은 방생으로 태어나서 고통스러운 이숙을 받거나, 혹은 귀계에 태어나서 고통스러운 이숙을 받을 것인데, 그대들이 만약 여러 악취의 가운데에 떨어져서 고통스러운 이숙을 받는다면, 오히려 스스로를 구제하지 못하는데 하물며 다른 사람을 구제할 수 있겠는가? 이러한 까닭으로 그대들은 마땅히 정계를 수지하고, 찰나의 순간이라도 파계하려는 마음으로 지내는 것을 상응하여 용납(容納)하지 않아야 하는데, 하물며 많은 시간을 보내려는 것이겠는가? 스스로의 마음이 방일하여 뒤에 근심과 후회가 생겨나지 마십시오.'라고 이와 같이 설법하느니라.

선현이여. 이 보살마하살은 시방세계에서 유정들이 다시 서로에게 성내고 원망하면서 전전(展轉)하여 원한을 맺고서 서로서로가 해치고 번뇌하는 것을 보았다면 깊은 연민이 생겨나서 '그대들 유정들은 마땅히 안인(安忍)을 수행하면서 서로에게 성내고 원망하면서 원한을 맺고서 서로서로가 해치고 번뇌하지 마십시오. 여러 성냄과 원한의 마음은 선법을 수순하지 않고 악법이 증장하여 쇠퇴와 손해를 초래(招現)하느니라. 그대들은 오히려 이러한 성내고 원망하는 마음을 까닭으로 몸이 무너지고 목숨을 끝마친다면, 마땅히 지옥·방생·귀계에 떨어져서 여러 극심한 고통을 받을 것입니다. 이러한 까닭으로 그대들은 찰나의 순간이라도 성냄과 원한의 마음으로 지내는 것을 상응하여 용납하지 않아야 하는데, 하물며 많은 시간을 보내려는 것이겠는가? 그대들은 상응하여 지금 자비로운 마음을 일으키고 전전하여 서로의 인연으로 요익한 일을 행해야지으십시오.'라고 이와 같이 설법하느니라.

선현이여. 이 보살마하살은 시방세계에서 유정들이 나태(懶惰)하고 해태(懈怠)한 것을 보았다면 깊은 연민이 생겨나서 '그대들 유정들은 마땅히 정근하면서 정진하여 선법에서 나태하고 해태하지 마십시오. 여러 해태한 자들은 여러 선법과 여러 수승한 일들을 성취하지 못합니다. 그대들은 오히려 이것으로 마땅히 지옥·방생·귀계에 떨어져서 여러 극심한 고통을 받을 것입니다. 이러한 까닭으로 그대들은 찰나의 순간이라도 해태한 것을 상응하여 용납하지 않아야 하는데, 어찌 하물며 그 긴 시간을 상속(相續)하고자 하는가?'라고 이와 같이 설법하느니라.

선현이여. 이 보살마하살은 시방세계에서 유정들이 실념(失念)하여 산란(散亂)한 마음으로 적정(寂靜)하지 못한 것을 보았다면 깊은 연민이 생겨나서 '그대들 유정들은 마땅히 정정을 수행하여 실념하여 산란한 마음이 생겨나지 않게 하십시오. 이와 같은 마음은 선법을 수순하지 않고 악법을 증장시켜서 쇠퇴와 손해를 초래합니다. 그대들은 오히려 이것으로 몸이 무너지고 목숨을 끝마친다면, 마땅히 지옥·방생·귀계에 떨어져서 여러 극심한 고통을 받을 것입니다. 이러한 까닭으로 그대들은 찰나의 순간이라도 실념하여 산란한 마음이 상속하는 것을 상응하여 용납하지 않아야 하는데, 어찌 하물며 그 긴 시간을 상속하고자 하는가?'라고 이와 같이 설법하느니라.

　선현이여. 이 보살마하살은 시방세계에서 유정들이 우치(愚癡)하고 악한 지혜인 것을 보았다면 깊은 연민이 생겨나서 '그대들 유정들은 마땅히 수승한 지혜를 수행하고 악한 지혜가 일어나지 않게 하십시오. 악한 지혜를 일으키는 자는 여러 선취(善趣)에 오히려 능히 가지 못하는데 하물며 해탈을 얻겠습니까? 그대들은 오히려 이러한 악한 지혜를 인연으로 마땅히 지옥·방생·귀계에 떨어져서 여러 극심한 고통을 받을 것입니다. 이러한 까닭으로 그대들은 찰나의 순간이라도 우치(愚癡)하고 악한 지혜와 상속하는 것을 상응하여 용납하지 않아야 하는데, 어찌 하물며 그 긴 시간을 상속하고자 하는가?'라고 이와 같이 설법하느니라.

　선현이여. 이 보살마하살은 시방세계에서 유정들이 탐욕(貪欲)이 많은 자를 보았다면 깊은 연민이 생겨나서 교계하고 인도하면서 부정관(不淨觀)을 수행하게 하고, 유정들이 진에(瞋恚)가 많은 자를 보았다면 깊은 연민이 생겨나서 교계하고 인도하면서 자비관(慈悲觀)을 수행하게 하며, 유정들이 우치(愚癡)가 많은 자를 보았다면 깊은 연민이 생겨나서 교계하고 인도하면서 인연관(因緣觀)을 수행하게 하고, 유정들이 아만(我慢)이 많은 자를 보았다면 깊은 연민이 생겨나서 교계하고 인도하면서 계분별관(界分別觀)을 수행하게 하며, 유정들이 심사(尋伺)가 많은 자를 보았다면 깊은 연민이 생겨나서 교계하고 인도하면서 지식념관(持息念觀)을 수행하게 하고, 유정들이 삿된 도를 행하는 자를 보았다면 깊은 연민이 생겨나서 교계하고 인도하면서 정도(正道)에 들어가게 하는데 이를테면, 성문도(聲聞道)이거나, 혹은 독각도(獨覺道)이거나, 혹은 여래도(如來道) 등이며, 방편으로 그들을 위하여 '그대들이 집착하는 것들은 자성이 모두 공합니다. 공한 법의 가운데에서 집착할 것들이 있지 않는데, 집착할 것이 없음으로써 공상(空相)을 삼는 까닭입니다.'라고 이와 같이 설법하느니라.

　이와 같이 선현이여. 보살마하살들은 반야바라밀다를 수행하는 때에 요컨대 신통바라밀다에 안주해야 비로소 정법을 자재하게 널리 설하면서 제유정의 부류들을 이익되고 안락하게 하느니라. 선현이여. 만약 보살마하살이 신통바라밀다를 멀리 벗어난다면 정법을 자재하게 널리 설하면서 제유정과 함께 이익되는 일을 짓지 못하느니라. 선현이여. 새가 날개가 없다면 허공을 자재하게 날아가서 능히 먼 곳에 이를 수 없는 것과 같이. 제보살마하살들도 역시 다시 이와 같아서 만약 신통바라밀다가 없다면 능히 정법을 자재하게 널리 설하면서 제유정과 함께 이익되는 일을 짓지 못하느니라. 이러한 까닭으로 선현이여. 제보살마하살들이 반야바라밀다를 수행하는 때에 상응하려 신통바라밀다를 이끌어서 일으키는데, 만약 신통바라밀다를 이끌어서 일으킨다면, 곧 능히 뜻을 따라서 정법을 자재하게 널리 설하면서 제유정의 부류들을 이익되고 안락하게 하느니라.

선현이여. 이 보살마하살은 인간을 초월하는 최고로 청정한 천안(天眼)으로써 시방의 무량한 긍가사 등의 세계를 두루 관찰하고, 더불어 그곳에 태어난 제유정들의 부류들을 관찰하고서, 보았다면 신경지통(神境智通)을 이끌어서 일으키며, 잠깐동안 그 세계로 가서 이르며, 타심지(他心智)로써 그 유정들의 심(心)·심소법(心所法)을 여실하고 명료하게 알고서, 그것을 따라서 법요(法要)를 설하는데 이를테면, 보시를 설하거나, 혹은 정계를 설하거나, 혹은 안인을 설하거나, 혹은 정진을 설하거나, 혹은 정려를 설하거나, 혹은 반야를 설하거나,

혹은 4념주를 설하거나, 혹은 4정단·4신족·5근·5력·7등각지·8성도지를 설하거나, 혹은 4정려를 설하거나, 혹은 4무량·4무색정을 설하거나, 혹은 8해탈을 설하거나, 혹은 8승처·9차제정·10변처를 설하거나, 혹은 다라니문을 설하거나, 혹은 삼마지문을 설하거나, 혹은 공해탈문을 설하거나, 혹은 무상·무원해탈문을 설하거나, 혹은 내공을 설하거나, 혹은 외공·내외공·공공·대공·승의공·유위공·무위공·필경공·무제공·산공·무변이공·본성공·자상공·공상공·일체법공·불가득공·무성공·자성공·무성자성공을 설하거나, 혹은 고성제를 설하거나, 혹은 집·멸·도성제를 설하거나,

혹은 인연을 설하거나, 혹은 등무간연·소연연·증상연을 설하거나, 혹

은 인연에서 따라서 생겨나는 제법을 설하거나, 혹은 무명을 설하거나, 혹은 행·식·명색·육처·촉·수·애·취·유·생·노사의 수탄고우뇌를 설하거나, 혹은 온(蘊)·처(處)·계(界)를 설하거나, 혹은 성문도를 설하거나, 혹은 독각도를 설하거나, 혹은 보살도를 설하거나, 혹은 보리(菩提)를 설하거나, 혹은 열반을 설하면서 그곳의 유정들에게 이 법을 듣게 하고서, 모두가 수승한 이익과 안락을 얻게 하느니라.

선현이여. 이 보살마하살은 인간을 초월하는 최고로 청정한 천이(天耳)로써 능히 일체의 인간과 비인(非人)들의 음성을 듣고, 오히려 이러한 천이로 능히 시방의 무량한 긍가사 등의 세계의 제불의 설법을 들으며, 이미 들었다면 전도가 없이 모두를 능히 수지(受持)하고 제유정들을 위하여 여실하게 선설하는데, 혹은 보시를 설하거나, 혹은 정계를 설하거나, 혹은 안인을 설하거나, 혹은 정진을 설하거나, 혹은 정려를 설하거나, 혹은 반야를 설하거나, 이와 같이 나아가 혹은 열반을 설하면서 그곳의 유정들에게 이 법을 듣게 하고서, 모두가 수승한 이익과 안락을 얻게 하느니라.

선현이여. 이 보살마하살은 인간을 초월하는 최고로 청정한 타심지통(他心智通)으로써 제유정 부류들의 심·심소법을 여실하고 명료하게 알고서, 그것을 따라서 법요를 설하는데 이를테면, 보시를 설하거나, 혹은 정계를 설하거나, 혹은 안인을 설하거나, 혹은 정진을 설하거나, 혹은 정려를 설하거나, 혹은 반야를 설하거나, 이와 같이 나아가 혹은 열반을 설하면서 그곳의 유정들에게 이 법을 듣게 하고서, 모두가 수승한 이익과 안락을 얻게 하느니라.

선현이여. 이 보살마하살은 인간을 초월하는 청정한 숙주수념지통(宿住隨念智通)으로써 스스로와 다른 사람들의 여러 본생(本生)의 일을 능히 기억하는 것이고, 오히려 이러한 숙주수념지통으로써 과거의 제불과 제자인 대중들의 명호 등을 차별하여 여실하게 기억하는 것이며, 만약 제유정들이 과거 여러 전생(宿住)의 일을 즐겁게 듣고서 요익을 얻는다면, 곧 여러 전생의 일들을 널리 설하느니라. 이것을 인연하여 방편으로 정법을 설하는데 이를테면, 보시를 설하거나, 혹은 정계를 설하거나, 혹은 안인을 설하거나, 혹은 정진을 설하거나, 혹은 정려를 설하거나, 혹은 반야를 설하거나, 이와 같이 나아가 혹은 열반을 설하면서 그곳의 유정들에게 이 법을 듣게 하고서, 모두가 수승한 이익과 안락을 얻게 하느니라.

선현이여. 이 보살마하살은 지극하게 빠른 신경지통(神境智通)으로써 시방의 무량한 긍가사 등의 세계로 가서 이르며, 제불·세존께 친근하고 공양하며, 제불의 처소에서 여러 공덕의 근본을 심고 본래의 국토로 돌아와서 제유정들을 위하여 타방세계의 여러 종류의 수승한 일들을 널리 설하느니라. 이것을 인연하여 방편으로 정법을 설하는데 이를테면, 보시를 설하거나, 혹은 정계를 설하거나, 혹은 안인을 설하거나, 혹은 정진을 설하거나, 혹은 정려를 설하거나, 혹은 반야를 설하거나, 이와 같이 나아가 혹은 열반을 설하면서 그곳의 유정들에게 이 법을 듣게 하고서, 모두가 수승한 이익과 안락을 얻게 하느니라.

선현이여. 이 보살마하살은 따라서 얻었던 것의 누진지통(漏盡智通)으로써 제유정의 부류들이 누진(漏盡)인가? 누진이 아닌가를 역시 여실하고 명료하게 알고서, 역시 누진의 방편을 여실하게 알고서, 누진이 아닌 자를 위하여 법요를 널리 설하는데 이를테면, 보시를 설하거나, 혹은 정계를 설하거나, 혹은 안인을 설하거나, 혹은 정진을 설하거나, 혹은 정려를 설하거나, 혹은 반야를 설하거나, 이와 같이 나아가 혹은 열반을 설하면서 그곳의 유정들에게 이 법을 듣게 하고서, 모두가 수승한 이익과 안락을 얻게 하느니라.

선현이여. 이와 같이 보살마하살들은 반야바라밀다를 수행하는 때에 상응하여 신통바라밀다를 이끌어서 일으켜야 하나니, 이 보살마하살들이 신통바라밀다를 수습하여 원만함을 얻은 까닭으로, 뜻으로 즐거워하는 것을 따라서 여러 종류의 몸을 받으면서, 괴로움과 즐거움의 과실(過失)에 잡염(雜染)되지 않는데, 변화시켰던 여래의 몸이 비록 능히 여러 종류의 사업을 베풀어서 지으셨더라도 그 괴로움과 즐거움의 과실에 잡염되지 않는 것과 같으니라.

　선현이여. 이와 같이 보살마하살들은 반야바라밀다를 수행하는 때에 상응하여 신통바라밀다에서 유희(遊戱)해야 하나니, 만약 신통바라밀다에서 유희한다면 곧 능히 유정들을 성숙시키고 불국토를 청정하게 장엄하며 무상정등보리를 빠르게 증득하느니라. 선현이여. 만약 보살마하살이 유정들을 성숙시키지 못하고 불국토를 청정하게 장엄하지 못한다면 결국 구하였던 것인 무상정등보리를 증득할 수 없느니라. 왜 그러한가? 선현이여. 제보살마하살들이 보리(菩提)의 자량(資糧)을 만약 구족하지 못한 자는 반드시 구하였던 것인 무상정등보리를 능히 증득할 수 없느니라."

마하반야바라밀다경 제395권

73. 정토방편품(淨土方便品)(2)

그때 구수 선현이 세존께 아뢰어 말하였다.
"세존이시여. 무엇 등을 보살마하살의 보리(菩提)의 자량(資糧)이라고 이름하고, 제보살마하살들이 반드시 이와 같은 보리의 자량을 구족해야 비로소 구하였던 것인 무상정등보리를 능히 증득합니까?"
세존께서 선현에게 알리셨다.
"일체의 선법(善法)은 모두 이것이 보살마하살의 보리의 자량이고, 제보살마하살들은 반드시 이와 같은 무상정등보리를 능히 구족해야 비로소 구하였던 것인 무상정등보리를 능히 증득하느니라."
구수 선현이 다시 세존께 아뢰어 말하였다.
"세존이시여. 무엇 등을 보살마하살의 일체의 선법이라고 이름하고, 제보살마하살들이 이와 같은 여러 선법을 구족한 까닭으로 무상정등보리를 증득합니까?"
세존께서 선현에게 알리셨다.
"보살마하살들이 초발심부터 보시바라밀다를 수행하고 정계·안인·정진·정려·반야바라밀다를 수행하더라도, 이 가운데에서 모두 분별과 집착이 없는데 이를테면, '이것은 보시 등이고, 오히려 이것으로, 이것을 위하여 보시 등을 수행한다.'라고 이렇게 생각을 짓지 않느니라. 이러한 세 부분의 분별과 집착이 모두 없는데, 일체법의 자성이 공하다고 아는 까닭이니라. 오히려 이렇게 수행하였던 바라밀다라는 것이 능히 스스로를 요익하게 하고 역시 일체의 유정들을 능히 요익하게 하며, 생사를 벗어나서 열반을 증득하게 하는 까닭으로 선법이 된다고 설하고, 역시 보살의 보리의 자량이라고 이름하며, 역시 보살마하살의 법(道)이라고 이름하느니라. 과거·미래·현재의 보살마하살의 대중들이 이러한 도를 수행하는 까닭으로 무상정등보리를 이미 증득하였고, 마땅히 증득할 것이며, 지금 증득하고 있으며, 역시 유정들에게 마땅히 지금에 생사(生死)의 대해(大海)를 헤아(度)리게 하고, 열반의 즐거움을 증득하게 하느니라.

　선현이여. 보살마하살들이 초발심부터 4념주를 수행하고, 4정단·4신족·5근·5력·7등각지·8성도지를 수행하더라도, 이 가운데에서 모두 분별과 집착이 없는데 이를테면, '이것은 4념주 등이고, 오히려 이것으로, 이것을 위하여 4념주 등을 수행한다.'라고 이렇게 생각을 짓지 않느니라. 이러한 세 부분의 분별과 집착이 모두 없는데, 일체법의 자성이 공하다고 아는 까닭이니라. 오히려 이렇게 수행하였던 4념주라는 것이 능히 스스로를 요익하게 하고, 역시 일체의 유정들을 능히 요익하게 하며, 생사를 벗어나서 열반을 증득하게 하는 까닭으로 선법이 된다고 설하고, 역시 보살의 보리의 자량이라고 이름하며, 역시 보살마하살의 법이라고 이름하느니라. 과거·미래·현재의 보살마하살의 대중들이 이러한 법을 수행하는 까닭으로 무상정등보리를 이미 증득하였고, 마땅히 증득할 것이며, 지금 증득하고 있으며, 역시 유정들에게 마땅히 지금에 생사의 대해를 헤아리게 하고, 열반의 즐거움을 증득하게 하느니라.

　선현이여. 보살마하살들이 초발심부터 내공에 안주하고, 외공·내외공·공공·대공·승의공·유위공·무위공·필경공·무제공·산공·무변이공·본성공·자상공·공상공·일체법공·불가득공·무성공·자성공·무성자성공에 안주하더라도, 이 가운데에서 모두 분별과 집착이 없는데 이를테면, '이것은 내공 등이고, 오히려 이것으로, 이것을 위하여 내공 등에 안주한다.'라고 이렇게 생각을 짓지 않느니라. 이러한 세 부분의 분별과 집착이 모두 없는데, 일체법의 자성이 공하다고 아는 까닭이니라. 오히려 이렇게 안주하였던 내공이라는 것이 능히 스스로를 요익하게 하고 역시 일체의 유정들을 능히 요익하게 하며, 생사를 벗어나서 열반을 증득하게 하는 까닭으로 선법이 된다고 설하고, 역시 보살의 보리의 자량이라고 이름하며, 역시 보살마하살의 법이라고 이름하느니라. 과거·미래·현재의 보살마하살의 대중들이 이러한 법을 수행하는 까닭으로 무상정등보리를 이미 증득하였고, 마땅히 증득할 것이며, 지금 증득하고 있으며, 역시 유정들에게 마땅히 지금에 생사의 대해를 헤아리게 하고, 열반의 즐거움을 증득하게 하느니라.

선현이여. 보살마하살들이 초발심부터 고성제에 안주하고, 집·멸·도성제에 안주하더라도, 이 가운데에서 모두 분별과 집착이 없는데 이를테면, '이것은 고성제 등이고, 오히려 이것으로, 이것을 위하여 고성제 등에 안주한다.'라고 이렇게 생각을 짓지 않느니라. 이러한 세 부분의 분별과 집착이 모두 없는데, 일체법의 자성이 공하다고 아는 까닭이니라. 오히려 이렇게 안주하였던 고성제라는 것이 능히 스스로를 요익하게 하고 역시 일체의 유정들을 능히 요익하게 하며, 생사를 벗어나서 열반을 증득하게 하는 까닭으로 선법이 된다고 설하고, 역시 보살의 보리의 자량이라고 이름하며, 역시 보살마하살의 법이라고 이름하느니라. 과거·미래·현재의 보살마하살의 대중들이 이러한 법을 수행하는 까닭으로 무상정등보리를 이미 증득하였고, 마땅히 증득할 것이며, 지금 증득하고 있으며, 역시 유정들에게 마땅히 지금에 생사의 대해를 헤아리게 하고, 열반의 즐거움을 증득하게 하느니라.

선현이여. 보살마하살들이 초발심부터 4정려를 수행하고, 4무량·4무색정을 수행하더라도, 이 가운데에서 모두 분별과 집착이 없는데 이를테면, '이것은 4정려 등이고, 오히려 이것으로, 이것을 위하여 4정려 등을 수행한다.'라고 이렇게 생각을 짓지 않느니라. 이러한 세 부분의 분별과 집착이 모두 없는데, 일체법의 자성이 공하다고 아는 까닭이니라. 오히려 이렇게 수행하였던 4정려라는 것이 능히 스스로를 요익하게 하고 역시 일체의 유정들을 능히 요익하게 하며, 생사를 벗어나서 열반을 증득하게 하는 까닭으로 선법이 된다고 설하고, 역시 보살의 보리의 자량이라고 이름하며, 역시 보살마하살의 법이라고 이름하느니라. 과거·미래·현재의 보살마하살의 대중들이 이러한 법을 수행하는 까닭으로 무상정등보리를 이미 증득하였고, 마땅히 증득할 것이며, 지금 증득하고 있으며, 역시 유정들에게 마땅히 지금에 생사의 대해를 헤아리게 하고, 열반의 즐거움을 증득하게 하느니라.

선현이여. 보살마하살들이 초발심부터 8해탈을 수행하고, 8승처·9차제정·10변처를 수행하더라도, 이 가운데에서 모두 분별과 집착이 없는데 이를테면, '이것은 8해탈 등이고, 오히려 이것으로, 이것을 위하여 8해탈 등을 수행한다.'라고 이렇게 생각을 짓지 않느니라. 이러한 세 부분의 분별과 집착이 모두 없는데, 일체법의 자성이 공하다고 아는 까닭이니라. 오히려 이렇게 수행하였던 8해탈이라는 것이 능히 스스로를 요익하게 하고 역시 일체의 유정들을 능히 요익하게 하며, 생사를 벗어나서 열반을 증득하게 하는 까닭으로 선법이 된다고 설하고, 역시 보살의 보리의 자량이라고 이름하며, 역시 보살마하살의 법이라고 이름하느니라. 과거·미래·현재의 보살마하살의 대중들이 이러한 법을 수행하는 까닭으로 무상정등보리를 이미 증득하였고, 마땅히 증득할 것이며, 지금 증득하고 있으며, 역시 유정들에게 마땅히 지금에 생사의 대해를 헤아리게 하고, 열반의 즐거움을 증득하게 하느니라.

선현이여. 보살마하살들이 초발심부터 다라니문을 수행하고, 삼마지문을 수행하더라도, 이 가운데에서 모두 분별과 집착이 없는데 이를테면, '이것은 다라니문 등이고, 오히려 이것으로, 이것을 위하여 다라니문 등을 수행한다.'라고 이렇게 생각을 짓지 않느니라. 이러한 세 부분의 분별과 집착이 모두 없는데, 일체법의 자성이 공하다고 아는 까닭이니라. 오히려 이렇게 수행하였던 다라니문이라는 것이 능히 스스로를 요익하게 하고 역시 일체의 유정들을 능히 요익하게 하며, 생사를 벗어나서 열반을 증득하게 하는 까닭으로 선법이 된다고 설하고, 역시 보살의 보리의 자량이라고 이름하며, 역시 보살마하살의 법이라고 이름하느니라. 과거·미래·현재의 보살마하살의 대중들이 이러한 법을 수행하는 까닭으로 무상정등보리를 이미 증득하였고, 마땅히 증득할 것이며, 지금 증득하고 있으며, 역시 유정들에게 마땅히 지금에 생사의 대해를 헤아리게 하고, 열반의 즐거움을 증득하게 하느니라.

선현이여. 보살마하살들이 초발심부터 공해탈문을 수행하고, 무상·무원해탈문을 수행하더라도, 이 가운데에서 모두 분별과 집착이 없는데 이를테면, '이것은 공해탈문 등이고, 오히려 이것으로, 이것을 위하여 공해탈문 등을 수행한다.'라고 이렇게 생각을 짓지 않느니라. 이러한 세 부분의 분별과 집착이 모두 없는데, 일체법의 자성이 공하다고 아는 까닭이니라. 오히려 이렇게 수행하였던 공해탈문이라는 것이 능히 스스로를 요익하게 하고 역시 일체의 유정들을 능히 요익하게 하며, 생사를 벗어나서 열반을 증득하게 하는 까닭으로 선법이 된다고 설하고, 역시 보살의 보리의 자량이라고 이름하며, 역시 보살마하살의 법이라고 이름하느니라. 과거·미래·현재의 보살마하살의 대중들이 이러한 법을 수행하는 까닭으로 무상정등보리를 이미 증득하였고, 마땅히 증득할 것이며, 지금 증득하고 있으며, 역시 유정들에게 마땅히 지금에 생사의 대해를 헤아리게 하고, 열반의 즐거움을 증득하게 하느니라.

선현이여. 보살마하살들이 초발심부터 극희지를 수행하고, 이구지·발광지·염혜지·극난승지·현전지·원행지·부동지·선혜지·법운지를 수행하더라도, 이 가운데에서 모두 분별과 집착이 없는데 이를테면, '이것은 극희지 등이고, 오히려 이것으로, 이것을 위하여 극희지 등을 수행한다.'라고 이렇게 생각을 짓지 않느니라. 이러한 세 부분의 분별과 집착이 모두 없는데, 일체법의 자성이 공하다고 아는 까닭이니라. 오히려 이렇게 수행하였던 극희지라는 것이 능히 스스로를 요익하게 하고 역시 일체의 유정들을 능히 요익하게 하며, 생사를 벗어나서 열반을 증득하게 하는 까닭으로 선법이 된다고 설하고, 역시 보살의 보리의 자량이라고 이름하며, 역시 보살마하살의 법이라고 이름하느니라. 과거·미래·현재의 보살마하살의 대중들이 이러한 법을 수행하는 까닭으로 무상정등보리를 이미 증득하였고, 마땅히 증득할 것이며, 지금 증득하고 있으며, 역시 유정들에게 마땅히 지금에 생사의 대해를 헤아리게 하고, 열반의 즐거움을 증득하게 하느니라.

　선현이여. 보살마하살들이 초발심부터 5안을 수행하고, 6신통을 수행하더라도, 이 가운데에서 모두 분별과 집착이 없는데 이를테면, '이것은 5안 등이고, 오히려 이것으로, 이것을 위하여 5안 등을 수행한다.'라고 이렇게 생각을 짓지 않느니라. 이러한 세 부분의 분별과 집착이 모두 없는데, 일체법의 자성이 공하다고 아는 까닭이니라. 오히려 이렇게 수행하였던 5안이라는 것이 능히 스스로를 요익하게 하고 역시 일체의 유정들을 능히 요익하게 하며, 생사를 벗어나서 열반을 증득하게 하는 까닭으로 선법이 된다고 설하고, 역시 보살의 보리의 자량이라고 이름하며, 역시 보살마하살의 법이라고 이름하느니라. 과거·미래·현재의 보살마하살의 대중들이 이러한 법을 수행하는 까닭으로 무상정등보리를 이미 증득하였고, 마땅히 증득할 것이며, 지금 증득하고 있으며, 역시 유정들에게 마땅히 지금에 생사의 대해를 헤아리게 하고, 열반의 즐거움을 증득하게 하느니라.

　선현이여. 보살마하살들이 초발심부터 여래의 10력을 수행하고, 4무소외·4무애해·대자·대비·대희·대사·18불불공법을 수행하더라도, 이 가운데에서 모두 분별과 집착이 없는데 이를테면, '이것은 여래의 10력 등이고, 오히려 이것으로, 이것을 위하여 여래의 10력 등을 수행한다.'라고 이렇게 생각을 짓지 않느니라. 이러한 세 부분의 분별과 집착이 모두 없는데, 일체법의 자성이 공하다고 아는 까닭이니라. 오히려 이렇게 수행하였던 여래의 10력이라는 것이 능히 스스로를 요익하게 하고 역시 일체의 유정들을 능히 요익하게 하며, 생사를 벗어나서 열반을 증득하게 하는 까닭으로 선법이 된다고 설하고, 역시 보살의 보리의 자량이라고 이름하며, 역시 보살마하살의 법이라고 이름하느니라. 과거·미래·현재의 보살마하살의 대중들이 이러한 법을 수행하는 까닭으로 무상정등보리를 이미 증득하였고, 마땅히 증득할 것이며, 지금 증득하고 있으며, 역시 유정들에게 마땅히 지금에 생사의 대해를 헤아리게 하고, 열반의 즐거움을 증득하게 하느니라.

　선현이여. 보살마하살들이 초발심부터 무망실법을 수행하고, 항주사성을 수행하더라도, 이 가운데에서 모두 분별과 집착이 없는데 이를테면, '이것은 무망실법 등이고, 오히려 이것으로, 이것을 위하여 무망실법 등을 수행한다.'라고 이렇게 생각을 짓지 않느니라. 이러한 세 부분의 분별과 집착이 모두 없는데, 일체법의 자성이 공하다고 아는 까닭이니라. 오히려 이렇게 수행하였던 무망실법이라는 것이 능히 스스로를 요익하게 하고 역시 일체의 유정들을 능히 요익하게 하며, 생사를 벗어나서 열반을 증득하게 하는 까닭으로 선법이 된다고 설하고, 역시 보살의 보리의 자량이라고 이름하며, 역시 보살마하살의 법이라고 이름하느니라. 과거·미래·현재의 보살마하살의 대중들이 이러한 법을 수행하는 까닭으로 무상정등보리를 이미 증득하였고, 마땅히 증득할 것이며, 지금 증득하고 있으며, 역시 유정들에게 마땅히 지금에 생사의 대해를 헤아리게 하고, 열반의 즐거움을 증득하게 하느니라.

　선현이여. 보살마하살들이 초발심부터 일체지를 수행하고, 도상지·일체상지를 수행하더라도, 이 가운데에서 모두 분별과 집착이 없나니 이를테면, '이것은 일체지 등이고, 오히려 이것으로, 이것을 위하여 일체지 등을 수행한다.'라고 이렇게 생각을 짓지 않느니라. 이러한 세 부분의 분별과 집착이 모두 없는데, 일체법의 자성이 공하다고 아는 까닭이니라. 오히려 이렇게 수행하였던 일체지라는 것이 능히 스스로를 요익하게 하고 역시 일체의 유정들을 능히 요익하게 하며, 생사를 벗어나서 열반을 증득하게 하는 까닭으로 선법이 된다고 설하고, 역시 보살의 보리의 자량이라고 이름하며, 역시 보살마하살의 법이라고 이름하느니라. 과거·미래·현재의 보살마하살의 대중들이 이러한 법을 수행하는 까닭으로 무상정등보리를 이미 증득하였고, 마땅히 증득할 것이며, 지금 증득하고 있으며, 역시 유정들에게 마땅히 지금에 생사의 대해를 헤아리게 하고, 열반의 즐거움을 증득하게 하느니라.

　선현이여. 다시 무량한 제보살들이 수행하였던 것인 공덕들을 모두 선법이라고 이름하고, 역시 보살의 보리의 자량이라고 이름하며, 역시 보살마하살의 법이라고 이름하느니라. 제보살마하살이 반드시 이와 같은 수승한 선법을 수행하고서 지극하게 원만하였다면, 비로소 능히 일체지지(一切智智)를 증득하는 것이고, 반드시 일체지지를 증득하였다면, 비로소 전도가 없는 바른 법륜(法輪)을 굴리면서 제유정들에게 생사에서 해탈하게 하고 반드시 결국에는 항상하고 즐거운 열반을 증득하게 한다고 마땅히 알아야 하느니라."

74. 무성자성품(無性自性品)(1)

그때 구수 선현이 세존께 아뢰어 말하였다.
"세존이시여. 만약 이와 같은 법이 보살법(菩薩法)이라면, 다시 무엇 등의 법이 불법(佛法)입니까?"
세존께서 선현에게 알리셨다.
"그대가 물어서 말하였던 것인 '만약 이와 같은 법이 보살법이라면, 다시 무엇 등의 법이 불법입니까?'라는 것이라면, 선현이여. 곧 보살법이 역시 불법이니라. 이를테면, 보살마하살들은 일체법에서 일체의 상(相)을 깨달았고, 오히려 이것으로 마땅히 일체상지(一切相智)를 증득한다면, 일체의 습기(習氣)의 상속을 영원히 단절하지만, 여래·응공·등정각들께서는 일체법에서 한 찰나(刹那)에 상응하는 미묘한 지혜로써 등각(等覺)[1]을 나타내시고 무상정등보리(無上正等菩提)를 증득하시느니라.
선현이여. 이와 같이 보살과 여래(佛)는 차이가 있으나, 둘은 성자(聖者)

---

1) 산스크리트어 samyak-saṃbodhi의 음사이고, 53위 등의 보살승의 수행계위에서 최후의 단계인 여래의 구경각에서 앞 계위를 뜻한다. 금강심(金剛心)·유상사(有上士)·일생보처(一生補處)라고도 말한다.

이고 같으니라. 비록 함께 성자이더라도 향하여 행하는 것이 있고 과위(果位)의 안주에 차별이 있느니라. 이와 같이 선현이여. 만약 무간도(無間道)[2]의 가운데에서 일체법을 행하면서 어두운 장애를 벗어나지 못하고, 피안(彼岸)에 이르지 못하며, 자재(自在)함을 얻지 못하고, 과위를 얻지 못하였던 때라면, 보살마하살이라고 이름하고, 만약 해탈도(解脫道)[3]의 가운데에서 일체법을 행하면서 이미 어두운 장애를 벗어났고, 이미 피안에 이르렀으며, 자재함을 얻었고, 과위를 증득하였던 때라면 여래·응공·정등각이라고 이름하느니라. 선현이여. 이것이 보살과 여래가 차이가 있고, 비록 지위에 차이가 있을지라도 법에는 차별이 없느니라."

그때 구수 선현이 다시 세존께 아뢰어 말하였다.
"세존이시여. 만약 일체법의 자상(自相)이 모두 공(空)하다면, 자상이 공한 가운데에서 어찌하여 여러 종류의 차별인 이를테면, '이것은 지옥이고, 이것은 방생이며, 이것은 귀계이고, 이것은 천상이며, 이것은 인간이고, 이것은 종성지(種姓地)이며, 이것은 제8지(第八地)이고, 이것은 예류(預流)이며, 이것은 일래(一來)이고, 이것은 불환(不還)이며, 이것은 아라한(阿羅漢)이고, 이것은 독각(獨覺)이며, 이것은 보살마하살(菩薩摩訶薩)이고, 이것은 여래(如來)·응공(應供)·정등각(正等覺)이다.'라는 것이 있어서 얻겠습니까? 세존이시여. 이렇게 설하였던 보특가라(補特伽羅)가 이미 얻을 수 없는 것과 같다면, 그들이 지었던 업이라는 것도 역시 얻을 수 없고, 지었던 업도 이미 얻을 수 없는 것과 같다면, 그들의 이숙과(異熟果)도 역시 얻을 수 없습니다."

세존께서 선현에게 알리셨다.
"그와 같으니라. 그와 같으니라. 그대가 말한 것과 같으니라. 일체법은

---

2) 산스크리트어 ānantarya-mārga의 번역이고, 번뇌(煩惱)에서 벗어나 막힘이 없는 경지(境地)인 사도(四道)의 하나이다. 번뇌를 단절하는 두 번째의 과정을 말한다.
3) 산스크리트어 vimukti-mārga의 번역이고, 번뇌에서 벗어나 막힘이 없는 경지의 하나이다. 진리를 깨닫는 세 번째의 과정을 말한다.

자상이 공하고, 자상이 공한 가운데에서는 삭취취(數取趣)[4]도 없고, 지었던 업이라는 것도 없으며, 이숙과의 차별도 얻을 수 없느니라. 그렇지만 제유정들은 일체법에서 자상이 공한 이치를 능히 모두 알지 못하는데, 오히려 이러한 인연으로 여러 업을 조작(造作)하나니 이를테면, 죄업(罪業)을 조작하거나, 혹은 복업(福業)을 조작하거나, 혹은 부동업(不動業)을 조작하거나, 혹은 무루업(無漏業)을 조작하느니라. 죄업을 조작하였던 까닭으로 혹은 지옥에 떨어지거나, 혹은 방생에 떨어지거나, 혹은 귀계에 떨어지고, 복업을 조작하였던 까닭으로 인취(人趣)에 태어나거나, 혹은 욕계천(欲界天)에 태어나며, 부동업을 조작하였던 까닭으로 색계(色界)에 태어나거나, 혹은 무색계(無色界)에 태어나고, 무루업(無漏業)을 조작하였던 까닭으로 성문과(聲聞課)를 증득하거나, 독각과(獨覺果)를 증득하느니라. 만약 제법의 자상이 모두 공하다고 알았다면 보살마하살의 지위에 들어가거나, 혹은 무상정등보리를 증득하느니라.

　오히려 이러한 인연으로 제보살마하살들은 보시바라밀다(布施波羅蜜多)를 수행하고 정계(淨戒)·안인(安忍)·정진(精進)·정려(靜慮)·반야(般若)·방편선교(方便善巧)·묘원(妙願)·역(力)·지바라밀다(智波羅蜜多)를 수행하며, 내공(內空)에 안주하고 외공(外空)·내외공(內外空)·공공(空空)·대공(大空)·승의공(勝義空)·유위공(有爲空)·무위공(無爲空)·필경공(畢竟空)·무제공(無際空)·산공(散空)·무변이공(無變異空)·본성공(本性空)·자상공(自相空)·공상공(共相空)·일체법공(一切法空)·불가득공(不可得空)·무성공(無性空)·자성공(自性空)·무성자성공(無性自性空)에 안주하며, 4념주(四念住)를 수행하고 4정단(四正斷)·4신족(四神足)·5근(五根)·5력(五力)·7등각지(七等覺支)·8성도지(八聖道支)를 수행하며, 고성제(苦聖諦)에 안주하고 집(集)·멸(滅)·도성제(道聖諦)에 안주하며,

　4정려(四靜慮)를 수행하고, 4무량(四無量)·4무색정(四無色定)을 수행하며, 8해탈(八解脫)을 수행하고, 8승처(八勝處)·9차제정(九次第定)·10변처

---

4) 산스크리트어 pudgala의 번역이고, 보특가라(補特伽羅)로 음사한다. '지각 있는 존재', 또는 '나'라는 것을 가리킨다.

(十遍處)를 수행하며, 다라니문(陀羅尼門)을 수행하고, 삼마지문(三摩地門)을 수행하며, 공해탈문(空解脫門)을 수행하고, 무상(無相)·무원해탈문(無願解脫門)을 수행하며, 극희지(極喜地)를 수행하고, 이구지(離垢地)·발광지(發光地)·염혜지(焰慧地)·극난승지(極難勝地)·현전지(現前地)·원행지(遠行地)·부동지(不動地)·선혜지(善慧地)·법운지(法雲地)를 수행하며, 5안(五眼)을 수행하고, 6신통(六神通)을 수행하며, 여래(佛)의 10력(十力)을 수행하고, 4무소외(四無所畏)·4무애해(四無礙解)·대자(大慈)·대비(大悲)·대희(大喜)·대사(大捨)·18불불공법(十八佛不共法)을 수행하며, 무망실법(無忘失法)을 수행하고, 항주사성(恒住捨性)을 수행하며, 일체지(一切智)를 수행하고, 도상지(道相智)·일체상지(一切相智)를 수행하느니라.

선현이여. 이 보살마하살은 이와 같은 보리분법(菩提分法)을 틈새가 없고 결함이 없게 수행하여 원만하게 하는데, 이미 원만해졌다면 곧 능히 보리를 친근하게 돕는 금강유정(金剛喩定)을 이끌어서 일으키고서 무상정등보리를 증득한다면 여래·응공·정등각이라 이름하고, 무량한 유정들을 이익되고 안락하게 하였으며, 많이 하였던 것이 있었더라도 항상 잃어버리고 파괴되는 것이 없고, 잃어버리고 파괴되는 것이 없는 까닭으로 여러 세계의 생사에 떨어져서 윤회하지 않느니라."

구수 선현이 세존께 아뢰어 말하였다.
"세존이시여. 여래(佛)께서는 이미 무상정등보리를 증득하셨는데, 여러 세계의 생사법(生死法)을 얻게 되십니까?"
"선현이여. 아니니라."
"세존이시여. 여래(佛)께서는 이미 무상정등보리를 증득하셨는데, 흑업(黑業)·백업(白業)·흑백업(黑白業)·비흑백업(非黑白業)을 얻게 되십니까?"
"선현이여. 아니니라."
그때 구수 선현이 다시 세존께 아뢰어 말하였다.
"세존이시여. 만약 여래께서 여러 세계에 생사와 업의 차별을 얻지 않는다면, 어찌하여 '이것은 지옥이고, 이것은 방생이며, 이것은 귀계이고, 이것은 천상이며, 이것은 인간이고, 이것은 종성지이며, 이것은 제8지이고, 이것은 예류이며, 이것은 일래이고, 이것은 불환이며, 이것은 아라한이고, 이것은 독각이며, 이것은 보살마하살이고, 이것은 여래·응공·정등각이다.'라고 시설(施設)하십니까?"

세존께서 선현에게 알리셨다.

"제유정의 부류들이 스스로가 제법의 자상(自相)이 공하다고 알겠는가?"

선현이 대답하여 말하였다.

"아닙니다. 세존이시여. 아닙니다. 선서시여."

세존께서 말씀하셨다.

"선현이여. 만약 제유정의 부류들이 스스로가 제법의 자상이 공하다고 알았다면, 곧 보살마하살이 무상정등보리를 증득하고자 구하였거나, 방편선교로써 지극한 교계를 시설하여 제유정들을 악취의 생사에서 발제(拔濟)한다고 상응하여 설하지 않느니라. 선현이여. 제유정들이 제법의 자상이 공하다고 알지 못하였던 까닭으로 여러 세계를 유전(流轉)하면서 무량한 고통을 받느니라. 이러한 까닭으로 보살마하살들은 제불로부터 일체법의 자상이 공하다고 듣고서 무상정등보리를 증득하고자 구하면서 방편선교로 교계를 시설하여 제유정들을 악취의 생사에서 발제하느니라.

선현이여. 제보살마하살들은 '일체법은 진실로 자상이 있지 않으나, 여러 어리석은 범부인 이생(異生)들이 집착이 생겨나지 않는 것과 같으니라. 그렇지만 그 분별(分別)하고 전도(顚倒)된 힘을 까닭으로 진실로 있지 않은 가운데에서 진실로 있다는 생각을 일으키나니 이를테면, 무아(無我)의 가운데에서 나라는 생각을 일으키고, 유정(有情)·명자(命者)·생자(生者)·양자(養者)·사부(士夫)·보특가라(補特伽羅)·의생(意生)·유동(孺童)·작자(作者)·수자(受者)·지자(知者)·견자(見者)의 가운데에서 유정, 나아가 견자라는 생각을 일으키며,

색(色)이 없는 가운데에서 색이라는 생각을 일으키고, 수(受)·상(想)·행

(行)·식(識)이 없는 가운데에서 수·상·행·식이라는 생각을 일으키며, 안처(眼處)가 없는 가운데에서 안처라는 생각을 일으키고, 이(耳)·비(鼻)·설(舌)·신(身)·의처(意處)가 없는 가운데에서 이·비·설·신·의처라는 생각을 일으키며, 색처(色處)가 없는 가운데에서 색처라는 생각을 일으키고, 성(聲)·향(香)·미(味)·촉(觸)·법처(法處)가 없는 가운데에서 성·향·미·촉·법처라는 생각을 일으키며, 안계(眼界)가 없는 가운데에서 안계라는 생각을 일으키고, 이(耳)·비(鼻)·설(舌)·신(身)·의계(意界)가 없는 가운데에서 이·비·설·신·의계라는 생각을 일으키며,

색계(色界)가 없는 가운데에서 색계라는 생각을 일으키고, 성(聲)·향(香)·미(味)·촉(觸)·법계(法界)가 없는 가운데에서 성·향·미·촉·법계라는 생각을 일으키며, 안식계(眼識界)가 없는 가운데에서 안식계라는 생각을 일으키고, 이(耳)·비(鼻)·설(舌)·신(身)·의식계(意識界)가 없는 가운데에서 이·비·설·신·의식계라는 생각을 일으키며, 안촉(眼觸)이 없는 가운데에서 안촉이라는 생각을 일으키고, 이(耳)·비(鼻)·설(舌)·신(身)·의촉(意觸)이 없는 가운데에서 이·비·설·신·의촉이라는 생각을 일으키며, 안촉(眼觸)을 인연으로 생겨난 여러 수가 없는 가운데에서 안촉을 인연으로 생겨난 여러 수라는 생각을 일으키고, 이(耳)·비(鼻)·설(舌)·신(身)·의촉(意觸)을 인연으로 생겨난 여러 수가 없는 가운데에서 이·비·설·신·의촉을 인연으로 생겨난 여러 수라는 생각을 일으키며,

지계(地界)가 없는 가운데에서 지계라는 생각을 일으키고, 수(水)·화(火)·풍(風)·공(空)·식계(識界)가 없는 가운데에서 수·화·풍·공·식계라는 생각을 일으키며, 인연(因緣)이 없는 가운데에서 인연이라는 생각을 일으키고, 등무간연(等無間緣)·소연연(所緣緣)·증상연(增上緣)이 없는 가운데에서 등무간연·소연연·증상연이라는 생각을 일으키며, 인연(因緣)을 따라서 생겨난 제법(諸法)이 없는 가운데에서 인연을 따라서 생겨난 제법이라는 생각을 일으키며, 무명(無明)이 없는 가운데에서 무명이라는 생각을 일으키고, 행(行)·식(識)·명색(名色)·육처(六處)·촉(觸)·수(受)·애(愛)·취(取)·유(有)·생(生)·노사(老死)의 수탄고우뇌(愁歎苦憂惱)가 없는 가운데

에서 행, 나아가 노사의 수탄고우뇌라는 생각을 일으키며,

세간법(世間法)이 없는 가운데에서 세간법이라는 생각을 일으키고, 출세간법(出世間法)이 없는 가운데에서 출세간법이라는 생각을 일으키며, 유루법(有漏法)이 없는 가운데에서 유루법이라는 생각을 일으키고, 무루법(無漏法)이 없는 가운데에서 무루법이라는 생각을 일으키느니라. 이와 같이 분별하고 전도된 힘을 까닭으로 진실로 있지 않은 가운데에서 진실로 있다는 생각을 일으키고, 허망하게 집착하므로 그 마음이 전도되고 산란하여 신(身)·구(口)·의(意)의 여러 선업·악업을 조작하므로 능히 악취의 생사를 해탈하지 못하나니, 내가 마땅히 발제하여 해탈시키겠다.'라고 항상 이렇게 생각을 짓느니라.

선현이여. 제보살마하살들은 이렇게 생각을 짓고서 반야바라밀다를 수행하면서 여러 선법으로써 반야바라밀다를 섭수하고 있으면서, 전도가 없는 여러 보살행(菩薩行)을 수행하여 점차로 보리의 자량을 원만하게 하고, 보리의 자량이 원만해졌다면 무상정등보리를 증득하며, 무상정등보리를 증득하였다면 제유정들을 위하여 사성제(四聖諦)의 이치를 열어서 보여주고, 분별하며, 건립하나니 이를테면, '이것은 고성제이고, 이것은 집성제이며, 이것은 멸성제이고, 이것은 도성제이다.'라고 널리 설하느니라.

다시 일체의 보리분법으로써 이와 같은 사성제의 가운데에 섭수시키고 있으면서, 다시 일체의 보리분법에 의지하여 불(佛)·법(法)·승보(僧寶)를 시설(施設)하고 안립(安立)시키는데, 오히려 이러한 삼보(三寶)가 세간에 출현(出現)한다면 제유정의 부류들은 생사를 해탈할 수 있으나, 만약 유정들이 불·법·승보에 능히 귀의하여 믿지 않고서 여러 업을 조작한다면 여러 세계를 윤회하면서 끝이 없는 고통을 받느니라."

그때 구수 선현이 세존께 아뢰어 말하였다.

"세존이시여. 고제(苦諦)를 이유로 삼아서(爲由) 반열반(般涅槃)을 증득합니까? 고지(苦智)를 이유로 삼아서 반열반을 증득합니까? 집제(集諦)를

이유로 삼아서 반열반을 증득합니까? 집지(集智)를 이유로 삼아서 반열반을 증득합니까? 멸제(滅諦)를 이유로 삼아서 반열반을 증득합니까? 멸지(滅智)를 이유로 삼아서 반열반을 증득합니까? 도제(道諦)를 이유로 삼아서 반열반을 증득합니까? 도지(道智)를 이유로 삼아서 반열반을 증득합니까?"

세존께서 선현에게 알리셨다.

"고제를 이유로 반열반을 증득하지 않고, 고지를 이유로 증득하지 않으며, 집제를 이유로 증득하지 않고, 집지를 이유로 증득하지 않으며, 멸제를 이유로 증득하지 않고, 멸지를 이유로 증득하지 않으며, 도제를 이유로 증득하지 않고, 도지를 이유로 증득하지 않느니라. 선현이여. 나는 사성제의 평등성(平等性)이 곧 이것은 열반이라고 설하나니, 이와 같은 열반은 고·집·멸·도제를 이유로 증득하는 것이 아니고, 역시 고·집·멸·도지를 이유로 증득하는 것이 아니며, 다만 반야바라밀다의 평등성을 이유로 열반을 증득하였다고 이름하느니라."

구수 선현이 세존께 아뢰어 말하였다.

"세존이시여. 무엇 등을 사성제의 평등성이라고 이름합니까?"

세존께서 선현에게 알리셨다.

"만약 이 처소에서 고(苦)가 없고 고지(苦智)도 없으며, 집(集)이 없고 집지(集智)도 없으며, 멸(滅)이 없고 멸지(滅智)도 없으며, 도(道)가 없고 도지(道智)도 없다면, 이것을 곧 사성제의 평등성으로 삼는다고 이름하느니라. 이러한 평등성은 곧 사성제가 소유한 진여(眞如)·법계(法界)·법성(法性)·불허망성(不虛妄性)·불변이성(不變異性)·법정(法定)·법주(法住)·평등성(平等性)·이생성(離生性)·실제(實際)·허공계(虛空界)·부사의계(不思議界) 등은 여래께서 세상에 출현하시거나, 만약 세상에 출현하시지 않으시더라도, 성상(性相)이 상주(常住)하고, 잃어버림과 무너짐이 없으며, 변하여 바뀌지도 않나니, 이와 같다면 사성제의 평등성이라고 이름하느니라.

제보살마하살들은 반야바라밀다를 수행하는 때에 이러한 사성제의 평등성을 따라서 깨닫기 위한 까닭으로 반야바라밀다를 수행하나니, 만약 이러한 사성제의 평등성을 깨달을 때라면, 진실로 일체의 성제(聖諦)를 따라서 깨달았다고 이름하느니라."

이때 구수 선현이 세존께 아뢰어 말하였다.

"세존이시여. 어찌하여 보살마하살은 이러한 사성제의 평등성을 따라서 깨닫기 위한 까닭으로 반야바라밀다를 수행합니까? 만약 능히 사성제의 평등성을 따라서 깨닫는 때라면, 곧 능히 일체의 성제를 따라서 깨닫는 것이고, 이미 능히 일체의 성제를 따라서 깨달았다면, 곧 능히 보살행(菩薩行)을 여실하게 수행하며, 이미 능히 보살행을 여실하게 수행하였다면, 성문지와 독각지에 떨어지지 않고 보살의 정성이생에 나아가서 들어갑니까?"

세존께서 선현에게 알리셨다.

"제보살마하살들이 반야바라밀다를 수행하는 때에는 적은 법이 있더라도 여실하게 보지 않는 것이 없나니, 일체법에서 여실하게 보는 때에 일체법에서 모두 얻을 것이 없고, 일체법에서 모두 얻을 것이 없는 때에 곧 일체법이 공하다고 여실하게 보느니라. 이를테면, 사성제에 섭수되는 것과 섭수되지 않는 제법이 모두 공하다고 여실하게 보는 것이니, 이와 같이 보는 때에 능히 보살의 정성이생에 들어가는 것이고, 오히려 능히 보살의 정성이생에 들어가는 까닭으로 보살인 종성지(種姓地)의 가운데에서 안주하며, 이미 보살인 종성지의 가운데에서 안주한다면 곧 능히 결정적으로 보살정(菩薩頂)에서 떨어지지 않을 것인데, 만약 보살정에서 떨어진다면 성문지(聲聞地)와 독각지(獨覺地)에 퇴전하여 떨어(退墮)지느니라.

선현이여. 이 보살마하살이 보살인 종성지의 가운데에서 안주한다면, 능히 4정려를 일으킬 것이고 4무량·4무색정을 일으킬 것이며, 이 보살마하살이 이와 같이 사마타(奢摩他)[5]의 지위에 안주한다면 능히 일체법을 결택(決擇)하고 더불어 사성제를 따라서 깨닫느니라. 이 보살마하살은 비록 고성제를 널리 알았더라도 능히 고성제의 마음에 집착을 일으키지

---

5) 산스크리트어 śamatha의 음사이고, '지적(止寂)', '등관(等觀)', '적정(寂靜)' 등으로 번역한다. 마음의 작용을 멈추게 하고 적정한 상태를 유지하는 것이다.

않고, 비록 집성제를 영원히 단절하였더라도 집성제의 마음에 집착을 일으키지 않으며, 비록 멸성제를 증득하였더라도 능히 멸성제의 마음에 집착을 일으키지 않고, 비록 도성제를 수행하였더라도 도성제의 마음에 집착을 일으키지 않으며, 다만 수순하고 향하여 나아가면서 이르렀다면 들어가려는 무상정등보리의 마음을 일으키면서, 일체법에서 진실한 상(相)을 관찰하느니라."

구수 선현이 세존께 아뢰어 말하였다.

"세존이시여. 무엇으로 이 보살마하살은 일체법에서 진실한 상을 관찰합니까?"

세존께서 말씀하셨다.

"선현이여. 이 보살마하살은 일체법에서 모두 공으로 삼아서 관찰하느니라."

"세존이시여. 이 보살마하살은 일체법에서 무엇 등을 공하다고 관찰합니까?"

"선현이여. 이 보살마하살은 일체법에서 자상(自相)이 공하다고 관찰하느니라. 선현이여. 이 보살마하살은 이와 같은 비발사나(毗鉢舍那)[6]를 수용하여 제법이 모두 공하다고 여실하게 관찰하여 보고, 제법의 자성은 그 자성이 모두 머무를 수 있다고 보지 않으므로 무상정등보리를 증득하느니라. 왜 그러한가? 선현이여. 제불의 무상정등보리와 일체법들은 모두 무성(無性)으로써 자성을 삼느니라. 이와 같은 무성은 제불께서 지으셨던 것이 아니고, 독각이 지었던 것도 아니며, 보살이 지었던 것도 아니고, 여러 성문향(聲聞向)과 성문과(聲聞果)가 지었던 것도 아닌데, 다만 유정들이 일체법에서 여실하게 모두가 공하다고 알지 못하고 보지 못하느니라. 오히려 이러한 인연으로 제보살마하살들은 반야바라밀다를 수행하면서 방편선교로 제유정들을 위하여 여실하게 널리 설하여 집착을 벗어나게

---

6) 산스크리트어 vipaśyanā의 음사이고, '관찰(觀察)', '관견(觀見)', '관조(觀照)', '각조(覺照)' 등으로 번역한다. 외경(外境)을 있는 그대로 관찰하고, 법의 실체를 있는 그대로 관찰하는 것이다.

하고 생사의 고통에서 벗어나게 해야 하느니라."

그때 구수 선현이 세존께 아뢰어 말하였다.
"세존이시여. 만약 일체법이 모두 무성으로써 자성을 삼고, 이와 같은 무성은 제불께서 지으셨던 것이 아니고, 독각이 지었던 것도 아니며, 보살이 지었던 것도 아니고, 아라한이 지었던 것도 아니며, 불환(不還)이 지었던 것도 아니고, 일래(一來)가 지었던 것도 아니며, 예류(預流)가 지었던 것도 아니며, 역시 이와 같은 제향(諸向)7)들이 지었던 것도 아니라면, 어찌하여 '이것은 지옥이고, 이것은 방생이며, 이것은 귀계이고, 이것은 하늘이며, 이것은 인간이고, 이것은 사대왕중천(四大王衆天)이며, 이것은 삼십삼천(三十三天)이고, 이것은 야마천(夜摩天)이며, 이것은 도사다천(覩史多天)이고, 이것은 낙변화천(樂變化天)이며,
이것은 타화자재천(他化自在天)이고, 이것은 범중천(梵衆天)이며, 이것은 범보천(梵輔天)이고, 이것은 범회천(梵會天)이며, 이것은 대범천(大梵天)이고, 이것은 광천(光天)이며, 이것은 소광천(少光天)이고, 이것은 무량광천(無量光天)이며, 이것은 극광정천(極光淨天)이고, 이것은 정천(淨天)이며, 이것은 소정천(少淨天)이고, 이것은 무량정천(無量淨天)이며, 이것은 변정천(遍淨天)이고, 이것은 광천(廣天)이며, 이것은 소광천(少廣天)이고, 이것은 무량광천(無量廣天)이며, 이것은 광과천(廣果天)이고, 이것은 무상천(無想天)이며, 이것은 무번천(無繁天)이고, 이것은 무열천(無熱天)이며,
이것은 선현천(善現天)이고, 이것은 선견천(善見天)이며, 이것은 색구경천(色究竟天)이고, 이것은 공무변처천(空無邊處天)이며, 이것은 식무변처천(識無邊處天)이고, 이것은 무소유처천(無所有處天)이며, 이것은 비상비비상처천(非想非非想處天)이고, 이것은 예류이며, 이것은 일래이고, 이것은 불환이며, 이것은 아라한이고, 이것은 독각이며, 이것은 보살마하살이고, 이것은 여래·응공·정등각이다.'라고 제법들의 차이를 시설(施設)할

---

7) 근본불교와 부파불교에서 수행의 계위인 4향4과를 가리킨다.

수 있으며,
　오히려 이러한 업을 까닭으로 지옥을 시설하고, 오히려 이러한 업을 까닭으로 방생을 시설하며, 오히려 이러한 업을 까닭으로 귀계를 시설하고, 오히려 이러한 업을 까닭으로 인간을 시설하며, 오히려 이러한 업을 까닭으로 사대왕중천을 시설하고, 오히려 이러한 업을 까닭으로 삼십삼천을 시설하며, 오히려 이러한 업을 까닭으로 야마천을 시설하고, 오히려 이러한 업을 까닭으로 도사다천을 시설하며, 오히려 이러한 업을 까닭으로 낙변화천을 시설하고, 오히려 이러한 업을 까닭으로 타화자재천을 시설하며,
　오히려 이러한 업을 까닭으로 범중천을 시설하고, 오히려 이러한 업을 까닭으로 범보천을 시설하며, 오히려 이러한 업을 까닭으로 범회천을 시설하고, 오히려 이러한 업을 까닭으로 대범천을 시설하며, 오히려 이러한 업을 까닭으로 광천을 시설하고, 오히려 이러한 업을 까닭으로 소광천을 시설하며, 오히려 이러한 업을 까닭으로 무량광천을 시설하고, 오히려 이러한 업을 까닭으로 극광정천을 시설하며, 오히려 이러한 업을 까닭으로 정천을 시설하고, 오히려 이러한 업을 까닭으로 소정천을 시설하며,
　오히려 이러한 업을 까닭으로 무량정천을 시설하고, 오히려 이러한 업을 까닭으로 변정천을 시설하며, 오히려 이러한 업을 까닭으로 광천을 시설하고, 오히려 이러한 업을 까닭으로 소광천을 시설하며, 오히려 이러한 업을 까닭으로 무량광천을 시설하고, 오히려 이러한 업을 까닭으로 광과천을 시설하며, 오히려 이러한 업을 까닭으로 무상천을 시설하고, 오히려 이러한 업을 까닭으로 무번천을 시설하며, 오히려 이러한 업을 까닭으로 무열천을 시설하고, 오히려 이러한 업을 까닭으로 선현천을 시설하며, 오히려 이러한 업을 까닭으로 선견천을 시설하고, 오히려 이러한 업을 까닭으로 색구경천을 시설하며,
　오히려 이러한 업을 까닭으로 공무변처천을 시설하고, 오히려 이러한 업을 까닭으로 식무변처천을 시설하며, 오히려 이러한 업을 까닭으로 무소유처천을 시설하고, 오히려 이러한 업을 까닭으로 비상비비상처천을

시설하며, 오히려 이러한 업을 까닭으로 예류를 시설하고, 오히려 이러한 업을 까닭으로 일래를 시설하며, 오히려 이러한 업을 까닭으로 불환을 시설하고, 오히려 이러한 업을 까닭으로 아라한을 시설하며, 오히려 이러한 업을 까닭으로 독각을 시설하고, 오히려 이러한 업을 까닭으로 보살마하살을 시설하며, 오히려 이러한 업을 까닭으로 여래·응공·정등각을 시설합니까?

세존이시여, 무성(無性)의 법은 반드시 작용(作用)이 없다면, 어찌하여 오히려 이와 같은 법으로 지옥에서 태어나고, 오히려 이와 같은 법으로 방생에서 태어나며, 오히려 이와 같은 법으로 귀계에서 태어나고, 오히려 이와 같은 법으로 인간의 가운데에서 태어나며, 오히려 이와 같은 법으로 사대왕중천에 태어나고, 오히려 이와 같은 법으로 삼십삼천에 태어나고, 오히려 이와 같은 법으로 야마천에 태어나며, 오히려 이와 같은 법으로 도사다천에 태어나고, 오히려 이와 같은 법으로 낙변화천에 태어나며, 오히려 이와 같은 법으로 타화자재천에 태어나고, 오히려 이와 같은 법으로 범중천에 태어나며, 오히려 이와 같은 법으로 범보천에 태어나고, 오히려 이와 같은 법으로 범회천에 태어나며, 오히려 이와 같은 법으로 대범천에 태어나고, 오히려 이와 같은 법으로 광천에 태어나며, 오히려 이와 같은 법으로 소광천에 태어나고, 오히려 이와 같은 법으로 무량광천에 태어나며, 오히려 이와 같은 법으로 극광정천에 태어나고, 오히려 이와 같은 법으로 정천에 태어나며, 오히려 이와 같은 법으로 소정천에 태어나고, 오히려 이와 같은 법으로 무량정천에 태어나며,

오히려 이와 같은 법으로 변정천에 태어나고, 오히려 이와 같은 법으로 광천에 태어나며, 오히려 이와 같은 법으로 소광천에 태어나고, 오히려 이와 같은 법으로 무량광천에 태어나며, 오히려 이와 같은 법으로 광과천에 태어나고, 오히려 이와 같은 법으로 무상천에 태어나며, 오히려 이와 같은 법으로 무번천에 태어나고, 오히려 이와 같은 법으로 무열천에 태어나며, 오히려 이와 같은 법으로 선현천에 태어나고, 오히려 이와 같은 법으로 같은 법으로 선견천에 태어나며, 오히려 이와 같은 법으로 색구경천에

태어나고, 오히려 이와 같은 법으로 공무변처천에 태어나며,

오히려 이와 같은 법으로 식무변처천에 태어나고, 오히려 이와 같은 법으로 무소유처천에 태어나며, 오히려 이와 같은 법으로 비상비비상처천에 태어나고, 오히려 이와 같은 법으로 예류과를 증득하고, 오히려 이와 같은 법으로 일래과를 증득하며, 오히려 이와 같은 법으로 불환과를 증득하고, 오히려 이와 같은 법으로 아라한과를 증득하며, 오히려 이와 같은 법으로 독각의 보리를 증득하고, 오히려 이와 같은 법으로 보살마하살의 지위를 증득하며 들어가서 보살도를 행하고, 오히려 이와 같은 법으로 여래·응공·정등각을 증득하고서 제유정들을 생사에서 해탈시킨다고 설할 수 있겠습니까?"

세존께서 선현에게 알리셨다.

"그와 같으니라. 그와 같으니라. 그대가 말한 것과 같으니라. 무성의 법의 가운데서는 제법에 차이가 있다고 시설할 수 없나니, 업도 없고 과보도 없으며, 역시 작용도 없느니라. 선현이여. 어리석은 범부인 이생들은 성스러운 법과 비나야(毘奈耶)를 알지 못하는 까닭으로 제법들은 모두 무성으로써 자성을 삼는다고 명료하게 알지 못하고, 우치하고 전도된 여러 종류의 신·구·의업을 일으키므로 업의 차별(差別)을 따라서 여러 종류의 몸을 받느니라.

이와 같은 몸과 품류(品類)8)의 차별에 의지하여 가립(假立)으로 지옥·방생·귀계와 인간이 있다고 시설하고, 가립으로 사대왕중천·삼십삼천·야마천·도사다천·낙변화천·타화자재천이 있다고 시설하며, 가립으로 범중천·범보천·대회천·대범천이 있다고 시설하고, 가립으로 광천·소광천·무량광천·극광정천이 있다고 시설하며, 가립으로 정천·소정천·무량정천·변정천이 있다고 시설하고, 가립으로 광천·소광천·무량광천·광과천 및 무상천이 있다고 시설하며, 가립으로 무번천·무열천·선현천·선견천·색구경천이 있다고 시설하고, 가립으로 공무변처천·식무변처천·무소유

---

8) 중생의 여러 종류라는 뜻이다.

처천·비상비비상처천이 있다고 시설하느니라.
　선현이여. 어리석은 범부인 이생들이 어리석고 전도되어서 생사의 고통을 받는 것에서 발제(拔濟)시키기 위하여 성스러운 법과 비나야에서 부분의 지위를 차별하여 시설하나니, 이러한 부분의 지위에 의지하여 예류·일래·불환·아라한·독각·보살마하살과 제여래·응공·정등각을 시설하느니라. 그렇지만 일체법은 모두 무성으로써 자성을 삼으므로, 무성의 법의 가운데서는 진실로 법에 차이가 없고 업도 없으며 과보도 없고 작용도 없는데, 무성의 법은 항상 무성인 까닭이니라.
　다시 다음으로 선현이여. 그대가 '무성의 법이 반드시 작용이 없다면, 어찌하여 오히려 이와 같은 법으로 예류과·일래과·불환과·아라한과·독각이 보리를 증득하고, 보살마하살의 지위를 증득하고 들어가서 보살도를 수행하며, 여래·응공·정등각을 성취하고 제유정들을 생사에서 해탈하게 한다고 설하겠습니까?'라고 말한 것과 같다면, 선현이여. 그대의 뜻은 어떠한가? 여러 수행하였던 것인 법(道)인 이것이 무성인가? 예류과·일래과·불환과·아라한과는 무성인가? 독각의 보리는 무성인가? 제보살마하살의 도인 이것이 무성인가? 제불의 무상정등보리는 이것이 무성인가?"
　선현이 대답하여 말하였다.
　"세존이시여. 여러 수행하였던 것인 도는 모두가 이것이 무성이고, 예류과·일래과·불환과·아라한과도 역시 이것도 무성이며, 독각의 보리도 역시 이것도 무성이고, 제보살마하살들의 법은 역시 이것도 무성이며, 제보살마하살의 법인 이것도 무성입니다."
　세존께서 말씀하셨다.
　"선현이여. 그대의 뜻은 어떠한가? 무성의 법은 능히 무성법(無性法)을 얻을 수 있는가?"
　선현이 대답하여 말하였다.
　"아닙니다. 세존이시여. 아닙니다. 선서시여."
　세존께서 말씀하셨다.

"선현이여. 무성과 도의 이러한 일체법은 모두가 상응(相應)하는 것도 아니고, 상응하지 않는 것도 아니며, 색(色)이 없고 볼 수 없으며, 상대(對)할 수 없는 하나의 상(一相)인데 이를테면, 무상(無相)이니라. 어리석은 범부인 이생들은 우치하고 전도되어 무상법(無相法)에서 허망하게 분별하고 유법(有法)이라는 생각을 일으켜서 5온(五蘊)에 집착하고, 무상(無常)한 가운데에서 항상(常)하다는 생각을 일으키며, 괴로움의 가운데에서 즐겁다는 생각을 일으키고, 내(我)가 없는 가운데에서 나라는 생각을 일으키며, 부정(不淨)한 가운데에서 청정(淸淨)하다는 생각을 일으키고, 무성(無性)의 가운데서 유성(有性)이라고 집착하느니라. 오히려 이러한 인연으로 보살마하살들은 반야바라밀다를 수행하면서 수승한 방편선교를 성취하였다면, 이와 같은 제유정의 부류들을 발제하여 전도되고 허망한 집착을 벗어나게 하고, 방편으로 무상법(無相法) 가운데에 안치(安置)시켜서, 정근하면서 수행하여 생사를 해탈하게 하고, 반드시 결국에는 항상하고 즐거운 열반을 증득하게 하느니라."

구수 선현이 세존께 아뢰어 말하였다.

"세존이시여. 많은 이러한 진실하고 허망하지 않은 일이 있는데, 어리석은 범부인 이생들이 그 가운데에서 집착하고 여러 업을 조작하고, 오히려 이러한 인연으로 여러 세계를 윤회하면서 능히 생사의 고통을 해탈하지 못하는 것입니까?"

세존께서 선현에게 알리셨다.

"아래에 이르기까지 터럭과 같은 분량의 진실하고 허망하지 않은 일이 없는데, 어리석은 범부인 이생들이 그 가운데에서 집착하고 여러 업을 조작하고, 오히려 이러한 인연으로 여러 세계를 윤회하면서 능히 생사의 여러 고통을 해탈하지 못하므로, 오직 전도되고 허망한 집착이 있느니라. 선현이여. 내가 지금 그대를 위해 비유하여 널리 설하면서 그 의취(義趣)를 거듭하여 나타내면서 그대가 쉽게 이해하게 하겠노라. 여러 지혜있는 자들은 오히려 비유를 까닭으로 의취를 설하였던 것에서 바른 이해가 생겨나느니라. 선현이여. 그대의 뜻은 어떠한가? 꿈속에서 5욕락(五欲樂)

을 받았던 사람을 보았는데, 꿈속이 매우 적은 부분이라도 진실로 있어서 그 사람에게 5욕락을 받게 하겠는가?"

선현이 대답하여 말하였다.

"아닙니다. 세존이시여. 아닙니다. 선서시여. 꿈에 보았던 사람이 진실로 있지 않는데, 하물며 진실한 일이 있어 그 사람에게 5욕락을 받게 하겠습니까?"

세존께서 말씀하셨다.

"선현이여. 그대의 뜻은 어떠한가? 대체로 제법에 있어서 만약 세간(世間)이거나, 만약 출세간(出世間)이거나, 만약 유루(有漏)이거나, 만약 무루(無漏)이거나, 만약 유위(有爲)이거나, 만약 무위(無爲)에서 꿈속에서 보았던 일과 같지 않은 것이 있겠는가?"

선현이 대답하였다.

"아닙니다. 세존이시여. 아닙니다. 선서시여. 결정적으로 유법(有法)이므로 만약 세간이거나, 만약 출세간이거나, 만약 유루이거나, 만약 무루이거나, 만약 유위이거나, 만약 무위에서 꿈속에서 보았던 일과 같지 않은 것은 없습니다."

세존께서 말씀하셨다.

"선현이여. 그대의 뜻은 어떠한가? 꿈속에는 대체로 진실한 여러 세계가 있고, 그 가운데에서 왕래하는 생사의 일이 있겠는가?"

선현이 대답하였다.

"아닙니다. 세존이시여. 아닙니다. 선서시여."

세존께서 말씀하셨다.

"선현이여. 그대의 뜻은 어떠한가? 꿈속에는 대체로 진실한 수도(修道)가 있고, 그 수도에 의지하여 잡염(雜染)을 벗어나고 청정(淸淨)을 얻는 일이 있겠는가?"

선현이 대답하였다.

"아닙니다. 세존이시여. 아닙니다. 선서시여. 왜 그러한가? 세존이시여. 꿈속에서 보았던 법들은 모두 진실한 일이 없으므로 능히 시설할 수 없고, 능히 시설할 수 없으므로 수도가 오히려 없는데, 하물며 수도에 의지하여 잡염을 벗어나고 청정함을 얻는 일이 있겠습니까?"

마하반야바라밀다경 제396권

74. 무성자성품(無性自性品)(2)

세존께서 말씀하셨다.

"선현이여. 그대의 뜻은 어떠한가? 밝은 거울 등의 가운데에서 나타났던 것인 여러 형상들을 진실로 있는 일로 의지하여 업을 조작할 수 있고, 오히려 업을 조작하였으므로 혹은 지옥에 떨어지거나, 혹은 방생에 떨어지거나, 혹은 귀계에 떨어지거나, 혹은 인간의 가운데에 태어나거나, 혹은 욕계의 사대왕중천(四大王衆天), 나아가 타화자재천(他化自在天)에 태어나거나, 혹은 색계의 범중천(梵衆天), 나아가 색구경천(色究竟天)에 태어나거나, 혹은 무색계의 공무변처천(空無邊處天), 나아가 비상비비상처천(非想非非想處天)에 태어나게 할 수 있겠는가?"

선현이 대답하였다.

"아닙니다. 세존이시여. 아닙니다. 선서시여. 밝은 거울 등의 가운데에서 나타났던 것인 여러 형상들은 모두 진실한 일이 아니고, 다만 어리석은 어린이를 미혹시킬지라도, 어찌 그것에 의지하여 여러 업을 조작할 수 있고, 오히려 조작하였던 것인 업으로 혹은 악취에 떨어지거나, 혹은 인간과 천상에 태어나게 할 수 있겠습니까?"

세존께서 말씀하셨다.

"선현이여. 그대의 뜻은 어떠한가? 여러 형상들은 대체로 진실한 수도(修道)이었고, 그러한 수도를 의지하여 잡염(雜染)을 벗어나고 청정(淸淨)을 얻는 일이 있겠는가?"

선현이 대답하였다.

"아닙니다. 세존이시여. 아닙니다. 선서시여. 왜 그러한가? 세존이시여. 밝은 거울 등의 형상들은 모두 진실한 일이 아니므로 능히 시설할 수 없고, 시설되는 것도 없으며, 수도가 오히려 없는데 하물며 수도에 의지하여 잡염을 벗어나고 청정을 얻는 일이 있겠습니까?"

세존께서 말씀하셨다.

"선현이여. 그대의 뜻은 어떠한가? 대체로 만약 세간이거나, 만약 출세간이거나, 만약 유루이거나, 만약 무루이거나, 만약 유위이거나, 만약 무위 등이 거울 등에 나타난 형상들이 제법과 같지 않은 것이 있겠는가?"

선현이 대답하였다.

"아닙니다. 세존이시여. 아닙니다. 선서시여. 결정적으로 만약 세간이거나, 만약 출세간이거나, 만약 유루이거나, 만약 무루이거나, 만약 유위이거나, 만약 무위 등이 거울 등에 나타난 형상들이 제법에서 같지 않은 것은 없습니다."

세존께서 말씀하셨다.

"선현이여. 그대의 뜻은 어떠한가? 깊은 골짜기 등의 가운데에서 일으켰던 것인 여러 메아리들은 진실로 있는 일이라고 의지하여 업을 조작할 수 있고, 오히려 조작하였던 업으로 혹은 지옥에 떨어지거나, 혹은 방생에 떨어지거나, 혹은 귀계에 떨어지거나, 혹은 인간의 가운데에 태어나거나, 혹은 욕계의 사대왕중천, 나아가 타화자재천에 태어나거나, 혹은 색계의 범중천, 나아가 색구경천에 태어나거나, 혹은 무색계의 공무변처천, 나아가 비상비비상처천에 태어나게 할 수 있겠는가?"

선현이 대답하였다.

"아닙니다. 세존이시여. 아닙니다. 선서시여. 깊은 골짜기 등의 가운데에서 일으켰던 것인 여러 메아리들은 모두 진실한 일이 아니고, 다만 어리석은 귀를 미혹시킬지라도, 어찌 그것을 의지하여 여러 업을 조작할 수 있고, 오히려 조작하였던 것으로, 혹은 악취에 떨어지거나, 혹은 인간과 천상에 태어나게 할 수 있겠습니까?"

세존께서 말씀하셨다.

"선현이여. 그대의 뜻은 어떠한가? 여러 메아리들은 대체로 진실한 수도가 있으므로, 그러한 수도를 의지하여 잡염을 벗어나고 청정함을 얻겠는가?"

선현이 대답하였다.

"아닙니다. 세존이시여. 아닙니다. 선서시여. 왜 그러한가? 세존이시여. 깊은 골짜기 등의 가운데에서 일으켰던 것인 여러 메아리는 모두 진실한 일이 아니므로 능히 시설할 수 없고, 시설되는 것도 없으며, 수도가 오히려 없는데 하물며 수도에 의지하여 잡염을 벗어나고 청정함을 얻는 일이 있겠습니까?"

세존께서 말씀하셨다.

"선현이여. 그대의 뜻은 어떠한가? 만약 세간이거나, 만약 출세간이거나, 만약 유루이거나, 만약 무루이거나, 만약 유위이거나, 만약 무위 등이 골짜기 등이 일으켰던 것인 메아리들과 같지 않은 것이 있겠는가?"

선현이 대답하였다.

"아닙니다. 세존이시여. 아닙니다. 선서시여. 결정적으로 법에 있어서 만약 세간이거나, 만약 출세간이거나, 만약 유루이거나, 만약 무루이거나, 만약 유위이거나, 만약 무위 등의 제법이 골짜기 등이 일으켰던 것인 메아리들과 같지 않은 것은 없습니다."

세존께서 말씀하셨다.

"선현이여. 그대의 뜻은 어떠한가? 여러 아지랑이의 가운데에서 비슷하게 나타났던 물 등은 진실한 일이므로 의지하여 업을 조작할 수 있고, 오히려 조작하였던 업으로 혹은 지옥에 떨어지거나, 혹은 방생에 떨어지거나, 혹은 귀계에 떨어지거나, 혹은 인간의 가운데에 태어나거나, 혹은 욕계의 사대왕중천, 나아가 타화자재천에 태어나거나, 혹은 색계의 범중천, 나아가 색구경천에 태어나거나, 혹은 무색계의 공무변처천, 나아가 비상비비상처천에 태어나게 할 수 있겠는가?"

선현이 대답하였다.

"아닙니다. 세존이시여. 아닙니다. 선서시여. 여러 아지랑이의 가운데에서 비슷하게 나타났던 물 등은 모두 진실한 일이 아니고, 다만 어리석은 눈을 미혹시킬지라도, 어찌 그것을 의지하여 여러 업을 조작할 수 있고, 오히려 조작하였던 것으로, 혹은 악취에 떨어지거나, 혹은 인간과 천상에 태어나게 할 수 있겠습니까?"

세존께서 말씀하셨다.

"선현이여. 그대의 뜻은 어떠한가? 여러 아지랑이의 가운데에서 비슷하게 나타났던 물 등은 대체로 진실한 수도가 있으므로, 그러한 수도를 의지하여 잡염을 벗어나고 청정을 얻겠는가?"

선현이 대답하였다.

"아닙니다. 세존이시여. 아닙니다. 선서시여. 왜 그러한가? 세존이시여. 여러 아지랑이의 물 등은 모두 진실한 일이 아니므로 능히 시설할 수 없고, 시설되는 것도 없으며, 수도가 오히려 없는데 하물며 수도에 의지하여 잡염을 벗어나고 청정을 얻는 일이 있겠습니까?"

세존께서 말씀하셨다.

"선현이여. 그대의 뜻은 어떠한가? 대체로 만약 세간이거나, 만약 출세간이거나, 만약 유루이거나, 만약 무루이거나, 만약 유위이거나, 만약 무위 등이 제법에서 아지랑이에서 나타나는 물 등과 같지 않은 것이 있겠는가?"

선현이 대답하였다.

"아닙니다. 세존이시여. 아닙니다. 선서시여. 결정적으로 만약 세간이거나, 만약 출세간이거나, 만약 유루이거나, 만약 무루이거나, 만약 유위이거나, 만약 무위 등이 제법에서 아지랑이에서 나타나는 물 등과 같지 않은 것은 없습니다."

세존께서 말씀하셨다.

"선현이여. 그대의 뜻은 어떠한가? 여러 그림자(光影)의 가운데에서 나타났던 것의 색상은 진실한 일이므로 의지하여 업을 조작할 수 있고,

오히려 조작하였던 업으로 혹은 지옥에 떨어지거나, 혹은 방생에 떨어지거나, 혹은 귀계에 떨어지거나, 혹은 인간의 가운데에 태어나거나, 혹은 욕계의 사대왕중천, 나아가 타화자재천에 태어나거나, 혹은 색계의 범중천, 나아가 색구경천에 태어나거나, 혹은 무색계의 공무변처천, 나아가 비상비비상처천에 태어나게 할 수 있겠는가?"

선현이 대답하였다.

"아닙니다. 세존이시여. 아닙니다. 선서시여. 여러 그림자의 가운데에서 나타났던 것의 색상은 모두 진실한 일이 아니고, 다만 어리석은 눈을 미혹시킬지라도, 어찌 그것을 의지하여 여러 업을 조작할 수 있고, 오히려 조작하였던 것으로, 혹은 악취에 떨어지거나, 혹은 인간과 천상에 태어나게 할 수 있겠습니까?"

세존께서 말씀하셨다.

"선현이여. 그대의 뜻은 어떠한가? 대체로 여러 그림자의 가운데에서 나타났던 것의 색상은 대체로 진실한 수도가 있으므로, 그러한 수도를 의지하여 잡염을 벗어나고 청정을 얻겠는가?"

선현이 대답하였다.

"아닙니다. 세존이시여. 아닙니다. 선서시여. 왜 그러한가? 세존이시여. 여러 그림자의 가운데에서 나타났던 것의 색상은 모두 진실한 일이 아니므로 능히 시설할 수 없고, 시설되는 것도 없으며, 수도가 오히려 없는데 하물며 수도에 의지하여 잡염을 벗어나고 청정을 얻는 일이 있겠습니까?"

세존께서 말씀하셨다.

"선현이여. 그대의 뜻은 어떠한가? 대체로 만약 세간이거나, 만약 출세간이거나, 만약 유루이거나, 만약 무루이거나, 만약 유위이거나, 만약 무위 등이 제법에서 여러 그림자의 가운데에서 나타났던 것의 색상과 같지 않은 것이 있겠는가?"

선현이 대답하였다.

"아닙니다. 세존이시여. 아닙니다. 선서시여. 결정적으로 만약 세간이거나, 만약 출세간이거나, 만약 유루이거나, 만약 무루이거나, 만약 유위이 거나, 만약 무위 등이 제법에서 여러 그림자의 가운데에서 나타났던 것의 색상과 같지 않은 것은 없습니다."

세존께서 말씀하셨다.

"선현이여. 그대의 뜻은 어떠한가? 마술사(幻師)가 상군(象軍)·마군(馬軍)·차군(車軍)·보군(步軍)의 사군(四軍)의 대중들을 여러 종류의 환영(幻影)으로 지었고, 이러한 환영이었던 코끼리 등이 진실한 일이므로 의지하여 업을 조작할 수 있고, 오히려 조작하였던 업으로 혹은 지옥에 떨어지거나, 혹은 방생에 떨어지거나, 혹은 귀계에 떨어지거나, 혹은 인간의 가운데에 태어나거나, 혹은 욕계의 사대왕중천, 나아가 타화자재천에 태어나거나, 혹은 색계의 범중천, 나아가 색구경천에 태어나거나, 혹은 무색계의 공무변처천, 나아가 비상비비상처천에 태어나게 할 수 있겠는가?"

선현이 대답하였다.

"아닙니다. 세존이시여. 아닙니다. 선서시여. 환영이었던 코끼리와 말 등은 모두 진실한 일이 아니고, 다만 어리석은 어린이를 미혹시킬지라도, 어찌 그것을 의지하여 여러 업을 조작할 수 있고, 오히려 조작하였던 것으로, 혹은 악취에 떨어지거나, 혹은 인간과 천상에 태어나게 할 수 있겠습니까?"

세존께서 말씀하셨다.

"선현이여. 그대의 뜻은 어떠한가? 환영이었던 코끼리와 말 등은 대체로 진실한 수도가 있으므로, 그러한 수도를 의지하여 잡염을 벗어나고 청정을 얻겠는가?"

선현이 대답하였다.

"아닙니다. 세존이시여. 아닙니다. 선서시여. 왜 그러한가? 세존이시여. 환영이었던 코끼리와 말 등은 모두 진실한 일이 아니므로 능히 시설할 수 없고, 시설되는 것도 없으며, 수도가 오히려 없는데 하물며 수도에 의지하여 잡염을 벗어나고 청정을 얻는 일이 있겠습니까?"

세존께서 말씀하셨다.

"선현이여. 그대의 뜻은 어떠한가? 대체로 만약 세간이거나, 만약 출세간이거나, 만약 유루이거나, 만약 무루이거나, 만약 유위이거나, 만약 무위 등이 제법에서 환영이었던 코끼리와 말 등과 같지 않은 것이 있겠는가?"

선현이 대답하였다.

"아닙니다. 세존이시여. 아닙니다. 선서시여. 결정적으로 만약 세간이거나, 만약 출세간이거나, 만약 유루이거나, 만약 무루이거나, 만약 유위이거나, 만약 무위 등이 제법에서 환영이었던 코끼리와 말 등과 같지 않은 것은 없습니다."

세존께서 말씀하셨다.

"선현이여. 그대의 뜻은 어떠한가? 여래(佛)께서 여러 변화한 색신(變化身)을 변화시켜 지으셨고, 이러한 변화한 색신들이 진실한 일이므로 의지하여 업을 조작할 수 있고, 오히려 조작하였던 업으로 혹은 지옥에 떨어지거나, 혹은 방생에 떨어지거나, 혹은 귀계에 떨어지거나, 혹은 인간의 가운데에 태어나거나, 혹은 욕계의 사대왕중천, 나아가 타화자재천에 태어나거나, 혹은 색계의 범중천, 나아가 색구경천에 태어나거나, 혹은 무색계의 공무변처천, 나아가 비상비비상처천에 태어나게 할 수 있겠는가?"

선현이 대답하였다.

"아닙니다. 세존이시여. 아닙니다. 선서시여. 여러 변화한 색신들은 모두 진실한 일이 아니고, 다만 어리석은 어린이를 미혹시킬지라도, 어찌 그것을 의지하여 여러 업을 조작할 수 있고, 오히려 조작하였던 것으로, 혹은 악취에 떨어지거나, 혹은 인간과 천상에 태어나게 할 수 있겠습니까?"

세존께서 말씀하셨다.

"선현이여. 그대의 뜻은 어떠한가? 변화한 색신(色身)들은 대체로 진실한 수도가 있으므로, 그러한 수도를 의지하여 잡염을 벗어나고 청정을 얻겠는가?"

선현이 대답하였다.

"아닙니다. 세존이시여. 아닙니다. 선서시여. 왜 그러한가? 세존이시여. 여러 변화한 색신들은 모두 진실한 일이 아니므로 능히 시설할 수 없고, 시설되는 것도 없으며, 수도가 오히려 없는데 하물며 수도에 의지하여 잡염을 벗어나고 청정을 얻는 일이 있겠습니까?"

세존께서 말씀하셨다.

"선현이여. 그대의 뜻은 어떠한가? 대체로 만약 세간이거나, 만약 출세간이거나, 만약 유루이거나, 만약 무루이거나, 만약 유위이거나, 만약 무위 등이 제법에서 지었던 변화한 색신들과 같지 않은 것이 있겠는가?"

선현이 대답하였다.

"아닙니다. 세존이시여. 아닙니다. 선서시여. 결정적으로 만약 세간이거나, 만약 출세간이거나, 만약 유루이거나, 만약 무루이거나, 만약 유위이거나, 만약 무위 등이 제법에서 지었던 변화한 색신들과 같지 않은 것은 없습니다."

세존께서 말씀하셨다.

"선현이여. 그대의 뜻은 어떠한가? 대체로 심향성(尋香城)의 가운데에서 나타났던 물건의 부류들이 진실한 일이므로 의지하여 업을 조작할 수 있고, 오히려 조작하였던 업으로 혹은 지옥에 떨어지거나, 혹은 방생에 떨어지거나, 혹은 귀계에 떨어지거나, 혹은 인간의 가운데에 태어나거나, 혹은 욕계의 사대왕중천, 나아가 타화자재천에 태어나거나, 혹은 색계의 범중천, 나아가 색구경천에 태어나거나, 혹은 무색계의 공무변처천, 나아가 비상비비상처천에 태어나게 할 수 있겠는가?"

선현이 대답하였다.

"아닙니다. 세존이시여. 아닙니다. 선서시여. 심향성의 가운데에서 나타났던 물건의 부류들은 모두 진실한 일이 아닌데, 어찌 그것을 의지하여 여러 업을 조작할 수 있고, 오히려 조작하였던 것으로, 혹은 악취에 떨어지거나, 혹은 인간과 천상에 태어나게 할 수 있겠습니까?"

세존께서 말씀하셨다.

"선현이여. 그대의 뜻은 어떠한가? 대체로 심향성의 가운데에 물건의 부류들은 진실한 수도가 있으므로, 그러한 수도를 의지하여 잡염을 벗어나고 청정을 얻겠는가?"

선현이 대답하였다.

"아닙니다. 세존이시여. 아닙니다. 선서시여. 왜 그러한가? 세존이시여. 심향성의 가운데에 물건의 부류들은 모두 진실한 일이 아니므로 능히 시설할 수 없고, 시설되는 것도 없으며, 수도가 오히려 없는데 하물며 수도에 의지하여 잡염을 벗어나고 청정을 얻는 일이 있겠습니까?"

세존께서 말씀하셨다.

"선현이여. 그대의 뜻은 어떠한가? 대체로 만약 세간이거나, 만약 출세간이거나, 만약 유루이거나, 만약 무루이거나, 만약 유위이거나, 만약 무위 등이 제법에서 심향성의 가운데에 물건의 부류들과 같지 않은 것이 있겠는가?"

선현이 대답하였다.

"아닙니다. 세존이시여. 아닙니다. 선서시여. 결정적으로 만약 세간이거나, 만약 출세간이거나, 만약 유루이거나, 만약 무루이거나, 만약 유위이거나, 만약 무위 등이 제법에서 심향성의 가운데에 물건의 부류들과 같지 않은 것은 없습니다."

세존께서 말씀하셨다.

"선현이여. 그대의 뜻은 어떠한가? 이 가운데에서 대체로 진실하게 잡염인 자와 청정한 자가 있겠는가?"

선현이 대답하였다.

"아닙니다. 세존이시여. 아닙니다. 선서시여. 이 가운데는 모두 진실로 잡염인 자와 청정한 자가 없습니다."

세존께서 말씀하셨다.

"선현이여. 잡염인 자와 청정한 자가 진실로 무소유(無所有)인 것과 같이, 오히려 이러한 인연으로 잡염과 청정도 진실로 있지 않느니라. 왜 그러한가? 선현이여. 아(我)·아소(我所)에 머무르는 제유정의 부류들은 허망하게 분별하면서 잡염과 청정함이 있다고 말하지라도, 진실하게 보는 자는 잡염과 청정함이 있다고 말하지 않느니라. 진실하게 보는 자는 잡염인 자와 청정한 자가 없다고 아는 것과 같나니, 이와 같이 역시 잡염과 청정도 없느니라."

75. 승의유가품(勝義瑜伽品)(1)

그때 구수 선현이 세존께 아뢰어 말하였다.
"세존이시여. 여러 실제를 보는 자가 잡염이 없고 청정함도 없다면, 실제를 보지 못하는 자도 역시 잡염이 없고 청정함도 없습니다. 왜 그러한가? 일체법은 모두 무성(無性)을 수용하여 자성(自性)으로 삼는 까닭입니다. 세존이시여. 여러 무성법(無性法)이 잡염이 없고 청정함도 없다면, 여러 유성법(有性法)도 역시 잡염이 없고 청정함도 없고, 여러 무성법·유성법도 역시 잡염이 없고 청정함도 없습니다. 세존이시여. 무자성법(無自性法)들이 잡염이 없고 청정함도 없다면, 여러 유자성법(有自性法)도 역시 잡염이 없고 청정함도 없습니다. 왜 그러한가? 일체법은 모두 무성을 수용하여 자성으로 삼는 까닭입니다. 세존이시여. 만약 그와 같다면 무슨 까닭으로 어느 때에 여래께서는 청정한 법이 있다고 설하십니까?"
세존께서 선현에게 알리셨다.
"나는 일체법의 평등성(平等性)을 청정법(淸淨法)으로 삼는다고 설하였느니라."
"세존이시여. 무엇 등이 일체법의 평등성입니까?"
"선현이여. 일체법의 진여(眞如)·법계(法界)·법성(法性)·불허망성(不虛妄性)·불변이성(不變異性)·평등성(平等性)·이생성(離生性)·법정(法定)·법주(法住)·실제(實際)·허공계(虛空界)·부사의계(不思議界)는 여래께서 세상에 출현하셨거나, 만약 출현하지 않으셨더라도 성품(性)과 상(相)이 항상 머무르는데, 이것을 일체법의 평등성이라고 이름하고, 이 평등성을 청정법이라고 이름하느니라. 이것은 세속제(世俗諦)에 의지하여 청정하다고 설하는 것이고, 승의제(勝義諦)에 의지하여 설하는 것은 아니니라. 왜 그러한가? 승의제의 가운데에서는 분별이 없고 희론(戲論)이 없으며, 일체의 음성(音聲)과 명자(名字)의 길이 단절되었느니라."

구수 선현이 세존께 아뢰어 말하였다.

"세존이시여. 만약 일체법이 꿈(夢)에 보았던 것과 같고 형상(象)과 같으며 메아리(響)와 같고 아지랑이(陽焰)와 같으며 그림자(光影)와 같고 환영의 일(幻事)과 같으며 변화신(變化身)과 같고 심향성(尋香城)과 같으므로, 비록 비슷하게 나타나고 있더라도 진실한 일이 아니라면, 어찌하여 보살마하살은 이와 같은 진실하지 않은 법에 의지하여 아뇩다라삼먁삼보리심(發阿耨多羅三藐三菩提心)을 일으키고서, '나는 마땅히 보시바라밀다(布施波羅蜜多)를 원만하게 하겠고, 나는 마땅히 정계(淨戒)·안인(安忍)·정진(精進)·정려(靜慮)·반야(般若)·방편선교(方便善巧)·묘원(妙願)·역(力)·지바라밀다(智波羅蜜多)를 원만하게 할 것이며,

나는 마땅히 4정려(四靜慮)를 원만하게 하겠고, 나는 마땅히 4무량(四無量)·4무색정(四無色定)을 원만하게 하겠으며, 나는 마땅히 4념주(四念住)를 원만하게 하겠고, 나는 마땅히 4정단(四正斷)·4신족(四神足)·5근(五根)·5력(五力)·7등각지(七等覺支)·8성도지(八聖道支)를 원만하게 하겠으며, 마땅히 나는 공해탈문(空解脫門)을 원만하게 하겠고, 나는 마땅히 무상(無相)·무원해탈문(無願解脫門)을 원만하게 하겠으며, 나는 마땅히 8해탈(八解脫)을 원만하게 하겠고, 나는 마땅히 8승처(八勝處)·9차제정(九次第定)·10변처(十遍處)를 원만하게 하겠으며,

나는 마땅히 내공(內空)을 원만하게 하겠고, 나는 마땅히 외공(外空)·내외공(內外空)·공공(空空)·대공(大空)·승의공(勝義空)·유위공(有爲空)·무위공(無爲空)·필경공(畢竟空)·무제공(無際空)·산공(散空)·무변이공(無變異空)·본성공(本性空)·자상공(自相空)·공상공(共相空)·일체법공(一切法

空)·불가득공(不可得空)·무성공(無性空)·자성공(自性空)·무성자성공(無 性自性空)을 원만하게 하겠으며, 나는 마땅히 진여(眞如)를 원만하게 하겠 고, 나는 마땅히 법계(法界)·법성(法性)·불허망성(不虛妄性)·불변이성(不 變異性)·평등성(平等性)·이생성(離生性)·법정(法定)·법주(法住)·실제(實 際)·허공계(虛空界)·부사의계(不思議界)를 원만하게 하겠으며,

나는 마땅히 고성제(苦聖諦)를 원만하게 하겠고, 나는 마땅히 집(集)·멸 (滅)·도성제(道聖諦)를 원만하게 하겠으며, 나는 마땅히 일체의 다라니문 (陀羅尼門)을 원만하게 하겠고, 나는 일체의 삼마지문(三摩地門)을 원만하 게 하겠으며, 나는 마땅히 극희지(極喜地)를 원만하게 하겠고, 나는 마땅히 이구지(離垢地)·발광지(發光地)·염혜지(焰慧地)·극난승지(極難勝地)·현 전지(現前地)·원행지(遠行地)·부동지(不動地)·선혜지(善慧地)·법운지(法 雲地)를 원만하게 하겠으며, 나는 마땅히 5안(五眼)을 원만하게 하겠고, 나는 마땅히 6신통(六神通)을 원만하게 하겠으며,

나는 마땅히 여래의 10력(十力)을 원만하게 하겠고, 나는 마땅히 4무소 외(四無所畏)·4무애해(四無礙解)·대자(大慈)·대비(大悲)·대희(大喜)·대 사(大捨)·18불불공법(十八佛不共法)을 원만하게 하겠으며, 나는 마땅히 변재의 다라니(陀羅尼)를 원만하게 하겠고, 나는 마땅히 무망실법(無忘失 法)을 원만하게 하겠으며, 나는 마땅히 항주사성(恒住捨性)을 원만하게 하겠고, 나는 마땅히 일체지(一切智)를 원만하게 하겠으며, 나는 마땅히 도상지(道相智)·일체상지(一切相智)를 원만하게 하겠고,

나는 마땅히 32대사상(三十二大士相)을 원만하게 하겠으며, 나는 마땅 히 80수호(八十隨好)를 원만하게 하겠고, 나는 마땅히 무량한 광명을 일으켜서 시방의 무변(無邊)한 세계를 두루 비출 것이며, 나는 마땅히 하나의 미묘한 음성을 일으켜서 시방의 무변한 세계에 두루 원만하게 하겠고, 제유정들의 심법(心法)·심소법(心所法)의 의요(意樂)의 차별에 따라서 여러 종류의 미묘한 법문을 설하여 정근하면서 수학하게 하면서 수승한 이익과 안락을 얻게 하겠다.'라고 이렇게 서원하며 말을 짓습니 까?"

세존께서 선현에게 알리셨다.
"그대의 뜻은 어떠한가? 그대가 말하였던 것인 법들이 어찌 역시 꿈에서 보았던 것·형상·메아리·아지랑이·그림자·환영의 일·변화신·심향성 등과 같지 않겠는가?"

선현이 대답하여 말하였다.

"그와 같습니다. 세존이시여. 그와 같습니다. 선서시여. 세존이시여. 만약 일체법이 꿈에 보았던 것과 같고, …… 나아가 …… 심향성과 같아서 모두가 진실한 일이 아니라면, 어찌하여 보살마하살이 반야바라밀다를 수행하는 때에 '나는 마땅히 일체의 공덕을 원만하게 하고, 무량한 유정들을 이익되고 안락하게 하겠다.'라고 성제(誠諦)1)를 일으키면서 말합니까?

세존이시여. 꿈에 보았던 것과 같고, …… 나아가 …… 심향성의 가운데에서 나타났던 것인 물건의 부류들은 능히 보시·정계·안인·정진·정려·반야·방편선교·묘원·역·지바라밀다를 수행할 수 없는데, 하물며 능히 원만하게 할 수 있겠습니까? 나머지의 일체법도 역시 이와 같나니, 함께 진실이 아닌 까닭입니다. 세존이시여. 꿈에 보았던 것과 같고, …… 나아가 …… 심향성의 가운데에서 나타났던 것인 물건의 부류들은 능히 4정려·4무량·4무색정을 수행할 수 없는데, 하물며 능히 원만하게 할 수 있겠습니까? 나머지의 일체법도 역시 이와 같나니, 함께 진실이 아닌 까닭입니다.

세존이시여. 꿈에 보았던 것과 같고, …… 나아가 …… 심향성의 가운데에서 나타났던 것인 물건의 부류들은 능히 4념주·4정단·4신족·5근·5력·7등각지·8성도지를 수행할 수 없는데, 하물며 능히 원만하게 할 수 있겠습니까? 나머지의 일체법도 역시 이와 같나니, 함께 진실이 아닌 까닭입니다. 세존이시여. 꿈에 보았던 것과 같고, …… 나아가 …… 심향성의 가운데에서 나타났던 것인 물건의 부류들은 능히 공·무상·무원해탈문을 수행할 수 없는데, 하물며 능히 원만하게 할 수 있겠습니까? 나머지의 일체법도 역시 이와 같나니, 함께 진실이 아닌 까닭입니다.

---

1) 사성제(四聖諦)를 가리킨다.

세존이시여. 꿈에 보았던 것과 같고, …… 나아가 …… 심향성의 가운데에서 나타났던 것인 물건의 부류들은 능히 8해탈·8승처·9차제정·10변처를 수행할 수 없는데, 하물며 능히 원만하게 할 수 있겠습니까? 나머지의 일체법도 역시 이와 같나니, 함께 진실이 아닌 까닭입니다. 세존이시여. 꿈에 보았던 것과 같고, …… 나아가 …… 심향성의 가운데에서 나타났던 것인 물건의 부류들은 능히 내공·외공·내외공·공공·대공·승의공·유위공·무위공·필경공·무제공·산공·무변이공·본성공·자상공·공상공·일체법공·불가득공·무성공·자성공·무성자성공을 수행할 수 없는데, 하물며 능히 원만하게 할 수 있겠습니까? 나머지의 일체법도 역시 이와 같나니, 함께 진실이 아닌 까닭입니다.

　세존이시여. 꿈에 보았던 것과 같고, …… 나아가 …… 심향성의 가운데에서 나타났던 것인 물건의 부류들은 능히 진여·법계·법성·불허망성·불변이성·평등성·이생성·법정·법주·실제·허공계·부사의계를 수행할 수 없는데, 하물며 능히 원만하게 할 수 있겠습니까? 나머지의 일체법도 역시 이와 같나니, 함께 진실이 아닌 까닭입니다. 세존이시여. 꿈에 보았던 것과 같고, …… 나아가 …… 심향성의 가운데에서 나타났던 것인 물건의 부류들은 능히 고·집·멸·도성제를 수행할 수 없는데, 하물며 능히 원만하게 할 수 있겠습니까? 나머지의 일체법도 역시 이와 같나니, 함께 진실이 아닌 까닭입니다.

　세존이시여. 꿈에 보았던 것과 같고, …… 나아가 …… 심향성의 가운데에서 나타났던 것인 물건의 부류들은 능히 일체의 다라니문·일체의 삼마지문을 수행할 수 없는데, 하물며 능히 원만하게 할 수 있겠습니까? 나머지의 일체법도 역시 이와 같나니, 함께 진실이 아닌 까닭입니다. 세존이시여. 꿈에 보았던 것과 같고, …… 나아가 …… 심향성의 가운데에서 나타났던 것인 물건의 부류들은 능히 극희지·이구지·발광지·염혜지·극난승지·현전지·원행지·부동지·선혜지·법운지를 수행할 수 없는데, 하물며 능히 원만하게 할 수 있겠습니까? 나머지의 일체법도 역시 이와 같나니, 함께 진실이 아닌 까닭입니다.

세존이시여. 꿈에 보았던 것과 같고, …… 나아가 …… 심향성의 가운데에서 나타났던 것인 물건의 부류들은 능히 5안·6신통을 수행할 수 없는데, 하물며 능히 원만하게 할 수 있겠습니까? 나머지의 일체법도 역시 이와 같나니, 함께 진실이 아닌 까닭입니다. 세존이시여. 꿈에 보았던 것과 같고, …… 나아가 …… 심향성의 가운데에서 나타났던 것인 물건의 부류들은 능히 여래의 10력·4무소외·4무애해·대자·대비·대희·대사·18불불공법을 수행할 수 없는데, 하물며 능히 원만하게 할 수 있겠습니까? 나머지의 일체법도 역시 이와 같나니, 함께 진실이 아닌 까닭입니다.

세존이시여. 꿈에 보았던 것과 같고, …… 나아가 …… 심향성의 가운데에서 나타났던 것인 물건의 부류들은 능히 변재의 다라니문을 수행할 수 없는데, 하물며 능히 원만하게 할 수 있겠습니까? 나머지의 일체법도 역시 이와 같나니, 함께 진실이 아닌 까닭입니다. 세존이시여. 꿈에 보았던 것과 같고, …… 나아가 …… 심향성의 가운데에서 나타났던 것인 물건의 부류들은 능히 무망실법·항주사성을 수행할 수 없는데, 하물며 능히 원만하게 할 수 있겠습니까? 나머지의 일체법도 역시 이와 같나니, 함께 진실이 아닌 까닭입니다.

세존이시여. 꿈에 보았던 것과 같고, …… 나아가 …… 심향성의 가운데에서 나타났던 것인 물건의 부류들은 능히 일체지·도상지·일체상지를 수행할 수 없는데, 하물며 능히 원만하게 할 수 있겠습니까? 나머지의 일체법도 역시 이와 같나니, 함께 진실이 아닌 까닭입니다. 세존이시여. 꿈에 보았던 것과 같고, …… 나아가 …… 심향성의 가운데에서 나타났던 것인 물건의 부류들은 능히 32대사상·80수호를 수행할 수 없는데, 하물며 능히 원만하게 할 수 있겠습니까? 나머지의 일체법도 역시 이와 같나니, 함께 진실이 아닌 까닭입니다.

세존이시여. 꿈에 보았던 것과 같고, …… 나아가 …… 심향성의 가운데에서 나타났던 것인 물건의 부류들은 능히 일체의 소원(所願)하는 사업을 수행할 수 없는데, 하물며 능히 원만하게 할 수 있겠습니까? 나머지의 일체법도 역시 이와 같나니, 함께 진실이 아닌 까닭입니다."

세존께서 선현에게 알리셨다.
"그와 같으니라. 그와 같으니라. 그대가 말한 것과 같으니라. 진실로 있지 않는 법은 오히려 보시·정계·안인·정진·정려·반야·방편선교·묘원·역·지바라밀다를 수행할 수 없는데, 하물며 능히 원만하게 할 수 있겠는가? 진실로 있지 않는 법은 오히려 4정려·4무량·4무색정을 수행할 수 없는데, 하물며 능히 원만하게 할 수 있겠는가? 진실로 있지 않는 법은 오히려 4념주·4정단·4신족·5근·5력·7등각지·8성도지를 수행할 수 없는데, 하물며 능히 원만하게 할 수 있겠는가? 진실로 있지 않는 법은 오히려 공·무상·무원해탈문을 수행할 수 없는데, 하물며 능히 원만하게 할 수 있겠는가?
진실로 있지 않는 법은 오히려 8해탈·8승처·9차제정·10변처를 수행할 수 없는데, 하물며 능히 원만하게 할 수 있겠는가? 진실로 있지 않는 법은 오히려 내공·외공·내외공·공공·대공·승의공·유위공·무위공·필경공·무제공·산공·무변이공·본성공·자상공·공상공·일체법공·불가득공·무성공·자성공·무성자성공을 수행할 수 없는데, 하물며 능히 원만하게 할 수 있겠는가? 진실로 있지 않는 법은 오히려 진여·법계·법성·불허망성·불변이성·평등성·이생성·법정·법주·실제·허공계·부사의계를 수행할 수 없는데, 하물며 능히 원만하게 할 수 있겠는가? 진실로 있지 않는 법은 오히려 고·집·멸·도성제를 수행할 수 없는데, 하물며 능히 원만하게 할 수 있겠는가?
진실로 있지 않는 법은 오히려 일체의 다라니문·일체의 삼마지문을 수행할 수 없는데, 하물며 능히 원만하게 할 수 있겠는가? 진실로 있지 않는 법은 오히려 극희지·이구지·발광지·염혜지·극난승지·현전지·원행지·부동지·선혜지·법운지를 수행할 수 없는데, 하물며 능히 원만하게 할 수 있겠는가? 진실로 있지 않는 법은 오히려 5안·6신통을 수행할 수 없는데, 하물며 능히 원만하게 할 수 있겠는가? 진실로 있지 않는 법은 오히려 여래의 10력·4무소외·4무애해·대자·대비·대희·대사·18불불공법을 수행할 수 없는데, 하물며 능히 원만하게 할 수 있겠는가?

진실로 있지 않는 법은 오히려 변재의 다라니를 수행할 수 없는데, 하물며 능히 원만하게 할 수 있겠는가? 진실로 있지 않는 법은 오히려 무망실법·항주사성을 수행할 수 없는데, 하물며 능히 원만하게 할 수 있겠는가? 진실로 있지 않는 법은 오히려 32대사상·80수호를 수행할 수 없는데, 하물며 능히 원만하게 할 수 있겠는가? 진실로 있지 않는 법은 일체의 소원하는 사업을 능히 성취할 수 없고, 진실로 있지 않는 법은 구하였던 것인 무상정등보리를 능히 증득할 수 없느니라.

다시 다음으로 선현이여. 보시·정계·안인·정진·정려·반야·방편·묘원·역·지바라밀다가 진실로 있지 않은 까닭으로 구하였던 것인 무상정등보리를 능히 증득할 수 없고, 4념주·4정단·4신족·5근·5력·7등각지·8성도지가 진실로 있지 않은 까닭으로 구하였던 것인 무상정등보리를 능히 증득할 수 없으며, 내공·외공·내외공·공공·대공·승의공·유위공·무위공·필경공·무제공·산공·무변이공·본성공·자상공·공상공·일체법공·불가득공·무성공·자성공·무성자성공이 진실로 있지 않은 까닭으로 구하였던 것인 무상정등보리를 능히 증득할 수 없고,

고·집·멸·도성제가 진실로 있지 않은 까닭으로 구하였던 것인 무상정등보리를 능히 증득할 수 없으며, 4정려·4무량·4무색정이 진실로 있지 않은 까닭으로 구하였던 것인 무상정등보리를 능히 증득할 수 없고, 8해탈·8승처·9차제정·10변처가 진실로 있지 않은 까닭으로 구하였던 것인 무상정등보리를 능히 증득할 수 없으며, 일체의 다라니문과 일체의 삼마지문이 진실로 있지 않은 까닭으로 구하였던 것인 무상정등보리를 능히 증득할 수 없고, 공·무상·무원해탈문이 진실로 있지 않은 까닭으로 구하였던 것인 무상정등보리를 능히 증득할 수 없으며,

극희지·이구지·발광지·염혜지·극난승지·현전지·원행지·부동지·선혜지·법운지가 진실로 있지 않은 까닭으로 구하였던 것인 무상정등보리를 능히 증득할 수 없고, 5안·6신통이 진실로 있지 않은 까닭으로 구하였던 것인 무상정등보리를 능히 증득할 수 없으며, 여래의 10력·4무소외·4무애해·대자·대비·대희·대사·18불불공법이 진실로 있지 않은 까닭으로 구하

였던 것인 무상정등보리를 능히 증득할 수 없고, 무망실법·항주사성이 진실로 있지 않은 까닭으로 구하였던 것인 무상정등보리를 능히 증득할 수 없으며, 일체지·도상지·일체상지가 진실로 있지 않은 까닭으로 구하였던 것인 무상정등보리를 능히 증득할 수 없느니라.

선현이여. 이와 같은 제법들인 일체는 모두가 이것이 사유(思惟)로 조작(造作)된 것이고, 사유로 조작되었던 것인 여러 법이 있다면 모두가 능히 일체지지(一切智智)를 증득하지 못하느니라."

"다시 다음으로 선현이여. 이와 같은 제법들이 비록 보리도(菩提道)를 능히 이끌어서 일으키더라도, 그 과보에서는 도움이 되지 못하는데, 오히려 이러한 제법은 생겨남[生]이 없고 일어남[起]이 없으며 실상(實相)이 없는 까닭이니라. 제보살마하살들은 초발심부터 비록 여러 종류의 신(身)·어(語)·의(意)의 선(善)을 일으키는데 이를테면, 만약 보시·정계·안인·정진·정려·반야바라밀다를 수행하거나, 만약 4념주·4정단·4신족·5근·5력·7등각지·8성도지를 수행하거나, 만약 내공·외공·내외공·공공·대공·승의공·유위공·무위공·필경공·무제공·산공·무변이공·본성공·자상공·공상공·일체법공·불가득공·무성공·자성공·무성자성공에 안주하거나, 만약 고·집·멸·도성제에 안주하거나, 만약 4정려·4무량·4무색정을 수행하거나,

만약 8해탈·8승처·9차제정·10변처를 수행하거나, 만약 일체의 다라니문·일체의 삼마지문을 수행하거나, 만약 공·무상·무원해탈문을 수행하거나, 만약 극희지·이구지·발광지·염혜지·극난승지·현전지·원행지·부동지·선혜지·법운지를 수행하거나, 만약 5안·6신통을 수행하거나, 만약 여래의 10력·4무소외·4무애해·대자·대비·대희·대사와 18불불공법을 수행하거나, 만약 무망실법·항주사성을 수행하거나, 만약 일체지·도상지·일체상지를 수행하거나, 일체가 꿈에서 보았던 것과 같고 형상과 같으며 메아리와 같고 아지랑이와 같으며 그림자와 같고 환영의 일과 같으며 변화신과 같고 심향성 같아서 모두가 진실로 있지 않다고 아느니라.

다시 다음으로 선현이여. 이와 같은 제법들이 비록 진실로 있지 않더라도, 만약 원만하지 않는다면 결정적으로 능히 유정들을 성숙시킬 수 없고 불국토를 청정하게 장엄할 수 없으며, 무상정등보리를 증득할 수 없느니라. 제보살마하살들이 만약 보시·정계·안인·정진·정려·반야바라밀다가 원만하지 않는다면 결정적으로 능히 유정들을 성숙시킬 수 없고 불국토를 청정하게 장엄할 수 없으며 무상정등보리를 증득할 수 없고, 만약 4념주·4정단·4신족·5근·5력·7등각지·8성도지가 원만하지 않는다면 결정적으로 능히 유정들을 성숙시킬 수 없고 불국토를 청정하게 장엄할 수 없으며 무상정등보리를 증득할 수 없고,

　만약 내공·외공·내외공·공공·대공·승의공·유위공·무위공·필경공·무제공·산공·무변이공·본성공·자상공·공상공·일체법공·불가득공·무성공·자성공·무성자성공이 원만하지 않는다면 결정적으로 능히 유정들을 성숙시킬 수 없고 불국토를 청정하게 장엄할 수 없으며 무상정등보리를 증득할 수 없고, 만약 4정려·4무량·4무색정이 원만하지 않는다면 결정적으로 능히 유정들을 성숙시킬 수 없고 불국토를 청정하게 장엄할 수 없으며 무상정등보리를 증득할 수 없고, 만약 8해탈·8승처·9차제정·10변처를 원만하지 않는다면 결정적으로 능히 유정들을 성숙시킬 수 없고 불국토를 청정하게 장엄할 수 없으며 무상정등보리를 증득할 수 없고,

　만약 일체의 다라니문·일체의 삼마지문이 원만하지 않는다면 결정적으로 능히 유정들을 성숙시킬 수 없고 불국토를 청정하게 장엄할 수 없으며 무상정등보리를 증득할 수 없고, 만약 극희지·이구지·발광지·염혜지·극난승지·현전지·원행지·부동지·선혜지·법운지가 원만하지 않는다면 결정적으로 능히 유정들을 성숙시킬 수 없고 불국토를 청정하게 장엄할 수 없으며 무상정등보리를 증득할 수 없고, 만약 5안·6신통을 원만하지 않는다면 결정적으로 능히 유정들을 성숙시킬 수 없고 불국토를 청정하게 장엄할 수 없으며 무상정등보리를 증득할 수 없고,

　만약 여래의 10력·4무소외·4무애해·대자·대비·대희·대사·18불불공법을 원만하지 않는다면 결정적으로 능히 유정들을 성숙시킬 수 없고

불국토를 청정하게 장엄할 수 없으며 무상정등보리를 증득할 수 없고, 만약 32대사상과 80수호를 원만하지 않는다면 결정적으로 능히 유정들을 성숙시킬 수 없고 불국토를 청정하게 장엄할 수 없으며 무상정등보리를 증득할 수 없고, 무망실법·항주사성이 원만하지 않는다면 결정적으로 능히 유정들을 성숙시킬 수 없고 불국토를 청정하게 장엄할 수 없으며 무상정등보리를 증득할 수 없고, 일체지·도상지·일체상지가 원만하지 않는다면 결정적으로 능히 유정들을 성숙시킬 수 없고 불국토를 청정하게 장엄할 수 없으며 무상정등보리를 증득할 수 없느니라."

"다시 다음으로 선현이여. 이 보살마하살들이 반야바라밀다를 수행하는 때 수행하였던 것인 일체의 선법을 따라서 모두를 꿈에서 보았던 것과 같고, 형상과 같으며 메아리와 같고 아지랑이와 같으며 그림자와 같고 환영의 일과 같으며 변화신과 같고 심향성과 같다고 여실하게 아느니라.
이를테면, 만약 보시·정계·안인·정진·정려·반야바라밀다를 수행하였다면 능히 꿈에서 보았던 것과 같고, …… 나아가 …… 심향성과 같다고 여실하게 알고, 만약 4념주·4정단·4신족·5근·5력·7등각지·8성도지를 수행하였다면 능히 꿈에서 보았던 것과 같고, …… 나아가 …… 심향성과 같다고 여실하게 알며, 만약 내공·외공·내외공·공공·대공·승의공·유위공·무위공·필경공·무제공·산공·무변이공·본성공·자상공·공상공·일체법공·불가득공·무성공·자성공·무성자성공에 안주하였다면 능히 꿈에서 보았던 것과 같고, …… 나아가 …… 심향성과 같다고 여실하게 알고,
만약 고·집·멸·도성제에 안주하였다면 능히 꿈에서 보았던 것과 같고, …… 나아가 …… 심향성과 같다고 여실하게 알며, 만약 4정려·4무량·4무색정을 수행하였다면 능히 꿈에서 보았던 것과 같고, …… 나아가 …… 심향성과 같다고 여실하게 알고, 만약 8해탈·8승처·9차제정·10변처를 수행하였다면 능히 꿈에서 보았던 것과 같고, …… 나아가 …… 심향성과 같다고 여실하게 알며, 만약 일체의 다라니문·일체의 삼마지문을 수행하

였다면 능히 꿈에서 보았던 것과 같고, …… 나아가 …… 심향성과 같다고 여실하게 알고, 만약 공·무상·무원 해탈문을 수행하였다면 능히 꿈에서 보았던 것과 같고, …… 나아가 …… 심향성과 같다고 여실하게 알며,

만약 극희지·이구지·발광지·염혜지·극난승지·현전지·원행지·부동지·선혜지·법운지를 수행하였다면 능히 꿈에서 보았던 것과 같고, …… 나아가 …… 심향성과 같다고 여실하게 알고, 만약 5안·6신통을 수행하였다면 능히 꿈에서 보았던 것과 같고, …… 나아가 …… 심향성과 같다고 여실하게 알며, 만약 여래의 10력·4무소외·4무애해·대자·대비·대희·대사·18불불공법을 수행하였다면 능히 꿈에서 보았던 것과 같고, …… 나아가 …… 심향성과 같다고 여실하게 알고, 만약 32대사상·80수호를 수행하였다면 능히 꿈에서 보았던 것과 같고, …… 나아가 …… 심향성과 같다고 여실하게 알며,

만약 무망실법·항주사성을 수행하였다면 능히 꿈에서 보았던 것과 같고, …… 나아가 …… 심향성과 같다고 여실하게 알고, 만약 일체지·도상지·일체상지를 수행하였다면 능히 꿈에서 보았던 것과 같고, …… 나아가 …… 심향성과 같다고 여실하게 알며, 만약 유정들을 성숙시키고 불국토를 청정하게 장엄하며 무상정등보리를 구하고 나아갔다면 능히 꿈에서 보았던 것과 같고, …… 나아가 …… 심향성과 같다고 여실하게 알고, 만약 제유정의 부류들이 마음으로 차별을 행하였다면 능히 꿈에서 보았던 것과 같고, …… 나아가 …… 심향성과 같다고 여실하게 아느니라.

다시 다음으로 선현이여. 이 보살마하살들이 반야바라밀다를 수행하는 때에 일체법에서 유(有)를 삼는다고 취(取)하지 않고, 무(無)를 삼는다고 취(取)하지 않느니라. 만약 오히려 이와 같이 취하였던 까닭이라면 일체지지(一切智智)를 증득하나니, 역시 그 법이 꿈에서 보았던 것과 같고, 형상과 같으며 메아리와 같고 아지랑이와 같으며 그림자와 같고 환영의 일과 같으며 변화신과 같고 심향성과 같다고 안다면, 유를 삼는다고 취하지 않고, 무를 삼는다고 취하지도 않느니라.

왜 그러한가? 보시바라밀다는 취할 수 없는 까닭이고 정계·안인·정진·정려·반야바라밀다도 역시 취할 수 없는 까닭이며, 4념주는 취할 수 없는 까닭이고 4정단·4신족·5근·5력·7등각지·8성도지도 역시 취할 수 없는 까닭이며, 내공은 취할 수 없는 까닭이고 외공·내외공·공공·대공·승의공·유위공·무위공·필경공·무제공·산공·무변이공·본성공·자상공·공상공·일체법공·불가득공·무성공·자성공·무성자성공도 역시 취할 수 없는 까닭이며, 고성제는 취할 수 없는 까닭이고 집·멸·도성제도 역시 취할 수 없는 까닭이며, 4정려는 취할 수 없는 까닭이고 4무량·4무색정도 역시 취할 수 없는 까닭이며,

8해탈은 취할 수 없는 까닭이고 8승처·9차제정·10변처도 역시 취할 수 없는 까닭이며, 일체의 다라니문은 취할 수 없는 까닭이고 일체의 삼마지문도 역시 취할 수 없는 까닭이며, 공해탈문은 취할 수 없는 까닭이고 무상·무원해탈문도 역시 취할 수 없는 까닭이며, 극희지는 취할 수 없는 까닭이고 이구지·발광지·염혜지·극난승지·현전지·원행지·부동지·선혜지·법운지도 역시 취할 수 없는 까닭이며, 5안은 취할 수 없는 까닭이고 6신통도 역시 취할 수 없는 까닭이며, 여래의 10력은 취할 수 없는 까닭이고 4무소외·4무애해·대자·대비·대희·대사·18불불공법도 역시 취할 수 없는 까닭이며,

무망실법은 취할 수 없는 까닭이고 항주사성도 역시 취할 수 없는 까닭이며, 일체지는 취할 수 없는 까닭이고 도상지·일체상지도 역시 취할 수 없는 까닭이며, 세간법은 취할 수 없는 까닭이고 출세간법도 역시 취할 수 없는 까닭이며, 유루법은 취할 수 없는 까닭이고 무루법도 역시 취할 수 없는 까닭이며, 유위법은 취할 수 없는 까닭이고 무위법도 역시 취할 수 없는 까닭이니라.

이 제보살마하살들이 일체법을 취할 수 없다고 알았다면 무상정등보리를 구하면서 나아가느니라. 그 까닭은 무엇인가? 일체법으로써 모두가 취할 수 없고 모두 진실한 일이 없으므로, 꿈에서 보았던 것과 같고, 형상과 같으며 메아리와 같고 아지랑이와 같으며 그림자와 같고 환영의

일과 같으며 변화신과 같고 심향성과 같으니라. 취할 수 없는 법은 취할 수 없는 법으로 능히 증득할 수는 없느니라. 그렇지만 제유정들은 이와 같은 법에서 알지 못하고 보지 못하므로, 이 제보살마하살들이 그 제유정들을 헤아려서 해탈시키기 위하여 무상정등보리를 구하면서 나아가느니라.

다시 다음으로 선현이여. 이 보살마하살은 초발심부터 제유정들을 이익되고 안락하게 하기 위한 까닭으로 보시바라밀다를 수행하는데, 스스로의 몸을 위해서가 아니고 나머지의 일을 위한 것도 아니며, 제유정들을 이익되고 안락하게 하기 위한 까닭으로 안인바라밀다를 수행하는데, 스스로의 몸을 위해서가 아니고 나머지의 일을 위한 것도 아니며, 제유정들을 이익되고 안락하게 하기 위한 까닭으로 정진바라밀다를 수행하는데, 스스로의 몸을 위해서가 아니고 나머지의 일을 위한 것도 아니며,

제유정들을 이익되고 안락하게 하기 위한 까닭으로 정려바라밀다를 수행하는데, 스스로의 몸을 위해서가 아니고 나머지의 일을 위한 것도 아니며, 제유정들을 이익되고 안락하게 하기 위한 까닭으로 반야바라밀다를 수행하는데, 스스로의 몸을 위해서가 아니고 나머지의 일을 위한 것도 아니며, 제유정들을 이익되고 안락하게 하기 위한 까닭으로 무상정등보리를 구하면서 나아가는데, 스스로의 몸을 위해서가 아니고 나머지의 일을 위한 것도 아니니라.

다시 다음으로 선현이여. 이 보살마하살이 반야바라밀다를 수행하는 때에 여러 어리석은 범부들이 아(我)가 아닌 가운데에서 나라는 생각(我想)에 머무르고, 유정(有情)·명자(命者)·생자(生者)·양자(養者)·사부(士夫)·보특가라(補特伽羅)·의생(意生)·유동(孺童)·작자(作者)·사작자(使作者)·기자(起者)·사기자(使起者)·수자(受者)·사수자(使受者)·지자(知者)·사지자(使知者)·견자(見者)·사견자(使見者)가 아닌 가운데에서 유정, …… 나아가 …… 사견자라는 생각에 머무르는 것을 보았다면, 이 보살마하살이 이러한 일을 보고 깊은 연민이 생겨나서 방편으로 교화하고 전도된 망상과 집착을 벗어나서 무상(無相)한 감로계(甘露界)에 안치(安置)시키느니라.

이 경계에 머무르면서 다시는 나라는 생각, …… 나아가 …… 사견자라는 생각을 일으켜서 나타내지 않는다면, 이때에 일체의 도거(掉擧)·산란(散亂)·희론(戱論)·분별(分別)이 다시는 현행(現行)하지 않아서 마음이 많이 적정(寂靜)하고 담백(澹怕)하며, 희론이 없는 경계에 머무느니라. 선현이여. 이 보살마하살은 오히려 이러한 방편으로 반야바라밀다를 수행해서 스스로가 제법에서 집착하는 것이 없다면, 역시 다른 사람을 교계하여 제법에서 집착이 없게 할지라도, 이것은 세속제(世俗諦)에 의지하는 것이고, 승의제(勝義諦)에 의지하는 것은 아니니라.”

그때 구수 선현이 세존께 아뢰어 말하였다.
“세존이시여. 여래(佛)께서 무상정등보리를 증득하셨을 때에, 증득하셨던 불법이라는 것은 세속제를 의지하였습니까? 승의제를 의지하였습니까?”
세존께서 선현에게 알리셨다.
“여래께서 무상정등보리를 증득하셨을 때에, 증득하셨던 불법이라는 것은 세속제를 의지하였던 까닭으로 증득하였다고 이름하고, 승의제를 의지하지 않았느니라. 만일 승의제에 의지한다면 능히 증득할 것과 증득되는 것을 모두 얻을 수 없느니라. 왜 그러한가? 선현이여. 만약 이러한 사람이 이와 같은 법을 얻는다면 곧 얻을 수 있을 것이고, 얻을 것이 있는 자는 곧 유이(有二)라고 집착하게 되고, 유이라고 집착하는 자는 능히 과위를 얻을 수 없고 역시 현관(現觀)2)도 없느니라.”
구수 선현이 다시 세존께 아뢰어 말하였다.
“세존이시여. 만약 유이라고 집착하였다면 능히 과위를 얻을 수 없고, 역시 현관도 없다면, 무이(無二)라고 집착하는 자는 능히 과위를 얻을 수 있고 현관도 있습니까?”
세존께서 선현에게 알리셨다.

---

2) 산스크리트어 abhisamaya의 음사이고, 무루의 지혜로써 대상을 있는 그대로 명료하게 관찰하는 것이다.

"유이라고 집착하는 자는 능히 과위를 얻을 수 없고 현관도 없다면, 무이라고 집착하는 자도 역시 다시 이와 같으니라. 만약 무이이고 불이(不二)도 없다면 곧 과위를 증득하였다고 이름하고, 역시 현관이라고 이름하느니라. 그 까닭은 무엇인가? 선현이여. 만약 오히려 이것으로 곧 과위를 능히 증득할 수 있고 현관도 있다고 집착하거나, 오히려 그것으로 과위를 능히 증득할 수 없고 역시 현관도 없다고 집착하는 것도 함께 이것은 희론이니라. 일체법의 평등성의 가운데에서는 여러 희론이 있지 않나니, 만약 희론을 벗어났다면 비로소 법의 평등성이라고 이름하느니라."

구수 선현이 세존께 아뢰어 말하였다.

"세존이시여. 만약 일체법이 모두 무성(無性)으로써 자성을 삼는다면 이 가운데서 무엇을 법의 평등성이라 말합니까?"

세존께서 말씀하셨다.

"선현이여. 만약 이 처소에서 모두 유성(有性)이 없고, 역시 무성도 없으며, 역시 평등성으로 삼는다고 설할 수 없고, 이와 같다면 비로소 법의 평등성이라고 이름하느니라. 선현이여. 법의 평등성은 이미 설할 수 없었고 역시 알 수 없으나, 평등성을 제외한다면 얻을 법이 없고, 일체법을 벗어난다면 평등성도 없다고 마땅히 알아야 하느니라. 선현이여. 법의 평등성은 이생(異生)과 성자(聖者)들이 함께 행할 수 없는데, 그들의 경계가 아닌 까닭이니라."

구수 선현이 다시 세존께 아뢰어 말하였다.

"세존이시여. 법의 평등성이 어찌 역시 여래의 처소에서 행하실 경계가 아니겠습니까?"

세존께서 말씀하셨다.

"선현이여. 법의 평등성은 여러 현자(賢者)와 성자의 처소에서 행할 경계가 아니나니 이를테면, 수신행(隨信行)이거나, 만약 수법행(隨法行)이거나, 만약 제8지(第八地)이거나, 만약 예류(預流)이거나, 만약 일래(一來)이거나, 만약 불환(不還)이거나, 만약 아라한(阿羅漢)이거나, 만약 독각(獨覺)이거나, 만약 보살마하살(菩薩摩訶薩)이거나, 만약 여래(如來)·응공(應

供)·정등각(正等覺) 등도 모두가 능히 법의 평등성으로써 행할 것의 경계를 삼을 수 없느니라."

구수 선현이 다시 세존께 아뢰어 말하였다.

"세존이시여. 일체의 여래·응공·정등각께서는 일체법에서 모두 자재함을 얻으셨는데, 어찌 법의 평등성을 역시 제불의 처소에서도 행하시는 경계가 아니라고 말씀하십니까?"

세존께서 말씀하셨다.

"선현이여. 일체의 여래·응공·정등각은 일체법에서 비록 자재함을 얻으셨더라도, 만약 평등성이 여래와 다른 것이 있다면 이것은 여래의 처소에서 행하실 경계라고 말할 수 있을 것이다. 그렇지만 평등성은 여래와 다른 것이 없는데, 어찌 여래께서 그러한 경계를 행하신다고 말하겠는가?

선현이여. 만약 여러 이생들이 법의 평등성이거나, 만약 수신행의 법의 평등성이거나, 만약 수법행의 법의 평등성이거나, 만약 여러 제8지의 법의 평등성이거나, 만약 여러 예류들의 법의 평등성이거나, 만약 여러 일래들의 법의 평등성이거나, 만약 여러 불환들의 법의 평등성이거나, 만약 여러 아라한들의 법의 평등성이거나, 만약 여러 독각들의 법의 평등성이거나, 만약 제보살마하살의 대중들의 법의 평등성이거나, 만약 제여래·응공·정등각들의 법의 평등성이거나, 이와 같은 일체법의 평등성은 모두가 동일(同一)한 상인 이를테면, 무상(無相)이며, 이것은 하나로 평등하고 무이(無二)이고 차별이 없는 까닭으로 이것은 이생의 법의 평등성이고, …… 나아가 …… 이것은 여래·응공·정등각의 법의 평등성이라고 설할 수 없고, 이러한 하나인 법의 평등성의 가운데에서는 여러 평등성을 이미 얻을 수 없으므로, 그 가운데에서 이생과 성자가 차별되는 상도 역시 얻을 수 없다고 마땅히 알아야 하느니라."

마하반야바라밀다경 제397권

75. 승의유가품(勝義瑜伽品)(2)

그때 구수 선현이 세존께 아뢰어 말하였다.
"세존이시여. 만약 일체법의 평등성의 가운데에서 여러 차별되는 상(相)을 모두 얻을 수 없다면, 곧 여러 이생(異生)이거나, 만약 수신행(隨信行)이거나, 만약 수법행(隨法行)이거나, 만약 제8지(第八地)이거나, 만약 예류(預流)이거나, 만약 일래(一來)이거나, 만약 불환(不還)이거나, 만약 아라한(阿羅漢)이거나, 만약 독각(獨覺)이거나, 만약 보살마하살(菩薩摩訶薩)이거나, 만약 여래(如來)·응공(應供)·정등각(正等覺)이거나, 이와 같은 일체법과 유정들에게 차별도 없습니다."

세존께서 말씀하셨다.
"선현이여. 그와 같으니라. 그와 같으니라. 그대가 말한 것과 같으니라. 일체법의 평등성의 가운데에서 만약 여러 이생(異生)이거나, 만약 여러 성자들이거나, 나아가 여래·응공·정등각 등의 법과 유정들에서 모두 차별이 없느니라."

구수 선현이 다시 세존께 아뢰어 말하였다.
"세존이시여. 만약 일체법의 평등성의 가운데에서 이생·성자들과 유정들에게 함께 차별이 없다면, 어찌하여 3보의 이를테면, 불보(佛寶)·법보(法寶)·승보(僧寶)가 세간에 출현하였습니까?"

세존께서 말씀하셨다.
"선현이여. 그대의 뜻은 어떠한가? 불·법·승보와 평등성에 각자 차이가 있는가?"

선현이 대답하여 말하였다.

"제가 여래께서 설하셨던 것인 의취를 이해하는 것과 같다면 불·법·승보와 평등성은 모두가 차이가 없습니다. 세존이시여. 만약 불보이거나, 만약 법보이거나, 만약 승보이거나, 만약 평등성이거나, 이와 같은 일체는 모두가 상응(相應)하는 것도 아니고, 상응하지 않는 것도 아니며, 무색(無色)이고 볼 수 없으며, 대상이 없는 하나의 상(一相)인데 이를테면, 무상(無相)입니다. 그렇지만 세존께서는 무상의 가운데에서 방편선교로 여러 종류의 법 등이 차이가 있다고 건립(建立)하셨는데 이를테면, '이것은 이생이고, 이것은 수신행이며, 이것은 수법행이고, 이것은 제8지이며, 이것은 예류이고, 이것은 일래이며, 이것은 불환이고, 이것은 아라한이며, 이것은 독각이고, 이것은 보살마하살이며, 이것은 여래·응공·정등각이다.'라고 설하셨습니다."

세존께서 말씀하셨다.

"선현이여. 그와 같으니라. 그와 같으니라. 그대가 말한 것과 같으니라. 여래는 제법에서 방편선교로 능히 무상에서 여러 종류의 법 등의 차별을 건립하느니라.

다시 다음으로 선현이여. 그대의 뜻은 어떠한가? 만약 제여래·응공·정등각께서 무상정등보리를 증득하지 않았거나, 설사 무상정등보리를 증득하였더라도 유정들을 위하여 제법의 차별되는 상을 시설하시지 않았는데 제유정의 부류들이 능히 스스로가 알았는데, '이것은 지옥이고, 이것은 방생이며, 이것은 귀계이고, 이것은 인간이며, 이것은 사대왕중천(四大王衆天)이고, 이것은 삼십삼천(三十三天)이며, 이것은 야마천(夜摩天)이고, 이것은 도사다천(覩史多天)이며, 이것은 낙변화천(樂變化天)이고, 이것은 타화자재천(他化自在天)이고, 이것은 범중천(梵衆天)이며, 이것은 범보천(梵輔天)이고, 이것은 범회천(梵會天)이며, 이것은 대범천(大梵天)이고, 이것은 광천(光天)이며, 이것은 소광천(少光天)이고, 이것은 무량광천(無量光天)이다.

이것은 극광정천(極光淨天)이고, 이것은 정천(淨天)이며, 이것은 소정천(少淨天)이고, 이것은 무량정천(無量淨天)이며, 이것은 변정천(遍淨天)이고, 이것은 광천(廣天)이며, 이것은 무량광천(無量光天)이고, 이것은 광과천(廣果天)이며, 이것은 무상천(無想天)이고, 이것은 무번천(無繁天)이며, 이것은 무열천(無熱天)이고, 이것은 선현천(善現天)이며, 이것은 선견천(善見天)이고, 이것은 색구경천(色究竟天)이며, 이것은 공무변처천(空無邊處天)이고, 이것은 식무변처천(識無邊處天)이며, 이것은 무소유처천(無所有處天)이고, 이것은 비상비비상처천(非想非非想處天)이다.

이것은 색(色)이고, 이것은 수(受)·상(想)·행(行)·식(識)이며, 이것은 안처(眼處)이고, 이것은 이(耳)·비(鼻)·설(舌)·신(身)·의처(意處)이며, 이것은 색처(色處)이고, 이것은 성(聲)·향(香)·미(味)·촉(觸)·법처(法處)이며, 이것은 안계(眼界)이고, 이것은 이(耳)·비(鼻)·설(舌)·신(身)·의계(意界)이며, 이것은 색계(色界)이고, 이것은 성(聲)·향(香)·미(味)·촉(觸)·법계(法界)이며, 이것은 안식계(眼識界)이고, 이것은 이(耳)·비(鼻)·설(舌)·신(身)·의식계(意識界)이며, 이것은 안촉(眼觸)이고, 이것은 이(耳)·비(鼻)·설(舌)·신(身)·의촉(意觸)이며, 이것은 안촉(眼觸)을 인연으로 생겨난 여러 수(受)이고, 이것은 이·비·설·신·의촉을 인연으로 생겨난 여러 수이다.

이것은 지계(地界)이고, 이것은 수(水)·화(火)·풍(風)·공(空)·식계(識界)이며, 이것은 인연(因緣)이고, 이것은 등무간연(等無間緣)이며, 이것은 소연연(所緣緣)이고, 이것은 증상연(增上緣)이며, 이것은 인연을 따라서 생겨난 제법(諸法)이며, 이것은 무명(無明)이고, 이것은 행(行)·식(識)·명색(名色)·육처(六處)·촉(觸)·수(受)·애(愛)·취(取)·유(有)·생(生)·노사(老死)의 수탄고우뇌(愁歎苦憂惱)이며, 이것은 세간법(世間法)이고, 이것은 출세간법(出世間法)이며, 이것은 유루법(有漏法)이고, 이것은 무루법(無漏法)이며, 이것은 유위법(有爲法)이고, 이것은 무위법(無爲法)이다.

이것은 보시바라밀다(布施波羅蜜多)이고, 이것은 정계(淨戒)·안인(安忍)·정진(精進)·정려(靜慮)·반야(般若)·방편선교(方便善巧)·묘원(妙願)·역(力)·지(智) 바라밀다이며, 이것은 4념주(念住)이고, 이것은 4정단(四正

斷)·4신족(四神足)·5근(五根)·5력(五力)·7등각지(七等覺支)·8성도지(八聖道支)이며, 이것은 내공(內空)이고, 이것은 외공(外空)·내외공(內外空)·공공(空空)·대공(大空)·승의공(勝義空)·유위공(有爲空)·무위공(無爲空)·필경공(畢竟空)·무제공(無際空)·산공(散空)·무변이공(無變異空)·본성공(本性空)·자상공(自相空)·공상공(共相空)·일체법공(一切法空)·불가득공(不可得空)·무성공(無性空)·자성공(自性空)·무성자성공(無性自性空)이다.

이것은 진여(眞如)이고, 이것은 법계(法界)·법성(法性)·불허망성(不虛妄性)·불변이성(不變異性)·평등성(平等性)·이생성(離生性)·법정(法定)·법주(法住)·실제(實際)·허공계(虛空界)·부사의계(不思議界)이며, 이것은 고성제(苦聖諦)이고, 이것은 집(集)·멸(滅)·도성제(道聖諦)이며, 이것은 4정려(四靜慮)이고, 이것은 4무량(四無量)·4무색정(四無色定)이며, 이것은 8해탈(八解脫)이고, 이것은 8승처(八勝處)·9차제정(九次第定)·10변처(十遍處)이며, 이것은 다라니문(陀羅尼門)이고, 이것은 삼마지문(三摩地門)이며, 이것은 공해탈문(空解脫門)이고, 이것은 무상(無相)·무원해탈문(無願解脫門)이다.

이것은 극희지(極喜地)이고, 이것은 이구지(離垢地)·발광지(發光地)·염혜지(焰慧地)·극난승지(極難勝地)·현전지(現前地)·원행지(遠行地)·부동지(不動地)·선혜지(善慧地)·법운지(法雲地)이며, 이것은 5안(五眼)이고, 이것은 6신통(六神通)이며, 이것은 여래(佛)의 10력(十力)이고, 이것은 4무소외(四無所畏)·4무애해(四無礙解)·대자(大慈)·대비(大悲)·대희(大喜)·대사(大捨)·18불불공법(十八佛不共法)이며, 이것은 32대사상(三十二大士相)이고, 이것은 80수호(八十隨好)이며, 이것은 무망실법(無妄失法)이고, 이것은 항주사성(恒住捨性)이며, 이것은 일체지(一切智)이고, 이것은 도상지(道相智)·일체상지(一切相智)이다.

이것은 일체상묘원지(一切相妙願智)이고, 이것은 일체지지(一切智智)이며, 이것은 불보(佛寶)이고, 이것은 법보(法寶)이며, 이것은 승보(僧寶)이고, 이것은 성문승(聲聞乘)이며, 이것은 독각승(獨覺乘)이고, 이것은 무상승(無上乘)이며, 이것은 수신행(隨信行)이고, 이것은 수법행(隨法行)

이며, 이것은 제8지이고, 이것은 예류이며, 이것은 일래이고, 이것은 불환이며, 이것은 아라한이고, 이것은 독각이며, 이것은 보살마하살이고, 이것은 여래·응공·정등각이다.'라고 하며, 제유정의 부류들이 이와 같은 것 등의 차별적인 상을 능히 스스로 알 수 있겠는가?"

선현이 대답하여 말하였다.

"아닙니다. 세존이시여. 아닙니다. 선서시여. 만약 여래께서 유정들을 위하여 여러 이와 같은 것 등의 차별적인 상을 시설하시지 않았다면 제유정의 부류들은 능히 여러 이와 같은 등의 차별적인 상을 스스로 알지 못합니다."

세존께서 말씀하셨다.

"선현이여. 이러한 까닭으로 여래·응공·정등각께서는 무상법(無相法)에서 방편선교로 비록 유정들을 위하여 여러 종류의 차별되는 상을 시설하시더라도 제법의 평등한 법성(法性)에서는 모두 동요되는 것이 없느니라."

그때 구수 선현이 세존께 아뢰어 말하였다.

"세존이시여. 여래·응공·정등각께서 일체법의 평등한 법성에서 모두 동요되는 것이 없으신데, 이와 같이 일체의 어리석은 범부인 중생들도 역시 제법의 평등한 법성에서 모두 동요되는 것이 없습니까? 만약 수신행이거나, 만약 수법행이거나, 만약 제8지이거나, 만약 예류이거나, 만약 일래이거나, 만약 불환이거나, 만약 아라한이거나, 만약 독각이거나, 만약 보살마하살들도 역시 제법의 평등한 법성에서 동요되는 것이 없습니까?"

세존께서 말씀하셨다.

"선현이여. 그와 같으니라. 그와 같으니라. 일체법과 제유정으로써 모두가 평등한 법성을 벗어나서 초월하지 못하므로, 모두가 제법의 평등한 법성에서 전혀 동요되는 것이 없느니라. 선현이여. 일체의 여래·응공·정등각께서 소유하신 진여·법계·법성·불허망성·불변이성·평등성·이생성·법정·법주·실제·허공계·부사의계는 곧 이것이 어리석은 범부인 이생들의 진여·법계·법성·불허망성·불변이성·평등성·이생성·법정·법주·

실제·허공계·부사의계이고, 역시 수신행·수법행·제8지·예류·일래·불환·아라한·독각·보살마하살 등의 진여·법계·법성·불허망성·불변이성·평등성·이생성·법정·법주·실제·허공계·부사의계라고 마땅히 알아야 하느니라.
  왜 그러한가? 선현이여. 일체법과 제유정으로써 모두가 진여·법계·법성·불허망성·불변이성·평등성·이생성·법정·법주·실제·허공계·부사의계를 벗어나서 초월하지 못하느니라. 선현이여. 진여, 나아가 부사의계의 법성은 차별이 없다고 마땅히 알아야 하느니라."

  구수 선현이 세존께 아뢰어 말하였다.
  "세존이시여. 만약 일체법이 평등한 법성이라면, 곧 이것이 이생의 평등한 법성이고, 역시 수신행·수법행·제8지·예류·일래·불환·아라한·독각·보살마하살과 여래·응공·정등각의 평등한 법성일지라도, 지금은 일체법과 제유정들의 상(相)이 각자 다른 까닭으로 성품도 역시 상응하여 다른 것이니, 이것은 곧 법성도 상응하여 각자 다른 것입니다.
  이를테면, 색의 상(相)이 다른 까닭으로 성품도 역시 상응하여 다른 것이고, 수·상·행·식의 상이 다른 까닭으로 성품도 역시 상응하여 다른 것이며, 이것으로 곧 법성도 역시 상응하여 각자 다른 것입니다. 안처의 상이 다른 까닭으로 성품도 역시 상응하여 다른 것이고, 이·비·설·신·의처의 상이 다른 까닭으로 성품도 역시 상응하여 다른 것이며, 이것으로 곧 법성도 역시 상응하여 각자 다른 것입니다. 색처의 상이 다른 까닭으로 성품도 역시 상응하여 다른 것이고, 성·향·미·촉·법처의 상이 다른 까닭으로 성품도 역시 상응하여 다른 것이며, 이것으로 곧 법성도 역시 상응하여 각자 다른 것입니다.
  안계의 상이 다른 까닭으로 성품도 역시 상응하여 다른 것이고, 이·비·설·신·의계의 상이 다른 까닭으로 성품도 역시 상응하여 다른 것이며, 이것으로 곧 법성도 역시 상응하여 각자 다른 것입니다. 색계의 상이 다른 까닭으로 성품도 역시 상응하여 다른 것이고, 성·향·미·촉·법계의 상이 다른 까닭으로 성품도 역시 상응하여 다른 것이며, 이것으로 곧 법성도 역시 상응하여 각자 다른 것입니다. 안식계의 상이 다른 까닭으로 성품도 역시 상응하여 다른 것이고, 이·비·설·신·의식계의 상이 다른 까닭으로 성품도 역시 상응하여 다른 것이며, 이것으로 곧 법성도 역시 상응하여 각자 다른 것입니다.

안촉의 상이 다른 까닭으로 성품도 역시 상응하여 다른 것이고, 이·비·설·신·의촉의 상이 다른 까닭으로 성품도 역시 상응하여 다른 것이며, 이것으로 곧 법성도 역시 상응하여 각자 다른 것입니다. 안촉을 인연으로 생겨난 여러 수의 상이 다른 까닭으로 성품도 역시 상응하여 다른 것이고, 이·비·설·신·의촉을 인연으로 생겨난 여러 수의 상이 다른 까닭으로 성품도 역시 상응하여 다른 것이며, 이것으로 곧 법성도 역시 상응하여 각자 다른 것입니다.

지계의 상이 다른 까닭으로 성품도 역시 상응하여 다른 것이고, 수·화·풍·공·식계의 상이 다른 까닭으로 성품도 역시 상응하여 다른 것이며, 이것으로 곧 법성도 역시 상응하여 각자 다른 것입니다. 인연(因緣)의 상이 다른 까닭으로 성품도 역시 상응하여 다른 것이고, 등무간연(等無間緣)·소연연(所緣緣)·증상연(增上緣)의 상이 다른 까닭으로 성품도 역시 상응하여 다른 것이며, 이것으로 곧 법성도 역시 상응하여 각자 다른 것입니다. 인연을 따라서 생겨난 제법의 상이 다른 까닭으로 성품도 역시 상응하여 다른 것이고, 이것으로 곧 법성도 역시 상응하여 각자 다른 것입니다.

무명의 상이 다른 까닭으로 성품도 역시 상응하여 다른 것이고, 행·식·명색·육처·촉·수·애·취·유·생·노사의 수탄고우뇌의 상이 다른 까닭으로 성품도 역시 상응하여 다른 것이며, 이것으로 곧 법성도 역시 상응하여 각자 다른 것입니다. 탐욕(貪)의 상이 다른 까닭으로 성품도 역시 상응하여 다른 것이고, 진에(瞋)·우치(癡)의 상이 다른 까닭으로 성품도 역시 상응하여 다른 것이며, 이것으로 곧 법성도 역시 상응하여 각자 다른 것입니다. 이생이 보는 세계(見趣)의 상이 다른 까닭으로 성품도 역시 상응하여 다른 것이고, 이것으로 곧 법성도 역시 상응하여 각자 다른 것입니다.

4정려의 상이 다른 까닭으로 성품도 역시 상응하여 다른 것이고, 4무량·4무색정의 상이 다른 까닭으로 성품도 역시 상응하여 다른 것이며, 이것으로 곧 법성도 역시 상응하여 각자 다른 것입니다. 4념주의 상이 다른 까닭으로 성품도 역시 상응하여 다른 것이고, 4정단·4신족·5근·5력·7등각지·8성도지의 상이 다른 까닭으로 성품도 역시 상응하여 다른 것이며, 이것으로 곧 법성도 역시 상응하여 각자 다른 것입니다. 공해탈문의 상이 다른 까닭으로 성품도 역시 상응하여 다른 것이고, 무상·무원해탈문의 상이 다른 까닭으로 성품도 역시 상응하여 다른 것이며, 이것으로 곧 법성도 역시 상응하여 각자 다른 것입니다.

내공의 상이 다른 까닭으로 성품도 역시 상응하여 다른 것이고, 외공·내외공·공공·대공·승의공·유위공·무위공·필경공·무제공·산공·무변이공·본성공·자상공·공상공·일체법공·불가득공·무성공·자성공·무성자성공의 상이 다른 까닭으로 성품도 역시 상응하여 다른 것이며, 이것으로 곧 법성도 역시 상응하여 각자 다른 것입니다. 고성제의 상이 다른 까닭으로 성품도 역시 상응하여 다른 것이고, 집·멸·도성제의 상이 다른 까닭으로 성품도 역시 상응하여 다른 것이며, 이것으로 곧 법성도 역시 상응하여 각자 다른 것입니다.

보시바라밀다의 상이 다른 까닭으로 성품도 역시 상응하여 다른 것이고, 정계·안인·정진·정려·반야·방편선교·묘원·역·지바라밀다의 상이 다른 까닭으로 성품도 역시 상응하여 다른 것이며, 이것으로 곧 법성도 역시 상응하여 각자 다른 것입니다. 8해탈의 상이 다른 까닭으로 성품도 역시 상응하여 다른 것이고, 8승처·9차제정·10변처의 상이 다른 까닭으로 성품도 역시 상응하여 다른 것이며, 이것으로 곧 법성도 역시 상응하여 각자 다른 것입니다. 일체의 다라니문의 상이 다른 까닭으로 성품도 역시 상응하여 다른 것이고, 일체의 삼마지문의 상이 다른 까닭으로 성품도 역시 상응하여 다른 것이며, 이것으로 곧 법성도 역시 상응하여 각자 다른 것입니다.

극희지의 상이 다른 까닭으로 성품도 역시 상응하여 다른 것이고,

이구지·발광지·염혜지·극난승지·현전지·원행지·부동지·선혜지·법운지의 상이 다른 까닭으로 성품도 역시 상응하여 다른 것이며, 이것으로 곧 법성도 역시 상응하여 각자 다른 것입니다. 5안의 상이 다른 까닭으로 성품도 역시 상응하여 다른 것이고, 6신통의 상이 다른 까닭으로 성품도 역시 상응하여 다른 것이며, 이것으로 곧 법성도 역시 상응하여 각자 다른 것입니다. 여래의 10력의 상이 다른 까닭으로 성품도 역시 상응하여 다른 것이고, 4무소외·4무애해·대자·대비·대희·대사·18불불공법의 상이 다른 까닭으로 성품도 역시 상응하여 다른 것이며, 이것으로 곧 법성도 역시 상응하여 각자 다른 것입니다.

 32대사상의 상이 다른 까닭으로 성품도 역시 상응하여 다른 것이고, 80수호의 상이 다른 까닭으로 성품도 역시 상응하여 다른 것이며, 이것으로 곧 법성도 역시 상응하여 각자 다른 것입니다. 무망실법의 상이 다른 까닭으로 성품도 역시 상응하여 다른 것이고, 항주사성의 상이 다른 까닭으로 성품도 역시 상응하여 다른 것이며, 이것으로 곧 법성도 역시 상응하여 각자 다른 것입니다. 일체지의 상이 다른 까닭으로 성품도 역시 상응하여 다른 것이고, 도상지·일체상지의 상이 다른 까닭으로 성품도 역시 상응하여 다른 것이며, 이것으로 곧 법성도 역시 상응하여 각자 다른 것입니다.

 어리석은 범부인 이생의 상이 다른 까닭으로 성품도 역시 상응하여 다른 것이고, 수신행·수법행·제8지·예류·일래·불환·아라한·독각·보살마하살과 여래·응공·정등각의 상이 다른 까닭으로 성품도 역시 상응하여 다른 것이며, 이것으로 곧 법성도 역시 상응하여 각자 다른 것입니다. 여러 세간과 출세간의 상이 다른 까닭으로 성품도 역시 상응하여 다른 것이고, 여러 유루법·무루법과 유위법·무위법의 상이 다른 까닭으로 성품도 역시 상응하여 다른 것이며, 이것으로 곧 법성도 역시 상응하여 각자 다른 것입니다.

 세존이시여. 어찌 여러 다른 상 등의 법들에서 법성을 하나의 상으로 안립(安立)시키십니까? 어찌 보살마하살이 반야바라밀다를 수행하는 때에 법과 제유정들에게 여러 종류의 성품이 있다고 분별하지 않으십니까?

만약 보살마하살이 법과 유정들에게 여러 종류의 성품이 있다고 분별하지 않는다면, 곧 상응(相應)하여 반야바라밀다를 능히 수행하지 못하고, 만약 반야바라밀다를 수행하지 않는다면, 곧 상응하여 하나의 지위(地)에서 다른 하나의 지위에 능히 이르지 못하며, 만약 하나의 지위에서 다른 하나의 지위에 이르지 못한다면, 곧 상응하여 보살의 정성이생(正性離生)에 들어가서 여러 성문지와 독각지를 능히 초월하지 못하고, 만약 보살의 정성이생에 들어가서 여러 성문지와 독각지를 초월하지 못한다면, 곧 상응하여 신통바라밀다를 능히 원만(圓滿)하게 하지 못하며, 만약 신통바라밀다를 원만하게 하지 못한다면, 곧 상응하여 보시·정계·안인·정진·정려·반야·방편선교·묘원·역·지바라밀다를 원만하게 하지 못하고, 만약 보시, 나아가 지바라밀다를 원만하게 하지 못한다면, 신통(神通)으로 유희(遊戲)하면서 한 불국토에서 다른 불국토에 이르러 제불·세존께 능히 공양하고 공경하며 존중하고 찬탄하지 못하며, 역시 제불의 처소에서 여러 종류의 선근(善根)을 심지 못하고, 만약 제불의 처소에서 여러 종류의 선근을 심지 못한다면, 곧 상응하여 유정들을 성숙시키지 못하고 불국토를 청정하게 장엄하지 못하며, 만약 유정들을 성숙시키지 못하고 불국토를 청정하게 장엄하지 못한다면, 곧 상응하여 무상정등보리를 증득하지 못합니다."

세존께서 말씀하셨다.

"선현이여. 그대가 말한 것과 같이, '만약 일체법이 평등한 법성이라면, 곧 이것은 이생의 평등한 법성이고, 역시 수신행·수법행·제8지·예류·일래·불환·아라한·독각·보살마하살과 여래·응공·정등각의 평등한 법성일지라도, 지금은 일체법과 유정들의 상이 각자 다른 까닭으로 성품도 역시 상응하여 다르고, 이것으로 곧 법성도 역시 상응하여 각자 다른 것입니다. 어찌 온갖 다른 상의 법 등에서 법성을 하나의 상으로 안립하십니까? 어찌 보살마하살이 반야바라밀다를 수행하는 때에 법과 유정들에게 여러 종류의 성품이 있다고 분별하지 않으십니까?'라는 등의 것이라면, 선현이여. 그대의 뜻은 어떠한가?

여러 색의 법성은 이것이 공성(空性)인가? 여러 수·상·행·식의 법성은 이것이 공성인가? 여러 안처의 법성은 이것이 공성인가? 여러 이·비·설·신·의처의 법성은 이것이 공성인가? 여러 색처의 법성은 이것이 공성인가? 여러 성·향·미·촉·법처의 법성은 이것이 공성인가? 여러 안계의 법성은 이것이 공성인가? 여러 이·비·설·신·의계의 법성은 이것이 공성인가? 여러 색계의 법성은 이것이 공성인가? 여러 성·향·미·촉·법계의 법성은 이것이 공성인가? 여러 안식계의 법성은 이것이 공성인가? 여러 이·비·설·신·의식계의 법성은 이것이 공성인가?

여러 안촉의 법성은 이것이 공성인가? 여러 이·비·설·신·의촉의 법성은 이것이 공성인가? 여러 안촉을 인연으로 생겨난 여러 수의 법성은 이것이 공성인가? 여러 이·비·설·신·의촉을 인연으로 생겨난 여러 수의 법성은 이것이 공성인가? 여러 지계의 법성은 이것이 공성인가? 여러 수·화·풍·공·식계의 법성은 이것이 공성인가? 여러 인연의 법성은 이것이 공성인가? 여러 등무간연·소연연·증상연의 법성은 이것이 공성인가? 여러 인연을 따라서 생겨난 법의 법성은 이것이 공성인가? 여러 무명의 법성은 이것이 공성인가? 여러 행·식·명색·육처·촉·수·애·취·유·생·노사의 수탄고우뇌의 법성은 이것이 공성인가?

여러 탐욕의 법성은 이것이 공성인가? 여러 진에·우치의 법성은 이것이 공성인가? 여러 4정려의 법성은 이것이 공성인가? 여러 4무량·4무색정의 법성은 이것이 공성인가? 여러 4념주의 법성은 이것이 공성인가? 여러 4정단·4신족·5근·5력·7등각지·8성도지의 법성은 이것이 공성인가? 여러 공해탈문의 법성은 이것이 공성인가? 여러 무상·무원해탈문의 법성은 이것이 공성인가? 여러 내공의 법성은 이것이 공성인가? 여러 외공·내외공·공공·대공·승의공·유위공·무위공·필경공·무제공·산공·무변이공·본성공·자상공·공상공·일체법공·불가득공·무성공·자성공·무성자성공의 법성은 이것이 공성인가?

여러 고성제의 법성은 이것이 공성인가? 여러 집·멸·도성제의 법성은 이것이 공성인가? 여러 보시바라밀다의 법성은 이것이 공성인가? 여러 정계·안인·정진·정려·반야·방편선교·묘원·역·지바라밀다의 법성은 이것이 공성인가? 여러 8해탈의 법성은 이것이 공성인가? 여러 8승처·9차제정·10변처의 법성은 이것이 공성인가? 여러 다라니문의 법성은 이것이 공성인가? 여러 삼마지문의 법성은 이것이 공성인가? 여러 극희지의 법성은 이것이 공성인가? 여러 이구지·발광지·염혜지·극난승지·현전지·원행지·부동지·선혜지·법운지의 법성은 이것이 공성인가? 여러 5안의 법성은 이것이 공성인가? 여러 6신통의 법성은 이것이 공성인가?

여러 여래(如來)의 10력의 법성은 이것이 공성인가? 여러 4무소외·4무애해·대자·대비·대희·대사·18불불공법의 법성은 이것이 공성인가? 여러 32대사상의 법성은 이것이 공성인가? 여러 80수호의 법성은 이것이 공성인가? 여러 무망실법의 법성은 이것이 공성인가? 여러 항주사성의 법성은 이것이 공성인가? 여러 일체지의 법성은 이것이 공성인가? 여러 도상지·일체상지의 법성은 이것이 공성인가? 여러 어리석은 범부인 이생들의 법성은 이것이 공성인가? 여러 수신행·수법행·제8지·예류·일래·불환·아라한·독각·보살마하살과 여래·응공·정등각의 법성은 이것이 공성인가? 세간법과 출세간법의 법성은 이것이 공성인가? 유루법·무루법과 유위법·무위법의 법성은 이것이 공성인가?"

선현이 대답하여 말하였다.

"그와 같습니다. 세존이시여. 그와 같습니다. 선서시여. 일체의 법성은 모두가 이것이 공성입니다."

세존께서 선현에게 알리셨다.

"그대의 뜻은 어떠한가? 공성(空性)의 가운데에서 법들의 이상(異相)[1]을 얻을 수 있는가? 이를테면, 색의 이상을 얻을 수 있는가? 수·상·행·식의 이상을 얻을 수 있는가? 안처의 이상을 얻을 수 있는가? 이·비·설·신·의처의 이상을 얻을 수 있는가? 색처의 이상을 얻을 수 있는가? 성·향·미·촉·법처의 이상을 얻을 수 있는가? 안계의 이상을 얻을 수 있는가? 이·비·설·신·의계의 이상을 얻을 수 있는가? 색계의 이상을 얻을 수 있는가? 성·향·미·

---

1) 사상(四相)의 하나이고, 사물이 생겨난 뒤에 괴멸(壞滅)을 향하여 변천해 가는 것이다.

촉·법계의 이상을 얻을 수 있는가? 안식계의 이상을 얻을 수 있는가? 이·비·설·신·의식계의 이상을 얻을 수 있는가?

안촉의 이상을 얻을 수 있는가? 이·비·설·신·의촉의 이상을 얻을 수 있는가? 안촉을 인연으로 생겨난 여러 수의 이상을 얻을 수 있는가? 이·비·설·신·의촉을 인연으로 생겨난 여러 수의 이상을 얻을 수 있는가? 지계의 이상을 얻을 수 있는가? 수·화·풍·공·식계의 이상을 얻을 수 있는가? 인연의 이상을 얻을 수 있는가? 등무간연·소연연·증상연의 이상을 얻을 수 있는가? 인연을 따라서 생겨난 법의 이상을 얻을 수 있는가? 무명의 이상을 얻을 수 있는가? 여러 행·식·명색·육처·촉·수·애·취·유·생·노사의 수탄고우뇌의 이상을 얻을 수 있는가?

탐욕의 이상을 얻을 수 있는가? 진에·우치의 이상을 얻을 수 있는가? 4정려의 이상을 얻을 수 있는가? 4무량·4무색정의 이상을 얻을 수 있는가? 4념주의 이상을 얻을 수 있는가? 4정단·4신족·5근·5력·7등각지·8성도지의 이상을 얻을 수 있는가? 공해탈문의 이상을 얻을 수 있는가? 무상·무원해탈문의 이상을 얻을 수 있는가? 내공의 이상을 얻을 수 있는가? 외공·내외공·공공·대공·승의공·유위공·무위공·필경공·무제공·산공·무변이공·본성공·자상공·공상공·일체법공·불가득공·무성공·자성공·무성자성공의 이상을 얻을 수 있는가?

고성제의 이상을 얻을 수 있는가? 집·멸·도성제의 이상을 얻을 수 있는가? 보시바라밀다의 이상을 얻을 수 있는가? 정계·안인·정진·정려·반야·방편선교·묘원·역·지바라밀다의 이상을 얻을 수 있는가? 8해탈의 이상을 얻을 수 있는가? 8승처·9차제정·10변처의 이상을 얻을 수 있는가? 다라니문의 이상을 얻을 수 있는가? 삼마지문의 이상을 얻을 수 있는가? 극희지의 이상을 얻을 수 있는가? 이구지·발광지·염혜지·극난승지·현전지·원행지·부동지·선혜지·법운지의 이상을 얻을 수 있는가? 5안의 이상을 얻을 수 있는가? 6신통의 이상을 얻을 수 있는가?

여래의 10력의 이상을 얻을 수 있는가? 4무소외·4무애해·대자·대비·대희·대사·18불불공법의 이상을 얻을 수 있는가? 32대사상의 이상을 얻을 수 있는가? 80수호의 이상을 얻을 수 있는가? 무망실법의 이상을 얻을 수 있는가? 항주사성의 이상을 얻을 수 있는가? 일체지의 이상을 얻을 수 있는가? 도상지·일체상지의 이상을 얻을 수 있는가? 어리석은 범부인 이생들의 이상을 얻을 수 있는가? 수신행·수법행·제8지·예류·일래·불환·아라한·독각·보살마하살과 여래·응공·정등각의 이상을 얻을 수 있는가? 세간법과 출세간법의 이상을 얻을 수 있는가? 유루법·무루법과 유위법·무위법의 이상을 얻을 수 있는가?"

선현이 대답하여 말하였다.

"아닙니다. 세존이시여. 아닙니다. 선서시여. 공성의 가운데서는 일체의 이상을 얻을 수 없습니다."

세존께서 선현에게 알리셨다.

"오히려 이것으로 마땅히 알아야 하느니라. 평등한 법성은 색이 아니고 색을 벗어나지도 않았으며, 수·상·행·식이 아니고 수·상·행·식을 벗어나지도 않았으며, 안처가 아니고 안처를 벗어나지도 않았으며, 이·비·설·신·의처가 아니고 이·비·설·신·의처를 벗어나지도 않았으며, 색처가 아니고 색처를 벗어나지도 않았으며, 성·향·미·촉·법처가 아니고 성·향·미·촉·법처를 벗어나지도 않았으며, 안계가 아니고 안계를 벗어나지도 않았으며, 이·비·설·신·의계가 아니고 이·비·설·신·의계를 벗어나지도 않았으며, 색계가 아니고 색계를 벗어나지도 않았으며, 성·향·미·촉·법계가 아니고 성·향·미·촉·법계를 벗어나지도 않았으며,

안식계가 아니고 안식계를 벗어나지도 않았으며, 이·비·설·신·의식계가 아니고 이·비·설·신·의식계를 벗어나지도 않았으며, 안촉이 아니고 안촉을 벗어나지도 않았으며, 이·비·설·신·의촉이 아니고 이·비·설·신·의촉을 벗어나지도 않았으며, 안촉을 인연으로 생겨난 여러 수가 아니고 안촉을 인연으로 생겨난 여러 수를 벗어나지도 않았으며, 이·비·설·신·의촉을 인연으로 생겨난 여러 수가 아니고 이·비·설·신·의촉을 인연으로 생겨난 여러 수를 벗어나지도 않았으며, 지계가 아니고 지계를 벗어나지도 않았으며, 수·화·풍·공·식계가 아니고 수·화·풍·공·식계를 벗어나지

도 않았으며,
  인연이 아니고 인연을 벗어나지도 않았으며, 등무간연·소연연·증상연이 아니고 등무간연·소연연·증상연을 벗어나지도 않았으며, 인연을 따라서 생겨난 제법이 아니고 인연을 따라서 생겨난 제법을 벗어나지도 않았으며, 무명이 아니고 무명을 벗어나지도 않았으며, 행·식·명색·육처·촉·수·애·취·유·생·노사의 수탄고우뇌가 아니고 행, 나아가 노사의 수탄고우뇌를 벗어나지도 않았으며, 탐욕이 아니고 탐욕을 벗어나지도 않았으며, 진에·우치가 아니고 진에·우치를 벗어나지도 않았으며, 4정려가 아니고 4정려를 벗어나지도 않았으며, 4무량·4무색정이 아니고 4무량·4무색정을 벗어나지도 않았으며,
  4념주가 아니고 4념주를 벗어나지도 않았으며, 4정단·4신족·5근·5력·7등각지·8성도지가 아니고 4정단, 나아가 8성도지를 벗어나지도 않았으며, 공해탈문이 아니고 공해탈문을 벗어나지도 않았으며, 무상·무원해탈문이 아니고 무상·무원해탈문을 벗어나지도 않았으며, 내공이 아니고 내공을 벗어나지도 않았으며, 외공·내외공·공공·대공·승의공·유위공·무위공·필경공·무제공·산공·무변이공·본성공·자상공·공상공·일체법공·불가득공·무성공·자성공·무성자성공이 아니고 외공, 나아가 무성자성공을 벗어나지도 않았으며, 고성제가 아니고 고성제를 벗어나지도 않았으며, 집·멸·도성제가 아니고 집·멸·도성제를 벗어나지도 않았으며,
  보시바라밀다가 아니고 보시바라밀다를 벗어나지도 않았으며, 정계·안인·정진·정려·반야·방편선교·묘원·역·지바라밀다가 아니고 정계, 나아가 지바라밀다를 벗어나지도 않았으며, 8해탈이 아니고 8해탈을 벗어나지도 않았으며, 8승처·9차제정·10변처가 아니고 8승처·9차제정·10변처를 벗어나지도 않았으며, 일체의 다라니문이 아니고 일체의 다라니문을 벗어나지도 않았으며, 일체의 삼마지문이 아니고 일체의 삼마지문을 벗어나지도 않았으며, 극희지가 아니고 극희지를 벗어나지도 않았으며, 이구지·발광지·염혜지·극난승지·현전지·원행지·부동지·선혜지·법운지가 아니고 이구지, 나아가 법운지를 벗어나지도 않았으며,

5안이 아니고 5안을 벗어나지도 않았으며, 6신통이 아니고 6신통을 벗어나지도 않았으며, 여래의 10력이 아니고 여래의 10력을 벗어나지도 않았으며, 4무소외·4무애해·대자·대비·대희·대사·18불불공법이 아니고 4무소외, 나아가 18불불공법을 벗어나지도 않았으며, 32대사상이 아니고 32대사상을 벗어나지도 않았으며, 80수호가 아니고 80수호를 벗어나지도 않았으며, 무망실법이 아니고 무망실법을 벗어나지도 않았으며, 항주사성이 아니고 항주사성을 벗어나지도 않았으며, 일체지가 아니고 일체지를 벗어나지도 않았으며, 도상지·일체상지가 아니고 도상지·일체상지를 벗어나지도 않았으며,

어리석은 범부인 이생들이 아니고 어리석은 범부인 이생들을 벗어나지도 않았으며, 수신행·수법행·제8지·예류·일래·불환·아라한·독각·보살마하살과 여래·응공·정등각이 아니고 수신행, 나아가 여래·응공·정등각을 벗어나지도 않았으며, 세간법이 아니고 세간법을 벗어나지도 않았으며, 유루법·무루법이 아니고 유루법·무루법을 벗어나지도 않았으며, 유위법·무위법이 아니고 유위법·무위법을 벗어나지도 않았느니라."

구수 선현이 세존께 아뢰어 말하였다.
"세존이시여. 평등한 법성은 유위입니까? 무위입니까?"
세존께서 선현에게 알리셨다.
"평등한 법성은 이것은 유위가 아니고, 이것은 무위도 아니니라. 그렇지만 유위법을 벗어나서 무위법을 얻을 수 없고, 무위법을 벗어나서 유위법을 얻을 수 없느니라. 선현이여. 만약 유위계이거나, 만약 무위계이거나, 이와 같은 두 경계는 상응하는 것도 아니고, 상응하지 않는 것도 아니며, 무색(無色)이고 볼 수도 없으며 대상이 없는 하나의 상(一相)인데 이를테면, 무상(無相)이니라. 일체의 여래·응공·정등각께서는 세속제에 의지하여 설하셨고 승의제에 의지하여 설하지 않았느니라. 왜 그러한가? 승의제의 가운데에서는 신행(身行)·어행(語行)·의행(意行)이 있지 않고, 신행·어행·의행을 벗어나서 승의제를 얻을 수 없느니라.

선현이여. 곧 유위와 무위의 평등한 법성을 설한다면 승의제라고 이름한다고 마땅히 알아야 하느니라. 이러한 까닭으로 보살마하살이 반야바라밀다를 수행하는 때에, 승의제에서 동요가 없이 보살마하살의 행을 수행하면서 유정들을 성숙시키고 불국토를 청정하게 장엄하며 능히 무상정등보리를 증득하느니라."

76. 무동법성품(無動法性品)

　그때 구수 선현이 세존께 아뢰어 말하였다.
　"세존이시여. 만약 제법들의 평등한 법성이 모두가 본성공이라면, 이 본성공은 유법(有法)·무법(無法)에서 능작(能作)도 아니고, 소작(所作)도 아닌데, 어찌 보살마하살이 반야바라밀다를 수행하는 때에 승의제에서 동요가 없이 보살이 상응하여 지어야 하는 일을 짓고서, 보시(布施)·애어(愛語)·이행(利行)·동사(同事)로써 유정들을 요익하게 합니까?"
　세존께서 선현에게 알리셨다.
　"그와 같으니라. 그와 같으니라. 그대가 말한 것과 같으니라. 일체법 등은 평등한 법성이고 모두가 본성공인데, 이 본성공은 유법·무법에서 능작도 아니고, 소작도 아니니라. 선현이여. 만약 제유정들이 스스로가 제법들이 모두 본성공이라고 알았다면, 곧 제여래·응공·정등각과 제보살마하살의 대중들은 신통으로 희유한 일을 짓고서 나타내지 않는데 이를테면, 제법의 본성공의 가운데에서 비록 동요가 없더라도 유정들에게 여러 종류의 망상(妄想)과 전도를 멀리 벗어나게 하고 제법의 공(空)에 안주하여 생사에서 해탈시키지 않느니라.
　이를테면, 유정들에게 아(我)라는 생각(想)·유정(有情)이라는 생각·명자(命者)라는 생각·생자(生者)라는 생각·양자(養者)라는 생각·사부(士夫)

라는 생각·보특가라(補特伽羅)라는 생각·의생(意生)이라는 생각·유동(孺童)이라는 생각·작자(作者)라는 생각·사작자(使作者)라는 생각·기자(起者)라는 생각·사기자(使起者)라는 생각·수자(受者)라는 생각·사수자(使受者)라는 생각·지자(知者)라는 생각·사지자(使知者)라는 생각·견자(見者)라는 생각·사견자(使見者)라는 생각을 멀리 벗어나게 하고, 역시 색이라는 생각과 수·상·행·식이라는 생각을 멀리 벗어나게 하며,

역시 안처라는 생각과 이·비·설·신·의처라는 생각을 멀리 벗어나게 하고, 역시 색처라는 생각과 성·향·미·촉·법처라는 생각을 멀리 벗어나게 하며, 역시 안계라는 생각과 이·비·설·신·의계라는 생각을 멀리 벗어나게 하고, 역시 색계라는 생각과 성·향·미·촉·법계라는 생각을 멀리 벗어나게 하며, 역시 안식계라는 생각과 이·비·설·신·의식계라는 생각을 멀리 벗어나게 하고, 역시 안촉이라는 생각과 이·비·설·신·의촉이라는 생각을 멀리 벗어나게 하며, 역시 안촉을 인연으로 생겨난 여러 수라는 생각과 이·비·설·신·의촉을 인연으로 생겨난 여러 수라는 생각을 멀리 벗어나게 하고,

역시 지계라는 생각과 수·화·풍·공·식계라는 생각을 멀리 벗어나게 하며, 역시 인연이라는 생각과 등무간연·소연연·증상연이라는 생각을 멀리 벗어나게 하고, 역시 연에서 생기는 모든 법이라는 생각을 멀리 벗어나게 하며, 역시 무명이라는 생각과 행·식·명색·육처·촉·수·애·취·유·생·노사의 수탄고우뇌라는 생각을 멀리 벗어나게 하고, 역시 세간법·출세간법이라는 생각과 유루법·무루법, 유위법·무위법이라는 생각을 멀리 벗어나게 하며, 무위계에 안주하게 하고 생사의 고통에서 해탈하게 하는 것이다. 무위계라는 것은 곧 제법이 공한 것이고, 세속제에 의지하여 무위계라고 말하느니라."

구수 선현이 세존께 아뢰어 말하였다.
"세존이시여. 오히려 무슨 공을 까닭으로 제법이 공하다고 설하십니까?"
세존께서 말씀하셨다.
"선현이여. 오히려 생각(想)이 공한 까닭으로 제법이 공하다고 설하느

니라. 다시 다음으로 선현이여. 그대의 뜻은 어떠한가? 만약 변화신(變化身)이 다시 변화의 일을 지었다면 이것이 진실로 있고 공하지 않는가?"
　선현이 대답하여 말하였다.
　"아닙니다. 세존이시여. 아닙니다. 선서시여. 여러 변화한 것은 모두 진실한 일이 없고 일체가 공합니다."
　세존께서 선현에게 알리셨다.
　"변화된 것과 공(空)의 이와 같은 두 가지의 법은 합쳐지지 않고, 흩어지지도 않는데, 이 두 가지는 함께 공으로써 공한 까닭으로 공하느니라. 이것은 공이고, 이것은 변화하였다고 분별할 수 없느니라. 왜 그러한가? 선현이여. 공성(空性)이 아닌 가운데에서 공이 있을 수 없고, 변화하였던 두 가지의 일이 있더라도 얻을 수 없는데, 일체법으로써 필경공인 까닭이니라.
　다시 다음으로 선현이여. 색은 변화하지 않는 것이 없고, 수·상·행·식은 변화하지 않는 것이 없으며, 여러 이렇게 변화한 것은 모두가 공하지 않는 것이 없느니라. 선현이여. 안처는 변화하지 않는 것이 없고, 이·비·설·신·의처는 변화하지 않는 것이 없으며, 여러 이렇게 변화한 것은 모두가 공하지 않는 것이 없느니라. 선현이여. 색처는 변화하지 않는 것이 없고, 성·향·미·촉·법처는 변화하지 않는 것이 없으며, 여러 이렇게 변화한 것은 모두가 공하지 않는 것이 없느니라.
　선현이여. 안계는 변화하지 않는 것이 없고, 이·비·설·신·의계는 변화하지 않는 것이 없으며, 여러 이렇게 변화한 것은 모두가 공하지 않는 것이 없느니라. 선현이여. 색계는 변화하지 않는 것이 없고, 성·향·미·촉·법계는 변화하지 않는 것이 없으며, 여러 이렇게 변화한 것은 모두가 공하지 않는 것이 없느니라. 선현이여. 안식계는 변화하지 않는 것이 없고, 이·비·설·신·의식계는 변화하지 않는 것이 없으며, 여러 이렇게 변화한 것은 모두가 공하지 않는 것이 없느니라.
　선현이여. 안촉은 변화하지 않는 것이 없고, 이·비·설·신·의촉은 변화하지 않는 것이 없으며, 여러 이렇게 변화한 것은 모두가 공하지 않는 것이 없느니라. 선현이여. 안촉을 인연으로 생겨난 여러 수는 변화하지 않는 것이 없고, 이·비·설·신·의촉을 인연으로 생겨난 여러 수는 변화하지 않는 것이 없으며, 여러 이렇게 변화한 것은 모두가 공하지 않는 것이 없느니라. 선현이여. 지계는 변화하지 않는 것이 없고, 수·화·풍·공·식계는 변화하지 않는 것이 없으며, 여러 이렇게 변화한 것은 모두가 공하지 않는 것이 없느니라.

선현이여. 인연은 변화하지 않는 것이 없고, 등무간연·소연연·증상연은 변화하지 않는 것이 없으며, 여러 이렇게 변화한 것은 모두가 공하지 않는 것이 없느니라. 선현이여. 인연을 따라서 생겨난 제법은 변화하지 않는 것이 없고, 여러 이렇게 변화한 것은 모두가 공하지 않는 것이 없느니라. 선현이여. 무명은 변화하지 않는 것이 없고, 행·식·명색·육처·촉·수·애·취·유·생·노사의 수탄고우뇌는 변화하지 않는 것이 없으며, 여러 이렇게 변화한 것은 모두가 공하지 않는 것이 없느니라.

선현이여. 보시바라밀다는 변화하지 않는 것이 없고, 정계·안인·정진·정려·반야·방편선교·묘원·역·지바라밀다는 변화하지 않는 것이 없으며, 여러 이렇게 변화한 것은 모두가 공하지 않는 것이 없느니라. 선현이여. 4념주는 변화하지 않는 것이 없고, 4정단·4신족·5근·5력·7등각지·8성도지는 변화하지 않는 것이 없으며, 여러 이렇게 변화한 것은 모두가 공하지 않는 것이 없느니라. 선현이여. 공해탈문은 변화하지 않는 것이 없고, 무상·무원해탈문은 변화하지 않는 것이 없으며, 여러 이렇게 변화한 것은 모두가 공하지 않는 것이 없느니라.

선현이여. 내공은 변화하지 않는 것이 없고, 외공·내외공·공공·대공·승의공·유위공·무위공·필경공·무제공·산공·무변이공·본성공·자상공·공상공·일체법공·불가득공·무성공·자성공·무성자성공은 변화하지 않는 것이 없으며, 여러 이렇게 변화한 것은 모두가 공하지 않는 것이 없느니라. 선현이여. 고성제는 변화하지 않는 것이 없고, 집·멸·도성제는 변화하지 않는 것이 없으며, 여러 이렇게 변화한 것은 모두가 공하지 않는 것이 없느니라. 선현이여. 4정려는 변화하지 않는 것이 없고, 4무량·4무색정은 변화하지 않는 것이 없으며, 여러 이렇게 변화한 것은 모두가 공하지 않는 것이 없느니라.
 선현이여. 8해탈은 변화하지 않는 것이 없고, 8승처·9차제정·10변처는 변화하지 않는 것이 없으며, 여러 이렇게 변화한 것은 모두가 공하지 않는 것이 없느니라. 선현이여. 다라니문은 변화하지 않는 것이 없고, 삼마지문은 변화하지 않는 것이 없으며, 여러 이렇게 변화한 것은 모두가 공하지 않는 것이 없느니라. 선현이여. 극희지는 변화하지 않는 것이 없고, 이구지·발광지·염혜지·극난승지·현전지·원행지·부동지·선혜지·법운지는 변화하지 않는 것이 없으며, 여러 이렇게 변화한 것은 모두가 공하지 않는 것이 없느니라.
 선현이여. 5안은 변화하지 않는 것이 없고, 6신통은 변화하지 않는 것이 없으며, 여러 이렇게 변화한 것은 모두가 공하지 않는 것이 없느니라. 선현이여. 여래의 10력은 변화하지 않는 것이 없고, 4무소외·4무애해·대자·대비·대희·대사·18불불공법은 변화하지 않는 것이 없으며, 여러 이렇게 변화한 것은 모두가 공하지 않는 것이 없느니라. 선현이여. 32대사상은 변화하지 않는 것이 없고, 80수호는 변화하지 않는 것이 없으며, 여러 이렇게 변화한 것은 모두가 공하지 않는 것이 없느니라.
 선현이여. 무망실법은 변화하지 않는 것이 없고, 항주사성은 변화하지 않는 것이 없으며, 여러 이렇게 변화한 것은 모두가 공하지 않는 것이 없느니라. 선현이여. 일체지는 변화하지 않는 것이 없고, 도상지·일체상지는 변화하지 않는 것이 없으며, 여러 이렇게 변화한 것은 모두가 공하지 않는 것이 없느니라. 선현이여. 예류과는 변화하지 않는 것이 없고, 일래·불환·아라한·독각의 보리는 변화하지 않는 것이 없으며, 여러 이렇게 변화한 것은 모두가 공하지 않는 것이 없느니라.
 선현이여. 보살마하살의 행은 변화하지 않는 것이 없고, 제불의 무상정등보리는 변화하지 않는 것이 없으며, 여러 이렇게 변화한 것은 모두가 공하지 않는 것이 없느니라. 선현이여. 이와 같은 법에 의지하여 여러 종류의 보특가라인 이를테면, 이생(異生)이거나, 만약 수신행(隨信行)이거나, 만약 수법행(隨法行)이거나, 만약 제8지(第八地)이거나, 만약 예류

(預流)이거나, 만약 일래(一來)이거나, 만약 불환(不還)이거나, 만약 아라한(阿羅漢)이거나, 만약 독각(獨覺)이거나, 만약 보살마하살(菩薩摩訶薩)이거나, 만약 여래(如來)·응공(應供)·정등각(正等覺) 등을 시설할지라도, 이와 같은 일체가 이것이 변화하지 않는 것이 없나니, 여러 이렇게 변화한 것은 모두가 공하지 않는 것이 없느니라."

그때 구수 선현이 세존께 아뢰어 말하였다.
"세존이시여. 세간법인 여러 온(蘊)·처(處)·계(界)·연기(緣起)·연생(緣生)·연기지(緣起支) 등은 모두 이것이 변화한 것입니까? 여러 출세간법인 바라밀다(波羅蜜多)이거나, 만약 37보리분법(菩提分法)이거나, 만약 3해탈문(解脫門)이거나, 만약 일체공(一切空)이거나, 만약 여러 성제(聖諦)이거나, 만약 4정려·4무량·4무색정이거나, 만약 8해탈·8승처·9차제정·10변처이거나, 만약 다라니문·삼마지문이거나, 만약 보살의 10지이거나, 만약 5안·6신통이거나, 만약 여래의 10력·4무소외·4무애해·대자·대비·대희·대사·18불불공법이거나, 만약 32대사상·80수호이거나, 만약 무망실법·항주사성이거나, 만약 일체지·도상지·일체상지이거나, 만약 오히려 그러한 법으로 얻어지는 것인 여러 과위이거나, 만약 그러한 법에 의지하여 시설한 여러 종류의 보특가라도 이것이 변화한 것입니까?"
세존께서 선현에게 알리셨다.
"일체의 세간법과 출세간법의 이것이 변화되지 않은 것은 없느니라. 그렇지만 그 가운데에서는 이것이 성문(聲聞)으로 변화한 것이 있고, 독각으로 변화한 것이 있으며, 보살로 변화한 것이 있고, 여래로 변화한 것이 있으며, 번뇌로 변화한 것이 있고, 선법(善法)으로 변화한 것이 있느니라. 선현이여. 오히려 이러한 인연으로 일체법은 모두 변화한 것 등과 같아서 차별이 없다고 설하느니라."
구수 선현이 세존께 아뢰어 말하였다.
"세존이시여. 소유(所有)를 단절하는 과위인 이를테면, 예류이거나, 혹은 일래과이거나, 혹은 불환과이거나, 혹은 아라한과이거나, 혹은 독각지

(獨覺地)이거나, 혹은 여래지(如來地)에서 번뇌(煩惱)와 습기(習氣)의 상속(相續)을 영원히 단절하는 것이 어찌 역시 이것이 변화한 것이겠습니까?"
 세존께서 선현에게 알리셨다.
 "이와 같은 제법들이 만약 생겨나거나, 소멸하는 두 가지의 상(相)과 함께 합쳐지는 것이라면 역시 모두 이것이 변화한 것이니라."
 "세존이시여. 무슨 법이 변화하지 않은 것입니까?"
 "선현이여. 만약 법이 생겨나거나, 소멸하는 상과 함께 서로가 합쳐지지 않는다면, 이것은 변화한 법이 아니니라."
 "세존이시여. 무슨 법이 생겨나거나, 소멸하는 상과 함께 서로가 합쳐지지 않습니까?"
 "선현이여. 허망하지 않고 속이지 않는 법은 곧 이것이 열반이고, 이러한 법이 생겨나거나, 소멸하는 상과 함께 서로가 합쳐지지 않나니, 이러한 까닭으로 변화한 것이 아니니라."
 구수 선현이 세존께 아뢰어 말하였다.
 "세존께서는 평등한 법성은 일체가 모두 공하므로 능히 동요시킬 수 없고, 무이(無二)이며, 적은 법도 자성공(自性空)이 아닌 것이 없다고 설하신 것과 같다면, 어찌 열반은 변화한 것이 아니라고 말씀하십니까?"
 세존께서 선현에게 알리셨다.
 "그와 같으니라. 그와 같으니라. 그대가 말한 것과 같이 적은 법도 자성이 공하지 않는 것이 없느니라. 이러한 자성공은 성문이 지은 것이 아니고, 독각이 지은 것도 아니며, 보살이 지은 것도 아니고, 여래가 지은 것도 아니며, 역시 나머지가 지은 것도 아니므로, 여래께서 있으시거나, 없으시더라도 그 자성은 항상 공하나니, 이것이 곧 열반이니라. 이러한 까닭으로 나는 열반을 변화한 것이 아니라고 설하나니, 진실로 열반이라고 이름할 법이 있지 않고, 생겨남이 없고 소멸함도 없다면 변화하는 것이 아니라고 설할 수 있느니라."

마하반야바라밀다경 제398권

77. 상제보살품(常啼菩薩品)(1)

그때 구수 선현이 세존께 아뢰어 말하였다.

"세존이시여. 처음의 업(初業)인 보살들을 어떻게 교수(敎授)하고 교계(敎戒)한다면, 그들이 제법의 자성은 반드시 결국에는 모두가 공하다고 신해(信解)하겠습니까?"

세존께서 선현에게 알리셨다.

"어찌 일체법이 먼저 있었는데 뒤에 없겠는가? 그렇지만 일체법은 있는 것이 아니고, 없는 것도 아니며, 자성(自性)도 없고 타성(他姓)도 없느니라. 먼저 이미 있지 않았고 뒤에도 역시 없는 것이 아닐지라도, 자성(自性)이 항상 공하므로 두려운 것이 없느니라. 상응하게 마땅히 이와 같이 처음의 업인 보살들을 교수하고 교계하면서 그들이 제법의 자성은 반드시 결국에는 모두가 공하다고 신해시켜야 하느니라. 다시 다음으로 선현이여. 만약 보살마하살이 반야바라밀다를 구하려고 한다면 마땅히 상제(常啼)[1] 보살마하살과 같이 구해야 하나니, 이 보살마하살은 지금 대운뢰음불(大雲雷音佛)의 처소에 있으면서 범행(梵行)을 수행하고 있느니라."

---

1) 산스크리트어 Sadāprarudita의 음사이고, '보자보살(普慈菩薩)', '상비보살(常悲菩薩)' 등으로 번역한다. 이 보살이 매우 자비롭고 부드러우며, 세상의 모든 중생을 볼 때 가난하고, 늙고, 병들고, 걱정스러워서 눈물을 흘리는 까닭으로 이렇게 부른다고 한다.

구수 선현이 세존께 아뢰어 말하였다.
"세존이시여. 상제보살마하살은 어떻게 반야바라밀다를 구하였습니까?"
세존께서 선현에게 알리셨다.
"상제보살마하살은 본래 반야바라밀다를 구하였던 때에 몸과 목숨을 아끼지 않았고, 보배와 재물을 돌아보지 않았으며, 명예(名譽)를 아끼지 않고, 재물과 보배를 돌아보지 않으며, 명예를 구하지 않았고, 공경을 바라지 않았으며, 반야바라밀다를 구하였느니라. 그는 항상 아련야(阿練若)[2]의 처소에 있기를 좋아하였고, 홀연히 공중(空中)에서 소리가 있었던 것을 들었는데, '선남자여. 그대가 동쪽으로 간다면 결정적으로 매우 깊은 반야바라밀다를 얻고서 들을 것이다. 그대는 마땅히 다니는 때에 피로하다고 말하지 말고, 수면(睡眠)을 생각하지 말며, 음식을 생각하지 말고, 밤낮을 생각하지 말며, 추위와 더위를 두려워하지 말고, 내·외법(內外法)에서 마음이 산란하지 말라. 다니는 때에는 좌우(左右)를 돌아보지 말고, 앞·뒤와 위·아래와 사유(四維)를 돌아보지 말며, 위의를 깨트리지 말고, 몸의 모습을 흐트러뜨리지 말라.

색(色)에 동요하지 말고 수(受)·상(想)·행(行)·식(識)에 동요하지 말며, 안처(眼處)에 동요하지 말고 이(耳)·비(鼻)·설(舌)·신(身)·의처(意處)에 동요하지 말며, 색처(色處)에 동요하지 말고 성(聲)·향(香)·미(味)·촉(觸)·법처(法處)에 동요하지 말며, 안계(眼界)에 동요하지 말고 이(耳)·비(鼻)·설(舌)·신(身)·의계(意界)에 동요하지 말며, 색계(色界)에 동요하지 말고 성(聲)·향(香)·미(味)·촉(觸)·법계(法界)에 동요하지 말며, 안식계(眼識界)에 동요하지 말고 이(耳)·비(鼻)·설(舌)·신(身)·의식계(意識界)에 동요하지 말며, 안촉(眼觸)에 동요하지 말고 이(耳)·비(鼻)·설(舌)·신(身)·의촉(意觸)에 동요하지 말며,

안촉(眼觸)을 인연으로 생겨난 여러 수(受)에 동요하지 말고 이(耳)·비(鼻)·설(舌)·신(身)·의촉(意觸)을 인연으로 생겨난 여러 수에 동요하지

---

2) 산스크리트어 araṇya의 음사이고, '공한처(空閑處)', '원리처(遠離處)'라고 번역한다.

말며, 지계(地界)에 동요하지 말고 수(水)·화(火)·풍(風)·공(空)·식계(識界)에 동요하지 말며, 인연(因緣)에 동요하지 말고 등무간연(等無間緣)·소연연(所緣緣)·증상연(增上緣)에 동요하지 말며, 연(緣)을 쫓아서 생겨난 제법에서 동요하지 말며, 무명(無明)에 동요하지 말고 행(行)·식(識)·명색(名色)·육처(六處)·촉(觸)·수(受)·애(愛)·취(取)·유(有)·생(生)·노사(老死)의 수탄고우뇌(愁歎苦憂惱)에 동요하지 말며, 보시바라밀다(布施波羅蜜多)에 동요하지 말고 정계(淨戒)·안인(安忍)·정진(精進)·정려(靜慮)·반야바라밀다(般若波羅密多)에 동요하지 말며,

4념주(四念住)에 동요하지 말고 4정단(四正斷)·4신족(四神足)·5근(五根)·5력(五力)·7등각지(七等覺支)·8성도지(八聖道支)에 동요하지 말며, 내공(內空)에 동요하지 말고 외공(外空)·내외공(內外空)·공공(空空)·대공(大空)·승의공(勝義空)·유위공(有爲空)·무위공(無爲空)·필경공(畢竟空)·무제공(無際空)·산공(散空)·무변이공(無變異空)·본성공(本性空)·자상공(自相空)·공상공(共相空)·일체법공(一切法空)·불가득공(不可得空)·무성공(無性空)·자성공(自性空)·무성자성공(無性自性空)에 동요되지 말며, 진여(眞如)에 동요되지 말고 법계(法界)·법성(法性)·불허망성(不虛妄性)·불변이성(不變異性)·평등성(平等性)·이생성(離生性)·법정(法定)·법주(法住)·실제(實際)·허공계(虛空界)·부사의계(不思議界)에 동요하지 말며,

고성제(苦聖諦)에 동요하지 말고 집(集)·멸(滅)·도성제(道聖諦)에 동요하지 말며, 4정려(四靜慮)에 동요하지 말고 4무량(四無量)·4무색정(四無色定)에 동요하지 말며, 8해탈(八解脫)에 동요하지 말고 8승처(八勝處)·9차제정(九次第定)·10변처(十遍處)에 동요하지 말며, 일체의 다라니문(陀羅尼門)에 동요하지 말고 일체의 삼마지문(三摩地門)에 동요하지 말며, 공해탈문(空解脫門)에 동요하지 말고 무상(無相)·무원해탈문(無願解脫門)에 동요하지 말며, 극희지(極喜地)에 동요하지 말고 이구지(離垢地)·발광지(發光地)·염혜지(焰慧地)·극난승지(極難勝地)·현전지(現前地)·원행지(遠行地)·부동지(不動地)·선혜지(善慧地)·법운지(法雲地)에 동요하지 말며,

5안(五眼)에 동요하지 말고 6신통(六神通)에 동요하지 말며, 여래(佛)의

10력(十力)에 동요하지 말고 4무소외(四無所畏)·4무애해(四無礙解)·대자(大慈)·대비(大悲)·대희(大喜)·대사(大捨)·18불불공법(十八佛不共法)에 동요하지 말며, 무망실법(無忘失法)에 동요하지 말고, 항주사성(恒住捨性)에 동요하지 말며, 일체지(一切智)에 동요하지 말고 도상지(道相智)·일체상지(一切相智)에 동요하지 말며, 예류과(預流果)에 동요하지 말고 일래과(一來果)·불환과(不還果)·아라한과(阿羅漢果)·독각(獨覺)의 보리(菩提)에 동요하지 말며, 보살마하살(菩薩摩訶薩)의 행(行)에 동요하지 말고 제불(諸佛)의 무상정등보리(無上正等菩提)에 동요하지 말며,

세간법(世間法)에 동요하지 말고 출세간법(出世間法)에 동요하지 말며, 유루법(有漏法)에 동요하지 말고 무위법(無爲法)에 동요하지 말라. 왜 그러한가? 선남자여. 만약 제법에서 동요하는 것이 있다면, 곧 불법(佛法)에서 능히 안주할 수 없고, 만약 불법에서 능히 안주할 수 없다면, 곧 생사의 여러 세계(趣)에서 윤회할 것이며, 만약 생사의 여러 세계에서 윤회한다면, 곧 매우 깊은 반야바라밀다를 증득할 수 없다.'라고 말하였느니라."

그때 상제보살마하살은 공중의 소리인 은근한 교회(教誨)[3]를 듣고서 환희(歡喜)하고 용약(踊躍)하면서 미증유(未曾有)라고 찬탄하고 합장하고서 공경스럽게 허공의 소리에 대답하여 말하였느니라.

"나를 향하여 말하였던 것과 같이 나는 마땅히 교회를 따르겠습니다. 그 까닭은 무엇인가? 나는 마땅히 일체의 유정들을 위하여 큰 광명이 되고자 하였던 까닭이고, 나는 마땅히 일체의 여래·응공·정등각의 수승한 법을 집적하려는 까닭이며, 나는 마땅히 무상정등대보리(無上正等大菩提)를 증득하려는 까닭입니다."

이때 공중에서 다시 상제보살마하살에게 말하였느니라.

"옳도다(善哉). 옳도다. 선남자여. 그대는 마땅히 공·무상·무원의 매우

---

3) 가르쳐서 스스로가 깨닫게 하는 것이다.

깊은 법에서 상응하여 신해가 생겨나야 한다. 그대는 일체의 상(相)을 벗어난 마음으로써 깊은 바라밀다를 상응하여 구해야 하고, 그대는 아(我)와 유정(有情)·명자(命者)·생자(生者)·양자(養者)·사부(士夫)·보특가라(補特伽羅)·의생(意生)·유동(孺童)·작자(作者)·수자(受者)·견자(見者)라는 상을 벗어난 마음으로써 깊은 바라밀다를 상응하여 구해야 하느니라.

그대 선남자여. 여러 악한 벗(惡友)에서 방편으로 멀리 벗어나고 여러 선한 벗(善友)에서 친근(親近)하고 공양해야 하나니, 만약 능히 그대를 위하여 선교(善巧)로 공(空)·무상(無相)·무원(無願)·무생(無生)·무멸(無滅)·무염(無染)·무정(無淨)의 본래 적정한 법을 설하는 것과 능히 그대를 위하여 일체지지(一切智智)를 나타내어 보여주고 교수하여 인도하며 찬탄하고 격려하며 환희한다면, 이 자가 선한 벗이니라.

그대 선남자여. 만약 이와 같이 수행한다면 오래지 않아서 매우 깊은 반야바라밀다를 듣거나, 혹은 경전의 가운데를 쫓아서 듣거나, 혹은 보살을 쫓아서 들을 것이다. 그대는 매우 깊은 반야바라밀다를 들었던 처소를 쫓아서 마땅히 이 처소에서 대사(大師)라는 생각을 일으켜야 하고, 그대는 상응하여 은혜를 알고 마땅히 거듭 보답하겠다고 생각해야 하느니라.

그대 선남자여. '내가 매우 깊은 반야바라밀다를 쫓아서 들었던 것인, 이것이 최고로 수승하고 진실하며 선한 벗이다. 내가 쫓아서 그것을 들었고 이것이 미묘한 법이었던 까닭으로 빠르게 무상정등보리에서 불퇴전(不退轉)을 증득하였고, 나는 오히려 그것을 까닭으로 여래·응공·정등각을 친근하여 제불께서 장엄하신 청정한 국토에 항상 태어나서 제불·세존을 공경하고 공양하였으며, 정법을 들으면서 여러 덕의 근본(德本)을 심었고, 한가롭지 않은 것(無暇)을 멀리 벗어나서 한가로운 것(有暇)을 구족하였으므로, 생각·생각(念念)에 수승한 선근(善根)이 증장(增長)할 것이다.'라고 상응하여 이렇게 생각을 지어야 한다.

그대는 상응하여 이와 같은 것 등의 공덕과 수승한 이익을 사유(思惟)하고 헤아리며 관찰하고서 그대를 위하여 매우 깊은 반야바라밀다를 설하였던 보살이나 법사(法師)에게 항상 상응하게 공경하고 섬기면서 제불과 같다고 생각해야 한다. 그대 선남자여. 세속의 이익과 명예로써 마음을 까닭으로 법사를 따르며 쫓지 말고, 다만 무상법(無上法)을 사랑하고 거듭하여 공경하고 공양하는 까닭으로 법사를 따르며 쫓아야 하느니라.

그대 선남자여. 마사(魔事)를 상응하여 깨달아야 하는데 이를테면, 악마가 있었고 정법(正法)과 법사를 무너트리기 위한 까닭으로 미묘한 성(聲)·향(香)·미(味)·촉(觸)·법(法)의 경계로써 은근하게 받들어 보시하는 때라면, 이때 법사는 방편선교로 그 악마를 조복시키기 위한 까닭으로, 혹은 제유정들에게 선근을 심게 하려는 까닭으로, 세간과 함께 같은 그러한 일을 나타내려는 까닭으로, 비록 그들의 보시를 받더라도 염오와 집착이 없나니, 그대는 이 가운데에서 염오(穢)라는 상(相)이 생겨나지 말고, '나는 아직 설법하는 보살의 방편선교를 알지 못한다. 이 설법하는 법사는 방편을 잘 알고 매우 강한 유정들을 조복시키기 위하여, 그 유정들에게 여러 덕의 근본을 심도록 하기 위하여, 세간의 일에 같이 구부린다는 것을 나타내기 위하여 여러 욕망을 받아들이는 것을 보여줄지라도, 그렇지만 이 보살은 법상(法相)을 취하지 않고 집착이 없고 장애가 없으며, 일찍이 훼손하거나 범한 것이 없다.'라고 상응하여 이렇게 생각을 지어야 하느니라.

그대 선남자여. 마땅히 그때 제법의 진실한 이취(理趣)를 상응하여 관찰해야 하느니라. 무엇이 제법의 진실한 이치인가? 이를테면, 일체법은 염오가 없고 청정함도 없느니라. 왜 그러한가? 선남자여. 일체법으로써 자성은 모두 공하고, 아·유정·명자·생자·양자·사부·보특가라·의생·유동·작자·수자·견자가 없으며, 환영(幻)과 같고 꿈(夢)과 같으며 메아리(響)와 같고 형상(像)과 같으며 아지랑이(陽焰)와 같고 그림자(光影)와 같으며 변화한 일(變化事)과 같고 심향성(尋香城)과 같으니라. 그대 선남자여. 만약 능히 이와 같이 제법의 진실한 이취를 관찰하고서 법사를 따르고 쫓는다면 오래지 않아서 매우 깊은 반야바라밀다를 성취하느니라.

다시 다음으로 선남자여. 나머지의 마사도 그대는 상응하게 깨달아 알아야 하는데 이를테면, 설법하는 법사가 그대가 매우 깊은 반야바라밀다를 청하면서 구하는 것을 보았는데, 모두 보살피면서 생각하지 않고 반대로 능욕(凌辱)을 주더라도 그대는 이 가운데에서 상응하여 성내고 원망하지 않을 것이고, 전전하여 법을 사랑하고 중요시하며 공경하는 마음을 증장시키면서 항상 법사를 따르고 쫓으면서 싫어하거나 게으른 생각이 생겨나지 않아야 하느니라."

그때 상제보살마하살은 공중의 소리인 거듭되는 교계를 듣고서 수용하였으며, 전전하여 환희가 증장하였으며 동쪽을 쫓아서 다니면서 오래지 않아서 다시 '나는 오히려 그 공중의 소리가 나에게 동쪽으로 가라고 보냈는데, 거리의 마땅히 멀고 가까움과 무슨 성읍(城邑)인가를 묻지 않았구나! 다시 누구를 쫓아서 매우 깊은 반야바라밀다를 들어야 하는가를 묻지 않았구나!'라고 이렇게 생각을 지었느니라.

이렇게 생각을 짓고서 곧 그 자리에 머물러서 가슴을 치면서 슬프게 탄식하였으며 근심하였고 슬프게 울었으며, 잠시의 시간이 지났으므로, '나는 이 가운데에 머무르면서 하루 낮과 밤을 지내겠고, 나아가 혹은 7일 낮과 7일 밤이 지나더라도 피로함을 사양하지 않겠고, 수면을 생각하지 않겠으며, 음식을 사유하지 않겠고, 낮과 밤을 생각하지 않겠으며, 추위와 더위를 두려워하지 않겠고, 내·외법(內外法)에서 마음이 산란하지 않게 하겠다. 만약 거리의 멀고 가까움과 이르는 처소인 성읍과 어느 처소를 쫓아서 매우 깊은 반야바라밀다를 들어야 하는가를 자세하게 알지 못한다면, 결국 이 처소를 떠나겠다는 생각을 일으키지 않겠다.'라고 이렇게 사유를 지었느니라.

선현이여. 마땅히 알아야 하느니라. 비유한다면 부모에게 오직 한 명의 아들이 있었는데, 그는 단정하였고 지혜가 밝았으며 여러 기예의 능력(伎能)이 많아서 그를 사랑하고 매우 소중하게 생각하였는데, 그 아들이 성장(盛壯)하면서 갑자기 곧 목숨을 끝마쳤다면, 부모는 그때에 슬프게 부르면서 고통에 시달려 오직 그 아들을 기억하고 다시 나머지의 생각이 없는 것과 같으니라.

상제보살마하살도 다시 그와 같아서 마땅히 그때 다시 나머지의 생각이 없었고, 오직 '나는 어느 때에 마땅히 반야바라밀다를 듣겠는가? 내가 먼저 무슨 까닭으로 공중의 소리가 나에게 동쪽으로 가라고 권유하는데 거리의 마땅히 멀고 가까움과 이르는 처소인 성읍과 다시 누구를 쫓아서 매우 깊은 반야바라밀다를 들어야 하는가를 묻지 않았던가?'라고 이렇게 생각을 지었느니라.

선현이여. 마땅히 알아야 하느니라. 상제보살마하살이 이와 같이 근심하고 슬프게 울면서 스스로 한탄(嘆恨)하는 때에, 그의 앞에 홀연히 여래의 형상이 나타나서 상제보살마하살을 찬탄하여 말하였느니라.

"옳도다. 옳도다. 선남자여. 과거의 여래·응공·정등각께서 보살이 되셨던 때에, 정근하면서 고행(苦行)으로써 깊은 반야바라밀다를 구하시면서 역시 그대가 지금 가행(加行)하여 구하는 것과 같았느니라. 다시 다음으로 선남자여. 그대는 이와 같이 용맹하게 정진하고 애락(愛樂)하며 공경스럽게 법을 구하는 마음으로써 이곳에서 동쪽으로 5백의 유선나(踰繕那)를 지나쳐서 간다면 큰 왕성이 있고 구묘향(具妙香)이라고 이름하느니라. 그 성은 높고 넓으며 7보(七寶)를 성취하였고, 그 성의 외부의 둘레에는 모두 7보를 성취한 일곱 겹의 담장(垣墻), 일곱 겹의 누각(樓觀), 일곱 겹의 난간(欄楯), 일곱 겹의 보배의 해자(塹), 일곱 겹으로 늘어선 보배의 다라수(多羅樹)[4]가 있는데, 이 담장 등이 서로서로 틈새를 장식하고 있는데, 여러 종류의 광명을 일으킨다면 매우 애락(愛樂)하느니라.

이 큰 보배성은 사방으로 각각 12유선나이고 청정하고 넓으며, 사람과 물건이 치성(熾盛)하고 안은(安隱)하며 풍요롭고 즐거웠으며, 그 가운데에는 500의 거리와 골목과 시장(市廛)이 있는데, 양(量)을 헤아리면 서로가 마땅하고 단정하게 장엄되어 그림과 같았으며, 여러 거리에는 각자 맑은 물길이 이어졌으므로 보배 배(寶舫)로 왕래하더라도 번잡함이 없었으며, 하나·하나의 거리와 골목은 청정하고 장엄되었고, 향수(香水)가 뿌려졌으

---

4) 산스크리트어 tāla의 음사이고, 종려과(棕櫚科)의 나무이며, 잎이 부채꼴인 야자수(fan palm)의 한 종류이다.

며 이름난 꽃이 펼쳐졌고, 성과 담장에는 모두 자금(紫金)으로 이루어진 적군을 물리치는 치첩(雉堞)[5]과 누각(樓閣)이 있었는데, 여러 보배로 비추었으므로 그 광명이 밝게 빛나고 있고, 치첩의 틈새의 옆쪽에는 보배나무로써 이 하나·하나의 나무는 뿌리·줄기·가지·잎과 꽃·과일에 이르기까지 모두가 별도의 보배로써 이루어졌으며, 성과 담장과 누대와 여러 보배나무는 황금의 그물이 뒤덮였고 보배의 노끈으로써 연결하였으며 금방울로써 매달았고 보배 풍경을 매달았으므로, 산들바람이 불어오면 아름다운 소리가 화합하여 일어났으므로, 비유한다면 다섯 종류의 여러 음악을 잘 합주하는 것과 같았고, 이 보배 성안의 무량한 유정들은 밤낮으로 듣고서 항상 환희(歡娛)하고 쾌락(快樂)하느니라.

성의 외곽을 감싸고 있는 일곱 겹의 보배 해자에는 팔공덕수(八功德水)[6]가 그 가운데에 가득하였는데, 차가움과 따뜻함이 조화되었고 거울처럼 맑고 깨끗하며, 물속에는 여러 곳에 7보의 배가 있어서 사이를 장엄하여 여러 처소에서 보면서 기뻐하는데, 그 유정의 부류들이 전생의 업(宿業)을 불렀던 것이니라. 그들이 함께 배를 타고 출렁거리는 물에서 유희하는 때에 여러 해자 안에는 여러 미묘한 꽃들을 갖추었으니, 올발라화(嗢鉢羅花)[7]·발특마화(鉢特摩花)[8]·구모타화(拘母陀花)[9]·분다리화(奔陀利花)[10]와 나머지의 여러 보배꽃(寶花)들이 빛깔과 섞여 있으면서 색과 향기가 선명하고 향기가 진하게 물 위를 뒤덮고 있는데, 요약하여 말한다면 삼천세계 안에서 소유한 이름난 꽃들이 갖추어졌고 충족되지 않는 것은

---

5) 성가퀴라고 부르며, 성(城) 위에 별도로 쌓은 낮은 구조물이다. 이곳에 몸을 숨기고 적을 감시하거나 공격하는 곳이다.
6) 여덟 가지의 공덕이 갖춰진 물이니, 맑고, 차갑고, 감미롭고, 부드럽고 흡족하며, 편안하며, 배고픔과 갈증을 해소하고, 먹은 뒤에 몸이 충실해지는 물이다.
7) 산스크리트어 Utpala의 음사이고, 청련화(靑蓮花)를 가리킨다.
8) 산스크리트어 Padma의 음사이고, 적련화(赤蓮華)를 가리킨다.
9) 산스크리트어 Kumuda의 음사이고, 연꽃이나 수련의 일종으로 파란색·빨간색·노란색·흰색 등의 색이 있다.
10) 산스크리트어 puṇḍarīka의 음사이고, 백련화(白蓮華)를 가리킨다.

없느니라.

5백의 동산의 주위를 큰 성이 둘러싸고서 여러 종류로 장엄하여 매우 사랑스럽고 즐겁고, 하나·하나의 동산 안에는 5백의 연못이 있는데 그 연못의 길이와 넓이는 1구로사(俱盧舍)이고, 7보로 장엄되어 대중들의 마음을 기쁘게 하며, 그 연못의 가운데에는 올발라화·발특마화·구모타화·분다리화 등의 네 종류의 미묘한 꽃들이 있는데 그 크기가 수레바퀴와 같고 광채가 물을 덮느니라. 그 꽃들은 모두 여러 보배로써 이루어졌는데 푸른색은 파랗고 푸른 그림자와 푸른 광채를 나타내고, 노란색은 노랗고 노란 그림자와 노란 광채를 나타내며, 빨간색은 빨갛고 빨간 그림자와 빨간 광채를 나타내고, 흰색은 희고 흰 그림자와 흰 광채를 나타내고 있느니라.

여러 동산의 연못에는 많은 새들이 있는데 공작(孔雀)·앵무(鸚鵡)·오리(鳧)·갈매기(鷺)·큰기러기(鴻)·기러기(鴈)·노란부리 까치(黃鵲)·할미새(鶺鴒)[11]·푸른 따오기(靑鶖)·백조(白鵠)·꾀꼬리(春鶯)·물수리(鶿)·해오라기(鷺)·원앙(鴛鴦)·해오라기(鵁鶄)·물총새(翡翠)·정위(精衛)[12]·댓닭(鵙雞)[13]·산까마귀(鸜)·독수리(璟)·원거(鶢鶋)[14]·봉황(鵰鳳)·묘시(妙翅)[15]·제호(鵜鶘)[16]·갈라빈가(羯羅頻迦)[17]·명명조(命命鳥)[18] 등이고 소

---

11) 까마귀과의 새이고, 몸의 길이는 약 25㎝이고 노란색이며, 눈에서 뒷머리에 걸쳐 검은 띠가 있으며 꽁지와 날개 끝은 검다. '아리새', '할미새' 등으로 불리고 있다.
12) 중국 고대 전설의 『산해경』에서는 중국 북방의 발구산(發鳩山)에 까마귀와 비슷하지만, 무늬가 있고 하얀 부리에 붉은 발톱을 가진 '정위'라는 새가 있다고 전하는데, 그 새의 울음소리를 따라서 이름을 붙였다고 전하고 있다.
13) 꿩 모양을 닮은 새를 가리킨다.
14) 바닷새의 한 종류로 호크스의 새를 가리킨다.
15) Karuḍa의 번역이고, '가루라(迦樓羅)'라고 음사하며, '금시조(金翅鳥)'라고 번역한다.
16) 일반적으로 '가넷'으로 알려진 바닷새인 펠리컨을 가리킨다.
17) 산스크리트어 kalaviṅka의 음사이고, '가라빈가(歌羅頻伽)', '가릉비가(迦陵毘伽)'라고 음사하며, '호성(好聲)', '묘성(妙聲)', '미성(美聲)' 등으로 번역한다.
18) 산스크리트어 jīva-jīvaka의 음사이고, 공명조(共命鳥)라고 불리며, 하나의 몸통에 두 개의 머리를 가진 새이다.

리가 서로 화합하며 그 안에서 유희하느니라.

이 여러 동산과 연못들은 진실로 누구에게도 속(屬)하지 않았으므로 그곳에서 유정들은 장야에 깊은 바라밀다를 수행하면서 깊은 법문(法門)에서 모두가 믿음과 즐거움이 생겨나는데, 과거의 세상에서 함께 이와 같은 수승한 업을 조작하였던 까닭으로 지금의 때에 이러한 과보를 같이 받는 것이니라.

다시 다음으로 선남자여. 묘향성(妙香城) 가운데의 높고 수승한 장소에는 법용보살마하살(法涌菩薩摩訶薩)이 머무르는 처소인 궁전이 있는데, 그 궁전은 길이와 넓이는 1유선나(踰繕那)이고, 여러 보배로 장엄되어 기이하고 미묘하여 사랑스럽고, 궁전의 바깥은 7겹의 담장이 둘러싸고 있고 7겹의 누대, 7겹의 난간, 7겹의 보배 해자, 7겹의 다라수가 나란히 서 있는데, 이 담장 등은 비단으로 장식하고 장엄하였으므로 매우 애락(愛樂)하느니라.

네 가지의 미묘한 동산이 이 궁전을 둘러싸고 있는데, 첫째는 상희(常喜)라고 이름하고, 둘째는 이우(離憂)라고 이름하며, 셋째는 화엄(華嚴)이라고 이름하고, 넷째는 향식(香飾)이라고 이름하며, 하나·하나의 동산 안에는 각각 여덟의 연못이 있는데, 첫째는 현선(賢善)이라고 이름하고, 둘째는 현상(賢上)이라고 이름하며, 셋째는 환희(歡喜)라고 이름하고, 넷째는 희상(喜上)이라고 이름하며, 다섯째는 안은(安隱)이라고 이름하고, 여섯째는 구안(具安)이라고 이름하며, 일곱째는 이포(離怖)라고 이름하고, 여덟째는 불퇴(不退)라고 이름하느니라.

여러 연못의 네 면(四面)은 각각 한 가지의 보배로 이루어졌는데, 첫째는 금이고, 둘째는 은이며, 셋째는 페유리(吠琉璃)이고, 넷째는 파지가(頗胝迦)[19]이니라. 갈계도(羯鷄都)[20]로써 연못의 바닥을 삼았고, 금모래(金沙)

---

19) 산스크리트어 sphatika의 음사이고, 파리(玻璃), 파지(頗胝), 파치가(頗置迦) 등으로 음사한다. 수옥(水玉), 백주(白珠), 수정(水精) 등으로 번역한다. 맑고 투명하며 자(紫)·백(白)·홍(紅)·벽(碧) 등의 색을 띠고 있으나 그 가운데에서도 홍색(紅色)과 벽색(碧色)이 가치가 높다.

가 위를 덮고 있으며, 미묘한 물은 잔잔하고 맑으며, 하나·하나의 연못가에는 여러 종류의 미묘한 보배로써 엄숙하게 장식된 여덟 계단이 있고, 수승한 최상의 금으로 그 디딤돌을 삼았으며, 여러 디딤돌의 양쪽에는 파초(芭蕉) 나무가 나란히 서 있는데 자금의 꾸미는 것을 성취하였고, 여러 연못의 가운데에는 네 가지 미묘한 꽃들이 갖추어졌는데 올발라화·발특마화·구모타화·분다리화 등의 여러 색깔이 사이에 섞여서 그 물 위를 널리 뒤덮고 있으며, 연못의 네 주변으로는 향기로운 꽃나무가 있는데 맑은 바람이 부는 때에 부딪혀서 물속으로 흩어지고, 여러 연못에는 8공덕수가 갖추어져 있고 향기는 전단(旃檀)[21]과 같고 맛과 색을 갖추었으며, 오리와 기러기들이 그 가운데에서 유희하느니라.

법용보살마하살은 이 궁전에 머무르면서 항상 6만 8천명의 시녀와 함께 여러 동산과 연못을 유희하고, 미묘한 5욕락으로써 함께 서로가 유희하고, 묘향성의 가운데에서 남(男)·녀(女)·노(大)·소(小)는 법용보살을 보거나 법을 듣기 위한 까닭으로 시간이 있다면 상희(常喜) 등의 동산이나 현선(賢善) 등의 연못에 들어가서 역시 5욕락으로써 함께 서로가 유희하느니라.

다시 다음으로 선남자여. 법용보살마하살은 여러 시녀들과 함께 미묘한 욕락을 즐기고 받으면서 밤낮으로 세 때에 반야바라밀다를 설하시는데, 묘향성 안에 있는 여러 남녀(士女)들은 그 성(城)의 가운데에서 7보의 좌대(座臺) 위에 법용보살마하살을 위하여 사자좌(師子座)를 펼치고, 여러 보배로 그 사자좌의 네 다리를 장식(莊飾)하면서 각각 하나의 보배를 성취하는데, 첫째는 금(金)이고, 둘째는 은(銀)이며, 셋째는 폐유리(吠瑠璃)이고, 넷째는 파지가이니라. 그 사자좌 위에 거듭하여 좌복(袻褥)을 펼쳐놓고, 다음으로 비단의 휘장을 둘러치고 다시 백첩(白氎)[22]으로써

---

20) 『一切經音義』(大正藏, 54) p.331c에서는 '수정(水晶)'의 다른 이름이고, 흰색이며, 거위의 알(卵)과 같은 크기라고 설명하고 있다.
21) 산스크리트어 Candana의 번역이고, 남인도의 마라야산(摩羅耶山)에서 자생하며, 산의 모양이 황소의 머리를 닮아서 '우두전단(牛頭旃檀)'이라고 불린다.

펼쳐놓고 완연(綩綖)23)으로 묶었으며, 보배 자리(寶座)의 양쪽에는 두 개의 붉은 베개(丹枕)를 설치하였고 휘장 띠(幃帶)를 늘어뜨렸으며, 미묘한 향과 꽃을 흩뿌렸느니라.

그 자리의 높이와 넓이는 절반(半)의 구로사(俱盧舍)인데 위의 공중(空中)에는 비단의 휘장을 펼쳤고, 안에는 구슬의 장막을 쳤으며, 자리의 크고 작음을 헤아려서 여러 꽃을 늘어트렸고 금방울(金鐸)로써 매달았으며, 법을 공경하기 위한 까닭으로 자리의 네 모퉁이는 5색(五色)의 꽃을 뿌렸고 값비싼 향을 피웠으며, 다시 여러 종류의 바르는 향과 가루 향으로써 바닥에 바르고 뿌렸으며, 여러 많은 보배 당기·번기·일산을 벌려서 세웠는데, 법용보살께서 때와 때의 가운데에서 이 보배 자리에 오르시며 대중을 위하여 매우 깊은 반야바라밀다를 널리 설하시는데, 매번 설법하시는 때에 무량한 천인(天)·용(龍)·약차(藥叉)·건달박(健達縛)·아소락(阿素洛)·갈로다(揭路荼)·긴나락(緊捺洛)·마호락가(莫呼洛伽)·인비인(人非人) 등이 함께 집회(集會)에 와서 법용보살을 공경하고 공양하면서 반야바라밀다를 듣고서 수지하느니라.

그때 여러 대중들은 설법을 듣고서 독송(讀誦)하는 자가 있고, 서사(書寫)하는 자도 있으며, 전전하여 독송하는 자도 있고, 사유(思惟)하는 자도 있으며, 설법과 같이 수행하는 자도 있고, 다른 사람을 열어서 깨우쳐 주는 자도 있나니, 오히려 이러한 인연으로 그 유정의 부류들이 여러 악취(惡趣)에 떨어지지 않는 법을 얻고 무상정등보리에서 영원한 불퇴전(不退轉)을 얻게 되느니라. 그대 선남자여. 상응하게 정근하면서 정진하고 빠르게 법용보살마하살의 처소로 가면서 나아간다면 마땅히 그대가 구하는 것인 반야바라밀다를 듣게 될 것이다.

또한 선남자여. 법용보살인 이 보살은 그대에게 장야(長夜)에 진실하고 청정하며 선한 벗이므로, 보여주면서 나타내고 교계하여 인도하며 찬탄하고 권유하고 축하하고 기뻐하면서 그대에게 구하는 것인 반야바라밀다를

---

22) 하얀색의 모직물(毛織物)을 가리킨다.
23) 갓(冠)에 매다는 끈과 실을 가리킨다.

빠르게 증득하게 할 것이니라. 법용보살께서는 과거 세상에서 정근하였던 고행(苦行)으로써 깊은 반야바라밀다를 구하셨으므로, 역시 그대가 지금 구하는 것의 방편과 같아지셨나니, 그대는 마땅히 빠르게 법용보살마하살의 처소로 가면서, 의혹과 난처함이 생겨나지 않게 하고 낮과 밤을 계산하지도 말라. 오래지 않아서 마땅히 매우 깊은 반야바라밀다를 들을 것이니라."

그때 상제보살마하살은 이 말을 듣고서 마음에 즐거움과 기쁨이 생겨나서 용약(踊躍)하고 환희하면서 이렇게 사유를 지었느니라.
'어느 때에 마땅히 법용보살을 보고 그 보살을 쫓아서 매우 깊은 반야바라밀다를 얻어서 듣겠는가?'
선현이여. 마땅히 알아야 하느니라. 비유한다면 사람이 있어서 독화살을 중간에 만났고 고통받는 것이 절박하게 되었다면 다시 나머지의 생각이 없고 다만 '나는 어느 때에 뛰어난 의사를 만나서 이 화살을 뽑아내게 되고 이 고통을 벗어나겠는가?'라고 이렇게 생각을 짓는 것과 같이, 상제보살도 역시 이와 같아서 마땅히 그때 다시 나머지의 생각이 없었고 다만 '나는 어느 때에 법용보살마하살을 마땅히 보고 친근하게 공양하고서 반야바라밀다를 얻어서 듣겠으며, 듣고서 곧 능히 여러 종류의 허망한 분별과 얻을 것이 있다는 견해를 영원히 단절하고 빠르게 무상정등보리를 증득하겠는가?'라고 이렇게 생각을 지었느니라.
선현이여. 마땅히 알아야 하느니라. 상제보살은 곧 이 처소에 머무르면서 이렇게 생각하는 때에 일체법의 가운데에서 장애가 없는 지견(智見)을 일으켰고, 오히려 이러한 지견으로 곧 능히 무량하고 수승한 삼마지문(三摩地門)을 나타내면서 들어갔는데 이를테면, 관일체법자성삼마지(觀一切法自性三摩地)·어일체법자성무소득삼마지(於一切法自性無所得三摩地)·파일체법무지삼마지(破一切法無智三摩地)·득일체법무차별삼마지(得一切法無差別三摩地)·견일체법무변이삼마지(見一切法無變異三摩地)·능조일체법삼마지(能照一切法三摩地)·어일체법리암삼마지(於一切法離闇三摩

地)·득일체법무차별의취삼마지(得一切法無差別意趣三摩地)·지일체법도무소득삼마지(知一切法都無所得三摩地)·산일체화삼마지(散一切花三摩地)·인발일체법무아삼마지(引發一切法無我三摩地)·이환삼마지(離幻三摩地)·인발경상조명삼마지(引發鏡像照明三摩地)·인발일체유정어언삼마지(引發一切有情語言三摩地)·영일체유정환희삼마지(令一切有情歡喜三摩地)·선수순일체유정어언삼마지(善隨順一切有情語言三摩地)·인발종종어언문구삼마지(引發種種語言文句三摩地)·무외무단삼마지(無畏無斷三摩地)·능설일체법본성불가설삼마지(能說一切法本性不可說三摩地)·득무애해탈삼마지(得無礙解脫三摩地)·원리일체진삼마지(遠離一切塵三摩地)·명구문사선교삼마지(名句文詞善巧三摩地)·어일체법기승관삼마지(於一切法起勝觀三摩地)·득일체법무애제삼마지(得一切法無礙際三摩地)·여허공삼마지(如虛空三摩地)·금강유삼마지(金剛喩三摩地)·수현행색이무소범삼마지(雖現行色而無所犯三摩地)·득승삼마지(得勝三摩地)·득무퇴안삼마지(得無退眼三摩地)·출법계삼마지(出法界三摩地)·안위조복삼마지(安慰調伏三摩地)·사자분신흠거효후삼마지(師子奮迅欠呿哮吼三摩地)·영탈일체유정삼마지(映奪一切有情三摩地)·원리일체구삼마지(遠離一切垢三摩地)·어일체법무염삼마지(於一切法無染三摩地)·연꽃장엄삼마지(蓮花莊嚴三摩地)·단일체의삼마지(斷一切疑三摩地)·수순일체견고삼마지(隨順一切堅固三摩地)·출일체법삼마지(出一切法三摩地)·득신통력무외삼마지(得神通力無畏三摩地)·현전통달일체법삼마지(現前通達一切法三摩地)·괴일체법인삼마지(壞一切法印三摩地)·현일체법무차별삼마지(現一切法無差別三摩地)·이일체견조림삼마지(離一切見稠林三摩地)·이일체암삼마지(離一切闇三摩地)·이일체상삼마지(離一切相三摩地)·탈일체착삼마지(脫一切著三摩地)·이일체해태삼마지(離一切懈怠三摩地)·득심법명삼마지(得深法明三摩地)·여묘고산삼마지(如妙高山三摩地)·불가인탈삼마지(不可引奪三摩地)·최복일체마군삼마지(摧伏一切魔軍三摩地)·불착삼계삼마지(不著三界三摩地)·인발일체수승광명삼마지(引發一切殊勝光明三摩地), 이와 같이 나아가 현견제불삼마지(現見諸佛三摩地)이었으며, 상제보살은 이와 같은 삼마지의 가운데에 안주하여 시방의 무량(無量)하고 무수(無數)이며 무변(無邊)한 세계의 제불·여래께서 보살마하살의 대중들을 위하여 반야바라밀다를 널리 설하시는 것을 현전에서 보았느니라.

이때 제여래·응공·정등각께서는 함께 모두가 상제보살마하살을 찬탄하셨고 위로하셨으며 교계하셨고 교수하시면서 말씀하셨다.

"옳도다. 옳도다. 선남자여. 우리들도 본래 보살도(菩薩道)를 수행하던 때에 역시 지금의 그대가 정근하는 고행(苦行)으로써 깊은 반야바라밀다를 구하였던 것과 같이, 정근하면서 구하였던 때에도 그대가 지금 현전에서 이와 같은 여러 삼마지를 얻었던 것과 같이, 우리들도 그때 이러한 무량하고 수승한 삼마지를 얻고서 구경(究竟)까지 수행하고서 곧 능히 매우 깊은 반야바라밀다의 방편선교(方便善巧)를 성취하였으며, 오히려 이러한 인연으로 일체의 불법(佛法)을 성취하여 곧 불퇴전지(不退轉地)에 안주하였느니라.

우리 등이 이러한 여러 삼마지의 성품이라는 것의 자성(自性)을 관찰하였는데 들어가는(入) 것도 없고 나오는(出) 것도 없으며, 역시 법에 능히 들어갔고 나왔던 자도 보지 못하였고, 역시 이것에서 능히 보살마하살의 행을 수행하였던 자도 보지 못하였으며, 역시 이것에서 능히 무상정등보리를 증득하였던 자도 보지 못하였느니라. 우리들은 그때에 제법에서 집착이 없었던 까닭으로 곧 반야바라밀다라고 이름하였느니라.

우리 등은 이 집착이 없는 것에 안주하였던 까닭으로 곧 진금(眞金)의 색신(色身)을 획득하여 항상 광명이 1심(尋)이었고, 32대장부상(三十二大丈夫相)을 구족하였으며, 80수호(八十隨好)를 원만하게 장엄하였느니라. 또한 불가사의(不可思議)하고 무상(無上)한 불지(佛智)·무상한 불계(佛戒)·무상한 불정(佛定)·무상한 불혜(佛慧)를 증득하였고, 일체의 공덕과 바라밀다를 원만하지 않은 것이 없었느니라. 능히 일체의 공덕과 바라밀다를 원만하신 여래(佛)도 오히려 능히 헤아리고 취하여 모두 설할 수 없는데, 하물며 제성문들과 독각들이겠는가!

이러한 까닭으로써 선남자여. 그대는 이 법에서 두 배를 상응하게 공경하고 애락(愛樂)하며 정근하면서 구하고 잠시도 버려두지 말라. 만약 이 법에서 두 배의 공경이 생겨나고 애락하며 정근하면서 구하고 능히 잠시도 버려두지 않는다면 곧 무상정등보리를 쉽게 증득하느니라.

다시 다음으로 선남자여. 그대는 선한 벗에게 상응하여 항상 공경하고 애락하며 정근하면서 구하고 제불과 같게 생각하라. 왜 그러한가? 선남자여. 만약 보살마하살이 항상 선한 벗에게 섭수되고 수호가 된다면 빠르게 무상정등보리를 쉽게 증득하느니라.”

이때 상제보살마하살은 곧 시방의 제불들께 아뢰어 말하였다.

“무엇 등이 저의 선한 벗이라고 이름합니까? 제가 마땅히 친근하게 공경하고 공양해야 합니까?”

시방의 제불들께서 상제보살에게 알려 말하였다.

“법용보살마하살(法涌菩薩摩訶薩)이 있는데 이 보살이 장야에 진실하고 청정하며 선한 벗으로서 능히 그대를 섭수하고 보호하며, 그에게 구하였던 것인 무상정등보리를 성숙시키고, 역시 그대에게 매우 깊은 반야바라밀다의 방편선교를 수학하게 하느니라. 그는 능히 장야에 그대를 섭수하고 요익하게 하였던 까닭으로 이 보살이 그대의 선한 벗이니, 그대는 상응하게 친근하면서 공경하고 공양해야 하느니라.

또한 선남자여. 그대가 만약 1겁이거나, 만약 2겁이거나, 만약 3겁이거나, 이와 같이 나아가 백천겁이거나, 혹은 다시 이것을 초월하여 법용보살을 공경하고 정수리에 떠받들고서, 다시 일체의 상묘(上妙)한 오락의 도구로써, 나아가 삼천대천세계가 소유한 미묘한 성·향·미·촉·법으로써 끝마치도록 공양할지라도, 능히 그에게 잠깐 동안의 은혜도 갚지 못하느니라. 왜 그러한가? 선남자여. 그대는 법용보살의 위신력을 인연으로 현재에 이와 같이 무량하고 수승하며 미묘한 삼마지문을 얻었고, 또한 마땅히 그것을 인연으로 그대가 매우 깊은 반야바라밀다의 방편선교를 획득하였으므로, 빠르게 무상정등보리를 쉽게 증득하느니라.”

그때 시방의 제불들께서는 방편으로 상제보살을 찬탄하였고 위로하였으며 교계하였고 교수하셨으며 환희하게 하셨으며 홀연히 사라지셨느니라. 그때 상제보살마하살은 현전에 증득하였던 것의 삼마지에서 일어났고 제불들께서 보이지 않았으므로 마음에 슬픔(惆悵)을 품고서 이와 같이 사유를 지었느니라.

'내가 이전에 보았던 시방의 제불께서는 먼저는 어느 곳에서 오셨고, 지금은 어느 곳으로 가셨는가? 누가 능히 나의 이와 같은 의혹을 단절시키겠는가?'

다시 이와 같이 생각을 지었느니라.

'법용보살께서는 오래전부터 이미 매우 깊은 반야바라밀다의 방편선교를 수학하여 이미 무량한 다라니문과 삼마지를 얻었고, 보살들의 자재한 신통에서 이미 구경에 이르셨으며, 일찍이 무량한 여래·응공·정등각께도 이미 공양하였고, 제불의 처소에서 큰 서원을 일으켰고 여러 선근(善根)을 심었으며, 장야의 가운데에서 나의 선한 벗이 되어서 항상 나를 섭수(攝受)하였고 이익과 안락을 획득하게 하셨다. 나는 마땅히 빠르게 법용보살마하살의 처소로 나아가서 이전에 보았던 시방의 제불께서는 이전에 어느 곳에서 오셨고, 지금은 어느 처소로 가셨는가를 물어야겠다. 그 보살이라면 능히 나를 위하여 이와 같은 의혹을 단절하여 줄 것이다.'

선현이여. 마땅히 알아야 하느니라. 이때 상제보살마하살은 이렇게 생각을 지었으므로, 곧 법용보살마하살의 처소에 전전하여 사랑하고 공경하며 청정한 마음이 증장하여서 다시 이와 같이 생각을 지었느니라.

'나는 지금 법용보살마하살의 처소에 나아가서 마땅한 무슨 물건으로써 공양해야 하는가? 그렇지만 나는 가난하므로 꽃·향·바르는 향·뿌리는 향·의복·영락·보배 당기·번기·일산·기악(伎樂)·등불·마니(末尼)·진주(眞珠)·폐유리보(吠琉璃寶)·파지가보(頗胝迦寶)·금·은·산호(珊瑚)·나패(螺貝)·벽옥(璧玉)과 나머지의 여러 상묘한 공양구로써 매우 깊은 반야바라밀다와 법을 설하는 법사(法師)인 법용보살께 공양할 것이 없구나. 나는 결정적으로 상응하여 빈손으로 법용보살마하살의 처소에 갈 수도 없으니, 만약 내가 빈손으로 간다면 스스로가 환희가 생겨나지 않는데,

어찌 표면으로써 지성(至誠)으로 법을 구한다고 알릴 수 있겠는가? 나는 지금 상응하여 스스로가 몸을 팔고서, 가치(價値)를 구하는 것으로써 가지고 수용하여 매우 깊은 반야바라밀다와 설법하는 법사인 법용보살께 공양해야겠다.

왜 그러한가? 나는 장야에 여러 세계로 나아가서 태어나고 몸과 목숨을 허망하게 잃었고 무너지며 소멸하였는데, 시작이 없는 생사로 애욕의 인연을 삼았고 여러 지옥에 떨어져서 무량한 고통을 받으면서도 이와 같은 미묘한 법과 설법하는 법사에게 공양하기 위하여 스스로가 몸과 목숨을 버렸던 것이 없었던 까닭이다. 나는 지금 결정적으로 상응하게 몸을 팔아서 구하였던 재물(財物)로써 가지고 수용하여 매우 깊은 반야바라밀다와 설법하는 법사인 법용보살께 공양해야겠다.'

그때 상제보살마하살은 이렇게 생각을 짓고서 점차 동쪽으로 지나갔고 하나의 큰 성에 이르렀는데, 크고 넓었으며 청정하게 장엄되었고 여러 사람들도 많았고 안은(安隱)하고 풍요롭고 즐거웠다. 상제보살은 시장(市肆)의 가운데에 들어갔고 여러 곳을 돌아다니면서 큰 소리로 외치면서 말하였느니라.

'나는 지금 스스로를 팔고자 합니다. 누가 사려는 사람입니까? 나는 지금 스스로를 팔고자 합니다. 누가 사려는 사람입니까?'

이때 악마(惡魔)가 이 일을 보고서 곧 이렇게 생각을 지었느니라.

'상제보살은 법을 사랑하고 중요시하는 까닭으로 스스로가 몸을 팔고자 하는데 이를테면, 매우 깊은 반야바라밀다와 설법하는 법사인 법용보살마하살에게 공양하려는 까닭이다. 이것을 인연으로 매우 깊은 반야바라밀다의 방편선교를 이치와 같이 청하여 물어서 마땅히 얻을 것인데 이를테면, 이렇게 질문을 지을 것이다. 〈어찌 보살이 매우 깊은 반야바라밀다를 방편으로 수행해야 빠르게 무상정등보리를 증득합니까?〉 이렇게 질문을 짓는다면 법용보살은 마땅히 매우 깊은 법요(法要)를 널리 설하여서 오히려 큰 바다와 같은 다문(多聞)을 얻게 하고, 마군과 그 권속들이 능히 무너뜨리지 못하게 할 것이며, 점차로 능히 일체의 공덕을 원만하게 할 것이고, 이것을 인연으로 제유정의 부류들을 요익하게 하며, 무상정등보리를 증득하게 할 것이다. 그들은 다시 능히 제유정의 부류들에게 무상정등보리를 증득하게 하고, 전전(展轉)하여 서로가 이어간다면 나의 경계는 공허할 것이다. 내가 마땅히 방편으로 그의 소리를 은폐(隱蔽)시켜서 이 성의 가운데에서 장자·거사·바라문 등이 함께 능히 듣지 못하게 하겠다.'

오직 그 성의 가운데에서 한 장자의 딸은 전생에 선근(善根)의 힘으로 악마가 능히 은폐할 수 없었느니라. 상제보살은 오히려 이러한 인연으로 오랜 시간이 지나도록 몸을 팔았으나 팔지 못하였으므로 슬퍼하고 근심하며 고뇌하였고 한 곳에 서 있으면서 눈물을 흘렸고 울면서 말하였느니라.

"나에게 무슨 죄가 있어서 매우 깊은 반야바라밀다와 설법하는 법사인 법용보살마하살을 공양하기 위한 까닭으로 비록 스스로가 몸을 팔고자 하였어도 사려는 사람이 없는가?"

이때 천제석(天帝釋)이 보고서 생각하면서 말하였느니라.

"이 선남자는 법을 사랑하고 중시하는 까닭으로 매우 깊은 반야바라밀다와 설법하는 법사인 법용보살마하살을 공양하기 위한 까닭으로 비록 스스로가 몸을 팔고자 하는구나. 진실로 법을 사모(思慕)하는 것인가? 거짓을 품고서 세간을 속이기 위한 것인지 내가 그를 마땅히 시험해야겠다."

이와 같이 생각을 짓고서 곧 스스로가 젊은 바라문으로 변화하여 상제보살의 처소에 나아가서 물어 말하였느니라.

"남자여. 그대는 지금 무슨 인연으로 서 있으며 슬프게 울고 슬퍼하며 근심하며 즐겁지 않습니까?"

상제보살이 대답하여 말하였느니라.

"유동(儒童)이여. 나는 매우 깊은 반야바라밀다와 설법하는 법사인 법용보살마하살을 공양하고자 하였습니다. 그렇지만 나는 가난하여 여러 재물과 보배가 없었을지라도, 법을 사랑하고 중시하는 까닭으로 스스로가 몸을 팔고자 이 성의 가운데를 두루 다녔으나 서로 묻는 자가 없었고, 스스로가 오직 박복(薄福)하여 이곳에 머무르며 근심하고 슬퍼하고 있습니다.”

그때 바라문이 상제보살에게 알려 말하였느니라.

"내가 지금 바로 하늘에 제사를 지내고자 하는데, 사람의 몸은 사용하지 않고, 다만 사람의 피·사람의 골수·사람의 심장이 필요합니다. 불공평하더라도 능히 팔 수 있겠습니까?"

상제보살은 듣고서 생각하면서 말하였느니라.

"나는 지금 결정적으로 수승한 이익을 획득하였다. 그 까닭은 무엇인가? 그 사람이 사려고 하는 것을 내가 모두 갖추고 있다. 오히려 이러한 가치(價値)로 매우 깊은 반야바라밀다와 설법하는 법사인 법용보살께 공양한다면 나에게 매우 깊은 반야바라밀다의 방편선교를 구족하게 하고 빠르게 무상정등보리를 증득하게 하실 것이다."

이렇게 생각을 지었던 때에 환희하고 용약하였으며, 유연(柔軟)한 말로써 바라문에게 알려 말하였느니라.

"당신이 사고자 하는 것을 내가 능히 팔겠습니다."

바라문이 말하였느니라.

"얼마의 가치가 필요합니까?"

상제보살은 알려 말하였느니라.

"뜻을 따라서 서로에게 보답하십시오."

그때 상제보살은 이렇게 말을 짓고서 곧 오른손을 펼쳐서 날카로운 칼을 취하려 잡고서 스스로가 왼쪽의 어깨를 찔러서 피를 쏟아냈고, 다시 오른쪽의 넓적다리를 베어서 피부와 살은 땅에 놓아두었으며, 뼈를 부수어 골수를 꺼내어 바라문에게 주었으며, 다시 담장의 옆으로 나아가서 가슴을 쪼개고 심장을 꺼내려고 하였다. 장자의 딸이 처소인 높은 누각에 있으면서 먼저 상제보살이 스스로를 팔겠다고 외치는 것을 보았는데, 뒤에는 다시 스스로 그의 몸을 해치는 것을 보고서 이렇게 생각을 지으면서 말하였느니라.

"이 선남자는 무슨 인연을 까닭으로 그의 몸을 괴롭히는가? 내가 마땅히 그것을 물어야겠다."

이렇게 생각하고서 곧 누대에서 내려와서 상제보살의 처소에 이르렀으며 이렇게 물어 말하였느니라.

"그대는 무슨 인연으로 먼저 스스로를 팔겠다고 외쳤는데, 지금은 피와 골수를 꺼내고, 다시 심장을 쪼개려고 합니까?"

상제보살이 대답하여 말하였느니라.

"누이(姊)여. 알지 못합니까? 나는 매우 깊은 반야바라밀다와 설법하는 법사인 법용보살께 공양하고자 하였습니다. 그렇지만 나는 가난하여 여러 재물과 보배가 없었을지라도, 법을 사랑하고 중시하는 까닭으로 먼저 스스로가 몸을 팔고자 하였으나 서로 묻는 자가 없었고, 지금 세 가지의 일을 바라문에게 팔고서 주었습니다."

장자의 딸이 말하였느니라.

"그대가 지금 스스로가 몸의 피·심장·골수를 팔고서 가치를 가지고 반야바라밀다와 설법하는 법사인 법용보살께 공양하였다면, 마땅히 무엇 등의 공덕과 수승한 이익을 얻습니까?"

상제보살은 대답하여 말하였느니라.

"법용보살께서는 매우 깊은 법에서 이미 자재함을 얻으셨으니, 마땅히 나를 위하여 매우 깊은 반야바라밀다의 방편선교·보살이 수학해야 하는 것(所學)·보살의 법인 것(所乘)·보살이 수행해야 하는 것(所行)·보살이 지어야 하는 것(所作)을 설하실 것입니다. 내가 얻어서 듣고 설법과 같게 수행한다면 유정들을 성숙시키고 불국토를 청정하게 장엄하며 빠르게 무상정등보리를 증득하고, 금색(金色)의 몸을 얻고서 32대장부상을 구족하고 80수호를 원만하게 장엄하는데 항상 광명이 1심(尋)이고 나머지의 광명도 무량하며, 여래의 10력·4무소외·4무애해·대자·대비·대희·대사·18불불공법, 무망실법·항주사성, 5안·6신통, 불가사의하고 청정한 계온(戒蘊)·정온(定蘊)·혜온(慧蘊)·해탈온(解脫蘊)·해탈지견온(解脫智見蘊)·무장지견(無障智見)·무상지견(無上智見)을 구족하고, 일체지·도상지·일체상지를 증득하며, 일체의 무상(無上)한 법보(法寶)를 구족하고 일체의 유정들에게 나누어 보시하여 주면서 제유정들에게 의지할 처소를 지어서 주실 것이니, 내가 몸과 목숨을 버려서 그 보살께 공양한다면 마땅히 이것 등의 공덕과 수승한 이익을 획득할 것입니다."

그때 장자의 딸은 수승하고 불가사의하며 미묘한 불법(佛法)을 설하는 것을 듣고서 환희하고 용약하였으며 몸의 털들이 모두 곤두섰으므로, 공경스럽게 합장하고서 상제보살에게 아뢰어 말하였느니라.

"대사(大士)께서 설하신 것은 제일 광대하고 최고로 수승하며 미묘하고 매우 희유(希有)하며, 이와 같은 하나하나의 불법을 획득하기 위하여 오히려 상응하게 긍가사(殑伽沙)와 같은 소중한 몸과 목숨을 버려야 하는데, 하물며 오직 한 번을 버리는 것이겠습니까! 그 까닭은 무엇인가? 만약 이와 같은 미묘한 공덕을 얻는다면 곧 능히 일체의 유정들을 이익되고 안락하게 할 수 있습니다.

대사께서는 집이 가난하였어도 오히려 이와 같은 미묘한 공덕을 위하여 몸과 목숨까지도 아끼지 않으셨는데, 하물며 저희 집안은 부유하고 진귀한 재물이 많은데 이러한 공덕을 위하여 기부(棄捨)하지 않겠습니까?

대사께서는 지금부터 상응하여 다시는 스스로를 해치지 마십시오. 필요한 공양구들을 끝까지 마땅하게 서로에게 드리겠는데 이를테면, 금·은·폐유리보·파지가보·마니·진주·저장(杵藏)·석장(石藏)·나패(螺貝)·벽옥(璧玉)·제청(帝青)·대청(大青)·산호(珊瑚)·호박(虎珀)과 나머지의 무량한 다른 종류의 진귀한 재물·꽃·향·영락·보배 당기·번기·일산·기악·등불·수레·의복, 아울러 여러 종류의 상묘한 공양구를 가지고 매우 깊은 반야바라밀다와 설법하는 법사인 법용보살께 공양하는 것들입니다.

오직 바라건대. 대사께서는 다시는 스스로를 해치지 마십시오. 나의 몸도 역시 원하건대 대사를 따라서 법용보살마하살의 처소로 가서 함께 우러러보고서 같이 선근을 심고자 하는데, 설하셨던 것인 여러 불법을 얻기 위한 까닭입니다."

마하반야바라밀다경 제399권

77. 상제보살품(常啼菩薩品)(2)

　그때 천제석은 곧 다시 본래의 형태로 상제보살의 앞에 몸을 구부리고 서 있으면서 찬탄하여 말하였느니라.
　"대사(大士)여. 옳습니다. 옳습니다. 법을 위하여 지성(至誠)과 견고(堅固)함이 함께 그와 같습니다. 과거의 제불께서 보살이셨던 때에도 역시 대사와 같게 견고한 서원으로써 깊은 반야바라밀다의 방편선교를 구하면서 보살이 수학해야 하는 것(所學)·보살의 법인 것(所乘)·보살이 수행해야 하는 것(所行)·보살이 지어야 하는 것(所作)을 청(請)하여 물으면서 싫어함이 없고 게으름이 없는 마음을 지으셨고, 유정들을 성숙시키고 불국토를 청정하게 장엄하며 빠르게 무상정등보리를 증득하셨습니다. 대사여 마땅히 아십시오. 나는 진실로 사람의 피·심장·골수가 수용하지 않으며, 다만 와서 서로를 시험하였습니다. 지금은 무엇을 소원하십니까? 내가 마땅히 서로에게 주어서 경솔하게 접촉하였고 손해시켰으며 번뇌시켰던 허물을 보답하겠습니다."
　상제보살이 알려 말하였느니라.
　"나의 본래의 소원은 오직 무상정등보리가 있는데, 천주(天主)가 대체로 능히 이것의 소원을 들어줄 수 있습니까?"
　천제석은 얼굴을 붉히고 부끄러워하면서 상제보살에게 아뢰어 말하였느니라.

"이것은 내 힘의 일이 아니고, 오직 제불의 크고 성스러운 법왕(法王)이라면 법에서 자재하시므로 능히 이러한 소원을 들어주실 수 있습니다. 대사여. 지금 상응하여 무상정등보리를 제외하고 다시 나머지의 소원을 구하신다면 내가 마땅히 그것을 들어주겠습니다."

상제보살이 알려 말하였느니라.

"매우 깊은 반야바라밀다도 역시 내가 소원하는 것인데 대체로 능히 이것의 소원을 베풀어 주겠습니까?"

이때 천제석은 두 배로 다시 부끄러움이 생겨나서 상제보살에게 아뢰어 말하였느니라.

"나는 이러한 소원도 역시 들어줄 수 없습니다. 그렇지만 나에겐 대사의 몸을 옛날과 같이 평등하게 회복시킬 수 있는 힘이 있는데, 이러한 소원을 수용하지 않으시겠습니까?"

상제보살이 대답하여 말하였느니라.

"이와 같은 소원이라는 것은 스스로가 능히 만족시킬 수 있으니, 천주는 수고하지 마십시오. 그 까닭은 무엇인가? 내가 만약 시방세계의 제불께 계고(啓告)[1]하면서 지성을 일으키면서 '지금 스스로가 몸을 팔았던 것은 진실로 법을 사모한 것이고, 속임수를 품고서 세상을 속이고 미혹시켰던 것이 아니며, 오히려 이것을 인연하여 결정적으로 무상정등보리에서 불퇴전인 자라면 저의 몸의 형태를 옛날과 같이 평등하게 회복시키십시오.'라고 자세하게 말한다면, 이러한 말을 마치지 않았더라도 스스로가 능히 나를 옛날과 같이 평등하게 회복시킬 것인데, 어찌 천주의 위력을 빌리겠는가?"

천제석이 말하였느니라.

"그와 같습니다. 그와 같습니다. 여래의 신력(神力)은 불가사의(不可思議)하고, 보살께서도 지성이신데 무슨 일이라도 성취하지 못하겠습니까? 그렇지만 오히려 나를 까닭으로 대사의 몸이 손상되셨으니, 오직 바라건

---

1) 윗사람이나 관청(官廳) 등에 일에 대한 의견이나 사정 따위를 말이나 글로 보고(報告)하는 것이다.

대 자비로 그러한 일을 성취하도록 허락하십시오."
 상제보살이 곧 그에게 알려 말하였느니라.
 "이미 그와 같이 은근(慇懃)하다면 마땅히 그대의 뜻을 따르겠습니다."
 그때 천제석은 곧 천주의 위력을 나타내어 상제보살의 몸을 옛날과 같이 평등하게 회복시켰는데, 나아가 작은 부분의 상흔(傷痕)이 보이지 않았고 형체와 용모가 단엄(端嚴)하여 지나간 날을 초월하였으므로, 부끄러워하였고 사죄하였으며 오른쪽으로 돌고서 홀연히 사라졌느니라.
 그때 장자의 딸은 상제보살의 희유한 일들을 보고서 전전하여 사랑과 존중함이 증장하였으므로 공경스럽게 합장하고 상제보살에게 아뢰어 말하였느니라.
 "바라옵건대 자비를 내려주시어 잠시라도 저의 집에 와주십시오. 매우 깊은 반야바라밀다와 설법하는 법사인 법용보살께 공양하시면서 필요한 것인 상묘한 공양구를 부모님께 알려서 일체를 모두 얻겠습니다. 저와 시종(侍從)들도 역시 부모님과 알리고 대사를 따라서 함께 묘향성으로 가겠는데, 매우 깊은 반야바라밀다와 설법하는 법사인 법용보살마하살께 공양하기 위한 까닭입니다."

 그때 상제보살이 그녀의 소원을 따라서 함께 그녀의 집에 이르렀으며 문밖에 멈추어 서 있었다. 이때 장자의 딸은 곧 그녀의 집으로 들어갔고 부모에게 알려 말하였느니라.
 "바라건대 우리 집안의 가운데에서 소유한 상묘한 화만(花鬘)·바르거나 뿌리는 향·의복·영락·보배 당기·번기·일산·기악·소유(蘇油)·마니·진주·폐유리보·파지가보·산호·호박·나패·벽옥·저장·석장·제청·대청과 아울러 금·은 등의 여러 공양구를 많이 주시고, 역시 나의 몸과 이전부터 저를 섬기던 5백 명의 시녀들이 여러 공양구를 가지고 모두가 마땅히 상제보살을 따라서 묘향성에 가도록 허락하여 주십시오. 매우 깊은 반야바라밀다와 설법하는 법사인 법용보살마하살께 공양하기 위한 까닭입니다. 그 보살께서는 마땅히 우리들을 위하여 법요(法要)를 널리 설하실 것이고, 우리들이 얻어서 듣고 설한 것과 같이 수행한다면 결정적으로 무변하고 미묘한 불법을 획득할 것입니다.”

이때 그녀의 부모들은 듣고서 놀라고 혼란스러워서 곧 그녀에게 물어 말하였느니라.

"상제보살께서는 지금 어디에 계시는가? 이 보살은 어떤 사람인가?"

그녀는 곧 알려 말하였느니라.

"지금 문밖에 계시는데 그 보살은 대사이시고, 일체의 유정들을 생사의 고통에서 제도하여 해탈시키기 위한 까닭으로 정근하면서 무상정등보리를 구하십니다. 또한 그 대사께서는 정법을 사랑하고 중시하므로 몸과 목숨을 아끼지 않았고, 보살이 수학해야 하는 매우 깊은 반야바라밀다와 설법하는 법사인 법용보살마하살께 공양하기 위한 까닭으로 이 성안의 가운데에 들어갔고 여러 곳을 돌아다니면서 큰 소리로 '나는 지금 스스로를 팔고자 합니다. 누가 사려는 사람입니까? 나는 지금 스스로를 팔고자 합니다. 누가 사려는 사람입니까?'라고 외치면서 말하였습니다.

오랜 시간이 지나도록 몸을 팔았으나 팔지 못하였으므로 슬퍼하고 근심하며 고뇌하였고 한 곳에 서 있으면서 '나에게 무슨 죄가 있어서 매우 깊은 반야바라밀다와 설법하는 법사인 법용보살마하살을 공양하기 위한 까닭으로 비록 스스로가 몸을 팔고자 하였어도 사려는 사람이 없는가?'라고 눈물을 흘리고 울면서 말하였습니다. 그때 천제석이 시험하기 위하여 곧 스스로가 한 젊은 바라문으로 변화하여 그 앞에 이르러서, '남자여. 그대는 지금 무슨 인연으로 서 있으며 슬프게 울고 슬퍼하며 근심하며 즐겁지 않습니까?'라고 물어 말하였습니다.

그 대사께서는 '유동이여. 나는 매우 깊은 반야바라밀다와 설법하는 법사인 법용보살마하살을 공양하고자 하였습니다. 그렇지만 나는 가난하여 여러 재물과 보배가 없었을지라도, 법을 사랑하고 중시하는 까닭으로 스스로가 몸을 팔고자 이 성의 가운데를 두루 다녔으나 서로 묻는 자가 없었고, 스스로가 오직 박복하여 이곳에 머무르며 근심하고 슬퍼하고 있습니다.'라고 말하였습니다. 그때 바라문은 대사께 '내가 지금 바로 하늘에 제사를 지내고자 하는데, 사람의 몸은 사용하지 않고, 다만 사람의 피·사람의 골수·사람의 심장이 필요합니다. 불공평더라도 능히 팔 수 있겠습니까?'라고 알려 말하였고, 대사께서는 듣고서 환희하고 용약하면서 유연한 말로써 '당신이 사고자 하는 것을 내가 능히 팔겠습니다.'라고 바라문에게 알려 말하였습니다.

바라문은 '얼마의 가치가 필요합니까?'라고 말하였고, 대사께서는 '뜻을 따라서 서로에게 보답하십시오.'라고 말하였으며, 대사께서는 그때에 이렇게 말을 짓고서 곧 오른손을 펼쳐서 날카로운 칼을 취하려 잡고서 스스로가 왼쪽의 어깨를 찔러서 피를 쏟아냈고, 다시 오른쪽의 넓적다리를 베어서 피부와 살은 땅에 놓아두었으며, 뼈를 부수어 골수를 꺼내어 바라문에게 주었으며, 다시 담장의 옆으로 나아가서 가슴을 쪼개고 심장을 꺼내려고 하였습니다. 나는 높은 누각에 있으면서 멀리서 이러한 일을 보고서 '이 선남자는 무슨 인연을 까닭으로 그의 몸을 괴롭히는가? 내가 마땅히 그것을 물어야겠다.'라고 이렇게 생각하며 말을 지었습니다.

이렇게 생각하고서 곧 누각에서 내려와서 대사의 처소에 이르렀으며 '그대는 무슨 인연으로 먼저 스스로를 팔겠다고 외쳤는데, 지금은 피와 골수를 꺼내고, 다시 심장을 쪼개려고 합니까?'라고 이렇게 물어서 말을 지었고, 그 대사께서는 나에게 '누이여. 알지 못합니까? 나는 매우 깊은 반야바라밀다와 설법하는 법사인 법용보살께 공양하고자 하였습니다. 그렇지만 나는 가난하여 여러 재물과 보배가 없었을지라도, 법을 사랑하고 중시하는 까닭으로 먼저 스스로가 몸을 팔고자 하였으나 서로 묻는 자가 없었고, 지금 세 가지의 일을 바라문에게 팔고서 주었습니다.'라고 말하였습니다.

나는 이때에 '그대가 지금 스스로가 몸의 피·심장·골수를 팔고서 가치를 가지고 반야바라밀다와 설법하는 법사인 법용보살께 공양하였다면, 마땅히 무엇 등의 공덕과 수승한 이익을 얻습니까?'라고 물어 말하였고, 그 대사께서는 나에게 '법용보살께서는 매우 깊은 법에서 이미 자재함을 얻으셨으니, 마땅히 나를 위하여 매우 깊은 반야바라밀다의 방편선교·보살이 수학해야 하는 것·보살이 법인 것·보살이 수행해야 하는 것·보살이 지어야 하는 것을 설하실 것입니다.

　내가 얻어서 듣고 설법과 같게 수행한다면 유정들을 성숙시키고 불국토를 청정하게 장엄하며 빠르게 무상정등보리를 증득하고, 금색의 몸을 얻고서 32대장부상을 구족하고서 80수호를 원만하게 장엄하는데 항상 광명이 1심이고 나머지의 광명도 무량하며, 여래의 10력·4무소외·4무애해·대자·대비·대희·대사·18불불공법·무망실법·항주사성, 5안·6신통, 불가사의하고 청정한 계온·정온·혜온·해탈온·해탈지견온·무장지견·무상지견을 구족하고, 일체지·도상지·일체상지를 증득하며, 일체의 무상한 법보를 구족하고서 일체의 유정들에게 나누어 보시하여 주면서 제유정들에게 의지할 처소를 지어서 주실 것이니, 내가 몸과 목숨을 버려서 그 보살께 공양한다면 마땅히 이것 등의 공덕과 수승한 이익을 획득할 것입니다.'라고 대답하여 말하였습니다.

　나는 이때 수승하고 불가사의하며 미묘한 불법을 설하는 것을 듣고서 환희하고 용약하였으며 몸의 털들이 모두 곤두섰으므로, 공경스럽게 합장하고서 '대사께서 설하신 것은 제일 광대하고 최고로 수승하며 미묘하고 매우 희유하며, 이와 같은 하나하나의 불법을 획득하기 위하여 오히려 상응하게 긍가사와 같은 소중한 몸과 목숨을 버려야 하는데, 하물며 오직 한 번을 버리는 것이겠습니까! 그 까닭은 무엇인가? 만약 이와 같은 미묘한 공덕을 얻는다면 곧 능히 일체의 유정들을 이익되고 안락하게 할 수 있습니다.

　대사께서는 집이 가난하였어도 오히려 이와 같은 미묘한 공덕을 위하여 몸과 목숨까지도 아끼지 않으셨는데, 하물며 저희 집안은 부유하고 진귀한 재물이 많은데 이러한 공덕을 위하여 기부하지 않겠습니까? 대사께서는 지금부터 상응하여 다시는 스스로를 해치지 마십시오. 필요한 공양구들을 끝까지 마땅하게 서로에게 드리겠는데 이를테면, 금·은·폐유리보·파지가보·마니·진주·저장·석장·나패·벽옥·제청·대청·산호·호박과 나머지의 무량한 다른 종류의 진귀한 재물·꽃·향·영락·보배 당기·번기·일산·기악·등불·수레·의복, 아울러 여러 종류의 상묘한 공양구를 가지고 매우 깊은 반야바라밀다와 설법하는 법사인 법용보살께 공양하는 것들입니다.
　오직 바라건대. 대사께서는 다시는 스스로를 해치지 마십시오. 나의 몸도 역시 원하건대 대사를 따라서 법용보살마하살의 처소로 가서 함께 우러러보고서 같이 선근을 심고자 하는데, 설하셨던 것인 여러 불법을 얻기 위한 까닭입니다.'라고 말하였습니다.
　이때 천제석은 곧 다시 본래의 형태로 상제보살의 앞에 몸을 구부리고 서 있으면서 '대사여. 옳습니다. 옳습니다. 법을 위하여 지성과 견고함이 함께 그와 같습니다. 과거의 제불께서 보살이셨던 때에도 역시 대사와 같이 견고한 서원으로써 깊은 반야바라밀다의 방편선교를 구하면서 보살이 수학해야 하는 것·보살의 법인 것·보살이 수행해야 하는 것·보살이 지어야 하는 것을 청하여 물으면서 싫어함이 없고 게으름이 없는 마음을 지으셨고, 유정들을 성숙시키고 불국토를 청정하게 장엄하며 빠르게 무상정등보리를 증득하셨습니다. 대사여. 마땅히 아십시오. 나는 진실로 사람의 피·심장·골수를 수용하지 않으며, 다만 와서 서로를 시험하였습니다. 지금은 무엇을 소원하십니까? 내가 마땅히 서로에게 주어서 경솔하게 접촉하고 손해시키며 번뇌시켰던 허물을 보답하겠습니다.'라고 찬탄하여 말하였습니다.
　그 보살께서는 '나의 본래의 소원은 오직 무상정등보리가 있는데, 천주(天主)가 대체로 능히 이것의 소원을 들어줄 수 있습니까?'라고 알려 말하였고, 이때 천제석은 얼굴을 붉히고 부끄러워하면서 '이것은 내 힘의 일이 아니고, 오직 제불의 크고 성스러운 법왕(法王)이라면 법에서 자재하시므로 능히 이러한 소원을 주실 수 있습니다. 대사여. 지금 상응하여 무상정등보리를 제외하고 다시 나머지의 소원을 구하신다면 내가 마땅히 그것을 들어주겠습니다.'라고 상제보살에게 아뢰어 말하였으며, 그 보살께서는 다시 '매우 깊은 반야바라밀다도 역시 내가 소원하는 것인데 대체로 능히 이것의 소원을 베풀어 주겠습니까?'라고 알려 말하였고,

이때 천제석은 두 배로 다시 부끄러움이 생겨나서 '나는 이러한 소원도 역시 들어줄 수 없습니다. 그렇지만 나에겐 대사의 몸을 옛날과 같게 평등하게 회복시킬 수 있는 힘이 있는데, 이러한 소원을 수용하지 않으시겠습니까?'라고 아뢰어 말하였습니다.

그 보살께서는 다시 '이와 같은 소원이라는 것은 스스로가 능히 만족시킬 수 있으니, 천주는 수고하지 마십시오. 그 까닭은 무엇인가? 내가 만약 시방세계의 제불께 계고하면서 지성을 일으키면서〈지금 스스로가 몸을 팔았던 것은 진실로 법을 사모한 것이고, 속임수를 품고서 세상을 속이고 미혹시켰던 것이 아니며, 오히려 이것을 인연하여서 결정적으로 무상정등보리에서 불퇴전인 자라면 저의 몸의 형태를 옛날과 같게 평등하게 회복시키십시오.〉라고 자세하게 말한다면, 이러한 말을 마치지 않았더라도 스스로가 능히 나를 옛날과 같게 평등하게 회복시킬 것인데, 어찌 천주의 위력을 빌리겠는가?'라고 알려 말하였고, 천제석은 '그와 같습니다. 그와 같습니다. 여래의 신력(神力)은 불가사의(不可思議)하고, 보살께서도 지성이신데 무슨 일이라도 성취하지 못하겠습니까? 그렇지만 오히려 나를 까닭으로 대사의 몸이 손상되셨으니, 오직 바라건대 자비로 그러한 일을 성취하도록 허락하십시오.'라고 말하였습니다.

이때 그 대사께서는 '이미 그와 같이 은근하다면 마땅히 그대의 뜻을 따르겠습니다.'라고 천제석에게 알려 말하였고, 그때 천제석은 곧 천주의 위력을 나타내어 상제보살의 몸을 옛날과 같게 평등하게 회복시켰는데, 나아가 작은 부분의 상흔이 보이지 않았고 형체와 용모가 단엄하여 지나간 날을 초월하였으므로, 부끄러워하였고 사죄하였으며 오른쪽으로 돌고서 홀연히 사라졌습니다.

나는 이미 그 보살의 희유한 일들을 보고서 전전하여 사랑과 존중함이 증장하였으므로 공경스럽게 합장하고 '바라옵건대 자비를 내려주시어 잠시라도 저의 집에 와주십시오. 매우 깊은 반야바라밀다와 설법하는 법사인 법용보살께 공양하시면서 필요한 것인 상묘한 공양구를 부모님께 알려서 일체를 모두 얻겠습니다. 저와 시종들도 역시 부모님과 알리고 대사를 따라서 함께 묘향성으로 가겠는데, 매우 깊은 반야바라밀다와 설법하는 법사인 법용보살마하살께 공양하기 위한 까닭입니다.'라고 아뢰어 말하였습니다.

지금 그 대사께서 나의 지성을 까닭으로 나의 소원을 버리지 않으셨고 문밖에 와서 이르셨으니, 오직 원하건대 부모님께서는 진귀한 재물을 많이 주시고, 더불어 저와 먼저부터 나를 섬기던 5백 명의 시녀들도 여러 공양구를 가지고 함께 마땅히 상제보살을 따라서 묘향성에 가서 매우 깊은 반야바라밀다와 설법하시는 법사인 법용보살께 예경하고 공경하며 공양하도록 허락해 주십시오. 설하였던 것인 여러 불법을 얻기 위한 까닭입니다."

그때 부모는 말이 말하는 것을 듣고 미증유(未曾有)라고 환희하고 용약하며 찬탄하면서 곧 그녀에게 알려 말하였느니라.

"그대가 말한 것과 같다면 상제보살은 매우 희유하시므로, 능히 이와 같은 큰 공덕의 갑옷(功德鎧)을 입고서 용맹스럽게 정진하여 제불법을 구하시니, 구하시는 불법은 미묘하고 최고로 수승하며 광대하고 청정하며 불가사의하고, 능히 세간의 제유정들을 인도하면서 수승한 이익과 안락을 획득하게 하시는구나. 그대는 이미 이 법에서 깊이 사랑하고 중시하면서, 선한 벗을 따라서 여러 공양구를 가지고 묘향성으로 가서 반야바라밀다와 설법하시는 법사인 법용보살께 공양하고서 여러 불법을 증득하려고 하는데, 우리 등도 어찌 따라서 환희가 생겨나지 않겠는가? 지금 그대들이 떠나가는 것을 허락하겠으며, 우리 등도 역시 그대와 함께 서로를 따라가겠는데 그대는 환희하는가?"

소녀는 곧 알려 말하였느니라.

"매우 크게 환희합니다. 나는 오히려 나머지 사람의 선법(善法)도 장애하지 않는데 하물며 부모님이겠습니까?"

부모는 알려 말하였느니라.

"그대는 상응하고 엄숙하게 공양구와 시종들을 준비하고서 빠르게 함께 떠나도록 하자."

그때 장자의 딸은 나아가 곧 5백 대의 수레를 준비하여 7보로 엄숙하게 장식하였고, 역시 항상 따르는 5백 명의 시녀들에게 마음대로 각자 여러 보배를 취하여 몸을 단장하게 하였으며, 다시 금·은·폐유리보·파지가보·마니·진주·제청·대청·나패·벽옥·산호·호박·저장·석장, 나머지의 무량한 기이한 종류의 진귀한 재물, 여러 종류의 꽃·향·의복·영락·보배 당기·번기·일산·풍류·소유, 상묘하고 진귀한 재물과 각자 무량한 종류와 아울러 나머지 여러 종류의 상묘한 공양구를 지니게 하였느니라. 그녀가 이미 이와 같은 일들을 준비하였고 공경스럽게 상제보살께 계청(啓請)2)하여 앞의 한 수레에 타게 하였고, 자신·부모·5백 명의 시녀들도 각자 하나의 수레를 탔으며 상제보살을 위요(圍遶)3)하고 따라서 모시면서 점점 동쪽으로 떠나가서 묘향성에 이르렀으며 성을 보았는데,

높고 넓으며 7보를 성취하였고, 그 성의 외부의 둘레에는 모두 7보를 성취한 일곱 겹의 담장, 일곱 겹의 누각, 일곱 겹의 난간, 일곱 겹의 보배의 해자, 일곱 겹으로 늘어선 보배 다라수가 있고 이 담장 등이 서로서로 틈새를 장식하고 있는데, 여러 종류의 광명을 일으킨다면 매우 애락하였다. 이 큰 보배 성은 사방으로 각각 12유선나이고 청정하고 넓으며, 사람과 물건이 치성하고 안은하며 풍요롭고 즐거웠으며, 그 가운데에는 500의 거리와 골목과 시장이 있었는데, 분량을 헤아리면 서로가 마땅하고 단정하게 장엄되어 그림과 같았으며, 여러 거리에는 각자 맑은 물길이 이어졌으므로 보배의 배로 왕래하더라도 번잡함이 없었다.

하나·하나의 거리와 골목은 청정하게 장엄되었고, 향수가 뿌려졌으며 이름난 꽃들이 펼쳐졌으며, 성과 담장에는 모두 자금으로 이루어진 적군을 물리치는 치첩과 누각이 있었는데 여러 보배로 비추었으므로 그 광명이 밝게 빛나고 있고, 치첩의 틈새의 옆쪽에는 보배 나무로써 이 하나·하나의 나무는 뿌리·줄기·가지·잎과 꽃·과일에 이르기까지 모두가 별도의 보배로써 이루어졌으며, 성과 담장과 누대와 여러 보배 나무는 황금의 그물로

---

2) 윗사람에게 어떤 사항의 처리나 허락 등의 여부를 아뢰어 청하는 것이다.
3) 주위를 둘러싸는 것이다.

뒤덮였고 보배의 노끈으로써 연결하였으며 금방울로써 매달았고 보배 풍경을 매달았으므로, 산들바람이 불어오면 아름다운 소리가 화합하여 일어났으므로, 비유한다면 다섯 종류의 여러 음악을 잘 합주하는 것과 같았다.

성의 외곽을 감싸고 있는 일곱 겹의 보배 해자에는 팔공덕수가 그 가운데에 가득하였는데, 차가움과 따뜻함이 조화되었고 거울처럼 맑고 깨끗하며, 물속에는 여러 곳에 7보의 배가 있어서 사이를 장엄하여 여러 처소에서 보면서 기뻐하였다. 여러 해자의 안에는 여러 미묘한 꽃들을 갖추었는데, 색과 향기가 선명하고 향기가 진하게 물 위를 뒤덮고 있었으며, 5백의 동산의 주위를 큰 성이 둘러싸고서 여러 종류로 장엄하여 매우 사랑스럽고 즐겁고, 하나·하나의 동산 안에는 5백의 연못이 있는데 그 연못의 길이와 넓이는 1구로사이고, 7보로 장엄되어 대중들의 마음을 기쁘게 하였으며, 그 연못의 가운데에는 네 종류의 미묘한 꽃들이 있는데 그 크기가 수레바퀴와 같고 광채가 물을 뒤덮었는데 그 꽃들은 모두 여러 보배로써 이루어졌으며, 여러 동산의 연못에는 많은 새들이 있어서 소리를 서로 화합하였고 그 안에서 유희하였다.

점차 앞으로 나아가면서 곧 멀리서 법용보살마하살께서 7보대(七寶臺)인 사자좌(師子座)에 앉으시어 무량하고 무수인 백천 구지(俱胝)·나유타(那庾多)의 많은 대중에게 앞뒤로 위요(圍遶)되어 설법하시는 것을 보았느니라. 그때 상제보살마하살은 최초로 멀리서 법용보살마하살을 보았던 까닭으로 몸과 마음이 열락(悅樂)하였는데, 비유한다면 비구가 한 경계에 생각을 계박(繫縛)하여 홀연히 제3정려(第三靜慮)에 들어간 것과 같았느니라. 그는 멀리서 보고서 '우리 등이 수레를 타고서 법용보살마하살의 처소에 간다면 상응하지 않는다.'라고 이렇게 생각을 지었느니라.

이렇게 생각을 짓고서 나아가 곧 수레에서 내려서 옷을 정리(整理)하였느니라. 이때 장자의 딸과 그녀의 부모 및 5백 명의 시녀들도 역시 수레에서 내려 각자 상묘한 여러 보배 옷으로 그들의 몸을 엄숙하게 장식하였고, 여러 공양구를 지니고 공경스럽게 상제보살을 위요하였고 천천히 걸어서 법용보살마하살의 처소로 나아갔으며, 그 도로의 주변에 법용보살이 경영하는 처소인 7보의 대반야대(大般若臺)가 있었는데, 붉은 전단(栴檀)으로써 발라서 장식하였고, 매달린 보배 방울에선 미묘한 소리가 나왔으며, 둘레에는 모두 진주(眞珠) 그물을 늘어뜨렸고, 반야대의 네 모서리에는 네 가지의 보배 구슬을 매달고 등불로써 밤낮으로 항상 비추었으며, 보배대(寶臺)의 네 면에는 백은(白銀)으로 이루어진 네 개의 향로가 있었는데, 여러 보배로 엄숙하게 장식하였고 항상 검은 침수향(沈水香)으로써 태웠으며, 여러 미묘한 꽃들을 흩뿌려서 공양하였고, 반야대의 중앙에는 7보로 이루어진 자리가 있었는데, 그 위에 요와 비단 휘장을 거듭 펼쳐두었다.

이 자리의 위에 다시 하나의 상자(函)가 있었는데, 네 가지 보배를 합성(合成)하여 아름답고 수려하게 장엄(莊嚴)하였는데, 첫째는 금이고, 둘째는 은이며, 셋째는 폐유리이고, 넷째는 제청의 보배(帝靑寶)이었다. 진금의 잎에 유리를 녹여서 부었고 반야바라밀다로써 서사(書寫)하여 이 상자의 가운데에 넣고서 항상 봉인(封印)하였으며, 반야대의 가운데에서 여러 곳에는 보배 번기와 꽃을 매달아서 사이를 장엄하게 장식하여 매우 애락하였느니라. 상제보살과 장자의 딸 등은 이 보배대가 장엄되어 매우 미묘한 것을 보고서 합장하고 공경하였으며 미증유라고 찬탄하였느니라.

다시 제석천왕이 무량한 백천 천상의 대중들과 함께 보배대의 주변에 있으면서 천상의 여러 종류의 상묘한 향 가루·여러 보배의 가루·미묘한 향과 꽃·금과 은의 꽃 등을 가지고서 보배대의 위에 뿌리면서 허공의 가운데에서 천상의 기악(伎樂)을 연주하는 것을 보았느니라. 상제보살은 이러한 일을 보고서 천제석에게 물어 말하였느니라.

"무슨 인연으로 천주는 여러 천상의 대중들과 함께 이 좌대에 공양합니까?"

천제석이 말하였느니라.

"대사여. 지금 어찌 알지 못하십니까? 이 보대대의 가운데에는 무상법(無上法)이 있어서 깊은 반야바라밀다라고 이름하는데, 이것은 제여래·응공·정등각과 제보살마하살들의 어머니이고, 능히 일체의 여래·응공·정등각과 보살마하살들을 능히 출생시키고 능히 섭수하나니, 만약 보살마하살이 능히 이 가운데에서 정근하면서 수학한다면 일체 공덕의 피안(彼岸)에 빠르게 이르고, 능히 일체의 불법(佛法)을 빠르게 성취(成辦)하며, 일체지지(一切智智)를 빠르게 증득할 수 있습니다. 오히려 이것을 인연으로 우리 등은 이것에서 여러 권속들과 함께 공경하고 공양합니다."

상제보살은 듣고 환희하며 거듭하여 음성으로 다시 천제석에게 물어 말하였느니라.

"이와 같이 말하였던 것인 매우 깊은 반야바라밀다는 지금 어디에 있습니까? 나도 공양하려고 하니 오직 바라건대 그것을 보여주십시오."

천제석이 말하였느니라.

"대사께서는 아십니까? 매우 깊은 반야바라밀다는 이 보배대의 가운데에 7배의 자리 위에 네 보배 상자의 안에 있는데, 진금으로 잎을 삼았고 폐유리보로 그것의 글자를 삼았으며, 법용보살께서 7보인(七寶印)으로써 스스로가 봉인(封印)하셨으므로 우리 등이 능히 곧 갑자기 열어서 보여줄 수 없습니다."

그때 상제보살마하살과 장자의 딸, 아울러 그녀의 부모와 5백 명의 시녀들이 이 말을 듣고서 곧 지녔던 것인 꽃·향·진기한 보배·의복·영락·보배 당기·번기·일산·기악·등불과 나머지의 공양구를 취(取)하여 두 부분으로 나누었고, 먼저 한 부분을 가지고 보배대로 가서 반야바라밀다에 공양하였고, 다시 나머지 한 부분은 모두가 함께 지니고서 법용보살마하살의 처소로 갔느니라.

이미 이르러서 법용보살께서 사자좌에 앉으셔서 대중들에게 위요되신 것을 보았고, 곧 꽃·향·보배 당기·번기·일산·의복·영락·기악·등불 등과 여러 진귀한 보배들을 흩뿌려서 이 설법하는 법사와 성하였던 법에 공양하였는데, 법용보살의 위신력을 까닭으로 곧 흩뿌렸던 여러 종류의 미묘한 꽃들이 허공의 가운데에서 마땅히 그의 정수리 위에서 홀연히 합쳐져서 하나의 미묘한 화대(花臺)를 지었는데, 여러 보배로 장엄되어 매우 애락하였다. 다시 그들이 흩뿌렸던 여러 종류의 미묘한 향들이 허공의 가운데에서 마땅히 화대의 위에서 홀연히 합쳐져서 하나의 미묘한 향기로운 일산(香蓋)을 지었는데, 여러 종류의 진귀한 보배로 엄숙하게 장식되었느니라.

다시 그들이 흩뿌렸던 여러 종류의 미묘한 보배 옷들이 허공의 가운데에서 마땅히 향대의 위에서 홀연히 합쳐져서 하나의 미묘한 보배 휘장(寶帳)을 짓고서 여러 보배로 사이를 장식하고 장엄하였고, 나머지의 흩뿌렸던 보배 당기·번기·일산·기악·등불·여러 영락 등도 자연스럽게 사자좌와 휘장과 일산의 주변으로 솟아올라 있으면서 주위를 두루 장엄하였고 미묘한 공교(工巧)로써 안락하게 펼쳐졌느니라. 상제보살과 장자의 딸 등은 이러한 일을 보고서 환희하고 용약하면서 다른 입이었으나 같은 소리로 모두가 함께 법용보살마하살을 찬탄하여 말하였느니라.

"지금 우리들의 대사(大師)께서는 매우 희유하시고, 능히 이와 같은 이와 같다면 하물며 무상정등보리를 증득하신 것임에랴!"

그때 상제보살과 장자의 딸, 아울러 권속들은 마음에 깊이 법용보살마하살을 사랑하고 존중하였던 까닭으로 모두가 무상정등각(無上正等覺)의 마음을 일으켰고 발원하면서 이렇게 말을 지었느니라.

"저희들은 오히려 이러한 수승한 선근으로 미래의 세상에서 반드시 여래·응공·정등각을 성취하기를 발원합니다. 저희들은 오히려 이러한 수승한 선근으로 마땅히 미래 세상에서 정근하면서 보살도를 수학(修學)하는 때에, 지금의 대사이신 법용보살과 같이 깊은 법문에서 통달하여 장애가 없기를 발원합니다. 저희들은 오히려 이러한 수승한 선근으로 마땅히 미래의 세상에서 정근하면서 보살도를 수학하는 때에, 지금의 대사이신 법용보살과 같이 능히 상묘한 7보대(七寶臺)와 누각(閣), 더불어 나머지의 공양구로 반야바라밀다에 공양하기를 발원합니다.

저희들은 오히려 이러한 수승한 선근으로 마땅히 미래의 세상에서 정근하면서 보살도를 수학하는 때에, 지금의 대사이신 법용보살과 같이 대중들 처소의 가운데에서 사자좌에 앉아 반야바라밀다의 매우 깊은 의취와 이치를 모두 두려움이 없이 널리 설하기를 발원합니다. 저희들은 오히려 이러한 수승한 선근으로 정근하면서 보살도를 수학하는 때에, 지금의 대사이신 법용보살과 같이 반야바라밀다의 공교(工巧)한 방편의 힘을 성취하여 구하였던 것인 무상정등보리를 빠르게 성취하기를 발원합니다. 저희들은 이 수승한 선근으로 인하여 마땅히 미래의 세상에서 정근하면서 보살도를 수학하는 때에, 지금의 대사이신 법용보살과 같이 수승한 신통변화의 자재함을 증득하여 무량한 유정들을 이익되고 안락하게 하기를 발원합니다."

그때 상제보살과 장자의 딸, 아울러 권속들은 여러 공양구를 가지고 반야바라밀다와 설법하는 법사인 법용보살마하살에게 공양하고서 두 발에 머리 숙여 예경하였으며 합장하고 공경스럽게 오른쪽으로 세 번을 돌았고 나아가서 한쪽에 머물렀느니라. 그때 상제보살마하살은 몸을 굽혀 합장하고서 법용보살마하살께 아뢰어 말하였느니라.

"저는 항상 즐겁게 아련야(阿練若)의 처소에 기거하면서 깊은 반야바라밀다를 구하였는데, 일찍이 한 때에 홀연히 공중에서 소리로 말하는 것을 들었습니다.

'쯧쯧(咄). 선남자여. 그대가 동쪽으로 간다면 결정적으로 매우 깊은 반야바라밀다를 얻어서 들을 것이다.'

저는 공중에서 이와 같은 교계를 듣고 환희하고 용약하였으며, 나아가 곧 동쪽으로 갔으나 오래지 않아서 이렇게 생각을 지었습니다.

'나는 오히려 그 공중에서 나를 동쪽으로 가라고 보냈던 소리에 거리가 멀고 가까운가? 어느 성읍(城邑)에 이르러야 하는가? 다시 누구를 쫓아서 매우 깊은 반야바라밀다를 들어야 하는가를 묻지 않았던가?'

이렇게 생각을 짓고서 곧 그 자리에 머물러서 가슴을 치면서 슬프게 탄식하며 근심하고 슬프게 울었으며, 7일 낮과 7일 밤이 지나더라도 피로함을 사양하지 않았고, 수면을 생각하지 않았으며, 음식을 사유하지 않았고, 낮과 밤을 생각하지 않았으며, 추위와 더위를 두려워하지 않았고, 내외법에서 마음이 산란하지 않았으며, 오직 이렇게 사유를 지었습니다.

'나는 어느 때에 마땅히 반야바라밀다를 듣겠는가? 나는 먼저 무슨 까닭으로 공중에서 소리로 나에게 동쪽으로 가라고 권유하였는데 거리가 멀고 가까운가? 어느 처소에 이르러야 하는가? 다시 누구를 쫓아서 매우 깊은 반야바라밀다를 들어야 하는가를 묻지 않았던가?'

제가 이와 같이 근심하고 슬프게 울었으며 스스로가 한탄하는 때에, 홀연히 앞에 여래의 형상이 나타나서 저에게 알려 말하였습니다.

"선남자여. 그대가 이와 같이 용맹하게 정진하고 애락하며 공경스럽게 법을 구하는 마음으로써 이곳에서 동쪽으로 5백의 유선나를 지나쳐서 간다면 큰 왕성이 있고 구묘향이라고 이름하며, 그 가운데에는 보살이 있어서 법용이라고 이름하며, 항상 무량한 백천 유정들에게 반야바라밀다를 널리 설하나니, 그대는 마땅히 그것을 따른다면 반야바라밀다를 얻게 되리라.

또한 선남자여. 법용보살인 이 보살은 그대에게 장야에 진실하고 청정하며 선한 벗이므로, 보여주면서 나타내고 교계하여 인도하며 찬탄하고 권유하며 축하하고 기뻐하면서 그대에게 구하는 것인 반야바라밀다를 빠르게 증득하게 할 것이니라. 법용보살께서는 과거 세상에서 정근하였던 고행으로써 깊은 반야바라밀다를 구하셨으므로, 역시 그대가 지금 구하는 것의 방편과 같아지셨나니, 그대는 마땅히 빠르게 법용보살마하살의 처소로 가면서, 의혹과 난처함이 생겨나지 않게 하고 낮과 밤을 계산하지도 말라. 오래지 않아서 마땅히 매우 깊은 반야바라밀다를 들을 것이니라."

그때 저는 이와 같은 말을 듣고서 마음에 즐거움과 기쁨이 생겨나서 용약하고 환희하면서 이렇게 사유를 지었습니다.

'어느 때에 마땅히 법용보살을 보고 그 보살을 쫓아서 매우 깊은 반야바라밀다를 얻어서 듣겠는가? 듣고서 곧 능히 여러 종류의 허망한 분별과 얻을 것이 있다는 견해를 영원히 단절하고 빠르게 무상정등보리를 증득하겠는가?'

이렇게 생각을 짓는 때에 일체법의 가운데에서 장애가 없는 지견을 일으켰고, 오히려 이러한 지견으로 곧 능히 무량하고 수승한 삼마지문에 나타내면서 들어갔는데, 오히려 이러한 지견으로 곧 무량하고 수승한 삼마지문에 현재에서 들어갔습니다. 저는 이와 같은 삼마지의 가운데에 안주하여 시방의 무량하고 무수이며 무변한 세계의 제불·여래께서 보살마하살의 대중들을 위하여 반야바라밀다를 널리 설하시는 것을 현전에서 보았습니다. 이때 제여래·응공·정등각께서는 함께 모두가 저를 찬탄하셨고 위로하셨으며 교계하셨고 교수하시면서 말씀하셨습니다.

"옳도다. 옳도다. 선남자여. 우리들도 본래 보살도를 수행하던 때에 역시 지금의 그대가 정근하는 고행으로써 깊은 반야바라밀다를 구하였던 것과 같이, 정근하면서 구하였던 때에도 그대가 지금 현전에서 이와 같은 여러 삼마지를 얻었던 것과 같이, 우리들도 그때에 이러한 무량하고 수승한 삼마지를 얻고서 구경까지 수행하고서 곧 능히 매우 깊은 반야바라밀다의 방편선교를 성취하였으며, 오히려 이러한 인연으로 일체의 불법(佛法)을 성취하여 곧 불퇴전지에 안주하였느니라."

그때 시방의 제불들께서는 저를 교계하셨고 위로하셨으며 환희하게 하셨으며 홀연히 사라지셨습니다. 저는 증득하였던 것인 삼마지를 쫓아서 일어났고 제불들께서 보이지 않았으므로 마음에 슬픔을 품고서 이와 같이 사유를 지었습니다.

'내가 이전에 보았던 시방의 제불께서는 먼저는 어느 처소에서 오셨고, 지금은 어느 처소로 가셨는가? 누가 능히 나를 위하여 이와 같은 의혹을 단절시켜 주겠는가?'

다시 이와 같이 생각을 지었습니다.

'법용보살께서는 오래전부터 이미 매우 깊은 반야바라밀다의 방편선교를 수학하여 이미 무량한 다라니문과 삼마지를 얻었고, 제보살들의 자재한 신통에서 이미 구경에 이르셨으며, 일찍이 무량한 여래·응공·정등각께도 이미 공양하였고, 제불의 처소에서 큰 서원을 일으켰고 여러 선근을 심었으며, 장야의 가운데에서 나의 선한 벗이 되어서 항상 나를 섭수하셨고 이익과 안락을 획득하게 하셨다. 나는 마땅히 빠르게 법용보살마하살의 처소로 나아가서 이전에 보았던 시방의 제불께서는 이전에 어느 처소에서 오셨고, 지금은 어느 처소로 가셨는가를 물어야겠다. 그 보살이라면 능히 나를 위하여 이와 같은 의혹을 단절하여 주실 것이다.'

저는 그때에 이렇게 생각을 짓고서 용맹스럽게 정진하면서 점차 다시 동쪽을 향해 갔고, 많은 세월이 지나서 이 성에 들어왔으며, 점차 다시 전진(前進)하였고 멀리 대사께서 처소인 7보대의 사자좌에 앉으셔서 대중에게 위요되어 설법하시는 것을 뵈었습니다. 저는 이 처소에서 대사를 처음 보고 몸과 마음이 열락(悅樂)하였는데, 비유한다면 비구(苾芻)가 홀연히 제3정려(第三靜慮)에 들어간 것과 같았던 까닭으로, 저는 지금 대사께 청하여 묻습니다.

"내가 이전에 보았던 시방의 제불께서는 먼저는 어느 처소에서 오셨고, 지금은 어느 처소로 가셨습니까? 오직 원하옵건대 저를 위하여 그 제불들께서 오셨던 처소와 이르셨던 처소를 설하시어, 저에게 명료하게 알게 하시고, 알았다면 태어나는 세상에 제불을 보게 하십시오."

78. 법용보살품(法涌菩薩品)(1)

"선현이여. 그때 법용보살마하살이 상제보살마하살에게 이렇게 말하였느니라.

'선남자(善男子)여. 일체의 여래(如來)·응공(應供)·정등각(正等覺)·명행원만(明行圓滿)·선서(善逝)·세간해(世間解)·무상장부(無上丈夫)·조어사(調御士)·천인사(天人師)·불(佛)·박가범(薄伽梵)의 법신(法身)은 따라서 돌아오는 것도 없고 역시 떠나가는 것도 없습니다. 왜 그러한가? 선남자여. 제법의 실성(實性)은 모두 움직이지 않는 까닭입니다. 선남자여. 제법의 진여(眞如)는 오지 않고 떠나가지도 않으며 시설(施設)할 수 없나니, 이와 같은 진여가 곧 여래·응공·정등각이고, 나아가 불·박가범입니다. 선남자여. 제법의 법계(法界)는 오지 않고 떠나가지도 않으며 시설할 수 없나니, 이와 같은 법계가 곧 여래·응공·정등각이고, 나아가 불·박가범입니다.

선남자여. 제법의 법성(法性)은 오지 않고 떠나가지도 않으며 시설할 수도 없나니, 이와 같은 법성이 곧 여래·응공·정등각이고, 나아가 불·박가범입니다. 선남자여. (제법의)[4] 불허망성(不虛妄性)은 오지 않고 떠나가지도 않으며 시설할 수도 없나니, (제법의) 불허망성이 곧 여래·응공·정등각이고, 나아가 불·박가범입니다. 선남자여. (제법의) 불변이성(不變異性)은 오지 않고 떠나가지도 않으며 시설할 수도 없나니, (제법의) 불변이성이 곧 여래·응공·정등각이고, 나아가 불·박가범입니다. 선남자여. 제법의 평등성(平等性)은 오지 않고 떠나가지도 않으며 시설할 수도 없나니, 제법의 평등성이 곧 여래·응공·정등각이고, 나아가 불·박가범입니다.

선남자여. 제법의 이생성(離生性)은 오지 않고 떠나가지도 않으며 시설할 수도 없나니, 제법의 이생성이 곧 여래·응공·정등각이고, 나아가 불·박가범입니다. 선남자여. 제법의 정성(定性)은 오지 않고 떠나가지도 않으며 시설할 수도 없나니, 제법의 정성이 곧 여래·응공·정등각이고, 나아가 불·박가범입니다. 선남자여. 제법의 주성(住性)은 오지 않고 떠나가지도 않으며 시설할 수도 없나니, 제법의 주성이 곧 여래·응공·정등각이고, 나아가 불·박가범입니다. 선남자여. 제법의 실제(實際)는 오지 않고 떠나가지도 않으며 시설할 수도 없나니, 제법의 실제가 곧 여래·응공·정등각이고, 나아가 불·박가범입니다.

선남자여. 제법의 허공계(虛空界)는 오지 않고 떠나가지도 않으며 시설할 수도 없나니, 제법의 허공계가 곧 여래·응공·정등각이고, 나아가 불·박가범입니다. 선남자여. (제법의) 부사의계(不思議界)는 오지 않고 떠나가지도 않으며 시설할 수도 없나니, (제법의) 부사의계가 곧 여래·응공·정등각이고, 나아가 불·박가범입니다. 선남자여. 제법의 무생성(無生性)은

---

4) 원문에는 누락되었으나, 앞뒤의 문장으로 추정하여 삽입하여 번역하였다.

오지 않고 떠나가지도 않으며 시설할 수도 없나니, 제법의 무생성이 곧 여래·응공·정등각이고, 나아가 불·박가범입니다. 선남자여. 제법의 무멸성(無滅性)은 오지 않고 떠나가지도 않으며 시설할 수도 없나니, 제법의 무멸성이 곧 여래·응공·정등각이고, 나아가 불·박가범입니다.
　선남자여. 제법의 여실성(如實性)은 오지 않고 떠나가지도 않으며 시설할 수도 없나니, 제법의 여실성이 곧 여래·응공·정등각이고, 나아가 불·박가범입니다. 선남자여. 제법의 원리성(遠離性)은 오지 않고 떠나가지도 않으며 시설할 수도 없나니, 제법의 원리성이 곧 여래·응공·정등각이고, 나아가 불·박가범입니다. 선남자여. 제법의 적정성(寂靜性)은 오지 않고 떠나가지도 않으며 시설할 수도 없나니, 제법의 적정성이 곧 여래·응공·정등각이고, 나아가 불·박가범입니다. 선남자여. 염오가 없고 청정한 경계는 오지 않고 떠나가지도 않으며 시설할 수도 없나니, 물들거나 깨끗함이 없는 경계가 곧 여래·응공·정등각이고, 나아가 불·박가범입니다.
　선남자여. 제법의 공성(空性)은 오지 않고 떠나가지도 않으며 시설할 수도 없나니, 제법의 공성이 곧 여래·응공·정등각이고, 나아가 불·박가범입니다. 선남자여. 일체의 여래·응공·정등각, 나아가 불·박가범은 곧 제법이 아니고 제법을 벗어나지도 않았습니다. 선남자여. 제법의 진여와 여래의 진여는 하나이고 둘이 아닙니다. 선남자여. 제법의 진여는 화합하지 않고 흩어지지 않으며 오직 하나의 상이 있는데 이를테면, 무상(無相)입니다. 선남자여. 제법의 진여는 하나가 아니고, 둘이 아니며, 셋이 아니고, 넷이 아니며, 나아가 백천 등이 아닙니다. 왜 그러한가? 선남자여. 제법의 진여는 수량(數量)을 벗어난 까닭이고, 성품이 있지 않는 까닭입니다."

　"다시 다음으로 선남자여. 비유한다면 사람이 있었고 매우 뜨거운 시절의 끝자락에 광야(曠野)에서 지나는 것과 같아서 하루의 가운데에서 갈증에 핍박받으며 아지랑이가 아른거리는 것을 보고서 이렇게 생각하면서 말하였다.
　'나는 지금의 때에 결정적으로 마땅히 물을 얻게 되었다.'

이렇게 생각을 짓고서 드디어 곧 가서 나아갔으나 보였던 아지랑이는 점차 떠나가서 그것은 멀어져 갔고, 곧 빠르게 그것을 쫓아갔더라도 전전하여 다시 멀어져 갔으므로, 여러 종류의 방편으로 물을 구하더라도 얻을 수 없습니다. 선남자여. 그대의 뜻은 어떻습니까? 이 아지랑이의 물은 어느 산의 계곡·샘물·연못에서 왔습니까? 지금은 어느 곳으로 갔습니까? 동쪽 바다로 흘러갔습니까? 서쪽 바다이거나 남쪽·북쪽의 바다로 흘러갔습니까?"

상제가 대답하여 말하였느니라.

"아지랑이의 가운데에서 물은 오히려 얻을 수 없는데, 하물며 마땅히 어디서 왔고 어디로 갔는가를 말할 수 있겠습니까?"

법용보살이 상제보살에게 알려 말하였느니라.

"그와 같습니다. 그와 같습니다. 그대가 말한 것과 같습니다. 그 갈증으로 우치(愚癡)하고 무지(無智)한 사람이 더위에 핍박받아 아지랑이가 아른거리는 것을 보았다면 물이 없는 가운데에서 허망하게 물이라고 생각하는 것과 같습니다. 만약 여래·응공·정등각께서 오는 것이 있고 떠나가는 것이 있다고 말한다면 역시 다시 이와 같아서 이러한 사람은 우치하고 무지하다고 마땅히 알아야 합니다. 왜 그러한가? 선남자여. 일체의 여래·응공·정등각은 색신(色身)으로는 볼 수 없는데, 일반적으로 여래라는 것은 곧 이것이 법신(法身)입니다. 선남자여. 여래의 법신은 곧 제법의 진여이고 법계이며, 진여와 법계가 오는 것이 있고 떠나가는 것이 있다고 설할 수 없는데, 여래의 법신도 역시 이와 같아서 돌아오는 것이 없고 떠나가는 것도 없습니다.

다시 다음으로 선남자여. 비유한다면 마술사이거나, 혹은 그의 제자들이 환영으로 여러 종류의 상군(象軍)·마군(馬軍)·거군(車軍)·보군(步軍)과 소·양 등을 짓고서, 수유(須臾)가 지나고 잠시에 홀연히 사라지게 하는 것과 같습니다. 선남자여. 그대의 뜻은 어떻습니까? 이 마술로 지었던 것들은 어느 처소를 따라서 왔고, 어느 처소로 갔겠습니까?"

상제가 대답하여 말하였느니라.

"환영의 일은 진실이 아닌데, 어찌 돌아오는 것이 있고 떠나가는 것이 있다고 말할 수 있겠습니까?"

법용보살이 상제보살에게 알려 말하였느니라.

"그와 같습니다. 그와 같습니다. 그대가 말한 것과 같습니다. 만약 환영의 일에 돌아오는 것이 있고 떠나가는 것이 있다고 집착한다면, 마땅히 그 사람은 우치하고 무지하다고 마땅히 알아야 합니다. 만약 여래·응공·정등각께서 돌아오는 것이 있고 떠나가는 것이 있다고 말한다면 역시 다시 이와 같아서 이러한 사람은 우치하고 무지하다고 마땅히 알아야 합니다. 왜 그러한가? 선남자여. 일체의 여래·응공·정등각은 색신으로써 볼 수 없고, 일반적으로 여래라는 것은 곧 이것이 법신입니다. 선남자여. 여래의 법신은 곧 제법의 진여이고 법계이며, 진여와 법계가 돌아오는 것이 있고 떠나가는 것이 있다고 설할 수 없는데, 여래의 법신도 역시 이와 같아서 오는 것이 없고 떠나가는 것도 없습니다.

다시 다음으로 선남자여. (비유한다면) 거울 등의 가운데에서 여러 형상이 있어서 나타나는 것과 같고, 이와 같이 여러 형상들이 잠시 있다가 반대로 없는 것과 같습니다. 선남자여. 그대의 뜻은 어떻습니까? 이 거울 등의 가운데에서 여러 형상들은 어느 처소를 따라서 왔고, 어느 처소로 갔겠습니까?"

상제가 대답하여 말하였느니라.

"여러 형상들은 진실이 아닌데, 어찌 돌아오는 것이 있고 떠나가는 것이 있다고 말할 수 있겠습니까?"

법용보살이 상제보살에게 알려 말하였느니라.

"그와 같습니다. 그와 같습니다. 그대가 말한 것과 같습니다. 만약 여러 형상들이 오는 것이 있고 떠나가는 것이 있다고 집착한다면, 마땅히 그 사람은 우치하고 무지하다고 마땅히 알아야 합니다. 만약 여래·응공·정등각께서 오는 것이 있고 떠나가는 것이 있다고 말한다면 역시 다시 이와 같아서 이러한 사람은 우치하고 무지하다고 마땅히 알아야 합니다. 왜 그러한가? 선남자여. 일체의 여래·응공·정등각은 색신으로써 볼 수 없고, 일반적으로 여래라는 것은 곧 이것이 법신입니다. 선남자여. 여래의 법신은 곧 제법의 진여이고 법계이며, 진여와 법계가 오는 것이 있고 떠나가는 것이 있다고 설할 수 없는데, 여래의 법신도 역시 이와 같아서 돌아오는 것이 없고 떠나가는 것도 없습니다."

다시 다음으로 선남자여. (비유한다면) 골짜기 등의 가운데에서 여러 메아리들이 있어서 나타나는 것과 같고, 이와 같이 여러 메아리들이 잠시 있다가 반대로 없는 것과 같습니다. 선남자여. 그대의 뜻은 어떻습니까? 이 골짜기 등의 가운데에서 여러 메아리들은 어느 처소를 따라서 왔고, 어느 처소로 갔겠습니까?"

상제가 대답하여 말하였느니라.

"여러 메아리들은 진실이 아닌데, 어찌 오는 것이 있고 떠나가는 것이 있다고 말할 수 있겠습니까?"

법용보살이 상제보살에게 알려 말하였느니라.

"그와 같습니다. 그와 같습니다. 그대가 말한 것과 같습니다. 만약 여러 메아리들이 오는 것이 있고 떠나가는 것이 있다고 집착한다면, 마땅히 그 사람은 우치하고 무지하다고 마땅히 알아야 합니다. 만약 여래·응공·정등각께서 오는 것이 있고 떠나가는 것이 있다고 말한다면 역시 다시 이와 같아서 이러한 사람은 우치하고 무지하다고 마땅히 알아야 합니다. 왜 그러한가? 선남자여. 일체의 여래·응공·정등각은 색신으로써 볼 수 없고, 일반적으로 여래라는 것은 곧 이것이 법신입니다. 선남자여. 여래의 법신은 곧 제법의 진여이고 법계이며, 진여와 법계가 오는 것이 있고 떠나감이 있다고 설할 수 없는데, 여래의 법신도 역시 이와 같아서 오는 것이 없고 떠나가는 것도 없습니다."

마하반야바라밀다경 제400권

78. 법용보살품(法涌菩薩品)(2)

 "다시 다음으로 선남자여. 비유한다면 그림자가 여러 종류의 형상으로 나타나서 동요(動搖)하고 전변(轉變)하면서 차별(差別)이 있는 것과 같습니다. 선남자여. 그대의 뜻은 어떻습니까? 이와 같은 그림자들은 어느 처소를 따라서 왔고, 어느 처소로 갔겠습니까?"
 상제가 대답하여 말하였느니라.
 "그림자들은 진실이 아닌데, 어찌 오는 것이 있고 떠나가는 것이 있다고 말할 수 있겠습니까?"
 법용보살이 상제보살에게 알려 말하였느니라.
 "그와 같습니다. 그와 같습니다. 그대가 말한 것과 같습니다. 만약 그림자들이 오는 것이 있고 떠나가는 것이 있다고 집착한다면, 마땅히 그 사람은 우치하고 무지하다고 마땅히 알아야 합니다. 만약 여래·응공·정등각께서 오는 것이 있고 떠나감이 있다고 말한다면 역시 다시 이와 같아서 이러한 사람은 우치하고 무지하다고 마땅히 알아야 합니다. 왜 그러한가? 선남자여. 일체의 여래·응공·정등각은 색신으로써 볼 수 없고, 일반적으로 여래라는 것은 곧 이것이 법신입니다. 선남자여. 여래의 법신은 곧 제법의 진여이고 법계이며, 진여와 법계가 오는 것이 있고 떠나감이 있다고 설할 수 없는데, 여래의 법신도 역시 이와 같아서 오는 것이 없고 떠나가는 것도 없습니다.
 다시 다음으로 선남자여. 비유한다면 심향성(尋香城)에 나타나는 물건의 부류들이 있는데 그 물건의 부류들이 잠시 있다가 반대로 없는 것과 같습니다. 선남자여. 그대의 뜻은 어떻습니까? 이와 같은 그림자들은 어느 처소를 따라서 왔고, 어느 처소로 갔겠습니까?"

상제가 대답하여 말하였느니라.

"이러한 심향성이 소유한 물건의 부류들은 모두가 아닌데, 어찌 오는 것이 있고 떠나가는 것이 있다고 말할 수 있겠습니까?"

법용보살이 상제보살에게 알려 말하였느니라.

"그와 같습니다. 그와 같습니다. 그대가 말한 것과 같습니다. 만약 심향성이 소유한 물건의 부류들이 오는 것이 있고 떠나가는 것이 있다고 집착한다면, 마땅히 그 사람은 우치하고 무지하다고 알아야 합니다. 만약 여래·응공·정등각께서 오는 것이 있고 떠나가는 것이 있다고 말한다면 역시 다시 이와 같아서 이러한 사람은 우치하고 무지하다고 마땅히 알아야 합니다. 왜 그러한가? 선남자여. 일체의 여래·응공·정등각은 색신으로써 볼 수 없고, 일반적으로 여래라는 것은 곧 이것이 법신입니다. 선남자여. 여래의 법신은 곧 제법의 진여이고 법계이며, 진여와 법계가 오는 것이 있고 떠나가는 것이 있다고 설할 수 없는데, 여래의 법신도 역시 이와 같아서 오는 것이 없고 떠나가는 것도 없습니다.

다시 다음으로 선남자여. 비유한다면 제여래·응공·정등각께서 변화시켰던 일이라는 것들이 잠시 있다가 반대로 없는 것과 같습니다. 선남자여. 그대의 뜻은 어떻습니까? 이와 같은 그림자들은 어느 처소를 따라서 왔고, 어느 처소로 갔겠습니까?"

상제가 대답하여 말하였느니라.

"여러 변화시켰던 일들은 모두가 아닌데, 어찌 오는 것이 있고 떠나가는 것이 있다고 말할 수 있겠습니까?"

법용보살이 상제보살에게 알려 말하였느니라.

"그와 같습니다. 그와 같습니다. 그대가 말한 것과 같습니다. 만약 변화시켰던 일들이 오는 것이 있고 떠나가는 것이 있다고 집착한다면, 마땅히 그 사람은 우치하고 무지하다고 마땅히 알아야 합니다. 만약 여래·응공·정등각께서 오는 것이 있고 떠나가는 것이 있다고 말한다면 역시 다시 이와 같아서 이러한 사람은 우치하고 무지하다고 마땅히 알아야 합니다. 왜 그러한가? 선남자여. 일체의 여래·응공·정등각은 색신으로써 볼 수 없고, 일반적으로 여래라는 것은 곧 이것이 법신입니다. 선남자여. 여래의 법신은 곧 제법의 진여이고 법계이며, 진여와 법계가 오는 것이 있고 떠나가는 것이 있다고 설할 수 없는데, 여래의 법신도 역시 이와 같아서 오는 것이 없고 떠나가는 것도 없습니다.

다시 다음으로 선남자여. 비유한다면 사람이 꿈속에서 만약 한 여래이거나, 만약 열 여래이거나, 만약 백 여래이거나, 만약 천 여래이거나, 나아가 무수한 제불을 보았더라도, 그가 꿈에서 깨어난다면 보았던 것들은 모두 없는 것과 같습니다. 선남자여. 그대의 뜻은 어떻습니까? 이와 같은 그림자들은 어느 처소를 따라서 왔고, 어느 처소로 갔겠습니까?"

상제가 대답하여 말하였느니라.

"꿈속에서 보았던 것들은 모두 이것이 허망하여 모두 진실이 아닌데, 어찌 오는 것이 있고 떠나감이 있다고 말할 수 있겠습니까?"

법용보살이 상제보살에게 알려 말하였느니라.

"그와 같습니다. 그와 같습니다. 그대가 말한 것과 같습니다. 만약 꿈에서 보았던 것들이 오는 것이 있고 떠나가는 것이 있다고 집착한다면, 마땅히 그 사람은 우치하고 무지하다고 마땅히 알아야 합니다. 만약 여래·응공·정등각께서 오는 것이 있고 떠나가는 것이 있다고 말한다면 역시 다시 이와 같아서 이러한 사람은 우치하고 무지하다고 마땅히 알아야 합니다. 왜 그러한가? 선남자여. 일체의 여래·응공·정등각은 색신으로써 볼 수 없고, 일반적으로 여래라는 것은 곧 이것이 법신입니다. 선남자여. 여래의 법신은 곧 제법의 진여이고 법계이며, 진여와 법계가 오는 것이 있고 떠나감이 있다고 설할 수 없는데, 여래의 법신도 역시 이와 같아서 오는 것이 없고 떠나가는 것도 없습니다.

또한 선남자여. 일체의 여래·응공·정등각께서는 일체법을 꿈에서 보았던 것과 같고, 변화한 일과 같으며, 심향성·그림자·메아리·형상·환영의 일·아지랑이와 같아서 모두가 진실로 있지 않다고 설하셨습니다. 만약 이와 같이 제불께서 설하신 매우 깊은 법과 이치에서 여실하게 알지 못하고 여래의 몸은 이것은 명자(名)이고, 이것은 색(色)이며, 오는 것이 있고 떠나가는 것이 있다고 집착한다면 그 사람은 미혹된 법성(法性)을 까닭으로 우치하고 무지하여 여러 세계(趣)를 유전(流轉)하면서 생사의 고통을 받으며, 반야바라밀다를 멀리 벗어나고, 역시 다시 일체의 불법도 멀리 벗어난다고 마땅히 알아야 합니다.

만약 이와 같이 제불께서 설하셨던 것인 매우 깊은 법과 이치를 능히 여실하게 알고서 불신(佛身)을 이것은 명자이고, 이것은 색이라고 집착하지 않고, 역시 여래(佛)께서도 오는 것이 있고 떠나가는 것이 있다고 말하지 않는다면, 그 사람은 여래의 처소에서 설하셨던 것인 매우 깊은 법과 이치를 능히 여실하고 명료하게 이해하였으므로, 제법이 오는 것이 있고 떠나감이 있거나, 생겨남과 소멸함이 있거나, 염오와 청정함이 있다고 집착하지 않는데, 오히려 집착하지 않는 까닭으로 능히 반야바라밀다를 수행할 수 있고, 역시 능히 일체의 불법을 정근하면서 수행하므로, 곧 구하였던 것인 무상정등보리에 가까워질 것이며, 역시 여래의 진실하고 청정한 제자라고 이름하고, 결국 국토의 사람들이 믿었던 보시를 헛되게 받지 않으며, 능히 일체에게 좋은 복전을 지어서 줄 것이고, 상응하여 세간의 인간과 천상의 공양을 받을 것입니다.

다시 다음으로 선남자여. 비유한다면 큰 바다의 가운데에는 여러 진귀한 보배들이 있는 것과 같고, 이와 같은 진귀한 보배들은 시방에서 오지 않았던 것과 같으며, 역시 유정(有情)들은 그 가운데에서 조작되지 않았고, 역시 이 보배는 인연이 없이 생겨나지 않았으나, 그렇지만 제유정들의 선근(善根)의 힘을 까닭으로 큰 바다 가운데에서 여러 보배가 생겨나는 것입니다. 이 보배가 생겨나는 때에도 인연의 힘에 의지하여 화합한 까닭으로 있는 것이고, 따라서 왔던 것은 없으며, 이 보배가 소멸하는 때에도 시방의 어디로 떠나가는 것이 없고, 다만 오히려 유정들의 선근의 힘이 끝났으므로 그것들이 소멸되어서 없어지는 것입니다.

그 까닭은 무엇인가? 여러 유위법(有爲法)은 인연이 화합하는 까닭으로 생겨나고 인연이 벗어나는 까닭으로 소멸하나니, 그 가운데에서 모두 생겨나는 것이 없고 소멸하는 것도 없습니다. 이러한 까닭으로 제법은 왔던 것이 없고 떠나가는 것도 없습니다. 제여래의 색신도 역시 이와 같아서 시방의 어디를 따라서 왔던 것이 없고 역시 그 가운데에서 조작하는 자가 있지 않고, 역시 인연이 없이 생겨났다고 말할 수도 없습니다. 그렇지만 본래 수행한 청정한 행의 원만함을 의지하여 인연을 삼는 까닭이고, 더불어 유정들이 먼저의 수행에 의지하여 여래의 업을 보고서 성숙되었던 까닭으로, 여래의 색신이 세상에 출현하여 있는 것이니, 여래의 색신이 소멸하는 때에도 시방의 어디로 떠나가는 것도 없고, 다만 오히려 인연의 화합한 힘이 끝났으므로 나아가 곧 소멸되어 없어지는 것입니다. 이러한 까닭으로 제불은 왔던 것이 없고 떠나가는 것도 없습니다.

다시 다음으로 선남자여. 비유한다면 공후(箜篌)[1)]는 여러 종류의 인연의 화합에 의지하여 소리가 생겨남이 있습니다. 이 소리의 인연은 이를테면, 몸통(槽)·목부분(頸)·끈(繩)·묶는 나무(棍)·줄(絃) 등과 사람의 공력과 작의(作意)입니다. 이와 같은 하나·하나는 능히 소리가 생겨나지 못하고, 반드시 화합하는 때에 비로소 소리가 일어나지만, 이 소리가 생겨나는 위치(位)에서는 따라서 왔던 것이 없고 멈추고 소멸하는 때에도 떠나가는 것이 없습니다.

선남자여. 제여래의 색신도 역시 다시 이와 같아서 여러 종류의 인연에 의지하여 생겨나는데, 이 색신의 인연은 이를테면, 무량한 복덕과 지혜와 더불어 제유정들이 수행하면서 여래의 선근을 보고서 성숙하는 것입니다. 이와 같이 하나·하나는 색신을 능히 생겨나게 하지 못하고 반드시 화합하

---

1) 나무로 만든 울림통에 여러 개의 현이 연결되고 양손으로 현을 뜯어 연주하는 현악기를 가리킨다. 공후는 고대 하프류의 악기에서 유래되었으며 중국으로 유입되면서 와공후, 봉수공후, 수공후 등으로 개량되었다. 와공후는 한국의 거문고를 가리키고, 봉수공후는 미얀마 '사웅'이 대표적이며, 수공후는 일본에서는 정창원의 악기를 복원하여 연주하고 있다. 일반적으로 '공후'는 하프류의 악기인 수공후를 지칭하고 있다.

는 때에 그 색신이 비로소 생겨나는데, 이 색신이 생겨나는 위치에서는 따라서 왔던 것이 없고 소멸하여서 사라지는 때에도 떠나가는 것이 없습니다.

선남자여. 그대는 여래·응공·정등각께서는 왔던 것이 없고 떠나갔던 것도 없는 상(相)이라고 상응하여 이와 같이 알아야 하고, 이러한 도리(道理)를 따라서 일체법에서 왔던 것이 없고 떠나갔던 것도 없는 상이라고 역시 이와 같이 알아야 합니다. 선남자여. 만약 여래·응공·정등각과 일체법에서 왔던 것이 없고 떠나갔던 것도 없으며, 생겨남이 없고 소멸함이 없으며, 염오가 없고 청정함이 없다고 능히 여실하게 안다면 결정적으로 매우 깊은 반야바라밀다의 방편선교를 능히 수행할 것이고, 반드시 무상정등보리를 증득할 것입니다."

법용보살마하살이 상제보실마하살에게 제여래·응공·정등각, 나아가 불·박가범께서는 왔던 것이 없고 떠나갔던 것도 없는 상이라고 설하는 때에, 삼천대천세계의 일체의 대지(大地)·여러 산·큰 바다와 여러 천궁(天宮)들은 여섯 가지로 변동(變動)하였고, 여러 악마의 궁전들은 모두 위엄의 빛을 잃었으며, 악마와 악마의 군사들은 모두 놀라고 두려워하였느니라. 이때 그 삼천대천세계의 일체가 소유한 초목(草木)과 총림(叢林)[2]에 때가 아닌 꽃이 생겨나서 함께 모두가 법용보살마하살의 처소를 향하여 기울어졌고, 공중에서도 역시 여러 종류의 향기로운 꽃이 뿌려졌느니라.

그때 천제석(天帝釋)과 사대천왕(四大天王)과 더불어 여러 천상의 대중들도 허공의 가운데에서 여러 종류의 천상의 미묘하고 향기로운 꽃(香花)으로써 법용보살마하살에게 받들어 흩뿌리면서 공양하였고, 다시 여러 종류의 천상의 미묘하고 향기로운 꽃들을 가지고 와서 상제보살에게 받들어 흩뿌리면서 공양하였으며, 이렇게 말을 지었느니라.

"저희들은 대사(大士)를 인연하여서 이와 같이 수승한 의치의 교계를 얻어서 들었습니다. 일체의 세간에서 신견(身見)[3]에 머무르는 자가 이

---

[2] 본래는 '잡목(雜木)이 우거진 숲'이라는 뜻이고, 한국불교에서는 '선원', '강원', '율원' 등을 여러 수행처를 갖춘 사찰을 가리킨다.

[3] 스스로 아(我)가 있다고 생각하는 견해로서 영원히 변하지 않는 주체가 있다고

법을 들었다면 능히 집착을 버리고 모두가 함께 굴복시키기 어려운 지위에 머무를 것입니다."

그때 상제보살마하살이 법용보살마하살에게 아뢰어 말하였느니라.

"무슨 인(因)과 무슨 연(緣)으로 이 세계에서 일체의 대지·여러 산·큰 바다 등이 여섯 가지로 변동하였고, 더불어 여러 종류의 희유한 상을 나타냈습니까?"

법용보살이 상제보살에게 알려 말하였느니라.

"오히려 내가 그대가 물었던 것인 여래·응공·정등각의 왔던 것이 없고 떠나갔던 것도 없는 상이라고 대답하였으므로, 이 회중(會中)의 8천 명의 대중들이 모두 함께 무생법인(無生法忍)을 증득하였고, 다시 80나유타(那庾多)의 많은 대중들이 있어서 모두 함께 무상정등각(無上正等覺)의 마음을 일으켰으며, 8만 4천명의 대중들이 있어서 번뇌(塵)를 멀리하였고 번민(垢)을 벗어났으며 제법의 가운데에서 청정한 법안(法眼)이 생겨났습니다. 오히려 이러한 인연으로 이 세계에서 일체의 대지·여러 산·큰 바다 등이 여섯 가지로 변동하였고, 더불어 여러 종류의 희유한 상을 나타냈습니다."

상제보살은 이 말을 듣고서 용약하고 환희하면서 생각하였느니라.

'나는 지금 크고 선한 이익을 획득하였는데 이를테면, 내가 법용보살께 물었던 까닭으로 제유정들에게 이와 같은 매우 깊은 반야바라밀다를 얻어서 듣게 하였고, 제여래·응공·정등각들께서는 왔던 것이 없고 떠나갔던 것도 없는 상이라고 설하게 하여서 그 처소에서 대중들이 큰 요익을 획득하였다. 나는 오히려 이와 같은 수승한 선근을 구족하였고, 구하였던 것인 무상정등보리를 능히 성취할 것이다. 나는 무상정등보리에서 다시는 의혹하는 생각이 없나니, 나는 내세(來世)에서는 결정적으로 여래·응공·정등각을 성취하여 무량한 유정들을 이익되고 안락하게 하겠다.'

이렇게 생각을 짓고서 환희하고 용약하면서 허공으로 7다라수(七多羅

생각하는 것이다.

樹)의 높이로 솟아올랐으며 다시 이렇게 생각을 지었느니라.
　'마땅히 무엇 등으로써 대사이신 법용보살께 공양하여 수용하게 하고, 나를 위하여 설법하여 주신 은혜를 수용하며 보답해야 하는가?'
　그때 천제석은 그 보살이 생각하는 것을 알았으므로 무량하고 미묘한 향기로운 꽃을 변화시켜서 지었고, 가지고서 상제보살에게 주고자 하면서 이렇게 말을 지었느니라.
　"대사(大士)여. 지금 나를 애민하게 생각하는 까닭으로 이 꽃을 받으시고 가져다가 주시면서 법용보살께 공양하십시오. 대사여. 상응하게 저희들의 공양을 받아주신다면 저희들은 지금 대사께서 공덕을 성취하도록 돕겠습니다. 그 까닭은 무엇인가? 대사로 인연하였던 까닭으로 저희 등의 무량한 백천의 유정들이 큰 요익을 획득하였는데 이를테면, 반드시 마땅하게 구하였던 것인 무상정등보리를 증득하였습니다. 대사께서는 마땅히 아십시오. 제유정들이 능히 일체의 유정들을 위하여 무량(無量)하고 무수(無數)인 대겁(大劫)을 지내면서 여러 근심과 고통(勤苦)을 받더라도, 대사와 같으신 분을 만나는 것은 매우 어렵습니다. 이러한 까닭으로 지금 상응하게 저의 보시를 받으십시오."
　그때 상제보살마하살은 천제석의 미묘하고 향기로운 꽃을 받아서 법용보살마하살에게 받들어 흩뿌려서 공양하였고, 허공에서 내려와 두 발에 머리숙여 예경하였으며 합장하고서 공경스럽게 아뢰어 말하였느니라.
　"대사(大師)시여. 저는 오늘부터 몸과 목숨으로써 발원하나니, 대사께 급사(給使)4)로써 충족되겠고 받들면서 귀속되겠습니다."
　이렇게 말을 짓고서 법용보살마하살 앞에 합장하고 서 있었느니라. 그때 장자의 딸과 여러 권속들도 합장하고 공경스럽게 상제보살에게 아뢰어 말하였느니라.
　"우리 등도 지금부터 역시 몸과 목숨으로써 받들면서 귀속되겠고 함께 모시겠사오니, 원하건대 받아주십시오. 이러한 선근으로써 마땅히 이와

---

4) 윗사람에게 배속되어 그들의 잡일을 돌보아 주는 사람을 가리킨다.

같은 수승한 법을 획득하면서 존자께서 증득하신 것과 같아지기를 원하옵고, 마땅히 내세에서도 항상 존자와 친근하기를 원하오며, 항상 존자를 따르면서 제불과 제보살께 공양하면서 범행을 수행하는 자들과 같아지기를 원합니다."

상제보살은 곧 그녀들에게 알려 말하였느니라.

"그대들이 지성(至誠)으로 나를 따르고 귀속되고자 하는 자는 마땅히 나의 교계를 따르시오. 내가 마땅히 그대들을 받아들이겠습니다."

장자의 딸 등이 상제보살에게 아뢰어 말하였느니라.

"지성스러운 마음으로 존자에게 귀속되겠으며, 마땅히 존자의 교계를 따르겠습니다."

그때 상제보살은 장자의 딸과 여러 권속들에게 각자 미묘한 장엄구로써 스스로가 엄숙하게 장식하게 하였고, 더불어 7보의 미묘한 500대의 수레와 아울러 여러 공양구를 같은 때에 법용보살에게 받들어 올리면서 아뢰어 말하였느니라.

"대사이시여. 저는 이와 같은 장자의 딸 등으로써 대사께 받들어 보시하오니, 오직 바라건대 저를 위하여 자비로 받아주십시오."

이때 천제석이 상제보살을 찬탄하여 말하였느니라.

"옳습니다(善哉). 옳습니다. 대사께서는 비로소 능히 이와 같은 보시를 하셨습니다. 제보살마하살들의 법은 상응하게 일체의 소유한 것을 버려야(捨) 하나니, 만약 보살마하살이 이와 같이 일체를 버려서 보시한다면 빠르게 무상정등보리를 증득할 것이고, 만약 법사에게 이와 같이 공경하고 공양하면 아까워하는 것이 없는 자는 결정적으로 매우 깊은 반야바라밀다의 방편선교를 얻어서 들을 것입니다. 과거의 여래·응공·정등각들께서 보살도를 정근하면서 수학하시던 때에도 역시 매우 깊은 반야바라밀다의 방편선교를 청하여 묻기 위하여 여러 소유한 것을 버리셨고, 오히려 이것으로 구하였던 것인 무상정등보리를 이미 증득하셨습니다."

그때 법용보살마하살은 상제보살이 심었던 선근이 원만함을 얻게 하기 위한 까닭으로 장자의 딸과 여러 권속들에게 속하였던 500대의 보배 수레와 아울러 여러 공양거리를 받으셨고, 받고서 상제보살에게 되돌려서 보시하였느니라. 법용보살의 설법이 이미 오래되었고 해가 장차 저물려고 하였으며 대중이 피로하다고 아셨으므로 사자좌에서 내려오시어 돌아가셨고 궁전의 가운데로 들어가셨다. 그때 상제보살마하살은 법용보살마하살이 돌아가셔서 궁전으로 들어가는 것을 이미 보았으므로 곧 이렇게 생각을 지었느니라.

'나는 법을 위한 까닭으로 이곳에 와서 이르렀다. 정법을 듣지 않는다면 상응하여 앉지 않고 눕지 않겠다. 나는 상응하여 오직 다니거나 서 있는 위의(威儀)에만 머무르면서 대사인 법용보살을 기다리는 것으로써 마땅히 궁전에서 나와 법요(法要)를 널리 설하시는 것을 따르겠다.'

법용보살은 궁선에 이미 들어가셨고 7년의 시간을 지내면서 한 마음으로 산란하지 않았으므로 보살의 무량하고 무수인 삼마지문(三摩地門)에 유희하면서 보살의 무량하고 무수인 매우 깊은 반야바라밀다의 방편선교에 안주하셨느니라. 상제보살도 7년의 가운데에서 앉지 않고 눕지 않았으며 오직 다니거나 오직 서 있었으며 수면을 생각하지 않았고 밤낮을 생각하지 않았으며 피곤함을 사양하지 않았고 음식을 생각하지 않았으며 추위와 더위를 두려워하지 않았고 내신(內身)과 외신(外身)을 인연하지 않았으며, 일찍이 욕망·진에·해심(害尋)5)과 함께 나머지의 일체의 번뇌(煩惱)와 여러 번뇌에 얽히는 것을 일으키지 않았으며, 다만 이렇게 생각을 지었느니라.

'법용보살께서는 어느 때에 마땅히 삼마지에서 일어나시겠는가? 우리 등의 권속들이 상응하게 법좌(法座)를 펼쳐서 설치하고 그 땅을 물뿌려서 쓸며 여러 향기로운 꽃을 흩뿌린다면 법용보살께서 마땅히 이 자리에 오르시어 반야바라밀다의 방편선교와 나머지의 법요를 널리 설할 것이다.'

그때 장자의 딸과 여러 권속들도 역시 7년의 가운데에서 오직 다니거나

---

5) 『아비달마법온족론(阿毗達磨法蘊足論)』의 8권, 『아비달마집이문론(阿毗達磨集異門論)』의 3권에서는 '해치려고 상응하는 여러 마음으로 찾아서 구하거나, 두루 구하거나, 사유하고 분별하는 것이다.'라고 주석하고 있다.

오직 서 있었고, 바라는 것과 생각하는 것도 모두 상제보살에게 수학하였으며, 나아가고 머무르는 형상도 항상 따르면서 일찍이 잠시도 버리지 않았느니라. 그때 상제보살마하살이 이와 같이 정근하면서 7년을 넘겼으므로 홀연히 공중에서 소리가 있는 것을 들었느니라.

"아!(咄). 선남자여. 나아가 7일의 뒤에 법용보살이 마땅히 선정에서 일어나고 이 성의 가운데에서 정법을 널리 설할 것이다."

상제보살이 공중의 소리를 듣고 용약하고 환희하면서 이렇게 생각을 지었느니라.

'나는 지금 마땅히 법용보살을 위하여 사자좌를 엄숙하게 장식하여 설치하고, 그 땅을 물뿌려서 쓸며 여러 향기로운 꽃을 흩뿌리고서, 우리들의 대사께서 마땅히 이 자리에 오르시어 반야바라밀다의 방편선교와 나머지의 법요를 널리 설하게 하겠다.'

상제보살은 이렇게 생각을 짓고서 장자의 딸과 더불어 여러 권속들과 7보의 사자좌를 펼쳐서 설치하였다. 이때 장자의 딸과 여러 권속들은 각자 몸 위의 깨끗하고 미묘한 옷의 하나를 벗어서 설법하는 법사를 위하여 겹겹이 사자좌에 펼쳐두었느니라. 상제보살은 이미 자리를 펼쳤으므로 물을 구하여 땅에 뿌리려고 하였으나 결국 능히 얻지 못하였느니라. 그 까닭은 무엇인가? 악마가 성의 안과 밖의 물을 은폐(隱蔽)시켜서 모두 나타나지 않게 하였으며, 악마는 이렇게 생각을 지었느니라.

'상제보살이 물을 구하면서 얻지 못한다면 슬픔(愁)·걱정(憂)·고뇌(苦惱)·피로(疲)·게으름(倦)·나약함(羸)·열등한 마음이 혹은 변이(變異)하여 곧 무상정등보리의 선근이 증장하지 못하고, 지혜가 밝아지지 못하며, 일체지(一切智)에 막힘과 지체함이 있을 것이니, 곧 능히 나의 경계를 공허하게 하지 못할 것이다.'

상제보살은 여러 종류의 방편으로 물을 구하였어도 얻을 수 없었으므로 이렇게 생각을 지었느니라.

'내가 상응하게 몸을 찔러서 피가 흐르게 하겠고 땅에 뿌려서 먼지가 일어나서 우리의 대사를 더럽히지 않게 하겠다. 지금 나의 이 몸은 반드시 마땅하게 무너져서 사라질 것인데 어찌 이와 같은 거짓된 몸을 위하여 수용하겠는가? 나는 무시(無始)로부터 오면서 생사를 유전하면서 자주 5욕락(五欲樂)을 위하여 몸과 목숨을 상실(喪失)하였으나, 일찍이 정법을 위하여 몸을 버리지는 않았다. 이러한 까닭으로 지금 상응하게 몸을 찔러서 피가 흐르게 하겠다.'

이렇게 생각을 짓고서 곧 날카로운 칼을 잡고 두루 몸을 찔러서 피를 흐르게 하면서 땅에 뿌렸다. 이때 장자의 딸과 더불어 여러 권속들도 역시 상제보살의 가르침으로 몸을 찔러서 피가 흐르게 하면서 땅에 뿌렸느니라. 상제보살과 장자의 딸 등은 각자 법을 위한 까닭으로 몸을 찔러 피를 흘렸으며, 나아가 한 생각도 다른 마음을 일으키지 않았느니라. 이때 여러 악마들은 능히 틈새(便)를 얻을 수 없었고, 역시 수행하였던 것인 선품(善品)을 능히 장애할 수 없었나니, 상제보살 등으로써 마음이 용맹스럽게 결단하였던 까닭이었느니라.

그때 천제석이 이 일을 보고서 이렇게 생각을 지었느니라.

'상제보살과 장자의 딸 등은 매우 희유(希有)하구나. 오히려 법을 사랑하고 법을 존중하는 인연으로, 나아가 두루 몸을 찔러서 피가 흐르게 하면서 설법하는 법사를 위해 그 땅에 뿌리면서도 일찍이 한 생각도 다른 마음을 일으키지 않았고, 여러 악마들이 구하였어도 틈새를 얻지 못하게 하였으며, 역시 능히 수행하는 선품을 장애할 수 없게 하였구나. 기이(奇異)하구나! 대사께서는 도리어 능히 이와 같은 큰 서원의 갑옷(鎧甲)을 입고서 일체의 유정들을 이익되고 안락하게 하기 위하여, 순수하고 청정한 마음으로써 몸과 목숨을 돌아보지 않고서 무상정등보리를 구하셨으며, 항상 서원을 일으켜서 말하셨다. 〈나는 생사에 가라앉으며 빠지는 일체 유정들의 무량하고 무수인 몸과 마음의 큰 고통을 발제(拔濟)하기 위하여 무상정등보리를 구하였는데 일이 만약 성취되지 않는다면 결국 게으르지 않고 그만두지 않겠다.〉'

그때 천제석은 이렇게 생각을 짓고서 상제보살 등이 몸에서 흘렸던 피를 변화시켜서 모두를 전단향수(栴檀香水)로 이루었으며, 뿌려졌던 땅을 둘러싼 자리의 네 주변의 방향으로 각각 100유선나(踰繕那)를 가득하게 채웠는데, 모두가 천상의 불가사의하고 최고로 수승하며 기이한 전단향기가 있었느니라. 이때 천제석이 이러한 일을 짓고서 상제보살을 찬탄하면서 말하였느니라.

"옳습니다. 옳습니다. 대사의 뜻과 서원이 견고해서 동요시키기 어렵고, 용맹하게 정진하시므로 불가사의하며, 법을 구하면서 사랑하고 존중하시는 것은 최고로 무상(無上)입니다. 과거의 여래·응공·정등각께서도 역시 오히려 이와 같이 뜻과 서원이 견고하셨고, 용맹하게 정진하셨으며 법을 구하면서 사랑하고 존중하셨고, 보살의 청정한 범행을 수행하셨으므로 이미 무상정등보리를 증득하셨습니다. 대사께서도 지금 뜻과 서원으로 정진하시고 법을 구하면서 사랑하고 존중하시므로, 역시 결정적으로 마땅히 구하시는 것인 무상정등보리를 증득하실 것입니다."

그때 상제보살은 다시 이렇게 생각을 지었느니라.

'나는 지금 이미 법용보살을 위하여 7보배의 사자좌를 펼쳐서 설치하였고, 그 땅에 물을 뿌려서 쓸었으며 매우 향기롭고 깨끗하게 하였다. 어떻게 마땅히 여러 미묘하고 향기로운 꽃을 얻어서 자리의 네 주변에 둘러싸고 그 땅을 장엄하고, 대사께서 자리에 오르시어 장차 설법하시는 때에 우리 등이 역시 상응하게 가지고 흩뿌려서 공양할 수 있을까?'

이때 천제석이 그 보살의 생각을 알았고, 나아가 곧 변화로 마갈타국(摩揭陀國)의 천 말(斛)의 분량과 같게 미묘하고 향기로운 꽃을 상제보살에게 공경스럽게 받들어 보시하였으며 권속들과 함께 가지고 공양하게 하였느니라. 아것을 상제보살이 천제석이 보시하였던 것을 받고서 꽃을 두 분량으로 지어서 나누었는데, 먼저 한 분량은 여러 권속과 함께 자리의 네 주변을 둘러싸고 그 땅에 엄숙하게 펼쳐놓았고, 나머지의 한 분량은 대사가 자리에 오르시는 때를 헤아려서 마땅히 가지고 받들어 흩뿌리고자 남겨두었느니라.

그때 법용보살마하살이 7일이 지났으므로 유희하시던 삼마지문(三摩地門)에서 편안하고 점잖게(安庠) 일어나셨고 반야바라밀다를 설하기 위하여 무량한 백천의 권속들에게 위요되어 궁전 안에서 나오셨으며, 사자좌에 오르셨고 대중의 가운데인 처소에 엄숙(儼然)하게 앉으셨다. 상제보살은 거듭하여 법용보살마하살을 우러러보았던 때에, 용약하고 환희하며 몸과 마음이 열락(悅樂)하였는데, 비유한다면 비구가 한 경계에 생각을 계박하여 홀연히 제3정려(第三靜慮)에 들어가서 얻은 것과 같았다. 곧 권속들과 함께 먼저 남겨두었던 미묘하고 향기로운 꽃을 받들어 흩뿌리면서 공양하였고, 이미 공양하였으므로 두 발에 머리 숙여 예경하였으며 오른쪽으로 세 번을 돌고서 물러나서 한쪽으로 앉았느니라.

그때 법용보살마하살이 상제보살마하살에게 알려 말하였느니라.

"선남자여. 자세히 들으십시오(諦聽). 자세히 들으십시오. 그것을 잘 사념(思念)히십시오. 내가 마땅히 그대를 위하여 반야바라밀다를 설하겠습니다."

상제보살은 아뢰어 말하였느니라.

"오직 부끄럽습니다. 원하건대 설하여 주십시오. 저희들은 즐거이 듣겠습니다."

법용보살이 상제보살에게 알려 말하였느니라.

"선남자여. 일체법이 평등(平等)한 까닭으로 반야바라밀다도 역시 평등하다고 마땅히 알아야 하고, 일체법이 멀리 벗어난 까닭으로 반야바라밀다도 역시 멀리 벗어났다고 마땅히 알아야 하며, 일체법이 동요하지 않는 까닭으로 반야바라밀다도 역시 동요하지 않는다고 마땅히 알아야 하고, 일체법이 무념(無念)인 까닭으로 반야바라밀다도 역시 무념이라고 마땅히 알아야 하며, 일체법이 두려움이 없는 까닭으로 반야바라밀다도 역시 두려움이 없다고 마땅히 알아야 하고, 일체법이 걱정이 없는 까닭으로 반야바라밀다도 역시 걱정이 없다고 마땅히 알아야 하며, 일체법이 한 맛(一味)인 까닭으로 반야바라밀다도 역시 한 맛이라고 마땅히 알아야 하고, 일체법이 끝자락이 없는(無際) 까닭으로 반야바라밀다도 역시 끝자락이 없다고 마땅히 알아야 하며,

일체법이 생겨남이 없는 까닭으로 반야바라밀다도 역시 생겨남이 없다

고 마땅히 알아야 하고, 일체법이 소멸함이 없는 까닭으로 반야바라밀다도 역시 소멸함이 없다고 마땅히 알아야 하며, 큰 허공이 무변(無邊)한 까닭으로 반야바라밀다도 역시 무변하다고 마땅히 알아야 하고, 큰 바닷물이 무변한 까닭으로 반야바라밀다도 역시 무변하다고 마땅히 알아야 하며, 묘고산(妙高山)이 무변한 까닭으로 반야바라밀다도 역시 무변하다고 마땅히 알아야 하고, 묘고산이 장엄하고 좋은 까닭으로 반야바라밀다도 역시 장엄하고 좋다고 마땅히 알아야 하며, 커다란 허공과 같다면 분별이 없는 까닭으로 반야바라밀다도 역시 분별이 없다고 마땅히 알아야 합니다.

선남자여. 색(色)이 무변한 까닭으로 반야바라밀다도 역시 무변하다고 마땅히 알아야 하고, 수(受)·상(想)·행(行)·식(識)이 무변한 까닭으로 반야바라밀다도 역시 무변하다고 마땅히 알아야 하며, 안처(眼處)가 무변한 까닭으로 반야바라밀다도 역시 무변하다고 마땅히 알아야 하고, 이(耳)·비(鼻)·설(舌)·신(身)·의처(意處)가 무변한 까닭으로 반야바라밀다도 역시 무변하다고 마땅히 알아야 하며, 색처(色處)가 무변한 까닭으로 반야바라밀다도 역시 무변하다고 마땅히 알아야 하고, 성(聲)·향(香)·미(味)·촉(觸)·법처(法處)가 무변한 까닭으로 반야바라밀다도 역시 무변하다고 마땅히 알아야 하며, 안계(眼界)가 무변한 까닭으로 반야바라밀다도 역시 무변하다고 마땅히 알아야 하고, 이(耳)·비(鼻)·설(舌)·신(身)·의계(意界)가 무변한 까닭으로 반야바라밀다도 역시 무변하다고 마땅히 알아야 하며,

색계(色界)가 무변한 까닭으로 반야바라밀다도 역시 무변하다고 마땅히 알아야 하고, 성(聲)·향(香)·미(味)·촉(觸)·법계(法界)가 무변한 까닭으로 반야바라밀다도 역시 무변하다고 마땅히 알아야 하며, 안식계(眼識界)가 무변한 까닭으로 반야바라밀다도 역시 무변하다고 마땅히 알아야 하고, 이(耳)·비(鼻)·설(舌)·신(身)·의식계(意識界)가 무변한 까닭으로 반야바라밀다도 역시 무변하다고 마땅히 알아야 하며, 안촉(眼觸)이 무변한 까닭으로 반야바라밀다도 역시 무변하다고 마땅히 알아야 하고, 이(耳)·

비(鼻)·설(舌)·신(身)·의촉(意觸)이 무변한 까닭으로 반야바라밀다도 역시 무변하다고 마땅히 알아야 하며, 안촉(眼觸)을 인연으로 생겨난 여러 수(受)가 무변한 까닭으로 반야바라밀다도 역시 무변하다고 마땅히 알아야 하고, 이(耳)·비(鼻)·설(舌)·신(身)·의촉(意觸)을 인연으로 생겨난 여러 수가 무변한 까닭으로 반야바라밀다도 역시 무변하다고 마땅히 알아야 하며,

지계(地界)가 무변한 까닭으로 반야바라밀다도 역시 무변하다고 마땅히 알아야 하고, 수(水)·화(火)·풍(風)·공(空)·식계(識界)가 무변한 까닭으로 반야바라밀다도 역시 무변하다고 마땅히 알아야 하며, 인연(因緣)이 무변한 까닭으로 반야바라밀다도 역시 무변하다고 마땅히 알아야 하고, 등무간연(等無間緣)·소연연(所緣緣)·증상연(增上緣)이 무변한 까닭으로 반야바라밀다도 역시 무변하다고 마땅히 알아야 하며, 인연(緣)을 따라서 생겨난 제법이 무변한 까닭으로 반야바라밀다도 역시 무변하다고 마땅히 알아야 하고, 무명(無明)이 무변한 까닭으로 반야바라밀다도 역시 무변하다고 마땅히 알아야 하고, 행(行)·식(識)·명색(名色)·육처(六處)·촉(觸)·수(受)·애(愛)·취(取)·유(有)·생(生)·노사(老死)의 수탄고우뇌(愁歎苦憂惱)가 무변한 까닭으로 반야바라밀다도 역시 무변하다고 마땅히 알아야 합니다.

선남자여. 보시바라밀다(布施波羅蜜多)가 무변한 까닭으로 반야바라밀다도 역시 무변하다고 마땅히 알아야 하고, 정계(淨戒)·안인(安忍)·정진(精進)·정려(靜慮)·반야바라밀다(般若波羅蜜多)·방편선교(方便善巧)·묘원(妙願)·역(力)·지바라밀다(智波羅蜜多)가 무변한 까닭으로 반야바라밀다도 역시 무변하다고 마땅히 알아야 하며, 내공(內空)이 무변한 까닭으로 반야바라밀다도 역시 무변하다고 마땅히 알아야 하고, 외공(外空)·내외공(內外空)·공공(空空)·대공(大空)·승의공(勝義空)·유위공(有爲空)·무위공(無爲空)·필경공(畢竟空)·무제공(無際空)·산공(散空)·무변이공(無變異空)·본성공(本性空)·자상공(自相空)·공상공(共相空)·일체법공(一切法空)·불가득공(不可得空)·무성공(無性空)·자성공(自性空)·무성자성공(無性自性

空)이 무변한 까닭으로 반야바라밀다도 역시 무변하다고 마땅히 알아야 하며,

진여(眞如)가 무변한 까닭으로 반야바라밀다도 역시 무변하다고 마땅히 알아야 하고, 법계(法界)·법성(法性)·불허망성(不虛妄性)·불변이성(不變異性)·평등성(平等性)·이생성(離生性)·법정(法定)·법주(法住)·실제(實際)·허공계(虛空界)·부사의계(不思議界)가 무변한 까닭으로 반야바라밀다도 역시 무변하다고 마땅히 알아야 하며, 4념주(四念住)가 무변한 까닭으로 반야바라밀다도 역시 무변하다고 마땅히 알아야 하고, 4정단(四正斷)·4신족(四神足)·5근(五根)·5력(五力)·7등각지(七等覺支)·8성도지(八聖道支)가 무변한 까닭으로 반야바라밀다도 역시 무변하다고 마땅히 알아야 하며, 고성제(苦聖諦)가 무변한 까닭으로 반야바라밀다도 역시 무변하다고 마땅히 알아야 하고,

집(集)·멸(滅)·도성제(道聖諦)가 무변한 까닭으로 반야바라밀다도 역시 무변하다고 마땅히 알아야 하며, 10선업도(十善業道)가 무변한 까닭으로 반야바라밀다도 역시 무변하다고 마땅히 알아야 하고, 보시(施)·정계(戒)의 수행(修)이 무변한 까닭으로 반야바라밀다도 역시 무변하다고 마땅히 알아야 하며, 4정려(四靜慮)가 무변한 까닭으로 반야바라밀다도 역시 무변하다고 마땅히 알아야 하고, 4무량(四無量)·4무색정(四無色定)이 무변한 까닭으로 반야바라밀다도 역시 무변하다고 마땅히 알아야 하며, 8해탈(八解脫)이 무변한 까닭으로 반야바라밀다도 역시 무변하다고 마땅히 알아야 하고, 8승처(八勝處)·9차제정(九次第定)·10변처(十遍處)가 무변한 까닭으로 반야바라밀다도 역시 무변하다고 마땅히 알아야 하며,

공해탈문(空解脫門)이 무변한 까닭으로 반야바라밀다도 역시 무변하다고 마땅히 알아야 하고, 무상(無相)·무원해탈문(無願解脫門)이 무변한 까닭으로 반야바라밀다도 역시 무변하다고 마땅히 알아야 하며, 다라니문(陀羅尼門)이 무변한 까닭으로 반야바라밀다도 역시 무변하다고 마땅히 알아야 하고, 삼마지문(三摩地門)이 무변한 까닭으로 반야바라밀다도 역시 무변하다고 마땅히 알아야 하며, 보살(菩薩)의 10지(十地)가 무변한

까닭으로 반야바라밀다도 역시 무변하다고 마땅히 알아야 하며, 선남자여. 5안(五眼)이 무변한 까닭으로 반야바라밀다도 역시 무변하다고 마땅히 알아야 하고, 6신통(六神通)이 무변한 까닭으로 반야바라밀다도 역시 무변하다고 마땅히 알아야 합니다.

여래(佛)의 10력(十力)이 무변한 까닭으로 반야바라밀다도 역시 무변하다고 마땅히 알아야 하고, 4무소외(四無所畏)·4무애해(四無礙解)·대자(大慈)·대비(大悲)·대희(大喜)·대사(大捨)·18불불공법(十八佛不共法)이 무변한 까닭으로 반야바라밀다도 역시 무변하다고 마땅히 알아야 하며, 무망실법(無忘失法)이 무변한 까닭으로 반야바라밀다도 역시 무변하다고 마땅히 알아야 하고, 항주사성(恒住捨性)이 무변한 까닭으로 반야바라밀다도 역시 무변하다고 마땅히 알아야 하며, 일체지(一切智)가 부변한 까닭으로 반야바라밀다도 역시 무변하다고 마땅히 알아야 하고, 도상지(道相智)·일체상지(一切相智)가 무변한 까닭으로 반야바라밀다도 역시 무변하다고 마땅히 알아야 하며,

32대사상(三十二大士相)이 무변한 까닭으로 반야바라밀다도 역시 무변하다고 마땅히 알아야 하고, 80수호(八十隨好)가 무변한 까닭으로 반야바라밀다도 역시 무변하다고 마땅히 알아야 하며, 예류과(預流果)가 무변한 까닭으로 반야바라밀다도 역시 무변하다고 마땅히 알아야 하고, 일래(一來)·불환(不還)·아라한과(阿羅漢果)·독각(獨覺)의 보리(菩提)가 무변한 까닭으로 반야바라밀다도 역시 무변하다고 마땅히 알아야 하며, 일체의 보살마하살(菩薩摩訶薩)의 행(行)이 무변한 까닭으로 반야바라밀다도 역시 무변하다고 마땅히 알아야 하고, 제불(諸佛)의 무상정등보리(無上正等菩提)가 무변한 까닭으로 반야바라밀다도 역시 무변하다고 마땅히 알아야 하며,

일체의 유루법(有漏法)이 무변한 까닭으로 반야바라밀다도 역시 무변하다고 마땅히 알아야 하고, 일체의 무루법(無漏法)이 무변한 까닭으로 반야바라밀다도 역시 무변하다고 마땅히 알아야 하며, 일체의 유위법(有爲法)이 무변한 까닭으로 반야바라밀다도 역시 무변하다고 마땅히 알아야

하고, 일체의 무위법(無爲法)이 무변한 까닭으로 반야바라밀다도 역시 무변하다고 마땅히 알아야 하며, 금강유(金剛喩)가 평등한 까닭으로 반야바라밀다도 역시 평등하다고 마땅히 알아야 하고, 일체법이 파괴가 없는 까닭으로 반야바라밀다도 역시 파괴가 없다고 마땅히 알아야 하며, 일체법이 잡염이 없는 까닭으로 반야바라밀다도 역시 잡염이 없다고 마땅히 알아야 하고,

일체법이 차별이 없는 까닭으로 반야바라밀다도 역시 차별이 없다고 마땅히 알아야 하며, 제법의 자성(自性)을 얻을 수 없는 까닭으로 반야바라밀다도 역시 자성을 얻을 수 없다고 마땅히 알아야 하고, 제법이 무소유(無所有)이고 평등한 까닭으로 반야바라밀다도 역시 무소유이고 평등하다고 마땅히 알아야 하며, 제법이 짓는 것이 없는 까닭으로 반야바라밀다도 역시 짓는 것이 없다고 마땅히 알아야 하고, 제법이 불가사의한 까닭으로 반야바라밀다도 역시 불가사의하다고 마땅히 알아야 합니다."

그때 상제보살마하살은 반야바라밀다의 차별적인 구절과 이치(句義)를 설하는 것을 듣고서 곧 자리에서 60억의 삼마지문을 증득했는데 이를테면, 제법평등삼마지(諸法平等三摩地)·제법원리삼마지(諸法遠離三摩地)·제법부동삼마지(諸法不動三摩地)·제법무념삼마지(諸法無念三摩地)·제법무외삼마지(諸法無畏三摩地)·제법무구삼마지(諸法無懼三摩地)·제법일미삼마지(諸法一味三摩地)·제법무제삼마지(諸法無際三摩地)·제법무생삼마지(諸法無生三摩地)·제법무멸삼마지(諸法無滅三摩地)·허공무변삼마지(虛空無邊三摩地)·대해무변삼마지(大海無邊三摩地)·묘고산무변삼마지(妙高山無邊三摩地)·묘고산엄호삼마지(妙高山嚴好三摩地)·여허공무분별삼마지(如虛空無分別三摩地)·색등제온무변삼마지(色等諸蘊無邊三摩地)·안등제처무변삼마지(眼等諸處無邊三摩地)·색등제처무변삼마지(色等諸處無邊三摩地)·안등제계무변삼마지(眼等諸界無邊三摩地)·색등제계무변삼마지(色等諸界無邊三摩地)·안식등제계무변삼마지(眼識等諸界無邊三摩地)·안촉등무변삼마지(眼觸等無邊三摩地)·안촉위연소생제수등무변삼마지(眼觸爲緣所生諸受等無邊三摩地)·지계등무변삼마지(地界等無邊三摩

地)·인연등무변삼마지(因緣等無邊三摩地)·종연소생제법무변삼마지(從緣所生諸法無邊三摩地)·제연기지무변삼마지(諸緣起支無邊三摩地)·제바라밀다무변삼마지(諸波羅蜜多無邊三摩地)·일체공무변삼마지(一切空無邊三摩地)·제법진여등무변삼마지(諸法眞如等無邊三摩地)·보리분법무변삼마지(菩提分法無邊三摩地)·제성체무변삼마지(諸聖諦無邊三摩地)·제선업도무변삼마지(諸善業道無邊三摩地)·시계수무변삼마지(施戒修無邊三摩地)·정려무량무색무변삼마지(靜慮無量無色無邊三摩地)·해탈승처등지변처무변삼마지(解脫勝處等至遍處無邊三摩地)·공무상무원해탈문무변삼마지(空無相無願解脫門無邊三摩地)·총지등지문무변삼마지(摠持等至門無邊三摩地)·보살제지무변삼마지(菩薩諸地無邊三摩地)·오안육신통무변삼마지(五眼六神通無邊三摩地)·제력무외애해대자비희사불불공법무변삼마지(諸力無畏無礙解大慈悲喜捨佛不共法無邊三摩地)·무망실법항주사성무변삼마지(無忘失法恒住捨性無邊三摩地)·일체지도상지일체상지무변삼마지(一切智道相智一切相智無邊三摩地)·제상수호무변삼마지(諸相隨好無邊三摩地)·성문승무변삼마지(聲聞乘無邊三摩地)·독각승무변삼마지(獨覺乘無邊三摩地)·무상승무변삼마지(無上乘無邊三摩地)·유루무루법무변삼마지(有漏無漏法無邊三摩地)·유위무위법무변삼마지(有爲無爲法無邊三摩地)·금강유평등삼마지(金剛喩平等三摩地)·제법무괴삼마지(諸法無壞三摩地)·제법무잡삼마지(諸法無雜三摩地)·제법무차별삼마지(諸法無差別三摩地)·제법자성불가득삼마지(諸法自性不可得三摩地)·제법무소유평등삼마지(諸法無所有平等三摩地)·제법무소작삼마지(諸法無所作三摩地)·제법불가사의삼마지(諸法不可思議三摩地)의 이와 같은 등의 60백천의 삼마지문을 얻었느니라.

 상제보살이 이와 같은 60백천의 삼마지문을 이미 얻었으므로 곧 때에 동·서·남·북·사유(四維)·상(上)·하(下)의 각각 긍가사 등의 숫자와 같은 삼천대천세계에서 현재 머무르시는 여래·응공·정등각께서도 성문·보살·대중들에게 위요되시어 이와 같은 명자로써, 이와 같은 구절로써, 이와 같은 문자로써, 이와 같은 이치로써, 제보살마하살의 대중들을 위하여 반야바라밀다를 널리 설하시는 것이 현재에서 보았는데, 내가 지금 이 삼천대천세계에서 성문과 보살들의 대중들에게 위요되어 이와 같은 명자로써, 이와 같은 구절로써, 이와 같은 문자로써, 이와 같은 이치로써, 제보살마하살의 대중들을 위하여 반야바라밀다 등을 널리 설하는 것과 같아서 차별이 없었느니라.

상제보살이 이것을 따라서 이후에 많이 들었으므로 지혜가 불가사의하여 오히려 바다와 같았고, 태어났던 처소인 것을 따라서 항상 제불을 보았으며, 항상 제불의 청정하고 미묘한 국토에 태어났고, 나아가 꿈속에서도 역시 항상 여래(佛)께서 반야바라밀다를 설하시는 것을 보았고 친근하게 공양하면서 일찍이 잠시라도 버리지 않았으므로 무가법(無暇法)을 벗어나서 유가법(有暇法)을 구족하였느니라."

79. 결권품(結勸品)

"선현이여. 마땅히 알아야 하느니라. 오히려 이러한 이치로 나아간다면 매우 깊은 반야바라밀다의 위덕(威德)이 수승하여 제보살들에게 빠르게 일체지지(一切智智)를 능히 이끌어서 얻게 하느니라. 이러한 까닭으로 선현이여. 만약 보살마하살이 6바라밀다를 수학하여 빠르게 원만하게 하고자 하였거나, 제불의 경계를 통달하여 구족하고자 하였거나, 제불의 자재하신 신통을 얻고자 하였거나, 일체지지를 빠르게 증득하고자 하였거나, 일체의 유정들을 반드시 결국에는 능히 이익되고 안락하게 하고자 하였다면, 이와 같은 매우 깊은 반야바라밀다를 상응하여 수학하거나, 이와 같은 매우 깊은 반야바라밀다를 상응하여 공경스럽게 듣고서 수지(受持)하고 독송(讀誦)하며 구경에 예리하게 통달하고 설하신 것과 같이 수행하며 매우 깊은 의취(義趣)를 이치와 같이 사유(思惟)하고 서사(書寫)

하여 유포하며 다른 사람을 위하여 해설(解說)하거나, 여러 종류의 상묘한 꽃다발(花鬘)·바르거나 뿌리는 등의 향·의복·영락·보배 당기·번기·일산·기악·등불과 나머지의 여러 종류의 진기(珍奇)한 물건으로써 공양하고 공경하며 존중하고 찬탄해야 하느니라.

그 까닭은 무엇인가? 오히려 이것에서 말하였던 것인 매우 깊은 반야바라밀다는 이것이 제여래·응공·정등각을 출생시키고 양육하는 진실한 어머니이고, 이것은 제보살마하살의 대중들에게 진실한 궤범사(軌範師)이므로, 일체의 여래·응공·정등각께서 모두가 함께 존중하고 공경하며 찬탄하시는 것이고, 일체의 보살마하살의 대중들이 모두가 공양하고 정근하면서 수학하는 것이며, 이것을 여래께서는 진실한 교계로 삼느니라."

그때 세존께서 아난다(阿難陀)에게 알려 말씀하셨다.

"그대는 여래에게 사랑과 공경이 있는가?"

아난다가 말하였다.

"그와 같습니다. 세존이시여. 그와 같습니다. 선서시여. 여래의 처소에서 진실한 사랑과 공경이 있었으므로, 여래께서 스스로가 아실 것입니다."

세존께서 경희(慶喜)에게 알리셨다.

"그와 같으니라. 그와 같으니라. 그대는 나의 처소에서 진실로 사랑과 공경이 있었느니라. 그대는 옛날부터 항상 자비롭고 선한 신(身)·구(口)·의업(意業)으로 공경하였고 공양하였으며 따르면서 시봉(侍奉)하였고 나에게 일찍이 어긋남이 없었느니라. 경희여. 그대는 상응하여 나를 현재에 진실한 사랑과 공경으로써 나의 몸을 공경하고 공양하는 것과 같이 내가 열반한 뒤에도 그대는 역시 마땅히 이와 같은 사랑과 공경으로 매우 반야바라밀다를 공경하고 공양하며 존중해야 하느니라."

두 번·세 번 거듭하여 세존께서는 이와 같은 매우 깊은 반야바라밀다로써 아난에게 교계하셨고, 깊은 사랑과 공경으로 여래의 색신을 초월하여 공양하고 공경하게 하셨다.

세존께서 경희에게 알리셨다.

"내가 이와 같은 매우 깊은 반야바라밀다로써 지금 대중을 마주하고 그대에게 부촉(付囑)하나니, 그대는 상응하여 수지하라. 내가 열반한 뒤에, 나아가 하나의 글자라도 잊어버리거나 잃어버리지 말라. 이와 같은 반야바라밀다와 그것을 따르는 처소에서 세상에 유포(流布)되는 때라면, 곧 제불·세존께서 세간에서 현재에 머무시면서 대중에게 설법하시고 있다고 마땅히 알아야 하느니라. 경희여. 만약 이곳에 매우 깊은 반야바라밀다가 있으므로 공경스럽게 듣고서 수지하고 독송하며 구경에 예리하게 통달하고 설하신 것과 같이 수행하며 매우 깊은 의취를 이치와 같이 사유하고 서사하여 유포하며 다른 사람을 위하여 해설하거나, 여러 종류의 상묘한 꽃다발·바르거나 뿌리는 등의 향·의복·영락·보배 당기·번기·일산·기악·등불과 나머지의 여러 종류의 진기한 물건으로써 공양하고 공경하며 존중하고 찬탄한다면, 이 사람은 제불을 보고, 항상 정법을 듣고서 여러 범행을 수행한다고 마땅히 알아야 하느니라.”

이때 박가범(薄伽梵)께서 이 경을 설하여 마치셨고, 무량한 보살마하살의 대중들은 자씨보살(慈氏菩薩)을 상수(上首)로 하였으며, 대가섭파(大迦葉波)와 사리자(舍利子)와 아난다(阿難陀) 등의 여러 대성문(大聲聞)들과 더불어 천인(天)·용(龍)·인비인(人非人) 등의 일체의 대중들이 여래께서 설하신 것을 듣고 모두가 크게 환희(歡喜)하면서 믿고 받아들여 받들어 행하였다.

제2분
第二分

마하반야바라밀다경 제2회 서문

사문(沙門) 현칙(玄則)이 짓다.

관찰하여 보건대, 일반적으로 중도(中道)에 자신을 맡겨서 계합(契合)한다면, 미묘한 궤칙(軌則)에서 한계가 없이 펼치게 되고, 유전하면서 하나로 돌아감(一歸)을 살펴본다면, 현진(玄津)1)에 출렁거려도 단절이 있나니, 어찌 마음(情)을 으뜸으로 삼지 않고 깨달음에 이르렀던 것이 있었던가? 곧 일(事)로써 으뜸을 삼지 않고 의심을 물리친 것이 있었던가? 의심에 얽매이면 후회가 스스로 넓어지고, 깨달음이 시작되면 탐구도 더욱 두터워지는 것이니, 거듭하여 영취산의 언덕을 가리키는 것으로써 다시 용의 무리를 찾는 것이다.

혜명(慧命)2)들이 서로 모인다면, 곧 선현(善現)이 현재 기거하는 종사이고, 법인(法忍)으로 대중을 삼는다면, 곧 묘상(妙祥)3)이 가장 상수(上首)이다. 이미 구별을 흔들어서 경계를 보여주고, 우주를 열어서 엄숙함을 펼쳐놓으니, 혓바닥은 삼천대천세계를 뒤덮고, 몸은 많은 억(巨億)으로 나누어진다. 광명이 자비의 그림자를 넓게 비추므로 육취(六趣)4)는 화합하게 되고, 소리는 법어(法語)를 일으키고 시방으로 움직이면서 알리며,

---

1) 고해(苦海)의 바다를 가리킨다.
2) 불법(佛法)의 명맥(命脈)을 이어가는 비구(比丘)를 높여서 부르는 말이다.
3) 묘길상(妙吉祥)의 약칭으로 문수사리보살(文殊師利菩薩)을 가리킨다.
4) 중생이 업을 따라서 윤회하는 천상(天)·인간(人間)·아수라(阿修羅)·축생(畜生)·아귀(餓鬼)·지옥(地獄)의 여섯 세계를 가리킨다.

이미 수승한 관법(殊觀)에 놀라고 비로소 비밀스러운 가르침(秘獎)을 희구(希求)하게 된다.

혹은 이를테면, "자취가 너무 높아서 부류를 현혹하며, 마음(情)이 혼미하여 부질없이 분석한다."라고 말한다. 그러므로 일찍이 "표주박으로 바닷물을 측량하고 대롱으로 하늘을 관찰하는 것이니, 이것은 병이 크고 깊은 것이고, 여치와 하루살이(蟪蛄)5)가 시절에 집착하는 것은 결국 1년의 제사를 속이는 것이다."라고 말하였다. 일반적으로 천박한 정려와 적은 기술로 오히려 5신통(五通)6)을 마음대로 사용하는 것이고, 작은 선(善)과 하찮은 말재주로 진실하게 천리(千里)에 상응하려는 것이다. 하물며 유정(群品)들을 빼앗아 품고, 여러 신령(衆靈)을 억누르며, 1만 년의 시간에 한 번의 모임으로 궁극적인 어둠을 지극하게 벗어나는 것임에랴! 이것은 미진(微塵)의 찰토(刹土)7)를 움직이지 않고도 유행하는 것이고, 항하사의 제불을 도모하지 않고서도 증득하는 것이니, 반야(般若)의 지극하고 심오함이 아니라면, 그 누가 이것에 능히 이를 수 있겠는가?

이것은 십공(十空)8)이 밝게 빛나고, 칠여(七如)9)도 낭랑하게 들린다면, 비록 번뇌가 수풀처럼 빽빽하게 나아가고, 적안(寂岸)10)은 아주 높고 멀리 있더라도, 환영의 꽃봉우리(蕊)가 피어나고 떨어지는 것과 다르지 않으므로, 소멸하지도 않고 생겨나지도 않으며, 꿈속의 예쁘고 미웠던

---

5) 『장자(莊子)』「소요유편(逍遙遊篇)」에 "하루살이는 한 달을 알지 못하고(朝菌不知晦朔), 여치는 봄과 가을을 알지 못한다.(蟪蛄不知春秋)"는 말이 있다.
6) 신족통(神足通)·천안통(天眼通)·천이통(天耳通)·타심통(他心通)·숙명통(宿命通) 등이다.
7) 여래께서 안주하시는 세계를 가리킨다.
8) 내공(內空)·외공(外空)·내외공(內外空)·유위공(有爲空)·무위공(無爲空)·산괴공(散壞空)·본성공(本性空)·무제공(無際空)·승의공(勝義空)·공공(空空) 등이다.
9) 일곱 가지 궁극적인 진리를 뜻하는데, 첫째는 유전진여(流轉眞如)이고, 둘째는 실상진여(實相眞如)이며, 셋째는 유식진여(唯識眞如)이고, 넷째는 안립진여(安立眞如)이며, 다섯째는 사행진여(邪行眞如)이고, 여섯째는 청정진여(淸淨眞如)이며, 일곱째는 정행진여(正行眞如)이다.
10) 여러 번뇌를 모두 소멸하여 피안(彼岸)에 이른 것을 말한다.

모습이고, 염오가 없고 청정함도 없느니라. 회오리바람이 일어나는 골짜기에서 메아리를 던지더라도 곧 칭찬과 훼방이 함께 녹아내리고, 달이 비친 연못에 색깔을 쌓더라도 곧 물건과 내가 함께 없어지나니, 문장이 뛰어나면 이치로 나아가고, 감응하여 통달한다면 깨달음은 영원하리라.

일반적으로 85품(品) 78권이 있는데, 곧 옛날의 『대품반야경(大品般若經)』,『광찬반야경(光讚般若經)』,『방광반야경(放光般若經)』이다. 그렇지만 『대품반야경』은 『광찬경』과 비교한다면 말씀이 몇 배나 풍족하고 더욱 아름다운데, 곧 이것의 부분(分)은 『대품반야경』과 비교한다면 문장이 더욱 갖추어져 있고, 그것보다 올바르다. 불법의 빛을 모아서 보배로 교정하였으니, 어찌 성대하지 않겠는가!

마하반야바라밀다경 제401권

1. 연기품(緣起品)

이와 같이 나는 들었다.

어느 때에 바가범(薄伽梵)¹⁾께서는 왕사성(王舍城)²⁾의 취봉산(鷲峰山)³⁾에서 대비구(大苾芻) 5천 명과 함께 머무르셨는데, 모두가 아라한(阿羅漢)이었고 여러 번뇌(漏)를 이미 마쳤으며 다시는 번뇌(煩惱)가 없었고 진실한 자재(自在)를 얻었으며 마음이 잘 해탈(解脫)하였고 지혜가 잘 해탈하여 조련된 영리한 말(馬)과 같았으며, 역시 큰 용왕과 같아서 지을 것(所作)을 이미 지었고 성취(成辦)할 것을 이미 성취하였으며, 여러 무거운 짐을 버려서 스스로가 이익을 만나서 얻었고, 여러 번뇌(有結)⁴⁾를 끝마쳤고 바르게 알아서 해탈하였으며, 지심(至心)으로 스스로가 제일(第一)의 구경(究竟)에 머물렀으나, 아난다(阿難陀)⁵⁾는 제외되어 예류과(預流果)를 증득하고서 학지(學地)에 혼자 머물렀으며, 구수(具壽) 선현(善現)⁶⁾이 상수가

---

1) 산스크리트어 Bhagavān의 음사이고, 세존으로 한역한다.
2) 산스크리트어 Rājagaha의 번역이고, 마가다국(Magadha)의 수도(首都)이다.
3) 산스크리트어 Gijjha-kūṭa의 번역이고, '기사굴산(耆闍崛山)', '영취산(靈鷲山)' 등으로 한역한다. 'Gijjha'는 독수리라는 뜻하고, 'kūṭa'는 정상 또는 봉우리의 뜻하므로 취봉산으로 번역하고, 왕사성을 둘러싸고 있는 다섯 개의 봉우리의 가운데에서 하나이다.
4) 유(有)는 생사(生死)의 과보를 뜻하고, 결(結)은 그 과보를 불러오는 번뇌(結)인 탐욕(貪欲)·진에(瞋恚)·우치(愚癡)를 가리킨다
5) 산스크리트어 Ānanda의 음사이고, 경희(慶喜)라고 한역한다.
6) 산스크리트어 Subhūti의 번역이고, 수보리(須菩提)로 음사하며, '묘생(妙生)', '선길

되었다.

　다시 5백 명의 비구니의 대중이 있었는데 모두가 아라한이었고 지예존자(持譽尊者)[7]가 상수이었다. 다시 무량한 우바색가(鄔波索迦)와 우바사가(鄔波斯迦)가 있었는데 모두 이미 견제(見諦)를 얻었고, 다시 무량(無量)하고 무수(無數)인 보살마하살 대중들이 있었는데 일체가 모두 여러 다라니(陀羅尼)와 삼마지(三摩地)를 얻어서 항상 기거하더라도 공의 머물렀고(空住), 무상(無相)의 경계를 행하였으며, 분별(分別)이 없는 서원을 항상 현재(現在)에 앞세웠고, 모든 법성(法性)에 대해 평등인(平等忍)을 구족(具足)하였으며, 무애(無碍)의 변재(辯才)를 얻어서 신통(神通)에서 퇴전(退轉)하지 않았고, 말과 행동이 청정하고 고결(高翹)하였으며 정근하고 해태(懈怠)하지 않았으며, 정법(正法)을 연설하고 드날리면서 간절히 구하는(希求) 것이 없었고, 이치에 상응하고 근기에 칭찬하면서 여러 교만과 거짓을 벗어났으며, 깊은 법인(法忍)[8]에서 구경(究竟)의 세계(趣)에 이르렀고, 여러 공포와 두려움을 단절하고 여러 악마를 항복받았으며, 일체의 미혹을 소멸하고 여러 업장(業障)을 무너뜨렸으며, 지혜(智慧)와 변재의 선교(善巧)를 구족하였다.

　이미 무수인 겁에 큰 서원으로 장엄하였고 말에 앞서 웃음을 머금었으며 얼굴을 펴고 온화하게 바라보며 찬탄하는 게송이 아름답고 미묘하였으며 말하는 변재는 끝이 없었으며, 위덕(威德)이 존엄(尊嚴)하여 대중의 처소에서 두려움이 없었으며, 기운(氣)이 조화롭고 한가하며 우아하고 나아가면서 위의에 화합하였으며, 공교로운 연설은 냇물과 같이 오랜 겁에 끝이 없었다.

　제법은 모두 환영의 일·아지랑이·꿈속의 경계·물 속의 달·메아리 등과

(善吉)', '공생(空生)' 등으로 한역한다.

7) 산스크리트어 Yaśodharā의 번역이고, '존귀하다.', '꽃으로 불려지다.', '꽃처럼 아름답다.'는 뜻이며, 라훌라 존자의 어머니이다. 『일체경음의(一切經音義)』(대정장 54), p.482c에서 '아수다라(耶輸陀羅)'라고 주석하고 있다.

8) 인(忍)은 인허(忍許)의 뜻이므로, 믿기 어렵던 이치를 잘 받아들이고, 의혹이 생기지 않도록 하는 것이다.

같고, 역시 허공의 꽃·거울 속의 형상·그림자와 같으며, 또한 변화(變化)와 심향성(尋香城)과 같다고 잘 관찰하여, 모두가 진실로 없으나 오직 존재와 비슷하게 나타난다고 알았으며, 마음이 하열(下劣)하지 않아서 두려움이 없이 태연(泰然)하고, 일체의 법문을 모두 깨달아 들어갔으며, 유정들을 수승하게 이해하는 마음으로 행할 것을 나아가 장애가 없게 통달하여 그들을 발제(拔濟)하며, 최상의 법인(法忍)을 성취하여 진실한 성품을 잘 알았고, 큰 서원을 섭수하여 무변한 불국토와 널리 시방에서 무수인 제불의 등지(等持)9)와 정념(正念)을 항상 능히 앞에 나타나게 하였으며, 유정들을 헤아리기(度) 위하여 제불을 섬기고 지내면서 오래도록 머무시면서 정법륜(正法輪)을 굴리시도록 간청하였으며, 여러 수면(隨眠)·견취(見趣)·번뇌에 얽매임(纏垢)을 소멸하고 무량한 백천 등지에 유희(遊戲)하였고, 무변(無邊)하고 수승(殊勝)한 선법을 이끌어 일으켰는데, 이 보살마하살들은 이와 같은 무량한 공덕을 구족하였다.

그들의 명호(名號)를 말한다면, 현호보살(賢護菩薩)·보성보살(寶性菩薩)·도사보살(道師菩薩)·인수보살(仁壽菩薩)·성수보살(星授菩薩)·상수보살(常授菩薩)·덕장보살(德藏菩薩)·상혜보살(上慧菩薩)·보장보살(寶藏菩薩)·승혜보살(勝慧菩薩)·증장혜보살(增長慧菩薩)·불허견보살(不虛見菩薩)·선발취보살(善發趣菩薩)·선용맹보살(善勇孟菩薩)·상정진보살(常精進菩薩)·상가행보살(常加行菩薩)·불사액보살(不捨軛菩薩)·일장보살(日藏菩薩)·무비혜보살(無比慧菩薩)·관자재보살(觀自在菩薩)·득대세보살(得大勢菩薩)·묘길상보살(妙吉祥菩薩)·금강혜보살(金剛慧菩薩)·보인수보살(寶印手菩薩)·상거수보살(常擧手菩薩)·자씨보살(慈氏菩薩) 등이었으며, 이와 같은 무량한 백천 구지(俱胝)·나유타(那庾多)의 보살마하살들은 모두가 법왕자(法王子)이었고, 존귀한 지위를 잇거나 감당할 수 있었으므로, 상수(上首)가 되었다.

그때 세존께서는 사자좌(師子座) 위에서 스스로가 니사단(尼師壇)10)을

---

9) 산스크리트어 Samādhi의 번역이고, '삼마지(三摩地)', '삼마제(三摩提)', '삼매(三昧)' 등으로 음사한다.

펼치셨고, 가부좌(跏趺坐)를 맺으셨으며 몸을 단정하게 하셨고 바른 서원으로 머무르시면서 대면(對面)하셨으며 생각(念)으로 등지왕묘삼마지(等持王妙三摩地)에 들어가셨다. 여러 삼마지는 모두 이 삼마지의 가운데에 섭수되었으므로 이 삼마지의 가운데에 들어가셨는데, 모두가 이것에서 흘러나왔던 것인 까닭이었다.

그때 세존께서는 정지(正知)[11]와 정념(正念)으로 등지왕삼마지에서 편안하고 점잖게 일어나셨고, 청정(淸淨)한 천안(天眼)으로써 시방(十方)의 긍가사(殑伽沙)[12] 등의 제불의 세계를 관찰하셨고, 즐겁고 기쁘게 색신을 들어올리셨는데 두 발바닥의 천폭륜상(千輻輪相)에서 각각 60백천 구지·나유타의 광명을 펼치셨고(放), 열 발가락(十指)·두 발등(兩趺)·두 발뒷꿈치(兩跟)·네 복사뼈(四踝)·두 정강이(兩脛)·두 장딴지(兩腨)·두 무릎(兩膝)·두 허벅다리(兩髀)·두 넓적다리(兩股)·허리(腰)·옆구리(脅)·배(腹)·등(背)·배꼽(臍)·명치(中心上)·가슴(胸臆)의 卍자(德字)·두 젖꼭지(兩乳)·두 겨드랑이(兩腋)·두 어깨(兩肩)·두 어깻죽지(兩髆)·두 팔꿈치(兩肘)·두 손목(兩腕)·두 팔(兩臂)·두 손(兩手)·두 손바닥(兩掌)·열 손가락(十指)·목(項)·목구멍(胭)·위 턱(頤)·아래 턱(頷)·뺨(頰)·이마(額)·머리(頭)·정수리(頂)·두 눈썹(兩眉)·두 눈(兩眼)·두 귀(兩耳)·두 코(兩耳)·입(兩耳)·4개의 어금니(四牙)·40개의 치아(四十齒)·미간(眉間)의 백호상(白毫相) 등의 하나·하나의 색신의 부분에서 각각 60백천 구지·나유타의 광명을 펼치셨다.

이러한 하나·하나의 광명이 각각 삼천대천세계를 비추었고, 이것을 쫓아서 전전(展轉)하여 시방의 긍가사 등의 제불의 세계를 비추었는데, 그 가운데의 유정들이 이 광명을 만났던 자는 반드시 무상정등보리를 증득하였다.

---

10) 산스크리트어 sampajañña의 번역이고, '명확한 이해', '깊은 관찰', '완전한 인식' 등으로 번역된다.
11) 산스크리트어의 Nisidana의 음사이고, 부구(敷具), 좌구(坐具) 등으로 번역한다. 비구가 앉거나 누우면서 땅에 펴서 몸을 보호하는 네모진 깔개이다.
12) 산스크리트어 Gaṅgā-Nadī-Vālukā의 번역이고, 갠지스강의 모래라는 뜻이다.

그때 세존께서는 색신을 들어올리시니 털구멍은 모두가 함께 온화하게 빛나면서 각각 60백천 구지·나유타의 광명을 펼치셨는데, 이러한 하나·하나의 광명이 각각 삼천대천세계를 비추었고, 이것을 쫓아서 전전하여 시방의 긍가사 등의 제불의 세계를 비추었는데, 그 가운데의 유정들이 이 광명을 만났던 자는 반드시 무상정등보리를 증득하였다. 그때 세존께서는 색신으로 항상하는 광명(常光)을 늘려서 삼천대천세계를 비추셨는데, 이러한 하나·하나의 광명이 각각 삼천대천세계를 비추었고, 이것을 쫓아서 전전하여 시방의 긍가사 등의 제불의 세계를 비추었는데, 그 가운데의 유정들이 이 광명을 만났던 자(者)들은 반드시 무상정등보리를 증득하였다.

그때 세존께서는 그 입(面門)을 쫓아서 광장설상(廣長舌相)[13]을 유출하시어 삼천대천세계를 두루 덮으셨고, 온화하고 즐겁게 미소를 지으셨으며, 다시 이 광장설상으로 무량한 백천 구지·나유타의 광명을 유출(流出)하셨는데, 그 광명은 여러 색깔이 섞여 있었다. 이 섞여있는 색깔을 쫓아서 하나·하나 광명의 가운데에서 보배의 연꽃을 나타내셨는데, 그 꽃은 일천 잎은 모두가 진금색(眞金色)이었으며 여러 보배로 장엄(莊嚴)되었다. 이와 같은 광명과 꽃은 삼천대천세계에 두루하였고, 이것을 쫓아서 전전하여 시방의 긍가사 등의 제불의 세계에 두루하였다. 여러 꽃의 좌대(花臺)에는 모두 화불(化佛)께서 가부좌를 맺으시고 미묘한 법을 연설하셨는데, 하나·하나의 법음(法音)은 모두 6바라밀다에 상응(相應)하는 법을 설하셨으므로 유정으로 들었던 자들은 반드시 무상정등보리를 증득하였다.

그때 세존께서는 자리에서 일어나시지 않고 다시 사자유희등지(師子遊戱等持)에 들어가시어 신통력을 나타내셨으며 이 삼천대천세계를 여섯 종류로 변동(變動)시키셨는데 이를테면, 동극동등극동(動極動等極動)[14],

---

13) 부처님의 신체적인 특징인 32상(相)의 하나이다. 혀가 넓고 길면서도 엷고 유연하여, 길게 펴면 혀끝이 얼굴을 덮고 머리털 부근에까지 닿는다는 특징을 말한다.
14) 이 변동은 첫째는 미동(微動)이고, 둘째는 극동(極動)이고, 셋째는 등극동(等極動)

용극용등극용(踊極踊等極踊)15), 진극진등극진(震極震等極震)16), 격극격등극격(擊極擊等極擊)17), 후극후등극후(吼極吼等極吼)18), 폭극폭등극폭(爆極爆等極爆)19)의 그것이었다.

또한 이 세계가 동쪽에서 솟아났고 서쪽으로 잠겼으며, 서쪽에서 솟아났고 동쪽으로 잠겼으며, 남쪽에서 솟아났고 북쪽으로 잠겼으며, 북쪽에서 솟아났고 남쪽으로 잠겼으며, 가운데서 솟아났고 끝자락으로 잠겼으며, 끝자락에서 솟아났고 가운데로 잠기게 하셨으므로, 그 땅이 청정하고 윤택하며 부드러워서 여러 유정들에게 이익과 안락이 생겨나게 하셨다.

그때 이 삼천대천세계에서 소유한 지옥·방생(傍生)·귀계(鬼界)와 틈새가 없는 험악(險惡)한 세계(趣)의 일체의 유정들은 모두 고통을 벗어났고, 이곳에서 목숨을 버리고서 인간의 가운데에 태어나거나, 6욕천(六欲天)20)에 태어났는데, 모두가 이전에 머물렀던 것을 기억하였으며, 환희(歡喜)하고 용약(踊躍)하면서 함께 세존의 처소로 나아갔고, 은근하고 청정한 마음으로 세존의 발에 예경하였다. 이것을 좇아서 전전하여 시방의 긍가사 등의 제불의 세계까지 널리 세존의 신통력으로써 여섯 종류로 변동시켰다.

이때 그 세계의 여러 악한 세계(惡趣)의 일체의 유정들도 모두 고통을 벗어났고, 이곳에서 목숨을 버리고서 인간의 가운데에 태어나거나, 6욕천

---

15) 이 변동은 첫째는 미용(微涌)이고, 둘째는 극용(極涌)이고, 셋째는 등극용(等極涌)이다.
16) 이 변동은 첫째는 미진(微震)이고, 둘째는 극진(極震)이고, 셋째는 등극진(等極震)이다.
17) 이 변동은 첫째는 미격(微擊)이고, 둘째는 극격(極擊)이고, 셋째는 등극격(等極擊)이다.
18) 이 변동은 첫째는 미후(微吼)이고, 둘째는 극후(極吼)이고, 셋째는 등극후(等極吼)이다.
19) 이 변동은 첫째는 미폭(微爆)이고, 둘째는 극폭(極爆)이고, 셋째는 등극폭(等極爆)이다.
20) 산스크리트어 kāma-dhātu-deva의 번역이고, 사천왕천(四天王天), 도리천(忉利天), 야마천(夜摩天), 도솔천(兜率天), 낙변화천(樂變化天), 타화자재천(他化自在天)을 가리킨다.

에 태어났는데, 모두가 이전에 머물렀던 것을 기억하였으며, 환희하고 용약하면서 함께 세존의 처소로 나아갔고, 은근하고 청정한 마음으로 세존의 발에 예경하였다.

그때 삼천대천세계와 시방의 긍가사 등의 세계의 유정들인 맹인(盲人)은 볼 수 있었고 귀머거리는 들을 수 있었으며, 벙어리는 말할 수 있었고, 미친 자는 생각을 얻었으며, 산란한 자는 안정을 얻었고, 가난한 자는 재산을 얻었으며, 발가벗은 자는 옷을 얻었고, 굶주린 자는 음식을 얻었으며, 목마른 자는 음료를 얻었고, 병든 자는 나았으며, 추루(醜)한 자는 단엄(端嚴)하였고, 형체가 손상된 자는 구족(具足)되었으며, 근(根)이 손상된 자는 원만해졌고, 기절(迷悶)한 자는 깨어났으며, 피로하고 좌절한 자는 평안히고 쾌적해졌다.

이때 여러 유정들은 평등한 마음으로 서로 향하였으므로 아버지와 같았고 어머니와 같았으며 형과 같았고 아우와 같았으며 누나와 같았고 누이와 같았으며 벗과 같았고 친족과 같았으며, 삿된 말·업(業)·생활(命)을 벗어났고, 바른 말·업·생활을 닦았으며, 십악(十惡)[21]의 업도(業道)[22]를 벗어났고 십선(十善)의 업도를 닦았으며, 악(惡)한 심사(尋思)[23]를 벗어났고 선(善)한 심사를 수행하였으며, 범행(梵行)이 아닌 것을 벗어났고 바른 범행을 수행하였으며, 청정(淨)함을 좋아하고 염오(穢)를 버렸으며, 적정(靜)함을 좋아하고 번잡(喧)함을 버렸으므로 몸과 마음이 크게 편안하여 홀연히 미묘한 즐거움이 생겨났으므로 수행자가 제3선정(第三定)에 들어간 것과 같았다.

---

21) 산스크리트어 daśakuśala-karmāni의 번역이고, 살생(殺生), 투도(偸盜), 사음(邪淫), 망어(妄語), 양설(兩舌), 악구(惡口), 기어(綺語), 탐욕(貪欲), 진에(瞋恚), 사견(邪見) 등을 가리킨다.
22) 산스크리트어 karma-mārga의 번역이고, 중생이 업과(業果)를 받도록 인도하는 것을 뜻한다.
23) 산스크리트어 vitakka와 vicāra의 번역이고, '심(尋)'과 '사(伺)'의 합성어이다. 마음 작용을 통칭하며, 깊이 생각하는 것 또는 마음을 가라앉혀 깊이 사색(思索)하는 것이다.

다시 수승한 지혜가 홀연히 그때에 현전(現前)하였으므로 '보시(布施)·조복(調伏)24)·안인(安忍)25)·용진(勇進)26)·적정(寂靜)27)·제관(諦觀)28)으로 방일(放逸)을 멀리 벗어나고 범행을 수행(修行)하며 여러 유정들에게 자(慈)·비(悲)·희(喜)·사(捨)로 서로가 어지럽지 않으니 어찌 선(善)하지 않겠는가!'라고 함께 이렇게 생각하였다.

그때 세존께서는 사자좌에 머무르셨으며 광명은 수승하고 특이하셨으며 위덕이 높고 높으셨으므로 삼천대천세계와 시방의 긍가사 등의 제불의 국토에 소미로산(蘇迷盧山)29)과 윤위산(輪圍山)30) 등과 더불어 일체의 용(龍)·귀신(神)·천궁(天宮), 나아가 정거천(淨居天)31)에 이르기까지 빛이 가려져서 모두 나타나지 못하게 하셨는데, 가을의 보름달이 많은 별을 비추는 것과 같았고, 여름의 햇볕이 여러 색깔을 빼앗은 것과 같았으며, 네 가지의 큰 보배인 묘고산왕(妙高山王)이 여러 산을 엄폐(掩蔽)하듯이 그 광채를 잃게 하는 것과 같았다.

세존께서는 신통력으로써 본래의 색신(色身)을 나타내시어 이 삼천대천세계의 유정들이 모두 볼 수 있게 하셨다. 이때 이 삼천대천세계의 무량하고 무수한 정거천부터 아래로 욕계(欲界)의 사대왕천(四大王天)32)

---

24) 육바라밀의 가운데에서 지계(持戒) 바라밀을 뜻한다.
25) 육바라밀의 가운데에서 인욕(忍辱) 바라밀을 뜻한다.
26) 육바라밀의 가운데에서 정진(精進) 바라밀을 뜻한다.
27) 육바라밀의 가운데에서 선정(禪定) 바라밀을 뜻한다.
28) 육바라밀의 가운데에서 반야(般若) 바라밀을 뜻한다.
29) 산스크리트어 Sumeru의 번역이고, 당나라 말로는 묘고산(妙高山)이라고 부르며, 수미산(須彌山)의 다른 이름이다.
30) 산스크리트어 Cakravada이고 작가라파라(斫迦羅婆羅)라고 번역한다. 다른 이름으로는 '금강산(金剛山)', '금강위산(金剛圍山)', '철륜위산(鐵輪圍山)' 등이 있다.
31) 산스크리트어 śuddhāvāsa의 번역이고, 색계 제4선천(第四禪天)의 '무번천(無煩天)', '무열천(無熱天)', '선현천(善現天)', '선견천(善見天)', '색구경천(色究竟天)' 등을 통틀어 일컫는 말이다.
32) 산스크리트어 Caturmahārājakāyikās의 번역이고, 일반적으로 사천왕(四天王)이라고 말한다. 동방(東方)의 지국천왕(持國天王), 남방(南方)의 증장천왕(增長天王), 서방(西方)의 광목천왕(廣目天王), 북방(北方)의 다문천왕(多聞天王)이 있다.

들과 더불어 일체의 인비인(人非人)33)들이 모두 여래의 처소인 사자좌를 보았는데, 위덕과 광명이 대금산(大金山)과 같이 환하게 빛났으므로 환희하고 용약하면서 미증유(未曾有)라고 찬탄하였고, 각자 여러 종류의 상묘(上妙)한 꽃다발(花鬘)·바르는 향·가루 향·의복(衣服)·영락(瓔珞)·보배 당기와 번기·일산·기악(伎樂)·여러 진귀한 보물과 무량한 종류의 천청련화(天靑蓮花)·천적련화(天赤蓮花)·천백련화(天白蓮花)·천향련화(天香蓮花)·천황련화(天黃蓮花)·천홍련화(天紅蓮花)·천금전수화(天金錢樹花)와 천향엽(天香葉)과 아울러 나머지의 무량한 물과 땅의 생화(生花)를 가지고 세존의 처소로 나아갔으며 받들어 세존의 위에 흩뿌렸다. 세존께서는 신력으로써 여러 꽃다발 등을 빙글빙글 돌면서 위로 솟아났고 합쳐져서 화대(花臺)를 이루셨는데, 그기 등은 삼천대천세계와 같았고, 천상의 꽃(天花)·일산·보배 방울·구슬·깃발 등을 아름답게 장식하였고 화려하게 늘어트려서 매우 애락(愛樂)하였다.

그때 이 불국토(佛土)는 미묘하게 장엄되었으므로 오히려 서방(西方)의 극락세계(極樂世界)와 같았으며, 세존의 광휘(光暉)가 삼천대천에 사물의 부류들과 허공을 비추었는데, 모두 같이 금색(金色)과 같았고, 시방으로 각각 긍가사(殑伽沙) 등과 같은 제불의 세계도 역시 다시 이와 같았다. 그때 이 삼천대천세계의 불국토인 일체의 천상과 인간들은 세존의 신력을 까닭으로 각각 세존께서 그들의 앞에 바르게 앉아있는 것을 보고서 모두가 말하였다.

'여래께서 홀로 설법하시는구나!'

이때 세존께서는 자리에서 일어나지 않으셨고 빙그레 미소를 지으셨으며 그 입으로부터 대광명(大光明)을 펼쳐놓아서 삼천대천의 불국토와 아울러 나머지의 시방의 긍가사 등의 제불의 세계를 두루 비추시었다. 이때 이 삼천대천세계 불국토의 일체의 유정들은 여래(佛)의 광명을 찾았고, 시방의 긍가사 등의 제불의 세계에서 일체의 여래(如來)34)·응공

---

33) 팔부중(八部衆)의 가운데에서 야차, 아수라, 긴나라 등을 가리킨다.
34) 산스크리트어 Tathāgata의 번역이다.

(應供)35)・정등각(正等覺)36), 성문(聲聞)37)과 보살(菩薩)38)들의 대중들에게 위요(圍繞)되셨으며, 나머지 일체의 유정(有情)과 무정(無情)들의 품류(品類)가 차별되는 것을 두루 보았다. 이때 그 시방의 긍가사 등의 제불세계의 일체의 유정들도 여래의 광명을 찾았고, 역시 이 국토의 석가모니(釋迦牟尼)39) 여래・응공・정등각께서 성문과 보살들의 대중들에게 위요(圍繞)되어 있었고, 나머지의 유정과 무정들의 품류가 차별되는 것을 두루 보았다.

그때 동방(東方)의 긍가사 등의 세계를 지나가면 최후의 세계를 다보(多寶)라고 이름하였고, 여래(佛)의 명호(名號)는 보성(寶性)이셨으며, 현재에 보살들을 위하여 마하반야바라밀다(摩訶般若波羅蜜多)40)를 설하셨다. 그곳에 보살이 있어 보광(普光)이라고 이름하였는데, 이러한 큰 광명과 대지(大地)의 변동과 불신(佛身)의 상호를 보고 마음속으로 오히려 유예(猶豫)41)를 품고 여래의 처소로 나아가서 머리 숙여 두 발에 예경하고서 아뢰어 말하였다.

"세존이시여. 무슨 인(因)과 무슨 연(緣)으로 이런 상서로움이 있습니까?"

이때 보성불께서는 보광보살에게 알려 말씀하셨다.

"이곳에서 서방(西方)으로 긍가사 등의 세계가 지나가면 최후의 세계를 감인(堪忍)이라고 이름하고, 여래의 명호는 석가모니이시며, 장차 보살들을 위하여 마하반야바라밀다를 설하시고 있는데, 그 여래의 신력을 까닭으로 이러한 상서가 나타나느니라."

---

35) 산스크리트어 Arhat의 번역이다.
36) 산스크리트어 Samyak-sambodhi의 번역이다.
37) 산스크리트어 Śrāvaka의 번역이다.
38) 산스크리트어 Bodhisattva의 번역이다.
39) 산스크리트어 Shakyamuni의 음사이다.
40) 산스크리트어 Mahā-Prajñāpāramitā의 번역이다.
41) 망설이면서 일을 시행하지 않거나, 일을 시행하면서 날짜나 시간을 머뭇거리는 것이다.

보광보살은 듣고서 환희하고 용약하면서 아뢰어 말하였다.

"여래이시여. 저는 지금 감인세계로 가서 석가모니불과 보살의 대중들을 보고서 예경하고 공양합니다. 오직 원하옵건대 허락하여 주십시오."

이때 보성불께서는 보광보살에게 알려 말씀하셨다.

"옳도다(善哉).42) 옳도다. 그대의 뜻을 따라서 가도록 하게."

곧 일천 줄기의 금색(金色)인 연꽃은 그 꽃이 일천의 잎이 여러 보배들로 장엄되었는데, 보광보살에게 교수하시면서 주셨고 가리키면서 말씀하셨다.

"그대는 이 꽃을 가지고 석가모니불의 처소에 이르러 '보성여래께서 무량하게 문신(問訊)하셨습니다. 병이 적으시고 번뇌가 적으시며, 기거(起居)는 가볍고 편리하십니까? 기력(氣力)은 조화(調和)롭고 안락하게 머무르십니까? 세간의 일은 인욕하실 수 있습니까? 중생들을 헤아리는(度) 것은 쉬우십니까? 이 연꽃을 가지고 여래께 공양하겠사오니 불사(佛事)를 삼으십시오.'라고 이와 같이 나의 말과 같이 아뢰도록 하게.

그대가 그 세계에 이른다면 상응하여 정지에 머무르고, 업신여기는 마음으로써 그 불국토와 여러 대중을 관찰하면서 스스로를 훼손시키고 해치지 않도록 하게. 그 까닭은 무엇인가? 그 제보살(諸菩薩)들의 위덕은 미치기 어려운데, 자비와 서원으로 마음을 훈습하였고 인연으로써 그 국토에 태어났네."

이때 보광보살은 꽃을 받았고 칙명(勅)을 받들고서 무량한 백천 구지·나유타의 보살들과 무수(無數)인 백천의 동남(童男)·동녀(童女)와 함께 여래의 발에 머리 숙여 예경하고 오른쪽으로 돌면서 가르침을 받들었고, 각자 무량하고 상묘한 공양구(供養具)를 일으켰으며 지니고서 떠나오면서 지나는 곳의 동방에서 제불 세계의 한 분·한 분의 여래의 처소에서 공양(供養)하였고 공경(恭敬)하였으며 존중(尊重)하고 찬탄(讚歎)하였으며, 헛되게 지나치지 않았다. 이 세존의 처소에 이르러서 두 발에 머리 숙여 예경하고 백천 번을 돌았고 나아가서 한쪽에 머물렀으며, 보광보살이

---

42) 산스크리트어 Sādhu의 번역이다. 감탄사로 매우 빈번하게 사용되며, '좋다.', '예', '그렇다.' 등의 비슷한 질문에 대한 대답의 동의 또는 승인을 나타내는 말이다.

세존의 앞에서 아뢰어 말하였다.

"세존이시여. 이곳에서 동방으로 긍가사 등의 세계를 지나가면 최후에 있는 세계를 다보라고 이름하옵고 여래의 명호는 보성이시며, 세존께 무량하게 문신하셨습니다.

'병이 적으시고 번뇌가 적으시며, 기거는 가볍고 편리하십니까? 기력은 조화롭고 안락하게 머무르십니까? 세간의 일은 인욕하실 수 있습니까? 중생들을 헤아리시는 것은 쉬우십니까? 이 일천 개의 잎이 금색인 연꽃을 가지고 세존께 공양하겠사오니 불사를 삼으십시오.'"

이때 석가모니불께서는 이 연꽃을 받으셨고 동방의 긍가사 등의 제불의 세계에 뿌리셨다. 세존의 신력을 까닭으로 이 연꽃들이 제불의 국토에 널리 퍼졌고, 여러 화대(花臺)의 가운데에서는 각각 화불(化佛)께서 가부좌를 맺으셨으며 제보살들을 위하여 마하반야바라밀다를 설하셨는데, 유정들이 들었던 자가 있다면 반드시 무상정등보리를 증득하였다. 이때 보광보살과 여러 권속들은 이러한 일을 보고서 미증유(未曾有)라고 환희하고 용약하면서 각자 선근(善根)과 공양구의 많고 적음을 따라서 공양하고 공경하였으며 존중하였고 찬탄하였으며, 물러나서 한쪽에 앉았는데, 나머지 동방의 세계들도 역시 이와 같았다.

그때 이곳에서 남방(南方)으로 긍가사 등의 세계를 지나가면 최후의 세계를 이일체우(離一切憂)라고 이름하였고, 여래의 명호는 무우덕(無憂德)이셨으며, 현재에 보살들을 위하여 마하반야바라밀다를 설하셨다. 그곳에 보살이 있어 이우(離憂)라고 이름하였는데, 이러한 큰 광명과 대지의 변동과 불신의 상호를 보고 마음속으로 오히려 유예를 품고 여래의 처소로 나아가서 머리 숙여 두 발에 예경하고서 아뢰어 말하였다.

"세존이시여. 무슨 인과 무슨 연으로 이런 상서로움이 있습니까?"

이때 무우덕불께서는 이우보살에게 알려 말씀하셨다.

"이곳에서 북방(北方)으로 긍가사 등의 세계를 지나가면 최후의 세계를 감인이라고 이름하고, 여래의 명호는 석가모니이시며, 장차 보살들을 위하여 마하반야바라밀다를 설하시고 있는데, 그 여래의 신력을 까닭으로 이러한 상서가 나타나느니라."

이우보살은 듣고서 환희하고 용약하면서 아뢰어 말하였다.

"여래이시여. 저는 지금 감인세계로 가서 석가모니불과 보살의 대중들을 보고서 예경하고 공양합니다. 오직 원하옵건대 허락하여 주십시오."

이때 무우덕불께서는 이우보살에게 알려 말씀하셨다.

"옳도다. 옳도다. 그대의 뜻을 따라서 가도록 하게."

곧 일천 줄기의 금색인 연꽃은 그 꽃이 일천의 잎이 여러 보배들로 장엄되었는데, 이우보살에게 교수하시면서 주셨고 가리키면서 말씀하셨다.

"그대는 이 꽃을 가지고 석가모니불의 처소에 이르러 '무우덕여래께서 무량하게 문신하셨습니다. 병이 적으시고 번뇌가 적으시며, 기거는 가볍고 편리하십니까? 기력은 조화롭고 안락하게 머무르십니까? 세간의 일은 인욕하실 수 있습니까? 중생들을 헤아리는 것은 쉬우십니까? 이 연꽃을 가지고 여래께 공양하겠사오니 불사를 삼으십시오.'라고 이와 같이 나의 말과 같이 아뢰도록 하게.

그대가 그 세계에 이른다면 상응하여 정지에 머무르고, 업신여기는 마음으로써 그 불국토와 여러 대중을 관찰하면서 스스로를 훼손시키고 해치지 않도록 하게. 그 까닭은 무엇인가? 그 제보살들의 위덕은 미치기 어려운데, 자비와 서원으로 마음을 훈습하였고 인연으로써 그 국토에 태어났네."

이때 이우보살은 꽃을 받았고 칙명을 받들고서 무량한 백천 구지·나유타의 보살들과 무수인 백천의 동남·동녀와 함께 여래의 발에 머리 숙여 예경하고 오른쪽으로 돌면서 가르침을 받들었고, 각자 무량하고 상묘한 공양구를 일으켰으며 지니고서 떠나오면서 지나는 곳의 남방에서 제불세계의 한 분·한 분의 여래들의 처소에서 공양하였고 공경하였으며 존중하고 찬탄하였으며, 헛되게 지나치지 않았다. 이 세존의 처소에 이르러서 두 발에 머리 숙여 예경하고 백천 번을 돌았고 나아가서 한쪽에 머물렀으며, 이우보살이 세존의 앞에서 아뢰어 말하였다.

"세존이시여. 이곳에서 남방으로 긍가사 등의 세계를 지나가면 최후에 있는 세계를 이일체우라고 이름하옵고 여래의 명호는 무우덕이시며, 세존께 무량하게 문신하셨습니다.
 '병이 적으시고 번뇌가 적으시며, 기거는 가볍고 편리하십니까? 기력은 조화롭고 안락하게 머무르십니까? 세간의 일은 인욕하실 수 있습니까? 중생들을 헤아리시는 것은 쉬우십니까? 이 일천 개의 잎이 금색인 연꽃을 가지고 세존께 공양하겠사오니 불사를 삼으십시오.'"
 이때 석가모니불께서는 이 연꽃을 받으셨고 남방의 여러 제불의 세계에 뿌리셨다. 세존의 신력을 까닭으로 이 연꽃들이 제불의 국토에 널리 퍼졌고, 여러 화대의 가운데에서는 각각 화불께서 가부좌를 맺으셨으며 제보살들을 위하여 마하반야바라밀다를 설하셨는데, 유정들이 들었던 자가 있다면 반드시 무상정등보리를 증득하였다. 이때 이우보살과 여러 권속들은 이러한 일을 보고서 미증유라고 환희하고 용약하면서 각자 선근과 공양구의 많고 적음을 따라서 공양하고 공경하였으며 존중하였고 찬탄하였으며, 물러나서 한쪽에 앉았는데, 나머지 남방의 세계들도 역시 이와 같았다.
 그때 서방(西方)으로 긍가사 등의 세계를 지나가면 최후의 세계를 근적정(近寂靜)이라고 이름하였고, 여래의 명호는 보염(寶焰)이셨으며, 현재에 보살들을 위하여 마하반야바라밀다를 설하셨다. 그곳에 보살이 있어 행혜(行慧)라고 이름하였는데, 이러한 큰 광명과 대지의 변동과 불신의 상호를 보고 마음속으로 오히려 유예를 품고 여래의 처소로 나아가서 머리 숙여 두 발에 예경하고서 아뢰어 말하였다.
 "세존이시여. 무슨 인과 무슨 연으로 이런 상서로움이 있습니까?"
 이때 보염불께서는 행혜보살에게 알려 말씀하셨다.
 "이곳에서 동방(東方)으로 긍가사 등의 세계가 지나가면 최후의 세계를 감인이라고 이름하고, 여래의 명호는 석가모니이시며, 장차 보살들을 위하여 마하반야바라밀다를 설하시고 있는데, 그 여래의 신력을 까닭으로 이러한 상서가 나타나느니라."
 행혜보살은 듣고서 환희하고 용약하면서 아뢰어 말하였다.

"여래이시여. 저는 지금 감인세계로 가서 석가모니불과 보살의 대중들을 보고서 예경하고 공양합니다. 오직 원하옵건대 허락하여 주십시오."
이때 보염불께서는 행혜보살에게 알려 말씀하셨다.
"옳도다. 옳도다. 그대의 뜻을 따라서 가도록 하게."
곧 일천 줄기의 금색인 연꽃은 그 꽃이 일천의 잎이 여러 보배들로 장엄되었는데, 행혜보살에게 교수하시면서 주셨고 가리키면서 말씀하셨다.
"그대는 이 꽃을 가지고 석가모니불의 처소에 이르러 '보염여래께서 무량하게 문신하셨습니다. 병이 적으시고 번뇌가 적으시며, 기거는 가볍고 편리하십니까? 기력은 조화롭고 안락하게 머무르십니까? 세간의 일은 인욕하실 수 있습니까? 중생들을 헤아리는 것은 쉬우십니까? 이 연꽃을 가지고 여래께 공양하겠사오니 불사를 삼으십시오.'라고 이와 같이 나의 말과 같이 아뢰도록 하게.
그대가 그 세계에 이른다면 상응하여 정지에 머무르고, 업신여기는 마음으로써 그 불국토와 여러 대중을 관찰하면서 스스로를 훼손시키고 해치지 않도록 하게. 그 까닭은 무엇인가? 그 제보살들의 위덕은 미치기 어려운데, 자비와 서원으로 마음을 훈습하였고 인연으로써 그 국토에 태어났네."
이때 행혜보살은 꽃을 받았고 칙명을 받들고서 무량한 백천 구지·나유타의 보살들과 무수인 백천의 동남·동녀와 함께 여래의 발에 머리 숙여 예경하고 오른쪽으로 돌면서 가르침을 받들었고, 각자 무량하고 상묘한 공양구를 일으켰으며 지니고서 떠나오면서 지나는 곳의 서방에서 제불세계의 한 분·한 분의 여래들의 처소에서 공양하였고 공경하였으며 존중하고 찬탄하였으며, 헛되게 지나치지 않았다. 이렇게 세존의 처소에 이르러서 두 발에 머리 숙여 예경하고 백천 번을 돌았고 나아가서 한쪽에 머물렀으며, 보광보살이 세존의 앞에서 아뢰어 말하였다.
"세존이시여. 이곳에서 서방으로 긍가사 등의 세계를 지나가면 최후에 있는 세계를 근적정이라고 이름하옵고 여래의 명호는 보염이시며, 세존께 무량하게 문신하셨습니다.

'병이 적으시고 번뇌가 적으시며, 기거는 가볍고 편리하십니까? 기력은 조화롭고 안락하게 머무르십니까? 세간의 일은 인욕하실 수 있습니까? 중생들을 헤아리시는 것은 쉬우십니까? 이 일천 개의 잎이 금색인 연꽃을 가지고 세존께 공양하겠사오니 불사를 삼으십시오.'"

이때 석가모니불께서는 이 연꽃을 받으셨고 서방의 여러 제불의 세계에 뿌리셨다. 세존의 신력을 까닭으로 이 연꽃들이 제불의 국토에 널리 퍼졌고, 여러 화대의 가운데에서는 각각 화불께서 가부좌를 맺으셨으며 제보살들을 위하여 마하반야바라밀다를 설하셨는데, 유정들이 들었던 자가 있다면 반드시 무상정등보리를 증득하였다. 이때 행혜보살과 여러 권속들은 이러한 일을 보고서 미증유라고 환희하고 용약하면서 각자 선근과 공양구의 많고 적음을 따라서 공양하고 공경하였으며 존중하였고 찬탄하였으며, 물러나서 한쪽에 앉았는데, 나머지 서방의 세계들도 역시 이와 같았다.

그때 북방(北方)으로 긍가사 등의 세계를 지나가면 최후의 세계를 최승(最勝)이라고 이름하였고, 여래의 명호는 승제(勝帝)이셨으며, 현재에 보살들을 위하여 마하반야바라밀다를 설하셨다. 그곳에 보살이 있어 승수(勝授)라고 이름하였는데, 이러한 큰 광명과 대지의 변동과 불신의 상호를 보고 마음속으로 오히려 유예를 품고 여래의 처소로 나아가서 머리 숙여 두 발에 예경하고서 아뢰어 말하였다.

"세존이시여. 무슨 인과 무슨 연으로 이런 상서로움이 있습니까?"

이때 승제불께서는 승수보살에게 알려 말씀하셨다.

"이곳에서 남방(南方)으로 긍가사 등의 세계를 지나가면 최후의 세계를 감인이라고 이름하고, 여래의 명호는 석가모니이시며, 장차 보살들을 위하여 마하반야바라밀다를 설하시고 있는데, 그 여래의 신력을 까닭으로 이러한 상서가 나타나느니라."

승수보살은 듣고서 환희하고 용약하면서 아뢰어 말하였다.

"여래이시여. 저는 지금 감인세계로 가서 석가모니불과 보살의 대중들을 보고서 예경하고 공양합니다. 오직 원하옵건대 허락하여 주십시오."

이때 승제불께서는 승수보살에게 알려 말씀하셨다.
"옳도다. 옳도다. 그대의 뜻을 따라서 가도록 하게."
곧 일천 줄기의 금색인 연꽃은 그 꽃이 일천의 잎이 여러 보배들로 장엄되었는데, 승수보살에게 교수하시면서 주셨고 가리키면서 말씀하셨다.
"그대는 이 꽃을 가지고 석가모니불의 처소에 이르러 '승제여래께서 무량하게 문신하셨습니다. 병이 적으시고 번뇌가 적으시며, 기거는 가볍고 편리하십니까? 기력은 조화롭고 안락하게 머무르십니까? 세간의 일은 인욕하실 수 있습니까? 중생들을 헤아리는 것은 쉬우십니까? 이 연꽃을 가지고 여래께 공양하겠사오니 불사를 삼으십시오.'라고 이와 같이 나의 말과 같이 아뢰도록 하게.
그대가 그 세계에 이른다면 싱응하여 정시에 머무르고, 업신여기는 마음으로써 그 불국토와 여러 대중을 관찰하면서 스스로를 훼손시키고 해치지 않도록 하게. 그 까닭은 무엇인가? 그 제보살들의 위덕은 미치기 어려운데, 자비와 서원으로 마음을 훈습하였고 인연으로써 그 국토에 태어났네."

이때 승수보살은 꽃을 받았고 칙명을 받들고서 무량한 백천 구지·나유타의 보살들과 무수인 백천의 동남·동녀와 함께 여래의 발에 머리 숙여 예경하고 오른쪽으로 돌면서 가르침을 받들었고, 각자 무량하고 상묘한 공양구를 일으켰으며 지니고서 떠나오면서 지나는 곳의 북방에서 제불세계의 한 분·한 분의 여래들의 처소에서 공양하였고 공경하였으며 존중하고 찬탄하였으며, 헛되게 지나치지 않았다. 이렇게 세존의 처소에 이르러서 두 발에 머리 숙여 예경하고 백천 번을 돌았고 나아가서 한쪽에 머물렀으며, 승수보살이 세존의 앞에서 아뢰어 말하였다.

"세존이시여. 이곳에서 북방으로 긍가사 등의 세계를 지나가면 최후에 있는 세계를 최승이라고 이름하옵고 여래의 명호는 승제이시며, 세존께 무량하게 문신하셨습니다.

'병이 적으시고 번뇌가 적으시며, 기거는 가볍고 편리하십니까? 기력은 조화롭고 안락하게 머무르십니까? 세간의 일은 인욕하실 수 있습니까?

중생들을 헤아리시는 것은 쉬우십니까? 이 일천 개의 잎이 금색인 연꽃을 가지고 세존께 공양하겠사오니 불사를 삼으십시오.'"

이때 석가모니불께서는 이 연꽃을 받으셨고 북방의 여러 제불의 세계에 뿌리셨다. 세존의 신력을 까닭으로 이 연꽃들이 제불의 국토에 널리 퍼졌고, 여러 화대의 가운데에서는 각각 화불께서 가부좌를 맺으셨으며 제보살들을 위하여 마하반야바라밀다를 설하셨는데, 유정들이 들었던 자가 있다면 반드시 무상정등보리를 증득하였다. 이때 승수보살과 여러 권속들은 이러한 일을 보고서 미증유라고 환희하고 용약하면서 각자 선근과 공양구의 많고 적음을 따라서 공양하고 공경하였으며 존중하였고 찬탄하였으며, 물러나서 한쪽에 앉았는데, 나머지 북방의 세계들도 역시 이와 같았다.

그때 동북방(東北方)으로 긍가사 등의 세계를 지나가면 최후의 세계를 정장엄(定莊嚴)이라고 이름하였고, 여래의 명호는 정상승덕(定象勝德)이셨으며, 현재에 보살들을 위하여 마하반야바라밀다를 설하셨다. 그곳에 보살이 있어 이진용맹(離塵勇猛)이라고 이름하였는데, 이러한 큰 광명과 대지의 변동과 불신의 상호를 보고 마음속으로 오히려 유예를 품고 여래의 처소로 나아가서 머리 숙여 두 발에 예경하고서 아뢰어 말하였다.

"세존이시여. 무슨 인과 무슨 연으로 이런 상서로움이 있습니까?"
이때 정상승덕불께서는 이진용맹보살에게 알려 말씀하셨다.
"이곳에서 서남방(西南方)으로 긍가사 등의 세계를 지나가면 최후의 세계를 감인이라고 이름하고, 여래의 명호는 석가모니이시며, 장차 보살들을 위하여 마하반야바라밀다를 설하시고 있는데, 그 여래의 신력을 까닭으로 이러한 상서가 나타나느니라."

이진용맹보살은 듣고서 환희하고 용약하면서 아뢰어 말하였다.
"여래이시여. 저는 지금 감인세계로 가서 석가모니불과 보살의 대중들을 보고서 예경하고 공양합니다. 오직 원하옵건대 허락하여 주십시오."
이때 정상승덕불께서는 이진용맹보살에게 알려 말씀하셨다.
"옳도다. 옳도다. 그대의 뜻을 따라서 가도록 하게."

곧 일천 줄기의 금색인 연꽃은 그 꽃이 일천의 잎이 여러 보배들로 장엄되었는데, 이진용맹보살에게 교수하시면서 주셨고 가리키면서 말씀하셨다.

"그대는 이 꽃을 가지고 석가모니불의 처소에 이르러 '정상승덕여래께서 무량하게 문신하셨습니다. 병이 적으시고 번뇌가 적으시며, 기거는 가볍고 편리하십니까? 기력은 조화롭고 안락하게 머무르십니까? 세간의 일은 인욕하실 수 있습니까? 중생들을 헤아리는 것은 쉬우십니까? 이 연꽃을 가지고 여래께 공양하겠사오니 불사를 삼으십시오.'라고 이와 같이 나의 말과 같이 아뢰도록 하게.

그대가 그 세계에 이른다면 상응하여 정지에 머무르고, 업신여기는 마음으로써 그 불국토와 여러 대중을 관찰하면서 스스로를 훼손시키고 해치지 않도록 하게. 그 까닭은 무엇인가? ㄱ 제보살들의 위덕은 미치기 어려운데, 자비와 서원으로 마음을 훈습하였고 인연으로써 그 국토에 태어났네."

이때 이진용맹보살은 꽃을 받았고 칙명을 받들고서 무량한 백천 구지·나유타의 보살들과 무수인 백천의 동남·동녀와 함께 여래의 발에 머리 숙여 예경하고 오른쪽으로 돌면서 가르침을 받들었고, 각자 무량하고 상묘한 공양구를 일으켰으며 지니고서 떠나오면서 지나는 곳의 동북방에서 제불 세계의 한 분·한 분의 여래들의 처소에서 공양하였고 공경하였으며 존중하고 찬탄하였으며, 헛되게 지나치지 않았다. 이렇게 세존의 처소에 이르러서 두 발에 머리 숙여 예경하고 백천 번을 돌았고 나아가서 한쪽에 머물렀으며, 이진용맹보살이 세존의 앞에서 아뢰어 말하였다.

"세존이시여. 이곳에서 동북방으로 긍가사 등의 세계를 지나가면 최후에 있는 세계를 정장엄이라고 이름하옵고 여래의 명호는 정상승덕이시며, 세존께 무량하게 문신하셨습니다.

'병이 적으시고 번뇌가 적으시며, 기거는 가볍고 편리하십니까? 기력은 조화롭고 안락하게 머무르십니까? 세간의 일은 인욕하실 수 있습니까? 중생들을 헤아리시는 것은 쉬우십니까? 이 일천 개의 잎이 금색인 연꽃을 가지고 세존께 공양하겠사오니 불사를 삼으십시오.'"

이때 석가모니불께서는 이 연꽃을 받으셨고 동북방의 여러 제불의 세계에 뿌리셨다. 세존의 신력을 까닭으로 이 연꽃들이 제불의 국토에 널리 퍼졌고, 여러 화대의 가운데에서는 각각 화불께서 가부좌를 맺으셨으며 제보살들을 위하여 마하반야바라밀다를 설하셨는데, 유정들이 들었던 자가 있다면 반드시 무상정등보리를 증득하였다. 이때 이진용맹보살과 여러 권속들은 이러한 일을 보고서 미증유라고 환희하고 용약하면서 각자 선근과 공양구의 많고 적음을 따라서 공양하고 공경하였으며 존중하였고 찬탄하였으며, 물러나서 한쪽에 앉았는데, 나머지 동북방의 세계들도 역시 이와 같았다.

그때 동남방(東南方)으로 긍가사 등의 세계를 지나가면 최후의 세계를 묘각장엄심가애락(妙覺莊嚴甚可愛樂)이라고 이름하였고, 여래의 명호는 연화승덕(蓮花勝德)이셨으며, 현재에 보살들을 위하여 마하반야바라밀다를 설하셨다. 그곳에 보살이 있어 연화수(蓮花手)라고 이름하였는데, 이러한 큰 광명과 대지의 변동과 불신의 상호를 보고 마음속으로 오히려 유예를 품고 여래의 처소로 나아가서 머리 숙여 두 발에 예경하고서 아뢰어 말하였다.

"세존이시여. 무슨 인과 무슨 연으로 이런 상서로움이 있습니까?"

이때 연화승덕불께서는 연화수보살에게 알려 말씀하셨다.

"이곳에서 서북방(西北方)으로 긍가사 등의 세계를 지나가면 최후의 세계를 감인이라고 이름하고, 여래의 명호는 석가모니이시며, 장차 보살들을 위하여 마하반야바라밀다를 설하시고 있는데, 그 여래의 신력을 까닭으로 이러한 상서가 나타나느니라."

연화수보살은 듣고서 환희하고 용약하면서 아뢰어 말하였다.

"여래이시여. 저는 지금 감인세계로 가서 석가모니불과 보살의 대중들을 보고서 예경하고 공양합니다. 오직 원하옵건대 허락하여 주십시오."

이때 연화승덕불께서는 연화수보살에게 알려 말씀하셨다.

"옳도다. 옳도다. 그대의 뜻을 따라서 가도록 하게."

곧 일천 줄기의 금색인 연꽃은 그 꽃이 일천의 잎이 여러 보배들로 장엄되었는데, 연화수보살에게 교수하시면서 주셨고 가리키면서 말씀하셨다.
 "그대는 이 꽃을 가지고 석가모니불의 처소에 이르러 '연화승덕여래께서 무량하게 문신하셨습니다. 병이 적으시고 번뇌가 적으시며, 기거는 가볍고 편리하십니까? 기력은 조화롭고 안락하게 머무르십니까? 세간의 일은 인욕하실 수 있습니까? 중생들을 헤아리는 것은 쉬우십니까? 이 연꽃을 가지고 여래께 공양하겠사오니 불사를 삼으십시오.'라고 이와 같이 나의 말과 같이 아뢰도록 하게.
 그대가 그 세계에 이른다면 상응하여 정지에 머무르고, 업신여기는 마음으로써 그 불국토와 여러 대중을 관찰하면서 스스로를 훼손시키고 해치지 않도록 하게. 그 까닭은 무엇인가? 그 제보살들의 위덕은 미치기 어려운데, 자비와 서원으로 마음을 훈습하였고 인연으로써 그 국토에 태어났네."
 이때 연화수보살은 꽃을 받았고 칙명을 받들고서 무량한 백천 구지·나유타의 보살들과 무수인 백천의 동남·동녀와 함께 여래의 발에 머리 숙여 예경하고 오른쪽으로 돌면서 가르침을 받들었고, 각자 무량하고 상묘한 공양구를 일으켰으며 지니고서 떠나오면서 지나는 곳의 동남방에서 제불 세계의 한 분·한 분의 여래들의 처소에서 공양하였고 공경하였으며 존중하고 찬탄하였으며, 헛되게 지나치지 않았다. 이렇게 세존의 처소에 이르러서 두 발에 머리 숙여 예경하고 백천 번을 돌았고 나아가서 한쪽에 머물렀으며, 연화수보살이 세존의 앞에서 아뢰어 말하였다.
 "세존이시여. 이곳에서 동남방으로 긍가사 등의 세계를 지나가면 최후에 있는 세계를 묘각장엄심가애락이라고 이름하옵고 여래의 명호는 연화승덕이시며, 세존께 무량하게 문신하셨습니다.
 '병이 적으시고 번뇌가 적으시며, 기거는 가볍고 편리하십니까? 기력은 조화롭고 안락하게 머무르십니까? 세간의 일은 인욕하실 수 있습니까? 중생들을 헤아리시는 것은 쉬우십니까? 이 일천 개의 잎이 금색인 연꽃을 가지고 세존께 공양하겠사오니 불사를 삼으십시오.'"
 이때 석가모니불께서는 이 연꽃을 받으셨고 동남방의 여러 제불의 세계에 뿌리셨다. 세존의 신력을 까닭으로 이 연꽃들이 제불의 국토에 널리 퍼졌고, 여러 화대의 가운데에서는 각각 화불께서 가부좌를 맺으셨으며 제보살들을 위하여 마하반야바라밀다를 설하셨는데, 유정들이 들었던 자가 있다면 반드시 무상정등보리를 증득하였다. 이때 연화수보살과 여러 권속들은 이러한 일을 보고서 미증유라고 환희하고 용약하면서 각자 선근과 공양구의 많고 적음을 따라서 공양하고 공경하였으며 존중하였고 찬탄하였으며, 물러나서 한쪽에 앉았는데, 나머지 동남방의 세계들도 역시 이와 같았다.

그때 서남방(西南方)으로 긍가사 등의 세계를 지나가면 최후의 세계를 이진취(離塵聚)라고 이름하였고, 여래의 명호는 윤편조승덕(輪遍照勝德)이셨으며, 현재에 보살들을 위하여 마하반야바라밀다를 설하셨다. 그곳에 보살이 있어 일광명(日光明)이라고 이름하였는데, 이러한 큰 광명과 대지의 변동과 불신의 상호를 보고 마음속으로 오히려 유예를 품고 여래의 처소로 나아가서 머리 숙여 두 발에 예경하고서 아뢰어 말하였다.

"세존이시여. 무슨 인과 무슨 연으로 이런 상서로움이 있습니까?"
이때 윤편조승덕불께서는 일광명보살에게 알려 말씀하셨다.
"이곳에서 북동방(北東方)으로 긍가사 등의 세계를 지나가면 최후의 세계를 감인이라고 이름하고, 여래의 명호는 석가모니이시며, 장차 보살들을 위하여 마하반야바라밀다를 설하시고 있는데, 그 여래의 신력을 까닭으로 이러한 상서가 나타나느니라."

일광명보살은 듣고서 환희하고 용약하면서 아뢰어 말하였다.
"여래이시여. 저는 지금 감인세계로 가서 석가모니불과 보살의 대중들을 보고서 예경하고 공양합니다. 오직 원하옵건대 허락하여 주십시오."
이때 윤편조승덕불께서는 일광명보살에게 알려 말씀하셨다.
"옳도다. 옳도다. 그대의 뜻을 따라서 가도록 하게."

곧 일천 줄기의 금색인 연꽃은 그 꽃이 일천의 잎이 여러 보배들로 장엄되었는데, 일광명보살에게 교수하시면서 주셨고 가리키면서 말씀하셨다.
"그대는 이 꽃을 가지고 석가모니불의 처소에 이르러 '윤편조승덕여래께서 무량하게 문신하셨습니다. 병이 적으시고 번뇌가 적으시며, 기거는 가볍고 편리하십니까? 기력은 조화롭고 안락하게 머무르십니까? 세간의 일은 인욕하실 수 있습니까? 중생들을 헤아리는 것은 쉬우십니까? 이 연꽃을 가지고 여래께 공양하겠사오니 불사를 삼으십시오.'라고 이와 같이 나의 말과 같이 아뢰도록 하게.

그대가 그 세계에 이른다면 상응하여 정지에 머무르고, 업신여기는 마음으로써 그 불국토와 여러 대중을 관찰하면서 스스로를 훼손시키고 해치지 않도록 하게. 그 까닭은 무엇인가? 그 제보살들의 위덕은 미치기 어려운데, 자비와 서원으로 마음을 훈습하였고 인연으로써 그 국토에 태어났네."

이때 일광명보살은 꽃을 받았고 직명을 받들고서 무량한 백천 구지·나유타의 보살들과 무수인 백천의 동남·동녀와 함께 여래의 발에 머리 숙여 예경하고 오른쪽으로 돌면서 가르침을 받들었고, 각자 무량하고 상묘한 공양구를 일으켰으며 지니고서 떠나오면서 지나는 곳의 서남방에서 제불 세계의 한 분·한 분의 여래들의 처소에서 공양하였고 공경하였으며 존중하고 찬탄하였으며, 헛되게 지나치지 않았다. 이렇게 세존의 처소에 이르러서 두 발에 머리 숙여 예경하고 백천 번을 돌았고 나아가서 한쪽에 머물렀으며, 승수보살이 세존의 앞에서 아뢰어 말하였다.

"세존이시여. 이곳에서 서남방으로 긍가사 등의 세계를 지나가면 최후에 있는 세계를 이진취라고 이름하옵고 여래의 명호는 윤편조승덕이시며, 세존께 무량하게 문신하셨습니다.

'병이 적으시고 번뇌가 적으시며, 기거는 가볍고 편리하십니까? 기력은 조화롭고 안락하게 머무르십니까? 세간의 일은 인욕하실 수 있습니까? 중생들을 헤아리시는 것은 쉬우십니까? 이 일천 개의 잎이 금색인 연꽃을 가지고 세존께 공양하겠사오니 불사를 삼으십시오.'"

이때 석가모니불께서는 이 연꽃을 받으셨고 서남방의 여러 제불의 세계에 뿌리셨다. 세존의 신력을 까닭으로 이 연꽃들이 제불의 국토에 널리 퍼졌고, 여러 화대의 가운데에서는 각각 화불께서 가부좌를 맺으셨으며 제보살들을 위하여 마하반야바라밀다를 설하셨는데, 유정들이 들었던 자가 있다면 반드시 무상정등보리를 증득하였다. 이때 일광명보살과 여러 권속들은 이러한 일을 보고서 미증유라고 환희하고 용약하면서 각자 선근과 공양구의 많고 적음을 따라서 공양하고 공경하였으며 존중하였고 찬탄하였으며, 물러나서 한쪽에 앉았는데, 나머지 서남방의 세계들도 역시 이와 같았다.

그때 서북방(西北方)으로 긍가사 등의 세계를 지나가면 최후의 세계를 진자재(眞自在)라고 이름하였고, 여래의 명호는 일보개승(一寶蓋勝)이셨으며, 현재에 보살들을 위하여 마하반야바라밀다를 설하셨다. 그곳에 보살이 있어 보승(寶勝)이라고 이름하였는데, 이러한 큰 광명과 대지의 변동과 불신의 상호를 보고 마음속으로 오히려 유예를 품고 여래의 처소로 나아가서 머리 숙여 두 발에 예경하고서 아뢰어 말하였다.

"세존이시여. 무슨 인과 무슨 연으로 이런 상서로움이 있습니까?"
이때 일보개승불께서는 보승보살에게 알려 말씀하셨다.

"이곳에서 동남방(東南方)으로 긍가사 등의 세계를 지나가면 최후의 세계를 감인이라고 이름하고, 여래의 명호는 석가모니이시며, 장차 보살들을 위하여 마하반야바라밀다를 설하시고 있는데, 그 여래의 신력을 까닭으로 이러한 상서가 나타나느니라."

보승보살은 듣고서 환희하고 용약하면서 아뢰어 말하였다.
"여래이시여. 저는 지금 감인세계로 가서 석가모니불과 보살의 대중들을 보고서 예경하고 공양합니다. 오직 원하옵건대 허락하여 주십시오."
이때 일보개승불께서는 보승보살에게 알려 말씀하셨다.
"옳도다. 옳도다. 그대의 뜻을 따라서 가도록 하게."
곧 일천 줄기의 금색인 연꽃은 그 꽃이 일천의 잎이 여러 보배들로 장엄되었는데, 보승보살에게 교수하시면서 주셨고 가리키면서 말씀하셨다.

"그대는 이 꽃을 가지고 석가모니불의 처소에 이르러 '일보개승여래께서 무량하게 문신하셨습니다. 병이 적으시고 번뇌가 적으시며, 기거는 가볍고 편리하십니까? 기력은 조화롭고 안락하게 머무르십니까? 세간의 일은 인욕하실 수 있습니까? 중생들을 헤아리는 것은 쉬우십니까? 이 연꽃을 가지고 여래께 공양하겠사오니 불사를 삼으십시오.'라고 이와 같이 나의 말과 같이 아뢰도록 하게.

그대가 그 세계에 이른다면 상응하여 정지에 머무르고, 업신여기는 마음으로써 그 불국토와 여러 대중을 관찰하면서 스스로를 훼손시키고 해치지 않도록 하게. 그 까닭은 무엇인가? 그 제보살들의 위덕은 미치기 어려운데, 자비와 서원으로 마음을 훈습하였고 인연으로써 그 국토에 태어났네."

이때 보승보살은 꽃을 받았고 칙명을 받들고서 무량한 백천 구치·나유타의 보살들과 무수인 백천의 동남·동녀와 함께 여래의 발에 머리 숙여 예경하고 오른쪽으로 돌면서 가르침을 받들었고, 각자 무량하고 상묘한 공양구를 일으켰으며 지니고서 떠나오면서 지나는 곳의 서북방에서 제불 세계의 한 분·한 분의 여래들의 처소에서 공양하였고 공경하였으며 존중하고 찬탄하였으며, 헛되게 지나치지 않았다. 이렇게 세존의 처소에 이르러서 두 발에 머리 숙여 예경하고 백천 번을 돌았고 나아가서 한쪽에 머물렀으며, 보승보살이 세존의 앞에서 아뢰어 말하였다.

"세존이시여. 이곳에서 서북방의 긍가사 등의 세계를 지나가면 최후에 있는 세계를 진자재라고 이름하옵고 여래의 명호는 일보개승이시며, 세존께 무량하게 문신하셨습니다.

'병이 적으시고 번뇌가 적으시며, 기거는 가볍고 편리하십니까? 기력은 조화롭고 안락하게 머무르십니까? 세간의 일은 인욕하실 수 있습니까? 중생들을 헤아리시는 것은 쉬우십니까? 이 일천 개의 잎이 금색인 연꽃을 가지고 세존께 공양하겠사오니 불사를 삼으십시오.'"

이때 석가모니불께서는 이 연꽃을 받으셨고 서북방의 여러 제불의 세계에 뿌리셨다. 세존의 신력을 까닭으로 이 연꽃들이 제불의 국토에 널리 퍼졌고, 여러 화대의 가운데에서는 각각 화불께서 가부좌를 맺으셨으며 제보살들을 위하여 마하반야바라밀다를 설하셨는데, 유정들이 들었던 자가 있다면 반드시 무상정등보리를 증득하였다. 이때 보승보살과 여러 권속들은 이러한 일을 보고서 미증유라고 환희하고 용약하면서 각자 선근과 공양구의 많고 적음을 따라서 공양하고 공경하였으며 존중하였고 찬탄하였으며, 물러나서 한쪽에 앉았는데, 나머지 서북방의 세계들도 역시 이와 같았다.

그때 하방(下方)의 긍가사 등의 세계를 지나가면 최후의 세계를 연화(蓮花)라고 이름하였고, 여래의 명호는 연화덕(蓮華德)이셨으며, 현재에 보살들을 위하여 마하반야바라밀다를 설하셨다. 그곳에 보살이 있어 연화승(蓮花勝)이라고 이름하였는데, 이러한 큰 광명과 대지의 변동과 불신의 상호를 보고 마음속으로 오히려 유예를 품고 여래의 처소로 나아가서 머리 숙여 두 발에 예경하고서 아뢰어 말하였다.

"세존이시여. 무슨 인과 무슨 연으로 이런 상서로움이 있습니까?"

이때 연화덕불께서는 연화승보살에게 알려 말씀하셨다.

"이곳에서 상방(上方)으로 긍가사 등의 세계를 지나가면 최후의 세계를 감인이라고 이름하고, 여래의 명호는 석가모니이시며, 장차 보살들을 위하여 마하반야바라밀다를 설하시고 있는데, 그 여래의 신력을 까닭으로 이러한 상서가 나타나느니라."

연화승보살은 듣고서 환희하고 용약하면서 아뢰어 말하였다.

"여래이시여. 저는 지금 감인세계로 가서 석가모니불과 보살의 대중들을 보고서 예경하고 공양합니다. 오직 원하옵건대 허락하여 주십시오."

이때 연화덕불께서는 연화승보살에게 알려 말씀하셨다.

"옳도다. 옳도다. 그대의 뜻을 따라서 가도록 하게."

곧 일천 줄기의 금색인 연꽃은 그 꽃이 일천의 잎이 여러 보배들로 장엄되었는데, 연화승보살에게 교수하시면서 주셨고 가리키면서 말씀하셨다.

"그대는 이 꽃을 가지고 석가모니불의 처소에 이르러 '연화덕여래께서 무량하게 문신하셨습니다. 병이 적으시고 번뇌가 적으시며, 기거는 가볍고 편리하십니까? 기력은 조화롭고 안락하게 머무르십니까? 세간의 일은 인욕하실 수 있습니까? 중생들을 헤아리는 것은 쉬우십니까? 이 연꽃을 가지고 여래께 공양하겠사오니 불사를 삼으십시오.'라고 이와 같이 나의 말과 같이 아뢰도록 하게.

 그대가 그 세계에 이른다면 상응하여 정지에 머무르고, 업신여기는 마음으로써 그 불국토와 여러 대중을 관찰하면서 스스로를 훼손시키고 해치지 않도록 하게. 그 까닭은 무엇인가? 그 제보살들의 위덕은 미치기 어려운데, 자비와 서원으로 마음을 훈습하였고 인연으로써 그 국토에 태어났네."

 이때 연화승보살은 꽃을 받았고 칙명을 받들고서 무량한 백천 구지·나유타의 보살들과 무수인 백천의 동남·동녀와 함께 여래의 발에 머리 숙여 예경하고 오른쪽으로 돌면서 가르침을 받들었고, 각자 무량하고 상묘한 공양구를 일으켰으며 지니고서 떠나오면서 지나는 곳의 하방에서 제불 세계의 한 분·한 분의 여래들의 처소에서 공양하였고 공경하였으며 존중하고 찬탄하였으며, 헛되게 지나치지 않았다. 이렇게 세존의 처소에 이르러서 두 발에 머리 숙여 예경하고 백천 번을 돌았고 나아가서 한쪽에 머물렀으며, 연화승보살이 세존의 앞에서 아뢰어 말하였다.

 "세존이시여. 이곳에서 하방의 긍가사 등의 세계를 지나가면 최후에 있는 세계를 연화라고 이름하옵고 여래의 명호는 연화덕이시며, 세존께 무량하게 문신하셨습니다.

 '병이 적으시고 번뇌가 적으시며, 기거는 가볍고 편리하십니까? 기력은 조화롭고 안락하게 머무르십니까? 세간의 일은 인욕하실 수 있습니까? 중생들을 헤아리시는 것은 쉬우십니까? 이 일천 개의 잎이 금색인 연꽃을 가지고 세존께 공양하겠사오니 불사를 삼으십시오.'"

 이때 석가모니불께서는 이 연꽃을 받으셨고 하방의 여러 제불의 세계에 뿌리셨다. 세존의 신력을 까닭으로 이 연꽃들이 제불의 국토에 널리 퍼졌고, 여러 화대의 가운데에서는 각각 화불께서 가부좌를 맺으셨으며 제보살들을 위하여 마하반야바라밀다를 설하셨는데, 유정들이 들었던 자가 있다면 반드시 무상정등보리를 증득하였다. 이때 연화승보살과 여러 권속들은 이러한 일을 보고서 미증유라고 환희하고 용약하면서 각자 선근과 공양구의 많고 적음을 따라서 공양하고 공경하였으며 존중하였고 찬탄하였으며, 물러나서 한쪽에 앉았는데, 나머지 하방의 세계들도 역시 이와 같았다.

그때 상방(上方)으로 긍가사 등의 세계를 지나가면 최후의 세계를 환희(歡喜)라고 이름하였고, 여래의 명호는 희덕(喜德)이셨으며, 현재에 보살들을 위하여 마하반야바라밀다를 설하셨다. 그곳에 보살이 있어 희수(喜授)라고 이름하였는데, 이러한 큰 광명과 대지의 변동과 불신의 상호를 보고 마음속으로 오히려 유예를 품고 여래의 처소로 나아가서 머리 숙여 두 발에 예경하고서 아뢰어 말하였다.

"세존이시여. 무슨 인과 무슨 연으로 이런 상서로움이 있습니까?"
이때 희덕불께서는 희수보살에게 알려 말씀하셨다.

"이곳에서 하방(下方)으로 긍가사 등의 세계를 지나가면 최후의 세계를 감인이라고 이름하고, 여래의 명호는 석가모니이시며, 장차 보살들을 위하여 마하반야바라밀다를 설하시고 있는데, 그 여래의 신력을 까닭으로 이러한 상서가 나타나느니라."

희수보살은 듣고서 환희하고 용약하면서 아뢰어 말하였다.

"여래이시여. 저는 지금 감인세계로 가서 석가모니불과 보살의 대중들을 보고서 예경하고 공양합니다. 오직 원하옵건대 허락하여 주십시오."
이때 희덕불께서는 희수보살에게 알려 말씀하셨다.

"옳도다. 옳도다. 그대의 뜻을 따라서 가도록 하게."
곧 일천 줄기의 금색인 연꽃은 그 꽃이 일천의 잎이 여러 보배들로 장엄되었는데, 희수보살에게 교수하시면서 주셨고 가리키면서 말씀하셨다.

"그대는 이 꽃을 가지고 석가모니불의 처소에 이르러 '희덕여래께서 무량하게 문신하셨습니다. 병이 적으시고 번뇌가 적으시며, 기거는 가볍고 편리하십니까? 기력은 조화롭고 안락하게 머무르십니까? 세간의 일은 인욕하실 수 있습니까? 중생들을 헤아리는 것은 쉬우십니까? 이 연꽃을 가지고 여래께 공양하겠사오니 불사를 삼으십시오.'라고 이와 같이 나의 말과 같이 아뢰도록 하게.

그대가 그 세계에 이른다면 상응하여 정지에 머무르고, 업신여기는 마음으로써 그 불국토와 여러 대중을 관찰하면서 스스로를 훼손시키고 해치지 않도록 하게. 그 까닭은 무엇인가? 그 제보살들의 위덕은 미치기 어려운데, 자비와 서원으로 마음을 훈습하였고 인연으로써 그 국토에 태어났네."

이때 희수보살은 꽃을 받았고 칙명을 받들고서 무량한 백천 구지·나유타의 보살들과 무수인 백천의 동남·동녀와 함께 여래의 발에 머리 숙여 예경하고 오른쪽으로 돌면서 가르침을 받들었고, 각자 무량하고 상묘한 공양구를 일으켰으며 지니고서 떠나오면서 지나는 곳의 상방에서 제불세계의 한 분·한 분의 여래들의 처소에서 공양하였고 공경하였으며 존중하고 찬탄하였으며, 헛되게 지나치지 않았다. 이렇게 세존의 처소에 이르러서 두 발에 머리 숙여 예경하고 백천 번을 돌았고 나아가서 한쪽에 머물렀으며, 희수보살이 세존의 앞에서 아뢰어 말하였다.

"세존이시여. 이곳에서 상방의 긍가사 등의 세계를 지나가면 최후에 있는 세계를 환희라고 이름하옵고 여래의 명호는 희덕이시며, 세존께 무량하게 문신하셨습니다.

'병이 적으시고 번뇌가 적으시며, 기거는 가볍고 편리하십니까? 기력은 조화롭고 안락하게 머무르십니까? 세간의 일은 인욕하실 수 있습니까? 중생들을 헤아리시는 것은 쉬우십니까? 이 일천 개의 잎이 금색인 연꽃을 가지고 세존께 공양하겠사오니 불사를 삼으십시오.'"

이때 석가모니불께서는 이 연꽃을 받으셨고 상방의 여러 제불의 세계에 뿌리셨다. 세존의 신력을 까닭으로 이 연꽃들이 제불의 국토에 널리 퍼졌고, 여러 화대의 가운데에서는 각각 화불께서 가부좌를 맺으셨으며 제보살들을 위하여 마하반야바라밀다를 설하셨는데, 유정들이 들었던 자가 있다면 반드시 무상정등보리를 증득하였다. 이때 희수보살과 여러 권속들은 이러한 일을 보고서 미증유라고 환희하고 용약하면서 각자 선근과 공양구의 많고 적음을 따라서 공양하고 공경하였으며 존중하였고 찬탄하였으며, 물러나서 한쪽에 앉았는데, 나머지 상방의 세계들도 역시 이와 같았다.

마하반야바라밀다경 제402권

2. 환희품(歡喜品)

그때 세존께서는 여러 세계의 인연이 있는 일체의 여러 천마(天魔)[1]이거나, 범왕(梵王)[2]이거나, 만약 여러 사문(沙門)[3]이거나, 만약 바라문(波羅門)[4]이거나, 만약 건달박(乾達縛)[5]이거나, 만약 아소락(阿素洛)[6]이거나, 만약 여러 용(龍)[7]과 귀신(鬼)이거나, 만약 보살마하살들로서 최후신(最後身)[8]에 머무르면서 존귀한 지위를 이어갈 자 등이 모두 와서 모였던 것을 아시고, 곧 구수(具壽) 사리자(舍利子)[9]에게 알려 말씀하셨다.

---

1) 산스크리트어 Māra의 음사이고, 자재천마(自在天魔)의 줄임말이다. 욕계(欲界) 제6천(第六天)인 타화자재천(他化自在天)의 마왕(魔王)을 가리킨다.
2) 산스크리트어 Brahma의 음사이고, '범천(梵天)'이라고 다르게 부른다. 색계(色界) 초선천(初禪天)의 왕을 가리킨다.
3) 산스크리트어 Śramaṇa의 음사이다.
4) 산스크리트어 brāhmaṇa의 음사이다.
5) 산스크리트어 gandharva의 음사이고, '심향행(尋香行)', '심향(尋香)', '식향(食香)' 등으로 한역되며, 제석(帝釋)의 음악을 맡은 신이고, 향기를 먹으면서 살아간다고 말한다.
6) 산스크리트어 Asura의 음사이고, '비천(非天)', '비류(非類)' '부단정(不端正)' 등으로 한역한다.
7) 산스크리트어 nāga의 번역이다.
8) 산스크리트어 Antima-deha의 번역이고, 또한 최후유(最後有)라고도 말한다. 생사의 세계에 있어서 최후의 생존한다는 뜻으로 아라한(阿羅漢)을 가리키고, 대승(大乘)에서는 불과(佛果)를 증명하는 각자(覺者)인 보살의 몸을 말한다.
9) 산스크리트어 Śāriputra의 음사이다.

"만약 보살마하살이 일체법 등에서 일체(一切)의 상(相)을 깨닫고자 한다면 마땅히 반야바라밀다를 수학해야 하느니라."

이때 사리자는 세존의 말씀을 듣고 환희하고 용약하면서 곧 자리에서 일어났고, 두 발에 머리 숙여 예경하였으며, 왼쪽의 어깨를 덮고서 오른쪽 무릎을 땅에 붙이고서 합장하고 공경하면서 세존께 아뢰어 말하였다.

"세존이시여. 보살마하살이 일체법 등에서 일체의 상을 깨닫고자 한다면 어떻게 마땅히 반야바라밀다를 수학해야 합니까?"

세존께서 구수 사리자에게 말씀하셨다.

"사리자여. 제보살마하살은 상응하여 무주(無住)로써 방편을 삼아서 반야바라밀다에 안주(安住)해야 하나니, 안주되는 것과 능히 안주하는 것을 얻을 수 없는 까닭이니라. 제보살마하살은 버리지는 않는 것(無捨)으로써 방편으로 삼아서 보시바라밀다(布施波羅蜜多)를 원만하게 해야 하나니, 보시하는 자·보시받는 자와 보시하는 물건이라는 것은 얻을 수 없는 까닭이니라. 상응하여 수호하지 않는 것(無護)으로써 방편으로 삼아서 정계바라밀다(淨戒波羅蜜多)를 원만하게 해야 하나니, 범하거나, 범하지 않는 형상을 얻을 수 없는 까닭이니라. 상응하여 취하지 않는 것(無取)으로써 방편으로 삼아서 안인바라밀다(安忍波羅蜜多)를 원만하게 해야 하나니, 동요하거나, 동요하지 않는 형상을 얻을 수 없는 까닭이니라.

상응하여 정근하지 않는 것(無勤)으로써 방편으로 삼아서 정진바라밀다(精進波羅蜜多)를 원만하게 해야 하나니, 몸과 마음이 정근하거나, 해태(懈怠)를 얻을 수 없는 까닭이니라. 상응하여 사유하지 않는 것(無思)으로써 방편으로 삼아서 정려바라밀다(靜盧波羅蜜多)를 원만하게 해야 하나니, 맛(味)이 있거나, 맛이 없는 것을 얻을 수 없는 까닭이니라. 상응하여 집착이 없는 것(無着)으로써 방편으로 삼아서 반야바라밀다를 원만하게 해야 하나니, 제법(諸法)의 성상(性相)은 얻을 수 없는 까닭이니라.

다시 다음으로 사리자여. 제보살마하살은 상응하여 반야바라밀다에 안주(安住)하면서 얻을 수 없는 것(無所得)으로써 방편으로 삼아서 4념주(四念住)·4정단(四正斷)·4신족(四神足)·5근(五根)·5력(五力)·7등각지(七

等覺支)·8성도지(八聖道支)에 수습(修習)해야 하나니, 이 37보리분법(菩提分法)10)은 얻을 수 없는 까닭이니라.

얻을 수 없는 것으로써 방편으로 삼아서 상응(相應)하여 공삼마지(空三摩地)·무상해탈문(無相三摩地)·무원해탈문(無願三摩地)을 수습해야 하나니, 3등지는 얻을 수 없는 까닭이고, 얻을 수 없는 것으로써 방편으로 삼아서 상응하여 4정려(四靜慮)·4무량(四無量)·4무색정(四無色定)을 수습해야 하나니, 정려·무량·무색정은 얻을 수 없는 까닭이며, 얻을 수 없는 것으로써 방편으로 삼아서 상응하여 8해탈(八解脫)·8승처(八勝處)·9차제정(九次第定)·10변처(十遍處)를 수습해야 하나니, 해탈·승처·등지(等持)·변처는 얻을 수 없는 까닭이니라.

얻을 수 없는 것으로써 방편으로 삼아서 상응하여 9상(九想)을 수습해야 하나니 이를테면, 방창상(膖脹想)11)·농란상(膿爛想)12)·이적상(異赤想)13)·청어상(靑瘀想)14)·탁담상(啄噉想)15)·이산상(離散想)16)·해골상(骸骨想)17)·분소상(梵燒想)18)이며, 이러한 여러 생각들은 얻을 수 없는 까닭이고, 얻을 수 없는 것으로써 방편으로 삼아서 상응하여 10수념(十隨念)19)을 수습해야 하나니 이를테면, 불수념(佛隨念)·법수념(法隨念)·승수념(僧隨念)·계수념(戒隨念)·사수념(捨隨念)·천수념(天隨念)·입출식수념(入出息

---

10) 산스크리트어 bodhipakṣa dharma의 번역이고, 37각분(三十七覺分)·37각지(三十七覺支)·37조도법(三十七助道法) 등으로 말하며, 초기불교에서 설명하고 있는 37가지의 수행법(修行法)을 가리킨다.
11) 시체(屍體)가 부패하여 내부에서 부풀어 올라서 팽창하였다고 생각하는 것이다.
12) 시체가 부패하여 녹아내리고 있다고 생각하는 것이다.
13) 시체가 붉은색으로 변하였다고 생각하는 것이다.
14) 시체가 검푸른색으로 변하였다고 생각하는 것이다.
15) 시체를 새가 쪼아먹었다고 생각하는 것이다.
16) 시체가 흩어지고 있다고 생각하는 것이다.
17) 시체가 해골과 같다고 생각하는 것이다.
18) 시체가 불타서 재가 남았다고 생각하는 것이다.
19) 산스크리트어 Anusmṛti의 번역이고, 자신의 생각을 특정 대상에 고정하고 표류하지 않으며, 안정적이고 견고한 마음 상태이며, 사마타관에 해당한다.

隨念)·염수념(厭隨念)·사수념(死隨念)·신수념(身隨念)이며, 이러한 여러 생각들은 얻을 수 없는 까닭이니라.

얻을 수 없는 것으로써 방편으로 삼아서 상응하여 10상(十想)을 원만하게 해야 하나니 이를테면, 무상상(無常想)·고상(苦想)·무아상(無我想)·부정상(不淨想)·사상(死想)·일체세간불가락상(一切世間不可樂想)·염식상(厭食想)·단상(斷想)·이상(離想)·멸상(滅想)이며, 이와 같은 여러 생각은 얻을 수 없는 까닭이고, 얻을 수 없는 것으로써 방편으로 삼아서 상응하여 11지(十一智)20)를 수습해야 하나니, 이를테면, 고지(苦智)·집지(集智)·멸지(滅智)·도지(道智)·진지(盡智)·무생지(無生智)·법지(法智)·유지(類智)·세속지(世俗智)·타심지(他心智)·여설지(如說智)이며, 이와 같은 여러 지혜는 얻을 수 없는 까닭이니라.

얻을 수 없는 것으로써 방편으로 삼아서 상응하여 유심유사삼마지(有尋有伺三摩地)·무심유사삼마지(無尋唯伺三摩地)·무심무사삼마지(無尋無伺三摩地)에 수습해야 하나니, 이 3등지는 얻을 수 없는 까닭이고, 얻을 수 없는 것으로써 방편으로 삼아서 상응하여 미지당지근(未知當智根)·이지근(已知根)·구지근(具知根)에 수습해야 하나니, 3근은 얻을 수 없는 까닭이니라.

얻을 수 없는 것으로써 방편으로 삼아서 상응하여 부정처관(不淨處觀)·변만처관(遍滿處觀)·일체지지(一切智智)·사마타(奢摩他)·비바사나(毘鉢舍那)·4섭사(四攝事)21)·4승주(四勝住)22)·3명(三明)23)·5안(五眼)24)·6신

---

20) 초기불교에서 설하는 십지(十智)에 부가된 여실지(如實智)를 가리킨다. 일체법을 여실하게 아는 장애가 없는 지혜이고, 세존의 지혜를 가리키는 말이다.
21) 사섭법(四攝法)이라고도 말하며, 보시섭(布施攝), 애어섭(愛語攝), 이행섭(利行攝), 동사섭(同事攝)을 가리킨다.
22) 산스크리트어 smṛtyupasthāna의 번역이고, '4념주(四念住)', '4념처(四念處)', '4념지(四念止)', '4의지(四意止)' 등으로 한역되며, 신념처(身念處)·수념처(受念處)·심념처(心念處)·법념처(法念處) 등이다.
23) 세존과 아라한이 지닌 불가사의한 능력으로, 숙명지명(宿命智明)·천안지명(天眼智明)·누진지명(漏盡智明) 등이고, 숙명통(宿命通)·천안통(天眼通)·누진통(漏盡通)이라고도 말한다.

통(六神通)25)·6바라밀다(六波羅密多)·7성재(七聖財)26)·8대사각(八大士覺)27)·9유정거지(九有情居智)28)·다라니문(陀羅尼門)·삼마지문(三摩地文)·10지(十地)29)·10행(十行)30)·10인(十忍)31)·20증상의요(二十增上意樂)·여래(佛)의 10력(十力)·4무소외(四無所畏)·4무애해(四無礙解)·18불불공법(十八佛不共法)·32대사상(三十二大士相)·80수호(八十隨好)·무망실법(無忘失法)·항주사성(恒住捨性)·일체지(一切智)·도상지(道相智)·일체상지(一切相智)·일체상미묘지(一切相微妙智)·대자(大慈)·대비(大悲)·대희(大喜)·대사(大捨)와 나머지의 무량(無量)하고 무변(無邊)한 불법을 수습해야 하나니, 이와 같은 제법은 얻을 수 없는 까닭이니라.

다시 다음으로 사리자여. 만약 보살마하살이 일체지지를 빠르게 증득하고자 한다면 마땅히 상응하여 반야바라밀다를 수학해야 하고, 일체지와 도상지와 일체상지를 빠르게 원만하게 하고자 한다면 마땅히 상응하여

24) 육안(肉眼)·천안(天眼)·혜안(慧眼)·법안(法眼)·불안(佛眼) 등이다.
25) 산스크리트어 Ṣad-abhijñā의 번역이고, 천안통(天眼通)·천이통(天耳通)·타심통(他心通)·숙명통(宿命通)·신족통(神足通)·누진통(漏盡通) 등이다.
26) 산스크리트어 Saptadhana의 번역이고, 신(信)·계(戒)·문(聞)·참(慚)·괴(愧)·사(捨)·혜(慧) 등이다.
27) 산스크리트어 Aṣṭa mahāpuruṣavitarkāḥ의 번역이고, '팔대인념(八大人念)', '팔대장부각(八大丈夫覺)', '팔대사각(八大士覺)', '팔대인법(八大人法) 등으로 한역하며, 소욕(少欲)·지족(知足)·원리(遠離)·정진(精進)·정념(正念)·정정(正定)·정혜(正慧)·불희론(不戲論) 등이다.
28) 욕계의 인천(人天)·범중천(梵衆天)·극광정천(極光淨天)·변정천(遍淨天)·무상천(無想天)·공무변처(空無邊處)·식무변처(識無邊處)·무소유처(無所有處)·비상비비상처(非想非非想處) 등이다.
29) 산스크리트어 daśa-bhūmi의 번역이고, 환희지(歡喜地)·이구지(離垢地)·발광지(發光地)·염혜지(燄慧地)·난승지(難勝地)·현전지(現前地)·원행지(遠行地)·부동지(不動地)·선혜지(善慧地)·법운지(法雲地) 등이다.
30) 환희행(歡喜行)·요익행(饒益行)·무위역행(無違逆行)·무굴요행(無屈撓行)·이치난행(離癡亂行)·선현행(善現行)·무착행(無著行)·난득행(難得行)·선법행(善法行)·진실행(眞實行) 등이다.
31) 음성인(音聲忍)·순인(順忍)·무생법인(無生法忍)·여환인(如幻忍)·여염인(如焰忍)·여몽인(如夢忍)·여향인(如響忍)·여전인(如電忍)·여화인(如化忍)·여허공인(如虛空忍) 등이다.

반야바라밀다를 수학해야 하며, 일체의 유정심행상지(有情心行相智)와 일체의 상미묘지(相微妙智)를 빠르게 증득하고자 한다면 마땅히 상응하여 반야바라밀다를 수학해야 하고, 일체의 번뇌와 습기(習氣)를 뽑아내고자 한다면 마땅히 상응하여 반야바라밀다를 수학해야 하느니라.

보살의 정성이생(定性離生)에 들어가고자 한다면 마땅히 반야바라밀다를 수학해야 하고, 성문(聲聞)과 독각(獨覺)의 지위를 초월하고자 한다면 마땅히 반야바라밀다를 수학해야 하며, 보살의 불퇴전지(不退轉地)에 안주하고자 한다면 마땅히 반야바라밀다를 수학해야 하고, 여섯 종류의 수승(殊勝)한 신통을 얻고자 한다면 마땅히 반야바라밀다를 수학해야 하며, 일체 유정들의 마음으로 행하면서 나아가는 차별(差別)을 알고자 한다면 마땅히 반야바라밀다를 수학해야 하느니라.

일체의 성문과 독각의 지혜(智慧)와 작용(作用)보다 수승하고자 한다면 마땅히 반야바라밀다를 수학해야 하고, 일체의 다라니문과 삼마지문을 얻고자 한다면 마땅히 반야바라밀다를 수학해야 하며, 일념(一念)을 따라서 기뻐하는 마음으로써 일체의 성문과 독각들이 소유한 보시를 초월(超過)하고자 한다면 마땅히 반야바라밀다를 수학해야 하고, 일념을 따라서 기뻐하는 마음으로써 갖추고서 일체의 성문과 독각들이 소유한 계율을 초월하고자 한다면 마땅히 반야바라밀다에 상응하여 수학해야 하며, 일념을 따라서 기뻐하는 마음으로써 일체의 성문과 독각들의 정(定)·혜(慧)·해탈(解脫)·해탈지견(解脫智見)을 초월하고자 한다면 마땅히 반야바라밀다를 수학해야 하느니라.

일념을 따라서 기뻐하는 마음으로써 일체의 성문과 독각들의 정려와 해탈과 등지(等持)와 나머지의 선법(善法)을 초월하고자 한다면 마땅히 반야바라밀다를 수학해야 하며, 일념으로 수행하였던 선법(善法)으로써 일체의 이생(異生)·성문·독각의 선법을 초월하고자 한다면 마땅히 반야바라밀다를 수학해야 하고, 적은 부분의 보시·정계·안인·정진·정려·반야를 행하여 여러 유정들을 위하여 방편의 선교(善巧)로써 무상정등보리에 회향(迴向)하고, 곧 무량하고 무변한 공덕을 얻고자 한다면 마땅히 반야바라밀다를 수학해야 하느니라.
　다시 다음으로 사리자여. 만약 보살마하살이 행하는 보시·정계·안인·정진·정려·반야바라밀다의 여러 장애를 벗어나고, 빠르게 원만하게 하고자 한다면 마땅히 반야바라밀다를 수학해야 하고, 생생(生生)에서 항상 여래를 보고서 항상 정법(正法)을 들어서 여래의 깨달음(覺悟)을 얻고자 하며, 여래의 억념(憶念)·교계(敎誡)·교수(敎授)를 얻고자 한다면 마땅히 반야바라밀다를 수학해야 하고, 여래의 32대장부상·80수호를 갖추고 원만한 장엄(莊嚴)을 얻고자 한다면 마땅히 반야바라밀다를 수학해야 하느니라.
　생생에서 항상 숙세(宿世)에 머물렀던 것을 기억하고 결국 대보리심(大菩提心)을 잃지 않으며, 악(惡)한 벗을 멀리하고 선(善)한 벗과 친근하며, 항상 보살마하살의 행을 수습(修習)하고자 한다면 마땅히 반야바라밀다를 수학해야 하고, 생생(生生)에서 항상 대위덕(大威德)을 구족하여 여러 악마(魔)와 원수를 절복(摧伏)시키고 여러 외도를 절복(折伏)시키고자 한다면 마땅히 반야바라밀다를 수학해야 하며, 생생에서 일체의 번뇌와 업장(業障)을 멀리 벗어나고 제법에 통달하여 마음에 장애(罣륙)가 없고자 한다면 마땅히 반야바라밀다를 수학해야 하느니라.
　생생에서 선한 마음·선한 발원·선한 행이 상속(相續)하면서 항상 게으름이 없고자 한다면 마땅히 반야바라밀다를 수학해야 하고, 불가(佛家)에 태어나서 동진지(童眞地)32)에 들어가며 항상 제불·보살들을 멀리 벗어나지 않고자 한다면 마땅히 반야바라밀다를 수학해야 하며, 생생에서 일체의 상호(相好)를 구족하여 단엄(端嚴)하고 여래와 같아서 일체의 유정들이 보고 환희하며 무상정등각심(無上正等覺心)을 일으키고 빠르게 능히 제불의 공덕(功德)을 성취하고자 한다면 마땅히 반야바라밀다를 수학해야 하느니라.
　여러 종류의 수승한 선근(善根)의 힘으로써 뜻을 따라서 능히 상묘(上妙)

---
32) 부동지(不動地)를 다르게 부르는 말이고, '무생법인'을 증득한 지위를 가리킨다.

한 공양구를 가지고 일체의 여래·응공·정등각들께 공양(供養)하고 공경(恭敬)하며 존중(尊重)하고 찬탄(讚歎)하면서 여러 선근을 빠르게 원만하게 하고자 한다면 마땅히 반야바라밀다를 수학해야 하고, 일체의 유정들이 구하는 음식(飲食)·의복(衣服)·평상(床)·걸상(榻)33)·와구(臥具)·병을 인연하여 의약품(病緣醫藥)과 여러 종류의 꽃(花)·향(香)·등불(燈明)·수레(車乘)·원림(園林)·집(舍宅)·재물(財)·곡식(穀)·진기한 보배(珍寶)·기악(伎樂)과 나머지의 여러 상묘한 악기(樂具)를 만족하게 하고자 한다면 마땅히 반야바라밀다를 수학해야 하느니라.

다시 다음으로 사리자여. 만약 보살마하살이 허공계(虛空界)와 법계(法界)를 끝나도록 세계의 일체의 유정들을 잘 안립(安立)시켜서 모두가 보시(布施)·정계(淨戒)·안인(安忍)·정진(精進)·정려(靜慮)·반야바라밀다(般若波羅蜜多)에 안주하게 하고자 한다면 마땅히 반야바라밀다를 수학해야 하고, 일념의 선한 마음을 일으켜서 얻었던 것인 공덕으로 나아가 미묘한 보리좌(菩提座)에 안좌(安坐)하고 무상정등보리를 증득하면서 역시 궁극적인 끝마침이 없게 하고자 한다면 마땅히 반야바라밀다를 수학해야 하고, 시방의 제불세계에 일체의 여래·응공·정등각과 제보살마하살들의 대중이 함께 찬탄하는 것을 얻고자 한다면 마땅히 반야바라밀다를 수학해야 하느니라.

한 번의 마음을 일으켜서 나아가서 능히 시방으로 각각 긍가사 등의 세계까지 널리 이르러서 제불께 공양하고 유정들이 이익되고 안락하게 하고자 한다면 마땅히 반야바라밀다를 수학해야 하고, 한 번의 소리를 일으켜서 나아가서 능히 시방으로 각각 긍가사 등의 세계까지 널리 채워서 제불을 찬탄하고 유정들을 교계(敎誡)하고자 한다면 마땅히 반야바라밀다를 수학해야 하며, 일념에 시방으로 긍가사 등의 제불세계에 일체의 유정들을 안립시켜서 대승에 안주하여 보살행을 수행하고 나머지의 승(餘乘)을 훼자(毀呰)하지 않고자 한다면 마땅히 반야바라밀다를 수학해야

---

33) 좁고 길며 비교적 낮은 평상을 가리킨다.

하느니라.

　일념에 시방으로 긍가사 등의 제불세계에 일체의 유정들을 안립시켜서 모두가 10선업도(十善業道)[34]를 수습하고 삼귀의(三歸依)를 받고서 금계(禁戒)를 호지(護持)하게 하고자 한다면 마땅히 반야바라밀다에 상응하여 수학해야 하느니라.

　일념에 시방으로 긍가사 등의 제불세계에 일체의 유정들을 안립시켜서 모두가 4정려·4무량·4무색정을 수행하고 5신통을 얻게 하고자 한다면 마땅히 반야바라밀다를 수학해야 하고, 일념에 시방으로 긍가사 등의 제불세계에 일체의 유정들을 안립시켜서 대승에 안주하면서 보살행을 수습하고 나머지의 계위(乘)를 훼자하지 않게 하고자 한다면 마땅히 반야바라밀다를 수학해야 하며, 여래의 종자(佛種)를 잇고 끊이지 않게 하고 보살의 집(菩薩家)을 보호하면서 퇴전(退轉)하지 않으며 엄숙하고 청정한 불토를 빠르게 성취하게 하고자 한다면 마땅히 반야바라밀다를 수학해야 하느니라.

　다시 다음으로 사리자여. 만약 보살마하살이 내공(內空)·외공(外空)·내외공(內外空)·공공(空空)·대공(大空)·승의공(勝義空)·유위공(有爲空)·무위공(無爲空)·필경공(畢竟空)·무제공(無際空)·산공(散空)·무변이공(無變異空)·본성공(本性空)·자상공(自相空)·공상공(空相空)·일체법공(一切法空)·불가득공(不可得空)·무성공(無性空)·자성공(自性空)·무성자성공(無性自性空)에 안주하고자 한다면 마땅히 반야바라밀다를 수학해야 하고, 만약 보살마하살이 일체법에서 진여(眞如)·법계(法界)·법성(法性)·불허망성(不虛妄性)·불변이성(不變異性)·평등성(平等性)·이생성(離生性)·법정(法定)·법주(法住)·실제(實際)·허공계(虛空戒)·부사의계(不思議界)에 안주하고자 한다면 마땅히 반야바라밀다를 수학해야 하느니라.

---

34) 산스크리트어 Daśa-kuśala-karmāni의 번역이고, 불살생(不殺生)·불투도(不偸盜)·불사음(不邪婬)·불망어(不妄語)·불양설(不兩舌)·불악구(不惡口)·불기어(不綺語)·불탐욕(不貪欲)·불진에(不瞋恚)·불사견(不邪見) 등이다.

만약 보살마하살이 일체법에서 진소유성(盡所有性)·여소유성(如所有性)·무전도(無顚倒)·무분별(無分別)에 깨달아 알고자 한다면 마땅히 반야바라밀다를 수학해야 하고, 만약 보살마하살이 일체법의 인연(因緣)·등무간연(等無間緣)·소연연(所緣緣)·증상연(增上緣)의 성품은 무소유(無所有)이고 얻을 수 없다고 깨달아 알고자 한다면 마땅히 반야바라밀다를 수학해야 하느니라. 만약 보살마하살이 일체법은 환상(幻)과 같고 꿈과 같으며 메아리와 같고 허상(像)과 같으며 빛의 그림자(光影)와 같고 아지랑이(陽焰)와 같으며 허공의 꽃(空花)과 같고 심향성(尋香城)과 같으며 변화된 일과 같아서 오직 마음에서 나타나는 것이고, 성품과 형상이 함께 공(空)하다고 깨달아 알고자 한다면 마땅히 반야바라밀다를 수학해야 하느니라.
　만약 보살마하살이 궁기시 등의 삼천대천세계의 대지(大地)·허공(虛空)·여러 산(諸山)·큰 바다(大海)·강(江)·하천(河)·연못(池)·늪(沼)·산골짜기(澗谷)·제방(陂)·호수(湖)·땅(地)·물(水)·불(火)·바람(風) 등의 여러 극미(極微)의 양(量)까지도 알고자 한다면 마땅히 반야바라밀다를 수학해야 하느니라.
　만약 보살마하살이 한 터럭을 쪼개어 일백 개로 나누고 그 한 부분의 터럭을 취하여 여러 삼천대천세계의 큰 바다·강·하천·연못·늪·산골짜기·제방·호수 안의 물을 끌어올려서 다른 지방의 끝이 없는 세계에 버리면서 물과 접촉하는 생물들을 번민하지 않게 하고자 한다면 마땅히 반야바라밀다를 수학해야 하느니라. 만약 보살마하살이 겁화(劫火)가 있어서 삼천대천세계를 널리 태워서 하늘과 땅이 동연(同然)35)한 것을 보고서 한 번을 불었던 입김으로써 갑자기 꺼트리고자 한다면 마땅히 반야바라밀다를 수학해야 하느니라.
　만약 보살마하살이 삼천대천세계가 의지하는 풍륜(風輪)이 회오리바람으로 위로 솟아나서 삼천대천세계의 소미로산(蘇迷盧山)36)·대소미로

―――――――――――
35) 막힘이 없이 트여서 밝고 환한 것이다.
36) 소미로(蘇迷盧)는 산스크리트어 Sumeru의 음사이고, '수미로(修迷樓)', '수미루(蘇彌樓)', '수미루(須彌樓)', '수미(須彌)' 등으로 음사한다. '묘고(妙高)', '묘광(妙

산(大蘇迷盧山)·윤위산(輪圍山)37)·대윤위산(大輪圍山)과 나머지의 작은 산과 대지 등의 물건을 쌀겨와 같이 부수는 것을 보고 한 손가락으로써 그 바람의 힘을 막아서 멈추게 하고 일어나지 않게 하고자 한다면 마땅히 반야바라밀다를 수학해야 하느니라. 만약 보살마하살이 삼천대천세계에서 한 번의 가부좌를 맺고서 허공에 가득히 채우고자 한다면 마땅히 반야바라밀다를 수학해야 하느니라.

만약 보살마하살이 한 터럭의 비단실을 취하여 삼천대천세계의 소미로산·대소미로산·윤위산·대윤위산과 작은 산과 대지 등의 물건을 들어올려서 다른 지방의 무량하고 무변한 세계에 던졌는데 지나가면서도 여러 접촉하는 유정들을 번민하지 않게 하고자 한다면 마땅히 반야바라밀다를 수학해야 하느니라. 만약 보살마하살이 하나의 음식·하나의 꽃·하나의 향·하나의 당기·하나의 일산·하나의 번기·하나의 장막·하나의 등불·하나의 옷·하나의 음악 등으로 시방의 긍가사 등의 세계에 일체의 여래·응공·정등각과 제자들에게 공양하고 공경하며 존중하고 찬탄하면서 부족하지 않게 하고자 한다면 마땅히 반야바라밀다를 수학해야 하느니라.

만약 보살마하살이 시방으로 각각 긍가사 등의 세계에 일체의 유정들을 완전하게 세워서 계온(戒蘊)에 머무르게 하거나, 혹은 정온(定蘊)에 머무르게 하거나, 혹은 혜온(慧蘊)에 머무르게 하거나, 혹은 해탈온(解脫蘊)에 머무르게 하거나, 혹은 해탈지견온(解脫知見蘊)에 머무르게 하거나, 혹은 예류과(預流果)에 머무르게 하거나, 혹은 일래과(一來果)에 머무르게 하거나, 혹은 불환과(不還果)에 머무르게 하거나, 혹은 아라한과(阿羅漢果)에 머무르게 하거나, 혹은 독각의 보리(菩提)에 머무르게 하거나, 나아가 무여의열반계(無如依涅槃戒)에 들어가게 하고자 한다면 마땅히 반야바라밀다를 수학해야 하느니라.

다시 다음으로 사리자여. 만약 보살마하살이 반야바라밀다를 수행한다

光)', '선적(善積)', '선고(善高)' 등으로 한역한다.
37) 윤위(輪圍)는 산스크리트어 Cakravāda-parvata의 음사이고, '윤회산(輪回山)', '금강산(金剛山)', '금강위산(金剛圍山)' 등으로 한역한다.

면 이와 같은 보시는 큰 과보(果報)를 얻는다는 것을 여실(如實)하게 아는데 이를테면, 이와 같은 보시는 찰제리(刹帝利)[38]의 대종성(大種姓)에 태어나고, 이와 같은 보시는 바라문(波羅門)[39]의 대종성에 태어나며, 이와 같은 보시는 장자(長者)[40]의 대종성에 태어나고, 이와 같은 보시는 거사(居士)[41]의 대종성에 태어나며, 이와 같은 보시는 사대왕중천(四大王衆天)[42]에 태어나며 혹은 33천(天)에 태어나고, 혹은 야마천(夜摩天)에 태어나고, 혹은 도사다천(都史多天)[43]에 태어나고, 혹은 낙변화천(樂變化天)[44]에 태어나고, 혹은 타화자재천(他化自在天)에 태어나며, 이와 같은 보시는 초정려(初靜慮)를 얻고, 혹은 2정려를 얻으며, 혹은 3정려를 얻고, 혹은 4정려를 얻으며, 이와 같은 보시는 공무변처정(空無邊處定)을 얻고, 혹은 식무변처정(息無邊處定)을 얻으며, 혹은 무소유처정(無所有處定)을 얻고, 혹은 비상비비상처정(非想非非想處定)을 얻으며, 이와 같은 보시는 4념주(四念住), 나아가 8성도지(八聖道支)를 일으켜서 예류과이거나, 혹은 일래과이거나, 혹은 불환과이거나, 혹은 아라한과이거나, 혹은 독각의 보리이거나, 혹은 무상정등보리를 얻는다고 여실하게 아느니라.

이와 같은 정계(淨戒)·안인(安忍)·정진(精進)·정려(靜慮)·반야(般若)는 큰 과보를 얻는다고 여실히 아는 것도 역시 이와 같으니라. 만약 보살마하살이 반야바라밀다를 수행하여 이와 같은 보시의 방편선교(方便善巧)로 능히 보시바라밀다를 원만하게 한다고 여실하게 알고, 이와 같은 보시의

---

38) 산스크리트어 kṣatriya의 음사이고, 고대 인도에서 왕의 관리들을 포함한 군사력을 지녔던 귀족들을 가리킨다.
39) 산스크리트어 brāhmaṇa의 음사이고, 인도의 카스트제도 중에서 가장 높은 성직자 계급 또는 이것에 속한 사람들을 가리킨다.
40) 산스크리트어 gṛhapati의 번역이고, '가주(家主)', '재가(在家)'라고도 한역한다. 호족(豪族)이나 부귀한 사람, 덕행이 뛰어나고 나이가 많은 이에 대한 존칭이다
41) 산스크리트어 kulapati의 번역이고, 가라월(迦羅越)이라고 번역한다. 출가하지 않고 집에 있으면서 수행하는 남자를 가리킨다.
42) 사천왕천을 가리킨다.
43) 도솔천을 가리킨다.
44) 화락천을 가리킨다.

방편선교로 능히 정계바라밀다를 원만하게 한다고 여실하게 알며, 이와 같은 보시의 방편선교로 능히 안인바라밀다를 원만하게 한다고 여실하게 알고, 이와 같은 보시의 방편선교로 능히 정진바라밀다를 원만하게 한다고 여실하게 알며, 이와 같은 보시의 방편선교로 능히 정려바라밀다를 원만하게 한다고 여실하게 알고, 이와 같은 보시의 방편선교로 능히 반야바라밀다를 원만하게 한다고 여실하게 알며, 이와 같은 정계·안인·정진·정려·반야의 방편선교로 능히 6바라밀다를 모두 원만하게 한다고 여실하게 아느니라."

그때 사리자가 세존께 아뢰었다.
"세존이시여. 어찌 보살마하살이 반야바라밀다를 수행한다면 이와 같은 보시의 방편선교로 능히 보시, 나아가 반야바라밀다를 원만하게 한다고 여실하게 알고, 이와 같은 정계, 나아가 반야의 방편선교로 정계, 나아가 반야바라밀다를 능히 원만하게 한다고 여실하게 알겠습니까?"
세존께서 말씀하셨다.
"사리자여. 얻을 수 없는 것으로써 방편으로 삼는 까닭이니 이를테면, 보살마하살이 보시를 행하는 때에 일체의 보시하는 자·받는 자·보시하는 물건을 서로 얻을 수 없다고 명료하게 통달하는 까닭으로, 능히 보시바라밀다를 원만하게 하고 범(犯)하거나 범하지 않는 상(相)을 얻을 수 없는 까닭으로, 능히 정계바라밀다를 원만하게 하고 움직이거나 움직이지 않는 상을 얻을 수 없는 까닭으로, 능히 안인바라밀다를 원만하게 하고 몸과 마음이 정근하거나 해태함을 얻을 수 없는 까닭으로, 능히 정진바라밀다를 원만하게 하고 산란하거나 산란하지 않음을 얻을 수 없는 까닭으로, 능히 정려바라밀다를 원만하게 하고 제법의 성상(性相)을 얻을 수 없는 까닭으로, 능히 반야바라밀다를 원만하게 하느니라. 이것이 보살마하살이 보시를 행하는 때에 방편선교로 능히 6바라밀다를 원만하게 하는 것이고, 이와 같이 보살마하살이 정계를 행하는 때에 방편선교로 6바라밀다를 원만하게 하고, 나아가 반야를 행하는 때에 방편선교로 6바라밀다를 원만하게 하느니라.
  다시 다음으로 사리자여. 만약 보살마하살이 과거·미래·현재의 제불의 공덕을 얻고자 한다면 마땅히 반야바라밀다를 수학해야 하고, 만약 보살마하살이 유위법(有爲法)과 무위법(無爲法)의 피안에 이르고자 한다면 마땅히 반야바라밀다를 수학해야 하며, 만약 보살마하살이 과거·미래·현재의 제법에서 진여(眞如)·법계(法界)·법성(法性)·무생(無生)·실제(實際)를 궁극적으로 구하고자 한다면 마땅히 반야바라밀다를 수학해야 하고, 만약 보살마하살이 과거·미래·현재의 생겨나거나 생겨나지 않는 경계(際)를 끝마치고자 한다면 마땅히 반야바라밀다를 수학해야 하며, 만약 보살마하살이 일체의 성문과 독각을 인도하는 상수가 되어 주고자 한다면 마땅히 반야바라밀다를 수학해야 하고, 만약 보살마하살이 일체의 여래를 친근하게 시봉하는 자가 되고자 한다면 마땅히 반야바라밀다를 수학해야 하느니라.
  만약 보살마하살이 제불의 내부의 권속(眷屬)이 되고자 한다면 마땅히 반야바라밀다를 수학해야 하고, 만약 보살마하살이 세상·세상에서 큰 권속을 갖추어 얻고자 한다면 마땅히 반야바라밀다를 수학해야 하며, 만약 보살마하살이 보살들과 항상 권속이 되고자 한다면 마땅히 반야바라밀다를 수학해야 하고, 만약 보살마하살이 일체 시주(施主)의 공양을 소진(消盡)하고자 한다면 마땅히 반야바라밀다를 수학해야 하며, 만약 보살마하살이 여러 간탐(慳貪)의 마음을 절복(摧伏)하여 범계(犯戒)의 마음을 일으키지 않고 성내고 분노하는 마음을 제거(除去)하며 해태(懈怠)한 마음을 버리고 스스로가 산란한 마음을 멈추며 악한 지혜를 멀리 벗어나고자 한다면 마땅히 반야바라밀다를 수학해야 하느니라.
  만약 보살마하살이 일체의 유정들에게 보시인 성품의 복업사(福業事)·지계인 성품의 복업사·수행(修)인 성품의 복업사·공양하고 시봉하는 성품의 복업사·의지가 있는 성품의 복업사를 널리 안립시키고자 한다면 마땅히 반야바라밀다를 수학해야 하고, 만약 보살마하살이 5안(眼)인 이를테면, 육안(肉眼)·천안(天眼)·혜안(慧眼)·법안(法眼)·불안(佛眼)을 얻고자 한다면 마땅히 반야바라밀다를 수학해야 하며, 만약 보살마하살이 천안으로써 시방의 긍가사 등의 제불세계의 제불을 모두 보고자 한다면 마땅히 반야바라밀다를 수학해야 하고, 만약 보살마하살이 천이(天耳)로써 시방의 긍가사 등의 제불세계의 제불께서 설하신 정법을 모두 듣고자 한다면 마땅히 반야바라밀다를 수학해야 하느니라.

만약 보살마하살이 시방의 각각 긍가사 등의 세계에 제불의 심(心)·심소법(心所法)을 여실히 알고자 한다면 마땅히 반야바라밀다를 수학해야 하고, 만약 보살마하살이 시방의 긍가사 등의 제불세계의 제불의 설법을 널리 듣고, 나아가 무상정등보리를 단절(斷絶)시키지 않고자 한다면 마땅히 반야바라밀다를 수학해야 하며, 만약 보살마하살이 과거·미래·현재의 시방의 일체의 제불토를 보고자 한다면 마땅히 반야바라밀다를 수학해야 하며, 만약 보살마하살이 과거·미래·현재의 시방의 제불께서 설하신 것인 계경(契經)[45]·응송(應頌)[46]·기별(記別)[47]·풍송(諷誦)[48]·자설(自說)[49]·인연(因緣)[50]·본사(本事)[51]·본생(本生)[52]·방광(方廣)[53]·희법(希

---

[45] 산스크리트어 sūtra의 번역이다.
[46] 산스크리트어 geya의 번역이고, 또한 '중송(重頌)', '중송게(重頌偈)' 등으로 번역된다. 경전의 산문을 요약하여 서술하는 시구의 형태이다.
[47] 산스크리트어 vyakarana의 번역이고, 또한 '수기(受記)', '기설(記說)', '수결(受決)' 등으로 한역한다.
[48] 산스크리트어 gāthā의 번역이고, '가타(伽陀)', '게타(偈陀)', '게(偈)'로 음사되고, 운율을 지닌 시구의 형식을 취하고 있으며, 산문체로 된 경전의 1절 또는 총결한 끝에 아름다운 구절로서 묘한 뜻을 읊어 놓은 운문 부분을 가리킨다.
[49] 산스크리트어 Udana의 번역이고, 세존께서 묻는 사람이 없었으나, 스스로가 설하신 것이다.
[50] 산스크리트어 nidāna의 번역이고, 또한 '인연담(因緣譚)', '연기(緣起)' 등으로 한역한다.
[51] 산스크리트어 itivṛttaka의 번역이고, 또한 '여시어(如是語)', '여시법(如是法)' 등으로 한역한다.
[52] 산스크리트어 jātaka의 번역이고, 또한 '감흥게(感興偈)', '감흥어(感興語)' 등으로 한역한다.
[53] 산스크리트어 vaipulya의 번역이고, 또한 '방등(方等)', '광박(廣博)' 등으로 한역한다.

法)54)·비유(譬喩)55)·논의(論議)56) 등의 여러 성문들이 일찍이 듣지 못하였던 것을 듣고서 모두가 능히 수지하고 구경에 예리하게 통달하고자 한다면 마땅히 반야바라밀다를 수학해야 하느니라.

만약 보살마하살이 과거·미래·현재의 시방의 제불께서 설하셨던 것인 법문을 이미 스스로가 수지(受持)하였고 구경에 예리하게 통달하여 다시 능히 다른 사람을 위하여 여실하게 설하고자 한다면 마땅히 반야바라밀다를 수학해야 하고, 만약 보살마하살이 과거·미래·현재의 시방의 제불께서 설하셨던 것인 법문을 스스로가 여실하게 수행하고 다시 능히 방편으로 다른 사람에게 권유하면서 여실하게 수행하고자 한다면 마땅히 반야바라밀다를 수학해야 하며, 만약 보살마하살이 시방의 긍가사 등의 유암세계(幽闇世界)이거나, 세계의 중간에 해와 달 등의 빛이 비치지 않는 곳에서 광명(光明)을 짓고자 한다면 마땅히 반야바라밀다를 수학해야 하느니라.

만약 보살마하살이 시방의 긍가사 등의 세계에서 유정들이 삿된 소견을 성취하여 불명(佛名)·법명(法名)·승명(僧名)도 듣지 못하였으므로 방편을 열어서 교화하여 정견을 일으키고 삼보(三寶)의 이름을 듣게 하고자 한다면 마땅히 반야바라밀다를 수학해야 하고, 만약 보살마하살이 시방의 긍가사 등의 세계의 유정들을 스스로의 위력(威力)으로써 장님이었던 자는 능히 보게 하고, 귀머거리였던 자는 능히 듣게 하며, 벙어리였던 자는 능히 말하게 하고, 미쳤던 자는 생각을 얻게 하며, 산란하였던 자는 안정을 얻게 하고, 가난하였던 자는 부유함을 얻게 하며, 벌거벗었던 자는 옷을 얻게 하고, 굶주렸던 자는 음식을 얻게 하며, 목말랐던 자는 물을 얻게 하고, 병들었던 자는 치료하게 하며, 추루하였던 자는 단정함을 얻게 하고, 몸이 여위었던 자는 살찌게 하며, 근(根)이 손상되었던 자는 원만함을 얻게 하고, 미혹되고 어리석었던 자는 깨어나게 하며, 피로하였

---

54) 산스크리트어 adbhūtadharma의 번역이고, 또한 '미증유법(未曾有法)' 등으로 한역한다.
55) 산스크리트어 avadāna의 번역이고, 또한 '비유담(譬喩譚)' 등으로 한역한다.
56) 산스크리트어 upadeśa의 번역이고, 우바제사(優波提舍)로 음사한다.

던 자는 안락(安泰)하게 하고, 일체의 유정 등의 마음이 서로가 아버지와 같고, 어머니와 같으며, 형과 같고, 아우와 같으며, 누나와 같고, 누이와 같으며, 벗과 같고, 친족과 같이 향하게 하고자 한다면 마땅히 반야바라밀다를 수학해야 하느니라.

만약 보살마하살이 시방의 긍가사 등의 세계의 유정들이 스스로의 위력으로써 악한 세계(惡趣)에 있는 자를 모두 선한 세계(善趣)에 태어나게 하고자 한다면 마땅히 반야바라밀다를 수학해야 하고, 만약 보살마하살이 시방의 긍가사 등의 세계의 유정들이 스스로의 위력으로써 악업(惡業)을 수습한 자를 모두 선업(善業)을 수습하게 하고자 한다면 마땅히 반야바라밀다를 수학해야 하며, 만약 보살마하살이 시방의 긍가사 등의 세계의 유정들이 스스로의 위력으로써 여러 계율을 범한 자를 모두 계온에 안주하게 하고 정려(定慮)를 얻지 못한 자를 모두 정온(定蘊)에 안주하게 하며 여러 악한 지혜가 있는 자를 모두 혜온(慧蘊)에 안주하게 하고 해탈을 못한 자를 모두 해탈온(解脫蘊)에 안주하게 하며 해탈지견을 얻지 못한 자를 모두 해탈지견온(解脫智見蘊)에 안주하게 하고자 한다면 마땅히 반야바라밀다를 수학해야 하느니라.

만약 보살마하살이 시방의 긍가사 등의 세계의 유정들이 스스로의 위력으로써 아직 진리(諦)를 보지 못한 자를 예류과를 증득하게 하거나, 만약 일래과이거나, 만약 불환과이거나, 만약 아라한과이거나, 만약 독각의 보리이거나, 만약 무상정등보리를 증득하게 하고자 한다면 마땅히 반야바라밀다를 수학해야 하고, 만약 보살마하살이 제불의 수승한 위의(威儀)를 수학하여 여러 유정들이 그것을 보고 싫어함이 없어서 일체의 악(惡)을 멈추고 일체의 선(善)을 생겨나게 하고자 한다면 마땅히 반야바라밀다를 수학해야 하느니라.

다시 다음으로 사리자여. 보살마하살이 반야바라밀다를 수행하는 때에 '나는 어느 때에 코끼리의 왕이 바라보는 것과 같이 대중을 위하여 설법하면서 용모와 위의(容止)가 엄숙하겠는가?'라고 이렇게 사유를 지었고,

이러한 일을 성취하고자 한다면 마땅히 반야바라밀다를 수학해야 하고, 보살마하살이 반야바라밀다를 수행하는 때에 '나는 어느 때에 신(身)·구(口)·의업(意業)이 지혜의 행을 따르고, 모두가 청정하겠는가?'라고 이렇게 사유를 지었고, 이러한 일을 성취하고자 한다면 마땅히 반야바라밀다를 수학해야 하느니라.

보살마하살이 반야바라밀다를 수행하는 때에 '나는 어느 때에 발로 땅을 밟지 않으면서 네 손가락의 양(量)과 같게 자재(自在)하게 다니겠는가?'라고 이렇게 사유를 지었고, 이 보살마하살이 이러한 일을 성취하고자 한다면 마땅히 반야바라밀다를 수학해야 하고, 보살마하살이 반야바라밀다를 수행하는 때에 '나는 어느 때에 마땅히 백천 구지·나유타의 사대왕중천, 나아가 색구경천 등이 공양하고 공경하며 존중하고 찬탄하면서 따르면서 둘러싸며 보리수(菩提樹)에 나아가겠는가?'라고 이렇게 사유를 지었고, 이러한 일을 성취하고자 한다면 마땅히 반야바라밀다를 수학해야 하느니라.

보살마하살이 반야바라밀다를 수행하는 때에 '나는 어느 때에 마땅히 무량한 백천 구지·나유타의 4대왕중천에서 나아가 색구경천 등이 보리수 아래에서 천의(天衣)로써 자리를 삼겠는가?'라고 이렇게 사유를 지었고, 이러한 일을 성취하고자 한다면 마땅히 반야바라밀다를 수학해야 하고, 보살마하살이 반야바라밀다를 수행하는 때에 '나는 어느 때에 보리수 아래에서 가부좌를 맺고 여러 미묘한 형상으로 장엄한 손으로 대지를 어루만지고, 그곳의 지신(地神)[57]과 아울러 여러 권속들이 함께 일시(一時)에 솟아올라서 보겠는가?'라고 이렇게 사유를 지었고, 이러한 일을 성취하고자 한다면 마땅히 반야바라밀다를 수학해야 하느니라.

보살마하살이 반야바라밀다를 수행하는 때에 '나는 어느 때에 보리수에 앉아서 여러 악마를 항복받고서 무상정등보리를 증득하겠는가?'라고 이렇게 사유를 지었고, 이러한 일을 성취하고자 한다면 마땅히 반야바라

---

57) 산스크리트어 Bhūmi의 번역이고, '견뢰신(堅牢神)', '지모(地母)', '지천(地天)' 등으로 한역한다.

밀다를 수학해야 하고, 보살마하살이 반야바라밀다를 수행하는 때에 '나는 어느 때에 무상정등각을 증득하고서 지방(地方)의 처소를 따르더라도 행(行)·주(住)·좌(坐)·와(臥)가 모두 금강(金剛)이 되겠는가?'라고 이렇게 사유를 지었고, 이러한 일을 성취하고자 한다면 마땅히 반야바라밀다를 수학해야 하느니라.

보살마하살이 반야바라밀다를 수행하는 때에 '나는 어느 때에 마땅히 나라를 버리고 출가하고 이날에 곧 무상정각(無上正覺)을 성취하며 다시 이날에 미묘한 법륜(法輪)을 굴려서 곧 무량(無量)하고 무수(無數)인 유정들에게 번민(塵)을 멀리하게 하고 번뇌(垢)를 벗어나게 하여 청정한 법안(法眼)이 생겨나게 하고, 다시 무량하고 무수인 유정들에게 영원히 여러 번뇌(漏心)를 없애주고 지혜로 해탈하게 하며, 역시 무량하고 무수인 유정들에게 모두 무상정등보리에서 불퇴전(不退轉)을 얻게 하겠는가?'라고 이렇게 사유를 지었고, 이러한 일을 성취하고자 한다면 마땅히 반야바라밀다를 수학해야 하느니라.

보살마하살이 반야바라밀다를 수행하는 때에 '나는 어느 때에 마땅히 무상정등보리를 얻고서 무량하고 무수인 성문과 보살들을 제자들로 삼고서 한 번을 설법하는 때라도 무량하고 무수한 여러 유정들이 그 자리에서 일어나지 않더라도 아라한과를 증득하게 하고, 무량하고 무수한 여러 유정들이 그 자리에서 일어나지 않더라도 무상정등보리에서 불퇴전을 얻게 하겠는가?'라고 이렇게 사유를 지었고 이러한 일을 성취하고자 한다면 마땅히 반야바라밀다를 수학해야 하느니라.

보살마하살이 반야바라밀다를 수행하는 때에 '나는 어느 때에 수명(壽量)이 무진(無盡)하고, 몸과 지절(指節)은 모두 광명을 펼쳐내며, 상호(相好)는 장엄되어 보는 자가 싫어하지 않고, 다니는 때에는 일천 잎의 연꽃이 자연스럽게 솟아나서 나타나며, 매번 그 발을 따라서 땅 위에는 천폭륜(千輻輪)[58]이 나타나고, 발을 들고서 걸어 다닌다면 대지가 진동하

---

58) 세존의 발바닥에 있는 천 개의 바큇살 모양의 문양을 가리킨다.

더라도 땅에 거주하는 유정들을 요란스럽게 하지 않으며, 되돌아보고자 하는 때에는 몸이 들어져서 모두 움직이고, 발로 밟는 곳은 금강(金剛)의 끝자락까지도 없어지면서 수레바퀴의 양과 같이 땅도 역시 따라서 움직이겠는가?'라고 이렇게 사유를 지었고 이러한 일을 성취하고자 한다면 마땅히 반야바라밀다를 수학해야 하느니라.

보살마하살이 반야바라밀다를 수행하는 때에 '나는 어느 때에 몸을 들어올린다면 지절(支節)이 모두 광명을 펼쳐내면서 시방의 무변한 세계를 널리 비추고, 비추는 곳을 따라서 여러 유정들을 위하여 큰 요익(饒益)을 짓겠는가?'라고 이렇게 사유를 지었고, 이러한 일을 성취하고자 한다면 마땅히 반야바라밀다를 수학해야 하느니라.

보살마하살이 반야바라밀다를 수행하는 때에 '나는 어느 때에 마땅히 무상정등보리를 증득하는 때에 기거하는 국토에는 일체의 탐욕(貪欲)·진에(瞋恚)·우치(愚癡) 등의 명자가 없고, 그 가운데의 여러 유정들은 미묘한 지혜를 성취하고, 오히려 이러한 지혜의 힘으로 빠르게 〈보시(布施)·조복(調伏)·안인(安忍)·용진(勇進)·적정(寂靜)·제관(諦觀)은 여러 방일(放逸)을 벗어나고, 범행을 수행하는 것이다. 자(慈)·비(悲)·희(喜)·사(捨)로 유정들이 번뇌하지 않는다면 나머지의 불국토와 같으므로 어찌 옳지 않겠는가?〉라고 발원합니다.'라고 이렇게 사유를 지었고, 이러한 일을 성취하고자 한다면 마땅히 반야바라밀다를 수학해야 하느니라.

보살마하살이 반야바라밀다를 수행하는 때에 '내가 무상정각을 증득하고 교화하였던 일이 이미 넓어져서 반열반(般涅槃)[59]하는 뒤에도 정법이 멸진(滅盡)하는 시기가 없고, 항상 유정들에게 이익되는 일을 짓게 하겠는가?'라고 이렇게 사유를 지었고, 이러한 일을 성취하고자 한다면 마땅히 반야바라밀다를 수학해야 하고, 보살마하살이 반야바라밀다를 수행하는 때에 '내가 무상정각을 증득하는 때에 시방으로 긍가사 등의 세계에 유정들이 나의 명자를 들었던 자는 반드시 무상정등보리를 얻게 하겠는

---

59) 산스크리트어 paranirvāṇa의 번역이고, '반니원(般泥洹)', '적멸(寂滅)', '해탈(解脫)', '원적(圓寂)' 등으로 한역한다.

가?'라고 이렇게 사유를 지었고, 이러한 일을 성취하고자 한다면 마땅히 반야바라밀다를 수학해야 하느니라. 사리자여, 제보살마하살이 이것 등의 무량하고 무수이며 무변(無邊)한 공덕을 성취하고자 한다면 마땅히 반야바라밀다를 수학해야 하느니라.

다시 다음으로 사리자여, 만약 보살마하살이 반야바라밀다를 수행하여 이미 능히 이와 같은 공덕들을 성취한다면, 그때에 삼천대천세계의 사대천왕들이 모두 크게 환희하면서 '우리 등은 지금 마땅히 네 개의 발우로써 이 보살에게 받들어 주겠고, 옛날의 천왕(天王)들이 먼저 여래(佛)께 발우를 받들었던 것과 같게 하겠다.'라고 함께 이렇게 생각을 짓는 것이고, 이때에 삼천대천세계의 삼십삼천(三十三天)·야마천(夜摩天)·도사다천(睹史多天)·낙변화천(樂變化天)·타화자재천(他化自在天) 등도 모두 크게 환희하면서 '우리 등은 모두 마땅히 이제 이와 같은 보살에게 시봉하고 공양한다면 아소락(阿素洛) 등의 흉악한 붕당(朋黨)은 손감(損減)시키고, 여러 천상의 권속들은 증익(增益)시킬 것이다.'라고 함께 이렇게 생각을 짓느니라.

이때 삼천대천세계의 범중천(梵衆天)·범보천(梵輔天)·범회천(梵會天)·대범천(大梵天)·광천(光天)·소광천(少光天)·무량광천(無量光天)·극광정천(極光淨天)·정천(淨天)·소정천(少淨天)·무량정천(無量淨天)·변정천(遍淨天)·광천(廣天)·소광천(少廣天)·무량광천(無量廣天)·광과천(廣果天)·무번천(無繁天)·무열천(無熱天)·선현천(善現天)·선견천(善見天)·색구경천(色究竟天)이 환희하고 기쁘게 축하(欣慶)하면서 '우리 등은 마땅히 이와 같은 보살에게 무상정등보리를 빠르게 증득하시고, 미묘한 법륜을 굴리시어 일체를 이익되고 안락하게 하시라고 마땅히 청해야 한다.'라고 함께 이렇게 생각을 짓느니라.

사리자여, 보살마하살이 반야바라밀다를 수행하여 바라밀다를 증익시키는 때에 그 세계의 여러 선남자·선여인들은 모두가 크게 환희하면서 '우리 등은 마땅히 이와 같은 보살로 부모(父母)·형제(兄弟)·처자(妻子)·권속(眷屬)·지식(知識)·벗(朋友) 등을 마땅히 삼아야 한다.'라고 함께 이렇게 생각을 짓는 것이고, 이때에 그 세계의 사대왕중천, 나아가 색구경천이 환희하고 경축(慶幸)하면서 '우리 등은 마땅히 여러 종류의 방편을 시설하여 이 보살들이 범행이 아닌 것을 벗어나고, 초발심(初發心)부터 나아가 성불(成佛)까지 항상 범행을 수행하게 하겠다.'라고 함께 이렇게 생각을 짓느니라.

그 까닭은 무엇인가? 만약 색욕(色慾)에 염오된다면 범천에 태어나면서도 오히려 능히 장애가 되는데 하물며 무상정등보리를 증득하는 것이겠는가? 이러한 까닭으로 보살은 애욕을 단절하고 출가하여 범행을 수행하는 자는 능히 무상정등보리를 증득할 것이고, 애욕을 끊지 않는 자는 그렇지 않으니라."

그때 사리자가 세존께 아뢰어 말하였다.

"세존이시여. 제보살마하살들에게는 부모·처자·여러 친한 벗들이 결정적으로 있습니까?"

세존께서 말씀하셨다.

"사리자여. 혹은 보살이 있어서 부모·처자·권속이 갖추어져 있더라도 보살마하살의 행을 수행하고, 혹은 보살마하살이 있어서 처자가 없어도 초발심부터 나아가 성불까지 항상 범행을 닦아 동진(童眞)을 무너뜨리지 않으며, 보살마하살이 있어서 방편선교로써 5욕락을 받고서 싫어하여 버리고 출가하고서 비로소 무상정등보리를 증득하는 것을 보여주느니라. 사리자여. 비유한다면 마술사이거나, 만약 그의 제자가 마술(幻術)을 잘하였으므로 마술로써 5욕락을 지었고, 그 가운데서 스스로가 제멋대로 서로 오락하였다면 그대의 뜻은 어떠한가? 이 마술로 지어진 것이 진실로 있겠는가?"

사리자가 말하였다.

"아닙니다. 세존이시여."

세존께서 말씀하셨다.

"사리자여. 보살마하살도 역시 다시 이와 같아서 방편선교로써 제유정들을 성숙시키려는 까닭으로 변화하여 5욕락을 받을지라도, 그렇지만 이 보살마하살은 5욕락의 가운데에서 깊은 싫증과 근심이 생겨나므로, 5욕락에 염오(染汚)되지 않고, 무량문(無量門)으로써 여러 욕락을 '욕락은 치연(熾然)하게 된다면 몸과 마음을 태우는 까닭이고, 욕락은 예오(穢惡)60)가 된다면 자신과 다른 사람을 염오시키는 까닭이며, 욕락은 괴회(魁膾)61)인데 과거·미래·현재에 항상 해치는 까닭이고, 욕락은 원수(怨敵)가 되는데 장야(長夜)를 엿보아서 쇠퇴와 손해를 짓는 까닭이며, 욕락은 횃불(草炬)과 같고, 욕락은 쓴 과일(苦果)과 같으며, 욕락은 칼날(劍刃)과 같고, 욕락은 불더미(火聚)와 같으며, 욕락은 독그릇(毒器)과 같고, 욕락은 환영의 유혹(幻惑)과 같으며, 욕락은 함정(暗井)과 같다.'라고 꾸짖느니라.

보살마하살이 이와 같은 것 등의 무량한 허물문(過門)으로써 여러 욕락을 꾸짖으며, 이미 여러 욕락의 과실(過失)을 명료하게 알았는데, 어찌 진실로 여러 욕락을 받는 일이 있겠는가? 다만 교화할 유정을 요익(饒益)하게 하기 위하여 방편선교로써 여러 애욕을 받는다고 보여주느니라."

3. 관조품(觀照品)(1)

그때 사리자가 세존께 아뢰어 말하였다.

"세존이시여. 제보살마하살들은 어떻게 반야바라밀다를 수행해야 합니까?"

세존께서 말씀하셨다.

"사리자여. 보살마하살이 반야바라밀다를 수행하는 때에 상응하여 '진실한 보살은 보살이 있다고 보지 않고 보살의 명자(名字)를 보지 않으며,

---

60) '더럽히고 미워한다.'는 뜻이다.
61) 고대 인도에서 사형을 집행하던 관리(官吏)를 가리킨다.

반야바라밀다를 보지 않고 반야바라밀다의 이름을 보지 않으며, 수행을 보지 않고, 수행하지 않음을 보지 않겠다.'라고 이와 같이 관찰하느니라.
 왜 그러한가? 사리자여. 보살의 자성이 공(空)하고 보살의 명자도 공하느니라. 그 까닭은 무엇인가? 색(色)의 자성이 공하더라도, 오히려 공하지 않은 까닭이고 색이 공하더라도 색이 아니며, 색이 공을 벗어나지 않고 공이 색을 벗어나지 않으므로 색이 곧 이것은 공이고 공은 곧 이것이 색이며, 수(受)·상(想)·행(行)·식(識)의 자성이 공하더라도, 오히려 공하지 않은 까닭이고 수·상·행·식이 공하더라도 수·상·행·식이 아니며, 수·상·행·식이 공을 벗어나지 않고 공이 수·상·행·식을 벗어나지 않으므로 수·상·행·식이 곧 이것은 공이고 공은 곧 이것이 수·상·행·식이니라.
 왜 그러한가? 사리자여. 이것은 다만 명자가 있으므로 보리(菩提)62)라고 말하고, 이것은 다만 명자가 있으므로 살타(薩埵)63)라 말하며, 이것은 다만 명자가 있으므로 보살이라고 말하고, 이것은 다만 명자가 있으므로 공이라 말하며, 이것은 다만 명자가 있으므로 색·수·상·행·식이라고 말하는데, 이와 같이 자성이 생겨남이 없고, 소멸함이 없고, 염오가 없고, 청정함이 없느니라.
 보살마하살이 이와 같이 반야바라밀다를 수행하면서 생겨남을 보지 않고 소멸함을 보지 않으며 염오를 보지 않고 청정함을 보지 않느니라. 왜 그러한가? 다만 거짓으로 객명(客名)이라고 가립(假立)하고서 법에서 분별하고, 분별을 일으켜서 객명을 가립하며, 일으켰던 언설(言說)을 따라서 여여(如如)64)하게 언설하고, 이와 같고 이와 같은 집착이 생겨나고 일어나느니라. 보살마하살이 반야바라밀다를 수행하는 때에 이와 같은 등의 일체를 보지 않는데, 오히려 보지 않는 까닭으로 집착이 생겨나지 않느니라.
 다시 다음으로 사리자여. 보살마하살이 반야바라밀다를 수행하는 때에

---

62) 산스크리트어 Bodhi의 음사이고, '깨달음', 또는 '지혜'를 의미한다.
63) 산스크리트어 Sattva의 음사이고, 유정(有情)이라는 뜻이다.
64) 대상을 있는 그대로 받아들여 흔들리지 않는 마음의 상태인, 즉 마음이 적정하고 흔들리지 않는 상태를 뜻한다.

상응하여 '보살은 다만 명자가 있고, 여래(佛)도 다만 이름이 있으며, 반야바라밀다는 다만 명자가 있고, 색은 다만 명자가 있으며, 수·상·행·의식도 다만 명자가 있고, 나머지의 일체법도 다만 명자가 있다.'라고 이와 같이 관찰해야 하느니라. 사리자여. 아(我)는 다만 이름이 있으므로 아를 진실로 얻을 수 없게 된다고 말하는 것과 같은데, 이와 같이 유정(有情)·명자(命者)·생자(生者)·양자(養者)·사부(士夫)·보특가라(補特伽羅)·의생(意生)·유동(孺童)·작자(作者)·사작자(使作者)·기자(起者)·사기자(使起者)·수자(受者)·사수자(使受者)·지자(知者)·견자(見者)도 역시 다만 이름이 있으므로 유정, 나아가 견자를 진실로 얻을 수 없게 된다고 말하며, 얻을 수 없는 공인 까닭으로 다만 세속제를 따라서 객명을 가립하였느니라. 제법도 역시 그와 같으므로 상응하여 집착하지 않아야 하느니라. 이러한 까닭으로 보살마하살이 반야바라밀다를 수행하는 때에 아, 나아가 견자가 있다고 보지 않고, 또한 일체의 법성이 있다고 보지 않느니라.

사리자여. 보살마하살이 이와 같이 반야바라밀다를 수행한다면 제불의 지혜를 제외하고서 일체의 성문·독각 등의 지혜로는 능히 미치지 못하는 것인데, 불가득공(不可得空)인 까닭이니라. 그 까닭은 무엇인가? 이 보살마하살의 명자(名字)와 명자이었던 것을 함께 얻을 수 없고, 관찰하여 보지 않음으로써 집착이 없는 까닭이니라. 사리자여. 보살마하살이 만약 능히 이와 같이 반야바라밀다를 수행한다면 반야바라밀다를 잘 수행한다고 이름하느니라.

사리자여. 가사(假使), 그대와 대목건련(大目犍連)[65]이 섬부주(贍部洲)[66]를 벼(稻)·삼나무(麻)·대나무(竹)·갈대(葦)·사탕수수(甘蔗)의 수풀(林) 등과 같이 가득 채웠던 지혜를 소유하였더라도 이러한 반야바라밀다를 수행하는 보살마하살의 반야(般若)에는 백 분의 일에도 미치지 못하고, 천 분의 일에도 미치지 못하며, 백천 분의 일에도 미치지 못하고, 구지(俱

---

65) 산스크리트어 Maudgalyāyana의 음사이고, 신통 제일의 제자이다.
66) 산스크리트어 Jambudvipa의 음사이고, 수미산 남쪽에 있으므로 '남염부제(南閻浮提)', '남염부주(南閻浮州)' 등으로 불린다.

胝) 분의 일에도 미치지 못하며, 백구지 분의 일에도 미치지 못하고, 천구지 분의 일에도 미치지 못하며, 백천구지 분의 일에도 미치지 못하고, 수분(數分)·산분(算分)·계분(計分)·유분(喩分), 나아가 오파니살담분(鄔波尼殺曇分)의 일에도 미치지 못하느니라.

왜 그러한가? 이 보살마하살의 반야는 능히 일체의 유정들을 반열반(般涅槃)[67]에 나아가게 시킬 수 있으나, 일체의 성문·독각의 반야는 이와 같지 않은 까닭이니라. 또한 사리자여. 반야바라밀다를 수행하는 보살마하살이 하루의 가운데에서 수행하는 반야를 일체의 성문·독각들의 반야라는 것이 미치지 못하는 까닭이니라.

사리자여. 섬부주는 제쳐두고서 가사, 그대와 대목건련이 사대주(四大洲)[68]를 벼·삼나무·대나무·갈대·사탕수수의 숲 등과 같이 가득 채웠던 지혜를 소유하였더라도 이러한 반야바라밀다를 수행하는 보살마하살의 반야에는 백 분의 일에도 미치지 못하고, 천 분의 일에도 미치지 못하며, 백천 분의 일에도 미치지 못하고, 구지 분의 일에도 미치지 못하며, 백 구지 분의 일에도 미치지 못하고, 천 구지 분의 일에도 미치지 못하며, 백천 구지 분의 일에도 미치지 못하고, 수분·산분·계분·유분, 나아가 오파니살담분의 일에도 미치지 못하느니라. 왜 그러한가? 이 보살마하살의 반야는 능히 일체의 유정들을 반열반에 나아가게 시킬 수 있으나, 일체의 성문·독각의 반야는 이와 같지 않은 까닭이니라. 또한 사리자여. 반야바라밀다를 수행하는 보살마하살이 하루의 가운데에서 수행하는 반야를 일체의 성문·독각들의 반야라는 것이 미치지 못하는 까닭이니라.

사리자여. 사대주는 제쳐두고서 가사 그대와 대목건련이 하나의 삼천대천세계(三千大千世界)[69]를 벼·삼나무·대나무·갈대·사탕수수의 숲 등

---

67) 산스크리트어 paranirvāṇa의 번역이고, '적멸(寂滅)', '해탈(解脫)', '원적(圓寂)' 등으로 한역한다.
68) 수미산(須彌山)을 중심(中心)으로 한 사방(四方)의 세계이고, 남쪽의 섬부주(瞻部洲), 동쪽의 승신주(勝神洲), 서쪽의 우화주(牛貨洲), 북쪽의 구로주(俱盧洲)이다.
69) 산스크리트어 Tri-Sahasra Mahā-Sahasra Lokadhātu의 번역이고, 유정이 존재하는 한 세계를 구성하는 사천하가 1000개 모인 것이 소천세계이고, 소천세계가 1000개

과 같이 가득 채웠던 지혜를 소유하였더라도 이러한 반야바라밀다를 수행하는 보살마하살의 반야에는 백 분의 일에도 미치지 못하고, 천 분의 일에도 미치지 못하며, 백천 분의 일에도 미치지 못하고, 구지 분의 일에도 미치지 못하며, 백구지 분의 일에도 미치지 못하고, 천구지 분의 일에도 미치지 못하며, 백천구지 분의 일에도 미치지 못하고, 수분·산분·계분·유분, 나아가 오파니살담분의 일에도 미치지 못하느니라.

왜 그러한가? 이 보살마하살의 반야는 능히 일체의 유정들을 반열반에 나아가게 시킬 수 있으나, 일체의 성문·독각의 반야는 이와 같지 않은 까닭이니라. 또한 사리자여. 반야바라밀다를 수행하는 보살마하살이 하루의 가운데에서 수행하는 반야를 일체의 성문·독각들의 반야라는 것이 미치지 못하는 까닭이니라.

사리자여. 삼천대천세계는 제쳐두고서 가사, 그대와 대목건련이 시방(十方)의 긍가사(殑伽沙) 등의 제불세계(諸佛世界)를 벼·삼나무·대나무·갈대·사탕수수의 숲 등과 같이 가득 채웠던 지혜를 소유하였더라도 이러한 반야바라밀다를 수행하는 보살마하살의 반야에는 백 분의 일에도 미치지 못하고, 천 분의 일에도 미치지 못하며, 백천 분의 일에도 미치지 못하고, 구지 분의 일에도 미치지 못하며, 백구지 분의 일에도 미치지 못하고, 천구지 분의 일에도 미치지 못하며, 백천구지 분의 일에도 미치지 못하고, 수분·산분·계분·유분, 나아가 오파니살담분의 일에도 미치지 못하느니라.

왜 그러한가? 이 보살마하살의 반야는 능히 일체의 유정들을 반열반에 나아가게 시킬 수 있으나, 일체의 성문·독각의 반야는 이와 같지 않은 까닭이니라. 또한 사리자여. 반야바라밀다를 수행하는 보살마하살이 하루의 가운데에서 수행하는 반야를 일체의 성문·독각들의 반야라는 것이 미치지 못하는 까닭이니라."

모인 것이 중천세계이며, 중천세계가 1000개 모인 것이 대천세계로 모두 3중의 대천세계를 이루기 때문에 삼천대천세계라 한다.

마하반야바라밀다경 제403권

3. 관조품(觀照品)(2)

그때 사리자(舍利子)가 세존께 아뢰어 말하였다.
"세존이시여. 만약 예류(預流)·일래(一來)·불환(不還)·아라한(阿羅漢)의 반야이거나, 만약 성문의 반야이거나, 만약 독각의 반야이거나, 만약 보살마하살의 반야이거나, 만약 여래·응공·정등각의 반야 등의 이러한 여러 반야는 모두가 차별이 없어서 서로 위배(違背)되지 않으며, 생겨나지 않고 소멸하지 않으며 자성이 모두가 공(空)입니다. 만약 법에 차별이 없고 서로가 위배하지 않으며, 생겨나지 않고 소멸하지 않으며 자성이 공하다면 이러한 법의 차별은 얻을 수 없는데, 어찌하여 세존께서는 반야바라밀다를 수행하는 보살이 하루의 가운데에서 수행하는 반야는 일체의 성문·독각의 반야로는 미치지 못하는 것이라고 설하십니까?"
세존께서 사리자에게 알리셨다.
"그대의 뜻은 어떠한가? 반야바라밀다를 수행하는 보살마하살이 하루의 가운데에서 수행하는 반야의 수승한 일이 일체의 성문·독각의 반야에도 이러한 일이 있겠는가?"
사리자가 말하였다.
"아닙니다. 세존이시여."
"다시 다음으로 사리자여. 그대의 뜻은 어떠한가? 반야바라밀다를 수행하는 보살마하살이 하루의 가운데에서 수행하는 반야에서 '나는 마땅히 일체상미묘지(一切相微妙智)·일체지(一切智)·도상지(道相智)·일체상지(一切相智)를 수행하여 일체의 유정들을 이익되고 안락하게 하겠다.'라고 이렇게 생각하면서 말하였고, 그는 일체법에서 일체의 상(相)을 깨닫고서 방편으로 일체의 유정을 무여의반열반계(無餘依般涅槃界)에 안립(安立)시켰다면, 일체의 성문·독각의 반야에도 이러한 일이 있겠는가?"

사리자가 말하였다.

"아닙니다. 세존이시여."

"그대의 뜻은 어떠한가? 일체의 성문·독각이 매우 능히 '내가 마땅히 아뇩다라삼먁삼보리(阿耨多羅三藐三菩提)를 증득(證得)하고 방편으로써 일체의 유정을 무여반열반계에 안립시키겠다.'라고 생각을 짓겠는가?"

사리자가 말하였다.

"아닙니다. 세존이시여."

"다시 다음으로 사리자여. 그대의 뜻은 어떠한가? 일체의 성문·독각이 매우 능히 '나는 마땅히 6바라밀다를 수행하여 유정을 성숙(成熟)시키고, 불국토를 청정하게 장엄(莊嚴)하며, 여래(佛)의 10력(十力)·4무소외(四無所畏)·4무애해(四無礙解)·대자(大慈)·대비(大悲)·대희(大喜)·대사(大捨)·18불불공법(十八佛不共法)을 원만하게 하겠고, 마땅히 무상정등보리(無上正等菩提)를 증득하겠으며, 방편으로써 무량(無量)하고 무수(無數)이며 무변(無邊)한 유정들을 무여의반열반계에 안립시키겠다.'라고 생각을 짓겠는가?"

사리자가 말하였다.

"아닙니다. 세존이시여."

세존께서 말씀하셨다.

"사리자여. 제보살마하살들은 모두가 '나는 마땅히 6바라밀다를 수행하여 유정을 성숙시키고, 불국토를 청정하게 장엄하며, 여래의 10력·4무소외·4무애해·대자·대비·대희·대사·18불불공법을 원만하게 하겠고, 마땅히 무상정등보리를 증득하겠으며, 방편으로써 무량하고 무수이며 무변한 유정들을 무여의반열반계에 안립시키겠다.'라고 생각을 짓느니라.

사리자여. 비유한다면 반딧불은 '나의 광명이 능히 섬부주(贍部州)에 두루 비추어서 널리 매우 밝게 하겠다.'라고 이와 같은 생각이 없는 것과 같은데, 이와 같아서 일체의 성문·독각들도 '나는 마땅히 6바라밀다를 수행하여 유정을 성숙시키고, 불국토를 청정하게 장엄하며, 여래의 10력·4무소외·4무애해·대자·대비·대희·대사·18불불공법을 원만하게 하겠고, 마땅히 무상정등보리를 증득하겠으며, 방편으로써 무량하고 무수이며 무변한 유정들을 무여의반열반계에 안립시키겠다.'라고 이와 같은 생각이 없느니라.

사리자여. 비유한다면 햇볕의 광명이 치성(熾盛)하다면 섬부주를 비추면서 두루 비추지 않는 곳이 없는 것과 같은데, 이와 같아서 보살마하살은 모두가 '나는 마땅히 6바라밀다를 수행하여 유정을 성숙시키고, 불국토를 청정하게 장엄하며, 여레의 10력·4무소외·4무애해·대자·대비·대희·대사·18불불공법을 원만하게 하겠고, 마땅히 무상정등보리를 증득하겠으며, 방편으로써 무량하고 무수이며 무변한 유정들을 무여의반열반계에 안립시키겠다.'라고 이렇게 생각을 짓느니라. 사리자여. 이것으로써 일체의 성문·독각의 반야와 반야바라밀다를 수행하는 보살이 하루의 가운데에서 수행하는 지혜를 비교한다면, 백 분의 일에도 미치지 못하고, 천 분의 일에도 미치지 못하며, 백천 분의 일에도 미치지 못하고, 나아가 오파니살담분의 일에도 미치지 못한다는 것을 마땅히 알아야 하느니라."

그때 사리자가 세존께 아뢰어 말하였다.

"세존이시여. 제보살마하살들은 어찌하여 능히 일체의 성문(聲聞)·독각지(獨覺地)를 초월하고, 능히 보살의 불퇴전지(不退轉地)를 증득하며, 능히 불도(佛道)를 청정하게 합니까?"

세존께서 말씀하셨다.

"사리자여. 제보살마하살들은 초발심(初發心)부터 6바라밀다를 수행하고, 공(空)·무상(無相)·무원(無願)의 법에 안주하며, 나아가 능히 성문·독각지를 초월하고, 능히 보살의 불퇴전지를 증득하며, 능히 불도를 청정하게 하느니라.

그때 사리자가 다시 세존께 아뢰어 말하였다.

"세존이시여. 보살마하살들은 무엇 등의 지위에 안주해야 일체의 성문·독각들에게 진실한 복전(福田)이 되어 주겠습니까?"

세존께서 말씀하셨다.

"사리자여. 제보살마하살들이 초발심부터 6바라밀다를 수행하고, 공·무상·무원의 법에 안주하며, 나아가 미묘한 보리좌(菩提座)에 앉는다면, 항상 일체의 성문·독각들에게 진실한 복전이 되어 주느니라. 왜 그러한가? 보살마하살에 의지하는 까닭으로서 일체의 선법(善法)이 세간에 출현(出現)하는데 이를테면, 일체의 10선업도(十善業道)·5근사계(五近事戒)[1]·8근주계(八近住戒)[2]·4정려(四靜慮)·4무량(四無量)·4무색정(四無色定)·4성제(四聖諦)·4념주(四念住)·4정단(四正斷)·4신족(四神足)·5근(五根)·5력(五力)·7등각지(七等覺支)·8성도지(八聖道支)·6바라밀다(六波羅蜜多)·18공(十八空)[3]·여래(佛)의 10력(十力)·4무소외(四無所畏)·4무애해(四無礙解)·대자(大慈)·대비(大悲)·대희(大喜)·대사(大捨)·18불불공법(十八佛不共法)·일체지(一切智)·도상지(道相智)·일체상지(一切相智) 등과 여러 이와 같은 무량하고 무수이며 무변한 선법이 세간에 출현하였느니라.

오히려 이러한 보살은 여러 선법을 까닭으로 세간에는 곧 찰제리(刹帝利) 대종족(大族)·바라문(婆羅門) 대종족·장자(長者) 대종족·거사(居士) 대종족·사대왕중천(四大王衆天)·33삼천(三十三天)·야마천(夜摩天)·도사다천(覩史多天)·낙변화천(樂變化天)·타화자재천(他化自在天)·범중천(梵

---

1) 산스크리트어 upāsaka-śīla의 번역이고, 재가5계인 불살생계(不殺生戒)·불투도계(不偸盜戒)·불사음계(不邪婬戒)·불망어계(不妄語戒)·불음주계(不飮酒戒)를 가리킨다.
2) 산스크리트어 upavāsa-śīla의 번역이고, 팔관재계(八關齋戒)라고도 번역한다. 재가5계인 불살생계(不殺生戒)·불투도계(不偸盜戒)·불사음계(不邪婬戒)·불망어계(不妄語戒)·불음주계(不飮酒戒)와 여섯째는 몸에 향을 바르지 말고 꽃을 지니지 말며, 춤과 노래를 보거나 듣지 말라는 계(不著華鬘, 不香油塗身, 不觀聽歌舞)이고, 일곱째는 높고 넓으며 화려한 침대에 앉지 말라는 계(不坐高大廣華麗之床)이고, 여덟째는 사시(巳時) 지나면 먹지 말라는 계(離非時食) 등이 있다.
3) 내공, 나아가 무성자성공을 가리킨다.

衆天)·범보천(梵輔天)·범회천(梵會天)·대범천(大梵天)·광천(光天)·소광천(少光天)·무량광천(無量光天)·극광정천(極光淨天)·정천(淨天)·소정천(少淨天)·무량정천(無量淨天)·변정천(遍淨天)·광천(廣天)·소광천(少廣天)·무량광천(無量廣天)·광과천(廣果天)·무상유정천(無想有情天)·무번천(無繁天)·무열천(無熱天)·선현천(善現天)·선견천(善見天)·색구경천(色究竟天)·공무변처천(空無邊處天)·식무변처천(識無邊處天)·무소유처천(無所有處天)·비상비비상처천(非想非非想處天) 등이 있으며, 다시 오히려 보살의 여러 선법을 까닭으로 예류·일래·불환·아라한·독각·보살마하살과 제여래·응공·정등각이 세간에 출현하였느니라."

그때 사리자가 다시 세존께 아뢰어 말하였다.

"세존이시여. 보살마하살은 다시 반드시 시주(施主)의 은혜에 보답해야 합니까?"

세존께서 말씀하셨다.

"사리자여. 보살마하살은 다시 반드시 여러 시주의 은혜에 보답하지 않느니라. 그 까닭은 무엇인가? 이미 많이 보답한 까닭이니라. 왜 그러한가? 사리자여. 보살마하살은 큰 시주가 되어서 제유정들에게 많은 선법을 보시한 까닭인데 이를테면, 유정들에게 10선업도·5근사계·8근주계·4정려·4무량·4무색정·4성제·4념주·4정단·4신족·5근·5력·7등각지·8성도지·6바라밀다·18공·여래의 10력·4무소외·4무애해·대자·대비·대희·대사·18불불공법·일체지·도상지·일체상지 등이고, 제유정에게 이와 같은 등의 부류인 무량하고 무수이며 무변한 선법을 보시하였던 까닭으로 보살마하살은 큰 시주가 되었고, 오히려 이것으로 여러 시주들의 은혜를 이미 보답하였으므로 진실하고 청정한 복전에서 무량한 복덕이 생겨나느니라."

그때 사리자가 다시 세존께 아뢰어 말하였다.

"세존이시여. 반야바라밀다를 수행하는 보살마하살이 어떠한 법과 함께 상응하는 까닭이라면 반야바라밀다와 함께 상응한다고 말합니까?"

세존께서 말씀하셨다.

"사리자여. 반야바라밀다를 수행하는 보살마하살의 색(色)의 공(空)과 함께 상응(相應)하는 까닭으로 반야바라밀다에 상응한다고 말하고, 수(受)·상(想)·행(行)·식(識)의 공과 함께 상응하는 까닭으로 반야바라밀다에 상응한다고 말하느니라. 사리자여. 반야바라밀다를 수행하는 보살마하살은 안처(眼處)의 공과 함께 상응하는 까닭으로 반야바라밀다에 상응한다고 말하고, 이(耳)·비(鼻)·설(舌)·신(身)·의처(意處)의 공과 함께 상응하는 까닭으로 반야바라밀다에 상응한다고 말하느니라. 사리자여. 반야바라밀다를 수행하는 보살마하살은 색처(色處)의 공과 함께 상응하는 까닭으로 반야바라밀다에 상응한다고 말하고, 성(聲)·향(香)·미(味)·촉(觸)·법처(法處)의 공과 함께 상응하는 까닭으로 반야바라밀다에 상응한다고 말하느니라.

사리자여. 반야바라밀다를 수행하는 보살마하살은 안계(眼界)의 공과 함께 상응하는 까닭으로 반야바라밀다에 상응한다고 말하고, 이(耳)·비(鼻)·설(舌)·신(身)·의계(意界)의 공과 함께 상응하는 까닭으로 반야바라밀다에 상응한다고 말하느니라. 사리자여. 반야바라밀다를 수행하는 보살마하살은 색계(色界)의 공과 함께 상응하는 까닭으로 반야바라밀다에 상응한다고 말하고, 성(聲)·향(香)·미(味)·촉(觸)·법계(法界)의 공과 함께 상응하는 까닭으로 반야바라밀다에 상응한다고 말하느니라.

사리자여. 반야바라밀다를 수행하는 보살마하살은 안계(眼界)·색계(色界)·안식계(眼識界)와 함께 상응하는 까닭으로 반야바라밀다에 상응한다고 말하고, 이계(耳界)·성계(聲界)·이식계(耳識界)의 공과 함께 상응하는 까닭으로 반야바라밀다에 상응한다고 말하며, 반야바라밀다를 수행하는 보살마하살은 비계(鼻界)·향계(香界)·비식계(鼻識界)의 공과 함께 상응하는 까닭으로 반야바라밀다에 상응한다고 말하고, 설계(舌界)·미계(味界)·설식계(舌識界)의 공과 함께 상응하는 까닭으로 반야바라밀다에 상응한다고 말하며, 반야바라밀다를 수행하는 보살마하살은 신계(身界)·촉계(觸界)·신식계(身識界)의 공과 함께 상응하는 까닭으로 반야바라밀다에 상응한다고 말하고, 의계(意界)·법계(法界)·의식계(意識界)의 공과 함께 상응하는 까닭으로 반야바라밀다에 상응한다고 말하느니라.

사리자여. 반야바라밀다를 수행하는 보살마하살은 고성제(苦聖諦)의 공과 함께 상응하는 까닭으로 반야바라밀다에 상응한다고 말하고, 집(集)·멸(滅)·도성제(道聖諦)의 공과 함께 상응하는 까닭으로 반야바라밀다에 상응한다고 말하느니라. 사리자여. 반야바라밀다를 수행하는 보살마하살은 무명(無明)의 공과 함께 상응하는 까닭으로 반야바라밀다에 상응한다고 말하고, 행(行)·식(識)·명색(名色)·육처(六處)·촉(觸)·수(受)·애(愛)·취(取)·유(有)·생(生)·노사(老死)의 수탄고우뇌(愁歎苦憂惱)의 공과 함께 상응하는 까닭으로 반야바라밀다에 상응한다고 말하느니라.

사리자여. 반야바라밀다를 수행하는 보살마하살은 일체법(一切法)의 공과 함께 상응하는 까닭으로 반야바라밀다에 상응한다고 말하고, 유위(有爲)·무위법(無爲法)의 공과 함께 상응하는 까닭으로 반야바라밀다에 상응한다고 말하느니라. 사리자여. 반야바라밀다를 수행하는 보살마하살은 이와 같이 7공(七空)[4]과 함께 상응하는 까닭으로 반야바라밀다에 상응한다고 말하느니라. 사리자여. 반야바라밀다를 수행하는 보살마하살은 본성(本性)의 공과 함께 상응하는 까닭으로 반야바라밀다에 상응한다고 말하느니라.

사리자여. 반야바라밀다를 수행하는 보살마하살이 이와 같이 7공과 함께 상응하는 때에 색이 만약 상응하거나 만약 상응하지 않는다고 보지 않고 수·상·행·식이 만약 상응하거나, 만약 상응하지 않는다고 보지 않으며, 색이 만약 생겨나거나 법이 만약 소멸하는 법이라고 보지 않으며 수·상·행·식이 만약 생겨나거나 법이 만약 소멸하는 법이라고 보지 않으며, 색이 만약 염오의 법이거나 만약 청정한 법이라고 보지 않으며 수·상·

---

[4] 『대지도론(大智度論)』(大正藏 25), p.0327a에서는 성공(性空)·자상공(自相空)·제법공(諸法空)·불가득공(不可得空)·무법공(無法空)·유법공(有法空)·무법유법공(無法有法空) 등을 설명하고 있다.

행·식이 만약 염오의 법이거나 만약 청정한 법이라고 보지 않으며, 색이 수(受)와 화합한다고 보지 않고 색이 상(想)과 화합한다고 보지 않으며 색이 행(行)과 화합한다고 보지 않고 색이 식(識)과 화합한다고 보지 않느니라. 왜 그러한가? 작은 법이라도 법과 화합하는 것이 없고 본성으로써 공한 까닭이니라.

사리자여. 여러 색은 공하므로 그것은 색이 아니고, 여러 수·상·행·식은 공하므로 그것은 수·상·행·식이 아니니라. 왜 그러한가? 사리자여. 여러 색은 공하므로 그것은 변이(變異)하고 장애(障碍)하는 상(相)이 아니고, 여러 수는 공하므로 그것은 받아들이게 하는 상이 아니며, 여러 행은 공하므로 그것은 형상을 취하는 상이 아니고, 여러 식은 공하므로 그것은 명료하게 분별하는 상이 아니니라. 왜 그러한가? 사리자여. 색은 공과 다르지 않고(色不異空) 공이 색과 다르지 않으며(空不異色), 색이 곧 이것이 공이고(色卽是空), 공은 곧 이것이 색이며(空卽是色), 수·상·행·식이 공과 다르지 않고 공은 수·상·행·식과 다르지 않으며, 수·상·행·식이 곧 이것이 공이고 공이 곧 이것이 수·상·행·식이니라.

사리자여. 이 제법(諸法)의 공(空)한 상은 생겨나지 않고(不生), 소멸하지 않으며(不滅), 염오가 아니고(不染), 청정함도 아니며(不淨), 증장하지 않고(不增), 감소하지 않으며(不減), 과거가 아니고(非過去), 미래도 아니며(非未來), 현재도 아니니라(非現在). 이와 같이 공의 가운데에서는 색이 없고 수·상·행·식이 없으며, 안처(眼處)가 없고 이(耳)·비(鼻)·설(舌)·신(身)·의처(意處)도 없으며, 색처(色處)가 없고 성(聲)·향(香)·미(味)·촉(觸)·법처(法處)도 없으며, 안계(眼界)가 없고 이(耳)·비(鼻)·설(舌)·신(身)·의계(意界)도 없으며, 색계(色界)가 없고 성(聲)·향(香)·미(味)·촉(觸)·법계(法界)도 없으며, 안식계(眼識界)가 없고 이(耳)·비(鼻)·설(舌)·신(身)·의계(意識界)도 없으며, 무명(無明)이 없고 역시 무명의 소멸도 없으며, 나아가 노사(老死)의 수탄고우뇌(愁歎苦憂惱)가 없고 역시 노사의 수탄고우뇌의 소멸도 없으며, 고성제(苦聖諦)가 없고 집(集)·멸(滅)·도성제(道聖諦)도 없으며, 증득(證得)도 없고 현관(現觀)도 없으며, 예류(預流)가 없고 예류과

(預流果)도 없으며, 일래(一來)가 없고 일래과(一來果)도 없으며, 불환(不還)이 없고 불환과(不還果)도 없으며, 아라한(阿羅漢)이 없고 아라한과(阿羅漢果)도 없으며, 독각(獨覺)이 없고 독각의 보리(菩提)도 없으며, 보살(菩薩)이 없고 보살의 행(菩薩行)도 없으며, 정등각(正等覺)이 없고 정등각의 보리(無正等覺菩提)도 없느니라. 사리자여. 반야바라밀다를 수행하는 보살마하살은 이와 같은 법과 함께 상응하는 까닭으로 반야바라밀다와 상응한다고 말하느니라.

다시 다음으로 사리자여. 반야바라밀다를 수행하는 보살마하살은 보시바라밀다(布施波羅密多)가 만약 상응하거나 만약 상응하지 않는다고 보지 않고 정계(淨戒)·안인(安忍)·정진(精進)·정려(淨慮)·반야바라밀다(般若波羅密多)도 만약 상응하거나 만약 상응하지 않는다고 보지 않으며, 색이 만약 상응하거나 만약 상응하지 않는다고 보지 않고 수·상·행·식도 만약 상응하거나 만약 상응하지 않는다고 보지 않으며, 안처가 만약 상응하거나 만약 상응하지 않는다고 보지 않고 이·비·설·신·의처도 만약 상응하거나 만약 상응하지 않는다고 보지 않으며, 색처가 만약 상응하거나 만약 상응하지 않는다고 보지 않고 성·향·미·촉·법처도 만약 상응하거나 만약 상응하지 않는다고 보지 않으며,

안계·색계·안식계가 만약 상응하거나 만약 상응하지 않는다고 보지 않고, 이계·성계·이식계가 만약 상응하거나 만약 상응하지 않는다고 보지 않으며, 비계·향계·비식계가 만약 상응하거나 만약 상응하지 않는다고 보지 않고, 설계·미계·설식계가 만약 상응하거나 만약 상응하지 않는다고 보지 않으며, 신계·촉계·신식계가 만약 상응하거나 만약 상응하지 않는다고 보지 않고, 의계·법계·의식계가 만약 상응하거나 만약 상응하지 않는다고 보지 않으며,

4념주(四念住)가 만약 상응하거나 만약 상응하지 않는다고 보지 않고 4정단(四正斷)·4신족(四神足)·5근(五根)·5력(五力)·7등각지(七等覺支)·8성도지(八聖道支)도 만약 상응하거나 만약 상응하지 않는다고 보지 않으며, 여래(佛)의 10력(十力)이 만약 상응하거나 만약 상응하지 않는다고

보지 않고 4무소외(四無所畏)·4무애해(四無礙解)·대자(大慈)·대비(大悲)·대희(大喜)·대사(大捨)·18불불공법(十八佛不共法)도 만약 상응하거나 만약 상응하지 않는다고 보지 않느니라. 사리자여. 반야바라밀다를 수행하는 보살마하살은 이와 같은 법과 함께 상응하는 까닭으로 반야바라밀다와 상응한다고 말하느니라.

다시 다음으로 사리자여. 반야바라밀다를 수행하는 보살마하살은 공(空)과 공이 상응한다고 보지 않고, 무상(無相)과 무상이 상응한다고 보지 않으며, 무원(無願)과 무원이 상응한다고 보지 않느니라. 왜 그러한가? 공·무상·무원은 모두가 상응하거나 상응하지 않는 것이 없는 까닭이니라. 사리자여. 반야바라밀다를 수행하는 보살마하살은 이와 같은 법과 함께 상응하는 까닭으로 반야바라밀다와 상응한다고 말하느니라.

다시 다음으로 사리자여. 반야바라밀다를 수행하는 보살마하살은 일체법이 자상공(自相空)에 이미 들어가서 색과 만약 화합하거나 만약 흩어진다고 보지 않고, 수·상·행·식과 화합하거나 만약 흩어진다고 보지 않으며, 색과 전제(前際)가 화합하거나 만약 흩어진다고 보지 않느니라. 왜 그러한가? 전제를 보지 않는 까닭이니라. 수·상·행·식과 전제가 화합하거나 만약 흩어진다고 보지 않느니라. 왜 그러한가? 전제를 보지 않는 까닭이니라. 색과 후제(後際)가 화합하거나 만약 흩어진다고 보지 않느니라. 왜 그러한가? 전제를 보지 않는 까닭이니라. 수·상·행·식과 후제가 화합하거나 만약 흩어진다고 보지 않느니라. 왜 그러한가? 전제를 보지 않는 까닭이니라. 색과 현재(現在)가 화합하거나 만약 흩어진다고 보지 않느니라. 왜 그러한가? 후제를 보지 않는 까닭이니라. 수·상·행·식과 현재가 화합하거나 만약 흩어진다고 보지 않느니라. 왜 그러한가? 현재를 보지 않는 까닭이니라.

전제와 후제를 만약 화합하거나 만약 흩어진다고 보지 않거나, 전제와 현재를 만약 화합하거나 만약 흩어진다고 보지 않거나, 후제와 전제를 만약 화합하거나 만약 흩어진다고 보지 않거나, 후제와 현재를 만약 화합하거나 만약 흩어진다고 보지 않거나, 현재와 전제를 만약 화합하거나 만약 흩어진다고 보지 않거나, 현재와 후제를 만약 화합하거나 만약 흩어진다고 보지 않거나, 전제와 후제와 현재를 만약 화합하거나 만약 흩어진다고 보지 않거나, 후제와 전재와 현재를 만약 화합하거나 만약 흩어진다고 보지 않거나, 현재와 전제와 후제를 만약 화합하거나 만약 흩어진다고 보지 않거나, 전제와 후제와 현재를 만약 화합하거나 만약 흩어진다고 보지 않느니라. 왜 그러한가? 삼세(三世)가 공한 까닭이니라. 사리자여. 반야바라밀다를 수행하는 보살마하살은 이와 같은 법과 함께 상응하는 까닭으로 반야바라밀다와 상응한다고 말하느니라.

다시 다음으로 사리자여. 반야바라밀다를 수행하는 보살마하살은 일체지와 과거가 만약 화합하거나 만약 흩어진다고 보지 않느니라. 왜 그러한가? 오히려 과거를 보지 않는데, 하물며 일체지와 과거가 만약 화합하거나 만약 흩어진다고 보겠는가? 일체지와 미래가 만약 화합하거나 만약 흩어진다고 보지 않느니라. 왜 그러한가? 오히려 미래를 보지 않는데, 하물며 일체지와 미래가 만약 화합하거나 만약 흩어진다고 보겠는가? 일체지와 현재가 만약 화합하거나 만약 흩어진다고 보지 않느니라. 왜 그러한가? 오히려 현재를 보지 않는데, 하물며 일체지와 현재가 만약 화합하거나 만약 흩어진다고 보겠는가?

일체지와 색이 만약 화합하거나 만약 흩어진다고 보지 않느니라. 왜 그러한가? 오히려 색을 보지 않는데, 하물며 일체지와 색이 만약 화합하거나 만약 흩어진다고 보겠는가? 일체지와 수·상·행·식이 만약 화합하거나 만약 흩어진다고 보지 않느니라. 왜 그러한가? 오히려 수·상·행·식을 보지 않는데, 하물며 일체지와 수·상·행·식이 만약 화합하거나 만약 흩어진다고 보겠는가? 일체지와 안처가 만약 화합하거나 만약 흩어진다고 보지 않느니라. 왜 그러한가? 오히려 안처를 보지 않는데, 하물며 일체지와 안처가 만약 화합하거나 만약 흩어진다고 보겠는가? 일체지와 이·비·설·신·의처가 만약 화합하거나 만약 흩어진다고 보지 않느니라. 왜 그러한가? 오히려 이·비·설·신·의처를 보지 않는데, 하물며 일체지와 이·비·설·신·의처가 만약 화합하거나 만약 흩어진다고 보겠는가? 일체지와 색처가 만약 화합하거나 만약 흩어진다고 보지 않느니라. 왜 그러한가? 오히려 색처를 보지 않는데, 하물며 일체지와 색처가 만약 화합하거나 만약 흩어진다고 보겠는가? 일체지와 성·향·미·촉·법처가 만약 화합하거나 만약 흩어진다고 보지 않느니라. 왜 그러한가? 오히려 성·향·미·촉·법처를 보지 않는데, 하물며 일체지와 성·향·미·촉·법처가 만약 화합하거나 만약 흩어진다고 보겠는가?

일체지와 안계·색계·안식계가 만약 화합하거나 만약 흩어진다고 보지 않느니라. 왜 그러한가? 오히려 안계·색계·안식계를 보지 않는데, 하물며 일체지와 안계·색계·안식계가 만약 화합하거나 만약 흩어진다고 보겠는가? 일체지와 이계·성계·이식계가 만약 화합하거나 만약 흩어진다고 보지 않느니라. 왜 그러한가? 오히려 이계·성계·이식계를 보지 않는데, 하물며 일체지와 이계·성계·이식계가 만약 화합하거나 만약 흩어진다고 보겠는가? 일체지와 비계·향계·비식계가 만약 화합하거나 만약 흩어진다고 보지 않느니라. 왜 그러한가? 오히려 비계·향계·비식계를 보지 않는데, 하물며 일체지와 비계·향계·비식계가 만약 화합하거나 만약 흩어진다고 보겠는가?

일체지와 설계·미계·설식계가 만약 화합하거나 만약 흩어진다고 보지 않느니라. 왜 그러한가? 오히려 설계·미계·설식계를 보지 않는데, 하물며 일체지와 설계·미계·설식계가 만약 화합하거나 만약 흩어진다고 보겠는가? 일체지와 신계·촉계·신식계가 만약 화합하거나 만약 흩어진다고 보지 않느니라. 왜 그러한가? 오히려 신계·촉계·신식계를 보지 않는데, 하물며 일체지와 신계·촉계·신식계가 만약 화합하거나 만약 흩어진다고 보겠는가? 일체지와 의계·법계·의식계가 만약 화합하거나 만약 흩어진다고 보지 않느니라. 왜 그러한가? 오히려 의계·법계·의식계를 보지 않는데, 하물며 일체지와 의계·법계·의식계가 만약 화합하거나 만약 흩어진다고 보겠는가? 사리자여, 반야바라밀다를 수행하는 보살마하살은 이와 같은 법과 함께 상응하는 까닭으로 반야바라밀다와 상응한다고 말하느니라.

　사리자여. 반야바라밀다를 수행하는 보살마하살은 일체지와 보시바라밀다가 만약 화합하거나 만약 흩어진다고 보지 않느니라. 왜 그러한가? 오히려 보시바라밀다를 보지 않는데, 하물며 일체지와 보시바라밀다가 만약 화합하거나 만약 흩어진다고 보겠는가? 일체지와 정계바라밀다가 만약 화합하거나 만약 흩어진다고 보지 않느니라. 왜 그러한가? 오히려 정계바라밀다를 보지 않는데, 하물며 일체지와 정계바라밀다가 만약 화합하거나 만약 흩어진다고 보겠는가? 일체지와 안인바라밀다가 만약 화합하거나 만약 흩어진다고 보지 않느니라. 왜 그러한가? 오히려 안인바라밀다를 보지 않는데, 하물며 일체지와 안인바라밀다가 만약 화합하거나 만약 흩어진다고 보겠는가?

　일체지와 정진바라밀다가 만약 화합하거나 만약 흩어진다고 보지 않느니라. 왜 그러한가? 오히려 정진바라밀다를 보지 않는데, 하물며 일체지와 정진바라밀다가 만약 화합하거나 만약 흩어진다고 보겠는가? 일체지와 정려바라밀다가 만약 화합하거나 만약 흩어진다고 보지 않느니라. 왜 그러한가? 오히려 정려바라밀다를 보지 않는데, 하물며 일체지와 정려바라밀다가 만약 화합하거나 만약 흩어진다고 보겠는가? 일체지와 반야바라밀다가 만약 화합하거나 만약 흩어진다고 보지 않느니라. 왜 그러한가? 오히려 반야바라밀다를 보지 않는데, 하물며 일체지와 반야바라밀다가 만약 화합하거나 만약 흩어진다고 보겠는가?

　일체지와 4념주·4정단·4신족·5근·5력·7등각지·8성도지가 만약 화합하거나 만약 흩어진다고 보지 않느니라. 왜 그러한가? 오히려 4념주, 나아가 8성도지를 보지 않는데, 하물며 일체지와 4념주, 나아가 8성도지가 만약 화합하거나 만약 흩어진다고 보겠는가? 일체지와 여래의 10력, 4무소외·4무애해·대자·대비·대희·대사·18불불공법가 만약 화합하거나 만약 흩어진다고 보지 않느니라. 왜 그러한가? 오히려 여래의 10력, 나아가 18불불공법을 보지 않는데, 하물며 일체지와 여래의 10력, 나아가

18불불공법이 만약 화합하거나 만약 흩어진다고 보겠는가? 사리자여. 반야바라밀다를 수행하는 보살마하살은 이와 같은 법과 상응하는 까닭으로 반야바라밀다와 상응한다고 말하느니라.

사리자여. 반야바라밀다를 수행하는 보살마하살은 일체지와 여래(佛)가 만약 화합하거나 만약 흩어진다고 보지 않고 역시 여래와 일체지가 만약 화합하거나 만약 흩어진다고 보지 않느니라. 왜 그러한가? 일체지가 곧 여래이고 여래가 곧 일체지이니라. 일체지와 보리(菩提)가 만약 화합하거나 만약 흩어진다고 보지 않고 역시 보리와 일체지가 만약 화합하거나 만약 흩어진다고 보지 않느니라. 왜 그러한가? 일체지가 곧 보리이고 보리가 곧 일체지이니라. 사리자여. 반야바라밀다를 수행하는 보살마하살은 이와 같은 법과 함께 상응하는 까닭으로 반야바라밀다와 상응한다고 말하느니라.

다시 다음으로 사리자여. 반야바라밀다를 수행하는 보살마하살은 색의 유성(有性)에 집착하지 않고 색의 무성(無性)에 집착하지 않으며, 수·상·행·식의 유성에 집착하지 않고 수·상·행·식의 무성에 집착하지 않으며, 색의 항상(常)함에 집착하지 않고 색의 무상(無常)함에 집착하지 않으며, 수·상·행·식의 항상함에 집착하지 않고 수·상·행·식의 무상함에 집착하지 않으며, 색의 즐거움(樂)에 집착하지 않고 색의 괴로움(苦)에 집착하지 않으며, 수·상·행·식의 즐거움에 집착하지 않고 수·상·행·식의 괴로움에 집착하지 않으며, 색의 나(我)에 집착하지 않고 색의 무아(無我)에 집착하지 않으며, 수·상·행·식의 아에 집착하지 않고 수·상·행·식의 무아에 집착하지 않으며,

색의 적정(寂靜)함에 집착하지 않고 색의 부적정(不寂靜)에 집착하지 않으며, 수·상·행·식의 적정함에 집착하지 않고 수·상·행·식의 부적정에 집착하지 않으며, 색의 공(空)에 집착하지 않고 색의 불공(不空)에 집착하지 않으며, 수·상·행·식의 공에 집착하지 않고 수·상·행·식의 불공에 집착하지 않으며, 색의 무상(無相)에 집착하지 않고 색의 유상(有相)에

집착하지 않으며, 수·상·행·식의 무상에 집착하지 않고 수·상·행·식의 유상에 집착하지 않으며, 색의 무원(無願)에 집착하지 않고 색의 유원(有願)에 집착하지 않으며, 수·상·행·식의 나(我)에 집착하지 않고 수·상·행·식의 무아(無我)에 집착하지 않느니라. 사리자여, 반야바라밀다를 수행하는 보살마하살은 이와 같은 법과 함께 상응하는 까닭으로 반야바라밀다와 상응한다고 말하느니라.

사리자여, 반야바라밀다를 수행하는 보살마하살은 '나는 반야바라밀다를 수행한다.'라고 생각하지 않고, '나는 반야바라밀다를 수행하지 않는다.'라고 생각하지 않으며, '나는 반야바라밀다를 수행하기도 하고, 수행하지 않기도 한다.'라고 생각하지 않고, '나는 반야바라밀다를 수행하는 것도 아니고, 수행하지 않는 것도 아니다.'라고 생각하지 않느니라. 사리자여, 반야바라밀다를 수행하는 보살마하살은 이와 같은 법과 함께 상응하는 까닭으로 반야바라밀다와 상응한다고 말하느니라.

다시 다음으로 사리자여, 반야바라밀다를 수행하는 보살마하살은 보시바라밀다를 위한 까닭으로 반야바라밀다를 수행하지 않고, 정계·안인·정진·정려·반야바라밀다를 위한 까닭으로 반야바라밀다를 수행하지 않으며, 정성이생(正性離生)에 들어가기 위한 까닭으로 반야바라밀다를 수행하지 않고, 불퇴전지(不退轉地)를 증득하기 위한 까닭으로 반야바라밀다를 수행하지 않으며, 유정들의 성숙시키기 위한 까닭으로 반야바라밀다를 수행하지 않고, 불국토를 청정하게 장엄하기 위한 까닭으로 반야바라밀다를 수행하지 않으며, 4념주를 위한 까닭으로 반야바라밀다를 수행하지 않고, 4정단·4신족·5근·5력·7등각지·8성도지를 위한 까닭으로 반야바라밀다를 수행하지 않느니라.

여래의 10력을 위한 까닭으로 반야바라밀다를 수행하지 않고, 4무소외와 4무애해와 대자·대비·대희·대사와 18불불공법과 일체지·도상지·일체상지를 위한 까닭으로 반야바라밀다를 수행하지 않으며, 내공을 위한 까닭으로 반야바라밀다를 수행하지 않고, 외공·내외공·공공·대공·승의공·유위공·무위공·필경공·무제공·산공·무변이공·본성공·자상공·공상공·일체법공·불가득공·무성공·자성공·무성자성공을 위한 까닭으로 반야바라밀다를 수행하지 않으며, 진여를 위한 까닭으로 반야바라밀다를 수행하지 않고, 법계를 위한 까닭으로 반야바라밀다를 수행하지 않으며, 법성을 위한 까닭으로 반야바라밀다를 수행하지 않고, 실제를 위한 까닭으로 반야바라밀다를 수행하지 않으며, 평등성(平等性)을 위한 까닭으로 반야바라밀다를 수행하지 않느니라.

왜 그러한가? 반야바라밀다를 수행하는 보살마하살은 여러 법성(法性)의 차별을 보지 않는 까닭이니라. 사리자여. 반야바라밀다를 수행하는 보살마하살은 이와 같은 법과 함께 상응하는 까닭으로 반야바라밀다와 상응한다고 말하느니라.

다시 다음으로 사리자여. 반야바라밀다를 수행하는 보살마하살은 신경지증통(神境智證通)을 위한 까닭으로 반야바라밀다를 수행하지 않고, 천이지증통(天耳智證通)·타심지증통(他心智證通)·숙주수념지증통(宿住隨念智證通)·천안지증통(天眼智證通)·누진지증통(漏盡智證通)을 위한 까닭으로 반야바라밀다를 수행하지 않느니라. 왜 그러한가? 반야바라밀다를 수행하는 보살마하살은 오히려 반야바라밀다도 보지 않는데, 하물며 보살과 모든 여래의 6신통을 보겠는가? 사리자여. 반야바라밀다를 수행하는 보살마하살은 이와 같은 법과 함께 상응하는 까닭으로 반야바라밀다와 상응한다고 말하느니라.

사리자여. 반야바라밀다를 수행하는 보살마하살은 '나는 신경지증통으로써 시방(十方)의 긍가사(殑伽沙) 등의 여러 제불세계에 널리 이르러서 그 처소인 세계의 제불·여래께 공양하고 공경하며 존중하고 찬탄하겠다.'라고 이렇게 생각을 짓지 않고, '나는 천이지증통으로써 시방의 긍가사 등의 여러 제불세계에서 제불과 보살들께서 설하시는 것인 법의 소리를 두루 듣겠다.'라고 이렇게 생각을 짓지 않으며, '나는 타심지증통으로써 시방의 긍가사 등의 여러 제불세계에서 일체의 유정들의 심(心)·심소법(心所法)을 두루 알겠다.'라고 이렇게 생각을 짓지 않느니라.

'나는 숙주수념지증통으로써 시방의 긍가사 등의 여러 제불세계에서 일체의 유정들의 여러 과거에 머물렀던 일을 두루 기억하겠다.'라고 이렇게 생각을 짓지 않고, '나는 천안지증통으로써 시방의 긍가사 등의 여러 제불세계에서 일체의 유정들이 이곳에서 죽어서 저곳에서 태어나는 일을 두루 알겠다.'라고 이렇게 생각을 짓지 않으며, 나는 누진지증통으로써 시방의 긍가사 등의 여러 제불세계에서 일체의 유정들이 번뇌(漏)를 끝마쳤거나 끝마치지 않았음을 두루 보겠다.'라고 이렇게 생각을 짓지 않느니라. 사리자여. 반야바라밀다를 수행하는 보살마하살은 이와 같은 법과 함께 상응하는 까닭으로 반야바라밀다와 상응한다고 말하느니라.

사리자여. 반야바라밀다를 수행하는 보살마하살은 이와 같이 반야바라밀다와 상응하는 때에, 곧 능히 무량하고 무수이며 무변한 유정을 무여의 반열반계에 안립시키고, 일체의 악마가 그 틈새를 얻지 못하게 하며, 세간의 여러 일에서 욕망이라는 것을 뜻에 따르게 하느니라. 시방으로 각각 긍가사 등의 세계에 일체의 제불과 보살마하살들의 모두가 함께 이와 같은 보살을 호념(護念)하여 일체의 성문·독각 등의 지위에 퇴전하여 떨어지지(退墮) 않게 하며, 시방으로 각각 긍가사 등의 세계에 사대왕중천, 나아가 색구경천이 모두가 함께 이와 같은 보살을 옹위(擁衛)하므로 여러 하였던 것이 있다면 장애가 없게 하고, 몸과 마음이 고통과 번뇌를 함께 낫게 하며, 설사 죄업이 있어서 마땅히 미래의 세상에 상응하여 고통스러운 과보를 불렀더라도 받는 것을 가볍게 받게 전전하여 나타내느니라. 왜 그러한가? 이 보살은 일체의 유정에게 자비가 널리 두루한 까닭이니라.

사리자여. 이와 같은 보살마하살은 적은 가행(加行)5)을 수용하여도 곧 능히 일체의 다라니문과 일체의 삼마지문을 이끌어 일으켜서 모두의 앞에 있으면서 나타내고, 태어나는 처소를 따라서 항상 제불·세존을 섬기고, 나아가 무상보리(無上菩提)를 증득하며, 그 중간에서 항상 여래를 벗어나지 않느니라. 사리자여. 반야바라밀다를 수행하는 보살마하살이

---

5) 산스크리트어 Prayoga의 번역이고, 본격적인 수행에 앞서 행하는 예비적 수행을 뜻하며, 실천의 수단인 수행법이라는 뜻에서 방편(方便)이라고도 말한다.

이와 같은 반야바라밀다와 함께 상응하는 때라면, 이와 같이 무량하고 무수이며 불가사의하고 수승한 공덕을 얻는다고 마땅히 알아야 하느니라.

다시 다음으로 사리자여. 반야바라밀다를 수행하는 보살마하살은 '법이 있다면 법은 만약 상응하는가? 만약 상응하지 않는가? 만약 동등한가? 만약 동등하지 않는가?'라고 생각하지 않느니라. 왜 그러한가? 이 보살마하살은 법과 법이 있어서 만약 상응하거나, 만약 상응하지 않거나, 만약 동등하거나, 만약 동등하지 않는 것을 보지 않느니라. 사리자여. 반야바라밀다를 수행하는 보살마하살은 이와 같은 법과 함께 상응하는 까닭으로 반야바라밀다와 상응한다고 말하느니라.

사리자여. 반야바라밀다를 수행하는 보살마하살은 '나는 법계(法界)에서 만약 빠르게 등각(等覺)6)을 나타내거나, 만약 빠르게 등각을 나타내지 않겠다.'라고 이렇게 생각을 짓지 않느니라. 왜 그러한가? 능히 법계에서 등각을 나타내는 적은 법이라도 없는 까닭이니라. 사리자여. 반야바라밀다를 수행하는 보살마하살은 이와 같은 법과 상응하는 까닭으로 반야바라밀다와 상응한다고 말하느니라. 사리자여. 반야바라밀다를 수행하는 보살마하살은 적은 법이라도 법계를 벗어난 것이라고 보지 않느니라. 사리자여. 반야바라밀다를 수행하는 보살마하살은 이와 같은 법과 함께 상응하는 까닭으로 반야바라밀다와 상응한다고 말하느니라. 사리자여. 반야바라밀다를 수행하는 보살마하살은 '법계는 능히 제 법의 인연(因緣)이 된다.'라고 이렇게 생각을 짓지 않느니라. 사리자여. 반야바라밀다를 수행하는 보살마하살은 이와 같은 법과 함께 상응하는 까닭으로 반야바라밀다와 상응한다고 말하느니라.

사리자여. 반야바라밀다를 수행하는 보살마하살은 '이 법은 능히 법계를 증득하는 것인가? 증득하지 못하는 것인가?'라고 이렇게 생각을 짓지 않느니라. 왜 그러한가? 이 보살마하살은 오히려 적은 법도 보지 않는데,

---

6) 산스크리트어 saṃbodh의 번역이고, 보살 수행계위에서 53위 등의 단계에서 묘각의 아래 단계이며, 여러 공덕이 세존과 비슷하다는 뜻이다.

어찌 하물며 법이 있어서 능히 법계를 증득하겠는가? 증득하지 못하겠는 가?'라고 이렇게 생각을 짓겠는가? 사리자여. 반야바라밀다를 수행하는 보살마하살은 이와 같은 법과 함께 상응하는 까닭으로 반야바라밀다와 상응한다고 말하느니라.

　다시 다음으로 사리자여. 반야바라밀다를 수행하는 보살마하살은 법계와 공(空)이 상응한다고 보지 않고, 역시 공과 법계가 상응한다고 보지 않느니라. 사리자여. 반야바라밀다를 수행하는 보살마하살은 이와 같은 법과 함께 상응하는 까닭으로 반야바라밀다와 상응한다고 말하느니라.

　사리자여. 반야바라밀다를 수행하는 보살마하살은 색과 공이 상응한다고 보지 않고 역시 공과 색이 상응한다고 보지 않으며, 수·상·행·식과 공이 상응한다고 보지 않고 역시 공과 수·상·행·식이 상응한다고 보지 않으며, 안처와 공이 상응한다고 보지 않고 역시 공과 안처가 상응한다고 보지 않으며, 이·비·설·신·의처와 공이 상응한다고 보지 않고 역시 공과 이·비·설·신·의처가 상응한다고 보지 않으며, 색처와 공이 상응한다고 보지 않고 역시 공과 색처가 상응한다고 보지 않으며, 성·향·미·촉·법처와 공이 상응한다고 보지 않고 역시 공과 성·향·미·촉·법처가 상응한다고 보지 않으며,

　안계·색계·안식계와 공이 상응한다고 보지 않고 역시 공과 안계·색계·안식계가 상응한다고 보지 않으며, 이계·성계·이식계와 공이 상응한다고 보지 않고 역시 공과 이계·성계·이식계가 상응한다고 보지 않으며, 비계·향계·비식계와 공이 상응한다고 보지 않고 역시 공과 비계·향계·비식계가 상응한다고 보지 않으며, 설계·미계·설식계와 공이 상응한다고 보지 않고 역시 공과 설계·미계·설식계가 상응한다고 보지 않으며, 신계·촉계·신식계와 공이 상응한다고 보지 않고 역시 공과 신계·촉계·신식계가 상응한다고 보지 않으며, 의계·법계·의식계와 공이 상응한다고 보지 않고 역시 공과 의계·법계·의식계가 상응한다고 보지 않으며,

　고성제와 공이 상응한다고 보지 않고 역시 공과 고성제가 상응한다고 보지 않으며, 집·멸·도성제와 공이 상응한다고 보지 않고 역시 공과

집·멸·도성제가 상응한다고 보지 않으며, 무명과 공이 상응한다고 보지 않고 역시 공과 무명이 상응한다고 보지 않으며, 행·식·명색·육처·촉·수·애·취·유·생·노사의 수탄고우뇌와 공이 상응한다고 보지 않고 역시 공과 행, 나아가 노사의 수탄고우뇌가 상응한다고 보지 않으며, 4념주와 공이 상응한다고 보지 않고 역시 공과 4념주가 상응한다고 보지 않으며, 4정단·4신족·5근·5력·7등각지·8성도지와 공이 상응한다고 보지 않고 역시 공과 4정단, 나아가 8성도지가 상응한다고 보지 않으며,

여래의 10력과 공이 상응한다고 보지 않고 역시 공과 여래의 10력이 상응한다고 보지 않으며, 집·멸·도성제와 공이 상응한다고 보지 않고 역시 공과 집·멸·도성제가 상응한다고 보지 않으며, 무명과 공이 상응한다고 보지 않고 역시 공과 무명이 상응한다고 보지 않으며, 행·식·명색·육처·촉·수·애·취·유·생·노사의 수탄고우뇌와 공이 상응한다고 보지 않고 역시 공과 행, 나아가 노사의 수탄고우뇌가 상응한다고 보지 않으며, 4념주와 공이 상응한다고 보지 않고 역시 공과 4념주가 상응한다고 보지 않으며, 4무소외·4무애해·대자·대비·대희·대사·18불불공법·일체지·도상지·일체상지와 공이 상응한다고 보지 않고 역시 공과 4무소외, 나아가 일체상지가 상응한다고 보지 않느니라.

사리자여. 반야바라밀다를 수행하는 보살마하살이 만약 능히 이와 같이 상응한다면 이것이 제일의공(第一義空)과 상응하게 되느니라. 제보살마하살들이 오히려 이와 같이 공과 함께 상응하는 까닭으로 성문·독각 등의 지위에 떨어지지 않고 불국토를 청정하게 장엄하며, 유정들을 성숙시키고 빠르게 무상정등보리(無上正等菩提)를 증득하느니라. 사리자여. 반야바라밀다를 수행하는 보살마하살들이 여러 상응하는 가운데에서 반야바라밀다와 상응한다면 최고로 제일(第一)이 되고, 최고로 존귀하며 (最尊), 최고로 수승하고(最勝), 최상(最上)이며, 최고로 미묘하고(最妙), 최고(最高)이며, 최고로 지극하고(最極), 무상(無上)이며, 무상상(無上上)이고, 무등(無等)이며, 무등등(無等等)이니라.

왜 그러한가? 사리자여. 이 반야바라밀다와 상응한다면 곧 이것이

공과 상응하고, 무상(無相)과 상응하며, 무원(無願)과 상응하는 까닭이니라. 사리자여. 반야바라밀다를 수행하는 보살마하살이 이와 같은 반야바라밀다와 상응하는 때라면, 곧 작불(作佛)한다는 수기(受記)를 받거나, 만약 수기에 가까워진 것이라고 마땅히 알아야 하느니라. 사리자여. 이 보살마하살은 능히 무량하고 무수이며 무변한 유정을 위하여 큰 요익(饒益)을 짓느니라.

사리자여. 이 보살마하살은 '나는 반야바라밀다와 함께 상응한다.'라고 이렇게 생각을 짓지 않고, '나는 결정적으로 작불한다는 수기를 받았거나, 만약 수기에 가까워졌다.'라고 이렇게 생각을 짓지 않으며, '나는 능히 불국토를 청정하게 장엄하고, 유정들을 성숙시킨다.'라고 이렇게 생각을 짓지 않고, '나는 아뇩나라삼먁삼보리(阿耨多羅三藐三菩提)[7]를 증득하고서 미묘한 법륜을 굴리면서 일체의 유정들을 요익하게 하겠다.'라고 이렇게 생각을 짓지 않느니라. 왜 그러한가? 이 보살마하살은 법계를 벗어나는 법이 있다고 보지 않고, 반야바라밀다를 수행하는 법이 있다고 보지 않으며, 여래의 수기를 받는 법이 있다고 보지 않고, 마땅히 아뇩다라샴막삼보리를 증득하는 법이 있다고 보지 않으며, 불국토를 청정하게 장엄하는 법이 있다고 보지 않고, 유정들을 성숙시키는 법도 있다고 보지 않느니라.

왜 그러한가? 반야바라밀다를 수행하는 보살마하살은 아상(我想)을 일으키지 않고, 유정(有情)·명자(命者)·생자(生者)·양자(養者)·사부(士夫)·보특가라(補特伽羅)·의생(意生)·유동(孺童)·작자(作者)·사작자(使作者)·기자(起者)·사기자(使起者)·수자(受者)·사수자(使受者)·지자(知者)·견자상(見者想)을 일으키지 않는 까닭이니라. 그 까닭은 무엇인가? 아상과 유정상 등이 반드시 결국에는 생겨나지 않고, 역시 다시 소멸하지도

---

7) 산스크리트어 Anuttara-Sammyak-Sambodhi의 음사이고, '阿(a)'는 무(無)의 뜻이고, '耨多羅(nuttara)'는 상(上)의 뜻이며, '三藐(samyak)'은 정등(正等)의 뜻이고, '三菩提(sambodhi)'는 정각(正覺)의 뜻이므로, 합한다면 무상정등각(無上正等覺)이라는 뜻이다.

않느니라. 그것들이 이미 반드시 결국에는 생겨나지 않고, 소멸하지도 않는데, 어찌하여 마땅히 반야바라밀다를 능히 수행하겠는가?

사리자여. 이 보살마하살은 유정의 생겨남을 보지 않는 까닭으로 반야바라밀다를 수행하고, 유정의 소멸함을 보지 않는 까닭으로 반야바라밀다를 수행하는 것이며, 유정이 공(空)하다고 통달하였던 까닭으로 반야바라밀다를 수행하고, 유정이 아(我)가 아니라고 통달하였던 까닭으로 반야바라밀다를 수행하며, 유정은 얻을 수 없다고 통달하였던 까닭으로 반야바라밀다를 수행하고, 유정을 멀리 벗어났다고 통달하였던 까닭으로 반야바라밀다를 수행하며, 유정의 본성(本性)이 유정의 성품이 아니라고 통달하였던 까닭으로 반야바라밀다를 수행하느니라. 사리자여. 반야바라밀다를 수행하는 보살마하살은 여러 상응하는 가운데에서 반야바라밀다와 상응한다면 최고로 제일이 되고, 반야바라밀다와 상응한다면 최고로 존귀하며 최고로 수승하느니라.

사리자여. 제보살마하살들이 이와 같이 상응한다면 널리 여래의 10력·4무소외·4무애해·대자·대비·대희·대사·18불불공법·일체지·도상지·일체상지를 능히 이끌어서 일으키느니라. 사리자여. 반야바라밀다를 수행하는 보살마하살은 이와 같은 반야바라밀다와 상응하는 까닭으로 반드시 결국에는 간탐(慳貪)하는 마음을 일으키지 않고 범계(犯戒)의 마음을 일으키지 않으며 분노하고 성내는(忿恚) 마음을 일으키지 않고 해태(懈怠)한 마음을 일으키지 않으며 산란(散亂)한 마음을 일으키지 않고 악한 지혜(惡慧)의 마음을 일으키지 않느니라."

마하반야바라밀다경 제404권

3. 관조품(觀照品)(3)

그때 사리자(舍利子)가 세존께 아뢰어 말하였다.
"세존이시여. 반야바라밀다와 싱응(相應)하는 보살마하살은 어느 저소에서 은몰(隱沒)1)하였고 이 세간으로 와서 태어났으며, 이 세간에서 은몰한다면 마땅히 어느 처소에 태어납니까?"
세존께서 사리자에게 알리셨다.
"반야바라밀다와 상응하는 보살마하살은 누구는 나머지의 불국토에서 은몰하여 이 세간으로 와서 태어났고, 누구는 도사다천(覩史多天)2)에서 은몰하여 이 세간으로 와서 태어났으며, 누구는 인간의 가운데에서 은몰하여 이 세간으로 와서 태어났느니라. 사리자여. 만약 나머지의 불국토에서 은몰하여 이 세간으로 와서 태어난 자라면, 이 보살마하살은 빠르게 반야바라밀다와 상응하느니라. 오히려 반야바라밀다와 상응하는 까닭으로 전전하여 태어난다면 곧 깊고 미묘한 법문이 빠르게 앞에 나타나서 있고, 이것을 쫓아서 이후에는 항상 반야바라밀다와 빠르게 상응하므로, 태어났던 처소에 있으면서 항상 제불을 만나서 공양(供養)하고 공경(恭敬)하며 존중(尊重)하고 찬탄(讚歎)하면서 능히 반야바라밀다를 점차로 증장(增長)시키느니라.
만약 도사다천에서 은몰하여 이 세간으로 와서 태어난 자라면, 이

---

1) '자취를 감추다.' 또는 '흩어져 없어지다.'는 뜻이다.
2) 산스크리트어 Tuṣita의 음사이고, 도솔천(兜率天)을 다르게 부르는 말이다.

보살마하살은 곧 한 생(一生)을 계박(繫縛)하게 되고 6바라밀다에서 항상 잊어버리지 않으며, 일체의 다라니문(陀羅尼門)과 삼마지문(三摩地門)을 모두 증득하였으므로 자재(自在)하느니라. 만약 인간의 가운데에서 은몰하여 이 세간으로 와서 태어난 자라면, 이 보살마하살은 불퇴전(不退轉)을 제외하고는 그의 근기(根基)가 어리석고 우둔하여 능히 빠르게 반야바라밀다와 상응하지 못하고, 일체의 다라니문과 삼마지문에서 모두 자재하지 않느니라.

사리자여. 그대는 '반야바라밀다와 상응하는 보살마하살이 이 처소에서 은몰한다면 마땅히 어느 처소에 태어납니까?'라고 물었는데, 이 보살마하살은 이 처소에서 은몰하여 나머지의 불국토에 태어나고, 한 불국토로부터 한 불국토에 이르면서, 태어나는 처소·처소에서 항상 제불을 만나서 공양하고 공경하며 존중하고 찬탄하며, 나아가 무상정등보리(無上正等菩提)를 증득하느니라.

사리자여. 다시 보살마하살이 있었고 방편선교(方便善巧)가 없는 까닭으로 초정려(初靜慮)에 들어가거나, 제2·제3·제4정려(第四靜慮)에 들어가거나, 역시 6바라밀다를 수행하는데, 이 보살마하살은 정려(靜慮)를 증득하였던 까닭으로 장수천(長壽天)에 태어나고, 그곳에서 수명이 끝나면 인간의 가운데에 태어나서 제불을 만나서 공양하고 공경하며 존중하고 찬탄하면서 비록 6바라밀다를 수행하더라도 근기가 어리석고 우둔하여 매우 밝고 예리하지 않으니라. 사리자여. 다시 보살마하살이 있어서 초정려, 나아가 4정려에 들어가고, 역시 6바라밀다를 수행하더라도 이 보살마하살은 방편선교가 없는 까닭으로 여러 정려를 버리고서 욕계(欲界)에 태어나는데, 이 보살마하살도 근기가 어리석고 우둔하여 매우 밝고 예리하지 않느니라.

사리자여. 다시 보살마하살이 있었고 초정려에 들어가거나, 제2·제3·제4정려에 들어가거나, 자무량(慈無量)에 들어가거나, 비(悲)·희(喜)·사무량(捨無量)에 들어가거나, 공무변처정(空無邊處定)에 들어가거나, 식무변처정(識無邊處定)·무소유처정(無所有處定)·비상비비상처정(非想非非

想處定)에 들어가거나, 4념주·4정단·4신족·5근·5력·7등각지·8성도지를 수행하거나, 여래의 10력·4무소외·4무애해·대자·대비·대희·대사·18불불공법을 수행하느니라. 이 보살마하살은 방편선교가 있는 까닭으로 정려(靜慮)·무량(無量)·무색계(無色界)의 세력(勢力)을 따라서 태어나지 않고, 다만 불세계(佛世界)에 태어나서 제불을 만나서 공양하고 공경하며 존중하고 찬탄하면서 항상 반야바라밀다와 함께 상응하는데, 이 보살마하살은 이 현겁(賢劫)의 가운데에서 결정적으로 무상정등보리를 증득한다고 마땅히 알아야 하느니라.

사리자여. 다시 보살마하살이 있었고 초정려, 나아가 4정려에 들어가거나, 자무량, 나아가 사무량에 들어가거나, 공무변처정, 나아가 비상비비상처정에 들어가는데, 이 보살마하살은 방편선교가 있는 까닭으로 정려·무량·무색계의 세력을 따라서 태어나지 않고, 도리어 욕계의 만약 찰제리(刹帝利)의 대종족이거나, 만약 바라문의 대종족이거나, 만약 장자(長者)의 대종족이거나, 만약 거사(居士)의 대종족에 태어났더라도 제유정들을 성숙시키기 위한 까닭이며, 후유(後有)를 탐내고 염오되었던 까닭으로 태어나지 않았느니라.

사리자여. 다시 보살마하살이 있었고 초정려, 나아가 4정려에 들어가거나, 자무량, 나아가 사무량에 들어가거나, 공무변처정, 나아가 비상비비상처정에 들어가는데, 이 보살마하살은 방편선교가 있는 까닭으로 정려·무량·무색계의 세력을 따라서 태어나지 않고, 혹은 사대왕중천(四大王衆天)에 태어나거나, 혹은 삼십삼천(三十三天)에 태어나거나, 혹은 야마천(夜摩天)에 태어나거나, 혹은 도사다천(覩史多天)에 태어나거나, 혹은 낙변화천(樂變化天)에 태어나거나, 혹은 타화자재천(他化自在天)에 태어나는데, 제유정들을 성숙시키려는 까닭이고, 제불국토를 청정하게 장엄하기 위한 까닭이므로, 항상 제불을 만나서 공양하고 공경하며 존중하고 찬탄하면서 헛되게 지나치는 것이 없느니라.

사리자여. 다시 보살마하살이 있었고 반야바라밀다를 수행하면서 방편선교가 있는 까닭으로 초정려에 들어가고, 이 처소에서 은몰(隱沒)한다면 범천세계의 가운데에서 태어나고 대범천왕이 되는데 위덕(威德)의 치성(熾盛)함이 다른 범왕의 대중들에 백천 배(倍)일 것이다. 스스로가 천상의 처소에서 여러 불국토를 유행하면서 한 불국토에서 한 불국토에 이르면서 그 가운데의 보살마하살이 있으나 무상정등보리를 증득하지 못하였다면 무상정등보리를 증득하도록 권유하고, 이미 무상정등보리를 증득하였으나 법륜을 굴리지 않는 자라면 법륜을 굴리도록 권유하는데, 제유정들을 이익(利益)되고 안락(安樂)하게 하기 위한 까닭이니라.

사리자여. 다시 보살마하살이 있었고 반야바라밀다를 수행하면서 방편선교가 있는 까닭으로 초정려, 나아가 4정려에 들어가거나, 자무량, 나아가 사무량에 들어가거나, 공무변처정, 나아가 비상비비상처정에 들어가거나, 4념주, 나아가 8성도지를 수행하면서 공해탈문(空解脫門)·무상해탈문(無相解脫門)·무원해탈문(無願解脫門)에서 스스로가 앞에 나타나 있으면서, 정려·무량·무색계의 세력을 따라서 태어나지 않는데, 이 보살마하살은 한 생이 계박되어서 현재의 여래(如來)·응공(應供)·정등각(正等覺)을 현전(現前)하여 받들어 섬기고 친근하게 공양하며, 이 여래의 처소에서 정근(精勤)하면서 범행(梵行)을 수행하고, 이 세간에서 은몰하여 도사다천에 태어나며, 그곳에서 수명(壽量)이 끝나도록 여러 근(諸根)의 결함이 없고, 정지(正知)를 구족하고 염송(念)하여 무량하고 무수인 백천 구지(俱胝)·나유타(那庾多)의 천상의 대중들에게 둘러싸여 인도하면서 따르므로 신통으로 유희(遊戱)하며, 인간의 가운데에 와서 태어나고 무상정등보리를 증득하고서 미묘한 법륜을 굴리면서 무량한 대중들을 헤아려서 해탈시키느니라.

사리자여. 다시 보살마하살이 있었고 6신통(六神通)을 구족하고서 욕계(欲界)에 태어나지 않으며, 색계(色界)에 태어나지 않고, 무색계(無色界)에 태어나지 않으며, 한 불국토에서 한 불국토에 이르면서 제불·세존께 공양하고 공경하며 존중하고 찬탄하면서 보살행을 수행하여 무상정등보리를 증득하느니라. 사리자여. 다시 보살마하살이 있었고 6신통을 구족하고서 자재하게 유희하면서 한 불국토에서 한 불국토에 이르렀는데, 지나가는 처소의 불국토에는 성문·독각의 명자가 없고, 오직 일승(一乘)의 진실하고 청정한 수행자들이 있더라도, 이 보살마하살은 여러 불국토에서 제불·세존께 공양하고 공경하며 존중하고 찬탄하면서 반야바라밀다를 수행하여 점차로 증장시키면서 불국토를 청정하게 장엄하고, 유정들을 성숙시키느니라.

사리자여. 다시 보살마하살이 있었고 6신통을 구족하고서 자재하게 유희하면서 한 불국토에서 한 불국토에 이르렀는데, 지나가는 처소의 불국토에는 유정들의 수명이 수량을 알 수 없었다면, 이 보살마하살은 여러 불국토에서 제불·세존께 공양하고 공경하며 존중하고 찬탄하면서 반야바라밀다를 수행하여 점차로 증장시키면서 불국토를 청정하게 장엄하고, 유정들을 성숙시키느니라.

사리자여. 다시 보살마하살이 있었고 6신통을 구족하고서 여러 세계를 유희하였는데 여러 세계가 있었어도 3보(三寶)의 명자도 없었다면, 이 보살마하살은 그 세계에 가서 불(佛)·법(法)·승보(僧寶)를 찬탄하면서 제유정들이 청정한 믿음을 깊이 생겨나게 하나니, 오히려 이것으로 장야(長夜)에 이익되고 안락하게 되느니라. 이 보살마하살이 이 처소에서 목숨을 끝마친다면 불세계에 태어나서 보살행을 수행하여 무상정등보리를 증득하느니라.

사리자여. 다시 보살마하살이 있었고 초발심부터 용맹하게 정진(精進)하여 초정려, 나아가 4정려를 증득하였거나, 비·희·사무량을 증득하였거나, 공무변처정, 나아가 비상비비상처정을 증득하였거나, 4념주, 나아가 8성도지를 수행하였거나, 여래의 10력, 나아가 일체상지(一切相智)를 수행하느니라. 이 보살마하살은 욕계에 태어나지 않고, 색계에 태어나지 않으며, 무색계에 태어나지 않고, 항상 능히 유정을 요익(饒益)하게 하는 처소에 태어나서 일체의 유정들을 이익되고 안락하게 하느니라.

사리자여. 다시 보살마하살이 있었고 먼저부터 이미 6바라밀다를 수행하였고 초발심이라면 곧 보살의 정성이생(正性離生)에 들어가고, 나아가 불퇴전지(不退轉地)를 증득하느니라. 사리자여. 다시 보살마하살이 있었고 먼저부터 이미 6바라밀다를 수행하였고 초발심하였다면, 곧 능히 전전(展轉)하여 무상정등보리를 증득하며, 미묘한 법륜(法輪)을 굴려서 무량한 대중들을 헤아리고, 무여의대열반계(無餘依大涅槃界)에서 반열반(般涅槃)에 들어가게 하는데, 반열반하신 뒤에는 설하였던 처소에서는 정법(正法)이 만약 한 겁이거나, 만약 한 겁을 넘겨서 안주하면서 무변한 제유정들의 부류들을 이익되고 안락하게 하느니라.

사리자여. 다시 보살마하살이 있었고 먼저부터 이미 6바라밀다를 수행하였고 초발심이라면, 능히 반야바라밀다와 상응하므로 무량하고 무수인 백천 구지·나유타의 보살마하살에게 앞뒤로 둘러싸여 여러 불국토에 유희하면서 한 불국토에서 한 불국토에 이르면서 제불·세존께 공양하고 공경하며 존중하고 찬탄하면서 유정들을 성숙시키고 불국토를 청정하게 장엄하느니라.

사리자여. 다시 보살마하살이 있었고 반야바라밀다를 수행하여 4정려·4무량·4무색정을 증득하였고 그 가운데에서 유희하면서 먼저 초정려에 들어가고 초정려에서 일어나서 멸진정(滅盡定)³⁾에 들어가며, 멸진정에서 일어나서 제2정려에 들어가고 제2정려에서 일어나서 멸진정에 들어가며, 멸진정에서 일어나서 제3정려에 들어가고 제3정려에서 일어나서 멸진정에 들어가며, 멸진정에서 일어나서 제4정려에 들어가고 제4정려에서 일어나서 멸진정에 들어가며, 멸진정에서 일어나서 공무변처에 들어가고 공무변처에서 일어나서 멸진정에 들어가며, 멸진정에서 일어나서 식무변처에 들어가고 식무변처에서 일어나서 멸진정에 들어가고 멸진정에서 일어나서 무소유처에 들어가며, 무소유처에서 일어나서 멸진정에 들어가고 멸진정에서 일어나서 비상비비상처에 들어가고 비상비비상처에서 일어나서 멸진정에 들어가며, 멸진정에서 일어나서 초정려에 들어가느니라. 사리자여. 이 보살마하살은 반야바라밀다를 수행하였으므로 방편선교로 여러 수승한 정려에서 순관(順觀)과 역관(逆觀)으로 나아가고 돌아오

---

3) 산스크리트어 Nirodha-samāpatti의 번역이고, 멸수상정(滅受想定)이라고도 부른다. 일체의 마음 작용(作用)과 그 작용을 일으키는 마음을 없앤 정려를 가리킨다.

면서 차례(次第)를 초월(超越)하여 자재(自在)하게 유희하느니라.

사리자여. 다시 보살마하살이 있었고 비록 4념주·4정단·4신족·5근·5력·7등각지·8성도지를 증득하였거나, 이미 여래의 10력·4무소외·4무애해·대자·대비·대희·대사·18불불공법·일체지·도상지·일체상지를 수행하였어도, 예류과를 취하지 않거나, 만약 일래를 취하지 않거나, 만약 불환과를 취하지 않거나, 만약 아라한과를 취하지 않거나, 만약 독각의 보리를 취하지 않거나, 만약 무상정등보리를 취하지 않느니라. 이 보살마하살은 반야바라밀다를 수행하여 방편선교가 있는 까닭으로, 제유정들에게 4념주, 나아가 8성도지를 일으키게 하고, 예류과, 나아가 아라한과·독각의 보리를 증득하게 하며, 혹은 유정들에게 여래의 10력, 나아가 일체상지를 수행하게 하여서 무상정등보리를 증득하게 하느니라. 사리자여. 이 여러 성문·독각의 과보와 지혜는 곧 보살마하살의 법인(法忍)이니라. 사리자여. 이 보살마하살은 불퇴전지에 안주(安住)하여 반야바라밀다와 상응하면서 능히 이러한 일을 한다고 마땅히 알아야 하느니라.

사리자여. 다시 보살마하살이 있었고 6바라밀다에 안주하여 도사다천궁(覩史多天宮)을 청정하게 하는데, 이 보살마하살은 이 현겁의 가운데에서 결정적으로 마땅하게 작불(作佛)하느니라. 사리자여. 다시 보살마하살이 있었고 반야바라밀다를 수행하여 비록 이미 4정려·4무량·4무색정을 증득하였고, 이미 4념주·4정단·4신족·5근·5력·7등각지·8성도지를 증득하였으며, 이미 여래의 10력·4무소외·4무애해·대자·대비·대희·대사·18불불공법·일체지·도상지·일체상지를 수행하여 마음이 보리(菩提)에 나아가면서 항상 해태하지 않고 그만두지 않는다면, 성스러운 진리(聖諦)에서 현재와 미래에 통달할 것이니라. 사리자여. 이 보살마하살은 한 생(生)이 계박된다고 마땅히 알아야 하느니라.

사리자여. 다시 보살마하살이 있었고 6바라밀다를 수행하여 여러 세계를 유희하면서 한 불국토에서 한 불국토에 이르면서 불국토를 청정하게 장엄하고 유정들을 무상각(無上覺)에 안립(安立)시키느니라. 사리자여. 이 보살마하살은 반드시 무량하고 무수인 대겁(大劫)이 지난다면, 나아가 무상정등보리를 증득하느니라. 사리자여. 다시 보살마하살이 있었고 6바라밀다에 안주하여 항상 정근하면서 정진하여 유정들을 요익되게 하면서 입으로 항상 의취(義趣)가 없는 말을 이끌어서 설(說)하지 않고, 몸과 뜻으로 의취가 없는 법을 이끌어서 설하지 않느니라. 다시 보살마하살이 있었고 6바라밀다에 안주하여 항상 정근하면서 정진하여 유정들을 요익하게 하고, 한 불국토에서 한 불국토에 이르면서 제유정들에 3악취(三惡趣)[4]의 도(道)를 단절(斷絶)시켜 주느니라.

사리자여. 다시 보살마하살이 있었고 비록 6바라밀다를 구족하고 안주하더라도 항상 보시바라밀다(布施波羅蜜多)로써 상수(上首)를 삼아서 여러 보살행을 용맹스럽게 수습(修習)하면서 여러 유정들에게 일체의 자구(資具)를 베풀어주면서 항상 해태(懈怠)와 휴식(息)이 없는데, 음식이 필요하면 음식을 주고, 마실 것이 필요하면 마실 것을 주며, 수레(乘)가 필요하면 수레를 주고, 옷이 필요하면 옷을 주며, 꽃·향·영락(瓔珞)·방사(房舍)·와구(臥具)·평상(床)·의자(榻)·등불(燈明)·재물(財)·곡식(穀)·진기한 보배(珍寶) 등이 필요하면 그 필요한 것인 자구와 생활하는 물건들을 모두에게 남김없이 보시하여 공급하느니라.

사리자여. 다시 보살마하살이 있었고 비록 6바라밀다를 구족하고서 안주하더라도 항상 정계바라밀다(淨戒波羅蜜多)로써 상수를 삼아서 여러 보살행을 용맹스럽게 수습하면서 신(身)·어(語)·의(義)의 수승한 율의(律儀)를 구족하고서 다시 제유정들에게 권유하여 이와 같은 율의를 수습하여 빠르게 원만하게 하느니라. 사리자여. 다시 보살마하살이 있어서 비록 6바라밀다를 구족하고서 안주하더라도 항상 안인바라밀다(安忍波羅蜜多)로써 상수를 삼아서 여러 보살행을 용맹스럽게 수습하면서 일체의 분노하고 성내는 마음 등을 멀리 벗어나고, 다시 제유정들에게 권유하여 이와 같은 안인을 수습하여 빠르게 원만하도록 하느니라.

사리자여. 다시 보살마하살이 있었고 비록 6바라밀다를 구족하고 안주

---

4) 악한 세계에 태어나서 고통의 과보를 받는 지옥(地獄)·아귀(餓鬼)·축생(畜生)을 가리킨다.

하더라도 정진바라밀다(精進波羅蜜多)로써 상수를 삼아서 여러 보살행을 용맹스럽게 수습하면서 일체의 선법(善法)을 구족하여 수행하고, 역시 일체의 유정에게도 권하여 이와 같은 정진을 수습하여 빠르게 원만하도록 하느니라. 사리자여. 다시 보살마하살이 있었고 비록 6바라밀다를 구족하고 안주하더라도 항상 정려바라밀다(靜慮波羅蜜多)로써 상수를 삼아서 여러 보살행을 용맹스럽게 수습하면서 일체의 수승한 사마타(奢摩陀)[5]를 수행하고, 제유정에게 권유하여 역시 이와 같이 수승한 정려를 수습하여 빠르게 원만하도록 하느니라.

사리자여. 다시 보살마하살이 있어서 비록 6바라밀다를 구족하고 안주하더라도 항상 반야바라밀다(般若波羅蜜多)로써 상수를 삼아서 여러 보살행을 용맹스럽게 수습하면서 온갖 비발사나(毘鉢舍那)[6]를 구족하여 수행하고, 제유정에게 권유하여 역시 이와 같이 수승한 지혜를 수습하여 빠르게 원만하도록 하느니라. 사리자여. 다시 보살마하살이 있었고 반야바라밀다를 수행하여 여래(佛)와 같은 변화한 몸(化身)으로 두루 지옥(地獄)·방생(傍生)·귀계(鬼界)에 들어가거나, 만약 인간이거나, 만약 천상 등에 들어가서 그 부류의 음성을 따라서 정법을 설하게 되느니라.

사리자여. 다시 보살마하살이 있어서 6바라밀다에 안주하여 여래와 같은 변화한 몸으로 두루 시방의 긍가사 등의 제불세계에 두루 이르러서 제유정들을 위하여 정법을 널리 설하고 불국토를 청정하게 장엄하며, 제불의 처소에서 정법을 듣고는 공양하고 공경하며 존중하고 찬탄하면서 시방에서 최고로 수승한 불국토의 미묘하고 청정한 상(相)을 두루 관찰하고, 곧 스스로가 최고로 지극하고 청정한 불국토의 장엄을 일으키며,

---

5) 산스크리트어 śamatha의 음사이고, '적정(寂靜)', '적지(寂止)', '지식(止息)' 등으로 번역한다. 외경(外境)에 육근(六根)을 대치하여 마음이 동요되지 않고 고요하게 하는 것을 뜻한다.

6) 산스크리트어 vipaśyanā의 음사이고, '관찰(觀察)'. '관견(觀見)', '관조(觀照)', '각조(覺照)' 등으로 한역한다. Vipaśyanā는 접두사 'vi'와 동사의 어근 'paś'로 구성되고, 'vi'는 '멀리 떨어져 있거나', '향한다.'는 뜻이므로, '이와 같이 보다.', '집중하여 보다.', '상황적으로 보다.'로 번역할 수 있다.

그 가운데에 한 생을 계박하는 여러 대보살(大菩薩)들을 안주시켜서 빠르게 무상보리를 증득하도록 교계(敎誡)하느니라.

사리자여. 다시 보살마하살이 있었고 6바라밀다를 수행하여 32대사상(三十二大士相)을 성취하여 여러 근(諸根)이 매우 예리하고 청정하며 단엄(端嚴)하므로 중생으로 보았던 자(者)가 사랑하고 공경하지 않는 자가 없다면, 이것을 인연으로 그들의 근기와 욕망에 상응하여 점차 3승의 열반을 증득하게 권유하고 인도하느니라. 이와 같이 사리자여. 보살마하살이 반야바라밀다를 수행한다면 상응하여 청정한 신·구·의업을 수학(修學)해야 하느니라. 사리자여. 다시 보살마하살이 있었고 6바라밀다를 수행하여 비록 여러 근이 밝고 예리하더라도 스스로를 높이거나 다른 사람을 업신여기지 않느니라.

사리자여. 다시 보살마하살이 있었고 초발심부터 항상 보시·정계바라밀다에 안주하였고, 나아가 아직 불퇴전지를 증득하지 못하였더라도, 일체의 시간에 악한 세계(惡趣)에 떨어지지 않느니라. 사리자여. 다시 보살마하살이 있었고 초발심부터 나아가 불퇴전지를 증득하지 못하였더라도, 항상 10선업도(十善業道)를 버리고 벗어나지 않느니라. 사리자여. 다시 보살마하살이 있었고 보시·정계바라밀다에 안주하여 전륜왕(轉輪王)이 되어 7보(七寶)를 성취하고서 법으로써 교화(敎化)하고 비법(非法)으로써 교화하지 않으며, 유정들을 10선도(十善道)에 안립(安立)시키고, 역시 재물과 보배로써 여러 빈천(貧乏)함을 구제하느니라.

사리자여. 다시 보살마하살이 있었고 보시·정계바라밀다에 안주하여 무량한 백천 년에 전륜성왕이 되어 무량한 백천의 제불을 만나서 공양하고 공경하며 존중하고 찬탄하면서 내(內)·외신(外身)으로 보시하여 베풀어 주면서 난처함을 삼지 않느니라. 사리자여. 다시 보살마하살이 있었고 6바라밀다에 안주하여 항상 삿된 소견으로 어둠(盲冥)을 삼는 유정들을 위하여 법의 등불을 지어서 밝혀주며, 역시 이 등불을 가지고 항상 이것으로써 스스로를 비추면서, 나아가 무상정등보리까지 이 법의 등불을 일찍이 버리거나 벗어나지 않는데, 이 보살마하살은 오히려 이것을 인연으로 제불법(諸佛法)에서 항상 증득하고 일어남을 나타내느니라. 이러한 까닭으로 사리자여. 제보살마하살들이 반야바라밀다를 수행하면서 신·구·의의 세 가지에서 죄업(罪業)이 있다면 잠시도 일어남이 허용될 수 없느니라."

그때 사리자(舍利子)가 세존께 아뢰어 말하였다.
"세존이시여. 무엇을 보살마하살의 신(身)·어(語)·의업(義業)의 유죄(有罪)라고 이름합니까?"
세존께서 말씀하셨다.
"사리자여. 보살마하살이 '이것은 나(我)의 몸(身)이고, 오히려 이것을 까닭으로 신업(身業)이 일어난다. 이것은 나의 말(語)이고, 오히려 이것을 끼닭으로 어업(語業)이 일어난다. 이것은 나의 뜻(意)이고, 오히려 이것을 까닭으로 의업(意業)이 일어난다.'라고 이렇게 생각을 지었다면, 사리자여. 이것을 보살마하살의 신·어·의업의 유죄라고 이름하느니라. 사리자여. 제보살마하살이 반야바라밀다를 수행하는 때에는 몸과 신업을 얻지 못하고, 말과 어업을 얻지 못하며, 뜻과 의업을 얻지 못하느니라.
사리자여. 만약 보살마하살이 반야바라밀다를 수행하면서 신·어·의와 더불어 신·어·의업을 얻는다면, 이것은 곧 간탐의 마음(慳貪心)·범계의 마음(犯戒心)·분노하고 성내는 마음(忿恚心)·해태한 마음(懈怠心)·산란스러운 마음(散亂心)·악한 지혜의 마음(惡慧心)을 일으키나니, 만약 이러한 마음을 일으킨다면 보살마하살이라고 이름하지 않느니라. 이와 같은 까닭으로 반야바라밀다를 수행하는 보살마하살이 이러한 생각이 생겨나는 이러한 처소는 있지 않느니라. 사리자여. 제보살마하살이 6바라밀다를 수행한다면 능히 신·어·의의 세 가지의 거칠고 무거운(麤重) 업을 청정하게 하느니라."

이때 사리자가 세존께 아뢰어 말하였다.
"세존이시여. 무엇이 보살마하살이 신·어·의의 세 가지의 거칠고 무거운 업을 청정하게 합니까?"
세존께서 말씀하셨다.

"사리자여. 반야바라밀다를 수행하면서 몸과 몸의 거칠고 무거운 업을 얻지 않고, 말과 말의 거칠고 무거운 업을 얻지 않으며, 뜻과 뜻의 거칠고 무거운 업을 얻지 않느니라. 사리자여. 이와 같이 보살마하살이 반야바라밀다를 수행한다면 신·어·의의 세 가지의 거칠고 무거운 업을 청정하게 할 수 있느니라. 또한 사리자여. 만약 보살마하살이 초발심부터 항상 10선업도를 구족하고 수지(受持)한다면, 성문·독각의 마음이 일어나지 않고 항상 유정들에게 대비심(大悲心)이 일어나느니라. 사리자여. 나는 역시 이 보살마하살도 신·어·의의 세 가지의 거칠고 무거운 업을 청정하게 한다고 설하느니라. 사리자여. 다시 보살마하살이 있어서 6바라밀다를 수행한다면 보리도(菩提道)를 청정하게 하느니라."

그때 사리자가 세존께 아뢰어 말하였다.
"세존이시여. 무엇을 보살마하살의 보리도라고 이름합니까?"
세존께서 말씀하셨다.
"사리자여. 보살마하살들이 반야바라밀다를 수행하는 때에, 일체의 신·어·의의 세 가지의 거칠고 무거운 업을 얻지 않고, 보시바라밀다를 얻지 않으며, 정계바라밀다를 얻지 않고, 안인바라밀다를 얻지 않으며, 정진바라밀다를 얻지 않고, 정려바라밀다를 얻지 않으며, 반야바라밀다를 얻지 않고, 성문승을 얻지 않으며, 독각승을 얻지 않고, 보살의 정등각승(正等覺乘)을 얻지 않는다면 사리자여. 이것을 보살마하살의 보리도라고 이름하느니라. 왜 그러한가? 보리도로서 일체법을 다 얻을 수 없는 까닭이니라. 사리자여. 다시 보살마하살이 있었고 6바라밀다를 수행하면서 보리도에 나아간다면 능히 제어할 자가 없느니라."

이때 사리자가 세존께 아뢰어 말하였다.
"세존이시여. 무슨 인연으로 보살마하살이 6바라밀다를 수행하면서 보리도에 나아간다면 능히 제어할 자가 없습니까?"
세존께서 말씀하셨다.
"사리자여. 보살마하살이 6바라밀다를 수행하는 때에, 색온(色蘊)에 집착하지 않고, 수(受)·상(想)·행(行)·식온(識蘊)에 집착하지 않으며, 안처(眼處)에 집착하지 않고, 이(耳)·비(鼻)·설(舌)·신(身)·의처(意處)에 집착하지 않으며, 색처(色處)에 집착하지 않고, 성(聲)·향(香)·미(味)·촉(觸)·법처(法處)에 집착하지 않으며, 안계(眼界)·색계(色界)·안식계(眼識界)에 집착하지 않고, 이계(耳界)·성계(聲界)·이식계(耳識界)에 집착하지 않으며, 비계(鼻界)·향계(香界)·비식계(鼻識界)에 집착하지 않고,

설계(舌界)·미계(味界)·설식계(舌識界)에 집착하지 않으며, 신계(身界)·촉계(觸界)·신식계(身識界)에 집착하지 않고, 의계(意界)·법계(法界)·의식계(意識界)에 집착하지 않으며, 고성제(苦聖諦)에 집착하지 않고, 집(集)·멸(滅)·도성제(道聖諦)에 집착하지 않으며, 무명(無明)에 집착하지 않고, 행(行)·식(識)·명색(名色)·육처(六處)·촉(觸)·수(受)·애(愛)·취(取)·유(有)·생(生)·노사(老死)의 수탄고우뇌(愁歎苦憂惱)에 집착하지 않으며, 4념주(四念住)에 집착하지 않고, 4정단(四正斷)·4신족(四神足)·5근(五根)·5력(五力)·7등각지(七等覺支)·8성도지(八聖道支)에 집착하지 않으며,

보시바라밀다(布施波羅蜜多)에 집착하지 않고, 정계(淨戒)·안인(安忍)·정진(精進)·정려(靜慮)·반야바라밀다(般若波羅蜜多)에 집착하지 않으며, 여래(佛)의 10력(十力)에 집착하지 않고, 4무소외(四無所畏)·4무애해(四無礙解)·대자(大慈)·대비(大悲)·대희(大喜)·대사(大捨)·18불불공법(十八佛不共法)·일체지(一切智)·도상지(道相智)·일체상지(一切相智)에 집착하지 않으며, 예류과(預流果)에 집착하지 않고, 일래(一來)·불환(不還)·아라한과(阿羅漢果)에 집착하지 않으며, 독각(獨覺)의 보리(菩提)에 집착하지 않고, 일체의 보살마하살(菩薩摩訶薩)의 행(行)에 집착하지 않으며, 제불(諸佛)의 무상정등보리(無上正等菩提)에 집착하지 않느니라.

사리자여. 오히려 이러한 인연으로 보살마하살은 6바라밀다를 수행하여 증장시키고 치성하게 하면서 보리도에 나아간다면 능히 제어할 자가 없느니라. 사리자여. 다시 보살마하살이 있어서 반야바라밀다에 안주하여 일체지지(一切智智)를 빠르고 능히 원만하게 하는데, 수승한 지혜를 성취한 까닭으로 항상 여러 험악(險惡)한 세계(趣)에 떨어지지 않고, 하천

(下賤)한 인간과 천인의 몸을 받지 않으며, 영원히 빈궁(貧窮)하지 않고, 받았던 몸의 형체는 여러 근이 구족되고 용모와 얼굴이 단정(端正)하므로 여러 천인(天人)·인간(人間)·아소락(阿素洛) 등에게 공경하고 사랑받게 되느니라."

그때 사리자가 세존께 아뢰어 말하였다.
"세존이시여. 무엇 등을 보살마하살이 성취한 수승한 지혜라고 이름합니까?"

세존께서 말씀하셨다.
"사리자여. 제보살마하살이 오히려 이러한 지혜를 성취하였으므로 시방의 긍가사 등의 제불세계에서 일체의 여래·응공·정등각들을 모두 보고, 그 여래들께서 설하신 정법을 모두 들으며, 그 회중(會中)의 일체의 성문·보살승(菩薩僧) 등을 모두 보고, 역시 그 불국토의 장엄된 상(相)을 보느니라. 제보살마하살이 오히려 이러한 지혜를 성취하였으므로 세계라는 생각(世界想)을 일으키지 않고, 여래라는 생각(佛想)을 일으키지 않으며, 법이라는 생각(法想)을 일으키지 않고, 성문승이라는 생각(聲聞僧想)을 일으키지 않으며, 보살승이라는 생각(菩薩僧想)을 일으키지 않고, 독각이라는 생각(獨覺想)을 일으키지 않으며, 나라는 생각(我想)을 일으키지 않고, 내가 아니라는 생각(非我想)을 일으키지 않으며, 불국토를 장엄한다는 생각(佛土莊嚴想)을 일으키지 않느니라.

제보살마하살이 오히려 이러한 지혜를 성취하였으므로 비록 보시바라밀다를 수행하더라도 보시바라밀다를 얻지 못하고, 비록 정계바라밀다를 수행하더라도 정계바라밀다를 얻지 못하며, 비록 안인바라밀다를 수행하더라도 안인바라밀다를 얻지 못하고, 비록 정진바라밀다를 수행하더라도 정진바라밀다를 얻지 못하며, 비록 정려바라밀다를 수행하더라도 정려바라밀다를 얻지 못하고, 비록 반야바라밀다를 수행하더라도 반야바라밀다를 얻지 못하며, 비록 4념주를 수행하더라도 4념주를 얻지 못하고, 나아가 비록 8성도지를 수행하더라도 8성도지를 얻지 못하며, 비록 여래의 10력을 수행하더라도 여래의 10력을 얻지 못하고, 나아가 비록 일체상지를 수행하더라도 일체상지를 얻지 못하느니라.

사리자여. 이것을 보살마하살이 성취한 수승한 지혜라고 이름하느니라. 제보살마하살들이 오히려 이러한 지혜를 성취하였으므로 빠르게 능히 일체의 불법(佛法)을 원만하게 하느니라. 비록 일체법을 알지라도 그렇지만 일체법을 얻을 수 없는데, 자성(自性)으로써 공(空)한 까닭이니라. 사리자여. 다시 보살마하살이 있어서 반야바라밀다를 수행하면서 능히 5안(五根)을 청정하게 하는데 이를테면, 육안(肉眼)·천안(天眼)·혜안(慧眼)·법안(法眼)·불안(佛眼)이니라."

이때 사리자기 세존께 아뢰어 말하였다.
"세존이시여. 무엇을 보살마하살의 청정한 육안이라고 말합니까?"
세존께서 말씀하셨다.
"사리자여. 보살마하살이 있어서 육안으로 백 유선나(踰繕那)를 보고, 보살마하살이 있어서 육안으로 2백 유선나를 보며, 보살마하살이 있어서 육안으로 3백 유선나를 보고, 보살마하살이 있어서 육안으로 4백·5백·6백, 나아가 천 유선나를 보며, 보살마하살이 있어서 육안으로 하나의 섬부주(贍部洲)를 보고, 보살마하살이 있어서 육안으로 두 개의 섬부주를 보며, 보살마하살이 있어서 육안으로 세 개의 섬부주를 보고, 보살마하살이 있어서 육안으로 네 개의 섬부주를 보며, 보살마하살이 있어서 육안으로 소천세계(小千世界)를 보고, 보살마하살이 있어서 육안으로 중천세계(中千世界)를 보며, 보살마하살이 있어서 육안으로 삼천대천세계(三千大千世界)를 보느니라. 사리자여. 이것을 보살마하살의 청정한 육안이라고 이름하느니라."

그때 사리자가 다시 세존께 아뢰어 말하였다.
"세존이시여. 무엇이 보살마하살의 청정한 천안이라고 말합니까?"
세존께서 말씀하셨다.
"사리자여. 보살마하살의 천안은 일체의 사대왕중천(四大王衆天)이 천안으로써 보았던 것을 보고, 일체의 삼십삼천(三十三天)·야마천(夜摩天)·도사다천(睹史多天)·낙변화천(樂變化天)·타화자재천(他化自在天)의 천안으로써 보았던 것을 보며, 일체의 범중천(梵衆天)들이 천안으로써 보았던 것을 보고, 나아가 색구경천의 천안으로써 보았던 것을 보느니라. 사리자여. 보살마하살이 있어서 천안으로써 보았던 것을 사대왕중천, 나아가 색구경천(色究竟天)의 천안으로써 볼 수 없느니라. 사리자여. 보살마하살들의 천안으로써 시방의 긍가사 등의 세계의 유정이 이곳에서 죽고 저곳에서 태어나는 것을 보느니라. 사리자여. 이것을 보살마하살의 청정한 천안이라 이름하느니라."

그때 사리자가 다시 세존께 아뢰어 말하였다.

"세존이시여. 무엇이 보살마하살의 청정한 혜안이라고 말합니까?"

세존께서 말씀하셨다.

"사리자여. 보살마하살의 혜안(慧眼)은 법이 있더라도 만약 유위(有爲)이거나, 만약 무위(無爲)이거나, 만약 유루(有漏)이거나, 만약 무루(無漏)이거나, 만약 세간(世間)이거나, 만약 출세간(出世間)이거나, 만약 유죄(有罪)이거나, 만약 무죄(無罪)이거나, 만약 잡염(雜染)이거나, 만약 청정(淸淨)하거나, 만약 유색(有色)이거나, 만약 무색(無色)이거나, 만약 유대(有對)이거나, 만약 무대(無對)이거나, 만약 과거이거나, 만약 미래이거나, 만약 현재이거나, 만약 욕계(欲界)의 계박이거나, 만약 색계(色界)의 계박이거나, 만약 무색계의 계박이거나, 만약 선(善)하거나, 만약 불선(不善)하거나, 만약 무기(無記)이거나, 만약 견소단(見所斷)이거나, 만약 수소단(修所斷)이거나, 만약 비소단(非所斷)이거나, 만약 유학(有學)이거나, 만약 무학(無學)이거나, 만약 비학비무학(非學非無學)이거나, 나아가 일체법의 만약 자성(自性)이거나, 만약 차별(差別)이라도 보지 않느니라. 사리자여. 이 보살마하살의 혜안은 법이 있더라도 보거나, 듣거나, 깨닫거나, 인식할 것이 있다고 보지 않느니라. 사리자여. 이것을 보살마하살의 청정한 혜안이라고 이름하느니라."

그때 사리자가 다시 세존께 아뢰어 말하였다.

"세존이시여. 무엇이 보살마하살의 청정한 법안이라고 말합니까?"
세존께서 말씀하셨다.

"사리자여. 보살마하살의 법안은 보특가라(補特迦羅)의 여러 종류의 차별에서, '이것은 수신행(隨信行)이고, 이것은 수법행(隨法行)이며, 이것은 무상행(無相行)이고, 이것은 공(空)에 안주하는 것이며, 이것은 무상(無相)에 안주하는 것이며, 이것은 무원(無願)에 안주하는 것이고, 이것은 오히려 공해탈문으로 5근(根)을 일으키며, 오히려 5근으로 무간정(無間定)7)을 일으키고, 오히려 무간정으로 해탈지견(解脫智見)을 일으키며, 오히려 해탈지견으로 3결(三結)을 영원히 단절하는데 이를테면, 살가야견(薩迦耶見)·계금취(戒禁取)·의혹(疑)이고, 오히려 이러한 3결을 단절한 까닭으로 예류과를 증득하는 것이며, 오히려 이러한 도를 수행하여 탐욕(貪欲)과 진에(瞋恚)가 엷어지면 일래과를 얻는 것이며, 이것을 다시 오히려 상품(上品)의 도를 수행하여 탐욕과 성냄을 영원히 단절한다면 불환과를 얻는 것이고, 이것을 다시 오히려 증상품(增上品)의 도를 수행하여 오순상분결(五順上分結)을 영원히 단절하는데 이를테면, 색탐(色貪)·무색탐(無色貪)·무명(無明)·만(慢)·도거(掉擧)인데 이러한 오순상분결을 영원히 단절하는 까닭으로 아라한과를 얻는 것이며, 오히려 이러한 무상해탈문으로 5근을 일으키고, 오히려 5근으로 무간정을 일으키며, 나아가 오순상분결을 영원히 단절하여 아라한과를 얻는 것이며, 오히려 두 가지로, 오히려 세 가지도 역시 이와 같다.'라고 여실(如實)하게 아느니라. 사리자여. 이것이 보살마하살의 청정한 법안이니라.

다시 다음으로 사리자여. 보살마하살의 법안은 '집적되었던 법(集法)이 있었던 것이라도 모두가 이것은 소멸하는 법(滅法)이라고 능히 여실하게 아는데, 오히려 이것을 아는 까닭으로 곧 5근을 얻느니라. 사리자여. 이것을 보살마하살의 청정한 법안이라 이름하느니라. 다시 다음으로

---

7) 이 정려의 힘으로 상품의 여실지를 일으켜서 능취(能取)와 소취(所取)가 모두 공(空)이라고 인식하는 단계이다. 아직 세간을 벗어나지 못하였어도 세간법의 가운데에서 제일이므로 세제일위라 말한다.

사리자여. 보살마하살의 법안은 보살마하살이 있었고 최초(最初)로 발심(發心)하여 보시바라밀다를 수행하였고, 나아가 반야바라밀다를 수행하여 신근(信根)·정진근(精進根)·방편선교(方便善巧)를 성취하였다면, 고의(故意)로 몸을 받아서 선법(善法)을 증장(增長)시키는데, 이 보살마하살은 혹은 찰제리의 대종족으로 태어나거나, 혹은 바라문의 대종족으로 태어나거나, 혹은 장자의 대종족으로 태어나거나, 혹은 거사의 대종족으로 태어나거나, 혹은 사대왕중천으로 태어나거나, 나아가 혹은 타화자재천으로 태어나고, 그 처소에서 머무르면서 유정들을 성취(成就)시키고, 제유정들이 마음으로 애락(愛樂)하는 것을 따라서 여러 종류의 뛰어나고 상묘한 오락과 자구를 공급하여 보시하며, 불국토를 청정하게 장엄하며, 제불·세존께 공양하고 공경하며 존중하고 찬탄하면서 성문·독각들의 지위에 퇴전하여 떨어지지 않고, 나아가 무상정등보리에서 결국 퇴전하지 않는다.'라고 능히 여실하게 아느니라. 사리자여. 이것을 보살마하살의 청정한 법안이라 하느니라.

다시 다음으로 사리자여. 보살마하살의 법안은 '이 보살마하살이 무상정등보리에서 이미 수기를 얻었는가? 이 보살마하살이 무상정등보리에서 아직 수기를 얻지 못하였는가? 이 보살마하살은 무상정등보리에서 이미 불퇴전을 증득하였는가? 이 보살마하살은 무상정등보리에서 아직 불퇴전을 증득하지 못하였는가? 이 보살마하살은 무상정등보리에서 이미 불퇴전지(不退轉地)에 이르렀는가? 이 보살마하살은 무상정등보리에서 아직 불퇴전지에 이르지 못하였는가? 이 보살마하살은 이미 신통이 원만(圓滿)한가? 이 보살마하살은 아직 신통이 원만하지 않은가? 이 보살마하살은 신통이 이미 원만한 까닭으로 능히 시방의 긍가사 등의 제불세계에 가서 제불·세존을 공양하고 공경하며 존중하고 찬탄하는가? 이 보살마하살은 신통이 아직 원만하지 않은 까닭으로 능히 시방의 긍가사 등의 제불세계에 가서 제불·세존을 공양하고 공경하며 존중하고 찬탄하지 않는가?

이 보살마하살은 이미 무생법인(無生法忍)을 얻었는가? 이 보살마하살은 아직 무생법인을 얻지 못하였는가? 이 보살마하살은 이미 수승한 근기를 얻었는가? 이 보살마하살은 아직 수승한 근기를 얻지 못하였는가? 이 보살마하살은 이미 불국토를 청정하게 장엄하였는가? 이 보살마하살은 아직 불국토를 청정하게 장엄하지 않았는가? 이 보살마하살은 이미 유정들을 성숙시켰는가? 이 보살마하살은 아직 유정들을 성숙시키지 않았는가? 이 보살마하살은 이미 대원(大願)을 획득하였는가? 이 보살마하살은 아직 대원을 획득하지 못하였는가? 이 보살마하살은 이미 제불들께서 칭찬(稱譽)하였는가? 이 보살마하살은 아직 제불들께서 칭찬하지 않았는가? 이 보살마하살은 이미 제불들께 친근하였는가? 이 보살마하살은 아직 제불들께 친근하지 않았는가?

이 보살마하살은 수명이 무량(無量)한가? 이 보살마하살은 수명이 무량하지 않은가? 이 보살마하살은 보리를 증득하는 때에 비구승이 무량한가? 이 보살마하살은 보리를 증득하는 때에 비구승(苾芻僧)이 무량하지 않은가? 이 보살마하살은 보리를 증득하는 때에 보살승(菩薩僧)이 무량한가? 이 보살마하살은 보리를 증득하는 때에 보살승이 무량하지 않은가? 이 보살마하살이 이타행(利他行)을 오로지 수행하겠는가? 이 보살마하살이 자리행(自利行)을 겸(兼)하여 수행하겠는가? 이 보살마하살이 고행(苦行)과 난행(難行)이 있겠는가? 이 보살마하살은 고행과 난행이 없겠는가?

이 보살마하살은 한 생(一生)이 계박되겠는가? 이 보살마하살은 많은 생이 계박되겠는가? 이 보살마하살은 이미 최후유(最後有)에 머무르고 있는가? 이 보살마하살은 아직 최후유(最後有)에 머무르고 있지 못하는가? 이 보살마하살은 이미 미묘한 보리좌(菩提座)에 앉았는가? 이 보살마하살은 아직 미묘한 보리좌에 앉지 못하였는가? 이 보살마하살은 악마가 와서 시험하고 있는가? 이 보살마하살은 악마가 와서 시험하지 않는가?'라고 능히 여실하게 아느니라. 사리자여. 이것을 보살마하살의 청정한 법안이라고 이름하느니라."

이때 사리자가 다시 세존께 아뢰어 말하였다.

"세존이시여. 무엇이 보살마하살의 청정한 불안(佛眼)이라고 말합니까?"

세존께서 말씀하셨다.

"사리자여. 보살마하살은 보리심(菩提心)이 멈춤이 없다면 금강유정(金剛喩定)에 들어가서 일체상지를 증득하여 여래의 10력·4무소외·4무애해·대자·대비·대희·대사·18불불공법에 장애(障碍)가 없고 해탈하여 불안을 성취하느니라. 보살마하살은 오히려 이러한 불안으로 일체의 성문·독각들의 지혜의 경계를 초월하므로, 보지 못하는 것이 없고, 듣지 못하는 것이 없으며, 깨닫지 못하는 것이 없고, 알지 못하는 것이 없으므로, 일체법에서 일체의 상(相)을 보느니라. 사리자여. 이것을 보살마하살의 청정한 불안이라고 이름하느니라. 사리자여. 보살마하살은 아뇩다라삼먁삼보리를 증득하는 때에 비로소 이와 같은 청정한 불안을 증득하느니라.

사리자여. 보살마하살이 이와 같은 청정한 5안을 얻고자 한다면 마땅히 정근하면서 6도피안(六度彼岸)8)을 수습(修習)해야 하느니라. 왜 그러한가? 이 6도피안은 일체의 선법(善法)인 이를테면, 성문의 선법·독각의 선법·보살의 선법·여래의 선법을 모두 섭수하느니라. 사리자여. 누가 여래·응공·정등각에게 '진실로써 말씀하십시오. 무슨 법이 일체법을 섭수합니까?'라고 물었다면, 여래(佛)께서는 '반야바라밀다이다.'라고 바르게 대답하느니라. 왜 그러한가? 이 반야바라밀다는 이것이 일체의 선법의 어머니이고, 능히 5바라밀다·5안 등의 여러 공덕을 출생시키는 까닭이니라. 사리자여. 만약 보살마하살이 청정한 5안을 얻고자 한다면 마땅히 반야바라밀다를 수학할 것이고, 보살마하살이 야뇩다라삼먁삼보리를 얻고자 한다면 마땅히 이와 같은 청정한 5안을 수학해야 하느니라. 사리자이여. 만약 보살마하살이 이와 같은 청정한 5안을 수학한다면 결정적으로 야뇩다라삼먁삼보리를 증득하느니라.

사리자여. 다시 보살마하살이 있어서 반야바라밀다를 수행하는 때에 6신통의 바라밀다를 능히 이끌어서 일으키는데 이를테면, 신경지증통(神境智證通)·천이지증통(天耳智證通)·타심지증통(他心智證通)·숙주수념지

---

8) 6바라밀(六波羅蜜)을 다르게 부르는 말이다.

증통(宿住隨念智證通)·천안지증통(天眼智證通)·누진지증통(漏盡智證通)의 바라밀다이니라."

그때 사리자가 다시 세존께 아뢰어 말하였다.
"세존이시여. 무엇을 보살마하살이 반야바라밀다를 수행하는 때에 이끌어서 일으키는 신경지증통이라고 말합니까?"
세존께서 말씀하셨다.
"사리자여. 보살마하살이 신경지증통이 있다면 능히 여러 종류의 큰 신통과 변화를 일으키는데 이를테면, 시방으로 각각 긍가사와 같은 세계의 대지를 진동(震動)시키고, 하나를 변화시켜서 많게 하고, 많은 것을 변화시켜서 하나로 삼으며, 혹은 은몰하기도 하고, 혹은 나타나기도 하면서 빠르고 장애가 없으며, 산·절벽·담장을 곧바로 지나가면서 허공과 같고, 언덕과 허공을 왕래하면서 오히려 날아가는 새와 같으며, 땅의 가운데를 출몰(出沒)하면서 물과 같고, 물 위를 걷는다면 땅 위를 걷는 것과 같으며, 몸에서 연기와 불꽃을 내뿜으면 불타는 들판과 같고, 몸에 흐르는 물은 설산(雪山)이 녹는 것과 같으며, 해와 달의 신비로운 위덕과 세력은 감당하기 어려운데 손으로써 어루만지면 광명이 은폐(隱蔽)되고, 나아가 정거천(淨居天)까지 전전하면서 몸이 자재한데, 이와 같은 신통한 변화는 그 숫자가 무변하느니라.
사리자여. 이 보살마하살은 비록 이와 같은 신경지(神境智)의 작용이 있더라도, 그 가운데서 스스로가 높이지 않고, 신경지증통의 성품에 집착하지 않으며, 신경지증통의 일에 집착하지 않으며, 이러한 신경지증통을 증득한 자에게도 집착하지 않으며, 집착하거나, 집착하지 않는 것에 모두 집착하지 않느니라. 왜 그러한가? 자성이 공한 까닭이고, 자성이 벗어난 까닭이며, 자성은 본래 얻을 수 없는 까닭이니라. 사리자여. 이 보살마하살은 '내가 지금 신경지증통을 이끌어서 일으킨 것은 오직 스스로가 오락(娛樂)하는 것이고, 오직 일체지지(一切智智)를 증득하기 위한 것은 제외한다.'라고 이렇게 생각을 짓지 않느니라. 사리자여. 이것을 보살마하살이 반야바라밀다를 수행하는 때에 이끌어서 일으키는 신경지증통이라고 이름하느니라."

그때 사리자가 다시 세존께 아뢰어 말하였다.

"세존이시여. 무엇을 보살마하살이 반야바라밀다를 수행하는 때에 이끌어서 일으키는 천이지증통이라고 말합니까?"

세존께서 말씀하셨다.

"사리자여. 보살마하살이 천이지증통이 있다면 최고로 수승하고 청정하여 인간과 천인들의 귀를 초월하므로 시방으로 각각 긍가사와 같은 세계의 유정(有情)들과 무정(非情)의 부류들의 여러 종류의 소리를 능히 여실하게 듣는데 이를테면, 일체의 지옥의 소리·방생의 소리·귀계의 소리·인간의 소리·천인들의 소리·성문의 소리·독각의 소리·보살의 소리·제불의 소리·생사를 꾸짖고 헐뜯는 소리·열반을 찬탄하는 소리·유위(有爲)를 버리고 등지는 소리·보리를 향하여 나아가는 소리·유루(有漏)를 싫어하는 소리·무루(無漏)를 좋아하고 즐거워하는 소리·3보(三寶)를 칭찬(稱揚)하는 소리·삿된 도를 제어하고 조복하는 소리·논의(論議)하고 결택(決擇)하는 소리·경전을 독송하는 소리·악한 법을 단절하게 권유하는 소리·착한 법을 수행하게 하는 소리·고난(苦難)을 발제(拔濟)하는 소리·경축(慶慰)하고 환락(歡樂)하는 소리를 능히 여실하게 듣느니라. 이와 같은 등의 소리들이 만약 크거나, 만약 작더라도, 모두 능히 두루 들으면서 장애가 없느니라.

사리자여. 이 보살마하살이 비록 이와 같은 천이의 작용(作用)이 있더라도, 그 가운데서 스스로가 높이지 않고, 천이지증통의 성품에 집착하지 않으며, 천이지증통의 일에 집착하지 않으며, 이러한 천이지증통을 증득한 자에게도 집착하지 않으며, 집착하거나, 집착하지 않는 것에 모두 집착하지 않느니라. 왜 그러한가? 자성이 공한 까닭이고, 자성이 벗어난 까닭이며, 자성은 본래 얻을 수 없는 까닭이니라. 사리자여. 이 보살마하살은 '내가 지금 천이지증통을 이끌어서 일으킨 것은 오직 스스로가 오락하는 것이고, 오직 일체지지를 증득하기 위한 것은 제외한다.'라고 이렇게 생각을 짓지 않느니라. 사리자여. 이것을 보살마하살이 반야바라밀다를 수행하는 때에 이끌어서 일으키는 천이지증통이라고 이름하느니라."

그때 사리자가 다시 세존께 아뢰어 말하였다.

"세존이시여. 무엇을 보살마하살이 반야바라밀다를 수행하는 때에 이끌어서 일으키는 타심지증통이라고 말합니까?"

세존께서 말씀하셨다.

"사리자여. 보살마하살이 타심지증통이 있다면 시방으로 각각 긍가사 등의 세계에 다른 유정의 부류들의 심(心)·심소법(心所法)을 여실하게 아는데 이를테면, 다른 유정의 부류들이 만약 탐욕의 마음이 있다면 탐욕의 마음이 있다고 여실하게 알고, 만약 탐욕의 마음을 벗어났다면 탐욕의 마음을 벗어났다고 여실하게 알며, 만약 진에의 마음이 있다면 진에의 마음이 있다고 여실하게 알고, 만약 진에의 마음을 벗어났다면 진에의 마음을 벗어났다고 여실하게 알며, 만약 우치의 마음이 있다면 우치의 마음이 있다고 여실하게 알고, 만약 우치의 마음을 벗어났다면 우치의 마음을 벗어났다고 여실하게 알며, 만약 애락하는 마음이 있다면 애락하는 마음이 있다고 여실하게 알고, 만약 애락하는 마음을 벗어났다면 애락하는 마음을 벗어났다고 여실하게 알며, 만약 취하는 마음이 있다면 취하는 마음이 있다고 여실하게 알고, 만약 취하는 마음을 벗어났다면 취하는 마음을 벗어났다고 여실하게 알며, 만약 모으는 마음(聚心)이라면 모으는 마음이 있다고 여실하게 알고, 만약 흩어지는 마음이라면 흩어지는 마음이라고 여실하게 알며, 만약 작은 마음이라면 작은 마음이라고 여실하게 알고, 만약 큰 마음이라면 큰 마음이라고 여실하게 알며,

만약 교만한 마음이라면 교만(擧)한 마음이라고 여실하게 알고, 만약 하심(下心)하는 마음이라면 하심하는 마음이라고 여실하게 알며, 만약 적정한 마음이라면 적정한 마음이라고 여실하게 알고, 만약 적정하지 않은 마음이라면 적정하지 않은 마음이라고 여실하게 알며, 만약 들뜨는 마음이라면 들뜨는 마음이라고 여실하게 알고, 만약 들뜨지 않은 마음이라면 들뜨지 않은 마음이라고 여실하게 알며, 만약 안정된 마음이라면

안정된 마음이라고 여실하게 알고, 만약 안정되지 않은 마음이라면 안정하지 않은 마음이라고 여실하게 알며, 만약 해탈한 마음이라면 해탈한 마음이라고 여실하게 알고, 만약 해탈하지 못한 마음이라면 해탈하지 못한 마음이라고 여실하게 알며, 만약 유루의 마음이라면 유루의 마음이라고 여실하게 알고, 만약 무루의 마음이라면 무루의 마음이라고 여실하게 알며, 만약 틈새가 있는 마음(釁心)이라면 틈새가 있는 마음이라고 여실하게 알고, 만약 틈새가 없는 마음이라면 틈새가 없는 마음이라고 여실하게 알며, 만약 상심(上心)이라면 상심이라고 여실하게 알고, 만약 무상심(無上心)이라면 무상심이라고 여실하게 아느니라.

사리자여. 이 보살마하살이 비록 이와 같은 타심지(他心智)의 작용이 있더라도, 그 가운데서 스스로가 높이지 않고, 타심지증통의 성품에 집착하지 않으며, 타심지증통의 일에 집착하지 않으며, 이러한 타심지증통을 증득한 자에게도 집착하지 않으며, 집착하거나, 집착하지 않는 것에 모두 집착하지 않느니라. 왜 그러한가? 자성이 공한 까닭이고, 자성이 벗어난 까닭이며, 자성은 본래 얻을 수 없는 까닭이니라. 사리자여. 이 보살마하살은 '내가 지금 타심지증통을 이끌어서 일으킨 것은 오직 스스로가 오락하는 것이고, 오직 일체지지를 증득하기 위한 것은 제외한다.'라고 이렇게 생각을 짓지 않느니라. 사리자여. 이것을 보살마하살이 반야바라밀다를 수행하는 때에 이끌어서 일으키는 타심지증통이라고 이름하느니라."

마하반야바라밀다경 제405권

3. 관조품(觀照品)(4)

그때 사리자가 다시 세존께 아뢰어 말하였다.

"세존이시여. 무엇을 보살마하살이 반야바라밀다를 수행하는 때에 이끌어서 일으키는 숙주수념지증통이라고 말합니까?"

세존께서 말씀하셨다.

"사리자여. 보살마하살이 숙주수념지증통이 있다면 능히 시방으로 각각 궁가사와 같은 세계의 일체의 유정들의 여러 숙주(宿住)[1]의 일을 여실하게 아는데 이를테면, 만약 스스로이거나, 만약 다른 사람들의 하나의 마음(一心)·십의 마음·백의 마음·천의 마음·여러 백천의 마음에 잠깐의 여러 숙주의 일을 따라서 기억하고, 혹은 하루·십 일·백 일·천 일·여러 백천 일에 잠깐의 여러 숙주의 일을 따라서 기억하며, 혹은 한 달·십 달·백 달·천 달·여러 백천 달에 잠깐의 여러 숙주의 일을 따라서 기억하고, 혹은 일 년·십 년·백 년·천 년·여러 백천 년에 잠깐의 여러 숙주의 일을 따라서 기억하며, 한 겁·십 겁·백 겁·여러 백천 겁 나아가 무량하고 무수인 백천 구지(俱胝)·나유타(那庾多) 겁에 잠깐의 여러 숙주의 일을 따라서 기억하고, 혹은 다시 전제(前際)에 소유(所有)하였던 여러 숙주의 일을 따라서 기억하느니라. 이를테면, 이와 같은 때에, 이와 같은 처소에서, 이와 같은 이름이었고, 이와 같은 성(姓)이었으며, 이와 같은 부류이었

---

1) 3생(三生)의 하나이고, 지금의 세상에 태어나기 이전의 생(生)을 가리킨다.

고, 이와 같은 음식이었으며, 이와 같이 오래 머물렀고, 이와 같은 수명(壽限)이었으며, 이와 같이 장수(長壽)하였고, 이와 같은 즐거움을 받았으며, 이와 같은 고통을 받았고, 그곳에서 죽어서 이곳에서 태어났으며, 이곳에서 죽어서 그곳에서 태어나는데 이와 같은 모습과 용모라고 이와 같이 말로 설명하면서 만약 간략하거나 만약 자세하게 만약 스스로이거나, 만약 다른 사람들의 여러 숙주의 일을 모두 능히 따라서 기억하느니라.

사리자여. 이 보살마하살이 비록 이와 같은 숙주지(宿住智)의 작용이 있더라도, 그 가운데서 스스로가 높이지 않고, 숙주수념지증통의 성품에 집착하지 않으며, 숙주수념지증통의 일에 집착하지 않으며, 이러한 숙주수념지증통을 증득한 자에게도 집착하지 않으며, 집착하거나, 집착하지 않는 것에 모두 집착하지 않느니라. 왜 그러한가? 자성이 공한 까닭이고, 자성이 벗어난 까닭이며, 자성은 본래 얻을 수 없는 까닭이니라. 사리자여. 이 보살마하살은 '내가 지금 숙주수념지증통을 이끌어서 일으킨 것은 오직 스스로가 오락하는 것이고, 오직 일체지지를 증득하기 위한 것은 제외한다.'라고 이렇게 생각을 짓지 않느니라. 사리자여. 이것을 보살마하살이 반야바라밀다를 수행하는 때에 이끌어서 일으키는 숙주수념지증통이라고 이름하느니라."

그때 사리자가 다시 세존께 아뢰어 말하였다.

"세존이시여. 무엇을 보살마하살이 반야바라밀다를 수행하는 때에 이끌어서 일으키는 천안지증통이라고 말합니까?"

세존께서 말씀하셨다.

"사리자여. 보살마하살이 천안지증통이 있다면 최고로 수승하고 청정하여 인간과 천인들의 눈을 초월하므로 시방으로 각각 긍가사 등의 세계에 유정들과 무정의 부류들의 여러 종류의 색깔과 형상을 능히 여실하게 보는데 이를테면, 여러 유정의 부류들이 죽는 때와 태어나는 때의 미묘한 색깔과 거친 색깔, 선한 세계(善趣)와 악한 세계(惡趣), 만약 수승하거나, 만약 열등하거나, 여러 이와 같은 여러 종류의 색깔과 형상을 널리 보고, 이것을 인연(因緣)으로 다시 제유정의 부류들이 업력(業力)을 따라서 태어나는 차별을 수용하는데, 이와 같은 유정은 몸의 악행을 성취하고, 말의 악행을 성취하며, 뜻의 악행을 성취하고, 현자와 성자들을 비방하고 훼자하는 삿된 견해를 인연하여 몸이 무너지고 목숨을 끝마친다면 마땅히 악한 세계에 떨어지는데, 혹은 지옥에 태어나고, 혹은 방생에 태어나며, 혹은 귀계에 태어나고, 혹은 변방(邊地)의 하천(下賤)하고 패악(悖惡)한 유정의 부류들의 가운데에 태어나서 여러 고뇌를 받는 것을 널리 보며, 이와 같은 유정은 몸의 미묘한 행을 성취하고, 말의 미묘한 행을 성취하며, 뜻의 미묘한 행을 성취하고, 현자와 성자들을 찬탄하는 바른 견해를 인연하여 몸이 무너지고, 목숨을 끝마친다면 마땅히 선한 세계에 태어나는데, 혹은 천상에 태어나고, 혹은 인간의 가운데에 태어나서 여러 쾌락을 받는 것을 널리 보느니라. 이와 같이 유정들의 여러 종류의 업에 부류로 받는 과보의 차별을 모두 여실하게 아느니라.

　사리자여. 이 보살마하살이 비록 이와 같은 천안의 작용이 있더라도, 그 가운데서 스스로가 높이지 않고, 타심지증통의 성품에 집착하지 않으며, 천안지증통의 일에 집착하지 않으며, 이러한 천안지증통을 증득한 자에게도 집착하지 않으며, 집착하거나, 집착하지 않는 것에 모두 집착하지 않느니라. 왜 그러한가? 자성이 공한 까닭이고, 자성이 벗어난 까닭이며, 자성은 본래 얻을 수 없는 까닭이니라. 사리자여. 이 보살마하살은 '내가 지금 천안지증통을 이끌어서 일으킨 것은 오직 스스로가 오락하는 것이고, 오직 일체지지를 증득하기 위한 것은 제외한다.'라고 이렇게 생각을 짓지 않느니라. 사리자여. 이것을 보살마하살이 반야바라밀다를 수행하는 때에 이끌어서 일으키는 천안지증통이라고 이름하느니라."

　그때 사리자가 다시 세존께 아뢰어 말하였다.

　"세존이시여. 무엇을 보살마하살이 반야바라밀다를 수행하는 때에 이끌어서 일으키는 누진지증통이라고 말합니까?"

　세존께서 말씀하셨다.

　"사리자여. 보살마하살의 누진지증통은 있다면 능히 시방으로 각각 긍가사 등의 세계에 있는 일체의 유정들이 만약 스스로이거나, 만약 다른 사람들이 누진(漏盡)이거나 누진이 아닌 것을 여실하게 아는데, 이러한 신통은 금강유정(金剛喩定)에 의지하여 여러 장애와 습기를 단절해야 비로소 원만함을 얻게 되고, 불퇴전의 보살지(菩薩地)를 얻은 때라면 일체의 번뇌에서 역시 누진이라고 이름하는데, 반드시 결국에는 앞에 나타나 있지 않는 까닭이니라. 보살은 비록 이러한 누진통(漏盡通)을 얻었더라도 성문·독각지에 떨어지지 않고서 오직 무상정등보리로 나아가는데, 다시 나머지의 의취와 이익을 간절하게 구하지 않는 까닭이니라.

사리자여. 이 보살마하살은 비록 이와 같은 누진지(漏盡智)의 작용이 있더라도 그 가운데에서 스스로가 높이지 않고, 누진지증통의 성품에 집착하지 않으며, 누진지증통의 일에 집착하지 않으며, 이러한 누진지증통을 증득한 자에게도 집착하지 않으며, 집착하거나, 집착하지 않는 것에 모두 집착하지 않느니라. 왜 그러한가? 자성이 공한 까닭이고, 자성이 벗어난 까닭이며, 자성은 본래 얻을 수 없는 까닭이니라. 사리자여. 이 보살마하살은 '내가 지금 누진지증통을 이끌어서 일으킨 것은 오직 스스로가 오락하는 것이고, 오직 일체지지를 증득하기 위한 것은 제외한다.'라고 이렇게 생각을 짓지 않느니라. 사리자여. 이것을 보살마하살이 반야바라밀다를 수행하는 때에 이끌어서 일으키는 누진지증통이라고 이름하느니라.

사리자여. 보살마하살이 반야바라밀다를 수행하는 때에 능히 6신통의 바라밀다를 원만하고 청정하게 하는데, 6신통의 바라밀다를 원만하고 청정하게 하는 까닭으로 곧 무상정등보리를 증득하느니라. 사리자여. 다시 보살마하살이 있어서 반야바라밀다를 수행하는 때에 보시바라밀다(布施波羅蜜多)에 안주하여 일체지(一切智)·일체상지(一切相智)의 도(道)를 청정하게 장엄하는데, 필경공(畢竟空)으로써 은혜롭게 베푸는 마음과 간탐(慳悋)하는 마음을 일으키지 않는 까닭이니라.

사리자여. 다시 보살마하살이 있어서 반야바라밀다를 수행하는 때에 정계바라밀다(淨戒波羅蜜多)에 안주하여 일체지·일체상지의 도를 청정하게 장엄하는데, 필경공으로써 지계(持戒)의 마음과 범계(犯戒)의 마음을 일으키지 않는 까닭이니라. 사리자여. 다시 보살마하살이 있어서 반야바라밀다를 수행하는 때에 안인바라밀다(安忍波羅蜜多)에 안주하여 일체지·일체상지의 도(道)를 청정하게 장엄하는데, 필경공으로써 자비한 마음과 분노하고 성내는 마음을 일으키지 않는 까닭이니라.

사리자여. 다시 보살마하살이 있어서 반야바라밀다를 수행하는 때에 정진바라밀다(精進波羅蜜多)에 안주하여 일체지·일체상지의 도를 청정하게 장엄하는데, 필경공으로써 정근하는 용맹한 마음과 해태(懈怠)한 마음을 일으키지 않는 까닭이니라. 사리자여. 다시 보살마하살이 있어서 반야바라밀다를 수행하는 때에 정려바라밀다(靜慮波羅蜜多)에 안주하여 일체지·일체상지의 도(道)를 청정하게 장엄하는데, 필경공으로써 적정(寂靜)한 마음과 산란(散亂)한 마음을 일으키지 않는 까닭이니라.

사리자여. 다시 보살마하살이 있어서 반야바라밀다를 수행하는 때에 반야바라밀다(般若波羅蜜多)에 안주하여 일체지·일체상지의 도를 청정하게 장엄하는데, 필경공으로써 지혜로운 마음과 우치(愚癡)한 마음을 일으키지 않는 까닭이니라. 사리자여. 다시 보살마하살이 있어서 반야바라밀다를 수행하는 때에 보시·정계바라밀다에 안주하여 일체지·일체상지의 도를 청정하게 장엄하는데, 필경공으로써 은혜롭게 베푸는 마음·간탐하는 마음·지계(持戒)의 마음·범계(犯戒)의 마음을 일으키지 않는 까닭이니라.

사리자여. 다시 보살마하살이 있어서 반야바라밀다를 수행하는 때에 보시·안인바라밀다에 안주하여 일체지·일체상지의 도를 청정하게 장엄하는데, 필경공으로써 은혜롭게 베푸는 마음·간탐하는 마음·자비한 마음·분노하고 성내는 마음을 일으키지 않는 까닭이니라. 사리자여. 다시 보살마하살이 있어서 반야바라밀다를 수행하는 때에 보시·정진바라밀다에 안주하여 일체지·일체상지의 도를 청정하게 장엄하는데, 필경공으로써 은혜롭게 베푸는 마음·간탐하는 마음·정근하는 용맹한 마음·해태한 마음을 일으키지 않는 까닭이니라.

사리자여. 다시 보살마하살이 있어서 반야바라밀다를 수행하는 때에 보시·정려바라밀다에 안주하여 일체지·일체상지의 도를 청정하게 장엄하는데, 필경공으로써 은혜롭게 베푸는 마음·간탐하는 마음·적정한 마음

·산란한 마음을 일으키지 않는 까닭이니라. 사리자여. 다시 보살마하살이 있어서 반야바라밀다를 수행하는 때에 보시·반야바라밀다에 안주하여 일체지·일체상지의 도를 청정하게 장엄하는데, 필경공으로써 은혜롭게 베푸는 마음·간탐하는 마음·지혜로운 마음·우치한 마음을 일으키지 않는 까닭이니라.

사리자여. 다시 보살마하살이 있어서 반야바라밀다를 수행하는 때에 정계·안인바라밀다에 안주하여 일체지·일체상지의 도를 청정하게 장엄하는데, 필경공으로써 지계의 마음·범계의 마음·정근하는 용맹한 마음·해태한 마음을 일으키지 않는 까닭이니라. 사리자여. 다시 보살마하살이 있어서 반야바라밀다를 수행하는 때에 정계·정진바라밀다에 안주하여 일체지·일체상지의 도를 청정하게 장엄하는데, 필경공으로써 지계의 마음·범계의 마음·정근하는 용맹한 마음·해태한 마음을 일으키지 않는 까닭이니라.

사리자여. 다시 보살마하살이 있어서 반야바라밀다를 수행하는 때에 정계·정려바라밀다에 안주하여 일체지·일체상지의 도를 청정하게 장엄하는데, 필경공으로써 지계의 마음·범계의 마음·적정한 마음과 산란한 마음을 일으키지 않는 까닭이니라. 사리자여. 다시 보살마하살이 있어서 반야바라밀다를 수행하는 때에 정계·반야바라밀다에 안주하여 일체지·일체상지의 도를 청정하게 장엄하는데, 필경공으로써 지계의 마음·범계의 마음·지혜로운 마음·우치한 마음을 일으키지 않는 까닭이니라.

사리자여. 다시 보살마하살이 있어서 반야바라밀다를 수행하는 때에 안인·정진바라밀다에 안주하여 일체지·일체상지의 도를 청정하게 장엄하는데, 필경공으로써 자비한 마음·분노하고 성내는 마음·정근하는 용맹한 마음·해태한 마음을 일으키지 않는 까닭이니라. 사리자여. 다시 보살마하살이 있어서 반야바라밀다를 수행하는 때에 안인·정려바라밀다에 안주하여 일체지·일체상지의 도를 청정하게 장엄하는데, 필경공으로써 자비한 마음·분노하고 성내는 마음·적정한 마음·산란한 마음을 일으키지 않는 까닭이니라.

사리자여. 다시 보살마하살이 있어서 반야바라밀다를 수행하는 때에 안인·반야바라밀다에 안주하여 일체지·일체상지의 도를 청정하게 장엄하는데, 필경공으로써 자비한 마음·분노하고 성내는 마음·지혜로운 마음·우치한 마음을 일으키지 않는 까닭이니라. 사리자여. 다시 보살마하살이 있어서 반야바라밀다를 수행하는 때에 정진·정려바라밀다에 안주하여 일체지·일체상지의 도를 청정하게 장엄하는데, 필경공으로써 정근하는 용맹한 마음·해태한 마음·적정한 마음·산란한 마음을 일으키지 않는 까닭이니라.

사리자여. 다시 보살마하살이 있어서 반야바라밀다를 수행하는 때에 정진·반야바라밀다에 안주하여 일체지·일체상지의 도를 청정하게 장엄하는데, 필경공으로써 정근하는 용맹한 마음·해태한 마음·지혜로운 마음·우치한 마음을 일으키지 않는 까닭이니라. 사리자여. 다시 보살마하살이 있어서 반야바라밀다를 수행하는 때에 정려·반야바라밀다에 안주하여 일체지·일체상지의 도를 청정하게 장엄하는데, 필경공으로써 적정한 마음·산란한 마음·지혜로운 마음·우치한 마음을 일으키지 않는 까닭이니라.

사리자여. 다시 보살마하살이 있어서 반야바라밀다를 수행하는 때에 보시·정계·안인바라밀다에 안주하여 일체지·일체상지의 도를 청정하게 장엄하는데, 필경공으로써 은혜롭게 베푸는 마음·간탐하는 마음·지계의 마음·범계의 마음·자비한 마음·분노하고 성내는 마음을 일으키지 않는 까닭이니라. 사리자여. 다시 보살마하살이 있어서 반야바라밀다를 수행하는 때에 보시·안인·정진바라밀다에 안주하여 일체지·일체상지의 도를 청정하게 장엄하는데, 필경공으로써 은혜롭게 베푸는 마음·간탐하는 마음·자비한 마음·분노하고 성내는 마음·정근하는 용맹한 마음·해태한 마음을 일으키지 않는 까닭이니라.

사리자여. 다시 보살마하살이 있어서 반야바라밀다를 수행하는 때에 보시·정진·정려바라밀다에 안주하여 일체지·일체상지의 도를 청정하게 장엄하는데, 필경공으로써 은혜롭게 베푸는 마음·간탐하는 마음·정근하는 용맹한 마음·해태한 마음·적정한 마음과 산란한 마음을 일으키지 않는 까닭이니라. 사리자여. 다시 보살마하살이 있어서 반야바라밀다를 수행하는 때에 보시·정려·반야바라밀다에 안주하여 일체지·일체상지의 도를 청정하게 장엄하는데, 필경공으로써 은혜롭게 베푸는 마음·간탐하는 마음·적정한 마음·산란한 마음·지혜로운 마음·우치한 마음을 일으키지 않는 까닭이니라.

사리자여. 다시 보살마하살이 있어서 반야바라밀다를 수행하는 때에 정계·안인·정진바라밀다에 안주하여 일체지·일체상지의 도를 청정하게 장엄하는데, 필경공으로써 지계의 마음·범계의 마음·자비한 마음·분노하고 성내는 마음·정근하는 용맹한 마음·해태한 마음을 일으키지 않는 까닭이니라. 사리자여. 다시 보살마하살이 있어서 반야바라밀다를 수행하는 때에 정계·정진·정려바라밀다에 안주하여 일체지·일체상지의 도를 청정하게 장엄하는데, 필경공으로써 지계의 마음·범계의 마음·정근하는 용맹한 마음·해태한 마음·적정한 마음·산란한 마음을 일으키지 않는 까닭이니라.

사리자여. 다시 보살마하살이 있어서 반야바라밀다를 수행하는 때에 정계·정려·반야바라밀다에 안주하여 일체지·일체상지의 도를 청정하게 장엄하는데, 필경공으로써 지계의 마음·범계의 마음·적정한 마음과 산란한 마음·지혜로운 마음·우치한 마음을 일으키지 않는 까닭이니라. 사리자여. 다시 보살마하살이 있어서 반야바라밀다를 수행하는 때에 안인·정진·정려바라밀다에 안주하여 일체지·일체상지의 도를 청정하게 장엄하는데, 필경공으로써 자비한 마음·분노하고 성내는 마음·정근하는 용맹한 마음·해태한 마음·적정한 마음·산란한 마음을 일으키지 않는 까닭이니라.

사리자여. 다시 보살마하살이 있어서 반야바라밀다를 수행하는 때에 안인·정진·반야바라밀다에 안주하여 일체지·일체상지의 도를 청정하게 장엄하는데, 필경공으로써 자비한 마음·분노하고 성내는 마음·정근하는 용맹한 마음·해태한 마음·지혜로운 마음·우치한 마음을 일으키지 않는 까닭이니라. 사리자여. 다시 보살마하살이 있어서 반야바라밀다를 수행하는 때에 정진·정려·반야바라밀다에 안주하여 일체지·일체상지의 도를 청정하게 장엄하는데, 필경공으로써 정근하는 용맹한 마음·해태한 마음·적정한 마음·산란한 마음·지혜로운 마음·우치한 마음을 일으키지 않는 까닭이니라.
　사리자여. 다시 보살마하살이 있어서 반야바라밀다를 수행하는 때에 보시·안인·정진바라밀다에 안주하여 일체지·일체상지의 도를 청정하게 장엄하는데, 필경공으로써 은혜롭게 베푸는 마음·간탐하는 마음·자비한 마음·분노하고 성내는 마음·정근하는 용맹한 마음·해태한 마음을 일으키지 않는 까닭이니라. 사리자여. 다시 보살마하살이 있어서 반야바라밀다를 수행하는 때에 보시·안인·정진·정려바라밀다에 안주하여 일체지·일체상지의 도를 청정하게 장엄하는데, 필경공으로써 은혜롭게 베푸는 마음·간탐하는 마음·자비한 마음·분노하고 성내는 마음·정근하는 용맹한 마음·해태한 마음·적정한 마음·산란한 마음을 일으키지 않는 까닭이니라.
　사리자여. 다시 보살마하살이 있어서 반야바라밀다를 수행하는 때에 보시·안인·정진·정려·반야바라밀다에 안주하여 일체지·일체상지의 도를 청정하게 장엄하는데, 필경공으로써 은혜롭게 베푸는 마음·간탐하는 마음·자비한 마음·분노하고 성내는 마음·정근하는 용맹한 마음·해태한 마음·적정한 마음·산란한 마음·지혜로운 마음·우치한 마음을 일으키지 않는 까닭이니라. 사리자여. 다시 보살마하살이 있어서 반야바라밀다를 수행하는 때에 정계·안인·정진·정려바라밀다에 안주하여 일체지·일체상지의 도를 청정하게 장엄하는데, 필경공으로써 지계의 마음·범계의 마음·자비한 마음·분노하고 성내는 마음·정근하는 용맹한 마음·해태한 마음·적정한 마음·산란한 마음을 일으키지 않는 까닭이니라.
　사리자여. 다시 보살마하살이 있어서 반야바라밀다를 수행하는 때에 정계·정진·정려·반야바라밀다에 안주하여 일체지·일체상지의 도를 청정하게 장엄하는데, 필경공으로써 지계의 마음·범계의 마음·정근하는 용맹한 마음·해태한 마음·적정한 마음·산란한 마음·지혜로운 마음·우치한 마음을 일으키지 않는 까닭이니라. 사리자여. 다시 보살마하살이 있어서 반야바라밀다를 수행하는 때에 안인·정진·정려·반야바라밀다에 안주하여 일체지·일체상지의 도를 청정하게 장엄하는데, 필경공으로써 자비한 마음·분노하고 성내는 마음·정근하는 용맹한 마음·해태한 마음·적정한 마음·산란한 마음·지혜로운 마음·우치한 마음을 일으키지 않는 까닭이니라.

사리자여. 다시 보살마하살이 있어서 반야바라밀다를 수행하는 때에 보시·정계·안인·정진·정려·반야바라밀다에 안주하여 일체지·일체상지의 도를 청정하게 장엄하는데, 필경공으로써 은혜롭게 베푸는 마음·간탐하는 마음·지계의 마음·범계의 마음·자비한 마음·분노하고 성내는 마음·정근하는 용맹한 마음·해태한 마음·적정한 마음·산란한 마음·지혜로운 마음·우치한 마음을 일으키지 않는 까닭이니라. 사리자여. 다시 보살마하살이 있어서 반야바라밀다를 수행하는 때에 보시·안인·정진·정려·반야바라밀다에 안주하여 일체지·일체상지의 도를 청정하게 장엄하는데, 필경공으로써 은혜롭게 베푸는 마음·간탐하는 마음·자비한 마음·분노하고 성내는 마음·정근하는 용맹한 마음·해태한 마음·적정한 마음·산란한 마음·지혜로운 마음·우치한 마음을 일으키지 않는 까닭이니라.

사리자여. 다시 보살마하살이 있어서 반야바라밀다를 수행하는 때에 보시·정계·안인·정진·정려·반야바라밀다에 안주하여 일체지·일체상지의 도를 청정하게 장엄하는데, 필경공으로써 은혜롭게 베푸는 마음·간탐하는 마음·지계의 마음·범계의 마음·자비한 마음·분노하고 성내는 마음·정근하는 용맹한 마음·해태한 마음·적정한 마음·산란한 마음·지혜로운 마음·우치한 마음을 일으키지 않는 까닭이니라. 사리자여. 다시 보살마하살이 있어서 반야바라밀다를 수행하는 때에 보시·안인·정진·정려·반야바라밀다에 안주하여 일체지·일체상지의 도를 청정하게 장엄하는데, 필경공으로써 은혜롭게 베푸는 마음·간탐하는 마음·자비한 마음·분노하고 성내는 마음·정근하는 용맹한 마음·해태한 마음·적정한 마음·산란한 마음·지혜로운 마음·우치한 마음을 일으키지 않는 까닭이니라.

사리자여. 다시 보살마하살이 있어서 반야바라밀다를 수행하는 때에 정계·안인·정진·정려·반야바라밀다에 안주하여 일체지·일체상지의 도를 청정하게 장엄하는데, 필경공으로써 지계의 마음·범계의 마음·자비한 마음·분노하고 성내는 마음·정근하는 용맹한 마음·해태한 마음·적정한 마음·산란한 마음·지혜로운 마음·우치한 마음을 일으키지 않는 까닭이니라. 사리자여. 다시 보살마하살이 있어서 반야바라밀다를 수행하는 때에 보시·정계·안인·정진·정려·반야바라밀다에 안주하여 일체지·일체상지의 도를 청정하게 장엄하는데, 필경공으로써 은혜롭게 베푸는 마음·간탐하는 마음·지계의 마음·범계의 마음·자비한 마음·분노하고 성내는 마음·정근하는 용맹한 마음·해태한 마음·적정한 마음·산란한 마음·지혜로운 마음·우치한 마음을 일으키지 않는 까닭이니라.

사리자여. 이와 같이 보살마하살들이 반야바라밀다를 수행하는 때에 6바라밀다에 안주하여 일체지·일체상지의 도를 청정하게 장엄하는데, 필경공으로써 은혜롭게 베푸는 마음과 간탐하는 마음이 없는 까닭이고, 지계의 마음과 범계의 마음이 없는 까닭이며, 자비한 마음과 분노하고 성내는 마음이 없는 까닭이고, 정근하는 용맹한 마음과 해태한 마음이 없는 까닭이며, 적정한 마음·산란한 마음이 없는 까닭이고, 지혜로운 마음과 우치한 마음이 없는 까닭이며, 은혜롭게 베푸는 마음에 집착하지 않고, 간탐하는 마음에 집착하지 않으며, 지계의 마음에 집착하지 않고, 범계의 마음에 집착하지 않으며, 자비한 마음에 집착하지 않고, 분노하고 성내는 마음에 집착하지 않으며, 정근하는 용맹한 마음에 집착하지 않고, 해태한 마음에 집착하지 않으며, 적정한 마음에 집착하지 않고, 산란한 마음에 집착하지 않으며, 지혜로운 마음에 집착하지 않고, 우치한 마음에 집착하지 않느니라.

사리자여. 이 보살마하살은 마땅히 그때에서 은혜롭게 베푸는 것에 집착하지 않고, 간탐하는 것에 집착하지 않으며, 지계인 것에 집착하지 않고, 범계인 것에 집착하지 않으며, 자비한 것에 집착하지 않고, 분노하고 성내는 마음에 집착하지 않으며, 정근하는 용맹한 마음에 집착하지 않고, 해태한 마음에 집착하지 않으며, 적정한 마음에 집착하지 않고, 산란한 마음에 집착하지 않으며, 지혜로운 마음에 집착하지 않고, 우치한 마음에 집착하지 않느니라. 사리자여. 이 보살마하살은 마땅히 그때에서 집착하거나 집착하지 않는 것에서 모두 집착하지 않느니라. 왜 그러한가? 일체법이 필경공인 까닭이니라.

　사리자여. 이 보살마하살은 마땅히 그때에서 훼자하고 꾸짖는 것에 집착하지 않고 찬탄하는 것에 집착하지 않으며, 손해시키는 것에 집착하지 않고 요익하게 하는 것에 집착하지 않으며, 경멸하는 것에 집착하지 않고 공경하는 것에 집착하지 않느니라. 왜 그러한가? 필경공의 가운데에서는 훼자하고 꾸짖으며 찬탄할 것이 없는 까닭이고, 손해시키고 요익하게 하는 법이 없는 까닭이며, 경멸(輕慢)하고 공경할 법이 없는 까닭이니라. 사리자여. 이 보살마하살은 마땅히 그때에서 집착하거나 집착하지 않는 것에서 모두 집착하지 않느니라. 왜 그러한가? 매우 깊은 반야바라밀다는 일체의 집착과 집착하지 않는 것을 영원히 단절(斷絶)한 까닭이니라.

　사리자여. 이 보살마하살이 반야바라밀다를 수행하는 때에 획득하는 공덕은 최상(最上)이고 최고로 미묘하므로 일체의 성문들과 여러 독각들은 모두 없는 것이니라. 사리자여. 이 보살마하살이 이와 같은 공덕을 원만하게 하였다면, 다시 능히 4섭사(四攝事)로써 일체의 유정들을 성숙시키고, 불국토를 청정하게 장엄하고서 곧 일체지와 일체상지의 도를 청정하게 장엄하며, 빠르게 일체지지(一切智智)를 증득하느니라.

　다시 다음으로 사리자여. 반야바라밀다를 수행하는 보살마하살이 반야바라밀다를 수행하는 때에 일체의 유정들에게 평등한 마음을 일으키고, 평등한 마음을 이미 일으켰다면 일체의 유정에게 이익되고 안락하게 하는 마음을 일으키며, 이익하고 안락하게 하는 마음을 이미 일으켰다면 일체의 법성(法性)이 모두가 평등함을 얻고, 법성이 이미 평등함을 얻었다면 일체의 유정을 일체법의 평등한 성품 가운데에 안립시키느니라. 사리자여. 이 보살마하살은 현법(現法)의 가운데에 시방의 제불께서 호념(護念)하시는 것이고, 역시 일체의 보살마하살·성문·독각들에게 공경과 애락을 얻느니라.

  사리자여. 이 보살마하살은 태어나는 처소를 따라서 눈은 결국 뜻과 알맞지 않은 색깔은 보지 않을 것이고, 귀는 결국 뜻과 알맞지 않은 소리는 듣지 않을 것이며, 코는 결국 뜻과 알맞지 않은 냄새를 맡지 않을 것이고, 혀는 결국 뜻과 알맞지 않은 맛을 맛보지 않을 것이며, 몸은 결국 뜻과 알맞지 않은 감촉을 느끼지 않으며, 뜻은 결국 뜻과 알맞지 않은 법을 취하지 않을 것이니라. 사리자여. 이 보살마하살은 아뇩다라삼먁삼보리에서 영원히 불퇴전이니라."

  마땅히 세존께서 이와 같이 반야바라밀다를 수행하는 여러 보살마하살의 수승한 이익을 설하시던 때에 대중의 가운데에 있던 300명의 비구들은 곧 자리에서 일어나서 입었던 옷을 가지고 세존께 받들었고, 모두가 무상정등각(無上正等覺)의 마음을 일으켰다. 그때 세존께서는 곧 미소를 지으셨고, 입에서 여러 색깔의 광명을 펼치셨다. 존자(尊者) 아난(阿難)은 자리에서 일어나서 오른쪽의 어깨를 드러내고(偏覆左肩) 오른쪽의 무릎을 땅에 꿇고 합장하고 공경스럽게 세존께 아뢰어 말하였다.

  "세존이시여. 무슨 인연으로 이러한 미소를 나타내셨습니까? 대성(大聖)께서 미소를 나타내신 것은 반드시 인연이 있으십니다. 청하옵건대 연민을 내려주시고, 오직 바라옵건대 설하여 주십시오."

  세존께서 아난에게 알리셨다.

  "이 자리에서 일어났던 300명의 비구들은 지금의 이후인 61겁의 성유겁(星喩劫)의 가운데에서 마땅히 작불(作佛)하는데, 모두가 같은 하나의 명호(名號)인 이를테면, 대당상(大幢相) 여래(如來)·응공(應)·정등각(正等覺)·명행원만(明行圓滿)·선서(善逝)·세간해(世間解)·무상장부(無上丈夫)·조어사(調御士)·천인사(天人師)·불(佛)·박가범(薄伽梵)이니라. 이 여러 비구들은 지금의 몸을 버린다면 동쪽의 부동(不動)의 불국토에 태어나고 그곳 여래의 처소에서 보살행을 수행할 것이니라. 다시 60,000명의 천자(天子)들이 있는데 여래께서 설하시는 것을 듣고서 모두가 무상정등각의 마음을 일으킬 것이고, 세존께서는 그들에게 마땅히 '미륵여래(彌勒如來)의 법의 가운데에서 청정한 믿음으로 출가하여 오로지 범행(梵行)을 수행할 것이니, 미륵여래께서는 그들에게 마땅히 무상정등각을 증득할 것이다.'라고 수기(授記)를 주실 것이니라."

그때 이 세간의 일체 회중(會中)의 대중들은 여래의 신력(神力)으로써 시방으로 각각 일천 불국토와 여러 세존, 아울러 회중의 대중들과 그 여러 불국토의 청정한 장엄과 미묘(微妙)한 특수(特殊)함을 보았는데, 마땅히 그때에 이 감인세계(堪忍世界)2)의 청정한 장엄의 상(相)으로는 능히 미칠 수 없었다. 이때 이 회중의 대중들 가운데에서 10,000명의 유정들이 각자 '내가 수행하였던 여러 순수하고 청정한 업으로써 마땅히 그 여러 불국토에 왕생(往生)하기를 발원합니다.'라고 발원하여 말하였다.

그때 세존께서는 그들이 마음의 발원을 아시고 다시 미소를 지으셨는데, 입에서는 다시 여러 종류의 색깔로 광명이 펼쳐졌다. 존자 아난은 다시 자리에서 일어났고 공경스럽게 세존께서 미소를 지으신 인연을 물었다.

세존께서 아난에게 알리셨다.

"그대는 지금 이곳의 10,000명의 유정들이 보이는가?"

아난이 아뢰어 말하였다.

"그렇습니다. 보입니다."

세존께서 말씀하셨다.

"아난이여. 이 10,000명의 유정은 이곳에서 목숨을 마치면 그들의 원력의 힘을 따라서 10,000의 불국토에 각자 왕생할 것이고, 나아가 무상정등보리를 증득할 것이며, 태어나서 존재하는 처소에서 항상 여래를 벗어나지 않으며 공양하고 공경하며 존중하고 찬탄하면서 6바라밀다를 수습하여 원만함을 얻는다면 같은 때에 성불(成佛)하여 모두가 같은 하나의 명호인 이를테면, 장엄광(莊嚴光) 여래·응공·정등각·명행원만·선서·

---

2) 남섬부주를 다르게 부르는 말이다.

세간해·무상장부·조어사·천인사·불·박가범이니라."

4. 무등등품(無等等品)

그때 존자 사리자·존자 대목련(大目連)·존자 선현(善現)·존자 대음광(大飮光)·존자 만자자(滿慈子)와 이와 같은 등의 대중들이 희망이었던 선지식의 대비구(大苾芻)·비구니(苾芻尼)·보살마하살(菩薩摩訶薩)·우바색가(鄔波索迦)·우바사가(鄔波斯迦) 등이 모두 자리에서 일어나서 공경스럽게 합장하고 함께 세존께 아뢰어 말하였다.

"세존이시여. 마하바라밀다(摩訶波羅蜜多)가 보살마하살의 반야바라밀다이고, 광바라밀다(廣波羅蜜多)가 보살마하살의 반야바라밀다이며, 제일바라밀다(第一波羅蜜多)가 보살마하살의 반야바라밀다이고, 존바라밀다(尊波羅蜜多)가 보살마하살의 반야바라밀다이며, 승바라밀다(勝波羅蜜多)가 보살마하살의 반야바라밀다이고, 상바라밀다(上波羅蜜多)가 보살마하살의 반야바라밀다이며, 묘바라밀다(妙波羅蜜多)가 보살마하살의 반야바라밀다이고, 고바라밀다(高波羅蜜多)가 보살마하살의 반야바라밀다이며, 극바라밀다(極波羅蜜多)가 보살마하살의 반야바라밀다이고, 무상바라밀다(無上波羅蜜多가 보살마하살의 반야바라밀다이며,

무상상바라밀다(無上上波羅蜜多)가 보살마하살의 반야바라밀다이고, 무등바라밀다(無等波羅蜜多)가 보살마하살의 반야바라밀다이며, 무등등바라밀다(無等等波羅蜜多)가 보살마하살의 반야바라밀다이고, 여허공바라밀다(如虛空波羅蜜多)가 보살마하살의 반야바라밀다이며, 무대대바라밀다(無待對波羅蜜多)가 보살마하살의 반야바라밀다이고, 자상공바라밀다(自相空波羅蜜多)가 보살마하살의 반야바라밀다이며, 공상공바라밀다(共相空波羅蜜多)가 보살마하살의 반야바라밀다이고, 일체법공바라밀다

(一切法空波羅蜜多)가 보살마하살의 반야바라밀다이며, 불가득공바라밀다(不可得空波羅蜜多)가 보살마하살의 반야바라밀다이고, 무생공바라밀다(無生空波羅蜜多)가 보살마하살의 반야바라밀다이며, 무멸공바라밀다(無滅空波羅蜜多)가 보살마하살의 반야바라밀다이고,

무성공바라밀다(無性空波羅蜜多)가 보살마하살의 반야바라밀다이며, 유성공바라밀다(有性空波羅蜜多)가 보살마하살의 반야바라밀다이고, 무성유성공바라밀다(無性有性空波羅蜜多)가 보살마하살의 반야바라밀다이며, 사마타바라밀다(奢摩他波羅蜜多)가 보살마하살의 반야바라밀다이고, 담마타바라밀다(曇摩他波羅蜜多)3)가 보살마하살의 반야바라밀다이며, 개발일체공덕바라밀다(開發一切功德波羅蜜多)가 보살마하살의 반야바라밀다이고, 성취일체공덕바라밀다(成就一切功德波羅蜜多)가 보살마하살의 반야바라밀다이며, 불가굴복바라밀다(不可屈伏波羅蜜多)가 보살마하살의 반야바라밀다이고, 능파일체바라밀다(能破一切波羅蜜多)가 보살마하살의 반야바라밀다입니다.

세존이시여. 반야바라밀다를 수행하는 제보살마하살은 최고로 존귀하고 최고로 수승하며 큰 세력을 갖추었으므로, 능히 무등등(無等等)인 보시를 행할 수 있고, 무등등의 보시를 원만하게 할 수 있으며, 능히 무등등인 보시바라밀다를 구족할 수 있고, 무등등인 스스로의 몸을 얻을 수 있는데 이를테면, 무변한 상호(相好)로 미묘하게 장엄한 몸이며, 능히 무등등인 법을 증득하는데 이를테면, 무상정등보리입니다.

세존이시여. 반야바라밀다를 수행하는 제보살마하살은 최고로 존귀하고 최고로 수승하며 큰 세력을 갖추었으므로, 능히 무등등인 계율을 수지(受持)할 수 있고, 무등등인 계율을 원만하게 할 수 있으며, 능히 무등등인 정계바라밀다를 구족할 수 있고, 무등등인 스스로의 몸을 얻을 수 있는데 이를테면, 무변한 상호로 미묘하게 장엄한 몸이며, 능히 무등등

---

3) 산스크리트어 'Dhammata' 또는 'Dhammatā'의 실담(悉曇)으로 복원할 수 있다. pali어의 단어적인 뜻은 '일반적인 관습' 또는 '습관', '자연(自然) 등의 뜻이 있으므로, 비발사나(毘鉢舍那)를 한역하면서 오류가 일어난 것으로 추정된다.

인 법을 증득하는데 이를테면, 무상정등보리입니다.

　세존이시여. 반야바라밀다를 수행하는 제보살마하살은 최고로 존귀하고 최고로 수승하며 큰 세력을 갖추었으므로, 능히 무등등인 안인을 수행할 수 있고, 무등등인 계율을 원만하게 할 수 있으며, 능히 무등등인 안인바라밀다를 구족할 수 있고, 무등등인 스스로의 몸을 얻을 수 있는데 이를테면, 무변한 상호로 미묘하게 장엄한 몸이며, 능히 무등등인 법을 증득하는데 이를테면, 무상정등보리입니다.

　세존이시여. 반야바라밀다를 수행하는 제보살마하살은 최고로 존귀하고 최고로 수승하며 큰 세력을 갖추었으므로, 능히 무등등인 정진을 일으킬 수 있고, 무등등인 정진을 원만하게 할 수 있으며, 능히 무등등인 정진바라밀다를 구족할 수 있고, 무등등인 스스로의 몸을 얻을 수 있는데 이를테면, 무변한 상호로 미묘하게 장엄한 몸이며, 능히 무등등인 법을 증득하는데 이를테면, 무상정등보리입니다.

　세존이시여. 반야바라밀다를 수행하는 제보살마하살은 최고로 존귀하고 최고로 수승하며 큰 세력을 갖추었으므로, 능히 무등등인 정려를 일으킬 수 있고, 무등등인 정려를 원만하게 할 수 있으며, 능히 무등등인 정려바라밀다를 구족할 수 있고, 무등등인 스스로의 몸을 얻을 수 있는데 이를테면, 무변한 상호로 미묘하게 장엄한 몸이며, 능히 무등등인 법을 증득하는데 이를테면, 무상정등보리입니다.

　세존이시여. 반야바라밀다를 수행하는 제보살마하살은 최고로 존귀하고 최고로 수승하며 큰 세력을 갖추었으므로, 능히 무등등인 반야를 일으킬 수 있고, 무등등인 반야를 원만하게 할 수 있으며, 능히 무등등인 반야바라밀다를 구족할 수 있고, 무등등인 스스로의 몸을 얻을 수 있는데 이를테면, 무변한 상호로 미묘하게 장엄한 몸이며, 능히 무등등인 법을 증득하는데 이를테면, 무상정등보리입니다. 나머지 여러 종류의 수승한 공덕으로 그 상응하는 것을 따라서 역시 다시 이와 같습니다.

　세존이시여. 세존께서도 반야바라밀다를 수행하시어 능히 수행하고, 능히 안주하며, 능히 원만하게 하고, 능히 수긍한 공덕을 구족하는 까닭으로, 무등등인 색을 얻고, 무등등인 수·상·행·식을 얻으셨으며, 무등등인 보리를 증득하시고서 무등등인 법륜을 굴리시는데, 과거·미래·현재의 제불께서도 역시 다시 이와 같으셨습니다. 이러한 까닭으로 세존이시여. 만약 보살마하살이 일체법의 궁극적인 피안(彼岸)에 이르고자 한다면 마땅히 반야바라밀다를 수습해야 합니다. 세존이시여. 반야바라밀다를 수행하는 제보살마하살은 일체의 세간의 천인·인간·아소락 등이 모두 상응하게 공양하고 공경하며 존중하고 찬탄하는 것입니다."

그때 세존께서 여러 대제자(大弟子)들과 보살마하살들에게 알리셨다.
"그와 같으니라. 그와 같으니라. 그대들의 말한 것과 같으니라. 반야바라밀다를 수행하는 보살마하살은 일체 세간의 천인·인간·아소락 등이 모두 상응하게 공양하고 공경하며 존중하고 찬탄하는 것이니라. 왜 그러한가? 오히려 이 보살마하살을 까닭으로 세간에 인간과 천인들이 출현(出現)하여 있는데 이를테면, 찰제리의 대족성·바라문의 대족성·장자의 대족성·거사의 대족성·전륜성왕(轉輪聖王)·사대왕중천(四大王衆天), 나아가 타화자재천(他化自在天)·범중천(梵衆天), 나아가 색구경천(色究竟天)·공무변처천(空無邊處天), 나아가 비상비비상처천(非想非非想處天)이 세간에 출현하였고, 오히려 이 보살마하살을 까닭으로 세간에는 예류(預流)·일래(一來)·불환(不還)·아라한(阿羅漢)·독각(獨覺)·보살(菩薩)·제불(諸佛)께서 출현하셨느니라.

오히려 이 보살마하살을 까닭으로 세간에는 여러 종류의 자구(資具)가 있고 오락의 도구(樂具)들이 출현하여 있는데 이를테면, 음식·의복·와구·방사·등불·마니(末尼)·진주(眞珠)·유리(琉璃)·나패(螺貝)·벽옥(璧玉)·산호(珊瑚)·금·은 등의 보배가 세간에 출현하였느니라. 요약하여 말한다면, 일체 세간에 인간의 안락(安樂)·천상의 안락·출세간(出世間)의 안락이 모두 오히려 이와 같은 보살마하살이 존재하지 않는다면 있지 않느니라. 왜 그러한가? 이 보살마하살은 스스로가 보시하고서 다른 사람도 보시하게 교계하며, 스스로가 지계하고서 다른 사람도 지계하게 교계하며, 스스로가 안인하고서 다른 사람도 안인하게 교계하며, 스스로가 정진하고서 다른 사람도 정진하게 교계하며, 스스로가 선정을 수행하고 다른 사람도 선정을 수행하게 교계하며, 스스로가 반야를 수행하고서 다른 사람도 반야를 수행하게 교계하느니라. 이러한 까닭으로 오히려 이 반야바라밀다를 수행하는 여러 보살마하살이 일체의 유정들에게 모두 이와 같은 이익과 안락을 획득하게 하느니라."

5. 설근상품(舌根相品)

그때 세존께서 설근상(舌根相)을 나타내셨는데, 크기가 삼천대천세계와 동등하였다. 이 혀의 상(舌相)을 따라서 다시 무수(無數)인 여러 종류의 색깔로 광명을 펼치셨는데, 시방의 긍가사 등의 제불세계를 두루 비추셨다. 그때 동방(東方)으로 긍가사 등의 여러 불국토의 가운데에 한 처소·한 처소에서 각각 무량(無量)하고 무수(無數)인 보살마하살이 있었는데, 이러한 큰 광명을 보고서 마음에 유예(猶豫)를 품고서 각자 가서 나아갔고, 스스로의 세계에서 세존의 처소로 나아가서 머리 숙여 공경스럽게 세존께 아뢰어 말하였다.

"세존이시여. 이것은 누구의 위력(威力)입니까? 다시 무슨 인연으로써 이러한 큰 광명이 여러 불국토를 비추는 것입니까?"

이때 그 불토·그 불토의 여래(佛)께서 각각 알려 말씀하셨다.

"이곳에서 서방으로 여래의 세계가 있어서 감인(堪忍)이라고 이름하고, 여래의 명호는 석가모니(釋迦牟尼) 여래·응공·정등각·명행원만·선서·세간해·무상장부·조어사·천인사·불·박가범이니라. 지금 보살마하살의 대중들을 위하여 반야바라밀다를 설하시려고 설근상을 나타내셨는데, 크기가 삼천대천세계와 같으니라. 그 혀의 상을 따라서 다시 무수인 여러 종류의 색깔로 광명을 펼치셨는데, 시방의 긍가사 등의 제불세계를 두루 비추셨고, 지금 보이는 광명이라는 것은 곧 이것이 그 여래의 혀의 상에서 나타난 것이니라."

이때 그 불토·그 불토의 세계에 무량하고 무수인 보살마하살들이 이 일을 듣고서 환희하고 용약하였으며 미증유(未曾有)라고 찬탄하면서 그 불토·그 불토의 여래께 각각 알려 말씀하였다.

"여래이시여. 저희들은 감인세계로 가고자 하며, 석가모니 여래·응공·정등각과 제보살마하살의 대중들을 보고서 예경하고 공양하고자 합니다. 아울러 반야바라밀다를 듣고자 합니다. 오직 원하옵건대 세존이시여. 애민하게 생각하시어 허락하여 주십시오."

이때 그 불토·그 불토의 여래께서 각각 알려 말씀하였다.

"지금이 바로 그때이니라. 그대들의 뜻을 따라서 가도록 하게."

이때 보살마하살들은 이미 여래께 허락을 받았으므로 각자 여래의 발에 예경하고, 오른쪽으로 일곱 바퀴를 돌았으며, 무량한 보배 당기와 번기·일산·의복·영락·향·꽃다발·진기한 보배·금·은 등의 꽃을 엄숙하게 지니고서, 여러 종류의 상묘(上妙)한 음악을 연주하면서 수유(須臾)의 시간이 지나서 이 여래의 처소에 이르렀으며, 여래와 보살들께 공양하고 공경하며 존중하고 찬탄하였으며 백천 바퀴를 돌았고 머리 숙여 두 발에 예경하고, 한쪽으로 물러나 앉았다. 남방·서방·북방·사유(四維)·상(上)·하방(下方)도 긍가사 등의 불국토의 가운데에 한 처소·한 처소에서 각각 무량(無量)하고 무수(無數)인 보살마하살이 있었는데, 역시 다시 이와 같았다.

그때 사대왕중천(四大王衆天)·삼십삼천(三十三天)·야마천(夜摩天)·도사다천(覩史多天)·낙변화천(樂變化天)·타화자재천(他化自在天)·범중천(梵衆天)·범보천(梵輔天)·범회천(梵會天)·대범천(大梵天)·광천(光天)·소광천(少光天)·무량광천(無量光天)·극광정천(極光淨天)·정천(淨天)·소정천(少淨天)·무량정천(無量淨天)·변정천(遍淨天)·광천(廣天)·소광천(少廣天)·무량광천(無量廣天)·광과천(廣果天)·무번천(無繁天)·무열천(無熱天)·선현천(善現天)·선견천(善見天)·색구경천(色究竟天)이 각각 무량한 여러 종류의 향과 꽃다발인 이를테면, 바르는 향(澤香)·가루 향(末香)·태우는 향(燒香)·나무 향(樹香)·잎 향(葉香)·여러 섞은 향(諸雜和香)과 열의(悅意) 꽃다발·생류(生類) 꽃다발·용전(龍錢) 꽃다발, 아울러 무량한 여러 종류의 섞여 있는 부류의 꽃다발과 무량하고 상묘한 천화(天花)인, 올발라화(嗢鉢羅花)·발특마화(鉢特摩花)·구모다화(俱某陀花)·분다리화(奔茶利花)·미묘음화(微妙音花)·대미묘음화(大微妙音花)와 나머지의 무량한 천상(天上)의 미묘하고 향기로운 꽃을 가지고 와서 세존의 처소로 나아갔으며 불·보살들께 공양하고 공경하며 존중하고 찬탄하였으며, 백천 바퀴를 돌았고, 두 발에 머리 숙여 예경하고서 한쪽으로 물러나서 앉았다.

 그때 시방에서 왔던 여러 보살마하살의 대중들과 나머지의 무량한 욕계(欲界)·색계(色界)의 천인(天人)들이 받들었던 것인 보배 당기와 번기·일산·의복·음식·영락·진기한 보배·향·꽃과 여러 음악 등이 세존의 신력(神力)으로써 위로 솟아올랐고 허공의 가운데에서 합쳐져서 무대(臺)와 일산(蓋)을 이루었는데, 크기가 삼천대천세계와 동등하였다. 무대의 지붕(頂)은 네 모서리에 각각 보배 당기가 있었고, 무대·일산·보배 당기는 모두 영락·수승한 번기·미묘한 비단·보배·기이한 꽃다발을 늘어뜨리고 여러 종류로 장엄하였으므로 매우 애락(愛樂)하였다.

 그때 회중에 있었던 백천 구지·나유타 대중들이 모두 자리에서 일어나서 합장하고 공경스럽게 세존께 아뢰어 말하였다.

 "세존이시여. 저희들은 미래에 마땅히 작불(作佛)하여 상호(相好)와 위덕이 지금의 세존과 같으며, 국토의 장엄과 성문·보살·인간·천인의 대중들의 회중에서 굴리는 법륜이 모두 지금의 세존과 같아지기를 발원합니다."

 그때 세존께서는 그들이 마음에 발원을 아셨고, 제법에서 무생법인(無生法忍)을 깨달아서 일체가 생겨나지 않고 소멸하지 않으며, 무작(無作)이고 무위(無爲)라고 깨달은 것을 명료하게 통달하셨으므로, 나아가 곧 미소를 지으셨고 입에서 다시 여러 종류의 색깔인 광명이 펼치셨다.

 그때 아난다가 자리에서 일어나서 합장하고 공경스럽게 세존께 아뢰어 말하였다.

"세존이시여. 무슨 인연으로 이렇게 미소를 지으십니까? 제불께서 미소를 나타내시는 것은 인연이 없지 않으십니다."

세존께서 아난에게 알리셨다.

"이 자리에서 일어난 백천 구지·나유타의 대중들은 제법에서 이미 무생법인을 깨달아서 일체가 생겨나지 않고 소멸하지 않으며, 무작(無作)이고 무위(無爲)라고 깨달은 것을 명료하게 통달하셨으므로, 그들은 마땅히 미래에 68구지(俱胝) 대겁을 지내면서 보살행을 정근하면서 수행하여 묘법화겁(妙法花劫)에는 결정적으로 마땅히 작불하고 모두가 동일한 명호로서 각분화(覺分花) 여래·응공·정등각·명행원만·선서·세간해·무상장부·조어사·천인사·불·박가범이라고 불릴 것이다."

마하반야바라밀다경 제406권

6. 선현품(善現品)(1)

그때 세존께서 존자(尊者) 선현(善現)에게 알리셨다.

"그대는 변재(辯才)로써 보살마하살들을 위하여 반야바라밀다에 상응하는 법을 널리 설하여 제보살마하살들을 교계(敎誡)하고 교수(敎授)하여 반야바라밀다에서 모두를 성취하여 얻게 하게."

이때 제보살마하살의 대중들과 대성문·천인·인간들은 함께 이렇게 생각을 지었다.

'존자 선현은 스스로가 변재를 삼아서 마땅히 보살마하살의 대중들을 위하여 반야바라밀다에 상응하는 법을 널리 설하면서 제보살마하살들을 교계하고 교수하는데, 반야바라밀다에서 모두 성취되고 얻어서 하는 것인가? 마땅히 여래의 위신력을 받들어서 하는 것인가?'

존자 선현이 제보살마하살의 대중들과 대성문·천인·인간들이 마음으로 생각하는 것을 알고서 곧 존자 사리자(舍利子)에게 알려 말하였다.

"여러 불제자(佛弟子)들이 일반적으로 설하는 것은 일체가 모두 여래의 위신력을 받들어서 합니다. 왜 그러한가? 사리자여. 여래께서 다른 사람을 위하여 널리 설하신 법요(法要)는 여러 법성(法性)과 함께 서로가 위배됨이 없고, 여러 불제자들은 설하신 법에 의지하여 정근하면서 수학하여 법의 진실한 자성을 증득하나니, 오히려 이것은 다른 사람을 위하여 널리 설하였던 것이 있다면, 모두가 법성과 능히 서로가 위배되지 않습니다. 그러므로 여래께서 말씀하신 것은 등불을 전하여 비추는 것과 같습니다. 사리자여. 나는 마땅히 세존의 위신력과 가피(加被)를 받들어서 보살마하살의 대중들을 위하여 반야바라밀다에 상응하는 법을 널리 설하여 여러 보살마하살을 교계하고 교수하는데, 모두가 반야바라밀다에서 성취하여 얻는 것이고, 스스로의 변재로써 능히 이러한 일을 하지 못합니다. 왜 그러한가? 사리자여. 매우 깊은 반야바라밀다는 제성문·독각들의 경계가 아닌 까닭입니다."

그때 존자 선현이 세존께 아뢰어 말하였다.

"세존이시여. 여래(佛)께서 설하신 것과 같다면 제보살마하살들은 이 가운데서 무슨 법을 보살마하살로 삼는다고 이름합니까? 세존이시여. 저는 하나의 법이라도 보살마하살이라고 이름할 수 있다고 모두 보지 못하였고, 역시 하나의 법이라도 반야바라밀다라고 이름할 수 있다고 모두 보지 못하였습니다. 이와 같은 두 이름을 저는 역시 보지도 못하였는데, 어찌 저에게 제보살마하살의 대중들을 위하여 반야바라밀다에 상응하는 법을 널리 설하면서 제보살마하살을 교계하고 교수하면서 반야바라밀다에서 모두 성취하여 얻게 하겠습니까?"

세존께서 선현에게 알리셨다.

"보살마하살은 오직 명자(名字)가 있고, 반야바라밀다도 명자가 있으며, 이와 같은 두 가지의 이름도 명자가 있느니라. 선현이여. 이 세 가지의 명자는 생겨나지 않고 소멸하지 않으며, 오직 가립(假立)으로 시설(施設)하더라도 내신(內身)에 있지 않고, 외신(外身)에 있지도 않고, 두 사이(間)에 있지도 않으므로 얻을 수 없는 까닭이니라.

선현이여. 알아야 하느니라. 세간의 아(我)는 오직 가명(假名)으로 있는 것과 같나니, 이와 같은 명자는 가립이므로 생겨나지 않고 소멸하지 않으며 오직 가립으로 시설하여 나를 삼는다고 말하느니라. 이와 같이 유정(有情)·명자(命者)·생자(生者)·양자(養者)·사부(士夫)·보특가라(補特伽羅)·의생(意生)·유동(孺童)·작자(作者)·수자(受者)·지자(知者)·견자(見者)도 가립으로 명자가 있으므로, 이와 같은 명자가 생겨나지 않고 소멸하지 않으나, 오직 가립으로 시설하여 유정, 나아가 견자를 삼는다고 이름할지라도, 이와 같은 일체는 오직 가명이 있는 것이고, 이러한 여러 가명은 내신에 있지 않고, 외신에 있지도 않고, 두 사이에 있지도 않으므로 얻을 수 없는 까닭이라고 마땅히 알아야 하느니라.

이와 같이 선현이여. 만약 보살마하살이거나, 만약 반야바라밀다이거나, 만약 이러한 두 가지의 명자가 모두 이것은 가립하였던 법이라면, 이와 같이 가립하였던 법은 생겨나지 않고 소멸하지 않으며, 오직 가립으로 시설하였으므로 내신에 있지 않고, 외신에 있지도 않고, 두 사이에 있지도 않으므로 얻을 수 없는 까닭이니라.

다시 다음으로 선현이여. 내신의 색(色)은 오직 이것이 가립하였던 법과 같나니, 이와 같은 법은 가립이므로 생겨나지 않고 소멸하지 않으며 오직 가립으로 시설하여 색으로 삼는다고 말하고, 이와 같이 수(受)·상(想)·행(行)·식(識)도 역시 이것은 가립하였던 법이므로, 이와 같은 가립하였던 법은 생겨나지 않고 소멸하지 않으며, 오직 가립으로 시설하여 수·상·행·식으로 삼는다고 말할지라도, 이와 같은 일체는 오직 가명이 있는 것이고, 이러한 여러 가명은 내신에 있지 않고, 외신에 있지도 않고, 두 사이에 있지도 않으므로 얻을 수 없는 까닭이니라. 이와 같이 선현이여. 만약 보살마하살이거나, 만약 반야바라밀다이거나, 만약 이러한 두 가지의 명자가 모두 이것은 가립하였던 법이라면, 이와 같이 가립하였던 법은 생겨나지 않고 소멸하지 않으며, 오직 가립으로 시설하였으므로 내신에 있지 않고, 외신에 있지도 않고, 두 사이에 있지도 않으므로 얻을 수 없는 까닭이니라.

다시 다음으로 선현이여. 비유한다면 안처(眼處)는 오직 이것이 가립하였던 법과 같나니, 이와 같은 법은 가립이므로 생겨나지 않고 소멸하지 않으며 오직 가립으로 시설하여 안처로 삼는다고 말하고, 이와 같이 이(耳)·비(鼻)·설(舌)·신(身)·의처(意處)도 역시 이것은 가립하였던 법이므로, 이와 같은 가립하였던 법은 생겨나지 않고 소멸하지 않으며, 오직 가립으로 시설하여 이·비·설·신·의처로 삼는다고 말할지라도, 이와 같은 일체는 오직 가명이 있는 것이고, 이러한 여러 가명은 내신에 있지 않고,

외신에 있지도 않고, 두 사이에 있지도 않으므로 얻을 수 없는 까닭이니라. 이와 같이 선현이여. 만약 보살마하살이거나, 만약 반야바라밀다이거나, 만약 이러한 두 가지의 명자가 모두 이것은 가립하였던 법이라면, 이와 같은 가립하였던 법은 생겨나지 않고 소멸하지 않으며, 오직 가립으로 시설하였으므로 내신에 있지 않고, 외신에 있지도 않고, 두 사이에 있지도 않으므로 얻을 수 없는 까닭이니라.

다시 다음으로 선현이여. 비유한다면 색처(色處)는 오직 이것이 가립하였던 법과 같고, 이와 같은 법은 가립이므로 생겨나지 않고 소멸하지 않으며 오직 가립으로 시설하여 색처로 삼는다고 말하고, 이와 같이 성(聲)·향(香)·미(味)·촉(觸)·법처(法處)도 역시 이것은 가립하였던 법이므로, 이와 같은 가립하였던 법은 생겨나지 않고 소멸하지 않으며, 오직 가립으로 시설하여 성·향·미·촉·법처로 삼는다고 말할지라도, 이와 같은 일체는 오직 가명이 있는 것이고, 이러한 여러 가명은 내신에 있지 않고, 외신에 있지도 않고, 두 사이에 있지도 않으므로 얻을 수 없는 까닭이니라. 이와 같이 선현이여. 만약 보살마하살이거나, 만약 반야바라밀다이거나, 만약 이러한 두 가지의 명자가 모두 이것은 가립하였던 법이라면, 이와 같은 가립하였던 법은 생겨나지 않고 소멸하지 않으며, 오직 가립으로 시설하였으므로 내신에 있지 않고, 외신에 있지도 않고, 두 사이에 있지도 않으므로 얻을 수 없는 까닭이니라.

다시 다음으로 선현이여. 비유한다면 안계(眼界)·색계(色界)·안식계(眼識界)는 오직 이것이 가립하였던 법과 같나니, 이와 같은 법은 가립이므로 생겨나지 않고 소멸하지 않으며 오직 가립으로 시설하여 안계·색계·안식계로 삼는다고 말하고, 이와 같이 이계(耳界)·성계(聲界)·이식계(耳識界), 비계(鼻界)·향계(香界)·비식계(鼻識界), 설계(舌界)·미계(味界)·설식계(舌識界), 신계(身界)·촉계(觸界)·신식계(身識界), 의계(意界)·법계(法界)·의식계(意識界)도 역시 이것은 가립하였던 법이므로, 이와 같은 가립하였던 법은 생겨나지 않고 소멸하지 않으며, 오직 가립으로 시설하여 이계·성계·이식계, 비계·향계·비식계, 설계·미계·설식계, 신계·촉계·신식계, 의계·

법계·의식계로 삼는다고 말할지라도, 이와 같은 일체는 오직 가명이 있는 것이고, 이러한 여러 가명은 내신에 있지 않고, 외신에 있지도 않고, 두 사이에 있지도 않으므로 얻을 수 없는 까닭이니라. 이와 같이 선현이여. 만약 보살마하살이거나, 만약 반야바라밀다이거나, 만약 이러한 두 가지의 명자가 모두 이것은 가립하였던 법이라면, 이와 같은 가립하였던 법은 생겨나지 않고 소멸하지 않으며, 오직 가립으로 시설하였으므로 내신에 있지 않고, 외신에 있지도 않고, 두 사이에 있지도 않으므로 얻을 수 없는 까닭이니라.

다시 다음으로 선현이여. 비유한다면 내신이 소유(所有)한 머리·목·어깨·팔뚝·손·배·등·가슴·겨드랑이·허리·등뼈·넓적다리·무릎·뺨·다리·발 등과 같은 것과 가죽·살·뼈·골수는 오직 이것이 가명으로 있는 것과 같나니, 이와 같은 명자는 가립이므로 생겨나지 않고 소멸하지 않으며 오직 가립으로 시설하여 내신의 머리와 목 등으로 삼는다고 말하고, 이와 같은 일체는 오직 가명이 있으므로, 이러한 여러 가명은 내신에 있지 않고, 외신에 있지도 않고, 두 사이에 있지도 않으므로 얻을 수 없는 까닭이니라. 이와 같이 선현이여. 만약 보살마하살이거나, 만약 반야바라밀다이거나, 만약 이러한 두 가지의 명자가 모두 이것은 가립하였던 법이라면, 이와 같은 가립하였던 법은 생겨나지 않고 소멸하지 않으며, 오직 가립으로 시설하였으므로 내신에 있지 않고, 외신에 있지도 않고, 두 사이에 있지도 않으므로 얻을 수 없는 까닭이니라.

다시 다음으로 선현이여. 비유한다면 외부의 사물(事物)이 소유한 풀·나무·뿌리·줄기·가지·잎과 꽃·열매 등은 오직 이것이 가명으로 있는 것과 같나니, 이와 같은 명자는 가립이므로 생겨나지 않고 소멸하지 않으며 오직 가립으로 시설하여 내신의 머리와 목 등으로 삼는다고 말하고, 이와 같은 일체는 오직 가명이 있으므로, 이러한 여러 가명은 내신에 있지 않고, 외신에 있지도 않고, 두 사이에 있지도 않으므로 얻을 수 없는 까닭이니라. 이와 같이 선현이여. 만약 보살마하살이거나, 만약 반야바라밀다이거나, 만약 이러한 두 가지의 명자가 모두 이것은 가립하였던 법이라면, 이와 같은 가립하였던 법은 생겨나지 않고 소멸하지 않으며, 오직 가립으로 시설하였으므로 내신에 있지 않고, 외신에 있지도 않고, 두 사이에 있지도 않으므로 얻을 수 없는 까닭이니라.

다시 다음으로 선현이여. 비유한다면 과거·미래의 제불(諸佛)은 오직 이것이 가명으로 있는 것과 같나니, 이와 같은 명자는 가립이므로 생겨나지 않고 소멸하지 않으며 오직 가립으로 시설하여 과거·미래의 제불로 삼는다고 말하고, 이와 같은 일체는 오직 가명이 있으므로, 이러한 여러 가명은 내신에 있지 않고, 외신에 있지도 않고, 두 사이에 있지도 않으므로 얻을 수 없는 까닭이니라. 이와 같이 선현이여. 만약 보살마하살이거나, 만약 반야바라밀다이거나, 만약 이러한 두 가지의 명자가 모두 이것은 가립하였던 법이라면, 이와 같은 가립하였던 법은 생겨나지 않고 소멸하지 않으며, 오직 가립으로 시설하였으므로 내신에 있지 않고, 외신에 있지도 않고, 두 사이에 있지도 않으므로 얻을 수 없는 까닭이니라.

다시 다음으로 선현이여. 비유한다면 꿈의 경계(夢境)·계곡의 메아리(谷響)·그림자(光影)·환영의 일(幻事)·아지랑이(陽焰)·물속의 달(水月)·변화한 일(變化)은 오직 이것이 가명으로 있는 것과 같나니, 이와 같은 명자는 가립이므로 생겨나지 않고 소멸하지 않으며 오직 가립으로 시설하여 과거·미래의 제불로 삼는다고 말하고, 이와 같은 일체는 오직 가명이 있으므로, 이러한 여러 가명은 내신에 있지 않고, 외신에 있지도 않고, 두 사이에 있지도 않으므로 얻을 수 없는 까닭이니라. 이와 같이 선현이여. 만약 보살마하살이거나, 만약 반야바라밀다이거나, 만약 이러한 두 가지의 명자가 모두 이것은 가립하였던 법이라면, 이와 같은 가립하였던 법은 생겨나지 않고 소멸하지 않으며, 오직 가립으로 시설하였으므로 내신에 있지 않고, 외신에 있지도 않고, 두 사이에 있지도 않으므로 얻을 수 없는 까닭이니라.

이와 같이 선현이여. 제보살마하살은 반야바라밀다를 수행하는 때에 일체법에서 명자는 가립이고 법도 가립이며 방편도 가립이라고 상응하여 바르게 수학(修學)해야 하느니라.

그 까닭은 무엇인가? 선현이여, 반야바라밀다를 수행하는 제보살마하살은 색의 명자(名字)가 만약 항상(常)하거나 만약 무상(無常)하다고 상응하여 보지 않아야 하고 수·상·행·식의 명자가 만약 항상이거나 만약 무상하다고 상응하여 보지 않아야 하며, 색의 명자가 만약 즐겁(樂)거나 만약 괴롭(苦)다고 상응하여 보지 않아야 하고 수·상·행·식의 명자가 만약 즐겁거나 만약 괴롭다고 상응하여 보지 않아야 하며, 색의 명자가 만약 나(我)이거나 만약 무아(無我)라고 상응하여 보지 않아야 하고 수·상·행·식의 명자가 나이거나 무아라고 상응하여 보지 않아야 하며, 색의 명자가 만약 청정(淨)하거나 만약 부정(不淨)하다고 상응하여 보지 않아야 하고 수·상·행·식의 명자가 청정하거나 만약 부정하다고 상응하여 보지 않아야 하며, 색의 명자가 만약 공(空)하거나 만약 공하지 않다고 상응하여 보지 않아야 하고 수·상·행·식의 명자가 만약 공하거나 만약 공하지 않다고 상응하여 보지 않아야 하며, 색의 명자가 만약 유상(有相)이거나 만약 무상(無相)이라고 상응하여 보지 않아야 하고 수·상·행·식의 명자가 만약 유상이거나 만약 무상이라고 상응하여 보지 않아야 하며, 색의 명자가 만약 유원(有願)이거나 만약 무원(無願)이라고 상응하여 보지 않아야 하고 수·상·행·식의 명자가 만약 유원이거나 만약 무원이라고 상응하여 보지 않아야 하며, 색의 명자가 만약 적정(寂靜)하거나 만약 적정하지 않다고 상응하여 보지 않아야 하고 수·상·행·식의 명자가 만약 적정하거나 만약 적정하지 않다고 상응하여 보지 않아야 하며, 색의 명자가 만약 멀리 벗어났거나(遠離) 만약 멀리 벗어나지 않았다 상응하여 보지 않아야 하고 수·상·행·식의 명자가 만약 멀리 벗어났거나 만약 멀리 벗어나지 않았다고 상응하여 보지 않아야 하며, 색의 명자가 만약 잡염(雜染)이거나 만약 청정(淸淨)하다고 상응하여 보지 않아야 하고 수·상·행·식의 명자가 만약 잡염이거나 만약 청정하다고 상응하여 보지 않아야 하며, 색의 명자가 만약 생겨(生)나거나 만약 소멸(滅)한다고 상응하여 보지 않아야 하고 수·상·행·식의 명자가 만약 생겨나거나 만약 소멸한다고 상응하여 보지 않아야 하느니라.

다시 다음으로 선현이여, 반야바라밀다를 수행하는 제보살마하살은 안처의 명자가 만약 항상하거나 만약 무상하다고 상응하여 보지 않아야 하고 이·비·설·신·의처의 명자가 만약 항상이거나 만약 무상하다고 상응하여 보지 않아야 하며, 안처의 명자가 만약 즐겁거나 만약 괴롭다고 상응하여 보지 않아야 하고 이·비·설·신·의처의 명자가 만약 즐겁거나 만약 괴롭다고 상응하여 보지 않아야 하며, 안처의 명자가 만약 나이거나 만약 무아라고 상응하여 보지 않아야 하고 이·비·설·신·의처의 명자가 만약 나이거나 무아라고 상응하여 보지 않아야 하며, 안처의 명자가 만약 청정하거나 만약 부정하다고 상응하여 보지 않아야 하고 이·비·설·신·의처의 명자가 만약 청정하거나 만약 부정하다고 상응하여 보지 않아야 하며, 안처의 명자가 만약 공하거나 만약 공하지 않다고 상응하여 보지 않아야 하고 이·비·설·신·의처의 명자가 만약 공하거나 만약 공하지 않다고 상응하여 보지 않아야 하며, 안처의 명자가 만약 유상이거나 만약 무상이라고 상응하여 보지 않아야 하고 이·비·설·신·의처의 명자가 만약 유상이거나 만약 무상이라고 상응하여 보지 않아야 하며, 안처의 명자가 만약 유원이거나 만약 무원이라고 상응하여 보지 않아야 하고 이·비·설·신·의처의 명자가 만약 유원이거나 만약 무원이라고 상응하여 보지 않아야 하며, 안처의 명자가 만약 적정하거나 만약 적정하지 않다고 상응하여 보지 않아야 하고 이·비·설·신·의처의 명자가 만약 적정하거나 만약 적정하지 않다고 상응하여 보지 않아야 하며, 안처의 명자가 만약 멀리 벗어났거나 만약 멀리 벗어나지 않았다 상응하여 보지 않아야 하고 이·비·설·신·의처의 명자가 만약 멀리 벗어났거나 만약 멀리 벗어나지 않았다고 상응하여 보지 않아야 하며, 안처의 명자가 만약 잡염이거나 만약 청정하다고 상응하여 보지 않아야 하고 이·비·설·신·의처의 명자가 만약 잡염이거나 만약 청정하다고 상응하여 보지 않아야 하며, 안처의 명자가 만약 생겨나거나 만약 소멸한다고 상응하여 보지 않아야 하고 이·비·설·신·의처의 명자가 만약 생겨나거나 만약 소멸한다고 상응하여 보지 않아야 하느니라.

다시 다음으로 선현이여. 반야바라밀다를 수행하는 제보살마하살은 색처의 명자가 만약 항상하거나 만약 무상하다고 상응하여 보지 않아야 하고 성·향·미·촉·법처의 명자가 만약 항상이거나 만약 무상하다고 상응하여 보지 않아야 하며, 색처의 명자가 만약 즐겁거나 만약 괴롭다고 상응하여 보지 않아야 하고 성·향·미·촉·법처의 명자가 만약 즐겁거나 만약 괴롭다고 상응하여 보지 않아야 하며, 색처의 명자가 만약 나이거나 만약 무아라고 상응하여 보지 않아야 하고 성·향·미·촉·법처의 명자가 만약 나이거나 만약 무아라고 상응하여 보지 않아야 하며, 색처의 명자가 만약 청정하거나 만약 부정하다고 상응하여 보지 않아야 하고 성·향·미·촉·법처의 명자가 만약 청정하거나 만약 부정하다고 상응하여 보지 않아야 하며, 색처의 명자가 만약 공하거나 만약 공하지 않다고 상응하여 보지 않아야 하고 성·향·미·촉·법처의 명자가 만약 공하거나 만약 공하지 않다고 상응하여 보지 않아야 하며, 색처의 명자가 만약 유상이거나 만약 무상이라고 상응하여 보지 않아야 하고 성·향·미·촉·법처의 명자가 만약 유상이거나 만약 무상이라고 상응하여 보지 않아야 하며, 색처의 명자가 만약 유원이거나 만약 무원이라고 상응하여 보지 않아야 하고 성·향·미·촉·법처의 명자가 만약 유원이거나 만약 무원이라고 상응하여 보지 않아야 하며, 색처의 명자가 만약 적정하거나 만약 적정하지 않다고 상응하여 보지 않아야 하고 성·향·미·촉·법처의 명자가 만약 적정하거나 만약 적정하지 않다고 상응하여 보지 않아야 하며, 색처의 명자가 만약 멀리 벗어났거나 만약 멀리 벗어나지 않았다 상응하여 보지 않아야 하고 성·향·미·촉·법처의 명자가 만약 멀리 벗어났거나 만약 멀리 벗어나지 않았다고 상응하여 보지 않아야 하며, 색처의 명자가 만약 잡염이거나 만약 청정하다고 상응하여 보지 않아야 하고 성·향·미·촉·법처의 명자가 만약 잡염이거나 만약 청정하다고 상응하여 보지 않아야 하며, 색처의 명자가 만약 생겨나거나 만약 소멸한다고 상응하여 보지 않아야 하고 성·향·미·촉·법처의 명자가 만약 생겨나거나 만약 소멸한다고 상응하여 보지 않아야 하느니라.

다시 다음으로 선현이여. 반야바라밀다를 수행하는 제보살마하살은 안계(眼界)의 명자가 만약 항상하거나 만약 무상하다고 상응하여 보지 않아야 하고 색계(色界)·안식계(眼識界), …… 나아가 …… 안촉(眼觸)·안촉을 인연으로 생겨나는 여러 수(受)의 명자가 만약 항상이거나 만약 무상하다고 상응하여 보지 않아야 하며, 안계의 명자가 만약 즐겁거나 만약 괴롭다고 상응하여 보지 않아야 하고 색계, 나아가 안촉을 인연으로 생겨난 여러 수의 명자가 만약 즐겁거나 만약 괴롭다고 상응하여 보지 않아야 하며, 안계의 명자가 만약 나이거나 만약 무아라고 상응하여 보지 않아야 하고 색계, 나아가 안촉을 인연으로 생겨난 여러 수의 명자가 만약 나이거나 만약 무아라고 상응하여 보지 않아야 하며, 안계의 명자가 만약 청정하거나 만약 부정하다고 상응하여 보지 않아야 하고 색계, 나아가 안촉을 인연으로 생겨난 여러 수의 명자가 만약 청정하거나 만약 부정하다고 상응하여 보지 않아야 하며, 안계의 명자가 만약 공하거나 만약 공하지 않다고 상응하여 보지 않아야 하고 색계, 나아가 안촉을 인연으로 생겨난 여러 수의 명자가 만약 공하거나 만약 공하지 않다고 상응하여 보지 않아야 하며, 안계의 명자가 만약 유상이거나 만약 무상이라고 상응하여 보지 않아야 하고 색계, 나아가 안촉을 인연으로 생겨난 여러 수의 명자가 만약 유상이거나 만약 무상이라고 상응하여 보지 않아야 하며, 안계의 명자가 만약 유원이거나 만약 무원이라고 상응하여 보지 않아야 하고 색계, 나아가 안촉을 인연으로 생겨난 여러 수의 명자가 만약 유원이거나 만약 무원이라고 상응하여 보지 않아야 하며, 안계의 명자가 만약 적정하거나 만약 적정하지 않다고 상응하여 보지 않아야 하고 색계, 나아가 안촉을 인연으로 생겨난 여러 수의 명자가 만약 적정하거나 만약 적정하지 않다고 상응하여 보지 않아야 하며, 안계의 명자가 만약 멀리 벗어났거나 만약 멀리 벗어나지 않았다 상응하여 보지 않아야 하고 색계, 나아가 안촉을 인연으로 생겨난 여러 수의 명자가 만약 멀리 벗어났거나 만약 멀리 벗어나지 않았다고 상응하여 보지 않아야 하며, 안계의 명자가 만약 잡염이거나 만약 청정하다고 상응하여 보지 않아야 하고 색계, 나아가 안촉을 인연으로 생겨난 여러 수의 명자가 만약 잡염이거나 만약 청정하다고 상응하여 보지 않아야 하며, 안계의 명자가 만약 생겨나거나 만약 소멸한다고 상응하여 보지 않아야 하고 색계, 나아가 안촉을 인연으로 생겨난 여러 수의 명자가 만약 생겨나거나 만약 소멸한다고 상응하여 보지 않아야 하느니라.

이계(耳界)의 명자가 만약 항상하거나 만약 무상하다고 상응하여 보지 않아야 하고 성계(聲界)·이식계(耳識界), …… 나아가 …… 이촉(耳觸)·이촉을 인연으로 생겨나는 여러 수의 명자가 만약 항상이거나 만약 무상하다고 상응하여 보지 않아야 하며, 이계의 명자가 만약 즐겁거나 만약 괴롭다고 상응하여 보지 않아야 하고 성계, 나아가 이촉을 인연으로 생겨난 여러 수의 명사가 만약 즐겁거나 만약 괴롭다고 상응하여 보지 않아야 하며, 이계의 명자가 만약 나이거나 만약 무아라고 상응하여 보지 않아야 하고 성계, 나아가 이촉을 인연으로 생겨난 여러 수의 명자가 만약 나이거나 만약 무아라고 상응하여 보지 않아야 하며, 이계의 명자가 만약 청정하거나 만약 부정하다고 상응하여 보지 않아야 하고 성계, 나아가 이촉을 인연으로 생겨난 여러 수의 명자가 만약 청정하거나 만약 부정하다고 상응하여 보지 않아야 하며, 이계의 명자가 만약 공하거나 만약 공하지 않다고 상응하여 보지 않아야 하고 성계, 나아가 이촉을 인연으로 생겨난 여러 수의 명자가 만약 공하거나 만약 공하지 않다고 상응하여 보지 않아야 하며, 이계의 명자가 만약 유상이거나 만약 무상이라고 상응하여 보지 않아야 하고 성계, 나아가 이촉을 인연으로 생겨난 여러 수의 명자가 만약 유상이거나 만약 무상이라고 상응하여 보지 않아야 하며, 이계의 명자가 만약 유원이거나 만약 무원이라고 상응하여 보지 않아야 하고 성계, 나아가 이촉을 인연으로 생겨난 여러 수의 명자가 만약 유원이거나 만약 무원이라고 상응하여 보지 않아야 하며, 이계의 명자가 만약 적정하거나 만약 적정하지 않다고 상응하여 보지 않아야 하고 성계, 나아가 이촉을 인연으로 생겨난 여러 수의 명자가 만약 적정하거나 만약 적정하지 않다고 상응하여 보지 않아야 하며, 이계의 명자가 만약 멀리 벗어났거나 만약 멀리 벗어나지 않았다 상응하여 보지 않아야 하고 성계, 나아가 이촉을 인연으로 생겨난 여러 수의 명자가 만약 멀리 벗어났거나 만약 멀리 벗어나지 않았다고 상응하여 보지 않아야 하며, 이계의 명자가 만약 잡염이거나 만약 청정하다고 상응하여 보지 않아야 하고 성계, 나아가 이촉을 인연으로 생겨난 여러 수의 명자가 만약 잡염이거나 만약 청정하다고 상응하여 보지 않아야 하며, 이계의 명자가 만약 생겨나거나 만약 소멸한다고 상응하여 보지 않아야 하고 성계, 나아가 이촉을 인연으로 생겨난 여러 수의 명자가 만약 생겨나거나 만약 소멸한다고 상응하여 보지 않아야 하느니라.

비계(鼻界)의 명자가 만약 항상하거나 만약 무상하다고 상응하여 보지 않아야 하고 향계(香界)·비식계(鼻識界), …… 나아가 …… 비촉(鼻觸)·비촉을 인연으로 생겨나는 여러 수의 명자가 만약 항상이거나 만약 무상하다고 상응하여 보지 않아야 하며, 비계의 명자가 만약 즐겁거나 만약 괴롭다고 상응하여 보지 않아야 하고 향계, 나아가 비촉을 인연으로 생겨난 여러 수의 명자가 만약 즐겁거나 만약 괴롭다고 상응하여 보지 않아야 하며, 비계의 명자가 만약 나이거나 만약 무아라고 상응하여 보지 않아야 하고 향계, 나아가 비촉을 인연으로 생겨난 여러 수의 명자가 나이거나 무아라고 상응하여 보지 않아야 하며, 비계의 명자가 만약 청정하거나 만약 부정하다고 상응하여 보지 않아야 하고 향계, 나아가 비촉을 인연으로 생겨난 여러 수의 명자가 청정하거나 만약 부정하다고 상응하여 보지 않아야 하며, 비계의 명자가 만약 공하거나 만약 공하지 않다고 상응하여 보지 않아야 하고 향계, 나아가 비촉을 인연으로 생겨난 여러 수의 명자가 만약 공하거나 만약 공하지 않다고 상응하여 보지 않아야 하며, 비계의 명자가 만약 유상이거나 만약 무상이라고 상응하여 보지 않아야 하고 향계, 나아가 비촉을 인연으로 생겨난 여러 수의 명자가 만약 유상이거나 만약 무상이라고 상응하여 보지 않아야 하며, 비계의 명자가 만약 유원이거나 만약 무원이라고 상응하여 보지 않아야 하고 향계, 나아가 비촉을 인연으로 생겨난 여러 수의 명자가 만약 유원이거나 만약 무원이라고 상응하여 보지 않아야 하며, 비계의 명자가 만약 적정하거나 만약 적정하지 않다고 상응하여 보지 않아야 하고 향계, 나아가 비촉을 인연으로 생겨난 여러 수의 명자가 만약 적정하거나 만약 적정하지 않다고 상응하여 보지 않아야 하며, 비계의 명자가 만약 멀리 벗어났거나 만약 멀리 벗어나지 않았다고 상응하여 보지 않아야 하고 향계, 나아가 비촉을 인연으로 생겨난 여러 수의 명자가 만약 멀리 벗어났거나 만약 멀리 벗어나지 않았다고 상응하여 보지 않아야 하며, 비계의 명자가 만약 잡염이거나 만약 청정하다고 상응하여 보지 않아야 하고 향계, 나아가 비촉을 인연으로 생겨난 여러 수의 명자가 만약 잡염이거나 만약 청정하다고 상응하여 보지 않아야 하며, 비계의 명자가 만약 생겨나거나 만약 소멸한다고 상응하여 보지 않아야 하고 향계, 나아가 비촉을 인연으로 생겨난 여러 수의 명자가 만약 생겨나거나 만약 소멸한다고 상응하여 보지 않아야 하느니라.

설계(舌界)의 명자가 만약 항상하거나 만약 무상하다고 상응하여 보지 않아야 하고 미계(味界)·설식계(舌識界), …… 나아가 …… 설촉(舌觸)·설촉을 인연으로 생겨나는 여러 수의 명자가 만약 항상이거나 만약 무상하다고 상응하여 보지 않아야 하며, 설계의 명자가 만약 즐겁거나 만약 괴롭다고 상응하여 보지 않아야 하고 미계, 나아가 설촉을 인연으로 생겨난 여러 수의 명자가 만약 즐겁거나 만약 괴롭다고 상응하여 보지 않아야 하며, 설계의 명자가 만약 나이거나 만약 무아라고 상응하여 보지 않아야 하고 미계, 나아가 설촉을 인연으로 생겨난 여러 수의 명자가 만약 나이거나 만약 무아라고 상응하여 보지 않아야 하며, 설계의 명자가 만약 청정하거나 만약 부정하다고 상응하여 보지 않아야 하고 미계, 나아가 설촉을 인연으로 생겨난 여러 수의 명자가 청정하거나 만약 부정하다고 상응하여 보지 않아야 하며, 설계의 명자가 만약 공하거나 만약 공하지 않다고 상응하여 보지 않아야 하고 미계, 나아가 설촉을 인연으로 생겨난 여러 수의 명자가 만약 공하거나 만약 공하지 않다고 상응하여 보지 않아야 하며, 설계의 명자가 만약 유상이거나 만약 무상이라고 상응하여 보지 않아야 하고 미계, 나아가 설촉을 인연으로 생겨난 여러 수의 명자가 만약 유상이거나 만약 무상이라고 상응하여 보지 않아야 하며, 설계의 명자가 만약 유원이거나 만약 무원이라고 상응하여 보지 않아야 하고 미계, 나아가 설촉을 인연으로 생겨난 여러 수의 명자가 만약 유원이거나 만약 무원이라고 상응하여 보지 않아야 하며, 설계의 명자가 만약 적정하거나 만약 적정하지 않다고 상응하여 보지 않아야 하고 미계, 나아가 설촉을 인연으로 생겨난 여러 수의 명자가 만약 적정하거나 만약 적정하지 않다고 상응하여 보지 않아야 하며, 설계의 명자가 만약 멀리 벗어났거나 만약 멀리 벗어나지 않았다 상응하여 보지 않아야 하고 미계, 나아가 설촉을 인연으로 생겨난 여러 수의 명자가 만약 멀리 벗어났거나 만약 멀리 벗어나지 않았다고 상응하여 보지 않아야 하며, 설계의 명자가 만약 잡염이거나 만약 청정하다고 상응하여 보지 않아야 하고 미계, 나아가 설촉을 인연으로 생겨난 여러 수의 명자가 만약 잡염이거나 만약 청정하다고 상응하여 보지 않아야 하며, 설계의 명자가 만약 생겨나거나 만약 소멸한다고 상응하여 보지 않아야 하고 미계, 나아가 설촉을 인연으로 생겨난 여러 수의 명자가 만약 생겨나거나 만약 소멸한다고 상응하여 보지 않아야 하느니라.

　신계(身界)의 명자가 만약 항상하거나 만약 무상하다고 상응하여 보지 않아야 하고 촉계(觸界)·신식계(身識界), …… 나아가 …… 신촉(身觸)·신촉을 인연으로 생겨나는 여러 수의 명자가 만약 항상이거나 만약 무상하다고 상응하여 보지 않아야 하며, 신계의 명자가 만약 즐겁거나 만약 괴롭다고 상응하여 보지 않아야 하고 촉계, 나아가 신촉을 인연으로 생겨난 여러 수의 명자가 만약 즐겁거나 만약 괴롭다고 상응하여 보지 않아야 하며, 신계의 명자가 만약 나이거나 만약 무아라고 상응하여 보지 않아야 하고 촉계, 나아가 신촉을 인연으로 생겨난 여러 수의 명자가 만약 나이거나 무아라고 상응하여 보지 않아야 하며, 신계의 명자가 만약 청정하거나 만약 부정하다고 상응하여 보지 않아야 하고 촉계, 나아가 신촉을 인연으로 생겨난 여러 수의 명자가 만약 청정하거나 만약 부정하다고 상응하여 보지 않아야 하며, 신계의 명자가 만약 공하거나 만약 공하지 않다고 상응하여 보지 않아야 하고 촉계, 나아가 신촉을 인연으로 생겨난 여러 수의 명자가 만약 공하거나 만약 공하지 않다고 상응하여 보지 않아야 하며, 신계의 명자가 만약 유상이거나 만약 무상이라고 상응하여 보지 않아야 하고 촉계, 나아가 신촉을 인연으로 생겨난 여러 수의 명자가 만약 유상이거나 만약 무상이라고 상응하여 보지 않아야 하며, 신계의 명자가 만약 유원이거나 만약 무원이라고 상응하여 보지 않아야 하고 촉계, 나아가 신촉을 인연으로 생겨난 여러 수의 명자가 만약 유원이거나 만약 무원이라고 상응하여 보지 않아야 하며, 신계의 명자가 만약 적정하거나 만약 적정하지 않다고 상응하여 보지 않아야 하고 촉계, 나아가 신촉을 인연으로 생겨난 여러 수의 명자가 만약 적정하거나 만약 적정하지 않다고 상응하여 보지 않아야 하며, 신계의 명자가 만약 멀리 벗어났거나 만약 멀리 벗어나지 않았다 상응하여 보지 않아야 하고 촉계, 나아가 신촉을 인연으로 생겨난 여러 수의 명자가 만약 멀리 벗어났거나 만약 멀리 벗어나지 않았다고 상응하여 보지 않아야 하며, 신계의 명자가 만약 잡염이거나 만약 청정하다고 상응하여 보지 않아야 하고 촉계, 나아가 신촉을 인연으로 생겨난 여러 수의 명자가 만약 잡염이거나 만약 청정하다고 상응하여 보지 않아야 하며, 신계의 명자가 만약 생겨나거나 만약 소멸한다고 상응하여 보지 않아야 하고 촉계, 나아가 신촉을 인연으로 생겨난 여러 수의 명자가 만약 생겨나거나 만약 소멸한다고 상응하여 보지 않아야 하느니라.

　의계(意界)의 명자가 만약 항상하거나 만약 무상하다고 상응하여 보지 않아야 하고 법계(法界)·의식계(意識界), …… 나아가 …… 의촉(意觸)·의촉을 인연으로 생겨나는 여러 수의 명자가 만약 항상하거나 만약 무상하다고 상응하여 보지 않아야 하며, 의계의 명자가 만약 즐겁거나 만약 괴롭다고 상응하여 보지 않아야 하고 법계, 나아가 의촉을 인연으로 생겨난 여러 수의 명자가 만약 즐겁거나 만약 괴롭다고 상응하여 보지 않아야 하며, 의계의 명자가 만약 나이거나 만약 무아라고 상응하여 보지 않아야 하고 법계, 나아가 의촉을 인연으로 생겨난 여러 수의 명자가 나이거나 무아라고 상응하여 보지 않아야 하며, 의계의 명자가 만약 청정하거나 만약 부정하다고 상응하여 보지 않아야 하고 법계, 나아가 의촉을 인연으로 생겨난 여러 수의 명자가 청정하거나 만약 부정하다고 상응하여 보지 않아야 하며, 의계의 명자가 만약 공하거나 만약 공하지 않다고 상응하여 보지 않아야 하고 법계, 나아가 의촉을 인연으로 생겨난 여러 수의 명자가 만약 공하거나 만약 공하지 않다고 상응하여 보지 않아야 하며, 의계의 명자가 만약 유상이거나 만약 무상이라고 상응하여 보지 않아야 하고 법계, 나아가 의촉을 인연으로 생겨난 여러 수의 명자가 만약 유상이거나 만약 무상이라고 상응하여 보지 않아야 하며, 의계의 명자가 만약 유원이거나 만약 무원이라고 상응하여 보지 않아야 하고 법계, 나아가 의촉을 인연으로 생겨난 여러 수의 명자가 만약 유원이거나 만약 무원이라고 상응하여 보지 않아야 하며, 의계의 명자가 만약 적정하거나 만약 적정하지 않다고 상응하여 보지 않아야 하고 법계, 나아가 의촉을 인연으로 생겨난 여러 수의 명자가 만약 적정하거나 만약 적정하지 않다고 상응하여 보지 않아야 하며, 의계의 명자가 만약 멀리 벗어났거나 만약 멀리 벗어나지 않았다 상응하여 보지 않아야 하고 법계, 나아가 의촉을 인연으로 생겨난 여러 수의 명자가 만약 멀리 벗어났거나 만약 멀리 벗어나지 않았다고 상응하여 보지 않아야 하며, 의계의 명자가 만약 잡염이거나 만약 청정하다고 상응하여 보지 않아야 하고 법계, 나아가 의촉을 인연으로 생겨난 여러 수의 명자가 만약 잡염이거나 만약 청정하다고 상응하여 보지 않아야 하며, 의계의 명자가 만약 생겨나거나 만약 소멸한다고 상응하여 보지 않아야 하고 법계, 나아가 의촉을 인연으로 생겨난 여러 수의 명자가 만약 생겨나거나 만약 소멸한다고 상응하여 보지 않아야 하느니라.

그 까닭은 무엇인가? 선현이여. 이 보살마하살이 반야바라밀다를 수행하는 때에, 만약 보살마하살이거나, 만약 보살마하살의 명자이거나, 만약 반야바라밀다이거나, 만약 반야바라밀다의 명자이거나, 모두가 유위계(有爲界)의 가운데에 있다고 볼 수 없고, 역시 무위계(無爲界)의 가운데에 있다고 볼 수 없느니라. 왜 그러한가? 선현이여. 이 보살마하살이 반야바라밀다를 수행하는 때라면, 일체법에서 분별을 짓지 않고 다른 분별도 없느니라. 선현이여, 이 보살마하살이 반야바라밀다를 수행하는 때라면, 일체법에서 분별이 없는 가운데에 안주(安住)하여 보살마하살을 보지 않고, 보살마하살의 명자도 보지 않으며, 반야바라밀다를 보지 않고, 반야바라밀다의 이름도 보지 않느니라.

　선현이여. 이 보살마하살은 반야바라밀다를 수행하는 때라면, 능히 보시바라밀다를 수행하고, 역시 능히 정계·안인·정진·정려·반야바라밀다도 수행하며, 능히 내공(內空)에 안주하고, 역시 능히 외공(外空)·내외공(內外空)·공공(空空)·대공(大空)·승의공(勝義空)·유위공(有爲空)·무위공(無爲空)·필경공(畢竟空)·무제공(無際空)·산공(散空)·무변이공(無變異空)·본성공(本性空)·자상공(自相空)·공상공(共相空)·일체법공(一切法空)·불가득공(不可得空)·무성공(無性空)·자성공(自性空)·무성자성공(無性自性空)에도 안주하며, 능히 진여(眞如)에 안주하고, 역시 능히 법계(法界)·법성(法性)·불허망성(不虛妄性)·불변이성(不變異性)·평등성(平等性)·이생성(離生性)·법정(法定)·법주(法住)·실제(實際)·허공계(虛空界)·부사의계(不思議界)에도 안주하며, 능히 4념주(四念住)를 수행하고, 능히 4정단(四正斷)·4신족(四神足)·5근(五根)·5력(五力)·7등각지(七等覺支)·8성도지(八聖道支)도 수행하며,

　능히 고성제(苦聖諦)에 안주하고, 역시 능히 집(集)·멸(滅)·도성제(道聖諦)에 안주하며, 능히 4정려(四靜慮)를 수행하고, 역시 능히 4무량(四無量)·4무색정(四無色定)도 수행하며, 능히 8해탈(八解脫)을 수행하고, 역시 능히 8승처(八勝處)·9차제정(九次第定)·10변처(十遍處)도 수행하며, 능히 공해탈문(空解脫門)을 수행하고, 역시 능히 무상(無相)·무원해탈문(無願解脫門)도 수행하며, 능히 일체의 다라니문(陀羅尼門)을 수행하고, 역시 능히 일체의 삼마지문(三摩地門)도 수행하며, 능히 5안(五眼)을 수행하고, 역시 능히 6신통(六神通)도 수행하며, 능히 여래(佛)의 10력(十力)을 수행하고, 역시 능히 4무소외(四無所畏)·4무애해(四無礙解)·대자(大慈)·대비(大悲)·대희(大喜)·대사(大捨)·18불불공법(十八佛不共法)도 수행하느니라.

이 보살마하살은 이와 같은 때에서 보살마하살을 보지 않고, 보살마하살의 명자도 보지 않으며, 반야바라밀다를 보지 않고, 반야바라밀다의 명자도 보지 않느니라. 왜 그러한가? 선현이여. 이 보살마하살이 반야바라밀다를 수행하면서 일체법에서 실상(實相)을 잘 통달하였고, 잘 통달하였으므로 그 가운데 잡염법(雜染法)과 청정법(淸淨法)이 없는 까닭이니라. 이와 같이 선현이여. 제보살마하살들은 반야바라밀다를 수행하면서 일체법의 명자(名字)를 가립으로 시설하였고, 일체법도 가립하여 시설하였다고 깨닫느니라.
　선현이여. 이 보살마하살이 명자와 법의 가립에서 여실하게 깨달았다면, 색에 집착하지 않고 수·상·행·식에 집착하지 않으며, 안처에 집착하지 않고 이·비·설·신·의처에 집착하지 않으며, 색처에 집착하지 않고 성·향·미·촉·법처에 집착하지 않으며, 안계·색계·안식계와 더불어 안촉·안촉을 인연으로 생겨난 여러 수에 집착하지 않고, 나아가 의계·법계·의식계와 더불어 의촉·의촉을 인연으로 생겨난 여러 수에 집착하지 않으며, 유위계에 집착하지 않고 무위계에 집착하지 않으며, 보시바라밀다에 집착하지 않고 정계·안인·정진·정려·반야바라밀다에 집착하지 않으며, 여러 상호(相好)에 집착하지 않고 보살신(菩薩身)에 집착하지 않으며, 지바라밀다(智波羅密多)와 신통바라밀다(神通波羅密多)에 집착하지 않고 내공, 나아가 무성자성공에 집착하지 않으며, 유정들을 성숙시키는 일에 집착하지 않고 불국토를 청정하게 장엄하는 것에 집착하지 않으며, 방편선교(方便善巧)에 집착하지 않느니라.
　왜 그러한가? 선현이여. 일체법으로써 모두는 무소유이고 집착하는 것·집착되는 것·집착하는 처소·집착하는 때를 모두 얻을 수 없는 까닭이니라. 이와 같이 선현이여. 제보살마하살들이 일체법에서 집착하는 것이 없으며, 반야바라밀다를 수행하는 때라면 보시바라밀다가 증익(增益)하고, 정계·안인·정진·정려·반야바라밀다를 증익하여 보살의 정성이생(正性離生)에 나아가서 들어가며, 보살의 불퇴전지(不退轉地)에 나아가서 들어가서 보살의 수승한 신통을 원만하게 하느니라.

이와 같이 보살의 수승한 신통을 원만하게 하였다면 한 불국토에서 한 불국토로 나아가는데, 제유정들을 성숙시키기 위한 까닭이고, 스스로가 불국토를 청정하게 장엄하기 위한 까닭이며, 여래·응공·정등각을 보기 위한 것과 보았다면 공양하고 공경하며 존중하며, 여러 선근을 모두 증장시키려는 까닭이니라. 이와 같이 여러 선근을 모두 증장시켰다면, 안락하게 들을 처소를 따라서 제불의 정법을 모두 듣고서 수지하게 되며, 이미 들었다면 나아가 무상정등보리까지 능히 잊어버리지 않고, 일체의 다라니문·삼마지문에서 모두 널리 자재(自在)함을 얻느니라. 이와 같이 선현이여. 보살마하살들은 반야바라밀다를 수행하면서 명자의 가립과 법의 가립을 여실하게 깨달아 알고서 집착하는 것이 없느니라."

"다시 다음으로 선현이여. 이를테면, 보살마하살이라고 말하는 것에서 그대의 뜻은 어떠한가? 곧 색인 이것이 보살마하살인가?"
"아닙니다. 세존이시여."
"곧 수·상·행·식인 이것이 보살마하살인가?"
"아닙니다. 세존이시여."
"색을 벗어나서 보살마하살이 있겠는가?"
"아닙니다. 세존이시여."
"수·상·행·식을 벗어나서 보살마하살이 있겠는가?"
"아닙니다. 세존이시여."
"곧 안처인 이것이 보살마하살인가?"
"아닙니다. 세존이시여."
"곧 이·비·설·신·의처인 이것이 보살마하살인가?"
"아닙니다. 세존이시여."
"안처를 벗어나서 보살마하살이 있겠는가?"
"아닙니다. 세존이시여."
"이·비·설·신·의처를 벗어나서 보살마하살이 있겠는가?"
"아닙니다. 세존이시여."

"곧 색처인 이것이 보살마하살인가?"
"아닙니다. 세존이시여."
"곧 성·향·미·촉·법처인 이것이 보살마하살인가?"
"아닙니다. 세존이시여."
"색처를 벗어나서 보살마하살이 있겠는가?"
"아닙니다. 세존이시여."
"성·향·미·촉·법처를 벗어나서 보살마하살이 있겠는가?"
"아닙니다. 세존이시여."
"곧 안계인 이것이 보살마하살인가?"
"아닙니다. 세존이시여."
"곧 색계·안식계, 나아가 안촉·안촉을 인연으로 생겨난 여러 수인 이것이 보살마하살인가?"
"아닙니다. 세존이시여."
"안계를 벗어나서 보살마하살이 있겠는가?"
"아닙니다. 세존이시여."
"색계·안식계, 나아가 안촉·안촉을 인연으로 생겨난 여러 수를 벗어나서 보살마하살이 있겠는가?"
"아닙니다. 세존이시여."
"곧 이계인 이것이 보살마하살인가?"
"아닙니다. 세존이시여."
"곧 성계·이식계, 나아가 이촉·이촉을 인연으로 생겨난 여러 수인 이것이 보살마하살인가?"
"아닙니다. 세존이시여."
"이계를 벗어나서 보살마하살이 있겠는가?"
"아닙니다. 세존이시여."
"성계·이식계, 나아가 이촉·이촉을 인연으로 생겨난 여러 수를 벗어나서 보살마하살이 있겠는가?"
"아닙니다. 세존이시여."

"곧 비계인 이것이 보살마하살인가?"
"아닙니다. 세존이시여."
"곧 향계·비식계, 나아가 비촉·비촉을 인연으로 생겨난 여러 수인 이것이 보살마하살인가?"
"아닙니다. 세존이시여."
"비계를 벗어나서 보살마하살이 있겠는가?"
"아닙니다. 세존이시여."
"향계·비식계, 나아가 비촉·비촉을 인연으로 생겨난 여러 수를 벗어나서 보살마하살이 있겠는가?"
"아닙니다. 세존이시여."
"곧 설계인 이것이 보살마하살인가?"
"아닙니다. 세존이시여."
"곧 미계·설식계, 나아가 설촉·설촉을 인연으로 생겨난 여러 수인 이것이 보살마하살인가?"
"아닙니다. 세존이시여."
"설계를 벗어나서 보살마하살이 있겠는가?"
"아닙니다. 세존이시여."
"미계·설식계, 나아가 설촉·설촉을 인연으로 생겨난 여러 수를 벗어나서 보살마하살이 있겠는가?"
"아닙니다. 세존이시여."
"곧 신계인 이것이 보살마하살인가?"
"아닙니다. 세존이시여."
"곧 촉계·신식계, 나아가 신촉·신촉을 인연으로 생겨난 여러 수인 이것이 보살마하살인가?"
"아닙니다. 세존이시여."
"신계를 벗어나서 보살마하살이 있겠는가?"
"아닙니다. 세존이시여."
"촉계·신식계, 나아가 신촉·신촉을 인연으로 생겨난 여러 수를 벗어나서 보살마하살이 있겠는가?"

"아닙니다. 세존이시여."

"곧 의계인 이것이 보살마하살인가?"

"아닙니다. 세존이시여."

"곧 법계·의식계, 나아가 의촉·의촉을 인연으로 생겨난 여러 수인 이것이 보살마하살인가?"

"아닙니다. 세존이시여."

"의계를 벗어나서 보살마하살이 있겠는가?"

"아닙니다. 세존이시여."

"법계·의식계, 나아가 의촉·의촉을 인연으로 생겨난 여러 수를 벗어나서 보살마하살이 있겠는가?"

"아닙니다. 세존이시여."

"곧 지계(地界)인 이것이 보살마하살인가?"

"아닙니다. 세존이시여."

"곧 수(水)·화(火)·풍(風)·공(空)·식계(識界)인 이것이 보살마하살인가?"

"아닙니다. 세존이시여."

"지계를 벗어나서 보살마하살이 있겠는가?"

"아닙니다. 세존이시여."

"수·화·풍·공·식계를 벗어나서 보살마하살이 있겠는가?"

"아닙니다. 세존이시여."

"곧 무명인 이것이 보살마하살인가?"

"아닙니다. 세존이시여."

"곧 행(行)·식(識)·명색(名色)·육처(六處)·촉(觸)·수(受)·애(愛)·취(取)·유(有)·생(生)·노사(老死)의 수탄고우뇌(愁歎苦憂惱)인 이것이 보살마하살인가?"

"아닙니다. 세존이시여."

"무명을 벗어나서 보살마하살이 있겠는가?"

"아닙니다. 세존이시여."

"행, 나아가 노사의 수탄고우뇌를 벗어나서 보살마하살이 있겠는가?"
"아닙니다. 세존이시여."
그때 세존께서 존자 선현에게 알리셨다.
"그대는 무슨 의취(義趣)로 관찰하여 곧 '색 등의 법이 보살마하살이 아니고, 색 등의 법을 벗어나서 보살마하살이 없다.'라고 이렇게 말을 지었는가?"
이때 존자 선현이 세존께 아뢰어 말하였다.
"세존이시여. 만약 보리(菩提)이거나, 만약 살타(薩陀)이거나, 만약 색 등의 법이더라도 오히려 반드시 결국에는 얻을 수 없고, 자성이 있지 않는 까닭인데, 하물며 보살마하살이 있겠습니까? 이들은 이미 있지 않는데, 어찌 곧 색 등의 법이 이것이 보살마하살이라고 말할 수 있겠으며, 색 등의 법을 벗어나서 보살마하살이 있다고 말할 수 있겠습니까?"
세존께서 선현에게 알리셨다.
"옳도다(善哉). 옳도다. 그와 같으니라. 그와 같으니라. 그대가 말한 것과 같으니라. 선현이여. 만약 보리이거나, 만약 살타이거나, 만약 색 등의 법이더라도 얻을 수 없는 까닭이고, 제보살마하살들도 역시 얻을 수 없느니라. 제보살마하살들을 얻을 수 없는 까닭으로 수행하였던 반야바라밀다도 역시 얻을 수 없느니라. 선현이여. 제보살마하살들이 반야바라밀다를 수행하는 때라면 상응하여 이와 같이 수학해야 하느니라."

"다시 다음으로 선현이여. 이를테면, 보살마하살이라고 말하는 것에서 곧 색의 진여(眞如)인 이것이 보살마하살인가?"
"아닙니다, 세존이시여."
"곧 수·상·행·식의 진여인 이것이 보살마하살인가?"
"아닙니다. 세존이시여."
"색의 진여를 벗어나서 보살마하살이 있겠는가?"
"아닙니다. 세존이시여."
"수·상·행·식의 진여를 벗어나서 보살마하살이 있겠는가?"

"아닙니다. 세존이시여."
"곧 안처의 진여인 이것이 보살마하살인가?"
"아닙니다. 세존이시여."
"곧 이·비·설·신·의처의 진여인 이것이 보살마하살인가?"
"아닙니다. 세존이시여."
"안처의 진여를 벗어나서 보살마하살이 있겠는가?"
"아닙니다. 세존이시여."
"이·비·설·신·의처의 진여를 벗어나서 보살마하살이 있겠는가?"
"아닙니다. 세존이시여."
"곧 색처의 진여인 이것이 보살마하살인가?"
"아닙니다. 세존이시여."
"곧 성·향·미·촉·법처의 진여인 이것이 보살마하살인가?"
"아닙니다. 세존이시여."
"색처의 진여를 벗어나서 보살마하살이 있겠는가?"
"아닙니다. 세존이시여."
"성·향·미·촉·법처의 진여를 벗어나서 보살마하살이 있겠는가?"
"아닙니다. 세존이시여."
"곧 안계의 진여인 이것이 보살마하살인가?"
"아닙니다. 세존이시여."
"곧 색계·안식계, 나아가 안촉·안촉을 인연으로 생겨난 여러 수의 진여인 이것이 보살마하살인가?"
"아닙니다. 세존이시여."
"안계의 진여를 벗어나서 보살마하살이 있겠는가?"
"아닙니다. 세존이시여."
"색계·안식계, 나아가 안촉·안촉을 인연으로 생겨난 여러 수의 진여를 벗어나서 보살마하살이 있겠는가?"
"아닙니다. 세존이시여."
"곧 이계의 진여인 이것이 보살마하살인가?"

"아닙니다. 세존이시여."

"곧 성계·이식계, 나아가 이촉·이촉을 인연으로 생겨난 여러 수의 진여인 이것이 보살마하살인가?"

"아닙니다. 세존이시여."

"이계의 진여를 벗어나서 보살마하살이 있겠는가?"

"아닙니다. 세존이시여."

"성계·이식계, 나아가 이촉·이촉을 인연으로 생겨난 여러 수의 진여를 벗어나서 보살마하살이 있겠는가?"

"아닙니다. 세존이시여."

"곧 비계의 진여인 이것이 보살마하살인가?"

"아닙니다. 세존이시여."

"곧 향계·비식계, 나아가 비촉·비촉을 인연으로 생겨난 여러 수의 진여인 이것이 보살마하살인가?"

"아닙니다. 세존이시여."

"비계의 진여를 벗어나서 보살마하살이 있겠는가?"

"아닙니다. 세존이시여."

"향계·비식계, 나아가 비촉·비촉을 인연으로 생겨난 여러 수의 진여를 벗어나서 보살마하살이 있겠는가?"

"아닙니다. 세존이시여."

"곧 설계의 진여인 이것이 보살마하살인가?"

"아닙니다. 세존이시여."

"곧 미계·설식계, 나아가 설촉·설촉을 인연으로 생겨난 여러 수의 진여인 이것이 보살마하살인가?"

"아닙니다. 세존이시여."

"설계의 진여를 벗어나서 보살마하살이 있겠는가?"

"아닙니다. 세존이시여."

"미계·설식계, 나아가 설촉·설촉을 인연으로 생겨난 여러 수의 진여를 벗어나서 보살마하살이 있겠는가?"

"아닙니다. 세존이시여."
"곧 신계의 진여인 이것이 보살마하살인가?"
"아닙니다. 세존이시여."
"곧 촉계·신식계, 나아가 신촉·신촉을 인연으로 생겨난 여러 수의 진여인 이것이 보살마하살인가?"
"아닙니다. 세존이시여."
"신계의 진여를 벗어나서 보살마하살이 있겠는가?"
"아닙니다. 세존이시여."
"촉계·신식계, 나아가 신촉·신촉을 인연으로 생겨난 여러 수의 진여를 벗어나서 보살마하살이 있겠는가?"
"아닙니다. 세존이시여."
"곧 의계의 진여인 이것이 보살마하살인가?"
"아닙니다. 세존이시여."
"곧 법계·의식계, 나아가 의촉·의촉을 인연으로 생겨난 여러 수의 진여인 이것이 보살마하살인가?"
"아닙니다. 세존이시여."
"의계의 진여를 벗어나서 보살마하살이 있겠는가?"
"아닙니다. 세존이시여."
"법계·의식계, 나아가 의촉·의촉을 인연으로 생겨난 여러 수의 진여를 벗어나서 보살마하살이 있겠는가?"
"아닙니다. 세존이시여."
"곧 지계의 진여인 이것이 보살마하살인가?"
"아닙니다. 세존이시여."
"곧 수·화·풍·공·식계의 진여인 이것이 보살마하살인가?"
"아닙니다. 세존이시여."
"지계의 진여를 벗어나서 보살마하살이 있겠는가?"
"아닙니다. 세존이시여."
"수·화·풍·공·식계의 진여를 벗어나서 보살마하살이 있겠는가?"

"아닙니다. 세존이시여."

"곧 무명의 진여인 이것이 보살마하살인가?"

"아닙니다. 세존이시여."

"곧 행·식·명색·육처·촉·수·애·취·유·생·노사의 수탄고우뇌의 진여인 이것이 보살마하살인가?"

"아닙니다. 세존이시여."

"무명의 진여를 벗어나서 보살마하살이 있겠는가?"

"아닙니다. 세존이시여."

"행, 나아가 노사의 수탄고우뇌의 진여를 벗어나서 보살마하살이 있겠는가?"

"아닙니다. 세존이시여."

그때 세존께서 존자 선현에게 알리셨다.

"그대는 무슨 의취로 관찰하여 곧 '색 등의 법의 진여가 보살마하살이 아니고, 색 등의 법의 진여를 벗어나서 보살마하살이 없다.'라고 이렇게 말을 지었는가?"

이때 존자 선현이 세존께 아뢰어 말하였다.

"세존이시여. 만약 색 등의 법이더라도 오히려 반드시 결국에는 얻을 수 없고, 자성이 있지 않는 까닭인데, 하물며 진여가 있겠습니까? 이 진여는 이미 있지 않는데, 어찌 곧 색 등의 법의 진여인 이것이 보살마하살이라고 말할 수 있겠으며, 색 등의 법의 진여를 벗어나서 보살마하살이 있다고 말할 수 있겠습니까?"

세존께서 선현에게 알리셨다.

"옳도다. 옳도다. 그와 같으니라. 그와 같으니라. 그대가 말한 것과 같으니라. 선현이여. 만약 색 등의 법과 진여는 얻을 수 없는 까닭이고, 제보살마하살들도 역시 얻을 수 없느니라. 제보살마하살들을 얻을 수 없는 까닭으로 수행하였던 반야바라밀다도 역시 얻을 수 없느니라. 선현이여. 제보살마하살들이 반야바라밀다를 수행하는 때라면 상응하여 이와 같이 수학해야 하느니라."

마하반야바라밀다경 제407권

6. 선현품(善現品)(2)

"다시 다음으로 선현이여. 이를테면, 보살마하살이라고 말하는 것에서 곧 색의 증어(增語)1)인 이것이 보살마하살인가?"

"아닙니다. 세존이시여."

"곧 수·상·행·식의 증어인 이것이 보살마하살인가?"

"아닙니다. 세존이시여."

"색이 항상하다는 증어인 이것이 보살마하살인가?"

"아닙니다. 세존이시여."

"수·상·행·식이 항상하다는 증어인 이것이 보살마하살인가?"

"아닙니다. 세존이시여."

"색이 무상하다는 증어인 이것이 보살마하살인가?"

"아닙니다. 세존이시여."

"수·상·행·식이 무상하다는 증어인 이것이 보살마하살인가?"

"아닙니다. 세존이시여."

"색이 즐겁다는 증어인 이것이 보살마하살인가?"

"아닙니다. 세존이시여."

"수·상·행·식이 즐겁다는 증어인 이것이 보살마하살인가?"

"아닙니다. 세존이시여."

---

1) 산스크리트어 Adhivacana의 번역이고, '이름', '별명', '명칭' 등으로 번역할 수 있으므로 본 문장에서는 '명자(名字)'로 번역할 수 있겠다.

"색이 괴롭다는 증어인 이것이 보살마하살인가?"
"아닙니다. 세존이시여."
"수·상·행·식이 괴롭다는 증어인 이것이 보살마하살인가?"
"아닙니다. 세존이시여."
"색이 나라는 증어인 이것이 보살마하살인가?"
"아닙니다. 세존이시여."
"수·상·행·식이 나라는 증어인 이것이 보살마하살인가?"
"아닙니다. 세존이시여."
"색이 무아라는 증어인 이것이 보살마하살인가?"
"아닙니다. 세존이시여."
"수·상·행·식이 무아라는 증어인 이것이 보살마하살인가?"
"아닙니다. 세존이시여."
"색이 청정하다는 증어인 이것이 보살마하살인가?"
"아닙니다. 세존이시여."
"수·상·행·식이 청정하다는 증어인 이것이 보살마하살인가?"
"아닙니다. 세존이시여."
"색이 부정하다는 증어인 이것이 보살마하살인가?"
"아닙니다. 세존이시여."
"수·상·행·식이 부정하다는 증어인 이것이 보살마하살인가?"
"아닙니다. 세존이시여."
"색이 공(空)하다는 증어인 이것이 보살마하살인가?"
"아닙니다. 세존이시여."
"수·상·행·식이 공하다는 증어인 이것이 보살마하살인가?"
"아닙니다. 세존이시여."
"색이 공하지 않다는 증어인 이것이 보살마하살인가?"
"아닙니다. 세존이시여."
"수·상·행·식이 공하지 않다는 증어인 이것이 보살마하살인가?"
"아닙니다. 세존이시여."

"색이 유상이라는 증어인 이것이 보살마하살인가?"
"아닙니다. 세존이시여."
"수·상·행·식이 유상이라는 증어인 이것이 보살마하살인가?"
"아닙니다. 세존이시여."
"색이 무상이라는 증어인 이것이 보살마하살인가?"
"아닙니다. 세존이시여."
"수·상·행·식이 무상이라는 증어인 이것이 보살마하살인가?"
"아닙니다. 세존이시여."
"색이 유원이라는 증어인 이것이 보살마하살인가?"
"아닙니다. 세존이시여."
"수·상·행·식이 유원이라는 증어인 이것이 보살마하살인가?"
"아닙니다. 세존이시여."
"색이 무원이라는 증어인 이것이 보살마하살인가?"
"아닙니다. 세존이시여."
"수·상·행·식이 무원이라는 증어인 이것이 보살마하살인가?"
"아닙니다. 세존이시여."
"색이 적정하다는 증어인 이것이 보살마하살인가?"
"아닙니다. 세존이시여."
"수·상·행·식이 적정하다는 증어인 이것이 보살마하살인가?"
"아닙니다. 세존이시여."
"색이 적정하지 않다는 증어인 이것이 보살마하살인가?"
"아닙니다. 세존이시여."
"수·상·행·식이 적정하지 않다는 증어인 이것이 보살마하살인가?"
"아닙니다. 세존이시여."
"색이 멀리 벗어난다는 증어인 이것이 보살마하살인가?"
"아닙니다. 세존이시여."
"수·상·행·식이 멀리 벗어난다는 증어인 이것이 보살마하살인가?"
"아닙니다. 세존이시여."

"색이 멀리 벗어나지 않다는 증어인 이것이 보살마하살인가?"
"아닙니다. 세존이시여."
"수·상·행·식이 멀리 벗어나지 않다는 증어인 이것이 보살마하살인가?"
"아닙니다. 세존이시여."
"색이 잡염이라는 증어인 이것이 보살마하살인가?"
"아닙니다. 세존이시여."
"수·상·행·식이 잡염이라는 증어인 이것이 보살마하살인가?"
"아닙니다. 세존이시여."
"색이 청정하다는 증어인 이것이 보살마하살인가?"
"아닙니다. 세존이시여."
"수·상·행·식이 청정하다는 증어인 이것이 보살마하살인가?"
"아닙니다. 세존이시여."
"색이 생겨난다는 증어인 이것이 보살마하살인가?"
"아닙니다. 세존이시여."
"수·상·행·식이 생겨난다는 증어인 이것이 보살마하살인가?"
"아닙니다. 세존이시여."
"색이 소멸한다는 증어인 이것이 보살마하살인가?"
"아닙니다. 세존이시여."
"수·상·행·식이 소멸한다는 증어인 이것이 보살마하살인가?"
"아닙니다. 세존이시여."

"다시 다음으로 선현이여. 이를테면, 보살마하살이라고 말하는 것에서 곧 안처의 증어인 이것이 보살마하살인가?"
"아닙니다. 세존이시여."
"곧 이·비·설·신·의처의 증어인 이것이 보살마하살인가?"
"아닙니다. 세존이시여."
"안처가 항상하다는 증어인 이것이 보살마하살인가?"
"아닙니다. 세존이시여."

"이·비·설·신·의처가 항상하다는 증어인 이것이 보살마하살인가?"
"아닙니다. 세존이시여."
"안처가 무상하다는 증어인 이것이 보살마하살인가?"
"아닙니다. 세존이시여."
"이·비·설·신·의처가 무상하다는 증어인 이것이 보살마하살인가?"
"아닙니다. 세존이시여."
"안처가 즐겁다는 증어인 이것이 보살마하살인가?"
"아닙니다. 세존이시여."
"이·비·설·신·의처가 즐겁다는 증어인 이것이 보살마하살인가?"
"아닙니다. 세존이시여."
"안처가 괴롭다는 증어인 이것이 보살마하살인가?"
"아닙니다. 세존이시여."
"이·비·설·신·의처가 괴롭다는 증어인 이것이 보살마하살인가?"
"아닙니다. 세존이시여."
"안처가 나라는 증어인 이것이 보살마하살인가?"
"아닙니다. 세존이시여."
"이·비·설·신·의처가 나라는 증어인 이것이 보살마하살인가?"
"아닙니다. 세존이시여."
"안처가 무아라는 증어인 이것이 보살마하살인가?"
"아닙니다. 세존이시여."
"이·비·설·신·의처가 무아라는 증어인 이것이 보살마하살인가?"
"아닙니다. 세존이시여."
"안처가 청정하다는 증어인 이것이 보살마하살인가?"
"아닙니다. 세존이시여."
"이·비·설·신·의처가 청정하다는 증어인 이것이 보살마하살인가?"
"아닙니다. 세존이시여."
"안처가 부정하다는 증어인 이것이 보살마하살인가?"
"아닙니다. 세존이시여."

"이·비·설·신·의처가 부정하다는 증어인 이것이 보살마하살인가?"
"아닙니다. 세존이시여."
"안처가 공하다는 증어인 이것이 보살마하살인가?"
"아닙니다. 세존이시여."
"이·비·설·신·의처가 공하다는 증어인 이것이 보살마하살인가?"
"아닙니다. 세존이시여."
"안처가 공하지 않다는 증어인 이것이 보살마하살인가?"
"아닙니다. 세존이시여."
"이·비·설·신·의처가 공하지 않다는 증어인 이것이 보살마하살인가?"
"아닙니다. 세존이시여."
"안처가 유상이라는 증어인 이것이 보살마하살인가?"
"아닙니다. 세존이시여."
"이·비·설·신·의처가 유상이라는 증어인 이것이 보살마하살인가?"
"아닙니다. 세존이시여."
"안처가 무상이라는 증어인 이것이 보살마하살인가?"
"아닙니다. 세존이시여."
"이·비·설·신·의처가 무상이라는 증어인 이것이 보살마하살인가?"
"아닙니다. 세존이시여."
"안처가 유원이라는 증어인 이것이 보살마하살인가?"
"아닙니다. 세존이시여."
"이·비·설·신·의처가 유원이라는 증어인 이것이 보살마하살인가?"
"아닙니다. 세존이시여."
"안처가 무원이라는 증어인 이것이 보살마하살인가?"
"아닙니다. 세존이시여."
"이·비·설·신·의처가 무원이라는 증어인 이것이 보살마하살인가?"
"아닙니다. 세존이시여."
"안처가 적정하다는 증어인 이것이 보살마하살인가?"
"아닙니다. 세존이시여."

"이·비·설·신·의처가 적정하다는 증어인 이것이 보살마하살인가?"
"아닙니다. 세존이시여."
"안처가 적정하지 않다는 증어인 이것이 보살마하살인가?"
"아닙니다. 세존이시여."
"이·비·설·신·의처가 적정하지 않다는 증어인 이것이 보살마하살인가?"
"아닙니다. 세존이시여."
"안처가 멀리 벗어난다는 증어인 이것이 보살마하살인가?"
"아닙니다. 세존이시여."
"이·비·설·신·의처가 멀리 벗어난다는 증어인 이것이 보살마하살인가?"
"아닙니다. 세존이시여."
"안처가 멀리 벗어나지 않다는 증어인 이것이 보살마하살인가?"
"아닙니다. 세존이시여."
"이·비·설·신·의처가 멀리 벗어나지 않다는 증어인 이것이 보살마하살인가?"
"아닙니다. 세존이시여."
"안처가 잡염이라는 증어인 이것이 보살마하살인가?"
"아닙니다. 세존이시여."
"이·비·설·신·의처가 잡염이라는 증어인 이것이 보살마하살인가?"
"아닙니다. 세존이시여."
"안처가 청정하다는 증어인 이것이 보살마하살인가?"
"아닙니다. 세존이시여."
"이·비·설·신·의처가 청정하다는 증어인 이것이 보살마하살인가?"
"아닙니다. 세존이시여."
"안처가 생겨난다는 증어인 이것이 보살마하살인가?"
"아닙니다. 세존이시여."
"이·비·설·신·의처가 생겨난다는 증어인 이것이 보살마하살인가?"
"아닙니다. 세존이시여."
"안처가 소멸한다는 증어인 이것이 보살마하살인가?"

"아닙니다. 세존이시여."
"이·비·설·신·의처가 소멸한다는 증어인 이것이 보살마하살인가?"
"아닙니다. 세존이시여."

"다시 다음으로 선현이여. 이를테면, 보살마하살이라고 말하는 것에서 곧 색처의 증어인 이것이 보살마하살인가?"
"아닙니다. 세존이시여."
"곧 성·향·미·촉·법처의 증어인 이것이 보살마하살인가?"
"아닙니다. 세존이시여."
"색처가 항상하다는 증어인 이것이 보살마하살인가?"
"아닙니다. 세존이시여."
"성·향·미·촉·법처가 항상하다는 증어인 이것이 보살마하살인가?"
"아닙니다. 세존이시여."
"색처가 무상하다는 증어인 이것이 보살마하살인가?"
"아닙니다. 세존이시여."
"성·향·미·촉·법처가 무상하다는 증어인 이것이 보살마하살인가?"
"아닙니다. 세존이시여."
"색처가 즐겁다는 증어인 이것이 보살마하살인가?"
"아닙니다. 세존이시여."
"성·향·미·촉·법처가 즐겁다는 증어인 이것이 보살마하살인가?"
"아닙니다. 세존이시여."
"색처가 괴롭다는 증어인 이것이 보살마하살인가?"
"아닙니다. 세존이시여."
"성·향·미·촉·법처가 괴롭다는 증어인 이것이 보살마하살인가?"
"아닙니다. 세존이시여."
"색처가 나라는 증어인 이것이 보살마하살인가?"
"아닙니다. 세존이시여."
"성·향·미·촉·법처가 나라는 증어인 이것이 보살마하살인가?"

"아닙니다. 세존이시여."
"색처가 무아라는 증어인 이것이 보살마하살인가?"
"아닙니다. 세존이시여."
"성·향·미·촉·법처가 무아라는 증어인 이것이 보살마하살인가?"
"아닙니다. 세존이시여."
"색처가 청정하다는 증어인 이것이 보살마하살인가?"
"아닙니다. 세존이시여."
"성·향·미·촉·법처가 청정하다는 증어인 이것이 보살마하살인가?"
"아닙니다. 세존이시여."
"색처가 부정하다는 증어인 이것이 보살마하살인가?"
"아닙니다. 세존이시여."
"성·향·미·촉·법처가 부정하다는 증어인 이것이 보살마하살인가?"
"아닙니다. 세존이시여."
"색처가 공하다는 증어인 이것이 보살마하살인가?"
"아닙니다. 세존이시여."
"성·향·미·촉·법처가 공하다는 증어인 이것이 보살마하살인가?"
"아닙니다. 세존이시여."
"색처가 공하지 않다는 증어인 이것이 보살마하살인가?"
"아닙니다. 세존이시여."
"성·향·미·촉·법처가 공하지 않다는 증어인 이것이 보살마하살인가?"
"아닙니다. 세존이시여."
"색처가 유상이라는 증어인 이것이 보살마하살인가?"
"아닙니다. 세존이시여."
"성·향·미·촉·법처가 유상이라는 증어인 이것이 보살마하살인가?"
"아닙니다. 세존이시여."
"색처가 무상이라는 증어인 이것이 보살마하살인가?"
"아닙니다. 세존이시여."
"성·향·미·촉·법처가 무상이라는 증어인 이것이 보살마하살인가?"

"아닙니다. 세존이시여."
"색처가 유원이라는 증어인 이것이 보살마하살인가?"
"아닙니다. 세존이시여."
"성·향·미·촉·법처가 유원이라는 증어인 이것이 보살마하살인가?"
"아닙니다. 세존이시여."
"색처가 무원이라는 증어인 이것이 보살마하살인가?"
"아닙니다. 세존이시여."
"성·향·미·촉·법처가 무원이라는 증어인 이것이 보살마하살인가?"
"아닙니다. 세존이시여."
"색처가 적정하다는 증어인 이것이 보살마하살인가?"
"아닙니다. 세존이시여."
"성·향·미·촉·법처가 적정하다는 증어인 이것이 보살마하살인가?"
"아닙니다. 세존이시여."
"색처가 적정하지 않다는 증어인 이것이 보살마하살인가?"
"아닙니다. 세존이시여."
"성·향·미·촉·법처가 적정하지 않다는 증어인 이것이 보살마하살인가?"
"아닙니다. 세존이시여."
"색처가 멀리 벗어난다는 증어인 이것이 보살마하살인가?"
"아닙니다. 세존이시여."
"성·향·미·촉·법처가 멀리 벗어난다는 증어인 이것이 보살마하살인가?"
"아닙니다. 세존이시여."
"색처가 멀리 벗어나지 않다는 증어인 이것이 보살마하살인가?"
"아닙니다. 세존이시여."
"성·향·미·촉·법처가 멀리 벗어나지 않다는 증어인 이것이 보살마하살인가?"
"아닙니다. 세존이시여."
"색처가 잡염이라는 증어인 이것이 보살마하살인가?"
"아닙니다. 세존이시여."

"성·향·미·촉·법처가 잡염이라는 증어인 이것이 보살마하살인가?"
"아닙니다. 세존이시여."
"색처가 청정하다는 증어인 이것이 보살마하살인가?"
"아닙니다. 세존이시여."
"성·향·미·촉·법처가 청정하다는 증어인 이것이 보살마하살인가?"
"아닙니다. 세존이시여."
"색처가 생겨난다는 증어인 이것이 보살마하살인가?"
"아닙니다. 세존이시여."
"성·향·미·촉·법처가 생겨난다는 증어인 이것이 보살마하살인가?"
"아닙니다. 세존이시여."
"색처가 소멸한다는 증어인 이것이 보살마하살인가?"
"아닙니다. 세존이시여."
"성·향·미·촉·법처가 소멸한다는 증어인 이것이 보살마하살인가?"
"아닙니다. 세존이시여."

"다시 다음으로 선현이여. 이를테면, 보살마하살이라고 말하는 것에서 곧 안계의 증어인 이것이 보살마하살인가?"
"아닙니다. 세존이시여."
"곧 색계·안식계, 나아가 안촉·안촉을 인연으로 생겨난 여러 수의 증어인 이것이 보살마하살인가?"
"아닙니다. 세존이시여."
"안계가 항상하다는 증어인 이것이 보살마하살인가?"
"아닙니다. 세존이시여."
"색계, 나아가 안촉을 인연으로 생겨난 여러 수가 항상하다는 증어인 이것이 보살마하살인가?"
"아닙니다. 세존이시여."
"안계가 무상하다는 증어인 이것이 보살마하살인가?"
"아닙니다. 세존이시여."

"색계, 나아가 안촉을 인연으로 생겨난 여러 수가 무상하다는 증어인 이것이 보살마하살인가?"

"아닙니다. 세존이시여."

"안계가 즐겁다는 증어인 이것이 보살마하살인가?"

"아닙니다. 세존이시여."

"색계, 나아가 안촉을 인연으로 생겨난 여러 수가 즐겁다는 증어인 이것이 보살마하살인가?"

"아닙니다. 세존이시여."

"안계가 괴롭다는 증어인 이것이 보살마하살인가?"

"아닙니다. 세존이시여."

"색계, 나아가 안촉을 인연으로 생겨난 여러 수가 괴롭다는 증어인 이것이 보살마하살인가?"

"아닙니다. 세존이시여."

"안계가 나라는 증어인 이것이 보살마하살인가?"

"아닙니다. 세존이시여."

"색계, 나아가 안촉을 인연으로 생겨난 여러 수가 나라는 증어인 이것이 보살마하살인가?"

"아닙니다. 세존이시여."

"안계가 무아라는 증어인 이것이 보살마하살인가?"

"아닙니다. 세존이시여."

"색계, 나아가 안촉을 인연으로 생겨난 여러 수가 무아라는 증어인 이것이 보살마하살인가?"

"아닙니다. 세존이시여."

"안계가 청정하다는 증어인 이것이 보살마하살인가?"

"아닙니다. 세존이시여."

"색계, 나아가 안촉을 인연으로 생겨난 여러 수가 청정하다는 증어인 이것이 보살마하살인가?"

"아닙니다. 세존이시여."

"안계가 부정하다는 증어인 이것이 보살마하살인가?"
"아닙니다. 세존이시여."
"색계, 나아가 안촉을 인연으로 생겨난 여러 수가 부정하다는 증어인 이것이 보살마하살인가?"
"아닙니다. 세존이시여."
"안계가 공하다는 증어인 이것이 보살마하살인가?"
"아닙니다. 세존이시여."
"색계, 나아가 안촉을 인연으로 생겨난 여러 수가 공하다는 증어인 이것이 보살마하살인가?"
"아닙니다. 세존이시여."
"안계가 공하지 않다는 증어인 이것이 보살마하살인가?"
"아닙니다. 세존이시여."
"색계, 나아가 안촉을 인연으로 생겨난 여러 수가 공하지 않다는 증어인 이것이 보살마하살인가?"
"아닙니다. 세존이시여."
"안계가 유상이라는 증어인 이것이 보살마하살인가?"
"아닙니다. 세존이시여."
"색계, 나아가 안촉을 인연으로 생겨난 여러 수가 유상이라는 증어인 이것이 보살마하살인가?"
"아닙니다. 세존이시여."
"안계가 무상이라는 증어인 이것이 보살마하살인가?"
"아닙니다. 세존이시여."
"색계, 나아가 안촉을 인연으로 생겨난 여러 수가 무상이라는 증어인 이것이 보살마하살인가?"
"아닙니다. 세존이시여."
"안계가 유원이라는 증어인 이것이 보살마하살인가?"
"아닙니다. 세존이시여."
"색계, 나아가 안촉을 인연으로 생겨난 여러 수가 유원이라는 증어인

이것이 보살마하살인가?"

"아닙니다. 세존이시여."

"안계가 무원이라는 증어인 이것이 보살마하살인가?"

"아닙니다. 세존이시여."

"색계, 나아가 안촉을 인연으로 생겨난 여러 수가 무원이라는 증어인 이것이 보살마하살인가?"

"아닙니다. 세존이시여."

"안계가 적정하다는 증어인 이것이 보살마하살인가?"

"아닙니다. 세존이시여."

"색계, 나아가 안촉을 인연으로 생겨난 여러 수가 적정하다는 증어인 이것이 보살마하살인가?"

"아닙니다. 세존이시여."

"안계가 적정하지 않다는 증어인 이것이 보살마하살인가?"

"아닙니다. 세존이시여."

"색계, 나아가 안촉을 인연으로 생겨난 여러 수가 적정하지 않다는 증어인 이것이 보살마하살인가?"

"아닙니다. 세존이시여."

"안계가 멀리 벗어난다는 증어인 이것이 보살마하살인가?"

"아닙니다. 세존이시여."

"색계, 나아가 안촉을 인연으로 생겨난 여러 수가 멀리 벗어난다는 증어인 이것이 보살마하살인가?"

"아닙니다. 세존이시여."

"안계가 멀리 벗어나지 않다는 증어인 이것이 보살마하살인가?"

"아닙니다. 세존이시여."

"색계, 나아가 안촉을 인연으로 생겨난 여러 수가 멀리 벗어나지 않다는 증어인 이것이 보살마하살인가?"

"아닙니다. 세존이시여."

"안계가 잡염이라는 증어인 이것이 보살마하살인가?"

"아닙니다. 세존이시여."

"색계, 나아가 안촉을 인연으로 생겨난 여러 수가 잡염이라는 증어인 이것이 보살마하살인가?"

"아닙니다. 세존이시여."

"안계가 청정하다는 증어인 이것이 보살마하살인가?"

"아닙니다. 세존이시여."

"색계, 나아가 안촉을 인연으로 생겨난 여러 수가 청정하다는 증어인 이것이 보살마하살인가?"

"아닙니다. 세존이시여."

"안계가 생겨난다는 증어인 이것이 보살마하살인가?"

"아닙니다. 세존이시여."

"색계, 나아가 안촉을 인연으로 생겨난 여러 수가 생겨난다는 증어인 이것이 보살마하살인가?"

"아닙니다. 세존이시여."

"안계가 소멸한다는 증어인 이것이 보살마하살인가?"

"아닙니다. 세존이시여."

"색계, 나아가 안촉을 인연으로 생겨난 여러 수가 소멸한다는 증어인 이것이 보살마하살인가?"

"아닙니다. 세존이시여."

"다시 다음으로 선현이여. 이를테면, 보살마하살이라고 말하는 것에서 곧 이계의 증어인 이것이 보살마하살인가?"

"아닙니다. 세존이시여."

"곧 성계·이식계, 나아가 이촉·이촉을 인연으로 생겨난 여러 수의 증어인 이것이 보살마하살인가?"

"아닙니다. 세존이시여."

"이계가 항상하다는 증어인 이것이 보살마하살인가?"

"아닙니다. 세존이시여."

"성계, 나아가 이촉을 인연으로 생겨난 여러 수가 항상하다는 증어인 이것이 보살마하살인가?"
"아닙니다. 세존이시여."
"이계가 무상하다는 증어인 이것이 보살마하살인가?"
"아닙니다. 세존이시여."
"성계, 나아가 이촉을 인연으로 생겨난 여러 수가 무상하다는 증어인 이것이 보살마하살인가?"
"아닙니다. 세존이시여."
"이계가 즐겁다는 증어인 이것이 보살마하살인가?"
"아닙니다. 세존이시여."
"성계, 나아가 이촉을 인연으로 생겨난 여러 수가 즐겁다는 증어인 이것이 보살마하살인가?"
"아닙니다. 세존이시여."
"이계가 괴롭다는 증어인 이것이 보살마하살인가?"
"아닙니다. 세존이시여."
"성계, 나아가 이촉을 인연으로 생겨난 여러 수가 괴롭다는 증어인 이것이 보살마하살인가?"
"아닙니다. 세존이시여."
"이계가 나라는 증어인 이것이 보살마하살인가?"
"아닙니다. 세존이시여."
"성계, 나아가 이촉을 인연으로 생겨난 여러 수가 나라는 증어인 이것이 보살마하살인가?"
"아닙니다. 세존이시여."
"이계가 무아라는 증어인 이것이 보살마하살인가?"
"아닙니다. 세존이시여."
"성계, 나아가 이촉을 인연으로 생겨난 여러 수가 무아라는 증어인 이것이 보살마하살인가?"
"아닙니다. 세존이시여."

"이계가 청정하다는 증어인 이것이 보살마하살인가?"

"아닙니다. 세존이시여."

"성계, 나아가 이촉을 인연으로 생겨난 여러 수가 청정하다는 증어인 이것이 보살마하살인가?"

"아닙니다. 세존이시여."

"이계가 부정하다는 증어인 이것이 보살마하살인가?"

"아닙니다. 세존이시여."

"성계, 나아가 이촉을 인연으로 생겨난 여러 수가 부정하다는 증어인 이것이 보살마하살인가?"

"아닙니다. 세존이시여."

"이계가 공하다는 증어인 이것이 보살마하살인가?"

"아닙니다. 세존이시여."

"성계, 나아가 이촉을 인연으로 생겨난 여러 수가 공하다는 증어인 이것이 보살마하살인가?"

"아닙니다. 세존이시여."

"이계가 공하지 않다는 증어인 이것이 보살마하살인가?"

"아닙니다. 세존이시여."

"성계, 나아가 이촉을 인연으로 생겨난 여러 수가 공하지 않다는 증어인 이것이 보살마하살인가?"

"아닙니다. 세존이시여."

"이계가 유상이라는 증어인 이것이 보살마하살인가?"

"아닙니다. 세존이시여."

"성계, 나아가 이촉을 인연으로 생겨난 여러 수가 유상이라는 증어인 이것이 보살마하살인가?"

"아닙니다. 세존이시여."

"이계가 무상이라는 증어인 이것이 보살마하살인가?"

"아닙니다. 세존이시여."

"성계, 나아가 이촉을 인연으로 생겨난 여러 수가 무상이라는 증어인

이것이 보살마하살인가?"

"아닙니다. 세존이시여."

"이계가 유원이라는 증어인 이것이 보살마하살인가?"

"아닙니다. 세존이시여."

"성계, 나아가 이촉을 인연으로 생겨난 여러 수가 유원이라는 증어인 이것이 보살마하살인가?"

"아닙니다. 세존이시여."

"이계가 무원이라는 증어인 이것이 보살마하살인가?"

"아닙니다. 세존이시여."

"성계, 나아가 이촉을 인연으로 생겨난 여러 수가 무원이라는 증어인 이것이 보살마하살인가?"

"아닙니다. 세존이시여."

"이계가 적정하다는 증어인 이것이 보살마하살인가?"

"아닙니다. 세존이시여."

"성계, 나아가 이촉을 인연으로 생겨난 여러 수가 적정하다는 증어인 이것이 보살마하살인가?"

"아닙니다. 세존이시여."

"이계가 적정하지 않다는 증어인 이것이 보살마하살인가?"

"아닙니다. 세존이시여."

"성계, 나아가 이촉을 인연으로 생겨난 여러 수가 적정하지 않다는 증어인 이것이 보살마하살인가?"

"아닙니다. 세존이시여."

"이계가 멀리 벗어난다는 증어인 이것이 보살마하살인가?"

"아닙니다. 세존이시여."

"성계, 나아가 이촉을 인연으로 생겨난 여러 수가 멀리 벗어난다는 증어인 이것이 보살마하살인가?"

"아닙니다. 세존이시여."

"이계가 멀리 벗어나지 않다는 증어인 이것이 보살마하살인가?"

"아닙니다. 세존이시여."
"성계, 나아가 이촉을 인연으로 생겨난 여러 수가 멀리 벗어나지 않다는 증어인 이것이 보살마하살인가?"
"아닙니다. 세존이시여."
"이계가 잡염이라는 증어인 이것이 보살마하살인가?"
"아닙니다. 세존이시여."
"성계, 나아가 이촉을 인연으로 생겨난 여러 수가 잡염이라는 증어인 이것이 보살마하살인가?"
"아닙니다. 세존이시여."
"이계가 청정하다는 증어인 이것이 보살마하살인가?"
"아닙니다. 세존이시여."
"성계, 나아가 이촉을 인연으로 생겨난 여러 수가 청정하다는 증어인 이것이 보살마하살인가?"
"아닙니다. 세존이시여."
"이계가 생겨난다는 증어인 이것이 보살마하살인가?"
"아닙니다. 세존이시여."
"성계, 나아가 이촉을 인연으로 생겨난 여러 수가 생겨난다는 증어인 이것이 보살마하살인가?"
"아닙니다. 세존이시여."
"이계가 소멸한다는 증어인 이것이 보살마하살인가?"
"아닙니다. 세존이시여."
"성계, 나아가 이촉을 인연으로 생겨난 여러 수가 소멸한다는 증어인 이것이 보살마하살인가?"
"아닙니다. 세존이시여."

"다시 다음으로 선현이여. 이를테면, 보살마하살이라고 말하는 것에서 곧 비계의 증어인 이것이 보살마하살인가?"
"아닙니다. 세존이시여."

"곧 향계·비식계, 나아가 비촉·비촉을 인연으로 생겨난 여러 수의 증어인 이것이 보살마하살인가?"
"아닙니다. 세존이시여."
"비계가 항상하다는 증어인 이것이 보살마하살인가?"
"아닙니다. 세존이시여."
"향계, 나아가 비촉을 인연으로 생겨난 여러 수가 항상하다는 증어인 이것이 보살마하살인가?"
"아닙니다. 세존이시여."
"비계가 무상하다는 증어인 이것이 보살마하살인가?"
"아닙니다. 세존이시여."
"향계, 나아가 비촉을 인연으로 생겨난 여러 수가 무상하다는 증어인 이것이 보살마하살인가?"
"아닙니다. 세존이시여."
"비계가 즐겁다는 증어인 이것이 보살마하살인가?"
"아닙니다. 세존이시여."
"향계, 나아가 비촉을 인연으로 생겨난 여러 수가 즐겁다는 증어인 이것이 보살마하살인가?"
"아닙니다. 세존이시여."
"비계가 괴롭다는 증어인 이것이 보살마하살인가?"
"아닙니다. 세존이시여."
"향계, 나아가 비촉을 인연으로 생겨난 여러 수가 괴롭다는 증어인 이것이 보살마하살인가?"
"아닙니다. 세존이시여."
"비계가 나라는 증어인 이것이 보살마하살인가?"
"아닙니다. 세존이시여."
"향계, 나아가 비촉을 인연으로 생겨난 여러 수가 나라는 증어인 이것이 보살마하살인가?"
"아닙니다. 세존이시여."

"비계가 무아라는 증어인 이것이 보살마하살인가?"

"아닙니다. 세존이시여."

"향계, 나아가 비촉을 인연으로 생겨난 여러 수가 무아라는 증어인 이것이 보살마하살인가?"

"아닙니다. 세존이시여."

"비계가 청정하다는 증어인 이것이 보살마하살인가?"

"아닙니다. 세존이시여."

"향계, 나아가 비촉을 인연으로 생겨난 여러 수가 청정하다는 증어인 이것이 보살마하살인가?"

"아닙니다. 세존이시여."

"비계가 부정하다는 증어인 이것이 보살마하살인가?"

"아닙니다. 세존이시여."

"향계, 나아가 비촉을 인연으로 생겨난 여러 수가 부정하다는 증어인 이것이 보살마하살인가?"

"아닙니다. 세존이시여."

"비계가 공하다는 증어인 이것이 보살마하살인가?"

"아닙니다. 세존이시여."

"향계, 나아가 비촉을 인연으로 생겨난 여러 수가 공하다는 증어인 이것이 보살마하살인가?"

"아닙니다. 세존이시여."

"비계가 공하지 않다는 증어인 이것이 보살마하살인가?"

"아닙니다. 세존이시여."

"향계, 나아가 비촉을 인연으로 생겨난 여러 수가 공하지 않다는 증어인 이것이 보살마하살인가?"

"아닙니다. 세존이시여."

"비계가 유상이라는 증어인 이것이 보살마하살인가?"

"아닙니다. 세존이시여."

"향계, 나아가 비촉을 인연으로 생겨난 여러 수가 유상이라는 증어인

이것이 보살마하살인가?"

"아닙니다. 세존이시여."

"비계가 무상이라는 증어인 이것이 보살마하살인가?"

"아닙니다. 세존이시여."

"향계, 나아가 비촉을 인연으로 생겨난 여러 수가 무상이라는 증어인 이것이 보살마하살인가?"

"아닙니다. 세존이시여."

"비계가 유원이라는 증어인 이것이 보살마하살인가?"

"아닙니다. 세존이시여."

"향계, 나아가 비촉을 인연으로 생겨난 여러 수가 유원이라는 증어인 이것이 보살마하살인가?"

"아닙니다. 세존이시여."

"비계가 무원이라는 증어인 이것이 보살마하살인가?"

"아닙니다. 세존이시여."

"향계, 나아가 비촉을 인연으로 생겨난 여러 수가 무원이라는 증어인 이것이 보살마하살인가?"

"아닙니다. 세존이시여."

"비계가 적정하다는 증어인 이것이 보살마하살인가?"

"아닙니다. 세존이시여."

"향계, 나아가 비촉을 인연으로 생겨난 여러 수가 적정하다는 증어인 이것이 보살마하살인가?"

"아닙니다. 세존이시여."

"비계가 적정하지 않다는 증어인 이것이 보살마하살인가?"

"아닙니다. 세존이시여."

"향계, 나아가 비촉을 인연으로 생겨난 여러 수가 적정하지 않다는 증어인 이것이 보살마하살인가?"

"아닙니다. 세존이시여."

"비계가 멀리 벗어난다는 증어인 이것이 보살마하살인가?"

"아닙니다. 세존이시여."
"향계, 나아가 비촉을 인연으로 생겨난 여러 수가 멀리 벗어난다는 증어인 이것이 보살마하살인가?"
"아닙니다. 세존이시여."
"비계가 멀리 벗어나지 않다는 증어인 이것이 보살마하살인가?"
"아닙니다. 세존이시여."
"향계, 나아가 비촉을 인연으로 생겨난 여러 수가 멀리 벗어나지 않다는 증어인 이것이 보살마하살인가?"
"아닙니다. 세존이시여."
"비계가 잡염이라는 증어인 이것이 보살마하살인가?"
"아닙니다. 세존이시여."
"향계, 나아가 비촉을 인연으로 생겨난 여러 수가 잡염이라는 증어인 이것이 보살마하살인가?"
"아닙니다. 세존이시여."
"비계가 청정하다는 증어인 이것이 보살마하살인가?"
"아닙니다. 세존이시여."
"향계, 나아가 비촉을 인연으로 생겨난 여러 수가 청정하다는 증어인 이것이 보살마하살인가?"
"아닙니다. 세존이시여."
"비계가 생겨난다는 증어인 이것이 보살마하살인가?"
"아닙니다. 세존이시여."
"향계, 나아가 비촉을 인연으로 생겨난 여러 수가 생겨난다는 증어인 이것이 보살마하살인가?"
"아닙니다. 세존이시여."
"비계가 소멸한다는 증어인 이것이 보살마하살인가?"
"아닙니다. 세존이시여."
"향계, 나아가 비촉을 인연으로 생겨난 여러 수가 소멸한다는 증어인 이것이 보살마하살인가?"

"아닙니다. 세존이시여."

"다시 다음으로 선현이여. 이를테면, 보살마하살이라고 말하는 것에서 곧 설계의 증어인 이것이 보살마하살인가?"

"아닙니다. 세존이시여."

"곧 미계·설식계, 나아가 설촉·설촉을 인연으로 생겨난 여러 수의 증어인 이것이 보살마하살인가?"

"아닙니다. 세존이시여."

"설계가 항상하다는 증어인 이것이 보살마하살인가?"

"아닙니다. 세존이시여."

"미계, 나아가 설촉을 인연으로 생겨난 여러 수가 항상하다는 증어인 이것이 보살마하살인가?"

"아닙니다. 세존이시여."

"설계가 무상하다는 증어인 이것이 보살마하살인가?"

"아닙니다. 세존이시여."

"미계, 나아가 설촉을 인연으로 생겨난 여러 수가 무상하다는 증어인 이것이 보살마하살인가?"

"아닙니다. 세존이시여."

"설계가 즐겁다는 증어인 이것이 보살마하살인가?"

"아닙니다. 세존이시여."

"미계, 나아가 설촉을 인연으로 생겨난 여러 수가 즐겁다는 증어인 이것이 보살마하살인가?"

"아닙니다. 세존이시여."

"설계가 괴롭다는 증어인 이것이 보살마하살인가?"

"아닙니다. 세존이시여."

"미계, 나아가 설촉을 인연으로 생겨난 여러 수가 괴롭다는 증어인 이것이 보살마하살인가?"

"아닙니다. 세존이시여."

"설계가 나라는 증어인 이것이 보살마하살인가?"

"아닙니다. 세존이시여."

"미계, 나아가 설촉을 인연으로 생겨난 여러 수가 나라는 증어인 이것이 보살마하살인가?"

"아닙니다. 세존이시여."

"설계가 무아라는 증어인 이것이 보살마하살인가?"

"아닙니다. 세존이시여."

"미계, 나아가 설촉을 인연으로 생겨난 여러 수가 무아라는 증어인 이것이 보살마하살인가?"

"아닙니다. 세존이시여."

"설계가 청정하다는 증어인 이것이 보살마하살인가?"

"아닙니다. 세존이시여."

"미계, 나아가 설촉을 인연으로 생겨난 여러 수가 청정하다는 증어인 이것이 보살마하살인가?"

"아닙니다. 세존이시여."

"설계가 부정하다는 증어인 이것이 보살마하살인가?"

"아닙니다. 세존이시여."

"미계, 나아가 설촉을 인연으로 생겨난 여러 수가 부정하다는 증어인 이것이 보살마하살인가?"

"아닙니다. 세존이시여."

"설계가 공하다는 증어인 이것이 보살마하살인가?"

"아닙니다. 세존이시여."

"미계, 나아가 설촉을 인연으로 생겨난 여러 수가 공하다는 증어인 이것이 보살마하살인가?"

"아닙니다. 세존이시여."

"설계가 공하지 않다는 증어인 이것이 보살마하살인가?"

"아닙니다. 세존이시여."

"미계, 나아가 설촉을 인연으로 생겨난 여러 수가 공하지 않다는 증어인

이것이 보살마하살인가?"

"아닙니다. 세존이시여."

"설계가 유상이라는 증어인 이것이 보살마하살인가?"

"아닙니다. 세존이시여."

"미계, 나아가 설촉을 인연으로 생겨난 여러 수가 유상이라는 증어인 이것이 보살마하살인가?"

"아닙니다. 세존이시여."

"설계가 무상이라는 증어인 이것이 보살마하살인가?"

"아닙니다. 세존이시여."

"미계, 나아가 설촉을 인연으로 생겨난 여러 수가 무상이라는 증어인 이것이 보살마하살인가?"

"아닙니다. 세존이시여."

"설계가 유원이라는 증어인 이것이 보살마하살인가?"

"아닙니다. 세존이시여."

"미계, 나아가 설촉을 인연으로 생겨난 여러 수가 유원이라는 증어인 이것이 보살마하살인가?"

"아닙니다. 세존이시여."

"설계가 무원이라는 증어인 이것이 보살마하살인가?"

"아닙니다. 세존이시여."

"미계, 나아가 설촉을 인연으로 생겨난 여러 수가 무원이라는 증어인 이것이 보살마하살인가?"

"아닙니다. 세존이시여."

"설계가 적정하다는 증어인 이것이 보살마하살인가?"

"아닙니다. 세존이시여."

"미계, 나아가 설촉을 인연으로 생겨난 여러 수가 적정하다는 증어인 이것이 보살마하살인가?"

"아닙니다. 세존이시여."

"설계가 적정하지 않다는 증어인 이것이 보살마하살인가?"

"아닙니다. 세존이시여."

"미계, 나아가 설촉을 인연으로 생겨난 여러 수가 적정하지 않다는 증어인 이것이 보살마하살인가?"

"아닙니다. 세존이시여."

"설계가 멀리 벗어난다는 증어인 이것이 보살마하살인가?"

"아닙니다. 세존이시여."

"미계, 나아가 설촉을 인연으로 생겨난 여러 수가 멀리 벗어난다는 증어인 이것이 보살마하살인가?"

"아닙니다. 세존이시여."

"설계가 멀리 벗어나지 않다는 증어인 이것이 보살마하살인가?"

"아닙니다. 세존이시여."

"미계, 나아가 설촉을 인연으로 생겨난 여러 수가 멀리 벗어나지 않다는 증어인 이것이 보살마하살인가?"

"아닙니다. 세존이시여."

"설계가 잡염이라는 증어인 이것이 보살마하살인가?"

"아닙니다. 세존이시여."

"미계, 나아가 설촉을 인연으로 생겨난 여러 수가 잡염이라는 증어인 이것이 보살마하살인가?"

"아닙니다. 세존이시여."

"설계가 청정하다는 증어인 이것이 보살마하살인가?"

"아닙니다. 세존이시여."

"미계, 나아가 설촉을 인연으로 생겨난 여러 수가 청정하다는 증어인 이것이 보살마하살인가?"

"아닙니다. 세존이시여."

"설계가 생겨난다는 증어인 이것이 보살마하살인가?"

"아닙니다. 세존이시여."

"미계, 나아가 설촉을 인연으로 생겨난 여러 수가 생겨난다는 증어인 이것이 보살마하살인가?"

"아닙니다. 세존이시여."

"설계가 소멸한다는 증어인 이것이 보살마하살인가?"

"아닙니다. 세존이시여."

"미계, 나아가 설촉을 인연으로 생겨난 여러 수가 소멸한다는 증어인 이것이 보살마하살인가?"

"아닙니다. 세존이시여."

"다시 다음으로 선현이여. 이를테면, 보살마하살이라고 말하는 것에서 곧 신계의 증어인 이것이 보살마하살인가?"

"아닙니다. 세존이시여."

"곧 촉계·신식계, 나아가 신촉·신촉을 인연으로 생겨난 여러 수의 증어인 이것이 보살마하살인가?"

"아닙니다. 세존이시여."

"신계가 항상하다는 증어인 이것이 보살마하살인가?"

"아닙니다. 세존이시여."

"촉계, 나아가 신촉을 인연으로 생겨난 여러 수가 항상하다는 증어인 이것이 보살마하살인가?"

"아닙니다. 세존이시여."

"신계가 무상하다는 증어인 이것이 보살마하살인가?"

"아닙니다. 세존이시여."

"촉계, 나아가 신촉을 인연으로 생겨난 여러 수가 무상하다는 증어인 이것이 보살마하살인가?"

"아닙니다. 세존이시여."

"신계가 즐겁다는 증어인 이것이 보살마하살인가?"

"아닙니다. 세존이시여."

"촉계, 나아가 신촉을 인연으로 생겨난 여러 수가 즐겁다는 증어인 이것이 보살마하살인가?"

"아닙니다. 세존이시여."

"신계가 괴롭다는 증어인 이것이 보살마하살인가?"
"아닙니다. 세존이시여."
"촉계, 나아가 신촉을 인연으로 생겨난 여러 수가 괴롭다는 증어인 이것이 보살마하살인가?"
"아닙니다. 세존이시여."
"신계가 나라는 증어인 이것이 보살마하살인가?"
"아닙니다. 세존이시여."
"촉계, 나아가 신촉을 인연으로 생겨난 여러 수가 나라는 증어인 이것이 보살마하살인가?"
"아닙니다. 세존이시여."
"신계가 무아라는 증어인 이것이 보살마하살인가?"
"아닙니다. 세존이시여."
"촉계, 나아가 신촉을 인연으로 생겨난 여러 수가 무아라는 증어인 이것이 보살마하살인가?"
"아닙니다. 세존이시여."
"신계가 청정하다는 증어인 이것이 보살마하살인가?"
"아닙니다. 세존이시여."
"촉계, 나아가 신촉을 인연으로 생겨난 여러 수가 청정하다는 증어인 이것이 보살마하살인가?"
"아닙니다. 세존이시여."
"신계가 부정하다는 증어인 이것이 보살마하살인가?"
"아닙니다. 세존이시여."
"촉계, 나아가 신촉을 인연으로 생겨난 여러 수가 부정하다는 증어인 이것이 보살마하살인가?"
"아닙니다. 세존이시여."
"신계가 공하다는 증어인 이것이 보살마하살인가?"
"아닙니다. 세존이시여."
"촉계, 나아가 신촉을 인연으로 생겨난 여러 수가 공하다는 증어인

이것이 보살마하살인가?"

"아닙니다. 세존이시여."

"신계가 공하지 않다는 증어인 이것이 보살마하살인가?"

"아닙니다. 세존이시여."

"촉계, 나아가 신촉을 인연으로 생겨난 여러 수가 공하지 않다는 증어인 이것이 보살마하살인가?"

"아닙니다. 세존이시여."

"신계가 유상이라는 증어인 이것이 보살마하살인가?"

"아닙니다. 세존이시여."

"촉계, 나아가 신촉을 인연으로 생겨난 여러 수가 유상이라는 증어인 이것이 보살마하살인가?"

"아닙니다. 세존이시여."

"신계가 무상이라는 증어인 이것이 보살마하살인가?"

"아닙니다. 세존이시여."

"촉계, 나아가 신촉을 인연으로 생겨난 여러 수가 무상이라는 증어인 이것이 보살마하살인가?"

"아닙니다. 세존이시여."

"신계가 유원이라는 증어인 이것이 보살마하살인가?"

"아닙니다. 세존이시여."

"촉계, 나아가 신촉을 인연으로 생겨난 여러 수가 유원이라는 증어인 이것이 보살마하살인가?"

"아닙니다. 세존이시여."

"신계가 무원이라는 증어인 이것이 보살마하살인가?"

"아닙니다. 세존이시여."

"촉계, 나아가 신촉을 인연으로 생겨난 여러 수가 무원이라는 증어인 이것이 보살마하살인가?"

"아닙니다. 세존이시여."

"신계가 적정하다는 증어인 이것이 보살마하살인가?"

"아닙니다. 세존이시여."

"촉계, 나아가 신촉을 인연으로 생겨난 여러 수가 적정하다는 증어인 이것이 보살마하살인가?"

"아닙니다. 세존이시여."

"신계가 적정하지 않다는 증어인 이것이 보살마하살인가?"

"아닙니다. 세존이시여."

"촉계, 나아가 신촉을 인연으로 생겨난 여러 수가 적정하지 않다는 증어인 이것이 보살마하살인가?"

"아닙니다. 세존이시여."

"신계가 멀리 벗어난다는 증어인 이것이 보살마하살인가?"

"아닙니다. 세존이시여."

"촉계, 나아가 신촉을 인연으로 생겨난 여러 수가 멀리 벗어난다는 증어인 이것이 보살마하살인가?"

"아닙니다. 세존이시여."

"신계가 멀리 벗어나지 않다는 증어인 이것이 보살마하살인가?"

"아닙니다. 세존이시여."

"촉계, 나아가 신촉을 인연으로 생겨난 여러 수가 멀리 벗어나지 않다는 증어인 이것이 보살마하살인가?"

"아닙니다. 세존이시여."

"신계가 잡염이라는 증어인 이것이 보살마하살인가?"

"아닙니다. 세존이시여."

"촉계, 나아가 신촉을 인연으로 생겨난 여러 수가 잡염이라는 증어인 이것이 보살마하살인가?"

"아닙니다. 세존이시여."

"신계가 청정하다는 증어인 이것이 보살마하살인가?"

"아닙니다. 세존이시여."

"촉계, 나아가 신촉을 인연으로 생겨난 여러 수가 청정하다는 증어인 이것이 보살마하살인가?"

"아닙니다. 세존이시여."

"신계가 생겨난다는 증어인 이것이 보살마하살인가?"

"아닙니다. 세존이시여."

"촉계, 나아가 신촉을 인연으로 생겨난 여러 수가 생겨난다는 증어인 이것이 보살마하살인가?"

"아닙니다. 세존이시여."

"신계가 소멸한다는 증어인 이것이 보살마하살인가?"

"아닙니다. 세존이시여."

"촉계, 나아가 신촉을 인연으로 생겨난 여러 수가 소멸한다는 증어인 이것이 보살마하살인가?"

"아닙니다. 세존이시여."

"다시 다음으로 선현이여. 이를테면, 보살마하살이라고 말하는 것에서 곧 의계의 증어인 이것이 보살마하살인가?"

"아닙니다. 세존이시여."

"곧 법계·의식계, 나아가 의촉·의촉을 인연으로 생겨난 여러 수의 증어인 이것이 보살마하살인가?"

"아닙니다. 세존이시여."

"의계가 항상하다는 증어인 이것이 보살마하살인가?"

"아닙니다. 세존이시여."

"법계, 나아가 의촉을 인연으로 생겨난 여러 수가 항상하다는 증어인 이것이 보살마하살인가?"

"아닙니다. 세존이시여."

"의계가 무상하다는 증어인 이것이 보살마하살인가?"

"아닙니다. 세존이시여."

"법계, 나아가 의촉을 인연으로 생겨난 여러 수가 무상하다는 증어인 이것이 보살마하살인가?"

"아닙니다. 세존이시여."

"의계가 즐겁다는 증어인 이것이 보살마하살인가?"
"아닙니다. 세존이시여."
"법계, 나아가 의촉을 인연으로 생겨난 여러 수가 즐겁다는 증어인 이것이 보살마하살인가?"
"아닙니다. 세존이시여."
"의계가 괴롭다는 증어인 이것이 보살마하살인가?"
"아닙니다. 세존이시여."
"법계, 나아가 의촉을 인연으로 생겨난 여러 수가 괴롭다는 증어인 이것이 보살마하살인가?"
"아닙니다. 세존이시여."
"의계가 나라는 증어인 이것이 보살마하살인가?"
"아닙니다. 세존이시여."
"법계, 나아가 의촉을 인연으로 생겨난 여러 수가 나라는 증어인 이것이 보살마하살인가?"
"아닙니다. 세존이시여."
"의계가 무아라는 증어인 이것이 보살마하살인가?"
"아닙니다. 세존이시여."
"법계, 나아가 의촉을 인연으로 생겨난 여러 수가 무아라는 증어인 이것이 보살마하살인가?"
"아닙니다. 세존이시여."
"의계가 청정하다는 증어인 이것이 보살마하살인가?"
"아닙니다. 세존이시여."
"법계, 나아가 의촉을 인연으로 생겨난 여러 수가 청정하다는 증어인 이것이 보살마하살인가?"
"아닙니다. 세존이시여."
"의계가 부정하다는 증어인 이것이 보살마하살인가?"
"아닙니다. 세존이시여."
"법계, 나아가 의촉을 인연으로 생겨난 여러 수가 부정하다는 증어인

이것이 보살마하살인가?"

"아닙니다. 세존이시여."

"의계가 공하다는 증어인 이것이 보살마하살인가?"

"아닙니다. 세존이시여."

"법계, 나아가 의촉을 인연으로 생겨난 여러 수가 공하다는 증어인 이것이 보살마하살인가?"

"아닙니다. 세존이시여."

"의계가 공하지 않다는 증어인 이것이 보살마하살인가?"

"아닙니다. 세존이시여."

"법계, 나아가 의촉을 인연으로 생겨난 여러 수가 공하지 않다는 증어인 이것이 보살마하살인가?"

"아닙니다. 세존이시여."

"의계가 유상이라는 증어인 이것이 보살마하살인가?"

"아닙니다. 세존이시여."

"법계, 나아가 의촉을 인연으로 생겨난 여러 수가 유상이라는 증어인 이것이 보살마하살인가?"

"아닙니다. 세존이시여."

"의계가 무상이라는 증어인 이것이 보살마하살인가?"

"아닙니다. 세존이시여."

"법계, 나아가 의촉을 인연으로 생겨난 여러 수가 무상이라는 증어인 이것이 보살마하살인가?"

"아닙니다. 세존이시여."

"의계가 유원이라는 증어인 이것이 보살마하살인가?"

"아닙니다. 세존이시여."

"법계, 나아가 의촉을 인연으로 생겨난 여러 수가 유원이라는 증어인 이것이 보살마하살인가?"

"아닙니다. 세존이시여."

"의계가 무원이라는 증어인 이것이 보살마하살인가?"

"아닙니다. 세존이시여."

"법계, 나아가 의촉을 인연으로 생겨난 여러 수가 무원이라는 증어인 이것이 보살마하살인가?"

"아닙니다. 세존이시여."

"의계가 적정하다는 증어인 이것이 보살마하살인가?"

"아닙니다. 세존이시여."

"법계, 나아가 의촉을 인연으로 생겨난 여러 수가 적정하다는 증어인 이것이 보살마하살인가?"

"아닙니다. 세존이시여."

"의계가 적정하지 않다는 증어인 이것이 보살마하살인가?"

"아닙니다. 세존이시여."

"법계, 나아가 의촉을 인연으로 생겨난 여러 수가 적정하지 않다는 증어인 이것이 보살마하살인가?"

"아닙니다. 세존이시여."

"의계가 멀리 벗어난다는 증어인 이것이 보살마하살인가?"

"아닙니다. 세존이시여."

"법계, 나아가 의촉을 인연으로 생겨난 여러 수가 멀리 벗어난다는 증어인 이것이 보살마하살인가?"

"아닙니다. 세존이시여."

"의계가 멀리 벗어나지 않다는 증어인 이것이 보살마하살인가?"

"아닙니다. 세존이시여."

"법계, 나아가 의촉을 인연으로 생겨난 여러 수가 멀리 벗어나지 않다는 증어인 이것이 보살마하살인가?"

"아닙니다. 세존이시여."

"의계가 잡염이라는 증어인 이것이 보살마하살인가?"

"아닙니다. 세존이시여."

"법계, 나아가 의촉을 인연으로 생겨난 여러 수가 잡염이라는 증어인 이것이 보살마하살인가?"

"아닙니다. 세존이시여."

"의계가 청정하다는 증어인 이것이 보살마하살인가?"

"아닙니다. 세존이시여."

"법계, 나아가 의촉을 인연으로 생겨난 여러 수가 청정하다는 증어인 이것이 보살마하살인가?"

"아닙니다. 세존이시여."

"의계가 생겨난다는 증어인 이것이 보살마하살인가?"

"아닙니다. 세존이시여."

"법계, 나아가 의촉을 인연으로 생겨난 여러 수가 생겨난다는 증어인 이것이 보살마하살인가?"

"아닙니다. 세존이시여."

"의계가 소멸한다는 증어인 이것이 보살마하살인가?"

"아닙니다. 세존이시여."

"법계, 나아가 의촉을 인연으로 생겨난 여러 수가 소멸한다는 증어인 이것이 보살마하살인가?"

"아닙니다. 세존이시여."

마하반야바라밀다경 제408권

6. 선현품(善現品)(3)

"다시 다음으로 선현이여. 이를테면, 보살마하살이라고 말하는 것에서 곧 지계의 증어인 이것이 보살마하살인가?"
"아닙니다. 세존이시여."
"곧 수·화·풍·공·식계의 증어인 이것이 보살마하살인가?"
"아닙니다. 세존이시여."
"지계가 항상하다는 증어인 이것이 보살마하살인가?"
"아닙니다. 세존이시여."
"수·화·풍·공·식계가 항상하다는 증어인 이것이 보살마하살인가?"
"아닙니다. 세존이시여."
"지계가 무상하다는 증어인 이것이 보살마하살인가?"
"아닙니다. 세존이시여."
"수·화·풍·공·식계가 무상하다는 증어인 이것이 보살마하살인가?"
"아닙니다. 세존이시여."
"지계가 즐겁다는 증어인 이것이 보살마하살인가?"
"아닙니다. 세존이시여."
"수·화·풍·공·식계가 즐겁다는 증어인 이것이 보살마하살인가?"
"아닙니다. 세존이시여."
"지계가 괴롭다는 증어인 이것이 보살마하살인가?"
"아닙니다. 세존이시여."

"수·화·풍·공·식계가 괴롭다는 증어인 이것이 보살마하살인가?"
"아닙니다. 세존이시여."
"지계가 나라는 증어인 이것이 보살마하살인가?"
"아닙니다. 세존이시여."
"수·화·풍·공·식계가 나라는 증어인 이것이 보살마하살인가?"
"아닙니다. 세존이시여."
"지계가 무아라는 증어인 이것이 보살마하살인가?"
"아닙니다. 세존이시여."
"수·화·풍·공·식계가 무아라는 증어인 이것이 보살마하살인가?"
"아닙니다. 세존이시여."
"지계가 청정하다는 증어인 이것이 보살마하살인가?"
"아닙니다. 세존이시여."
"수·화·풍·공·식계가 청정하다는 증어인 이것이 보살마하살인가?"
"아닙니다. 세존이시여."
"지계가 부정하다는 증어인 이것이 보살마하살인가?"
"아닙니다. 세존이시여."
"수·화·풍·공·식계가 부정하다는 증어인 이것이 보살마하살인가?"
"아닙니다. 세존이시여."
"지계가 공하다는 증어인 이것이 보살마하살인가?"
"아닙니다. 세존이시여."
"수·화·풍·공·식계가 공하다는 증어인 이것이 보살마하살인가?"
"아닙니다. 세존이시여."
"지계가 공하지 않다는 증어인 이것이 보살마하살인가?"
"아닙니다. 세존이시여."
"수·화·풍·공·식계가 공하지 않다는 증어인 이것이 보살마하살인가?"
"아닙니다. 세존이시여."
"지계가 유상이라는 증어인 이것이 보살마하살인가?"
"아닙니다. 세존이시여."

"수·화·풍·공·식계가 유상이라는 증어인 이것이 보살마하살인가?"
"아닙니다. 세존이시여."
"지계가 무상이라는 증어인 이것이 보살마하살인가?"
"아닙니다. 세존이시여."
"수·화·풍·공·식계가 무상이라는 증어인 이것이 보살마하살인가?"
"아닙니다. 세존이시여."
"지계가 유원이라는 증어인 이것이 보살마하살인가?"
"아닙니다. 세존이시여."
"수·화·풍·공·식계가 유원이라는 증어인 이것이 보살마하살인가?"
"아닙니다. 세존이시여."
"지계가 무원이라는 증어인 이것이 보살마하살인가?"
"아닙니다. 세존이시여."
"수·화·풍·공·식계가 무원이라는 증어인 이것이 보살마하살인가?"
"아닙니다. 세존이시여."
"지계가 적정하다는 증어인 이것이 보살마하살인가?"
"아닙니다. 세존이시여."
"수·화·풍·공·식계가 적정하다는 증어인 이것이 보살마하살인가?"
"아닙니다. 세존이시여."
"지계가 적정하지 않다는 증어인 이것이 보살마하살인가?"
"아닙니다. 세존이시여."
"수·화·풍·공·식계가 적정하지 않다는 증어인 이것이 보살마하살인가?"
"아닙니다. 세존이시여."
"지계가 멀리 벗어난다는 증어인 이것이 보살마하살인가?"
"아닙니다. 세존이시여."
"수·화·풍·공·식계가 멀리 벗어난다는 증어인 이것이 보살마하살인가?"
"아닙니다. 세존이시여."
"지계가 멀리 벗어나지 않다는 증어인 이것이 보살마하살인가?"
"아닙니다. 세존이시여."

"수·화·풍·공·식계가 멀리 벗어나지 않다는 증어인 이것이 보살마하살인가?"
"아닙니다. 세존이시여."
"지계가 잡염이라는 증어인 이것이 보살마하살인가?"
"아닙니다. 세존이시여."
"수·화·풍·공·식계가 잡염이라는 증어인 이것이 보살마하살인가?"
"아닙니다. 세존이시여."
"지계가 청정하다는 증어인 이것이 보살마하살인가?"
"아닙니다. 세존이시여."
"수·화·풍·공·식계가 청정하다는 증어인 이것이 보살마하살인가?"
"아닙니나. 세존이시여."
"지계가 생겨난다는 증어인 이것이 보살마하살인가?"
"아닙니다. 세존이시여."
"수·화·풍·공·식계가 생겨난다는 증어인 이것이 보살마하살인가?"
"아닙니다. 세존이시여."
"지계가 소멸한다는 증어인 이것이 보살마하살인가?"
"아닙니다. 세존이시여."
"수·화·풍·공·식계가 소멸한다는 증어인 이것이 보살마하살인가?"
"아닙니다. 세존이시여."

"다시 다음으로 선현이여. 이를테면, 보살마하살이라고 말하는 것에서 곧 무명의 증어인 이것이 보살마하살인가?"
"아닙니다. 세존이시여."
"곧 행·식·명색·육처·촉·수·애·취·유·생·노사의 증어인 이것이 보살마하살인가?"
"아닙니다. 세존이시여."
"무명이 항상하다는 증어인 이것이 보살마하살인가?"
"아닙니다. 세존이시여."

"행, 나아가 노사가 항상하다는 증어인 이것이 보살마하살인가?"
"아닙니다. 세존이시여."
"무명이 무상하다는 증어인 이것이 보살마하살인가?"
"아닙니다. 세존이시여."
"행, 나아가 노사가 무상하다는 증어인 이것이 보살마하살인가?"
"아닙니다. 세존이시여."
"무명이 즐겁다는 증어인 이것이 보살마하살인가?"
"아닙니다. 세존이시여."
"행, 나아가 노사가 즐겁다는 증어인 이것이 보살마하살인가?"
"아닙니다. 세존이시여."
"무명이 괴롭다는 증어인 이것이 보살마하살인가?"
"아닙니다. 세존이시여."
"행, 나아가 노사가 괴롭다는 증어인 이것이 보살마하살인가?"
"아닙니다. 세존이시여."
"무명이 나라는 증어인 이것이 보살마하살인가?"
"아닙니다. 세존이시여."
"행, 나아가 노사가 나라는 증어인 이것이 보살마하살인가?"
"아닙니다. 세존이시여."
"무명이 무아라는 증어인 이것이 보살마하살인가?"
"아닙니다. 세존이시여."
"행, 나아가 노사가 무아라는 증어인 이것이 보살마하살인가?"
"아닙니다. 세존이시여."
"무명이 청정하다는 증어인 이것이 보살마하살인가?"
"아닙니다. 세존이시여."
"행, 나아가 노사가 청정하다는 증어인 이것이 보살마하살인가?"
"아닙니다. 세존이시여."
"무명이 부정하다는 증어인 이것이 보살마하살인가?"
"아닙니다. 세존이시여."

"행, 나아가 노사가 부정하다는 증어인 이것이 보살마하살인가?"
"아닙니다. 세존이시여."
"무명이 공하다는 증어인 이것이 보살마하살인가?"
"아닙니다. 세존이시여."
"행, 나아가 노사가 공하다는 증어인 이것이 보살마하살인가?"
"아닙니다. 세존이시여."
"무명이 공하지 않다는 증어인 이것이 보살마하살인가?"
"아닙니다. 세존이시여."
"행, 나아가 노사가 공하지 않다는 증어인 이것이 보살마하살인가?"
"아닙니다. 세존이시여."
"무명이 유상이라는 증어인 이것이 보살마하살인가?"
"아닙니다. 세존이시여."
"행, 나아가 노사가 유상이라는 증어인 이것이 보살마하살인가?"
"아닙니다. 세존이시여."
"무명이 무상이라는 증어인 이것이 보살마하살인가?"
"아닙니다. 세존이시여."
"행, 나아가 노사가 무상이라는 증어인 이것이 보살마하살인가?"
"아닙니다. 세존이시여."
"무명이 유원이라는 증어인 이것이 보살마하살인가?"
"아닙니다. 세존이시여."
"행, 나아가 노사가 유원이라는 증어인 이것이 보살마하살인가?"
"아닙니다. 세존이시여."
"무명이 무원이라는 증어인 이것이 보살마하살인가?"
"아닙니다. 세존이시여."
"행, 나아가 노사가 무원이라는 증어인 이것이 보살마하살인가?"
"아닙니다. 세존이시여."
"무명이 적정하다는 증어인 이것이 보살마하살인가?"
"아닙니다. 세존이시여."

"행, 나아가 노사가 적정하다는 증어인 이것이 보살마하살인가?"
"아닙니다. 세존이시여."
"무명이 적정하지 않다는 증어인 이것이 보살마하살인가?"
"아닙니다. 세존이시여."
"행, 나아가 노사가 적정하지 않다는 증어인 이것이 보살마하살인가?"
"아닙니다. 세존이시여."
"무명이 멀리 벗어난다는 증어인 이것이 보살마하살인가?"
"아닙니다. 세존이시여."
"행, 나아가 노사가 멀리 벗어난다는 증어인 이것이 보살마하살인가?"
"아닙니다. 세존이시여."
"무명이 멀리 벗어나지 않다는 증어인 이것이 보살마하살인가?"
"아닙니다. 세존이시여."
"행, 나아가 노사가 멀리 벗어나지 않다는 증어인 이것이 보살마하살인가?"
"아닙니다. 세존이시여."
"무명이 잡염이라는 증어인 이것이 보살마하살인가?"
"아닙니다. 세존이시여."
"행, 나아가 노사가 잡염이라는 증어인 이것이 보살마하살인가?"
"아닙니다. 세존이시여."
"무명이 청정하다는 증어인 이것이 보살마하살인가?"
"아닙니다. 세존이시여."
"행, 나아가 노사가 청정하다는 증어인 이것이 보살마하살인가?"
"아닙니다. 세존이시여."
"무명이 생겨난다는 증어인 이것이 보살마하살인가?"
"아닙니다. 세존이시여."
"행, 나아가 노사가 생겨난다는 증어인 이것이 보살마하살인가?"
"아닙니다. 세존이시여."
"무명이 소멸한다는 증어인 이것이 보살마하살인가?"
"아닙니다. 세존이시여."

"행, 나아가 노사가 소멸한다는 증어인 이것이 보살마하살인가?"
"아닙니다. 세존이시여."
그때 세존께서 존자 선현에게 알리셨다.
"그대는 무슨 의취(義趣)로 관찰하여 곧 '색 등의 법의 진여가 보살마하살이 아니고, 만약 항상하거나 만약 무상하다는 증어와, 만약 즐겁거나 만약 괴롭다는 증어와, 만약 나이거나 만약 무아라는 증어와, 만약 청정하거나 만약 부정하다는 증어와, 만약 공하거나 만약 공하지 않다는 증어와, 만약 유상이거나, 만약 무상이라는 증어와, 만약 유원이거나 만약 무원이라는 증어와, 만약 적정하거나 만약 적정하지 않다는 증어와, 만약 멀리 벗어나거나, 만약 멀리 벗어나지 않다는 증어와, 만약 잡염이거나 만약 청징하다는 증어와, 민약 생겨니거나 만약 소멸한다는 증어와 역시 보살마하살이 아니다.'라고 이렇게 말을 지었는가?"
이때 존자 선현이 세존께 아뢰어 말하였다.
"세존이시여. 색 등의 법이더라도 오히려 반드시 결국에는 얻을 수 없고, 자성이 있지 않는 까닭인데, 하물며 색 등의 법의 증어가 있겠습니까? 이러한 증어는 이미 있지 않는데, 어찌 곧 색 등의 법의 증어인 이것이 보살마하살이라고 말할 수 있겠습니까?
세존이시여. 색 등의 법이 항상일지라도 오히려 반드시 결국에는 얻을 수 없고, 자성이 있지 않는 까닭인데, 하물며 색 등의 법이 무상함이 있겠습니까? 색 등의 법의 항상함과 무상함을 반드시 결국에는 얻을 수 없는데, 하물며 색 등의 법이 항상하거나 무상하다는 증어가 있겠습니까? 이러한 증어는 이미 있지 않는데, 어찌 곧 색 등의 법이 항상하거나 무상하다는 증어인 이것이 보살마하살이라고 말할 수 있겠습니까?
세존이시여. 색 등의 법이 즐거울지라도 오히려 반드시 결국에는 얻을 수 없고, 자성이 있지 않는 까닭인데, 하물며 색 등의 법이 괴로움이 있겠습니까? 색 등의 법의 즐거움과 괴로움을 반드시 결국에는 얻을 수 없는데, 하물며 색 등의 법이 즐겁거나 괴롭다는 증어가 있겠습니까? 이러한 증어는 이미 있지 않는데, 어찌 곧 색 등의 법이 즐겁거나 괴롭다는 증어인 이것이 보살마하살이라고 말할 수 있겠습니까?

　세존이시여. 색 등의 법이 나일지라도 오히려 반드시 결국에는 얻을 수 없고, 자성이 있지 않는 까닭인데, 하물며 색 등의 법이 무아가 있겠습니까? 색 등의 법의 나와 무아를 반드시 결국에는 얻을 수 없는데, 하물며 색 등의 법이 나이거나 무아라는 증어가 있겠습니까? 이러한 증어는 이미 있지 않는데, 어찌 곧 색 등의 법이 나이거나 무아라는 증어인 이것이 보살마하살이라고 말할 수 있겠습니까?

　세존이시여. 색 등의 법이 청정하더라도 오히려 반드시 결국에는 얻을 수 없고, 자성이 있지 않는 까닭인데, 하물며 색 등의 법이 부정이 있겠습니까? 색 등의 법의 청정함과 부정함을 반드시 결국에는 얻을 수 없는데, 하물며 색 등의 법이 청정하거나 부정하다는 증어가 있겠습니까? 이러한 증어는 이미 있지 않는데, 어찌 곧 색 등의 법이 청정하거나 부정하다는 증어인 이것이 보살마하살이라고 말할 수 있겠습니까?

　세존이시여. 색 등의 법이 공할지라도 오히려 반드시 결국에는 얻을 수 없고, 자성이 있지 않는 까닭인데, 하물며 색 등의 법이 공하지 않음이 있겠습니까? 색 등의 법의 공하거나 공하지 않은 것을 반드시 결국에는 얻을 수 없는데, 하물며 색 등의 법이 공하거나 공하지 않다는 증어가 있겠습니까? 이러한 증어는 이미 있지 않는데, 어찌 곧 색 등의 법이 공하거나 공하지 않다는 증어인 이것이 보살마하살이라고 말할 수 있겠습니까?

　세존이시여. 색 등의 법이 유상일지라도 오히려 반드시 결국에는 얻을 수 없고, 자성이 있지 않는 까닭인데, 하물며 색 등의 법이 무상이 있겠습니까? 색 등의 법의 유상과 무상을 반드시 결국에는 얻을 수 없는데, 하물며 색 등의 법이 유상이거나 무상이라는 증어가 있겠습니까? 이러한 증어는 이미 있지 않는데, 어찌 곧 색 등의 법이 유상이거나 무상이라는 증어인 이것이 보살마하살이라고 말할 수 있겠습니까?

　세존이시여. 색 등의 법이 유원일지라도 오히려 반드시 결국에는 얻을 수 없고, 자성이 있지 않는 까닭인데, 하물며 색 등의 법이 무원이 있겠습니까? 색 등의 법의 유원과 무원을 반드시 결국에는 얻을 수 없는데, 하물며 색 등의 법이 유원이거나 무원이라는 증어가 있겠습니까? 이러한 증어는 이미 있지 않는데, 어찌 곧 색 등의 법이 유원이거나 무원이라는 증어인 이것이 보살마하살이라고 말할 수 있겠습니까?

세존이시여. 색 등의 법이 적정할지라도 오히려 반드시 결국에는 얻을 수 없고, 자성이 있지 않는 까닭인데, 하물며 색 등의 법이 적정하지 않음이 있겠습니까? 색 등의 법의 적정함과 적정하지 않음을 반드시 결국에는 얻을 수 없는데, 하물며 색 등의 법이 적정하거나 적정하지 않다는 증어가 있겠습니까? 이러한 증어는 이미 있지 않는데, 어찌 곧 색 등의 법이 적정하거나 적정하지 않다는 증어인 이것이 보살마하살이라고 말할 수 있겠습니까?

세존이시여. 색 등의 법이 멀리 벗어날지라도 오히려 반드시 결국에는 얻을 수 없고, 자성이 있지 않는 까닭인데, 하물며 색 등의 법이 멀리 벗어나지 않음이 있겠습니까? 색 등의 법의 멀리 벗어남과 멀리 벗어나지 않음을 반드시 결국에는 얻을 수 없는데, 하물며 색 등의 법이 멀리 벗어나거나 멀리 벗어나지 않는다는 증어가 있겠습니까? 이러한 증어는 이미 있지 않는데, 어찌 곧 색 등의 법이 벗어나거나 멀리 벗어나지 않는다는 증어인 이것이 보살마하살이라고 말할 수 있겠습니까?

세존이시여. 색 등의 법이 잡염일지라도 오히려 반드시 결국에는 얻을 수 없고, 자성이 있지 않는 까닭인데, 하물며 색 등의 법이 청정함이 있겠습니까? 색 등의 법의 잡염과 청정함을 반드시 결국에는 얻을 수 없는데, 하물며 색 등의 법이 잡염이거나 청정하다는 증어가 있겠습니까? 이러한 증어는 이미 있지 않는데, 어찌 곧 색 등의 법이 잡염이거나 청정하다는 증어인 이것이 보살마하살이라고 말할 수 있겠습니까?

세존이시여. 색 등의 법이 생겨날지라도 오히려 반드시 결국에는 얻을 수 없고, 자성이 있지 않는 까닭인데, 하물며 색 등의 법이 소멸함이 있겠습니까? 색 등의 법의 생겨남과 소멸함을 반드시 결국에는 얻을 수 없는데, 하물며 색 등의 법이 생겨나거나 소멸한다는 증어가 있겠습니까? 이러한 증어는 이미 있지 않는데, 어찌 곧 색 등의 법이 생겨나거나 소멸한다는 증어인 이것이 보살마하살이라고 말할 수 있겠습니까?"
　세존께서 선현에게 말씀하셨다.
　"옳도다. 옳도다. 그와 같으니라. 그와 같으니라. 그대가 말한 것과 같으니라. 선현이여. 색 등의 법과 항상하거나 무상한 것을 얻을 수 없는 까닭으로 색 등의 법의 증어와 항상하거나 무상하다는 증어를 역시 얻을 수 없고, 법과 증어를 얻을 수 없는 까닭으로 제보살마하살들도 역시 얻을 수 없으며, 제보살마하살들을 얻을 수 없는 까닭으로 수행하였던 것인 반야바라밀다도 얻을 수 없느니라. 선현이여. 보살마하살들이 반야바라밀다를 수행하는 때에 상응하여 이와 같이 수학해야 하느니라.
　다시 다음으로 선현이여. 그대가 '저는 모두 하나의 법이라도 보살마하살이라고 이름할 수 있는 것을 보지 못하였다.'라고 말하였던 것은 그와 같으니라. 그와 같으니라. 그대가 말한 것과 같으니라. 선현이여. 제법은 제법을 보지 못하고, 제법은 법계(法界)를 보지 못하며, 법계는 제법을 보지 못하고, 법계는 법계를 보지 못하느니라. 선현이여. 법계는 색계(色界)를 보지 못하고, 색계는 법계를 보지 못하며, 법계는 수(受)·상(想)·행(行)·식계(識界)를 보지 못하고, 수·상·행·식계는 법계를 보지 못하느니라.
　선현이여. 법계는 안처(眼處)를 보지 못하고, 안처는 법계를 보지 못하며, 법계는 이(耳)·비(鼻)·설(舌)·신(身)·의처(意處)를 보지 못하고, 이·비·설·신·의처는 법계를 보지 못하느니라. 선현이여. 법계는 색처(色處)를 보지 못하고, 색처는 법계를 보지 못하며, 법계는 성(聲)·향(香)·미(味)·촉(觸)·법처(法處)를 보지 못하고, 성·향·미·촉·법처는 법계를 보지 못하느니라. 선현이여. 법계는 안계(眼界)를 보지 못하고, 안계는 법계를 보지 못하며, 법계는 이(耳)·비(鼻)·설(舌)·신(身)·의계(意界)를 보지 못하고, 이·비·설·신·의계는 법계를 보지 못하느니라.
　선현이여. 법계는 색계(色界)를 보지 못하고, 색계는 법계를 보지 못하며, 법계는 성(聲)·향(香)·미(味)·촉(觸)·법계(法界)를 보지 못하고, 성·향·미·촉·법계는 법계를 보지 못하느니라. 선현이여. 법계는 안식계(眼識界)

를 보지 못하고, 안식계는 법계를 보지 못하며, 법계는 이(耳)·비(鼻)·설(舌)·신(身)·의식계(意識界)를 보지 못하고, 이·비·설·신·의식계는 법계를 보지 못하느니라. 선현이여. 법계는 지계(地界)를 보지 못하고, 지계는 법계를 보지 못하며, 법계는 수(水)·화(火)·풍(風)·공(空)·식계(識界)를 보지 못하고, 수·화·풍·공·식계는 법계를 보지 못하느니라.

선현이여. 법계는 무명(無明)을 보지 못하고, 무명은 법계를 보지 못하며, 법계는 행(行)·식(識)·명색(名色)·육처(六處)·촉(觸)·수(受)·애(愛)·취(取)·유(有)·생(生)·노사(老死)를 보지 못하고, 행, 나아가 노사는 법계를 보지 못하느니라. 선현이여. 유위계(有爲界)는 무위계(無爲界)를 보지 못하고, 무위계는 유위계를 보지 못하느니라. 선현이여. 유위계를 벗어나서 무위계를 시설하지 못하고, 무위계를 벗어나서 유위계를 시설하지 못하느니라.

이와 같이 선현이여. 제보살마하살들은 반야바라밀다를 수행하는 때에 일체법에서 모두 보는 것이 없고, 일체법에서 모두 보는 것이 없는 까닭으로 그 마음이 놀라지 않고 두려워하지 않으며 겁내지 않고, 일체법에서 마음이 숨기고 침울하지도 않으며 역시 근심과 후회도 없느니라.

왜 그러한가? 선현이여. 이 보살마하살이 이와 같은 매우 깊은 반야바라밀다를 수행하는 때에, 색을 보지 않고 수·상·행·식을 보지 않으며, 안처를 보지 않고, 이·비·설·신·의처를 보지 않으며, 색처를 보지 않고 성·향·미·촉·법처를 보지 않으며, 안계를 보지 않고 이·비·설·신·의계를 보지 않으며, 색계를 보지 않고 성·향·미·촉·법계를 보지 않으며, 안식의 경계를 보지 않고 성·향·미·촉·법계를 보지 않으며, 지계를 보지 않고 수·화·풍·공·식계를 보지 않으며, 무명을 보지 않고 행·식·명색·육처·촉·수·애·취·유·생·노사를 보지 않으며,

탐욕(貪欲)을 보지 않고 진에(瞋恚)와 우치(愚癡)를 보지 않으며, 나(我)를 보지 않고 유정(有情)·명자(命者)·생자(生者)·양자(養者)·사부(士夫)·보특가라(補特伽羅)·의생(意生)·유동(孺童)·작자(作者)·수자(受者)·지자(知者)·견자(見者)를 보지 않으며, 욕계(欲界)를 보지 않고 색계(色界)·무색

계(無色界)를 보지 않으며, 성문(聲聞)과 성문법을 보지 않고, 독각(獨覺)과 독각법을 보지 않으며, 보살(菩薩)과 보살법을 보지 않고, 제불(諸佛)과 제불법을 보지 않으며, 무상정등보리(無上正等菩提)를 보지 않느니라.
 이와 같이 선현이여. 보살마하살들은 일체법에서 모두 보는 것이 없고, 일체법에서 모두 보는 것이 없는 까닭으로 그 마음이 놀라지 않고 두려워하지 않으며 겁내지 않고, 일체법에서 마음이 숨기고 침울하지도 않으며 역시 근심과 후회도 없느니라."

 그때 구수 선현이 세존께 아뢰어 말하였다.
 "세존이시여. 다시 무슨 인연으로 제보살마하살이 반야바라밀다를 수행하는 때에 일체법에서 마음이 숨기거나 침울하지도 않으며 역시 근심하거나 후회하는 것도 없습니까?"
 세존께서 선현에게 알리셨다.
 "선현이여. 제보살마하살들은 반야바라밀다를 수행하는 때에는 널리 일체의 심(心)·심소법(心所法)에서 얻지 못하고 보지 못하느니라. 오히려 이러한 인연으로 일체법에서 마음을 숨기거나 침울하지도 않으며 역시 근심하거나 후회하는 것도 없느니라."
 그때 구수 선현이 다시 세존께 아뢰어 말하였다.
 "세존이시여. 제보살마하살이 반야바라밀다를 수행하는 때에 무슨 인연을 까닭으로 일체법에서 마음을 숨기거나 침울하지도 않으며 역시 근심하거나 후회하는 것도 없습니까?"
 세존께서 선현에게 알리셨다.
 "제보살마하살들이 반야바라밀다를 수행하는 때에는 널리 의(意)·의계(意界)에서 얻지 못하고 보지 못하느니라. 이와 같다면 선현이여. 제보살마하살들이 반야바라밀다를 수행하는 때에 일체법에서 마음을 숨기거나 침울하지도 않으며 역시 근심하거나 후회하는 것도 없느니라. 다시 다음으로 선현이여. 보살마하살들이 일체법에서 모두 얻는 것이 없다면 상응하여 반야바라밀다를 행하는 것이니라.

다시 다음으로 선현이여. 보살마하살들이 반야바라밀다를 수행하는 때에는 일체의 처소와 일체의 때에 반야바라밀다를 얻지 못하고, 반야바라밀다의 명자도 얻지 못하며, 보살마하살을 얻지 못하고, 보살마하살의 명자도 얻지 못하며, 역시 보살마하살의 마음도 얻지 못하느니라. 선현이여. 상응하여 이와 같이 보살마하살들을 교계하고 교수하여 반야바라밀다에서 모두가 성취를 얻게 해야 하느니라."

7. 입이생품(入離生品)

그때 구수 선현이 세존께 아뢰어 말하였다.
"세존이시여. 만약 보살마하살이 보시바라밀다(布施波羅蜜多)를 원만하게 하고자 한다면 마땅히 반야바라밀다를 수학해야 하고, 만약 정계(淨戒)·안인(安忍)·정진(精進)·정려(靜慮)·반야바라밀다(般若波羅蜜多)를 원만하게 하고자 한다면 마땅히 반야바라밀다를 수학해야 하며, 만약 보살마하살이 색(色)을 두루 알고자 한다면 마땅히 반야바라밀다를 수학해야 하고, 수(受)·상(想)·행(行)·식(識)을 두루 알고자 한다면 마땅히 반야바라밀다를 수학해야 하며, 만약 보살마하살이 안처(眼處)를 두루 알고자 한다면 마땅히 반야바라밀다를 수학해야 하고, 이(耳)·비(鼻)·설(舌)·신(身)·의처(意處)를 두루 알고자 한다면 마땅히 반야바라밀다를 수학해야 하며,

만약 보살마하살이 색처(色處)를 두루 알고자 한다면 마땅히 반야바라밀다를 수학해야 하고, 성(聲)·향(香)·미(味)·촉(觸)·법처(法處)를 두루 알고자 한다면 마땅히 반야바라밀다를 수학해야 하며, 만약 보살마하살이 안계(眼界)를 두루 알고자 한다면 마땅히 반야바라밀다를 수학해야 하고, 이(耳)·비(鼻)·설(舌)·신(身)·의계(意界)를 두루 알고자 한다면 마땅히 반

야바라밀다를 수학해야 하며, 만약 보살마하살이 색계(色界)를 두루 알고 자 한다면 마땅히 반야바라밀다를 수학해야 하고, 성(聲)·향(香)·미(味)· 촉(觸)·법계(法界)를 두루 알고자 한다면 마땅히 반야바라밀다를 수학해 야 하며, 만약 보살마하살이 안식계(眼識界)를 두루 알고자 한다면 마땅히 반야바라밀다를 수학해야 하고, 이(耳)·비(鼻)·설(舌)·신(身)·의식계(意 識界)를 두루 알고자 한다면 마땅히 반야바라밀다를 수학해야 하며,

만약 보살마하살이 안촉(眼觸)을 두루 알고자 한다면 마땅히 반야바라 밀다를 수학해야 하고, 이(耳)·비(鼻)·설(舌)·신(身)·의촉(意觸)을 두루 알고자 한다면 마땅히 반야바라밀다를 수학해야 하며, 만약 보살마하살이 안촉(眼觸)을 인연으로 생겨난 여러 수(受)를 두루 알고자 한다면 마땅히 반야바라밀다를 수학해야 하고, 이(耳)·비(鼻)·설(舌)·신(身)·의촉(意觸) 을 인연으로 생겨난 여러 수를 두루 알고자 한다면 마땅히 반야바라밀다를 수학해야 하며, 만약 보살마하살이 지계(地界)를 두루 알고자 한다면 마땅히 반야바라밀다를 수학해야 하고, 수(水)·화(火)·풍(風)·공(空)·식 계(識界)를 두루 알고자 한다면 마땅히 반야바라밀다를 수학해야 하며,

만약 보살마하살이 무명(無明)을 두루 알고자 한다면 마땅히 반야바라 밀다를 수학해야 하고, 행(行)·식(識)·명색(名色)·육처(六處)·촉(觸)·수 (受)·애(愛)·취(取)·유(有)·생(生)·노사(老死)를 두루 알고자 한다면 마땅 히 반야바라밀다를 수학해야 하며, 만약 보살마하살이 탐욕(貪欲)·진에 (瞋恚)·우치(愚癡)를 영원히 끊고자 한다면 마땅히 반야바라밀다를 수학 해야 하고, 보살마하살이 살가야견(薩迦耶見)1)·계금취(戒禁取)2)·의심 (疑)·욕(欲)계의 탐욕과 진에를 영원히 끊고자 한다면 마땅히 반야바라밀 다를 수학해야 하며, 보살마하살이 색계의 탐욕(色貪)·무색계의 탐욕(無色

---

1) 산스크리트어 satkāya-drsti의 번역이고, 유신견(有身見)이라고 말한다. '5온(五 蘊)', '5취온(五取蘊)'을 실유(實有)라고 집착하는 견해로써, 5온을 '나(我)', '아소(我 所)'라고 집착하는 견해이다.

2) 산스크리트어 : śila-vrata-parāmarśa의 번역이고, 계율에 잘못된 견해와 그것을 따르는 수행의 오류를 가리킨다.

貪)·무명(無明)·아만(慢)·도거(掉擧)3)를 영원히 끊고자 한다면 마땅히 반야바라밀다를 수학해야 하며,

만약 보살마하살이 일체의 수면(隨眠)4)·전(纏)5)·결(結)을 영원히 끊고자 한다면 마땅히 반야바라밀다를 수학해야 하고, 보살마하살이 4식(四食)6)을 영원히 끊고자 한다면 마땅히 반야바라밀다를 수학해야 하며, 만약 보살마하살이 4폭류(四暴流)7)·액(軛)8)·취(取)9)·전도(顚倒)10)를 영원히 끊고자 한다면 마땅히 반야바라밀다를 수학해야 하며, 만약 보살마하살이 10불선업도(十不善業道)를 멀리 벗어나고자 한다면 마땅히 반야바라밀다를 수학해야 하고, 만약 보살마하살이 10선업도(十善業道)를 수용하여 수행하고자 한다면 마땅히 반야바라밀다를 수학해야 하며,

만약 보살마하살이 4정려(四靜慮)를 수행하고자 한다면 마땅히 반야바라밀다를 수학해야 하고, 4무량(四無量)과 4무색정(四無色定)을 수행하고자 한다면 마땅히 반야바라밀다를 수학해야 하며, 만약 보살마하살이 4념주(四念住)를 수행하고자 한다면 마땅히 반야바라밀다를 수학해야 하고, 4정단(四正斷)·4신족(四神足)·5근(五根)·5력(五力)·7등각지(七等覺支)·8성도지(八聖道支)를 수행하고자 한다면 마땅히 반야바라밀다를 수학해야 하며,

---

3) 산스크리트어 auddhatya의 번역이고, 마음이 안정(安靜)되지 못하여 산란스러운 상태를 가리킨다.
4) 산스크리트어 : mūla-kleśa의 번역이고, 근본번뇌를 가리키는데, 탐(貪)·진(瞋)·만(慢)·무명(無明)·견(見)·의(疑) 등의 6가지의 마음작용들을 말한다.
5) 마음을 구속하여 수행(修行)을 방해하는 번뇌를 다르게 부르는 말이다.
6) 네 가지의 음식으로, 단식(段食)·촉식(觸食)·의사식(意思食)·식식(識食) 등이 있다.
7) 산스크리트어 ogha의 번역이고, 폭포수와 같은 사나운 흐름처럼 번뇌가 극심한 상태를 가리킨다. 욕폭류(欲暴流)·유폭류(有暴流)·견폭류(見暴流)·무명폭류(無明暴流) 등이 있다.
8) 번뇌가 이계를 장애하고, 유정으로 하여금 괴로움과 화합하게 함을 뜻한다.
9) 욕망으로 이익을 얻으려고 하는 것이다.
10) 산스크리트어 viparīta의 번역이고, 스스로의 마음을 자각하지 않고, 대상에 대해 분별을 일으키는 것이다.

만약 보살마하살이 여래(佛)의 10력(十力)을 증득하고자 한다면 마땅히 반야바라밀다를 수학해야 하고, 4무소외(四無所畏)·4무애해(四無礙解)·대자(大慈)·대비(大悲)·대희(大喜)·대사(大捨)·18불불공법(十八佛不共法)을 증득하고자 한다면 마땅히 반야바라밀다를 수학해야 하며, 만약 보살마하살이 자재(自在)하게 각지삼마지(覺支三魔地)에 들어가고자 한다면 마땅히 반야바라밀다를 수학해야 하고, 만약 보살마하살이 자재하게 6신통(神通)에 유희(遊戲)하고자 한다면 마땅히 반야바라밀다를 수학해야 하며, 만약 보살마하살이 4정려·4무색정·멸진정(滅盡定)을 차례로 초월하고, 수순(順)하거나 역순(逆)하면서 자재하고자 한다면 마땅히 반야바라밀다를 수학해야 하며,

만약 보살마하살이 일체의 다라니문(陀羅尼門)·삼마지문(三摩地門)에서 모두 자유롭고자 한다면 마땅히 반야바라밀다를 수학해야 하며, 만약 보살마하살이 일체의 사자유희삼마지(師子遊戲三摩地), 나아가 사자분신삼마지(師子奮迅三摩地)에 출입(入出)하면서 자재하고자 한다면 마땅히 반야바라밀다를 수학해야 하고, 보살마하살이 건행삼마지(建行三摩地)·보인삼마지(寶印三摩地)·묘월삼마지(妙月三摩地)·월당상삼마지(月幢相三摩地)·일체법인삼마지(一切法印三摩地)·관인삼마지(觀印三摩地)·법계결정삼마지(法界決定三摩地)·결정당상삼마지(決定幢相三摩地)·금강유삼마지(金剛喩三摩地)·입일체법문삼마지(入一切法門三摩地)·삼마지왕삼마지(三摩地王三摩地)·왕인삼마지(王印三摩地)·역청정삼마지(力淸淨三摩地)·보협삼마지(寶篋三摩地)·입일체법언사결정삼마지(入一切法言詞決定三摩地)·입일체법증어삼마지(入一切法增語三摩地)·관찰시방삼마지(觀察十方三摩地)·일체법다라니문인삼마지(一切法陀羅尼門印三摩地)·일체법무망실삼마지(一切法無忘失三摩地)·일체법등취행상인삼마지(一切法等趣行相印三摩地)·주허공처삼마지(住虛空處三摩地)·삼륜청정삼마지(三輪淸淨三摩地)·불퇴신통삼마지(不退神通三摩地)·기용삼마지(器湧三摩地)·승정당상삼마지(勝定幢相三摩地)와 나머지의 무량한 삼마지에서 모두 자재하고자 한다면 마땅히 반야바라밀다를 수학해야 하며,

만약 보살마하살이 일체의 유정들의 소원을 만족하게 하고자 한다면 마땅히 반야바라밀다를 수학해야 하고, 만약 보살마하살이 이와 같이 수승한 선근(善根)을 만족하게 하고, 오히려 이러한 선근이 원만함을 얻은 까닭으로 여러 악한 세계에 떨어지지 않으며, 빈천(貧賤)한 집안에 태어나지 않고, 성문(聲聞)·독각지(獨覺地)에 떨어지지 않으며, 보살정(菩薩頂)에서 퇴전하여 떨어지지 않고자 한다면 마땅히 반야바라밀다를 수학해야 합니다.”

그때 사리자가 다시 선현에게 물어 말하였다.
“무엇을 보살정에서 퇴전하여 떨어진다고 이름합니까?”
선현이 대답하여 말히였다.
“만약 보살들이 방편선교(方便善巧)가 없이 6바라밀다를 수행하거나, 방편선교가 없이 3해탈문(三解脫門)에 안주한다면, 성문·독각지에 퇴전하여 떨어지고 보살의 정성이생(正性離生)에는 들어가지 못합니다. 이와 같다면 보살정에서 퇴전하여 떨어진다고 이름합니다.”
이때 사리자가 선현에게 물어 말하였다.
“무엇을 생겨난다(生)고 이름합니까?”
선현이 대답하여 말하였다.
“생겨남은 법의 애착(法愛)을 말합니다.”
사리자가 말하였다.
“무엇을 법의 애착이라고 말합니까?”
“만약 보살마하살이 반야바라밀다를 수행하면서 색의 공(空)에 안주하고서 생각과 집착을 일으키고 수·상·행·식의 공에 안주하고서 생각과 집착을 일으키며, 색의 무원(無願)에 안주하고서 생각과 집착을 일으키고 수·상·행·식의 무원에 안주하고서 생각과 집착을 일으키며, 색의 적정(寂靜)에 안주하고서 생각과 집착을 일으키고 수·상·행·식의 무원에 안주하고서 생각과 집착을 일으키며, 색의 멀리 벗어남(遠離)에 안주하고서 생각과 집착을 일으키고 수·상·행·식의 멀리 벗어남에 안주하고서 생각과 집착을 일으키며, 색의 무상(無常)에 안주하고서 생각과 집착을 일으키고 수·상·행·식의 무상에 안주하고서 생각과 집착을 일으키며, 색의 괴로움(苦)에 안주하고서 생각과 집착을 일으키고 수·상·행·식의 괴로움에 안주하고서 생각과 집착을 일으키며, 색의 무아(無我)에 안주하고서 생각과 집착을 일으키고 수·상·행·식의 무아에 안주하고서 생각과 집착을 일으키며, 색의 부정(不淨)에 안주하고서 생각과 집착을 일으키고 수·상·행·식의 부정에 안주하고서 생각과 집착을 일으킨다면, 사리자여. 이것은 보살마하살이 법의 애착에 수순하는 것이고, 곧 이러한 법의 애착이 생겨나게 된다고 설명(說明)합니다.

다시 다음으로 사리자여. 만약 보살마하살이 '이러한 색은 상응하여 단절해야 하고 이러한 수·상·행·식은 상응하여 단절해야 하며, 오히려 이러한 까닭으로 색은 상응하여 단절해야 하고, 오히려 이러한 까닭으로 수·상·행·식은 상응하여 단절해야 한다. 이러한 고(苦)는 상응하여 두루 알아야 하고 오히려 이러한 까닭으로 고를 상응하여 두루 알아야 하며, 이러한 집(集)은 영원히 상응하여 단절해야 하고 오히려 이러한 까닭으로 집은 영원히 상응하여 단절해야 하며, 이러한 멸(滅)은 상응하여 짓고 증득해야 하고 오히려 이러한 까닭으로 멸은 상응하여 짓고 증득해야 하며, 이러한 도(道)는 상응하여 수습(修習)해야 하고, 오히려 이러한 까닭으로 도를 상응하여 수습해야 합니다.

이것은 잡염이고 이것은 청정하며, 이것은 상응하여 친근해야 하고 이것은 상응하여 친근하지 않아야 하며, 이것은 상응하여 행해야 하고 이것은 상응하여 행하지 않아야 하며, 이것은 도(道)이고 이것은 도가 아니며, 이것은 상응하여 수학해야 하고, 이것은 상응하여 수학하지 않아야 하며, 이것은 보시바라밀다이고 이것은 보시바라밀다가 아니며, 이것은 정계·안인·정진·정려·반야바라밀다이고 이것은 정계·안인·정진·정려·반야바라밀다가 아니며, 이것은 방편선교이고 이것은 방편선교가 아니며, 이것은 보살의 태어남이고 이것은 보살의 태어남을 벗어났다.'라고 이렇게 생각을 짓습니다.

사리자여. 만약 보살마하살이 반야바라밀다를 수행하는 때에 이것 등의 여러 종류의 법문에 안주하고서 생각과 집착을 일으킨다면, 곧 이것은 보살마하살이 법의 애착에 수순하는 것이고, 곧 이러한 법의 애착이 생겨나게 된다고 설명하는데, 묵은 음식(宿食)과 같이 능히 허물과 근심이 생겨나게 됩니다."

그때 사리자가 다시 선현에게 물어 말하였다.
"무엇이 보살마하살이 정성이생(正性離生)에 들어가는 것입니까?"
선현이 대답하여 말하였다.
"사리자여. 만약 보살마하살이 반야바라밀다를 수행하는 때에 내공(內空)을 보지 잃고 내공에 의시하지 않으며 외공(外空)을 관찰해야 합니다. 외공을 보지 않고 외공에 의지하지 않고서 내외공을 관찰해야 합니다. 내외공(內外空)을 보지 않고 내외공에 의지하지 않으며 외공을 관찰해야 합니다. 내외공을 보지 않고 내외공에 의지하지 않고서 공공(空空)을 관찰해야 합니다. 공공을 보지 않고 공공에 의지하지 않으며 내외공을 관찰해야 하고, 공공에 의지하지 않고서 대공(大空)을 관찰해야 합니다. 대공을 보지 않고 대공에 의지하지 않으며 공공을 관찰해야 하고, 대공에 의지하지 않고서 승의공(勝義空)을 관찰해야 합니다. 승의공을 보지 않고 승의공을 의지하지 않으며 대공을 관찰해야 하고, 승의공을 의지하지 않고서 유위공(有爲空)을 관찰해야 합니다. 유위공을 보지 않고 유위공을 의지하지 않으며 승의공을 관찰해야 하고, 유위공을 의지하지 않고서 무위공(無爲空)을 관찰해야 합니다. 무위공을 보지 않고 무위공을 의지하지 않으며 유위공을 관찰해야 하고, 무위공을 의지하지 않고서 필경공(畢竟空)을 관찰해야 합니다.
필경공을 보지 않고 필경공을 의지하지 않으며 무위공을 관찰하며, 필경공을 보지 않고 필경공을 의지하지 않고서 무제공(無際空)을 관찰해야 합니다. 무제공을 보지 않고 무제공을 의지하지 않으며 필경공을 관찰해야 하고, 무제공을 의지하지 않고서 산무산공(散無散空)을 관찰해야 합니다. 산무산공을 보지 않고 산무산공을 의지하지 않으며 무제공을 관찰해야 하고, 산무산공에 의지하지 않고서 본성공(本性空)을 관찰해야 합니다. 본성공을 보지 않고 본성공을 의지하지 않으며 산무산공을 관찰해야 하고, 본성공을 의지하지 않고서 자공산공(自空散空)을 관찰해야 합니다.

자공산공을 보지 않고 자공산공을 의지하지 않으며 본성공을 관찰해야 하고, 자공산공을 의지하지 않고서 일체법공(一切法空)을 관찰해야 합니다. 일체법공을 보지 않고 일체법공에 의지하지 않으며 자공산공을 관찰해야 하고, 일체법공에 의지하지 않고서 불가득공(不可得空)을 관찰해야 합니다. 불가득공을 보지 않고 불가득공을 의지하지 않으며 일체법공을 관찰해야 하고, 불가득공에 의지하지 않고서 무성공(無性空)을 관찰해야 합니다. 무성공을 보지 않고 무성공을 의지하지 않으며 불가득공을 관찰해야 하고, 무성공에 의지하지 않고 자성공(自性空)을 관찰해야 합니다.

자성공을 보지 않고 자성공에 의지하지 않으며 무성공을 관찰해야 하고, 자성공을 의지하지 않고 무성자성공(無性自性空)을 관찰해야 합니다. 무성자성공을 보지 않고 무성자성공에 의지하지 않고서 자성공을 관찰해야 합니다. 사리자여. 이 보살마하살이 반야바라밀다를 수행하는 때에 이와 같이 관찰하였다면 보살의 정성이생(正性離生)에 들어갔다고 이름합니다."

다시 다음으로 사리자여. 보살마하살들이 반야바라밀다를 수행하는 때라면 상응하여 이와 같이 수학해야 합니다. 색을 여실하게 알고서 상응하여 집착하지 않아야 하고, 수·상·행·식을 여실하게 알고서 상응하여 집착하지 않아야 하며, 안처를 여실하게 알고서 상응하여 집착하지 않아야 하고, 이·비·설·신·의처를 여실하게 알고서 상응하여 집착하지 않아야 하며, 색처를 여실하게 알고서 상응하여 집착하지 않아야 하고, 성·향·미·촉·법처를 여실하게 알고서 상응하여 집착하지 않아야 하며, 안계를 여실하게 알고서 상응하여 집착하지 않아야 하고, 이·비·설·신·의계를 여실하게 알고서 상응하여 집착하지 않아야 합니다.

색계를 여실하게 알고서 상응하여 집착하지 않아야 하고, 성·향·미·촉·법계를 여실하게 알고서 상응하여 집착하지 않아야 하며, 안식계를 여실하게 알고서 상응하여 집착하지 않아야 하고, 이·비·설·신·의식계를 여실하게 알고서 상응하여 집착하지 않아야 하며, 안촉을 여실하게 알고서 상응하여 집착하지 않아야 하고, 이·비·설·신·의촉을 여실하게 알고서 상응하여 집착하지 않아야 하며, 안촉을 인연으로 생겨난 여러 수를 여실하게 알고서 상응하여 집착하지 않아야 하고, 이·비·설·신·의촉을 인연으로 생겨난 여러 수를 여실하게 알고서 상응하여 집착하지 않아야 합니다.

보시바라밀다를 여실하게 알고서 상응하여 집착하지 않아야 하고, 정계·안인·정진·정려·반야바라밀다를 여실하게 알고서 상응하여 집착하지 않아야 하며, 4정려를 여실하게 알고서 상응하여 집착하지 않아야 하고, 4무량·4무색정을 여실하게 알고서 상응하여 집착하지 않아야 하며, 4념주를 여실하게 알고서 상응하여 집착하지 않아야 하고, 4신족·5근·5력·7등각지·8성도지를 여실하게 알고서 상응하여 집착하지 않아야 하며, 여래의 10력을 여실하게 알고서 상응하여 집착하지 않아야 하고, 4무소외·4무애해·대자·대비·대희·대사·18불불공법을 여실하게 알고서 상응하여 집착하지 않아야 합니다.

이와 같이 사리자여. 이 보살마하살이 반야바라밀다를 수행하는 때라면 능히 여실하게 알고서 보리심(菩提心)에 집착하지 말아야 하고, 무등등한 마음(無等等心)에 집착하지 않아야 하고, 광대한 마음(廣大心)에 집착하지 않아야 합니다. 왜 그러한가? 사리자여. 이 마음은 마음이 아니니, 본성(本性)이 청정한 까닭입니다."

이때 사리자가 선현에게 물어 말하였다.
"어찌하여 이 마음의 본성이 청정합니까?"
선현이 대답하여 말하였다.
"이 마음의 본성은 탐욕과 상응(相應)하는 것이 아니고 상응하지 않는 것도 아니며, 진에와 상응하는 것이 아니고 상응하지 않는 것도 아니며, 우치와 상응하는 것이 아니고 상응하지 않는 것도 아니며, 여러 전결(纏結)과 수면(睡眠)과 상응하는 것이 아니고 상응하지 않는 것도 아니며, 여러 견취(見趣)와 번뇌(漏)에 상응하는 것이 아니고 상응하지 않는 것도 아니며, 여러 성문·독각들의 마음에 상응하는 것이 아니고 상응하지 않는 것도 아닙니다. 사리자여. 제보살마하살들은 마음의 이와 같은 본성이 청정하다고 압니다."

이때 사리자가 선현에게 물어 말하였다.

"이 마음에 심성(心性)이 아닌 것이 있다고 말할 수 있습니까?"

선현이 힐문(詰問)하여 말하였다.

"심성이 아닌 가운데에서 유성(有性)과 무성(無性)을 얻을 수 있겠습니까?"

사리자가 말하였다.

"없습니다. 선현이여."

선현이 대답하여 말하였다.

"심성이 아닌 가운데에서 유성과 무성을 얻을 수 없다면, 어찌하여 이 마음에 마음의 성품이 아닌 것이 있는가를 물을 수 있겠습니까?"

이때 사리자가 다시 선현에게 물어 말하였다.

"무엇을 심성이 아니라고 이름합니까?"

선현이 대답하여 말하였다.

"일체법에서 변이(變異)가 없고, 분별(分別)이 없다면 심성이 아니라고 이름합니다."

사리자가 말하였다.

"다만 마음의 변이가 없고, 분별이 없습니까? 수·상·행·식도 변이가 없고, 분별이 없습니까?"

선현이 대답하여 말하였다.

"마음에 변이가 없고, 분별이 없는 것과 같이 수·상·행·식도 역시 변이가 없고, 분별이 없으며, 이와 같이, 나아가 제불의 무상정등보리까지도 역시 변이가 없고, 분별이 없습니다."

이때 사리자가 선현을 찬탄하여 말하였다.
"옳습니다. 옳습니다. 진실로 그대가 말한 것과 같습니다. 그대는 진실한 불자(佛子)이고, 세존(佛)의 마음에서 출생하였으며, 세존의 입에서 출생하였고, 세존의 법에서 출생하였으며, 세존의 법에서 변화하여 출생하였고, 세존의 법을 받았으며, 재물의 부분은 받지는 않았습니다. 제법의 가운데에서 몸으로 스스로가 깨달았고, 혜안으로 현재에 보고서 설법을 일으켰습니다. 세존께서도 항상 그대를 '성문들의 가운데에서 무쟁정(無諍定)[11]에 안주하면서 제일이다.'라고 설하셨는데, 여래께서 설하셨던 것과 같이 진실로 헛되지 않았습니다. 선현이여. 제보살마하살들은 깊은 반야바라밀다에서 상응하여 이와 같이 수학해야 합니다. 선현이여. 만약 보살마하살들이 깊은 빈야비리밀디를 이와 같이 수학한다면, 상응하여 이미 불퇴전지(不退轉地)에 안주한다고 알고, 반야바라밀다를 벗어나지 않는다고 알 것입니다.
선현이여. 만약 선남자(善男子)·선여인(善女人)들이 성문지(聲聞地)를 수학하고자 하는 자는 마땅히 이와 같은 매우 깊은 반야바라밀다에서 상응하여 정근(精勤)하면서 듣고서 수습하고 독송(讀誦)하며 수지(受持)하고 이치와 같이 사유하여 구경에 이르게 해야 하며, 독각지(獨覺地)를 수학하고자 하는 자도 역시 이와 같은 매우 깊은 반야바라밀다에서 상응하여 정근하면서 듣고서 수습하고 독송하며 수지하고 이치와 같이 사유하여 구경에 이르게 해야 하며, 보살지(菩薩地)를 수학하고자 하는 자도 역시 이와 같은 매우 깊은 반야바라밀다에서 상응하여 정근하면서 듣고서 수습하고 독송하며 수지하고 이치와 같이 사유하여 구경에 이르게 해야 합니다.
왜 그러한가? 선현이여. 이와 같은 반야바라밀다의 매우 깊은 경전의 가운데에서는 3승(三乘)의 법을 자세하게 설하고 열어서 보여주는 까닭입니다. 만약 보살마하살이 반야바라밀다를 능히 수학한다면 곧 3승의

---

11) 산스크리트어 Araṇa-Samādhiḥ의 번역이고 무쟁삼매(無諍三昧)를 다르게 부르는 말이다.

제법을 두루 수학하므로 모두가 선교(善巧)를 얻게 되는 것입니다."

8. 승군품(勝軍品)(1)

그때 구수 선현이 세존께 아뢰어 말하였다.
"세존이시여. 저는 보살마하살과 반야바라밀다에서 모두를 알지 못하고 얻지 못하였는데, 어찌하여 저에게 반야바라밀다와 상응하는 법으로써 제보살마하살들을 교계(敎誡)하고 교수(敎授)하라고 하십니까? 세존이시여. 저는 제법에서 만약 증장하거나 만약 소멸하는 것을 알지 못하고 얻지 못하였는데, 만약 제법으로써 제보살마하살들을 교계하고 교수한다면 저는 마땅히 후회가 있을 것입니다.

세존이시여. 저는 제법에서 만약 증장하거나 만약 소멸하는 것을 알지 못하고 얻지 못하였는데, 어찌 이것은 보살마하살이라고 이름하고, 이것은 반야바라밀다라고 이름한다고 말하겠습니까? 세존이시여. 제보살마하살들의 명호(名號)와 반야바라밀다의 명자(名字)는 모두 머무르는 것이 없고, 역시 머무르지 않는 것도 아닙니다. 왜 그러한가? 이 두 종류의 의취(義趣)는 무소유(無所有)인 까닭으로, 이 두 종류의 명자는 모두 머무르는 것이 없고, 역시 머무르지 않는 것도 아닙니다.

세존이시여. 저는 색, 나아가 식이 만약 증장하거나 만약 소멸하는 것을 알지 못하고 얻지 못하였는데, 어찌 이것이 색, 나아가 식이라고 말하겠습니까? 이러한 색 등의 명자는 모두 머무르는 것이 없고, 역시 머무르지 않는 것도 아닙니다. 왜 그러한가? 이러한 두 종류의 의취가 무소유인 까닭으로, 이러한 색 등의 명자는 모두가 머무르는 것이 없고, 역시 머무르지 않는 것도 아닙니다.

세존이시여. 저는 안처, 나아가 의처가 만약 증장하거나 만약 소멸하는 것을 알지 못하고 얻지 못하였는데, 어찌 이것이 안처, 나아가 의처라고 말하겠습니까? 이러한 안처 등의 명자는 모두 머무르는 것이 없고, 역시 머무르지 않는 것도 아닙니다. 왜 그러한가? 이러한 안처 등의 의취가 무소유인 까닭으로, 이러한 안처 등의 명자는 모두가 머무르는 것이 없고, 역시 머무르지 않는 것도 아닙니다.

세존이시여. 저는 색처, 나아가 법처가 만약 증장하거나 만약 소멸하는 것을 알지 못하고 얻지 못하였는데, 어찌 이것이 색처, 나아가 법처라고 말하겠습니까? 이러한 색처 등의 명자는 모두 머무르는 것이 없고, 역시 머무르지 않는 것도 아닙니다. 왜 그러한가? 이러한 색처 등의 의취가 무소유인 까닭으로, 이러한 색처 등의 명자는 모두가 머무르는 것이 없고, 역시 머무르지 않는 것도 아닙니다.

세존이시여. 저는 안계, 나아가 의계가 만약 증장하거나 만약 소멸하는 것을 알지 못하고 얻지 못하였는데, 어찌 이것이 안계, 나아가 의계라고 말하겠습니까? 이러한 안계 등의 명자는 모두 머무르는 것이 없고, 역시 머무르지 않는 것도 아닙니다. 왜 그러한가? 이러한 안계 등의 의취가 무소유인 까닭으로, 이러한 안계 등의 명자는 모두가 머무르는 것이 없고, 역시 머무르지 않는 것도 아닙니다.

세존이시여. 저는 색계, 나아가 법계가 만약 증장하거나 만약 소멸하는 것을 알지 못하고 얻지 못하였는데, 어찌 이것이 색계, 나아가 법계라고 말하겠습니까? 이러한 색계 등의 명자는 모두 머무르는 것이 없고, 역시 머무르지 않는 것도 아닙니다. 왜 그러한가? 이러한 색계 등의 의취가 무소유인 까닭으로, 이러한 색계 등의 명자는 모두가 머무르는 것이 없고, 역시 머무르지 않는 것도 아닙니다.

세존이시여. 저는 안식계, 나아가 의식계가 만약 증장하거나 만약 소멸하는 것을 알지 못하고 얻지 못하였는데, 어찌 이것이 안식계, 나아가 의식계라고 말하겠습니까? 이러한 안식계 등의 명자는 모두 머무르는 것이 없고, 역시 머무르지 않는 것도 아닙니다. 왜 그러한가? 이러한 안식계 등의 의취가 무소유인 까닭으로, 이러한 안식계 등의 명자는 모두가 머무르는 것이 없고, 역시 머무르지 않는 것도 아닙니다.
　세존이시여. 저는 안촉, 나아가 의촉이 만약 증장하거나 만약 소멸하는 것을 알지 못하고 얻지 못하였는데, 어찌 이것이 안촉, 나아가 의촉이라고 말하겠습니까? 이러한 안촉 등의 명자는 모두 머무르는 것이 없고, 역시 머무르지 않는 것도 아닙니다. 왜 그러한가? 이러한 안촉 등의 의취가 무소유인 까닭으로, 이러한 안촉 등의 명자는 모두가 머무르는 것이 없고, 역시 머무르지 않는 것도 아닙니다.
　세존이시여. 저는 안촉을 인연으로 생겨난 여러 수, 나아가 의촉을 인연으로 생겨난 여러 수가 만약 증장하거나 만약 소멸하는 것을 알지 못하고 얻지 못하였는데, 어찌 이것이 안촉을 인연으로 생겨난 여러 수, 나아가 의촉을 인연으로 생겨난 여러 수라고 말하겠습니까? 이러한 안촉을 인연으로 생겨난 여러 수 등의 명자는 모두 머무르는 것이 없고, 역시 머무르지 않는 것도 아닙니다. 왜 그러한가? 이러한 안촉을 인연으로 생겨난 여러 수 등의 의취가 무소유인 까닭으로, 이러한 안촉을 인연으로 생겨난 여러 수 등의 명자는 모두가 머무르는 것이 없고, 역시 머무르지 않는 것도 아닙니다.
　세존이시여. 저는 무명, 나아가 노사가 만약 증장하거나 만약 소멸하는 것을 알지 못하고 얻지 못하였는데, 어찌 이것이 무명, 나아가 노사이라고 말하겠습니까? 이러한 무명 등의 명자는 모두 머무르는 것이 없고, 역시 머무르지 않는 것도 아닙니다. 왜 그러한가? 이러한 무명 등의 의취가 무소유인 까닭으로, 이러한 무명 등의 명자는 모두가 머무르는 것이 없고, 역시 머무르지 않는 것도 아닙니다.
　세존이시여. 저는 무명의 소멸, 나아가 노사의 소멸이 만약 증장하거나 만약 소멸하는 것을 알지 못하고 얻지 못하였는데, 어찌 이것이 무명의 소멸, 나아가 노사의 소멸이라고 말하겠습니까? 이러한 무명의 소멸 등의 명자는 모두 머무르는 것이 없고, 역시 머무르지 않는 것도 아닙니다. 왜 그러한가? 이러한 무명의 소멸 등의 의취가 무소유인 까닭으로 이러한 무명의 소멸 등의 명자는 모두가 머무르는 것이 없고, 역시 머무르지 않는 것도 아닙니다.

　세존이시여. 저는 탐욕·진에·우치와 여러 전(纏)·결(結)·수면(隨眠)·견취(見趣)가 만약 증장하거나 만약 소멸하는 것을 알지 못하고 얻지 못하였는데, 어찌 이것이 탐욕 등이라고 말하겠습니까? 이러한 탐욕 등의 명자는 모두 머무르는 것이 없고, 역시 머무르지 않는 것도 아닙니다. 왜 그러한가? 이러한 탐욕 등의 의취가 무소유인 까닭으로, 이러한 탐욕 등의 명자는 모두가 머무르는 것이 없고, 역시 머무르지 않는 것도 아닙니다.

　세존이시여. 저는 보시바라밀다, 나아가 반야바라밀다가 만약 증장하거나 만약 소멸하는 것을 알지 못하고 얻지 못하였는데, 어찌 이것이 보시바라밀다, 나아가 반야바라밀다라고 말하겠습니까? 이러한 보시바라밀다 등의 명자는 모두 머무르는 것이 없고, 역시 머무르지 않는 것도 아닙니다. 왜 그러한가? 이러한 보시바라밀다 등의 의취가 무소유인 까닭으로, 이러한 보시바라밀다 등의 명자는 모두가 머무르는 것이 없고, 역시 머무르지 않는 것도 아닙니다.

　세존이시여. 저는 아(我), 나아가 견자(見者)가 만약 증장하거나 만약 소멸하는 것을 알지 못하고 얻지 못하였는데, 어찌 이것이 아, 나아가 견자라고 말하겠습니까? 이러한 아 등의 명자는 모두 머무르는 것이 없고, 역시 머무르지 않는 것도 아닙니다. 왜 그러한가? 이러한 아 등의 의취가 무소유인 까닭으로, 이러한 아 등의 명자는 모두가 머무르는 것이 없고, 역시 머무르지 않는 것도 아닙니다.

　세존이시여. 저는 공해탈문(空解脫門), 나아가 무상(無相)·무원해탈문(無願解脫門)이 만약 증장하거나 만약 소멸하는 것을 알지 못하고 얻지 못하였는데, 어찌 이것이 공해탈문, 나아가 무상·무원해탈문이라고 말하겠습니까? 이러한 공해탈문 등의 명자는 모두 머무르는 것이 없고, 역시 머무르지 않는 것도 아닙니다. 왜 그러한가? 이러한 공해탈문 등의 의취가 무소유인 까닭으로, 이러한 공해탈문 등의 명자는 모두가 머무르는 것이 없고, 역시 머무르지 않는 것도 아닙니다.

　세존이시여. 저는 불수념(佛隨念)·법수념(法隨念)·승수념(僧隨念)·계수념(戒隨念)·사수념(捨隨念)·천수념(天隨念)·입출식수념(入出息隨念)·사수념(死隨念)이 만약 증장하거나 만약 소멸하는 것을 알지 못하고 얻지 못하였는데, 어찌 이것이 불수념, 나아가 사수념이라고 말하겠습니까? 이러한 불수념 등의 명자는 모두 머무르는 것이 없고, 역시 머무르지 않는 것도 아닙니다. 왜 그러한가? 이러한 불수념 등의 의취가 무소유인 까닭으로, 이러한 불수념 등의 명자는 모두가 머무르는 것이 없고, 역시 머무르지 않는 것도 아닙니다.

세존이시여. 저는 여래(佛)의 10력(十力), 나아가 18불불공법(十八佛不共法)이 만약 증장하거나 만약 소멸하는 것을 알지 못하고 얻지 못하였는데, 어찌 이것이 여래의 10력, 나아가 18불불공법이라고 말하겠습니까? 이러한 여래의 10력 등의 명자는 모두 머무르는 것이 없고, 역시 머무르지 않는 것도 아닙니다. 왜 그러한가? 이러한 여래의 10력 등의 의취가 무소유인 까닭으로, 이러한 여래의 10력 등의 명자는 모두가 머무르는 것이 없고, 역시 머무르지 않는 것도 아닙니다."

마하반야바라밀다경 제409권

8. 승군품(勝軍品)(2)

"세존이시여. 저는 꿈의 5온과 같고, 메아리의 5온과 같으며 그림자의 5온과 같고 아지랑이의 5온과 같으며 형상의 5온과 같고 환술(幻術)의 5온과 같으며 변화한 일과 같은 5온(五蘊)에서 만약 증장하거나 만약 소멸하는 것을 알지 못하고 얻지 못하였는데, 어찌 이것이 꿈의 5온과 같고, 나아가 변화한 일과 같은 5온이라고 말하겠습니까? 이러한 꿈의 5온 등과 명자는 모두 머무르는 것이 없고, 역시 머무르지 않는 것도 아닙니다. 왜 그러한가? 이러한 꿈의 5온 등의 의취가 무소유인 까닭으로, 이러한 꿈의 5온 등의 명자는 모두가 머무르는 것이 없고, 역시 머무르지 않는 것도 아닙니다.

세존이시여. 저는 멀리 벗어난 것(遠離)·적정(寂靜)한 것·무생무멸(無生無滅)인 것·무염무정(無染無淨)인 것·여러 희론(戱論)이 끊어진 것·진여(眞如)·법계(法界)·법성(法性)·실제(實際)·평등성(平等性)·이생성(離生性)·법정(法定)·법주(法住)에서 만약 증장하거나 만약 소멸하는 것을 알지 못하고 얻지 못하였는데, 어찌 이것이 멀리 벗어난 것, 나아가 법주라고 말하겠습니까? 이러한 멀리 벗어난 것 등과 명자는 모두 머무르는 것이 없고, 역시 머무르지 않는 것도 아닙니다. 왜 그러한가? 이러한 멀리 벗어난 것 등의 의취가 무소유인 까닭으로, 이러한 멀리 벗어난 것 등의 명자는 모두가 머무르는 것이 없고, 역시 머무르지 않는 것도 아닙니다.

세존이시여. 저는 만약 선(善)하거나 만약 선(善)하지 않거나, 만약 유위(有爲)이거나 만약 무위(無爲)이거나, 만약 유루(有漏)이거나 만약 무루(無漏)이거나, 만약 세간(世間)이거나 만약 출세간(出世間)에서 만약 증장하거나 만약 소멸하는 것을 알지 못하고 얻지 못하였는데, 어찌 이것이 선하거나 선하지 않은 것이라고 말하겠습니까? 이러한 선하거나 선하지 않은 것 등의 명자는 모두 머무르는 것이 없고, 역시 머무르지 않는 것도 아닙니다. 왜 그러한가? 이러한 선하거나 선하지 않은 것 등의 의취가 무소유인 까닭으로, 이러한 선하거나 선하지 않은 것 등의 명자는 모두가 머무르는 것이 없고, 역시 머무르지 않는 것도 아닙니다.

　세존이시여. 저는 과거·미래·현재 등의 법과 과거가 아니고 미래가 아니며 현재가 아닌 등의 법에서 만약 증장하거나 만약 소멸하는 것을 알지 못하고 얻지 못하였는데, 어찌 이것이 과거 등의 법이고 이것이 과거 등이 아닌 법이라고 말하겠습니까? 이러한 과거 등의 법이라는 명자와 과거 등이 아닌 법이라는 명자는 모두 머무르는 것이 없고, 역시 머무르지 않는 것도 아닙니다. 왜 그러한가? 이러한 과거 등의 법이라는 의취와 과거 등이 아닌 법이라는 의취가 무소유인 까닭으로, 이러한 과거 등의 법이라는 명자와 과거 등이 아닌 법이라는 명자는 모두가 머무르는 것이 없고, 역시 머무르지 않는 것도 아닙니다. 세존이시여. 무엇 등의 명자를 과거가 아니고 미래가 아니며 현재가 아닌 법으로 삼겠습니까? 세존이시여. 이를테면, 무위법입니다. 세존이시여. 무위법은 이를테면, 생겨나지도 않고 머무르지도 않으며 소멸하지도 않는 법입니다.

　세존이시여. 저는 시방(十方)의 긍가사(殑伽沙) 등의 제불세계에 일체의 여래·응공·정등각과 제보살·성문승(聲聞僧) 등에서 만약 증장하거나 만약 소멸하는 것을 알지 못하고 얻지 못하였는데, 어찌 이것이 시방의 긍가사 등의 제불세계에 일체의 여래·응공·정등각과 제보살·성문승 등이라고 말하겠습니까? 이와 같은 여러 명자는 모두 머무르는 것이 없고, 역시 머무르지 않는 것도 아닙니다. 왜 그러한가? 이와 같은 여러 의취가 무소유인 까닭으로, 이와 같은 여러 명자는 모두가 머무르는 것이 없고, 역시 머무르지 않는 것도 아닙니다.

세존이시여. 저는 앞에서 말한 것과 같이 제법에서 만약 증장하거나 만약 소멸하는 것을 알지 못하고 얻지 못하였는데, 어찌 '이것은 보살마하살이다. 이것은 반야바라밀다이다.'라고 말하겠습니까? 세존이시여. 저는 보살마하살과 반야바라밀다를 모두 알지 못하고 얻지 못하는데, 어찌하여 저에게 반야바라밀다와 상응하는 법으로써 제보살마하살들을 교계하고 교수하라고 하십니까? 세존이시여. 보살마하살들의 명호와 반야바라밀다의 명자는 모두가 머무르는 것이 없고, 역시 머무르지 않는 것도 아닙니다. 왜 그러한가? 이 두 가지의 의취가 무소유인 까닭으로, 이와 같은 여러 명자는 모두가 머무르는 것이 없고, 역시 머무르지 않는 것도 아닙니다.

세존이시여. 이와 같이 제법은 화합한 인연이므로 보살마하살이라는 가명(假名)이고 반야바라밀다라는 가명입니다. 이러한 두 가지는 가명이므로, 온(蘊)·처(處)·계(界)의 가운데에서 설할 수 없고, 나아가 18불불공법(佛不共法)의 가운데에서 설할 수 없으며, 꿈과 같은 5온의 가운데에서 설할 수 없고, 나아가 변화한 일과 같은 5온의 가운데에서 설할 수 없으며, 멀리 벗어남과 적정함 등의 가운데에서 설할 수 없고, 나아가 시방의 긍가사 등의 제불세계에 일체의 여래·응공·정등각과 제보살·성문승 등의 가운데에서 설할 수 없습니다.

왜 그러한가? 앞에서 말한 것과 같이 제법의 증장과 소멸을 모두 알지 못하고 얻지 못하였던 까닭입니다. 세존이시여. 앞에서 말한 것과 같이 5온 등의 명자를 설하는 처소가 없고, 보살마하살의 명호와 반야반라밀다의 명자도 역시 설하는 처소가 없습니다. 이와 같이 꿈과 같은 5온 등의 명자를 설하는 처소가 없고, 허공과 같은 명자를 설하는 처소가 없으며, 땅·물·불·바람 같은 명자를 설하는 처소가 없고, 계(戒)·정(定)·혜(慧)·해탈(解脫)·해탈지견(解脫知見)과 같은 등의 명자를 설하는 처소가 없으며, 예류(預流)·일래(一來)·불환(不還)·아라한(阿羅漢)·독각(獨覺)·여래와 그러한 제법과 같은 등의 명자를 설하는 처소가 없고, 선한 것·선하지 않은 것·항상함·무상함·즐거움·괴로움·아(我)·무아(無我所)·멀리 벗어난 것·

멀리 벗어나지 않은 것·적정한 것·적정하지 않은 것 등과 만약 있거나 만약 없는 것과 같은 등의 명자를 설하는 처소가 없는 것과 같이, 보살마하살의 명호와 반야바라밀다의 명자도 역시 설하는 처소가 없습니다.
 그 까닭은 무엇인가? 이와 같은 명자는 모두가 머무르는 것이 없고, 역시 머무르지 않는 것도 아닙니다. 왜 그러한가? 이와 같은 여러 의취가 무소유인 까닭으로, 이와 같은 여러 명자는 모두가 머무르는 것이 없고, 역시 머무르지 않는 것도 아닙니다. 세존이시여. 저는 이러한 의취에 의지하는 까닭으로 제법에서 만약 증장하거나 만약 소멸하는 것을 알지 못하고 얻지 못하였는데, 어찌 '이것은 보살마하살이라고 이름한다. 이것은 반야바라밀라고 이름한다.'라고 말하겠습니까?
 세존이시여. 저는 이러한 두 가지에서 그 의취와 명자를 모두 알지 못하고 얻지 못하는데, 어찌하여 저에게 반야바라밀다와 상응하는 법으로써 제보살마하살들을 교계하고 교수하라고 하십니까? 오히려 이러한 인연으로, 만약 이것의 법으로써 보살마하살들을 교계하고 교수한다면 저는 마땅히 후회가 있을 것입니다. 세존이시여. 만약 보살마하살이 이와 같은 상(相)과 형태(形)로써 반야바라밀다를 널리 설하는 것을 들었던 때에, 마음에서 숨기고 침울하지 않거나 근심하거나 후회하지 않으며, 그 마음이 놀라지 않거나 두렵지 않거나 겁내지 않는다면, 이 보살마하살은 결정적으로 이미 불퇴전지에 안주(安住)하면서 안주가 없는 방편으로써 안주한다고 마땅히 알아야 합니다."

 "다시 다음으로 세존이시여. 보살마하살들이 반야바라밀다를 수행하는 때에는 색(色), 나아가 식(識)에 상응하여 머무르지 않아야 하고, 안처(眼處), 나아가 의처(意處)에 상응하여 머무르지 않아야 하며, 색처(色處), 나아가 법처(法處)에 상응하여 머무르지 않아야 하고, 안계(眼界), 나아가 의계(意界)에 상응하여 머무르지 않아야 하며, 색계(色界), 나아가 법계(法界)에 상응하여 머무르지 않아야 하고, 안식계(眼識界), 나아가 의식계(意識界)에 상응하여 머무르지 않아야 하며, 안촉(眼觸), 나아가 의촉(意觸)에 상응하여 머무르지 않아야 하고, 안촉을 인연으로 생겨난 여러 수(受), 나아가 의촉을 인연으로 생겨난 여러 수에 상응하여 머무르지 않아야 하며, 지계(地界), 나아가 식계(識界)에 상응하여 머무르지 않아야 하고, 무명(無明), 나아가 노사(老死)에 상응하여 머무르지 않아야 합니다.

왜 그러한가? 세존이시여. 색(色)은 색의 자성(自性)이 공(空)하고(色色性空), 수·상·행·식은 수·상·행·식의 자성이 공합니다(受想行識性空). 세존이시여. 이 색은 색이 공하지 않고(色非色空), 이 색의 공은 색이 아니며(色空非色), 색은 공을 벗어나지 않고(色不離空), 공은 색을 벗어나지 않으며(空不離色), 색은 곧 이것이 공이고(色卽是空), 공은 곧 이것이 색이며(空卽是色), 수·상·행·식도 역시 이와 같습니다. 오히려 이러한 인연으로 세보살마하살들이 빈야비리밀다를 수행하는 때라면, 새, 나아가 식에 상응하여 머무르지 않아야 하고, 나아가 노사(老死)도 역시 그것과 같다고 상응하여 알아야 합니다.

다시 다음으로 세존이시여. 제보살마하살들이 반야바라밀다를 수행하는 때에는 4념주(四念住), 나아가 18불불공법(十八佛不共法)에 상응하여 머무르지 않아야 합니다. 왜 그러한가? 세존이시여. 4념주는 4념주의 자성이 공합니다. 세존이시여. 이 4념주는 4념주가 공하지 않고, 이 4념주의 공은 4념주가 아니며, 4념주는 공을 벗어나지 않고, 공은 4념주를 벗어나지 않으며, 4념주는 곧 이것이 공이고, 공은 곧 이것이 4념주입니다. 오히려 이러한 인연으로 제보살마하살들이 반야바라밀다를 수행하는 때라면, 4념주에 상응하여 머무르지 않아야 하고, 나아가 18불불공법도 역시 그것과 같다고 상응하여 알아야 합니다.

다시 다음으로 세존이시여. 제보살마하살들이 반야바라밀다를 수행하는 때에는 보시바라밀다(布施波羅蜜多), 나아가 반야바라밀다(般若波羅蜜多)에 상응하여 머무르지 않아야 합니다. 왜 그러한가? 세존이시여. 보시바라밀다는 보시바라밀다의 자성이 공합니다. 세존이시여. 이 보시바라밀다는 보시바라밀다가 공하지 않고, 이 보시바라밀다의 공은 보시바라밀다가 아니며, 보시바라밀다는 공을 벗어나지 않고, 공은 보시바라밀다를 벗어나지 않으며, 보시바라밀다는 곧 이것이 공이고, 공은 곧 이것이 보시바라밀다입니다. 오히려 이러한 인연으로 제보살마하살들이 반야바라밀다를 수행하는 때라면, 보시바라밀다에 상응하여 머무르지 않아야 하고, 나아가 반야바라밀다도 역시 그것과 같다고 상응하여 알아야 합니다.

다시 다음으로 세존이시여. 제보살마하살들이 반야바라밀다를 수행하는 때에는 여러 문자(字)에 상응하여 머무르지 않아야 하고, 여러 문자를 인용한 것(所引)에서 만약 한 구절을 인용한 것이거나, 만약 두 구절을 인용한 것이거나, 만약 여러 구절을 인용한 것에 상응하여 머무르지 않아야 하며, 수승한 신통에 상응하여 머무르지 않아야 합니다. 왜 그러한가? 세존이시여. 여러 문자는 여러 문자의 자성이 공합니다. 세존이시여. 이 여러 문자는 여러 문자가 공하지 않고, 이 여러 문자의 공은 여러 문자가 아니며, 여러 문자는 공을 벗어나지 않고, 공은 여러 문자를 벗어나지 않으며, 여러 문자는 곧 이것이 공이고, 공은 곧 이것이 여러 문자입니다. 오히려 이러한 인연으로 제보살마하살들이 반야바라밀다를 수행하는 때라면, 여러 문자에 상응하여 머무르지 않아야 하고, 여러 문자를 인용한 것(所引)에서 수승한 신통도 역시 그것과 같다고 상응하여 알아야 합니다.

다시 다음으로 세존이시여. 제보살마하살들이 반야바라밀다를 수행하는 때에는 제법이 만약 항상하거나 만약 무상하거나, 만약 즐겁거나 만약 괴롭거나, 만약 나이거나 만약 무아이거나, 만약 공하거나 만약 공하지 않거나, 만약 적정하거나 만약 적정하지 않거나, 만약 멀리 벗어났거나 만약 멀리 벗어나지 않아야 합니다. 왜 그러한가? 세존이시여. 제법의 항상함과 무상함 등은 제법의 항상함과 무상함의 자성이 공합니다. 세존이시여. 이 제법의 항상함과 무상함은 제법의 항상함과 무상함이 아니고, 이 제법의 항상함과 무상함의 공은 제법의 항상함과 무상함이 아니며, 제법의 항상함과 무상함은 공을 벗어나지 않고, 공은 제법의 항상함과 무상함을 벗어나지 않으며, 제법의 항상함과 무상함은 곧 이것이 공이고, 공은 곧 이것이 제법의 항상함과 무상함입니다. 오히려 이러한 인연으로 제보살마하살들이 반야바라밀다를 수행하는 때라면, 제법이 만약 항상하거나 만약 무상하더라도 상응하여 머무르지 않아야 하고, 나아가 제법이 만약 멀리 벗어났거나 만약 멀리 벗어나지 않았더라도 역시 그것과 같다고 상응하여 알아야 합니다.

다시 다음으로 세존이시여. 제보살마하살들이 반야바라밀다를 수행하는 때에는 제법의 진여(眞如)·법계(法界)·법성(法性)·평등성(平等性)·이생성(離生性)·실제(實際)에 머무르지 않아야 합니다. 왜 그러한가? 세존이시여. 제법의 진여는 제법의 진여의 자성이 공합니다. 세존이시여. 이 진여는 진여가 공하지 않고, 이 진여의 공은 진여가 아니며, 진여는 공을 벗어나지 않고, 공은 진여를 벗어나지 않으며, 진여는 곧 이것이 공이고, 공은 곧 이것이 진여입니다. 오히려 이러한 인연으로 제보살마하살들이 반야바라밀다를 수행하는 때라면, 제법의 진여에 상응하여 머무르지 않아야 하고, 나아가 실제에서도 역시 그것과 같다고 상응하여 알아야 합니다.

다시 다음으로 세존이시여. 제보살마하살들이 반야바라밀다를 수행하는 때에는 일체의 다라니문(陀羅尼門)·삼마지문(三摩地門)에 머무르지 않아야 합니다. 왜 그러한가? 세존이시여. 일체의 다라니문은 일체의 다라니문의 자성이 공합니다. 세존이시여. 이 다라니문은 다라니문이 공하지 않고, 이 다라니문의 공은 다라니문이 아니며, 다라니문은 공을 벗어나지 않고, 공은 다라니문을 벗어나지 않으며, 다라니문은 곧 이것이 공이고, 공은 곧 이것이 다라니문입니다. 오히려 이러한 인연으로 제보살마하살들이 반야바라밀다를 수행하는 때라면, 일체의 다라니문에 상응하여 머무르지 않아야 하고, 삼마지문에서도 역시 그것과 같다고 상응하여 알아야 합니다.

세존이시여. 만약 보살마하살이 방편선교(方便善巧)가 없는데 반야바라밀다를 수행하는 때라면 아(我)·아소(我所)에 집착하고 얽매여서 요란(擾亂)하는 까닭으로 마음(心)이 곧 색에 머무르고 수·상·행·식에 머무릅니다. 오히려 이렇게 머무르는 까닭으로 색에서 가행(加行)을 짓고, 수·상·행·식에서 가행을 짓습니다. 오히려 가행을 까닭으로 능히 매우 깊은 반야바라밀다를 섭수(攝受)하지 못하고, 능히 매우 깊은 반야바라밀다를 수학(數學)하지 못하며, 능히 매우 깊은 반야바라밀다를 원만하게 하지 못하고, 능히 일체지지(一切智智)를 성취(成辦)하지 못합니다.

세존이시여. 만약 보살마하살이 방편선교가 없는데 반야바라밀다를 수행하는 때라면 아·아소에 집착하고 얽매여서 요란하는 까닭으로 마음이 곧 일체의 다라니문에 머무르고 일체의 삼마지문에 머무릅니다. 오히려 이렇게 머무르는 까닭으로 일체의 다라니문에서 가행을 짓고, 일체의 삼마지문에서 가행을 짓습니다. 오히려 가행을 까닭으로 능히 매우 깊은 반야바라밀다를 섭수하지 못하고, 능히 매우 깊은 반야바라밀다를 수학하지 못하며, 능히 매우 깊은 반야바라밀다를 원만하게 하지 못하고, 능히 일체지지를 성취하지 못합니다.

왜 그러한가? 세존이시여. 색은 상응하여 섭수되지 않고, 수·상·행·식도 상응하여 섭수되지 않으며, 색은 상응하여 섭수되지 않는 까닭으로 곧 색이 아니고, 수·상·행·식도 상응하여 섭수되지 않는 까닭으로 수·상·행·식이 아닙니다. 그 까닭은 무엇인가? 색·수·상·행·식은 모두가 자성이 공한 까닭입니다. 세존이시여. 나아가 일체의 다라니문은 상응하여 섭수되지 않고, 일체의 삼마지문도 상응하여 섭수되지 않으며, 일체의 다라니문은 상응하여 섭수되지 않는 까닭으로 곧 일체의 다라니문이 아니고, 일체의 삼마지문도 상응하여 섭수되지 않는 까닭으로 일체의 삼마지문이 아닙니다. 그 까닭이 무엇인가? 일체의 다라니문과 일체의 삼마지문은 모두가 자성이 공한 까닭입니다.

세존이시여. 그 섭수되는 것에서 매우 깊은 반야바라밀다를 수학하여서 원만해졌더라도 역시 상응하여 섭수되지 않고, 매우 깊은 반야바라밀다도 상응하여 섭수되지 않는 까닭으로 곧 매우 깊은 반야바라밀다가 아닙니다. 그 까닭이 무엇인가? 자성이 공한 까닭입니다. 이와 같이 보살마하살이 반야바라밀다를 수행하는 때라면, 상응하여 본성공(本性空)으로써 일체법을 관찰해야 합니다. 이렇게 관찰을 짓는 때에 마음을 행하는 처소가 없다면 보살마하살의 무소섭수삼마지(無所攝受三摩地)라고 이름합니다.
　이 삼마지는 미묘(微妙)하고 수승(殊勝)하며 광대(廣大)하고 무량(無量)하므로, 능히 무변(無邊)하고 무애(無礙)한 작용(作用)을 집적(集積)하더라도 일체의 성문·독각과 함께 집적하지 않습니다. 그것에서 일체지지를 성취하였더라도 역시 상응하여 섭수되지 않는데 이와 같은 일체지지가 상응하여 섭수되지 않는 까닭으로 곧 일체지지가 아닙니다. 그 까닭이 무엇인가? 내공(內空)으로써의 까닭이고, 외공(外空)·내외공(內外空)·공공(空空)·대공(大空)·승의공(勝義空)·유위공(有爲空)·무위공(無爲空)·필경공(畢竟空)·무제공(無際空)·산공(散空)·무변이공(無變異空)·본성공(本性空)·자상공(自相空)·공상공(共相空)·일체법공(一切法空)·불가득공(不可得空)·무성공(無性空)·자성공(自性空)·무성자성공(無性自性空)으로써의 까닭입니다.
　왜 그러한가? 세존이시여. 이러한 일체지지는 상(相)을 취하고 수행하여 증득하지 않습니다. 그 까닭이 무엇인가? 여러 상을 취하는 것은 모두가 이것이 번뇌(煩惱)입니다. 무엇 등을 상으로 삼는가? 이를테면, 색의 상과 수·상·행·식의 상, 나아가 일체의 다라니문·일체의 삼마지문의 상입니다. 이러한 여러 상에서 취하고 집착하는 것을 번뇌로 삼는다고 이름합니다. 이러한 까닭으로 상응하여 상을 취하면서 일체지지를 증득하고자 수행하지 않아야 합니다. 만약 상을 취하면서 일체지지를 증득하고자 수행하였다면 승군범지(勝軍梵志)[1]는 일체지지에서 상응하여 신해(信解)하지 않았을 것입니다.

　무엇 등을 그가 신해하는 상으로 삼는다고 이름하는가? 이를테면,

---

1) 승군왕을 범지라고 서술한 것은 세존과 같은 날짜에 태어났다고 알려져 있고, 불법을 매우 크게 외호(外護)하였으므로, 이와 같이 표현한 것으로 추정된다. 그는 고대 인도의 교살라국(憍薩羅國, Kośalā)의 국왕이고, '승군왕(勝軍王)', '승광왕(勝光王)', '화열왕(和悅王)', '명광왕(明光王)' 등으로 번역한다. 산스크리트어 Prasenajit의 번역이고, 파사닉왕(波斯匿王)으로 음사한다.

반야바라밀다에서 깊고 청정한 믿음이 생겨나는 것입니다. 오히려 수승한 이해의 힘으로 일체지지를 사유(思量)하고 관찰하면서 상으로써 방편을 삼지 않고, 역시 상이 아닌 것으로써 방편을 삼지 않아야 하나니, 상과 상이 아닌 것으로써 함께 취할 수 없는 까닭입니다. 이 승군범지는 비록 오히려 신해하는 힘으로 불법(佛法)에 귀의(歸依)하고 나아갔으므로 수신행(隨信行)이라고 이름하고, 능히 본성이 공한 것으로써 일체지지에 깨달아서 들어갔습니다. 이미 깨달아서 들어갔으므로 색의 상에 집착하지 않고, 수·상·행·식의 상에 집착하지 않고, 나아가 다라니문의 상과 일체의 삼마지문의 상에 집착하지 않습니다. 왜 그러한가? 일체법으로써 자상(自相)이 모두 공(空)하므로 능히 취하는 자와 취해지는 것을 모두 얻을 수 없는 까닭입니다.

왜 그러한가? 이와 같은 범지들은 내신(內身)을 증득하는 현관(現觀)[2]으로써 일체지지를 관찰하지 않았고, 외신(外身)을 증득하는 현관으로써 일체지지를 관찰하지 않았으며, 내·외신(內外身)을 증득하는 현관으로써 일체지지를 관찰하지 않았고, 무지(無智)를 증득하는 현관으로써 일체지지를 관찰하지 않았으며, 나머지를 증득하는 현관으로써 일체지지를 관찰하지 않았고, 역시 얻지 못하는 것(不得)을 증득하는 현관으로써 일체지지를 관찰하지 않았습니다. 그 까닭은 무엇인가? 이 승군범지는 관찰해야 할 일체지지를 보지 않았고, 관찰해야 할 반야(般若)도 보지 않았으며, 관찰하는 자·관찰되는 것·관찰을 일으키는 때를 보지 않았습니다.

이 승군범지는 내신의 색·수·상·행·식에서 일체지지를 관찰하지 않았고, 외신의 색·수·상·행·식에서 일체지지를 관찰하지 않았으며, 내·외신의 색·수·상·행·식에서 일체지지를 관찰하지 않았고, 역시 색·수·상·행·식을 벗어나서 일체지지를 관찰하지 않았으며, 나아가 내신의 일체 다라니문·삼마지문에서 일체지지를 관찰하지 않았고, 외신의 일체 다라니문·삼마지문에서 일체지지를 관찰하지 않았으며, 내·외신의 일체 다라니문·

---

2) 산스크리트어 abhisamaya의 번역이고, 무루의 지혜로써 대상을 있는 그대로 명료하게 이해하는 각(覺, Boddha)을 뜻하며, 정관(正觀)이라고도 말한다.

삼마지문에서 일체지지를 관찰하지 않았고, 역시 일체 다라니문·삼마지문을 벗어나서 일체지지를 관찰하지 않았습니다. 왜 그러한가? 만약 내신이거나, 만약 외신이거나, 만약 내외신이거나, 만약 내외신을 벗어났더라도, 일체가 모두 공(空)하므로 얻을 수 없는 까닭입니다.

이 승군범지는 이와 같은 등의 여러 상을 벗어난 문(門)으로써 일체지지에서 깊은 신해가 생겨났습니다. 오히려 이러한 신해로 일체법에서 모두 취하거나 집착함이 없나니, 제법의 실상(實相)으로써 얻을 수 없는 까닭입니다. 이와 같이 범지(梵志)는 상을 벗어난 문으로써 일체지지에서 깊은 신해를 얻었으므로, 일체법에서 모두 취하거나 집착함이 없고, 역시 무상(無相)인 제법을 사유(思惟)하지도 않았는데, 상법(相法)과 무상법(無相法)으로써 모두 얻을 수 없는 까닭입니다. 이와 같이 범지는 오히려 수승한 신해의 힘으로 일체법에서 집착하지도 않았고 버리지도 않았는데, 진실한 상법으로써 가운데에서는 취하거나 버리는 것이 없는 까닭입니다. 이때 그 범지들은 스스로가 신해하였고, 나아가 열반(涅槃)도 역시 취하거나 집착하지 않았습니다. 그 까닭은 무엇인가? 일체법의 자성은 모두 공하므로 취할 수 없는 까닭입니다.

세존이시여. 제보살마하살들이 증득하였던 것인 반야바라밀다도 역시 다시 이와 같아서 일체법에서 취하거나 집착하는 것이 없다면, 능히 차안(此岸)에서 피안(彼岸)3)에 이르는 까닭입니다. 만약 조금이라도 제법에서 적은 취(取)함과 집착이 있더라도, 곧 피안에 능히 이르지 못할 것입니다. 이러한 까닭으로 보살마하살은 반야바라밀다를 수행하는 때에 일체의 색을 취하지 않고, 일체의 수·상·행·식을 취하지 않습니다. 왜 그러한가? 일체법으로써 취할 수 없는 까닭이고, 나아가 일체의 다라니문으로 취할 수 없으며, 일체의 삼마지문으로 취할 수 없습니다. 왜 그러한가? 일체법은 취할 수 없는 까닭입니다.

이 보살마하살은 비록 일체의 색·수·상·행·식, 나아가 일체의 다라니문

---

3) 차안은 현재의 생사가 있는 세상을 뜻하고, 피안은 여러 번뇌를 벗어난 해탈의 세계를 뜻한다.

·삼마지문에서 만약 전체(總)이거나, 만약 별개(別)에서 모두 취하는 것이 없었더라도, 본원(本願)으로써 수행하는 것인 4념주, 나아가 8성도지가 원만하지 못하였고, 본원으로써 증득하였던 여래의 10력, 나아가 18불불공법을 성취하지 못하였던 까닭으로 그 중간에서 결국 일체의 상으로써 취하지 않았던 까닭일지라도, 반열반(般涅槃)하지 못합니다. 이 보살마하살이 비록 4념주, 나아가 8성도지가 원만하였고, 능히 여래의 10력, 나아가 18불불공법을 성취하였더라도, 그렇지만 4념주, 나아가 8성도지를 보지 못하고, 여래의 10력 나아가 18불불공법을 보지 못합니다.

왜 그러한가? 이 4념주는 곧 4념주가 아니고, 나아가 8성도지는 곧 8성도지가 아니며, 여래의 10력은 곧 여래의 10력이 아니고, 나아가 18불불공법은 곧 18불불공법이 아니며, 일체법은 법이 아닌 까닭이고, 비법(非法)도 아닌 까닭입니다. 이 보살마하살이 반야바라밀다를 수행하는 때에 그러나(雖) 색을 취하거나 집착하지 않고, 수·상·행·식을 취하거나 집착하지 않으며, 나아가 18불불공법을 취하거나 집착하지 않았다면, 능히 일체의 사업(事業)을 성취합니다.

다시 다음으로 세존이시여. 제보살마하살들이 반야바라밀다를 수행하는 때에, '무엇이 반야바라밀다인가? 무엇을 까닭으로 반야바라밀다라고 이름하는가? 누구의 반야바라밀다인가? 이와 같은 반야바라밀다는 무엇을 위하여 수용하는 것인가?'라고 상응하고 마땅히 이와 같이 자세하게 관찰해야 합니다. 이 보살마하살이 반야바라밀다를 수행하는 때에 자세하게 관찰하였으나, 만약 법은 무소유이고 얻을 수 없다면 이것이 반야바라밀다입니다. 무소유이고 얻을 수 없는 가운데에서 무엇을 검증하는 것으로 힐난(詰難)하겠습니까?"

이때 사리자(舍利子)가 선현(善現)에게 물어 말하였다.
"이 가운데에서 무슨 법을 무소유이고 얻을 수 없다고 이름합니까?"
선현이 대답하여 말하였다.
"이를테면, 반야바라밀다의 법은 무소유이고 얻을 수 없으며, 나아가 보시바라밀다의 법도 무소유이고 얻을 수 없는데, 오히려 내공(內空)인 까닭이고, 나아가 무성자성공(無性自性空)인 까닭입니다.

사리자여. 색의 법은 무소유이고 얻을 수 없으며, 수·상·행·식의 법도 무소유이고 얻을 수 없으며, 내공의 법은 무소유이고 얻을 수 없으며, 나아가 무성자성공의 법도 무소유이고 얻을 수 없으며, 4념주의 법은 무소유이고 얻을 수 없으며, 나아가 8성도지의 법도 무소유이고 얻을 수 없으며, 여래의 10력의 법은 무소유이고 얻을 수 없으며, 나아가 18불불공법의 법도 무소유이고 얻을 수 없으며, 6신통의 법은 무소유이고 얻을 수 없으며, 진여(眞如)의 법은 무소유이고 얻을 수 없으며, 나아가 실제(實際)의 법도 무소유이고 얻을 수 없으며, 예류(預流)의 법은 무소유이고 얻을 수 없으며, 일래·불환·아라한·독각의 법도 무소유이고 얻을 수 없으며, 보살의 법은 무소유이고 얻을 수 없으며, 제불의 법도 무소유이고 얻을 수 없으며, 일체지지의 법은 무소유이고 얻을 수 없는데, 오히려 내공인 까닭이고, 나아가 무성자성공인 까닭입니다.

사리자여. 만약 보살마하살이 반야바라밀다를 수행하면서 능히 이와 같이 여러 소유한 법은 모두 무소유이고 얻을 수 없다고 자세하게 관찰하는 때라면 마음을 숨기고 침울하지도 않으며 근심하거나 후회하지도 않고, 그 마음이 놀라지 않으며 공포가 없나니, 이 보살마하살은 반야바라밀다를 항상 버리거나 벗어나지 않는다고 마땅히 알아야 합니다.”

이때 사리자가 선현에게 물어 말하였다.

“무슨 인연을 까닭으로 이 반야바라밀다를 수행하는 제보살마하살들이 능히 반야바라밀다에서 항상 버리거나 벗어나지 않는다고 알아야 합니까?”

선현이 대답하여 말하였다.

“이 보살마하살이 반야바라밀다를 수행하는 때에 색은 색의 자성(自性)을 벗어났다고 여실하게 알고, 수·상·행·식은 수·상·행·식의 자성을 벗어났다고 여실하게 알며, 보시바라밀다는 보시바라밀다의 자성을 벗어났다고 여실하게 알고, 나아가 반야바라밀다는 반야바라밀다의 자성을 벗어났다고 여실하게 알며, 나아가 18불불공법은 18불불공법의 자성을 벗어났다고 여실하게 알고, 나아가 실제는 실제의 자성을 벗어났다고 여실하게 압니다. 사리자여. 오히려 이것을 아는 까닭으로 반야바라밀다를 수행하는 보살마하살들은 반야바라밀다를 항상 버리지 않고 벗어나지 않는다고 알 수 있습니다."

이때 사리자가 선현에게 물어 말하였다.

"어느 것이 색의 자성이고, 어느 것이 수·상·행·식의 자성이며, 나아가 어느 것이 실제의 자성입니까?"

선현이 대답하여 말하였다.

"무성(無性)인 이것이 곧 색의 자성이고, 무성인 이것이 곧 수·상·행·식의 자성이며, 나아가 무성인 이것이 실제의 자성입니다. 사리자여. 오히려 이러한 색은 색의 자성을 벗어났고, 수·상·행·식은 수·상·행·식의 자성을 벗어났으며, 나아가 실제는 실제의 자성을 벗어났다고 마땅히 알아야 합니다. 사리자여. 색은 역시 색의 상(相)을 벗어났고, 수·상·행·식은 역시 수·상·행·식의 상을 벗어났으며, 나아가 실제는 역시 실제의 상을 벗어났습니다. 사리자여. 자성은 역시 자성을 벗어났고, 상은 역시 상을 벗어났으며, 자성은 상을 벗어났고, 상은 자성을 벗어났습니다."

이때 사리자가 선현에게 알려 말하였다.

"만약 보살마하살이 이 가운데에서 수학한다면 빠르게 능히 일체지지를 성취할 수 있습니까?"

선현이 대답하여 말하였다.

"그와 같습니다. 그와 같습니다. 진실로 말한 것과 같습니다. 만약 보살마하살이 이 가운데에서 수학한다면 빠르게 능히 일체지지를 성취할 수 있습니다. 왜 그러한가? 사리자여. 이 보살마하살은 일체법에서 생겨남과 성취가 없다고 아는 까닭입니다."

사리자가 말하였다.

"무슨 인연으로 제법은 생겨남이 없고, 성취가 없습니까?"

선현이 대답하여 말하였다.

"색은 공한 까닭으로 생겨남과 성취를 함께 얻을 수 없고, 수·상·행·식은 공한 까닭으로 생겨남과 성취를 함께 얻을 수 없으며, 이와 같이 나아가 실제도 공한 까닭으로 생겨남과 성취를 함께 얻을 수 없습니다. 사리자여. 만약 보살마하살이 반야바라밀다에서 이와 같은 수학을 짓는다면 곧 일체지지에 점차 가까워지며, 이와 같고 이와 같이 신(身)의 청정(淸淨)함을 획득하고 어(語)의 청정함을 획득하며 의(意)의 청정함을 획득하고 상의 청정함을 획득합니다. 여여(如如)하게 네 종류의 청정함을 획득한다면, 이와 같고 이와 같이 탐(貪)·진(瞋)·치(癡)·거만(慢)·아첨(諂)·속임(誑)·간탐(慳貪)·견해(見趣)를 함께 행하는 마음이 생겨나지 않습니다.

이 보살마하살이 오히려 항상 탐욕의 마음 등이 생겨나지 않는 까닭으로 반드시 결국에는 여인의 태(胎)의 가운데에 들어가지 않고 항상 화생(化生)의 몸을 받아서 험악한 세계를 벗어나는데, 유정들을 이익되고 안락하게 하려는 인연은 제외합니다. 이 보살마하살은 한 불국토에서 다른 한 불국토에 이르면서 제불·세존을 공양하고 공경하며 존중하고 찬탄하면서 유정들을 성숙시키고 불국토를 청정하게 장엄하며, 나아가 구하였던 것인 무상정등보리를 증득하고서 항상 여래를 벗어나지 않습니다. 사리자여. 만약 보살마하살이 이와 같은 공덕과 수승한 이익을 얻고자 한다면, 마땅히 반야바라밀다를 수학하면서 잠시도 버리지 않아야 합니다."

9. 행상품(行相品)(1)

그때 구수 선현이 세존께 아뢰어 말하였다.

"세존이시여. 만약 보살마하살이 방편선교가 없이 반야바라밀다를 수행하는 때에 만약 색을 행한다면 이것은 그 상(相)을 행하는 것이고, 만약 수·상·행·식을 행하더라도 이것은 상을 행하는 것이며, 만약 색의 항상(常)함과 무상(無常)함을 행하더라도 이것은 상을 행하는 것이고,

만약 수·상·행·식의 항상함과 무상함을 행하더라도 이것은 그 상을 행하는 것이며, 만약 색의 즐거움과 괴로움을 행하더라도 이것은 그 상을 행하는 것이고, 만약 수·상·행·식의 즐거움과 괴로움을 행하더라도 이것은 그 상을 행하는 것이며, 만약 색의 나(我)와 무아(無我)를 행하더라도 이것은 그 상을 행하는 것이고, 만약 수·상·행·식의 나와 무아를 행하더라도 이것은 그 상을 행하는 것이며,

만약 색의 청정(淨)함과 부정(不淨)함을 행하더라도 이것은 그 상을 행하는 것이고, 만약 수·상·행·식의 청정함과 부정함을 행하더라도 이것은 상을 행하는 것이며, 만약 색의 멀리 벗어남과 멀리 벗어나지 않음을 행하더라도 이것은 그 상을 행하는 것이고, 만약 수·상·행·식의 멀리 벗어남과 멀리 벗어나지 않음을 행하더라도 이것은 그 상을 행하는 것이며, 만약 색의 멀리 적정함과 적정하지 않음을 행하더라도 이것은 그 상을 행하는 것이고, 만약 수·상·행·식의 적정함과 적정하지 않음을 행하더라도 이것은 상을 행하는 것이며, 만약 색의 멀리 4념주를 행하더라도 이것은 그 상을 행하는 것이고, 나아가 18불불공법을 행하더라도 이것은 그 상을 행하는 것입니다.

만약 '나는 반야바라밀다를 수행한다.'라고 이렇게 생각을 지었다면, 얻는 것이 있는 까닭으로 이것은 곧 그 상을 행하는 것입니다. 만약 '나는 보살이다.'라고 이렇게 생각을 지었다면, 얻는 것이 있는 까닭으로 이것은 곧 그 상을 행하는 것입니다. 만약 '누가 능히 이와 같이 반야바라밀다를 수행한다면 이것은 보살이 반야바라밀다를 수행하는 것이다.'라고 이렇게 생각을 지었다면, 얻는 것이 있는 까닭으로 이것은 곧 그 상을 행하는 것입니다. 세존이시여. 만약 보살마하살이 이와 같은 등의 여러 종류의 분별을 지으면서 반야바라밀다를 수행한다면 방편선교(方便善巧)가 없는 까닭으로 반야바라밀다를 수행하는 것이 아닙니다."

그때 구수(具壽) 선현이 사리자에게 말하였다.

"만약 보살마하살이 방편선교가 없이 반야바라밀다를 수행하는 때에, 만약 색에서 수승(殊勝)하게 이해한다는 생각으로 머무른다면 곧 색에서

가행(加行)을 짓는 것이고, 수·상·행·식에서 수승하게 이해한다는 생각으로 머무른다면 곧 수·상·행·식에서 가행을 짓는 것이며, 오히려 가행을 까닭으로 생(生)·노(老)·병(病)·사(死)의 수탄우뇌(愁歎憂惱)와 후세(後世)의 고통에서 능히 해탈하지 못할 것입니다.

만약 보살마하살이 방편선교가 없이 반야바라밀다를 수행하는 때에, 만약 안처(眼處), 나아가 의처(意處)에서 수승하게 이해한다는 생각으로 머무른다면 곧 안처, 나아가 의처에서 가행을 짓는 것이고, 나아가 만약 색처(色處), 나아가 법처(法處)에서 수승하게 이해한다는 생각으로 머무른다면 곧 색처, 나아가 법처에서 가행을 짓는 것이며, 오히려 가행을 까닭으로 생·노·병·사의 수탄우뇌와 후세의 고통에서 능히 해탈하지 못할 것입니다.

만약 보살마하살이 방편선교가 없이 반야바라밀다를 수행하는 때에, 만약 안계(眼界), 나아가 안촉(眼觸)을 인연으로 생겨난 여러 수(受)에서 수승하게 이해한다는 생각으로 머무른다면 곧 안계, 나아가 안촉을 인연으로 생겨난 여러 수에서 가행을 짓는 것이고, 나아가 만약 의계(意界), 나아가 의촉(意觸)을 인연으로 생겨난 여러 수에서 수승하게 이해한다는 생각으로 머무른다면 곧 의계, 나아가 의촉을 인연으로 생겨난 여러 수에서 가행을 짓는 것이며, 오히려 가행을 까닭으로 생·노·병·사의 수탄우뇌와 후세의 고통에서 능히 해탈하지 못할 것입니다.

만약 보살마하살이 방편선교가 없이 반야바라밀다를 수행하는 때에, 만약 4념주, 나아가 8성도지에서 수승하게 이해한다는 생각으로 머무른다면 곧 4념주, 나아가 8성도지에서 가행을 짓는 것이고, 나아가 만약 여래의 10력, 나아가 18불불공법에서 수승하게 이해한다는 생각으로 머무른다면 곧 여래의 10력, 나아가 18불불공법에서 가행을 짓는 것이며, 오히려 가행을 까닭으로 생·노·병·사의 수탄우뇌와 후세의 고통에서 능히 해탈하지 못할 것입니다.

사리자여. 이 보살마하살은 반야바라밀다를 수행하는 때에 방편선교가 없는 까닭으로, 오히려 성문(聲聞)이나 독각(獨覺)들이 머무르는 지위도 능히 증득하지 못하는데, 하물며 무상정등보리를 증득하겠습니까? 사라자여. 만약 보살마하살이 이와 같은 등의 반야바라밀다를 수행한다면 이것은 방편선교가 없는 자라고 이름한다고 마땅히 알아야 하며, 여러 종류의 방편선교가 없는 것을 성취하였으므로, 여러 지었던 것이 있더라도 모두 능히 성취하지 못할 것입니다."

이때 사리자가 선현에게 물어 말하였다.
"어떻게 제보살마하살들이 방편선교가 있으며, 반야바라밀다를 수행한다고 마땅히 알겠습니까?"
선현이 대답하여 말하였다.
"만약 보살마하살이 반야바라밀다를 수행하는 때에 방편선교가 있는 까닭이라면, 색을 행하지 않고 색의 상을 행하지 않으며, 수·상·행·식을 행하지 않고 수·상·행·식의 상을 행하지 않으며, 색의 항상하거나 무상함을 행하지 않고 색의 항상하거나 무상함의 상을 행하지 않으며, 수·상·행·식의 항상하거나 무상함을 행하지 않고 수·상·행·식의 항상하거나 무상한 상을 행하지 않으며, 색의 즐거움과 괴로운 것을 행하지 않고 색의 즐겁거나 괴로운 상을 행하지 않으며, 수·상·행·식의 즐거움과 괴로운 것을 행하지 않고 수·상·행·식의 즐겁거나 괴로운 상을 행하지 않으며, 색의 나이거나 무아를 행하지 않고 색의 나이거나 무아인 상을 행하지 않으며, 수·상·행·식의 나이거나 무아를 행하지 않고 수·상·행·식의 나이거나 무아인 상을 행하지 않으며, 색의 청정하거나 부정한 것을 행하지 않고 색의 청정하거나 부정한 상을 행하지 않으며, 수·상·행·식의 청정하거나 부정한 것을 행하지 않고 수·상·행·식의 청정하거나 부정한 상을 행하지 않으며, 색의 공(空)하거나 공하지 않은 것을 행하지 않고 색의 공하거나 공하지 않은 상을 행하지 않으며, 수·상·행·식의 공(空)하거나 공하지 않은 것을 행하지 않고 수·상·행·식의 공하거나 공하지 않은 상을 행하지 않으며, 색의 유상(有相)이거나 무상(無相)을 행하지 않고 색의 유상이거나 무상인 상을 행하지 않으며, 수·상·행·식의 유상이거나 무상을 행하지 않고 수·상·행·식의 유상이거나 무상인 상을 행하지 않으며, 색의 유원(有

願)이거나 무원(無願)을 행하지 않고 색의 유원이거나 무원인 상을 행하지 않으며, 수·상·행·식의 유원이거나 무원을 행하지 않고 수·상·행·식의 유원이거나 무원인 상을 행하지 않으며, 색의 적정(寂靜)하거나 적정하지 않은 것을 행하지 않고 색의 적정하거나 적정하지 않은 상을 행하지 않으며, 수·상·행·식의 적정하거나 적정하지 않은 것을 행하지 않고 수·상·행·식의 적정하거나 적정하지 않은 상을 행하지 않으며, 색의 멀리 벗어났거나 멀리 벗어나지 않은 것을 행하지 않고 색의 멀리 벗어났거나 멀리 벗어나지 않은 상을 행하지 않으며, 수·상·행·식의 멀리 벗어났거나 멀리 벗어나지 않은 것을 행하지 않고 수·상·행·식의 멀리 벗어났거나 멀리 벗어나지 않은 상을 행하지 않으며, 4념주를 행하지 않고 4념주의 상을 행하지 않으며, 나아가 18불불공법을 행하지 않고 18불붊공법의 상을 행하지 않습니다. 사리자여. 이와 같은 보살마하살은 방편선교가 있으며 반야바라밀다를 수행한다고 마땅히 알아야 합니다.

왜 그러한가? 사리자여. 이러한 색은 색이 공한 것이 아니고, 이러한 색이 공한 것은 색이 아니며, 색은 공을 벗어나지 않고 공은 색을 벗어나지 않으며, 색은 곧 이것이 공이고 공은 곧 이것이 색이며, 수·상·행·식도 역시 이와 같습니다. 나아가 18불불공법은 18불불공법의 공한 것이 아니고 18불불공법의 공한 것이 18불불공법이 아니며, 18불불공법은 공을 벗어나지 않고 공은 18불불공법을 벗어나지 않으며, 18불불공법이 곧 이것이 공이고, 공은 곧 이것이 18불불공법입니다.

사리자여. 이와 같은 보살마하살은 반야바라밀다를 수행하면서 방편선교가 있는 까닭으로 능히 무상정등보리를 증득할 것입니다. 사리자여. 이 보살마하살은 반야바라밀다를 수행하는 때에, 반야바라밀다에서 행을 취하지 않고, 행하지 않는 것도 취하지 않으며, 행하거나 행하지 않는 것도 취하지 않고, 역시 행하거나 역시 행하지 않더라도 취하지 않으며, 행이 아니거나 행이 아닌 것이 아닌 것도 취하지 않고, 취하지 않는 것에서도 역시 취하지 않습니다."

이때 사리자가 선현에게 물어 말하였다.

"무슨 인연을 까닭으로 이 보살마하살은 반야바라밀다를 수행하는 때에 반야바라밀다에서 모두 취하는 것이 없습니까?"

선현이 대답하여 말하였다.

"오히려 반야바라밀다의 자성(自性)은 얻을 수 없습니다. 왜 그러한가? 사리자여. 반야바라밀다는 무성(無性)으로써 자성을 삼는 까닭입니다. 사리자여. 오히려 이러한 인연으로 만약 보살마하살이 반야바라밀다를 수행하는 때에, 반야바라밀다에서 만약 행을 취하거나, 만약 행하지 않는 것을 취하거나, 만약 역시 행하고 역시 행하지 않는 것을 취하거나, 만약 행하지 않고 행하지 않는 것도 아닌 것을 취하거나, 만약 취하지 않을 것을 취한다면, 이와 같은 일체는 반야바라밀다를 행하는 것이 아닙니다.

왜 그러한가? 사리자여. 일체법은 모두 무성을 수용한 것으로써 그 자성을 삼으므로, 모두 취할 것이 없고, 역시 집착할 것도 없나니, 이것을 보살마하살의 어일체법무소취착삼마지(於一切法無所取着三摩地)라고 이름합니다. 이 삼마지는 미묘(微妙)하고 수승(殊勝)하며 광대(廣大)하고 무량(無量)하며, 능히 무변(無邊)하고 무애(無礙)한 작용을 집적하는데, 일체의 성문(聲聞)·독각(獨覺)들과 함께 하지 않습니다. 사리자여. 만약 보살마하살이 능히 이와 같이 수승한 삼마지에 항상 안주하면서 버리지 않는다면 빠르게 무상정등보리를 증득할 것입니다."

이때 사리자가 선현에게 물어 말하였다.

"제보살마하살들은 다만 이러한 하나의 삼마지에서 항상 안주하면서 버리지 않는다면 빠르게 무상정등보리를 증득합니까? 다시 나머지의 삼마지도 있게 됩니까?"

선현이 대답하여 말하였다.

"다만 이러한 하나의 삼마지에 항상 안주하면서 버리지 않는다면 빠르게 무상정등보리를 증득하는 것이 아니고, 다시 나머지의 여러 삼마지도 있습니다."

사리자가 말하였다.

"어떤 것이 이 나머지의 여러 삼마지입니까?"

선현이 대답하여 말하였다.

"제보살마하살들에게는 건행삼마지(健行三摩地)·보인삼마지(寶印三摩地)·사자유희삼마지(獅子游戲三摩地)·묘월삼마지(妙月三摩地)·월당상삼마지(月幢相三摩地)·일체법해삼마지(一切法海三摩地)·관정삼마지(觀頂三摩地)·법계결정삼마지(法界決定三摩地)·결정당상삼마지(決定幢相三摩地)·금강유삼마지(金剛喩三摩地)·입제법인삼마지(入諸法印三摩地)·삼마지왕삼마지(三摩地王三摩地)·선안주삼마지(善安住三摩地)·왕인삼마지(王印三摩地)·정진력삼마지(精進力三摩地)·등용삼마지(等涌三摩地)·입사정삼마지(入詞定三摩地)·입증어삼마지(入增語三摩地)·관방삼마지(觀方三摩地)·다라니인삼마지(陀羅尼印三摩地)·무망실삼마지(無忘失三摩地)·제법등취해인삼마지(諸法等趣海印三摩地)·편리허공삼마지(遍履虛空三摩地)·금강륜삼마지(金剛輪三摩地)·승당상삼마지(勝幢相三摩地)·제당상삼마지(帝幢相三摩地)·순명장삼마지(順明藏三摩地)·사자분신삼마지(師子奮迅三摩地)·승개현삼마지(勝開顯三摩地)·보성삼마지(寶性三摩地)·편조삼마지(遍照三摩地)·불현삼마지(不眴三摩地)·주무상삼마지(住無相三摩地)·결정삼마지(決定三摩地)·무구등삼마지(無垢燈三摩地)·무변광삼마지(無邊光三摩地)·발광삼마지(發光三摩地)·발명삼마지(發明三摩地)·정좌삼마지(淨座三摩地)·무구광삼마지(無垢光三摩地)·발애락삼마지(發愛樂三摩地)·전등삼마지(電燈三摩地)·무진삼마지(無盡三摩地)·구위광삼마지(具威光三摩地)·이진삼마지(離盡三摩地)·항복삼마지(降伏三摩地)·제견삼마지(除遣三摩地)·일등삼마지(日燈三摩地)·월등삼마지(月燈三摩地)·정광삼마지(淨光三摩地)·명성삼마지(明性三摩地)·묘성삼마지(妙性三摩地)·지상삼마지(智相三摩地)·주심삼마지(住心三摩地)·보명삼마지(普明三摩地)·선주삼마지(善住三摩地)·보적삼마지(寶積三摩地)·묘법인삼마지(妙法印三摩地)·제법평등삼마지(諸法平等三摩地)·사진애삼마지(捨塵愛三摩地)·입법정삼마지(入法頂三摩地)·표산삼마지(飄散三摩地)·분별법구삼마지(分別法句三摩地)·자평등상삼마지(字平等相三摩地)·이문자상삼마지(離文字相三摩地)·

단소연삼마지(斷所緣三摩地)・무변이삼마지(無變異三摩地)・입명정상삼마지(入名定相三摩地)・행무상삼마지(行無相三摩地)・이예암삼마지(離瞖闇三摩地)・구행삼마지(具行三摩地)・부동삼마지(不動三摩地)・도경삼마지(度境三摩地)・집제공덕삼마지(集諸功德三摩地)・결정주삼마지(決定住三摩地)・정묘화삼마지(淨妙花三摩地)・구각지삼마지(具覺支三摩地)・무변변삼마지(無邊辯三摩地)・무등등삼마지(無等等三摩地)・초일체삼마지(超一切三摩地)・발묘관삼마지(發妙觀三摩地)・산의혹삼마지(散疑惑三摩地)・무소주삼마지(無所住三摩地)・사일상삼마지(捨一相三摩地)・인발행상삼마지(引發行相三摩地)・일행상삼마지(一行相三摩地)・이제상삼마지(離諸相三摩地)・무여의이일체유삼마지(無餘依離一切有三摩地)・입일체시설어언삼마지(入一切施設語言三摩地)・해탈음성문자삼마지(解說音聲文字三摩地)・거치연삼마지(炬熾然三摩地)・정안삼마지(淨眼三摩地)・무형상삼마지(無形相三摩地)・입일체상삼마지(入一切相三摩地)・불희일체고락삼마지(不憙一切苦樂三摩地)・무진행상삼마지(無盡行相三摩地)・구다라니삼마지(具陀羅尼三摩地)・섭복일체정사성삼마지(攝伏一切正邪性三摩地)・입일체언사적묵삼마지(入一切言詞寂默三摩地)・이위순삼마지(離違順三摩地)・무구명삼마지(無垢明三摩地)・구견고삼마지(具堅固三摩地)・만월정광삼마지(滿月淨光三摩地)・대장엄삼마지(大莊嚴三摩地)・발일체광명삼마지(發一切光明三摩地)・정평등삼마지(定平等三摩地)・무진유진평등이취삼마지(無塵有塵平等理趣三摩地)・무쟁유쟁평등이취삼마지(無諍有諍平等理趣三摩地)・무소혈무표치무애악삼마지(無巢穴無標幟無愛樂三摩地)・결정주진여삼마지(決定住眞如三摩地)・괴신악행삼마지(壞身惡行三摩地)・괴어악행삼마지(壞語惡行三摩地)・괴의악행삼마지(壞意惡行三摩地)・여허공삼마지(如虛空三摩地)・무염착여허공삼마지(無染著如虛空三摩地) 등이 있습니다.

사리자여. 만약 보살마하살이 능히 이와 같은 여러 삼마지에서 항상 안주하면서 버리지 않는다면, 빠르게 무상정등보리를 증득할 것입니다. 사리자여. 다시 나머지의 무량하고 무수(無數)인 삼마지문과 다라니문이라는 것이 있으니, 만약 보살마하살이 그 가운데에서 항상 잘 수학(修學)한다면 역시 빠르게 무상정등보리를 증득할 것입니다."

이때 선현이 다시 구수(具壽) 사리자에게 알려 말하였다.
"만약 보살마하살이 이와 같은 여러 삼마지에 안주한다면, 이미 과거의 제불께 수기(授記)하셨던 것이 되고, 역시 현재에 시방의 제불께 수기를 받는 것이라고 마땅히 알아야 합니다. 사리자여. 이 보살마하살이 비록 이와 같은 여러 삼마지에 들어갔더라도, 그렇지만 이러한 여러 삼마지를 보지 않고, 역시 이러한 여러 삼마지에 집착하지 않으며, '나는 이미 이러한 여러 삼마지에 들어갔다. 나는 지금 이러한 여러 삼마지에 들어간다. 나는 마땅히 이러한 여러 삼마지에 들어갈 것이다. 오직 내가 능히 들어가더라도, 다른 사람은 능히 들이갈 수 없다.'라고 생각하거나 막하지 않습니다. 그는 이와 같은 등의 심사(尋思)4)와 분별(分別)을 모두 일으키지 않습니다."
이때 사리자가 선현에게 물어 말하였다.
"결정적으로 별도의 보살마하살이 있어서 이와 같은 여러 삼마지에 안주하므로 과거와 현재의 제불께 수기를 받게 되는 것입니까?"
선현이 대답하여 말하였다.
"아닙니다. 사리자여. 왜 그러한가? 사리자여. 반야바라밀다는 삼마지와 다르지 않고, 삼마지는 반야바라밀다와 다르지 않으며, 보살마하살은 반야바라밀다 및 삼마지와 다르지 않고, 반야바라밀다 및 삼마지는 보살마하살과 다르지 않으며 반야바라밀다가 곧 삼마지이고, 삼마지가 곧 반야바라밀다이며, 보살마하살이 곧 반야바라밀다·삼마지이고, 반야바라밀다 및 삼마지가 곧 보살마하살입니다. 왜 그러한가? 일체의 법성(法性)은 평등한 까닭입니다."

---

4) '깊이 생각하는 것', 또는 '마음을 가라앉히고 깊이 사유하는 것'을 뜻한다.

마하반야바라밀다경 제410권

9. 행상품(行相品)(2)

이때 사리자(舍利子)가 선현(善現)에게 물었다.

"만약 삼마지(三摩地)가 보살마하살(菩薩摩訶薩)과 다르지 않고, 보살마하살이 삼마지와 다르지 않으며, 삼마지가 곧 이것은 보살마하살이고, 보살마하살이 곧 이것은 삼마지이며, 만약 삼마지이거나, 만약 보살마하살이거나, 만약 반야바라밀다도 역시 이와 같은 것이라면 제보살마하살들은 어떻게 일체법을 여실(如實)하고 명료(明了)하게 알고서 삼마지에 들어가겠습니까?"

선현이 대답하여 말하였다.

"만약 보살마하살이 여러 선정에 들어간다면 '나는 일체법의 평등성(平等性)에 의지하여 이와 같은 등지(等持)1)를 증득하였다.'라고 이렇게 생각을 짓지 않습니다. 오히려 이러한 인연(因緣)으로 보살마하살들은 비록 일체법의 평등성에 의지하여 이와 같고 이와 같은 등지를 증득하였더라도, 일체법의 평등성과 여러 등지에서 생각의 이해(想解)를 짓지 않습니다. 왜 그러한가? 사리자여. 일체법과 등지로써 만약 보살마하살이거나, 만약 반야바라밀다는 모두가 무소유이고, 무소유의 가운데에서는 분별과 생각의 이해가 일어남을 허용하지 않는 까닭입니다."

이때 박가범(薄伽梵)께서 선현을 찬탄하여 말씀하셨다.

---

1) 산스크리트어 Samādhi의 번역이고, 삼매(三昧)를 다르게 부르는 말이다.

"옳도다. 옳도다. 그대가 말한 것과 같으니라. 그러므로 나는 그대가 무쟁정(無諍定)에 안주하는 성문들의 가운데에서 제일이라고 설하겠노라. 오히려 이것을 나는 의취(義趣)와 상응(相應)한다고 설하나니, 평등성의 가운데에서 어긋남과 투쟁이 없는 까닭이니라. 선현이여. 제보살마하살이 반야바라밀다를 수학하고자 한다면, 상응하여 이와 같이 수학해야 하고, 정려(靜慮)·정진(精進)·안인(安忍)·정계(淨戒)·보시바라밀다(布施波羅密多)를 수학하고자 한다면, 상응하여 이와 같이 수학해야 하며, 4념주, 나아가 8성도지를 수학하고자 한다면, 상응하여 이와 같이 수학해야 하느니라. 이와 같이 나아가 여래의 10력, 나아가 18불불공법을 수학하고자 한다면, 상응하여 이와 같이 수학해야 하느니라."

이때 사리자가 세존께 아뢰어 말하였다.

"만약 보살마하살이 이와 같이 수학을 짓는다면, 바르게 반야바라밀다를 수학하는 것입니까? 나아가 바르게 18불불공법을 수학하는 것입니까?"

세존께서 말씀하셨다.

"사리자여. 만약 보살마하살이 이와 같이 수학한다면 바르게 반야바라밀다를 수학하는 것이니, 얻을 것이 없음으로써 방편을 삼는 까닭이고, 나아가 여래의 18불불공법을 바르게 수학하는 것이니, 얻을 것이 없음으로써 방편을 삼는 까닭이니라."

이때 사리자가 다시 세존께 아뢰어 말하였다.

"만약 보살마하살이 이와 같이 수학하는 때에 모두 얻을 것이 없음으로써 방편을 삼아서 반야바라밀다를 수학합니까? 나아가 모두 얻을 것이 없음으로써 방편을 삼아서 여래의 18불불공법을 수학합니까?"

세존께서 말씀하셨다.

"사리자여. 만약 보살마하살이 이와 같이 수학하는 때에 모두 얻을 것이 없음으로써 방편을 삼아서 반야바라밀다를 수학해야 하고, 나아가 모두가 얻을 것이 없음으로써 방편을 삼아서 여래의 18불불공법을 수학해야 하느니라."

사리자가 아뢰었다.

"얻을 것이 없다는 것은 무엇 등을 얻을 것이 없다고 설하게 됩니까?"

세존께서 말씀하셨다.

"사리자여. 아(我)를 얻을 수 없고, 나아가 견자(見者)를 얻을 수 없는데 반드시 결국에는 청정한 까닭이고, 온(蘊)·처(處)·계(界)를 얻을 수 없는데 반드시 결국에는 청정한 까닭이며, 무명(無明), 나아가 노사(老死)를 얻을 수 없는데 반드시 결국에는 청정한 까닭이고, 사성제(四聖諦)를 얻을 수 없는데 반드시 결국에는 청정한 까닭이며, 욕계(欲界)·색계(色界)·무색계(無色界)를 얻을 수 없는데, 반드시 결국에는 청정한 까닭이고, 4념주(四念住), 나아가 8성도지(聖道支)를 얻을 수 없는데 반드시 결국에는 청정한 까닭이며, 여래(佛)의 10력(力), 나아가 18불불공법(佛不共法)을 얻을 수 없는데 반드시 결국에는 청정한 까닭이고, 보시바라밀다를 얻을 수 없고, 나아가 반야바라밀다를 얻을 수 없는데 반드시 결국에는 청정한 까닭이며, 예류(預流)를 얻을 수 없고, 나아가 아라한(阿羅漢)을 얻을 수 없는데 반드시 결국에는 청정한 까닭이며, 독각(獨脚)을 얻을 수 없는데 반드시 결국에는 청정한 까닭이고, 보살(菩薩)을 얻을 수 없고, 여래를 얻을 수 없는데 반드시 결국에는 청정한 까닭이니라."

사리자가 말하였다.

"세존께서 설하셨던 반드시 결국에는 청정하다는 것은 무엇 등의 의취입니까?"

세존께서 말씀하셨다.

"사리자여. 곧 일체법은 생겨나지도 않고, 소멸하지도 않으며, 염오되지 않고, 청정하지도 않으며, 솟아나지도 않고, 은몰(隱沒)하지도 않으며, 얻는 것도 없고, 하는 것도 없는데, 이와 같다면 반드시 결국에는 청정한 의취라고 이름하느니라."

이때 사리자가 다시 세존께 아뢰어 말하였다.

"만약 보살마하살이 이와 같이 수학하는 때라면, 무슨 법을 수학해야 합니까?"

세존께서 말씀하셨다.

"사리자여. 만약 보살마하살이 이와 같이 수학하는 때라면, 일체법에서 전혀 모두 수학할 것이 없느니라. 왜 그러한가? 사리자여. 일체법은 이와 같이 존재하지 않는데, 여러 어리석은 범부인 이생(異生)들은 그 가운데에서 수학할 것이 있다고 집착하는 것과 같으니라."

사리자가 말하였다.

"만약 그와 같다면 제법은 어찌 존재하는 것과 같습니까?"

세존께서 말씀하셨다.

"제법은 무소유(無所有)와 같으나 이와 같이 존재하느니라. 만약 이와 같은 무소유인 법에서 능히 명료하게 통달하지 못한다면 무명(無明)이라고 설하면서 이름하느니라."

사리자가 말하였다.

"무엇 등의 법이 무소유이고, 만약 명료하게 통달하지 못한다면 무명이라고 설하면서 이름합니까?"

세존께서 말씀하셨다.

"사리자여. 색은 무소유이고, 수·상·행·식도 무소유인데 내공(內空)으로써의 까닭이고, 나아가 무성자성공(無性自性空)인 까닭이니라. 이와 같이 나아가 4념주가 무소유이고, 나아가 여래의 18불불공법도 무소유인데 내공으로써의 까닭이고, 나아가 무성자성공인 까닭이니라.

사리자여. 어리석은 범부인 이생들이 만약 이와 같은 무소유인 법을 무명이라고 설하면서 이름하느니라. 그들은 오히려 무명과 애욕(愛)의 세력으로 단견(斷見)·상견(常見)의 두 가지의 경계(二邊)를 분별하고 집착하나니, 오히려 이것은 제법은 무소유의 성품이라고 알지 못하고 보지 못하므로 제법을 분별하느니라. 오히려 분별을 까닭으로 곧 색·수·상·행·식을 집착하고, 나아가 18불불공법을 집착하느니라. 오히려 집착을 까닭으로 제법의 무소유인 성품을 분별하고, 오히려 이것으로 제법에서 알지 못하고 보지 못하느니라."

사리자가 말하였다.

"무엇 등의 법을 알지 못하고, 보지 못합니까?"

세존께서 말씀하셨다.

"색을 알지 못하고 보지 못하며, 수·상·행·식을 알지 못하고 보지 못하며, 나아가 여래의 18불불공법을 알지 못하고 보지 못하며, 오히려 제법에서 알지 못하고 보지 못하는 까닭으로 어리석은 범부인 이생의 여러 가운데에 떨어져 있으면서 능히 출리(出離)하지 못하느니라."

사리자가 말하였다.

"그들은 어느 처소에서 능히 출리하지 못합니까?"

세존께서 말씀하셨다.

"그들은 욕계·색계·무색계에서 출리하지 못하나니, 오히려 이러한 삼계를 능히 출리하지 못하므로 성문법(聲聞法)에서 능히 성취하지 못하고, 독각법(獨覺法)에서 능히 성취하지 못하며, 보살법(菩薩法)에서 능히 성취하지 못하고, 제불법(諸佛法)에서 능히 성취하지 못하며, 오히려 3승(三乘)에서 능히 성취하지 못하므로 곧 제법에서 능히 믿고서 수용하지 못하느니라."

사리자가 말하였다.

"그들은 무엇 등의 법에서 능히 믿고서 수용하지 못합니까?"

"그들은 색에서 공하다고 믿고서 수용하지 못하고, 수·상·행·식에서 공하다고 믿고서 수용하지 못하며, 나아가 여래의 18불불공법에서 공하다고 믿고서 수용하지 못하나니, 오히려 믿고서 수용하지 못하므로 능히 안주하지 못하느니라."

사리자가 말하였다.

"무엇 등의 법에서 능히 안주하지 못합니까?"

세존께서 말씀하셨다.

"사리자여. 보시바라밀다, 나아가 반야바라밀다에서 그들은 능히 안주하지 못하고, 불퇴전지, 나아가 여래의 18불불공법에서 그들은 능히 안주하지 못하느니라. 오히려 이것을 까닭으로 어리석은 범부인 이생(異生)이라 이름하는데, 제법에서 성품이 있는 것으로써의 집착하느니라."

사리자가 말하였다.
"그들은 무엇 등의 법에서 성품이 있다고 집착합니까?"
세존께서 말씀하셨다.
"그들은 색에서 자성이 있다고 집착하고, 수·상·행·식에서 자성이 있다고 집착하며, 안처(眼處)에서 자성이 있다고 집착하고, 나아가 의처(意處)에서 자성이 있다고 집착하며, 색처(色處)에서 자성이 있다고 집착하고, 나아가 법처(法處)에서 자성이 있다고 집착하며, 안계(眼界)에서 자성이 있다고 집착하고, 나아가 의계(意界)에서 자성이 있다고 집착하며, 탐욕·진에·우치에서 자성이 있다고 집착하고, 여러 견취에서 자성이 있다고 집착하며, 4념주에서 자성이 있다고 집착하고, 나아가 18불불공법에서 자성이 있다고 집착하느니라."

이때 사리자가 다시 세존께 아뢰어 말하였다.
"세존이시여. 많은 보살마하살이 있어서 이와 같이 반야바라밀다를 수학하였다면 이것은 수학하는 것이 아니므로, 능히 일체지지를 성취하지 못하는 것입니까?"
세존께서 사리자에게 알리셨다.
"보살마하살이 있어서 이와 같이 반야바라밀다를 수학하였다면 이것은 수학하는 것이 아니므로, 능히 일체지지를 성취하지 못하느니라."
사리자가 말하였다.
"이것은 무엇 등과 같습니까?"
세존께서 말씀하셨다.
"사리자여. 만약 보살마하살이 방편선교(方便善巧)가 없다면 반야바라밀다에서 분별하고 집착하며, 정려(靜慮)·정진(精進)·안인(安忍)·정계(淨戒)·보시바라밀다(布施波羅密多)에서 분별하고 집착하며, 4념주에서 분별하고 집착하며, 나아가 18불불공법에서 분별하고 집착하느니라. 오히려 이러한 집착으로 일체지(一切智)·도상지(道相智)·일체상지(一切相智)에서 역시 집착을 일으키나니, 이러한 인연으로써 보살마하살은 있어서 이와 같이 반야바라밀다를 수학하였다면 이것은 수학하는 것이 아니므로, 능히 일체지지를 성취하지 못하느니라."

사리자가 말하였다.

"이 보살마하살이 이와 같이 수학하는 때에 결정적으로 반야바라밀다를 수학하는 것이 아니므로, 능히 일체지지를 성취하지 못합니까?"

세존께서 말씀하셨다.

"사리자여. 이 보살마하살이 이와 같이 수학하는 때에 결정적으로 반야바라밀다를 수학하는 것이 아니므로, 능히 일체지지를 성취하지 못하느니라."

이때 사리자가 다시 세존께 아뢰어 말하였다.

"세존이시여. 어떻게 보살마하살이 반야바라밀다를 수학한다면 이것이 반야바라밀다를 수학하는 것이고, 이와 같이 수학하는 때라면 곧 능히 일체지지를 성취합니까?"

세존께서 말씀하셨다.

"사리자여. 만약 보살마하살이 반야바라밀다를 수학하면서 반야바라밀다를 보지 않고, 나아가 일체상지(一切相智)를 보지 않으면서, 이와 같이 보살마하살이 반야바라밀다를 수학한다면 이것이 반야바라밀다를 수학하는 것이고, 이와 같이 수학하는 때라면 곧 능히 일체지지를 성취하느니라. 왜 그러한가? 사리자여. 얻을 수 없는 것으로써 방편을 삼는 까닭이니라."

사리자가 말하였다.

"이 보살마하살은 무슨 법에서 얻을 것이 없는 것으로써 방편을 삼습니까?"

세존께서 말씀하셨다.

"사리자여. 이 보살마하살은 보시바라밀다를 수행하는 때에 보시바라밀다에서 얻을 수 없는 것으로써 방편을 삼고, 나아가 반야바라밀다를 수행하는 때에 반야바라밀다에서 얻을 수 없는 것으로써 방편을 삼으며, 나아가 보리(菩提)를 구하는 때 보리에서 얻을 수 없는 것으로써 방편을 삼고, 나아가 일체상지를 구하는 때 일체상지에서 얻을 수 없는 것으로써 방편을 삼느니라. 사리자여. 보살마하살이 이와 같이 반야바라밀다를 수학한다면 이것이 반야바라밀다를 수학하는 것이고, 이와 같이 수학하는 때라면 일체지지를 성취할 수 있느니라."

사리자가 말하였다.

"이 보살마하살이 반야바라밀다를 수학하는 때에 무엇 등의 얻을 수 없는 것으로써 방편을 삼습니까?"

세존께서 말씀하셨다.

"사리자여. 이 보살마하살이 반야바라밀다를 수행할 때 내공(內空)에서 얻을 수 없는 것으로써 방편을 삼아야 하고, 나아가 무성자성공(無性自性空)에서 얻을 수 없는 것으로써 방편을 삼아야 하나니, 오히려 이러한 인연으로 일체지지를 빠르게 능히 성취하느니라."

10. 환유품(幻喩品)

그때 구수(具壽) 선현이 세존께 아뢰어 말하였다.

"세존이시여. 설사(設使) '만약 마술사(幻士)가 있어서 반야바라밀다를 능히 수학하였고, 나아가 보시바라밀다를 수학하였다면 그들이 능히 일체지의 지혜를 성취하겠습니까? 만약 마술사가 있어서 4념주를 능히 수학하였고, 나아가 18불불공법을 그들이 능히 일체지의 지혜를 성취하겠습니까?'라고 물어서 말하는 것이 있다면, 제가 이러한 질문을 받았을 때 마땅히 어찌 대답해야 합니까?"

세존께서 선현(善現)에게 알리셨다.

"내가 도리어 그대에게 묻겠나니 그대의 뜻을 따라서 대답하라. 선현이여. 그대의 뜻은 어떠한가? 색(色)과 환영(幻術)이 다른 것이 있는가? 수(受)·상(想)·행(行)·식(識)과 환영이 다른 것이 있는가?"

선현이 대답하여 말하였다.
"아닙니다. 세존이시여."
"선현이여. 그대의 뜻은 어떠한가? 안처(眼處)와 환영이 다른 것이 있는가? 나아가 의처(意處)와 환영이 다른 것이 있는가? 색처(色處)와 환영이 다른 것이 있는가? 나아가 법처(法處)와 환영이 다른 것이 있는가?"
선현이 대답하여 말하였다.
"아닙니다. 세존이시여."
"선현이여. 그대의 뜻은 어떠한가? 안계(眼界)와 환영이 다른 것이 있는가? 나아가 의계(意界)와 환영이 다른 것이 있는가? 색계(色界)와 환영이 다른 것이 있는가? 나아가 법계(法界)와 환영이 다른 것이 있는가? 안식계(眼識界)와 환영이 다른 것이 있는가? 나아가 의식계(意識界)와 환영이 다른 것이 있는가? 안촉(眼觸)과 환영이 다른 것이 있는가? 나아가 의촉(意觸)과 환영이 다른 것이 있는가? 안촉을 인연으로 생겨난 여러 수와 환영이 다른 것이 있는가? 나아가 의촉을 인연으로 생겨난 여러 수와 환영이 다른 것이 있는가?"
선현이 대답하여 말하였다.
"아닙니다. 세존이시여."
"선현이여. 그대의 뜻은 어떠한가? 4념주(四念住)와 환영이 다른 것이 있는가? 나아가 8성도지(八聖道支)와 환영이 다른 것이 있는가?"
선현이 대답하여 말하였다.
"아닙니다. 세존이시여."
"선현이여. 그대의 뜻은 어떠한가? 공해탈문(空解脫門)과 환영이 다른 것이 있는가? 나아가 무상(無相)·무원해탈문(無願解脫門)과 환영이 다른 것이 있는가?"
선현이 대답하여 말하였다.
"아닙니다. 세존이시여."
"선현이여. 그대의 뜻은 어떠한가? 보시바라밀다(布施波羅蜜多)와 환영이 다른 것이 있는가? 나아가 18불불공법(十八佛不共法)과 환영이 다른 것이 있는가?"

선현이 대답하여 말하였다.

"아닙니다. 세존이시여."

"선현이여. 그대의 뜻은 어떠한가? 제불(諸佛)의 무상정등보리(無上正等菩提)와 환영이 다른 것이 있는가?"

선현이 대답하여 말하였다.

"아닙니다. 세존이시여. 왜 그러한가? 세존이시여. 색과 환영이 다르지 않고 환영과 색이 다르지 않으며, 색이 곧 이것은 환영이고, 환영이 곧 이것은 색이며 이와 같이 나아가 제불의 무상정등보리도 환영과 다르지 않고, 환영도 제불의 무상정등보리와 다르지 않으며, 제불의 무상정등보리가 곧 이것은 환영이고, 환영이 곧 제불의 무상정등보리입니다."

세존께서 말씀하셨다.

"선현이여. 그대의 뜻은 어떠한가? 환영에 잡염이 있고 청정함이 있겠는가?"

선현이 대답하여 말하였다.

"아닙니다. 세존이시여."

"선현이여. 그대의 뜻은 어떠한가? 환영에 생겨남과 소멸함이 있겠는가?"

선현이 대답하여 말하였다.

"아닙니다. 세존이시여."

"선현이여. 그대의 뜻은 어떠한가? 법에 잡염이 없고 청정함이 없으며 생겨남이 없고 소멸함이 없다면, 이 법으로 능히 반야바라밀다를 수학하고 일체지지를 성취하겠는가?"

선현이 대답하여 말하였다.

"아닙니다. 세존이시여."

"선현이여. 그대의 뜻은 어떠한가? 5온(五蘊)의 가운데에서 생각(想)·평등한 생각(等想)·시설(施設)·언설(言說)을 일으켰다면, 가립(假立)하여 보살마하살이라고 이름하겠는가?"

선현이 대답하여 말하였다.

"그와 같습니다. 세존이시여."

"선현이여. 그대의 뜻은 어떠한가? 5온(五蘊)의 가운데에서 생각(想)·평등한 생각(等想)·시설(施設)·언설(言說)을 일으켰다면, 가립하는 것에 생겨남이 있고 소멸함이 있으며 잡염이 있고 청정함이 있겠는가?"

선현이 대답하여 말하였다.

"아닙니다. 세존이시여."

"선현이여. 그대의 뜻은 어떠한가? 만약 법에 생각이 없거나, 평등한 생각이 없거나, 시설이 없거나, 언설(言說)이 없거나, 가립하는 이름이 없거나, 몸이 없고 신업(身業)이 없거나, 말이 없고 어업(語業)이 없거나, 뜻이 없고 의업(意業)이 없거나, 잡염이 없거나, 청정함이 없거나, 생겨남이 없거나, 소멸함이 없다면, 이 법으로 능히 반야바라밀다를 수학하여 일체지지를 성취할 수 있겠는가?"

선현이 대답하여 말하였다.

"아닙니다. 세존이시여."

세존께서 말씀하셨다.

"선현이여. 만약 보살마하살이 얻을 수 없는 것으로써 방편을 삼아서 이와 같은 매우 깊은 반야바라밀다를 수학한다면 일체지지를 빠르게 원만하게 하느니라."

그때 구수 선현이 세존께 아뢰어 말하였다.

"세존이시여. 만약 보살마하살이 무상정등보리를 증득하고자 한다면 마땅히 마술사와 같이 항상 반야바라밀다를 수학해야 합니다. 왜 그러한가? 세존이시여. 마술사는 곧 이것이 5온(蘊)이라고 마땅히 알아야 합니다."

세존께서 말씀하셨다.

"선현이여. 그대의 뜻은 어떠한가? 환영(幻)과 같은 5온으로 능히 반야바라밀다를 수학한다면, 마땅히 일체지지를 성취하겠는가?"

선현이 대답하여 말하였다.

"아닙니다. 세존이시여. 왜 그러한가? 세존이시여. 환영과 같은 5온은 무성(無性)으로써 자성(自性)을 삼나니, 무성인 자성은 얻을 수 없는 까닭입니다."

세존께서 말씀하셨다.

"선현이여. 그대의 뜻은 어떠한가? 꿈(夢)과 같은 5온으로 능히 반야바라밀다를 수학한다면, 마땅히 일체지지를 성취하겠는가?"

선현이 대답하여 말하였다.

"아닙니다. 세존이시여. 왜 그러한가? 세존이시여. 꿈과 같은 5온은 무성으로써 자성을 삼나니, 무성인 자성은 얻을 수 없는 까닭입니다."

세존께서 말씀하셨다.

"선현이여. 그대의 뜻은 어떠한가? 메아리(響)와 같고 그림자(光影)와 같으며 형상(像)과 같고 아지랑이(陽焰)와 같으며, 허공의 꽃(空花)과 같고 변화된 일(變化)과 같으며 심향성(尋香城)과 같은 5온으로 능히 반야바라밀다를 수학한다면, 마땅히 일체지지를 성취하겠는가?"

선현이 대답하여 말하였다.

"아닙니다. 세존이시여. 왜 그러한가? 세존이시여. 메아리와 같고 그림자와 같으며 형상과 같고 아지랑이와 같으며, 허공의 꽃과 같고 변화된 일과 같으며 심향성과 같은 5온은 무성으로써 자성을 삼나니, 무성인 자성은 얻을 수 없는 까닭입니다."

세존께서 말씀하셨다.

"선현이여. 그대의 뜻은 어떠한가? 환영 등과 같은 5온에 각각 다른 자성이 있겠는가?"

선현이 대답하여 말하였다.

"아닙니다. 세존이시여. 왜 그러한가? 세존이시여. 환영 등과 같은 색·수·상·행·식이 곧 꿈 등과 같은 색·수·상·행·식이며, 꿈 등과 같은 5온이 곧 환영 등과 같은 6근(六根)이고, 환영 등과 같은 6근이 곧 환영 등과 같은 5온이며, 이와 같이 일체가 모두 오히려 내공(內空)인 까닭으로 얻을 수 없고, 나아가 무성자성공인 까닭으로 얻을 수 없습니다."

그때 구수 선현이 다시 세존께 아뢰어 말하였다.

"세존이시여. 새롭게 대승(大乘)으로 나아가는 제보살마하살들이 이와 같은 매우 깊은 반야바라밀다를 설하는 것을 듣는다면, 그 마음에서 놀라움이 있고 공포(恐怖)가 있습니까?"

세존께서 알리셨다.

"선현이여. 새롭게 대승으로 나아가는 보살마하살들이 반야바라밀다를 수행하는 때에, 만약 방편선교(方便善巧)가 없거나 착한 벗에게 섭수되지 않은 자가 이와 같은 매우 깊은 반야바라밀다를 설하는 것을 듣는다면, 그 마음에서 놀라움이 있고 공포가 있느니라."

존자(尊者) 선현이 다시 세존께 아뢰어 말하였다.

"세존이시여. 누구 등의 보살마하살이 반야바라밀다를 수행하는 때에 방편선교가 있는 까닭으로 이와 같은 매우 깊은 반야바라밀다를 설하는 것을 듣는다면, 그 마음이 놀라지 않고 공포스럽지 않겠습니까?"

세존께서 말씀하셨다.

"선현이여. 만약 보살마하살이 반야바라밀다를 수행하는 때에 일체지지에 상응하는 마음으로써 색의 무상(無常)한 상을 역시 얻을 수 없다고 관찰하고, 수·상·행·식의 무상한 상도 역시 얻을 수 없다고 관찰하며, 색의 고통스러운 상을 역시 얻을 수 없다고 관찰하고, 수·상·행·식의 고통스러운 상도 역시 얻을 수 없다고 관찰하며, 색의 무아(無我)인 상을 역시 얻을 수 없다고 관찰하고, 수·상·행·식의 무아인 상도 역시 얻을 수 없다고 관찰하며, 색의 부정(不淨)한 상을 역시 얻을 수 없다고 관찰하고, 수·상·행·식의 부정한 상도 역시 얻을 수 없다고 관찰하며, 색의 공(空)한 상을 역시 얻을 수 없다고 관찰하고, 수·상·행·식의 공한 상도 역시 얻을 수 없다고 관찰하며, 색의 무상(無相)인 상을 역시 얻을 수 없다고 관찰하고, 수·상·행·식의 무상한 상도 역시 얻을 수 없다고 관찰하며, 색의 무원(無願)인 상을 역시 얻을 수 없다고 관찰하고, 수·상·행·식의 무원인 상도 역시 얻을 수 없다고 관찰하며, 색의 적정(寂靜)한 상을 역시 얻을 수 없다고 관찰하고, 수·상·행·식의 적정한 상도 역시 얻을 수 없다고 관찰하며, 색의 멀리 벗어난 상을 역시 얻을 수 없다고 관찰하고,

수·상·행·식의 멀리 벗어난 상도 역시 얻을 수 없다고 관찰하느니라.
　선현이여. 이러한 보살마하살이 반야바라밀다를 수행하는 때에 방편선교가 있는 까닭으로 이와 같은 매우 깊은 반야바라밀다를 설하는 것을 들었더라도 그 마음이 놀라지 않고 공포스럽지 않으니라.
　다시 다음으로 선현이여. 만약 보살마하살이 이렇게 관찰을 짓고서 다시 '나는 마땅히 얻을 수 없는 것으로써 방편을 삼고서 일체의 유정(有情)들을 위하여 이와 같은 5온의 무상한 상도 얻을 수 없고, 괴로운 상·무아인 상·부정한 상·공한 상·무상인 상·무원인 상·적정한 상·멀리 벗어난 상도 역시 얻을 수 없다고 설하겠다.'라고 이렇게 생각을 지었다면, 선현이여. 이 보살마하살은 반야바라밀다를 수행하는 때에 집착이 없는 보시바라밀다(報施婆羅蜜多)이니라.
　다시 다음으로 선현이여. 만약 보살마하살이 반야바라밀다를 수행하는 때에 성문(聲聞)이거나 독각(獨覺)들에게 상응하는 작의(作意)를 멀리 벗어나서, '5온의 무상한 상도 얻을 수 없고, 괴로운 상·무아인 상·부정한 상·공한 상·무상인 상·무원인 상·적정한 상·멀리 벗어난 상도 역시 얻을 수 없는데, 얻을 수 없는 것으로써 방편을 삼는 까닭이다.'라고 사유하였다면, 선현이여. 이 보살마하살은 반야바라밀다를 수행하는 때에 집착이 없는 정계바라밀다(淨戒婆羅蜜多)이니라.
　다시 다음으로 선현이여. 만약 보살마하살이 반야바라밀다를 수행하는 때에 얻을 수 없는 것으로써 방편을 삼아서 이와 같은 법의 무상한 상도 얻을 수 없고, 괴로운 상·무아인 상·부정한 상·공한 상·무상인 상·무원인 상·적정한 상·멀리 벗어난 상도 역시 얻을 수 없다고 관찰하고서, 그 가운데에서 욕락(欲樂)을 능히 안인(安忍)하였고, 그 마음이 놀라지 않고 공포스럽지 않으며 두렵지 않았다면, 선현이여. 이 보살마하살은 반야바라밀다를 수행하는 때에 집착이 없는 안인바라밀다(安忍婆羅蜜多)이니라.
　다시 다음으로 선현이여. 만약 보살마하살이 반야바라밀다를 수행하는 때에 일체지지에 상응하는 마음으로써 항상 5온의 무상한 상도 얻을 수 없고, 괴로운 상·무아인 상·부정한 상·공한 상·무상인 상·무원인 상·적정한 상·멀리 벗어난 상도 역시 얻을 수 없다고 관찰하고서, 비록 얻을 것이 없는 것으로써 방편을 삼았으나 항상 일체지의 지혜와 상응하는 작의를 버리지 않는다면, 선현이여. 이 보살마하살은 반야바라밀다를 수행하는 때에 집착이 없는 정진바라밀다(精進婆羅蜜多)이니라.

다시 다음으로 선현이여. 만약 보살마하살이 반야바라밀다를 수행하는 때에 성문과 연각에 상응하는 마음으로써 '항상 5온의 무상한 상도 얻을 수 없고, 괴로운 상·무아인 상·부정한 상·공한 상·무상인 상·무원인 상·적정한 상·멀리 벗어난 상도 역시 얻을 수 없는데, 얻을 수 없는 것으로써 방편을 삼는 까닭이다.'라고 사유하지 않고, 그 가운데에서 성문과 독각과 상응하는 작의와 나머지의 선(善)하지 않은 산란(散亂)한 마음으로 무상정등보리를 장애(障礙)하지 않는다면, 선현이여. 이 보살마하살은 반야바라밀다를 수행하는 때에 집착이 없는 정려바라밀다(靜慮婆羅蜜多)이니라.

다시 다음으로 선현이여. 만약 보살마하살이 반야바라밀다를 수행하는 때에, '공(空)이 아닌 색을 까닭으로 색은 공하고, 색은 곧 이것이 공이며, 공은 이것이 곧 색이고, 수·상·행·식도 역시 이와 같다. 공이 아닌 안처를 까닭으로 안처는 공하고, 안처는 곧 이것이 공이며, 공은 이것이 곧 안처이고, 나아가 의처도 역시 이와 같다. 공이 아닌 색처를 까닭으로 색처는 공하고, 색처는 곧 이것이 공이며, 공은 이것이 곧 색처이고, 나아가 법처도 역시 이와 같다.

공이 아닌 안계를 까닭으로 안계는 공하고, 안계는 곧 이것이 공이며, 공은 이것이 곧 안계이고, 나아가 의계도 역시 이와 같다. 공이 아닌 색계를 까닭으로 색계는 공하고, 색계는 곧 이것이 공이며, 공은 이것이 곧 색계이고, 나아가 법계도 역시 이와 같다. 공이 아닌 안식계를 까닭으로 안식계는 공하고, 안식계는 곧 이것이 공이며, 공은 이것이 곧 안식계이고, 나아가 의식계도 역시 이와 같다. 공이 아닌 안촉을 까닭으로 안촉은 공하고, 안촉은 곧 이것이 공이며, 공은 이것이 곧 안촉이고, 나아가 의촉도 역시 이와 같다.
 공이 아닌 안촉을 인연으로 생겨난 여러 수를 까닭으로 안촉을 인연으로 생겨난 여러 수는 공하고, 안촉을 인연으로 생겨난 여러 수는 곧 이것이 공이며, 공은 이것이 곧 안촉을 인연으로 생겨난 여러 수이고, 나아가 의촉을 인연으로 생겨난 여러 수도 역시 이와 같다. 공이 아닌 4념주를 까닭으로 4념주는 공하고, 4념주는 곧 이것이 공이며, 공은 이것이 곧 4념주이고, 이와 같이 나아가 공이 아닌 18불불공법을 까닭으로 18불불공법은 공하고, 18불불공법은 곧 이것이 공이며, 공은 이것이 곧 18불불공법이다.'라고 여실하게 관찰하였다면, 선현이여. 이것이 보살마하살이 반야바라밀다를 수행하는 때에 집착이 없는 반야바라밀다이니라.
 선현이여. 이러한 보살마하살이 반야바라밀다를 수행하는 때에 방편선교가 있는 까닭으로 이와 같은 매우 깊은 반야바라밀다를 설하는 것을 들었더라도 그 마음이 놀라지 않고 공포스럽지 않느니라."

 그때 구수 선현이 세존께 아뢰어 말하였다.
 "세존이시여. 어찌하여 보살마하살이 반야바라밀다를 수행하는 때에 여러 선한 벗들에게 섭수되는 까닭으로 이와 같은 매우 깊은 반야바라밀다를 설하는 것을 들었더라도 그 마음이 놀라지 않고 공포스럽지 않습니까?"
 세존께서 말씀하셨다.
 "선현이여. 보살마하살들의 선한 벗은 이를테면, 만약 얻을 수 없는 것으로써 방편을 삼고서 색의 무상한 상을 역시 얻을 수 없다고 능히 설하고, 수·상·행·식의 무상한 상도 역시 얻을 수 없다고 능히 설하며, 색의 고통스러운 상을 역시 얻을 수 없다고 능히 설하고, 수·상·행·식의 고통스러운 상도 역시 얻을 수 없다고 능히 설하며, 색의 무아인 상을 역시 얻을 수 없다고 능히 설하고, 수·상·행·식의 무아인 상도 역시 얻을 수 없다고 능히 설하며, 색의 부정한 상을 역시 얻을 수 없다고 능히 설하고, 수·상·행·식의 부정한 상도 역시 얻을 수 없다고 능히 설하며, 색의 공한 상을 역시 얻을 수 없다고 능히 설하고, 수·상·행·식의 공한 상도 역시 얻을 수 없다고 능히 설하며, 색의 무상인 상을 역시 얻을 수 없다고 능히 설하고, 수·상·행·식의 무상한 상도 역시 얻을 수 없다고 능히 설하며, 색의 무원인 상을 역시 얻을 수 없다고 능히 설하고, 수·상·행·식의 무원인 상도 역시 얻을 수 없다고 능히 설하며, 색의 적정한 상을 역시 얻을 수 없다고 능히 설하고, 수·상·행·식의 적정한 상도 역시 얻을 수 없다고 능히 설하며, 색의 멀리 벗어난 상을 역시 얻을 수 없다고 능히 설하고, 수·상·행·식의 멀리 벗어난 상도 역시 얻을 수 없다고 능히 설하며, 더불어 이것에 의지하여 선근(善根)을 정근하면서 수행하여 성문(聲聞)이거나 독각(獨覺)들에게 회향(廻向)하지 않고, 오직 일체지지를 구하게 권유하느니라. 선현이여. 이것이 보살마하살의 선한 벗이 되느니라.

다시 다음으로 선현이여. 제보살마하살들의 선한 벗은 이를테면, 만약 얻을 수 없는 것으로써 방편을 삼아서 안처, 나아가 의처의 무상한 상도 얻을 수 없고, 괴로운 상·무아인 상·부정한 상·공한 상·무원인 상·적정한 상·멀리 벗어난 상도 역시 얻을 수 없다고 능히 말하며, 색처, 나아가 법처의 무상한 상도 얻을 수 없고, 괴로운 상·무아인 상·부정한 상·공한 상·무원인 상·적정한 상·멀리 벗어난 상도 역시 얻을 수 없다고 능히 말하며, 더불어 이것에 의지하여 선근을 정근하면서 수행하면서 성문이거나 독각들에게 회향하지 않고, 오직 일체지지를 구하게 권유하느니라. 선현이여. 이것이 보살마하살의 선한 벗이 되느니라.

다시 다음으로 선현이여. 제보살마하살들의 선한 벗은 이를테면, 만약 얻을 수 없는 것으로써 방편을 삼아서 안계, 나아가 의계의 무상한 상도 얻을 수 없고, 괴로운 상·무아인 상·부정한 상·공한 상·무원인 상·적정한 상·멀리 벗어난 상도 역시 얻을 수 없다고 능히 말하며, 색계, 나아가 법계의 무상한 상도 얻을 수 없고, 괴로운 상·무아인 상·부정한 상·공한 상·무원인 상·적정한 상·멀리 벗어난 상도 역시 얻을 수 없다고 능히 말하며, 안식계, 나아가 의식계의 무상한 상도 얻을 수 없고, 괴로운 상·무아인 상·부정한 상·공한 상·무원인 상·적정한 상·멀리 벗어난 상도 역시 얻을 수 없다고 능히 말하며, 안촉, 나아가 의촉의 무상한 상도 얻을 수 없고, 괴로운 상·무아인 상·부정한 상·공한 상·무원인 상·적정한 상·멀리 벗어난 상도 역시 얻을 수 없다고 능히 말하며, 안촉을 인연으로 생겨난 여러 수, 나아가 의촉을 인연으로 생겨난 여러 수의 무상한 상도 얻을 수 없고, 괴로운 상·무아인 상·부정한 상·공한 상·무원인 상·적정한 상·멀리 벗어난 상도 역시 얻을 수 없다고 능히 말하며, 더불어 이것에 의지하여 선근을 정근하면서 수행하면서 성문이거나 독각들에게 회향하지 않고, 오직 일체지지를 구하게 권유하느니라. 선현이여. 이것이 보살마하살의 선한 벗이 되느니라.

다시 다음으로 선현이여. 제보살마하살들의 선한 벗은 이를테면, 만약 얻을 수 없는 것으로써 방편을 삼아서 비록 4념주, 나아가 8성도지를 수행한다고 말할지라도 얻을 수 없다고 능히 말하고, 비록 공·무상·무원해탈문을 수행한다고 말할지라도 얻을 수 없다고 능히 말하며, 비록 여래의 10력, 나아가 18불불공법을 수행한다고 말할지라도 얻을 수 없다고 능히 말하고, 비록 일체지, 나아가 무상정등보리를 수행한다고 말할지라도 얻을 수 없다고 능히 말하며, 더불어 이것에 의지하여 선근을 정근하면서 수행하여 성문이거나 독각들에게 회향하지 않고, 오직 일체지지를 구하게 권유하느니라. 선현이여. 이것이 보살마하살의 선한 벗이 되느니라.

만약 보살마하살이 보살마하살이 반야바라밀다를 수행하는 때에 여러 선한 벗들에게 섭수되는 까닭으로 이와 같은 매우 깊은 반야바라밀다를 설하는 것을 들었더라도 그 마음이 놀라지 않고 공포스럽지 않으니라."

그때 구수 선현이 세존께 아뢰어 말하였다.
"세존이시여. 어찌하여 만약 보살마하살이 반야바라밀다를 수행하는 때에 방편선교가 없는 까닭으로 이와 같은 매우 깊은 반야바라밀다를 설하는 것을 들었다면, 그 마음에 놀람이 있고 공포가 있습니까?"
세존께서 말씀하셨다.
"선현이여. 만약 보살마하살이 반야바라밀다를 수행하는 때에 얻을 수 있는 것으로써 방편을 삼은 까닭으로 일체지지와 상응하는 작의를 벗어나서 반야바라밀다를 수행하였는데, 반야바라밀다를 수행하면서 얻는 것이 있고 의지하는 것이 있으며, 얻을 수 있는 것으로써 방편을 삼은 까닭으로 일체지지에 상응하는 작의를 벗어나서 정려·정진·안인·정계·보시바라밀다를 수행하면서 얻는 것이 있고 의지하는 것이 있으며,

얻을 수 있는 것으로써 방편을 삼은 까닭으로 일체지지와 상응하는 작의를 벗어나고, 색·수·상·행·식의 내공·외공·내외공·공공·대공·승의공·유위공·무위공·필경공·무제공·산공·무변이공·본성공·자상공·공상공·일체법공·불가득공·무성공·자성공·무성자성공을 관찰하거나, 색·수·상·행·식의 공을 관찰하는 것에서 얻는 것이 있고 의지하는 것이 있으며,

얻을 수 있는 것으로써 방편을 삼은 까닭으로 일체지지와 상응하는 작의를 벗어나고, 안처, 나아가 의처의 내공, 나아가 무성자성공을 관찰하거나, 안처, 나아가 의처의 공을 관찰하는 것에서 얻는 것이 있고 의지하는 것이 있으며, 얻을 수 있는 것으로써 방편을 삼은 까닭으로 일체지지와 상응하는 작의를 벗어나고, 색처, 나아가 법처의 내공, 나아가 무성자성공을 관찰하거나, 색처, 나아가 법처의 공을 관찰하는 것에서 얻는 것이 있고 의지하는 것이 있으며, 얻을 수 있는 것으로써 방편을 삼은 까닭으로 일체지지와 상응하는 작의를 벗어나고, 안계, 나아가 의계의 내공, 나아가 무성자성공을 관찰하거나, 안계, 나아가 의계의 공을 관찰하는 것에서 얻는 것이 있고 의지하는 것이 있으며,

얻을 수 있는 것으로써 방편을 삼은 까닭으로 일체지지와 상응하는 작의를 벗어나고, 색계, 나아가 법계의 내공, 나아가 무성자성공을 관찰하거나, 색계, 나아가 법계의 공을 관찰하는 것에서 얻는 것이 있고 의지하는 것이 있으며, 얻을 수 있는 것으로써 방편을 삼은 까닭으로 일체지지와 상응하는 작의를 벗어나고, 안식계, 나아가 의식계의 내공, 나아가 무성자성공을 관찰하거나, 안식계, 나아가 의식계의 공을 관찰하는 것에서 얻는 것이 있고 의지하는 것이 있으며, 얻을 수 있는 것으로써 방편을 삼은 까닭으로 일체지지와 상응하는 작의를 벗어나고, 안촉, 나아가 의촉의

내공, 나아가 무성자성공을 관찰하거나, 안촉, 나아가 의촉의 공을 관찰하는 것에서 얻는 것이 있고 의지하는 것이 있으며,

얻을 수 있는 것으로써 방편을 삼은 까닭으로 일체지지와 상응하는 작의를 벗어나고, 안촉을 인연으로 생겨난 여러 수, 나아가 의촉을 인연으로 생겨난 여러 수의 내공, 나아가 무성자성공을 관찰하거나, 안촉을 인연으로 생겨난 여러 수, 나아가 의촉을 인연으로 생겨난 여러 수의 공을 관찰하는 것에서 얻는 것이 있고 의지하는 것이 있으며, 얻을 수 있는 것으로써 방편을 삼은 까닭으로 일체지지와 상응하는 작의를 벗어나고, 4념주, 나아가 18불불공법을 수행하거나, 4념주, 나아가 18불불공법을 수행하는 것에서 얻는 것이 있고 의지하는 것이 있느니라.

선현이여. 이와 같이 만약 보살마하살이 반야바라밀다를 수행하는 때에 방편선교가 없는 까닭으로 이와 같은 매우 깊은 반야바라밀다를 설하는 것을 들었다면, 그 마음에 놀람이 있고 공포가 있느니라."

그때 구수 선현이 다시 세존께 아뢰어 말하였다.

"세존이시여. 어찌하여 보살마하살이 반야바라밀다를 수행하는 때에 악한 벗에게 섭수되는 까닭으로 이와 같은 매우 깊은 반야바라밀다를 설하는 것을 들었다면, 그 마음에 놀람이 있고 공포가 있습니까?"

세존께서 말씀하셨다.

"선현이여. 제보살마하살들의 악한 벗은 만약 반야바라밀다를 싫어하고 벗어나라고 가르치거나, 만약 정려·정진·안인·정계·보시바라밀다를 싫어하고 벗어나라고 가르치면서 이를테면, '쯧쯧(咄哉). 남자들이여. 그대들은 이것에서 상응하여 수학하지 말라. 그 까닭은 무엇인가? 이와 같은 6바라밀다는 여래(佛)께서 설하신 것이 아니고, 이 문장(文)과 게송(頌)은 헛되고 거짓으로 제조(製造)되었습니다. 이러한 까닭으로 그대들은 상응하여 듣고서 수습(修習)하지 않아야 하고, 상응하여 수지(受持)하지 않아야 하며, 상응하여 독송(讀誦)하지 않아야 하고, 상응하여 사유(思惟)하지 않아야 하며, 상응하여 추려서 연구(推究)하지 않아야 하고, 상응하여

다른 사람을 위하여 널리 설하고 열어서 보여주지도 않아야 합니다.'라고 이렇게 말을 지었다면, 선현이여. 이것이 보살마하살의 악한 벗이니라.

다시 다음으로 선현이여. 제보살마하살들의 악한 벗은, 만약 악마의 일과 악마의 허물을 말하지 않는 것이니 이를테면, 악마가 있어서 여래의 형상을 짓고서 왔으며 보살들에게 여섯 가지의 바라밀다를 싫어하고 벗어나라고 가르치면서, '선남자(善男子)여. 그대 등은 무슨 소용이 있다고 이러한 여섯 가지의 바라밀다를 수행하는가?'라고 말하는 것이니라. 선현이여. 만약 이와 같은 등의 일들을 말하여서 깨닫지 못하게 하는 자는 보살마하살의 악한 벗이라고 마땅히 알아야 하느니라.

다시 다음으로 선현이여. 제보살마하살들의 악한 벗은, 만약 악마의 일과 악마의 허물을 말하지 않는 것이니 이를테면, 악마가 있어서 여래의 형상을 짓고서 왔으며 보살들에게 성문·독각에 상응하는 법인 계경(契經) 나아가 논의(論議)를 널리 설하고 열어서 보여주며 분별해 주고 명료하게 드러내면서 오직 그것을 수행하게 하는 것이니라. 선현이여. 만약 이와 같은 등의 일들을 말하여서 깨닫지 못하게 하는 자는 보살마하살의 악한 벗이라고 마땅히 알아야 하느니라.

다시 다음으로 선현이여. 제보살마하살들의 악한 벗은, 만약 악마의 일과 악마의 허물을 말하지 않는 것이니 이를테면, 악마가 있어서 여래의 형상을 짓고서 왔으며 보살들에게 '그대는 보살이 아니고 보리심도 없으며, 불퇴전지에 안주하지 못하고, 구하려는 무상정등보리도 능히 증득하지 못한다.'라고 이와 같이 말을 짓는 것이니라. 선현이여. 만약 이와 같은 등의 일들을 말하여서 깨닫지 못하게 하는 자는 보살마하살의 악한 벗이라고 마땅히 알아야 하느니라.

다시 다음으로 선현이여. 제보살마하살들의 악한 벗은, 만약 악마의 일과 악마의 허물을 말하지 않는 것이니 이를테면, 악마가 있어서 여래의 형상을 짓고서 왔으며 보살들에게 '그대들은 마땅히 알아야 한다. 색은 공(空)하므로 아(我)·아소(我所)가 없고, 수·상·행·식도 공하므로 아·아소가 없으며, 안처는 공하므로 아·아소가 없고, 나아가 의처도 공하므로

아·아소가 없으며, 색처는 공하므로 아·아소가 없고, 나아가 법처도 공하
므로 아·아소가 없으며, 안계는 공하므로 아·아소가 없고, 나아가 의계도
공하므로 아·아소가 없으며, 색계는 공하므로 아·아소가 없고, 나아가
법계도 공하므로 아·아소가 없으며, 안식계는 공하므로 아·아소가 없고,
나아가 의식계도 공하므로 아·아소가 없으며, 안촉은 공하므로 아·아소가
없고, 나아가 의촉도 공하므로 아·아소가 없으며, 안촉을 인연으로 생겨난
여러 수는 공하므로 아·아소가 없고, 나아가 의촉을 인연으로 생겨난
여러 수도 공하므로 아·아소가 없으며, 4념주는 공하므로 아·아소가
없고, 나아가 8성도지도 공하므로 아·아소가 없으며, 안촉은 공하므로
아·아소가 없고, 보시바라밀다는 공하므로 아·아소가 없고, 나아가 반야
바라밀다 공하므로 아·아소가 없으며, 공해탈문은 공하므로 아·아소가
없고, 나아가 무상·무원해탈문도 공하므로 아·아소가 없으며, 여래의
10력은 공하므로 아·아소가 없고, 나아가 18불불공법도 공하므로 아·아소
가 없는데, 무상정등보리가 무슨 소용이 있겠는가?'라고 알려 말하는
것이니라. 선현이여. 만약 이와 같은 등의 일들을 말하여서 깨닫지 못하게
하는 자는 보살마하살의 악한 벗이라고 마땅히 알아야 하느니라.

다시 다음으로 선현이여. 제보살마하살들의 악한 벗은, 만약 악마의
일과 악마의 허물을 말하지 않는 것이니 이를테면, 악마가 있어서 독각의
형상을 짓고서 왔으며 보살들에게 '쯧쯧(咄). 선남자들이여. 동·서·남·북
과 사유(四維)와 상·하의 시방세계에 일체의 여래(如來)·응공(應供)·정등
각(正等覺)과 성문·보살들은 모두 무소유(無所有)인데, 그대들은 이 일에
서 상응하여 깊이 믿고서 받아들이거나, 공양을 구하거나, 정법을 듣고
설한 것과 같이 수행하고자 스스로가 정근하면서 괴로워하지 말라.'고
이렇게 말을 짓는 것이니라. 선현이여. 만약 이와 같은 등의 일들을
말하여서 깨닫지 못하게 하는 자는 보살마하살의 악한 벗이라고 마땅히
알아야 하느니라.

다시 다음으로 선현이여. 제보살마하살들의 악한 벗은, 만약 악마의
일과 악마의 허물을 말하지 않는 것이니 이를테면, 악마가 있어서 성문의

형상을 짓고서 왔으며 보살들에게 일체지의 지혜와 상응하는 작의(作意)를 깊이 싫어하고 벗어나게 하고, 성문·독각과 상응하는 작의를 매우 흔쾌하게 즐겁게 하는 것이니라. 선현이여. 만약 이와 같은 등의 일들을 말하여서 깨닫지 못하게 하는 자는 보살마하살의 악한 벗이라고 마땅히 알아야 하느니라.

다시 다음으로 선현이여. 제보살마하살들의 악한 벗은, 만약 악마의 일과 악마의 허물을 말하지 않는 것이니 이를테면, 악마가 있어서 친교사(親敎師)·궤범사(軌範師)의 형상을 짓고서 왔으며 보살들에게 짓고서 왔으며 보살의 수승한 행으로 이를테면, 보시바라밀다, 나아가 반야바라밀다를 싫어하고 벗어나게 하며, 더불어 일체지지인 이를테면, 무상정등보리를 싫어하고 벗어나게 하며, 오직 3해탈문을 수습하여 빠르게 성문지(聲聞地)이거나, 혹은 독각지(獨覺地)를 증득하게 하면서 무상정등보리에 나아가지 못하게 하는 것이니라. 선현이여. 만약 이와 같은 등의 일들을 말하여서 깨닫지 못하게 하는 자는 보살마하살의 악한 벗이라고 마땅히 알아야 하느니라.

다시 다음으로 선현이여. 제보살마하살들의 악한 벗은, 만약 악마의 일과 악마의 허물을 말하지 않는 것이니 이를테면, 악마가 있어서 부모의 형상을 짓고서 왔으며 보살들에게 '자식들이여. 자식들이여. 그대들은 마땅히 정근하면서 구하였던 예류(預流)·일래(一來)·불환(不還)·아라한(阿羅漢)의 과보를 증득하고 생사(生死)의 큰 고통을 영원히 벗어나는 것을 얻으며 빠르게 열반을 증득하여 구경에 안락하다면 만족스러운데, 제불의 무상정등보리에 멀리 나아가더라도 무슨 소용이 있겠는가? 보리를 구하는 자는 요컨대, 무량하고 무수인 대겁(大劫)을 지내면서 생사를 윤회하고 유정(有情)들을 교화하면서 목숨을 버리고 몸을 버리며 지절(支節)을 단절하면서 헛되게 정근하면서 고통스럽더라도 누가 그대의 은혜를 짊어지겠는가? 구하였던 것인 보리를 혹은 증득하거나, 혹은 증득하지 못한다.'라고 알려서 말하는 것이니라. 선현이여. 만약 이와 같은 등의 일들을 말하여서 깨닫지 못하게 하는 자는 보살마하살의 악한 벗이라고 마땅히 알아야 하느니라.
　다시 다음으로 선현이여. 제보살마하살들의 악한 벗은, 만약 악마의 일과 악마의 허물을 말하지 않는 것이니 이를테면, 악마가 있어서 비구(苾芻)의 형상을 짓고서 왔으며 보살들에게 얻을 수 있는 것으로써 방편을 삼고서 색의 무상(無常)한 상(相)은 진실로 얻을 수 있다고 말하고, 수·상·행·식의 무상한 상도 진실로 얻을 수 있다고 말하며, 색의 괴로운 상(苦相)·무아인 상(無我相)·부정한 상(不淨相)·공한 상(空相)·무상인 상(無相相)·무원인 상(無願相)·적정한 상(寂靜相)·멀리 벗어난 상(遠離相)은 진실로 얻을 수 있다고 말하고, 수·상·행·식의 괴로운 상·무아인 상·부정한 상·공한 상·무상인 상·무원인 상·적정한 상·멀리 벗어난 상도 진실로 얻을 수 있다고 말하며,
　얻을 수 있는 것으로써 방편을 삼고서 안처, 나아가 의처의 무상한 상·괴로운 상·무아인 상·부정한 상·공한 상·무상인 상·무원인 상·적정한 상·멀리 벗어난 상은 진실로 얻을 수 있다고 말하고, 얻을 수 있는 것으로써 방편을 삼고서 색처, 나아가 법처의 무상한 상·괴로운 상·무아인 상·부정한 상·공한 상·무상인 상·무원인 상·적정한 상·멀리 벗어난 상은 진실로 얻을 수 있다고 말하고, 얻을 수 있는 것으로써 방편을 삼고서 안계, 나아가 의계의 무상한 상·괴로운 상·무아인 상·부정한 상·공한 상·무상인 상·무원인 상·적정한 상·멀리 벗어난 상은 진실로 얻을 수 있다고 말하고,
　얻을 수 있는 것으로써 방편을 삼고서 색계, 나아가 법계의 무상한 상·괴로운 상·무아인 상·부정한 상·공한 상·무상인 상·무원인 상·적정한 상·멀리 벗어난 상은 진실로 얻을 수 있다고 말하고, 얻을 수 있는 것으로써 방편을 삼고서 안식계, 나아가 의식계의 무상한 상·괴로운 상·무아인 상·부정한 상·공한 상·무상인 상·무원인 상·적정한 상·멀리 벗어난 상은 진실로 얻을 수 있다고 말하고, 얻을 수 있는 것으로써 방편을 삼고서 안촉, 나아가 의촉의 무상한 상·괴로운 상·무아인 상·부정한 상·공한 상·무상인 상·무원인 상·적정한 상·멀리 벗어난 상은 진실로 얻을 수 있다고 말하고,

얻을 수 있는 것으로써 방편을 삼고서 안촉을 인연으로 생겨난 여러 수, 나아가 의촉을 인연으로 생겨난 여러 수의 무상한 상·괴로운 상·무아인 상·부정한 상·공한 상·무상인 상·무원인 상·적정한 상·멀리 벗어난 상은 진실로 얻을 수 있다고 말하고, 얻을 수 있는 것으로써 방편을 삼고서 4념주, 나아가 8성도지는 진실로 얻을 수 있다고 말하면서 그들에게 수학하게 하고, 얻을 수 있는 것으로써 방편을 삼고서 보시바라밀다, 나아가 보시바라밀다는 진실로 얻을 수 있다고 말하면서 그들에게 수학하게 하며, 얻을 수 있는 것으로써 방편을 삼고서 4념주, 나아가 8성도지는 진실로 얻을 수 있다고 말하면서 그들에게 수학하게 하고,

얻을 수 있는 것으로써 방편을 삼고서 보시바라밀다, 나아가 보시바라밀다는 진실로 얻을 수 있다고 말하면서 그들에게 수학하게 하며, 얻을 수 있는 것으로써 방편을 삼고서 공·무상·무원해탈문은 진실로 얻을 수 있다고 말하면서 그들에게 수학하게 하고, 얻을 수 있는 것으로써 방편을 삼고서 다라니문·삼마지문은 진실로 얻을 수 있다고 말하면서 그들에게 수학하게 하며, 얻을 수 있는 것으로써 방편을 삼고서 5안·6신통은 진실로 얻을 수 있다고 말하면서 그들에게 수학하게 하고, 얻을 수 있는 것으로써 방편을 삼고서 여래의 10력, 나아가 18불불공법은 진실로 얻을 수 있다고 말하면서 그들에게 수학하게 하는 것이니라.

선현이여. 만약 이와 같은 등의 일들을 말하여서 깨닫지 못하게 하는 자는 보살마하살의 악한 벗이라고 마땅히 알아야 하느니라. 만약 보살마하살이 반야바라밀다를 수행하는 때에 이러한 악한 벗에게 섭수되는 자가 이와 같은 매우 깊은 반야바라밀다를 설하는 것을 들었다면, 그 마음에 놀람이 있고 공포가 있느니라. 이러한 까닭으로 만약 보살마하살이 반야바라밀다를 수행하는 때라면, 여러 악한 벗을 상응하여 자세하게 관찰하고서 방편으로 멀리 벗어나야 하느니라."

마하반야바라밀다경 제411권

11. 비유품(譬喩品)

그때 구수 선현이 세존께 아뢰어 말하였다.
"세존이시여. 보살이라는 것은 이것이 무슨 구의(句義)[1]입니까?"
세존께서 선현에게 알리셨다.
"구의가 없다면 이것이 보살의 구의이니라. 왜 그러한가? 선현이여. 보리(菩提)와 살타(薩埵)의 두 가지는 이미 생겨나지 않는다는 구의이고, 그 가운데에 이치가 역시 있지 않는 까닭으로 구의가 없는 이것이 보살의 구의이니라. 선현이여. 비유한다면 허공에 새 발자국이라는 구의는 진실로 무소유(無所有)인 것과 같이, 보살이라는 구의도 역시 이와 같아서 진실로 무소유이며, 비유한다면 꿈의 경계와 같고 환영의 일과 같으며 아지랑이와 같고 그림자와 같으며 물속의 달과 같고 메아리와 같으며 허공의 꽃과 같고 변화된 일과 같아서 구의가 진실로 무소유이고 보살이라는 구의도 역시 다시 이와 같아서 진실로 무소유이니라.
선현이여. 일체법(一切法)의 진여(眞如)라는 구의는 진실로 무소유인 것과 같이, 보살이라는 구의도 역시 다시 이와 같아서 진실로 무소유이며, 일체법의 법계(法界)·법성(法性)·불허망성(不虛妄性)·불변이성(不變異性)·법정(法定)·법주(法住)·실제(實際)라는 구의는 진실로 무소유인 것과 같이, 보살이라는 구의도 역시 다시 이와 같아서 진실로 무소유라고

---

[1] 산스크리트어 padārtha의 번역이고, 문장의 개별적인 의미를 뜻하거나, 문장의 개념과 개념의 내용을 뜻한다.

마땅히 알아야 하느니라. 선현이여. 마술사의 색이라는 구의는 진실로 무소유인 것과 같이, 마술사의 수·상·행·식이라는 구의는 진실로 무소유인 것과 같이, 보살이라는 구의도 역시 다시 이와 같아서 진실로 무소유라고 마땅히 알아야 하느니라.

선현이여. 마술사의 안처라는 구의는 진실로 무소유인 것과 같이, 마술사의 이·비·설·신·의처라는 구의는 진실로 무소유인 것과 같이, 보살이라는 구의도 역시 다시 이와 같아서 진실로 무소유라고 마땅히 알아야 하느니라. 선현이여. 마술사의 색처라는 구의는 진실로 무소유인 것과 같이, 마술사의 성·향·미·촉·법처라는 구의는 진실로 무소유인 것과 같이, 보살이라는 구의도 역시 다시 이와 같아서 진실로 무소유라고 마땅히 알아야 하느니라.

선현이여. 마술사의 안계라는 구의는 진실로 무소유인 것과 같이, 마술사의 이·비·설·신·의계라는 구의는 진실로 무소유인 것과 같이, 보살이라는 구의도 역시 다시 이와 같아서 진실로 무소유라고 마땅히 알아야 하느니라. 선현이여. 마술사의 색계라는 구의는 진실로 무소유인 것과 같이, 마술사의 성·향·미·촉·법계라는 구의는 진실로 무소유인 것과 같이, 보살이라는 구의도 역시 다시 이와 같아서 진실로 무소유라고 마땅히 알아야 하느니라.

선현이여. 마술사의 안식계라는 구의는 진실로 무소유인 것과 같이, 마술사의 이·비·설·신·의식계라는 구의는 진실로 무소유인 것과 같이, 보살이라는 구의도 역시 다시 이와 같아서 진실로 무소유라고 마땅히 알아야 하느니라. 선현이여. 마술사의 안촉이라는 구의는 진실로 무소유인 것과 같이, 마술사의 이·비·설·신·의촉이라는 구의는 진실로 무소유인 것과 같이, 보살이라는 구의도 역시 다시 이와 같아서 진실로 무소유라고 마땅히 알아야 하느니라.

선현이여. 마술사의 안촉을 인연으로 생겨난 여러 수라는 구의는 진실로 무소유인 것과 같이, 마술사의 이·비·설·신·의촉을 인연으로 생겨난 여러 수라는 구의는 진실로 무소유인 것과 같이, 보살이라는 구의도 역시 다시 이와 같아서 진실로 무소유라고 마땅히 알아야 하느니라.
선현이여. 마술사의 무명(無明)이라는 구의는 진실로 무소유인 것과 같이, 마술사의 행(行)·식(識)·명색(名色)·육처(六處)·촉(觸)·수(受)·애(愛)·취(取)·유(有)·생(生)·노사(老死)라는 구의는 진실로 무소유인 것과 같이, 보살이라는 구의도 역시 다시 이와 같아서 진실로 무소유라고 마땅히 알아야 하느니라.
선현이여. 마술사의 행하는 내공(內空)이라는 구의는 진실로 무소유인 것과 같이, 마술사의 외공(外空)·내외공(內外空)·공공(空空)·대공(大空)·승의공(勝義空)·유위공(有爲空)·무위공(無爲空)·필경공(畢竟空)·무제공(無際空)·산공(散空)·무변이공(無變異空)[2]·본성공(本性空)·자상공(自相空)·공상공(共相空)·일체법공(一切法空)·불가득공(不可得空)·무성공(無性空)·자성공(自性空)·무성자성공(無性自性空)이라는 구의는 진실로 무소유인 것과 같이, 보살이라는 구의도 역시 다시 이와 같아서 진실로 무소유라고 마땅히 알아야 하느니라.
선현이여. 마술사의 4념주(四念住)라는 구의는 진실로 무소유인 것과 같이, 마술사의 4정단(四正斷)·4신족(四神足)·5근(五根)·5력(五力)·7등각지(七等覺支)·8성도지(八聖道支)라는 구의는 진실로 무소유인 것과 같이, 보살이라는 구의도 역시 다시 이와 같아서 진실로 무소유라고 마땅히 알아야 하느니라. 선현이여. 마술사의 여래(佛)의 10력(十力)이라는 구의는 진실로 무소유인 것과 같이, 마술사의 4무소외(四無所畏)·4무애해(四無礙解)·대자(大慈)·대비(大悲)·대희(大喜)·대사(大捨)·18불불공법(十八佛不共法)이라는 구의는 진실로 무소유인 것과 같이, 보살이라는 구의도 역시 다시 이와 같아서 진실로 무소유라고 마땅히 알아야 하느니라.
다시 다음으로 선현이여. 여래의 색이라는 구의는 진실로 무소유인 것과 같이, 마술사의 수·상·행·식이라는 구의는 진실로 무소유인 것과 같이, 보살이라는 구의도 역시 다시 이와 같아서 진실로 무소유라고

---

2) 『고려대장경』에는 모두 '산무산공(散無散空)'으로 되어 있으나 이전의 문장을 따라서 서술한다.

마땅히 알아야 하느니라. 다시 다음으로 선현이여. 여래의 안처라는 구의는 진실로 무소유인 것과 같이, 마술사의 이·비·설·신·의처라는 구의는 진실로 무소유인 것과 같이, 보살이라는 구의도 역시 다시 이와 같아서 진실로 무소유라고 마땅히 알아야 하느니라.

다시 다음으로 선현이여. 여래의 색처라는 구의는 진실로 무소유인 것과 같이, 마술사의 성·향·미·촉·법처라는 구의는 진실로 무소유인 것과 같이, 보살이라는 구의도 역시 다시 이와 같아서 진실로 무소유라고 마땅히 알아야 하느니라. 다시 다음으로 선현이여. 여래의 안계라는 구의는 진실로 무소유인 것과 같이, 마술사의 이·비·설·신·의계라는 구의는 진실로 무소유인 것과 같이, 보살이라는 구의도 역시 다시 이와 같아서 진실로 무소유라고 마땅히 알아야 하느니라.

다시 다음으로 선현이여. 여래의 색계라는 구의는 진실로 무소유인 것과 같이, 마술사의 성·향·미·촉·법계라는 구의는 진실로 무소유인 것과 같이, 보살이라는 구의도 역시 다시 이와 같아서 진실로 무소유라고 마땅히 알아야 하느니라. 다시 다음으로 선현이여. 마술사의 안식계라는 구의는 진실로 무소유인 것과 같이, 여래의 이·비·설·신·의식계라는 구의는 진실로 무소유인 것과 같이, 보살이라는 구의도 역시 다시 이와 같아서 진실로 무소유라고 마땅히 알아야 하느니라.

다시 다음으로 선현이여. 여래의 안촉이라는 구의는 진실로 무소유인 것과 같이, 마술사의 이·비·설·신·의촉이라는 구의는 진실로 무소유인 것과 같이, 보살이라는 구의도 역시 다시 이와 같아서 진실로 무소유라고 마땅히 알아야 하느니라. 다시 다음으로 선현이여. 여래의 안촉을 인연으로 생겨난 여러 수라는 구의는 진실로 무소유인 것과 같이, 마술사의 이·비·설·신·의촉을 인연으로 생겨난 여러 수라는 구의는 진실로 무소유인 것과 같이, 보살이라는 구의도 역시 다시 이와 같아서 진실로 무소유라고 마땅히 알아야 하느니라.

다시 다음으로 선현이여. 여래의 무명이라는 구의는 진실로 무소유인 것과 같이, 여래의 행·식·명색·육처·촉·수·애·취·유·생·노사라는 구의는 진실로 무소유인 것과 같이, 보살이라는 구의도 역시 다시 이와 같아서 진실로 무소유라고 마땅히 알아야 하느니라. 선현이여. 여래께서 행하시는 내공이라는 구의는 진실로 무소유인 것과 같이, 마술사의 외공·내외공·공공·대공·승의공·유위공·무위공·필경공·무제공·산공·무변이공·본성공·자상공·공상공·일체법공·불가득공·무성공·자성공·무성자성공이라는 구의는 진실로 무소유인 것과 같이, 보살이라는 구의도 역시 다시 이와 같아서 진실로 무소유라고 마땅히 알아야 하느니라.

다시 다음으로 선현이여. 여래의 4념주라는 구의는 진실로 무소유인 것과 같이, 마술사의 4정단·4신족·5근·5력·7등각지·8성도지라는 구의는 진실로 무소유인 것과 같이, 보살이라는 구의도 역시 다시 이와 같아서 진실로 무소유리고 마땅히 알아야 하느니라 다시 다음으로 선현이여. 여래의 10력이라는 구의는 진실로 무소유인 것과 같이, 마술사의 4무소외·4무애해·대자·대비·대희·대사·18불불공법이라는 구의는 진실로 무소유인 것과 같이, 보살이라는 구의도 역시 다시 이와 같아서 진실로 무소유라고 마땅히 알아야 하느니라.

다시 다음으로 선현이여. 유위계(有爲界)의 가운데에서 무위계(無爲界)라는 구의는 진실로 무소유인 것과 같이, 무위계의 가운데에서 유위계라는 구의는 진실로 무소유인 것과 같이, 보살이라는 구의도 역시 다시 이와 같아서 진실로 무소유라고 마땅히 알아야 하느니라. 다시 다음으로 선현이여. 무생(無生)·무멸(無滅)·무작(無作)·무위(無爲)·무성(無成)·무괴(無壞)·무득(無得)·무사(無捨)·무염(無染)·무정(無淨)이라는 구의는 진실로 무소유인 것과 같이, 보살이라는 구의도 역시 다시 이와 같아서 진실로 무소유라고 마땅히 알아야 하느니라."

그때 구수 선현이 세존께 아뢰어 말하였다.

"세존이시여. 무슨 법이 무생·무멸·무작·무위·무성·무괴·무득·무사·무염·무정이라는 구의는 진실로 무소유인 것과 같이, 보살이라는 구의도 역시 다시 이와 같아서 진실로 무소유인 것입니까?"

세존께서 선현에게 알리셨다.

"색, 나아가 식이 생겨남이 없고(無生) 소멸함이 없으며(無滅) 짓는 것이 없고(無作) 무위(無爲)이며 성취가 없고(無成) 파괴도 없으며(無壞) 증득이 없고(無得) 버리는 것이 없으며(無捨) 염오가 없고(無染) 청정함이 없다(無淨)는 구의가 진실로 무소유인 것과 같이, 보살이라는 구의도 역시 이와 같아서 진실로 무소유이니라. 안처, 나아가 의처가 생겨남이 없고 소멸함이 없으며 짓는 것이 없고 무위이며 성취가 없고 파괴도 없으며 증득이 없고 버리는 것이 없으며 염오가 없고 청정함이 없다는 구의가 진실로 무소유인 것과 같이, 보살이라는 구의도 역시 이와 같아서 진실로 무소유이니라.

색처, 나아가 법처가 생겨남이 없고 소멸함이 없으며 짓는 것이 없고 무위이며 성취가 없고 파괴도 없으며 증득이 없고 버리는 것이 없으며 염오가 없고 청정함이 없다는 구의가 진실로 무소유인 것과 같이, 보살이라는 구의도 역시 이와 같아서 진실로 무소유이니라. 안계, 나아가 의계가 생겨남이 없고 소멸함이 없으며 짓는 것이 없고 무위이며 성취가 없고 파괴도 없으며 증득이 없고 버리는 것이 없으며 염오가 없고 청정함이 없다는 구의가 진실로 무소유인 것과 같이, 보살이라는 구의도 역시 이와 같아서 진실로 무소유이니라.

색계, 나아가 법계가 생겨남이 없고 소멸함이 없으며 짓는 것이 없고 무위이며 성취가 없고 파괴도 없으며 증득이 없고 버리는 것이 없으며 염오가 없고 청정함이 없다는 구의가 진실로 무소유인 것과 같이, 보살이라는 구의도 역시 이와 같아서 진실로 무소유이니라. 안식계, 나아가 의식계가 생겨남이 없고 소멸함이 없으며 짓는 것이 없고 무위이며 성취가 없고 파괴도 없으며 증득이 없고 버리는 것이 없으며 염오가 없고 청정함이 없다는 구의가 진실로 무소유인 것과 같이, 보살이라는 구의도 역시 이와 같아서 진실로 무소유이니라.

안촉, 나아가 의촉이 생겨남이 없고 소멸함이 없으며 짓는 것이 없고 무위이며 성취가 없고 파괴도 없으며 증득이 없고 버리는 것이 없으며 염오가 없고 청정함이 없다는 구의가 진실로 무소유인 것과 같이, 보살이라는 구의도 역시 이와 같아서 진실로 무소유이니라. 안계, 나아가 의계를 인연으로 생겨난 여러 수가 생겨남이 없고 소멸함이 없으며 짓는 것이 없고 무위이며 성취가 없고 파괴도 없으며 증득이 없고 버리는 것이 없으며 염오가 없고 청정함이 없다는 구의가 진실로 무소유인 것과 같이, 보살이라는 구의도 역시 이와 같아서 진실로 무소유이니라.

무명, 나아가 노사가 생겨남이 없고 소멸함이 없으며 짓는 것이 없고 무위이며 성취가 없고 파괴도 없으며 증득이 없고 버리는 것이 없으며 염오가 없고 청정함이 없다는 구의가 진실로 무소유인 것과 같이, 보살이라는 구의도 역시 이와 같아서 진실로 무소유이니라. 4념주, 나아가 8성도지가 생겨남이 없고 소멸함이 없으며 짓는 것이 없고 무위이며 성취가 없고 파괴도 없으며 증득이 없고 버리는 것이 없으며 염오가 없고 청정함이 없다는 구의가 진실로 무소유인 것과 같이, 보살이라는 구의도 역시 이와 같아서 진실로 무소유이니라.

이와 같아서 여래의 10력, 나아가 18불불공법이 생겨남이 없고 소멸함이 없으며 짓는 것이 없고 무위이며 성취가 없고 파괴도 없으며 증득이 없고 버리는 것이 없으며 염오가 없고 청정함이 없다는 구의가 진실로 무소유인 것과 같이, 보살이라는 구의도 역시 이와 같아서 진실로 무소유이니라.

다시 다음으로 선현이여. 4념주 나아가 8성도지가 반드시 결국에는 청정(淸淨)하다는 구의가 진실로 무소유인 것과 같이, 보살이라는 구의도 역시 이와 같아서 진실로 무소유이며, 이와 같이 나아가 여래의 10력, 나아가 18불불공법이 생겨남이 없고 소멸함이 없으며 짓는 것이 없고 무위이며 성취가 없고 파괴도 없으며 증득이 없고 버리는 것이 없으며 염오가 없고 청정함이 없다는 구의가 진실로 무소유인 것과 같이, 보살이라는 구의도 역시 이와 같아서 진실로 무소유이니라.

아(我), 나아가 견자(見者)의 구의가 진실로 무소유이고, 허용되는 소유

(所有)가 없는 것과 같은 까닭이며, 보살이라는 구의도 역시 다시 이와 같아서 실로 무소유이고, 해가 솟아나는 때에는 어둠이라는 구의가 진실로 무소유인 것과 같이, 보살이라는 구의도 역시 다시 이와 같아서 진실로 무소유이며, 겁(劫)이 끝나는 때에 제행(諸行)이라는 구의가 진실로 무소유인 것과 같이, 보살이라는 구의도 역시 다시 이와 같아서 실로 무소유이니라.

제여래·응공·정등각의 청정한 계온(戒蘊)의 가운데에서 악한 계율이라는 구의가 진실로 무소유인 것과 같이, 보살이라는 구의도 역시 다시 이와 같아서 진실로 무소유이고, 제여래·응공·정등각의 적정(寂靜)한 정온(定蘊)의 가운데에서 악한 계율이라는 구의가 진실로 무소유인 것과 같이, 보살이라는 구의도 역시 다시 이와 같아서 진실로 무소유이니라.

제여래·응공·정등각의 밝은(明) 혜온(慧蘊)의 가운데에서 악한 지혜라는 구의가 진실로 무소유인 것과 같이, 보살이라는 구의도 역시 다시 이와 같아서 진실로 무소유이며, 제여래·응공·정등각의 해탈온(解脫蘊)의 가운데에서 계박(繫縛)이라는 구의가 진실로 무소유인 것과 같이, 보살이라는 구의도 역시 다시 이와 같아서 진실로 무소유이며, 제여래·응공·정등각의 해탈지견온(解脫智見蘊)의 가운데에서 해탈지견이 아니라는 구의가 진실로 무소유인 것과 같이, 보살이라는 구의도 역시 다시 이와 같아서 진실로 무소유이니라.

해와 달의 큰 광명의 가운데에서 여러 어둠이라는 구의가 진실로 무소유인 것과 같이, 보살이라는 구의도 역시 다시 이와 같아서 진실로 무소유이고, 여래 광명의 가운데에서 일체의 해·달·별·보배(寶)·화약(火藥)과 제천(諸天)의 광명이라는 구의가 진실로 무소유인 것과 같이, 보살이라는 구의도 역시 다시 이와 같아서 진실로 무소유이니라.

왜 그러한가? 선현이여. 만약 보리(菩提)이거나, 만약 살타(薩埵)이거나, 만약 보살(菩薩)이라는 구의가 이와 같아서 일체가 모두 상응(相應)하지 않고 상응하지 않지도 않으며, 색깔이 없고, 볼 수도 없으며, 마주할 수 없는 하나의 상(日相)인데, 이를테면 무상(無相)이니라. 선현이여. 보살마하살들은 일체법에서 모두가 실유(實有)가 아니므로 집착이 없고 장애도 없으면서 마땅히 정근하면서 수학하며 상응하여 바르게 깨달아서 알아야 하느니라."

구수 선현이 곧 세존께 아뢰어 말하였다.

"제보살마하살들은 무엇 등의 일체법에서 모두가 실유가 아니므로 집착이 없고 장애도 없으면서 마땅히 정근하면서 수학해야 합니까? 제보살마하살들은 무엇 등의 일체법에서 상응하여 바르게 깨달아서 알아야 합니까?"

세존께서 선현에게 알리셨다.

"일체법이라는 것은 이를테면, 선법(善法)과 불선법(不善法), 유기법(有記法)과 무기법(無記法), 세간법(世間法)과 출세간법(出世間法), 유루법(有漏法)과 무루법(無漏法), 유위법(有爲法)과 무위법(無爲法), 공법(共法)과 불공법(不共法) 등이니라. 선현이여. 제보살마하살들은 이와 같은 일체의 법성(法性)에서 집으면서 마땅히 정근하면서 수학하며 상응하여 바르게 깨달아서 알아야 하느니라."

구수 선현이 다시 세존께 아뢰어 말하였다.

"무엇 등을 세간의 선법(善法)이라고 이름합니까?"

세존께서 선현에게 알리셨다.

"세간의 선법이라는 것은 이를테면, 부모에게 수순하면서 효도(孝順)하고 사문(沙門)을 공양(供養)하며, 스승과 존장(師長)을 섬기고 공경하는 것이거나, 보시 성품의 복덕사(福德事)이거나, 계율 성품의 복덕사이거나, 수행하는 성품의 복덕사이거나, 병자를 공양하고 모시는 함께 복을 행하는 것(供侍病者俱行福)이거나, 방편선교로 함께 복을 행하는 것(方便善巧俱行福)이거나, 세간의 10선업도(十善業道)이거나, 만약 방장상(胖脹想)·농란상(膿爛想)·청어상(靑瘀想)·이적상(異赤想)·파괴상(破壞想)·탁감상(啄瞰想)·이산상(離散想)·해골상(骸骨想)·분소상(焚燒想)이거나, 만약 세간의 4정려·4무량·4무색정(無色定)이거나, 만약 불수념(佛隨念)·법수념(法

隨念)·승수념(僧隨念)·계수념(戒隨念)·사수념(捨隨念)·천수념(天隨念)·적정수념(寂靜隨念)·입출식수념(入出息隨念)·신수념(身隨念)·사수념(死隨念) 등이니라. 선현이여. 이것 등을 세간의 선법이라고 이름하느니라."

구수 선현이 다시 세존께 아뢰어 말하였다.

"무엇 등을 불선법(不善法)이라고 이름합니까?"

세존께서 선현에게 알리셨다.

"불선법이라는 것은 이를테면, 생명을 해치는 것·주지 않았는데 취하는 것·음욕의 삿된 행·거짓말·이간하는 말·추악한 말·잡스럽고 지저분한 말·탐욕·성냄·삿된 견해·분노하고 한탄하는 것·덮임(覆)·번뇌(惱)·아첨(諂)·속임(誑)·꾸밈(矯)·해침(害)·질투(嫉)·간탐(慳)·거만(慢) 등을 행하는 것이니라. 선현이여. 이것 등을 불선법이라고 이름하느니라."

구수 선현이 다시 세존께 아뢰어 말하였다.

"무엇 등을 유기법(有記法)이라고 이름합니까?"

세존께서 선현에게 알리셨다.

"여러 선법과 선하지 않은 법으로 나아간다면(卽) 유기법이라고 이름하느니라."

구수 선현이 다시 세존께 아뢰어 말하였다.

"무엇 등을 무기법(無記法)이라고 이름합니까?"

세존께서 선현에게 알리셨다.

"이를테면, 무기(無記)3)의 신업(身業)·무기의 어업(語業)·무기의 의업(意業)·무기의 4대종(四大種)·무기의 5근(五根)·무기의 5온(吳蘊)·무기의 12처(十二處)·무기의 18계(十八界)·무기의 이숙법(異熟法) 등이니라. 선현이여. 이것 등을 무기법이라고 이름하느니라."

구수 선현이 다시 세존께 아뢰어 말하였다.

"무엇 등을 세간법(世間法)이라고 이름합니까?"

세존께서 선현에게 알리셨다.

---

3) 산스크리트어 avyākṛta의 번역이고, 선업과 악업으로 결정되지 않은 것이다.

"이를테면, 세간의 5온·12처·18계·10업도(十業道)·4정려·4무량·4무색정·12지연기법(十二支緣起法) 등이니라. 선현이여. 이것 등을 세간법이라고 이름하느니라."

구수 선현이 다시 세존께 아뢰어 말하였다.

"무엇 등을 출세간법(出世間法)이라고 이름합니까?"

세존께서 선현에게 알리셨다.

"이를테면, 출세간의 4념주·4정단·4신족·5근·5력·7등각지·8성도지, 공(空)·무상(無相)·무원해탈문(無願解脫門), 미지당지근(未知當知根)·이지근(已知根)·구지근(具知根), 유심유사삼마지(有尋有伺三摩地)·무심유사삼마지(無尋唯伺三摩地)·무심무사삼마지(無尋無伺三摩地)와 만약 명(明)이거나, 만약 해탈(解脫)이거나, 만약 염(念)이거나, 만약 정지(正知)이거나, 만약 이치와 같게 작의(如理作意)하거나, 만약 8해탈이거나, 만약 9차제정이거나, 만약 내공·외공·내외공·공공·대공·승의공·유위공·무위공·필경공·무제공·산공·무변이공·본성공·자상공·공상공·일체법공·불가득공·무성공·자성공·무성자성공이거나, 만약 여래의 10력·4무소외·4무애해·18불불공법 등이니라. 선현이여. 이것 등을 출세간법이라고 이름하느니라."

구수 선현이 다시 세존께 아뢰어 말하였다.

"무엇 등을 유루법(有漏法)이라고 이름합니까?"

세존께서 선현에게 알리셨다.

"이를테면, 3계(三界)에 퇴전하여 떨어지게 하는 것인 만약 5온·12처·18계이거나, 만약 4정려·4무량·4무색정 등이니라. 선현이여. 이것 등을 유루법이라고 이름하느니라."

구수 선현이 다시 세존께 아뢰어 말하였다.

"무엇 등을 무루법(無漏法)이라고 이름합니까?"

세존께서 선현에게 알리셨다.

"이를테면, 4념주, 나아가 18불불공법 등이니라. 선현이여. 이것 등을 유루법이라고 이름하느니라."

구수 선현이 다시 세존께 아뢰어 말하였다.
"무엇 등을 유위법(有爲法)이라고 이름합니까?"
세존께서 선현에게 알리셨다.
"이를테면, 삼계에 계박(繫縛)하는 법인 만약 5온이거나, 만약 4정려·4무량·4무색정이거나, 만약 4념주, 나아가 18불불공법 등이니라. 선현이여. 이것 등을 유위법이라고 이름하느니라."
구수 선현이 다시 세존께 아뢰어 말하였다.
"무엇 등을 무위법(無爲法)이라고 이름합니까?"
세존께서 선현에게 알리셨다.
"만약 법이 생겨남이 없거나, 소멸함이 없거나, 머무름이 없거나, 변이(變異)가 없거나, 만약 탐냄을 끝냈거나, 성냄을 끝냈거나, 어리석음을 끝냈거나, 만약 진여·법계·법성(法性)·불허망성(不虛妄性)·불변이성(不變異性)·평등성(平等性)·이생성(離生性)·법정(法定)·법주(法住)·실제(實際) 등이니라. 선현이여. 이것 등을 무위법이라고 이름하느니라."
구수 선현이 다시 세존께 아뢰어 말하였다.
"무엇 등을 공법(共法)이라고 이름합니까?"
세존께서 선현에게 알리셨다.
"이를테면, 세간의 4정려·4무량·4무색정·5신통 등이니라. 선현이여. 이것 등을 공법이라고 이름하는데, 이생(異生)들과 공유(共有)하는 까닭이니라."
구수 선현이 다시 세존께 아뢰어 말하였다.
"무엇 등을 불공법(不共法)이라고 이름합니까?"
세존께서 선현에게 알리셨다.
"이를테면, 4념주. 나아가 18불불공법 등이니라. 선현이여. 이것 등을 공법이라고 이름하는데, 이생들과 공유하지 않는 까닭이니라. 선현이여. 제보살마하살들은 반야바라밀다를 수행하는 때에 이와 같은 등의 자상(自相)이 공(空)한 법에 상응하여 집착하지 않는데, 일체법으로써 분별(分別)할 수 없는 까닭이니라. 선현이여. 제보살마하살들은 반야바라밀다를 수행하는 때에 일체법에서 무이(無二)로써 방편을 삼아서 상응하여 바르게 깨달아서 알아야 하나니, 일체법은 모두가 요동(搖動)이 없는 까닭이니라. 선현이여. 일체법에서 무이이고 요동이 없다면 이것이 보살의 구의(句義)이고, 분별과 집착이 없다면 이것이 보살이라는 구의이니, 이러한 까닭으로써 구의가 없는 이것이 보살이라는 구의이니라."

그때 구수 선현이 다시 세존께 아뢰어 말하였다.
"세존이시여. 무슨 인연으로 보살을 다시 마하살이라고 이름합니까?"
세존께서 선현에게 알리셨다.
"오히려 이 보살은 대유정(大有情)들의 가운데에서 마땅히 상수(上首)가 되는 까닭으로, 다시 마하살이라고 이름하느니라."
선현이 세존께서 선현에게 알리셨다.
"무엇 등이 대유정들이 된다고 이름하고, 보살은 그 가운데에서 마땅히 상수가 됩니까?"
세존께서 선현에게 알리셨다.
"이를테면, 종성(種性)에 머무르는 제8(第八)·예류(預流)·일래(一來)·불환(不還)·아라한(阿羅漢)·독각(獨覺)과 초발심(初發心)부터 나아가 불퇴전지(不退轉地)의 보살마하살이니라. 이와 같다면 모두를 대유정의 대중들이라고 이름하고, 보살은 이 대유정들의 가운데에서 마땅히 상수가 되는 까닭으로, 다시 마하살이라고 이름하느니라."
구수 선현이 다시 세존께 아뢰어 말하였다.
"이와 같은 보살들은 무슨 인연으로 능히 대유정들의 가운데에서 마땅히 상수가 됩니까?"
세존께서 선현에게 알리셨다.
"오히려 이 보살은 이미 견고한 금강유심정(金剛喩心定)을 일으켜서 퇴전하지 않고 파괴되지 않나니, 이러한 까닭으로 능히 대유정들에서 마땅히 상수가 되느니라."
선현이 다시 말하였다.

"무엇을 보살의 금강유심(金剛喩心)이라고 말합니까?"

세존께서 선현에게 알리셨다.

"만약 보살마하살이 '나는 지금 마땅히 큰 공덕의 갑옷을 입고서 무변(無邊)한 생사(生死)의 큰 광야(曠野)의 가운데에서 제유정들을 위하여 일체의 번뇌의 원적(怨敵)을 파괴하겠다.'라고 이와 같은 마음을 일으켰거나, '나는 마땅히 널리 일체 유정들의 무변한 생사의 큰 바다를 말리겠다.'라고 이와 같은 마음을 일으켰거나, '나는 마땅히 일체의 몸과 재물을 버리고 제유정들을 위하여 큰 요익(饒益)을 짓겠다.'라고 이와 같은 마음을 일으켰거나, '나는 마땅히 평등한 마음으로 일체의 유정들을 이익되고 안락하게 하겠다.'라고 이와 같은 마음을 일으켰거나, '나는 마땅히 널리 제유정의 부류들에게 3승도(三乘道)에서 유희(遊戲)하게 하고 열반(涅槃)에 나아가게 하겠다.'라고 이와 같은 마음을 일으켰거나,

'나는 마땅히 비록 3승으로써 일체의 유정을 제도하더라도 모두 한 유정이라도 멸도(滅度)를 얻는 것을 보지 않겠다.'라고 이와 같은 마음을 일으켰거나, '나는 마땅히 일체의 법성은 생겨남이 없고 소멸함이 없으며 청정함이 없고 염오가 없다고 명료하게 깨닫게 하겠다.'라고 이와 같은 마음을 일으켰거나, '나는 마땅히 순수한 일체지지(一切智智)와 상응하는 작의(作意)로써 6바라밀다를 수행하게 하겠다.'라고 이와 같은 마음을 일으켰거나, '나는 마땅히 일체법에서 수학하고서 구경(究竟)에 통달하여 묘한 지혜에 널리 들어가겠다.'라고 이와 같은 마음을 일으켰거나, '나는 마땅히 일체의 법상(法相)을 하나의 이취문(理趣門)으로 통달하겠다.'라고 이와 같은 마음을 일으켰거나,

'나는 마땅히 일체의 법상을 두 이취문으로 통달하겠다.'라고 이와 같은 마음을 일으켰거나, '나는 마땅히 일체의 법상을 많은 이취문으로 통달하겠다.'라고 이와 같은 마음을 일으켰거나, '나는 마땅히 여러 종류의 미묘한 지혜를 수학하고 여러 법성(法性)을 통달하여 수승한 공덕으로 이끌겠다.'라고 이와 같은 마음을 일으켰다면, 선현이여. 이것을 보살의 금강유심이라고 말하느니라. 만약 보살마하살이 얻을 수 없는 것으로써

방편을 삼아서 이러한 마음에 안주한다면 결정적으로 능히 대유정들에서 마땅히 상수가 되느니라.

　다시 다음으로 선현이여. 제보살마하살들이 '일체의 지옥·방생(傍生)·귀계·인간·천상 가운데의 제유정의 부류들이 받는 고뇌를 내가 마땅히 대신하여 받고서 그들을 안락하게 하겠다.'라고 이와 같은 마음을 일으켰거나, 제보살마하살들이 '나는 한 유정을 요익하게 하기 위한 까닭으로 무량한 백천 구지(俱胝)·나유타(那由多)의 겁을 지내면서 여러 지옥의 여러 종류의 무거운 고통을 받더라도 무수(無數)인 방편으로써 교화하여 무여열반(無餘涅槃)에 들어가게 하겠다. 이와 같이 차례로 널리 일체의 유정들을 요익되게 하기 위하여 그들 한 명·한 명을 위하여 각각 무량한 백천 구지·나유타의 겁을 지내면서 지옥에서 여러 종류의 무거운 고통을 받더라도 한 명·한 명을 각각 무수인 방편으로써 교화하여 무여열반에 들어가게 하겠다. 이러한 일을 짓고서 스스로가 선근(善根)을 심겠고, 다시 무량한 백천 구지·나유타의 겁을 지내면서 보리(菩提)의 자량(資糧)이 원만하게 수행하고 집적하겠으며, 그러한 뒤에 비로소 구하였던 것임 무상정등보리를 증득하겠다.'라고 이와 같은 마음을 일으켰다면, 선현이여. 이것을 보살의 금강유심이라고 말하느니라. 만약 보살마하살이 얻을 수 없는 것으로써 방편을 삼아서 이러한 마음에 안주한다면 결정적으로 능히 대유정들에서 마땅히 상수가 되느니라.

　다시 다음으로 선현이여. 제보살마하살들은 항상 수승한 마음(勝心)과 큰 마음(大心)을 일으키는데, 오히려 이러한 마음을 까닭으로 결정적으로 능히 대유정들에서 마땅히 상수가 되느니라."

　구수 선현이 다시 세존께 아뢰어 말하였다.
　"세존이시여. 무엇을 보살의 수승한 마음이고 큰 마음이라고 말합니까?"
　세존께서 선현에게 알리셨다.
　"제보살마하살들이 '나는 상응하여 초발심부터 나아가 일체지지를 증득할 때까지 결정적으로 마땅히 탐욕·성냄·어리석음·분노(忿)·원한(恨)·

덮임·번뇌·아첨·속임·질투·간탐·꾸밈·해침·삿된 견해·거만한 마음 등을 일으키지 않겠고, 역시 결정적으로 성문(聲聞)·독각지(獨覺地)를 구하면서 나아가는 마음을 결정적으로 일으키지 않겠다.'라고 이와 같은 마음을 일으켰다면, 선현이여. 이것이 보살의 수승한 마음이고 큰 마음이니라. 만약 보살마하살이 얻을 수 없는 것으로써 방편을 삼아서 이러한 마음에 안주한다면 결정적으로 능히 대유정들에서 마땅히 상수가 되느니라.

다시 다음으로 선현이여. 제보살마하살들이 결정적으로 기울어지거나, 요동하는 마음을 일으키지 않는다면, 오히려 이러한 마음을 까닭으로 결정적으로 능히 대유정들에서 마땅히 상수가 되느니라."

구수 선현이 다시 세존께 아뢰어 말하였다.

"세존이시여. 무엇을 보살의 기울어지거나 움직이지 않는 마음이라고 말합니까?"

세존께서 선현에게 알리셨다.

"제보살마하살들이 '나는 상응하여 항상 일체지지와 상응하는 작의를 수습하겠고, 일체의 처소에서 수습을 일으키겠으며, 지어야 할 것인 사업(事業)에서 교만(憍慢)과 방일(放逸)을 없게 하겠다.'라고 이와 같은 마음을 일으켰다면, 선현이여. 이것이 보살의 기울어지거나 요동하지 않는 마음이니라. 만약 보살마하살이 얻을 수 없는 것으로써 방편을 삼아서 이러한 마음에 안주한다면 결정적으로 능히 대유정들에서 마땅히 상수가 되느니라.

다시 다음으로 선현이여. 제보살마하살들이 널리 일체의 유정들의 부류에서 진실로 이익되고 안락하게 하고자 마음을 평등하게 일으킨다면, 오히려 이러한 마음을 까닭으로 결정적으로 능히 대유정들에서 마땅히 상수가 되느니라."

구수 선현이 다시 세존께 아뢰어 말하였다.

"세존이시여. 무엇을 보살의 진실로 이익되고 안락하게 하려는 마음이라고 말합니까?"

세존께서 선현에게 알리셨다.

"제보살마하살들이 '나는 마땅히 결정적으로 미래의 세상이 끝나도록 일체의 유정들을 이익되고 안락하게 하면서 귀의처·주저(洲渚)·주택(舍宅) 등을 짓고서 항상 버리고 벗어나지 않겠다.'라고 이와 같은 마음을 일으켰다면, 선현이여. 이것을 보살이 진실로 중생들을 이익되고 안락하게 하는 마음이라고 말하느니라. 만약 보살마하살이 얻을 수 없는 것으로써 방편을 삼아서 이러한 마음에 안주한다면 결정적으로 능히 대유정들에서 마땅히 상수가 되느니라.

다시 다음으로 선현이여. 제보살마하살들이 반야바라밀다를 수행하면서 항상 정근하면서 정진하고 법을 사랑하고 법을 즐거워하며 법을 공경하고 법을 기뻐한다면, 오히려 이러한 마음을 까닭으로 결정적으로 능히 대유정들에서 마땅히 상수가 되느니라."

구수 선현이 다시 세존께 아뢰어 말하였다.

"세존이시여. 무엇 등이 법이 됩니까? 무엇을 보살마하살들이 반야바라밀다를 수행하는 때에, 항상 이 법에서 사랑하고 즐거워하며 공경하고 기뻐한다고 말합니까?"

세존께서 선현에게 알리셨다.

"법이라고 말하는 것은 이를테면, 색과 색 아닌 것이 모두가 자성(自性)이 없으므로 모두 얻을 수 없으며, 파괴할 수 없고, 분별할 수 없나니, 이것을 법이라고 이름하느니라. 법을 사랑한다고 말하는 것은 이를테면, 이 법에서 욕망을 일으켜서 간절하게 구하는 것이니라. 법을 즐거워한다고 말하는 것은 이를테면, 이 법에서 공덕을 칭찬하는 것이니라. 법을 공경한다고 말하는 것은 이를테면, 이 법에서 환희(歡喜)하고 믿으면서 수지하는 것이니라. 법을 기뻐한다고 말하는 것은 이를테면, 이 법에서 사모(思慕)하는 마음이 많아서 수습하고 친근하며 소중하게 사랑하는 것이니라. 선현이여. 만약 보살마하살이 반야바라밀다를 수행하는 때에 얻을 수 없는 것으로써 방편을 삼아서 항상 능히 이와 같이 법을 사랑하고 법을 즐거워하며 법을 공경하고 법을 기뻐하면서 교만하지 않는다면 결정적으로 능히 대유정들에서 마땅히 상수가 되느니라.

다시 다음으로 선현이여. 만약 보살마하살이 반야바라밀다를 수행하는 때에 얻을 수 없는 것으로써 방편을 삼아서 내공, 나아가 무성자성공에 안주하고, 4념주, 나아가 18불불공법을 수행한다면, 이 보살마하살은 결정적으로 능히 대유정들에서 마땅히 상수가 되느니라. 다시 다음으로 선현이여. 만약 보살마하살이 반야바라밀다를 수행하는 때에 얻을 수 없는 것으로써 방편을 삼아서 금강유삼마지(金剛喩三摩地)에 안주하고, 나아가 집착이 없고 무위(無爲)이며 염오가 없어서 해탈하여 여허공삼마지(如虛空三摩地)에 안주한다면 이 보살마하살은 오히려 이러한 인연으로 결정적으로 능히 대유정들에서 마땅히 상수가 되느니라.

선현이여. 오히려 이와 같은 여러 종류의 인연으로 제보살마하살들은 결정적으로 능히 대유정들에서 마땅히 상수가 되느니라. 이러한 까닭으로 보살을 다시 마하살이라고 이름하느니라."

12. 단제견품(斷諸見品)

그때 사리자가 세존께 아뢰어 말하였다.

"세존이시여. 저도 역시 지혜(智慧)로써 변재(辯才)를 즐거워하는데, 제보살은 오히려 이러한 의취(義趣)를 까닭으로 마하살이라고 이름한다고 설하고자 합니다."

세존께서 사리자에게 알리셨다.

"그대의 뜻을 따라서 설하게."

사리자가 말하였다.

"세존이시여. 제보살들이 방편선교(方便善巧)로써 능히 유정들을 위하여 널리 법요(法要)를 설하면서 아견(我見)·유정견(有情見)·명자견(命者見)·생자견(生者見)·양자견(養者見)·사부견(士夫見)·보특가라견(補特伽羅見)·의생견(意生見)·유동견(儒童見)·작자견(作者見)·수자견(受者見)·

견자견(見者見)을 단절(斷絶)시켰다면, 오히려 이러한 의취를 까닭으로 마하살이라고 이름합니다. 세존이시여. 제보살들이 방편선교로써 유정들을 위하여 능히 법요를 널리 설하여서 상견(常見)·단견(斷見)·유견(有見)·무견(無見)을 단절시켰다면, 오히려 이러한 의취를 까닭으로 마하살이라고 이름합니다.

세존이시여. 제보살들이 방편선교로써 유정들을 위하여 능히 법요를 널리 설하여서 온견(蘊見)·처견(處見)·계견(界見)·제견(諦見)·연기견(緣起見)을 단절시켰다면, 오히려 이러한 의취를 까닭으로 마하살이라고 이름합니다. 세존이시여. 제보살들이 방편선교로써 유정들을 위하여 능히 법요를 널리 설하여서 4념주견(四念住見), 나아가 18불불공법견(十八佛不共法見)을 단절시켰다면, 오히려 이러한 의취를 까닭으로 마하살이라고 이름합니다.

세존이시여. 제보살들이 방편선교로써 유정들을 위하여 능히 법요를 널리 설하여서 성숙유정견(成熟有情見)·엄정불토견(嚴淨佛土見)·보살견(菩薩見)·여래견(如來見)·보리견(菩提見)·열반견(涅槃見)·법륜견(法輪見)을 단절하게 시켰다면 오히려 이러한 의취를 까닭으로 마하살이라고 이름합니다. 세존이시여. 제보살들이 방편선교로써 유정들을 위하여 얻을 수 없는 것으로써 방편을 삼아서 일체 견해의 법을 영원히 단절하게 널리 설하였다면, 오히려 이러한 의취를 까닭으로 마하살이라고 이름합니다."

그때 구수 선현이 사리자에게 물어 말하였다.

"만약 보살마하살이 능히 유정들을 위하여 얻을 수 없는 것으로써 방편을 삼아서 일체 견해의 법을 영원히 단절하게 널리 설하였다면, 무슨 인연으로 여러 보살은 있어서 스스로가 얻을 수 있는 것으로써 방편을 삼아서 온견·처견·계견·제견·연기견과 4념주견, 나아가 18불불공법견 및 성숙유정견·엄정불토견·보살견·여래견·보리견·열반견·법륜견을 일으킵니까?"

사리자가 대답하여 말하였다.

"만약 보살마하살이 반야바라밀다를 수행하는 때에 방편선교가 없는 자는 얻을 수 있는 것으로써 방편을 삼아서 온견, 나아가 법륜견을 일으키며, 이 보살마하살은 방편선교가 없는 까닭으로 결정적으로 능히 얻을 수 없는 것으로써 방편을 삼아서 제유정들을 위하여 여러 견해를 영원히 단절하라고 법요를 널리 설하지 못합니다. 만약 보살마하살이 반야바라밀다를 수행하는 때에 방편선교가 있는 자는 능히 유정들을 위하여 얻을 수 없는 것으로써 방편을 삼아서 여러 견해를 영원히 단절하라고 법요를 널리 설하나니, 이 보살마하살은 결정적으로 온 등의 여러 견해를 일으키지 않습니다."

그때 선현이 세존께 아뢰어 말하였다.
"세존이시여. 저도 역시 지혜(智慧)로써 변재(辯才)를 즐거워하는데, 제보살은 오히려 이러한 의취(義趣)를 까닭으로 마하살이라고 이름한다고 설하고자 합니다."
세존께서 사리자에게 알리셨다.
"그대의 뜻을 따라서 설하게."
선현이 말하였다.
"세존이시여. 제보살이 일체지지를 증득하는 것으로써 보리심(菩提心)·무등등심(無等等心)을 일으키고, 성문·독각 등의 마음을 공유하지 않으며, 이와 같은 마음에서 역시 취하거나 집착하지도 않는다면, 오히려 이러한 의취를 까닭으로 마하살이라고 이름합니다. 왜 그러한가? 세존이시여. 일체지지의 마음으로써 이것은 진실한 무루(無漏)이므로 삼계에 떨어지지 않고, 일체지지를 구하는 마음도 역시 이것이 진실한 무루이므로 삼계에 떨어지지 않으며, 이와 같은 마음에서 역시 취하거나 집착하지도 않는다면, 오히려 이러한 의취를 까닭으로 마하살이라고 이름합니다."
이때 사리자가 선현에게 물어 말하였다.
"무엇이 보살마하살의 무등등심이고, 성문·독각 등의 마음(心)을 공유하지 않는 것입니까?"
선현이 대답하여 말하였다.

"제보살마하살들은 초발심부터 적은 법이라도 생겨남이 있고 소멸함이 있으며 감소가 있고 증장이 있으며 염오가 있고 청정함이 있다고 보지 않습니다. 사리자여. 만약 적은 법이라도 생겨남이 있고 소멸함이 있으며 감소가 있고 증장이 있으며 염오가 있고 청정함이 있다고 보지 않는다면, 역시 성문심(聲聞心)·독각심(獨覺心)·보살심(菩薩心)·여래심(如來心)도 있다고 보지 않습니다. 사리자여. 이것은 보살마하살의 무등등심이고, 성문·독각 등의 마음을 공유하지 않는 마음입니다. 제보살마하살들은 이와 같은 마음들도 역시 취하거나 집착하지 않습니다."

이때 사리자가 선현에게 물어 말하였다.

"만약 보살마하살이 이와 같은 마음에서 상응하여 취하거나 집착하지 않아야 하고, 일체의 성문·독각·이생(異生) 등의 마음에서도 역시 상응하여 취하거나 집착하지 않아야 하며, 색·수·상·행·식의 마음, 나아기 18불불공법의 마음에서도 역시 상응하여 취하거나 집착하지 않아야 합니다. 왜 그러한가? 이와 같은 여러 마음은 심성(心性)이 없는 까닭입니다."

선현이 대답하여 말하였다.

"그와 같습니다. 그와 같습니다. 진실로 그대가 말한 것과 같습니다."

이때 사리자가 선현에게 물어 말하였다.

"만약 일체의 마음은 심성이 없는 까닭으로 상응하여 취하거나 집착하지 않아야 한다면 색·수·상·행·식도 역시 색·수·상·행·식의 심성이 없는 까닭으로 상응하여 취하거나 집착하지 않아야 하며, 나아가 18불불공법도 역시 18불불공법의 심성이 없는 까닭으로 상응하여 취하거나 집착하지 않아야 합니다."

선현이 대답하여 말하였다.

"그와 같습니다. 그와 같습니다. 진실로 그대가 말한 것과 같습니다."

사리자가 말하였다.

"만약 일체지지의 마음은 이것이 진실로 무루(無漏)이므로 삼계에 떨어지지 않는다면, 곧 일체의 어리석은 범부인 이생들과 성문·독각 등의 마음도 역시 상응하여 이것이 진실한 무루이므로 삼계에 떨어지지 않아야 합니다. 왜 그러한가? 이와 같은 여러 마음은 모두가 본성이 공(空)한 까닭입니다."

선현이 대답하여 말하였다.

"그와 같습니다. 그와 같습니다. 진실로 그대가 말한 것과 같습니다."

사리자가 말하였다.

"만약 이와 같이 마음은 본성이 공한 까닭으로 이것이 진실로 무루이므로 삼계에 떨어지지 않는다면, 색·수·상·행·식, 나아가 18불불공법도 역시 상응하여 이것이 진실한 무루이므로 삼계에 떨어지지 않아야 합니다. 왜 그러한가? 이와 같은 여러 마음은 모두가 본성이 공한 까닭입니다."

선현이 대답하여 말하였다.

"그와 같습니다. 그와 같습니다. 진실로 그대가 말한 것과 같습니다."

사리자가 말하였다.

"만약 마음과 색 등의 법이 마음과 색 등의 성품이 없는 까닭으로 상응하여 취하거나 집착하지 않는다면, 곧 일체법은 모두가 상응하여 평등하고, 모두 차별이 없어야 합니다."

선현이 대답하여 말하였다.

"그와 같습니다. 그와 같습니다. 진실로 그대가 말한 것과 같습니다."

사리자가 말하였다.

"만약 일체법 등이 차별이 없다면 어찌하여 여래께서는 마음과 색 등이 여러 종류의 변이(變異)가 있다고 설하셨습니까?"

선현이 대답하여 말하였다.

"이것은 이와 같이 여래(如來)께서 세속제(世俗諦)를 따라서 설하신 것이고, 승의제(勝義諦)를 따라서 설하지 않으셨습니다."

사리자가 말하였다.

"만약 여러 이생·성문·독각·보살·여래심(如來心)과 색 등의 법이 모두 이것이 무루이므로 삼계에 떨어지지 않는다면, 곧 여러 이생들과 여러 성자(聖者)·보살·여래께 상응하여 차별이 없어야 합니다."

선현이 대답하여 말하였다.

"그와 같습니다. 그와 같습니다. 진실로 그대가 말한 것과 같습니다."
사리자가 말하였다.
"만약 여러 범부·성자·보살·여래가 차별이 없다면 어찌하여 여래께서는 범부·성자·대인(大人)·소인(小人)에 여러 종류의 변이가 있다고 설하셨습니까?"
선현이 대답하여 말하였다.
"이것도 역시 여래께서 세속제를 의지하여 설하신 것이고, 승의제를 의지하여 설하지 않으셨습니다. 사리자여. 제보살마하살들은 반야바라밀다를 수행하는 때에 얻을 수 없는 것으로써 방편을 삼는 까닭으로, 대보리심(大菩提心)·무등등심(無等等心)을 일으키는 것에서 성문·독각 등의 마음을 공유하지 않고 의지하지 않으며 집착하지도 않고, 색과 색이 아닌 것, 나아가 18불불공법에서도 취하는 것이 없고 집착하는 것도 없습니다. 오히려 이러한 의취를 까닭으로 마하살이라고 이름합니다."

13. 육도피안품(六到彼岸品)(1)

그때 만자자(滿慈子)4)가 세존께 아뢰어 말하였다.
"세존이시여. 저도 역시 지혜로써 변재를 즐거워하는데, 제보살은 오히려 이러한 의취를 까닭으로 마하살이라고 이름한다고 설하고자 합니다."
세존께서 만자자에게 알리셨다.
"그대의 뜻을 따라서 설하게."

---

4) 산스크리트어 Purna Maitrayani-putra의 번역이고, 설법제일로 알려진 부루나존자를 가리킨다. 부루나미다라니자(富樓那彌多羅尼子)로 번역하는데, Purna는 '만족'을 의미하고, Maitrī에서 파생된 Maitra는 어머니의 성씨인데 인도의 일반적인 브라만 성씨의 하나이며, Putra는 '아들'을 뜻한다.

만자자가 말하였다.

"세존이시여. 제보살이 널리 일체의 유정들의 이익과 안락을 위하여 큰 공덕의 갑옷을 입고서 대승(大乘)으로 일으켜서 나아가는 까닭으로, 대승의 수레(乘)인 까닭으로 마하살이라고 이름합니다."

이때 사리자가 만자자에게 물어 말하였다.

"무엇이 보살마하살이 널리 일체의 유정들의 이익과 안락을 위하여 큰 공덕의 갑옷을 입는 것입니까?"

만자자가 대답하여 말하였다.

"사리자여. 제보살마하살들이 보시바라밀다(布施波羅蜜多)를 수행하는 때에 적은 부분에 유정들의 이익과 안락을 위하여 보시바라밀다를 수행하는 것이 아니고, 널리 일체의 유정들의 이익과 안락을 위하여 보시바라밀다를 수행하는 것이며, 제보살마하살들이 정계바라밀다(淨戒波羅蜜多)를 수행하는 때에 적은 부분에 유정들의 이익과 안락을 위하여 정계바라밀다를 수행하는 것이 아니고, 널리 일체의 유정들의 이익과 안락을 위하여 정계바라밀다를 수행하는 것이며, 제보살마하살들이 안인바라밀다(安忍波羅蜜多)를 수행하는 때에 적은 부분에 유정들의 이익과 안락을 위하여 안인바라밀다를 수행하는 것이 아니고, 널리 일체의 유정들의 이익과 안락을 위하여 안인바라밀다를 수행하는 것이며,

제보살마하살들이 정진바라밀다(精進波羅蜜多)를 수행하는 때에 적은 부분에 유정들의 이익과 안락을 위하여 정진바라밀다를 수행하는 것이 아니고, 널리 일체의 유정들의 이익과 안락을 위하여 정진바라밀다를 수행하는 것이며, 제보살마하살들이 정려바라밀다(靜慮波羅蜜多)를 수행하는 때에 적은 부분에 유정들의 이익과 안락을 위하여 정려바라밀다를 수행하는 것이 아니고, 널리 일체의 유정들의 이익과 안락을 위하여 정려바라밀다를 수행하는 것이며, 제보살마하살들이 반야바라밀다(般若波羅蜜多)를 수행하는 때에 적은 부분에 유정들의 이익과 안락을 위하여 반야바라밀다를 수행하는 것이 아니고, 널리 일체의 유정들의 이익과 안락을 위하여 반야바라밀다를 수행하는 것입니다. 사리자여. 이것이

보살마하살이 널리 일체의 유정들의 이익과 안락을 위하여 큰 공덕의 갑옷을 입는 것입니다.

다시 다음으로 사리자여. 제보살마하살들이 큰 공덕의 갑옷을 입고서 유정들의 이익과 안락을 위하여 부분의 한계(分限)를 짓지 않고 '나는 마땅히 그와 같이 소유한 유정들은 발제(拔濟)하여 무여반열반계(無餘般涅槃界)에 들어가게 하겠고, 그와 같이 소유한 유정들은 들어가지 못하게 하겠다. 나는 마땅히 그와 같이 소유한 유정들은 발제하여 무상정등보리에 안주하게 하겠고, 그와 같이 소유한 유정들은 안주하지 못하게 하겠다.'라고 이렇게 생각을 짓지 않습니다. 그렇지만 제보살마하살들은 널리 일체의 유정들을 발제하여 무여반열반계에 안주하게 합니다. 사리자여. 이것이 보살마하살이 널리 일체의 유정들의 이익과 안락을 위하여 큰 공덕의 갑옷을 입는 것입니다.

다시 다음으로 사리자여. 제보살마하살들은 '내가 마땅히 스스로에게 보시바라밀다를 원만(圓滿)하게 하겠고, 역시 일체의 유정들도 보시바라밀다를 원만하게 하겠으며, 내가 마땅히 스스로에게 정계바라밀다를 원만하게 하겠고, 역시 일체의 유정들도 정계바라밀다를 원만하게 하겠으며, 내가 마땅히 스스로에게 안인바라밀다를 원만하게 하겠고, 역시 일체의 유정들도 안인바라밀다를 원만하게 하겠으며, 내가 마땅히 스스로에게 정진바라밀다를 원만하게 하겠고, 역시 일체의 유정들도 정진바라밀다를 원만하게 하겠으며, 내가 마땅히 스스로에게 정려바라밀다를 원만하게 하겠고, 역시 일체의 유정들도 정려바라밀다를 원만하게 하겠으며, 내가 마땅히 스스로에게 반야바라밀다를 원만하게 하겠고, 역시 일체의 유정들도 반야바라밀다를 원만하게 하겠다.'라고 이렇게 생각을 짓지 않습니다. 제보살마하살들은 '내가 마땅히 스스로에게 이와 같은 6바라밀다를 의지(依止)하여 내공, 나아가 무성자성공에 안주하고, 4념주, 나아가 18불불공법을 수행하겠고, 역시 일체의 유정들도 이와 같은 6바라밀다를 의지하여 내공, 나아가 무성자성공에 안주하고, 4념주 나아가 18불불공법을 수행하게 하겠다.'라고 이렇게 생각을 짓지 않습니다. 제보살마하살들은 '내가 마땅히 스스로에게 이와 같은 6바라밀다를 의지하여 바르게 무상정등보리를 증득하여 무여의열반계에 들어가겠고, 역시 일체의 유정들도 이와 같은 6바라밀다를 의지하여 바르게 무상정등보리를 증득하여 무여의열반계에 들어가게 하겠다.'라고 이렇게 생각을 짓지 않습니다. 사리자여. 이것이 보살마하살이 널리 일체의 유정들의 이익과 안락을 위하여 큰 공덕의 갑옷을 입는 것입니다."

마하반야바라밀다경 제412권

13. 육도피안품(六到彼岸品)(2)

"다시 다음으로 사리자여. 제보살마하살들이 보시바라밀다를 수행하는 때에 일체지지에 상응(相應)하는 작의(作意)로써 보시바라밀다를 수행하였고, 이러한 선근(善根)을 지니고서 얻을 수 없는 것으로써 방편을 삼아서 일체의 유정들과 함께 일체지지로 회향(迴向)하였으며, 보시하는 때에 모든 인색함(慳悋)이 없었다면 사리자여. 이것이 보살마하살이 보시바라밀다를 수행하는 때에 입었던 것인 보시바라밀다의 큰 공덕의 갑옷(大功德鎧)입니다.

다시 다음으로 사리자여. 제보살마하살들이 보시바라밀다를 수행하는 때에 일체지지에 상응하는 작의로써 보시바라밀다를 수행하였고, 이러한 선근을 지니고서 얻을 수 없는 것으로써 방편을 삼아서 일체의 유정들과 함께 일체지지로 회향하였으며, 보시하는 때에 성문(聲聞)·독각(獨覺)의 작의를 일으키지 않았다면 사리자여. 이것이 보살마하살이 보시바라밀다를 수행하는 때에 입었던 것인 정계바라밀다의 큰 공덕의 갑옷입니다.

다시 다음으로 사리자여. 제보살마하살들이 보시바라밀다를 수행하는 때에 일체지지에 상응하는 작의로써 보시바라밀다를 수행하였고, 이러한 선근을 지니고서 얻을 수 없는 것으로써 방편을 삼아서 일체의 유정들과 함께 일체지지로 회향하였으며, 보시하는 때에 욕락(欲樂)의 안인(安忍)을 믿고서 보시법(布施法)을 수행하였다면 사리자여. 이것이 보살마하살이 보시바라밀다를 수행하는 때에 입었던 것인 안인바라밀다의 큰 공덕의 갑옷입니다.

다시 다음으로 사리자여. 제보살마하살들이 보시바라밀다를 수행하는 때에 일체지지에 상응하는 작의로써 보시바라밀다를 수행하였고, 이러한 선근을 지니고서 얻을 수 없는 것으로써 방편을 삼아서 일체의 유정들과 함께 일체지지로 회향하였으며, 보시하는 때에 용맹(勇猛)스럽게 정진(精進)하면서 가행(加行)을 버리지 않았다면 사리자여. 이것이 보살마하살이 보시바라밀다를 수행하는 때에 입었던 것인 정진바라밀다의 큰 공덕의 갑옷입니다.

다시 다음으로 사리자여. 제보살마하살들이 보시바라밀다를 수행하는 때에 일체지지에 상응하는 작의로써 보시바라밀다를 수행하였고, 이러한 선근을 지니고서 얻을 수 없는 것으로써 방편을 삼아서 일체의 유정들과 함께 일체지지로 회향하였으며, 보시하는 때에 일심(一心)으로 일체지지를 향하여 나아가면서(趣) 구경에 일체의 유정(有情)들을 이익되고 안락하게 하면서 성문·독각의 작의에 잡염(雜染)되지 않았다면 사리자여. 이것이 보살마하살이 보시바라밀다를 수행하는 때에 입었던 것인 정려바라밀다의 큰 공덕의 갑옷입니다.

다시 다음으로 사리자여. 제보살마하살들이 보시바라밀다를 수행하는 때에 일체지지에 상응하는 작의로써 보시바라밀다를 수행하였고, 이러한 선근을 지니고서 얻을 수 없는 것으로써 방편을 삼아서 일체의 유정들과 함께 일체지지로 회향하였으며, 보시하는 때에 환영과 같다는 생각에 안주하여 보시하는 자·보시받는 자·보시하는 물건·보시에서 얻는 과보 등을 얻으려고 하지 않았다면 사리자여. 이것이 보살마하살이 보시바라밀다를 수행하는 때에 입었던 것인 반야바라밀다의 큰 공덕의 갑옷입니다.

사리자여. 이와 같이 보살마하살은 보시바라밀다를 수행하는 때에 구족된 6바라밀다의 큰 공덕의 갑옷을 입습니다. 사리자여. 만약 보살마하살이 일체지지와 상응하는 작의로써 보시바라밀다를 수행하는 때에 6바라밀다에서 상(相)을 취하지 않았고 얻지 않았다면, 이 보살마하살은 큰 공덕의 갑옷을 입었다고 마땅히 알아야 합니다.

다시 다음으로 사리자여. 제보살마하살들이 정계바라밀다를 수행하는 때에 일체지지에 상응하는 작의로써 정계바라밀다를 수행하였고, 이러한 선근을 지니고서 얻을 수 없는 것으로써 방편을 삼아서 일체의 유정들과 함께 일체지지로 회향하였으며, 정계를 수행하는 때에 소유한 것에서 모두 인색함이 없었다면 사리자여. 이것이 보살마하살이 정계바라밀다를 수행하는 때에 입었던 것인 보시바라밀다의 큰 공덕의 갑옷입니다.

다시 다음으로 사리자여. 제보살마하살들이 정계바라밀다를 수행하는 때에 일체지지에 상응하는 작의로써 정계바라밀다를 수행하였고, 이러한 선근을 지니고서 얻을 수 없는 것으로써 방편을 삼아서 일체의 유정들과 함께 일체지지로 회향하였으며, 정계를 수행하는 때에 여러 성문(聲聞)·독각지(獨覺地)에도 오히려 나아가려고 구하지 않는데, 하물며 이생지(異生地)에 나아가고자 구하겠습니까? 사리자여. 이것이 보살마하살이 정계바라밀다를 수행하는 때에 입었던 것인 정계바라밀다의 큰 공덕의 갑옷입니다.

다시 다음으로 사리자여. 제보살마하살들이 정계바라밀다를 수행하는 때에 일체지지에 상응하는 작의로써 정계바라밀다를 수행하였고, 이러한 선근을 지니고서 얻을 수 없는 것으로써 방편을 삼아서 일체의 유정들과 함께 일체지지로 회향하였으며, 정계를 수행하는 때에 정계법(淨戒法)에서 욕락의 안인을 신해하였다면 사리자여. 이것이 보살마하살이 정계바라밀다를 수행하는 때에 입었던 것인 안인바라밀다의 큰 공덕의 갑옷입니다.

다시 다음으로 사리자여. 제보살마하살들이 정계바라밀다를 수행하는 때에 일체지지에 상응하는 작의로써 정계바라밀다를 수행하였고, 이러한 선근을 지니고서 얻을 수 없는 것으로써 방편을 삼아서 일체의 유정들과 함께 일체지지로 회향하였으며, 정계를 수행하는 때에 용맹스럽게 정진하면서 가행을 버리지 않았다면 사리자여. 이것이 보살마하살이 정계바라밀다를 수행하는 때에 입었던 것인 정진바라밀다의 큰 공덕의 갑옷입니다.

다시 다음으로 사리자여. 제보살마하살들이 정계바라밀다를 수행하는 때에 일체지지에 상응하는 작의로써 정계바라밀다를 수행하였고, 이러한 선근을 지니고서 얻을 수 없는 것으로써 방편을 삼아서 일체의 유정들과 함께 일체지지로 회향하였으며, 정계를 수행하는 때에 순수한 대비(大悲)로써 상수(上首)를 삼고서 오히려 이승(二乘)의 작의에 잡염되지 않는데, 하물며 이생(異生)의 마음에 잡염되겠습니까? 사리자여. 이것이 보살마하살이 정계바라밀다를 수행하는 때에 입었던 것인 정려바라밀다의 큰 공덕의 갑옷입니다.

다시 다음으로 사리자여. 제보살마하살들이 정계바라밀다를 수행하는 때에 일체지지에 상응하는 작의로써 정계바라밀다를 수행하였고, 이러한 선근을 지니고서 얻을 수 없는 것으로써 방편을 삼아서 일체의 유정들과 함께 일체지지로 회향하였으며, 정계를 수행하는 때에 일체법에서 환영과 같다는 생각에 안주하여 정계행(淨戒行)에 의지함이 없고 얻는 것도 없나니, 본성이 공(空)한 까닭입니다. 사리자여. 이것이 보살마하살이 정계바라밀다를 수행하는 때에 입었던 것인 반야바라밀다의 큰 공덕의 갑옷입니다.

사리자여. 이와 같이 보살마하살은 정계바라밀다를 수행하는 때에 구족된 6바라밀다의 큰 공덕의 갑옷을 입습니다. 사리자여. 만약 보살마하살이 일체지지와 상응하는 작의로써 정계바라밀다를 수행하는 때에 6바라밀다에서 상을 취하지 않았고 얻지 않았다면, 이 보살마하살은 큰 공덕의 갑옷을 입었다고 마땅히 알아야 합니다.

다시 다음으로 사리자여. 제보살마하살들이 안인바라밀다를 수행하는 때에 일체지지에 상응하는 작의로써 안인바라밀다를 수행하였고, 이러한 선근을 지니고서 얻을 수 없는 것으로써 방편을 삼아서 일체의 유정들과 함께 일체지지로 회향하였으며, 안인을 수행하는 때에 안인을 성취하기 위하여 몸과 목숨 등에서 사랑하면서 집착하는 것이 없었다면 사리자여. 이것이 보살마하살이 안인바라밀다를 수행하는 때에 입었던 것인 보시바라밀다의 큰 공덕의 갑옷입니다.

다시 다음으로 사리자여. 제보살마하살들이 안인바라밀다를 수행하는 때에 일체지지에 상응하는 작의로써 안인바라밀다를 수행하였고, 이러한 선근을 지니고서 얻을 수 없는 것으로써 방편을 삼아서 일체의 유정들과 함께 일체지지로 회향하였으며, 안인을 수행하는 때에 여러 성문과 독각 등의 하열(下劣)한 작의에 잡염되지 않았다면 사리자여. 이것이 보살마하살이 안인바라밀다를 수행하는 때에 입었던 것인 정계바라밀다의 큰 공덕의 갑옷입니다.

다시 다음으로 사리자여. 제보살마하살들이 안인바라밀다를 수행하는 때에 일체지지에 상응하는 작의로써 안인바라밀다를 수행하였고, 이러한 선근을 지니고서 얻을 수 없는 것으로써 방편을 삼아서 일체의 유정들과 함께 일체지지로 회향하였으며, 안인을 수행하는 때에 안인법(安忍法)에서 욕락의 안인을 신해하였다면 사리자여. 이것이 보살마하살이 안인바라밀다를 수행하는 때에 입었던 것인 안인바라밀다의 큰 공덕의 갑옷입니다.

다시 다음으로 사리자여. 제보살마하살들이 안인바라밀다를 수행하는 때에 일체지지에 상응하는 작의로써 안인바라밀다를 수행하였고, 이러한 선근을 지니고서 얻을 수 없는 것으로써 방편을 삼아서 일체의 유정들과 함께 일체지지로 회향하였으며, 안인을 수행하는 때에 용맹스럽게 정진하면서 가행을 버리지 않았다면 사리자여. 이것이 보살마하살이 안인바라밀다를 수행하는 때에 입었던 것인 정진바라밀다의 큰 공덕의 갑옷입니다.

다시 다음으로 사리자여. 제보살마하살들이 안인바라밀다를 수행하는 때에 일체지지에 상응하는 작의로써 안인바라밀다를 수행하였고, 이러한 선근을 지니고서 얻을 수 없는 것으로써 방편을 삼아서 일체의 유정들과 함께 일체지지로 회향하였으며, 안인을 수행하는 때에 섭수된 마음이 하나의 경계이었고 비록 여러 고통을 만났더라도 마음에 요란함이 없었다면 사리자여. 이것이 보살마하살이 안인바라밀다를 수행하는 때에 입었던 것인 정려바라밀다의 큰 공덕의 갑옷입니다.

다시 다음으로 사리자여. 제보살마하살들이 안인바라밀다를 수행하는 때에 일체지지에 상응하는 작의로써 안인바라밀다를 수행하였고, 이러한 선근을 지니고서 얻을 수 없는 것으로써 방편을 삼아서 일체의 유정들과 함께 일체지지로 회향하였으며, 안인을 수행하는 때에 환영과 같다는 생각에 안주하여 불법을 집적(集積)하기 위하여 유정을 성숙(成熟)시켰고 제법이 공(空)하다고 관찰하면서 원한과 해침에 집착하지 않았다면 사리자여. 이것이 보살마하살이 안인바라밀다를 수행하는 때에 입었던 것인 반야바라밀다의 큰 공덕의 갑옷입니다.

사리자여. 이와 같이 보살마하살은 안인바라밀다를 수행하는 때에 구족된 6바라밀다의 큰 공덕의 갑옷을 입습니다. 사리자여. 만약 보살마하살이 일체지지와 상응하는 작의로써 안인바라밀다를 수행하는 때에 6바라밀다에서 상을 취하지 않았고 얻지 않았다면, 이 보살마하살은 큰 공덕의 갑옷을 입었다고 마땅히 알아야 합니다.

다시 다음으로 사리자여. 제보살마하살들이 정진바라밀다를 수행하는 때에 일체지지에 상응하는 작의로써 정진바라밀다를 수행하였고, 이러한 선근을 지니고서 얻을 수 없는 것으로써 방편을 삼아서 일체의 유정들과 함께 일체지지로 회향하였으며, 정진을 수행하는 때에 능히 정근(精勤)하면서 난행(難行)과 보시행(施行)을 수학(修學)하였다면 사리자여. 이것이 보살마하살이 정진바라밀다를 수행하는 때에 입었던 것인 보시바라밀다의 큰 공덕의 갑옷입니다.

다시 다음으로 사리자여. 제보살마하살들이 정진바라밀다를 수행하는 때에 일체지지에 상응하는 작의로써 정진바라밀다를 수행하였고, 이러한 선근을 지니고서 얻을 수 없는 것으로써 방편을 삼아서 일체의 유정들과 함께 일체지지로 회향하였으며, 정진을 수행하는 때에 정근하면서 정계(淨戒)를 호지(護持)하였고 결국 훼손하거나 범하지 않았다면 사리자여. 이것이 보살마하살이 정진바라밀다를 수행하는 때에 입었던 것인 정계바라밀다의 큰 공덕의 갑옷입니다.

다시 다음으로 사리자여. 제보살마하살들이 정진바라밀다를 수행하는 때에 일체지지에 상응하는 작의로써 정진바라밀다를 수행하였고, 이러한 선근을 지니고서 얻을 수 없는 것으로써 방편을 삼아서 일체의 유정들과 함께 일체지지로 회향하였으며, 정진을 수행하는 때에 능히 정근하면서 난행과 보시행을 수학하였다면 사리자여. 이것이 보살마하살이 정진바라밀다를 수행하는 때에 입었던 것인 안인바라밀다의 큰 공덕의 갑옷입니다.

다시 다음으로 사리자여. 제보살마하살들이 정진바라밀다를 수행하는 때에 일체지지에 상응하는 작의로써 정진바라밀다를 수행하였고, 이러한 선근을 지니고서 얻을 수 없는 것으로써 방편을 삼아서 일체의 유정들과 함께 일체지지로 회향하였으며, 정진을 수행하는 때에 능히 정근하면서 요익(饒益)이 있는 고행(苦行)을 수학하였다면 사리자여. 이것이 보살마하살이 정진바라밀다를 수행하는 때에 입었던 것인 정진바라밀다의 큰 공덕의 갑옷입니다.

다시 다음으로 사리자여. 제보살마하살들이 정진바라밀다를 수행하는 때에 일체지지에 상응하는 작의로써 정진바라밀다를 수행하였고, 이러한 선근을 지니고서 얻을 수 없는 것으로써 방편을 삼아서 일체의 유정들과 함께 일체지지로 회향하였으며, 정진을 수행하는 때에 능히 정근하면서 정려(靜慮)의 등지(等至)를 수학하였다면 사리자여. 이것이 보살마하살이 정진바라밀다를 수행하는 때에 입었던 것인 정려바라밀다의 큰 공덕의 갑옷입니다.

다시 다음으로 사리자여. 제보살마하살들이 정진바라밀다를 수행하는 때에 일체지지에 상응하는 작의로써 정진바라밀다를 수행하였고, 이러한 선근을 지니고서 얻을 수 없는 것으로써 방편을 삼아서 일체의 유정들과 함께 일체지지로 회향하였으며, 정진을 수행하는 때에 능히 정근하면서 집착이 없는 지혜를 수학하였다면 사리자여. 이것이 보살마하살이 정진바라밀다를 수행하는 때에 입었던 것인 반야바라밀다의 큰 공덕의 갑옷입니다.

사리자여. 이와 같이 보살마하살은 정진바라밀다를 수행하는 때에 구족된 6바라밀다의 큰 공덕의 갑옷을 입습니다. 사리자여. 만약 보살마하살이 일체지지와 상응하는 작의로써 정진바라밀다를 수행하는 때에 6바라밀다에서 상을 취하지 않고 얻지 않는다면, 이 보살마하살은 큰 공덕의 갑옷을 입었다고 마땅히 알아야 합니다.

다시 다음으로 사리자여. 제보살마하살들이 정려바라밀다를 수행하는 때에 일체지지에 상응하는 작의로써 정려바라밀다를 수행하였고, 이러한 선근을 지니고서 얻을 수 없는 것으로써 방편을 삼아서 일체의 유정들과 함께 일체지지로 회향하였으며, 정려를 수행하는 때에 적정한 마음으로 보시를 행하였고 요란한 마음과 아까워하는 마음이 다시 현전(現前)하지 않았다면 사리자여. 이것이 보살마하살이 정려바라밀다를 수행하는 때에 입었던 것인 보시바라밀다의 큰 공덕의 갑옷입니다.

다시 다음으로 사리자여. 제보살마하살들이 정려바라밀다를 수행하는 때에 일체지지에 상응하는 작의로써 정려바라밀다를 수행하였고, 이러한 선근을 지니고서 얻을 수 없는 것으로써 방편을 삼아서 일체의 유정들과 함께 일체지지로 회향하였으며, 정려를 수행하는 때에 정려의 마음으로 정계를 호지하여 여러 악한 계율이 다시 현전하지 않았다면 사리자여. 이것이 보살마하살이 정려바라밀다를 수행하는 때에 입었던 것인 정계바라밀다의 큰 공덕의 갑옷입니다.

다시 다음으로 사리자여. 제보살마하살들이 정려바라밀다를 수행하는 때에 일체지지에 상응하는 작의로써 정려바라밀다를 수행하였고, 이러한 선근을 지니고서 얻을 수 없는 것으로써 방편을 삼아서 일체의 유정들과 함께 일체지지로 회향하였으며, 정려를 수행하는 때에 자비의 정려에 안주하여 안인을 수행하여 유정들을 번뇌시키지 않았다면 사리자여. 이것이 보살마하살이 정려바라밀다를 수행하는 때에 입었던 것인 정계바라밀다의 큰 공덕의 갑옷입니다.

다시 다음으로 사리자여. 제보살마하살들이 정려바라밀다를 수행하는 때에 일체지지에 상응하는 작의로써 정려바라밀다를 수행하였고, 이러한 선근을 지니고서 얻을 수 없는 것으로써 방편을 삼아서 일체의 유정들과 함께 일체지지로 회향하였으며, 정려를 수행하는 때에 청정한 정려에 안주하여 정근하면서 공덕을 수행하였고 여러 해태(懈怠)를 벗어났다면 사리자여. 이것이 보살마하살이 정려바라밀다를 수행하는 때에 입었던 것인 정진바라밀다의 큰 공덕의 갑옷입니다.

다시 다음으로 사리자여. 제보살마하살들이 정려바라밀다를 수행하는 때에 일체지지에 상응하는 작의로써 정려바라밀다를 수행하였고, 이러한 선근을 지니고서 얻을 수 없는 것으로써 방편을 삼아서 일체의 유정들과 함께 일체지지로 회향하였으며, 정려를 수행하는 때에 정려 등을 의지하여 수승한 정려를 이끌어서 일으켰고 요란(擾亂)한 마음을 벗어났다면 사리자여. 이것이 보살마하살이 정려바라밀다를 수행하는 때에 입었던 것인 정려바라밀다의 큰 공덕의 갑옷입니다.

다시 다음으로 사리자여. 제보살마하살들이 정려바라밀다를 수행하는 때에 일체지지에 상응하는 작의로써 정려바라밀다를 수행하였고, 이러한 선근을 지니고서 얻을 수 없는 것으로써 방편을 삼아서 일체의 유정들과 함께 일체지지로 회향하였으며, 정려를 수행하는 때에 정려 등을 의지하여 수승한 정지혜를 이끌어서 일으켰고 악한 지혜의 마음을 벗어났다면 사리자여. 이것이 보살마하살이 정려바라밀다를 수행하는 때에 입었던 것인 반야바라밀다의 큰 공덕의 갑옷입니다.

사리자여. 이와 같이 보살마하살은 정려바라밀다를 수행하는 때에 구족된 6바라밀다의 큰 공덕의 갑옷을 입습니다. 사리자여. 만약 보살마하살이 일체지지와 상응하는 작의로써 정려바라밀다를 수행하는 때에 6바라밀다에서 상을 취하지 않았고 얻지 않았다면, 이 보살마하살은 큰 공덕의 갑옷을 입었다고 마땅히 알아야 합니다.

다시 다음으로 사리자여. 제보살마하살들이 반야바라밀다를 수행하는 때에 일체지지에 상응하는 작의로써 반야바라밀다를 수행하였고, 이러한 선근을 지니고서 얻을 수 없는 것으로써 방편을 삼아서 일체의 유정들과 함께 일체지지로 회향하였으며, 반야를 수행하는 때에 능히 일체를 보시하더라도 보시하는 자·보시받는 자·보시하는 물건 등을 능히 보지 않았다면 사리자여. 이것이 보살마하살이 반야바라밀다를 수행하는 때에 입었던 것인 보시바라밀다의 큰 공덕의 갑옷입니다.

다시 다음으로 사리자여. 제보살마하살들이 반야바라밀다를 수행하는 때에 일체지지에 상응하는 작의로써 반야바라밀다를 수행하였고, 이러한 선근을 지니고서 얻을 수 없는 것으로써 방편을 삼아서 일체의 유정들과 함께 일체지지로 회향하였으며, 반야를 수행하는 때에 비록 정계(淨戒)를 호지하더라도 지계(持戒)와 범계(犯戒)의 차별을 모두 보지 않았다면 사리자여. 이것이 보살마하살이 반야바라밀다를 수행하는 때에 입었던 것인 정계바라밀다의 큰 공덕의 갑옷입니다.

다시 다음으로 사리자여. 제보살마하살들이 반야바라밀다를 수행하는 때에 일체지지에 상응하는 작의로써 반야바라밀다를 수행하였고, 이러한 선근을 지니고서 얻을 수 없는 것으로써 방편을 삼아서 일체의 유정들과 함께 일체지지로 회향하였으며, 반야를 수행하는 때에 수승하고 공(空)한 지혜에 의지하여 안인을 수행하면서 능히 안인과 인인 등의 일이라는 것을 보지 않았다면 사리자여. 이것이 보살마하살이 반야바라밀다를 수행하는 때에 입었던 것인 안인바라밀다의 큰 공덕의 갑옷입니다.

다시 다음으로 사리자여. 제보살마하살들이 반야바라밀다를 수행하는 때에 일체지지에 상응하는 작의로써 반야바라밀다를 수행하였고, 이러한 선근을 지니고서 얻을 수 없는 것으로써 방편을 삼아서 일체의 유정들과 함께 일체지지로 회향하였으며, 반야를 수행하는 때에 비록 제법이 모두 필경공(畢竟空)이라고 관찰하였고 대비(大悲)로써 선법(善法)을 정근하면서 수행하였다면 사리자여. 이것이 보살마하살이 반야바라밀다를 수행하는 때에 입었던 것인 정진바라밀다의 큰 공덕의 갑옷입니다.

다시 다음으로 사리자여. 제보살마하살들이 반야바라밀다를 수행하는 때에 일체지지에 상응하는 작의로써 반야바라밀다를 수행하였고, 이러한 선근을 지니고서 얻을 수 없는 것으로써 방편을 삼아서 일체의 유정들과 함께 일체지지로 회향하였으며, 반야를 수행하는 때에 비록 수승한 정려를 수행하였고 정려의 경계도 모두 필경공이라고 관찰하였다면 사리자여. 이것이 보살마하살이 반야바라밀다를 수행하는 때에 입었던 것인 정려바라밀다의 큰 공덕의 갑옷입니다.

다시 다음으로 사리자여. 제보살마하살들이 반야바라밀다를 수행하는 때에 일체지지에 상응하는 작의로써 반야바라밀다를 수행하였고, 이러한 선근을 지니고서 얻을 수 없는 것으로써 방편을 삼아서 일체의 유정들과 함께 일체지지로 회향하였으며, 반야를 수행하는 때에 일체법·일체의 유정과 일체의 행(行)이 모두 환영 등과 같다고 관찰하였고 여러 종류의 집착이 없는 지혜를 수행하였다면 사리자여. 이것이 보살마하살이 반야바라밀다를 수행하는 때에 입었던 것인 반야바라밀다의 큰 공덕의 갑옷입니다.

사리자여. 이와 같이 보살마하살은 반야바라밀다를 수행하는 때에 구족된 6바라밀다의 큰 공덕의 갑옷을 입습니다. 사리자여. 만약 보살마하살이 일체지지와 상응하는 작의로써 반야바라밀다를 수행하는 때에 6바라밀다에서 상을 취하지 않았고 얻지 않았다면, 이 보살마하살은 큰 공덕의 갑옷을 입었다고 마땅히 알아야 합니다.

사리자여. 이와 같다면 제보살마하살이 널리 일체의 유정들의 이익과 안락을 위하여 큰 공덕의 갑옷을 입는 것입니다. 사리자여. 제보살마하살들이 하나하나의 바라밀다에 안주하면서 모두 6바라밀다를 수행하여 원만함을 얻게 하나니, 이러한 까닭으로 큰 공덕의 갑옷을 입는다고 이름합니다.

다시 다음으로 사리자여. 제보살마하살들이 정려(精慮)의 무량(無量)과 무색(無色)을 얻었더라도 맛(味)으로 집착하지 않고, 역시 그 세력을 따라서 생(生)을 받지도 않으며, 역시 그 세력에 끌려가지 않았다면 사리자여. 이것이 보살마하살이 정려바라밀다를 수행하는 때에 입었던 것인 방편선교반야바라밀다(方便善巧般若波羅蜜多)의 큰 공덕의 갑옷입니다.

다시 다음으로 사리자여. 정려의 무량과 무색을 얻었더라도 원리견(遠離見)·적정견(寂靜見)과 공견(空見)·무상견(無相見)·무원견(無願見)에 안주하여 실제(實際)를 증득하지 않았고, 성문·독각지에 들어가지 않았으며, 수승한 일체의 성문·독각을 초월한다면 사리자여. 이것이 보살마하살이 정려바라밀다를 수행하는 때에 입었던 것인 방편선교반야바라밀다의 큰 공덕의 갑옷입니다. 사리자여. 오히려 제보살들은 널리 일체의 유정들의 이익과 안락을 위하여 이와 같은 등의 큰 공덕의 갑옷을 입는 까닭으로 다시 마하살이라고 이름합니다.

사리자여. 이와 같이 널리 유정들의 이익과 안락을 위하여 큰 공덕의 갑옷을 입는 보살마하살은 널리 시방의 긍가사(殑伽沙) 등의 제불세계의 일체 여래(如來)·응공(應供)·정등각(正等覺)들의 처소의 대중 가운데에서 환희하시고 찬탄하면서 '무슨 방위의 어느 세계의 가운데에 누구라고 이름하는 보살이 있는데, 널리 유정들의 이익과 안락을 위하여 큰 공덕의 갑옷을 입고서 불국토를 청정하게 장엄하고, 유정들을 성숙(成熟)시키며, 신통으로 유희(遊戱)하면서 지을 것을 상응하여 짓는구나.'라고 이와 같이 말을 짓는 것이고, 이와 같이 전전(展轉)하여서 소리가 시방에 가득하다면 인간과 천상 등이 듣고 모두 크게 환희하면서 '이 보살마하살은 오래지 않아서 마땅히 구하였던 것인 무상정등보리를 증득하여 제유정들에게 모두 이익과 안락을 얻게 하신다.'라고 함께 이와 같이 말을 짓습니다."

그때 사리자가 만자자에게 물어 말하였다.
"무엇이 보살마하살이 널리 제유정들의 이익과 안락을 위한 까닭으로 대승(大乘)을 일으켜서 나아가는 것입니까?"
만자자가 대답하여 말하였다.
"사리자여. 제보살마하살들이 널리 일체의 유정들의 이익과 안락을 위하여 6바라밀다의 큰 공덕의 갑옷을 입었다면, 다시 제유정들을 이익과 안락을 위한 까닭으로 욕망의 악한 불선법을 벗어나서 유심유사(有尋有伺)의 이생희락(離生喜樂)으로 초정려(初靜慮)에 들어가서 구족(具足)하고서 안주하고, [자세한 내용은 생략한다.(廣說)] 나아가, 즐거움도 단절하고 괴로움도 단절하므로 이전의 기쁨과 근심이 사라져서 괴롭지도 않고 즐겁지도 않은 사념청정(捨念淸淨)을 얻고서 4정려(四靜慮)에 들어가서 구족하고서 안주합니다. 다시 정려를 의지하여 자구심(慈俱心)을 일으키므로 행상(行相)이 넓고 크며 무이(無二)이고 무량(無量)하며 원한이 없고 해침이 없으며 한탄(恨)이 없고 번뇌가 없는 두루 원만하고 선(善)을 수행하여서 수승한 신해(信解)가 주위에 넓고 시방에 가득하며, 허공이 끝나고 법계가 마치도록 인자한 마음과 수승한 신해를 구족하고서 안주하며, 비(悲)·희(喜)·사(捨)를 구족한 마음의 행상(行相)과 수승한 신해를 일으키는 것도 역시 다시 이와 같습니다.

이러한 가행(加行)에 의지하여 다시 일체의 색상(色想)·멸유대상(滅有對想)·부사유종종상(不思惟種種想)을 일으켜서 무변한 공무변처(空無邊處)에 들어가서 구족하고서 안주하며, [자세한 내용은 생략한다.(廣說)] 나아가, 무소유처(無所有處)를 초월하여 비상비비상처(非想非非想處)에 들어가서 구족하고서 안주합니다. 사리자여. 이 보살마하살은 이와 같은 정려의 무량(無量)과 무색(無色)에 의지하여 얻을 수 없는 것으로써 방편을 삼고서 일체의 유정들과 함께 일체지지로 회향(回向)하였다면 사리자여. 이것이 보살마하살이 널리 일체의 유정들의 이익과 안락을 위하여 대승에 나아가는 것입니다.

다시 다음으로 사리자여. 제보살마하살들은 널리 일체의 유정들의 이익과 안락을 위한 까닭으로 먼저 스스로가 이와 같은 정려의 무량과 무색에 안주하여 들어가고(入) 머무르며(住) 나오는(出) 것의 여러 행(行)·상(相)·형상(狀)을 잘 분별하고 알아서 자재(自在)함을 얻었고, 다시 '나는 지금 마땅히 일체지지에 상응하는 작의(作意)로써 대비(大悲)를 상수로 삼아서 일체의 유정들의 여러 번뇌를 단절하기 위한 까닭으로, 여러 정려의 무량과 무색을 설하면서 분별하고서 열어서 보여주면서 여러 정려의 번민(愛味)·허물(過患)·출리(出離)와 더불어 들어가고 머무르며 나오는 것의 여러 행·상·형상을 잘 명료하게 알게 하겠다.'라고 다시 이렇게 생각을 지었다면 사리자여. 이것이 보살마하살이 정려바라밀다를 의지하여 보시바라밀다를 수행하면서 널리 제유정들의 이익과 안락을 위한 까닭으로 대승을 일으켜서 나아가는 것입니다.

만약 보살마하살이 일체지지에 상응하는 작의로써 대비를 상수로 삼고서 여러 정려의 무량과 무색에서 설하는 때에, 성문·독각 등의 마음에 잡염되지 않는다면 사리자여. 이것이 보살마하살이 정려바라밀다에 의지하여 정계바라밀다를 수행하고, 널리 제유정들의 이익과 안락을 위한 까닭으로 대승을 일으켜서 나아가는 것입니다.

만약 보살마하살이 일체지지에 상응하는 작의로써 대비를 상수로 삼고서 여러 정려의 무량과 무색에서 설하는 때에, 이와 같은 법에서 욕락의 안인을 신해하였다면 사리자여. 이것이 보살마하살이 정려바라밀다에 의지하여 안인바라밀다를 수행하면서 널리 제유정들의 이익과 안락을 위한 까닭으로 대승을 일으켜서 나아가는 것입니다.

만약 보살마하살이 일체지지에 상응하는 작의로써 대비를 상수로 삼고서 여러 정려의 무량과 무색에서 수행하는 때에, 스스로가 선근(善根)으로써 유정들을 위한 까닭으로 무상정등보리를 구하여 회향하고, 여러 선근에서 정근하면서 쉬지 않았다면 사리자여. 이것이 보살마하살이 정려바라밀다에 의지하여 정진바라밀다를 수행하면서 널리 제유정들의 이익과 안락을 위한 까닭으로 대승을 일으켜서 나아가는 것입니다.

만약 보살마하살이 일체지지에 상응하는 작의로써 대비를 상수로 삼고서 여러 정려의 무량과 무색에 의지하여 수승한 등지(等至)·등지(等持)·해탈(解脫)·승처(勝處)·변처(遍處) 등의 정려를 이끌어서 일으키면서 들어가고 머무르며 나오는 것에 모두 자재함을 얻고서 성문·독각의 지위에 떨어지지 않았다면 사리자여. 이것이 보살마하살이 정려바라밀다에 의지하여 정려바라밀다를 수행하면서 널리 제유정들의 이익과 안락을 위한 까닭으로 대승을 일으켜서 나아가는 것입니다.

만약 보살마하살이 일체지지에 상응하는 작의로써 대비를 상수로 삼고서 여러 정려의 무량과 무색에서 수행하는 때에, 여러 정려의 무량과 무색, 더불어 정려지(精慮支)에서, 무상(無常)·고(苦)·무아(無我)의 행상과 더불어 공(空)·무상(無相)·무원(無願)의 행상으로써 여실(如實)하게 관찰하면서 대비를 버리지 않았고, 성문·독각의 지위에 떨어지지 않았다면 사리자여. 이것이 보살마하살이 정려바라밀다에 의지하여 반야바라밀다를 수행하면서 널리 일체의 유정들의 이익과 안락을 위한 까닭으로 대승을 일으켜서 나아가는 것입니다.

다시 다음으로 사리자여. 만약 보살마하살이 일체지지에 상응하는 작의로써 대비를 상수로 삼고서 자정(慈定)을 수행하는 때에, '나는 마땅히 일체의 유정들을 진제(賑濟)1)하여서 모두가 안락을 얻게 하겠다.'라고 이렇게 생각을 지었고, 비정(悲定)을 수행하는 때에, '나는 마땅히 일체의 유정들을 구제하고 건져내어(救拔) 모든 고통을 벗어나게 하겠다.'라고 이렇게 생각을 지었으며, 희정(喜定)을 수행하는 때에, '나는 마땅히 일체의 유정들을 찬탄하고 격려하여 모두 해탈을 얻게 하겠다.'라고 이렇게 생각을 지었고, 사정(捨定)을 수행하는 때에, '나는 마땅히 일체의 유정들을 동등하고 이익되게 하여 여러 번뇌를 끝내게 하겠다.'라고 이렇게 생각을 지었다면 사리자여. 이것이 보살마하살이 무량(無量)에 의지하여 보시바라밀다를 수행하면서 널리 일체의 유정들의 이익과 안락을 위한 까닭으로 대승을 일으켜서 나아가는 것입니다.

만약 보살마하살이 일체지지에 상응하는 작의로써 대비를 상수로 삼고서 4무량에 들어가고 머무르며 나오는 때에, 결국 성문·독각을 구하지 않았고 오직 무상정등보리를 구한다면 사리자여. 이것이 보살마하살이 무량에 의지하여 정계바라밀다를 수행하고, 널리 일체의 유정들의 이익과 안락을 위한 까닭으로 대승을 일으켜서 나아가는 것입니다.

만약 보살마하살이 일체지지에 상응하는 작의로써 대비를 상수로 삼고서 4무량에 들어가고 머무르며 나오는 때에, 성문·독각의 작의에 잡염되지 않았고, 오직 무상정등보리에서 욕락의 안인을 신해하였다면 사리자여. 이것이 보살마하살이 무량에 의지하여 안인바라밀다를 수행하면서 널리 일체의 유정들의 이익과 안락을 위한 까닭으로 대승을 일으켜서 나아가는 것입니다.

만약 보살마하살이 일체지지에 상응하는 작의로써 대비를 상수로 삼고서 4무량에 들어가고 머무르며 나오는 때에, 정근하면서 여러 악(惡)을 단절하였고 정근하면서 여러 선(善)을 수행하였으며 보리를 구하여 나아가면서 일찍이 잠시도 버리지 않았다면 사리자여. 이것이 보살마하살이 무량에 의지하여 정진바라밀다를 수행하면서 널리 일체의 유정들의 이익과 안락을 위한 까닭으로 대승을 일으켜서 나아가는 것입니다.

만약 보살마하살이 일체지지에 상응하는 작의로써 대비를 상수로 삼고

---

1) 흉년이 들었던 시절에 굶주린 사람들에게 곡물을 무상으로 지급하여 구제하였던 정책을 가리킨다.

서 4무량에 들어가고 머무르며 나오는 때에, 여러 등지(等持)와 등지(等至)를 이끌어서 일으켰고, 능히 그 가운데에서 크게 자재(自在)함을 얻었으며, 그 정려에게 이끌려서 빼앗기지 않았고, 역시 그들의 세력(勢力)을 따라서 생겨남을 받지 않았다면 사리자여. 이것이 보살마하살이 무량에 의지하여 정려바라밀다를 수행하면서 널리 일체의 유정들의 이익과 안락을 위한 까닭으로 대승을 일으켜서 나아가는 것입니다.

만약 보살마하살이 일체지지에 상응하는 작의로써 대비를 상수로 삼고서 4무량에 들어가고 머무르며 나오는 때에, 무상·고·무아의 행상과 공·무상·무원의 행상으로써 여실하게 관찰하면서 대비를 버리지 않았고, 성문·독각지에 떨어지지 않았다면 사리자여. 이것이 보살마하살이 무량에 의지하여 반야바라밀다를 수행하고, 널리 일체의 유정들의 이익과 안락을 위한 까닭으로 대승을 일으켜서 나아가는 것입니다.

사리자여. 만약 보살마하살들이 이와 같은 등의 방편선교에 의지하여 6바라밀다를 수습(修習)하였다면, 널리 일체의 유정들의 이익과 안락을 위한 까닭으로 대승을 일으켜서 나아가는 것입니다.

다시 다음으로 사리자여. 만약 보살마하살이 일체지지에 상응하는 작의로써 대비를 상수로 삼아서 일체 종류의 4념주, 나아가 8성도지를 수행하였고, 일체 종류의 3해탈문을 수행하였으며, 나아가 일체 종류의 여래의 10력, 나아가 18불불공법을 수행하였고, 얻을 수 없는 것으로써 방편을 삼아서 일체 유정들과 함께 일체지지로 회향하였다면 사리자여. 이것이 보살마하살이 널리 일체의 유정들의 이익과 안락을 위한 까닭으로 대승을 일으켜서 나아가는 것입니다.

다시 다음으로 사리자여. 만약 보살마하살이 일체지지에 상응하는 작의로써 대비를 상수로 삼고 얻을 수 없는 것으로써 방편을 삼아서 내공(內空)의 지혜, 나아가 무성자성공(無性自性空)의 지혜를 일으켰고, 얻을 수 없는 것으로써 방편을 삼아서 일체의 유정들과 함께 일체지지로 회향하였다면 사리자여. 이것이 보살마하살이 널리 일체의 유정들의 이익과 안락을 위한 까닭으로 대승을 일으켜서 나아가는 것입니다.

다시 다음으로 사리자여. 만약 보살마하살이 일체지지에 상응하는 작의로써 대비를 상수로 삼고 얻을 수 없는 것으로써 방편을 삼아서 일체법에서 요란하지 않고 안정되지도 않은 미묘한 지혜·항상하지 않고 무상(無常)하지도 않은 미묘한 지혜·즐겁지 않고 괴롭지도 않은 미묘한 지혜·내(我)가 아니고 무아(無我)도 아닌 미묘한 지혜·청정(淨)하지 않고 부정(不淨)하지 않은 미묘한 지혜·공(空)이 아니고 불공(不空)도 아닌 미묘한 지혜·유상(有相)이 아니고 무상(無相)도 아닌 미묘한 지혜·유원(有願)이 아니고 무원(無願)도 아닌 미묘한 지혜·적정하지 않고 적정하지 않은 것도 아닌 미묘한 지혜·멀리 벗어나지 않고 멀리 벗어나지 않은 깃도 아닌 미묘한 지혜를 일으켰고, 얻을 수 없는 것으로써 방편을 삼아서 일체의 유정들과 함께 일체지지로 회향하였다면 사리자여. 이것이 보살마하살이 널리 일체의 유정들의 이익과 안락을 위한 까닭으로 대승을 일으켜서 나아가는 것입니다.

만약 보살마하살이 일체지지에 상응하는 작의로써 대비를 상수로 삼고 지혜로 과거·미래·현재에 수행하지 않았더라도 3세(三世)의 법을 알지 못하는 것이 아니고, 지혜로 욕계(欲界)·색계(色界)·무색계(無色界)에서 수행하지 않았더라도 3세의 법을 알지 못하는 것이 아니며, 지혜로 선(善)·불선(不善)·무기(無記)에서 수행하지 않았더라도 삼세의 법을 알지 못하는 것이 아니고, 지혜로 세간(世間)·출세간(出世間)에 수행하지 않았더라도 세간과 출세간의 법을 알지 못하는 것이 아니며, 지혜로 유위(有爲)와 무위(無爲)에서 수행하지 않았더라도 유위와 무위의 법을 알지 못하는 것은 아니고, 지혜로 유루(有漏)와 무루(無漏)에서 수행하지 않았더라도 유루와 무루의 법을 알지 못하는 것이 아니며, 지혜로 얻을 수 없는 것으로써 방편을 삼아서 일체의 유정들과 함께 일체지지로 회향하였다면 사리자여. 이것이 보살마하살이 널리 일체의 유정들의 이익과 안락을 위한 까닭으로 대승을 일으켜서 나아가는 것입니다. 사리자여. 제보살이 오히려 이와 같은 등의 방편선교(方便善巧)로써 널리 여러 유정들의 이익과 안락을 위한 까닭으로 대승을 일으켜서 나아가는 것입니다.

사리자여. 이와 같이 널리 유정들의 이익과 안락을 위하여 대승을 일으켜서 나아가는 보살마하살은 널리 시방의 긍가사 등의 제불세계의 일체 여래·응공·정등각들의 처소의 대중 가운데에서 환희하고 찬탄하면서 '무슨 방위의 어느 세계의 가운데에 누구라고 이름하는 보살이 있는데, 널리 유정들의 이익과 안락을 위하여 대승을 일으키고 나아가면서 불국토를 청정하게 장엄하고, 유정들을 성숙시키며, 신통으로 유희하면서 지을 것을 상응하여 짓는구나.'라고 이와 같이 말을 짓는 것이고, 이와 같이 전전하여서 소리가 시방에 가득하다면 인간과 천상 등이 듣고 모두 크게 환희하면서 '이 보살마하살은 오래지 않아서 마땅히 구하였던 것인 무상정등보리를 증득하고서 제유정들에게 모두 이익과 안락을 얻게 하신다.'라고 함께 이와 같이 말을 짓습니다."

14. 승대승품(乘大乘品)

그때 사리자가 만자자에게 물어 말하였다.

"무엇이 보살마하살이 널리 제유정들의 이익과 안락을 위한 까닭으로 대승(大乘)을 타는 것입니까?"

만자자가 대답하여 말하였다.

"사리자여. 만약 보살마하살이 일체지지에 상응하는 작의로써 대비를 상수로 삼고 얻을 수 없는 것으로써 방편을 삼아서 비록 보시바라밀다를 탔더라도 보시바라밀다를 얻지 못하였고 보시하는 자·보시받는 자·보시하는 물건·보시를 막는 법이라는 것을 얻지 못하였으며, 비록 정계바라밀다를 탔더라도 정계바라밀다를 얻지 못하였고 지계하는 자·범계하는 자와 아울러 지계를 막는 법이라는 것을 얻지 못하였으며, 비록 안인바라밀다를 탔더라도 능히 안인바라밀다를 얻지 못하였고 능히 안인하는 자·안인하는 경계인 것과 아울러 안인을 막는 법이라는 것을 얻지 못하였으며, 비록 정진바라밀다를 탔더라도 정진바라밀다를 얻지 못하였고 정진하는 자·해태(懈怠)한 자와 아울러 정진을 막는 법이라는 것을 얻지 못하였으며, 비록 정려바라밀다를 탔더라도 정려바라밀다를 얻지 못하였고 정려를 수행하는 자·산란(散亂)한 자를 얻지 못하였으며 정려의 경계와 아울러 정려를 막는 법이라는 것을 얻지 못하였고, 비록 반야바라밀다를 탔더라도 반야바라밀다를 얻지 못하였고 지혜를 수행하는 자와 우치한 자를 얻지 못하였으며 선·불선·무기를 얻지 못하였고 세간법과 출세간법을 얻지 못하였으며 유위법과 무위법을 얻지 못하였고 유루법과 무루법과 아울러 막는 법을 얻지 못하였다면, 사리자여. 이것이 보살마하살이 제유정들의 이익과 안락을 위한 까닭으로 대승을 타는 것입니다.

다시 다음으로 사리자여. 만약 보살마하살이 일체지지에 상응하는 작의로써 대비를 상수로 삼고 얻을 수 없는 것을 수용하여 방편으로 삼아서 버리기 위하여 수행하였던 까닭으로 4념주, 나아가 8성도지를 수행하였고, 3해탈문을 수행하였으며, 이와 같이 나아가 여래의 10력, 나아가 18불불공법을 수행하였다면 사리자여. 이것이 보살마하살이 제유정들의 이익과 안락을 위한 까닭으로 대승을 타는 것입니다.

다시 다음으로 사리자여. 만약 보살마하살이 일체지지에 상응하는 작의로써 대비를 상수로 삼고 얻을 수 없는 것을 수용하여 방편으로 삼아서 '보살마하살은 다만 가명으로 시설(施設)하였던 언설(言說)이 있으므로 보리(菩提)와 살타(薩埵)는 함께 얻을 수 없는 까닭이고, 색, 나아가 식도 다만 가명으로 시설하였던 언설이 있으므로 얻을 수 없는 까닭이며, 안(眼), 나아가 의(意)도 다만 가명으로 시설하였던 언설이 있으므로 얻을 수 없는 까닭이고, 색(色), 나아가 법(法)도 다만 가명으로 시설하였던 언설이 있으므로 얻을 수 없는 까닭이며, 안식계(眼識界), 나아가 의식계(意識界)도 다만 가명으로 시설하였던 언설이 있으므로 얻을 수 없는 까닭이고, 4념주, 나아가 8성도지도 다만 가명으로 시설하였던 언설이 있으므로 얻을 수 없는 까닭이며, 내공, 나아가 무성자성공도 다만 가명으로 시설하였던 언설이 있으므로 얻을 수 없는 까닭이고, [자세한 내용은 생략한다.(廣說)] 나아가, 여래의 10력, 나아가 18불불공법은 다만 가명으로 시설하였던 언설이 있으므로 얻을 수 없는 까닭이며, 진여(眞如)·법계(法界)·법성(法性)·법정(法定)·법주(法住)·실제(實際)도 다만 가명으로 시설하였던 언설이 있으므로 얻을 수 없는 까닭이며, 능히 깨달은 것(能覺)과 깨달아지는 것(所覺)도 다만 가명으로 시설하였던 언설이 있으므로 얻을 수 없는 까닭이고, 제불(諸佛)의 무상정등보리도 다만 가명으로 시설하였던 언설이 있으므로 얻을 수 없는 까닭이다.'라고 여실하게 관찰하였다면 사리자여. 이것이 보살마하살이 제유정들의 이익과 안락을 위한 까닭으로 대승을 타는 것입니다.

다시 다음으로 사리자여. 만약 보살마하살이 일체지지에 상응하는 작의로써 대비를 상수로 삼고 얻을 수 없는 것을 수용하여 방편으로 삼아서 초발심부터 나아가 일체지지를 증득하기까지 항상 수행이 원만하여 신통(神通)에서 퇴전(退轉)하지 않고, 유정을 성숙시키며, 불국토를 청정하게 장엄하면서 한 불국토에서 다른 불국토에 이르면서 제불(諸佛)·세존(世尊)을 공양(供養)하고 공경(恭敬)하며 존중(尊重)하고 찬탄(讚嘆)하며, 제불의 처소에서 대승에 상응하는 미묘한 법을 들었다면 수지(受持)하고, 이미 듣고서 수지하였다면 이치와 같게 사유하고 정근하면서 수학한다면 사리자여. 이것이 보살마하살이 제유정들의 이익과 안락을 위한 까닭으로 대승을 타는 것입니다.

사리자여. 이 보살마하살은 비록 대승을 타고 한 불국토에서 다른 불국토에 이르면서 제불·세존을 공양하고 공경하며 존중하고 찬탄하며, 제불의 처소에서 미묘한 법을 듣고서 수지하고 유정을 성숙시키며 불국토를 청정하게 장엄하였더라도 마음에는 모두 불국토 등의 생각이 없습니다. 사리자여. 이 보살마하살은 불이(不二)의 지위에 안주하여 제유정을 상응하여 '무슨 몸으로써 제도를 얻게 하겠는가?'라고 관찰하고서 나아가 곧 이와 같은 몸을 받아서 나타냅니다. 사리자여. 이 보살마하살은 일체지지를 증득하기까지 태어났던 처소라는 것을 따라서 항상 대승의 법을 멀리 벗어나지 않습니다.

사리자여. 이 보살마하살은 오래지 않아서 일체지지를 증득하여 천상과 인간들을 위하여 바른 법륜(法輪)을 굴리는데, 이와 같은 법륜은 성문·독각·천마(天魔)·범천(梵天) 등의 처소에서는 능히 굴리지 못합니다. 사리자여. 제보살은 널리 제유정들의 이익과 안락을 위한 까닭으로 대승을 타는 까닭으로 다시 마하살이라고 이름합니다.

사리자여. 이와 같이 널리 유정들의 이익과 안락을 위하여 대승을 일으켜서 나아가는 보살마하살은 널리 시방의 긍가사 등의 제불세계의 일체 여래·응공·정등각들의 처소의 대중 가운데에서 환희하시고 찬탄하면서 '무슨 방위의 어느 세계의 가운데에 누구라고 이름하는 보살이 있는데, 널리 유정들의 이익과 안락을 위하여 대승을 탔으며 오래지 않아서 일체지지를 증득하고서 천상과 인간들을 위하여 바른 법륜을 굴리는데, 이와 같은 법륜은 성문·독각·천마·범천 등의 처소에서는 능히 굴리지 못한다.'라고 이와 같이 말을 짓는 것이고, 이와 같이 전전하여서 소리가 시방에 가득하다면 인간과 천상 등이 듣고 모두 크게 환희하면서 '이 보살마하살은 오래지 않아서 마땅히 일체지지를 증득하여 미묘한 법륜을 굴리면서 무량한 대중들을 제도하실 것이다.'라고 함께 이와 같이 말을 짓습니다."

마하반야바라밀다경 제413권

15. 무박해품(無縛解品)

　그때 구수(具壽) 선현(善現)이 세존께 아뢰어 말하였다.
　"세존이시여. 보살마하살은 대승의 갑옷(鎧)을 입는 자가 설하신 것과 같다면, 어찌하여 보살마하살이 대승의 갑옷을 입었습니까?"
　세존께서 선현에게 알리셨다.
　"만약 보살마하살이 보시, 나아가 반야바라밀다의 갑옷을 입는다면 이것은 보살마하살이 대승의 갑옷을 입는 것이고, 만약 보살마하살이 4념주, 나아가 8성도지의 갑옷을 입는다면 이것은 보살마하살이 대승의 갑옷을 입는 것이며, 만약 보살마하살이 내공, 나아가 무성자성공의 갑옷을 입는다면 이것은 보살마하살이 대승의 갑옷을 입는 것이고, 만약 보살마하살이 여래의 10력, 나아가 18불불공법의 갑옷을 입는다면 이것은 보살마하살이 대승의 갑옷을 입는 것이며, 보살마하살이 일체지·도상지·일체상지의 갑옷을 입는다면 이것은 보살마하살이 대승의 갑옷을 입는 것이고, 만약 보살마하살이 스스로가 몸을 변화시켜 여래의 형상과 같게 하였고 광명을 펼치면서 삼천대천세계(三千大天世界), 나아가 시방의 긍가사 등의 제불세계를 비추면서 일체의 유정들에게 요익(饒益)한 일을 짓는다면 이것이 보살마하살이 대승의 갑옷을 입는 것이니라.
　다시 다음으로 선현이여. 만약 보살마하살이 이와 같은 등의 여러 공덕의 갑옷을 입고서 큰 광명을 펼치면서 삼천대천세계, 나아가 시방의 긍가사 등의 제불세계를 비추고, 역시 여러 세계를 여섯 가지로 세 번을 변동(變動)시키는데 이를테면, 변동(動)이고 지극한 변동(極動)이며 동등하고 지극한 변동(等極動) 등이었고, 일체의 유정들을 위하여 큰 요익을 지었다면 선현이여. 이것이 보살마하살이 대승의 갑옷을 입는 것이니라.

다시 다음으로 선현이여. 만약 보살마하살이 보시바라밀다의 큰 공덕의 갑옷을 입고 삼천대천세계를 두루 변화시켜서 폐유리(吠琉璃)와 같게 하고, 역시 스스로가 몸을 변화시켜서 큰 전륜왕(轉輪王)이 되어 7보(七寶)와 권속들을 모두 원만하게 하고서 일체의 유정의 부류들이 음식(食)이 필요하면 음식을 주고, 마실 것(飮)이 필요하면 마실 것을 주며 옷(衣)이 필요하면 옷을 주고, 수레(乘)가 필요하면 수레를 주며, 바르는 향(塗香)·가루 향(末香)·태우는 향(燒香)·꽃다발(花鬘)·방사(房舍)·와구(臥具)·의약품(醫藥)·등불(燈燭)·진주(眞珠)·금(金)·은(銀)과 나머지 여러 종류의 진귀한 보배와 자구(資具)를 그들이 필요한 것을 따라서 모두 베풀어주고, 이렇게 보시를 짓고서 다시 6도피안(六到彼岸)[1]에 상응(相應)하는 법을 널리 설하여 그들이 들었다면 결국 떨어지지 않고 무상정등보리를 증득할 때까지 항상 6도피안에 상응하는 법을 항상 버리지 않게 하느니라. 선현이여. 이것이 보살마하살이 대승의 갑옷을 입는 것이니라.

선현이여. 만약 공교(工巧)의 마술사나, 혹은 그의 제자들이 네거리에 서 있으면서 대중들을 앞에 마주하고서 여러 종류의 가난한 유정들을 변화시켜 짓고서 그들이 필요한 것을 따라서 모두를 변화로 베풀어주었다면 그대의 뜻은 어떠한가? 이와 같은 환영의 일이 진실로 있겠는가?"

선현이 대답하여 말하였다.

"아닙니다. 세존이시여."

세존께서 선현에게 알리셨다.

"제보살마하살들도 그와 같아서 능히 보시바라밀다의 큰 공덕의 갑옷을 입고서, 혹은 세계를 폐유리와 같이 변화시켰거나, 혹은 스스로가 몸을 전륜왕 등으로 변화시켜서 그 유정들이 필요한 것을 따라서 베풀어주

---

1) 6바라밀다(六波羅蜜多)를 다르게 부르는 말이다.

었거나, 혹은 6도피안에 상응하는 법을 널리 설하였다면, 이와 같은 보살들이 비록 하였던 일은 있으나 그 실제는 있지 않으니라. 왜 그러한가? 제법의 성상(性相)이 다 환영과 같은 까닭이니라.

다시 다음으로 선현이여. 만약 보살마하살이 스스로가 정계바라밀다의 큰 공덕의 갑옷을 입고서 유정들을 위한 까닭으로 전륜왕의 가문에 태어나서 전륜왕의 지위를 이어받아서 부귀(富貴)하고 자재(自在)하면서 무량한 백천 구지(俱胝)·나유타(那由多)의 대중들을 10선업도(十善業道)에 안립시키고, 혹은 4정려·4무량·4무색정이거나, 혹은 4념주, 나아가 8성도지이거나, 혹은 공·무상·무원해탈문이거나, 혹은 여래의 10력, 나아가 18불불공법에 안주하게 하였으며, 역시 이와 같은 제법을 널리 설하여 그들에게 안주하게 하고 무상정등보리를 증득하기까지 이러한 법에서 항상 버리고서 벗어나지 않게 하였다면 선현이여. 이것이 보살마하살이 대승의 갑옷을 입는 것이니라.

선현이여. 만약 공교의 마술사나, 혹은 그의 제자들이 네거리에서 대중들 앞에서 무량한 백천 유정들에게 변화를 지어서 10선업도, 나아가 18불불공법에 안주하게 하였다면 그대의 생각은 어떠한가? 이와 같은 환영의 일이 진실로 있겠는가?"

선현이 대답하여 말하였다.

"아닙니다. 세존이시여."

세존께서 선현에게 알리셨다.

"제보살마하살들도 그와 같아서 유정들을 위한 까닭으로 전륜왕의 지위를 이어받아서 부귀하고 자재하면서 무량한 백천 구지·나유타의 대중들을 10선업도에 안립시키고, 혹은 여래의 10력, 나아가 18불불공법에 안주하게 하였다면 이와 같은 보살들이 비록 하였던 일은 있더라도 그것이 진실로 있지 않느니라. 왜 그러한가? 제법의 성상이 모두 환영과 같은 까닭이니라.

다시 다음으로 선현이여. 보살마하살이 스스로가 안인바라밀다의 큰 공덕의 갑옷을 입고, 역시 무량한 백천 구지·나유타의 대중들에게 권유하여 안인바라밀다의 큰 공덕의 갑옷을 입게 하느니라. 선현이여. 무엇이 보살마하살이 스스로가 안인바라밀다의 큰 공덕의 갑옷을 입고, 역시 무량한 백천 구지·나유타의 대중들에게 권유하여 안인바라밀다의 큰 공덕의 갑옷을 입게 하는 것인가? 선현이여. 만약 보살마하살들이 초발심부터 무상정등보리를 증득하기까지 안인의 갑옷을 입고서 '설사 일체의 유정의 부류들이 모두 칼이나 몽둥이를 가지고 와서 보고서 가해(加害)할지라도 나는 결국 한 찰나(刹那)의 순간이라도 분노하고 원망하며 성내는 마음을 일으키지 않고, 제유정들에게 권유하여 역시 이러한 안인을 수행하게 하겠다.'라고 항상 이렇게 생각을 짓느니라.

선현이여. 이 보살마하살이 마음과 같이 생각하였던 것을 모두 능히 성취하였다면, 나아가 일체지지를 증득하기까지 항상 이와 같은 아이을 버리고 벗어나지 않으며, 역시 유정들에게 이러한 안인을 수행하게 하였다면 선현이여. 이것이 보살마하살이 대승의 갑옷을 입는 것이니라. 선현이여. 만약 공교로운 마술사나, 혹은 그의 제자들이 네거리에서 대중들을 향하여 여러 종류로 유정들의 부류를 변화시켜서 혹은 칼이나 몽둥이를 가지고 다시 서로를 가해하게 시켰거나, 혹은 서로 권유하여 안인의 행을 수행하게 하였다면 그대의 생각은 어떠한가? 이와 같은 환영의 일이 진실로 있겠는가?"

선현이 대답하여 말하였다.

"아닙니다. 세존이시여."

세존께서 선현에게 알리셨다.

"제보살마하살들도 그와 같아서 스스로가 안인바라밀다의 큰 공덕의 갑옷을 입고, 역시 무량한 백천 구지·나유타의 대중들에게 권유하여 안인바라밀다의 큰 공덕의 갑옷을 입게 하였다면 이와 같은 보살들이 비록 하였던 일은 있더라도 그것이 진실로 있지 않느니라. 왜 그러한가? 제법의 성상이 모두 환영과 같은 까닭이니라.

다시 다음으로 선현이여. 보살마하살이 스스로가 정진바라밀다의 큰 공덕의 갑옷을 입고, 역시 무량한 백천 구지·나유타의 대중들에게 권유하여 정진바라밀다의 큰 공덕의 갑옷을 입게 하느니라. 선현이여. 무엇이 보살마하살이 스스로가 정진바라밀다의 큰 공덕의 갑옷을 입고, 역시 무량한 백천 구지·나유타의 대중들에게 권유하여 정진바라밀다의 큰 공덕의 갑옷을 입게 하는 것인가? 선현이여. 만약 보살마하살들이 일체지지에 상응하는 작의로써 대비(大悲)를 상수로 삼아서 몸과 마음으로 정진하고 여러 악법(惡法)을 단절하며 여러 선법(善法)을 수행하고, 역시 무량한 백천 구지·나유타의 대중들에게 권유하여 이와 같이 몸과 마음으로 수습하고 정진하면서 일체지지를 증득하기까지 항상 이와 같은 정근(正勤)을 버리고 벗어나지 않게 하였다면 선현이여. 이것이 보살마하살이 대승의 갑옷을 입는 것이니라.

선현이여. 만약 공교의 마술사나, 혹은 그의 제자들이 네거리에서 대중들을 마주하고서 여러 종류로 유정들의 부류를 변화시켜서 스스로가 수습하고 정진하였으며 역시 다른 사람에게 권유하여 수습하고 정진하게 하였다면 그대의 생각은 어떠한가? 이와 같은 환영의 일이 진실로 있겠는가?"

선현이 대답하여 말하였다.

"아닙니다. 세존이시여."

세존께서 선현에게 알리셨다.

"제보살마하살들도 그와 같아서 일체지지에 상응하는 작의로써 대비를 상수로 삼아서 몸과 마음으로 정진하고 역시 유정들에게 권유하여 수습하고 정진하게 하였다면 이와 같은 보살들이 비록 하였던 일은 있더라도 그것이 진실로 있지 않느니라. 왜 그러한가? 제법의 성상이 모두 환영과 같은 까닭이니라.

다시 다음으로 선현이여. 보살마하살이 스스로가 정려바라밀다의 큰 공덕의 갑옷을 입고, 역시 무량한 백천 구지·나유타의 대중들에게 권유하여 정려바라밀다의 큰 공덕의 갑옷을 입게 하느니라. 선현이여. 무엇이 보살마하살이 스스로가 정려바라밀다의 큰 공덕의 갑옷을 입고, 역시 무량한 백천 구지·나유타의 대중들에게 권유하여 정려바라밀다의 큰 공덕의 갑옷을 입게 하는 것인가? 선현이여. 만약 보살마하살들이 일체의 평등한 정려의 가운데에 안주하여 제법에 정려가 있거나 산란함이 있다고 보지 않고 항상 이와 같은 정려바라밀다를 수습하며, 역시 유정들에 권유하여 이와 같은 평등한 정려를 수습하게 하였고, 나아가 일체지지를 증득하기까지 항상 이와 같은 정려(靜慮)를 버리고 벗어나지 않게 하였다면 선현이여. 이것이 보살마하살이 대승의 갑옷을 입는 것이니라.

선현이여. 만약 공교로운 마술사나, 혹은 그의 제자들이 네거리에서 대중들을 앞에 마주하고서 여러 종류로 유정들의 부류를 변화시켜서 제법에서 평등한 정려를 수습하였고 역시 다른 사람에게 권유하여 이와 같이 정려를 수습하게 하였다면 그대의 생각은 어떠한가? 이와 같은 환영의 일이 진실로 있겠는가?"

선현이 대답하여 말하였다.

"아닙니다. 세존이시여."

세존께서 선현에게 알리셨다.

"제보살마하살들도 그와 같아서 일체법의 평등한 정려의 가운데에 안주하고 역시 유정들에게 권유하여 이와 같은 정려의 가운데에 안주하게 하였다면 이와 같은 보살들이 비록 하였던 일은 있더라도 그것이 진실로 있지 않느니라. 왜 그러한가? 제법의 성상이 모두 환영과 같은 까닭이니라.

다시 다음으로 선현이여. 보살마하살이 스스로가 반야바라밀다의 큰 공덕의 갑옷을 입고, 역시 무량한 백천 구지·나유타의 대중들에게 권유하여 반야바라밀다의 큰 공덕의 갑옷을 입게 하느니라. 선현이여. 무엇이 보살마하살이 스스로가 반야바라밀다의 큰 공덕의 갑옷을 입고, 역시 무량한 백천 구지·나유타의 대중들에게 권유하여 반야바라밀다의 큰 공덕의 갑옷을 입게 하는 것인가? 선현이여. 만약 보살마하살들이 희론(戲論)이 없는 매우 깊은 반야바라밀다에 안주하여 제법이 만약 생겨나거나, 만약 소멸하거나, 만약 염오이거나, 만약 청정한 이렇고 그러한 차별을 얻지 않고, 역시 무량한 백천 구지·나유타의 대중들에게 권유하여 이와 같은 희론이 없는 지혜에 안주하게 하였다면 선현이여. 이것이 보살마하살이 대승의 갑옷을 입는 것이니라.

선현이여. 만약 공교의 마술사나, 혹은 그의 제자들이 네거리에서 대중들을 앞에 마주하고서 스스로가 희론이 없는 지혜에 안주하였고 역시 다른 사람에게 권유하여 이와 같은 지혜에 안주하게 하였다면 그대의 생각은 어떠한가? 이와 같은 환영의 일이 진실로 있겠는가?"

선현이 대답하여 말하였다.

"아닙니다. 세존이시여."

세존께서 선현에게 알리셨다.

"제보살마하살들도 그와 같아서 스스로가 희론이 없는 지혜에 안주하였고 역시 다른 사람에게 권유하여 이와 같은 지혜에 안주하게 하였다면 이와 같은 보살들이 비록 하였던 일은 있더라도 그것이 진실로 있지 않느니라. 왜 그러한가? 제법의 성상이 모두 환영과 같은 까닭이니라.

다시 다음으로 선현이여. 만약 보살마하살이 앞에서 설하였던 여러 공덕의 갑옷을 입고 시방의 긍가사 등의 제불세계의 일체의 유정들을 관찰하는데, 제유정들이 있어서 삿된 법을 섭수하여 여러 악한 일을 행한다면 이 보살마하살은 신통력(神通力)으로써 스스로가 몸을 변화시켜 이와 같은 제불세계에 두루 가득하게 하고, 그 유정들이 즐거워하는 것을 따라서 나타내어 보여주면서 스스로가 보시(布施)·정계(淨戒)·안인(安忍)·정진(精進)·정려(靜慮)·반야바라밀다(般若波羅密多)를 수행하는 것을 나타내어 보여주고, 역시 다른 사람들에게 권유하여 보시·정계·안인·정진·정려·반야 바라밀다를 수행하게 하며, 제유정들에게 권유하여 이러한 행을 수행하게 하고서, 다시 소리의 부류를 따라서 6바라밀다와 상응하는 법을 설하여 그들에게 듣게 하고 일체지지를 증득하기까지 항상 이와 같은 미묘한 법에서 버리고 벗어나지 않게 하였다면 선현이여. 이것이 보살마하살이 대승의 갑옷을 입는 것이니라.

선현이여. 만약 공교의 마술사나, 혹은 그의 제자들이 네거리에서 대중들을 앞에 마주하고서 여러 종류로 유정들의 부류를 변화시켜서 스스로가 6도피안에 안주하게 하고, 역시 다른 사람들에게 권유하여 이와 같은 미묘한 법에 안주하게 하였다면 그대의 생각은 어떠한가?

이와 같은 환영의 일이 진실로 있겠는가?"
　선현이 대답하여 말하였다.
　"아닙니다. 세존이시여."
　세존께서 선현에게 알리셨다.
　"제보살마하살들도 그와 같아서 스스로가 널리 시방의 긍가사 등의 제불세계에서 스스로가 그의 몸을 나타내어 보여주고 마땅함을 따라서 6도피안에 안주하게 하고, 역시 다른 사람들에게 권유하여 이와 같은 행에 머물러서 항상 버리고 벗어나지 않게 하였다면 이와 같은 보살들이 비록 하였던 일은 있더라도 그것이 진실로 있지 않느니라. 왜 그러한가? 제법의 성상이 모두 환영과 같은 까닭이니라.
　다시 다음으로 선현이여. 만약 보살마하살이 앞에서 설하였던 여러 공덕의 갑옷을 입고 일체지지에 상응하는 작의로써 대비를 상수로 삼으며 얻을 수 없는 것을 수용하여 방편으로 삼아서 일체의 유정들의 이익과 안락을 위하여 성문(聲聞)이거나 독각(獨覺)의 작의에 잡염되지 않았다면, 이 보살마하살은 '나는 마땅히 그렇게 소유한 유정을 보시바라밀다에서 안립(安立)시키고, 그렇게 소유한 유정을 마땅히 안립시키지 않겠다.'라고 이렇게 생각을 짓지 않고, 다만 '나는 마땅히 무량(無量)하고 무수(無數)이며 무변(無邊)한 유정들을 보시바라밀다에 안립시키겠다.'라고 이렇게 생각을 지으며, '나는 마땅히 그렇게 소유한 유정을 내공(內空) 등에 안립시키고, 그렇게 소유한 유정은 마땅히 안립시키지 않겠다.'라고 이렇게 생각을 짓지 않고, 다만 '나는 마땅히 무량하고 무수이며 무변한 유정들을 내공 등에 안립시키겠다.'라고 이렇게 생각을 지으며,
　'나는 마땅히 그렇게 소유한 유정을 4념주 등에 안립시키고, 그렇게 소유한 유정은 마땅히 안립시키지 않겠다.'라고 이렇게 생각을 짓지 않고, 다만 '나는 마땅히 무량하고 무수이며 무변한 유정들을 4념주 등에 안립시키겠다.'라고 이렇게 생각을 지으며, '나는 마땅히 그렇게 소유한 유정을 공해탈문 등에 안립시키고, 그렇게 소유한 유정은 마땅히 안립시키지 않겠다.'라고 이렇게 생각을 짓지 않고, 다만 '나는 마땅히 무량하고 무수이

며 무변한 유정들을 공해탈문 등에 안립시키겠다.'라고 이렇게 생각을 지으며,

'나는 마땅히 그렇게 소유한 유정을 여래의 10력 등에 안립시키고, 그렇게 소유한 유정은 마땅히 안립시키지 않겠다.'라고 이렇게 생각을 짓지 않고, 다만 '나는 마땅히 무량하고 무수이며 무변한 유정들을 여래의 10력 등에 안립시키겠다.'라고 이렇게 생각을 지으며, '나는 마땅히 그렇게 소유한 유정을 예류과 등에 안립시키고, 그렇게 소유한 유정은 마땅히 안립시키지 않겠다.'라고 이렇게 생각을 짓지 않고, 다만 '나는 마땅히 무량하고 무수이며 무변한 유정들을 예류과 등에 안립시키겠다.'라고 이렇게 생각을 지으며,

'나는 마땅히 그렇게 소유한 유정을 제불의 무상정등보리에 안립시키고, 그렇게 소유한 유정은 마땅히 안립시키지 않겠다.'라고 이렇게 생각을 짓지 않고, 다만 '나는 마땅히 무량하고 무수이며 무변한 유정들을 제불의 무상정등보리에 안립시키겠다.'라고 이렇게 생각을 지었다면 선현이여. 이것이 보살마하살이 대승의 갑옷을 입는 것이니라.

선현이여. 만약 공교의 마술사나, 혹은 그의 제자들이 네거리에서 대중들을 앞에 마주하고서 여러 종류로 유정들의 부류를 변화시켜서 그 숫자가 무량하고, 그것을 따라서 상응하는 방편으로 보시, 나아가 제불의 무상정등보리에 안립시켰다면, 그대의 생각은 어떠한가? 이와 같은 환영의 일이 진실로 있겠는가?"

선현이 대답하여 말하였다.

"아닙니다. 세존이시여."

세존께서 선현에게 알리셨다.

"제보살마하살들도 그와 같아서 일체지지에 상응하는 작의로써 대비를 상수로 삼으며 얻을 수 없는 것을 수용하여 방편으로 삼아서 무량하고 무수이며 무변한 유정들을 보시, 나아가 제불의 무상정등보리에 안립시켰다면, 이와 같은 보살들이 비록 하였던 일은 있더라도 그것이 진실로 있지 않느니라. 왜 그러한가? 제법의 성상이 모두 환영과 같은 까닭이니라."

그때 선현이 세존께 아뢰어 말하였다.
"세존이시여. 제가 여래의 설하신 의취를 이해한 것과 같다면 제보살마하살들이 공덕의 갑옷을 입지 않고, 마땅히 이것이 대승의 갑옷을 입는다고 알 수 있습니다. 왜 그러한가? 일체법(法)의 자상(自相)은 공(空)한 까닭입니다. 그 까닭은 무엇인가? 세존이시여. 색(色), 나아가 식(識)은 색, 나아가 식의 상(相)이 공하고, 안처(眼處), 나아가 의처(意處)는 안처, 나아가 의처의 상이 공하며, 색처(色處), 나아가 법처(法處)는 색처, 나아가 법처의 상이 공하고, 안계(眼界), 나아가 의계(意界)는 안계, 나아가 의계의 상이 공하며, 색계(色界), 나아가 법계(法界)는 색계, 나아가 법계의 상이 공하고, 안식계(眼識界), 나아가 의식계(意識界)는 안식계, 나아가 의식계의 상이 공하며, 안촉(眼觸), 나아가 의촉(意觸)은 안촉, 나아가 의촉의 상이 공하고,

안촉(眼觸)을 인연으로 생겨난 여러 수(受), 나아가 의촉(意觸)을 인연으로 생겨난 여러 수는 안촉을 인연으로 생겨난 여러 수, 나아가 의촉을 인연으로 생겨난 여러 수의 상이 공하며, 보시바라밀다(布施波羅蜜多), 나아가 반야바라밀다(般若波羅蜜多)는 보시바라밀다, 나아가 반야바라밀다의 상이 공하고, 4념주(四念住), 나아가 8성도지(八聖道支)는 4념주, 나아가 8성도지의 상이 공하며, 내공(內空), 나아가 무성자성공(無性自性空)은 내공, 나아가 무성자성공의 상이 공하고, 여래(佛)의 10력(十力), 나아가 18불불공법(十八佛不共法)은 여래의 10력, 나아가 18불불공법의 상이 공하며, 보살마하살은 보살마하살의 상이 공하고, 큰 공덕의 갑옷을 입는 것은 큰 공덕의 갑옷을 입는 상이 공한 까닭입니다.

세존이시여. 오히려 이러한 인연으로 보살마하살들은 공덕의 갑옷을 입지 않는데, 이것이 대승의 갑옷을 입는 것이라고 마땅히 알 수 있습니다."

세존께서 선현에게 알리셨다.

"그와 같으니라. 그와 같으니라. 그대가 말한 것과 같으니라. 선현이여. 마땅히 알아야 한다. 일체지지는 건립하는 것(造)이 없고 짓는 것(作)도 없으며, 일체의 유정도 건립하는 것이 없고 짓는 것도 없나니, 제보살마하

살들은 이러한 일을 하는 까닭으로 대승(大乘)의 갑옷을 입는다고 마땅히 알아야 하느니라."

그때 선현이 세존께 아뢰어 말하였다.

"세존이시여. 무슨 인연을 까닭으로 일체지지는 건립하는 것(造)이 없고 짓는 것도 없으며, 일체의 유정도 건립하는 것(造)이 없고 짓는 것도 없으며, 제보살마하살들은 이러한 일을 하는 까닭으로 대승의 갑옷을 입습니까?"

세존께서 선현에게 알리셨다.

"오히려 여러 짓는다는 것(作者)은 얻을 수 없는 까닭으로, 일체지지는 건립하는 것(造)이 없고 짓는 것도 없으며, 일체의 유정도 건립하는 것(造)이 없고 짓는 것도 없느니라. 그 까닭은 무엇인가? 선현이여. 색은 건립하는 것(造)이 아니고 건립하지 않는 것도 아니며, 짓는 것(作)이 아니고 짓지 않는 것도 아니며, 수·상·행·식은 건립하는 것이 아니고 건립하지 않는 것도 아니며, 짓는 것이 아니고 짓지 않는 것도 아니니라. 왜 그러한가? 색, 나아가 식은 반드시 결국에는 얻을 수 없는 까닭이니라.

선현이여. 안처(眼處)는 건립하는 것이 아니고 건립하지 않는 것도 아니며, 짓는 것이 아니고 짓지 않는 것도 아니며, 이(耳)·비(鼻)·설(舌)·신(身)·의처(意處)는 건립하는 것이 아니고 건립하지 않는 것도 아니며, 짓는 것이 아니고 짓지 않는 것도 아니니라. 왜 그러한가? 안처, 나아가 의처는 반드시 결국에는 얻을 수 없는 까닭이니라. 선현이여. 색처(色處)는 건립하는 것이 아니고 건립하지 않는 것도 아니며, 짓는 것이 아니고 짓지 않는 것도 아니며, 성(聲)·향(香)·미(味)·촉(觸)·법처(法處)는 건립하는 것이 아니고 건립하지 않는 것도 아니며, 짓는 것이 아니고 짓지 않는 것도 아니니라. 왜 그러한가? 색처, 나아가 법처는 반드시 결국에는 얻을 수 없는 까닭이니라.

선현이여. 안계(眼界)는 건립하는 것이 아니고 건립하지 않는 것도 아니며, 짓는 것이 아니고 짓지 않는 것도 아니며, 이(耳)·비(鼻)·설(舌)·신(身)·의계(意界)는 건립하는 것이 아니고 건립하지 않는 것도 아니며,

짓는 것이 아니고 짓지 않는 것도 아니니라. 왜 그러한가? 안계, 나아가 의계는 반드시 결국에는 얻을 수 없는 까닭이니라. 선현이여. 색계(色界)는 건립하는 것이 아니고 건립하지 않는 것도 아니며, 짓는 것이 아니고 짓지 않는 것도 아니며, 성(聲)·향(香)·미(味)·촉(觸)·법계(法界)는 건립하는 것이 아니고 건립하지 않는 것도 아니며, 짓는 것이 아니고 짓지 않는 것도 아니니라. 왜 그러한가? 색계, 나아가 법계는 반드시 결국에는 얻을 수 없는 까닭이니라.

선현이여. 안식계(眼識界)는 건립하는 것이 아니고 건립하지 않는 것도 아니며, 짓는 것이 아니고 짓지 않는 것도 아니며, 이(耳)·비(鼻)·설(舌)·신(身)·의식계(意識界)는 건립하는 것이 아니고 건립하지 않는 것도 아니며, 짓는 것이 아니고 짓지 않는 것도 아니니라. 왜 그러한가? 안식계, 나아가 의식계는 반드시 결국에는 얻을 수 없는 까닭이니라. 선현이여. 안촉(眼觸)은 건립하는 것이 아니고 건립하지 않는 것도 아니며, 짓는 것이 아니고 짓지 않는 것도 아니며, 이(耳)·비(鼻)·설(舌)·신(身)·의촉(意觸)은 건립하는 것이 아니고 건립하지 않는 것도 아니며, 짓는 것이 아니고 짓지 않는 것도 아니니라. 왜 그러한가? 안촉, 나아가 의촉은 반드시 결국에는 얻을 수 없는 까닭이니라.

선현이여. 안촉(眼觸)을 인연으로 생겨난 여러 수(受)는 건립하는 것이 아니고 건립하지 않는 것도 아니며, 짓는 것이 아니고 짓지 않는 것도 아니며, 이(耳)·비(鼻)·설(舌)·신(身)·의촉(意觸)을 인연으로 생겨난 여러 수는 건립하는 것이 아니고 건립하지 않는 것도 아니며, 짓는 것이 아니고 짓지 않는 것도 아니니라. 왜 그러한가? 안촉, 나아가 의촉을 인연으로 생겨난 여러 수는 반드시 결국에는 얻을 수 없는 까닭이니라.

선현이여. 나(我)는 건립하는 것이 아니고 건립하지 않는 것도 아니며, 짓는 것이 아니고 짓지 않는 것도 아니며, 유정(有情)·명자(命者)·생자(生者)·양자(養者)·사부(士夫)·보특가라(補特伽羅)·의생(意生)·유동(儒童)·작자(作者)·수자(受者)·지자(知者)·견자(見者)는 건립하는 것이 아니고 건립하지 않는 것도 아니며, 짓는 것이 아니고 짓지 않는 것도 아니니라. 왜 그러한가? 나, 나아가 견자는 반드시 결국에는 얻을 수 없는 까닭이니라.
 선현이여. 꿈의 경계(夢界)는 건립하는 것이 아니고 건립하지 않는 것도 아니며, 짓는 것이 아니고 짓지 않는 것도 아니며, 메아리(響)·형상(像)·환영의 일(幻事)·그림자(光影)·아지랑이(陽焰)·허공의 꽃(空花)·심향성(尋香城)·변화한 일(變化事)도 건립하는 것이 아니고 건립하지 않는 것도 아니며, 짓는 것이 아니고 짓지 않는 것도 아니니라. 왜 그러한가? 꿈의 경계, 나아가 변화한 일은 반드시 결국에는 얻을 수 없는 까닭이니라.
 선현이여. 내공(內空)은 건립하는 것이 아니고 건립하지 않는 것도 아니며, 짓는 것이 아니고 짓지 않는 것도 아니며, 외공(外空)·내외공(內外空)·공공(空空)·대공(大空)·승의공(勝義空)·유위공(有爲空)·무위공(無爲空)·필경공(畢竟空)·무제공(無際空)·산공(散空)·무변이공(無變異空)·본성공(本性空)·자상공(自相空)·공상공(共相空)·일체법공(一切法空)·불가득공(不可得空)·무성공(無性空)·자성공(自性空)·무성자성공(無性自性空)도 건립하는 것이 아니고 건립하지 않는 것도 아니며, 짓는 것이 아니고 짓지 않는 것도 아니니라. 왜 그러한가? 내공, 나아가 무성자성공은 반드시 결국에는 얻을 수 없는 까닭이니라.
 선현이여. 4념주(四念住)는 건립하는 것이 아니고 건립하지 않는 것도 아니며 짓는 것이 아니고 짓지 않는 것도 아니며, 4정단(四正斷)·4신족(四神足)·5근(五根)·5력(五力)·7등각지(七等覺支)·8성도지(八聖道支)도 건립하는 것이 아니고 건립하지 않는 것도 아니며, 짓는 것이 아니고 짓지 않는 것도 아니니라. 왜 그러한가? 4념주, 나아가 8성도지는 반드시 결국에는 얻을 수 없는 까닭이니라.
 선현이여. 이와 같이 나아가, 여래의 10력까지도 건립하는 것이 아니고 건립하지 않는 것도 아니며, 짓는 것이 아니고 짓지 않는 것도 아니며, 4무소외(四無所畏)·4무애해(四無礙解)·대자(大慈)·대비(大悲)·대희(大喜)·대사(大捨)·18불불공법(十八佛不共法)도 건립하는 것이 아니고 건립하지 않는 것도 아니며, 짓는 것이 아니고 짓지 않는 것도 아니니라. 왜 그러한가? 여래의 10력, 나아가 18불불공법은 반드시 결국에는 얻을 수 없는 까닭이니라.
　선현이여. 진여(眞如)는 건립하는 것이 아니고 건립하지 않는 것도 아니며, 짓는 것이 아니고 짓지 않는 것도 아니며, 법계(法界)·법성(法性)·법정(法定)·법주(法住)·실제(實際)도 건립하는 것이 아니고 건립하지 않는 것도 아니며, 짓는 것이 아니고 짓지 않는 것도 아니니라. 왜 그러한가? 진여, 나아가 실제는 반드시 결국에는 얻을 수 없는 까닭이니라.
　선현이여. 보살마하살(菩薩摩訶薩)은 건립하는 것이 아니고 건립하지 않는 것도 아니며, 짓는 것이 아니고 짓지 않는 것도 아니며, 여래(法界)·응공(法性)·정등각도 건립하는 것이 아니고 건립하지 않는 것도 아니며, 짓는 것이 아니고 짓지 않는 것도 아니니라. 왜 그러한가? 보살과 여래(法界)·응공(法性)·정등각은 반드시 결국에는 얻을 수 없는 까닭이니라.
　선현이여. 일체지(一切智)는 건립하는 것이 아니고 건립하지 않는 것도 아니며 짓는 것이 아니고 짓지 않는 것도 아니며, 도상지(道相智)·일체상지(一切相智)도 건립하는 것이 아니고 건립하지 않는 것도 아니며, 짓는 것이 아니고 짓지 않는 것도 아니니라. 왜 그러한가? 일체지·도상지·일체상지는 반드시 결국에는 얻을 수 없는 까닭이니라.
　선현이여. 오히려 이러한 까닭으로 일체지지는 건립하는 것이 없고 짓는 것도 없으며, 일체의 유정도 건립하는 것이 없고 짓는 것도 없으며, 제보살마하살들은 이러한 일을 하는 까닭으로 대승의 갑옷을 입느니라. 선현이여. 오히려 이러한 의취를 까닭으로 보살마하살들이 공덕의 갑옷을 입지 않나니, 이것이 대승의 갑옷을 입는 것이라고 마땅히 알아야 하느니라."

　그때 선현이 세존께 아뢰어 말하였다.
　"세존이시여. 제가 여래께서 설하신 의취를 이해하는 것과 같다면 색은 계박(繫縛)이 없고 해탈(解脫)도 없으며, 수·상·행·식도 계박이 없고 해탈도 없습니다."
　그때 만자자(滿慈子)가 선현에게 물어 말하였다.

"존자(尊者)여. 색은 계박이 없고 해탈도 없으며, 수·상·행·식도 계박이 없고 해탈도 없다고 말하였습니까?"

선현이 대답하여 말하였다.

"그와 같습니다. 그와 같습니다. 나는 색은 계박이 없고 해탈도 없으며, 수·상·행·식도 계박이 없고 해탈도 없다고 말하였습니다."

만자자가 말하였다.

"무엇 등이 색은 계박이 없고 해탈도 없으며, 무엇 등이 수·상·행·식도 계박이 없고 해탈도 없습니까?"

선현이 대답하여 말하였다.

"꿈과 같은 색은 계박이 없고 해탈도 없으며, 꿈과 같은 수·상·행·식도 계박이 없고 해탈도 없으며, 메아리 같고 형상과 같으며 그림자 같고 아지랑이와 같으며 환영의 일과 같고 허공의 꽃과 같으며 심향성과 같고 변화된 일과 같은 색은 계박이 없고 해탈도 없으며, 메아리와 같고 나아가 변화된 일과 같은 수·상·행·식도 계박이 없고 해탈도 없습니다. 왜 그러한가? 이와 같은 일체의 색, 나아가 식은 무소유(無所有)이므로 계박이 없고 해탈도 없으며, 멀리 벗어난 까닭으로 계박이 없고 해탈도 없으며, 적정한 까닭으로 계박이 없고 해탈도 없으며, 생겨남이 없는 까닭으로 계박이 없고 해탈도 없으며, 소멸함이 없는 까닭으로 계박이 없고 해탈도 없으며, 염오가 없는 까닭으로 계박이 없고 해탈도 없으며, 청정함이 없는 까닭으로 계박이 없고 해탈도 없습니다.

다시 다음으로 만자자여. 과거의 색은 계박이 없고 해탈도 없으며, 과거의 수·상·행·식도 계박이 없고 해탈도 없으며, 미래와 현재의 색은 계박이 없고 해탈도 없으며, 미래와 현재의 수·상·행·식도 계박이 없고 해탈도 없습니다. 왜 그러한가? 이와 같은 색, 나아가 식은 무소유이므로 계박이 없고 해탈도 없으며, 멀리 벗어난 까닭으로 계박이 없고 해탈도 없으며, 적정한 까닭으로 계박이 없고 해탈도 없으며, 생겨남이 없는 까닭으로 계박이 없고 해탈도 없으며, 소멸함이 없는 까닭으로 계박이 없고 해탈도 없으며, 염오가 없는 까닭으로 계박이 없고 해탈도 없으며,

청정함이 없는 까닭으로 계박이 없고 해탈도 없습니다.

 다시 다음으로 만자자여. 선(善)한 색은 계박이 없고 해탈도 없으며, 선한 수·상·행·식도 계박이 없고 해탈도 없으며, 선하지 않고 무기(無記)인 색은 계박이 없고 해탈도 없으며, 선하지 않고 무기인 수·상·행·식도 계박이 없고 해탈도 없습니다. 왜 그러한가? 이와 같은 색, 나아가 식은 무소유이므로 계박이 없고 해탈이 없으며, 멀리 벗어난 까닭으로 계박이 없고 해탈도 없으며, 적정한 까닭으로 계박이 없고 해탈도 없으며, 생겨남이 없는 까닭으로 계박이 없고 해탈도 없으며, 소멸함이 없는 까닭으로 계박이 없고 해탈도 없으며, 염오가 없는 까닭으로 계박이 없고 해탈도 없으며, 청정함이 없는 까닭으로 계박이 없고 해탈도 없습니다.

 다시 다음으로 만지지여. 세간(世間)의 색은 계박이 없고 해탈도 없으며, 세간의 수·상·행·식도 계박이 없고 해탈도 없으며, 출세간(出世間)의 색은 계박이 없고 해탈도 없으며, 출세간의 수·상·행·식도 계박이 없고 해탈도 없습니다. 왜 그러한가? 이와 같은 색, 나아가 식은 무소유이므로 계박이 없고 해탈도 없으며, 멀리 벗어난 까닭으로 계박이 없고 해탈도 없으며, 적정한 까닭으로 계박이 없고 해탈도 없으며, 생겨남이 없는 까닭으로 계박이 없고 해탈이 없으며, 소멸함이 없는 까닭으로 계박이 없고 해탈도 없으며, 염오가 없는 까닭으로 계박이 없고 해탈도 없으며, 청정함이 없는 까닭으로 계박이 없고 해탈도 없습니다.

 다시 다음으로 만자자여. 유루(有漏)의 색은 계박이 없고 해탈도 없으며, 유루의 수·상·행·식도 계박이 없고 해탈도 없으며, 무루(無漏)의 색은 계박이 없고 해탈도 없으며, 무루의 수·상·행·식도 계박이 해탈도 없습니다. 왜 그러한가? 이와 같은 색, 나아가 식은 무소유이므로 계박이 없고 해탈도 없으며, 멀리 벗어난 까닭으로 계박이 없고 해탈도 없으며, 적정한 까닭으로 계박이 없고 해탈도 없으며, 생겨남이 없는 까닭으로 계박이 없고 해탈도 없으며, 소멸함이 없는 까닭으로 계박이 없고 해탈도 없으며, 염오가 없는 까닭으로 계박이 없고 해탈도 없으며, 청정함이 없는 까닭으로 계박이 없고 해탈도 없습니다.

다시 다음으로 만자자여. 일체법은 계박이 없고 해탈도 없습니다. 왜 그러한가? 일체법으로써 무소유이므로 멀리 벗어난 까닭이고, 적정한 까닭이며, 생겨남이 없는 까닭이고, 소멸함이 없는 까닭이며, 염오가 없는 까닭이고, 청정함이 없는 까닭이므로 계박이 없고 해탈이 없습니다.

다시 다음으로 만자자여. 보시바라밀다는 계박이 없고 해탈도 없으며, 정계(淨戒)·안인(安忍)·정진(精進)·정려(靜慮)·반야바라밀다(般若波羅密多)는 계박이 없고 해탈도 없습니다. 왜 그러한가? 보시 등으로써 바라밀다는 무소유이므로 멀리 벗어난 까닭이고, 적정한 까닭이며, 생겨남이 없는 까닭이고, 소멸함이 없는 까닭이며, 염오가 없는 까닭이고, 청정함이 없는 까닭이므로 계박이 없고 해탈도 없습니다.

다시 다음으로 만자자여. 내공은 계박이 없고 해탈도 없으며, 외공(外空)·내외공(內外空)·공공(空空)·대공(大空)·승의공(勝義空)·유위공(有爲空)·무위공(無爲空)·필경공(畢竟空)·무제공(無際空)·산공(散空)·무변이공(無變異空)·본성공(本性空)·자상공(自相空)·공상공(共相空)·일체법공(一切法空)·불가득공(不可得空)·무성공(無性空)·자성공(自性空)·무성자성공(無性自性空)은 계박이 없고 해탈도 없습니다. 왜 그러한가? 내공 등으로써 무소유이므로 멀리 벗어난 까닭이고, 적정한 까닭이며, 생겨남이 없는 까닭이고, 소멸함이 없는 까닭이며, 염오가 없는 까닭이고, 청정함이 없는 까닭이므로 계박이 없고 해탈이 없습니다.

다시 다음으로 만자자여. 4념주는 계박이 없고 해탈도 없으며, 4정단·4신족·5근·5력·7등각지·8성도지도 계박이 없고 해탈도 없습니다. 왜 그러한가? 4념주 등으로써 무소유이므로 멀리 벗어난 까닭이고, 적정한 까닭이며, 생겨남이 없는 까닭이고, 소멸함이 없는 까닭이며, 염오가 없는 까닭이고, 청정함이 없는 까닭이므로 계박이 없고 해탈도 없습니다.

다시 다음으로 만자자여. 이와 같이, 나아가 여래의 10력은 계박이 없고 해탈도 없으며, 4무소외·4무애해·대자·대비·대희·대사·18불불공법은 계박이 없고 해탈도 없습니다. 왜 그러한가? 여래의 10력 등으로써 무소유이므로 멀리 벗어난 까닭이고, 적정한 까닭이며, 생겨남이 없는 까닭이고, 소멸함이 없는 까닭이며, 염오가 없는 까닭이고, 청정함이 없는 까닭이므로 계박이 없고 해탈도 없습니다.

다시 다음으로 만자자여. 일체의 보살마하살의 행은 계박이 없고 해탈도 없으며, 제불의 무상정등보리도 계박이 없고 해탈도 없습니다. 왜 그러한가? 보살의 행 등으로써 무소유이므로 멀리 벗어난 까닭이고, 적정한 까닭이며, 생겨남이 없는 까닭이고, 소멸함이 없는 까닭이며, 염오가 없는 까닭이고, 청정함이 없는 까닭이므로 계박이 없고 해탈도 없습니다.

다시 다음으로 만자자여. 일체지는 계박이 없고 해탈도 없으며, 도상지·일체상지도 계박이 없고 해탈도 없습니다. 왜 그러한가? 일체지 등으로써 무소유이므로 멀리 벗어난 까닭이고, 적정한 까닭이며, 생겨남이 없는 까닭이고, 소멸함이 없는 까닭이며, 염오가 없는 까닭이고, 청정함이 없는 까닭이므로 계박이 없고 해탈도 없습니다.

다시 다음으로 만자자여. 진여는 계박이 없고 해탈도 없으며, 법계·법성·불허망성·불변이성·평등성·이생성·법정·법주·실제도 계박이 없고 해탈도 없습니다. 왜 그러한가? 진여 등으로써 무소유이므로 멀리 벗어난 까닭이고, 적정한 까닭이며, 생겨남이 없는 까닭이고, 소멸함이 없는 까닭이며, 염오가 없는 까닭이고, 청정함이 없는 까닭이므로 계박이 없고 해탈도 없습니다. 다시 다음으로 만자자여. 보살마하살은 계박이 없고 해탈도 없으며, 여래(如來)·응공(應供)·정등각(正等覺)도 계박이 없고 해탈도 없습니다. 왜 그러한가? 보살마하살과 여래·응공·정등각으로써 무소유이므로 멀리 벗어난 까닭이고, 적정한 까닭이며, 생겨남이 없는 까닭이고, 소멸함이 없는 까닭이며, 염오가 없는 까닭이고, 청정함이 없는 까닭이므로 계박이 없고 해탈도 없습니다.

다시 다음으로 만자자여. 일체의 유위(有爲)는 계박이 없고 해탈이 없으며, 일체의 무위(無爲)도 계박이 없고 해탈도 없습니다. 왜 그러한가? 유위 등으로써 무소유이므로 멀리 벗어난 까닭이고, 적정한 까닭이며, 생겨남이 없는 까닭이고, 소멸함이 없는 까닭이며, 염오가 없는 까닭이고,

청정함이 없는 까닭이므로 계박이 없고 해탈도 없습니다.

다시 다음으로 만자자여. 제보살마하살들은 이와 같이 계박이 없고 해탈이 없는 미묘(微妙)한 법문을 얻을 수 없는 것으로써 방편을 삼아서 상응하여 여실하게 알아야 합니다. 만자자여. 제보살마하살들은 이와 같이 계박이 없고 해탈이 없는 보시바라밀다, 나아가 정계·안인·정진·정려·반야바라밀다와 4념주, 나아가 일체상지를 얻을 수 없는 것으로써 방편을 삼아서 상응하여 정근하면서 수학해야 합니다.

만자자여. 제보살마하살들은 얻을 수 없는 것으로써 방편을 삼아서 이와 같이 계박이 없고 해탈이 없는 보시바라밀다, 나아가 반야바라밀다와 4념주, 나아가 일체상지(一切相智)에 안주해야 합니다. 만자자여. 제보살마하살들은 얻을 수 없는 것으로써 방편을 삼아서 상응하여 계박이 없고 해탈이 없는 유정을 성숙(成熟)시켜야 하고, 상응하여 계박이 없고 해탈이 없는 불국토(佛國土)를 청정하게 장엄해야 하며, 상응하여 계박이 없고 해탈이 없는 제불께 친근하고 공양해야 하며, 상응하여 계박이 없고 해탈도 없는 법문을 듣고서 수지해야 합니다.

만자자여. 이 보살마하살은 항상 계박이 없고 해탈이 없는 제불을 멀리 벗어나지 않고, 항상 계박이 없고 해탈이 없는 신통을 멀리 벗어나지 않으며, 항상 계박이 없고 해탈이 없는 5안(眼)을 멀리 벗어나지 않고, 항상 계박이 없고 해탈이 없는 여러 다라니(陀羅尼)를 멀리 벗어나지 않으며, 항상 계박이 없고 해탈도 없는 여러 삼마지(三摩地)를 멀리 벗어나지 않습니다.

만자자여. 이 보살마하살은 마땅히 계박이 없고 해탈이 없는 도상지를 일으킬 것이고, 마땅히 계박이 없고 해탈이 없는 일체지·일체상지를 증득할 것이며, 마땅히 계박이 없고 해탈도 없는 법륜을 굴릴 것이며, 마땅히 계박이 없고 해탈도 없는 3승의 법문으로써 계박이 없고 해탈도 없는 유정들을 안립시킬 것입니다.

만자자여. 보살마하살이 계박이 없고 해탈도 없는 6바라밀다를 수행하여 계박이 없고 해탈도 없는 일체의 법성은 무소유인 까닭으로, 멀리 벗어난 까닭으로, 적정한 까닭으로, 생겨남이 없는 까닭으로, 소멸함이 없는 까닭으로, 염오가 없는 까닭으로, 청정함이 없는 까닭으로, 계박이 없는 까닭으로, 계박이 없고 해탈도 없다고 능히 증득하였다면 만자자여. 이 보살마하살은 계박이 없고 해탈이 없는 대승의 갑옷을 입었다고 마땅히 알아야 합니다.”

16. 삼마지품(三摩地品)(1)

그때 구수 선현이 세존께 아뢰어 말하였다.
"세존이시여. 무엇 등의 이것이 보살마하살의 대승(大乘)의 상(相)이고, 무엇과 동등하다면 보살마하살이 대승을 일으켜서 나아간다고 마땅히 알 수 있으며, 이와 같은 대승은 어느 처소에서 나타났고 어느 처소에 이르러서 머무릅니까? 이와 같은 대승은 어느 처소에서 머무르며, 누가 다시 이러한 대승을 타고서 나타납니까?"

세존께서 선현에게 알리셨다.
"그대가 처음에 물었던 '무엇 등의 이것이 보살마하살의 대승의 상인가?'라는 것은 선현이여. 6바라밀다의 이것이 보살마하살의 대승의 상이니라. '무엇이 여섯이 되는가?'라는 것은 이를테면, 보시바라밀다·정계바라밀다·안인바라밀다·정진바라밀다·정려바라밀다·반야바라밀다이니라. 선현이여. 무엇이 보시바라밀다인가? 만약 보살마하살이 일체지지와 상응(相應)하는 작의로써 대비(大悲)를 상수로 삼고 얻을 수 없는 것을 수용하여 방편으로 삼아서 스스로가 일체의 내·외신(內外身)이 소유(所有)한 것을 버리고, 역시 다른 사람들에게 권유하여 내·외신이 소유한 것을 버리게 하며, 이러한 선근(善根)을 지니고서 일체의 유정들과 같이 공유하면서 일체지지로 회향하였다면 선현이여. 이것이 보살마하살의 보시바라밀다이니라.

　선현이여. 무엇이 정계바라밀다인가? 만약 보살마하살이 일체지지와 상응하는 작의로써 대비를 상수로 삼고 얻을 수 없는 것을 수용하여 방편으로 삼아서 스스로가 10선업도(十善業道)를 수지하고, 역시 다른 사람들에게 권유하여 10선업도를 수지하게 하며, 이러한 선근을 지니고서 일체의 유정들과 같이 공유하면서 일체지지로 회향하였다면 선현이여. 이것이 보살마하살의 정계바라밀다이니라.

　선현이여. 무엇이 안인바라밀다인가? 만약 보살마하살이 일체지지와 상응하는 작의로써 대비를 상수로 삼고 얻을 수 없는 것을 수용하여 방편으로 삼아서 스스로가 증상(增上)의 안인을 구족하고, 역시 다른 사람들에게 권유하여 증상의 안인을 구족하게 하며, 이러한 선근을 지니고서 일체의 유정들과 같이 공유하면서 일체지지로 회향하였다면 선현이여. 이것이 보살마하살의 안인바라밀다이니라.

　선현이여. 무엇이 정진바라밀다인가? 만약 보살마하살이 일체지지와 상응하는 작의로써 대비를 상수로 삼고 얻을 수 없는 것을 수용하여 방편으로 삼아서 스스로가 5바라밀다를 정근하면서 수행하고 버리지 않으며, 역시 다른 사람들에게 권유하여 5바라밀다를 정근하면서 수행하고 버리지 않게 하며, 이러한 선근을 지니고서 일체의 유정들과 같이 공유하면서 일체지지로 회향하였다면 선현이여. 이것이 보살마하살의 정진바라밀다이니라.

　선현이여. 무엇이 정려바라밀다인가? 만약 보살마하살이 일체지지와 상응하는 작의로써 대비를 상수로 삼고 얻을 수 없는 것을 수용하여 방편으로 삼아서 스스로가 방편선교(方便善巧)로써 여러 정려·무량·무색정에 들어가서 결국 그 세력을 따라서 생겨남을 받지 않고, 역시 다른 사람들에게 권유하여 방편선교로써 여러 정려·무량·무색정에 들어가서 결국 그 세력을 따라서 생겨남을 받지 않게 하며, 이러한 선근을 지니고서 일체의 유정들과 같이 공유하면서 일체지지로 회향하였다면 선현이여.

이것이 보살마하살의 정려바라밀다이니라.

　선현이여. 무엇이 반야바라밀다인가? 만약 보살마하살이 일체지지와 상응하는 작의로써 대비를 상수로 삼고 얻을 수 없는 것을 수용하여 방편으로 삼아서 스스로가 일체의 법성을 여실(如實)하게 관찰하여 여러 법성에서 취하지도 않고 집착하지도 않으며, 역시 다른 사람들에게 권유하여 일체의 법성을 여실하게 관찰하여 여러 법성에서 취하지도 않고 집착하지도 않게 하며, 이러한 선근을 지니고서 일체의 유정들과 같이 공유하면서 일체지지로 회향하였다면 선현이여. 이것이 보살마하살의 반야바라밀다이니라. 선현이여. 이것이 보살마하살의 대승의 상이라고 마땅히 알아야 하느니라.

　다시 다음으로 선현이여. 보살마하살의 대승의 상이라는 것은 이를테면, 내공·외공·내외공·공공·대공·승의공·유위공·무위공·필경공·무제공·산공·무변이공·본성공·자상공·공상공·일체법공·불가득공·무성공·자성공·무성자성공이니라. 무엇이 내공(內空)인가? 내(內)는 이를테면, 내신의 법인데, 곧 이것은 눈(眼)·귀(耳)·코(鼻)·혀(舌)·몸(身)·의처이니라. 이 가운데에서 눈은 오히려 눈이 공하므로 항상하지도 않고 무너지지도 않으며, 나아가 뜻은 오히려 뜻이 공하므로 항상하지도 않고 무너지지도 않는다고 마땅히 알아야 하느니라. 왜 그러한가? 본성이 그와 같은 까닭이니라. 선현이여. 이것이 내공이 되느니라.

　무엇이 외공(外空)인가? 외(外)는 이를테면, 외신의 법인데, 곧 이것은 색깔(色)·소리(聲)·향기(香)·맛(味)·감촉(觸)·법(法)이니라. 이 가운데에서 색깔은 오히려 색깔이 공하므로 항상하지도 않고 무너지지도 않으며, 나아가 법은 오히려 법이 공하므로 항상하지도 않고 무너지지도 않는다고 마땅히 알아야 하느니라. 왜 그러한가? 본성이 그와 같은 까닭이니라. 선현이여. 이것이 외공이 되느니라.

　무엇이 내외공(內外空)인가? 내외(內外)는 이를테면, 내·외신의 법인데, 곧 내신의 6처(六處)와 외신의 6처이니라. 이 가운데에서 내신의 법은 오히려 외신의 법이 공하므로 항상하지도 않고 무너지지도 않으며,

외신의 법은 오히려 내신의 법이 공하므로 항상하지도 않고 무너지지도 않는다고 마땅히 알아야 하느니라. 왜 그러한가? 본성이 그와 같은 까닭이니라. 선현이여. 이것이 내·외공이 되느니라.

무엇이 공공(空空)인가? 공(空)은 이를테면, 일체법의 공이니라. 이러한 공은 다시 오히려 공이 공하므로 항상하지도 않고 무너지지도 않는다고 마땅히 알아야 하느니라. 왜 그러한가? 본성이 그와 같은 까닭이니라. 선현이여. 이것이 공공이 되느니라.

무엇이 대공(大空)인가? 대(大)는 이를테면, 시방이니라. 곧 동(東)·서(西)·남(南)·북(北)·사유(四維)·위(上)·아래(下)이니라. 이 가운데에서 동방은 오히려 동방이 공하므로 항상하지도 않고 무너지지도 않으며, 나아가 아래는 오히려 아래가 공하므로 항상하지도 않고 무너지지도 않는다고 마땅히 알아야 하느니라. 왜 그러한가? 본성이 그와 같은 까닭이니라. 선현이여. 이것이 대공이 되느니라.

무엇이 승의공(勝義空)인가? 승의(勝義)는 이를테면, 열반이니라. 이 가운데에서 열반은 오히려 열반이 공하므로 항상하지도 않고 무너지지도 않는다고 마땅히 알아야 하느니라. 왜 그러한가? 본성이 그와 같은 까닭이니라. 선현이여. 이것이 승의공이 되느니라.

무엇이 유위공(有爲空)인가? 유위(有爲)는 이를테면, 욕계(欲界)·색계(色界)·무색계(無色界)이니라. 이 가운데에서 욕계는 오히려 욕계가 공하므로 항상하지도 않고 무너지지도 않으며, 색계는 오히려 색계·무색계가 공하므로 항상하지도 않고 무너지지도 않는다고 마땅히 알아야 하느니라. 왜 그러한가? 본성이 그와 같은 까닭이니라. 선현이여. 이것이 유위공이 되느니라.

무엇이 무위공(無爲空)인가? 무위(無爲)는 이를테면, 생겨남이 없고 소멸함이 없으며 머무름이 없고 변이가 없다면, 이 가운데에서 무위는 무위가 공하므로 항상하지도 않고 무너지지도 않는다고 마땅히 알아야 하느니라. 왜 그러한가? 본성이 그와 같은 까닭이니라. 선현이여. 이것이 무위공이 되느니라.

무엇이 필경공(畢竟空)인가? 필경(畢竟)은 이를테면, 만약 법이 구경(究竟)을 얻을 수 없다면, 이 가운데에서 필경은 오히려 필경이 공하므로 항상하지도 않고 무너지지도 않는다고 마땅히 알아야 하느니라. 왜 그러한가? 본성이 그와 같은 까닭이니라. 선현이여. 이것이 필경공이 되느니라.

무엇이 무제공(無際空)인가? 무제(無際)는 이를테면, 처음과 뒤의 틈새를 얻을 수 없다면, 이 가운데에서 무제는 오히려 무제가 공하므로 항상하지도 않고 무너지지도 않는다고 마땅히 알아야 하느니라. 왜 그러한가? 본성이 그와 같은 까닭이니라. 선현이여. 이것이 무제공이 되느니라.

무엇이 산공(散空)·무산공(無散空)인가? 산(散)은 이를테면, 내려놓을(放) 수 있고 내버릴(棄) 수 있으며 버릴(捨) 수 있더라도 얻을 수 있고, 무산(無散)은 이를테면 내려놓을 수 없고 내버릴 수 없으며 버릴 수 없다면, 이 가운데에서 흩어지거나 흩어짐이 없는 공은 오히려 흩어지거나 흩어짐이 없이 공하므로 항상하지도 않고 무너지지도 않는다고 마땅히 알아야 하느니라. 왜 그러한가? 본성이 그와 같은 까닭이니라. 선현이여. 이것이 산공·무산공이 되느니라.

무엇이 본성공(本性空)인가? 본성(本性)은 이를테면, 유위법(有爲法)의 성품과 무위법(無爲法)의 성품이니, 이와 같은 일체는 모두가 성문(聲聞)·독각(獨覺)·여래(如來)·보살(菩薩)들이 지었던 것이 아니고, 역시 다른 사람이 지었던 것도 아닌 까닭으로 본성(本性)이라고 이름하느니라. 이 가운데에서 본성은 본성이 공하므로 항상하지도 않고 무너지지도 않는다고 마땅히 알아야 하느니라. 왜 그러한가? 본성이 그와 같은 까닭이니라. 선현이여. 이것이 본성공이 되느니라.

무엇이 자상공(自相空)·공상공(共相空)인가? 자상(自相)은 이를테면, 일체법의 자상이니, 변이하고 장애하는 것과 같아서 이것이 색(色)의 자상이고, 받아들이게 하는 이것이 수(受)의 자상이며, 형상(象)을 취하는 이것이 상(想)의 자상이고, 조작(造作)하는 이것이 행(行)의 자상이며, 명료하게 분별하는 이것이 식(識)의 자상이고, 이와 같은 등의 만약 유위법의 자상이거나, 만약 무위법의 자상이더라도, 이것으로 자상을 삼느니라.

공상(共相)은 이를테면, 일체법의 공상이니, 괴로움은 이것이 유루법(有漏法)의 공상과 같고, 무상(無常)함은 유위법(有爲法)의 공상과 같으며, 공(空)과 무아(無我)는 일체법의 공상과 같나니, 이와 같은 등의 무량한 공상들이 있느니라. 이 가운데에서 자상과 공상은 오히려 자상과 공상이 공하므로 항상하지도 않고 무너지지도 않는다고 마땅히 알아야 하느니라. 왜 그러한가? 본성이 그와 같은 까닭이니라. 선현이여. 이것이 자상공·공상공이 되느니라.

무엇이 일체법공(一切法空)인가? 일체법(一切法)은 이를테면, 5온(蘊)·12처(處)·18계(界)·유색(有色)·무색(無色)·유견(有見)·무견(無見)·유대(有對)·무대(無對)·유루(有漏)·무루(無漏)·유위(有爲)·무위(無爲)인 이것이 일체법이니라. 이 가운데에서 일체법은 오히려 일체법이 공하므로 항상하지도 않고 무너지지도 않는다고 마땅히 알아야 하느니라. 왜 그러한가? 본성이 그와 같은 까닭이니라. 선현이여. 이것이 일체법공이 되느니라.

무엇이 불가득공(不可得空)인가? 불가득(不可得)은 이를테면, 이 가운데에서 제법을 구하더라도 얻을 수 없느니라. 이 가운데에서 얻을 수 없는 것은 오히려 얻을 수 없는 것이 공하므로 항상하지도 않고 무너지지도 않는다고 마땅히 알아야 하느니라. 왜 그러한가? 본성이 그와 같은 까닭이니라. 선현이여. 이것이 불가득공이 되느니라.

무엇이 무성공(無性空)인가? 무성(無性)은 이를테면, 이 가운데에서는 적은 성품도 얻을 수 없느니라. 이 가운데에서 자성이 없는 것은 오히려 자성이 없는 것이 공하므로 항상하지도 않고 무너지지도 않는다고 마땅히 알아야 하느니라. 왜 그러한가? 본성이 그와 같은 까닭이니라. 선현이여. 이것이 무성공이 되느니라.

무엇이 자성공(自性空)인가? 자성(自性)은 이를테면, 제법은 능히 화합(和合)하는 자성이니라. 이 가운데에서 자성은 오히려 자성이 공하므로 항상하지도 않고 무너지지도 않는다고 마땅히 알아야 하느니라. 왜 그러한가? 본성이 그와 같은 까닭이니라. 선현이여. 이것이 자성공이 되느니라.

무엇이 무성자성공(無性自性空)인가? 무성자성(無性自性)은 이를테면, 제법이 능히 화합하는 자성이 없으나, 화합하는 자성이라는 것이 있느니라. 이 가운데에서 성품이 없는 자성은 오히려 성품이 없는 자성이 공하므로 항상하지도 않고 무너지지도 않는다고 마땅히 알아야 하느니라. 왜 그러한가? 본성이 그와 같은 까닭이니라. 선현이여. 이것이 무성자성공이 되느니라.

다시 다음으로 선현이여. 유성(有性)은 오히려 유성이 공하고 무성(無性)은 오히려 무성이 공하며, 자성(自性)은 자성이 오히려 공하고 타성(他性)은 오히려 타성이 공하느니라. 어찌하여 유성이 오히려 유성공(有性空)인가? 유성은 이를테면, 유위법(有爲法)이니, 이 유성은 오히려 유성공이니라. 어찌하여 무성이 오히려 무성공(無性空)인가? 무성은 이를테면, 무위법(無爲法)이니, 이 무성은 오히려 무성공이니라. 어찌하여 자성이 오히려 자성공(自性空)인가? 이를테면, 일체법은 모두 자성공이니, 이러한 공은 지혜로 짓는 것이 아니고, 견해로 짓는 것도 아니며, 역시 나머지가 짓는 것도 아니니라. 이것이 이를테면, 자성이 오히려 자성공이니라.

어찌하여 타성이 오히려 타성공(他性空)인가? 이를테면, 일체법은 만약 세존께서 세상에 출현하셨거나, 만약 세상에 출현하지 않으셨더라도, 법주(法住)·법정(法定)·법성(法性)·법계(法界)·법의 평등성(平等性)·법의 이생성(離生性)·진여(眞如)·불허망성(不虛妄性)·불변이성(不變異性)·실제(實際)이나니, 모두가 오히려 타성인 까닭으로 공하느니라. 이것이 이를테면, 타성이 오히려 타성공이니라. 선현이여. 이것이 보살마하살의 대승의 상이라고 마땅히 알아야 하느니라."

마하반야바라밀다경 제414권

16. 삼마지품(三摩地品)(2)

"다시 다음으로 선현이여. 보살마하살의 대승의 상(相)이라는 것은 이를테면, 무량(無量)한 백천(百千)의 무상(無上)이고 미묘(微妙)한 여러 삼마지(三摩地)이나니, 즉 건행삼마지(健行三摩地)·보인삼마지(寶印三摩地)·사자유희삼마지(獅子遊戲三摩地)·묘월삼마지(妙月三摩地)·월당상삼마지(月幢相三摩地)·일체법용삼마지(一切法涌三摩地)·관정삼마지(觀頂三摩地)·법계결정삼마지(法界決定三摩地)·결정당상삼마지(決定幢相三摩地)·금강유삼마지(金剛喩三摩地)·입법인삼마지(入法印三摩地)·방광무망실삼마지(放光無忘失三摩地)·선립정왕삼마지(善立定王三摩地)·방광삼마지(放光三摩地)·정진력삼마지(精進力三摩地)·등용삼마지(等涌三摩地)·입일체언사결정삼마지(入一切言詞決定三摩地)·등입증어삼마지(等入增語三摩地)·관방삼마지(觀方三摩地)·총지인삼마지(總持印三摩地)·무망실삼마지(無忘失三摩地)·제법등취해인삼마지(諸法等趣海印三摩地)·편복허공삼마지(遍履虛空三摩地)·금강륜삼마지(金剛輪三摩地)·이진삼마지(離塵三摩地)·변조삼마지(遍照三摩地)·불현삼마지(不眴三摩地)·무상주삼마지(無相住三摩地)·부사유삼마지(不思惟三摩地)·무구등삼마지(無垢燈三摩地)·무변광삼마지(無邊光三摩地)·발광삼마지(發光三摩地)·보조삼마지(普照三摩地)·정견정삼마지(淨堅定三摩地)·무구광삼마지(無垢光三摩地)·발묘락삼마지(發妙樂三摩地)·전등삼마지(電燈三摩地)·무진삼마지(無盡三摩地)·구위광삼마지(具威光三摩地)·이진삼마지(離盡三摩地)·무동삼마지

(無動三摩地)·무하극삼마지(無瑕隙三摩地)·일등삼마지(日燈三摩地)·정월삼마지(淨月三摩地)·정광삼마지(淨光三摩地)·발명삼마지(發明三摩地)·작소응작삼마지(作所應作三摩地)·지당상삼마지(智幢相三摩地)·금강만삼마지(金剛鬘三摩地)·주심삼마지(住心三摩地)·보명삼마지(普明三摩地)·선주삼마지(善住三摩地)·보적삼마지(寶積三摩地)·묘법인삼마지(妙法印三摩地)·일체법평등성삼마지(一切法平等性三摩地)·사애락삼마지(捨愛樂三摩地)·입법정삼마지(入法頂三摩地)·표산삼마지(飄散三摩地)·분별법구삼마지(分別法句三摩地)·평등자상삼마지(平等字相三摩地)·이문자상삼마지(離文字相三摩地)·단소연삼마지(斷所緣三摩地)·무변이삼마지(無變異三摩地)·무품류삼마지(無品類三摩地)·무상행삼마지(無相行三摩地)·이예암삼마지(離翳闇三摩地)·구행삼마지(具行三摩地)·불변동삼마지(不變動三摩地)·도경계삼마지(度境界三摩地)·집일체공덕삼마지(集一切功德三摩地)·결정주삼마지(決定住三摩地)·무심주삼마지(無心住三摩地)·정묘화삼마지(淨妙花三摩地)·구각지삼마지(具覺支三摩地)·무변등삼마지(無邊燈三摩地)·무변변삼마지(無邊辯三摩地)·무등등삼마지(無等等三摩地)·초일체법삼마지(超一切法三摩地)·결판제법삼마지(決判諸法三摩地)·산의망삼마지(散疑網三摩地)·무소주삼마지(無所住三摩地)·일상장엄삼마지(一相莊嚴三摩地)·인발행상삼마지(引發行相三摩地)·일행상삼마지(一行相三摩地)·이행상삼마지(離行相三摩地)·묘행상삼마지(妙行相三摩地)·달제유저산괴삼마지(達諸有底散壞三摩地)·입시설어언삼마지(入施設語言三摩地)·해탈음성문자삼마지(解脫音聲文字三摩地)·거치연삼마지(炬熾然三摩地)·엄정상삼마지(嚴淨相三摩地)·무표치삼마지(無標幟三摩地)·구일절묘상삼마지(具一切妙相三摩地)·불희일체고락삼마지(不憙一切苦樂三摩地)·무진행상삼마지(無盡行相三摩地)·구다라니삼마지(具陀羅尼三摩地)·섭복일체정성사성삼마지(攝伏一切正性邪性三摩地)·정식일체위순삼마지(靜息一切違順三摩地)·이증애삼마지(離憎愛三摩地)·무구명삼마지(無垢明三摩地)·구견고삼마지(具堅固三摩地)·만월정광삼마지(滿月淨光三摩地)·대장엄삼마지(大莊嚴三摩地)·조일체세간삼마지(照一切世間三摩地)·정평등성

삼마지(定平等性三摩地)·유쟁무쟁평등이취삼마지(有諍無諍平等理趣三摩地)·무소혈무표치무애락삼마지(無巢穴無飄幟無愛樂三摩地)·결정안주진여삼마지(決定安住眞如三摩地)·이신예악삼마지(離身穢惡三摩地)·이어예악삼마지(離語穢惡三摩地)·이의예악삼마지(離意穢惡三摩地)·여허공삼마지(如虛空三摩地)·무염착여허공삼마지(無染着如虛空三摩地)이니라. 이와 같은 등의 삼마지가 무량한 백천(百千)인데, 이것이 보살마하살의 대승의 상이니라.

선현이여. 어찌하여 건행삼마지(健行三摩地)라고 이름하는가? 이를테면, 이러한 삼마지에 머무르는 때에 능히 일체 삼마지의 경계를 받아들일 수 있고, 능히 무범하고 수승(殊勝)한 건행을 준비하여 능히 일체 등지(等持)¹⁾를 인도하는 상수(上首)가 되느니라. 이러한 까닭으로 건행삼마지라고 이름하느니라. 어찌하여 보인삼마지(寶印三摩地)라고 이름하는가? 이를테면, 이러한 삼마지는 능히 일체 정려의 법인(法印)이니라. 이러한 까닭으로 보인삼마지라고 이름하느니라.

어찌하여 사자유희삼마지(獅子遊戲三摩地)라고 이름하는가? 이를테면, 만약 이러한 삼마지에 머무르는 때라면 능히 여러 수승한 정려에 유희(遊戲)하면서 자재하느니라. 이러한 까닭으로 사자유희삼마지라고 이름하느니라. 어찌하여 묘월삼마지(妙月三摩地)라고 이름하는가? 이를테면, 만약 이러한 삼마지에 머무르는 때라면 청정한 보름달과 같이 널리 여러 정려를 두루 비추느니라. 이러한 까닭으로 묘월삼마지라고 이름하느니라. 어찌하여 월당상삼마지(月幢相三摩地)라고 이름하는가? 이를테면, 만약 이러한 삼마지에 머무르는 때라면 능히 널리 여러 정려의 수승한 상(相)을 주지(住持)하느니라. 이러한 까닭으로 월당상삼마지라고 이름하느니라.

어찌하여 일체법용삼마지(一切法涌三摩地)라고 이름하는가? 이를테

---

1) 산스크리트어 Samādhi의 번역이고 삼마지를 다르게 부르는 말이다.

면, 만약 이러한 삼마지에 머무르는 때라면 널리 능히 일체의 수승한 정려가 솟아나게 하느니라. 이러한 까닭으로 일체법용삼마지라고 이름하느니라. 어찌하여 관정삼마지(觀頂三摩地)라고 이름하는가? 이를테면, 만약 이러한 삼마지에 머무르는 때라면 널리 일체 정려의 정수리(頂)를 관찰하느니라. 이러한 까닭으로 관정삼마지라고 이름하느니라.

어찌하여 법계결정삼마지(法界決定三摩地)라고 이름하는가? 이를테면, 만약 이러한 삼마지에 머무르는 때라면 능히 법계에서 결정적으로 명료하게 비추느니라. 이러한 까닭으로 법계결정삼마지라고 이름하느니라. 어찌하여 결정당상삼마지(決定幢相三摩地)라고 이름하는가? 만약 이러한 삼마지에 머무르는 때라면 능히 결정적으로 여러 정려의 당기(幢)인 상을 지니느니라. 이러한 까닭으로 결정당상삼마지라고 이름하느니라.

어찌하여 금강유삼마지(金剛喩三摩地)라고 이름하는가? 이를테면, 만약 이러한 삼마지에 머무르는 때라면 능히 여러 정려를 절복(摧伏)시키고 그것에 굴복되지 않느니라. 이러한 까닭으로 금강유삼마지라고 이름하느니라. 어찌하여 입법인삼마지(入法印三摩地)인가? 이를테면, 만약 이러한 삼마지에 머무르는 때라면 널리 능히 일체의 법인(法印)을 증득하면서 들어가느니라. 이러한 까닭으로 입법인삼마지라고 이름하느니라.

어찌하여 방광무망실삼마지(放光無忘失三摩地)라고 이름하는가? 이를테면, 만약 이러한 삼마지에 머무르는 때라면 수승한 정려의 광명을 펼쳐서 여러 유정들을 비추고 그들이 일찍이 받았던 법이라는 것을 기억하게 하느니라. 이러한 까닭으로 방광무망실삼마지라고 이름하느니라. 어찌하여 선립정왕삼마지(善立定王三摩地)라고 이름하는가? 이를테면, 만약 이러한 삼마지에 머무르는 때라면 여러 정려에서 법왕(王)을 능히 잘 건립(建立)하느니라. 이러한 까닭으로 선립정왕삼마지라고 이름하느니라.

어찌하여 방광삼마지(放光三摩地)라고 이름하는가? 이를테면, 만약 이러한 삼마지에 머무르는 때라면 여러 정려에서 광명을 능히 열어서 일으키느니라. 이러한 까닭으로 방광삼마지라고 이름하느니라. 어찌하여 정진력삼마지(精進力三摩地)라고 이름하는가? 이를테면, 만약 이러한 정려에 머무르는 때라면 능히 여러 정려의 정진하는 세력(勢力)을 일으키느니라. 이러한 까닭으로 정진력삼마지라고 이름하느니라.

어찌하여 등용삼마지(等涌三摩地)라고 이름하는가? 이를테면, 만약 이러한 삼마지에 머무르는 때라면 여러 등지가 평등하게 솟구쳐서 나타나느니라. 이러한 까닭으로 등용삼마지라고 이름하느니라. 어찌하여 입일체언사결정삼마지(入一切言詞決定三摩地)라고 이름하는가? 이를테면, 만약 이러한 삼마지에 머무르는 때라면 여러 언사(言詞)에서 결정적으로 깨달아서 들어가느니라. 이러한 까닭으로 입일체언사결정삼마지라고 이름하느니라.

어찌하여 등입증어삼마지(等入增語三摩地)라고 이름하는가? 이를테면, 만약 이러한 삼마지에 머무르는 때라면 여러 정려의 이름에서 널리 능히 깨달아 들어가서 그 이취(理趣)를 가르(訓)치고 해석(釋)하느니라. 이러한 까닭으로 등입증어삼마지라고 이름하느니라. 어찌하여 관방삼마지(觀方三摩地)라고 이름하는가? 이를테면, 만약 이러한 삼마지에 머무르는 때라면 여러 정려의 방향에서 널리 능히 관조(觀照)하느니라. 이러한 까닭으로 관방삼마지라고 이름하느니라.

어찌하여 총지인삼마지(總持印三摩地)라고 이름하는가? 이를테면, 만약 이러한 삼마지에 머무르는 때라면 여러 정려의 묘인(妙印)[2]을 모두 맡아서 지니느니라. 이러한 까닭으로 총지인삼마지라고 이름하느니라. 어찌하여 무망실삼마지(無忘失三摩地)라고 이름하는가? 이를테면, 만약 이러한 삼마지에 머무르는 때라면 여러 정려의 상에서 모두 잊어버리지 않느니라. 이러한 까닭으로 무망실삼마지라고 이름하느니라.

어찌하여 제법등취해인삼마지(諸法等趣海印三摩地)라고 이름하는가? 이를테면, 만약 이러한 삼마지에 머무르는 때라면 여러 수승한 정려 등에서 모두 나아가면서 들어가는데, 큰 해인(海印)과 같은 여러 흐름을

---

[2] 매우 깊고 미묘한 심인(心印)을 가리킨다.

섭수(攝受)하느니라. 이러한 까닭으로 제법등취해인삼마지라고 이름하느니라. 어찌하여 변복허공삼마지(遍履虛空三摩地)라고 이름하는가? 이를테면, 만약 이러한 삼마지에 머무르는 때라면 여러 등지를 두루 능히 덮어서 보호하면서 간별(簡別)하는 것이 없어서 큰 허공과 같으니라. 이러한 까닭으로 변복허공삼마지라고 이름하느니라.

어찌하여 금강륜삼마지(金剛輪三摩地)라고 이름하는가? 이를테면, 만약 이러한 삼마지에 머무르는 때라면 여러 수승한 정려를 널리 능히 맡아서 지니면서 흩어지고 무너지지 않게 하는데 금강의 바퀴와 같으니라. 이러한 까닭으로 금강륜삼마지라고 이름하느니라. 어찌하여 이진삼마지(離塵三摩地)라고 이름하는가? 이를테면, 만약 이러한 삼마지에 머무르는 때라면 일체의 번뇌(煩惱)와 얽혀있는 번민(纏垢)을 능히 소멸시키느니라. 이러한 까닭으로 이진삼마지라고 이름하느니라.

어찌하여 변조삼마지(遍照三摩地)라고 이름하는가? 이를테면, 만약 이 삼마지에 머무르는 때라면 여러 정려를 두루 비추어서 그들 광명이 드러나게 하느니라. 이러한 까닭으로 변조삼마지라고 이름하느니라. 어찌하여 불현삼마지(不眴三摩地)라고 이름하는가? 이를테면, 만약 이 삼마지에 머무르는 때라면 다시는 다른 정려와 나머지의 법을 간절하게 구하지 않느니라. 이러한 까닭으로 불현삼마지라고 이름하느니라.

어찌하여 무상주삼마지(無相住三摩地)라고 이름하는가? 이를테면, 만약 이러한 삼마지에 머무르는 때라면 여러 정려의 가운데에서 적은 법이라도 머무를 수 있다고 보지 않느니라. 이러한 까닭으로 무상주삼마지라고 이름하느니라. 어찌하여 부사유삼마지(不思惟三摩地)라고 이름하는가? 이를테면, 만약 이러한 삼마지에 머무르는 때라면 소유한 하열(下劣)한 심(心)·심소법(心所法)이 모두 전전하지 않느니라. 이러한 까닭으로 부사유삼마지라고 이름하느니라.

어찌하여 무구등삼마지(無垢燈三摩地)인가? 이를테면, 만약 이러한 삼마지에 머무르는 때라면 청정한 등불을 지니고서 여러 정려를 명료하게 비추는 것과 같으니라. 이러한 까닭으로 무구등삼마지라고 이름하느니라.

어찌하여 무변광삼마지(無邊光三摩地)라고 이름하는가? 이를테면, 만약 이러한 삼마지에 머무르는 때라면 능히 큰 광명을 일으켜서 무변하게 경계가 없이 비추느니라. 이러한 까닭으로 무변광삼마지라고 이름하느니라.

어찌하여 발광삼마지(發光三摩地)라고 이름하는가? 이를테면, 만약 이러한 등지에 머무르는 때라면 끊임없이 능히 수승한 정려의 광명을 일으키느니라. 이러한 까닭으로 발광삼마지라고 이름하느니라. 어찌하여 보조삼마지(普照三摩地)라고 이름하는가? 이를테면, 만약 이러한 등지를 얻었다면 끊임없이 곧 능히 여러 수승한 정려의 문(門)을 널리 비추느니라. 이러한 까닭으로 보조삼마지라고 이름하느니라.

어찌하여 정견정삼마지(淨堅定三摩地)라고 이름하는가? 이를테면, 만약 이러한 삼마지에 머무르는 때라면 여러 등지(等持)의 청정한 평등성(平等性)을 얻느니라. 이러한 까닭으로 정견정삼마지라고 이름하느니라. 어찌하여 무구광삼마지(無垢光三摩地)라고 이름하는가? 이를테면, 만약 이러한 삼마지에 머무르는 때라면 능히 일체의 정려의 번뇌를 빠르게 없애느니라. 이러한 까닭으로 무구광삼마지라고 이름하느니라.

어찌하여 발묘락삼마지(發妙樂三摩地)라고 이름하는가? 이를테면, 만약 이러한 삼마지에 머무르는 때라면 일체 등지의 미묘한 즐거움을 받게 하느니라. 이러한 까닭으로 발묘락삼마지라고 이름하느니라. 어찌하여 전등삼마지(電燈三摩地)라고 이름하는가? 이를테면, 만약 이러한 삼마지에 머무르는 때라면 여러 등지를 비추면서 번개의 빛과 같으니라. 이러한 까닭으로 전등삼마지라고 이름하느니라.

어찌하여 무진삼마지(無盡三摩地)라고 이름하는가? 이를테면, 만약 이러한 삼마지에 머무르는 때라면 여러 등지의 공덕을 끊임없이 이끌어서 일으키고 그것이 끝마치거나 끝마치지 않는 상이라고 보지 않느니라. 이러한 까닭으로 무진삼마지라고 이름하느니라. 어찌하여 구위광삼마지(具威光三摩地)라고 이름하는가? 이를테면, 만약 이러한 삼마지에 머무르는 때라면 여러 등지에서 위엄과 광명이 홀로 치성하느니라. 이러한 까닭으로 구위광삼마지라고 이름하느니라.

어찌하여 이진삼마지(離盡三摩地)라고 이름하는가? 이를테면, 만약 이러한 삼마지에 머무르는 때라면 여러 등지가 일체 무진(無盡)하다고 보고, 끝마치거나 끝마치지 않는 상이라고 보지 않느니라. 이러한 까닭으로 이진삼마지라고 이름하느니라. 어찌하여 무동삼마지(無動三摩地)라고 이름하는가? 이를테면, 만약 이러한 삼마지에 머무르는 때라면 여러 등지가 동요(動搖)가 없고 도거(掉擧)가 없으며, 역시 희론(戲論)도 없게 하느니라. 이러한 까닭으로 무동삼마지라고 이름하느니라.

어찌하여 무하극삼마지(無瑕隙三摩地)라고 이름하는가? 이를테면, 만약 이러한 삼마지에 머무르는 때라면 여러 등지의 견해에 티끌과 틈새가 없게 하느니라. 이러한 까닭으로 무하극삼마지라고 이름하느니라. 어찌하여 일등삼마지(日燈三摩地)라고 이름하는가? 만약 이러한 삼마지에 머무르는 때라면 여러 정려의 문이 광명을 일으켜서 널리 비추게 하느니라. 이러한 까닭으로 일등삼마지라고 이름하느니라.

어찌하여 정월삼마지(淨月三摩地)라고 이름하는가? 이를테면, 만약 이러한 삼마지에 머무르는 때라면 여러 등지가 어두움을 제거하는 달과 같게 하느니라. 이러한 까닭으로 정월삼마지라고 이름하느니라. 어찌하여 정광삼마지(淨光三摩地)라고 이름하는가? 이를테면, 만약 이러한 삼마지에 머무르는 때라면 일체의 등지에서 4무애해(四無礙解)를 얻느니라. 이러한 까닭으로 정광삼마지라고 이름하느니라.

어찌하여 발명삼마지(發明三摩地)인가? 이를테면, 만약 이러한 삼마지에 머무르는 때라면 여러 정려의 문이 광명을 일으켜서 널리 비추게 하느니라. 이러한 까닭으로 발명삼마지라고 이름하느니라. 어찌하여 작소응작삼마지(作所應作三摩地)라고 이름하는가? 이를테면, 만약 이러한 삼마지에 머무르는 때라면 여러 등지에서 상응하여 지어야 하는 일이라는 것을 성취하고, 또한 여러 정려에서 지어야 하는 일이라는 것을 성취하게 하느니라. 이러한 까닭으로 작소응작삼마지라고 이름하느니라.

어찌하여 지당상삼마지(智幢相三摩地)라고 이름하는가? 이를테면, 만약 이러한 삼마지에 머무르는 때라면 여러 등지로 미묘하고 지혜로운 당기의 상을 보느니라. 이러한 까닭으로 지당상삼마지라고 이름하느니라. 어찌하여 금강만삼마지(金剛鬘三摩地)라고 이름하는가? 이를테면, 만약 이러한 삼마지에 머무르는 때라면 비록 능히 일체법을 통달(通達)하였더라도 통달한 상이 있다고 보지 않느니라. 이러한 까닭으로 금강만삼마지라고 이름하느니라.

어찌하여 주심삼마지(住心三摩地)라고 이름하는가? 만약 이러한 삼마지에 머무르는 때라면 마음이 동요(動搖)하지 않고 전전(展轉)하지 않으며 비추지 않고 손감(損減)하지도 않으며 마음이 있다고 생각하지도 않느니라. 이러한 까닭으로 주심삼마지라고 이름하느니라. 어찌하여 보명삼마지(普明三摩地)라고 이름하는가? 이를테면, 만약 이러한 삼마지에 머무르는 때라면 여러 정려의 밝음에서 널리 능히 관조하느니라. 이러한 까닭으로 보명삼마지라고 이름하느니라.

어찌하여 선주삼마지(善住三摩地)라고 이름하는가? 이를테면, 만약 이러한 삼마지에 머무르는 때라면 여러 등지에서 잘 능히 안주(安住)하느니라. 이러한 까닭으로 선주삼마지라고 이름하느니라. 어찌하여 보적삼마지(寶積三摩地)라고 이름하는가? 이를테면, 만약 이러한 삼마지에 머무르는 때라면 여러 등지가 모두가 보배의 집적(集積)과 같다고 보느니라. 이러한 까닭으로 보적삼마지라고 이름하느니라.

어찌하여 묘법인삼마지(妙法印三摩地)라고 이름하는가? 이를테면, 만약 이러한 삼마지에 머무르는 때라면 능히 무인(無印)의 인(印)으로써 여러 등지에 날인(捺印)하느니라. 이러한 까닭으로 묘법인삼마지라고 이름하느니라. 어찌하여 일체법평등성삼마지(一切法平等性三摩地)라고 이름하는가? 이를테면, 만약 이러한 삼마지에 머무르는 때라면 어느 법이 평등성을 벗어났다고 보지 않느니라. 이러한 까닭으로 일체법평등성삼마지라고 이름하느니라.

어찌하여 사애락삼마지(捨愛樂三摩地)라고 이름하는가? 이를테면, 만약 이러한 삼마지에서 머무르는 때라면 일체법에서 여러 애락(愛樂)을 버리느니라. 이러한 까닭으로 사애락삼마지라고 이름하느니라. 어찌하여 입법정삼마지(入法頂三摩地)라고 이름하는가? 이를테면, 만약 이러한 삼마지에 머무르는 때라면 일체법에서 능히 어두운 장애를 없애고, 역시 여러 정려에서 능히 상수로 삼느니라. 이러한 까닭으로 입법정삼마지라고 이름하느니라.

어찌하여 표산삼마지(飄散三摩地)라고 이름하는가? 이를테면, 만약 이러한 삼마지에 머무르는 때라면 일체의 정려의 집착과 법집(法執)을 날려서 흩어버리느니라. 이러한 까닭으로 표산삼마지라고 이름하느니라. 어찌하여 분별법구삼마지(分別法句三摩地)라고 이름하는가? 이를테면, 만약 이러한 삼마지에 머무르는 때라면 여러 정려의 법구(法句)를 능히 잘 분별(分別)하느니라. 이러한 까닭으로 분별법구삼마지라고 이름하느니라.

어찌하여 평등자상삼마지(平等字相三摩地)라고 이름하는가? 이를테면, 만약 이러한 삼마지에 머무르는 때라면 여러 등지의 평등한 글자의 상(字相)을 얻느니라. 이러한 까닭으로 평등자상삼마지라고 이름하느니라. 어찌하여 이문자상삼마지(離文字相三摩地)라고 이름하는가? 만약 이러한 삼마지에 머무르는 때라면 여러 등지에서 한 글자도 얻지 않느니라. 이러한 까닭으로 이문자상삼마지라고 이름하느니라.

어찌하여 단소연삼마지(斷所緣三摩地)라고 이름하는가? 이를테면, 만약 이러한 삼마지에 머무르는 때라면 여러 등지의 소연(所緣)하는 경계의 상을 단절하느니라. 이러한 까닭으로 단소연삼마지라고 이름하느니라. 어찌하여 무변이삼마지(無變異三摩地)인가? 이를테면, 만약 이러한 삼마지에 머무르는 때라면 제법이 변이(變異)하는 상을 얻지 않느니라. 이러한 까닭으로 무변이삼마지라고 이름하느니라.

어찌하여 무품류삼마지(無品類三摩地)라고 이름하는가? 이를테면, 만약 이러한 삼마지에 머무르는 때라면 제법의 품류(品類)가 별도의 상이라고 보지 않느니라. 이러한 까닭으로 무품류삼마지라고 이름하느니라. 어찌하여 무상행삼마지(無相行三摩地)라고 이름하는가? 이를테면, 만약 이러한 삼마지에 머무르는 때라면 여러 정려에서 상을 모두 얻을 수 없느니라. 이러한 까닭으로 무상행삼마지라고 이름하느니라.
　어찌하여 이예암삼마지(離翳闇三摩地)라고 이름하는가? 이를테면, 만약 이러한 삼마지에 머무르는 때라면 여러 정려의 가려진 어둠을 없애지 못함이 없느니라. 이러한 까닭으로 이예암삼마지라고 이름하느니라. 어찌하여 구행삼마지(具行三摩地)라고 이름하는가? 이를테면, 만약 이러한 삼마지에 머무르는 때라면 여러 정려의 행에서 모두 견해의 집착(見執)이 없느니라. 이러한 까닭으로 구행삼마지라고 이름하느니라.
　어찌하여 불변동삼마지(不變動三摩地)라고 이름하는가? 이를테면, 만약 이러한 삼마지에 머무르는 때라면 여러 등지에서 변동(變動)을 보지 않느니라. 이러한 까닭으로 불변동삼마지라고 이름하느니라. 어찌하여 도경계삼마지(度境界三摩地)라고 이름하는가? 이를테면, 만약 이러한 삼마지에 머무르는 때라면 여러 등지로 소연하는 경계를 초월하느니라. 이러한 까닭으로 도경계삼마지라고 이름하느니라.
　어찌하여 집일체공덕삼마지(集一切功德三摩地)라고 이름하는가? 이를테면, 만약 이러한 삼마지에 머무르는 때라면 여러 정려가 소유한 공덕들을 집적하더라도 일체법에서 집적한다는 생각이 없느니라. 이러한 까닭으로 집일체공덕삼마지라고 이름하느니라. 어찌하여 결정주삼마지(決定住三摩地)라고 이름하는가? 이를테면, 만약 이러한 삼마지에 머무르는 때라면 여러 정려의 마음에서 비록 결정적으로 머물렀더라도 그 상은 명료하게 얻을 수 없다고 아느니라. 이러한 까닭으로 결정주삼마지라고 이름하느니라.
　어찌하여 무심주삼마지(無心住三摩地)라고 이름하는가? 이를테면, 만약 이러한 삼마지에 머무르는 때라면 마음이 여러 정려에서 전전하지 않고 떨어지지 않느니라. 이러한 까닭으로 무심주삼마지라고 이름하느니라. 어찌하여 정묘화삼마지(淨妙花三摩地)라고 이름하는가? 이를테면, 만약 이러한 삼마지에 머무르는 때라면 여러 등지가 모두 청정함을 얻고서 장식하므로 광명이 드러남이 오히려 미묘한 꽃과 같으니라. 이러한 까닭으로 정묘화삼마지라고 이름하느니라.

어찌하여 구각지삼마지(具覺支三摩地)라고 이름하는가? 이를테면, 만약 이러한 삼마지에 머무르는 때라면 일체의 정려로 7각지(七覺支)를 수행하여 빠르게 원만함을 얻게 하느니라. 이러한 까닭으로 구각지삼마지라고 이름하느니라. 어찌하여 무변등삼마지(無邊燈三摩地)라고 이름하는가? 이를테면, 만약 이러한 삼마지에 머무르는 때라면 일체법에서 모두 능히 명료하게 비추므로, 비유한다면 밝은 등불과 같으니라. 이러한 까닭으로 무변등삼마지라고 이름하느니라.

어찌하여 무변변삼마지(無邊辯三摩地)인가? 이를테면, 만약 이러한 삼마지에 머무르는 때라면 일체법에서 무변한 변재를 얻느니라. 이러한 까닭으로 무변변삼마지라고 이름하느니라. 어찌하여 무등등삼마지(無等等三摩地)라고 이름하는가? 이를테면, 만약 이러한 삼마지에 머무르는 때라면 여러 등지에서 평등성을 얻고, 역시 여러 정려로 무등등을 성취하게 하느니라. 이러한 까닭으로 무등등삼마지라고 이름하느니라.

어찌하여 초일체법삼마지(超一切法三摩地)라고 이름하는가? 이를테면, 만약 이러한 삼마지에 머무르는 때라면 널리 능히 삼계(三界)의 제법을 초월(超度)하느니라. 이러한 까닭으로 초일체법삼마지라고 이름하느니라. 어찌하여 결판제법삼마지(決判諸法三摩地)라고 이름하는가? 이를테면, 만약 이러한 삼마지에 머무르는 때라면 여러 수승한 여러 정려와 일체법에서 능히 유정들을 위하여 여실대로 결정하고 판결하느니라. 이러한 까닭으로 결판제법삼마지라고 이름하느니라.

어찌하여 산의망삼마지(散疑網三摩地)라고 이름하는가? 이를테면, 만약 이러한 삼마지에 머무르는 때라면 여러 정려와 일체법에서 소유한 의심의 그물을 모두 없애고 흩어버리느니라. 이러한 까닭으로 산의망삼마지라고 이름하느니라. 어찌하여 무소주삼마지(無所住三摩地)인가? 이를테면, 만약 이러한 삼마지에 머무르는 때라면 제법에 주처(住處)라는 것이 있다고 보지 않느니라. 이러한 까닭으로 무소주삼마지라고 이름하느니라.

어찌하여 일상장엄삼마지(一相莊嚴三摩地)라고 이름하는가? 이를테면, 만약 이러한 삼마지에 머무르는 때라면 제법에 두 가지의 상(二相)을 취할 수 있다고 보지 않느니라. 이러한 까닭으로 일상장엄삼마지라고 이름하느니라. 어찌하여 인발행상삼마지(引發行相三摩地)라고 이름하는가? 이를테면, 만약 이러한 삼마지에 머무르는 때라면 여러 등지와 일체법에서 비록 여러 종류의 행상(行相)을 이끌어서 일으키더라도, 모두 능히 이끌어서 일으키는 것을 모두 보지 않느니라. 이러한 까닭으로 인발행상삼마지라고 이름하느니라.

어찌하여 일행상삼마지(一行相三摩地)라고 이름하는가? 이를테면, 만약 이러한 삼마지에 머무르는 때라면 여러 등지와 두 가지의 행상(行相)이 없다고 보느니라. 이러한 까닭으로 일행상삼마지라고 이름하느니라. 어찌하여 이행상삼마지(離行相三摩地)라고 이름하는가? 이를테면, 이러한 삼마지를 머무르는 때라면 여러 등지에 모두 행상이 없다고 보느니라. 이러한 까닭으로 이행상삼마지라고 이름하느니라.

어찌하여 묘행상삼마지(妙行相三摩地)라고 이름하는가? 이를테면, 만약 이러한 삼마지에 머무르는 때라면 여러 등지에 미묘한 행상을 일으키게 하느니라. 이러한 까닭으로 묘행상삼마지라고 이름하느니라. 어찌하여 달제유저산괴삼마지(達諸有底散壞三摩地)라고 이름하는가? 이를테면, 만약 이러한 삼마지에 머무르는 때라면 여러 등지와 일체법에서 통달하는 지혜를 얻어 여실하게 깨달아서 들어가고, 이미 들어갔다면 여러 유법(有法)에서 흩어지고 무너져서 남은 것이 없다고 통달하느니라. 이러한 까닭으로 달제유저산괴삼마지라고 이름하느니라.

어찌하여 입시설어언삼마지(入施設語言三摩地)라고 이름하는가? 이를테면, 만약 이러한 삼마지에 머무르는 때라면 일체의 삼마지법(三摩地法)에 들어가서 언어(語言)를 시설(施設)하더라도 집착함이 없고 장애가 없느니라. 이러한 까닭으로 입시설어언삼마지라고 이름하느니라. 어찌하여 해탈음성문자삼마지(解脫音聲文字三摩地)라고 이름하는가? 이를테면, 만약 이러한 삼마지에 머무르는 때라면 여러 등지가 일체의 음성(音聲)과 문자(文字)를 해탈(解脫)하였으므로 여러 상이 적멸(寂滅)하다고 보느니

라. 이러한 까닭으로 해탈음성문자삼마지라고 이름하느니라.
　어찌하여 거치연삼마지(炬熾然三摩地)라고 이름하는가? 이를테면, 만약 이러한 삼마지에 머무르는 때라면 여러 등지에서 위광(威光)이 밝게 비추느니라. 이러한 까닭으로 거치연삼마지라고 이름하느니라. 어찌하여 엄정상삼마지(嚴淨相三摩地)라고 이름하는가? 이를테면, 만약 이러한 삼마지에 머무르는 때라면 여러 등지에서 능히 청정한 상을 장엄하는데, 이를테면, 제상(諸相)을 모두 없애고 소멸시키느니라. 이러한 까닭으로 엄정상삼마지라고 이름하느니라.
　어찌하여 무표치삼마지(無標幟三摩地)라고 이름하는가? 이를테면, 만약 이러한 삼마지에 머무르는 때라면 여러 등지에서 표치(標幟)를 보지 않느니라. 이러한 까닭으로 무표치삼마지라고 이름하느니라. 어찌하여 구일체묘상삼마지(具一切妙相三摩地)라고 이름하는가? 이를테면, 만약 이러한 삼마지에 머무르는 때라면 여러 정려의 미묘한 상이 구족되지 않는 것이 없느니라. 이러한 까닭으로 구일체묘상삼마지라고 이름하느니라.
　어찌하여 불희일체고락삼마지(不憙一切苦樂三摩地)라고 이름하는가? 이를테면, 만약 이러한 삼마지에 머무르는 때라면 여러 등지에서 괴롭거나 즐거운 상을 관찰하는 것을 즐거워하지 않느니라. 이러한 까닭으로 불희일체고락삼마지라고 이름하느니라. 어찌하여 무진행상삼마지(無盡行相三摩地)라고 이름하는가? 이를테면, 만약 이러한 삼마지에 머무르는 때라면 여러 정려의 행상(行相)의 끝마침이 있다고 보지 않느니라. 이러한 까닭으로 무진행상삼마지라고 이름하느니라.
　어찌하여 구다라니삼마지(具陀羅尼三摩地)라고 이름하는가? 이를테면, 만약 이러한 삼마지에 머무르는 때라면 능히 여러 정려의 수승한 일을 모두 맡아서 지니느니라. 이러한 까닭으로 구다라니삼마지라고 이름하느니라. 어찌하여 섭복일체정성사성삼마지(攝伏一切正性邪性三摩地)라고 이름하는가? 이를테면, 만약 이러한 삼마지에 머무르는 때라면 여러 등지의 바른 성품과 삿된 성품을 섭수하여 여러 견해가 모두 일어나지 못하게 하느니라. 이러한 까닭으로 섭복일체정성사성삼마지라고 이름하느니라.

어찌하여 정식일체위순삼마지(靜息一切違順三摩地)라고 이름하는가? 이를테면, 만약 이러한 삼마지에 머무르는 때라면 여러 등지와 일체법에서 모두 거스르고 수순하는 상이 있다고 보지 않느니라. 이러한 까닭으로 정식일체위순삼마지라고 이름하느니라. 어찌하여 이증애삼마지(離憎愛三摩地)인가? 이를테면, 만약 이러한 삼마지에 머무르는 때라면 여러 등지와 일체법에서 모두 미워하고 사랑할 상이 있다고 보지 않느니라. 이러한 까닭으로 이증애삼마지라고 이름하느니라.

어찌하여 무구명삼마지(無垢明三摩地)라고 이름하는가? 이를테면, 만약 이러한 삼마지에 머무르는 때라면 여러 등지에서 모두 밝은 상이나 번외의 상이 있다고 보지 않느니라. 이러한 까닭으로 무구명삼마지라고 이름하느니라. 어찌하여 구견고삼마지(具堅固三摩地)라고 이름하는가? 이를테면, 만약 이러한 삼마지에 머무르는 때라면 여러 등지가 모두 견고함을 얻게 하느니라. 이러한 까닭으로 구견고삼마지라고 이름하느니라.

어찌하여 만월정광삼마지(滿月淨光三摩地)라고 이름하는가? 이를테면, 만약 이러한 삼마지에 머무르는 때라면 여러 등지의 공덕을 증익(增益)하여 청정한 보름달이 바닷물에 광명을 더하는 것과 같으니라. 이러한 까닭으로 만월정광삼마지라고 이름하느니라. 어찌하여 대장엄삼마지(大莊嚴三摩地)라고 이름하는가? 이를테면, 만약 이러한 삼마지에 머무르는 때라면 여러 등지가 여러 종류의 미묘(微妙)하고 희유(希有)한 큰 장엄의 일을 성취하게 하느니라. 이러한 까닭으로 대장엄삼마지라고 이름하느니라.

어찌하여 조일체세간삼마지(照一切世間三摩地)라고 이름하는가? 이를테면, 만약 이러한 삼마지에 머무르는 때라면 여러 등지와 일체법을 비추어서 유정(有情)의 부류들에게 모두 깨달음(開曉)[3]을 얻게 하느니라. 이러한 까닭으로 조일체세간삼마지라고 이름하느니라. 어찌하여 정평등성삼마지(定平等性三摩地)라고 이름하는가? 이를테면, 만약 이러한 삼마

---

[3] 『대반야바라밀다경(大般若波羅蜜多經)』(大正藏6) p.948a. "或復示現身放光明盲冥衆生悉蒙開曉."라는 귀절이 있으므로 본 문장에서는 '깨달음'으로 번역할 수 있겠다.

지에 머무르는 때라면 등지의 안정(安定)됨과 산란(散亂)함의 차별을 보지 않느니라. 이러한 까닭으로 정평등성삼마지라고 이름하느니라.

어찌하여 유쟁무쟁평등이취삼마지(有諍無諍平等理趣三摩地)라고 이름하는가? 이를테면, 만약 이러한 삼마지에 머무르는 때라면 제법과 일체의 정려에서 투쟁이 있거나 투쟁이 없는 성상(性相)의 차별을 보지 않느니라. 이러한 까닭으로 유쟁무쟁평등이취삼마지라고 이름하느니라. 어찌하여 무소혈무표치무애락삼마지(無巢穴無飄幟無愛樂三摩地)라고 이름하는가? 이를테면, 만약 이러한 삼마지에 머무르는 때라면 여러 둥지(巢)와 구멍(穴)을 깨뜨리고 여러 표치(標幟)를 버리며 여러 애락을 단절하고 집착하는 것이 없느니라. 이러한 까닭으로 무소혈무표치무애락삼마지라고 이름하느니라.

어찌하여 결정안주진여삼마지(決定安住眞如三摩地)라고 이름하는가? 이를테면, 만약 이러한 삼마지에 머무르는 때라면 여러 등지와 일체법에서 항상 진여(眞如)의 진실한 상을 버리지 않느니라. 이러한 까닭으로 결정안주진여삼마지라고 이름하느니라. 어찌하여 이신예악삼마지(離身穢惡三摩地)라고 이름하는가? 이를테면, 만약 이러한 삼마지에 머무르는 때라면 여러 등지로써 몸이라는 견해를 파괴하게 하느니라. 이러한 까닭으로 이신예악삼마지라고 이름하느니라.

어찌하여 이어예악삼마지(離語穢惡三摩地)라고 이름하는가? 이를테면, 만약 이러한 삼마지에 머무르는 때라면 여러 등지로써 말의 악업(惡業)을 파괴하게 하느니라. 이러한 까닭으로 이어예악삼마지라고 이름하느니라. 어찌하여 이의예악삼마지(離意穢惡三摩地)라고 이름하는가? 이를테면, 만약 이러한 삼마지에 머무르는 때라면 여러 등지로 뜻의 악업(惡業)을 파괴하게 하느니라. 이러한 까닭으로 이의예악삼마지라고 이름하느니라.

어찌하여 여허공삼마지(如虛空三摩地)라고 이름하는가? 이를테면, 만약 이러한 삼마지에 머무르는 때라면 제유정들을 널리 능히 이익되게 하고, 그 마음이 평등하여 큰 허공과 같으니라. 이러한 까닭으로 여허공삼마지라고 이름하느니라. 어찌하여 무염착여허공삼마지(無染着如虛空三

摩地)라고 이름하는가? 이를테면, 만약 이러한 삼마지에 머무르는 때라면 일체법이 모두 무소유(無所有)이고, 청정한 허공 같아서 염오도 없고 집착도 없다고 관찰하느니라. 이러한 까닭으로 무염착여허공삼마지라고 이름하느니라.

선현이여. 이와 같은 등의 한량없는 백천(百千)의 미묘하고 희유(希有)한 삼마지가 있나니, 이것이 보살마하살의 대승(大乘)의 상이라고 마땅히 알아야 하느니라."

17. 염주등품(念住等品)(1)

"다시 다음으로 선현이여. 보살마하살의 대승의 상(大乘相)이라는 것은 이를테면, 4념주(四念住)이니라. 무엇이 4념주인가? 신념주(身念住)·수념주(受念住)·심념주(心念住)·법념주(法念住)이니라. 신념주는 제보살마하살이 반야바라밀다를 수행하는 때에 얻을 수 없는 것으로써 방편을 삼아서 비록 내신(內身)에서 순신관(循身觀)4)에 머무르더라도, 혹은 외신(外身)에서 순신관에 머무르더라도, 혹은 내외신(內外身)에서 순신관에 머무르더라도, 영원히 몸(身)과 함께 심사(尋思)5)를 일으키지 않고, 치연(熾然)하게 정진하면서 바르게 알고 생각을 갖추며 탐욕과 근심을 조복하느니라.

수념주는 제보살마하살이 반야바라밀다를 수행하는 때에 얻을 수 없는 것으로써 방편을 삼아서 비록 내수(內受)에서 순수관(循受觀)에 머무르더

---

4) 산스크리트어 kāya-anupaśyanā의 번역이고, 몸과 마음을 관찰하는 때에 머리부터 발끝까지 차례로 몸을 관찰하며, 36가지의 부분이 부정하다는 것을 관찰하는 것이다.
5) 심(尋)과 사(伺)의 마음작용을 통칭하는 말이고, '깊이 생각하는 것', 또는 '마음을 가라앉혀 깊이 사색(思索)한다.'는 것이다.

라도, 혹은 외수(外受)에서 순수관에 머무르더라도, 혹은 내외수(內外受)에서 순수관에 머무르더라도, 영원히 수(受)와 함께 심사를 일으키지 않고, 치연하게 정진하면서 바르게 알고 생각을 갖추며 탐욕과 근심을 조복하느니라.

심념주는 제보살마하살이 반야바라밀다를 수행하는 때에 얻을 수 없는 것으로써 방편을 삼아서 비록 내심(內心)에서 순심관(循心觀)에 머무르더라도, 혹은 외심(外心)에서 순심관에 머무르더라도, 혹은 내외심(內外心)에서 순심관에 머무르더라도 영원히 심(心)과 함께 심사를 일으키지 않고, 치연하게 정진하면서 바르게 알고 생각을 갖추며 탐욕과 근심을 조복하느니라.

법념주는 제보살마하살이 반야바라밀다를 수행하는 때에 얻을 수 없는 것으로써 방편을 삼아서 비록 내법(內法)에서 순법관(循法觀)에 머무르더라도, 혹은 외법(外法)에서 순법관에 머무르더라도, 혹은 내외법(內外法)에서 순법관에 머무르더라도, 영원히 법(法)과 함께 심사를 일으키지 않고, 치연하게 정진하면서 바르게 알고 생각을 갖추며 탐욕과 근심을 조복하느니라.

무엇이 보살마하살이 반야바라밀다를 수행하는 때에 얻을 수 없는 것으로써 방편을 삼아서 내신에서 순신관에 머무르고 치열하게 정진하면서 바르게 알고 생각을 구족하며, 탐욕과 근심을 조복하는 것인가? 선현이여. 보살마하살이 반야바라밀다를 수행하는 때에 얻을 수 없는 것으로써 방편을 삼아서 스스로가 몸을 자세하게 관찰하여 다니는 때에 다닌다고 알고, 머무르는 때에 머무른다고 알며, 앉는 때에 앉는다고 알고, 눕는 때에 눕는다고 알며, 여여(如如)하게 스스로가 몸의 위의(威儀)와 차별(差別)이 이와 같고 이와 같다고 치연하게 정진하면서 바르게 알고 생각을 갖추며 탐욕과 근심을 조복하는 것이니라.

다시 다음으로 선현이여. 만약 보살마하살이 반야바라밀다를 수행하는 때에 얻을 수 없는 것으로써 방편을 삼아서 스스로가 몸을 자세하게 관찰하여 가고 오는 것을 바르게 알고, 바라보는 것을 바르게 알며,

아래를 굽어보고 위를 쳐다보는 것을 바르게 알고, 굽히고 펴는 것을 바르게 알며, 승가지(僧伽胝)를 입거나, 옷과 발우(衣鉢)를 집지(執持)하거나, 만약 먹거나, 만약 마시거나, 눕고 쉬며 경행(經行)하거나, 앉고 일어나고 받들어 맞이하거나, 잠자고 깨어나며 말하고 침묵하거나, 여러 정려에 들어가고 나오는 것의 모두를 생각하면서 바르게 아느니라. 이것이 보살마하살이 반야바라밀다를 수행하는 때에 얻을 수 없는 것으로써 방편을 삼아서 내신에서 순신관에 머무르고 치연하게 정진하면서 바르게 알고 생각을 갖추며 탐욕과 근심을 조복하는 것이니라.

다시 다음으로 선현이여. 만약 보살마하살이 반야바라밀다를 수행하는 때에 얻을 수 없는 것으로써 방편을 삼아서 스스로가 몸을 자세하게 관찰하여 호흡이 들숨(入)의 때에서 들숨을 생각하여 알고, 날숨(出)의 때에 날숨을 생각하여 알며, 호흡이 긴 때에 호흡이 길다고 생각하여 알고, 호흡이 짧은 때에 호흡이 짧다고 생각하여 아는데, 바퀴를 굴리는 마부와 혹은 그의 제자들이 바퀴의 세력이 길 때에는 바퀴의 세력이 길다고 알고 바퀴의 세력이 짧은 때에 바퀴의 세력이 짧다고 아는 것과 같으니라. 이 보살마하살도 역시 다시 이와 같아서 여러 호흡의 만약 들숨이거나, 만약 날숨이거나, 길거나, 짧은 것의 차별을 생각하여 알았다면, 이것이 보살마하살이 반야바라밀다를 수행하는 때에 얻을 수 없는 것으로써 방편을 삼아서 내신에서 순신관에 머무르고 치연하게 정진하면서 바르게 알고 생각을 갖추며 탐욕과 근심을 조복하는 것이니라.

다시 다음으로 선현이여. 만약 보살마하살이 반야바라밀다를 수행하는 때에 얻을 수 없는 것으로써 방편을 삼아서 스스로가 몸에서 여러 경계의 차별인 이를테면, 지계(地界)·수계(水界)·화계(火界)·풍계(風界)를 자세하게 관찰하는데, 공교(工巧)로운 백정(屠師)이거나, 혹은 그의 제자들이 소의 생명을 끊고서 다시 날카로운 칼을 사용하여 분석(分析)하였고, 그 소의 몸을 잘라서 네 몫으로 나누었으며 만약 서 있거나, 만약 앉았더라도 여실(如實)하게 관찰하여 아는 것과 같이, 이 보살마하살도 역시 다시 이와 같아서 스스로가 몸에서 지계(地界)·수계(水界)·화계(火界)·풍계(風

界)의 네 가지 차별(差別)이 있다고 관찰하였다면, 이것이 보살마하살이 반야바라밀다를 수행하는 때에 얻을 수 없는 것으로써 방편을 삼아서 내신에서 순신관에 머무르고 치연하게 정진하면서 바르게 알고 생각을 갖추며 탐욕과 근심을 조복하는 것이니라.

다시 다음으로 선현이여. 만약 보살마하살이 반야바라밀다를 수행하는 때에 얻을 수 없는 것으로써 방편을 삼아 스스로가 몸을 자세하게 관찰하여 발부터 정수리까지 여러 종류의 부정(不淨)이 그 가운데에 충만(充滿)하였고, 밖으로는 얇은 가죽이 그것을 얽어서 감싸고 있는데 이를테면, 머리카락(髮)·터럭(毛)·손톱(爪)·이빨(齒)·피부(皮革)·피(血)·살(肉)·힘줄(筋)·혈관(脈)·뼈(骨)·골수(髓)·심장(心)·간장(肝)·폐(肺)·신장(腎)·지라(脾)·쓸개(膽)·자궁(胞)·위장(胃)·대장(大腸)·소장(小腸)·똥(屎)·오줌(尿)·콧물(洟)·침(唾涎)·눈물(淚)·때(垢)·땀(汗)·가래(淡)·고름(膿)·비계(肪)·뇌막(腦膜)·눈곱·귀이지(聤) 등의 이와 같은 부정이 몸의 가운데에 충만한 것과 같고, 농부이거나, 혹은 장자가 있어서 창고의 가운데에 여러 종류의 잡곡(雜穀)이 가득하게 채워졌는데 이를테면, 벼(稻)·깨(麻)·조(粟)·콩(豆)·보리(麥) 등이었고, 밝은 눈의 자가 있어서 창고를 열어서 그것을 보고서 그 가운데에 오직 벼·깨·조·콩·보리 등의 여러 종류의 잡곡이 있다고 여실히 아는 것과 같이, 이 보살마하살도 역시 다시 이와 같아서 스스로가 몸을 자세하게 관찰하여 발부터 정수리까지 오직 여러 종류의 부정하고 냄새나는 것이 그 가운데에 충만하였으므로 탐내고 즐거워하지 않았다면, 이것이 보살마하살이 반야바라밀다를 수행하는 때에 얻을 수 없는 것으로써 방편을 삼아서 내신에서 순신관에 머무르고 치연하게 정진하면서 바르게 알고 생각을 갖추며 탐욕과 근심을 조복하는 것이니라.

다시 다음으로 선현이여. 만약 보살마하살이 반야바라밀다를 수행하는 때에 얻을 수 없는 것으로써 방편을 삼아서 담박(澹泊)[6]하게 길을 가는데,

---

6) 욕심(欲心)이 없고 마음이 청정한 것이다.

버려진 시체가 주어서 하루가 지났거나, 혹은 2일 나아가 7일에 이르렀고, 그 몸이 팽창하였고 색깔은 푸른 어혈로 변하였으며 썩어서 악취가 있고 피부는 찢어져서 피와 고름이 흘러내렸으며, 이러한 일을 보고서 '나의 몸도 이와 같은 자성이 있고 이와 같은 법을 갖추었다. 아직 해탈을 얻지 못했으니, 결국 이와 같이 돌아갈 것이다.'라고 스스로가 생각하였다면, 이것이 보살마하살이 반야바라밀다를 수행하는 때에 얻을 수 없는 것으로써 방편을 삼아서 내신에서 순신관에 머무르고 치연하게 정진하면서 바르게 알고 생각을 갖추며 탐욕과 근심을 조복하는 것이니라.

다시 다음으로 선현이여. 만약 보살마하살이 반야바라밀다를 수행하는 때에 얻을 수 없는 것으로써 방편을 삼아서 담박하게 길을 가는데, 버려진 시체가 죽어서 하루가 지났거나, 혹은 2일 나아가 7일에 이르렀고, 여러 독수리(鵰鷲)·까마귀(烏鵲)·까치(鵲)·올빼미(梟)·호랑이(虎)·표범(豹)·늑대(狼)·야간(野干)·개(狗) 등의 여러 종류의 금수(禽獸)에게 혹은 쪼이거나, 혹은 할퀴어져서 뼈와 살이 어지럽게 뜯겨지고 먹혔으며, 이러한 일을 보고서 '나의 몸도 이와 같은 자성이 있고 이와 같은 법을 갖추었다. 아직 해탈을 얻지 못했으니, 결국 이와 같이 돌아갈 것이다.'라고 스스로가 생각하였다면, 이것이 보살마하살이 반야바라밀다를 수행하는 때에 얻을 수 없는 것으로써 방편을 삼아서 내신에서 순신관에 머무르고 치연하게 정진하면서 바르게 알고 생각을 갖추며 탐욕과 근심을 조복하는 것이니라.

다시 다음으로 선현이여. 만약 보살마하살이 반야바라밀다를 수행하는 때에 얻을 수 없는 것으로써 방편을 삼아서 담박하게 길을 가는데, 버려진 시체가 금수에게 먹혔고, 부정하게 무너지고 썩어서 피와 고름이 흘러내리며, 무량한 벌레와 구더기가 섞여서 나타나는 것이 있고, 냄새나는 곳이 죽은 개보다 악취가 심하였으며, 이러한 일을 보고서 '나의 몸도 이와 같은 자성이 있고 이와 같은 법을 갖추었다. 아직 해탈을 얻지 못했으니, 결국 이와 같이 돌아갈 것이다.'라고 스스로가 생각하였다면, 이것이 보살마하살이 반야바라밀다를 수행하는 때에 얻을 수 없는 것으로써 방편을 삼아서 내신에서 순신관에 머무르고 치연하게 정진하면서 바르게 알고 생각을 갖추며 탐욕과 근심을 조복하는 것이니라.
　다시 다음으로 선현이여. 만약 보살마하살이 반야바라밀다를 수행하는 때에 얻을 수 없는 것으로써 방편을 삼아서 담박하게 길을 가는데, 버려진 시체가 벌레와 구더기에 먹혔으므로 살이 없어지고 뼈만 남았으며 지절(支節)이 서로가 연결되어 힘줄로 얽혀 있고 피는 없어졌으며 오히려 부패한 살점이 남아 있었으며, 이러한 일을 보고서 '나의 몸도 이와 같은 자성이 있고 이와 같은 법을 갖추었다. 아직 해탈을 얻지 못했으니, 결국 이와 같이 돌아갈 것이다.'라고 스스로가 생각하였다면, 이것이 보살마하살이 반야바라밀다를 수행하는 때에 얻을 수 없는 것으로써 방편을 삼아서 내신에서 순신관에 머무르고 치연하게 정진하면서 바르게 알고 생각을 갖추며 탐욕과 근심을 조복하는 것이니라.
　다시 다음으로 선현이여. 만약 보살마하살이 반야바라밀다를 수행하는 때에 얻을 수 없는 것으로써 방편을 삼아서 담박하게 길을 가면서 버려진 시체를 보았는데, 다만 뼈의 무더기를 이루었고 그 뼈들은 매우 희었으므로 흰 마노(珂)와 같았으며 남은 힘줄은 썩어서 문드러졌고 지절은 분리되어 있었으며, 이러한 일을 보고서 '나의 몸도 이와 같은 자성이 있고 이와 같은 법을 갖추었다. 아직 해탈을 얻지 못했으니, 결국 이와 같이 돌아갈 것이다.'라고 스스로가 생각하였다면, 이것이 보살마하살이 반야바라밀다를 수행하는 때에 얻을 수 없는 것으로써 방편을 삼아서 내신에서 순신관에 머무르고 치연하게 정진하면서 바르게 알고 생각을 갖추며 탐욕과 근심을 조복하는 것이니라.
　다시 다음으로 선현이여. 만약 보살마하살이 반야바라밀다를 수행하는 때에 얻을 수 없는 것으로써 방편을 삼아서 담박하게 길을 가면서 버려진 시체를 보았는데, 백골(白骨)을 지절은 분산(分散)되어 다른 방향으로 떨어지고 흩어져 있었으며, 이러한 일을 보고서 '나의 몸도 이와 같은 자성이 있고 이와 같은 법을 갖추었다. 아직 해탈을 얻지 못했으니, 결국 이와 같이 돌아갈 것이다.'라고 스스로가 생각하였다면, 이것이 보살마하살이 반야바라밀다를 수행하는 때에 얻을 수 없는 것으로써 방편을 삼아서 내신에서 순신관에 머무르고 치연하게 정진하면서 바르게 알고 생각을 갖추며 탐욕과 근심을 조복하는 것이니라.

다시 다음으로 선현이여. 만약 보살마하살이 반야바라밀다를 수행하는 때에 얻을 수 없는 것으로써 방편을 삼아서 담박하게 길을 가면서 버려진 시체를 보았는데, 여러 뼈들이 분리(分離)되어 각자 다른 곳에 있었는데, 발의 뼈(足骨)는 다른 곳에 있었고 장딴지 뼈(腨骨)도 다른 곳에 있었으며, 무릎 뼈(膝骨)도 다른 곳에 있었고 넓적다리 뼈(髀骨)도 다른 곳에 있었으며, 허리 뼈(髖骨)도 다른 곳에 있었고 등의 뼈(脊骨)도 다른 곳에 있었으며, 겨드랑이 뼈(脇骨)도 다른 곳에 있었고 가슴 뼈(胸骨)도 다른 곳에 있었으며, 어깨 뼈(膊骨)도 다른 곳에 있었고 팔의 뼈(臂骨)도 다른 곳에 있었으며, 손의 뼈(手骨)도 다른 곳에 있었고 목의 뼈(項骨)도 다른 곳에 있었으며, 턱의 뼈(頷骨)도 다른 곳에 있었고 뺨의 뼈(頰骨)도 다른 곳에 있었으며, 그 해골의 뼈(髑髏骨)도 역시 다른 곳에 있었다면, 이러한 일을 보고서 '나의 몸도 이와 같은 자성이 있고 이와 같은 법을 갖추었다. 아직 해탈을 얻지 못했으니, 결국 이와 같이 돌아갈 것이다.'라고 스스로가 생각하였다면, 이것이 보살마하살이 반야바라밀다를 수행하는 때에 얻을 수 없는 것으로써 방편을 삼아서 내신에서 순신관에 머무르고 치연하게 정진하면서 바르게 알고 생각을 갖추며 탐욕과 근심을 조복하는 것이니라.

다시 다음으로 선현이여. 만약 보살마하살이 반야바라밀다를 수행하는 때에 얻을 수 없는 것으로써 방편을 삼아서 담박하게 길을 가면서 버려진 시체를 보았는데, 버려진 해골이 어지럽게 흩어져 있었고 바람이 불고 햇볕이 쬐었으며 비가 내리고 서리가 덮이면서 여러 해가 지났고, 그 색깔이 마노와 눈과 같았다면, 이러한 일을 보고서 '나의 몸도 이와 같은 자성이 있고 이와 같은 법을 갖추었다. 아직 해탈을 얻지 못했으니, 결국 이와 같이 돌아갈 것이다.'라고 스스로가 생각하였다면, 이것이 보살마하살이 반야바라밀다를 수행하는 때에 얻을 수 없는 것으로써 방편을 삼아서 내신에서 순신관에 머무르고 치연하게 정진하면서 바르게 알고 생각을 갖추며 탐욕과 근심을 조복하는 것이니라.

다시 다음으로 선현이여. 만약 보살마하살이 반야바라밀다를 수행하는 때에 얻을 수 없는 것으로써 방편을 삼아서 담박하게 길을 가면서 버려진 시체를 보았는데, 남은 뼈가 땅에 흩어져서 몇 백년이거나, 혹은 몇 천년이 지났으므로 그 모습이 푸른 상태로 변하였고, 그 모습이 비둘기의 빛깔이었거나, 혹은 부패하고 썩어서 티끌과 같은 가루로 부서져서 흙과 함께 서로가 화합하였으므로 분별하기 어려웠다면, 이러한 일을 보고서 '나의 몸도 이와 같은 자성이 있고 이와 같은 법을 갖추었다. 아직 해탈을 얻지 못했으니, 결국 이와 같이 돌아갈 것이다.'라고 스스로가 생각하였다면, 이것이 보살마하살이 반야바라밀다를 수행하는 때에 얻을 수 없는 것으로써 방편을 삼아서 내신에서 순신관에 머무르고 치연하게 정진하면서 바르게 알고 생각을 갖추며 탐욕과 근심을 조복하는 것이니라.

선현이여. 제보살마하살들은 반야바라밀다를 수행하는 때에 얻을 수 없는 것으로써 방편을 삼아서 내신(內身)이 이와 같은 차별의 순신관에 머무르고 치연하게 정진하면서 바르게 알고 생각을 구족하며 탐욕과 근심을 조복하거나, 외신(外身)이 이와 같은 차별의 순신관에 머무르고 치연하게 정진하면서 바르게 알고 생각을 구족하며 탐욕과 근심을 조복하거나, 내·외신(內外身)이 이와 같은 차별의 순신관에 머무르고 치연하게 정진하면서 바르게 알고 생각을 갖추며 탐욕과 근심을 조복하나니, 그것을 따라서 상응하는 것도 역시 다시 이와 같으니라.

선현이여. 제보살마하살들은 반야바라밀다를 수행하는 때에 얻을 수 없는 것으로써 방편을 삼아서 내·외신과 함께 수(受)·심(心)·법(法)에서 순수(循受)·순심(循心)·순법관(循法觀)에 머무르고 치연하게 정진하면서 바르게 알고 생각을 갖추며 탐욕과 근심을 조복하나니, 그것을 따라서 상응하면서 모두를 상응하여 널리 설하느니라.

선현이여. 제보살마하살들은 반야바라밀다를 수행하는 때에 얻을 수 없는 것으로써 방편을 삼아서 내·외신과 함께 수·심·법에서 순수·순심·순법관에 머무르는 때에, 비록 이와 같이 관찰하더라도 얻을 수 없느니라. 선현이여. 이것이 보살마하살의 대승(大乘)의 상이라고 마땅히 알아야 하느니라."

"다시 다음으로 선현이여. 만약 보살마하살의 대승의 상이라는 것은 이를테면, 4정단(四正斷)이니라. 무엇이 네 가지인가? 선현이여. 만약 보살마하살들이 반야바라밀다를 수행하는 때에 얻을 수 없는 것으로써 방편을 삼아서 여러 생겨나지 않은 악한 불선법(不善法)은 생겨나지 않게 하려는 까닭으로, 욕망이 생겨난다면 경책하고 격려(策勵)하면서 정근(正勤)을 일으켜서 마음을 경책(警責)하고 마음을 지니면서 이것을 첫째로 삼느니라. 만약 보살마하살들이 반야바라밀다를 수행하는 때에 얻을 수 없는 것으로써 방편을 삼아서 여러 이미 생겨난 악한 불선법을 영원히 단절하기 위한 까닭으로, 욕망이 생겨난다면 경책하고 격려하면서 정근을 일으켜서 마음을 경책하고 마음을 지니면서 이것을 둘째로 삼느니라.
만약 보살마하살들이 반야바라밀다를 수행하는 때에 얻을 수 없는 것으로써 방편을 삼아서 아직 생겨나지 않은 선법을 생겨나게 하기 위한 까닭으로, 욕망이 생겨난다면 경책하고 격려하면서 정근을 일으켜서 마음을 경책하고 마음을 지니면서 이것을 셋째로 삼느니라. 만약 보살마하살들이 반야바라밀다를 수행하는 때에 얻을 수 없는 것으로써 방편을 삼아서 이미 생겨난 선법이 있다면 안주하게 하고, 잊지 않으며 증장히고 넓히면서 두 배로 수행하여 원만하게 하기 위한 까닭으로, 욕망이 생겨난다면 경책하고 격려하면서 정근을 일으켜서 마음을 경책하고 마음을 지니면서 이것을 넷째로 삼느니라. 선현이여. 이것이 보살마하살의 대승의 상이라고 마땅히 알아야 하느니라."

마하반야바라밀다경 제415권

17. 염주등품(念住等品)(2)

"다시 다음으로 선현이여. 만약 보살마하살의 대승의 상이라는 것은 이를테면, 4신족(四神足)이니라. 무엇이 네 가지인가? 선현이여. 만약 보살마하살들이 반야바라밀다를 수행하는 때에 얻을 수 없는 것으로써 방편을 삼아서 욕삼마지(欲三摩地)를 수행하면서 행을 단절하고 신족(神足)을 성취하며, 벗어남을 의지하고 염오가 없는 것을 의지하며 적멸(寂滅)에 의지하고 버리(捨)는 것에 회향(迴向)하는데, 이것이 첫째이니라. 선현이여. 만약 보살마하살들이 반야바라밀다를 수행하는 때에 얻을 수 없는 것으로써 방편을 삼아서 근삼마지(勤三摩地)를 수행하면서 행을 단절하고 신족을 성취하며, 벗어남을 의지하고 염오가 없는 것을 의지하며 적멸에 의지하고 버리는 것에 회향하는데, 이것이 둘째이니라.

선현이여. 만약 보살마하살들이 반야바라밀다를 수행하는 때에 얻을 수 없는 것으로써 방편을 삼아서 심삼마지(心三摩地)를 수행하면서 행을 단절하고 신족을 성취하며, 벗어남을 의지하고 염오가 없는 것을 의지하며 적멸에 의지하고 버리는 것에 회향하는데, 이것이 셋째이니라. 선현이여. 만약 보살마하살들이 반야바라밀다를 수행하는 때에 얻을 수 없는 것으로써 방편을 삼아서 관삼마지(觀三摩地)를 수행하면서 행을 단절하고 신족을 성취하며, 벗어남을 의지하고 염오가 없는 것을 의지하며 적멸에 의지하고 버리는 것에 회향하는데, 이것이 넷째이니라. 선현이여. 이것이 보살마하살의 대승의 상이라고 마땅히 알아야 하느니라.

다시 다음으로 선현이여. 만약 보살마하살의 대승의 상이라는 것은 이를테면, 5근(五根)이니라. 무엇이 다섯 가지인가? 선현이여. 만약 보살마하살들이 반야바라밀다를 수행하는 때에 얻을 수 없는 것으로써 방편을 삼아서 수행하는 것인 신근(信根)·정진근(精進根)·염근(念根)·정근(定根)·혜근(慧根)이니라. 선현이여. 이것이 보살마하살의 대승의 상이라고 마땅히 알아야 하느니라.

다시 다음으로 선현이여. 만약 보살마하살의 대승의 상이라는 것은 이를테면, 5력(五力)이니라. 무엇이 다섯 가지인가? 선현이여. 만약 보살마하살들이 반야바라밀다를 수행하는 때에 얻을 수 없는 것으로써 방편을 삼아서 수행하는 것인 신력(信力)·정진력(精進力)·염력(念力)·정력(定力)·혜력(慧力)이니라. 선현이여. 이것이 보살마하살의 대승의 상이라고 마땅히 알아야 하느니라.

다시 다음으로 선현이여. 만약 보살마하살의 대승의 상이라는 것은 이를테면, 7등각지(七等覺支)이니라. 무엇이 일곱 가지인가? 선현이여. 만약 보살마하살들이 반야바라밀다를 수행하는 때에 얻을 수 없는 것으로써 방편을 삼아서 수행하는 것인 염등각지(念等覺支)·택법등각지(擇法等覺支)·정진등각지(精進等覺支)·희등각지(喜等覺支)·경안등각지(輕安等覺支)·정등각지(定等覺支)·사등각지(捨等覺支)이고, 벗어남을 의지하고 염오가 없는 것을 의지하며 적멸에 의지하고 버리는 것에 회향하느니라. 선현이여. 이것이 보살마하살의 대승의 상이라고 마땅히 알아야 하느니라.

다시 다음으로 선현이여. 만약 보살마하살의 대승의 상이라는 것은 이를테면, 8성도지(八聖道支)이니라. 무엇이 여덟 가지인가? 선현이여. 만약 보살마하살들이 반야바라밀다를 수행하는 때에 얻을 수 없는 것으로써 방편을 삼아서 수행하는 것인 정견(正見)·정사유(正思惟)·정어(正語)·정업(正業)·정명(正命)·정정진(正精進)·정념(正念)·정정(正定)이고, 벗어남을 의지하고 염오가 없는 것을 의지하며 적멸에 의지하고 버리는 것에 회향하느니라. 선현이여. 이것이 보살마하살의 대승의 상이라고 마땅히 알아야 하느니라.

다시 다음으로 선현이여. 만약 보살마하살의 대승의 상이라는 것은 이를테면, 3삼마지(三三摩地)이니라. 무엇이 세 가지인가? 선현이여. 만약 보살마하살들이 반야바라밀다를 수행하는 때에 얻을 수 없는 것으로써 방편을 삼아서 수행하는 것인 일체법의 자상(自相)이 모두 공(空)하다고 관찰하고 그 마음에 안주한다면, 공해탈문(空解脫門)이라고 이름하고, 역시 공삼마지(空三摩地)라고 이름하는데, 이것이 첫째가 되느니라. 만약 보살마하살들이 반야바라밀다를 수행하는 때에 얻을 수 없는 것으로써 방편을 삼아서 수행하는 것인 일체법의 자상이 모두 공한 까닭으로 유상(有相)이 없다고 관찰하고 그 마음에 안주한다면, 무상해탈문(無相解脫門)이라고 이름하고, 역시 무상삼마지(無相三摩地)라고 이름하는데, 이것이 둘째가 되느니라. 만약 보살마하살들이 반야바라밀다를 수행하는 때에 얻을 수 없는 것으로써 방편을 삼아서 수행하는 것인 일체법의 자상이 모두 공한 까닭으로 소원(所願)이 없다고 관찰하고 그 마음에 안주한다면, 무원해탈문(無願解脫門)이라고 이름하고, 역시 무원삼마지(無願三摩地)라고 이름하는데, 이것이 셋째가 되느니라. 선현이여. 이것이 보살마하살의 대승의 상이라고 마땅히 알아야 하느니라.

다시 다음으로 선현이여. 만약 보살마하살의 대승의 상이라는 것은 이를테면, 11지(十一智)이니라. 무엇이 열한 가지인가? 이를테면, 법지(法智)·유지(類智)·타심지(他心智)·세속지(世俗智)·고지(苦智)·집지(集智)·멸지(滅智)·도지(道智)·진지(盡智)·무생지(無生智)·여설지(如設智)이니라.

무엇이 법지(法智)인가? 선현이여. 만약 지혜가 얻을 수 없는 것으로써 방편을 삼아서 5온(蘊)의 차별된 상을 알았다면, 이것이 법지가 되느니라. 무엇이 유지(類智)인가? 선현이여. 만약 지혜가 얻을 수 없는 것으로써 방편을 삼아서 안(眼), 나아가 의(意)이거나, 색(色), 나아가 법(法)이 모두 이것이 무상(無常)하다고 알았다면, 이것이 유지가 되느니라. 무엇이 타심지(他心智)인가? 선현이여. 만약 지혜가 얻을 수 없는 것으로써 방편을 삼아서 다른 유정들의 심(心)·심소법(心所法)을 알고서 의심과 막힘이 없었다면, 이것이 타심지가 되느니라.

무엇이 세속지(世俗智)인가? 선현이여. 만약 지혜가 얻을 수 없는 것으로써 방편을 삼아서 제유정들의 수행의 차별을 알았다면, 이것이 세속지가 되느니라. 무엇이 고지(苦智)인가? 선현이여. 만약 지혜가 얻을 수 없는 것으로써 방편을 삼아서 괴로움은 상응하여 생겨나지 않는다고 알았다면, 이것이 고지가 되느니라. 무엇이 집지(集智)인가? 선현이여. 만약 지혜가 얻을 수 없는 것으로써 방편을 삼아서 괴로움의 집적은 영원히 단절해야 한다고 알았다면, 이것이 집지가 되느니라.

무엇이 멸지(滅智)인가? 선현이여. 만약 지혜가 얻을 수 없는 것으로써 방편을 삼아서 괴로움의 소멸은 상응하여 짓고서 증득해야 한다고 알았다면, 이것이 멸지가 되느니라. 무엇이 도지(道智)인가? 선현이여. 만약 지혜가 얻을 수 없는 것으로써 방편을 삼아서 도성제는 상응하여 수습해야 한다고 알았다면, 이것이 도지가 되느니라. 무엇이 진지(盡智)인가? 선현이여. 만약 지혜가 얻을 수 없는 것으로써 방편을 삼아서 탐욕·진에·우치를 끝마쳤다고 알았다면, 이것이 진지가 되느니라.

무엇이 무생지(無生智)인가? 선현이여. 만약 지혜가 얻을 수 없는 것으로써 방편을 삼아서 여러 유정으로 나아가서 영원히 다시 태어나지 않는다고 알았다면, 이것이 무생지가 되느니라. 무엇이 여설지(如說智)인가? 선현이여. 만약 여래(如來)가 소유한 일체상지(一切相智)이니, 이것이 여설지가 되느니라. 선현이여. 이것이 보살마하살의 대승의 상이라고 마땅히 알아야 하느니라.

다시 다음으로 선현이여. 만약 보살마하살의 대승의 상이라는 것은 이를테면, 3근(三根)이니, 첫째는 미지당지근(未知當知根)이고, 둘째는 이지근(已知根)이며, 셋째는 구지근(具知根)이니라. 무엇이 미지당지근(未知當知根)인가? 선현이여. 만약 유학(有學)인 보특가라(補特伽羅)들이 여러 성제(聖諦)에서 아직 현관(現觀)[1]이 아니므로, 소유(所有)한 신근(信

근)·정진근(精進根)·염근(念根)·정근(正根)·혜근(慧根)이니, 이것이 미지당지근이니라. 무엇이 이지근(已知根)인가? 선현이여. 만약 여러 유학인 보특가라들이 여러 성제에서 현관을 이미 증득하고서 소유한 신근·정진근·염근·정근·혜근이니, 이것이 이지근이니라.

무엇이 구지근(具知根)인가? 선현이여. 이를테면, 여러 무학(無學)의 보특가라인 만약 아라한(阿羅漢)이거나, 만약 독각(獨覺)이거나, 만약 이미 10지(地)에 안주하는 보살마하살이거나, 혹은 제여래(諸如來)·응공(應供)·정등각(正等覺)께서 소유하신 신근·정진근·염근·정근·혜근이니, 이것이 구지근이니라. 선현이여. 만약 이러한 3근을 얻을 수 없는 것으로써 방편으로 삼는 자라면, 이것이 보살마하살의 대승의 상이라고 마땅히 알아야 하느니라.

다시 다음으로 선현이여. 만약 보살마하살의 대승의 상이라는 것은 이를테면, 3삼마지(三三摩地)이니라. 무엇이 세 가지인가? 첫째는 유심유사삼마지(有尋有伺三摩地)이고, 둘째는 무심유사삼마지(無尋唯伺三摩地)이며, 셋째는 무심무사삼마지(無尋無伺三摩地)이니라. 무엇이 유심유사삼마지인가? 선현이여. 만약 욕망과 악(惡)한 불선법(不善法)을 벗어나고 유심유사의 이생희락(離生喜樂)인 초정려(初靜慮)에 들어가서 구족(具足)하고 안주하였다면, 이것이 유심유사 삼마지이니라.

무엇이 무심유사삼마지인가? 선현이여. 초정려와 제2정려(第二靜慮)의 중간의 정려라면, 이것이 무심유사삼마지이니라. 무엇이 무심무사(無尋無伺)삼마지인가? 선현이여. 제2정려, 나아가 비상비비상처정(非想非非想處定)까지라면, 이것이 무심무사삼마지이니라. 선현이여. 만약 이러한 세 가지를 얻을 수 없는 것으로써 방편을 삼는다면, 이것이 보살마하살의 대승의 상이라고 마땅히 알아야 하느니라.

다시 다음으로 선현이여. 만약 보살마하살의 대승의 상이라는 것은

---

1) 산스크리트어 abhisamaya의 번역이고, 무루의 지혜로써 대상을 있는 그대로 명료하게 파악하는 것을 가리킨다.

이를테면, 10수념(十隨念)이니라. 무엇이 열 가지인가? 이를테면, 불수념(佛隨念)·법수념(法隨念)·승수념(僧隨念)·계수념(戒隨念)·사수념(捨隨念)·천수념(天隨念)·적정수념(寂靜隨念)·입출식수념(入出息隨念)·신수념(身隨念)·사수념(死隨念)이니라. 선현이여. 만약 이러한 열 가지를 얻을 수 없는 것으로써 방편을 삼는 자라면, 이것이 보살마하살의 대승의 상이라고 마땅히 알아야 하느니라.

다시 다음으로 선현이여. 만약 보살마하살의 대승의 상이라는 것은 이를테면, 4정려(四靜慮)·4무량(四無量)·4무색정(四無色定)·8해탈(八解脫)·9차제정(九次第定) 등이 소유한 선법(善法)이니, 얻을 수 없는 것으로써 방편을 삼는 자라면, 이것이 보살마하살의 대승의 상이라고 마땅히 알아야 하느니라.

다시 다음으로 선현이여. 만약 보살마하살의 대승의 상이라는 것은 이를테면, 여래(如來)의 10력(力)이니라. 무엇이 열 가지인가? 선현이여. 만약 얻을 수 없는 것으로써 방편을 삼아서 인과(因果) 등의 법의 처소이거나, 처소가 아닌 상을 여실(如實)하게 명료하게 알았다면, 이것이 첫째가 되느니라. 선현이여. 만약 얻을 수 없는 것으로써 방편을 삼아서 모든 유정들이 과거·미래·현재에 여러 종류의 업(業)과 법(法)으로 받는 인과의 차별된 상이라고 여실하고 명요하게 알았다면, 이것이 둘째가 되느니라.

선현이여. 만약 얻을 수 없는 것으로써 방편을 삼아서 세간의 하나가 아니고 여러 종류인 경계의 상이라고 여실하고 명료하게 알았다면, 이것이 셋째가 되느니라. 만약 얻을 수 없는 것으로써 방편을 삼아서 제유정의 부류들이 하나의 수승한 견해가 아니고 여러 종류의 수승한 견해라고 여실하고 명료하게 알았다면, 이것이 넷째가 되느니라. 만약 얻을 수 없는 것으로써 방편을 삼아서 제유정의 부류들이 여러 근기(根基)가 수승하거나 하열하다고 여실하고 명료하게 알았다면, 이것이 다섯째가 되느니라. 만약 얻을 수 없는 것으로써 방편을 삼아서 널리 행하는 행상(行相)을 여실하고 명료하게 알았다면, 이것이 여섯째가 되느니라.

만약 얻을 수 없는 것으로써 방편을 삼아서 모든 유정들의 근(根)·력(力)

·각지(覺支)·해탈(解脫)·정려(靜慮)·등지(等持)·등지(等至) 등의 염오이거나 청정한 차별을 여실하고 명료하게 알았다면, 이것이 일곱째가 되느니라. 만약 얻을 수 없는 것으로써 방편을 삼아서 제유정의 부류들에게 무량한 종류의 숙주(宿住)2)에 차별이 있다고 여실하고 명료하게 알았다면, 이것이 여덟째가 되느니라. 만약 얻을 수 없는 것으로써 방편을 삼아서 제유정의 부류들에게 무량한 종류의 생사(生死)에 차별이 있다고 여실하고 명료하게 알았다면, 이것이 아홉째가 되느니라.

만약 얻을 수 없는 것으로써 방편을 삼아서 여러 번뇌(漏)를 영원히 마쳤으며, 무루심(無漏心)의 해탈(解脫)을 얻었고 무루혜(無漏慧)의 해탈을 얻었으며, 현법(現法)의 가운데에서 스스로가 증득함을 짓고서 구족(具足)히고 안주하면서 '나는 생사(生死)를 이미 마쳤고 범행(梵行)은 이미 서 있으며, 지을 것은 이미 끝마쳤으므로, 후유(後有)를 받지 않을 것이다.'라고 능히 바르고 명료하게 알았다면, 이것이 열째가 되느니라. 선현이여. 이것이 보살마하살의 대승의 상이라고 마땅히 알아야 하느니라.

다시 다음으로 선현이여. 만약 보살마하살의 대승의 상이라는 것은 이를테면, 4무소외(四無所畏)이니라. 무엇이 네 가지인가? 선현이여. 만약 얻을 수 없는 것으로써 방편을 삼아서 스스로가 '이것은 정등각(正等覺)이라는 것이다.'라고 말하는 때에, 설사 사문이 있었거나, 만약 바라문이 있었거나, 만약 천마(天魔)가 있었거나, 만약 범천이 있었거나, 혹은 나머지의 세간에서 법에 의지하여 비난하거나, 또는 억념(憶念)시키면서 '이 법은 정등각이 아니다.'라고 말할지라도, 나는 그들이 비난할 인연이 없다고 바르게 보느니라. 그들의 비난이 인연이 없다고 보았던 까닭으로써 안은(安隱)함을 얻었고, 놀람과 두려움이 없이 안주하면서 스스로가 '나는 대선존(大仙尊)의 지위에 있다.'라고 말하였고, 대중의 가운데에서 바르게 사자후(師子吼)의 미묘한 법륜(梵輪)을 굴렸는데, 그 법륜은 청정하

---

2) 지금의 세상에 태어나기 이전의 전생(前生)을 가리킨다.

고 바르며 진실하고 무상(無上)이므로, 일체의 사문이거나, 만약 바라문이거나, 만약 천마이거나, 만약 범천이거나, 혹은 나머지의 세간에서는 모두 능히 여법(如法)하게 굴리는 자가 없느니라. 이것을 첫째로 삼느니라.

선현이여. 만약 얻을 수 없는 것으로써 방편을 삼아서 스스로가 '나는 이미 여러 번뇌(漏)를 영원히 끝마쳤다.'라고 말하는 때에, 설사 사문이 있었거나, 만약 바라문이 있었거나, 만약 천마가 있었거나, 만약 범천이 있었거나, 혹은 나머지의 세간에서 법에 의지하여 비난하거나, 또는 억념시키면서 '이와 같은 번뇌가 있다면 영원히 끝마친 것이 아니다.'라고 말할지라도, 나는 그들이 비난할 인연이 없다고 바르게 보느니라. 그들의 비난이 인연이 없다고 보았던 까닭으로써 안은함을 얻었고, 놀람과 두려움이 없이 안주하면서 스스로가 '나는 대선존의 지위에 있다.'라고 말하였고, 대중의 가운데에서 바르게 사자후의 미묘한 법륜을 굴렸는데, 그 법륜은 청정하고 바르며 진실하고 무상이므로, 일체의 사문이거나, 만약 바라문이거나, 만약 천마이거나, 만약 범천이거나, 혹은 나머지의 세간에서는 모두 능히 여법하게 굴리는 자가 없느니라. 이것을 둘째로 삼느니라.

선현이여. 만약 얻을 수 없는 것으로써 방편을 삼아서 여러 제자들을 위하여 도를 장애하는 법(障道法)을 설하였는데, 설사 사문이 있었거나, 만약 바라문이 있었거나, 만약 천마가 있었거나, 만약 범천이 있었거나, 혹은 나머지의 세간에서 법에 의지하여 비난하거나, 또는 억념시키면서 '이러한 법을 수습하였어도 능히 도(道)를 장애하지 않는다.'라고 말할지라도, 나는 그들이 비난할 인연이 없다고 바르게 보느니라. 그들의 비난이 인연이 없다고 보았던 까닭으로써 안은함을 얻었고, 놀람과 두려움이 없이 안주하면서 스스로가 '나는 대선존의 지위에 있다.'라고 말하였고, 대중의 가운데에서 바르게 사자후의 미묘한 법륜을 굴렸는데, 그 법륜은 청정하고 바르며 진실하고 무상이므로, 일체의 사문이거나, 만약 바라문이거나, 만약 천마이거나, 만약 범천이거나, 혹은 나머지의 세간에서는 모두 능히 여법하게 굴리는 자가 없느니라. 이것을 셋째로 삼느니라.

선현이여. 만약 얻을 수 없는 것으로써 방편을 삼아서 여러 제자들을 위하여 고통을 끝마치는 도(盡苦道)를 설하였는데, 설사 사문이 있었거나, 만약 바라문이 있었거나, 만약 천마가 있었거나, 만약 범천이 있었거나, 혹은 나머지의 세간에서 법에 의지하여 비난하거나, 또는 억념시키면서 '이러한 도를 수습하였어도 능히 고통을 끝마치지 못한다.'라고 말할지라도, 나는 그들이 비난할 인연이 없다고 바르게 보느니라. 그들의 비난이 인연이 없다고 보았던 까닭으로써 안은함을 얻었고, 놀람과 두려움이 없이 안주하면서 스스로가 '나는 대선존의 지위에 있다.'라고 말하였고, 대중의 가운데에서 바르게 사자후의 미묘한 법륜을 굴렸는데, 그 법륜은 청정하고 바르며 진실하고 무상이므로, 일체의 사문이거나, 만약 바라문이거나, 만약 천마이거나, 만약 범천이거나, 혹은 나머지의 세간에서는 모두 능히 여법하게 굴리는 자가 없느니라. 이것을 넷째로 삼느니라. 선현이여. 이것이 보살마하살의 대승의 상이라고 마땅히 알아야 하느니라.

다시 다음으로 선현이여. 만약 보살마하살의 대승의 상이라는 것은 이를테면, 4무애해(四無礙解)이니라. 무엇이 네 가지인가? 첫째는 의무애해(義無礙解)이고, 둘째는 법무애해(法無礙解)이며, 셋째는 사무애해(詞無礙解)이고, 넷째는 변무애해(辯無礙解)이니라. 선현이여. 이와 같은 4무애해를 만약 얻을 수 없는 것으로써 방편을 삼았다면, 이것이 보살마하살의 대승의 상이라고 마땅히 알아야 하느니라.

다시 다음으로 선현이여. 만약 보살마하살의 대승의 상이라는 것은 이를테면, 18불불공법(十八佛不共法)이니라. 무엇이 열여덟 가지인가? 선현이여. 이를테면, 제여래·응공·정등각은 항상 그릇된 허물이 없고, 조급하고 포악한 음성이 없으며, 억념(念)을 잊어버리지 않고, 여러 종류 생각(想)이 없으며, 정려가 아닌 마음이 없고, 선택하여 버리지 않는 것이 없으며, 뜻의 욕망에서 퇴전(退轉)이 없고, 정진(精進)에서 퇴전이 없으며, 억념에서 퇴전이 없고, 지혜에서 퇴전이 없으며, 해탈(解脫)에서 퇴전이 없고, 해탈지견(解脫知見)에서 퇴전이 없으며, 일체의 신업(身業)에서 지혜가 앞에서 인도하게 되므로 지혜를 따라서 전전(展轉)하고,

일체의 구업(口業)에서 지혜가 앞에서 인도하게 되므로 지혜를 따라서 전전하며, 일체의 의업(意業)에서 지혜가 앞에서 인도하게 되므로 지혜를 따라서 전전하고, 과거의 세상에서 일으켰던 것인 지혜와 견해에 집착함이 없고 장애도 없으며, 미래의 세상에 일으킬 지혜와 견해에 집착함이 없고 장애도 없고, 현재의 세상에서 일으키는 지혜와 견해에 집착함이 없고 장애도 없느니라. 선현이여. 이와 같은 18불불공법을 모두 얻을 수 없는 것으로써 방편으로 삼았다면, 이것이 보살마하살의 대승의 상이라고 마땅히 알아야 하느니라.

다시 다음으로 선현이여. 만약 보살마하살의 대승의 상이라는 것은 이를테면, 다라니문(陀羅尼門)이니라. 무엇이 다라니문인가? 이를테면, 문자의 평등성(字平等性)·말의 평등성(語平等性)·여러 문자의 문에 들어가는(入諸字門) 것이니라. 무엇이 문자의 평등성·말의 평등성·여러 문자의 문에 들어가는 것인가? 선현이여. 만약 보살마하살이 반야바라밀다를 수행하는 때에 얻을 수 없는 것으로써 방편을 삼아서 아(褒)[3] 문자(字)의 문에 들어간다면 일체법의 근본은 생겨나지 않는다고 깨닫는 까닭이니라.

락(洛)[4] 문자의 문에 들어간다면 일체법이 번뇌의 티끌(塵垢)을 벗어난다고 깨닫는 까닭이고, 파(跛)[5] 문자의 문에 들어간다면 일체법이 승의(勝意)를 가르친다고 깨닫는 까닭이며, 자(者)[6] 문자의 문에 들어간다면 일체법이 생사(生死)가 없는 까닭이고, 나(娜)[7] 문자의 문에 들어간다면 일체법이 명자(名)와 상(相)을 멀리 벗어나서 얻는 것과 잃는 것이 없다고 깨닫는 까닭이며, 라(砢)[8] 문자의 문에 들어간다면 일체법이 세간을

---

3) 『一切經音義』(大正藏 54), p.319a에 의거하여 실담(悉曇)의 음가(音價)를 복원하여 본다면, a(아)음이다.
4) 실담의 음가는 ra(라)음이다.
5) 실담의 음가는 pa(파)음이다.
6) 실담의 음가는 ca(차)음이다.
7) 실담의 음가는 da(다)음이다.
8) 실담의 음가는 la(라)음이다.

벗어나는 까닭으로 애욕의 갈래의 조건인 인연이 영원히 피해를 입힌다고 깨닫는 까닭이니라.

타(柁)[9] 문자의 문에 들어간다면 일체법이 조복(調伏)·적정(寂靜)·진여(眞如)·평등(平等)에 분별(分別)이 없다고 깨닫는 까닭이고, 바(婆)[10] 문자의 문에 들어간다면 일체법이 계박(繫縛)[11]을 벗어난다고 깨닫는 까닭이며, 다(茶)[12] 문자의 문에 들어간다면 일체법이 번뇌(熱)를 벗어나고 번민(穢)을 바로잡아 청정함을 얻는다고 깨닫는 까닭이고, 사(沙)[13] 문자의 문에 들어간다면 일체법이 장애(罣礙)가 없다고 깨닫는 까닭이며, 박(縛)[14] 문자의 문에 들어간다면 일체법이 말의 소리의 이치(音道)가 끊어진다고 깨닫는 까닭이니라.

다(頦)[15] 문자의 문에 들어간다면 일체법이 진여는 움직이지 않다고 깨닫는 까닭이고, 야(也)[16] 문자의 문에 들어간다면 일체법이 여실하게 태어나지 않는다고 깨닫는 까닭이며, 슬타(瑟吒)[17] 문자의 문에 들어간다면 일체법이 조복(制伏)하고 맡아서 유지(任持)하는 상(相)을 얻을 수 없다고 깨닫는 까닭이고, 가(迦)[18] 문자의 문에 들어간다면 일체법이 짓는 것(作者)을 얻을 수 없다고 깨닫는 까닭이며, 사(娑)[19] 문자의 문에 들어간다면 일체법이 시간(時)의 평등성을 얻을 수 없다고 깨닫는 까닭이니라.

마(磨)[20] 문자의 문에 들어간다면 일체법이 아(我)·아소(我所)의 자성을

---

9) 실담의 음가는 dha(다), 또는 da(다)음이다.
10) 실담의 음가는 bha(바), 또는 va(바)음이다
11) 몸과 마음을 계박하여 자유롭지 못하게 하는 번뇌를 다르게 부르는 말이다.
12) 실담의 음가는 ksa(크사)음이다.
13) 실담의 음가는 sa(사)음이다.
14) 실담의 음가는 ba(바), 또는 va(바)음이다.
15) 실담의 음가는 da(다)음이다.
16) 실담의 음가는 ya(야)음이다.
17) 실담의 음가는 sta(스타)음이다.
18) 실담의 음가는 ka(카)음이다.
19) 실담의 음가는 sa(사)음이다.

얻을 수 없다고 깨닫는 까닭이고, 가(伽)²¹⁾ 문자의 문에 들어간다면 일체법이 행(行)으로 취하는 자성을 얻을 수 없다고 깨닫는 까닭이며, 타(他)²²⁾ 문자의 문에 들어간다면 일체법이 처소(處所)를 얻을 수 없다고 깨닫는 까닭이고, 사(闍)²³⁾ 문자의 문에 들어간다면 일체법이 생겨나서 일어남(生起)을 얻을 수 없다고 깨닫는 까닭이며, 습박(濕縛)²⁴⁾ 문자의 문에 들어간다면 일체법이 안은(安隱)한 자성을 얻을 수 없다고 깨닫는 까닭이고, 달(達)²⁵⁾ 문자의 문에 들어간다면 일체법이 경계(界)의 자성을 얻을 수 없다고 깨닫는 까닭이니라.

사(捨)²⁶⁾ 문자의 문에 들어간다면 일체법이 적정한 자성을 얻을 수 없다고 깨닫는 까닭이고, 거(佉)²⁷⁾ 문자의 문에 들어간다면 일체법이 허공과 같은 자성을 얻을 수 없다고 깨닫는 까닭이며, 찬(羼)²⁸⁾ 문자의 문에 들어간다면 일체법이 끝이 없는 자성을 얻을 수 없다고 깨닫는 까닭이고, 살다(薩頦)²⁹⁾ 문자의 문에 들어간다면 일체법이 처소와 처소가 아닌 것을 맡아서 유지하면서 움직이지 않게 하고 전전하지 않게 하는 자성을 얻을 수 없다고 깨닫는 까닭이며, 약(若)³⁰⁾ 문자의 문에 들어간다면 일체법이 처소를 명료하게 아는 자성을 얻을 수 없다고 깨닫는 까닭이니라.

날타(剌他)³¹⁾ 문자의 문에 들어간다면 일체법이 집착하는 뜻의 자성을

---

20) 실담의 음가는 ma(마)음이다.
21) 실담의 음가는 gha(가), 또는 ga(가)음이다.
22) 실담의 음가는 tha(타)음이다.
23) 실담의 음가는 jha(자), 또는 ja(자)음이다.
24) 실담의 음가는 zva(즈바)음이다.
25) 실담의 음가는 dha(다)음이다.
26) 실담의 음가는 za(자)음이다.
27) 실담의 음가는 kha(카)음이다.
28) 실담의 음가는 ksa(크사)음이다.
29) 실담의 음가는 sda(스다)음이다.
30) 실담의 음가는 ja(자)음이다.
31) 실담의 음가는 rtha(르타)음이다.

얻을 수 없다고 깨닫는 까닭이고, 가(呵)32) 문자의 문에 들어간다면 일체법이 인(因)의 자성을 얻을 수 없다고 깨닫는 까닭이며, 박(薄)33) 문자의 문에 들어간다면 일체법이 파괴(破壞)할 수 있는 자성을 얻을 수 없다고 깨닫는 까닭이고, 작(縒)34) 문자의 문에 들어간다면 일체법이 욕락(欲樂)을 덮는 자성을 얻을 수 없다고 깨닫는 까닭이며, 삽마(颯磨)35) 문자의 문에 들어간다면 일체법이 억념(憶念)할 수 있는 자성을 얻을 수 없다고 깨닫는 까닭이니라.

갑박(嗑縛)36) 문자의 문에 들어간다면 일체법이 호소(呼召)할 수 있는 자성을 얻을 수 없다고 깨닫는 까닭이고, 차(蹉)37) 문자의 문에 들어간다면 일체법이 용맹하고 건장한 자성을 얻을 수 없다고 깨닫는 까닭이며, 건(鍵)38) 문자의 문에 들어간다면 일체법이 크게 평등한 자성을 얻을 수 없다고 깨닫는 까닭이고, 채(搋)39) 문자의 문에 들어간다면 일체법이 적집(積集)하는 자성을 얻을 수 없다고 깨닫는 까닭이며, 노(拏)40) 문자의 문에 들어간다면 일체법이 여러 시끄러운 투쟁을 벗어나고 떠나가는 것도 없고 돌아오는 것도 없으며 행(行)·주(住)·좌(坐)·와(臥)를 얻을 수 없다고 깨닫는 까닭이니라.

파(頗)41) 문자의 문에 들어간다면 일체법이 두루 원만한 과보를 얻을 수 없다고 깨닫는 까닭이고, 색가(塞迦)42) 문자의 문에 들어간다면 일체법이 모여서 쌓이는 온(蘊)의 자성을 얻을 수 없다고 깨닫는 까닭이며,

---

32) 실담의 음가는 ha(하)음이다.
33) 실담의 음가는 bha(바)음이다.
34) 실담의 음가는 cha(차)음이다.
35) 실담의 음가는 sma(스마)음이다.
36) 실담의 음가는 kva(크바)음이다.
37) 실담의 음가는 ccha(짜)음이다.
38) 실담의 음가는 gha(가)음이다.
39) 실담의 음가는 tha(타)음이다.
40) 실담의 음가는 na(나)음이다.
41) 실담의 음가는 pha(파)음이다.
42) 실담의 음가는 jisa(지사)음이다.

일사(逸娑) 문자의 문에 들어간다면 일체법이 노쇠(衰老)한 상을 얻을 수 없다고 깨닫는 까닭이고, 작(酌)⁴³⁾ 문자의 문에 들어간다면 일체법이 모여서 쌓인 발자취를 얻을 수 없다고 깨닫는 까닭이고, 타(吒)⁴⁴⁾ 문자의 문에 들어간다면 일체법이 서로가 구박(驅迫)하는 자성을 얻을 수 없다고 깨닫는 까닭이며, 택(擇)⁴⁵⁾ 문자의 문에 들어간다면 일체법이 구경(究竟)의 처소(處所)를 얻을 수 없다고 깨닫는 까닭이니라.

선현이여. 이 택(擇) 문자의 문은 능히 법공(法空)에 들어가는 변제(邊際)이니, 이 여러 문자를 제외하고서 제법이 공(空)하다고 표시하고자 하더라도 다시 얻을 수 없느니라. 왜 그러한가? 이 여러 문자의 뜻을 널리 설할 수 없고 드러내어 보여줄 수 없으며 문서(書)로 지닐 수도 없고 집착하고 취할 수 없으며 관찰할 수도 없고 제상(諸相)을 벗어난 까닭이니라.
선현이여. 비유한다면 허공은 이것에 일체의 물건이라는 것이 돌아오고 나아가는 처소인 것과 같이 이 여러 문자의 문(門)도 역시 다시 이와 같아서 제법의 공한 의취(義趣)가 모두 이 문에 들어온다면 비로소 명료하게 드러나느니라. 선현이여. 이러한 아(襃) 문자 등에 들어갔다면, 여러 문자의 문에 들어갔다고 이름하느니라.
선현이여. 제보살마하살들이 만약 이와 같은 여러 문자의 문에 들어가서 선(善)한 공교와 지혜를 얻는다면 여러 말과 소리에서 설명하는 것에서, 표시하는 것에 모두 장애(罣礙)가 없으며, 일체법에서 평등한 공성(空性)을 모두 능히 증득하고 수지하며, 여러 말과 소리에서 함께 선한 공교(工巧)를 얻느니라.
선현이여. 만약 제보살마하살들이 이와 같은 여러 문자의 문에 들어가는 법인의 상(印相)과 법인의 구절(印句)을 능히 들어야 하고, 이미 들었다면 수지(受持)하고 독송(讀誦)하며 예리하게 통달(通利)하고 다른 사람을

---

43) 실담의 음가는 zca(즈차)음이다.
44) 실담의 음가는 ta(타)음이다.
45) 실담의 음가는 dhah(다), 또는 pha(파)음이다.

위하여 설하면서, 명예(名譽)와 이양(利養)과 공경(恭敬)을 따르지 않는다면, 오히려 이러한 인연으로 20종류의 공덕의 수승한 이익을 얻느니라.

무엇이 20종류인가? 강력한 억념을 얻고, 수승한 참괴(慚愧)를 얻으며, 견고한 힘을 얻고, 법의 지취(旨趣)⁴⁶⁾를 얻으며, 증상(增上)하는 깨달음(覺)을 얻고, 수승한 지혜를 얻으며, 장애가 없는 변재(辯才)를 얻고, 총지문(總持門)을 얻으며, 의혹이 없어짐을 얻고, 어긋나거나 수순하는 말에 성내거나 좋아하는 것이 생겨나지 않음을 얻으며, 높고 낮음이 없이 평등하게 안주함을 얻고, 유정들의 말과 소리에서 선교(善巧)를 얻으며, 온(蘊)의 선교(善巧)·계(界)의 선교·제(諦)의 선교를 얻고, 연기(緣起)의 선교·인(因)의 선교·연(緣)의 선교·법의 선교를 얻으며, 근승열지(根勝劣智)의 선교·타심지(他心智)의 선교를 얻고, 성력(星曆)을 관찰하는 선교를 얻으며, 천이지(天耳智)의 선교·숙주수념지(宿住隨念智)의 선교·신경지(神境智)의 선교·생사지(死生智)의 선교를 얻고, 누진지(漏盡智)의 선교를 얻으며, 설처비처지(說處非處智)의 선교를 얻고, 왕래지(往來智)의 선교·위의로(威儀路)의 선교를 얻느니라. 선현이여. 이러한 20종류의 수승한 공덕을 얻게 되느니라.

선현이여. 보살마하살이 반야바라밀다를 수행하는 때에 얻을 수 없는 것으로써 방편으로 삼아서 얻게 되는 이와 같은 다라니문이 마땅히 보살마하살의 대승의 상이라고 마땅히 알아야 하느니라."

18. 수치지품(修治地品)(1)

"다시 다음으로 선현이여. 그대는 '무엇과 동등하다면 보살마하살이

---

46) '종지(宗旨)', '주지(主旨)', '취지(趣旨)' 등을 다르게 부르는 말이다.

대승(大乘)을 일으켜서 나아간다고 마땅히 알겠습니까?'라고 물었는데, 만약 보살마하살이 6바라밀다를 수행하는 때에 한 지위에서 다른 한 지위에 나아갔고, 이것과 동등하다면 보살마하살이 대승을 일으켜서 나아간다고 마땅히 알 알아야 하느니라. 무엇이 보살마하살이 6바라밀다를 수행하는 때에 한 지위에서 다른 한 지위에 나아가는 것인가? 선현이여. 만약 보살마하살이 일체법은 따라서 왔던 것이 없고, 역시 나아가는 것도 없다고 아는 것이니라. 왜 그러한가? 선현이여. 일체법은 떠나가는 것도 없고 돌아오는 것도 없는 것으로써, 쫓는 것이 없고 나아가는 것도 없으며, 오히려 그 제법은 변이가 없고 파괴도 없는 까닭이니라.

선현이여. 이 보살마하살은 쫓아서 나아가는 지위에서 의지하지 않고 사유(思惟)하지도 않으며, 비록 지위의 업(業)을 수행하고 대치(對治)하더라도 그 지위를 보지 않느니라. 이것이 보살마하살이 6바라밀다를 수행하는 때에 한 지위에서 다른 한 지위로 나아가는 것이니라.

무엇이 보살마하살이 지위의 업을 수행하고 대치하는 것인가? 선현이여. 제보살마하살들이 초지(初地)에 안주하는 때에는 상응하여 선한 10종류의 수승한 업을 수행하고 대치해야 하느니라.

무엇이 열 가지가 되는가? 첫째는 얻을 수 없는 것으로써 방편으로 삼아서 증상의요(增上意樂)의 업을 수행하고 대치하는 것이니, 이익의 일과 상(相)을 얻을 수 없는 까닭이고, 둘째는 얻을 수 없는 것으로써 방편으로 삼아서 일체 유정(有情)들의 평등한 마음의 업을 수행하고 대치하는 것이니, 일체의 유정들은 얻을 수 없는 까닭이며, 셋째는 얻을 수 없는 것으로써 방편으로 삼아서 보시의 업을 수행하고 대치하는 것이니, 보시하는 자·보시받는 자와 보시하는 물건은 얻을 수 없는 까닭이고, 넷째는 얻을 수 없는 것으로써 방편으로 삼아서 선한 벗과 친근하는 업을 수행하고 대치하는 것이니, 여러 선한 벗에게 집착함이 없는 까닭이며, 다섯째는 얻을 수 없는 것으로써 방편으로 삼아서 법을 구하는 업을 수행하고 대치하는 것이니, 일체의 구하는 법은 얻을 수 없는 까닭이고, 여섯째는 얻을 수 없는 것으로써 방편으로 삼아서 항상 즐겁게 출가(出家)

하는 업을 수행하고 대치하는 것이니, 버린 집이라는 것을 얻을 수 없는 까닭이며, 일곱째는 얻을 수 없는 것으로써 방편으로 삼아서 불신(佛身)을 애락(愛樂)하는 업을 수행하고 대치하는 것이니, 상(相)과 수호(隨好)의 인연을 얻을 수 없는 까닭이고, 여덟째는 얻을 수 없는 것으로써 방편으로 삼아서 법을 열어서 가르치는 업을 수행하고 대치하는 것이니, 분별하는 법은 얻을 수 없는 까닭이며, 아홉째는 얻을 수 없는 것으로써 방편으로 삼아서 교만을 깨뜨리는 업을 수행하고 대치하는 것이니, 여러 흥성(興盛)하는 법을 얻을 수 없는 까닭이고, 열째는 얻을 수 없는 것으로써 방편으로 삼아서 진실한 말의 업을 수행하고 대치하는 것이니, 여러 일체의 언어(語言)를 얻을 수 없는 까닭이니라. 선현이여. 보살마하살들이 초지에 안주하는 때에는 상응하는 이러한 열 가지의 수승한 업을 수행하고 대치해야 하느니라.

다시 다음으로 선현이여. 보살마하살들이 제2지(第二地)에 안주하는 때에는 8종류의 법을 사유하고 수습(修習)하여서 빠르게 원만하게 해야 하느니라.

무엇을 여덟 가지로 삼는가? 첫째는 청정한 시라(尸羅)이고, 둘째는 은혜를 알고 은혜를 갚는 것이며, 셋째는 안인(安忍)의 힘에 안주하는 것이고, 넷째는 수승한 환희를 받아들이는 것이며, 다섯째는 유정(有情)을 버리지 않는 것이고, 여섯째는 항상 대비(大悲)를 일으키는 것이며, 일곱째는 여러 스승과 장로들을 공경하고 믿는 마음으로써 묻고, 공양하면서 제불과 같이 섬기는 것이며, 여덟째는 정근하면서 구하고 반야바라밀다를 수습하는 것이니라. 선현이여. 보살마하살들이 제2지에 안주하는 때에 이러한 8법에서 상응하여 사유하고 수학하여 원만하게 해야 하느니라.

다시 다음으로 선현이여. 제보살마하살들이 제3지(第三地)에 안주하는 때에는 상응하여 5법에 안주해야 하느니라. 무엇이 그 다섯 가지를 삼는가? 첫째는 정근하면서 구하고 다문(多聞)으로 항상 매우 만족하지 않고, 들었던 법이라는 것에서 문자에 집착하지 않으며, 둘째는 염오가 없는 마음으로써 항상 법보시(法施)를 행하면서 비록 널리 교화하더라도 스스로가 교만하지 않고, 셋째는 불국토(佛國土)를 청정하게 장엄하고 여러 선근(善根)을 심으며 비록 회향(迴向)을 수용하더라도 스스로가 교만하지 않으며, 넷째는 유정들을 교화하기 위하여 비록 무변한 생사(生死)를 싫어하거나 게으르지 않으면서도 교만하거나 안일하지 않은 것이며, 다섯째는 비록 참괴(慚愧)에 머무르거나 집착하지 않는 것이니라. 선현이여. 보살마하살들이 제3지에 안주하는 때에 상응하여 항상 이와 같은 5법에 안주해야 하느니라.

다시 다음으로 선현이여. 제보살마하살들은 제4지(第四地)에 안주하는 때에 상응하여 10법에서 수지하고 버리지 않아야 하느니라. 무엇을 열 가지로 삼는가?

첫째는 아련야(阿練若)에 머무르면서 항상 버리고 떠나지 않는 것이고, 둘째는 항상 욕심이 적은 것을 좋아하는 것이며, 셋째는 항상 기쁘게 만족하면서 좋아하는 것이고, 넷째는 항상 두타(杜多)의 공덕을 버리지 않는 것이며, 다섯째는 여러 학처(學處)47)를 항상 버리지 않는 것이고, 여섯째는 여러 욕락(欲樂)에서 매우 싫어함과 벗어남이 생겨나는 것이며, 일곱째는 항상 적멸(寂滅)을 갖추는 마음을 즐겁게 일으키는 것이고, 여덟째는 일체의 물건을 버리는 것이며, 아홉째는 마음이 막히고 은몰하지 않는 것이고, 열째는 일체의 물건에서 항상 집착하여 못잊지 않는 것이니라. 선현이여. 제4지에 안주하는 때에 상응하여 항상 이와 같은 10법을 수지하고 버리지 않아야 하느니라.

다시 다음으로 선현이여. 제보살마하살들은 제5지(第五地)에 안주하는 때에 상응하여 10법에서 멀리 벗어나야 하느니라. 무엇을 열 가지로 삼는가?

첫째는 속가(居家)를 상응하여 멀리 벗어나는 것이고, 둘째는 여승(女僧)을 상응하여 멀리 벗어나는 것이며, 셋째는 집안에서 아까워하는 마음을 상응하여 멀리 벗어나는 것이고, 넷째는 대중들이 모여서 분쟁(忿爭)하

---

47) 계율을 다르게 부르는 말이다.

는 것을 상응하여 멀리 벗어나는 것이며, 다섯째는 스스로를 칭찬하고 다른 사람을 훼자(毁呰)하는 것을 상응하여 멀리 벗어나는 것이고, 여섯째는 열 가지의 불선업을 상응하여 멀리 벗어나는 것이며, 일곱째는 증상만(增上慢)을 상응하여 멀리 벗어나는 것이고, 여덟째는 전도(轉倒)를 상응하여 멀리 벗어나는 것이며, 아홉째는 주저함(猶豫)을 상응하여 멀리 벗어나는 것이고, 열째는 탐내고 성내고 어리석음을 상응하여 멀리 벗어나는 것이니라. 선현이여. 제보살마하살들이 제5지에 안주하는 때에 상응하여 항상 이와 같은 10법에서 멀리 벗어나야 하느니라.

다시 다음으로 선현이여. 제보살마하살들이 제6지(第六地)에 안주하는 때에 상응하여 6법을 원만하게 해야 하느니라. 무엇을 여섯 가지로 삼는가? 이를테면, 6바라밀다이니, 곧 이것은 보시바라밀다, 나아가 반야바라밀다이니라.

다시 6법에 상응하여 멀리 벗어나야 하느니라. 무엇이 여섯 가지인가 하면, 첫째는 성문(聲聞)의 마음이고, 둘째는 독각(獨覺)의 마음이며, 셋째는 불타는 번뇌의 마음이고, 넷째는 구걸하러 오는 자를 보고 기뻐하지 않고 근심하고 싫어하는 마음이며, 다섯째는 소유한 물건을 버리고서 그리워하고 근심하거나 후회하는 마음이고, 여섯째는 구하고자 오는 자에게 방편으로 속이는 마음이니라. 선현이여. 보살마하살은 제6에 안주하는 때에 항상 상응하여 앞에서 설하였던 것과 같은 6법을 상응하여 원만하게 해야 하고, 더불어 뒤에서 설하였던 것과 같은 6법을 상응하여 멀리 벗어나야 하느니라.

다시 다음으로 선현이여. 제보살마하살들이 제7지(第七地)에 안주하는 때에 상응하여 20법을 멀리 벗어나야 하느니라. 무엇이 스무 가지인가?

첫째는 아집(我執), 나아가 견자집(見者執)을 상응하여 멀리 벗어나야 하고, 둘째는 단집(斷執)을 상응하여 멀리 벗어나야 하며, 셋째는 상집(常執)을 상응하여 멀리 벗어나야 하고, 넷째는 상(相)이라는 생각을 상응하여 멀리 벗어나야 하며, 다섯째는 견집(見執)을 상응하여 멀리 벗어나야 하고, 여섯째는 명색집(名色執)을 상응하여 멀리 벗어나야 하며, 일곱째는 온집(蘊執)을 상응하여 멀리 벗어나야 하고, 여덟째는 처집(處執)을 상응하여 멀리 벗어나야 하며, 아홉째는 계집(界執)을 상응하여 멀리 벗어나야 하고, 열째는 제집(諦執)을 상응하여 멀리 벗어나야 하느니라.

열한째는 연기집(緣起執)을 상응하여 멀리 벗어나야 하고, 열두째는 삼계집(三界執)에 머무른다는 집착에 상응하여 멀리 벗어나야 하며, 열셋째는 일체법집(一切法執)을 상응하여 멀리 벗어나야 하고, 열넷째는 일체법에서 이치와 같고 이치와 같지 않다는 집착을 상응하여 멀리 벗어나야 하며, 열다섯째는 의불견집(依佛見執)을 상응하여 멀리 벗어나야 하고, 열여섯째는 의법견집(依法見執)을 상응하여 멀리 벗어나야 하며, 열일곱째는 의승견집(依僧見執)을 상응하여 멀리 벗어나야 하고, 열여덟째는 의계견집(依戒見執)을 상응하여 멀리 벗어나야 하며, 열아홉째는 공견집(空見執)을 상응하여 멀리 벗어나야 하고, 스무째는 공성(空性)을 싫어하고 두려워하는 것을 상응하여 멀리 벗어나야 하느니라.

다시 20법을 상응하여 원만하게 해야 하느니라. 무엇이 스무 가지인가? 첫째는 공에 통달하면서 상응하여 원만해야 하고, 둘째는 무상(無相)을 증득하면서 상응하여 원만해야 하며, 셋째는 무원(無願)을 알고서 상응하여 원만하게 해야 하고, 넷째는 3륜(三輪)의 청정을 상응하여 원만해야 하며, 다섯째는 유정들에게 자비하고 애민하며, 더불어 유정들에게 집착함이 없음을 상응하여 원만해야 하고, 여섯째는 일체법이 평등하다고 보고, 더불어 이 가운데에서 집착함이 없음을 상응하여 원만해야 하며, 일곱째는 일체의 유정들이 평등하다고 보고, 더불어 이 가운데에서 집착함을 없음에 상응하여 원만해야 하고, 여덟째는 진실한 이취(理趣)를 통달하고, 더불어 이 가운데에서 집착함이 없음을 상응하여 원만해야 하며, 아홉째는 무생인(無生忍)[48]의 지혜를 상응하여 원만해야 하고, 열째는 일체법이 하나의 상(相)의 이취라고 설(說)하는 것을 상응하여

---

48) 산스크리트어 anutpattika-dharma-kṣānti의 번역이고, 무생법인(無生法忍)의 줄임말이다. 제법의 실상(實相)이 공하여 본래 생겨나거나 소멸함이 없는 적멸(寂滅)한 상태라고 깨닫는 것이다.

원만해야 하느니라.

　열한째는 분별을 소멸시켜 없애는 것을 상응하여 원만해야 하고, 열두째는 여러 생각을 멀리 벗어남을 상응하여 원만해야 하며, 열셋째는 여러 견해를 멀리 벗어남을 상응하여 원만해야 하고, 열넷째는 번뇌를 멀리 벗어남을 상응하여 원만해야 하며, 열다섯째는 사마타(奢摩他)49)와 비발사나(毘鉢舍那)50)의 지위를 상응하여 원만해야 하고, 열여섯째는 심성(心性)의 조복(調伏)함을 상응하여 원만해야 하며, 열일곱째는 심성의 적정(寂靜)함을 원만해야 하고, 열여덟째는 장애가 없는 지성(智性)을 상응하여 원만해야 하며, 열아홉째는 애욕과 염오가 없는 것에 상응하여 원만해야 하고, 스무째는 심소(心所) 욕망을 따르고 제불토의 여래(佛) 대중들의 회상(會上)으로 가서 스스로가 그의 몸을 나타내는 것을 상응하여 원만해야 하느니라. 선현이여. 보살마하살은 제7의 원행지에 안주하는 때에 앞에서 설하였던 것과 같은 20종류의 법을 상응하여 멀리 벗어나야 하고, 더불어 뒤에서 설하였던 것과 같은 20법을 상응하여 원만해야 하느니라.

　다시 다음으로 선현이여. 제보살마하살들이 제8지(第八地)에 안주하는 때에 상응하여 4법을 원만하게 해야 하느니라. 무엇을 네 가지로 삼는가? 첫째는 일체의 유정들을 마음으로 행하고 깨달아 들어가면서 상응하여 원만해야 하고, 둘째는 여러 신통에 유희(遊戲)하면서 원만해야 하며, 셋째는 제불토(諸佛土)를 바라보면서 그 바라보는 것과 같이 스스로가 여러 종류의 불국토를 청정하게 장엄하면서 상응하여 원만해야 하고, 넷째는 제불·세존께 공양하고 받들어 섬기고 여래의 몸을 여실하게 관찰하는 일에 상응하여 원만해야 하느니라. 선현이여. 제보살마하살이 제8지에 안주하는

---

49) 산스크리트어 samatha의 음사이고, '지(止)', '적정(寂靜)', '능멸(能滅)', '등관(等觀)' 등으로 번역한다. 마음의 작용을 그치게 하여 고요한 상태를 유지하는 수행법이다.

50) 산스크리트어 vipaśyanā의 음사이고, '관찰(觀察)', '관견(觀見)', '관조(觀照)', '각찰(覺察)', '각조(覺照)' 등으로 번역한다. '사물을 있는 그대로 관찰하는 것', '법의 본질을 있는 그대로 관찰하는 것', '존재의 본질에 대한 통찰을 얻는 것'을 의미하는 수행법이다.

때에, 이러한 4법에서 상응하여 정근하면서 원만해야 하느니라.
　다시 다음으로 선현이여. 보살마하살들이 제9지(第九地)에 안주하는 때에 상응하여 4법을 원만하게 해야 하느니라. 무엇을 네 가지로 삼는가? 첫째는 근기의 수승함과 하열함을 아는 지혜가 상응하여 원만하게 해야 하고, 둘째는 제불토를 청정하게 장엄하면서 상응하여 원만해야 하며, 셋째는 환영(幻)과 같은 등지(等持)로 여러 정려에 자주 들어가면서 상응하여 원만해야 하고, 넷째는 제유정들의 선근(善根)을 따라서 상응하여 성숙시키는 까닭으로, 여러 세계에 들어가서 스스로가 화생(化生)을 나타내는 것을 상응하여 원만해야 하느니라. 선현이여. 제보살마하살이 제9지에 안주하는 때에, 이러한 4법에서 상응하여 정근하면서 원만해야 하느니라.

　다시 다음으로 선현이여. 보살마하살들이 제10지(第十地)에 안주하는 때에 상응하여 12법을 원만하게 해야 하느니라. 무엇이 열두 가지인가?
　첫째는 무변(無邊)한 처소(處所)의 대원(大願)을 섭수(攝受)하고, 그 대원이 있는 것을 따라서 상응하여 모두 증득하게 하면서 원만해야 하고, 둘째는 여러 천상(天)·용(龍)·약차(藥叉) 등의 다른 부류들의 음성을 따라서 아는 지혜를 상응하여 모두 원만해야 하며, 셋째는 장애가 없는 변재의 설법(辯說)을 상응하여 모두 원만해야 하고, 넷째는 태(胎)에 들어가서 구족하고 상응하여 원만해야 하며, 다섯째는 출생(出生)을 구족하고 상응하여 원만해야 하고, 여섯째는 가족(家族)을 구족하고 상응하여 원만해야 하며, 일곱째는 종성(種姓)을 구족하고 상응하여 원만해야 하고, 여덟째는 권속(眷屬)을 구족하고 상응하여 원만해야 하며, 아홉째는 태어난 몸을 구족하고 상응하여 원만해야 하고, 열째는 출가를 구족하고 상응하여 원만해야 하며, 열한째는 보리수(菩提樹)의 장엄을 구족하고 상응하여 원만해야 하고, 열두째는 일체 공덕의 성취를 구족하고 상응하여 원만해야 하느니라.
　선현이여. 보살마하살은 제운지에 안주하는 때에 이러한 12법을 상응하여 정근하면서 원만해야 하느니라. 선현이여. 만약 보살마하살이 이미 제10지에 안주하였다면 제여래와 함께 상응하여 차별이 없다고 말할 수 있다고 마땅히 알아야 하느니라."

"무엇이 보살마하살이 얻을 수 없는 것으로써 방편을 삼아서 수승한 의요(意樂)인 업을 수습하고 대치하는 것인가? 선현이여. 만약 보살마하살이 일체지지(一切智智)에 상응하는 작의(作意)로써 일체의 선근을 수습하고 직접하였다면, 이것이 보살마하살이 얻을 수 없는 것으로써 방편을 삼아서 증상(增上)의 수승한 의요의 업을 수습(修習)하고 대치(對治)하는 것이니라.
무엇이 보살마하살이 얻을 수 없는 것으로써 방편을 삼아서 일체의 유정들의 평등심(平等心)의 업을 수습하고 대치하는 것인가? 선현이여. 만약 보살마하살이 일체지지에 상응하는 작의로써 자(慈)·비(悲)·희(喜)·사(捨)의 네 종류의 4무량(四無量)을 이끌어서 일으켰다면, 이것이 보살마하살이 얻을 수 없는 것으로써 방편을 삼아서 일체의 유정들의 평등심의 업을 수습하고 대치하는 것이니라.
무엇이 보살마하살이 얻을 수 없는 것으로써 방편을 삼아서 일체의 유정들의 보시(布施)하는 업을 수습하고 대치하는 것인가? 선현이여. 만약 보살마하살이 일체의 유정들에게 분별하는 것이 없고 보시를 행한다면, 이것이 보살마하살이 얻을 수 없는 것으로써 방편을 삼아서 보시의 업을 수습하고 대치하는 것이니라.
무엇이 얻을 수 없는 것으로써 방편을 삼아서 선한 벗에게 친근(親近)하는 업을 수습하고 대치하는 것인가? 선현이여. 만약 보살마하살이 여러 선한 벗들이 유정들을 권유하고 교화하며 그들에게 일체지지를 수습하게 하는 것을 보았다면, 나아가 곧 친근하고 공경하며 공양하고 존중하며 찬탄하면서 정법(正法)을 묻고서 받아들이고, 밤낮으로 받들어 섬기면서 해태(懈怠)하고 게으른 마음이 없다면, 이것이 보살마하살이 얻을 수 없는 것으로써 방편을 삼아서 선한 벗을 친근하는 업을 수습하고 대치하는 것이니라.

무엇이 보살마하살이 얻을 수 없는 것으로써 방편을 삼아서 구법(求法)의 업을 수습하고 대치하는 것인가? 선현이여. 만약 보살마하살이 일체지지에 상응하는 마음으로써 여래의 무상(無上)한 정법을 정근하면서 구하고 성문과 독각 등의 지위에 떨어지지 않느니라. 이것이 보살마하살이 얻을 수 없는 것으로써 방편을 삼아서 구법의 업을 수습하고 대치하는 것이니라.

무엇이 보살마하살이 얻을 수 없는 것으로써 방편을 삼아서 항상 출가하는 업을 즐거워하는 업을 수습하고 대치하는 것인가? 선현이여. 만약 보살마하살이 일체의 태어난 곳(生處)을 항상 싫어하고 기거하는 집안이 감옥(牢獄)과 같아서 시끄럽고 번잡하다고 싫어하며, 불법의 청정한 출가는 적정(寂靜)하고 무위(無爲)이며 허공과 같다고 항상 즐거워한다면, 이것이 보살마하살이 얻을 수 없는 것으로써 방편을 삼아서 항상 출가의 업을 즐거워하면서 수습하고 대치하는 것이니라.

무엇이 보살마하살이 얻을 수 없는 것으로써 방편을 삼아서 불신(佛身)의 업을 애락하면서 수습하고 대치하는 것인가? 선현이여. 만약 보살마하살이 잠시 한 번 세존의 형상(形像)을 보았다면, 나아가 일체지지를 증득하기까지 결국 세존을 생각하는 작의(作意)를 버리지 않는다면, 이것이 보살마하살이 얻을 수 없는 것으로써 방편을 삼아서 불신의 업을 애락하면서 수습하고 대치하는 것이니라.

무엇이 보살마하살이 얻을 수 없는 것으로써 방편을 삼아서 개천법(開闡法)51)을 교계(敎誡)하는 업을 수습하고 대치하는 것인가? 선현이여. 만약 보살마하살이 세존께서 세간에 머무시던 때이거나, 또한 열반(涅槃)하신 뒤에, 제유정들을 위하여 개천법을 교계하는데, 처음·중간·뒤가 선(善)하고 문장의 뜻이 교묘하면서 이를테면, 계경(契經)52), 나아가 논의(論議)53)

---

51) 개차법(開遮法)을 다르게 부르는 말이며, '개(開)'는 방편(方便)을 '열다.'는 뜻이고, '차(遮)'는 '막는다.'는 뜻이다. 따라서 개차의 본질은 '한 계율을 지키기 위해 한 계율을 범할 수 있다.'는 뜻으로 요약할 수 있다.

52) 산스크리트어 sūtra의 번역이다.

등이 순일(純一)하고 원만(圓滿)하며 청백(淸白)한 범행(梵行)이라면, 이것이 보살마하살이 얻을 수 없는 것으로써 방편을 삼아서 개천법을 교계하는 업을 수습하고 대치하는 것이니라.

무엇이 보살마하살이 얻을 수 없는 것으로써 방편을 삼아서 교만을 깨뜨리는 업을 수습하고 대치하는 것인가? 선현이여. 만약 보살마하살이 항상 삼가하고 공경하면서 교만한 마음을 조복시키고, 오히려 이것으로 하천한 종성(種姓)이거나, 비천한 종족으로 태어나지 않는다면, 이것이 보살마하살이 얻을 수 없는 것으로써 방편을 삼아서 교만을 깨뜨리는 업을 수습하고 대치하는 것이니라.

무엇이 보살마하살이 얻을 수 없는 것으로써 방편을 삼아서 진실한 말의 업을 수습하고 대치하는 것인가? 선현이여. 만약 보살마하살이 지식을 칭찬하고 언행(言行)의 상(相)을 설하면서 부합한다면, 이것이 보살마하살이 얻을 수 없는 것으로써 방편을 삼아서 진실한 말의 업을 수습하고 대치하는 것이니라. 선현이여. 제보살마하살들이 초지(初地)에 안주하는 때에 이러한 열 가지의 수승한 업을 상응하여 선하게 수습하고 대치해야 하느니라.

무엇이 보살마하살의 청정한 시라(尸羅)인가? 선현이여. 만약 보살마하살이 성문(聲聞)·독각(獨覺)의 작의와 더불어 나머지의 계율을 깨뜨려서 보리(菩提) 장애하는 법을 일으키지 않는다면, 이것이 보살마하살의 청정한 계율이 되느니라. 무엇이 보살마하살이 은혜를 알고 은혜를 갚는 것인가? 선현이여. 만약 보살마하살이 제보살의 수승한 행을 행하는 때에 작은 은혜를 얻었어도 오히려 능히 무겁게 보답하는데, 하물며 큰 은혜를 얻었다면 마땅히 갚지 않겠는가? 이것이 보살마하살이 은혜를 알고 은혜를 갚는 것이 되느니라.

무엇이 보살마하살이 안인(安忍)의 힘에 머무르는 것인가? 선현이여.

---

53) 산스크리트어 upadeśa의 번역이고, 우바제사(優波提舍)로 음사다.

만약 보살마하살이 일체의 유정들이 설사 모두를 침해(侵害)할지라도, 능히 그에게 성내거나, 해치려는 마음이 없다면, 이것이 보살마하살이 안인의 힘에 안주하는 것이 되느니라. 무엇이 보살마하살이 수승한 환희(歡喜)를 받는 것인가? 선현이여. 만약 보살마하살이 제유정들이 3승(三乘)의 행에서 깊은 마음으로 환희를 성취하여 얻었다면, 이것이 보살마하살이 수승한 환희를 받는 것이 되느니라.

무엇이 보살마하살이 유정들을 버리지 않는 것인가? 선현이여. 만약 보살마하살이 일체의 유정들을 널리 발제(拔濟)하고자 하였다면, 이것이 보살마하살이 유정들을 버리지 않는 것이 되느니라.

무엇이 보살마하살이 항상 대비(大悲)를 일으키는 것인가? 선현이여. 만약 보살마하살이 제보살의 수승한 행을 행하는 때에 '나는 하나·하나의 유정들의 요익(饒益)을 위하여, 가사(假使) 각각 무량(無量)하고 무수(無數)인 긍가사(殑伽沙)의 겁(劫)과 같은 대지옥(大地獄)에 있으면서 여러 극심한 고통을 받는데, 혹은 태워지고, 혹은 구워지며, 혹은 쪼개지고, 혹은 잘려지며, 혹은 찔려지고, 혹은 매달리며, 혹은 갈려지고, 혹은 찢어지는 등의 이와 같은 무량한 고통스러운 일을 받을지라도, 나아가 그 제유정의 부류들을 여래의 수레에 태워서 원적(圓寂)에 들어가게 하겠으며, 이와 같이 일체의 유정계(有情界)가 끝나도록 나는 대비심으로 일찍이 해태와 쇠퇴함이 없었다.'라고 항상 이렇게 생각을 짓는다면, 이것이 보살마하살이 항상 대비를 일으키는 것이 되느니라.

무엇이 보살마하살이 여러 스승과 장로를 공경하고 믿는 마음으로써 묻고 받들며 공양하였다면, 여래를 섬기는 일과 같은 것인가? 선현이여. 만약 보살마하살이 무상정등보리(無上正等菩提)를 구하기 위하여 여러 스승과 장로를 공경하고 수순하며 돌아보면서 애틋하게 그리워하는 것이 없다면, 이것이 보살마하살이 여러 스승과 장로를 공경하고 믿는 마음으로써 묻고 받들며 공양하면서 여래를 섬기는 일과 같은 것이 되느니라.

무엇이 보살마하살이 바라밀다를 수습(修習)하고 정근하면서 구하는 것인가? 선현이여. 만약 보살마하살이 일체의 바라밀다에서 전심(專心)으로 구하고 수학(修學)하면서 나머지의 일은 돌아보지 않는다면, 이것이 보살마하살이 바라밀다를 수습하고 정근하면서 구하는 것이 되느니라. 선현이여. 제보살마하살들이 2지(二地)에 안주하는 때에 이러한 여덟 가지의 수승한 업을 상응하여 생각하고 상응하여 수학하면서 빠르게 원만하게 해야 하느니라.

무엇이 보살마하살이 다문(多聞)을 정근하면서 구하더라도 항상 싫어하거나 만족(厭足)함이 없고, 법을 들었던 것에서 문자(文字)에 집착하지 않는 것인가? 선현이여. 만약 보살마하살이 정근하면서 정진을 일으키고서 '만약 이 불국토이거나, 만약 시방세계(十方世界)의 일체의 여래·응공·정등각께서 설하신 정법이라는 것을 내가 마땅히 듣고서 수지(受持)하고 독송(讀誦)하며 수학하더라도, 그 가운데에서 문자에 집착하지 않겠다.'라고 이렇게 생각을 짓고서 말하였다면, 이것이 보살마하살이 다문을 정근하고 구하면서 항상 싫어하거나 만족함이 없고, 법을 들은 것에서 문자에 집착하지 않는 것이 되느니라.

무엇이 보살마하살이 염오가 마음으로써 항상 법시(法施)를 행하고, 비록 널리 열어서 교화할지라도 스스로가 높이지 않는 것인가? 선현이여. 만약 보살마하살이 제유정들을 위하여 정법을 널리 설하였더라도 오히려 스스로를 위하지 않고, 이 선근(善根)을 가지고 보리에 회향하는데, 하물며 나머지의 일을 구하겠는가? 비록 많이 교화하여 인도할지라도 스스로가 자랑하지 않는다면, 이것이 보살마하살이 염오가 마음으로써 항상 법시를 행하고, 비록 널리 열어서 교화할지라도 스스로가 높이지 않는 것이 되느니라.

무엇이 보살마하살이 국토를 청정하게 장엄하기 위하여 여러 선근을 심고, 비록 그것을 수용하여 회향할지라도 스스로를 드러내지 않는 것인가? 선현이여. 만약 보살마하살이 용맹스럽게 정진하여 여러 선근을 수습하였더라도, 제불의 청정한 국토를 장엄하기 위한 것이고, 더불어 스스로와 다른 사람의 마음의 토지에 청정하게 하기 위한 것이며, 비록 이러한 일을 하였더라도 스스로를 높이지 않는다면, 이것이 보살마하살이 국토를 청정하게 장엄하기 위하여 여러 선근을 심고, 비록 그것을 수용하여 회향할지라도 스스로를 드러내지 않는 것이 되느니라.

무엇이 보살마하살은 유정들을 교화하기 위하여 비록 무변(無邊)한 생사에 싫어하지 않고 게으르지 않으면서 교만하지 않고 방일하지 않는 것인가? 선현이여. 만약 보살마하살이 일체의 유정들을 성숙시키기 위하여 여러 선근을 심고 불국토를 청정하게 장엄하며, 나아가 일체지지를 채우지 못하였고, 비록 무변한 생사의 많은 고통을 받을지라도 싫어하지 않고 게으르지 않으며 스스로를 높이지 않는다면, 이것이 보살마하살이 유정들을 교화하기 위하여 비록 무변한 생사의 많은 고통을 받더라도 싫어하지 않고 게으르지 않으며 스스로를 높이지 않는 것이 되느니라.

무엇이 보살마하살이 비록 참괴에 머물지라도 집착함이 없는 것인가? 선현이여. 만약 보살마하살이 오로지 무상정등보리를 구하면서 제성문과 독각의 작의에서 참괴(慚愧)를 갖추었던 까닭으로, 결국 잠시도 일으키지 않고, 그 가운데에서도 역시 집착하지도 않는다면, 이것이 보살마하살이 비록 참괴에 머물지라도 집착이 없는 것이 되느니라. 선현이여. 제보살마하살들이 3지(三地)에 안주하는 때에 상응하여 항상 이와 같은 5법에 안주해야 하느니라."

마하반야바라밀다경 제416권

18. 수치지품(修治地品)(2)

"무엇이 보살마하살이 아련야(阿練若)에 머무르면서 항상 버리고 떠나지 않는 것인가? 선현이여. 만약 보살마하살이 정근하면서 무상정등보리를 구하였고 제성문과 독각 등의 지위를 초월하였다면, 이것이 보살마하살이 아련야에 머무르면서 항상 버리고 벗어나지 않는 것이 되느니라. 무엇이 보살마하살이 욕망이 적음을 좋아하는 것인가? 선현이여. 만약 보살마하살이 오히려 스스로를 위하여 대보리(大菩提)를 구하지 않는데, 하물며 세간과 2승(二乘)의 일을 구하고자 하겠는가? 이것이 보살마하살이 항상 욕망이 적음을 좋아하는 것이 되느니라.

무엇이 보살마하살이 항상 환희와 만족을 좋아하는 것인가? 선현이여. 만약 보살마하살이 오직 일체지지를 증득하기 위한 까닭으로, 나머지의 일에서 집착하는 것이 없다면, 이것이 보살마하살이 환희와 만족을 좋아하는 것이 되느니라. 무엇이 보살마하살이 항상 두타(杜多)의 공덕을 버리고 벗어나지 않는 것인가? 선현이여. 만약 보살마하살이 항상 깊은 법에서 자세하게 관찰하는 법인(法忍)을 일으킨다면, 이것이 보살마하살이 항상 두다의 공덕을 버리고 벗어나지 않는 것이 되느니라.

무엇이 보살마하살이 여러 학처(學處)에 항상 버리지 않는 것인가? 선현이여. 만약 보살마하살이 학처라는 것에서 굳게 지키면서 버리지 않는다면, 이것이 보살마하살이 여러 학처를 항상 버리지 않는 것이 되느니라. 무엇이 보살마하살이 여러 욕락(欲樂)에서 깊은 염리(厭離)[1]가 생겨나는 것인가? 선현이여. 만약 보살마하살이 미묘한 욕락에서 욕망의 마음을 일으키지 않는다면, 이것이 보살마하살이 여러 욕락에서 깊은 염리가 생겨나는 것이 되느니라.

　무엇이 보살마하살이 항상 즐겁게 적멸을 갖추는 마음을 일으키는 것인가? 선현이여. 만약 보살마하살이 일체법은 일찍이 일어나지 않았고 짓지 않았다고 알았다면, 이것이 보살마하살이 항상 능히 적멸을 갖추는 마음을 일으키는 것이 되느니라. 무엇이 보살마하살이 일체의 물건을 버리는 것인가? 선현이여. 만약 보살마하살이 내·외법(內外法)에서 모두 섭수(攝受)하지 않았다면, 이것이 보살마하살이 일체의 물건을 버리는 것이 되느니라.

　무엇이 보살마하살이 마음이 막히지 않고 사라지지 않은 것인가? 선현이여. 만약 보살마하살이 여러 식(識)에 머무르면서 일찍이 마음을 일으키지 않는다면, 이것이 보살마하살이 마음이 막히지 않고 패배하지 않은 것이 되느니라. 무엇이 보살마하살이 여러 물건에서 항상 애틋하게 그리워함이 없는 것인가? 만약 보살마하살이 일체의 일에서 사유하는 것이 없다면, 이것이 보살마하살이 일체의 물건에서 항상 애틋하게 그리워하는 것이 없는 것이 되느니라. 선현이여. 제보살마하살들이 4지(四地)에 안주하는 때에 상응하여 이와 같은 10법을 상응하여 수지하고 버리지 않아야 하느니라.

　무엇이 보살마하살이 기거하는 집을 상응하여 멀리하는 것인가? 만약 보살마하살이 여러 불국토에 유행하고, 태어나는 처소라는 것을 따라서 항상 즐겁게 출가하며, 머리와 수염을 깎고 법복(法服)²⁾을 수지하며 사문(沙門)을 지어서 나타난다면, 이것이 보살마하살이 기거하는 집을 상응하여 멀리하는 것이 되느니라. 무엇이 보살마하살이 비구니(苾芻尼)를 상응

---

1) 염오(厭惡)라고도 말하며, 세상(世上)을 싫어하여 떠난다는 뜻이다.
2) 비구가 입는 세 가지의 의복으로, 승가리(僧伽梨), 울다라승(鬱多羅僧), 안타회(安陀會)를 가리킨다.

하여 멀리 벗어나는 것인가? 선현이여. 만약 보살마하살이 항상 여러 비구니를 상응하여 멀리 벗어나면서 손가락을 튕기는 것과 같이 함께 기거하지 않으며, 역시 다시 그녀에게 다른 마음을 일으키지 않는다면, 이것이 보살마하살이 비구니를 상응하여 멀리 벗어나는 것이 되느니라.

무엇이 보살마하살이 집의 간탐을 상응하여 멀리 벗어나는 것인가? 선현이여. 만약 보살마하살이 '나는 장야(長夜)에 상응하여 일체의 유정들을 이익되고 안락하게 해야겠다. 지금 이러한 유정들은 스스로가 오히려 복력(福力)에 감응하여 이와 같이 수승한 시주의 집을 얻었던 까닭으로 나는 그 가운데에서 상응하여 간탐하거나 질투하지 않겠다.'라고 이와 같이 사유를 지었고, 이미 사유하였으므로 상응하여 간탐과 질투를 멀리 벗어났다면, 이것이 보살마하살이 집의 간탐을 상응하여 멀리 벗어나는 것이 되느니라.

무엇이 보살마하살이 대중의 회중(會中)에서 분쟁(忿諍)을 상응하여 멀리 벗어나는 것인가? 만약 보살마하살이 '대중의 회중인 처소의 그 가운데에 혹은 성문·독각이 있었거나, 혹은 그 2승들에게 상응하는 법요(法要)를 설한다면, 나의 대보리심에서 퇴전하여 손실(退失)시킬 것이다. 이러한 까닭으로 결정적으로 대중의 모임을 상응하여 멀리 벗어나야 한다.'라고 이와 같이 사유를 지었고, 다시 '여러 분쟁하는 자는 유정들에게 성내고 해치려는 마음을 일으키고, 여러 선하지 않은 업을 조작(造作)하므로, 오히려 선취(善趣)에 어긋나는데, 하물며 대보리이겠는가? 이러한 까닭으로 결정적으로 분쟁을 상응하여 멀리 벗어나야겠다.'라고 이와 같이 사유를 지었다면, 이것이 보살마하살이 대중의 모임에서 분쟁을 상응하여 멀리 벗어나는 것이 되느니라.

무엇이 보살마하살이 스스로를 칭찬하고 다른 사람을 헐뜯는 것을 상응하여 멀리 벗어나는 것인가? 선현이여. 만약 보살마하살이 내·외의 여러 법에서 보는 것이 없었던 까닭으로, 스스로를 칭찬하고 다른 사람을 훼손(毀呰)하는 것을 상응하여 멀리 벗어난다면, 이것이 보살마하살이 스스로를 칭찬하고 다른 사람을 훼손하는 것을 상응하여 멀리 벗어나는 것이 되느니라.

무엇이 보살마하살이 십불선업도(十不善業道)를 상응하여 멀리 벗어나는 것인가? 만약 보살마하살이 '이와 같은 10종류의 불선업도는 오히려 마땅히 인간과 천상의 선한 세계(善趣)를 장애하는데, 하물며 성스러운 도(道)와 대보리에서 장애하지 않겠는가? 그러므로 나는 그러한 정려에서 상응하여 멀리 벗어나야 한다.'라고 이렇게 사유를 지었다면, 이것이 보살마하살이 불선업도를 상응하여 멀리 벗어나는 것이 되느니라.

무엇이 보살마하살이 증상만(增上慢)[3]의 오만(傲)을 상응하여 멀리 벗어나는 것인가? 선현이여. 만약 보살마하살이 능히 증상만의 오만을 일으킬 수 있는 어느 법도 보지 않는 까닭으로 상응하여 멀리 벗어났다면, 이것이 보살마하살이 증상만의 오만을 상응하여 멀리 벗어나는 것이 되느니라. 무엇이 보살마하살이 전도(顚倒)를 상응하여 멀리 벗어나는 것인가? 선현이여. 만약 보살마하살이 전도되는 일을 모두 얻을 수 없다고 관찰한다면, 이것이 보살마하살이 전도를 상응하여 멀리 벗어나는 것이 되느니라.

무엇이 보살마하살이 유예를 상응하여 멀리 벗어나는 것인가? 선현이여. 만약 보살마하살이 머뭇거리는 일을 모두 얻을 수 없다고 관찰한다면, 이것이 보살마하살이 유예를 상응하여 멀리 벗어나는 것이 되느니라. 무엇이 보살마하살이 탐(貪)·진(瞋)·치(癡)를 상응하여 멀리 벗어나는 것인가? 선현이여. 만약 보살마하살이 탐·진·치의 일이 모두 있다고 보지 않는 까닭으로 이와 같은 세 가지의 법을 상응하여 멀리 벗어났다면, 이것이 보살마하살이 탐·진·치를 상응하여 멀리 벗어나는 것이 되느니라. 선현이여. 제보살마하살들이 5지(五地)에 안주하는 때에 상응하여 이와 같은 10법을 멀리 벗어나야 하느니라.

무엇이 보살마하살이 6바라밀다를 상응하여 원만하게 하는 것인가?

---

[3] 산스크리트어 abhi-māna의 번역이고, 아직 얻지 못한 상인법(上人法)을 얻었다고 자만하는 것이다.

선현이여. 만약 보살마하살이 6바라밀다를 원만하게 한다면, 여러 성문과 독각지를 초월하고, 또한 이러한 6바라밀다에 안주한다면 여래와 2승(二乘)은 능히 다섯 종류의 알아야 하는 것의 해안(海岸)을 헤아리느니라. 무엇이 다섯 가지인가? 첫째는 과거이고, 둘째는 미래이며, 셋째는 현재이고, 넷째는 무위(無爲)이며, 다섯째는 불가설(不可說)이나니, 이것이 보살마하살이 6바라밀다를 상응하여 원만하게 하는 것이 되느니라.

무엇이 보살마하살이 성문(聲聞)의 마음에 상응하여 멀리 벗어나는 것인가? 선현이여. 만약 보살마하살이 '여러 성문의 마음은 무상대보리(無上大菩提)의 도(道)를 증득할 수 없는 까닭으로 상응하여 멀리 벗어나야 한다. 그 까닭은 무엇인가? 생사를 싫어하는 까닭이다.'라고 이와 같이 사유를 지었다면, 이것이 보살마하살이 성문의 마음에 상응하여 멀리 벗어나는 것이 되느니라.

무엇이 보살마하살이 독각(獨覺)의 마음에 상응하여 멀리 벗어나는 것인가? 선현이여. 만약 보살마하살이 '여러 독각의 마음은 무상대보리의 도를 증득할 수 없는 까닭으로 상응하여 멀리 벗어나야 한다. 그 까닭은 무엇인가? 열반을 즐거워하는 까닭이다.'라고 이와 같이 사유를 지었다면, 이것이 보살마하살이 성문의 마음에 상응하여 멀리 벗어나는 것이 되느니라.

무엇이 보살마하살이 뜨거운 번뇌(熱惱)의 마음에 상응하여 멀리 벗어나는 것인가? 선현이여. 만약 보살마하살이 '이러한 뜨거운 번뇌의 마음은 무상대보리의 도를 증득할 수 없는 까닭으로 상응하여 멀리 벗어나야 한다. 그 까닭은 무엇인가? 생사를 두려워하는 까닭이다.'라고 이와 같이 사유를 지었다면, 이것이 보살마하살이 불타는 번뇌의 마음에 상응하여 멀리 벗어나는 것이 되느니라.

무엇이 보살마하살이 구걸하러 오는 자를 보고 기뻐하지 않고 근심하는 마음인가? 선현이여. 만약 보살마하살이 '이러한 근심하는 마음은 무상대보리를 증득할 수 있는 도가 아닌 까닭으로, 상응하여 멀리 벗어나야 한다. 그 까닭은 무엇인가? 자비(慈悲)에 어긋나는 까닭이다.'라고 이와 같이 사유를 지었다면, 이것이 보살마하살이 구걸하러 오는 자를 보아도 싫어하지 않는 마음이 되느니라.

　무엇이 보살마하살이 소유한 물건을 버리고서 쫓아서 아까워하고 근심이 없으며 후회하는 마음을 멀리 벗어난 것인가? 선현이여. 만약 보살마하살이 '이렇게 쫓아서 아까워하고 근심하며 후회하는 마음은 무상정등보리를 증득할 수 있는 도가 아닌 까닭으로, 상응하여 멀리 벗어나야 한다. 그 까닭은 무엇인가? 본원(本願)과 어긋나는 까닭인데 이를테면, 내가 처음으로 보리심을 일으켰던 때에, 〈일반적으로 내가 소유한 것을 와서 구하는 자가 있다면 욕망을 따라서 보시하면서 헛되지 않게 하겠다.〉라고 이렇게 발원하며 말하였는데, 어찌하여 지금의 때에 그것을 거스르고 속이겠는가?'라고 이와 같이 생각을 지었다면, 이것이 보살마하살이 와서 구하는 자에게 방편으로 거스르고 속이는 마음을 상응하여 멀리 벗어나는 것이 되느니라. 선현이여. 제보살마하살들이 6지(六地)에 안주하는 때에 항상 상응하여 앞에서 설한 6법을 원만하게 해야 하고, 더불어 상응하여 뒤에서 설한 6법을 멀리 벗어나야 하느니라.

　무엇이 보살마하살이 아집(我執), 나아가 견자집(見者執)을 상응하여 멀리 벗어나는 것인가? 선현이여. 만약 보살마하살이 아집, 나아가 견자집은 반드시 결국에는 얻을 수 없다고 관찰한다면, 이것이 보살마하살이 아집, 나아가 견자집을 상응하여 멀리 벗어나는 것이 되느니라. 무엇이 보살마하살이 단집(斷執)을 상응하여 멀리 벗어나는 것인가? 선현이여. 만약 보살마하살이 일체법은 반드시 결국에는 생겨나지 않고 단절(斷絶)하는 이치도 없다고 관찰한다면, 이것이 보살마하살이 단집을 상응하여 멀리 벗어나는 것이 되느니라.

　무엇이 보살마하살이 상집(常執)을 상응하여 멀리 벗어나는 것인가? 선현이여. 만약 보살마하살이 일체의 법성(法性)은 무상(無常)한 의취인 까닭이라고 관찰한다면, 이것이 보살마하살이 상집을 상응하여 멀리 벗어나는 것이 되느니라. 무엇이 보살마하살이 상상집(相想執)을 상응하여 멀리 벗어나는 것인가? 선현이여. 만약 보살마하살이 탐욕 등의 의혹은 무소유(無所有)인 까닭이라고 관찰한다면, 이것이 보살마하살이 상상집을 상응하여 멀리 벗어나는 것이 되느니라.
　무엇이 보살마하살이 견집(見執)을 상응하여 멀리 벗어나는 것인가? 선현이여. 만약 보살마하살이 여러 견해의 자성이 있다고 모두 보지 않는 까닭이라면, 이것이 보살마하살이 견집을 상응하여 멀리 벗어나는 것이 되느니라. 무엇이 보살마하살이 명색집(名色執)을 상응하여 멀리 벗어나는 것인가? 선현이여. 만약 보살마하살이 명색의 자성은 모두 무소유라고 관찰한다면, 이것이 보살마하살이 명색집을 상응하여 멀리 벗어나는 것이 되느니라.
　무엇이 보살마하살이 온집(蘊執)을 상응하여 멀리 벗어나는 것인가? 선현이여. 만약 보살마하살이 여러 온의 자성은 모두 무소유라고 관찰한다면, 이것이 보살마하살이 온집을 상응하여 멀리 벗어나는 것이 되느니라. 무엇이 보살마하살이 처집(處執)을 상응하여 멀리 벗어나는 것인가? 선현이여. 만약 보살마하살이 처의 자성은 모두 무소유라고 관찰한다면, 이것이 보살마하살이 처집을 상응하여 멀리 벗어나는 것이 되느니라.
　무엇이 보살마하살이 계집(界執)을 상응하여 멀리 벗어나는 것인가? 선현이여. 만약 보살마하살이 여러 계의 자성은 모두 무소유라고 관찰한다면, 이것이 보살마하살이 계집을 상응하여 멀리 벗어나는 것이 되느니라. 무엇이 보살마하살이 제집(諦執)을 상응하여 멀리 벗어나는 것인가? 선현이여. 만약 보살마하살이 여러 제의 자성은 모두 무소유라고 관찰한다면, 이것이 보살마하살이 제집을 상응하여 멀리 벗어나는 것이 되느니라.
　무엇이 보살마하살이 연기집(緣起執)을 상응하여 멀리 벗어나는 것인가? 선현이여. 만약 보살마하살이 여러 연기의 자성은 모두 무소유라고 관찰한다면, 이것이 보살마하살이 연기집을 상응하여 멀리 벗어나는 것이 되느니라. 무엇이 보살마하살이 삼계집(三界執)을 상응하여 멀리 벗어나는 것인가? 선현이여. 만약 보살마하살이 삼계의 자성은 모두 무소유라고 관찰한다면, 이것이 삼계집을 상응하여 멀리 벗어나는 것이 되느니라.

무엇이 보살마하살이 일체법집(一切法執)을 상응하여 멀리 벗어나는 것인가? 선현이여. 만약 보살마하살이 제법의 자성은 모두 허공과 같아서 모두 얻을 수 없다고 관찰한다면, 이것이 일체법집을 상응하여 멀리 벗어나는 것이 되느니라. 무엇이 보살마하살이 일체법에서 이치와 같고 이치와 같지 않다는 집착을 상응하여 멀리 벗어나는 것인가? 선현이여. 만약 보살마하살이 일체법의 자성은 모두 얻을 수 없으므로, 이치와 같고 이치와 같지 않다는 자성은 없다고 관찰한다면, 이것이 보살마하살이 일체법이 이치와 같고 이치와 같지 않다는 집착을 상응하여 멀리 벗어나는 것이 되느니라.

무엇이 보살마하살이 불견집(佛見執)을 상응하여 멀리 벗어나는 것인가? 선현이여. 만약 보살마하살이 불견집에 의지한다면 여래를 볼 수 없는 까닭이라고 알았다면, 이것이 보살마하살이 불견집을 상응하여 멀리 벗어나는 것이 되느니라. 무엇이 보살마하살이 법견집(法見執)을 상응하여 멀리 벗어나는 것인가? 선현이여. 만약 보살마하살이 진실한 법성(法性)은 볼 수 없는 까닭이라고 알았다면, 이것이 보살마하살이 법견집을 상응하여 멀리 벗어나는 것이 되느니라.

무엇이 보살마하살이 승견집(僧見執)을 상응하여 멀리 벗어나는 것인가? 선현이여. 만약 보살마하살이 화합하는 대중은 무상(無相)이고 무위(無爲)이므로 볼 수 없는 까닭이라고 알았다면, 이것이 보살마하살이 승견집을 상응하여 멀리 벗어나는 것이 되느니라.

무엇이 보살마하살이 계견집(戒見執)을 상응하여 멀리 벗어나는 것인가? 선현이여. 만약 보살마하살이 죄와 복의 자성은 함께 있지 않는 까닭이라고 알았다면, 이것이 보살마하살이 계견집을 상응하여 멀리 벗어나는 것이 되느니라. 무엇이 보살마하살이 공견집(空見執)을 상응하여 멀리 벗어나는 것인가? 선현이여. 만약 보살마하살이 여러 공(空)한 법은 모두 무소유이므로 볼 수 없는 까닭이라고 알았다면, 이것이 보살마하살이 공견집을 상응하여 멀리 벗어나는 것이 되느니라.

무엇이 보살마하살이 공성(空性)을 싫어하고 두려워하는 것을 상응하여 멀리 벗어나는 것인가? 선현이여. 만약 보살마하살이 일체법은 모두 자성(自性)이 모두 공하고 공과 공은 어긋나고 해치는 것이 있지 않는 까닭으로, 싫어하고 두려워하는 일을 얻을 수 없으므로, 오히려 이러한 공한 법은 상응하여 싫어하고 두려워하지 않아야 한다고 관찰한다면, 이것이 보살마하살이 공성을 싫어하고 두려워하는 것을 상응하여 멀리 벗어나는 것이 되느니라.

무엇이 보살마하살이 공을 통달하여 상응하여 원만하게 하는 것인가? 선현이여. 만약 보살마하살이 일체법의 자상(自相)이 모두 공하다고 알았다면, 이것이 공을 통달하여 상응하여 원만하게 하는 것이 되느니라. 무엇이 보살마하살이 무상(無相)을 증득하고 상응하여 원만하게 하는 것인가? 선현이여. 만약 보살마하살이 일체의 상(相)을 사유하지 않는다면, 이것이 보살마하살이 무상을 증득하여 상응하여 원만하게 하는 것이 되느니라.

무엇이 보살마하살이 무원(無願)을 증득하고 상응하여 원만하게 하는 것인가? 선현이여. 보살마하살이 삼계(三界)의 법지(法智)를 일으키지 않는다면, 이것이 보살마하살이 무원을 알고서 상응하여 원만하게 하는 것이 되느니라. 무엇이 보살마하살이 3륜청정(三輪淸淨)에 상응하여 원만하게 하는 것인가? 선현이여. 만약 보살마하살이 10선업도(十善業道)를 청정하게 구족하였다면, 이것이 보살마하살이 3륜청정을 상응하여 원만하게 하는 것이 되느니라.

무엇이 보살마하살이 유정들을 자비롭고 애민하게 하고, 더불어 그 유정들에서 집착이 없는 것인가? 선현이여. 만약 보살마하살이 이미 대비를 얻었고, 더불어 불국토를 청정하게 장엄하였다면, 이것이 보살마하살이 유정들을 자비롭고 애민하게 하고, 더불어 유정들에서 집착하는 것이 없어서 상응하여 원만하게 하는 것이 되느니라. 무엇이 보살마하살이 일체법이 평등하다고 보는 것이고, 더불어 이 가운데에서 집착이 없는 것인가? 선현이여. 만약 보살마하살이 증장하지도 않고 소멸하지도 않는 일체법에서 모두 집착하는 것이 없다면, 이것이 보살마하살이 일체법이 평등하다고 보는 것이고, 더불어 이 가운데서 집착하는 것이 없어서 상응하여 원만하게 하는 것이 되느니라.

무엇이 보살마하살이 일체의 유정들이 평등하다고 보는 것이고, 또한 그 가운데에서 집착하는 것이 없어서 상응하여 원만하게 하는 것인가? 선현이여. 만약 보살마하살이 증장하지도 않고 소멸하지도 않는 일체의 유정들에서 모두 집착하는 것이 없다면, 이것이 보살마하살이 일체법이 평등하다고 보는 것이고, 더불어 이 가운데에서 집착하는 것이 없어서 상응하여 원만하게 하는 것이 되느니라.

무엇이 보살마하살이 진실한 이취(理趣)를 통달하는 것이고, 더불어 이 가운데에서 집착하는 것이 없어서 상응하여 원만하게 하는 것인가? 선현이여. 만약 보살마하살이 일체법의 진실한 이취에서 비록 여실하게 통달하였으나 통달하였던 것이 없고, 모두 집착하였던 것도 없다면, 이것이 보살마하살이 진실한 이취를 통달하였던 것이고, 더불어 이 가운데에서 집착하는 것이 없어서 상응하여 원만하게 하는 것이 되느니라.

무엇이 보살마하살이 무생인(無生忍)의 지혜에 상응하여 원만하게 하는 것인가? 선현이여. 만약 보살마하살이 일체법은 생겨남도 없고 소멸도 없으며 조작(造作)하는 것도 없는 인(忍)이고, 더불어 명색(名色)도 반드시 결국에는 생겨나지 않는다고 알았다면, 이것이 보살마하살이 무생인의 지혜에 상응하여 원만하게 하는 것이 되느니라. 무엇이 보살마하살이 일체법은 하나의 상(一相)의 이취(理趣)라고 설하면서 상응하여 원만하게 하는 것인가? 선현이여. 만약 보살마하살이 일체법에서 불이(不二)의 상이라고 행한다면, 이것이 보살마하살이 일체법이 하나의 상의 이취라고 설하면서 상응하여 원만하게 하는 것이 되느니라.

무엇이 보살마하살이 분별을 소멸시켜서 없애고서 상응하여 원만하게 하는 것인가? 선현이여. 만약 보살마하살이 일체법에서 분별을 일으키지 않는다면, 이것이 보살마하살이 분별을 소멸시켜 없앴다면 상응하여 원만하게 하는 것이 되느니라. 무엇이 보살마하살이 여러 생각을 멀리 벗어나서 상응하여 원만하게 하는 것인가? 선현이여. 만약 보살마하살이 일체의 작거나, 크거나, 무량한 생각들을 멀리 벗어났다면, 이것이 보살마하살이 여러 생각을 멀리 벗어났다면 상응하여 원만하게 하는 것이 되느니라.

무엇이 보살마하살이 여러 견해를 멀리 벗어나서 상응하여 원만하게 하는 것인가? 선현이여. 만약 보살마하살이 일체의 성문·독각지(獨覺地)의 견해를 멀리 벗어났다면, 이것이 보살마하살이 여러 견해를 멀리 벗어나서 상응하여 원만하게 하는 것이 되느니라. 무엇이 보살마하살이 번뇌를 멀리 벗어나서 상응하여 원만하게 하는 것인가? 선현이여. 만약 보살마하살이 일체의 유루(有漏)인 번뇌와 습기의 상속(相續)을 버렸다면, 이것이 보살마하살이 번뇌를 멀리 벗어났다면 상응하여 원만하게 하는 것이 되느니라.

무엇이 보살마하살이 지관(止觀)의 지위를 상응하여 원만하게 하는 것인가? 선현이여. 만약 보살마하살이 일체지(一切智)·도상지(道相智)·일체상지(一切相智)를 수행하였다면, 이것이 보살마하살이 지관의 지위를 원만하게 하는 것이 되느니라. 무엇이 보살마하살이 심성(心性)을 조복하고 상응하여 원만하게 하는 것인가? 선현이여. 만약 보살마하살이 삼계에 집착하지 않았다면, 이것이 보살마하살이 심성을 조복하고 상응하여 원만하게 하는 것이 되느니라.

무엇이 보살마하살이 심성을 적정(寂靜)하게 하고서 상응하여 원만하게 하는 것인가? 선현이여. 만약 보살마하살이 6근(六根)을 잘 섭수(攝受)하였다면, 이것이 보살마하살이 심성을 적정하게 하고서 상응하여 원만하게 하는 것이 되느니라. 무엇이 보살마하살이 장애가 없는 지성(智性)에 상응하여 원만하게 하는 것인가? 선현이여. 만약 보살마하살이 불안(佛眼)을 수행하여 증득하였다면, 이것이 보살마하살이 장애가 없는 지성에 상응하여 원만하게 하는 것이 되느니라.

무엇이 보살마하살이 애욕의 염오가 없는 것에 상응하여 원만하게 하는 것인가? 선현이여. 만약 보살마하살이 육처(六處)4)를 버렸다면, 이것이 보살마하살이 애욕의 염오가 없는 것에 상응하여 원만하게 하는 것이 되느니라. 무엇이 보살마하살이 심소(心所)의 욕망을 따라서 제불토(諸佛土)로 갔고, 여래(佛)들의 회중에서 스스로가 그의 몸을 나타내어 상응하여 원만하게 하는 것인가?

선현이여. 만약 보살마하살이 수승한 신통을 수행하여 여러 불국토로 가서 제불·세존을 받들어 모시면서 공양하였고, 법륜을 굴리시어 일체의 유정을 제도하게 청하였다면, 이것이 보살마하살이 심소의 욕망을 따라서 제불국토에 갔고, 여래들의 회중에서 스스로가 그의 몸을 나타내어 상응하여 원만하게 하는 것이 되느니라. 선현이여. 제보살마하살들이 7지(七地)에 안주하는 때에 항상 앞의 20법을 멀리 벗어나야 하고, 더불어 뒤의 20법을 원만하게 해야 하느니라.

무엇이 보살마하살이 일체의 유정들이 마음과 행을 깨달아 들어가서 상응하여 원만하게 하는 것인가? 선현이여. 만약 보살마하살이 일심(一心)의 지혜를 수용하여 여실하게 일체의 유정들의 심(心)·심소(心所)의 법을 널리 알았다면, 이것이 보살마하살이 일체의 유정들의 마음과 행을 깨달아 들어가서 상응하여 원만하게 하는 것이 되느니라.

무엇이 보살마하살이 여러 신통에 유희(遊戲)하면서 상응하여 원만하게 하는 것인가? 선현이여. 만약 보살마하살이 여러 종류의 자재(自在)한 신통에 유희하면서 여래께 친근하고 공양하려는 욕망을 위하였던 까닭으로 한 불국토에서 한 불국토로 나아갔으나, 능히 불국토에 유희한다는 생각이 생겨나지 않았다면, 이것이 보살마하살이 여러 신통에 유희하면서 상응하여 원만하게 하는 것이 되느니라.

무엇이 보살마하살이 여러 불국토를 보았고, 그것을 보았던 것과 같이 여러 종류의 불국토로 청정하게 장엄하면서 상응하여 원만하게 하는 것인가? 선현이여. 만약 보살마하살이 한 불국토에 머무르더라도 능히 시방(十方)의 무변한 불국토를 능히 바라볼 수 있고, 역시 능히 나타내어

---

4) 산스크리트어 aḍāyatana의 번역이고, 육근(六根)인 안(眼)·이(耳)·비(鼻)·설(舌)·신(身)·의(意)를 다르게 부르는 말이다.

보여주었더라도, 일찍이 불국토라는 생각이 생겨나지 않았으며, 또한 여러 유정들을 성숙시키기 위한 까닭으로 현재의 처소인 삼천대천세계의 전륜왕위(轉輪王位)를 스스로가 장엄하였더라도, 역시 능히 버릴 수 있고 집착하는 것이 없었다면, 이것이 여러 불국토를 보았고, 그것을 보았던 것과 같이 여러 종류의 불국토로 청정하게 장엄하면서 상응하여 원만하게 하는 것이 되느니라.

 무엇이 보살마하살이 제불·세존을 공양하고 섬기는 일에서 여래의 몸을 여실하게 관찰하면서 상응하여 원만하게 하는 것인가? 선현이여. 만약 보살마하살이 여러 유정들의 요익(饒益)을 위한 까닭으로 법의 의취(義趣)를 여실하게 분별하였고, 이와 같다면 제불을 법으로써 공양하고 섬긴다고 이름하며, 또한 제불의 법신(法身)을 자세하게 관찰하였다면, 이것이 보살마하살이 제불·세존을 공양하고 섬기는 일에서 여래의 몸을 여실하게 관찰하면서 상응하여 원만하게 하는 것이 되느니라. 선현이여. 제보살마하살들이 8지(八地)에 안주하는 때에 이러한 4법을 상응하여 정근하면서 원만하게 해야 하느니라.

 무엇이 보살마하살이 여러 유정들의 근기가 수승하거나 하열(下劣)한 지혜에 상응하여 원만하게 하는 것인가? 선현이여. 만약 보살마하살이 여래(佛)의 10력에 머무르면서 일체의 유정들의 여러 근기가 수승하거나 하열하다고 여실하고 명료하게 알았다면, 이것이 보살마하살이 여러 유정들의 근기가 수승하거나 하열한 지혜에 상응하여 원만하게 하는 것이 되느니라. 무엇이 보살마하살이 불국토를 청정하게 장엄하였다고 관찰하면서 상응하여 원만하게 하는 것인가? 선현이여. 만약 보살마하살이 얻을 수 없는 것으로써 방편으로 삼아서 일체의 유정들이 마음과 행을 청정하게 장엄하였다면, 이것이 보살마하살이 청정하게 장엄하였다고 관찰하면서 상응하여 원만하게 하는 것이 되느니라.

 무엇이 보살마하살이 환영과 같은 등지(等持)로 자주 여러 정려에 들어가서 상응하여 원만하게 하는 것인가? 선현이여. 만약 보살마하살이 이 등지에 머물렀고, 비록 능히 일체의 사업(事業)을 성취하였더라도 마음이 법에서 모두 동요하고 전전하지 않았으며, 또한 등지를 수행하여 지극히 성숙하였던 까닭으로 가행(加行)5)을 짓지 않더라도 능히 자주 현전(現前)하였다면, 이것이 보살마하살이 환영과 같은 등지로 자주 여러 정려에 들어가서 상응하여 원만하게 하는 것이 되느니라.

무엇이 보살마하살이 제유정(諸有情)들의 선근(善根)을 상응하여 성숙시켰던 까닭으로 여러 세계에 들어가서 스스로가 변화시킨 몸을 나타내면서 상응하여 원만하게 하는 것인가? 선현이여. 만약 보살마하살이 제유정의 부류들을 성숙시키기 위하여 수승한 선근을 그 마땅한 것을 따랐던 까닭으로, 여러 세계에 들어가서 태어남을 받으면서 나타내었다면, 이것이 보살마하살이 제유정들의 선근을 성숙시키기 위한 까닭으로, 여러 세계에 들어가서 스스로가 변화시킨 몸을 나타내서 상응하여 원만하게 하는 것이 되느니라. 선현이여. 제보살마하살들이 9지(九地)에 안주하는 때에 이러한 4법을 상응하여 정근하면서 원만하게 해야 하느니라.

무엇이 보살마하살이 무변한 처소의 대원(大願)이라는 것을 섭수하였고, 서원하였던 것이 있음을 따라서 모두 증득하게 하는 것인가? 선현이여. 만약 보살마하살이 이미 6바라밀다를 구족하고서 수습하였으므로 지극히 원만한 까닭이었거나, 혹은 여러 불국토를 청정하게 장엄하기 위하여, 혹은 제유정의 부류들을 성숙시키기 위하여, 심소를 따라서 서원하였던 것을 모두 능히 증득하게 하였다면, 이것이 보살마하살이 무변한 처소의 대원이라는 것을 섭수하였고, 서원하였던 것이 있음을 따라서 원만하게 하였다면 모두 능히 증득하게 하는 것이 되느니라.

무엇이 보살마하살이 여러 천상(天)·용(龍)·약차(藥叉) 등의 다른 부류들의 음성을 알고서 상응하여 원만하게 하는 것인가? 선현이여. 만약 보살마하살이 수승한 사무애해(詞無礙解)를 수습하여 능히 천상·용·약차

---

5) 산스크리트어 prayoga의 번역이고, 정행(正行)에 대비되는 말로서, '예비적인 수행' 또는 '실천(行)'을 뜻하며, '방편(方便)'이라고도 말한다.

· 건달박(健達縛) · 아소락(阿素洛) · 갈로다(揭路茶) · 긴나락(緊捺洛) · 마호락가(莫呼洛伽) · 인비인(人非人) 등의 말과 음성의 차별을 잘 알았다면, 이것이 보살마하살이 여러 천상·용·약차 등의 다른 부류들의 음성을 알고서 상응하여 원만하게 하는 것이 되느니라.

무엇이 보살마하살이 장애가 없는 변재(辯才)를 설하여서 상응하여 원만하게 하는 것인가? 선현이여. 만약 보살마하살이 수승한 장애가 없는 변재를 수습하고, 제유정들을 위하여 능히 끝이 없게 설하였다면, 이것이 보살마하살이 장애가 없는 변재를 설하여서 상응하여 원만하게 하는 것이 되느니라.

무엇이 보살마하살이 태(胎)에 들어가서 구족하고서 상응하여 원만하게 하는 것인가? 선현이여. 만약 보살마하살이 비록 일체의 태어나는 처소(生處)에서 진실로 항상 변화하여 태어날지라도, 유정들의 요익을 위하여 태장(胎藏)으로 들어가는 것이고, 그 가운데에서 여러 종류의 무변하고 수승한 일을 구족시켰다면, 이것이 보살마하살이 태에 들어가서 구족하고서 상응하여 원만하게 하는 것이 되느니라.

무엇이 보살마하살이 출생(出生)을 구족하고서 상응하여 원만하게 하는 것인가? 선현이여. 만약 보살마하살이 태에서 나오는 때에 여러 종류의 희유(希有)하고 수승한 일을 나타내어 보여주고, 제유정들의 보는 자들에게 환희하게 하고 큰 이익과 즐거움을 얻게 하였다면, 이것이 보살마하살이 구족하고 태어나서 상응하여 원만하게 하는 것이 되느니라. 무엇이 보살마하살이 가족(家族)을 구족하고서 상응하여 원만하게 하는 것인가? 선현이여. 만약 보살마하살이 혹은 찰제리(刹帝利) 대족성(大族姓)의 집안에 태어나거나, 혹은 바라문(婆羅門) 대족성의 집안에 태어나는데, 그 부모가 진실로 청정하였다면, 이것이 보살마하살이 가족을 구족하고서 원만하게 하는 것이 되느니라.

무엇이 보살마하살이 종성(種姓)을 구족하고서 상응하여 원만하게 하는 것인가? 선현이여. 만약 보살마하살이 항상 과거에 여러 대보살인 종성의 가운데에서 태어나서 있었다면, 이것이 보살마하살이 종성을 구족하고서 상응하여 원만하게 하는 것이 되느니라. 무엇이 보살마하살이 권속(眷屬)을 구족하고서 상응하여 원만하게 하는 것인가? 선현이여. 만약 보살마하살이 순수하게 무량(無量)하고 무수(無數)인 보살마하살의 대중으로써, 순수하게 권속을 삼았다면, 이것이 보살마하살이 권속을 구족하고서 상응하여 원만하게 하는 것이 되느니라.

무엇이 보살마하살이 태어나는 몸을 구족하고서 상응하여 원만하게 하는 것인가? 선현이여. 만약 보살마하살이 처음으로 태어나는 때에 그 몸에 일체의 상호(相好)를 구족하였고, 큰 광명을 내뿜어서 무변한 제불세계를 밝게 비추었고, 역시 그 세계를 여섯 종류로 변동(變動)시켜서 유정으로 만났던 자가 이익을 얻지 않은 자가 없었다면, 이것이 보살마하살이 태어나는 몸을 구족하고서 상응하여 원만하게 하는 것이 되느니라.

무엇이 보살마하살이 출가를 구족하고서 상응하여 원만하게 하는 것인가? 선현이여. 만약 보살마하살이 출가하는 때에 무량하고 무수인 백천구지(俱胝)·나유타(那由多)의 대중들이 앞뒤로 위요(圍繞)하였고 존중하였으며 찬탄하였고, 도량(道場)으로 가서 나아갔으며, 수염과 머리를 깎고서 세 가지의 법의(法衣)를 입고 응기(應器)⁶⁾를 수지(受持)하며, 무량하고 무수인 유정들을 인도(引導)하면서 3승(三乘)의 수레에 태우고 원적(圓寂)⁷⁾으로 나아가게 하였다면, 이것이 보살마하살이 출가를 구족하고서 상응하여 원만하게 하는 것이 되느니라.

무엇이 보살마하살이 장엄된 보리수를 구족하고서 상응하여 원만하게 하는 것인가? 선현이여. 만약 보살마하살이 수승한 선근과 광대한 원력에 감응하여 이와 같은 미묘한 보리수를 얻었고, 폐유리(吠琉璃)의 보배로써 줄기를 삼았으며, 진금(眞金)으로 뿌리로 삼았고, 가지·잎·꽃·열매는 모두 상묘(上妙)한 칠보로 성취되었으며, 그 나무는 높고 넓어서 삼천대천의

---

6) 산스크리트어 pātra의 번역이고, 발다라(鉢多羅)라고 음사한다. 응량기(應量器)의 줄임말이고 발우를 가리킨다.

7) 산스크리트어 Nirvana의 번역이고, 열반을 뜻하며, '원적(圓寂)', '멸도(滅度)', '적멸(寂滅)' 등으로도 번역된다.

불국토를 두루 덮었고, 광명은 주변에 시방의 긍가사와 같은 제불세계를 두루 비추었다면, 이것이 보살마하살이 장엄된 보리수를 구족하고서 상응하여 원만하게 하는 것이 되느니라.

무엇이 보살마하살이 일체의 공덕을 구족하고서 상응하여 원만하게 하는 것인가? 선현이여. 만약 보살마하살이 수승한 복과 지혜의 자량(資糧)을 만족시키고 유정들을 성숙시켰으며 불국토를 청정하게 장엄하였다면, 이것이 보살마하살이 일체의 공덕을 구족하고서 상응하여 원만하게 하는 것이 되느니라. 선현이여. 제보살마하살들이 10지(十地)에 안주하는 때에 이러한 12법을 상응하여 정근하면서 원만하게 해야 하느니라.

무엇이 보살마하살이 십지에 머물렀고, 제여래와 함께 상응하므로 분별할 수 없다고 말하는가? 선현이여. 이 보살마하살이 이미 6바라밀다를 원만하게 하였고, 나아가 18불불공법(佛不共法)을 이미 원만하게 하였으며, 일체지·일체상지를 갖추었으며, 다시 일체의 번뇌와 습기의 상속을 영원히 단절하였으므로 곧 불지(佛地)에 안주하느니라. 오히려 이러한 까닭으로 보살마하살이 10지에 안주한다면 제여래와 분별할 수 없다고 말하느니라.

선현이여. 무엇이 보살마하살이 10지에 안주하여 여래지로 나아가는 것인가? 선현이여. 이 보살마하살이 방편선교로써 6바라밀다와 4념주(念住), 나아가 18불불공법을 수행하여 정관지(淨觀地)·종성지(種性地)와 제팔지(第八地)·구족지(具足地)·박지(薄地)·이욕지(離欲地)·이판지(已辦地)·독각지(獨覺地)와 보살지(菩薩地)를 초월하였고, 또한 일체의 번뇌와 습기의 상속을 영원히 단절하였으므로 곧 여래·응공·정등각을 성취하고 여래지에 안주하느니라. 선현이여. 이와 같이 보살마하살이 10지에 안주하여 여래지로 나아가느니라. 선현이여. 이것과 동등하다면 보살마하살이 대승에 나아간다고 마땅히 알아야 하느니라."

19. 출주품(出住品)(1)

"다시 다음으로 선현이여. 그대가 '이와 같은 대승은 어느 처소를 쫓아서 출생하였고, 어느 처소에 이르러 머무는가?'라고 물었는데, 선현이여. 이와 같은 대승은 삼계(三界)의 가운데를 쫓아서 출생하고 일체지지(一切智智)의 가운데에 이르러서 머무느니라. 그렇지만 무이(無二)로써 방편을 삼는 까닭으로 출생하는 것(出)도 없고 이르는 것(至)도 없느니라. 그 까닭은 무엇인가? 만약 대승이거나, 만약 일체지지일지라도 이와 같은 두 가지의 법은 상응하는 것도 아니고 상응하지 않는 것도 아니며, 무색(無色)도 아니고, 무견(無見)도 아니며, 무대(無對)이고, 하나의 상(一相)인데 이를테면, 무상(無相)이니라.

왜 그러한가? 선현이여. 무상의 법은 이미 출생하지 않았고 이미 머무르지도 않았으며, 마땅히 출생하지 않을 것이고 마땅히 머무르지도 않을 것이며, 지금에 출생하지 않고 머무르지도 않느니라. 그 까닭은 무엇인가? 선현이여. 여러 유정(諸有)들이 무상의 법을 출생과 머무름이 있게 하려는 자(者)는 곧 법계(法界)의 공을 역시 출생과 머무름이 있게 하려는 자이니라. 그렇지만 법계의 공은 능히 삼계의 가운데를 쫓아서 출생하지 않고, 역시 능히 일체지지의 가운데에 이르러 머무르지 않느니라. 왜 그러한가? 법계의 공과 법계의 공의 자성은 공한 까닭이니라.

선현이여. 여러 유정들이 무상의 법을 출생과 머무름이 있게 하려는 자는 곧 진여(眞如)의 공과 실제(實際)·부사의계(不思議界)·안은계(安隱界)·적정계(寂靜界)·단계(斷界)·이계(離界)·멸계(滅界)의 공을 역시 출생과 머무름이 있게 하려는 자(者)이니라. 그렇지만 진여, 나아가 멸계의 공은 능히 삼계의 가운데를 쫓아서 출생하지 않고, 역시 능히 일체지지의 가운데에 이르러 머무르지 않느니라. 왜 그러한가? 진여의 공과 진여의 공의 자성은 공한 까닭이니라.

선현이여. 여러 유정들이 무상의 법을 출생과 머무름이 있게 하려는 자는 곧 색(色)의 공을 역시 출생과 머무름이 있게 하려는 자이니라. 그렇지만 색의 공은 능히 삼계의 가운데를 쫓아서 출생하지 않고, 역시 능히 일체지지의 가운데에 이르러 머무르지 않느니라. 왜 그러한가? 색의 공과 색의 공의 자성은 공한 까닭이니라. 선현이여. 여러 유정들이 무상의 법을 출생과 머무름이 있게 하려는 자는, 곧 수(受)·상(想)·행(行)·식(識)의 공을 역시 출생과 머무름이 있게 하려는 자이니라. 그렇지만 수·상·행·식의 공은 능히 삼계의 가운데를 쫓아서 출생하지 않고, 역시 능히 일체지지의 가운데에 이르러 머무르지 않느니라. 왜 그러한가? 수·상·행·식의 공과 수·상·행·식의 공의 자성은 공한 까닭이니라.

선현이여. 여러 유정들이 무상의 법을 출생과 머무름이 있게 하려는 자는 곧 안처(眼處)의 공을 역시 출생과 머무름이 있게 하려는 자이니라. 그렇지만 안처의 공은 능히 삼계의 가운데를 쫓아서 출생하지 않고, 역시 능히 일체지지의 가운데에 이르러 머무르지 않느니라. 왜 그러한가? 안처의 공과 안처의 공의 자성은 공한 까닭이니라. 선현이여. 여러 유정들이 무상의 법을 출생과 머무름이 있게 하려는 자는, 곧 이(耳)·비(鼻)·설(舌)·신(身)·의처(意處)의 공을 역시 출생과 머무름이 있게 하려는 자이니라. 그렇지만 이·비·설·신·의처의 공은 능히 삼계의 가운데를 쫓아서 출생하지 않고, 역시 능히 일체지지의 가운데에 이르러 머무르지 않느니라. 왜 그러한가? 이·비·설·신·의처의 공과 이·비·설·신·의처의 공의 자성은 공한 까닭이니라.

선현이여. 여러 유정들이 무상의 법을 출생과 머무름이 있게 하려는 자는 곧 색처(色處)의 공을 역시 출생과 머무름이 있게 하려는 자이니라. 그렇지만 색처의 공은 능히 삼계의 가운데를 쫓아서 출생하지 않고, 역시 능히 일체지지의 가운데에 이르러 머무르지 않느니라. 왜 그러한가? 색처의 공과 색처의 공의 자성은 공한 까닭이니라. 선현이여. 여러 유정들이 무상의 법을 출생과 머무름이 있게 하려는 자는 곧 성(聲)·향(香)·미(味)·촉(觸)·법처(法處)의 공을 역시 출생과 머무름이 있게 하려는 자이니라. 그렇지만 성·향·미·촉·법처의 공은 능히 삼계의 가운데를 쫓아서 출생하지 않고, 역시 능히 일체지지의 가운데에 이르러 머무르지 않느니라. 왜 그러한가? 성·향·미·촉·법처의 공과 성·향·미·촉·법처의 공의 자성은 공한 까닭이니라.

선현이여. 여러 유정들이 무상의 법을 출생과 머무름이 있게 하려는 자는 곧 안계(眼界)의 공을 역시 출생과 머무름이 있게 하려는 자이니라. 그렇지만 안계의 공은 능히 삼계의 가운데를 쫓아서 출생하지 않고, 역시 능히 일체지지의 가운데에 이르러 머무르지 않느니라. 왜 그러한가? 안계의 공과 안계의 공의 자성은 공한 까닭이니라. 선현이여. 여러 유정들이 무상의 법을 출생과 머무름이 있게 하려는 자는 곧 이(耳)·비(鼻)·설(舌)·신(身)·의계(意界)의 공을 역시 출생과 머무름이 있게 하려는 자이니라. 그렇지만 이·비·설·신·의계의 공은 능히 삼계의 가운데를 쫓아서 출생하지 않고, 역시 능히 일체지지의 가운데에 이르러 머무르지 않느니라. 왜 그러한가? 이·비·설·신·의계의 공과 이·비·설·신·의계의 공의 자성은 공한 까닭이니라.

선현이여. 여러 유정들이 무상의 법을 출생과 머무름이 있게 하려는 자는 곧 색계(色界)의 공을 역시 출생과 머무름이 있게 하려는 자이니라. 그렇지만 색계의 공은 능히 삼계의 가운데를 쫓아서 출생하지 않고, 역시 능히 일체지지의 가운데에 이르러 머무르지 않느니라. 왜 그러한가? 계처의 공과 색계의 공의 자성은 공한 까닭이니라. 선현이여. 여러 유정들이 무상의 법을 출생과 머무름이 있게 하려는 자는 곧 성(聲)·향(香)·미(味)·촉(觸)·법계(法界)의 공을 역시 출생과 머무름이 있게 하려는 자이니라. 그렇지만 성·향·미·촉·법계의 공은 능히 삼계의 가운데를 쫓아서 출생하지 않고, 역시 능히 일체지지의 가운데에 이르러 머무르지 않느니라. 왜 그러한가? 성·향·미·촉·법계의 공과 성·향·미·촉·법계의 공의 자성은 공한 까닭이니라.

선현이여. 여러 유정들이 무상의 법을 출생과 머무름이 있게 하려는 자는 곧 안식계(眼識界)의 공을 역시 출생과 머무름이 있게 하려는 자이니라. 그렇지만 안식계의 공은 능히 삼계의 가운데를 쫓아서 출생하지 않고, 역시 능히 일체지지의 가운데에 이르러 머무르지 않느니라. 왜 그러한가? 안식계의 공과 안식계의 공의 자성은 공한 까닭이니라. 선현이여. 여러 유정들이 무상의 법을 출생과 머무름이 있게 하려는 자는 곧 이(耳)·비(鼻)·설(舌)·신(身)·의식계(意識界)의 공을 역시 출생과 머무름이 있게 하려는 자이니라. 그렇지만 이·비·설·신·의식계의 공은 능히 삼계의 가운데를 쫓아서 출생하지 않고, 역시 능히 일체지지의 가운데에 이르러 머무르지 않느니라. 왜 그러한가? 이·비·설·신·의식계의 공과 이·비·설·신·의식계의 공의 자성은 공한 까닭이니라.

선현이여. 여러 유정들이 무상의 법을 출생과 머무름이 있게 하려는 자는 곧 안촉(眼觸)의 공을 역시 출생과 머무름이 있게 하려는 자이니라. 그렇지만 안촉의 공은 능히 삼계의 가운데를 쫓아서 출생하지 않고, 역시 능히 일체지지의 가운데에 이르러 머무르지 않느니라. 왜 그러한가? 안촉의 공과 안촉의 공의 자성은 공한 까닭이니라. 선현이여. 여러 유정들이 무상의 법을 출생과 머무름이 있게 하려는 자는 곧 이(耳)·비(鼻)·설(舌)·신(身)·의촉(意觸)의 공을 역시 출생과 머무름이 있게 하려는 자이니라. 그렇지만 이·비·설·신·의촉의 공은 능히 삼계의 가운데를 쫓아서 출생하지 않고, 역시 능히 일체지지의 가운데에 이르러 머무르지 않느니라. 왜 그러한가? 이·비·설·신·의촉의 공과 이·비·설·신·의촉의 공의 자성은 공한 까닭이니라.

선현이여. 여러 유정들이 무상의 법을 출생과 머무름이 있게 하려는 자는 곧 안촉(眼觸)을 인연으로 생겨난 여러 수(受)의 공을 역시 출생과 머무름이 있게 하려는 자이니라. 그렇지만 안촉을 인연으로 생겨난 여러 수의 공은 능히 삼계의 가운데를 쫓아서 출생하지 않고, 역시 능히 일체지지의 가운데에 이르러 머무르지 않느니라. 왜 그러한가? 안촉을 인연으로 생겨난 여러 수의 공과 안촉을 인연으로 생겨난 여러 수의 공의 자성은 공한 까닭이니라. 선현이여. 여러 유정들이 무상의 법을 출생과 머무름이 있게 하려는 자는 곧 이(耳)·비(鼻)·설(舌)·신(身)·의촉(意觸)을 인연으로 생겨난 여러 수의 공을 역시 출생과 머무름이 있게 하려는 자이니라.

그렇지만 이·비·설·신·의촉을 인연으로 생겨난 여러 수의 공은 능히 삼계의 가운데를 쫓아서 출생하지 않고, 역시 능히 일체지지의 가운데에 이르러 머무르지 않느니라. 왜 그러한가? 이·비·설·신·의촉을 인연으로 생겨난 여러 수의 공과 이·비·설·신·의촉을 인연으로 생겨난 여러 수의 공의 자성은 공한 까닭이니라.

 선현이여. 여러 유정들이 무상의 법을 출생과 머무름이 있게 하려는 자는 곧 꿈의 경계(夢境)의 공을 역시 출생과 머무름이 있게 하려는 자이니라. 그렇지만 꿈의 경계에 공은 능히 삼계의 가운데를 쫓아서 출생하지 않고, 역시 능히 일체지지의 가운데에 이르러 머무르지 않느니라. 왜 그러한가? 꿈의 경계에 공과 꿈의 경계에 공의 자성은 공한 까닭이니라. 선현이여. 여러 유정들이 무상의 법을 출생과 머무름이 있게 하려는 자는, 곧 환영의 일(幻事)·아지랑이(陽焰)·메아리(響)·형상(象)·빛의 그림자(光影)·허공의 꽃(空花)·변화한 일(變化事)의 공을 역시 출생과 머무름이 있게 하려는 자이니라. 그렇지만 환영의 일의 공, 나아가 변화한 일의 공은 능히 삼계의 가운데를 쫓아서 출생하지 않고, 역시 능히 일체지지의 가운데에 이르러 머무르지 않느니라. 왜 그러한가? 환영의 일의 공, 나아가 변화한 일의 공과 환영의 일의 공, 나아가 변화한 일의 공의 자성은 공한 까닭이니라.

 선현이여. 여러 유정들이 무상의 법을 출생과 머무름이 있게 하려는 자는 곧 보시바라밀다(布施波羅蜜多)의 공을 역시 출생과 머무름이 있게 하려는 자이니라. 그렇지만 보시바라밀다의 공은 능히 삼계의 가운데를 쫓아서 출생하지 않고, 역시 능히 일체지지의 가운데에 이르러 머무르지 않느니라. 왜 그러한가? 보시바라밀다의 공과 보시바라밀다의 공의 자성은 공한 까닭이니라. 선현이여. 여러 유정들이 무상의 법을 출생과 머무름이 있게 하려는 자는 곧 정계(淨戒)·안인(安忍)·정진(精進)·정려(靜慮)·반야바라밀다(般若波羅蜜多)의 공을 역시 출생과 머무름이 있게 하려는 자이니라. 그렇지만 정계·안인·정진·정려·반야바라밀다의 공은 능히 삼계의 가운데를 쫓아서 출생하지 않고, 역시 능히 일체지지의 가운데에 이르러 머무르지 않느니라. 왜 그러한가? 정계·안인·정진·정려·반야바라밀다의 공과 정계·안인·정진·정려·반야바라밀다의 공의 자성은 공한 까닭이니라.

선현이여. 여러 유정들이 무상의 법을 출생과 머무름이 있게 하려는 자는 곧 내공(內空)의 공을 역시 출생과 머무름이 있게 하려는 자이니라. 그렇지만 내공의 공은 능히 삼계의 가운데를 쫓아서 출생하지 않고, 역시 능히 일체지지의 가운데에 이르러 머무르지 않느니라. 왜 그러한가? 내공의 공과 내공의 공의 자성은 공한 까닭이니라. 선현이여. 여러 유정들이 무상의 법을 출생과 머무름이 있게 하려는 자는 곧 외공(外空)·내외공(內外空)·공공(空空)·대공(大空)·승의공(勝義空)·유위공(有爲空)·무위공(無爲空)·필경공(畢竟空)·무제공(無際空)·산공(散空)·무변이공(無變異空)·본성공(本性空)·자상공(自相空)·공상공(共相空)·일체법공(一切法空)·불가득공(不可得空)·무성공(無性空)·자성공(自性空)·무성자성공(無性自性空)의 공을 역시 출생과 머무름이 있게 하려는 자이니라. 그렇지만 외공, 나아가 무성자성공의 공은 능히 삼계의 가운데를 쫓아서 출생하지 않고, 역시 능히 일체지지의 가운데에 이르러 머무르지 않느니라. 왜 그러한가? 외공, 나아가 무성자성공의 공과 외공, 나아가 무성자성공의 공의 자성은 공한 까닭이니라.

선현이여. 여러 유정들이 무상의 법을 출생과 머무름이 있게 하려는 자는 곧 4념주(四念住)의 공을 역시 출생과 머무름이 있게 하려는 자이니라. 그렇지만 4념주의 공은 능히 삼계의 가운데를 쫓아서 출생하지 않고, 역시 능히 일체지지의 가운데에 이르러 머무르지 않느니라. 왜 그러한가? 4념주의 공과 4념주의 공의 자성은 공한 까닭이니라. 선현이여. 여러 유정들이 무상의 법을 출생과 머무름이 있게 하려는 자는 곧 4정단(四正斷)·4신족(四神足)·5근(五根)·5력(五力)·7등각지(七等覺支)·8성도지(八聖道支)의 공을 역시 출생과 머무름이 있게 하려는 자이니라. 그렇지만 4정단, 나아가 8성도지의 공은 능히 삼계의 가운데를 쫓아서 출생하지 않고, 역시 능히 일체지지의 가운데에 이르러 머무르지 않느니라. 왜 그러한가?

4정단, 나아가 8성도지의 공과 4정단, 나아가 8성도지의 공의 자성은 공한 까닭이니라.

선현이여. 여러 유정들이 무상의 법을 출생과 머무름이 있게 하려는 자는 곧 여래(佛)의 10력(十力)의 공을 역시 출생과 머무름이 있게 하려는 자이니라. 그렇지만 여래의 10력의 공은 능히 삼계의 가운데를 쫓아서 출생하지 않고, 역시 능히 일체지지의 가운데에 이르러 머무르지 않느니라. 왜 그러한가? 여래의 10력의 공과 여래의 10력의 공의 자성은 공한 까닭이니라. 선현이여. 여러 유정들이 무상의 법을 출생과 머무름이 있게 하려는 자는 곧 4무소외(四無所畏)·4무애해(四無礙解)·대자(大慈)·대비(大悲)·대희(大喜)·대사(大捨)·18불불공법(十八佛不共法)의 공을 역시 출생과 머무름이 있게 하려는 자이니라. 그렇지만 4무소외, 나아가 18불불공법의 공은 능히 삼계의 가운데를 쫓아서 출생하지 않고, 역시 능히 일체지지의 가운데에 이르러 머무르지 않느니라. 왜 그러한가? 4무소외, 나아가 18불불공법의 공과 4무소외, 나아가 18불불공법의 공의 자성은 공한 까닭이니라.

선현이여. 여러 유정들이 무상의 법을 출생과 머무름이 있게 하려는 자는 곧 여러 예류자(預流者)가 악취(惡趣)로 나아가서 출생하는 것이 있게 하려는 자이고, 여러 일래자(一來者)가 자주 와서 출생하는 것이 있게 하려는 것이며, 여러 불환자(不還者)가 욕계(欲界)에 출생하는 것이 있게 하려는 것이고, 여러 대보살(大菩薩)이 스스로가 이익을 위하여 출생하는 것이 있게 하려는 것이며, 여러 아라한(阿羅漢)·독각(獨覺)·여래(如來)가 후유(後有)로 출생하는 것이 있게 하려는 것이니라. 그렇지만 이러한 일은 없느니라. 왜 그러한가? 여러 예류자(預流者)가 악취(惡趣)로 나아가서 출생하는 것 등은 얻을 수 없는 까닭이니라.

선현이여. 여러 유정들이 무상의 법을 출생과 머무름이 있게 하려는 자는 곧 예류(預流)의 공을 역시 출생과 머무름이 있게 하려는 자이니라. 그렇지만 예류의 공은 능히 삼계의 가운데를 쫓아서 출생하지 않고, 역시 능히 일체지지의 가운데에 이르러 머무르지 않느니라. 왜 그러한가?

예류의 공과 예류의 공의 자성은 공한 까닭이니라. 선현이여. 여러 유정들이 무상의 법을 출생과 머무름이 있게 하려는 자는 곧 일래(一來)·불환(不還)·아라한(阿羅漢)·독각(獨覺)·보살(菩薩)·여래(如來)의 공을 역시 출생과 머무름이 있게 하려는 자이니라. 그렇지만 일래의 공, 나아가 여래의 공은 능히 삼계의 가운데를 쫓아서 출생하지 않고, 역시 능히 일체지지의 가운데에 이르러 머무르지 않느니라. 왜 그러한가? 일래의 공, 나아가 여래의 공의 공과 일래의 공, 나아가 여래의 공의 공의 자성은 공한 까닭이니라.

선현이여. 여러 유정들이 무상의 법을 출생과 머무름이 있게 하려는 자는 곧 명자(名字)·가상(假想)·시설(施設)·언설(言說)의 공을 역시 출생과 머무름이 있게 하려는 자이니라. 그렇지만 명자·가상·시설·언설의 공은 능히 삼계의 가운데를 쫓아서 출생하지 않고, 역시 능히 일체지지의 가운데에 이르러 머무르지 않느니라. 왜 그러한가? 명자·가상·시설·언설의 공과 명자·가상·시설·언설의 공의 자성은 공한 까닭이니라.

선현이여. 여러 유정들이 무상의 법을 출생과 머무름이 있게 하려는 자는 곧 일래(一來)·불환(不還)·아라한(阿羅漢)·독각(獨覺)·보살(菩薩)·여래(如來)의 공을 역시 출생과 머무름이 있게 하려는 자이니라. 그렇지만 일래의 공, 나아가 여래의 공은 능히 삼계의 가운데를 쫓아서 출생하지 않고, 역시 능히 일체지지의 가운데에 이르러 머무르지 않느니라. 왜 그러한가? 일래의 공, 나아가 여래의 공의 공과 일래의 공, 나아가 여래의 공에 공의 자성은 공한 까닭이니라.

선현이여. 여러 유정들이 무상의 법을 출생과 머무름이 있게 하려는 자는 곧 생겨남(生)도 없고 소멸(滅)도 없으며 염오(染)도 없고 청정(淸淨)도 없으며 무상(無相)이고 무위(無爲)인 공을 역시 출생과 머무름이 있게 하려는 자이니라. 그렇지만 생겨남도 없고 소멸도 없으며 염오도 없고 청정도 없으며 무상이고 무위인 공은 능히 삼계의 가운데에서 출생할 수도 없고, 역시 능히 일체지지의 가운데에서 이르러 머무를 수도 없는 까닭이니라. 왜 그러한가? 선현이여. 생겨남도 없고 소멸도 없으며 염오도 없고 청정도 없으며 무상이고 무위인 공은 생겨남도 없고 소멸도 없으며 염오도 없고 청정도 없으며 무상이고 무위인 공의 자성이 공한 까닭이니라.

선현이여. 오히려 이러한 인연(因緣)을 까닭으로 이와 같은 대승은 삼계의 가운데에서 출생하고, 역시 능히 일체지지의 가운데에서 이르러 머무느니라. 그렇지만 무이(無二)를 방편으로 삼는 까닭으로 출생함이 없고, 머무름도 없느니라. 그 까닭은 무엇인가? 무상(無相)의 법은 동요(動搖)가 없고 전전(展轉)함이 없는 까닭이니라."

마하반야바라밀다경 제417권

19. 출주품(出住品)(2)

 "다시 다음으로 선현이여. 그대는 '이와 같은 대승은 어느 처소를 주처(住處)로 삼는가?'라는 것을 물었는데, 선현이여. 이와 같은 대승은 모두 머무르는 처소가 없느니라. 그 까닭은 무엇인가? 일체법으로써 모두 머무르는 것이 없느니라. 왜 그러한가? 제법(諸法)의 주처를 얻을 수 없는 까닭이니라. 선현이여. 이와 같은 대승은 얻을 수 없는 것으로써 방편을 삼아서 머무름이 없는 것에 머무느니라.
 선현이여. 법계(法界)는 머무르는 것이 아니고 머무르지 않는 것도 아닌 것과 같으니라. 그 까닭은 무엇인가? 법계로써 자성(自性)은 머무르는 것이 없고 머무르지 않는 것도 없느니라. 왜 그러한가? 선현이여. 법계의 자성은 법계의 자성이 공한 까닭이고, 대승도 역시 그와 같아서 머무르는 것이 아니고 머무르지 않는 것도 아니니라.
 선현이여. 진여·실제·부사의계·안은계·적정계·단계·이계·멸계는 머무르는 것이 아니고 머무르지 않는 것도 아닌 것과 같으니라. 그 까닭은 무엇인가? 진여로써 진여의 자성, 멸계의 자성은 머무르는 것이 없고 머무르지 않는 것도 없느니라. 왜 그러한가? 선현이여. 진여의 자성, 멸계의 자성은 진여의 자성, 멸계의 자성이 공한 까닭이고, 대승도 역시 그와 같아서 머무르는 것이 아니고 머무르지 않는 것도 아니니라.
 선현이여. 색은 머무르는 것이 아니고 머무르지 않는 것도 아닌 것과 같으니라. 그 까닭은 무엇인가? 색으로써 자성은 머무르는 것이 없고 머무르지 않는 것도 없느니라. 왜 그러한가? 선현이여. 색의 자성은 색의 자성이 공한 까닭이고, 대승도 역시 그와 같아서 머무르는 것이 아니고 머무르지 않는 것도 아니니라. 선현이여. 수·상·행·식은 머무르는 것이 아니고 머무르지 않는 것도 아닌 것과 같으니라. 그 까닭은 무엇인가? 수·상·행·식의 자성은 머무르는 것이 없고 머무르지 않는 것도 없느니라. 왜 그러한가? 선현이여. 수·상·행·식의 자성은 수·상·행·식의 자성이 공한 까닭이고, 대승도 역시 그와 같아서 머무르는 것이 아니고 머무르지 않는 것도 아니니라.

선현이여. 안처는 머무르는 것이 아니고 머무르지 않는 것도 아닌 것과 같으니라. 그 까닭은 무엇인가? 안처로써 자성은 머무르는 것이 없고 머무르지 않는 것도 없느니라. 왜 그러한가? 선현이여. 안처의 자성은 안처의 자성이 공한 까닭이고, 대승도 역시 그와 같아서 머무르는 것이 아니고 머무르지 않는 것도 아니니라. 선현이여. 이·비·설·신·의처는 머무르는 것이 아니고 머무르지 않는 것도 아닌 것과 같으니라. 그 까닭은 무엇인가? 이·비·설·신·의처의 자성은 머무르는 것이 없고 머무르지 않는 것도 없느니라. 왜 그러한가? 선현이여. 이·비·설·신·의처의 자성은 이·비·설·신·의처의 자성이 공한 까닭이고, 대승도 역시 그와 같아서 머무르는 것이 아니고 머무르지 않는 것도 아니니라.

선현이여. 색처는 머무르는 것이 아니고 머무르지 않는 것도 아닌 것과 같으니라. 그 까닭은 무엇인가? 색처로써 자성은 머무르는 것이 없고 머무르지 않는 것도 없느니라. 왜 그러한가? 선현이여. 색처의 자성은 색처의 자성이 공한 까닭이고, 대승도 역시 그와 같아서 머무르는 것이 아니고 머무르지 않는 것도 아니니라. 선현이여. 성·향·미·촉·법처는 머무르는 것이 아니고 머무르지 않는 것도 아닌 것과 같으니라. 그 까닭은 무엇인가? 성·향·미·촉·법처의 자성은 머무르는 것이 없고 머무르지 않는 것도 없느니라. 왜 그러한가? 선현이여. 성·향·미·촉·법처의 자성은 성·향·미·촉·법처의 자성이 공한 까닭이고, 대승도 역시 그와 같아서 머무르는 것이 아니고 머무르지 않는 것도 아니니라.

선현이여. 안계는 머무르는 것이 아니고 머무르지 않는 것도 아닌 것과 같으니라. 그 까닭은 무엇인가? 안계로써 자성은 머무르는 것이 없고 머무르지 않는 것도 없느니라. 왜 그러한가? 선현이여. 안계의 자성은 안계의 자성이 공한 까닭이고, 대승도 역시 그와 같아서 머무르는 것이 아니고 머무르지 않는 것도 아니니라. 선현이여. 이·비·설·신·의계는 머무르는 것이 아니고 머무르지 않는 것도 아닌 것과 같으니라. 그 까닭은 무엇인가? 이·비·설·신·의계의 자성은 머무르는 것이 없고 머무르지 않는 것도 없느니라. 왜 그러한가? 선현이여. 이·비·설·신·의계의 자성은 이·비·설·신·의계의 자성이 공한 까닭이고, 대승도 역시 그와 같아서 머무르는 것이 아니고 머무르지 않는 것도 아니니라.

선현이여. 색계는 머무르는 것이 아니고 머무르지 않는 것도 아닌 것과 같으니라. 그 까닭은 무엇인가? 색계로써 자성은 머무르는 것이 없고 머무르지 않는 것도 없느니라. 왜 그러한가? 선현이여. 색계의 자성은 색계의 자성이 공한 까닭이고, 대승도 역시 그와 같아서 머무르는 것이 아니고 머무르지 않는 것도 아니니라. 선현이여. 성·향·미·촉·법계는 머무르는 것이 아니고 머무르지 않는 것도 아닌 것과 같으니라. 그 까닭은 무엇인가? 성·향·미·촉·법계의 자성은 머무르는 것이 없고 머무르지 않는 것도 없느니라. 왜 그러한가? 선현이여. 성·향·미·촉·법계의 자성은 성·향·미·촉·법계의 자성이 공한 까닭이고, 대승도 역시 그와 같아서 머무르는 것이 아니고 머무르지 않는 것도 아니니라.

선현이여. 안식계는 머무르는 것이 아니고 머무르지 않는 것도 아닌 것과 같으니라. 그 까닭은 무엇인가? 안식계로써 자성은 머무르는 것이 없고 머무르지 않는 것도 없느니라. 왜 그러한가? 선현이여. 안식계의 자성은 안식계의 자성이 공한 까닭이고, 대승도 역시 그와 같아서 머무르는 것이 아니고 머무르지 않는 것도 아니니라. 선현이여. 이·비·설·신·의식계는 머무르는 것이 아니고 머무르지 않는 것도 아닌 것과 같으니라. 그 까닭은 무엇인가? 이·비·설·신·의식계의 자성은 머무르는 것이 없고 머무르지 않는 것도 없느니라. 왜 그러한가? 선현이여. 이·비·설·신·의식계의 자성은 이·비·설·신·의식계의 자성이 공한 까닭이고, 대승도 역시 그와 같아서 머무르는 것이 아니고 머무르지 않는 것도 아니니라.

선현이여. 안촉은 머무르는 것이 아니고 머무르지 않는 것도 아닌 것과 같으니라. 그 까닭은 무엇인가? 안촉으로써 자성은 머무르는 것이 없고 머무르지 않는 것도 없느니라. 왜 그러한가? 선현이여. 안촉의 자성은 안촉의 자성이 공한 까닭이고, 대승도 역시 그와 같아서 머무르는 것이 아니고 머무르지 않는 것도 아니니라. 선현이여. 이·비·설·신·의촉은 머무르는 것이 아니고 머무르지 않는 것도 아닌 것과 같으니라. 그 까닭은 무엇인가? 이·비·설·신·의촉의 자성은 머무르는 것이 없고 머무르지 않는 것도 없느니라. 왜 그러한가? 선현이여. 이·비·설·신·의촉의 자성은 이·비·설·신·의촉의 자성이 공한 까닭이고, 대승도 역시 그와 같아서 머무르는 것이 아니고 머무르지 않는 것도 아니니라.

선현이여. 안촉을 인연으로 생겨난 여러 수는 머무르는 것이 아니고 머무르지 않는 것도 아닌 것과 같으니라. 그 까닭은 무엇인가? 안촉을 인연으로 생겨난 여러 수로써 자성은 머무르는 것이 없고 머무르지 않는 것도 없느니라. 왜 그러한가? 선현이여. 안촉을 인연으로 생겨난 여러 수의 자성은 안촉을 인연으로 생겨난 여러 수의 자성이 공한 까닭이고, 대승도 역시 그와 같아서 머무르는 것이 아니고 머무르지 않는 것도 아니니라. 선현이여. 이·비·설·신·의촉을 인연으로 생겨난 여러 수는 머무르는 것이 아니고 머무르지 않는 것도 아닌 것과 같으니라. 그 까닭은 무엇인가? 이·비·설·신·의촉을 인연으로 생겨난 여러 수의 자성은 머무르는 것이 없고 머무르지 않는 것도 없느니라. 왜 그러한가? 선현이여. 이·비·설·신·의촉을 인연으로 생겨난 여러 수의 자성은 이·비·설·신·의촉을 인연으로 생겨난 여러 수의 자성이 공한 까닭이고, 대승도 역시 그와 같아서 머무르는 것이 아니고 머무르지 않는 것도 아니니라.

선현이여. 꿈의 경계는 머무르는 것이 아니고 머무르지 않는 것도 아닌 것과 같으니라. 그 까닭은 무엇인가? 꿈의 경계로써 자성은 머무르는 것이 없고 머무르지 않는 것도 없느니라. 왜 그러한가? 선현이여. 꿈의 경계에 자성은 꿈의 경계에 자성이 공한 까닭이고, 대승도 역시 그와 같아서 머무르는 것이 아니고 머무르지 않는 것도 아니니라. 선현이여. 환영의 일·아지랑이·메아리·형상·빛의 그림자·허공의 꽃·변화한 일은 머무르는 것이 아니고 머무르지 않는 것도 아닌 것과 같으니라. 그 까닭은 무엇인가? 환영의 일, 나아가 변화한 일의 자성은 머무르는 것이 없고 머무르지 않는 것도 없느니라. 왜 그러한가? 선현이여. 환영의 일, 나아가 변화한 일의 자성은 환영의 일, 나아가 변화한 일의 자성이 공한 까닭이고, 대승도 역시 그와 같아서 머무르는 것이 아니고 머무르지 않는 것도 아니니라.

선현이여. 보시바라밀다는 머무르는 것이 아니고 머무르지 않는 것도 아닌 것과 같으니라. 그 까닭은 무엇인가? 보시바라밀다로써 자성은 머무르는 것이 없고 머무르지 않는 것도 없느니라. 왜 그러한가? 선현이여. 보시바라밀다의 자성은 보시바라밀다의 자성이 공한 까닭이고, 대승도 역시 그와 같아서 머무르는 것이 아니고 머무르지 않는 것도 아니니라. 선현이여. 정계·안인·정진·정려·반야바라밀다는 머무르는 것이 아니고 머무르지 않는 것도 아닌 것과 같으니라. 그 까닭은 무엇인가? 정계·안인·정진·정려·반야바라밀다의 자성은 머무르는 것이 없고 머무르지 않는 것도 없느니라. 왜 그러한가? 선현이여. 정계·안인·정진·정려·반야바라밀다의 자성은 정계·안인·정진·정려·반야바라밀다의 자성이 공한 까닭이고, 대승도 역시 그와 같아서 머무르는 것이 아니고 머무르지 않는 것도 아니니라.

선현이여. 내공은 머무르는 것이 아니고 머무르지 않는 것도 아닌 것과 같으니라. 그 까닭은 무엇인가? 내공으로써 자성은 머무르는 것이 없고 머무르지 않는 것도 없느니라. 왜 그러한가? 선현이여. 내공의 자성은 내공의 자성이 공한 까닭이고, 대승도 역시 그와 같아서 머무르는 것이 아니고 머무르지 않는 것도 아니니라. 선현이여. 외공·내외공·공공·대공·승의공·유위공·무위공·필경공·무제공·산공·무변이공·본성공·자상공·공상공·일체법공·불가득공·무성공·자성공·무성자성공은 머무르는 것이 아니고 머무르지 않는 것도 아닌 것과 같으니라. 그 까닭은 무엇인가? 외공, 나아가 무성자성공의 자성은 머무르는 것이 없고 머무르지 않는 것도 없느니라. 왜 그러한가? 선현이여. 외공, 나아가 무성자성공의 자성은 외공, 나아가 무성자성공의 자성이 공한 까닭이고, 대승도 역시 그와 같아서 머무르는 것이 아니고 머무르지 않는 것도 아니니라.

선현이여. 4념주는 머무르는 것이 아니고 머무르지 않는 것도 아닌 것과 같으니라. 그 까닭은 무엇인가? 4념주로써 자성은 머무르는 것이 없고 머무르지 않는 것도 없느니라. 왜 그러한가? 선현이여. 4념주의 자성은 4념주의 자성이 공한 까닭이고, 대승도 역시 그와 같아서 머무르는 것이 아니고 머무르지 않는 것도 아니니라. 선현이여. 4정단·4신족·5근·5력·7등각지·8성도지는 머무르는 것이 아니고 머무르지 않는 것도 아닌 것과 같으니라. 그 까닭은 무엇인가? 4정단, 나아가 8성도지의 자성은 머무르는 것이 없고 머무르지 않는 것도 없느니라. 왜 그러한가? 선현이여. 4정단, 나아가 8성도지의 자성은 4정단, 나아가 8성도지의 자성이 공한 까닭이고, 대승도 역시 그와 같아서 머무르는 것이 아니고 머무르지 않는 것도 아니니라.

선현이여. 여래의 10력은 머무르는 것이 아니고 머무르지 않는 것도 아닌 것과 같으니라. 그 까닭은 무엇인가? 여래의 10력으로써 자성은 머무르는 것이 없고 머무르지 않는 것도 없느니라. 왜 그러한가? 선현이여. 여래의 10력의 자성은 여래의 10력의 자성이 공한 까닭이고, 대승도 역시 그와 같아서 머무르는 것이 아니고 머무르지 않는 것도 아니니라. 선현이여. 4무소외·4무애해·대자·대비·대희·대사·18불불공법은 머무르는 것이 아니고 머무르지 않는 것도 아닌 것과 같으니라. 그 까닭은 무엇인가? 4무소외, 나아가 18불불공법의 자성은 머무르는 것이 없고 머무르지 않는 것도 없느니라. 왜 그러한가? 선현이여. 4무소외, 나아가 18불불공법의 자성은 4무소외, 나아가 18불불공법의 자성이 공한 까닭이고, 대승도 역시 그와 같아서 머무르는 것이 아니고 머무르지 않는 것도 아니니라.

선현이여. 예류자가 악취로 나아가서 출생하지 않는 것은 머무르는 것이 아니고 머무르지 않는 것도 아닌 것과 같으니라. 그 까닭은 무엇인가? 예류자가 악취로 나아가서 출생하지 않는 것으로써 자성은 머무르는 것이 없고 머무르지 않는 것도 없느니라. 왜 그러한가? 선현이여. 예류자가 악취로 나아가서 출생하지 않는 것의 자성은 예류자가 악취로 나아가서 출생하지 않는 것의 자성이 공한 까닭이고, 대승도 역시 그와 같아서 머무르는 것이 아니고 머무르지 않는 것도 아니니라.
　선현이여. 여러 일래자가 자주 와서 출생하는 것, 여러 불환자가 욕계에 출생하는 것, 여러 대보살이 스스로가 이익을 위하여 출생하는 것, 여러 아라한·독각·여래가 후유로 출생하는 것은 머무르는 것이 아니고 머무르지 않는 것도 아닌 것과 같으니라. 그 까닭은 무엇인가? 여러 일래자가 자주 와서 출생하는 것, 나아가 여래가 후유로 출생하는 것의 자성은 머무르는 것이 없고 머무르지 않는 것도 없느니라. 왜 그러한가? 선현이여. 여러 일래자가 자주 와서 출생하는 것, 나아가 여래가 후유로 출생하는 것의 자성은 여러 일래자가 자주 와서 출생하는 것, 나아가 여래가 후유로 출생하는 것의 자성이 공한 까닭이고, 대승도 역시 그와 같아서 머무르는 것이 아니고 머무르지 않는 것도 아니니라.
　선현이여. 예류는 머무르는 것이 아니고 머무르지 않는 것도 아닌 것과 같으니라. 그 까닭은 무엇인가? 예류로써 자성은 머무르는 것이 없고 머무르지 않는 것도 없느니라. 왜 그러한가? 선현이여. 예류의 자성은 예류의 자성이 공한 까닭이고, 대승도 역시 그와 같아서 머무르는 것이 아니고 머무르지 않는 것도 아니니라. 선현이여. 일래·불환·아라한·독각·보살·여래는 머무르는 것이 아니고 머무르지 않는 것도 아닌 것과 같으니라. 그 까닭은 무엇인가? 일래, 나아가 여래의 자성은 머무르는 것이 없고 머무르지 않는 것도 없느니라. 왜 그러한가? 선현이여. 일래, 나아가 여래의 자성은 일래, 나아가 여래의 자성이 공한 까닭이고, 대승도 역시 그와 같아서 머무르는 것이 아니고 머무르지 않는 것도 아니니라.
　선현이여. 명자·가상·시설·언설은 머무르는 것이 아니고 머무르지 않는 것도 아닌 것과 같으니라. 그 까닭은 무엇인가? 명자·가상·시설·언설로써 자성은 머무르는 것이 없고 머무르지 않는 것도 없느니라. 왜 그러한가? 선현이여. 명자·가상·시설·언설의 자성은 명자·가상·시설·언설의 자성이 공한 까닭이고, 대승도 역시 그와 같아서 머무르는 것이 아니고 머무르지 않는 것도 아니니라.

　선현이여. 생겨남이 없고 소멸도 없으며 염오도 없고 청정함도 없으며 무상이고 무위인 것은 머무르는 것이 아니고 머무르지 않는 것도 아닌 것과 같으니라. 그 까닭은 무엇인가? 생겨남이 없고 소멸도 없으며 염오도 없고 청정함도 없으며 무상이고 무위인 것의 자성은 머무르는 것이 없고 머무르지 않는 것도 없느니라. 왜 그러한가? 선현이여. 생겨남이 없고 소멸도 없으며 염오도 없고 청정함도 없으며 무상이고 무위인 것의 자성은 생겨남이 없고 소멸도 없으며 염오도 없고 청정함도 없으며 무상이고 무위인 것의 자성이 공한 까닭이고, 대승도 역시 그와 같아서 머무르는 것이 아니고 머무르지 않는 것도 아니니라.

　선현이여. 오히려 이러한 인연으로 이와 같은 대승은 머무르는 것이 없으나, 무이(無二)로써 방편으로 삼는 까닭으로 머무름이 없는 것에 머무느니라."

"다시 다음으로 선현이여. 그대는 '누가 다시 이러한 대승을 타고서 출리(出離)하는가?'라는 것을 물었는데, 선현이여. 모두 이러한 대승을 타고서 출리하는 자는 없느니라. 왜 그러한가? 능히 수레를 타는 자이거나, 만약 능히 타는 때(時)이거나, 만약 능히 타는 처소인 이와 같은 일체는 모두 무소유이고 모두를 얻을 수 없느니라. 그 까닭은 무엇인가? 선현이여. 일체법은 모두 무소유이고 모두 얻을 수 없는데, 어찌하여 대승과 타는 자가 있다고 말할 수 있겠으며, 능히 수레를 타는 자이거나, 만약 능히 타는 때이거나, 만약 능히 타는 처소가 있다고 말할 수 있겠는가?

　선현이여. 아(我)는 무소유이고 얻을 수 없는 까닭이므로, 대승의 수레를 타는 자도 역시 얻을 수 없느니라. 그 까닭은 무엇인가? 반드시 결국에는 청정한 까닭이니라. 이와 같이 유정(有情), 나아가 견자(見者)도 무소유이고 얻을 수 없는 까닭이므로, 대승의 수레를 타는 자도 역시 얻을 수 없느니라. 그 까닭은 무엇인가? 반드시 결국에는 청정한 까닭이니라.

선현이여. 법계(法界)는 무소유이고 얻을 수 없는 까닭이므로, 대승의 수레를 타는 자도 역시 얻을 수 없느니라. 그 까닭은 무엇인가? 반드시 결국에는 청정한 까닭이니라. 진여·실제·부사의계·안은계 등은 무소유이고 얻을 수 없는 까닭이므로, 대승의 수레를 타는 자도 역시 얻을 수 없느니라. 그 까닭은 무엇인가? 반드시 결국에는 청정한 까닭이니라.

선현이여. 색은 무소유이고 얻을 수 없는 까닭이므로, 대승의 수레를 타는 자도 역시 얻을 수 없느니라. 그 까닭은 무엇인가? 반드시 결국에는 청정한 까닭이니라. 수·상·행·식은 무소유이고 얻을 수 없는 까닭이므로, 대승의 수레를 타는 자도 역시 얻을 수 없느니라. 그 까닭은 무엇인가? 반드시 결국에는 청정한 까닭이니라. 선현이여. 안처는 무소유이고 얻을 수 없는 까닭이므로, 대승의 수레를 타는 자도 역시 얻을 수 없느니라. 그 까닭은 무엇인가? 반드시 결국에는 청정한 까닭이니라. 이·비·설·신·의처는 무소유이고 얻을 수 없는 까닭이므로, 대승의 수레를 타는 자도 역시 얻을 수 없느니라. 그 까닭은 무엇인가? 반드시 결국에는 청정한 까닭이니라.

선현이여. 색처는 무소유이고 얻을 수 없는 까닭이므로, 대승의 수레를 타는 자도 역시 얻을 수 없느니라. 그 까닭은 무엇인가? 반드시 결국에는 청정한 까닭이니라. 선현이여. 성·향·미·촉·법처는 무소유이고 얻을 수 없는 까닭이므로, 대승의 수레를 타는 자도 역시 얻을 수 없느니라. 그 까닭은 무엇인가? 반드시 결국에는 청정한 까닭이니라. 선현이여. 안계는 무소유이고 얻을 수 없는 까닭이므로, 대승의 수레를 타는 자도 역시 얻을 수 없느니라. 그 까닭은 무엇인가? 반드시 결국에는 청정한 까닭이니라. 이·비·설·신·의계는 무소유이고 얻을 수 없는 까닭이므로, 대승의 수레를 타는 자도 역시 얻을 수 없느니라. 그 까닭은 무엇인가? 반드시 결국에는 청정한 까닭이니라.

선현이여. 색계는 무소유이고 얻을 수 없는 까닭이므로, 대승의 수레를 타는 자도 역시 얻을 수 없느니라. 그 까닭은 무엇인가? 반드시 결국에는 청정한 까닭이니라. 성·향·미·촉·법계는 무소유이고 얻을 수 없는 까닭이므로, 대승의 수레를 타는 자도 역시 얻을 수 없느니라. 그 까닭은 무엇인가? 반드시 결국에는 청정한 까닭이니라. 선현이여. 안식계는 무소유이고 얻을 수 없는 까닭이므로, 대승의 수레를 타는 자도 역시 얻을 수 없느니라. 그 까닭은 무엇인가? 반드시 결국에는 청정한 까닭이니라. 이·비·설·신·의식계는 무소유이고 얻을 수 없는 까닭이므로, 대승의 수레를 타는 자도 역시 얻을 수 없느니라. 그 까닭은 무엇인가? 반드시 결국에는 청정한 까닭이니라.

선현이여. 안촉은 무소유이고 얻을 수 없는 까닭이므로, 대승의 수레를 타는 자도 역시 얻을 수 없느니라. 그 까닭은 무엇인가? 반드시 결국에는 청정한 까닭이니라. 이·비·설·신·의촉은 무소유이고 얻을 수 없는 까닭이므로, 대승의 수레를 타는 자도 역시 얻을 수 없느니라. 그 까닭은 무엇인가? 반드시 결국에는 청정한 까닭이니라. 선현이여. 안촉을 인연으로 생겨난 여러 수는 무소유이고 얻을 수 없는 까닭이므로, 대승의 수레를 타는 자도 역시 얻을 수 없느니라. 그 까닭은 무엇인가? 반드시 결국에는 청정한 까닭이니라. 이·비·설·신·의촉을 인연으로 생겨난 여러 수는 무소유이고 얻을 수 없는 까닭이므로, 대승의 수레를 타는 자도 역시 얻을 수 없느니라. 그 까닭은 무엇인가? 반드시 결국에는 청정한 까닭이니라.

선현이여. 보시바라밀다는 무소유이고 얻을 수 없는 까닭이므로, 대승의 수레를 타는 자도 역시 얻을 수 없느니라. 그 까닭은 무엇인가? 반드시 결국에는 청정한 까닭이니라. 정계·안인·정진·정려·반야바라밀다는 무소유이고 얻을 수 없는 까닭이므로, 대승의 수레를 타는 자도 역시 얻을 수 없느니라. 그 까닭은 무엇인가? 반드시 결국에는 청정한 까닭이니라.

선현이여. 내공은 무소유이고 얻을 수 없는 까닭이므로, 대승의 수레를 타는 자도 역시 얻을 수 없느니라. 그 까닭은 무엇인가? 반드시 결국에는 청정한 까닭이니라. 외공·내외공·공공·대공·승의공·유위공·무위공·필경공·무제공·산공·무변이공·본성공·자상공·공상공·일체법공·불가득공·무성공·자성공·무성자성공은 무소유이고 얻을 수 없는 까닭이므로, 대승의 수레를 타는 자도 역시 얻을 수 없느니라. 그 까닭은 무엇인가? 반드시 결국에는 청정한 까닭이니라.

　선현이여. 4념주는 무소유이고 얻을 수 없는 까닭이므로, 대승의 수레를 타는 자도 역시 얻을 수 없느니라. 그 까닭은 무엇인가? 반드시 결국에는 청정한 까닭이니라. 4정단·4신족·5근·5력·7등각지·8성도지는 무소유이고 얻을 수 없는 까닭이므로, 대승의 수레를 타는 자도 역시 얻을 수 없느니라. 그 까닭은 무엇인가? 반드시 결국에는 청정한 까닭이니라. 선현이여. 여래의 10력은 무소유이고 얻을 수 없는 까닭이므로, 대승의 수레를 타는 자도 역시 얻을 수 없느니라. 그 까닭은 무엇인가? 반드시 결국에는 청정한 까닭이니라. 4무소외·4무애해·대자·대비·대희·대사·18불불공법은 무소유이고 얻을 수 없는 까닭이므로, 대승의 수레를 타는 자도 역시 얻을 수 없느니라. 그 까닭은 무엇인가? 반드시 결국에는 청정한 까닭이니라.

　선현이여. 예류는 무소유이고 얻을 수 없는 까닭이므로, 대승의 수레를 타는 자도 역시 얻을 수 없느니라. 그 까닭은 무엇인가? 반드시 결국에는 청정한 까닭이니라. 일래·불환·아라한·독각·보살·여래는 무소유이고 얻을 수 없는 까닭이므로, 대승의 수레를 타는 자도 역시 얻을 수 없느니라. 그 까닭은 무엇인가? 반드시 결국에는 청정한 까닭이니라.

　선현이여. 일체지(一切智)는 무소유이고 얻을 수 없는 까닭이므로, 대승의 수레를 타는 자도 역시 얻을 수 없느니라. 그 까닭은 무엇인가? 반드시 결국에는 청정한 까닭이니라. 도상지(道相智)·일체상지(一切相智)는 무소유이고 얻을 수 없는 까닭이므로, 대승의 수레를 타는 자도 역시 얻을 수 없느니라. 그 까닭은 무엇인가? 반드시 결국에는 청정한 까닭이니라. 선현이여. 생겨남이 없고 소멸도 없으며 염오도 없고 청정함도 없으며 무상이고 무위인 것은 무소유이고 얻을 수 없는 까닭이므로, 대승의 수레를 타는 자도 역시 얻을 수 없느니라. 그 까닭은 무엇인가? 반드시 결국에는 청정한 까닭이니라.

　선현이여. 전제(前際)·후제(後際)·중제(中際)는 무소유이고 얻을 수 없는 까닭이므로, 대승의 수레를 타는 자도 역시 얻을 수 없느니라. 그 까닭은 무엇인가? 반드시 결국에는 청정한 까닭이니라. 선현이여. 만약 떠나가거나, 만약 돌아오는 것은 무소유이고 얻을 수 없는 까닭이므로, 대승의 수레를 타는 자도 역시 얻을 수 없느니라. 그 까닭은 무엇인가? 반드시 결국에는 청정한 까닭이니라.

　선현이여. 만약 행(行)하거나, 만약 머무르는 것은 무소유이고 얻을 수 없는 까닭이므로, 대승의 수레를 타는 자도 역시 얻을 수 없느니라. 그 까닭은 무엇인가? 반드시 결국에는 청정한 까닭이니라. 선현이여. 만약 증장하거나, 만약 감소하는 것은 무소유이고 얻을 수 없는 까닭이므로, 대승의 수레를 타는 자도 역시 얻을 수 없느니라. 그 까닭은 무엇인가? 반드시 결국에는 청정한 까닭이니라.

　다시 다음으로 선현이여. 이 가운데에서 무슨 법을 얻을 수 없는 까닭으로 얻을 수 없다고 설(說)하는가? 선현이여. 이 가운데에서 법계는 얻을 수 없는 까닭으로 얻을 수 없다고 설하고, 진여·실제·부사의계·안은계(安隱界) 등도 얻을 수 없다고 설하느니라. 그 까닭은 무엇인가? 법계 등은 이미 얻었던 것도 아니고, 마땅히 얻을 것도 아니며, 현재에 얻는 것도 아니고, 반드시 결국에는 청정한 까닭이니라.

　선현이여. 보시바라밀다는 얻을 수 없는 까닭으로 얻을 수 없다고 설하고, 정계, 나아가 반야바라밀다도 얻을 수 없다고 설하느니라. 그 까닭은 무엇인가? 보시바라밀다 등은 이미 얻었던 것도 아니고, 마땅히 얻을 것도 아니며, 현재에 얻는 것도 아니고, 반드시 결국에는 청정한 까닭이니라. 선현이여. 내공은 얻을 수 없는 까닭으로 얻을 수 없다고 설하고, 외공, 나아가 무성자성공도 얻을 수 없다고 설하느니라. 그 까닭은 무엇인가? 내공 등은 이미 얻었던 것도 아니고, 마땅히 얻을 것도 아니며, 현재에 얻는 것도 아니고, 반드시 결국에는 청정한 까닭이니라.

선현이여. 4념주는 얻을 수 없는 까닭으로 얻을 수 없다고 설하고, 4정단, 나아가 8성도지도 얻을 수 없다고 설하느니라. 그 까닭은 무엇인가? 4념주 등은 이미 얻었던 것도 아니고, 마땅히 얻을 것도 아니며, 현재에 얻는 것도 아니고, 반드시 결국에는 청정한 까닭이니라. 선현이여. 나아가, 여래의 10력은 얻을 수 없는 까닭으로 얻을 수 없다고 설하고, 4무소외, 나아가 18불불공법도 얻을 수 없다고 설하느니라. 그 까닭은 무엇인가? 여래의 10력 등은 이미 얻었던 것도 아니고, 마땅히 얻을 것도 아니며, 현재에 얻는 것도 아니고, 반드시 결국에는 청정한 까닭이니라.

선현이여. 예류는 얻을 수 없는 까닭으로 얻을 수 없다고 설하고, 일래, 나아가 여래도 얻을 수 없다고 설하느니라. 그 까닭은 무엇인가? 예류 등은 이미 얻었던 것도 아니고, 마땅히 얻을 것도 아니며, 현재에 얻는 것도 아니고, 반드시 결국에는 청정한 까닭이니라. 선현이여. 예류과는 얻을 수 없는 까닭으로 얻을 수 없다고 설하고, 일래과, 나아가 제불(諸佛)의 무상정등보리(無上正等菩提)도 얻을 수 없다고 설하느니라. 그 까닭은 무엇인가? 예류과 등은 이미 얻었던 것도 아니고, 마땅히 얻을 것도 아니며, 현재에 얻는 것도 아니고, 반드시 결국에는 청정한 까닭이니라.

선현이여. 생겨남이 없고 소멸도 없으며 염오도 없고 청정함도 없으며 무상이고 무위인 것은 얻을 수 없는 까닭으로 얻을 수 없다고 설하느니라. 그 까닭은 무엇인가? 생겨남이 없는 것 등은 이미 얻었던 것도 아니고, 마땅히 얻을 것도 아니며, 현재에 얻는 것도 아니고, 반드시 결국에는 청정한 까닭이니라.

선현이여. 초지(初地)는 얻을 수 없는 까닭으로 얻을 수 없다고 설하고, 나아가 제10지(第十地)도 얻을 수 없다고 설하느니라. 그 까닭은 무엇인가? 예류과 등은 이미 얻었던 것도 아니고, 마땅히 얻을 것도 아니며, 현재에 얻는 것도 아니고, 반드시 결국에는 청정한 까닭이니라. 선현이여. 이 가운데에서 무엇을 10지(十地)라고 말하는가? 이를테면, 정관지(淨觀地)·종성지(種性地)·제8지(第八地)·구견지(具見地)·박지(薄地)·이욕지

(離欲地)・이판지(已辦地)・독각지(獨覺地)・보살지(菩薩地)・여래지(如來地)이니라. 이것을 10지로 삼느니라.

선현이여. 내공의 가운데에서 초지를 얻을 수 없는 까닭으로 얻을 수 없다고 설하고, 나아가 무성자성공의 가운데에서 초지를 얻을 수 없는 까닭으로 얻을 수 없다고 설하며, 내공에서 제2지, 나아가 제10지를 얻을 수 없는 까닭으로 얻을 수 없다고 설하고, 나아가 무성자성공에서 제2지, 나아가 제10지를 얻을 수 없는 까닭으로 얻을 수 없다고 설하느니라. 그 까닭은 무엇인가? 이 가운데에서 초지 등은 이미 얻었던 것도 아니고, 마땅히 얻을 것도 아니며, 현재에 얻는 것도 아니고, 반드시 결국에는 청정한 까닭이니라.

선현이여. 내공의 가운데에서 유정(有情)을 성숙(成熟)시키는 것을 얻을 수 없는 까닭으로 얻을 수 없다고 설하고, 나아가 무성자성공의 가운데에서 유정을 성숙시키는 것을 얻을 수 없는 까닭으로 얻을 수 없다고 설하느니라. 그 까닭은 무엇인가? 이 가운데에서 유정을 성숙시키는 것은 이미 얻었던 것도 아니고, 마땅히 얻을 것도 아니며, 현재에 얻는 것도 아니고, 반드시 결국에는 청정한 까닭이니라.

선현이여. 내공의 가운데에서 불국토(佛國土)를 청정(淸淨)하게 장엄(莊嚴)하는 것을 얻을 수 없는 까닭으로 얻을 수 없다고 설하고, 나아가 무성자성공의 가운데에서 불국토를 청정하게 장엄하는 것을 얻을 수 없는 까닭으로 얻을 수 없다고 설하느니라. 그 까닭은 무엇인가? 이 가운데에서 불국토를 청정하게 장엄하는 것은 이미 얻었던 것도 아니고, 마땅히 얻을 것도 아니며, 현재에 얻는 것도 아니고, 반드시 결국에는 청정한 까닭이니라.

선현이여. 내공의 가운데에서 5안(五眼)을 얻을 수 없는 까닭으로 얻을 수 없다고 설하고, 나아가 무성자성공의 가운데에서 5안을 얻을 수 없는 까닭으로 얻을 수 없다고 설하느니라. 그 까닭은 무엇인가? 이 가운데에서 5안은 이미 얻었던 것도 아니고, 마땅히 얻을 것도 아니며, 현재에 얻는 것도 아니고, 반드시 결국에는 청정한 까닭이니라.

이와 같이 선현이여. 제보살마하살들이 반야바라밀다를 수행하는 때에 비록 제법이 모두 무소유이고 얻을 수 없으며, 반드시 결국에는 청정한 까닭으로 대승을 타고 출리하여 머무르는 자가 없다고 관찰하느니라. 그렇지만 얻을 수 없는 것으로써 방편으로 삼아서 대승을 타고 삼계(三界)의 생사의 가운데에서 출리하며, 일체지지에 이르고 그 가운데에 안주하여 미래의 세계가 끝나도록 유정들을 이익되고 안락하게 하느니라."

20. 초승품(超勝品)(1)

그때 구수 선현이 세존께 아뢰어 말하였다.

"세존이시여. 대승이라고 설하신 대승인 것은 수승한 일체의 세간의 천인·인간·아소락 등을 초월하므로 최고로 존귀(最尊)하고 최고로 수승하며 최상(最上)이고 최고로 미묘(最妙)합니다. 세존이시여. 이와 같은 대승과 허공 등은 오히려 허공과 같아서 무수(無數)이고 무량(無量)하며 무변(無邊)한 유정들을 널리 능히 수용하여 섭수하는데, 대승도 역시 그와 같아서 무수이고 무량하며 무변한 유정들을 널리 능히 수용하여 섭수합니다. 세존이시여. 오히려 이러한 인연을 까닭으로 보살마하살의 대승은 곧 이것은 일체지지(一切智智)의 수레입니다.

세존이시여. 또한 허공은 오는 것이 없고 떠나가는 것이 없으며 머무름이 없어서 바라볼 수 없는 것과 같은데, 대승도 역시 그와 같아서 오는 것이 없고 떠나가는 것이 없으며 머무름이 없어서 바라볼 수 없고, 움직임도 없으며 머무름이 없는 까닭으로 대승이라고 이름합니다. 또한 허공은 전제·후제·중제를 모두 얻을 수 없는 것과 같은데, 대승도 역시 그와 같아서 전제·후제·중제를 얻을 수 없고 삼세(三世)가 평등한 까닭이고, 삼세를 초월하는 까닭으로 대승이라고 이름합니다."

세존께서 선현에게 알리셨다.
"그와 같으니라. 그와 같으니라. 그대의 말한 것과 같이, 제보살마하살의 대승이라는 것은 이를테면, 6바라밀다이니, 곧 이것은 보시·정계·안인·정진·정려·반야바라밀다이니라. 다시 다음으로 선현이여. 제보살마하살의 대승이라는 것은 이를테면, 곧 내공, 나아가 무성자성공이니라. 다시 다음으로 선현이여. 제보살마하살의 대승이라는 것은 이를테면, 일체(一切)의 다라니문(多羅尼門)·일체의 삼마지문(三摩地門)과 여러 삼마지문이니, 곧 이것은 건행삼마지(健行三摩地), 나아가 무염무착여허공삼마지(無染無着如虛空三摩地)이니라.

다시 다음으로 선현이여. 제보살마하살의 대승이라는 것은 이를테면, 곧 4념주, 나아가 18불불공법이니라. 선현이여. 이와 같이 무수이고 무량하며 무변한 공덕이 보살마하살들의 대승이라고 마땅히 알아야 하느니라.

다시 다음으로 선현이여. 그대가 '대승은 수승한 일체의 세간의 천인·인간·아소락 등을 초월하므로 최고로 존귀하고 최고로 수승하며 최상이고 최고로 미묘하다.'라고 말하였던 것은 그와 같으니라. 그와 같으니라. 그대의 말한 것과 같으니라. 선현이여. 이 가운데에서 무엇 등을 일체의 세간의 천인·인간·아소락 등이라고 설하면서 이름(說名)하는가? 이를테면, 욕계(欲界)·색계(色界)·무색계(無色界)이니라.

선현이여. 만약 욕계가 진여(眞如)이므로 허망(虛妄)하지 않고, 변이(變異)가 없으며 전도(轉倒)되지 않고 진실(眞實)이며 진리(諦)이고, 소유한 성품이 일체가 항상(恒常)하므로 변이(變易)가 없고 진실한 성품(實性)이 있다면, 곧 이 대승은 존귀하지 않고 수승하지 않으며 최상이 아니고 최고로 미묘하지 않으므로 능히 수승한 일체 세간의 천인·인간·아소락 등을 초월하지 못하느니라. 선현이여. 욕계는 이것이 헤아려서 관찰하는 (計校) 까닭으로, 가립으로 화합(假合)한 것이므로 변천하고 움직임이 있으며, 나아가 일체가 무상하고 항상하지 않으며, 변이가 있고 모두 진실한 성품이 없는 까닭으로, 이 대승은 이것이 존귀하고 이것이 수승하며 이것이 높고 이것이 미묘하므로, 일체의 세간의 천인·인간·아소락 등을 초월하느니라.

　선현이여. 만약 색계·무색계가 진여이므로 허망하지 않고, 변이가 없으며 전도되지 않고 진실이며 진리이고, 소유한 성품이 일체가 항상하므로 변이가 없고 진실한 성품이 있다면, 곧 이 대승은 존귀하지 않고 수승하지 않으며 최상이 아니고 최고로 미묘하지 않으므로 능히 수승한 일체 세간의 천인·인간·아소락 등을 초월하지 못하느니라. 선현이여. 색계·무색계는 이것이 헤아려서 관찰하는 까닭으로, 가립으로 화합한 것이므로 변천하고 움직임이 있으며, 나아가 일체가 무상하고 항상하지 않으며, 변이가 있고 모두 진실한 성품이 없는 까닭으로, 이 대승은 이것이 존귀하고 이것이 수승하며 이것이 높고 이것이 미묘하므로, 일체의 세간의 천인·인간·아소락 등을 초월하느니라.

　선현이여. 만약 색이 진여이므로 허망하지 않고, 변이가 없으며 전도되지 않고 진실이며 진리이고, 소유한 성품이 일체가 항상하므로 변이가 없고 진실한 성품이 있다면, 곧 이 대승은 존귀하지 않고 수승하지 않으며 최상이 아니고 최고로 미묘하지 않으므로 능히 수승한 일체 세간의 천인·인간·아소락 등을 초월하지 못하느니라. 선현이여. 색은 이것이 헤아려서 관찰하는 까닭으로, 가립으로 화합한 것이므로 변천하고 움직임이 있으며, 나아가 일체가 무상하고 항상하지 않으며, 변이가 있고 모두 진실한 성품이 없는 까닭으로, 이 대승은 이것이 존귀하고 이것이 수승하며 이것이 높고 이것이 미묘하므로, 일체의 세간의 천인·인간·아소락 등을 초월하느니라.

　다시 다음으로 선현이여. 만약 수·상·행·식이 진여이므로 허망하지 않고, 변이가 없으며 전도되지 않고 진실이며 진리이고, 소유한 성품이 일체가 항상하므로 변이가 없고 진실한 성품이 있다면, 곧 이 대승은 존귀하지 않고 수승하지 않으며 최상이 아니고 최고로 미묘하지 않으므로 능히 수승한 일체 세간의 천인·인간·아소락 등을 초월하지 못하느니라. 선현이여. 수·상·행·식은 이것이 헤아려서 관찰하는 까닭으로, 가립으로 화합한 것이므로 변천하고 움직임이 있으며, 나아가 일체가 무상하고 항상하지 않으며, 변이가 있고 모두 진실한 성품이 없는 까닭으로, 이 대승은 이것이 존귀하고 이것이 수승하며 이것이 높고 이것이 미묘하므로, 일체의 세간의 천인·인간·아소락 등을 초월하느니라.

선현이여. 만약 안처가 진여이므로 허망하지 않고, 변이가 없으며 전도되지 않고 진실이며 진리이고, 소유한 성품이 일체가 항상하므로 변이가 없고 진실한 성품이 있다면, 곧 이 대승은 존귀하지 않고 수승하지 않으며 최상이 아니고 최고로 미묘하지 않으므로 능히 수승한 일체 세간의 천인·인간·아소락 등을 초월하지 못하느니라. 선현이여. 안처는 이것이 헤아려서 관찰하는 까닭으로, 가립으로 화합한 것이므로 변천하고 움직임이 있으며, 나아가 일체가 무상하고 항상하지 않으며, 변이가 있고 모두 진실한 성품이 없는 까닭으로, 이 대승은 이것이 존귀하고 이것이 수승하며 이것이 높고 이것이 미묘하므로, 일체의 세간의 천인·인간·아소락 등을 초월하느니라.

선현이여. 만약 이·비·설·신·의처가 진여이므로 허망하지 않고, 변이가 없으며 전도되지 않고 진실이며 진리이고, 소유한 성품이 일체가 항상하므로 변이가 없고 진실한 성품이 있다면, 곧 이 대승은 존귀하지 않고 수승하지 않으며 최상이 아니고 최고로 미묘하지 않으므로 능히 수승한 일체 세간의 천인·인간·아소락 등을 초월하지 못하느니라. 선현이여. 이·비·설·신·의처는 이것이 헤아려서 관찰하는 까닭으로, 가립으로 화합한 것이므로 변천하고 움직임이 있으며, 나아가 일체가 무상하고 항상하지 않으며, 변이가 있고 모두 진실한 성품이 없는 까닭으로, 이 대승은 이것이 존귀하고 이것이 수승하며 이것이 높고 이것이 미묘하므로, 일체의 세간의 천인·인간·아소락 등을 초월하느니라.

다시 다음으로 선현이여. 만약 색처가 진여이므로 허망하지 않고, 변이가 없으며 전도되지 않고 진실이며 진리이고, 소유한 성품이 일체가 항상하므로 변이가 없고 진실한 성품이 있다면, 곧 이 대승은 존귀하지 않고 수승하지 않으며 최상이 아니고 최고로 미묘하지 않으므로 능히 수승한 일체 세간의 천인·인간·아소락 등을 초월하지 못하느니라. 선현이여. 색처는 이것이 헤아려서 관찰하는 까닭으로, 가립으로 화합한 것이므로 변천하고 움직임이 있으며, 나아가 일체가 무상하고 항상하지 않으며, 변이가 있고 모두 진실한 성품이 없는 까닭으로, 이 대승은 이것이 존귀하고 이것이 수승하며 이것이 높고 이것이 미묘하므로, 일체의 세간의 천인·인간·아소락 등을 초월하느니라.

선현이여. 만약 성·향·미·촉·법처가 진여이므로 허망하지 않고, 변이가 없으며 전도되지 않고 진실이며 진리이고, 소유한 성품이 일체가 항상하므로 변이가 없고 진실한 성품이 있다면, 곧 이 대승은 존귀하지 않고 수승하지 않으며 최상이 아니고 최고로 미묘하지 않으므로 능히 수승한 일체 세간의 천인·인간·아소락 등을 초월하지 못하느니라. 선현이여. 성·향·미·촉·법처는 이것이 헤아려서 관찰하는 까닭으로, 가립으로 화합한 것이므로 변천하고 움직임이 있으며, 나아가 일체가 무상하고 항상하지 않으며, 변이가 있고 모두 진실한 성품이 없는 까닭으로, 이 대승은 이것이 존귀하고 이것이 수승하며 이것이 높고 이것이 미묘하므로, 일체의 세간의 천인·인간·아소락 등을 초월하느니라.

다시 다음으로 선현이여. 만약 안계가 진여이므로 허망하지 않고, 변이가 없으며 전도되지 않고 진실이며 진리이고, 소유한 성품이 일체가 항상하므로 변이가 없고 진실한 성품이 있다면, 곧 이 대승은 존귀하지 않고 수승하지 않으며 최상이 아니고 최고로 미묘하지 않으므로 능히 수승한 일체 세간의 천인·인간·아소락 등을 초월하지 못하느니라. 선현이여. 안계는 이것이 헤아려서 관찰하는 까닭으로, 가립으로 화합한 것이므로 변천하고 움직임이 있으며, 나아가 일체가 무상하고 항상하지 않으며, 변이가 있고 모두 진실한 성품이 없는 까닭으로, 이 대승은 이것이 존귀하고 이것이 수승하며 이것이 높고 이것이 미묘하므로, 일체의 세간의 천인·인간·아소락 등을 초월하느니라.

선현이여. 만약 이·비·설·신·의계가 진여이므로 허망하지 않고, 변이가 없으며 전도되지 않고 진실이며 진리이고, 소유한 성품이 일체가 항상하므로 변이가 없고 진실한 성품이 있다면, 곧 이 대승은 존귀하지 않고 수승하지 않으며 최상이 아니고 최고로 미묘하지 않으므로 능히 수승한 일체 세간의 천인·인간·아소락 등을 초월하지 못하느니라. 선현이여. 이·비·설·신·의계는 이것이 헤아려서 관찰하는 까닭으로, 가립으로 화합한 것이므로 변천하고 움직임이 있으며, 나아가 일체가 무상하고 항상하지 않으며, 변이가 있고 모두 진실한 성품이 없는 까닭으로, 이 대승은 이것이 존귀하고 이것이 수승하며 이것이 높고 이것이 미묘하므로, 일체의 세간의 천인·인간·아소락 등을 초월하느니라.

다시 다음으로 선현이여. 만약 색계가 진여이므로 허망하지 않고, 변이가 없으며 전도되지 않고 진실이며 진리이고, 소유한 성품이 일체가 항상하므로 변이가 없고 진실한 성품이 있다면, 곧 이 대승은 존귀하지 않고 수승하지 않으며 최상이 아니고 최고로 미묘하지 않으므로 능히 수승한 일체 세간의 천인·인간·아소락 등을 초월하지 못하느니라. 선현이여. 색계는 이것이 헤아려서 관찰하는 까닭으로, 가립으로 화합한 것이므로 변천하고 움직임이 있으며, 나아가 일체가 무상하고 항상하지 않으며, 변이가 있고 모두 진실한 성품이 없는 까닭으로, 이 대승은 이것이 존귀하고 이것이 수승하며 이것이 높고 이것이 미묘하므로, 일체의 세간의 천인·인간·아소락 등을 초월하느니라.

선현이여. 만약 성·향·미·촉·법계가 진여이므로 허망하지 않고, 변이가 없으며 전도되지 않고 진실이며 진리이고, 소유한 성품이 일체가 항상하므로 변이가 없고 진실한 성품이 있다면, 곧 이 대승은 존귀하지 않고 수승하지 않으며 최상이 아니고 최고로 미묘하지 않으므로 능히 수승한 일체 세간의 천인·인간·아소락 등을 초월하지 못하느니라. 선현이여. 성·향·미·촉·법계는 이것이 헤아려서 관찰하는 까닭으로, 가립으로 화합한 것이므로 변천하고 움직임이 있으며, 나아가 일체가 무상하고 항상하지 않으며, 변이가 있고 모두 진실한 성품이 없는 까닭으로, 이 대승은 이것이 존귀하고 이것이 수승하며 이것이 높고 이것이 미묘하므로, 일체의 세간의 천인·인간·아소락 등을 초월하느니라.

다시 다음으로 선현이여. 만약 안식계가 진여이므로 허망하지 않고,

변이가 없으며 전도되지 않고 진실이며 진리이고, 소유한 성품이 일체가 항상하므로 변이가 없고 진실한 성품이 있다면, 곧 이 대승은 존귀하지 않고 수승하지 않으며 최상이 아니고 최고로 미묘하지 않으므로 능히 수승한 일체 세간의 천인·인간·아소락 등을 초월하지 못하느니라. 선현이여. 안식계는 이것이 헤아려서 관찰하는 까닭으로, 가립으로 화합한 것이므로 변천하고 움직임이 있으며, 나아가 일체가 무상하고 항상하지 않으며, 변이가 있고 모두 진실한 성품이 없는 까닭으로, 이 대승은 이것이 존귀하고 이것이 수승하며 이것이 높고 이것이 미묘하므로, 일체의 세간의 천인·인간·아소락 등을 초월하느니라.

　선현이여. 만약 이·비·설·신·의식계가 진여이므로 허망하지 않고, 변이가 없으며 전도되지 않고 진실이며 진리이고, 소유한 성품이 일체가 항상하므로 변이가 없고 진실한 성품이 있다면, 곧 이 대승은 존귀하지 않고 수승하지 않으며 최상이 아니고 최고로 미묘하지 않으므로 능히 수승한 일체 세간의 천인·인간·아소락 등을 초월하지 못하느니라. 선현이여. 이·비·설·신·의식계는 이것이 헤아려서 관찰하는 까닭으로, 가립으로 화합한 것이므로 변천하고 움직임이 있으며, 나아가 일체가 무상하고 항상하지 않으며, 변이가 있고 모두 진실한 성품이 없는 까닭으로, 이 대승은 이것이 존귀하고 이것이 수승하며 이것이 높고 이것이 미묘하므로, 일체의 세간의 천인·인간·아소락 등을 초월하느니라.

　다시 다음으로 선현이여. 만약 안촉이 진여이므로 허망하지 않고, 변이가 없으며 전도되지 않고 진실이며 진리이고, 소유한 성품이 일체가 항상하므로 변이가 없고 진실한 성품이 있다면, 곧 이 대승은 존귀하지 않고 수승하지 않으며 최상이 아니고 최고로 미묘하지 않으므로 능히 수승한 일체 세간의 천인·인간·아소락 등을 초월하지 못하느니라. 선현이여. 안촉은 이것이 헤아려서 관찰하는 까닭으로, 가립으로 화합한 것이므로 변천하고 움직임이 있으며, 나아가 일체가 무상하고 항상하지 않으며, 변이가 있고 모두 진실한 성품이 없는 까닭으로, 이 대승은 이것이 존귀하고 이것이 수승하며 이것이 높고 이것이 미묘하므로, 일체의 세간의 천인·인간·아소락 등을 초월하느니라.
　선현이여. 만약 이·비·설·신·의촉이 진여이므로 허망하지 않고, 변이가 없으며 전도되지 않고 진실이며 진리이고, 소유한 성품이 일체가 항상하므로 변이가 없고 진실한 성품이 있다면, 곧 이 대승은 존귀하지 않고 수승하지 않으며 최상이 아니고 최고로 미묘하지 않으므로 능히 수승한 일체 세간의 천인·인간·아소락 등을 초월하지 못하느니라. 선현이여. 이·비·설·신·의촉은 이것이 헤아려서 관찰하는 까닭으로, 가립으로 화합한 것이므로 변천하고 움직임이 있으며, 나아가 일체가 무상하고 항상하지 않으며, 변이가 있고 모두 진실한 성품이 없는 까닭으로, 이 대승은 이것이 존귀하고 이것이 수승하며 이것이 높고 이것이 미묘하므로, 일체의 세간의 천인·인간·아소락 등을 초월하느니라.
　다시 다음으로 선현이여. 만약 안촉을 인연으로 생겨난 여러 수가 진여이므로 허망하지 않고, 변이가 없으며 전도되지 않고 진실이며 진리이고, 소유한 성품이 일체가 항상하므로 변이가 없고 진실한 성품이 있다면, 곧 이 대승은 존귀하지 않고 수승하지 않으며 최상이 아니고 최고로 미묘하지 않으므로 능히 수승한 일체 세간의 천인·인간·아소락 등을 초월하지 못하느니라. 선현이여. 안촉을 인연으로 생겨난 여러 수는 이것이 헤아려서 관찰하는 까닭으로, 가립으로 화합한 것이므로 변천하고 움직임이 있으며, 나아가 일체가 무상하고 항상하지 않으며, 변이가 있고 모두 진실한 성품이 없는 까닭으로, 이 대승은 이것이 존귀하고 이것이 수승하며 이것이 높고 이것이 미묘하므로, 일체의 세간의 천인·인간·아소락 등을 초월하느니라.
　선현이여. 만약 이·비·설·신·의촉을 인연으로 생겨난 여러 수가 진여이므로 허망하지 않고, 변이가 없으며 전도되지 않고 진실이며 진리이고, 소유한 성품이 일체가 항상하므로 변이가 없고 진실한 성품이 있다면, 곧 이 대승은 존귀하지 않고 수승하지 않으며 최상이 아니고 최고로 미묘하지 않으므로 능히 수승한 일체 세간의 천인·인간·아소락 등을 초월하지 못하느니라. 선현이여. 이·비·설·신·의촉을 인연으로 생겨난 여러 수는 이것이 헤아려서 관찰하는 까닭으로, 가립으로 화합한 것이므로 변천하고 움직임이 있으며, 나아가 일체가 무상하고 항상하지 않으며, 변이가 있고 모두 진실한 성품이 없는 까닭으로, 이 대승은 이것이 존귀하고 이것이 수승하며 이것이 높고 이것이 미묘하므로, 일체의 세간의 천인·인간·아소락 등을 초월하느니라.

　다시 다음으로 선현이여. 만약 법계가 실유(實有)이고 비유(非有)가 아닌 것이라면, 곧 이 대승은 존귀하지 않고 수승하지 않으며 최상이 아니고 최고로 미묘하지 않으므로 능히 수승한 일체 세간의 천인·인간·아소락 등을 초월하지 못하느니라. 선현이여. 법계는 실유가 아닌 까닭이고 이것이 비유인 성품인 까닭으로, 이 대승은 이것이 존귀하고 이것이 수승하며 이것이 높고 이것이 미묘하므로, 일체의 세간의 천인·인간·아소락 등을 초월하느니라. 선현이여. 만약 진여·실제·부사의계·안은계 등이 실유이고 비유가 아닌 것이라면, 곧 이 대승은 존귀하지 않고 수승하지 않으며 최상이 아니고 최고로 미묘하지 않으므로 능히 수승한 일체 세간의 천인·인간·아소락 등을 초월하지 못하느니라. 선현이여. 진여·실제·부사의계·안은계 등은 실유가 아닌 까닭이고 이것이 비유인 성품인 까닭으로, 이 대승은 이것이 존귀하고 이것이 수승하며 이것이 높고 이것이 미묘하므로, 일체의 세간의 천인·인간·아소락 등을 초월하느니라.
　다시 다음으로 선현이여. 만약 보시바라밀다가 실유이고 비유가 아닌 것이라면, 곧 이 대승은 존귀하지 않고 수승하지 않으며 최상이 아니고 최고로 미묘하지 않으므로 능히 수승한 일체 세간의 천인·인간·아소락 등을 초월하지 못하느니라. 선현이여. 보시바라밀다는 실유가 아닌 까닭이고 이것이 비유인 성품인 까닭으로, 이 대승은 이것이 존귀하고 이것이 수승하며 이것이 높고 이것이 미묘하므로, 일체의 세간의 천인·인간·아소락 등을 초월하느니라. 선현이여. 만약 정계·안인·정진·정려·반야바라밀다가 실유이고 비유가 아닌 것이라면, 곧 이 대승은 존귀하지 않고 수승하지 않으며 최상이 아니고 최고로 미묘하지 않으므로 능히 수승한 일체 세간의 천인·인간·아소락 등을 초월하지 못하느니라. 선현이여. 정계·안인·정진·정려·반야바라밀다는 실유가 아닌 까닭이고 이것이 비유인 성품인 까닭으로, 이 대승은 이것이 존귀하고 이것이 수승하며 이것이 높고 이것이 미묘하므로, 일체의 세간의 천인·인간·아소락 등을 초월하느니라.

다시 다음으로 선현이여. 만약 내공이 실유이고 비유가 아닌 것이라면, 곧 이 대승은 존귀하지 않고 수승하지 않으며 최상이 아니고 최고로 미묘하지 않으므로 능히 수승한 일체 세간의 천인·인간·아소락 등을 초월하지 못하느니라. 선현이여. 내공은 실유가 아닌 까닭이고 이것이 비유인 성품인 까닭으로, 이 대승은 이것이 존귀하고 이것이 수승하며 이것이 높고 이것이 미묘하므로, 일체의 세간의 천인·인간·아소락 등을 초월하느니라. 선현이여. 만약 외공·내외공·공공·대공·승의공·유위공·무위공·필경공·무제공·산공·무변이공·본성공·자상공·공상공·일체법공·불가득공·무성공·자성공·무성자성공이 실유이고 비유가 아닌 것이라면, 곧 이 대승은 존귀하지 않고 수승하지 않으며 최상이 아니고 최고로 미묘하지 않으므로 능히 수승한 일체 세간의 천인·인간·아소락 등을 초월하지 못하느니라. 선현이여. 외공, 나아가 무성자성공은 실유가 아닌 까닭이고 이것이 비유인 성품인 까닭으로, 이 대승은 이것이 존귀하고 이것이 수승하며 이것이 높고 이것이 미묘하므로, 일체의 세간의 천인·인간·아소락 등을 초월하느니라.

다시 다음으로 선현이여. 만약 4념주가 실유이고 비유가 아닌 것이라면, 곧 이 대승은 존귀하지 않고 수승하지 않으며 최상이 아니고 최고로 미묘하지 않으므로 능히 수승한 일체 세간의 천인·인간·아소락 등을 초월하지 못하느니라. 선현이여. 4념주는 실유가 아닌 까닭이고 이것이 비유인 성품인 까닭으로, 이 대승은 이것이 존귀하고 이것이 수승하며 이것이 높고 이것이 미묘하므로, 일체의 세간의 천인·인간·아소락 등을 초월하느니라. 선현이여. 만약 4정단·4신족·5근·5력·7등각지·8성도지가 실유이고 비유가 아닌 것이라면, 곧 이 대승은 존귀하지 않고 수승하지 않으며 최상이 아니고 최고로 미묘하지 않으므로 능히 수승한 일체 세간의 천인·인간·아소락 등을 초월하지 못하느니라. 선현이여. 4정단, 나아가 8성도지는 실유가 아닌 까닭이고 이것이 비유인 성품인 까닭으로, 이 대승은 이것이 존귀하고 이것이 수승하며 이것이 높고 이것이 미묘하므로, 일체의 세간의 천인·인간·아소락 등을 초월하느니라.

　다시 다음으로 선현이여. 나아가 만약 여래의 10력이 실유이고 비유가 아닌 것이라면, 곧 이 대승은 존귀하지 않고 수승하지 않으며 최상이 아니고 최고로 미묘하지 않으므로 능히 수승한 일체 세간의 천인·인간·아소락 등을 초월하지 못하느니라. 선현이여. 여래의 10력은 실유가 아닌 까닭이고 이것이 비유인 성품인 까닭으로, 이 대승은 이것이 존귀하고 이것이 수승하며 이것이 높고 이것이 미묘하므로, 일체의 세간의 천인·인간·아소락 등을 초월하느니라. 선현이여. 만약 4무소외·4무애해·대자·대비·대희·대사·18불불공법이 실유이고 비유가 아닌 것이라면, 곧 이 대승은 존귀하지 않고 수승하지 않으며 최상이 아니고 최고로 미묘하지 않으므로 능히 수승한 일체 세간의 천인·인간·아소락 등을 초월하지 못하느니라. 선현이여. 4무소외, 나아가 18불불공법은 실유가 아닌 까닭이고 이것이 비유인 성품인 까닭으로, 이 대승은 이것이 존귀하고 이것이 수승하며 이것이 높고 이것이 미묘하므로, 일체의 세간의 천인·인간·아소락 등을 초월하느니라."

마하반야바라밀다경 제418권

20. 초승품(超勝品)(2)

"다시 다음으로 선현이여. 만약 종성(種姓)의 법이 실유(實有)이고 비유가 아닌 것이라면, 곧 이 대승은 존귀하지 않고 수승하지 않으며 최상이 아니고 최고로 미묘하지 않으므로 능히 수승한 일체 세간의 천인·인간·아소락 등을 초월하지 못하느니라. 선현이여. 종성의 법은 실유가 아닌 까닭이고 이것이 비유인 성품인 까닭으로, 이 대승은 이것이 존귀하고 이것이 수승하며 이것이 높고 이것이 미묘하므로, 일체의 세간의 천인·인간·아소락 등을 초월하느니라. 선현이여. 만약 제8법(第八法)·예류(預流)의 법·일래(一來)의 법·불환(不還)의 법·아라한의 법·독각의 법·보살의 법·여래의 법이 실유이고 비유가 아닌 것이라면, 곧 이 대승은 존귀하지 않고 수승하지 않으며 최상이 아니고 최고로 미묘하지 않으므로 능히 수승한 일체 세간의 천인·인간·아소락 등을 초월하지 못하느니라. 선현이여. 제8법, 나아가 여래의 법은 실유가 아닌 까닭이고 이것이 비유인 성품인 까닭으로, 이 대승은 이것이 존귀하고 이것이 수승하며 이것이 높고 이것이 미묘하므로, 일체의 세간의 천인·인간·아소락 등을 초월하느니라.

다시 다음으로 선현이여. 만약 종성의 보특가라(補特伽羅)가 실유이고 비유가 아닌 것이라면, 곧 이 대승은 존귀하지 않고 수승하지 않으며 최상이 아니고 최고로 미묘하지 않으므로 능히 수승한 일체 세간의 천인·인간·아소락 등을 초월하지 못하느니라. 선현이여. 종성의 보특가라는 실유가 아닌 까닭이고 이것이 비유인 성품인 까닭으로, 이 대승은 이것이 존귀하고 이것이 수승하며 이것이 높고 이것이 미묘하므로, 일체의 세간의 천인·인간·아소락 등을 초월하느니라. 선현이여. 만약 제8·예류·일래·불환·아라한·독각·보살·여래의 보특가라가 실유이고 비유가 아닌 것이라면, 곧 이 대승은 존귀하지 않고 수승하지 않으며 최상이 아니고 최고로 미묘하지 않으므로 능히 수승한 일체 세간의 천인·인간·아소락 등을 초월하지 못하느니라. 선현이여. 제8법, 나아가 여래의 보특가라는 실유가 아닌 까닭이고 이것이 비유인 성품인 까닭으로, 이 대승은 이것이 존귀하고 이것이 수승하며 이것이 높고 이것이 미묘하므로, 일체의 세간의 천인·인간·아소락 등을 초월하느니라.

다시 다음으로 선현이여. 만약 일체 세간의 천인·인간·아소락 등이 실유이고 비유가 아닌 것이라면, 곧 이 대승은 존귀하지 않고 수승하지 않으며 최상이 아니고 최고로 미묘하지 않으므로 능히 수승한 일체 세간의 천인·인간·아소락 등을 초월하지 못하느니라. 선현이여. 일체 세간의 천인·인간·아소락 등은 실유가 아닌 까닭이고 이것이 비유인 성품인 까닭으로, 이 대승은 이것이 존귀하고 이것이 수승하며 이것이 높고 이것이 미묘하므로, 일체의 세간의 천인·인간·아소락 등을 초월하느니라.

다시 다음으로 선현이여. 만약 보살마하살이 초발심부터 나아가 미묘한 보리좌(菩提座)에 앉기까지 그 중간에 일으켰던 무량한 종류의 마음이 실유이고 비유가 아닌 것이라면, 곧 이 대승은 존귀하지 않고 수승하지 않으며 최상이 아니고 최고로 미묘하지 않으므로 능히 수승한 일체 세간의 천인·인간·아소락 등을 초월하지 못하느니라. 선현이여. 보살마하살이 초발심부터 나아가 미묘한 보리좌의 중간에 앉기까지 그 중간에 일으켰던 무량한 종류의 마음은 실유가 아닌 까닭이고 이것이 비유인 성품인 까닭으로, 이 대승은 이것이 존귀하고 이것이 수승하며 이것이 높고 이것이 미묘하므로, 일체의 세간의 천인·인간·아소락 등을 초월하느니라.

다시 다음으로 선현이여. 만약 금강유지(金剛喩智)가 실유이고 비유가 아닌 것이라면, 곧 이 대승은 존귀하지 않고 수승하지 않으며 최상이 아니고 최고로 미묘하지 않으므로 능히 수승한 일체 세간의 천인·인간·아소락 등을 초월하지 못하느니라. 선현이여. 금강유지는 실유가 아닌 까닭이고 이것이 비유인 성품인 까닭으로, 이 대승은 이것이 존귀하고 이것이 수승하며 이것이 높고 이것이 미묘하므로, 일체의 세간의 천인·인간·아소락 등을 초월하느니라.

다시 다음으로 선현이여. 만약 금강유지가 실유이고 비유가 아닌 것이라면, 곧 보살마하살은 이 금강유지를 수용하여 일체법의 자성(自性)이 모두가 공하다고 통달하였거나, 일체의 번뇌와 습기가 상속을 영원히 단절하였더라도, 상응하여 일체지지를 증득하지 못할 것이고, 역시 능히 수승한 일체 세간의 천인·인간·아소락 등을 초월하지 못하느니라. 선현이여. 금강유지는 실유가 아닌 까닭이고 이것이 비유인 성품인 까닭으로, 제보살마하살은 이 금강유지를 수용하여 일체법의 자성이 모두가 공하다고 통달하였거나, 일체의 번뇌와 습기가 상속을 영원히 단절하였다면, 일체지지를 증득할 것이고, 역시 능히 수승한 일체 세간의 천인·인간·아소락 등을 초월하느니라.

다시 다음으로 선현이여. 만약 제여래·응공·정등각께서 32대사상(三十二大士相)과 80수호(八十隨好)로 장엄한 색신(色身)인 이것이 실유이고 비유가 아닌 것이라면, 곧 제여래·응공·정등각의 위엄있는 광명과 미묘한 덕(德)은 능히 수승한 일체 세간의 천인·인간·아소락 등을 초월하지 못하느니라. 선현이여. 제여래·응공·정등각께서 32대사상과 80수호로 장엄한 색신은 실유가 아닌 까닭이고 이것이 비유인 성품인 까닭으로, 제여래·응공·정등각의 위엄있는 광명과 미묘한 덕은 일체의 세간의 천인·인간·아소락 등을 초월하느니라.

다시 다음으로 선현이여. 만약 제여래·응공·정등각께서 펼치셨던 것인 광명인 이것이 실유이고 비유가 아닌 것이라면, 곧 제여래·응공·정등각의 처소에서 펼치셨던 것인 광명은 능히 시방으로 각각 긍가사와 같은 세계를 널리 비추지 못할 것이고, 역시 능히 수승한 일체 세간의 천인·인간·아소락 등을 초월하지 못하느니라. 선현이여. 제여래·응공·정등각의 처소에서 펼치셨던 것인 광명은 실유가 아닌 까닭이고 이것이 비유인 성품인 까닭으로, 제여래·응공·정등각의 처소에서 펼치셨던 것인 광명은 능히 시방으로 각각 긍가사와 같은 세계를 널리 비추시므로, 역시 능히 일체의 세간의 천인·인간·아소락 등을 초월하느니라.

다시 다음으로 선현이여. 만약 제여래·응공·정등각께서 구족하셨던 것인 60가지의 미묘한 음성인 이것이 실유이고 비유가 아닌 것이라면, 곧 제여래·응공·정등각께서 구족하셨던 것인 60가지의 미묘한 음성은 시방의 무량하고 무수인 세계에서 교화받을 유정(有情)들에게 두루 알리시지 못할 것이고, 역시 능히 수승한 일체 세간의 천인·인간·아소락 등을 초월하지 못하느니라. 선현이여. 제여래·응공·정등각께서 구족하셨던 것인 60가지의 미묘한 음성은 실유가 아닌 까닭이고 이것이 비유인 성품인 까닭으로, 제여래·응공·정등각께서 구족하셨던 것인 60가지의 미묘한 음성은 시방의 무량하고 무수인 세계에서 교화받을 유정들에게 두루 알리시므로, 역시 능히 일체의 세간의 천인·인간·아소락 등을 초월하느니라.

다시 다음으로 선현이여. 만약 제여래·응공·정등각께서 굴리셨던 것인 법륜(法輪)인 이것이 실유이고 비유가 아닌 것이라면, 곧 제여래·응공·정등각께서 굴리셨던 것인 법륜은 지극히 청정하지 못할 것이고, 역시 일체 세간의 사문(沙門)·바라문(婆羅門) 등이 능히 굴리지 못할 것이며, 역시 능히 수승한 일체 세간의 천인·인간·아소락 등을 초월하지 못하느니라. 선현이여. 제여래·응공·정등각께서 굴리셨던 것인 법륜은 실유가 아닌 까닭이고 이것이 비유인 성품인 까닭으로, 제여래·응공·정등각께서 굴리셨던 것인 법륜은 지극히 청정할 것이고, 역시 일체 세간의 사문·바라문 등이 모두 능히 여법하게 굴리는 자가 있지 않을 것이며, 역시 능히 일체의 세간의 천인·인간·아소락 등을 초월하느니라.

다시 다음으로 선현이여. 만약 제여래·응공·정등각께서 교화하셨던 유정들인 이것이 실유이고 비유가 아닌 것이라면, 곧 제여래·응공·정등각께서 굴리셨던 것인 법륜은 그 제유정들을 무여의묘열반계(無餘依妙涅槃

界)에서 능히 반열반(般涅槃)을 시키지 못할 것이고, 역시 능히 수승한 일체 세간의 천인·인간·아소락 등을 초월하지 못하느니라. 선현이여. 제여래·응공·정등각께서 굴리셨던 것인 법륜은 실유가 아닌 까닭이고 이것이 비유인 성품인 까닭으로, 제여래·응공·정등각께서 굴리셨던 것인 법륜은 그 제유정들을 무여의묘열반계에서 능히 반열반을 시키는 것이며, 역시 능히 일체의 세간의 천인·인간·아소락 등을 초월하느니라.

선현이여. 오히려 이와 같은 등의 인연(因緣)을 까닭으로 이 대승은 이것이 존귀하고 이것이 수승하며 이것이 높고 이것이 미묘하므로, 일체의 세간의 천인·인간·아소락 등을 초월하느니라."

21. 무소유품(無所有品)(1)

"다시 다음으로 선현이여. 그대가 '대승은 허공 등과 같다.'라고 말하였던 것은, 그와 같으니라. 그와 같으니라. 그대가 말한 것과 같으니라. 그 까닭은 무엇인가? 선현이여. 비유한다면 허공은 동(東)·남(南)·서(西)·북(北)·사유(四維)·상하(上下)의 방위(方)로 나누어서 모두 얻을 수 없는 것과 같이, 대승도, 역시 그와 같아서 동·남·서·북·사유·상하의 방위로 나누어서 얻을 수 없는 까닭으로, 대승은 허공 등과 같다고 설하느니라. 선현이여. 또한 허공은 길고 짧으며 뾰족하고 둥글며 높고 낮으며 삿되고 바른 형태를 얻을 수 없는 것과 같이, 대승도 역시 그와 같아서 길고 짧으며 뾰족하고 둥글며 높고 낮으며 삿되고 바른 형태를 얻을 수 없는 까닭으로, 대승은 허공 등과 같다고 설하느니라.

선현이여. 또한 허공은 청(靑)·황(黃)·백(白)·홍(紅)·자(紫)[1]·벽(碧)[2]·

---

1) 자줏빛의 색깔을 가리킨다.
2) 짙은 푸른색의 색깔을 가리킨다.

녹(綠)·표(縹)3) 등으로 드러나는 색깔을 모두 얻을 수 없는 것과 같이, 대승도 역시 그와 같아서 청·황·백·홍·자·벽·녹·표 등으로 드러나는 색깔을 얻을 수 없는 까닭으로, 대승은 허공 등과 같다고 설하느니라. 선현이여. 또한 허공은 과거도 아니고 미래도 아니며 현재도 아닌 것과 같이, 대승도 역시 그와 같아서 과거도 아니고 미래도 아니며 현재도 아닌 까닭으로, 대승은 허공 등과 같다고 설하느니라. 선현이여. 또한 허공은 늘어나지 않고 줄어들지 않으며, 나아가지 못하고 물러나지 못하는 것과 같이, 대승도 역시 그와 같아서 늘어나지 않고 줄어들지 않으며 나아가지 못하고 물러나지 못하는 까닭으로, 대승은 허공 등과 같다고 설하느니라.

선현이여. 또한 허공은 염오되지 않고 청정하지 않은 것과 같이, 대승도 역시 그와 같아서 물들지 않고 청정하지 않은 까닭으로, 대승은 허공과도 같다고 말하느니라. 선현이여. 또한 허공은 생겨나지 않고 소멸하지 않으며 안주(安住)하지 않고 변이(變異)하지 않는 것과 같이, 대승도 역시 그와 같아서 생겨나지 않고 소멸하지 않으며 안주하지 않고 변이하지 않는 까닭으로, 대승은 허공 등과 같다고 설하느니라. 선현이여. 또한 허공은 선(善)이 아니고 불선(不善)도 아니며 유기(有記)4)가 아니고 무기(無記)도 아닌 것과 같이, 대승도 역시 그와 같아서 선(善)이 아니고 불선(不善)도 아니며 유기도 아니고 무기도 아닌 까닭으로, 대승은 허공 등과 같다고 설하느니라.

선현이여. 또한 허공은 보지 못하고 듣지 못하며 깨닫지 못하고 알지 못하는 것과 같이, 대승도 역시 그와 같아서 보지 못하고 듣지 못하며 깨닫지 못하고 알지 못하는 까닭으로, 대승은 허공 등과 같다고 설하느니라. 선현이여. 또한 허공은 알려진 것이 아니고 통달하는 것이 아니며 두루 알려진 것이 아니고 영원히 단절하는 것이 아니며 짓고서 증득하는 것이 아니고 수습된 것이 아닌 것과 같이, 대승도 역시 그와 같아서

---

3) 청백색의 색깔을 가리킨다.
4) 일반적으로 선과 악, 흑백 등의 상태가 분명한 것을 말한다.

알려진 것이 아니고 통달하는 것이 아니며 두루 알려진 것이 아니고 영원히 단절하는 것이 아니며 짓고서 증득하는 것이 아니고 수습하는 것이 아닌 까닭으로, 대승은 허공 등과 같다고 설하느니라.

선현이여. 또한 허공은 과보(果報)가 아니고 과보법(果報法)이 있는 것도 아닌 것과 같이, 대승도 역시 그와 같아서 과보가 아니고 과보법이 있는 것도 아닌 까닭으로, 대승은 허공 등과 같다고 설하느니라. 선현이여. 또한 허공은 탐욕법(貪法)이 있지 않고 탐욕을 벗어난 법이 있지 않은 것과 같으며, 진에법(瞋法)도 있지 않고 진에를 벗어난 법이 있지 않은 것과 같으며, 우치법(癡法)이 있지 않고 우치법을 벗어난 법이 있지 않은 것과 같이, 대승도 역시 그와 같아서 탐욕법이 있지 않고 탐욕을 벗어난 법이 있지 않은 것과 같으며, 진에법도 있지 않고 진에를 벗어난 법이 있지 않으며, 우치법이 있지 않고 우치법을 벗어난 법이 있지 않는 까닭으로, 대승은 허공 등과 같다고 설하느니라.

선현이여. 또한 허공은 초지(初地)에서 발심(發心)을 얻을 수 있는 것이 아니고, 나아가 제10지(第十地)에서 발심을 얻을 수 있는 것이 아닌 것과 같이, 대승도 역시 그와 같아서 초지에서 발심을 얻을 수 있는 것이 아니고, 나아가 제10지에서 발심을 얻을 수 있는 것이 아닌 까닭으로, 대승은 허공 등과 같다고 설하느니라. 선현이여. 또한 허공은 정관지(淨觀地)·종성지(種姓地)·제8지(第八地)·구견지(具見地)·박지(薄地)·이욕지(離欲地)·이판지(已辦地)·독각지(獨覺地)·보살지(菩薩地)·여래지(如來地)를 얻을 수 있는 것이 아닌 것과 같이, 대승도 역시 그와 같아서 정관지, 나아가 여래지가 얻을 수 있는 것이 아닌 까닭으로, 대승은 허공 등과 같다고 설하느니라.

선현이여. 또한 허공은 욕계(欲界)에 떨어지지 않고 색계(色界)에 떨어지지 않으며 무색계(無色界)에 떨어지지 않는 것과 같이, 대승도 역시 그와 같아서 욕계에 떨어지지 않고 색계에 떨어지지 않으며 무색계에 떨어지지 않는 까닭으로, 대승은 허공 등과 같다고 설하느니라. 선현이여. 또한 허공은 예류향(預流向)·예류과(預流果)·일래향(一來向)·일래과(一來

果)·불환향(不還向)·불환과(不還果)·아라한향(阿羅漢向)·아라한과(阿羅漢果)·독각향(獨覺向)·독각과(獨覺果)·보살(菩薩)·여래(如來)를 얻을 수 없는 것과 같이, 대승도 역시 그와 같아서 예류향, 나아가 여래를 얻을 수 없는 까닭으로, 대승은 허공 등과 같다고 설하느니라.

선현이여. 또한 허공은 성문지·독각지·보살지·여래지를 얻을 수 없는 것과 같이, 대승도 역시 그와 같아서 성문지·독각지·보살지·여래지를 얻을 수 없는 까닭으로, 대승은 허공 등과 같다고 설하느니라. 선현이여. 또한 허공은 색깔이 있는 것도 아니고 색깔이 없는 것도 아니며, 바라볼 수 있는 것도 아니고 바라볼 수 없는 것도 아니며, 대상(對)이 있는 것도 아니고 대상이 없는 것도 아니며, 상응(相應)하는 것도 아니고 상응하지 않는 것도 아닌 것과 같이, 대승도 역시 그와 같아서 색깔이 있는 것도 아니고 색깔이 없는 것도 아니며, 바라볼 수 있는 것도 아니고 바라볼 수 없는 것도 아니며, 대상이 있는 것도 아니고 대상이 없는 것도 아니며, 상응하는 것도 아니고 상응하지 않는 것도 아닌 까닭으로, 대승은 허공 등과 같다고 설하느니라.

선현이여. 또한 허공은 항상하지 않고 무상(無常)하지 않으며, 즐겁지도 않고 괴롭지도 않으며, 아(我)가 아니고 무아(無我)도 아니며, 청정하지 않고 부정(不淨)하지도 않은 것과 같이, 대승도 역시 그와 같아서 항상하지 않고 무상하지 않으며, 즐겁지도 않고 괴롭지도 않으며, 아가 아니고 무아도 아니며, 청정하지 않고 부정하지도 않은 까닭으로, 대승은 허공 등과 같다고 설하느니라. 선현이여. 또한 허공은 공(空)하지 않고 공하지 않지도 않으며, 유상(有相)이 아니고 무상(無相)도 아니며, 유원(有願)이 아니고 무원(無願)도 아닌 것과 같이, 대승도 역시 그와 같아서 허공은 공하지 않고 공하지 않지도 않으며, 유상이 아니고 무상도 아니며, 유원이 아니고 무원도 아닌 까닭으로, 대승은 허공 등과 같다고 설하느니라.

선현이여. 또한 허공은 적정하지도 않고 적정하지 않지도 않으며, 멀리 벗어나지 않고 멀리 벗어나지 않지도 않은 것과 같이, 대승도 역시 그와 같아서 허공은 적정하지도 않고 적정하지 않지도 않으며, 멀리 벗어나지 않고 멀리 벗어나지 않지도 않은 까닭으로, 대승은 허공 등과 같다고 설하느니라. 선현이여. 또한 허공은 밝지 않고 어둡지도 않은 것과 같이, 대승도 역시 그와 같아서 밝지 않고 어둡지도 않은 까닭으로, 대승은 허공 등과 같다고 설하느니라. 또한 허공은 얻을 수 있는 것도 아니고 얻을 수 없는 것도 아닌 것과 같이, 대승도 역시 그와 같아서 얻을 수 있는 것도 아니고 얻을 수 없는 것도 아닌 까닭으로, 대승은 허공 등과 같다고 설하느니라.

선현이여. 또한 허공은 온(蘊)·처(處)·계(界)가 아니고 온·처·계를 벗어난 것도 아닌 것과 같이, 대승도 역시 그와 같아서 온·처·계가 아니고 온·처·계를 벗어난 것도 아닌 까닭으로, 대승은 허공 등과 같다고 설하느니라. 선현이여. 또한 허공은 설(說)할 수 있는 것도 아니고 설할 수 없는 것도 아닌 것과 같이, 대승도 역시 그와 같아서 설할 수 있는 것도 아니고 설할 수 없는 것도 아닌 까닭으로, 대승은 허공 등과 같다고 설하느니라. 선현이여. 오히려 이와 같은 여러 종류의 인연을 까닭으로, 대승은 허공 등과 같다고 설하느니라."

"다시 다음으로 선현이여. 그대는 '오히려 허공은 능히 무수(無數)이고 무량(無量)하며 무변(無邊)한 유정들을 널리 능히 수용하여 받아들이는 것과 같이, 대승도 역시 그와 같아서 무수이고 무량하며 무변한 유정들을 수용하여 받아들인다.'라고 말하였던 것은, 그와 같으니라. 그와 같으니라. 그대가 말한 것과 같으니라. 그 까닭은 무엇인가? 선현이여. 유정들이 무소유(無所有)인 까닭으로 허공도 역시 무소유라고 마땅히 알아야 하고, 허공이 무소유인 까닭으로 대승도 무소유라고 마땅히 알아야 하느니라. 오히려 이와 같은 이치를 까닭으로, 대승은 널리 무수이고 무량하며 무변한 유정들을 널리 능히 수용하여 받아들이느니라. 왜 그러한가? 선현이여. 만약 유정이거나, 만약 허공이거나, 만약 대승이더라도, 이와 같은 일체는 모두 무소유이고 얻을 수 없는 까닭이니라.

다시 다음으로 선현이여. 유정들이 무수이고 무량하며 무변한 까닭으로, 허공도 역시 무수하고 무량하며 무변하다고 마땅히 알아야 하고, 허공이 무수하고 무량하며 무변한 까닭으로 마땅히 대승도 무수이고 무량하며 무변하다고 마땅히 알아야 하느니라. 오히려 이와 같은 이치를 까닭으로, 대승은 무수이고 무량하며 무변한 유정들을 널리 능히 수용하여 받아들이느니라. 왜 그러한가? 선현이여. 만약 유정이 무수이고 무량하며 무변하거나, 만약 허공이 무수이고 무량하며 무변하거나, 만약 대승이 무수이고 무량하며 무변하더라도, 이와 같은 일체는 모두 무소유이고 얻을 수 없는 까닭이니라.

다시 다음으로 선현이여. 유정들이 무소유인 까닭으로 허공도 역시 무소유라고 마땅히 알아야 하고, 허공이 무소유인 까닭으로 대승도 무소유라고 마땅히 알아야 하며, 대승이 무소유인 까닭으로 무량도 무소유라고 마땅히 알아야 하고, 무량이 무소유인 까닭으로 무수도 무소유라고 마땅히 알아야 하며, 무수가 무소유인 까닭으로 무변도 무소유라고 마땅히 알아야 하고, 무변이 무소유인 까닭으로 일체법도 무소유라고 마땅히 알아야 하느니라. 오히려 이러한 인연을 까닭으로 대승은 무수이고 무량하며 무변한 유정들을 널리 능히 수용하여 받아들이느니라. 왜 그러한가? 선현이여. 만약 유정이거나, 만약 허공이거나, 만약 대승이거나, 만약 무수이거나, 만약 무량이거나, 만약 무변이거나, 만약 일체법이더라도, 이와 같은 일체는 모두 무소유이고 얻을 수 없는 까닭이니라.

다시 다음으로 선현이여. 나(我), 나아가 견자(見者)가 무소유인 까닭으로 유정도 역시 무소유라고 마땅히 알아야 하고, 유정이 무소유인 까닭으로 명자(命者)도 역시 무소유라고 마땅히 알아야 하며, 명자가 무소유인 까닭으로 생자(生者)도 역시 무소유라고 마땅히 알아야 하고, 생자가 무소유인 까닭으로 양자(養者)도 역시 무소유라고 마땅히 알아야 하며, 양자가 무소유인 까닭으로 장부(士夫)도 역시 무소유라고 마땅히 알아야 하고, 장부가 무소유인 까닭으로 보특가라(補特伽羅)도 역시 무소유라고 마땅히 알아야 하며, 보특가라가 무소유인 까닭으로 의생(意生)도 역시 무소유라고 마땅히 알아야 하고, 의생이 무소유인 까닭으로 유동(儒童)도 역시 무소유라고 마땅히 알아야 하며, 유동이 무소유인 까닭으로 작자(作者)도 역시 무소유라고 마땅히 알아야 하고, 작자가 무소유인 까닭으로 수자(受者)도 역시 무소유라고 마땅히 알아야 하며, 수자가 무소유인 까닭으로 지자(知者)도 역시 무소유라고 마땅히 알아야 하고, 지자가 무소유인 까닭으로 견자(見者)도 역시 무소유라고 마땅히 알아야 하며, 견자가 무소유인 까닭으로 허공도 역시 무소유라고 마땅히 알아야 하고, 허공이 무소유인 까닭으로 대승도 역시 무소유라고 마땅히 알아야 하며, 대승이 무소유인 까닭으로 무량도 무소유라고 마땅히 알아야 하고, 무량이 무소유인 까닭으로 무수도 무소유라고 마땅히 알아야 하며, 무수가 무소유인 까닭으로 무변도 무소유라고 마땅히 알아야 하고, 무변이 무소유인 까닭으로 일체법도 무소유라고 마땅히 알아야 하느니라.

오히려 이러한 인연을 까닭으로 대승은 무수이고 무량하며 무변한 유정들을 널리 능히 수용하여 받아들이느니라. 왜 그러한가? 선현이여. 만약 나이거나, 나아가 만약 견자이거나, 만약 대승이거나, 만약 무수이거나, 만약 무량이거나, 만약 무변이거나, 만약 일체법이더라도, 이와 같은 일체는 모두 무소유이고 얻을 수 없는 까닭이니라.

다시 다음으로 선현이여. 아(我), 나아가 견자(見者)가 무소유인 까닭으로 법계(法界)도 역시 무소유라고 마땅히 알아야 하고, 법계가 무소유인 까닭으로 허공도 역시 무소유라고 마땅히 알아야 하고, 허공이 무소유인 까닭으로 대승도 역시 무소유라고 마땅히 알아야 하며, 대승이 무소유인 까닭으로 무량도 무소유라고 마땅히 알아야 하고, 무량이 무소유인 까닭으로 무수도 무소유라고 마땅히 알아야 하며, 무수가 무소유인 까닭으로 무변도 무소유라고 마땅히 알아야 하고, 무변이 무소유인 까닭으로 일체법도 무소유라고 마땅히 알아야 하느니라.

오히려 이러한 인연을 까닭으로 대승은 무수이고 무량하며 무변한 유정들을 널리 능히 수용하여 받아들이느니라. 왜 그러한가? 선현이여. 만약 나이거나, 나아가 만약 견자이거나, 만약 대승이거나, 만약 무수이거나, 만약 무량이거나, 만약 무변이거나, 만약 일체법이더라도, 이와 같은 일체는 모두 무소유이고 얻을 수 없는 까닭이니라.

　다시 다음으로 선현이여. 나, 나아가 견자가 무소유인 까닭으로 진여(眞如)·실제(實際)·부사의계(不思議界)·안은계(安隱界) 등도 역시 무소유라고 마땅히 알아야 하고, 진여·실제·부사의계·안은계 등이 무소유인 까닭으로 허공도 역시 무소유라고 마땅히 알아야 하며, 허공이 무소유인 까닭으로 대승도 역시 무소유라고 마땅히 알아야 하며, 대승이 무소유인 까닭으로 무량도 무소유라고 마땅히 알아야 하고, 무량이 무소유인 까닭으로 무수도 무소유라고 마땅히 알아야 하며, 무수가 무소유인 까닭으로 무변도 무소유라고 마땅히 알아야 하고, 무변이 무소유인 까닭으로 일체법도 무소유라고 마땅히 알아야 하느니라.

　오히려 이러한 인연을 까닭으로 대승은 무수이고 무량하며 무변한 유정들을 널리 능히 수용하여 받아들이느니라. 왜 그러한가? 선현이여. 만약 나이거나, 나아가 만약 견자이거나, 만약 진여·실제·부사의계·안은계 등이거나, 만약 허공이거나, 만약 대승이거나, 만약 무수이거나, 만약 무량이거나, 만약 무변이거나, 만약 일체법이더라도, 이와 같은 일체는 모두 무소유이고 얻을 수 없는 까닭이니라.

　다시 다음으로 선현이여. 나, 나아가 견자가 무소유인 까닭으로 색(色)도 역시 무소유라고 마땅히 알아야 하고, 색이 무소유인 까닭으로 허공도 역시 무소유라고 마땅히 알아야 하며, 허공이 무소유인 까닭으로 대승도 역시 무소유라고 마땅히 알아야 하며, 대승이 무소유인 까닭으로 무량도 무소유라고 마땅히 알아야 하고, 무량이 무소유인 까닭으로 무수도 무소유라고 마땅히 알아야 하며, 무수가 무소유인 까닭으로 무변도 무소유라고 마땅히 알아야 하고, 무변이 무소유인 까닭으로 일체법도 무소유라고 마땅히 알아야 하느니라.

　오히려 이러한 인연을 까닭으로 대승은 무수이고 무량하며 무변한 유정들을 널리 능히 수용하여 받아들이느니라. 왜 그러한가? 선현이여. 만약 나이거나, 나아가 만약 견자이거나, 만약 색이거나, 만약 허공이거나, 만약 대승이거나, 만약 무수이거나, 만약 무량이거나, 만약 무변이거나,

만약 일체법이더라도, 이와 같은 일체는 모두 무소유이고 얻을 수 없는 까닭이니라.

다시 다음으로 선현이여. 나, 나아가 견자가 무소유인 까닭으로 수(受)·상(想)·행(行)·식(識)도 역시 무소유라고 마땅히 알아야 하고, 수·상·행·식이 무소유인 까닭으로 허공도 역시 무소유라고 마땅히 알아야 하며, 허공이 무소유인 까닭으로 대승도 역시 무소유라고 마땅히 알아야 하며, 대승이 무소유인 까닭으로 무량도 무소유라고 마땅히 알아야 하고, 무량이 무소유인 까닭으로 무수도 무소유라고 마땅히 알아야 하며, 무수가 무소유인 까닭으로 무변도 무소유라고 마땅히 알아야 하고, 무변이 무소유인 까닭으로 일체법도 무소유라고 마땅히 알아야 하느니라.

오히려 이러한 인연을 까닭으로 대승은 무수이고 무량하며 무변한 유정들을 널리 능히 수용하여 받아들이느니라. 왜 그러한가? 선현이여. 만약 나이거나, 나아가 만약 견자이거나, 만약 수·상·행·식이거나, 만약 허공이거나, 만약 대승이거나, 만약 무수이거나, 만약 무량이거나, 만약 무변이거나, 만약 일체법이더라도, 이와 같은 일체는 모두 무소유이고 얻을 수 없는 까닭이니라.

다시 다음으로 선현이여. 나, 나아가 견자가 무소유인 까닭으로 안처(眼處)도 역시 무소유라고 마땅히 알아야 하고, 안처가 무소유인 까닭으로 허공도 역시 무소유라고 마땅히 알아야 하며, 허공이 무소유인 까닭으로 대승도 역시 무소유라고 마땅히 알아야 하며, 대승이 무소유인 까닭으로 무량도 무소유라고 마땅히 알아야 하고, 무량이 무소유인 까닭으로 무수도 무소유라고 마땅히 알아야 하며, 무수가 무소유인 까닭으로 무변도 무소유라고 마땅히 알아야 하고, 무변이 무소유인 까닭으로 일체법도 무소유라고 마땅히 알아야 하느니라.

오히려 이러한 인연을 까닭으로 대승은 무수이고 무량하며 무변한 유정들을 널리 능히 수용하여 받아들이느니라. 왜 그러한가? 선현이여. 만약 나이거나, 나아가 만약 견자이거나, 만약 안처이거나, 만약 허공이거나, 만약 대승이거나, 만약 무수이거나, 만약 무량이거나, 만약 무변이거

나, 만약 일체법이더라도, 이와 같은 일체는 모두 무소유이고 얻을 수 없는 까닭이니라.

다시 다음으로 선현이여. 나, 나아가 견자가 무소유인 까닭으로 이(耳)·비(鼻)·설(舌)·신(身)·의처(意處)도 역시 무소유라고 마땅히 알아야 하고, 이·비·설·신·의처가 무소유인 까닭으로 허공도 역시 무소유라고 마땅히 알아야 하며, 허공이 무소유인 까닭으로 대승도 역시 무소유라고 마땅히 알아야 하며, 대승이 무소유인 까닭으로 무량도 무소유라고 마땅히 알아야 하고, 무량이 무소유인 까닭으로 무수도 무소유라고 마땅히 알아야 하며, 무수가 무소유인 까닭으로 무변도 무소유라고 마땅히 알아야 하고, 무변이 무소유인 까닭으로 일체법도 무소유라고 마땅히 알아야 하느니라.

오히려 이러한 인연을 까닭으로 대승은 무수이고 무량하며 무변한 유정들을 널리 능히 수용하여 받아들이느니라. 왜 그러한가? 선현이여. 만약 나이거나, 나아가 만약 견자이거나, 만약 이·비·설·신·의처이거나, 만약 허공이거나, 만약 대승이거나, 만약 무수이거나, 만약 무량이거나, 만약 무변이거나, 만약 일체법이더라도, 이와 같은 일체는 모두 무소유이고 얻을 수 없는 까닭이니라.

다시 다음으로 선현이여. 나, 나아가 견자가 무소유인 까닭으로 색처(色處)도 역시 무소유라고 마땅히 알아야 하고, 색처가 무소유인 까닭으로 허공도 역시 무소유라고 마땅히 알아야 하며, 허공이 무소유인 까닭으로 대승도 역시 무소유라고 마땅히 알아야 하며, 대승이 무소유인 까닭으로 무량도 무소유라고 마땅히 알아야 하고, 무량이 무소유인 까닭으로 무수도 무소유라고 마땅히 알아야 하며, 무수가 무소유인 까닭으로 무변도 무소유라고 마땅히 알아야 하고, 무변이 무소유인 까닭으로 일체법도 무소유라고 마땅히 알아야 하느니라.

오히려 이러한 인연을 까닭으로 대승은 무수이고 무량하며 무변한 유정들을 널리 능히 수용하여 받아들이느니라. 왜 그러한가? 선현이여. 만약 나이거나, 나아가 만약 견자이거나, 만약 색처이거나, 만약 허공이거나, 만약 대승이거나, 만약 무수이거나, 만약 무량이거나, 만약 무변이거

나, 만약 일체법이더라도, 이와 같은 일체는 모두 무소유이고 얻을 수 없는 까닭이니라.

다시 다음으로 선현이여. 나, 나아가 견자가 무소유인 까닭으로 성(聲)·향(香)·미(味)·촉(觸)·법처(法處)도 역시 무소유라고 마땅히 알아야 하고, 성·향·미·촉·법처가 무소유인 까닭으로 허공도 역시 무소유라고 마땅히 알아야 하며, 허공이 무소유인 까닭으로 대승도 역시 무소유라고 마땅히 알아야 하며, 대승이 무소유인 까닭으로 무량도 무소유라고 마땅히 알아야 하고, 무량이 무소유인 까닭으로 무수도 무소유라고 마땅히 알아야 하며, 무수가 무소유인 까닭으로 무변도 무소유라고 마땅히 알아야 하고, 무변이 무소유인 까닭으로 일체법도 무소유라고 마땅히 알아야 하느니라.

오히려 이러한 인연을 까닭으로 대승은 무수이고 무량하며 무변한 유정들을 널리 능히 수용하여 받아들이느니라. 왜 그러한가? 선현이여. 만약 나이거나, 나아가 만약 견자이거나, 만약 성·향·미·촉·법처이거나, 만약 허공이거나, 만약 대승이거나, 만약 무수이거나, 만약 무량이거나, 만약 무변이거나, 만약 일체법이더라도, 이와 같은 일체는 모두 무소유이고 얻을 수 없는 까닭이니라.

다시 다음으로 선현이여. 나, 나아가 견자가 무소유인 까닭으로 안계(眼界)도 역시 무소유라고 마땅히 알아야 하고, 안계가 무소유인 까닭으로 허공도 역시 무소유라고 마땅히 알아야 하며, 허공이 무소유인 까닭으로 대승도 역시 무소유라고 마땅히 알아야 하며, 대승이 무소유인 까닭으로 무량도 무소유라고 마땅히 알아야 하고, 무량이 무소유인 까닭으로 무수도 무소유라고 마땅히 알아야 하며, 무수가 무소유인 까닭으로 무변도 무소유라고 마땅히 알아야 하고, 무변이 무소유인 까닭으로 일체법도 무소유라고 마땅히 알아야 하느니라.

오히려 이러한 인연을 까닭으로 대승은 무수이고 무량하며 무변한 유정들을 널리 능히 수용하여 받아들이느니라. 왜 그러한가? 선현이여. 만약 나이거나, 나아가 만약 견자이거나, 만약 안계이거나, 만약 허공이거나, 만약 대승이거나, 만약 무수이거나, 만약 무량이거나, 만약 무변이거

나, 만약 일체법이더라도, 이와 같은 일체는 모두 무소유이고 얻을 수 없는 까닭이니라.

다시 다음으로 선현이여. 나, 나아가 견자가 무소유인 까닭으로 이(耳)·비(鼻)·설(舌)·신(身)·의계(意界)도 역시 무소유라고 마땅히 알아야 하고, 이·비·설·신·의계가 무소유인 까닭으로 허공도 역시 무소유라고 마땅히 알아야 하며, 허공이 무소유인 까닭으로 대승도 역시 무소유라고 마땅히 알아야 하며, 대승이 무소유인 까닭으로 무량도 무소유라고 마땅히 알아야 하고, 무량이 무소유인 까닭으로 무수도 무소유라고 마땅히 알아야 하며, 무수가 무소유인 까닭으로 무변도 무소유라고 마땅히 알아야 하고, 무변이 무소유인 까닭으로 일체법도 무소유라고 마땅히 알아야 하느니라.

오히려 이러한 인연을 까닭으로 대승은 무수이고 무량하며 무변한 유정들을 널리 능히 수용하여 받아들이느니라. 왜 그러한가? 선현이여. 만약 나이거나, 나아가 만약 견자이거나, 만약 이·비·설·신·의계이거나, 만약 허공이거나, 만약 대승이거나, 만약 무수이거나, 만약 무량이거나, 만약 무변이거나, 만약 일체법이더라도, 이와 같은 일체는 모두 무소유이고 얻을 수 없는 까닭이니라.

다시 다음으로 선현이여. 나, 나아가 견자가 무소유인 까닭으로 색계(色界)도 역시 무소유라고 마땅히 알아야 하고, 색계가 무소유인 까닭으로 허공도 역시 무소유라고 마땅히 알아야 하며, 허공이 무소유인 까닭으로 대승도 역시 무소유라고 마땅히 알아야 하며, 대승이 무소유인 까닭으로 무량도 무소유라고 마땅히 알아야 하고, 무량이 무소유인 까닭으로 무수도 무소유라고 마땅히 알아야 하며, 무수가 무소유인 까닭으로 무변도 무소유라고 마땅히 알아야 하고, 무변이 무소유인 까닭으로 일체법도 무소유라고 마땅히 알아야 하느니라.

오히려 이러한 인연을 까닭으로 대승은 무수이고 무량하며 무변한 유정들을 널리 능히 수용하여 받아들이느니라. 왜 그러한가? 선현이여. 만약 나이거나, 나아가 만약 견자이거나, 만약 색계이거나, 만약 허공이거나, 만약 대승이거나, 만약 무수이거나, 만약 무량이거나, 만약 무변이거

나, 만약 일체법이더라도, 이와 같은 일체는 모두 무소유이고 얻을 수 없는 까닭이니라.

다시 다음으로 선현이여. 나, 나아가 견자가 무소유인 까닭으로 성(聲)·향(香)·미(味)·촉(觸)·법계(法界)도 역시 무소유라고 마땅히 알아야 하고, 성·향·미·촉·법계가 무소유인 까닭으로 허공도 역시 무소유라고 마땅히 알아야 하며, 허공이 무소유인 까닭으로 대승도 역시 무소유라고 마땅히 알아야 하며, 대승이 무소유인 까닭으로 무량도 무소유라고 마땅히 알아야 하고, 무량이 무소유인 까닭으로 무수도 무소유라고 마땅히 알아야 하며, 무수가 무소유인 까닭으로 무변도 무소유라고 마땅히 알아야 하고, 무변이 무소유인 까닭으로 일체법도 무소유라고 마땅히 알아야 하느니라.

오히려 이러한 인연을 까닭으로 대승은 무수이고 무량하며 무변한 유정들을 널리 능히 수용하여 받아들이느니라. 왜 그러한가? 선현이여. 만약 나이거나, 나아가 만약 견자이거나, 만약 성·향·미·촉·법계이거나, 만약 허공이거나, 만약 대승이거나, 만약 무수이거나, 만약 무량이거나, 만약 무변이거나, 만약 일체법이더라도, 이와 같은 일체는 모두 무소유이고 얻을 수 없는 까닭이니라.

다시 다음으로 선현이여. 나, 나아가 견자가 무소유인 까닭으로 안식계(眼識界)도 역시 무소유라고 마땅히 알아야 하고, 안식계가 무소유인 까닭으로 허공도 역시 무소유라고 마땅히 알아야 하며, 허공이 무소유인 까닭으로 대승도 역시 무소유라고 마땅히 알아야 하며, 대승이 무소유인 까닭으로 무량도 무소유라고 마땅히 알아야 하고, 무량이 무소유인 까닭으로 무수도 무소유라고 마땅히 알아야 하며, 무수가 무소유인 까닭으로 무변도 무소유라고 마땅히 알아야 하고, 무변이 무소유인 까닭으로 일체법도 무소유라고 마땅히 알아야 하느니라.

오히려 이러한 인연을 까닭으로 대승은 무수이고 무량하며 무변한 유정들을 널리 능히 수용하여 받아들이느니라. 왜 그러한가? 선현이여. 만약 나이거나, 나아가 만약 견자이거나, 만약 안식계이거나, 만약 허공이거나, 만약 대승이거나, 만약 무수이거나, 만약 무량이거나, 만약 무변이거나, 만약 일체법이더라도, 이와 같은 일체는 모두 무소유이고 얻을 수 없는 까닭이니라.

다시 다음으로 선현이여. 나, 나아가 견자가 무소유인 까닭으로 이(耳)·비(鼻)·설(舌)·신(身)·의식계(意識界)도 역시 무소유라고 마땅히 알아야 하고, 이·비·설·신·의식계가 무소유인 까닭으로 허공도 역시 무소유라고 마땅히 알아야 하며, 허공이 무소유인 까닭으로 대승도 역시 무소유라고 마땅히 알아야 하며, 대승이 무소유인 까닭으로 무량도 무소유라고 마땅히 알아야 하고, 무량이 무소유인 까닭으로 무수도 무소유라고 마땅히 알아야 하며, 무수가 무소유인 까닭으로 무변도 무소유라고 마땅히 알아야 하고, 무변이 무소유인 까닭으로 일체법도 무소유라고 마땅히 알아야 하느니라.

오히려 이러한 인연을 까닭으로 대승은 무수이고 무량하며 무변한 유정들을 널리 능히 수용하여 받아들이느니라. 왜 그러한가? 선현이여. 만약 나이거나, 나아가 만약 견자이거나, 만약 이·비·설·신·의식계이거나, 만약 허공이거나, 만약 대승이거나, 만약 무수이거나, 만약 무량이거나, 만약 무변이거나, 만약 일체법이더라도, 이와 같은 일체는 모두 무소유이고 얻을 수 없는 까닭이니라.

다시 다음으로 선현이여. 나, 나아가 견자가 무소유인 까닭으로 안촉(眼觸)도 역시 무소유라고 마땅히 알아야 하고, 안촉이 무소유인 까닭으로 허공도 역시 무소유라고 마땅히 알아야 하며, 허공이 무소유인 까닭으로 대승도 역시 무소유라고 마땅히 알아야 하며, 대승이 무소유인 까닭으로 무량도 무소유라고 마땅히 알아야 하고, 무량이 무소유인 까닭으로 무수도 무소유라고 마땅히 알아야 하며, 무수가 무소유인 까닭으로 무변도 무소유라고 마땅히 알아야 하고, 무변이 무소유인 까닭으로 일체법도 무소유라고 마땅히 알아야 하느니라.

오히려 이러한 인연을 까닭으로 대승은 무수이고 무량하며 무변한 유정들을 널리 능히 수용하여 받아들이느니라. 왜 그러한가? 선현이여.

만약 나이거나, 나아가 만약 견자이거나, 만약 안촉이거나, 만약 허공이거나, 만약 대승이거나, 만약 무수이거나, 만약 무량이거나, 만약 무변이거나, 만약 일체법이더라도, 이와 같은 일체는 모두 무소유이고 얻을 수 없는 까닭이니라.

다시 다음으로 선현이여. 나, 나아가 견자가 무소유인 까닭으로 이(耳)·비(鼻)·설(舌)·신(身)·의촉(意觸)도 역시 무소유라고 마땅히 알아야 하고, 이·비·설·신·의촉이 무소유인 까닭으로 허공도 역시 무소유라고 마땅히 알아야 하며, 허공이 무소유인 까닭으로 대승도 역시 무소유라고 마땅히 알아야 하며, 대승이 무소유인 까닭으로 무량도 무소유라고 마땅히 알아야 하고, 무량이 무소유인 까닭으로 무수도 무소유라고 마땅히 알아야 하며, 무수가 무소유인 까닭으로 무변도 무소유라고 마땅히 알아야 하고, 무변이 무소유인 까닭으로 일체법도 무소유라고 마땅히 알아야 하느니라.

오히려 이러한 인연을 까닭으로 대승은 무수이고 무량하며 무변한 유정들을 널리 능히 수용하여 받아들이느니라. 왜 그러한가? 선현이여. 만약 나이거나, 나아가 만약 견자이거나, 만약 이·비·설·신·의촉이거나, 만약 허공이거나, 만약 대승이거나, 만약 무수이거나, 만약 무량이거나, 만약 무변이거나, 만약 일체법이더라도, 이와 같은 일체는 모두 무소유이고 얻을 수 없는 까닭이니라.

다시 다음으로 선현이여. 나, 나아가 견자가 무소유인 까닭으로 안촉(眼觸)을 인연으로 생겨난 여러 수(受)도 역시 무소유라고 마땅히 알아야 하고, 안촉을 인연으로 생겨난 여러 수가 무소유인 까닭으로 허공도 역시 무소유라고 마땅히 알아야 하며, 허공이 무소유인 까닭으로 대승도 역시 무소유라고 마땅히 알아야 하며, 대승이 무소유인 까닭으로 무량도 무소유라고 마땅히 알아야 하고, 무량이 무소유인 까닭으로 무수도 무소유라고 마땅히 알아야 하며, 무수가 무소유인 까닭으로 무변도 무소유라고 마땅히 알아야 하고, 무변이 무소유인 까닭으로 일체법도 무소유라고 마땅히 알아야 하느니라.

오히려 이러한 인연을 까닭으로 대승은 무수이고 무량하며 무변한 유정들을 널리 능히 수용하여 받아들이느니라. 왜 그러한가? 선현이여. 만약 나이거나, 나아가 만약 견자이거나, 만약 안촉을 인연으로 생겨난 여러 수이거나, 만약 허공이거나, 만약 대승이거나, 만약 무수이거나, 만약 무량이거나, 만약 무변이거나, 만약 일체법이더라도, 이와 같은 일체는 모두 무소유이고 얻을 수 없는 까닭이니라.

다시 다음으로 선현이여. 나, 나아가 견자가 무소유인 까닭으로 이(耳)·비(鼻)·설(舌)·신(身)·의촉(意觸)을 인연으로 생겨난 여러 수도 역시 무소유라고 마땅히 알아야 하고, 이·비·설·신·의촉을 인연으로 생겨난 여러 수가 무소유인 까닭으로 허공도 역시 무소유라고 마땅히 알아야 하며, 허공이 무소유인 까닭으로 대승도 역시 무소유라고 마땅히 알아야 하며, 대승이 무소유인 까닭으로 무량도 무소유라고 마땅히 알아야 하고, 무량이 무소유인 까닭으로 무수도 무소유라고 마땅히 알아야 하며, 무수가 무소유인 까닭으로 무변도 무소유라고 마땅히 알아야 하고, 무변이 무소유인 까닭으로 일체법도 무소유라고 마땅히 알아야 하느니라.

오히려 이러한 인연을 까닭으로 대승은 무수이고 무량하며 무변한 유정들을 널리 능히 수용하여 받아들이느니라. 왜 그러한가? 선현이여. 만약 나이거나, 나아가 만약 견자이거나, 만약 이·비·설·신·의촉을 인연으로 생겨난 여러 수이거나, 만약 허공이거나, 만약 대승이거나, 만약 무수이거나, 만약 무량이거나, 만약 무변이거나, 만약 일체법이더라도, 이와 같은 일체는 모두 무소유이고 얻을 수 없는 까닭이니라.

다시 다음으로 선현이여. 나, 나아가 견자가 무소유인 까닭으로 보시바라밀다(布施波羅蜜多)도 역시 무소유라고 마땅히 알아야 하고, 보시바라밀다가 무소유인 까닭으로 허공도 역시 무소유라고 마땅히 알아야 하며, 허공이 무소유인 까닭으로 대승도 역시 무소유라고 마땅히 알아야 하며, 대승이 무소유인 까닭으로 무량도 무소유라고 마땅히 알아야 하고, 무량이 무소유인 까닭으로 무수도 무소유라고 마땅히 알아야 하며, 무수가 무소유인 까닭으로 무변도 무소유라고 마땅히 알아야 하고, 무변이 무소유인 까닭으로 일체법도 무소유라고 마땅히 알아야 하느니라.

오히려 이러한 인연을 까닭으로 대승은 무수이고 무량하며 무변한 유정들을 널리 능히 수용하여 받아들이느니라. 왜 그러한가? 선현이여. 만약 나이거나, 나아가 만약 견자이거나, 만약 보시바라밀다이거나, 만약 허공이거나, 만약 대승이거나, 만약 무수이거나, 만약 무량이거나, 만약 무변이거나, 만약 일체법이더라도, 이와 같은 일체는 모두 무소유이고 얻을 수 없는 까닭이니라.

다시 다음으로 선현이여. 나, 나아가 견자가 무소유인 까닭으로 정계(淨戒)·안인(安忍)·정진(精進)·정려(靜慮)·반야바라밀다(般若波羅蜜多)도 역시 무소유라고 마땅히 알아야 하고, 정계·안인·정진·정려·반야바라밀다가 무소유인 까닭으로 허공도 역시 무소유라고 마땅히 알아야 하며, 허공이 무소유인 까닭으로 대승도 역시 무소유라고 마땅히 알아야 하며, 대승이 무소유인 까닭으로 무량도 무소유라고 마땅히 알아야 하고, 무량이 무소유인 까닭으로 무수도 무소유라고 마땅히 알아야 하며, 무수가 무소유인 까닭으로 무변도 무소유라고 마땅히 알아야 하고, 무변이 무소유인 까닭으로 일체법도 무소유라고 마땅히 알아야 하느니라.

오히려 이러한 인연을 까닭으로 대승은 무수이고 무량하며 무변한 유정들을 널리 능히 수용하여 받아들이느니라. 왜 그러한가? 선현이여. 만약 나이거나, 나아가 만약 견자이거나, 만약 정계·안인·정진·정려·반야바라밀다이거나, 만약 허공이거나, 만약 대승이거나, 만약 무수이거나, 만약 무량이거나, 만약 무변이거나, 만약 일체법이더라도, 이와 같은 일체는 모두 무소유이고 얻을 수 없는 까닭이니라.

다시 다음으로 선현이여. 나, 나아가 견자가 무소유인 까닭으로 내공(內空)도 역시 무소유라고 마땅히 알아야 하고, 내공이 무소유인 까닭으로 허공도 역시 무소유라고 마땅히 알아야 하며, 허공이 무소유인 까닭으로 대승도 역시 무소유라고 마땅히 알아야 하며, 대승이 무소유인 까닭으로 무량도 무소유라고 마땅히 알아야 하고, 무량이 무소유인 까닭으로 무수도 무소유라고 마땅히 알아야 하며, 무수가 무소유인 까닭으로 무변도 무소유라고 마땅히 알아야 하고, 무변이 무소유인 까닭으로 일체법도 무소유라고 마땅히 알아야 하느니라.

오히려 이러한 인연을 까닭으로 대승은 무수이고 무량하며 무변한 유정들을 널리 능히 수용하여 받아들이느니라. 왜 그러한가? 선현이여. 만약 나이거나, 나아가 만약 견자이거나, 만약 내공이거나, 만약 허공이거나, 만약 대승이거나, 만약 무수이거나, 만약 무량이거나, 만약 무변이거나, 만약 일체법이더라도, 이와 같은 일체는 모두 무소유이고 얻을 수 없는 까닭이니라.

다시 다음으로 선현이여. 나, 나아가 견자가 무소유인 까닭으로 외공(外空)·내외공(內外空)·공공(空空)·대공(大空)·승의공(勝義空)·유위공(有爲空)·무위공(無爲空)·필경공(畢竟空)·무제공(無際空)·산공(散空)·무변이공(無變異空)·본성공(本性空)·자상공(自相空)·공상공(共相空)·일체법공(一切法空)·불가득공(不可得空)·무성공(無性空)·자성공(自性空)·무성자성공(無性自性空)도 역시 무소유라고 마땅히 알아야 하고, 외공, 나아가 무성자성공이 무소유인 까닭으로 허공도 역시 무소유라고 마땅히 알아야 하며, 허공이 무소유인 까닭으로 대승도 역시 무소유라고 마땅히 알아야 하며, 대승이 무소유인 까닭으로 무량도 무소유라고 마땅히 알아야 하고, 무량이 무소유인 까닭으로 무수도 무소유라고 마땅히 알아야 하며, 무수가 무소유인 까닭으로 무변도 무소유라고 마땅히 알아야 하고, 무변이 무소유인 까닭으로 일체법도 무소유라고 마땅히 알아야 하느니라.

오히려 이러한 인연을 까닭으로 대승은 무수이고 무량하며 무변한 유정들을 널리 능히 수용하여 받아들이느니라. 왜 그러한가? 선현이여. 만약 나이거나, 나아가 만약 견자이거나, 만약 외공, 나아가 무성자성공이거나, 만약 허공이거나, 만약 대승이거나, 만약 무수이거나, 만약 무량이거나, 만약 무변이거나, 만약 일체법이더라도, 이와 같은 일체는 모두 무소유이고 얻을 수 없는 까닭이니라.

다시 다음으로 선현이여. 나, 나아가 견자가 무소유인 까닭으로 4념주(四念住)도 역시 무소유라고 마땅히 알아야 하고, 4념주가 무소유인 까닭으로 허공도 역시 무소유라고 마땅히 알아야 하며, 허공이 무소유인 까닭으로 대승도 역시 무소유라고 마땅히 알아야 하며, 대승이 무소유인 까닭으로 무량도 무소유라고 마땅히 알아야 하고, 무량이 무소유인 까닭으로 무수도 무소유라고 마땅히 알아야 하며, 무수가 무소유인 까닭으로 무변도 무소유라고 마땅히 알아야 하고, 무변이 무소유인 까닭으로 일체법도 무소유라고 마땅히 알아야 하느니라.

오히려 이러한 인연을 까닭으로 대승은 무수이고 무량하며 무변한 유정들을 널리 능히 수용하여 받아들이느니라. 왜 그러한가? 선현이여. 만약 나이거나, 나아가 만약 견자이거나, 만약 4념주이거나, 만약 허공이거나, 만약 대승이거나, 만약 무수이거나, 만약 무량이거나, 만약 무변이거나, 만약 일체법이더라도, 이와 같은 일체는 모두 무소유이고 얻을 수 없는 까닭이니라.

다시 다음으로 선현이여. 나, 나아가 견자가 무소유인 까닭으로 4정단(四正斷)·4신족(四神足)·5근(五根)·5력(五力)·7등각지(七等覺支)·8성도지(八聖道支)도 역시 무소유라고 마땅히 알아야 하고, 4정단, 나아가 8성도지가 무소유인 까닭으로 허공도 역시 무소유라고 마땅히 알아야 하며, 허공이 무소유인 까닭으로 대승도 역시 무소유라고 마땅히 알아야 하며, 대승이 무소유인 까닭으로 무량도 무소유라고 마땅히 알아야 하고, 무량이 무소유인 까닭으로 마땅히 무수도 무소유라고 마땅히 알아야 하며, 무수가 무소유인 까닭으로 무변도 무소유라고 마땅히 알아야 하고, 무변이 무소유인 까닭으로 일체법도 무소유라고 마땅히 알아야 하느니라.

오히려 이러한 인연을 까닭으로 대승은 무수이고 무량하며 무변한 유정들을 널리 능히 수용하여 받아들이느니라. 왜 그러한가? 선현이여. 만약 나이거나, 나아가 만약 견자이거나, 만약 4정단, 나아가 8성도지이거나, 만약 허공이거나, 만약 대승이거나, 만약 무수이거나, 만약 무량이거나, 만약 무변이거나, 만약 일체법이더라도, 이와 같은 일체는 모두 무소유이고 얻을 수 없는 까닭이니라."

마하반야바라밀다경 제419권

21. 무소유품(無所有品)(2)

"다시 다음으로 선현이여. 나, 나아가 견자가 무소유인 까닭으로 여래(佛)의 10력(十力)도 역시 무소유라고 마땅히 알아야 하고, 여래의 10력이 무소유인 까닭으로 허공도 역시 무소유라고 마땅히 알아야 하며, 허공이 무소유인 까닭으로 대승도 역시 무소유라고 마땅히 알아야 하며, 대승이 무소유인 까닭으로 무량도 무소유라고 마땅히 알아야 하고, 무량이 무소유인 까닭으로 무수도 무소유라고 마땅히 알아야 하며, 무수가 무소유인 까닭으로 무변도 무소유라고 마땅히 알아야 하고, 무변이 무소유인 까닭으로 일체법도 무소유라고 마땅히 알아야 하느니라.

오히려 이러한 인연을 까닭으로 대승은 무수이고 무량하며 무변한 유정들을 널리 능히 수용하여 받아들이느니라. 왜 그러한가? 선현이여. 만약 나이거나, 나아가 만약 견자이거나, 만약 여래의 10력이거나, 만약 허공이거나, 만약 대승이거나, 만약 무수이거나, 만약 무량이거나, 만약 무변이거나, 만약 일체법이더라도, 이와 같은 일체는 모두 무소유이고 얻을 수 없는 까닭이니라.

다시 다음으로 선현이여. 나, 나아가 견자가 무소유인 까닭으로 4무소외(四無所畏)·4무애해(四無礙解)·대자(大慈)·대비(大悲)·대희(大喜)·대사(大捨)·18불불공법(十八佛不共法)도 역시 무소유라고 마땅히 알아야 하고, 4무소외, 나아가 18불불공법이 무소유인 까닭으로 허공도 역시 무소유라고 마땅히 알아야 하며, 허공이 무소유인 까닭으로 대승도 역시 무소유라고 마땅히 알아야 하며, 대승이 무소유인 까닭으로 무량도 무소유라고 마땅히 알아야 하고, 무량이 무소유인 까닭으로 무수도 무소유라고 마땅히 알아야 하며, 무수가 무소유인 까닭으로 무변도 무소유라고 마땅히 알아야 하고, 무변이 무소유인 까닭으로 일체법도 무소유라고 마땅히 알아야 하느니라.

오히려 이러한 인연을 까닭으로 대승은 무수이고 무량하며 무변한 유정들을 널리 능히 수용하여 받아들이느니라. 왜 그러한가? 선현이여. 만약 나이거나, 나아가 만약 견자이거나, 만약 4무소외, 나아가 18불불공법이거나, 만약 허공이거나, 만약 대승이거나, 만약 무수이거나, 만약 무량이거나, 만약 무변이거나, 만약 일체법이더라도, 이와 같은 일체는 모두 무소유이고 얻을 수 없는 까닭이니라.

다시 다음으로 선현이여. 나, 나아가 견자가 무소유인 까닭으로 종성법(種性法)도 역시 무소유라고 마땅히 알아야 하고, 종성법이 무소유인 까닭으로 허공도 역시 무소유라고 마땅히 알아야 하며, 허공이 무소유인 까닭으로 대승도 역시 무소유라고 마땅히 알아야 하며, 대승이 무소유인 까닭으로 무량도 무소유라고 마땅히 알아야 하고, 무량이 무소유인 까닭으로 무수도 무소유라고 마땅히 알아야 하며, 무수가 무소유인 까닭으로 무변도 무소유라고 마땅히 알아야 하고, 무변이 무소유인 까닭으로 일체법도 무소유라고 마땅히 알아야 하느니라.

오히려 이러한 인연을 까닭으로 대승은 무수이고 무량하며 무변한 유정들을 널리 능히 수용하여 받아들이느니라. 왜 그러한가? 선현이여. 만약 나이거나, 나아가 만약 견자이거나, 만약 종성법이거나, 만약 허공이거나, 만약 대승이거나, 만약 무수이거나, 만약 무량이거나, 만약 무변이거나, 만약 일체법이더라도, 이와 같은 일체는 모두 무소유이고 얻을 수 없는 까닭이니라.

다시 다음으로 선현이여. 나, 나아가 견자가 무소유인 까닭으로 제8법(第八法)·예류법(預流法)·일래법(一來法)·불환법(不還法)·아라한법(阿羅漢法)·독각법(獨覺法)·보살법(菩薩法)·여래법(如來法)도 역시 무소유라고 마땅히 알아야 하고, 제8법, 나아가 여래법이 무소유인 까닭으로 허공도 역시 무소유라고 마땅히 알아야 하며, 허공이 무소유인 까닭으로 대승도 역시 무소유라고 마땅히 알아야 하며, 대승이 무소유인 까닭으로 무량도 무소유라고 마땅히 알아야 하고, 무량이 무소유인 까닭으로 무수도 무소유라고 마땅히 알아야 하며, 무수가 무소유인 까닭으로 무변도 무소유라고 마땅히 알아야 하고, 무변이 무소유인 까닭으로 일체법도 무소유라고 마땅히 알아야 하느니라.

  오히려 이러한 인연을 까닭으로 대승은 무수이고 무량하며 무변한 유정들을 널리 능히 수용하여 받아들이느니라. 왜 그러한가? 선현이여. 만약 나이거나, 나아가 만약 견자이거나, 만약 제8법, 나아가 여래법이거나, 만약 허공이거나, 만약 대승이거나, 만약 무수이거나, 만약 무량이거나, 만약 무변이거나, 만약 일체법이더라도, 이와 같은 일체는 모두 무소유이고 얻을 수 없는 까닭이니라.

  다시 다음으로 선현이여. 나, 나아가 견자가 무소유인 까닭으로 예류(預流)도 역시 무소유라고 마땅히 알아야 하고, 예류가 무소유인 까닭으로 허공도 역시 무소유라고 마땅히 알아야 하며, 허공이 무소유인 까닭으로 대승도 역시 무소유라고 마땅히 알아야 하며, 대승이 무소유인 까닭으로 무량도 무소유라고 마땅히 알아야 하고, 무량이 무소유인 까닭으로 무수도 무소유라고 마땅히 알아야 하며, 무수가 무소유인 까닭으로 무변도 무소유라고 마땅히 알아야 하고, 무변이 무소유인 까닭으로 일체법도 무소유라고 마땅히 알아야 하느니라.

  오히려 이러한 인연을 까닭으로 대승은 무수이고 무량하며 무변한 유정들을 널리 능히 수용하여 받아들이느니라. 왜 그러한가? 선현이여. 만약 나이거나, 나아가 만약 견자이거나, 만약 예류이거나, 만약 허공이거나, 만약 대승이거나, 만약 무수이거나, 만약 무량이거나, 만약 무변이거나, 만약 일체법이더라도, 이와 같은 일체는 모두 무소유이고 얻을 수 없는 까닭이니라.

다시 다음으로 선현이여. 나, 나아가 견자가 무소유인 까닭으로 일래(一來)·불환(不還)·아라한(阿羅漢)·독각(獨覺)·보살(菩薩)·여래(如來)도 역시 무소유라고 마땅히 알아야 하고, 일래, 나아가 여래가 무소유인 까닭으로 허공도 역시 무소유라고 마땅히 알아야 하며, 허공이 무소유인 까닭으로 대승도 역시 무소유라고 마땅히 알아야 하며, 대승이 무소유인 까닭으로 무량도 무소유라고 마땅히 알아야 하고, 무량이 무소유인 까닭으로 무수도 무소유라고 마땅히 알아야 하며, 무수가 무소유인 까닭으로 무변도 무소유라고 마땅히 알아야 하고, 무변이 무소유인 까닭으로 일체법도 무소유라고 마땅히 알아야 하느니라.

오히려 이러한 인연을 까닭으로 대승은 무수이고 무량하며 무변한 유정들을 널리 능히 수용하여 받아들이느니라. 왜 그러한가? 선현이여. 만약 나이거나, 나아가 만약 견자이거나, 만약 일래, 나아가 여래이거나, 만약 허공이거나, 만약 대승이거나, 만약 무수이거나, 만약 무량이거나, 만약 무변이거나, 만약 일체법이더라도, 이와 같은 일체는 모두 무소유이고 얻을 수 없는 까닭이니라.

다시 다음으로 선현이여. 나, 나아가 견자가 무소유인 까닭으로 성문(聲聞)도 역시 무소유라고 마땅히 알아야 하고, 성문이 무소유인 까닭으로 독각(獨覺)도 역시 무소유라고 마땅히 알아야 하며, 독각이 무소유인 까닭으로 등정각(等正覺)도 역시 무소유라고 마땅히 알아야 하고, 등정각이 무소유인 까닭으로 대승도 역시 무소유라고 마땅히 알아야 하며, 대승이 무소유인 까닭으로 독각승(獨覺乘)도 역시 무소유라고 마땅히 알아야 하고, 독각승이 무소유인 까닭으로 성문승(聲聞乘)도 역시 무소유라고 마땅히 알아야 하며, 성문승이 무소유인 까닭으로 일체상지(一切相智)도 역시 무소유라고 마땅히 알아야 하고, 일체상지가 무소유인 까닭으로 허공도 역시 무소유라고 마땅히 알아야 하며, 허공이 무소유인 까닭으로 대승도 역시 무소유라고 마땅히 알아야 하며, 대승이 무소유인 까닭으로 무량도 무소유라고 마땅히 알아야 하고, 무량이 무소유인 까닭으로 무수도 무소유라고 마땅히 알아야 하며, 무수가 무소유인 까닭으로 무변도 무소유라고 마땅히 알아야 하고, 무변이 무소유인 까닭으로 일체법도 무소유라고 마땅히 알아야 하느니라.
 오히려 이러한 인연을 까닭으로 대승은 무수이고 무량하며 무변한 유정들을 널리 능히 수용하여 받아들이느니라. 왜 그러한가? 선현이여. 만약 나이거나, 나아가 만약 견자이거나, 만약 독각이거나, 만약 등정각이거나, 만약 허공이거나, 만약 대승이거나, 만약 무수이거나, 만약 무량이거나, 만약 무변이거나, 만약 일체법이더라도, 이와 같은 일체는 모두 무소유이고 얻을 수 없는 까닭이니라.
 다시 다음으로 선현이여. 열반계가 무수이고 무량하며 무변한 유정들을 널리 능히 수용하여 받아들이는 것과 같이, 대승도 그와 같아서 무수이고 무량하며 무변한 유정들을 널리 능히 수용하여 받아들이느니라. 오히려 이러한 인연을 까닭으로 허공이 무수이고 부량하며 무변한 유정들을 널리 능히 수용하여 받아들이는 것과 같이, 대승도 그와 같아서 무수이고 무량하며 무변한 유정들을 널리 능히 수용하여 받아들인다.'라고 지어서 설하느니라."

 "다시 다음으로 선현이여. 그대는 '또한 허공은 오지 않고 떠나가지 않으며 머무르는 것도 볼 수 없는 것과 같이, 대승도 역시 그와 같아서 오는 것도 없고 떠나가는 것도 없으며 머무르는 것도 볼 수 없다.'라고 말한 것은, 그와 같으니라. 그와 같으니라. 그대가 말한 것과 같으니라. 그 까닭은 무엇인가? 선현이여. 일체법은 오지 않고 떠나가지 않으며 역시 다시 머무르지 않는 까닭이니라. 왜 그러한가? 일체법으로써 만약 움직이거나, 만약 머무르는 것으로써 얻을 수 없는 까닭이니라. 오히려 이러한 인연으로 대승은 역시 왔던 처소도 없고 떠나갔던 처소도 없으며 머물렀던 처소도 얻을 수 없느니라.
 그 까닭은 무엇인가? 선현이여. 색은 따라서 왔던 것이 없고, 역시 따라서 떠나갔던 것도 없으며, 역시 따라서 머물렀던 것도 없느니라. 수·상·행·식은 따라서 왔던 것이 없고, 역시 따라서 떠나갔던 것도 없으며,

역시 따라서 머물렀던 것도 없느니라. 선현이여. 색의 본성(本性)은 따라서 왔던 것이 없고, 역시 따라서 떠나갔던 것도 없으며, 역시 따라서 머물렀던 것도 없느니라. 수·상·행·식의 본성은 따라서 왔던 것이 없고, 역시 따라서 떠나갔던 것도 없으며, 역시 따라서 머물렀던 것도 없느니라. 선현이여. 색의 진여(眞如)는 따라서 왔던 것이 없고, 역시 따라서 떠나갔던 것도 없으며, 역시 따라서 머물렀던 것도 없느니라. 수·상·행·식의 진여는 따라서 왔던 것이 없고, 역시 따라서 떠나갔던 것도 없으며, 역시 따라서 머물렀던 것도 없느니라.

선현이여. 색의 자성(自性)은 따라서 왔던 것이 없고, 역시 따라서 떠나갔던 것도 없으며, 역시 따라서 머물렀던 것도 없느니라. 수·상·행·식의 자성은 따라서 왔던 것이 없고, 역시 따라서 떠나갔던 것도 없으며, 역시 따라서 머물렀던 것도 없느니라. 색의 자상(自相)은 따라서 왔던 것이 없고, 역시 따라서 떠나갔던 것도 없으며, 역시 따라서 머물렀던 것도 없느니라. 수·상·행·식의 자상은 따라서 왔던 것이 없고, 역시 따라서 떠나갔던 것도 없으며, 역시 따라서 머물렀던 것도 없느니라. 왜 그러한가? 선현이여. 색, 나아가 식의 본성·진여·자성·자상은 만약 움직이거나, 만약 머무르는 것으로 얻을 수 없는 까닭이니라.

다시 다음으로 선현이여. 안처는 따라서 왔던 것이 없고, 역시 따라서 떠나갔던 것도 없으며, 역시 따라서 머물렀던 것도 없느니라. 이·비·설·신·의처는 따라서 왔던 것이 없고, 역시 따라서 떠나갔던 것도 없으며, 역시 따라서 머물렀던 것도 없느니라. 선현이여. 안처의 본성은 따라서 왔던 것이 없고, 역시 따라서 떠나갔던 것도 없으며, 역시 따라서 머물렀던 것도 없느니라. 이·비·설·신·의처의 본성은 따라서 왔던 것이 없고, 역시 따라서 떠나갔던 것도 없으며, 역시 따라서 머물렀던 것도 없느니라. 선현이여. 안처의 진여는 따라서 왔던 것이 없고, 역시 따라서 떠나갔던 것도 없으며, 역시 따라서 머물렀던 것도 없느니라. 이·비·설·신·의처의 진여는 따라서 왔던 것이 없고, 역시 따라서 떠나갔던 것도 없으며, 역시 따라서 머물렀던 것도 없느니라.

선현이여. 안처의 자성은 따라서 왔던 것이 없고, 역시 따라서 떠나갔던 것도 없으며, 역시 따라서 머물렀던 것도 없느니라. 이·비·설·신·의처의 자성은 따라서 왔던 것이 없고, 역시 따라서 떠나갔던 것도 없으며, 역시 따라서 머물렀던 것도 없느니라. 안처의 자상은 따라서 왔던 것이 없고, 역시 따라서 떠나갔던 것도 없으며, 역시 따라서 머물렀던 것도 없느니라. 이·비·설·신·의처의 자상은 따라서 왔던 것이 없고, 역시 따라서 떠나갔던 것도 없으며, 역시 따라서 머물렀던 것도 없느니라. 왜 그러한가? 선현이여. 안처, 나아가 의처의 본성·진여·자성·자상은 만약 움직이거나, 만약 머무르는 것으로 얻을 수 없는 까닭이니라.

 다시 다음으로 선현이여. 색처는 따라서 왔던 것이 없고, 역시 따라서 떠나갔던 것도 없으며, 역시 따라서 머물렀던 것도 없느니라. 성·향·미·촉·법처는 따라서 왔던 것이 없고, 역시 따라서 떠나갔던 것도 없으며, 역시 따라서 머물렀던 것도 없느니라. 선현이여. 색처의 본성은 따라서 왔던 것이 없고, 역시 따라서 떠나갔던 것도 없으며, 역시 따라서 머물렀던 것도 없느니라. 성·향·미·촉·법처의 본성은 따라서 왔던 것이 없고, 역시 따라서 떠나갔던 것도 없으며, 역시 따라서 머물렀던 것도 없느니라. 선현이여. 색처의 진여는 따라서 왔던 것이 없고, 역시 따라서 떠나갔던 것도 없으며, 역시 따라서 머물렀던 것도 없느니라. 성·향·미·촉·법처의 진여는 따라서 왔던 것이 없고, 역시 따라서 떠나갔던 것도 없으며, 역시 따라서 머물렀던 것도 없느니라.

 선현이여. 색처의 자성은 따라서 왔던 것이 없고, 역시 따라서 떠나갔던 것도 없으며, 역시 따라서 머물렀던 것도 없느니라. 성·향·미·촉·법처의 자성은 따라서 왔던 것이 없고, 역시 따라서 떠나갔던 것도 없으며, 역시 따라서 머물렀던 것도 없느니라. 색처의 자상은 따라서 왔던 것이 없고, 역시 따라서 떠나갔던 것도 없으며, 역시 따라서 머물렀던 것도 없느니라. 성·향·미·촉·법처의 자상은 따라서 왔던 것이 없고, 역시 따라서 떠나갔던 것도 없으며, 역시 따라서 머물렀던 것도 없느니라. 왜 그러한가? 선현이여. 색처, 나아가 법처의 본성·진여·자성·자상은 만약 움직이거나, 만약 머무르는 것으로 얻을 수 없는 까닭이니라.
 다시 다음으로 선현이여. 안계는 따라서 왔던 것이 없고, 역시 따라서 떠나갔던 것도 없으며, 역시 따라서 머물렀던 것도 없느니라. 이·비·설·신·의계는 따라서 왔던 것이 없고, 역시 따라서 떠나갔던 것도 없으며, 역시 따라서 머물렀던 것도 없느니라. 선현이여. 안계의 본성은 따라서 왔던 것이 없고, 역시 따라서 떠나갔던 것도 없으며, 역시 따라서 머물렀던 것도 없느니라. 이·비·설·신·의계의 본성은 따라서 왔던 것이 없고, 역시 따라서 떠나갔던 것도 없으며, 역시 따라서 머물렀던 것도 없느니라. 선현이여. 안계의 진여는 따라서 왔던 것이 없고, 역시 따라서 떠나갔던 것도 없으며, 역시 따라서 머물렀던 것도 없느니라. 이·비·설·신·의계의 진여는 따라서 왔던 것이 없고, 역시 따라서 떠나갔던 것도 없으며, 역시 따라서 머물렀던 것도 없느니라.
 선현이여. 안계의 자성은 따라서 왔던 것이 없고, 역시 따라서 떠나갔던 것도 없으며, 역시 따라서 머물렀던 것도 없느니라. 이·비·설·신·의계의 자성은 따라서 왔던 것이 없고, 역시 따라서 떠나갔던 것도 없으며, 역시 따라서 머물렀던 것도 없느니라. 안계의 자상은 따라서 왔던 것이 없고, 역시 따라서 떠나갔던 것도 없으며, 역시 따라서 머물렀던 것도 없느니라. 이·비·설·신·의계의 자상은 따라서 왔던 것이 없고, 역시 따라서 떠나갔던 것도 없으며, 역시 따라서 머물렀던 것도 없느니라. 왜 그러한가? 선현이여. 안계, 나아가 의계의 본성·진여·자성·자상은 만약 움직이거나, 만약 머무르는 것으로 얻을 수 없는 까닭이니라.
 다시 다음으로 선현이여. 색계는 따라서 왔던 것이 없고, 역시 따라서 떠나갔던 것도 없으며, 역시 따라서 머물렀던 것도 없느니라. 성·향·미·촉·법계는 따라서 왔던 것이 없고, 역시 따라서 떠나갔던 것도 없으며, 역시 따라서 머물렀던 것도 없느니라. 선현이여. 색계의 본성은 따라서 왔던 것이 없고, 역시 따라서 떠나갔던 것도 없으며, 역시 따라서 머물렀던 것도 없느니라. 성·향·미·촉·법계의 본성은 따라서 왔던 것이 없고, 역시 따라서 떠나갔던 것도 없으며, 역시 따라서 머물렀던 것도 없느니라.

선현이여. 색계의 진여는 따라서 왔던 것이 없고, 역시 따라서 떠나갔던 것도 없으며, 역시 따라서 머물렀던 것도 없느니라. 성·향·미·촉·법계의 진여는 따라서 왔던 것이 없고, 역시 따라서 떠나갔던 것도 없으며, 역시 따라서 머물렀던 것도 없느니라.

선현이여. 색계의 자성은 따라서 왔던 것이 없고, 역시 따라서 떠나갔던 것도 없으며, 역시 따라서 머물렀던 것도 없느니라. 성·향·미·촉·법계의 자성은 따라서 왔던 것이 없고, 역시 따라서 떠나갔던 것도 없으며, 역시 따라서 머물렀던 것도 없느니라. 색계의 자상은 따라서 왔던 것이 없고, 역시 따라서 떠나갔던 것도 없으며, 역시 따라서 머물렀던 것도 없느니라. 성·향·미·촉·법계의 자상은 따라서 왔던 것이 없고, 역시 따라서 떠나갔던 것도 없으며, 역시 따라서 머물렀던 것도 없느니라. 왜 그러한가? 선현이여. 색계, 나아가 법계의 본성 진여·자성·자상은 만약 움직이거나, 만약 머무르는 것으로 얻을 수 없는 까닭이니라.

다시 다음으로 선현이여. 안식계는 따라서 왔던 것이 없고, 역시 따라서 떠나갔던 것도 없으며, 역시 따라서 머물렀던 것도 없느니라. 이·비·설·신·의식계는 따라서 왔던 것이 없고, 역시 따라서 떠나갔던 것도 없으며, 역시 따라서 머물렀던 것도 없느니라. 선현이여. 안식계의 본성은 따라서 왔던 것이 없고, 역시 따라서 떠나갔던 것도 없으며, 역시 따라서 머물렀던 것도 없느니라. 이·비·설·신·의식계의 본성은 따라서 왔던 것이 없고, 역시 따라서 떠나갔던 것도 없으며, 역시 따라서 머물렀던 것도 없느니라. 선현이여. 안식계의 진여는 따라서 왔던 것이 없고, 역시 따라서 떠나갔던 것도 없으며, 역시 따라서 머물렀던 것도 없느니라. 이·비·설·신·의식계의 진여는 따라서 왔던 것이 없고, 역시 따라서 떠나갔던 것도 없으며, 역시 따라서 머물렀던 것도 없느니라.

선현이여. 안식계의 자성은 따라서 왔던 것이 없고, 역시 따라서 떠나갔던 것도 없으며, 역시 따라서 머물렀던 것도 없느니라. 이·비·설·신·의식계의 자성은 따라서 왔던 것이 없고, 역시 따라서 떠나갔던 것도 없으며, 역시 따라서 머물렀던 것도 없느니라. 안식계의 자상은 따라서 왔던 것이 없고, 역시 따라서 떠나갔던 것도 없으며, 역시 따라서 머물렀던 것도 없느니라. 이·비·설·신·의식계의 자상은 따라서 왔던 것이 없고, 역시 따라서 떠나갔던 것도 없으며, 역시 따라서 머물렀던 것도 없느니라. 왜 그러한가? 선현이여. 안식계, 나아가 의식계의 본성·진여·자성·자상은 만약 움직이거나, 만약 머무르는 것으로 얻을 수 없는 까닭이니라.

다시 다음으로 선현이여. 안촉은 따라서 왔던 것이 없고, 역시 따라서 떠나갔던 것도 없으며, 역시 따라서 머물렀던 것도 없느니라. 이·비·설·신·의촉은 따라서 왔던 것이 없고, 역시 따라서 떠나갔던 것도 없으며, 역시 따라서 머물렀던 것도 없느니라. 선현이여. 안촉의 본성은 따라서 왔던 것이 없고, 역시 따라서 떠나갔던 것도 없으며, 역시 따라서 머물렀던 것도 없느니라. 이·비·설·신·의촉의 본성은 따라서 왔던 것이 없고, 역시 따라서 떠나갔던 것도 없으며, 역시 따라서 머물렀던 것도 없느니라. 선현이여. 안촉의 진여는 따라서 왔던 것이 없고, 역시 따라서 떠나갔던 것도 없으며, 역시 따라서 머물렀던 것도 없느니라. 이·비·설·신·의촉의 진여는 따라서 왔던 것이 없고, 역시 따라서 떠나갔던 것도 없으며, 역시 따라서 머물렀던 것도 없느니라.

선현이여. 안촉의 자성은 따라서 왔던 것이 없고, 역시 따라서 떠나갔던 것도 없으며, 역시 따라서 머물렀던 것도 없느니라. 이·비·설·신·의촉의 자성은 따라서 왔던 것이 없고, 역시 따라서 떠나갔던 것도 없으며, 역시 따라서 머물렀던 것도 없느니라. 안촉의 자상은 따라서 왔던 것이 없고, 역시 따라서 떠나갔던 것도 없으며, 역시 따라서 머물렀던 것도 없느니라. 이·비·설·신·의촉의 자상은 따라서 왔던 것이 없고, 역시 따라서 떠나갔던 것도 없으며, 역시 따라서 머물렀던 것도 없느니라. 왜 그러한가? 선현이여. 안촉, 나아가 의촉의 본성·진여·자성·자상은 만약 움직이거나, 만약 머무르는 것으로 얻을 수 없는 까닭이니라.

다시 다음으로 선현이여. 안촉을 인연으로 생겨난 여러 수는 따라서 왔던 것이 없고, 역시 따라서 떠나갔던 것도 없으며, 역시 따라서 머물렀던 것도 없느니라. 이·비·설·신·의촉을 인연으로 생겨난 여러 수는 따라서 왔던 것이 없고, 역시 따라서 떠나갔던 것도 없으며, 역시 따라서 머물렀던 것도 없느니라. 선현이여. 안촉을 인연으로 생겨난 여러 수의 본성은 따라서 왔던 것이 없고, 역시 따라서 떠나갔던 것도 없으며, 역시 따라서 머물렀던 것도 없느니라. 이·비·설·신·의촉을 인연으로 생겨난 여러 수의 본성은 따라서 왔던 것이 없고, 역시 따라서 떠나갔던 것도 없으며, 역시 따라서 머물렀던 것도 없느니라. 선현이여. 안촉을 인연으로 생겨난 여러 수의 진여는 따라서 왔던 것이 없고, 역시 따라서 떠나갔던 것도 없으며, 역시 따라서 머물렀던 것도 없느니라. 이·비·설·신·의촉을 인연으로 생겨난 여러 수의 진여는 따라서 왔던 것이 없고, 역시 따라서 떠나갔던 것도 없으며, 역시 따라서 머물렀던 것도 없느니라.

선현이여. 안촉을 인연으로 생겨난 여러 수의 자성은 따라서 왔던 것이 없고, 역시 따라서 떠나갔넌 것도 없으며, 역시 따라서 머물렀던 것도 없느니라. 이·비·설·신·의촉을 인연으로 생겨난 여러 수의 자성은 따라서 왔던 것이 없고, 역시 따라서 떠나갔던 것도 없으며, 역시 따라서 머물렀던 것도 없느니라. 안촉을 인연으로 생겨난 여러 수의 자상은 따라서 왔던 것이 없고, 역시 따라서 떠나갔던 것도 없으며, 역시 따라서 머물렀던 것도 없느니라. 이·비·설·신·의촉을 인연으로 생겨난 여러 수의 자상은 따라서 왔던 것이 없고, 역시 따라서 떠나갔던 것도 없으며, 역시 따라서 머물렀던 것도 없느니라. 왜 그러한가? 선현이여. 안촉을 인연으로 생겨난 여러 수, 나아가 의촉을 인연으로 생겨난 여러 수의 본성·진여·자성·자상은 만약 움직이거나, 만약 머무르는 것으로 얻을 수 없는 까닭이니라.

다시 다음으로 선현이여. 지계(地界)는 따라서 왔던 것이 없고, 역시 따라서 떠나갔던 것도 없으며, 역시 따라서 머물렀던 것도 없느니라. 수(水)·화(火)·풍(風)·공(空)·식계(識界)는 따라서 왔던 것이 없고, 역시 따라서 떠나갔던 것도 없으며, 역시 따라서 머물렀던 것도 없느니라. 선현이여. 지계의 본성은 따라서 왔던 것이 없고, 역시 따라서 떠나갔던 것도 없으며, 역시 따라서 머물렀던 것도 없느니라. 수·화·풍·공·식계의 본성은 따라서 왔던 것이 없고, 역시 따라서 떠나갔던 것도 없으며, 역시 따라서 머물렀던 것도 없느니라. 선현이여. 지계의 진여는 따라서 왔던 것이 없고, 역시 따라서 떠나갔던 것도 없으며, 역시 따라서 머물렀던 것도 없느니라. 수·화·풍·공·식계의 진여는 따라서 왔던 것이 없고, 역시 따라서 떠나갔던 것도 없으며, 역시 따라서 머물렀던 것도 없느니라.

선현이여. 지계의 자성은 따라서 왔던 것이 없고, 역시 따라서 떠나갔던 것도 없으며, 역시 따라서 머물렀던 것도 없느니라. 수·화·풍·공·식계의 자성은 따라서 왔던 것이 없고, 역시 따라서 떠나갔던 것도 없으며, 역시 따라서 머물렀던 것도 없느니라. 지계의 자상은 따라서 왔던 것이 없고, 역시 따라서 떠나갔던 것도 없으며, 역시 따라서 머물렀던 것도 없느니라. 수·화·풍·공·식계의 자상은 따라서 왔던 것이 없고, 역시 따라서 떠나갔던 것도 없으며, 역시 따라서 머물렀던 것도 없느니라. 왜 그러한가? 선현이여. 지계, 나아가 식계의 본성·진여·자성·자상은 만약 움직이거나, 만약 머무르는 것으로 얻을 수 없는 까닭이니라.

다시 다음으로 선현이여. 법계는 따라서 왔던 것이 없고, 역시 따라서 떠나갔던 것도 없으며, 역시 따라서 머물렀던 것도 없느니라. 진여·실제·부사의계·안은계 등은 따라서 왔던 것이 없고, 역시 따라서 떠나갔던 것도 없으며, 역시 따라서 머물렀던 것도 없느니라. 선현이여. 법계의 본성은 따라서 왔던 것이 없고, 역시 따라서 떠나갔던 것도 없으며, 역시 따라서 머물렀던 것도 없느니라. 진여·실제·부사의계·안은계 등의 본성은 따라서 왔던 것이 없고, 역시 따라서 떠나갔던 것도 없으며, 역시 따라서 머물렀던 것도 없느니라. 선현이여. 법계의 진여는 따라서 왔던 것이 없고, 역시 따라서 떠나갔던 것도 없으며, 역시 따라서 머물렀던 것도 없느니라. 진여·실제·부사의계·안은계 등의 진여는 따라서 왔던 것이 없고, 역시 따라서 떠나갔던 것도 없으며, 역시 따라서 머물렀던 것도 없느니라.

선현이여. 법계의 자성은 따라서 왔던 것이 없고, 역시 따라서 떠나갔던 것도 없으며, 역시 따라서 머물렀던 것도 없느니라. 진여·실제·부사의계·

안은계 등의 자성은 따라서 왔던 것이 없고, 역시 따라서 떠나갔던 것도 없으며, 역시 따라서 머물렀던 것도 없느니라. 법계의 자상은 따라서 왔던 것이 없고, 역시 따라서 떠나갔던 것도 없으며, 역시 따라서 머물렀던 것도 없느니라. 진여·실제·부사의계·안은계 등의 자상은 따라서 왔던 것이 없고, 역시 따라서 떠나갔던 것도 없으며, 역시 따라서 머물렀던 것도 없느니라. 왜 그러한가? 선현이여. 법계, 나아가 안은계 등의 본성·진여·자성·자상은 만약 움직이거나, 만약 머무르는 것으로 얻을 수 없는 까닭이니라.

다시 다음으로 선현이여. 보시바라밀다는 따라서 왔던 것이 없고, 역시 따라서 떠나갔던 것도 없으며, 역시 따라서 머물렀던 것도 없느니라. 정계·안인·정진·정려·반야바라밀다는 따라서 왔던 것이 없고, 역시 따라서 떠나갔던 것도 없으며, 역시 따라서 머물렀던 것도 없느니라. 선현이여. 보시바라밀다의 본성은 따라서 왔던 것이 없고, 역시 따라서 떠나갔던 것도 없으며, 역시 따라서 머물렀던 것도 없느니라. 정계·안인·정진·정려·반야바라밀다의 본성은 따라서 왔던 것이 없고, 역시 따라서 떠나갔던 것도 없으며, 역시 따라서 머물렀던 것도 없느니라. 선현이여. 보시바라밀다의 진여는 따라서 왔던 것이 없고, 역시 따라서 떠나갔던 것도 없으며, 역시 따라서 머물렀던 것도 없느니라. 정계·안인·정진·정려·반야바라밀다의 진여는 따라서 왔던 것이 없고, 역시 따라서 떠나갔던 것도 없으며, 역시 따라서 머물렀던 것도 없느니라.

선현이여. 보시바라밀다의 자성은 따라서 왔던 것이 없고, 역시 따라서 떠나갔던 것도 없으며, 역시 따라서 머물렀던 것도 없느니라. 정계·안인·정진·정려·반야바라밀다의 자성은 따라서 왔던 것이 없고, 역시 따라서 떠나갔던 것도 없으며, 역시 따라서 머물렀던 것도 없느니라. 보시바라밀다의 자상은 따라서 왔던 것이 없고, 역시 따라서 떠나갔던 것도 없으며, 역시 따라서 머물렀던 것도 없느니라. 정계·안인·정진·정려·반야바라밀다의 자상은 따라서 왔던 것이 없고, 역시 따라서 떠나갔던 것도 없으며, 역시 따라서 머물렀던 것도 없느니라. 왜 그러한가? 선현이여. 보시바라밀다, 나아가 반야바라밀다의 본성·진여·자성·자상은 만약 움직이거나, 만약 머무르는 것으로 얻을 수 없는 까닭이니라.

다시 다음으로 선현이여. 4념주는 따라서 왔던 것이 없고, 역시 따라서 떠나갔던 것도 없으며, 역시 따라서 머물렀던 것도 없느니라. 4정단·4신족·5근·5력·7등각지·8성도지는 따라서 왔던 것이 없고, 역시 따라서 떠나갔던 것도 없으며, 역시 따라서 머물렀던 것도 없느니라. 선현이여. 4념주의 본성은 따라서 왔던 것이 없고, 역시 따라서 떠나갔던 것도 없으며, 역시 따라서 머물렀던 것도 없느니라. 4정단·4신족·5근·5력·7등각지·8성도지의 본성은 따라서 왔던 것이 없고, 역시 따라서 떠나갔던 것도 없으며, 역시 따라서 머물렀던 것도 없느니라. 선현이여. 4념주의 진여는 따라서 왔던 것이 없고, 역시 따라서 떠나갔던 것도 없으며, 역시 따라서 머물렀던 것도 없느니라. 4정단·4신족·5근·5력·7등각지·8성도지의 진여는 따라서 왔던 것이 없고, 역시 따라서 떠나갔던 것도 없으며, 역시 따라서 머물렀던 것도 없느니라.

선현이여. 4념주의 자성은 따라서 왔던 것이 없고, 역시 따라서 떠나갔던 것도 없으며, 역시 따라서 머물렀던 것도 없느니라. 4정단·4신족·5근·5력·7등각지·8성도지의 자성은 따라서 왔던 것이 없고, 역시 따라서 떠나갔던 것도 없으며, 역시 따라서 머물렀던 것도 없느니라. 4념주의 자상은 따라서 왔던 것이 없고, 역시 따라서 떠나갔던 것도 없으며, 역시 따라서 머물렀던 것도 없느니라. 4정단·4신족·5근·5력·7등각지·8성도지의 자상은 따라서 왔던 것이 없고, 역시 따라서 떠나갔던 것도 없으며, 역시 따라서 머물렀던 것도 없느니라. 왜 그러한가? 선현이여. 4념주, 나아가 8성도지의 본성·진여·자성·자상은 만약 움직이거나, 만약 머무르는 것으로 얻을 수 없는 까닭이니라.

다시 다음으로 선현이여. 여래의 10력은 따라서 왔던 것이 없고, 역시 따라서 떠나갔던 것도 없으며, 역시 따라서 머물렀던 것도 없느니라. 4무소외·4무애해·대자·대비·대희·대사·18불불공법은 따라서 왔던 것이 없고, 역시 따라서 떠나갔던 것도 없으며, 역시 따라서 머물렀던 것도 없느니라. 선현이여. 여래의 10력의 본성은 따라서 왔던 것이 없고, 역시 따라서 떠나갔던 것도 없으며, 역시 따라서 머물렀던 것도 없느니라. 4무소외·4무애해·대자·대비·대희·대사·18불불공법의 본성은 따라서 왔던 것이 없고, 역시 따라서 떠나갔던 것도 없으며, 역시 따라서 머물렀던 것도 없느니라. 선현이여. 여래의 10력의 진여는 따라서 왔던 것이 없고, 역시 따라서 떠나갔던 것도 없으며, 역시 따라서 머물렀던 것도 없느니라. 4무소외·4무애해·대자·대비·대희·대사·18불불공법의 진여는 따라서 왔던 것이 없고, 역시 따라서 떠나갔던 것도 없으며, 역시 따라서 머물렀던 것도 없느니라.

　선현이여. 여래의 10력의 자성은 따라서 왔던 것이 없고, 역시 따라서 떠나갔던 것도 없으며, 역시 따라서 머물렀던 것도 없느니라. 4무소외·4무애해·대자·대비·대희·대사·18불불공법의 자성은 따라서 왔던 것이 없고, 역시 따라서 떠나갔던 것도 없으며, 역시 따라서 머물렀던 것도 없느니라. 여래의 10력의 자상은 따라서 왔던 것이 없고, 역시 따라서 떠나갔던 것도 없으며, 역시 따라서 머물렀던 것도 없느니라. 4무소외·4무애해·대자·대비·대희·대사·18불불공법의 자상은 따라서 왔던 것이 없고, 역시 따라서 떠나갔던 것도 없으며, 역시 따라서 머물렀던 것도 없느니라. 왜 그러한가? 선현이여. 여래의 10력, 나아가 18불불공법의 본성·진여·자성·자상은 만약 움직이거나, 만약 머무르는 것으로 얻을 수 없는 까닭이니라.

　다시 다음으로 선현이여. 보리(菩提)는 따라서 왔던 것이 없고, 역시 따라서 떠나갔던 것도 없으며, 역시 따라서 머물렀던 것도 없느니라. 불타(佛陀)는 따라서 왔던 것이 없고, 역시 따라서 떠나갔던 것도 없으며, 역시 따라서 머물렀던 것도 없느니라. 선현이여. 보리의 본성은 따라서 왔던 것이 없고, 역시 따라서 떠나갔던 것도 없으며, 역시 따라서 머물렀던 것도 없느니라. 불타의 본성은 따라서 왔던 것이 없고, 역시 따라서 떠나갔던 것도 없으며, 역시 따라서 머물렀던 것도 없느니라. 선현이여. 보리의 진여는 따라서 왔던 것이 없고, 역시 따라서 떠나갔던 것도 없으며, 역시 따라서 머물렀던 것도 없느니라. 불타의 진여는 따라서 왔던 것이 없고, 역시 따라서 떠나갔던 것도 없으며, 역시 따라서 머물렀던 것도 없느니라.

선현이여. 보리의 자성은 따라서 왔던 것이 없고, 역시 따라서 떠나갔던 것도 없으며, 역시 따라서 머물렀던 것도 없느니라. 불타의 자성은 따라서 왔던 것이 없고, 역시 따라서 떠나갔던 것도 없으며, 역시 따라서 머물렀던 것도 없느니라. 보리의 자상은 따라서 왔던 것이 없고, 역시 따라서 떠나갔던 것도 없으며, 역시 따라서 머물렀던 것도 없느니라. 불타의 자상은 따라서 왔던 것이 없고, 역시 따라서 떠나갔던 것도 없으며, 역시 따라서 머물렀던 것도 없느니라. 왜 그러한가? 선현이여. 보리와 불타의 본성·진여·자성·자상은 만약 움직이거나, 만약 머무르는 것으로 얻을 수 없는 까닭이니라.

다시 다음으로 선현이여. 유위계(有爲界)는 따라서 왔던 것이 없고, 역시 따라서 떠나갔던 것도 없으며, 역시 따라서 머물렀던 것도 없느니라. 무위계(無爲界)는 따라서 왔던 것이 없고, 역시 따라서 떠나갔던 것도 없으며, 역시 따라서 머물렀던 것도 없느니라. 선현이여. 유위계의 본성은 따라서 왔던 것이 없고, 역시 따라서 떠나갔던 것도 없으며, 역시 따라서 머물렀던 것도 없느니라. 무위계의 본성은 따라서 왔던 것이 없고, 역시 따라서 떠나갔던 것도 없으며, 역시 따라서 머물렀던 것도 없느니라. 선현이여. 유위계의 진여는 따라서 왔던 것이 없고, 역시 따라서 떠나갔던 것도 없으며, 역시 따라서 머물렀던 것도 없느니라. 무위계의 진여는 따라서 왔던 것이 없고, 역시 따라서 떠나갔던 것도 없으며, 역시 따라서 머물렀던 것도 없느니라.

선현이여. 유위계의 자성은 따라서 왔던 것이 없고, 역시 따라서 떠나갔던 것도 없으며, 역시 따라서 머물렀던 것도 없느니라. 무위계의 자성은 따라서 왔던 것이 없고, 역시 따라서 떠나갔던 것도 없으며, 역시 따라서 머물렀던 것도 없느니라. 유위계의 자상은 따라서 왔던 것이 없고, 역시 따라서 떠나갔던 것도 없으며, 역시 따라서 머물렀던 것도 없느니라. 무위계의 자상은 따라서 왔던 것이 없고, 역시 따라서 떠나갔던 것도 없으며, 역시 따라서 머물렀던 것도 없느니라. 왜 그러한가? 선현이여.
유위계와 무위계의 본성·진여·자성·자상은 만약 움직이거나, 만약 머무
르는 것으로 얻을 수 없는 까닭이니라."

"다시 다음으로 선현이여. 그대는 '또한 허공은 전제(前際)·후제(後際)·
중제(中際)를 모두 얻을 수 없는 것과 같이, 대승도 역시 그와 같아서
전제·후제·중제를 모두 얻을 수 없으며, 삼세가 평등한 까닭으로, 삼세를
출리(出離)한 까닭으로 대승이라고 이름한다.'라고 말한 것은, 그와 같으
니라. 그와 같으니라. 그대가 말한 것과 같으니라. 그 까닭은 무엇인가?
선현이여. 과거의 세상(過去世)은 과거의 세상이 공(空)하고, 미래의 세상
(未來世)은 미래의 세상이 공하며, 현재의 세상(現在世)은 현재의 세상이
공하고, 삼세가 평등한 것은 삼세의 평등한 것이 공하며, 삼세를 출리한
것은 삼세를 출리한 것이 공하고, 대승은 대승이 공하고, 보살은 보살이
공하느니라. 왜 그러한가? 선현이여. 공에는 1·2·3·4·5 등의 차별(差別)되
는 상(相)이 없느니라. 이러한 까닭으로 대승은 삼세에 평등하고 삼세를
출리하느니라.

선현이여. 이와 같은 대승의 가운데에서는 평등하거나 불평등한 상(相)
을 함께 얻을 수 없고, 탐욕스럽거나 탐욕을 벗어난 상도 함께 얻을
수 없으며, 성냄이나 성냄을 벗어난 상도 함께 얻을 수 없고, 어리석거나
어리석음을 벗어난 상도 함께 얻을 수 없으며, 교만하거나 교만함을 벗어난
상도 함께 얻을 수 없고, 이와 같아서, 나아가 선(善)하거나 불선(不善)한
상도 함께 얻을 수 없으며, 유기(有記)이거나 무기(無記)인 상도 함께
얻을 수 없고, 항상(常)하거나 무상(無常)한 상도 함께 얻을 수 없고, 즐겁거
나 고통스러운 상도 함께 얻을 수 없으며, 아(我)이거나 무아(無我)의 상도
함께 얻을 수 없고, 청정(淨)하거나 부정(不淨)한 상도 함께 얻을 수 없으며,
욕계(欲界)이거나 욕계를 출리한 상도 함께 얻을 수 없고, 색계(色界)이거
나 색계를 출리한 상도 함께 얻을 수 없고, 무색계(無色界)이거나 무색계를
출리한 상도 함께 얻을 수 없느니라. 왜 그러한가? 선현이여. 대승의

가운데서는 제법의 자성(自性)을 얻을 수 없는 까닭이니라.

다시 다음으로 선현이여. 과거의 색은 과거의 색이 공(空)하고, 미래·현재의 색은 미래·현재의 색이 공하며, 과거의 수·상·행·식은 과거의 수·상·행·식이 공하며, 미래·현재의 수·상·행·식은 미래·현재의 수·상·행·식이 공하느니라. 선현이여. 공의 가운데에서 과거의 색은 얻을 수 없느니라. 왜 그러한가? 과거의 색은 곧 이것이 공이고, 공성(空性)도 역시 공하며, 공의 가운데에서 공도 오히려 얻을 수 없는데, 어찌 하물며 공의 가운데에서 과거의 색을 얻을 수 있겠는가? 선현이여. 공의 가운데에서 미래·현재의 색은 얻을 수 없느니라. 왜 그러한가? 미래·현재의 색은 곧 이것이 공이고, 공성도 역시 공하며, 공의 가운데에서 공도 오히려 얻을 수 없는데, 어찌 하물며 공의 가운데에서 미래·현재의 색을 얻을 수 있겠는가?

선현이여. 공의 가운데에서 과거의 수·상·행·식은 얻을 수 없느니라. 왜 그러한가? 과거의 수·상·행·식은 곧 이것이 공이고, 공성도 역시 공하느니라. 공의 가운데에서 공도 오히려 얻을 수 없는데, 어찌 하물며 공의 가운데에서 과거의 수·상·행·식을 얻을 수 있겠는가? 선현이여. 공의 가운데에서 미래·현재의 수·상·행·식은 얻을 수 없느니라. 왜 그러한가? 미래·현재의 수·상·행·식은 곧 이것이 공이고, 공성도 역시 공하며, 공의 가운데에서 공도 오히려 얻을 수 없는데, 어찌 하물며 공의 가운데에서 미래·현재의 수·상·행·식을 얻을 수 있겠는가?

다시 다음으로 선현이여. 과거의 안처는 과거의 안처가 공하고, 미래·현재의 안처는 미래·현재의 안처가 공하며, 과거의 이·비·설·신·의처는 과거의 이·비·설·신·의처가 공하며, 미래·현재의 이·비·설·신·의처는 미래·현재의 이·비·설·신·의처가 공하느니라. 선현이여. 공의 가운데에서 과거의 안처는 얻을 수 없느니라. 왜 그러한가? 과거의 안처는 곧 이것이 공이고, 공성도 역시 공하며, 공의 가운데에서 공도 오히려 얻을 수 없는데, 어찌 하물며 공의 가운데에서 과거의 안처를 얻을 수 있겠는가? 선현이여. 공의 가운데에서 미래·현재의 안처는 얻을 수 없느니라. 왜 그러한가? 미래·현재의 안처는 곧 이것이 공이고, 공성도 역시 공하며, 공의 가운데에서 공도 오히려 얻을 수 없는데, 어찌 하물며 공의 가운데에서 미래·현재의 안처를 얻을 수 있겠는가?

선현이여. 공의 가운데에서 과거의 이·비·설·신·의처는 얻을 수 없느니라. 왜 그러한가? 과거의 이·비·설·신·의처는 곧 이것이 공이고, 공성도 역시 공하느니라. 공의 가운데에서 공도 오히려 얻을 수 없는데, 어찌 하물며 공의 가운데에서 과거의 이·비·설·신·의처를 얻을 수 있겠는가? 선현이여. 공의 가운데에서 미래·현재의 이·비·설·신·의처는 얻을 수 없느니라. 왜 그러한가? 미래·현재의 이·비·설·신·의처는 곧 이것이 공이고, 공성도 역시 공하며, 공의 가운데에서 공도 오히려 얻을 수 없는데, 어찌 하물며 공의 가운데에서 미래·현재의 이·비·설·신·의처를 얻을 수 있겠는가?

다시 다음으로 선현이여. 과거의 색처는 과거의 색처가 공하고, 미래·현재의 색처는 미래·현재의 색처가 공하며, 과거의 성·향·미·촉·법처는 과거의 성·향·미·촉·법처가 공하며, 미래·현재의 성·향·미·촉·법처는 미래·현재의 성·향·미·촉·법처가 공하느니라. 선현이여. 공의 가운데에서 과거의 색처는 얻을 수 없느니라. 왜 그러한가? 과거의 색처는 곧 이것이 공이고, 공성도 역시 공하며, 공의 가운데에서 공도 오히려 얻을 수 없는데, 어찌 하물며 공의 가운데에서 과거의 색처를 얻을 수 있겠는가? 선현이여. 공의 가운데에서 미래·현재의 색처는 얻을 수 없느니라. 왜 그러한가? 미래·현재의 색처는 곧 이것이 공이고, 공성도 역시 공하며, 공의 가운데에서 공도 오히려 얻을 수 없는데, 어찌 하물며 공의 가운데에서 미래·현재의 색처를 얻을 수 있겠는가?

선현이여. 공의 가운데에서 과거의 성·향·미·촉·법처는 얻을 수 없느니라. 왜 그러한가? 과거의 성·향·미·촉·법처는 곧 이것이 공이고, 공성도 역시 공하느니라. 공의 가운데에서 공도 오히려 얻을 수 없는데, 어찌 하물며 공의 가운데에서 과거의 성·향·미·촉·법처를 얻을 수 있겠는가? 선현이여. 공의 가운데에서 미래·현재의 성·향·미·촉·법처는 얻을 수 없느니라. 왜 그러한가? 미래·현재의 성·향·미·촉·법처는 곧 이것이 공이고, 공성도 역시 공하며, 공의 가운데에서 공도 오히려 얻을 수 없는데, 어찌 하물며 공의 가운데에서 미래·현재의 성·향·미·촉·법처를 얻을 수 있겠는가?

다시 다음으로 선현이여. 과거의 안계는 과거의 안계가 공하고, 미래·현재의 안계는 미래·현재의 안계가 공하며, 과거의 이·비·설·신·의계는 과거의 이·비·설·신·의계가 공하며, 미래·현재의 이·비·설·신·의계는 미래·현재의 이·비·설·신·의계가 공하느니라. 선현이여. 공의 가운데에서 과거의 안계는 얻을 수 없느니라. 왜 그러한가? 과거의 안계는 곧 이것이 공이고, 공성도 역시 공하며, 공의 가운데에서 공도 오히려 얻을 수 없는데, 어찌 하물며 공의 가운데에서 과거의 안계를 얻을 수 있겠는가? 선현이여. 공의 가운데에서 미래·현재의 안계는 얻을 수 없느니라. 왜 그러한가? 미래·현재의 안계는 곧 이것이 공이고, 공성도 역시 공하며, 공의 가운데에서 공도 오히려 얻을 수 없는데, 어찌 하물며 공의 가운데에서 미래·현재의 안계를 얻을 수 있겠는가?

선현이여. 공의 가운데에서 과거의 이·비·설·신·의계는 얻을 수 없느니라. 왜 그러한가? 과거의 이·비·설·신·의계는 곧 이것이 공이고, 공성도 역시 공하느니라. 공의 가운데에서 공도 오히려 얻을 수 없는데, 어찌 하물며 공의 가운데에서 과거의 이·비·설·신·의계를 얻을 수 있겠는가? 선현이여. 공의 가운데에서 미래·현재의 이·비·설·신·의계는 얻을 수 없느니라. 왜 그러한가? 미래·현재의 이·비·설·신·의계는 곧 이것이 공이고, 공성도 역시 공하며, 공의 가운데에서 공도 오히려 얻을 수 없는데, 어찌 하물며 공의 가운데에서 미래·현재의 이·비·설·신·의계를 얻을 수 있겠는가?

다시 다음으로 선현이여. 과거의 색계는 과거의 색계가 공하고, 미래·현재의 색계는 미래·현재의 색계가 공하며, 과거의 성·향·미·촉·법계는 과거의 성·향·미·촉·법계가 공하며, 미래·현재의 성·향·미·촉·법계는 미래·현재의 성·향·미·촉·법계가 공하느니라. 선현이여. 공의 가운데에서 과거의 색계는 얻을 수 없느니라. 왜 그러한가? 과거의 색계는 곧 이것이 공이고, 공성도 역시 공하며, 공의 가운데에서 공도 오히려 얻을 수 없는데, 어찌 하물며 공의 가운데에서 과거의 색계를 얻을 수 있겠는가? 선현이여. 공의 가운데에서 미래·현재의 색계는 얻을 수 없느니라. 왜 그러한가? 미래·현재의 색계는 곧 이것이 공이고, 공성도 역시 공하며, 공의 가운데에서 공도 오히려 얻을 수 없는데, 어찌 하물며 공의 가운데에서 미래·현재의 색계를 얻을 수 있겠는가?

선현이여. 공의 가운데에서 과거의 성·향·미·촉·법계는 얻을 수 없느니라. 왜 그러한가? 과거의 성·향·미·촉·법계는 곧 이것이 공이고, 공성도 역시 공하느니라. 공의 가운데에서 공도 오히려 얻을 수 없는데, 어찌 하물며 공의 가운데에서 과거의 성·향·미·촉·법계를 얻을 수 있겠는가? 선현이여. 공의 가운데에서 미래·현재의 성·향·미·촉·법계는 얻을 수 없느니라. 왜 그러한가? 미래·현재의 성·향·미·촉·법계는 곧 이것이 공이고, 공성도 역시 공하며, 공의 가운데에서 공도 오히려 얻을 수 없는데, 어찌 하물며 공의 가운데에서 미래·현재의 성·향·미·촉·법계를 얻을 수 있겠는가?

다시 다음으로 선현이여. 과거의 안식계는 과거의 안식계가 공하고, 미래·현재의 안식계는 미래·현재의 안식계가 공하며, 과거의 이·비·설·신·의식계는 과거의 이·비·설·신·의식계가 공하며, 미래·현재의 이·비·설·신·의식계는 미래·현재의 이·비·설·신·의식계가 공하느니라. 선현이여. 공의 가운데에서 과거의 안식계는 얻을 수 없느니라. 왜 그러한가? 과거의 안식계는 곧 이것이 공이고, 공성도 역시 공하며, 공의 가운데에서 공도 오히려 얻을 수 없는데, 어찌 하물며 공의 가운데에서 과거의 안식계를 얻을 수 있겠는가? 선현이여. 공의 가운데에서 미래·현재의 안식계는 얻을 수 없느니라. 왜 그러한가? 미래·현재의 안식계는 곧 이것이 공이고, 공성도 역시 공하며, 공의 가운데에서 공도 오히려 얻을 수 없는데, 어찌 하물며 공의 가운데에서 미래·현재의 안식계를 얻을 수 있겠는가?

선현이여. 공의 가운데에서 과거의 이·비·설·신·의식계는 얻을 수 없느니라. 왜 그러한가? 과거의 이·비·설·신·의식계는 곧 이것이 공이고, 공성도 역시 공하느니라. 공의 가운데에서 공도 오히려 얻을 수 없는데, 어찌 하물며 공의 가운데에서 과거의 이·비·설·신·의식계를 얻을 수 있겠는가? 선현이여. 공의 가운데에서 미래·현재의 이·비·설·신·의식계는 얻을 수 없느니라. 왜 그러한가? 미래·현재의 이·비·설·신·의식계는 곧 이것이 공이고, 공성도 역시 공하며, 공의 가운데에서 공도 오히려 얻을 수 없는데, 어찌 하물며 공의 가운데에서 미래·현재의 이·비·설·신·의식계를 얻을 수 있겠는가?

다시 다음으로 선현이여. 과거의 안촉은 과거의 안촉이 공하고, 미래·현재의 안촉은 미래·현재의 안촉이 공하며, 과거의 이·비·설·신·의촉은 과거의 이·비·설·신·의촉이 공하며, 미래·현재의 이·비·설·신·의촉은 미래·현재의 이·비·설·신·의촉이 공하느니라. 선현이여. 공의 가운데에서 과거의 안촉은 얻을 수 없느니라. 왜 그러한가? 과거의 안촉은 곧 이것이 공이고, 공성도 역시 공하며, 공의 가운데에서 공도 오히려 얻을 수 없는데, 어찌 하물며 공의 가운데에서 과거의 안촉을 얻을 수 있겠는가? 선현이여. 공의 가운데에서 미래·현재의 안촉은 얻을 수 없느니라. 왜 그러한가? 미래·현재의 안촉은 곧 이것이 공이고, 공성도 역시 공하며, 공의 가운데에서 공도 오히려 얻을 수 없는데, 어찌 하물며 공의 가운데에서 미래·현재의 안촉을 얻을 수 있겠는가?

선현이여. 공의 가운데에서 과거의 이·비·설·신·의촉은 얻을 수 없느니라. 왜 그러한가? 과거의 이·비·설·신·의촉은 곧 이것이 공이고, 공성도 역시 공하느니라. 공의 가운데에서 공도 오히려 얻을 수 없는데, 어찌 하물며 공의 가운데에서 과거의 이·비·설·신·의촉을 얻을 수 있겠는가? 선현이여. 공의 가운데에서 미래·현재의 이·비·설·신·의촉은 얻을 수 없느니라. 왜 그러한가? 미래·현재의 이·비·설·신·의촉은 곧 이것이 공이고, 공성도 역시 공하며, 공의 가운데에서 공도 오히려 얻을 수 없는데, 어찌 하물며 공의 가운데에서 미래·현재의 이·비·설·신·의촉을 얻을 수 있겠는가?

다시 다음으로 선현이여. 과거의 안촉을 인연으로 생겨난 여러 수는 과거의 안촉을 인연으로 생겨난 여러 수가 공하고, 미래·현재의 안촉을 인연으로 생겨난 여러 수는 미래·현재의 안촉을 인연으로 생겨난 여러 수가 공하며, 과거의 이·비·설·신·의촉을 인연으로 생겨난 여러 수는 과거의 이·비·설·신·의촉을 인연으로 생겨난 여러 수가 공하며, 미래·현재의 이·비·설·신·의촉을 인연으로 생겨난 여러 수는 미래·현재의 이·비·설·신·의촉을 인연으로 생겨난 여러 수가 공하느니라. 선현이여. 공의 가운데에서 과거의 안촉을 인연으로 생겨난 여러 수는 얻을 수 없느니라. 왜 그러한가? 과거의 안촉을 인연으로 생겨난 여러 수는 곧 이것이 공이고, 공성도 역시 공하며, 공의 가운데에서 공도 오히려 얻을 수 없는데, 어찌 하물며 공의 가운데에서 과거의 안촉을 인연으로 생겨난 여러 수를 얻을 수 있겠는가? 선현이여. 공의 가운데에서 미래·현재의 안촉을 인연으로 생겨난 여러 수는 얻을 수 없느니라. 왜 그러한가? 미래·현재의 안촉을 인연으로 생겨난 여러 수는 곧 이것이 공이고, 공성도 역시 공하며, 공의 가운데에서 공도 오히려 얻을 수 없는데, 어찌 하물며 공의 가운데에서 미래·현재의 안촉을 인연으로 생겨난 여러 수를 얻을 수 있겠는가?

선현이여. 공의 가운데에서 과거의 이·비·설·신·의촉을 인연으로 생겨난 여러 수는 얻을 수 없느니라. 왜 그러한가? 과거의 이·비·설·신·의촉을 인연으로 생겨난 여러 수는 곧 이것이 공이고, 공성도 역시 공하느니라. 공의 가운데에서 공도 오히려 얻을 수 없는데, 어찌 하물며 공의 가운데에서 과거의 이·비·설·신·의촉을 인연으로 생겨난 여러 수를 얻을 수 있겠는가? 선현이여. 공의 가운데에서 미래·현재의 이·비·설·신·의촉을 인연으로 생겨난 여러 수는 얻을 수 없느니라. 왜 그러한가? 미래·현재의 이·비·설·신·의촉을 인연으로 생겨난 여러 수는 곧 이것이 공이고, 공성도 역시 공하며, 공의 가운데에서 공도 오히려 얻을 수 없는데, 어찌 하물며 공의 가운데에서 미래·현재의 이·비·설·신·의촉을 인연으로 생겨난 여러 수를 얻을 수 있겠는가?"

마하반야바라밀다경 제420권

21. 무소유품(無所有品)(3)

"다시 다음으로 선현이여. 과거의 보시바라밀다는 과거의 보시바라밀다가 공하고, 미래·현재의 보시바라밀다는 미래·현재의 보시바라밀다가 공하며, 과거의 정계·안인·정진·정려·반야바라밀다는 과거의 정계·안인·정진·정려·반야바라밀다가 공하며, 미래·현재의 정계·안인·정진·정려·반야바라밀다는 미래·현재의 정계·안인·정진·정려·반야바라밀다가 공하느니라. 선현이여. 공의 가운데에서 과거의 보시바라밀다는 얻을 수 없느니라. 왜 그러한가? 과거의 보시바라밀다는 곧 이것이 공이고, 공성도 역시 공하며, 공의 가운데에서 공도 오히려 얻을 수 없는데, 어찌 하물며 공의 가운데에서 과거의 보시바라밀다를 얻을 수 있겠는가? 선현이여. 공의 가운데에서 미래·현재의 보시바라밀다는 얻을 수 없느니라. 왜 그러한가? 미래·현재의 보시바라밀다는 곧 이것이 공이고, 공성도 역시 공하며, 공의 가운데에서 공도 오히려 얻을 수 없는데, 어찌 하물며 공의 가운데에서 미래·현재의 보시바라밀다를 얻을 수 있겠는가?

선현이여. 공의 가운데에서 과거의 정계·안인·정진·정려·반야바라밀다는 얻을 수 없느니라. 왜 그러한가? 과거의 정계·안인·정진·정려·반야바라밀다는 곧 이것이 공이고, 공성도 역시 공하느니라. 공의 가운데에서 공도 오히려 얻을 수 없는데, 어찌 하물며 공의 가운데에서 과거의 정계·안인·정진·정려·반야바라밀다를 얻을 수 있겠는가? 선현이여. 공의 가운데에서 미래·현재의 정계·안인·정진·정려·반야바라밀다는 얻을 수 없느니

라. 왜 그러한가? 미래·현재의 정계·안인·정진·정려·반야바라밀다는 곧 이것이 공이고, 공성도 역시 공하며, 공의 가운데에서 공도 오히려 얻을 수 없는데, 어찌 하물며 공의 가운데에서 미래·현재의 정계·안인·정진·정려·반야바라밀다를 얻을 수 있겠는가?

다시 다음으로 선현이여. 과거의 4념주는 과거의 4념주가 공하고, 미래·현재의 4념주는 미래·현재의 4념주가 공하며, 과거의 4정단·4신족·5근·5력·7등각지·8성도지는 과거의 4정단, 나아가 8성도지가 공하며, 미래·현재의 4정단, 나아가 8성도지는 미래·현재의 4정단, 나아가 8성도지가 공하느니라. 선현이여. 공의 가운데에서 과거의 4념주는 얻을 수 없느니라. 왜 그러한가? 과거의 4념주는 곧 이것이 공이고, 공성도 역시 공하며, 공의 가운데에서 공도 오히려 얻을 수 없는데, 어찌 하물며 공의 가운데에서 과거의 4념주를 얻을 수 있겠는가? 선현이여. 공의 가운데에서 미래·현재의 4념주는 얻을 수 없느니라. 왜 그러한가? 미래·현재의 4념주는 곧 이것이 공이고, 공성도 역시 공하며, 공의 가운데에서 공도 오히려 얻을 수 없는데, 어찌 하물며 공의 가운데에서 미래·현재의 4념주를 얻을 수 있겠는가?

선현이여. 공의 가운데에서 과거의 4정단, 나아가 8성도지는 얻을 수 없느니라. 왜 그러한가? 과거의 4정단, 나아가 8성도지는 곧 이것이 공이고, 공성도 역시 공하느니라. 공의 가운데에서 공도 오히려 얻을 수 없는데, 어찌 하물며 공의 가운데에서 과거의 4정단, 나아가 8성도지를 얻을 수 있겠는가? 선현이여. 공의 가운데에서 미래·현재의 4정단, 나아가 8성도지는 얻을 수 없느니라. 왜 그러한가? 미래·현재의 4정단, 나아가 8성도지는 곧 이것이 공이고, 공성도 역시 공하며, 공의 가운데에서 공도 오히려 얻을 수 없는데, 어찌 하물며 공의 가운데에서 미래·현재의 4정단, 나아가 8성도지를 얻을 수 있겠는가?

다시 다음으로 선현이여. 과거의 여래의 10력은 과거의 여래의 10력이 공하고, 미래·현재의 여래의 10력은 미래·현재의 여래의 10력이 공하며, 과거의 4무소외·4무애해·대자·대비·대희·대사·18불불공법은 과거의 4

무소외, 나아가 18불불공법이 공하며, 미래·현재의 4무소외, 나아가 18불불공법은 미래·현재의 4무소외, 나아가 18불불공법이 공하느니라. 선현이여. 공의 가운데에서 과거의 여래의 10력은 얻을 수 없느니라. 왜 그러한가? 과거의 여래의 10력은 곧 이것이 공이고, 공성도 역시 공하며, 공의 가운데에서 공도 오히려 얻을 수 없는데, 어찌 하물며 공의 가운데에서 과거의 여래의 10력을 얻을 수 있겠는가? 선현이여. 공의 가운데에서 미래·현재의 여래의 10력은 얻을 수 없느니라. 왜 그러한가? 미래·현재의 여래의 10력은 곧 이것이 공이고, 공성도 역시 공하며, 공의 가운데에서 공도 오히려 얻을 수 없는데, 어찌 하물며 공의 가운데에서 미래·현재의 여래의 10력을 얻을 수 있겠는가?

선현이여. 공의 가운데에서 과거의 4무소외, 나아가 18불불공법은 얻을 수 없느니라. 왜 그러한가? 과거의 4무소외, 나아가 18불불공법은 곧 이것이 공이고, 공성도 역시 공하느니라. 공의 가운데에서 공도 오히려 얻을 수 없는데, 어찌 하물며 공의 가운데에서 과거의 4무소외, 나아가 18불불공법을 얻을 수 있겠는가? 선현이여. 공의 가운데에서 미래·현재의 4무소외, 나아가 18불불공법은 얻을 수 없느니라. 왜 그러한가? 미래·현재의 4무소외, 나아가 18불불공법은 곧 이것이 공이고, 공성도 역시 공하며, 공의 가운데에서 공도 오히려 얻을 수 없는데, 어찌 하물며 공의 가운데에서 미래·현재의 4무소외, 나아가 18불불공법을 얻을 수 있겠는가?

다시 다음으로 선현이여. 과거의 이생(異生)은 과거의 이생이 공하고, 미래·현재의 이생은 미래·현재의 이생이 공하며, 과거의 성문(聲聞)·독각(獨覺)·보살(菩薩)·여래(如來)는 과거의 성문·독각·보살·여래가 공하며, 미래·현재의 성문·독각·보살·여래는 미래·현재의 성문·독각·보살·여래가 공하느니라. 선현이여. 공의 가운데에서 과거의 이생은 얻을 수 없느니라. 왜 그러한가? 과거의 이생은 곧 이것이 공이고, 공성도 역시 공하며, 공의 가운데에서 공도 오히려 얻을 수 없는데, 어찌 하물며 공의 가운데에서 과거의 이생을 얻을 수 있겠는가? 선현이여. 공의 가운데에서 미래·현재의 이생은 얻을 수 없느니라. 왜 그러한가? 미래·현재의 이생은 곧 이것이 공이고, 공성도 역시 공하며, 공의 가운데에서 공도 오히려 얻을 수 없는데, 어찌 하물며 공의 가운데에서 미래·현재의 이생을 얻을 수 있겠는가?

  선현이여. 공의 가운데에서 과거의 성문·독각·보살·여래는 얻을 수 없느니라. 왜 그러한가? 과거의 성문·독각·보살·여래는 곧 이것이 공이고, 공성도 역시 공하느니라. 공의 가운데에서 공도 오히려 얻을 수 없는데, 어찌 하물며 공의 가운데에서 과거의 성문·독각·보살·여래를 얻을 수 있겠는가? 선현이여. 공의 가운데에서 미래·현재의 성문·독각·보살·여래는 얻을 수 없느니라. 왜 그러한가? 미래·현재의 성문·독각·보살·여래는 곧 이것이 공이고, 공성도 역시 공하며, 공의 가운데에서 공도 오히려 얻을 수 없는데, 어찌 하물며 공의 가운데에서 미래·현재의 성문·독각·보살·여래를 얻을 수 있겠는가?

  다시 다음으로 선현이여. 전제(前際)에서 색을 얻을 수 없고, 후제(後際)·중제(中際)에서 색을 얻을 수 없으며, 3제(三際)가 평등한 가운데에서도 역시 색을 얻을 수 없느니라. 그 까닭은 무엇인가? 선현이여. 평등한 가운데에서는 전제·중제·후제의 색을 모두 얻을 수 없느니라. 왜 그러한가? 평등한 가운데에서 평등성(平等性)을 오히려 얻을 수 없는데, 어찌 하물며 평등한 가운데에서 전제·후제·중제의 색을 얻을 수 있겠는가?
  선현이여. 전제에서 수·상·행·식을 얻을 수 없고, 후제·중제에서 수·상·행·식을 얻을 수 없으며, 3제가 평등한 가운데에서도 역시 수·상·행·식을 얻을 수 없느니라. 그 까닭은 무엇인가? 선현이여. 평등한 가운데에서는 전제·중제·후제의 수·상·행·식을 모두 얻을 수 없느니라. 왜 그러한가? 평등한 가운데에서 평등성을 오히려 얻을 수 없는데, 어찌 하물며 평등한 가운데에서 전제·후제·중제의 수·상·행·식을 얻을 수 있겠는가?
  다시 다음으로 선현이여. 전제에서 안처를 얻을 수 없고, 후제·중제에서 안처를 얻을 수 없으며, 3제가 평등한 가운데에서도 역시 안처를 얻을 수 없느니라. 그 까닭은 무엇인가? 선현이여. 평등한 가운데에서는 전제·중제·후제의 안처를 모두 얻을 수 없느니라. 왜 그러한가? 평등한 가운데에서 평등성을 오히려 얻을 수 없는데, 어찌 하물며 평등한 가운데에서 전제·후제·중제의 안처를 얻을 수 있겠는가?

선현이여. 전제에서 이·비·설·신·의처를 얻을 수 없고, 후제·중제에서 이·비·설·신·의처를 얻을 수 없으며, 3제가 평등한 가운데에서도 역시 이·비·설·신·의처를 얻을 수 없느니라. 그 까닭은 무엇인가? 선현이여. 평등한 가운데에서는 전제·중제·후제의 이·비·설·신·의처를 모두 얻을 수 없느니라. 왜 그러한가? 평등한 가운데에서 평등성을 오히려 얻을 수 없는데, 어찌 하물며 평등한 가운데에서 전제·후제·중제의 이·비·설·신·의처를 얻을 수 있겠는가?

다시 다음으로 선현이여. 전제에서 색처를 얻을 수 없고, 후제·중제에서 색처를 얻을 수 없으며, 3제가 평등한 가운데에서도 역시 색처를 얻을 수 없느니라. 그 까닭은 무엇인가? 선현이여. 평등한 가운데에서는 전제·중제·후제의 색처를 모두 얻을 수 없느니라. 왜 그러한가? 평등한 가운데에서 평등성을 오히려 얻을 수 없는데, 어찌 하물며 평등한 가운데에서 전제·후제·중제의 색처를 얻을 수 있겠는가?

선현이여. 전제에서 성·향·미·촉·법처를 얻을 수 없고, 후제·중제에서 성·향·미·촉·법처를 얻을 수 없으며, 3제가 평등한 가운데에서도 역시 성·향·미·촉·법처를 얻을 수 없느니라. 그 까닭은 무엇인가? 선현이여. 평등한 가운데에서는 전제·중제·후제의 성·향·미·촉·법처를 모두 얻을 수 없느니라. 왜 그러한가? 평등한 가운데에서 평등성을 오히려 얻을 수 없는데, 어찌 하물며 평등한 가운데에서 전제·후제·중제의 성·향·미·촉·법처를 얻을 수 있겠는가?

다시 다음으로 선현이여. 전제에서 안계를 얻을 수 없고, 후제·중제에서 안계를 얻을 수 없으며, 3제가 평등한 가운데에서도 역시 안계를 얻을 수 없느니라. 그 까닭은 무엇인가? 선현이여. 평등한 가운데에서는 전제·중제·후제의 안계를 모두 얻을 수 없느니라. 왜 그러한가? 평등한 가운데

에서 평등성을 오히려 얻을 수 없는데, 어찌 하물며 평등한 가운데에서
전제·후제·중제의 안계를 얻을 수 있겠는가?

　선현이여. 전제에서 이·비·설·신·의계를 얻을 수 없고, 후제·중제에서
이·비·설·신·의계를 얻을 수 없으며, 3제가 평등한 가운데에서도 역시
이·비·설·신·의계를 얻을 수 없느니라. 그 까닭은 무엇인가? 선현이여.
평등한 가운데에서는 전제·중제·후제의 이·비·설·신·의계를 모두 얻을
수 없느니라. 왜 그러한가? 평등한 가운데에서 평등성을 오히려 얻을
수 없는데, 어찌 하물며 평등한 가운데에서 전제·후제·중제의 이·비·설·
신·의계를 얻을 수 있겠는가?

　다시 다음으로 선현이여. 전제에서 색계를 얻을 수 없고, 후제·중제에서
색계를 얻을 수 없으며, 3제가 평등한 가운데에서도 역시 색계를 얻을
수 없느니라. 그 까닭은 무엇인가? 선현이여. 평등한 가운데에서는 전제·
중제·후제의 색계를 모두 얻을 수 없느니라. 왜 그러한가? 평등한 가운데
에서 평등성을 오히려 얻을 수 없는데, 어찌 하물며 평등한 가운데에서
전제·후제·중제의 색계를 얻을 수 있겠는가?

　선현이여. 전제에서 성·향·미·촉·법계를 얻을 수 없고, 후제·중제에서
성·향·미·촉·법계를 얻을 수 없으며, 3제가 평등한 가운데에서도 역시
성·향·미·촉·법계를 얻을 수 없느니라. 그 까닭은 무엇인가? 선현이여.
평등한 가운데에서는 전제·중제·후제의 성·향·미·촉·법계를 모두 얻을
수 없느니라. 왜 그러한가? 평등한 가운데에서 평등성을 오히려 얻을
수 없는데, 어찌 하물며 평등한 가운데에서 전제·후제·중제의 성·향·미·
촉·법계를 얻을 수 있겠는가?

　다시 다음으로 선현이여. 전제에서 안식계를 얻을 수 없고, 후제·중제에
서 안식계를 얻을 수 없으며, 3제가 평등한 가운데에서도 역시 안식계를
얻을 수 없느니라. 그 까닭은 무엇인가? 선현이여. 평등한 가운데에서는
전제·중제·후제의 안식계를 모두 얻을 수 없느니라. 왜 그러한가? 평등한
가운데에서 평등성을 오히려 얻을 수 없는데, 어찌 하물며 평등한 가운데
에서 전제·후제·중제의 안식계를 얻을 수 있겠는가?

선현이여. 전제에서 이·비·설·신·의식계를 얻을 수 없고, 후제·중제에서 이·비·설·신·의식계를 얻을 수 없으며, 3제가 평등한 가운데에서도 역시 이·비·설·신·의식계를 얻을 수 없느니라. 그 까닭은 무엇인가? 선현이여. 평등한 가운데에서는 전제·중제·후제의 이·비·설·신·의식계를 모두 얻을 수 없느니라. 왜 그러한가? 평등한 가운데에서 평등성을 오히려 얻을 수 없는데, 어찌 하물며 평등한 가운데에서 전제·후제·중제의 이·비·설·신·의식계를 얻을 수 있겠는가?

다시 다음으로 선현이여. 전제에서 안촉을 얻을 수 없고, 후제·중제에서 안촉을 얻을 수 없으며, 3제가 평등한 가운데에서도 역시 안촉을 얻을 수 없느니라. 그 까닭은 무엇인가? 선현이여. 평등한 가운데에서는 전제·중제·후제의 안촉을 모두 얻을 수 없느니라. 왜 그러한가? 평등한 가운데에서 평등성을 오히려 얻을 수 없는데, 어찌 하물며 평등한 가운데에서 전제·후제·중제의 안촉을 얻을 수 있겠는가?

선현이여. 전제에서 이·비·설·신·의촉을 얻을 수 없고, 후제·중제에서 이·비·설·신·의촉을 얻을 수 없으며, 3제가 평등한 가운데에서도 역시 이·비·설·신·의촉을 얻을 수 없느니라. 그 까닭은 무엇인가? 선현이여. 평등한 가운데에서는 전제·중제·후제의 이·비·설·신·의촉을 모두 얻을 수 없느니라. 왜 그러한가? 평등한 가운데에서 평등성을 오히려 얻을 수 없는데, 어찌 하물며 평등한 가운데에서 전제·후제·중제의 이·비·설·신·의촉을 얻을 수 있겠는가?

다시 다음으로 선현이여. 전제에서 안촉을 인연으로 생겨난 여러 수를 얻을 수 없고, 후제·중제에서 안촉을 인연으로 생겨난 여러 수를 얻을 수 없으며, 3제가 평등한 가운데에서도 역시 안촉을 인연으로 생겨난 여러 수를 얻을 수 없느니라. 그 까닭은 무엇인가? 선현이여. 평등한 가운데에서는 전제·중제·후제의 안촉을 인연으로 생겨난 여러 수를 모두 얻을 수 없느니라. 왜 그러한가? 평등한 가운데에서 평등성을 오히려 얻을 수 없는데, 어찌 하물며 평등한 가운데에서 전제·후제·중제의 안촉을 인연으로 생겨난 여러 수를 얻을 수 있겠는가?

선현이여. 전제에서 이·비·설·신·의촉을 인연으로 생겨난 여러 수를 얻을 수 없고, 후제·중제에서 이·비·설·신·의촉을 인연으로 생겨난 여러 수를 얻을 수 없으며, 3제가 평등한 가운데에서도 역시 이·비·설·신·의촉을 인연으로 생겨난 여러 수를 얻을 수 없느니라. 그 까닭은 무엇인가? 선현이여. 평등한 가운데에서는 전제·중제·후제의 이·비·설·신·의촉을 인연으로 생겨난 여러 수를 모두 얻을 수 없느니라. 왜 그러한가? 평등한 가운데에서 평등성을 오히려 얻을 수 없는데, 어찌 하물며 평등한 가운데에서 전제·후제·중제의 이·비·설·신·의촉을 인연으로 생겨난 여러 수를 얻을 수 있겠는가?

　다시 다음으로 선현이여. 전제에서 보시바라밀다를 얻을 수 없고, 후제·중제에서 보시바라밀다를 얻을 수 없으며, 3제가 평등한 가운데에서도 역시 보시바라밀다를 얻을 수 없느니라. 그 까닭은 무엇인가? 선현이여. 평등한 가운데에서는 전제·중제·후제의 보시바라밀다를 모두 얻을 수 없느니라. 왜 그러한가? 평등한 가운데에서 평등성을 오히려 얻을 수 없는데, 어찌 하물며 평등한 가운데에서 전제·후제·중제의 보시바라밀다를 얻을 수 있겠는가?

　선현이여. 전제에서 정계·안인·정진·정려·반야바라밀다를 얻을 수 없고, 후제·중제에서 정계·안인·정진·정려·반야바라밀다를 얻을 수 없으며, 3제가 평등한 가운데에서도 역시 정계·안인·정진·정려·반야바라밀다를 얻을 수 없느니라. 그 까닭은 무엇인가? 선현이여. 평등한 가운데에서는 전제·중제·후제의 정계·안인·정진·정려·반야바라밀다를 모두 얻을 수 없느니라. 왜 그러한가? 평등한 가운데에서 평등성을 오히려 얻을 수 없는데, 어찌 하물며 평등한 가운데에서 전제·후제·중제의 정계·안인·정진·정려·반야바라밀다를 얻을 수 있겠는가?

　다시 다음으로 선현이여. 전제에서 4념주를 얻을 수 없고, 후제·중제에서 4념주를 얻을 수 없으며, 3제가 평등한 가운데에서도 역시 4념주를 얻을 수 없느니라. 그 까닭은 무엇인가? 선현이여. 평등한 가운데에서는 전제·중제·후제의 4념주를 모두 얻을 수 없느니라. 왜 그러한가? 평등한 가운데에서 평등성을 오히려 얻을 수 없는데, 어찌 하물며 평등한 가운데에서 전제·후제·중제의 4념주를 얻을 수 있겠는가?

선현이여. 전제에서 4정단·4신족·5근·5력·7등각지·8성도지를 얻을 수 없고, 후제·중제에서 4정단, 나아가 8성도지를 얻을 수 없으며, 3제가 평등한 가운데에서도 역시 4정단, 나아가 8성도지를 얻을 수 없느니라. 그 까닭은 무엇인가? 선현이여. 평등한 가운데에서는 전제·중제·후제의 4정단, 나아가 8성도지를 모두 얻을 수 없느니라. 왜 그러한가? 평등한 가운데에서 평등성을 오히려 얻을 수 없는데, 어찌 하물며 평등한 가운데에서 전제·후제·중제의 4정단, 나아가 8성도지를 얻을 수 있겠는가?

다시 다음으로 선현이여. 전제에서 여래의 10력을 얻을 수 없고, 후제·중제에서 여래의 10력을 얻을 수 없으며, 3제가 평등한 가운데에서도 역시 여래의 10력을 얻을 수 없느니라. 그 까닭은 무엇인가? 선현이여. 평등한 가운데에서는 전제·중제·후제의 여래의 10력을 모두 얻을 수 없느니라. 왜 그러한가? 평등한 가운데에서 평등성을 오히려 얻을 수 없는데, 어찌 하물며 평등한 가운데에서 전제·후제·중제의 여래의 10력을 얻을 수 있겠는가?

선현이여. 전제에서 4무소외·4무애해·대자·대비·대희·대사·18불공법을 얻을 수 없고, 후제·중제에서 4무소외, 나아가 18불불공법을 얻을 수 없으며, 3제가 평등한 가운데에서도 역시 4무소외, 나아가 18불불공법을 얻을 수 없느니라. 그 까닭은 무엇인가? 선현이여. 평등한 가운데에서는 전제·중제·후제의 4무소외, 나아가 18불불공법을 모두 얻을 수 없느니라. 왜 그러한가? 평등한 가운데에서 평등성을 오히려 얻을 수 없는데, 어찌 하물며 평등한 가운데에서 전제·후제·중제의 4무소외, 나아가 18불불공법을 얻을 수 있겠는가?

다시 다음으로 선현이여. 전제에서 이생을 얻을 수 없고, 후제·중제에서 이생을 얻을 수 없으며, 3제가 평등한 가운데에서도 역시 이생을 얻을 수 없느니라. 그 까닭은 무엇인가? 선현이여. 평등한 가운데에서는 전제·중제·후제의 이생을 모두 얻을 수 없느니라. 왜 그러한가? 평등한 가운데에서 평등성을 오히려 얻을 수 없는데, 어찌 하물며 평등한 가운데에서 전제·후제·중제의 이생을 얻을 수 있겠는가?

 선현이여. 전제에서 성문·독각·보살·여래를 얻을 수 없고, 후제·중제에서 성문·독각·보살·여래를 얻을 수 없으며, 3제가 평등한 가운데에서도 역시 성문·독각·보살·여래를 얻을 수 없느니라. 그 까닭은 무엇인가? 선현이여. 평등한 가운데에서는 전제·중제·후제의 성문·독각·보살·여래를 모두 얻을 수 없느니라. 왜 그러한가? 평등한 가운데에서 평등성을 오히려 얻을 수 없는데, 어찌 하물며 평등한 가운데에서 전제·후제·중제의 성문·독각·보살·여래를 얻을 수 있겠는가?

 이와 같이 선현이여. 제보살마하살들이 반야바라밀다를 수행하는 때에 이러한 3제가 평등성의 가운데에 안주하고, 정근하면서 일체상지(一切相智)를 수학한다빈 집착함이 없는 까닭으로 원만함을 빠르게 얻느니라. 선현이여. 이것을 보살마하살의 3제의 평등한 대승(大乘)이라고 이름하느니라. 만약 보살마하살이 이와 같은 대승의 가운데에 안주한다면, 수승한 일체의 세간의 천인·인간·아소락 등을 초월하여 빠르게 일체상지를 증득하고서 일체의 유정들을 이익되고 안락하게 하느니라."

 그때 구수(具壽) 선현이 세존께 아뢰었다.

 "세존이시여. 옳으십니다. 옳으십니다. 여래(如來)·응공(應)·정등각(正等覺)께서는 보살마하살의 대승을 잘 능히 바르게 설(說)하셨습니다. 세존이시여. 이와 같은 대승은 최고로 존귀하고 최고로 수승하며 최상이고 최고로 미묘하므로, 과거의 제보살마하살은 이 가운데에서 수학하여 이미 능히 일체상지(一切相智)를 증득하셨고, 미래의 제보살마하살도 이 가운데에서 수학하여 장차 일체상지를 증득하실 것이며, 현재의 시방의 무량(無量)하고 무수(無數)이며 무변(無邊)한 세계의 제보살마하살도 이 가운데에서 수학하여 지금 일체지지를 증득하시어 일체의 유정들을 이익되고 안락하게 하시고 있습니다. 이러한 까닭으로 대승은 최고로 존귀하고 최고로 수승하며 최상이고 최고로 미묘하므로, 능히 일체의 보살마하살에게 진실하고 수승한 의지가 되어 주고, 능히 보살마하살들에게 빠르게 일체상지를 증득하고서 일체의 유정들을 이익되고 안락하게 하십니다."

세존께서 선현에게 알리셨다.

"그와 같으니라. 그와 같으니라. 그대가 말한 것과 같으니라. 선현이여. 과거·미래·현재의 제보살마하살은 모두 대승에 의지하여 정근하고 수학하면서 빠르게 무상정등보리(無上正等菩提)를 증득하느니라. 이러한 까닭으로 대승은 최고로 존귀하고 최고로 수승하며 최상이고 최고로 미묘하므로, 수승한 일체의 세간의 천인·인간·아소락 등을 초월하느니라."

22. 수순품(隨順品)

그때 만자자(滿慈子)가 세존께 아뢰어 말하였다.

"세존이시여. 여래께서는 먼저 존자 선현에게 제보살마하살을 위하여 널리 반야바라밀다를 설하라고 시키셨습니다. 그런데 지금은 무슨 까닭으로, 나아가 대승을 설하십니까?"

구수 선현이 곧 세존께 아뢰어 말하였다.

"세존이시여. 제가 이전에 여러 대승의 의취를 말한 것이 장차 반야바라밀다에 어긋나고 벗어난 것은 없습니까?"

세존께서 선현에게 알리셨다.

"그대가 이전에 여러 대승의 의취를 말하였던 것은 모두 반야바라밀다에서 일체를 수순(隨順)하고 어긋나고 벗어난 것이 없었느니라. 왜 그러한가? 선현이여. 일체의 선법(善法)인 보리분법(菩提分法)이 만약 성문의 법이거나, 만약 독각의 법이거나, 만약 보살의 법이거나, 만약 여래의 법이거나, 이와 같은 일체는 반야바라밀다에 섭수되어 들어가지(攝入)

않는 것이 없는 까닭이니라."

이때 구수 선현이 다시 세존께 아뢰어 말하였다.

"세존이시여. 어찌하여 일체의 선법인 보리분법이 만약 성문의 법이거나, 만약 독각의 법이거나, 만약 보살의 법이거나, 만약 여래의 법일지라도, 모두 매우 깊은 반야바라밀다에 섭수되어 들어갑니까?"

세존께서 말씀하셨다.

"선현이여. 만약 보시바라밀다(布施波羅蜜多)이거나, 만약 정계(淨戒)·안인(安忍)·정진(精進)·정려(靜慮)·반야바라밀다(般若波羅蜜多)이거나, 만약 4념주(四念住)이거나, 만약 4정단(四正斷)·4신족(四神足)·5근(五根)·5력(五力)·7등각지(七等覺支)·8성도지(八聖道支)이거나, 만약 공해탈문(空解脫門)이거나, 만약 무상(無相)·무원해탈문(無願解脫門)이거나, 만약 여래의 10력(佛十力)이거나, 만약 4무소외(四無所畏)·4무애해(四無礙解)·대자(大慈)·대비(大悲)·대희(大喜)·대사(大捨)·18불불공법(十八佛不共法)이거나, 만약 일체지(一切智)이거나, 만약 도상지(道相智)·일체상지(一切相智)이거나, 만약 무망실법(無忘失法)이거나, 만약 항주사성(恒住捨性)이더라도, 선현이여. 여러 이와 같은 등의 일체의 선법인 보리분법이 만약 성문의 법이거나, 만약 독각의 법이거나, 만약 보살의 법이거나, 만약 여래의 법일지라도, 이와 같은 일체는 모두 매우 깊은 반야바라밀다에 섭수되어 들어가느니라.

다시 다음으로 선현이여. 만약 대승(大乘)이거나, 만약 반야바라밀다이거나, 만약 정려·정진·안인·정계·보시바라밀다이거나, 만약 색이거나, 만약 수·상·행·식이거나, 만약 안처이거나, 만약 이·비·설·신·의처이거나, 만약 색처이거나, 만약 성·향·미·촉·법처이거나, 만약 안계이거나, 만약 이·비·설·신·의계이거나, 만약 색계이거나, 만약 성·향·미·촉·법계이거나, 만약 안식계이거나, 만약 이·비·설·신·의식계이거나, 만약 안촉이거나, 만약 이·비·설·신·의촉이거나, 만약 안촉을 인연으로 생겨난 여러 수이거나, 만약 이·비·설·신·의촉을 인연으로 생겨난 여러 수이거나, 만약 4정려이거나, 만약 4무량·4무색정이거나, 만약 8해탈이거나,

만약 8승처·9차제정·10변처이거나, 만약 4념주이거나, 만약 4정단·4신족·5근·5력·7등각지·8성도지이거나, 만약 공해탈문이거나, 만약 무상·무원해탈문이거나, 만약 선법(善法)이거나, 만약 불선법(不善法)이거나, 만약 유기법(有記法)이거나, 만약 무기법(無記法)이거나, 만약 유루법(有漏法)이거나, 만약 무루법(無漏法)이거나, 만약 유위법(有爲法)이거나, 만약 무위법(無爲法)이거나, 만약 세간법(世間法)이거나, 만약 출세간법(出世間法)이거나,

만약 고성제(苦聖諦)이거나, 만약 집(集)·멸(滅)·도성제(道聖諦)이거나, 만약 욕계(欲界)이거나, 만약 색계·무색계이거나, 만약 내공(內空)이거나, 만약 내외공(內外空)·공공(空空)·대공(大空)·승의공(勝義空)·유위공(有爲空)·무위공(無爲空)·필경공(畢竟空)·무제공(無際空)·산공(散空)·무변이공(無變異空)·본성공(本性空)·자상공(自相空)·공상공(共相空)·일체법공(一切法空)·불가득공(不可得空)·무성공(無性空)·자성공(自性空)·무성자성공(無性自性空)이거나, 만약 법계(法界)이거나, 만약 진여(眞如)·실제(實際)·불가사의계(不可思議界)·안은계(安隱界)이거나, 만약 다라니(陀羅尼)이거나, 만약 삼마지(三摩地)이거나, 만약 여래의 10력(十力)이거나, 만약 4무소외·4무애해·대자·대비·대희·대사·18불공법이거나, 만약 제여래(諸如來)이거나, 만약 여래(佛)께서 깨달으신 것을 설하신 법·계율이거나, 만약 보리(菩提)이거나, 만약 열반(涅槃)일지라도, 이와 같은 일체법은 모두가 상응하는 것이 아니며, 상응하지 않는 것도 아니며, 색이 없고 볼 수 없으며 상대할 수 없는 하나의 상인 이를테면, 무상(無相)이니라.

선현이여. 오히려 이러한 인연으로 그대가 이전에 설한 여러 대승의 의취는 모두 반야바라밀다에 일체를 수순(隨順)하고 어긋나고 벗어난 것이 없느니라. 그 까닭은 무엇인가? 선현이여. 대승은 반야바라밀다와 다르지 않고, 반야바라밀다는 대승과 다르지 않으니라. 대승은 정려·정진·안인·정계·보시바라밀다와 다르지 않고 정려·정진·안인·정계·보시바라밀다는 대승과 다르지 않으니라. 왜 그러한가? 만약 대승이거나, 만약

정려·정진·안인·정계·보시바라밀다일지라도 그 자성은 무이(無二)이고 둘로 나눌 수 없는(無二分) 까닭이니라.

　선현이여. 대승은 4념주와 다르지 않고 4념주는 대승과 다르지 않으니라. 왜 그러한가? 만약 대승이거나, 만약 4념주일지라도 그 자성은 무이이고 둘로 나눌 수 없는 까닭이니라. 선현이여. 대승은 4정단·4신족·5근·5력·7등각지·8성도지와 다르지 않고 4정단·4신족·5근·5력·7등각지·8성도지는 대승과 다르지 않으니라. 왜 그러한가? 만약 대승이거나, 만약 4정단·4신족·5근·5력·7등각지·8성도지일지라도 그 자성은 무이이고 둘로 나눌 수 없는 까닭이니라.

　선현이여. 대승은 여래의 10력과 다르지 않고 여래의 10력은 대승과 다르지 않으니라. 왜 그러한가? 만약 대승이거나, 만약 여래의 10력일지라도 그 자성은 무이이고 둘로 나눌 수 없는 까닭이니라. 선현이여. 대승은 4무소외·4무애해·대자·대비·대희·대사·18불불공법·일체지·도상지·일체상지와 다르지 않고 4무소외, 나아가 일체상지는 대승과 다르지 않으니라. 왜 그러한가? 만약 대승이거나, 만약 4무소외, 나아가 일체상지일지라도 그 자성은 무이이고 둘로 나눌 수 없는 까닭이니라.

　선현이여. 이러한 인연을 이유로 그대가 이전에 설하였던 것인 대승의 의취는 모두 반야바라밀다에 수순하고 어긋나고 벗어남이 없느니라. 만약 대승을 설하였다면 곧 반야바라밀다를 말한 것이고, 만약 반야바라밀다를 설하였다면 곧 대승을 설한 것이니, 오히려 이러한 두 가지의 이름은 의취에서 다른 것이 없는 까닭이니라."

23. 무변제품(無邊際品)(1)

　그때 구수 선현이 세존께 아뢰어 말하였다.

"세존이시여. 전제(前際)의 제보살마하살은 모두 무소유(無所有)이므로 모두 얻을 수 없고, 후제(後際)의 제보살마하살도 모두 무소유이므로 모두 얻을 수 없으며, 중제(中際)의 제보살마하살도 모두 무소유이므로 모두 얻을 수 없습니다. 세존이시여. 색은 변제(邊際)가 없는 까닭으로 보살마하살도 역시 변제가 없다고 마땅히 알아야 하고, 수·상·행·식도 변제가 없는 까닭으로 보살마하살도 역시 변제가 없다고 마땅히 알아야 합니다.

세존이시여. 안처는 변제가 없는 까닭으로 보살마하살도 역시 변제가 없다고 마땅히 알아야 하고, 이·비·설·신·의처도 변제가 없는 까닭으로 보살마하살도 역시 변제가 없다고 마땅히 알아야 합니다. 세존이시여. 색처는 변제가 없는 까닭으로 보살마하살도 역시 변제가 없다고 마땅히 알아야 하고, 성·향·미·촉·법처도 변제가 없는 까닭으로 보살마하살도 역시 변제가 없다고 마땅히 알아야 합니다.

세존이시여. 안계는 변제가 없는 까닭으로 보살마하살도 역시 변제가 없다고 마땅히 알아야 하고, 이·비·설·신·의계도 변제가 없는 까닭으로 보살마하살도 역시 변제가 없다고 마땅히 알아야 합니다. 세존이시여. 색계는 변제가 없는 까닭으로 보살마하살도 역시 변제가 없다고 마땅히 알아야 하고, 성·향·미·촉·법계도 변제가 없는 까닭으로 보살마하살도 역시 변제가 없다고 마땅히 알아야 합니다.

세존이시여. 안식계는 변제가 없는 까닭으로 보살마하살도 역시 변제가 없다고 마땅히 알아야 하고, 이·비·설·신·의식계도 변제가 없는 까닭으로 보살마하살도 역시 변제가 없다고 마땅히 알아야 합니다. 세존이시여. 안촉은 변제가 없는 까닭으로 보살마하살도 역시 변제가 없다고 마땅히 알아야 하고, 이·비·설·신·의촉도 변제가 없는 까닭으로 보살마하살도 역시 변제가 없다고 마땅히 알아야 합니다.

세존이시여. 안촉을 인연으로 생겨난 여러 수는 변제가 없는 까닭으로 보살마하살도 역시 변제가 없다고 마땅히 알아야 하고, 이·비·설·신·의촉을 인연으로 생겨난 여러 수도 변제가 없는 까닭으로 보살마하살도 역시 변제가 없다고 마땅히 알아야 합니다. 세존이시여. 보시바라밀다는 변제가 없는 까닭으로 보살마하살도 역시 변제가 없다고 마땅히 알아야 하고, 정계·안인·정진·정려·반야바라밀다도 변제가 없는 까닭으로 보살마하살도 역시 변제가 없다고 마땅히 알아야 합니다.

세존이시여. 4념주는 변제가 없는 까닭으로 보살마하살도 역시 변제가 없다고 마땅히 알아야 하고, 4정단·4신족·5근·5력·7등각지·8성도지도 변제가 없는 까닭으로 보살마하살도 역시 변제가 없다고 마땅히 알아야 합니다. 세존이시여. 공해탈문은 변제가 없는 까닭으로 보살마하살도 역시 변제가 없다고 마땅히 알아야 하고, 무상·무원해탈문도 변제가 없는 까닭으로 보살마하살도 역시 변제가 없다고 마땅히 알아야 합니다.

세존이시여. 여래의 10력은 변제가 없는 까닭으로 보살마하살도 역시 변제가 없다고 마땅히 알아야 하고, 4무소외·4무애해·대자·대비·대희·대사·18불불공법도 변제가 없는 까닭으로 보살마하살도 역시 변제가 없다고 마땅히 알아야 합니다. 세존이시여. 내공은 변제가 없는 까닭으로 보살마하살도 역시 변제가 없다고 마땅히 알아야 하고, 외공·내외공·공공·대공·승의공·유위공·무위공·필경공·무제공·산공·무변이공·본성공·자상공·공상공·일체법공·불가득공·무성공·자성공·무성자성공도 변제가 없는 까닭으로 보살마하살도 역시 변제가 없다고 마땅히 알아야 합니다.

세존이시여. 법계는 변제가 없는 까닭으로 보살마하살도 역시 변제가 없다고 마땅히 알아야 하고, 진여·실제·불가사의계·안은계 등도 변제가 없는 까닭으로 보살마하살도 역시 변제가 없다고 마땅히 알아야 합니다. 세존이시여. 성문승(聲聞乘)은 변제가 없는 까닭으로 보살마하살도 역시 변제가 없다고 마땅히 알아야 하고, 독각승(獨覺乘)·대승(大乘)도 변제가 없는 까닭으로 보살마하살도 역시 변제가 없다고 마땅히 알아야 합니다.

세존이시여. 색으로 나아가더라도(卽) 보살마하살은 무소유이므로 얻을 수 없고, 색을 벗어나더라도(離) 보살마하살은 무소유이므로 얻을 수 없으며, 수·상·행·식으로 나아가더라도 보살마하살은 무소유이므로 얻을 수 없고, 수·상·행·식을 벗어나더라도 보살마하살은 무소유이므로 얻을 수 없습니다. 세존이시여. 안처로 나아가더라도 보살마하살은 무소유이므로 얻을 수 없고, 안처를 벗어나더라도 보살마하살은 무소유이므로 얻을 수 없으며, 이·비·설·신·의처로 나아가더라도 보살마하살은 무소유이므로 얻을 수 없고, 이·비·설·신·의처를 벗어나더라도 보살마하살은 무소유이므로 얻을 수 없습니다.

세존이시여. 색처로 나아가더라도 보살마하살은 무소유이므로 얻을 수 없고, 색처를 벗어나더라도 보살마하살은 무소유이므로 얻을 수 없으며, 성·향·미·촉·법처로 나아가더라도 보살마하살은 무소유이므로 얻을 수 없고, 성·향·미·촉·법처를 벗어나더라도 보살마하살은 무소유이므로 얻을 수 없습니다. 세존이시여. 안계로 나아가더라도 보살마하살은 무소유이므로 얻을 수 없고, 안계를 벗어나더라도 보살마하살은 무소유이므로 얻을 수 없으며, 이·비·설·신·의계로 나아가더라도 보살마하살은 무소유이므로 얻을 수 없고, 이·비·설·신·의계를 벗어나더라도 보살마하살은 무소유이므로 얻을 수 없습니다.

세존이시여. 색계로 나아가더라도 보살마하살은 무소유이므로 얻을 수 없고, 색계를 벗어나더라도 보살마하살은 무소유이므로 얻을 수 없으며, 성·향·미·촉·법계로 나아가더라도 보살마하살은 무소유이므로 얻을 수 없고, 성·향·미·촉·법계를 벗어나더라도 보살마하살은 무소유이므로 얻을 수 없습니다. 세존이시여. 안식계로 나아가더라도 보살마하살은 무소유이므로 얻을 수 없고, 안식계를 벗어나더라도 보살마하살은 무소유이므로 얻을 수 없으며, 이·비·설·신·의식계로 나아가더라도 보살마하살은 무소유이므로 얻을 수 없고, 이·비·설·신·의식계를 벗어나더라도 보살마하살은 무소유이므로 얻을 수 없습니다.

세존이시여. 안촉으로 나아가더라도 보살마하살은 무소유이므로 얻을 수 없고, 안촉을 벗어나더라도 보살마하살은 무소유이므로 얻을 수 없으며, 이·비·설·신·의촉으로 나아가더라도 보살마하살은 무소유이므로 얻을 수 없고, 이·비·설·신·의촉을 벗어나더라도 보살마하살은 무소유이므로 얻을 수 없습니다. 세존이시여. 안촉을 인연으로 생겨난 여러 수로 나아가더라도 보살마하살은 무소유이므로 얻을 수 없고, 안촉을 인연으로 생겨난 여러 수를 벗어나더라도 보살마하살은 무소유이므로 얻을 수 없으며, 이·비·설·신·의촉을 인연으로 생겨난 여러 수로 나아가더라도 보살마하살은 무소유이므로 얻을 수 없고, 이·비·설·신·의촉을 인연으로 생겨난 여러 수를 벗어나더라도 보살마하살은 무소유이므로 얻을 수 없습니다.

세존이시여. 보시바라밀다로 나아가더라도 보살마하살은 무소유이므로 얻을 수 없고, 보시바라밀다를 벗어나더라도 보살마하살은 무소유이므로 얻을 수 없으며, 정계·인인·정진·정려·반야바라밀다로 나아가더라도 보살마하살은 무소유이므로 얻을 수 없고, 정계·안인·정진·정려·반야바라밀다를 벗어나더라도 보살마하살은 무소유이므로 얻을 수 없습니다. 세존이시여. 4념주로 나아가더라도 보살마하살은 무소유이므로 얻을 수 없고, 4념주를 벗어나더라도 보살마하살은 무소유이므로 얻을 수 없으며, 4정단, 나아가 8성도지로 나아가더라도 보살마하살은 무소유이므로 얻을 수 없고, 4정단·4신족·5근·5력·7등각지·8성도지를 벗어나더라도 보살마하살은 무소유이므로 얻을 수 없습니다.

세존이시여. 공해탈문으로 나아가더라도 보살마하살은 무소유이므로 얻을 수 없고, 공해탈문을 벗어나더라도 보살마하살은 무소유이므로 얻을 수 없으며, 무상·무원해탈문으로 나아가더라도 보살마하살은 무소유이므로 얻을 수 없고, 무상·무원해탈문을 벗어나더라도 보살마하살은 무소유이므로 얻을 수 없습니다. 세존이시여. 여래의 10력으로 나아가더라도 보살마하살은 무소유이므로 얻을 수 없고, 여래의 10력을 벗어나더라도 보살마하살은 무소유이므로 얻을 수 없으며, 4무소외·4무애해·대자·대비·대희·대사·18불불공법으로 나아가더라도 보살마하살은 무소유이므로 얻을 수 없고, 4무소외, 나아가 18불불공법을 벗어나더라도 보살마하살은 무소유이므로 얻을 수 없습니다.

　세존이시여. 법계로 나아가더라도 보살마하살은 무소유이므로 얻을 수 없고, 법계를 벗어나더라도 보살마하살은 무소유이므로 얻을 수 없으며, 진여·실제·불가사의계·안은계 등으로 나아가더라도 보살마하살은 무소유이므로 얻을 수 없고, 진여·실제·불가사의계·안은계 등을 벗어나더라도 보살마하살은 무소유이므로 얻을 수 없습니다. 세존이시여. 성문승으로 나아가더라도 보살마하살은 무소유이므로 얻을 수 없고, 성문승을 벗어나더라도 보살마하살은 무소유이므로 얻을 수 없으며, 독각승·대승으로 나아가더라도 보살마하살은 무소유이므로 얻을 수 없고, 독각승·대승을 벗어나더라도 보살마하살은 무소유이므로 얻을 수 없습니다.

　세존이시여. 저는 이와 같은 등의 일체법에서 일체의 종류로써, 일체의 처소로써, 일체의 때로써, 제보살마하살들을 구하였더라도 모두 보는 것이 없었으므로 결국 얻을 수 없었는데, 어찌하여 저에게 반야바라밀다로써 보살마하살들을 교계(教誡)하고 교수(教授)하게 하십니까? 세존이시여. 제보살마하살들은 다만 가명(假名)으로는 있더라도, 모두 자성(自性)이 없습니다. 나(我)라고 설하는 것 등은 반드시 결국에는 생겨나지 않는 것이고, 다만 가명으로 있는 것과 같이, 제법도 역시 그와 같아서 끝내 생겨나지 않는 것이고, 가명으로 있으나, 모두 자성이 없습니다.

　세존이시여. 무엇 등의 색이 반드시 결국에는 생겨나지 않고, 무엇 등의 수·상·행·식이 반드시 결국에는 생겨나지 않습니까? 세존이시여. 만약 반드시 결국에는 생겨나지 않는다면 곧 색이라 이름하지 않을 것이고, 역시 수·상·행·식이라고 이름하지 않을 것입니다. 세존이시여. 무엇 등의 안처가 반드시 결국에는 생겨나지 않고, 무엇 등의 이·비·설·신·의처가 반드시 결국에는 생겨나지 않습니까? 세존이시여. 만약 반드시 결국에는 생겨나지 않는다면 곧 안처라고 이름하지 않을 것이고, 역시 이·비·설·신·의처라고 이름하지 않을 것입니다.

　세존이시여. 무엇 등의 색처가 반드시 결국에는 생겨나지 않고, 무엇 등의 성·향·미·촉·법처가 반드시 결국에는 생겨나지 않습니까? 세존이시여. 만약 반드시 결국에는 생겨나지 않는다면 곧 색처라고 이름하지 않을 것이고, 역시 성·향·미·촉·법처라고 이름하지 않을 것입니다. 세존이시여. 무엇 등의 안계가 반드시 결국에는 생겨나지 않고, 무엇 등의 이·비·설·신·의계가 반드시 결국에는 생겨나지 않습니까? 세존이시여. 만약 반드시 결국에는 생겨나지 않는다면 곧 안계라고 이름하지 않을 것이고, 역시 이·비·설·신·의계라고 이름하지 않을 것입니다.

　세존이시여. 무엇 등의 색계가 반드시 결국에는 생겨나지 않고, 무엇 등의 성·향·미·촉·법계가 반드시 결국에는 생겨나지 않습니까? 세존이시여. 만약 반드시 결국에는 생겨나지 않는다면 곧 색계라고 이름하지 않을 것이고, 역시 성·향·미·촉·법계라고 이름하지 않을 것입니다. 세존이시여. 무엇 등의 안식계가 반드시 결국에는 생겨나지 않고, 무엇 등의 이·비·설·신·의식계가 반드시 결국에는 생겨나지 않습니까? 세존이시여. 만약 반드시 결국에는 생겨나지 않는다면 곧 안식계라고 이름하지 않을 것이고, 역시 이·비·설·신·의식계라고 이름하지 않을 것입니다.

　세존이시여. 무엇 등의 안촉이 반드시 결국에는 생겨나지 않고, 무엇 등의 이·비·설·신·의촉이 반드시 결국에는 생겨나지 않습니까? 세존이시여. 만약 반드시 결국에는 생겨나지 않는다면 곧 안촉이라고 이름하지 않을 것이고, 역시 이·비·설·신·의촉이라고 이름하지 않을 것입니다. 세존이시여. 무엇 등의 안촉을 인연으로 생겨난 여러 수가 반드시 결국에는 생겨나지 않고, 무엇 등의 이·비·설·신·의촉을 인연으로 생겨난 여러 수가 반드시 결국에는 생겨나지 않습니까? 세존이시여. 만약 반드시 결국에는 생겨나지 않는다면 곧 안촉을 인연으로 생겨난 여러 수라고 이름하지 않을 것이고, 역시 이·비·설·신·의촉을 인연으로 생겨난 여러 수라고 이름하지 않을 것입니다.

　세존이시여. 무엇 등의 보시바라밀다가 반드시 결국에는 생겨나지 않고, 무엇 등의 정계·안인·정진·정려·반야바라밀다가 반드시 결국에는 생겨나지 않습니까? 세존이시여. 만약 반드시 결국에는 생겨나지 않는다면 곧 보시바라밀다라고 이름하지 않을 것이고, 역시 정계·안인·정진·정려·반야바라밀다라고 이름하지 않을 것입니다. 세존이시여. 무엇 등의 4념주가 반드시 결국에는 생겨나지 않고, 무엇 등의 4정단, 나아가 8성도지가 반드시 결국에는 생겨나지 않습니까? 세존이시여. 만약 반드시 결국에는 생겨나지 않는다면 곧 4념주라고 이름하지 않을 것이고, 역시 4정단, 나아가 8성도지라고 이름하지 않을 것입니다.

세존이시여. 무엇 등의 공해탈문이 반드시 결국에는 생겨나지 않고, 무엇 등의 무상·무원해탈문이 반드시 결국에는 생겨나지 않습니까? 세존이시여. 만약 반드시 결국에는 생겨나지 않는다면 곧 공해탈문이라고 이름하지 않을 것이고, 역시 무상·무원해탈문이라고 이름하지 않을 것입니다. 세존이시여. 무엇 등의 여래의 10력이 반드시 결국에는 생겨나지 않고, 무엇 등의 4무소외, 나아가 18불불공법이 반드시 결국에는 생겨나지 않습니까? 세존이시여. 만약 반드시 결국에는 생겨나지 않는다면 곧 여래의 10력이라고 이름하지 않을 것이고, 역시 4무소외, 나아가 18불불공법이라고 이름하지 않을 것입니다.

세존이시여. 무엇 등의 법계가 반드시 결국에는 생겨나지 않고, 무엇 등의 진여·실제·부사의계·안은계 등이 반드시 결국에는 생겨나지 않습니까? 세존이시여. 만약 반드시 결국에는 생겨나지 않는다면 곧 법계라고 이름하지 않을 것이고, 역시 진여·실제·부사의계·안은계 등이라고 이름하지 않을 것입니다. 세존이시여. 무엇 등의 성문승이 반드시 결국에는 생겨나지 않고, 무엇 등의 독각승·대승이 반드시 결국에는 생겨나지 않습니까? 세존이시여. 만약 반드시 결국에는 생겨나지 않는다면 곧 성문승이라고 이름하지 않을 것이고, 역시 독각승·대승이라고 이름하지 않을 것입니다.

세존이시여. 제가 어찌 능히 반드시 결국에는 생겨나지 않는 반야바라밀다로써 반드시 결국에는 생겨나지 않는 보살마하살을 교계하고 교수하겠습니까? 세존이시여. 반드시 결국에는 생겨나지 않는 것을 벗어난다면 역시 보살마하살이 무상정등보리를 수행할 수 없습니다. 세존이시여. 보살마하살이 이와 같이 설하는 것을 듣고서 그 마음을 숨기고 침울하지 않거나, 역시 근심하고 후회하지 않거나, 그 마음이 놀라지 않고 두려워하지 않으며 겁내지 않는다면, 이 보살마하살은 능히 반야바라밀다를 행할 수 있다고 마땅히 알아야 합니다.

漢譯 | 현장(玄奘)

중국 당나라 사문으로 하남성(河南省) 낙양(洛陽) 구씨현(緱氏縣)에서 출생하였고, 속성은 진씨(陳氏), 이름은 위(褘)이다. 10세에 낙양 정토사(淨土寺)에 귀의하였고, 경(經)·율(律)·논(論) 삼장(三藏)에 밝아서 삼장법사라고 불린다. 627년 인도로 구법을 떠나서 나란다사(那爛陀寺)에 들어가 계현(戒賢)에게 수학하였다. 641년 520질 657부(部)에 달하는 불경들을 가지고 귀국길에 올라 645년 정월 장안으로 돌아왔으며, 인도 여행기인 『대당서역기(大唐西域記)』 12권을 저술하였다. 번역한 삼장으로는 경장인 『대반야바라밀다경(大般若波羅蜜多經)』 600권, 율장인 『보살계본(菩薩戒本)』 2권, 논장인 『유가사지론(瑜伽師地論)』 100권, 『아비달마대비바사론(阿毘達磨大毘婆沙論)』 200권 등이 있다. 번역한 경전은 76부 1,347권에 이르는 매우 중요한 대승불교 경전들이 상당수 포함되어 있으며, 문장과 단어에 충실하여 문장의 우아함은 부족하더라도 어휘의 정확도는 매우 진전되었다. 구마라집 등의 구역(舊譯)과 차별을 보여주고 있어 신역(新譯)이라 불리고 있다.

國譯 | 釋 普雲(宋法燁)

대한불교조계종 제2교구본사 용주사에서 출가하였고, 문학박사이다. 현재 대한불교조계종 교육아사리(계율)이고, 죽림불교문화연구원에서 연구와 번역을 병행하고 있다.

논저 | 논문으로 「통합종단 이후 불교의례의 변천과 향후 과제」 등 다수. 저술로 『신편 승가의범』, 『승가의궤』가 있으며, 번역서로 『마하반야바라밀다경』(1~13), 『팔리율』(Ⅰ~Ⅴ), 『마하승기율』(상·중·하), 『십송율』(상·중·하), 『보살계본소』, 『근본설일체유부비나야』(상·하), 『근본설일체유부비나야약사』, 『근본설일체유부비나야파승사』, 『근본설일체유부비나야잡사』(상·하), 『근본설일체유부필추니비나야』, 『근본설일체유부백일갈마 외』, 『안락집』 등이 있다.

마하반야바라밀다경 14 摩訶般若波羅蜜多經 14

三藏法師 玄奘 漢譯 | 釋 普雲 國譯

2025년 5월 31일 초판 1쇄 발행

펴낸이·오일주
펴낸곳·도서출판 혜안
등록번호·제22-471호
등록일자·1993년 7월 30일

주　소·㉾04052 서울시 마포구 와우산로 35길3(서교동) 102호
전　화·3141-3711~2 / 팩시밀리·3141-3710
E-Mail·hyeanpub@daum.net

ISBN 978-89-8494-734-4 03220

값 48,000 원